범죄심리학

D. A. Andrews · James Bonta 공저
김시업 · 강선 · 김경하 · 김미영 · 전우병 · 최승혁 · 홍유진 공역

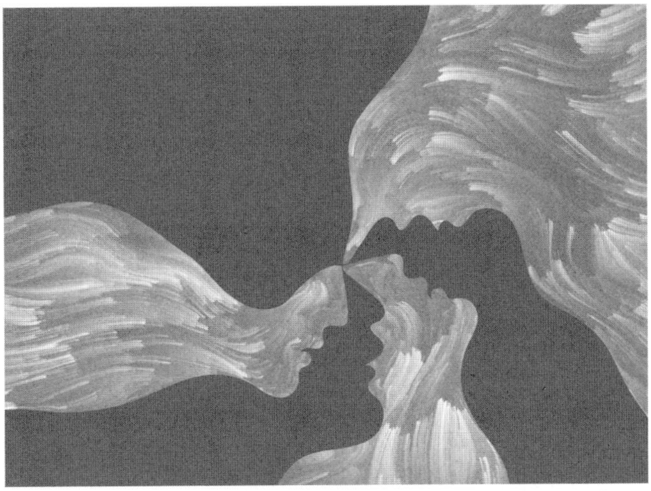

학지사

The Psychology of Criminal Conduct, Fifth Edition
by D. A. Andrews and James Bonta

This edition of The Psychology of Criminal Conduct, ISBN: 142246329X
by D. A. Andrews and James Bonta is published by arrangement with
ELSEVIER INC., a Delaware corporation having its principal place of business
at 360 Park Avenue South, New York, NY 10010, USA.

역자 서문

이 번역서의 원서 1판은 1994년에 출간되었고, 그 후 1998년(2판), 2003년(3판), 2006년(4판), 그리고 이번에 번역한 제5판은 2010년에 출간되었다. 역자가 2005년 지인으로부터 3판을 최초로 접하게 되었고, 그 당시 국내에 몇 권의 '범죄심리학' 저서들이 있었지만 범죄심리학에 대한 자세한 이론적 탐색 및 실무에 대한 내용이 부족하다는 아쉬움이 있었다. 그러한 아쉬움을 덜어 보겠다는 생각을 가지고 3판 번역을 시작한 지 10여 년이 흘러서야 겨우 제5판의 번역을 끝내게 되었다. 번역이 늦어진 데에는 역자의 부족함이 가장 큰 원인이지만, 3판과 4판의 번역이 끝날 때쯤에 각기 4판과 5판이 출간되었기 때문이기도 하다.

2003년, 우리나라 최초로 경기대학교 일반대학원 석사 및 박사 학위과정에 범죄심리학 전공이 탄생하였고, 그동안 범죄 및 범죄심리학에 학문적·실무적 관심을 가지고 있었던 일부 학자들 및 대학원생 그리고 법정, 교정, 예방, 수사 등의 분야에서 활동하시는 실무자들의 연구와 실무적 응용에서의 발전과 새로운 방향의 움직임들이 상당히 축적되었다. 그러나 이제는 한국의 범죄심리학이 '청소년기'를 맞이함에 있어 좀 더 차분하고 세련된 학문적 정리 및 발전적 전망의 노력들이 필요할 것으로 생각한다.

이러한 점에서, 이 책은 범죄심리학에 대한 충실한 이론적 고찰과 응용적 측면에서 좀 더 차분하고 증거에 기반을 둔 과학적인 시각을 제공하는 데 일조를 해 줄 것으로 생각한다. 저자는 범죄행동 주요 예측 요인으로 소위 Big Four 요인이라고 부르는 '반사회적 행동전력, 반사회적 성격패턴, 반사회적 인지, 반사회적 친구' 그리고 범죄행동의 원인들의 이해 및 예측과 교정실무에서의 응용을 위해 '일반 성격 및 인지사회적 학습 접근법'을 제안하고 있다. 이러한 저자의 입장은 역자가 평소 생각하고 있는 '범죄심리학은 통합적 심리학이면서 통합적 사회과학이 되어야 한다'는 입장과 일맥상통한다. 범죄행동을 이해하고 예측 및 교정하기 위해서는 임상심리학, 인지심리학, 사회심리학, 상담심리학, 학습심리학, 발달심리학, 생리심리학 등과 같은 제반 분야의 심리학과 법학, 범죄학, 사회학, 경찰학, 사회복지학, 교정학 등의 이론적 접근과 연구들의 집적이 있어야 한다는 견해와 그 근본적 시각이 맞닿아 있다. 그러나 범죄행동에 대한 근본적 이해와 제반 효과적인 처치를 위해서는 이와 같은 학문적 분야 외에도 생물학, 유전학, 생리학, 의학 등과 같은 자연과학 분야에서 범죄행동과 관련된 연구들이 더욱 첨예하게 이루어져야 할 것이다.

역시 번역을 한다는 것은, 특히 학문적 교재를 번역하는 일은 쉽지가 않음을 절감했다. 예를 들면, 'Behavior' 'Conduct' 'Act' 'Action'과 같은 단어들은, 각기 그 의미가 다소의 차이가 있음이 분명한데도 불구하고, 특별한 맥락의 경우 외에는 거의 '행동'으로 번역했다. 그리고 'treat'와 같은 단어는 '처치' 또는 '치료'라고 번역했다. 또한 역자들의 부족으로 인해 지나친 '의역'을 한 경우도 발견될 것이다. 이는 전적으로 역자 대표의 부족함으로 인한 것이며, 독자들의 지적이 있으면 바로잡을 것이다.

이 번역서를 출간하기까지에는 본인 외에도 공동 번역자들(강선, 김경하, 김미영, 전우병, 최승혁, 홍유진)의 헌신적인 노력들과 경기대학교 대학원 범죄심리학과 제자들인 강지은, 김가빈, 류한영, 신유나, 윤재영, 이서인, 이석준, 임이삭, 황미경 등의 열정적인 도움이 있었다. 또한 경기대학교 영문과 윤영필 교수님의 도움에도 감사드린다. 특히 석사과정생인 이정원 군은 오랜 시간 동안에 걸쳐 최종원고를 탄생시키기 위해 수정 및 편집에 헌신적인 노력을 해 주었다. 이에 고마운 마음을 전한다. 또한 여러 해 동안 범죄심리학 번역 원고를 기다려 준 오랜 친구인 학지사 김진환 사장님과 실무를 맡아 주신 한승희 부장님께 감사의 마음을 전한다.

마지막으로, 번역과 교육을 핑계로 많은 시간 가족생활에 소홀히 하였음에도, 이를 잘 인내해 주고 격려해 준 아내 양정화, 아들 김종성 그리고 딸 김민서에게 감사와 사랑의 마음을 전한다.

2017년 8월

역자 대표 김시업

저자 서문

『범죄행동의 심리학』 5판(The Psychology of Criminal Conduct: PCC-5판)을 소개하게 되어 기쁘다. PCC-5판에서도 PCC-1판부터 PCC-4판까지와 마찬가지로, 연구, 이론 그리고 응용에 대한 내용들을 갱신했다. PCC-5판에서도 원래 의도대로 범죄행동에 대해 통합적이고 실로 다학제적인 일반 성격 및 사회심리학을 발달시키고 있다. 우리는 인간의 범죄행동의 다양성에 대해 다양한 이론적 입장들을 도출하였지만, 일반적인 인간 행동과 범죄행동에 대한 일반 성격과 인지-행동적 · 인지사회적 학습조망이 특별한 가치가 있음을 또다시 인식하고 있다.

우리는 생물학적, 개인적, 대인적, 가족적, 구조적/문화적, 정치적/경제적 변인들 그리고 행동의 즉각적 상황들과 같은 관심 있는 모든 범위의 잠재적 변인들을 수용한다.

지난 20년 동안 범죄학, 법정 정신건강 그리고 형사사법 분야에서 현저한 변화가 있었는데, 바로 PCC의 학문적 · 실무적 위치가 향상된 것이었다. 실제로 북아메리카, 유럽, 오스트레일리아 그리고 뉴질랜드의 여러 지역에서 교정과 법정 정신건강 분야에서 혁명적인 PCC의 응용이 이루어졌다. 응용적인 측면에서, 예방과 교정 분야는 '효과 없음(nothing works)'에서 '효과 있음(what works)'을 거쳐 '효과가 있게 만드는 것(making what works work)'으로 변화되었다. 이와 같은 모든 것은 '강경책'에 몰두했던 정치적/사법적 환경에서 이루어졌다.

우리는 사법과 교정 분야에서 범죄예방과 교정이 다시 한번 주요 초점이 되는 것이 중요함을 강조하기 위해 '재활적 법체제'라는 말을 사용한다. 너무나 장기간, 적법절차(due process),

인과응보(just desert), 억제(deterrence), 강경책(getting tough) 그리고 범죄자를 과보호한다는 두려움에 초점을 맞추어 왔기 때문에 범죄예방은 거의 배척되어 왔다. 우리는 범죄예방 노력들이 규범적인 사법적 구조의 맥락에서 이루어지기를 요구한다. 더 나아가, 과거 어느 때 보다도 PCC-5판은 범죄예방이 일반적인 교육적, 사회적, 인도적 그리고 임상적 서비스의 가치 있는 성과가 되기를 요구한다.

PCC-5판의 구성과 내용상의 변화들은 많은 관심사를 반영한다. 첫째, 많은 동료와 학생들은 PCC 이전 판들이 지적으로 자극을 주었고 직업적인 영감을 주는 것임을 인식하고 있다. 그러한 반응이 계속 유지되고 증가되기를 원한다. 그러나 일부 PCC 사용자들은 PCC가 양적 연구와 경쟁적인 지적 전통에 너무나 많은 관심을 기울이고 있어 어려워하고 힘들어한다. PCC-4판과 PCC-5판에서 그러한 관심사들을 다루었다. 연구들의 상세한 요약과 지적이고 학문에 기반을 둔 비판에 대한 상세한 논의는 부록의 테크니컬 노트에 제시했다. 이 책의 주요 내용은 테크니컬 노트를 읽지 않고서도 잘 이해할 수 있을 것이다.

PCC-4판과 같이, PCC-5판도 저자들이 원래 심리학 전공의 학부 4학년생, 대학원생 그리고 전문직업인의 관심사에 초점을 맞추는 것보다도 더욱 광범위한 독자들에게 개방되어 있다. 저자들은 사회복지학, 사회학, 교육학, 건강학, 청소년 및 가족학, 범죄학 그리고 청소년 및 성인 사법체제 분야의 학부생, 대학원생, 실무자들이 PCC-5판으로부터 도움을 받을 것으로 생각한다. 더 나아가, 우리는 많은 일반 대중이 반사회적 행동을 이해하고자 하는 엄청난 관심을 갖고 있음을 알고 있다. 결국, 범죄는 뉴스 미디어, 예술 그리고 연예 분야에서 항상 주요 관심사가 되었다. 이제 우리는 놀랄 만큼 많은 수의 고등학생, 그들의 부모들, 대중이 반사회적 행동을 흥미로워할 뿐만 아니라 두려워하고 있음을 알고 있다. 우리는 정보를 요구하는 e-mail을 정기적으로 받고 있다(그래요, 우리는 동의하는 바, 이러한 것은 'CSI' 연속물과 이와 유사한 TV프로그램의 인기에 일부 영향이 있다). 일부 대중이 PCC-5판을 검토해 보기를 바란다.

PCC-5판은 총 4부, 15장으로 구성되어 있다. 제1부는 PCC의 주요 지식 기반을 개관하고 있다. 제2부는 'Central Eight' 위험/욕구 요인들에 대한 고찰을 요약하고 있다. 제3부에서는 평가와 범죄예방 프로그래밍 영역에서의 응용을 다룬다. 제4부는 범죄행동 이해의 주요 이슈와 결론을 요약한다.

제1부: 범죄행동 심리학의 이론적 맥락과 지식 기반. 놀라울 것 없이, 제1장은 PCC가 일반 인간 심리학 및 범죄학과 부합되는 것에 특별한 관심을 갖고 기술한 도입 부분이다. 우리

는 또한 개인들의 범죄행동의 변산성에 대해 이론적인 연구에 기반을 두고 응용적인 이해를 추구하는 것을 지속적으로 강조하고 있다.

제2장에서는 교정평가와 범죄예방 프로그램의 위험-욕구-반응성(risk-need-responsibility; RNR)을 중심으로 모델을 구축했다. RNR 모델은 지식을 요약하고 지식의 효과적인 응용을 촉진시키는 방식이다. 이 접근법은 이례적인 것으로서, 제2장은 마지막 장의 주요 내용을 구성하고 있는 개념들, 원리들 그리고 연구발견들에 대한 도입 부분이다. 실제로 제2장의 대부분의 내용은 PCC-5판의 나머지 장들에서 비판적이고, 합리적이고, 증거에 의거하는 방식으로 발전되고, 검증되고, 고찰되고 있다.

제3장은 저자들이 선호하는 일반 성격 및 인지사회적 조망에 대한 도입 부분으로서 범죄행동에 대한 주요 이론적 이해를 고찰하고 있다. 제4장에서는 개인적, 대인 관계적 그리고 지역사회-강화 조망을 개관하고 있다.

제2부: 범죄행동의 주요 위험/욕구 요인. 제2부의 제5장에서는 범죄전력의 주요 상관변인들과 미래범죄를 예측하는 주요 위험/욕구 요인들을 지지하는 증거를 탐구한다. 또한 특징적인 범죄행동의 유형에 대한 생물학적, 개인적 그리고 사회적 기원들을 탐구한다. 제6장에서는 확실한 소인(predisposition) 특징들을 강조하는데, 이것들은 때때로 '반사회적 성격(antisocial personality)'이라고 명명되고 있으나 저자들은 '반사회적 성격 패턴(antisocial personality pattern)'이라고 부르기를 선호한다. 제7장에서는 반사회적 인지와 반사회적 친구에 초점을 맞춘다. 제8장에서는 학교/직장, 가족/결혼 그리고 레저/레크리에이션과 같은 사회적 맥락들을 고찰한다. 제9장에서는 물질남용과 범죄행동을 탐색한다.

제3부: 응용. 응용은 범죄자들에 대한 실무적 평가와 그들을 위험/욕구뿐만 아니라 다양한 하위 유형으로 분류할 때 이루어진다. 예방과 재활은 사법과 교정에서의 공식적 처벌의 역할과 함께 상세히 검토된다.

제4부: 요약과 결론. 만약 앞서 14개의 장이 성공적이었다면, 독자들은 제15장이 단지 14개 장들의 요약이며, PCC가 앞으로 지향해야 할 것에 대한 간략한 전망임을 알게 될 것이다.

저자인 DAA는 PCC를 발전시키는 데 있어 Catherine의 사랑, 지지 그리고 도움에 감사의 마음을 전한다. Rebecca와 Adam에게도 감사하다. Ashley와 Jaminha 그리고 Karen, Donna,

Margo, Vicky와 David에게 행운이 있기를 바란다. Paul Gendreau, Bob Hoge, Steve Wormith, Craig Dowden 그리고 Annie Yessine에게도 고마운 마음을 표한다. Jill Rettinger, Rob Rowe와 함께 또다시 일할 수 있어 즐거웠다.

PCC-5판을 Bob Watters 영전에 바친다. 그는 DAA의 50년 친구이며, James Bonta의 학위 논문 지도교수로서 행동에 대한 환경적 유관성과 인지의 영향에 대한 JB의 관점에 깊은 영향을 미쳤다. 그의 지성은 영감을 주었으며, 그의 우정은 우리를 변화시켰다. Willi, 휴식과 멋있는 여행을 즐길 것이라 믿는다.

JB의 언급. PCC가 15년 이상 그리고 5판에 걸쳐 형사사법 분야에서 지속적으로 반향을 불러일으키고 있는 것은 놀랄 만하다. 우리가 초판을 준비하고 있을 때쯤, 나는 DAA에게 "만약 범죄행동의 심리학, RNR 등등이 잘못되면 어찌 될까?" 하고 물었다. 그의 대답은 한결같았다. "잘될 거야. 우리는 증거와 변화를 추구해야만 해." 나는 의미 있는 재-사고를 준비해야 할 때(아마 6판에서?)가 올 것임을 확신하지만, 이 책에서 기술한 바와 같이 증거는 우리에게 유리하다.

무엇보다도 먼저, 나는 5판을 준비하는 동안에 아내인 Christine의 지지, 인내 그리고 사랑에 대해 감사하다. 두 번째로, 이 책을 집필할 때 나의 자녀인 Carolyn(생물학자)과 Mark(의학박사)가 제5장을 검토한 일 그리고 사위인 Michael Johnson과 함께 열렬히 격려해 준 것에 대해 고마움을 표한다.

PIC-R에서 언급한 바와 같이, 모든 행동에는 보수와 비용이 따른다. PCC-5판을 집필하는 일은 보수도 있지만 또한 나의 가족과 충분한 시간을 지낼 수 없었던 비용도 있었다. 나의 작업을 끝마칠 수 있도록 도와준 것에 대해 가족들에게 고마움을 표한다.

또한 나는 앞에서 언급한 우리의 동료들과 함께 일할 수 있었다는 것을 행운으로 생각한다. 또한 나의 연구원들인 캐나다 공공 안전국의 Karl Hanson, Guy Bourgon 그리고 Tanya Rugge의 놀랄 만한 협조에 감사를 표한다. 마지막으로, DAA와 JB는, PCC-5판까지 오랫동안 편집일을 해 준 Ellen Boyne의 지속적인 도움에 감사의 마음을 전한다.

D. A. Andrews

J. Bonta

2010년

차례

제2부 범죄행동의 주요 위험/욕구 요인

제4부 요약 및 결론

PART 1

범죄행동 심리학의 이론적 맥락과 지식 기반

Chapter **01**

범죄행동 심리학의 개요

범죄행동 심리학(Psychology of Criminal Conduct: PCC)은 모든 사람들이 범죄행동에 동일하게 연루되는 것이 아님을 기술하고 설명한다. 반사회적 행동은 횟수, 유형, 종류가 사람마다 다르며, 위해적인 방식이 행해지는 시기와 상황도 다르다. 또한 그런 행동이 감소하거나, 심지어 그만두게 되는 시기와 상황도 다르다. 즉, 범죄행동 심리학은 범죄행동에서 개인의 다양성(variation)을 다룬다.

PCC가 진가를 발휘한다면, 범죄에 관심을 더 가지는 사람과 덜 가지는 사람이 어떤 차이를 보이는지 설명할 수 있을 것이다. 더 나아가, 미래에 누가 범죄에 관심을 더 보이고 덜 보일지 예측하는 데 도움이 될 것이다. PCC가 매우 도움이 된다면, 미래의 범죄를 줄일 수 있는 신중한 개입방식을 제안할 수 있을 것이다. 또한 범죄를 증가시킬 수 있는 행동들에 대해 경고를 할 수도 있을 것이다. 앞으로 확인하겠지만, 우리는 PCC를 범죄를 예측하고 영향을 끼치는 데 도움받는 것에 그치지 않고, 범죄행동의 발생을 이론적인 용어로 설명할 것이다. 즉, 누군가는 다른 이들에 비해 범죄행동에 더 많은 관심을 가지고 있으며, 어떤 이들은 다른 이들과 다르게 범죄행동으로부터 빠져 나온다. 또한 누군가는 범죄행동을 일찍 시작해서 지속하거나 그만두지만, 다른 누군가는 범죄행동을 늦게 시작해서 지속하거나 그만둔다. 이러한 사실들을 어떻게 설명할 수 있을까?

서로 다른 사회경제적 상황(예: 부자와 가난한 자)에 있는 여러 유형의 사람들(예: 소년과 소녀, 성인 남성과 성인 여성, 백인과 유색인)과 그리고 여러 유형의 범죄(예: 폭력 범죄와 비폭력 범죄)에 대해 각기 다른 설명이 필요할까? 우리는 일반적인 설명을 추구할 것이지만, 그러나 PCC가 다양한 사람 또는 다양한 반사회적 행동에 대해 각각의 설명을 할 필요가 있다면, 기꺼이 일반적인 설명 이외의 설명을 할 것이다. 이는 반사회적 행동의 잠재적인 각 하위 유형 그리고/또는 인간의 각 하위집단에 대한 서로 다른 PCC보다는, 요인에 대한 정의를 약간 변화하거나 그리고/또는 선택된 하위집단에 대해서 특별한 고려사항을 간단히 추가하는 것으로 충분할 것이다. 극단적인 특수성은 인간심리에 대한 일반적인 이해를 하고자 하는 과학적인 목표와 부합되지 않는다. 과학은 다양한 조건하에서 일관성을 발견하고자 한다.

실제로, 이 책은 인간 행동에 대한 일반적인 이해를 적용하여 다양한 범죄행동을 이해하고자 한다. 그러나 다시 한번 말하지만, 특수성은 일반적인 이해를 명백하게 향상시킬 때 가치가 있다.

PCC에 대한 우리의 접근이 광범위한 적용가능성을 위한 일반적인 이해에 가치를 두는 만큼, 특정 상황들에서 적용하고자 하는 것에도 특별한 관심을 갖기를 요구받는다. 이러한 요구들은 전적으로 이해할 만한 것이고, 잘 인식되고 있으며, 궁극적으로는 일반적인 이해를 포함한 이해의 전반적인 수준을 향상시킬 가능성이 있다. 사람들은 자신들의 상황들과 열망들이 인정받기를 원한다. 현재 페미니스트 범죄학(feminist criminology) 분야에서 극적인 사례들이 있는데, 이 분야에서 나타나는 '독특한 성별 맥락'과 남성-중심적인 이론의 한계에 대한 잦은 언급은 일반적 이해에 대한 도전이 되고 있다. 독특한 맥락에 대한 탐구는 체계적이고 경험적인 연구에 의해 뒷받침될 때, 일반적인 이해든 특수적인 이해든 그 이해를 향상시킬 수 있다.

범죄행동 심리학의 정의

범죄행동 심리학의 작업적 정의는 다음과 같다:

> 과학의 한 분야로서, 범죄행동 심리학은 (a) 체계적이고 경험적인 연구방법들을 윤리적이고 인도적으로 응용하고 (b) 합리적인 설명체계들을 구성하여 개인들의 범죄행동을 이해하는 접근이다.
>
> 전문적으로, 범죄행동 심리학은 범죄행동 가능성을 예측하는 요인과 이에 영향을 미치는 요인을 확인하는 실무 작업을 위해 그리고 범죄 및 형사사법 절차와 관련된 인적 · 사회적 비용의 감소를 위해 심리학적 지식과 방법들을 윤리적으로 응용하는 것을 포함한다.

정의와 같이, 범죄행동 심리학은 부분적으로는 일반적인 심리학의 원리들과 방법들을 사용하는 지적 훈련이다. 따라서 학습 및 인지심리학과 인간 발달의 일반적인 원리가 불법행위를 분석하는 데에 이용될 수 있다. 동시에, 범죄행동 연구들은 심리학 지식에 보편적으로 기여할 수 있다. 예를 들어, 사회화(socialization) 연구는 범죄심리학의 주요 요소이며, 발달심리학에서도 주된 관심사다.

이러한 일반적인 설명은 두 가지를 강조한다. 첫째로, PCC는 심리학자들이 범죄학 분야에 대해 가지고 있는 광범위하고 다양한 종류의 관심을 포함하지 않는다. 또한 심리학자들이 형사사법 분야에서 맡고 있는 많은 역할들을 아우르지도 않는다. 저자들을 포함한 많은 심리학자들은 피해자, 입법자, 유권자 그리고 일반 대중의 행동에 관심을 가진다. 유사하게, 많은 심리학자들은 경찰, 판사, 배심원, 교도관, 보호관찰관 그리고 법정 정신건강(forensic mental health) 개업 의사들의 행동에 관심이 있다. 더 나아가, 교정적 실무를 맡고 있는 많은 심리학자들은 범죄학적 문제들보다 수감자들의 정신건강 욕구를 다루는 데에 더 많은 시간을 소비한다. 이러한 모든 문제들이 흥미롭고 중요하지만, 이 책에서는 개인의 범죄행동을 이해하는 데 기여하는 것만을 다룬다.

둘째로, 범죄에 관심을 공유하는 심리학, 다른 학문 분야 그리고 전문영역을 구별하는 근거를 수립하는 것이다. 우리는 개인들의 범죄행동에 초점을 두고 있다. 이는 신체적 체계의 연구(생물학), 범죄율과 집단구조를 종합하여 측정하는 다양성 연구(사회학), 법과 형사사법 정책의 역사 및 정치경제 연구와는 다르다. 이런 부분들이 범죄와 형사정책을 일반적으로 이해하는 데 중요하지만, 교재의 주요 관심사에서는 벗어난다.

동시에, 많은 생물학자, 사회학자, 사회복지학자, 정치학자 그리고 경제학자들이 범죄행동 심리학에 대한 관심을 공유한다. 범죄행동 심리학에 있어 그들의 공헌은 중요하며, 교재 전체에 걸쳐 기술될 것이다. 범죄행동 측정 분야와 범죄행동 상관관계에 대한 연구 분야에서 과거 20년간의 가장 중요한 공헌 중 다수가 사회학자들에 의해 사회심리학적으로 다양하게 연구되었다.

PCC의 기반적인 가치

반사회적 행동과 PCC의 목표에 대해 자세히 기술하기 전에 우선적으로, 가치에 대한 언급이 필요하다. 이 책에 서술된 범죄행동 심리학은 그 기반이 되는 가치들이 있다. 이러한 가치들은 인간의 다양성에 대한 존중과 인간 행동의 복잡성에 대한 존중을 포함한다. 인간의 다양성에 대한 존중은 개인차에 대한 존중을 의미하는데, 이와 같은 개인차는 민족(ethnicity), 인종(race), 성별(gender), 사회적 출생 계층(social class of origin), 사회적 성취 계층(social class of achievement) 또는 넓거나 좁은 의미의 다른 사회적 배치들(social arrangements)과 같은 사회학적 또는 생물학적으로 정의된 범주를 넘어서는 것이다. 개인차는 생물학, 성격, 인지, 행동전력 차원에서 그리고 가정, 학교, 직장, 레저 및 지역사회 영역에서 가까운 사람들이 어떤 사람들인가 하는 점에서 명백하게 나타난다. 범죄행동 심리학은 사회적 및 정치적으로 정의된 범주들(즉, 민족, 성별, 사회경제적 지위, 사회구조, 문화 그리고 정치경제) 내에 그리고 그 범주들 간에 분명히 다양성이 존재한다고 간주한다. 모든 여성들이 다 같은가? 당연히 그렇지 않다! 모든 남성들은 다 같은가? 당연히 그렇지 않다! 마찬가지로, 빈곤층이라고 다 같지 않다.

인간 행동의 복잡성에 대한 존중은 행동의 개인차가 생물학적, 심리적, 사회적 또는 정치경제적인 변인들 중 어떤 단일 유형의 변인에 의해 설명된다는 식으로 인간의 행동을 설명하려는 것에 매우 회의적이라는 것을 의미한다.

범죄행동 심리학의 핵심은 범죄행동의 개인차를 설명하는 데 기여하는 모든 학문에 개방적인, 종합적이며 다학제적인 학문이다. 또한 범죄행동 심리학은 범죄학자, 사회학자, 사회복지학자, 역사학자와 더불어 형사체계, 교정, 청소년 사업(복지) 또는 여러 다른 분야의 실무자들처럼 범죄행동에 관심이 있는 모두의 관심사에 이바지한다. 범죄행동 심리학은 심리적, 사회경제적 또는 정치경제적 용어로 정의된 하위집단과 대중을 구성하는 개인들을 포함해 대중 전체(공공의 복지)에 도움이 되어야 한다.

범죄행동 심리학은 특히, 소위 '사회적(social)' 변인들이고 또한 생물학적 변인들이며 개인적 변인들임이 명백한 경우에, 개인적 수준의 연령, 인종, 민족, 성별의 평가에 기반하여 사회적 구조 및 문화를 검증하는 것에 우려를 표한다. 더 나아가, 이웃과 같은 사회적 맥락은 그들의 연령, 민족, 문화나 성격뿐만 아니라 역할, 지위 및 구성원들이 이용 가능한 지지들이 명백히 다양할 때에도 빈번하게 사회경제적인 용어로 기술되고 있다. 이웃들은 복지혜택을 받는 주민들의 비율이 다를 수 있고, 범죄행동을 지지하는 태도 또한 다를 수 있다. 범죄의 '사회적' 및 '개인적' 상관변인들을 조사할 때는 이 두 변인들 모두 범죄활동과의 연계 면에서 평가되고 비교되어야만 한다. PCC에서는, 개인의 사회경제적 상태(예를 들어, 평균 이상의 수입)와 이웃의 사회경제적 상태(예를 들어, 주민의 70% 이상이 평균 이상의 수입을 올리는 동네에 사는 것)를 범죄행동에 관련될 수 있는 두 가지의 다른 변인으로 본다. 마찬가지로, PCC

에서는 범죄에 대한 개인의 태도와 이웃들의 지배적인 태도를 서로 다른 변인으로 구분한다. 이에 더해, 복잡성에 대한 존중이라는 것은 우리가 완전하고 종합적인 이해를 추구하긴 하지만, 비록 불완전하다 할지라도 향상된 이해를 가치 있게 여긴다는 것을 의미한다. 이러한 복잡성에 대한 존중과 함께, 우리는 어떤 특정 변인이 범죄와 연관되어 있는지 뿐만 아니라 그 변인이 얼마나 범죄와 강하게 연결되어 있는지에 대해서도 결론을 내릴 수 있어야 한다. 예를 들어, 한 도시의 빈곤 수준이 범죄와 관련이 있다는 것뿐만 아니라 범죄에 호의적인 개인의 태도보다 범죄에 더(또는 덜) 강하게 관련이 있다는 결론을 내릴 수 있어야 한다. 또한 두 변인을 고려하는 것이 한 변인만을 고려하는 것보다 우리의 이해 수준을 얼마나 끌어올리는지 알 수 있어야 한다. 인간의 다양성과 복잡성에 대한 존중은 범죄에 대한 양적인 이해에 추가적인 가치를 부여한다. 얼마나 잘 예측할 수 있는가? 얼마나 범죄에 영향을 미칠 수 있는가? 100% 예측 정확성에 얼마나 근접한가? 이와 같은 범죄행동의 영향요인은 얼마나 확실한 것인가? 양적으로 얼마나 완전한 이해에 도달했는가?

개인의 자율성에 대한 존중은 윤리적인 실무에 있어 핵심적인 측면이다. 임상/법정심리학의 최근의 공헌(예: Birgden, 2004)은 그러한 가치를 강조하는 데 실패한 과거의 실수들을 경고하는 데에 있다. 아마도 이것이 많은 임상/법정심리학자들이 범죄심리학에 대해 우려를 표하고, 의학 지향적인 조망들을 더 쉽게 받아들이는 이유일 것이다. 이제 우리는 임상가들과 범죄자들 사이의 협력적인 관계를 가치 있게 여기는 것을 넘어서, 개인의 자율성에 대한 존중이 구조(structure), 훈련(discipline), 책무(accountability), 제한(restriction) 및 처벌(punishment)을 강조하는 실무영역에서 강조되어야만 한다고 생각한다.

범죄행동 심리학은 또한 이론적인 주장들과 연구결과들에 대한 통렬한 비판을 환영한다. 통렬한 비판은 발전의 주요 원천이다. 동시에, 이론과 연구에 기반한 주장을 비판하는 것을 포함한 모든 비판들은 증거 제시와 함께 이루어지는 것이 가장 바람직하다. 덧붙여서, 범죄와 형사사법 절차의 비용절감도 바람직한 것으로 고려되어야 한다. 우리는 그 무엇보다도 범죄피해를 줄임으로써 범죄에 대한 비용을 줄이는 것에 특별한 관심을 가진다.

간단히 말해서 그리고 이후 명백해질 이유들 때문에, 이 책에서 설명되는 범죄심리학이 1970년대, 1980년대 그리고 심지어 1990년대까지의 주류 사회학적 범죄학과 주류 임상/법정심리학에서 나타난 취약한 심리학과 분리되어 자리 잡기를 바란다. 상대적으로 취약한 부분에 대한 언급이 자세하게 이루어지지는 않지만, 독자들은 이 책이 지적인 역사에 대한 존중을 통해 현재의 지적인 상황을 이해하는 것을 알게 될 것이다. 솔직히 말하자면, 2000년대 초반까지도 PCC의 기본 접근방식의 영향을 받지 않은 법정 정신건강과 사회학적 범죄학의 일부 분야들이 존재했다. 그러나 주류 사회학적 범죄학과 주류 임상/법정심리학이 이 책인 PCC 5판의 근본적인 가치에 상응하는 방향으로 움직이고 있으며, 매우 긍정적인 입장을 취하고 있다는 것은 주목할 만하다. 다시 한번 언급하지만, 처음부터 사실이었던 것처럼, PCC는 사회학적 범죄학과 법정 정신건강 분야가 제공하는 것들을 최선으로 포용하기를 열망한다.

이 책은 사회적 배치들, 임상적 범주들 그리고 다양한 개인적 · 사법적 맥락들 내에서 그리고 그들 전체에 걸쳐서 개념적이고 경험적이며 실용적인 가치를 지니고 있는 PCC에 일반 성격 및 사회심리학(General Personality and Social Psychology: GPSP)이 존재하고 있음을 제안한다. 더욱 특별하게, 가장 강력한 사회심리학은 인지 사회학습적 조망들로 제안된다. 따라서 이 책은 범죄행동을 포함한 인간의 행동에 대한 일반 성격 및 인지사회적 학습(General Personality and Cognitive Social Learning: GPCSL) 조망에 주목할 것이다.

범죄행동 심리학은 범죄행동 발생의 다양성에 대한 합리적이고 경험적인 이해를 추구하는데, 특히 범죄행동의 개인차에 대한 합리적 · 경험적 이해를 추구한다. 제1장의 첫 번째 과제는 이러한 PCC의 목표를 '합리적이고 경험적으로 이해'하는 조망에서 소개하는 것이다. 합리적 경험주의가 관심의 대상이 되는 현상에 대한 다양한 이해를 추구하는 것을 보게 될 것이다. 두 번째 과제는 범죄학, 일반 인간심리학 그리고 형사정책에 의해 나타나는 광범위한 학문 분야의 관심사에 PCC를 위치시키는 것이다. 세 번째 과제는 주류 사회학적 범죄학 내에 존재하는 PCC에 대한 체계적인 도전들을 간단히 살펴보는 것이다. 지금은 그렇지 않지만 과거에, PCC의 합리적 경험주의가 합리성이나 증거에 대한 존중보다는 사회학적 이론 및 정치적 이데올로기에 더 높은 가치를 두었던 범죄학자들에 의해 수년간 혹독한 공격을 받아 왔다는 것을 알게 될 것이다.

범죄행동 심리학의 목표

범죄행동 심리학의 목표는 개인의 비행 및 범죄행동의 다양성을 이해하는 것이다. 첫째로, '범죄행동의 다양성(variation in criminal behavior)'에 대한 의미를 다룰 것이다. 그리고 나서 합리적, 경험적 연구의 전통에서 '이해'라는 용어의 의미를 검토할 것이다.

초점: 범죄행동의 다양성

범죄행동은 위해적이고 법률상 금지된 것으로 일컬어지며, 그 행위자는 사법 전문가들의 개입의 대상이 된다. 범죄행동에는 많은 특별한 행동들이 포함되는데, 그런 행동들은 시간적 · 문화적 다양성을 갖는다. 그러나 역사적 · 비교문화적 연구들은 대부분의 사회가 절도, 강도 그리고 신체적 폭력행위를 처벌하는 공식적인 절차들이 있음을 밝히고 있다. 비록 반사회적 행동들이 항상 법으로 금지될 수 없고, 심지어 특정 시대적 · 문화적 상황들에 따라 규정될 수 있다 하더라도(예를 들어, 전쟁 시에 적을 죽이는 것), 타인에게 해를 끼치는 행동 발생의 다양성이 범죄심리학의 주된 초점이다. 일반적인 조망으로 볼 때, 위해행동의 두 유형에서 나타나는 다양성이 인간 행동에 대한 동일한 일반심리학에 의해 예측될 수 있고, 영향을 받을 수 있으며, 설명될 수 있다는 아이디어를 탐구하는 것은 이치에 맞는 생각이다.

개인 수준에서 반사회적 행동 발생의 다양성에는 두 가지 유형이 있다.

첫째로, 사람들은 그들이 관련된 범죄행동의 수, 유형 그리고 다양성(variety)에서 차이를 보인다. 이것은 전형적으로 범죄행동의 **개인 간(inter-individual) 다양성**이라고 부른다. 다양성은 또한 특정한 개인에게서 시간의 흐름과 상황에 걸쳐 나타나는데, 이것은 **개인 내(intra-individual) 다양성**이라고 불린다. 범죄행동에 관한 이러한 개인차들의 몇몇 초기의 예시들은 범죄행동 심리학이 이해하고 설명하려고 하는 것에 대한 이해를 높일 것이다. 다음에 제시된 개인차들에 대한 예시들은 범죄행동 심리학의 준거변인(criterion variable) 또는 종속변인(즉, 범죄행동)의 다양성을 보여 준다.

우연적인 타인 관찰. 이는 우연적인 관찰을 통해 집단 내 사람들의 범죄 역사가 다름을 알 수 있다는 것을 말한다. 예를 들어, 당신은 당신의 지인과 친구들 집단에서 누가 체포되었는지, 기소되었는지, 벌금형을 받았는지, 보호관찰 중인지 또는 구금되었는지를 알 수 있다. 또한 당신은 그 집단의 누군가는 법규를 자주 위반하지만(공식적인 확인 여부와는 상관없이) 다른 이들은 훨씬 덜 그렇다는 것(전혀 하지 않거나)에 대한 정보를 가지고 있을 수 있다. 누군가는 여전히 사람의 신체적인 존엄성과 온전함을 보호하기 위해 만들어진 법들을 위반하는 반면, 다른 누군가는 특히 기분을 변화시키는 물질(mood-altering substances)의 유통에 관한 법규들을 적극적으로 위반한다. 그리고 또 다른 누군가는 재산권에 관한 법규를 지키는 데 어려움이 있다.

자기-관찰. 자신의 행동전력에 대해 숙고해 본다면 당신이 '범죄자'라는 꼬리표가 붙을 만한 행동을 한 적이 있다는 사실을 알 수 있다. 당신의 범죄행동들이 인생의 특정 시기에 집중되어 있는지, 아니면 특정 상황들에서 발생했거나 또는 그렇지 않았는지 또한 알 수 있다. 예를 들어, 어떤 사람들은 자신이 술에 취하지 않았을 때보다 술에 취한 상태일 때 규율을 훨씬 더 어기는 것 같다고 보고한다.

체계적 관찰. 체계적 관찰은 개인의 범죄행동에 대해 더욱 자세한(그리고 대체적으로 더욱 흥미로운) 정보들을 산출한다. 제1장의 일부는 범죄행동의 개인차를 기술하고 있다. 이러한 차이들은 피해자 보고서, 자기-보고서, 공식적인 기록들의 검토들을 체계적으로 조사함으로써 나타난다. 여기에 공식적인 기록을 고전적으로 검토한 몇 가지 소개할 만한 사례들이 있다. 이 연구들은 [테크니컬 노트 1-1](모든 테크니컬 노트는 이 책의 뒷부분에 있는 테크니컬 노트 섹션을 참고할 것)에 더 자세하게 소개되어 있다. 이 테크니컬 노트는 개인적 수준의 다양성에 대한 예시를 제공한다. 이 노트는 일부(모두는 아닌) 독자가 원하는 기초적 사실을 더욱 자세하게 설명한다.

1. 1958년에 태어났으며, 10세에서 18세 사이에 Philadelphia에 거주했던 28,338명의 사람들 가운데, 23.1%(6,545명)의 사람들이 18세 이전에 공식적인 체포 기록이 있다. 그들의 범행의 총 횟수는 20,089건이었다. 두 건 이상의 범행을 저지른 범죄자들은 전체 표본의 12.1%를 차지했고, 범죄자 샘플에서는 52.6%(3,440/6,545)를 차지했다. 이 하위 표본의 범죄자들은 16,984건의 범행을 저질렀다. 따라서 대상자들의 12%가 총 범행의 84.5%(16,984/20,089)에 대해 책임이 있는 것이다.
2. David Farrington(1997) 등은 런던의 노동자 계층 남성 411명을 그들이 약 8세 정도였던 1961~1962년부터 추적 조사했다. 자료의 출처는 공식적인 유죄판결 기록뿐만 아니라 그들의 부모, 선생님 그리고 소년 자신들과의 인터뷰들을 포함했다. Farrington의 1997년 보고서는 404명 남성들의 40세까지의 범죄기록을 바탕으로 작성되었다.
   - 전체적으로, 표본의 40.1%가 40세 이전에 유죄판결을 받았다. 가장 많이 기록된 범행은 비폭력적인 것들이었다(비폭력범행의 총 건수는 643건이었으며, 폭력범행은 117건이었다).
   - 표본의 6%가 6건 이상의 유죄판결을 받았다. 이러한 '상습적인 범죄자들(chronic offenders)'이 전체 유죄판결 기록의 반을 차지했다.
   - 이 소년들의 3%는 아동일 때(10세에서 16세 사이) 폭력범행으로 처음 유죄선고를 받았고, 9.1%는 청소년일 때(17세에서 24세 사이) 그리고 7.9%는 성인일 때(25세에서 40세 사이) 처음 유죄선고를 받았다.

- 공식적으로 기소된 젊은이들의 96%가 범행사실을 스스로 보고했다. 이전의 보고서(Farrington, 1983)에 따르면, 1% 미만의 젊은이들이 공식적으로 기록되지 않은 전과를 주장했다.

[테크니컬 노트 1-1]에 기술된 연구들과 비슷한 많은 연구결과들에 대한 조사는 공식적인 범죄자들의 범죄행동에 관해 몇 가지 기초적 사실들을 나타냈다—이러한 사실들은 세계 많은 지역에서 확립되었다. 범죄행동에서의 개인차는 분명했다—.

1. 범죄행동의 개인차들은 많은 면에서 명백하다. 개인차는 공식적인 범죄기록들과 피해자들을 대상으로 한 조사들을 바탕으로 모여진 범죄율에서 추론할 수 있다. 그것들은 또한 범죄전력(공식적으로 밝혀졌거나 자기-보고된)에 대한 체계적인 조사들과 미래의 범죄(공식적으로 밝혀졌거나 자기-보고된)에 대한 체계적인 연구들에 의해 더 직접적으로 발견된다.
2. 범죄행동의 개인차는 출생국가, 성별, 나이, 인종, 사회계층 그리고 인류의 하위집단을 분류하는 다른 수단들에 의해 구분된 사람들의 표본에서도 명백하다.
3. 피해자에 의해 보고된 범죄율과 자기-보고된 범죄율이 공식적인 기록들에 기초한 비율보다 훨씬 높으나, 범죄행동의 인구학적 상관변인들은 범죄행동의 다른 여러 가지 측정치들에서도 매우 유사하게 나타났다. 표준적인 인구학적 상관변인들은 젊은이, 남성, 유색인종 그리고 사회경제적 취약층을 포함한다.
4. 공식적인 재범률은 사용된 공식적 절차의 구체적인 측정치(예를 들어, 체포/유죄선고/수감)와 추적기간(follow-up period)에 따라 다르다.
5. 총 범죄자들 중 소수에 해당하는 재범자들은 총 범죄 발생량 중 불균형적인(disproportionate) 부분을 차지한다. 전 생애에 걸친 범죄경력에 대한 면밀한 연구들은 소수의 사례들에서 조기의, 빈번한, 심각한 그리고 폭력적인 범행이 결합되어 나타난다고 밝히고 있다.

PCC가 개인의 범죄행동에서의 차이점에 대해 이해하고 설명해야 할 것들은 매우 많다.

범죄행동의 정의. '범죄행동(criminal behavior)'에는 많은 수의 다양한 행위들이 있다. 범죄행동의 구체적인 의미는 역사적 · 사회적 맥락뿐만 아니라, 이 범죄행동이라는 단어를 사용하는 사람들의 관심사에 따라 다양하게 나타난다(Mannheim, 1965). 이 책에서는 범죄행동에 대한 네 가지 정의를 사용할 것이며, 이 네 가지 정의에 해당되는 행동에 관심을 집중할 것이다. 네 가지 정의는 다음과 같다:

1. **법적 정의:** 범죄행동은 정부 또는 국가에 의해 금지되어 있고 법에 의해 처벌되는 행위들을 말한다.
2. **도덕적 정의:** 범죄행동은 종교 및 도덕적 규범을 위반하는 행동이며, 최고의 영적 존재에 의해 처벌되는 것으로 믿어지는 행동이다.
3. **사회적 정의:** 범죄행동은 관습과 전통의 규범에서 벗어나는 행동이며, 지역사회에 의해 처벌받는 행동이다.
4. **심리적 정의:** 범죄행동은 행위자에게는 보상이 될 수 있으나 다른 사람들에게는 고통이나 손실을 일으키는 행위들이다. 즉, 범죄행동이란 반사회적 행동이다.

범죄행동은 위에 언급된 네 가지 정의 중 어떠한 것을 적용하든지 간에, 1970년대부터 사회심리학자들이 '문제행동(problem behavior)' 또는 '일탈행동(deviant behavior)'이라고 불러왔던 행동의 좀 더 보편적인 분류 방식이다(예: Jessor & Jessor, 1977; Ullmann & Krasner, 1976). 따라서 일탈행동의 본질은 그 범죄 행위자를 권위, 통제, 규제 및 지원하는 사람들의 개입 대상이 될 위험에 처하게 만든다는 것이다. 문제행동은 부모, 교사, 종교지도자 그리고 이웃이 개입하도록 만든다. 이러한 문제행동은 그 행위자를 정신건강 전문가 또는 비즈니스, 노동, 전문적 실무, 정부 그리고 시민권 및 인권 조정자들이 주목하는 대상이 될 위험에 처하게 만든다. 반사회적 행동으로서의 범죄에 대한 심리적 정의는 '문제행동'에 대한 광범위한 정의와 결합시키는 것이 가장 좋다. 만약 그렇게 결합되지 않는다면, 치과의사, 외과의사 및 교사들의 비일탈적인 업무들 중 일부가 범죄로 판단될 수 있다. 따라서 Ullmann과 Krasner(1976)에 따라, 저자들의 범죄행동에 대한 작업적 정의는 다음과 같다:

> 범죄행동은 청소년 및 성인 사법제도 내의 형사사법 전문가들이 관심을 기울이는 위험한 상황에 그 행위자가 놓이게 되는 반사회적 행동을 일컫는다.

범죄행동에 대한 어떠한 정의도 완전히 만족스럽지는 못하다. 예를 들어, 규범-기반 정의(norm-based definitions)는 많은 경우 특정 사소한 사실들을 극대화시킨다. 1960년대에는 우리 모두가 특정 시기에 특정 규칙을 어기기 때문에 모두 '범죄자'라고 부르는 것이 유행했었다. 이러한 견해에 따르면, 범죄성(criminality)은 변수(variable)가 아니라 상수(constant)다. 즉, 우리는 모두 똑같이 '범죄자'인 것이다. 이런 입장이 PCC의 가능성을 어떻게 하락시키는지 주목해야 한다. 모든 규칙이 법률(laws)이 되는 것이 아니고, 모든 사람들이 동일한 상황 하에서 또는 동일한 비율로, 동일한 규칙(또는 법률)을 위반하는 것이 아니기 때문에 이런 입장은 당연히 과학적으로 순진한 것이다.

이와 다른 반대편 극단에서, 법적, 도덕적 및 사회적 정의들은 법적, 종교적 및 사회적 규범이 없으면 범죄도 있을 수 없다는 것을 의미한다. 2류(minor) 수준에서, 이것은 진실이다. 그러나 피해자들이 겪은 피해나 손실은 형사법규나 사회적 기준을 폐지한다고 해서 없어지는 것이 아니다. 심리적 정의(즉, 반사회적 행동으로서의 범죄행동)는 두 가지의 긍정적인 기능을 가진다. 하나는 규범-기반 정의에 의한 일탈에 대한 사소한 연루를 극대화시키지 않는다는 것이고, 다른 하나는 범죄자들의 특성과 피해자들의 고통을 외면하지 않는다는 것이다.

이런 점에서, Gottfredson과 Hirschi(1990: 15)가 제안한 범죄에 대한 심리적 정의, 즉 "자기-이익 추구를 위한 폭력 또는 사기 행위"라는 정의는 특히 흥미롭다. 이론을 다루는 장에서 설명하겠지만, 이들도 범죄경향성과 관련된 성격특성들이 범죄행동의 본질과 연결된다는 점에서 범죄행동의 본질에 대한 개념을 발전시켰다. 예를 들어, 범죄행동을 통해 욕망을 즉각적이고 쉽게 충족한다는 것이다. 따라서 낮은 자기-통제(self-control)는 범죄행동의 다양성에서 명백한 개인적인 원인이 된다.

명백히 심각한 문제가 남아 있다. 우리가 핵심적인 정의적 수준에서, 비교-문화적이고, 하위문화적이며 그리고 시간적 변산성이 존재하기 매우 쉬운 행동의 원인을 개인차들 때문이라고 어떻게 주장할 수 있겠는가? 어떤 행동의 질이 관중의 평가에 의해 좌우될 때, 그러한 행동에 대한 과학을 어떻게 성립할 수 있겠는가? 실제로, 어떤 행동이 본래 범죄가 아닐 때, 범죄성의 개인차를 어떻게 찾을 수 있을 것인가? [테크니컬 노트 1-2]에서는 이러한 문제들이 현실에서보다는 수사적(rhetoric)인 면에서 더 위협적이라는 것을 보여 줄 것이다(예: Wellford, 1975).

이해추구의 유형

PCC가 추구하는 범죄행동에 대한 이해는 경험적(empirical)이고, 이론적(theoretical)이며, 실용적(practical)인 것이다. 간단히 말해서, 이것은 심리학이 체계적인 관찰과 합리적인 조직화에 의한 발견들과 일관되고, 범죄행동에 실용적인 관심을 둔 사람들에게 유용한 범죄행동에 대한 설명들을 추구한다는 의미다. 범죄행동의 이해에 대한 이런 세 가지의 상호 연관된 측면들이 다음에서 설명된다.

경험적 이해. 경험적으로, PCC는 범죄행동에서 개인차의 본질과 정도에 관해 관찰 가능한 사실들에 대한 이해를 추구하며, 범죄행동과 관련이 있거나 상관이 있는 생물학적, 개인적, 대인 관계적, 상황적 그리고 사회적 변인들에 대한 이해도 추구한다. 이러한 것들은 **공변인**으로 불리며, 범죄전력(criminal history)의 개인차에 대한 상관변인과 개인의 미래 범죄에 대한 예측변인을 포함한다. 실용적인 이해와 관련된 이유로 인해(다음을 참조할 것), 이러한 예측변인들은 위험 요인(risk factors)이라고 칭하며, 이러한 위험 요인들이 역동적일 때(변화하기 쉬운), 이것들을 역동적(dynamic) 위험 요인[또는 범죄유발적 욕구(criminogenic needs)]이라고 칭한다. 아마도 가장 중요한 것은 PCC가 개인의 범죄행동의 원인에 대한 이해를 추구한다는 것이다. 인과적(causal)[또는 기능적(functional)] 공변인들은 계획적인 개입을 통해 범죄행동의 가능성에 잠재적 영향을 주는 관찰에 근거한 지식으로 구성된다. 원인에 대한 지식은 주로 실험적 연구에서 얻어진다. 이 세 가지 유형의 공변인들—상관변인, 예측변인 그리고 인과적 또는 기능적 변인들—은 다시 말하지만, 생물학, 성격, 태도 및 신념, 적성과 기술, 학습의 역사, 가족, 교우관계, 보다 광범위한 사회적 배치들 그리고 행동의 즉각적인 상황(immediate situation)에서 발견된다.

예를 들자면, 성별은 잘 알려진 범죄의 공변인이다. Philadelphia의 1958년생 집단([테크니컬 노트 1-1])에서는 전체의 23.1%가 18세 이전에 공식적인 범죄기록이 있었다. 이때 남성의 비행률은 32.6%로, 여성의 14%보다 높았다. 이러한 간단한 예시는 범죄행동에 대한 향상된 경험적 이해를 보여 준다. 여기서는 성별이 남성이라는 점이 비행의 위험 요인인 것처럼 보인다. 그러나 그것은 모든 남성들이 18세 이전에 최소한 한 번 이상 체포되었다는 것을 의미하거나, 여성은 체포되지 않았다는 것을 의미하는 것은 아니다. 완벽하지는 않더라도 의미 있는 연합(association)이나 공변량(covariation)이 확립될 수 있다. 완벽한 예측을 산출하는 경험적 지식이 이상적인 것이긴 하지만, 예측 정확성을 우연 수준 이상으로 향상시키는 경험적 지식을 평가절하해서는 안 된다.

[자료 노트 1-1]은 공변량의 크기에 대한 일반적 측정치로서 **상관계수**를 논의한다. 연구들과 이 책에서 가장 자주 언급되는 이러한 특수한 유형의 상관계수는 Pearson 적률(Product Moment) 상관계수(*r*로도 알려진)다. *r* 통계치는 연합 또는 예측 정확성의 수준이 100%일 때 1.00의 값을 갖는다. 예를 들어, 모든 남성이 범죄기록이 있고(100%) 어떠한 여성도 범죄기록이 없다면(0%), 성별과 범죄기록의 상관관계는 1.00이 될 것이다. 반면에, 범죄기록이 있는 남성과 여성의 비율이 같다면(예를 들어, 20%대 20%, 50%대 50%, 또는 70% 대 70%라면), *r*값은 0.00이 될 것이다. 일반적으로, *r*의 크기는 한 집단의 범죄자 대비 다른 집단의 범죄자에 대한 %값의 단순한 차이를 반영한다. 위 단락에서의 단순한 차이 값은 32.6에서 14.0을 뺀 것이었다(즉, 18.6% 또는 .186의 *r*값). 모든 상관계수들이 이러한 차이를 반영하는 것으로 해석될 수 있다. [자료 노트 1-1]은 %값의 단순한 차이가 변수들 간의 연합 강도(또는 공변량 수준)를 비교하는 의미 있는 방법을 제공한다는 것을 보여 준다. 공변량(또는 예측 정확성) 크기를 측정하는 것의 중요성을 과소평가해서는 안 된다. 살펴보겠지만, PCC는 범죄행동과의 연합성 크기에 따라 위험 요인을 구별함으로써 큰 발전을 해 왔다.

[자료 노트 1-1]

공변량 수준의 측정치: Pearson 적률 상관계수와 Rosenthal의 이항효과크기 분포

공변량은 이 책에서 중요하다. 공변량 수준을 수량화하는 방식 중 가장 자주 이용되는 방법들 중 하나가 **Pearson 적률 상관계수**(또는 피어슨의 *r*)다. 0.00과 1.00 사이의 값을 갖는 *r*은 두 변인 간의 선형관계의 크기를 표현한다. 선형관계는 직선으로 설명될 수 있는 것이다. 즉, 예를 들어, 한 변인의 관찰 수준이 증가하면, 다른 변인의 관찰 수준도 증가한다. 상관계수는 역관계가 있는 경우에는 마이너스 값을 가진다. 즉, 한 변인의 관찰 수준이 증가하면, 다른 변인의 관찰 수준은 감소한다.

상관계수는 많은 유형의 연구의 발견을 기술하는 데에 사용된다. 범죄행동의 잠재적인 공변인에 관한 연구결과들은 종종 재범을 저지른(예/아니요) 한 집단(예: 남성)의 %를 재범을 저지른(예/아니요) 다른 집단(예: 여성)의 %와 상대적으로 비교하여 보고한다. 연구결과들은 가끔 중다 수준의 변인(언어지능과 같은)과 범죄성에 대한 중다 수준 측정치(새로운 범행 횟수와 같은)의 공변량으로 보고될 것이다. 다른 때에는, 성별(남성/여성)과 같은 두 수준의 변인이 범죄의 평균 횟수와 얼마나 연합되어 있는지 보고할 수도 있다. 이러한 모든 예시의 연구결과들은 Pearson 적률 상관계수(*r*)로 설명한다.

Robert Rosenthal(1984)은 다양한 연구결과들을 어떻게 비교할 수 있는지 보여 주었다. 이항

효과크기 분포(the binominal effect size display)는 어떤 사례의 50%가 잠재적 공변인의 한 수준에 속하고, 나머지 50%는 다른 수준에 속한다고 가정한다(예: 사례의 50%는 남성이고, 50%는 여성이다; 언어지능에 있어서 사례의 50%는 평균 이하이고, 나머지 50%는 평균 이상이다). 또한, Rosenthal의 이항효과크기 분포는 어떤 사례의 50%가 범죄자이고(또는 상대적으로 더 많은 새로운 범행을 했고), 나머지 50%는 범죄자가 아니라고(또는 상대적으로 더 적은 새로운 범행을 했다고) 가정한다. 이러한 조건들하에서, r값은 두 집단의 %의 단순한 차이 값이다. 한 집단은 다른 집단에 비해 범죄행동을 할 위험성이 더 높다고 가정된다. 따라서 예를 들어, 여성인 것이 보다 낮은 위험으로 고려되고, 남성인 것이 보다 높은 위험으로 고려된다면, 결과는 다음과 같다:

상관관계 값이 1.00이라면:

보다 낮은 위험	
(여성인 것)	000% 범죄자
보다 높은 위험	
(남성인 것)	100% 범죄자
	100−000
	= 100

상관관계 값이 0.00이라면:

보다 낮은 위험	50% 범죄자
보다 높은 위험	50% 범죄자
	50−50
	= 00

상관관계 값이 .10이라면:

보다 낮은 위험	45% 범죄자
보다 높은 위험	55% 범죄자
	55−45
	= 10

상관관계 값이 .60이라면:

보다 낮은 위험	20% 범죄자
보다 높은 위험	80% 범죄자
	80−20
	= 60

역관계는 다음과 같이 표현된다:

상관관계 값이 −.60이라면:

보다 낮은 값	80%
보다 높은 값	20%
	20−80
	= −60

상관계수의 값을 알면 보다 낮은 위험집단과 보다 높은 위험집단의 범죄율을 계산하는 것은 쉬운 일이다. 이항효과크기 분포를 사용하면, 보다 높은 위험집단 안에서 범죄자 비율은 0.50 더하기 $r/2$ 값이고, 보다 낮은 위험집단 안에서 범죄자 비율은 0.50 빼기 $r/2$ 값이다. 예를 들어, 상관관계 값이 0.40이라면, r값을 2로 나눈 것은 0.20이다. 따라서 r값을 0.40이라고 가정할 때, 보다 높은 위험집단의 범죄자 비율은 0.70이며(0.50+0.20), 보다 낮은 위험집단의 범죄자 비율은 0.30이다(0.50−0.20).

이항효과크기 분포를 사용한 접근은 같은 수의 사례들이 처치집단과 통제집단으로 무선할당 되었을 때와 같은 경우에 실험연구의 효과를 요약하기 위해 사용될 수도 있다. 예를 들어, 재범확률이 감소하는 것이 처치가 성공하는 것이고, 처치와 재범의 상관관계 값이 0.20이라면,

통제집단의 재범확률은 60%인 데 비해(50+10) 처치집단의 재범확률은 40%이다(50−10).

상관계수를 계산하면, 연구자들은 공변량의 확립뿐만 아니라 공변량의 수준까지 기술할 수 있고, 다양한 상관계수의 상대적인 크기를 비교할 수 있다. 이항효과크기 분포의 접근방식은 공변량의 크기에 대해 간편하고 쉽게 해석할 수 있게 해 준다.

물론, 상관관계가 인과관계를 설명하는 것은 아니다. 공변인의 상관관계적, 예측적 또는 인과적 속성은 얻어진 공변량의 수준(또는 예측 정확성)과는 상관없이 관찰의 방법에 달려 있다. 공변인들 유형의 차이가 매우 중요하기 때문에, 이 책에서는 다른 유형의 공변인들에 대한 정보를 보여 주는 서로 다른 연구설계들을 검토한다. 경험적인 초점은 또한 PCC가 범죄행동 평가의 신뢰성과 타당성 그리고 범죄행동의 잠재적인 공변인들을 고려해야 한다고 제안한다. 따라서 측정의 질에 대한 문제들을 다룰 것이다. 마지막으로, PCC는 범죄행동과 잠재적 공변인 간의 연합의 본질 및 수준에 관해 내려진 어떤 특정 결론의 신뢰성과 타당성에 관심을 가진다. 따라서 이제 우리는 체계적인 연구에서 도출되는 결론의 타당성에 대한 표준적인 위협요소를 검토한다.

이론적 이해. 이론적 이해란 범죄행동의 다양성에 관해 일반적이고, 합리적이며, 단순하고, 정서적으로 만족스러우며, 경험적으로 정확한 **설명**(explanations)을 찾는 것이다. 일반적인 설명이란 여러 특수한 관찰들에 적용할 수 있는 것이다. 예를 들어, 범죄행동에 대한 일반적인 이론은 폭력범죄와 비폭력범죄의 다양성을 설명하고, 나이, 인종, 국적, 사회경제적 출생이 다른 남녀들을 설명할 수 있어야 한다.

합리적인 설명은 내외적인 논리적 분석을 견뎌 낼 수 있어야 한다. 좋은 이론은 내적으로 그리고 외적으로 일관성이 있을 것으로 기대된다. **내적 일관성**(internal consistency)이란 가정들과 설명변인들이 이론 내에서 잘 들어맞는지를 나타낸다. **외적 일관성**(external consistency)은 한 이론이 얼마나 다른 과학적인 이론들과 잘 들어맞는지를 나타낸다. 예를 들어, 어떤 범죄행동 이론이 특정 생물학적 가정들과는 내적으로 일관되지만, 만약 그 가정들이 보다 보편적인 생물과학 내에서 상당히 잘 정립된 이론과 잘 맞지 않는다면, 그 이론은 만족스럽지 못할 것이다.

단순한 설명은 상대적으로 소수의 가정을 갖는다. 덜 객관적이지만, 중요한, '좋은(good)' 이론들은 개인적인 상식을 형성케 하고, 일체감을 주며, 위대한 문학작품이나 훌륭한 예술작품들을 보았을 때 종종 느끼게 되는 정서적 '흥분(rush)'을 제공해 준다. 또한 '좋은' 이론에서 사용되는 용어는 인간의 존엄성을 존중하고 개인들이나 집단들을 경멸하지 않는다.

그러나 이론적 이해의 가장 중요한 면은 예측 정확성과 관련이 있다. 경험적으로 방어적인 설명들은 체계적인 연구결과들과 일치하는 설명들이다. 즉, 이론에서 밝혀진 상관변인, 예측변인 또는 인과적인 변인들이 체계적인 관찰에 의해 입증되어야 한다. 범죄행동의 이론적 이해의 적절성에 관한 네 가지의 주요 경험적 타당성이 있다. 첫 번째는 다양한 위험 요인들이 어떻게 상호 관련되어 있는지에 관한 것이다. 예를 들어, '성급함'과 같은 선천적 기질(temperament)이 어떻게 불안정한 가족관계로 이어지며, 어떻게 다른 범죄자와 교제를 하게 만드는가? 두 번째는 범죄행동의 다양성을 정확하게 예측하는 능력에 관한 것이다. 예를 들어, 기질, 가족관계 및 범죄적 친구에 대한 평가는 각각 또는 결합하여 실제로 범죄를 예측할 수 있는가? 세 번째는 이론에서 제안된 인과적 변인들에 초점을 맞춘 신중한 개입이 범죄행동에 잠재적 영향을 미치는지에 관한 것이다. 예를 들어, 가족관계를 개선하는 것에 초점을 맞춘 개입 프로그램의 실행이 실제로 미래의 범죄를 줄이는가? 경험적인 방어 가능성(defensibility)에 대한 네 번째 측면은 '일반적인' 이해에 관한 기준과 관련되어 있다. 간단히 말해서, 범죄행동을 예측하고 영향을 미치는 것들에 관한 연구들의 증거가 성별, 민족 또는 다른 개인적이거나 그리고/또는 사회적인 생각들이 서로 다른 사람들에게도 일반화될 수 있는가? PCC는 그러한 질문들에 대한 답을 추측하지 않으며, 특정 집단의 독특함을 단언하지 않는다. 오히려 PCC는 각기 다른 상황에 처한 다른 유형의 사람들에게 행해진 개입의 효과와 예측 정확성을 탐구함으로써 증거를 찾고자 한다.

[자료 노트 1-2]는 범죄행동 이론들에 대한 간략한 개요를 제공한다. 제3장과 제4장에서 이론들을 더 자세히 서술하겠지만, 이들 개요가 도입 장에서 기술한 연구결과들을 이론적으로 더 의미 있게 만들 것이다.

실용적 이해. 실용적 이해는 범죄행동 심리학에 대한 경험적이고 이론적인 기초가 확실히 자리 잡혀 있을 때 보장된다. 이러한 보장은 예측변수와 원인들에 대한 지식이 교정과 예방의 맥락에서 범죄행동의 발생에 영향을 줄 수 있는 잠재성(이것이 어떠한 경향성은 아닐지라도)을 포함하고 있기에 가능하다. 이와 같은 의미에서, 범죄자들과 잠재적 범죄자들, 피해자들과 잠재적 피해자들 그리고 예방과 형사사법 분야의 모든 관계자들은 범죄행동 심리학에서 이득을 얻는다. 이 책에서는, 실용적 잠재력이 가장 큰 이론들과 경험적 연구들에 특별히 관심을 집중할 것이다.

[자료 노트 1-2]

범죄행동 이론들의 개요: 이론 장들에 대한 간략한 검토

범죄행동에 관한 주요 이론들은 여러 저자들에 의해 다양한 방식으로 분류되어 왔다. 다른 분류체계도 있지만, 이 책은 다음의 분류체계를 가치 있게 평가한다. 정신역동적(psychodynamic), 사회적 위치(social location), 차별적 접촉(differential association) 그리고 사회적 학습/사회적 인지(social learning/social cognition) 분류.

1. Sigmund Freud의 정신분석적 조망에 기반을 둔 **정신역동적 이론**은 현대의 많은 이론들의 출처다. Freud의 주요 기여는 인간 성격의 구조에 대한 서술이다. 성격의 주요 구조물은 직접적인 환경 및 id의 즉각적인 욕구충족 요구와 상호작용하는 ego와 superego이다. 대부분의 아이들에게서 superego와 ego의 발달은 환경과의 상호작용을 통해 나타나는데, 여기서 직접적인 환경은 가족으로 구성된다. 심리적 성숙은 충분히 발달한 ego와 superego에 관여되어 있으며, 그러한 성숙은 장기적 이득을 위해 만족을 지연시키고, 사랑을 주고받을 줄 알며, 사회적으로 생산적인 능력의 특성을 가진다. 강한 superego는 사회적 규율들의 심리적 표상(psychological representation)이며 강한 ego는 장기적 이득을 위해 즉각적 만족을 지연시킬 수 있는 일련의 대처와 방어 기술이다.

주요 이론적 아이디어: 범죄행동은 심리적인 미성숙함과 특히 특정 상황에서 취약한 자기-통제를 반영한다.

주요 위험 요인들: 충동성, 불안정한 대인 관계, 학교 및 직장에서의 낮은 성취 수준, 약한 superego(죄책감이 거의 없음, 관습적인 규율들과 절차에 대한 무모한 무시, 조기 비행, 반사회적 태도), 약한 ego(다양한 영역에서 제한된 기술능력), 공격적인 쾌락-추구, 쉽게 화냄, 출생가족의 문제들.

예방에서의 주요 함의: 중간 목표(위에 기술한 주요 위험 요인들 참고) 설정에는 강함, 서비스 스타일 및 방식 설정에는 취약함.

정신역동적 이론들은 오늘날에도 매우 활발하게 적용되고 있는데, Travis Hirschi(1969, 2004; Gottfredson & Hirschi, 1990)의 이론과 같은 사회통제이론들(social control theories)이 가장 주목할 만하다. 그러나 정신역동의 가장 중요한 발달은 기질, 태도 그리고 가족들의 중요성을 도입한 Sheldon Glueck과 Eleanor Glueck(1950)의 연구에서 찾아볼 수 있다. 오늘날까지, 중다요인 이론들(multifactor theories)은 Glueck과 Glueck(1950)의 연구를 명백히 반영하여 발달했다.

정신역동적 전통은 또한 1930년대 예일학파(the Yale school)의 좌절-공격(frustration-aggression) 이론(Dollard et al., 1939)의 발달에서, 1970년대와 1980년대의 광범위한 사회적

학습 공식(Bandura, 1989)에서 그리고 1990년대와 2000년대의 일반 성격 및 사회심리학에서 명백히 존재한다(다음을 참조할 것).

2. 범죄에 대한 **사회적 위치 이론**들은 범죄행동은 사회적 체계 내에서 개인이 어디에 위치해 있는가를 반영한다고 제안한다. 전형적으로(비록 논리적으로 필연적인 것은 아니지만), 사회적 위치의 중요성은 사회적 부, 권력 및 명성의 분배에서 불공평을 반영한다고 일컬어진다. 대부분의 사회학적 이론가들에게 있어 사회적 위치의 전형적인 지표들은 사회적 계층, 나이, 인종/민족 그리고 성별이다. 따라서 가난한 것, 어린 것 그리고 부당한 대우를 받는 인종집단의 구성원이라는 사실은 모두 범죄의 동기가 될 수 있다. 그러나 가부장적인 사회에서 부당한 대우를 받는 위치의 여성이라는 사실은 명백하게 범죄의 동기가 되지는 않는다.

주요 이론적 아이디어: 범죄행동은 부와 권력의 분배에서 사회적으로 구조화된 불평등과 관련된 개인적인 고통(긴장)을 반영한다. 다시 말해서, 긴장(strain) 해석은 사회학적 이론가들에 의해 선호될 뿐이며, 논리적으로 필요한 것은 아니다[기회, 약한 사회적 통제 그리고 약한 superego 유형들의 과잉-표상(over-representation) 또한 가능한 구조적 요인들이다].

주요 위험 요인들: 하위 계층 출신, 학교 및 직장에서의 낮은 성취, 소외감(학대당하는 감정과는 대비되는 것으로서의), 관습적인 성공을 열망하지만 기회가 제한되어 있음을 지각하는 것, 갱 단원인 것, 하위 계층의 가치들을 채택하는 것.

예방에서의 주요 함의: 교육적 및 직업적 기회들에 개방적이지만, 실행하는 방법에서는 취약함.

Robert Merton(1938)의 아노미 이론(anomie theory)은 범죄가 길들여지지 않은 충동들의 표출(정신역동적/통제이론에서처럼)이 아니라 낮은 계층 때문에 관습적인 성공을 이룰 타당한 경로들이 막혔다고 인식한 사람들이 찾는 혁신적인 경로라고 주장한다. 사회적 위치이론들에서 말하는 하위문화 발달이란, 하위계층의 범죄자들이 범죄적 가치들을 혁신하는 것이 아니라 그 범죄적 가치들을 그대로 따르며 범죄를 저지를 수 있는 기회들을 수용하는 것을 말하는 것이다.

사회적 위치이론들은 오늘날 위기에 처해 있는데, 그 이유는 불평등과 개인의 범죄행동 측정치들 간 연합의 정도가 너무 약해서 이 이론들을 범죄행동의 심리학으로서 간주하기에는 심각한 문제가 있기 때문이다(제2장 참고). 불행하게도, 범죄학 교재들은 이러한 이론들이 여전히 중요하다고 계속 주장하고 있기 때문에, 우리는 이에 주의를 기울여야만 한다. 관습적으로 사회화되고, 관습적인 성공을 추구할 방법을 차단당한 하위계층의 젊은 남성들에게 거의 독점적으로 초점을 맞추고 있다는 점에 대해서는 제한적이긴 하지만 그 가치가 고려되어야 한다. Robert Agnew(1992)는 전통적인 긴장이론과의 관계를 끊고, 그 대신에 분노와 공격성에 대한 사회적 학습 모델을 반영하는 범죄행동의 일반 사회심리학을 제시하고 있다.

3. **차별적 접촉이론**은 정신역동적 이론처럼, 사실상 인간 행동에 대한 강력한 심리학에 기반

하고 있다. 이 심리학은 상징적 상호작용주의(symbolic interacitonism)인데, 여기서는 사람들이 어떻게 생각하는지가 매우 중요하며, 따라서 어떤 특정 상황은 법을 어기더라도 '괜찮은' 상황으로 정의될 수도 있다. 이러한 정의를 지지하는 태도, 가치, 신념 그리고 합리화들은 친범죄적 또는 반범죄적 패턴들에 차별적으로 노출됨으로써 학습된다. 이러한 학습의 대부분은 타인과의 접촉에 의해 이루어진다. Sutherland의 차별적 접촉이론(1939; Sutherland & Cressey, 1970)은 Burgess와 Akers(1966; Akers, 1973)가 행동심리학의 조작적 조건화의 원리들을 도입하여 재구성함으로써 더욱 견고해졌다. Ronald Akers는 이러한 재구성된 이론을 '사회적 학습이론(social learning theory)'이라고 불렀다.

주요 이론적 아이디어: 범죄행동은 범죄적 및 반범죄적인 대안행동에 대한 강화 및 처벌에서의 차이들이 표출된 것이다.

주요 위험 요인들: 반사회적 태도, 반사회적 친구

예방에서의 주요 함의: 중간 목표 설정에는 강하지만, 행동이론과 결합되기 전까지는 실행 방법에서 취약함.

4. 다양하게 적용할 수 있는 인간 행동에 대한 일반 성격 및 사회심리학은 1980년대 후반 및 1990년대에 나타났으며, 2000년대에 발전했다. 범죄행동을 이러한 일반적인 모델로써 분석하는 경우 특히 가치가 있다. 이러한 일반적인 모델은 사회학습/인지행동/사회인지 이론으로 잘 묘사된다. 예일학파(예: Dollard et al., 1939), Albert Bandura(1989, 2001), Donald Meichenbaum(1997)과 Walter Mischel(1968, 2004)의 공헌, 일반 사회심리학(예: Ajzen & Fishbein, 1980, 2005)의 공헌과 성격의 주요 측면들(예: Digman, 1990)에 대한 이해의 발달로 인해, 만약 심리학자들이 어떤 특정한 인간 행위의 발생에 영향을 미치고 예측하는 것에 대해 관심이 있다면, 다음과 같은 변인들—태도, 친구, 행동전력, 성격—중 한 가지 이상을 평가하고 영향을 미치려고 하는 것이 가치 있다고 제안된다. 'Big Four' 변인들(즉, 태도, 친구, 전력 그리고 성격)은 가족, 학교, 직장, 레저, 이웃과 같은 주요 영역들의 조건에 의해 영향받고 조절된다.

주요 이론적 아이디어: 범죄행동의 기회는 (a) 범죄행동을 함으로써 받는 보수(reward)의 정도에 따라 증가하고 (b) 범죄행동에 뒤따르는 비용(cost)의 정도에 따라 감소한다. 이러한 신호화된 보수들은 반사회적 태도를 통한 개인적인 통제, 반사회적 친구에 의해 제공된 범죄에 대한 사회적 지지를 통한 대인 관계적 통제, 범죄행동에 대한 강화의 역사에 의해 형성된 비매개적(nonmediated) 통제 그리고/또는 개인적 성향들을 반영한다.

주요 위험 요인들: 반사회적 태도, 반사회적 친구, 반사회적 행동전력, 반사회적 성격, 가정, 학교, 직장 및 레저 영역에서 문제가 있는 조건들.

예방에서의 주요 함의: 중간 목표 설정과 서비스 스타일 및 방식 설정에 강함.

일반 성격 및 사회심리학적 접근은, 제4장에 기술될 바와 같이, 본질적인 인과적 변인들에 관해 여전히 다양한 경쟁적인 견해들을 가진다 (제4장을 참조할 것).

경험적 이해와 연구설계

공변인에 대한 경험적 지식

경험적으로, PCC는 범죄행동에 대한 준거의 다양성을 수립함으로써 범죄행동 다양성의 공변인들에 대한 지식을 추구한다. PCC에서 관심을 가지는 이러한 공변인들은 그것이 '생물학적'이든 '심리적'이든 또는 '사회적'이든 실제 관찰이 가능하다. 또다시 말하지만, 우리가 강조하는 것은 관찰되어야만 하는 잠재적 공변인들에 대해 학문적 또는 정치적 선호보다는 PCC의 핵심인 개인의 범죄행동의 다양성에 경험적 초점을 맞추는 것이다.

범죄행동의 공변인은 공변량에 대한 관찰이 어떤 방식으로 이루어졌는지에 따라서 여러 유형으로 나뉜다. 〈표 1-1〉에서 볼 수 있듯이, 이러한 유형들에는 범죄행동의 다양성(variability)에 대한 상관변인들, 예측변인들, 역동적 예측변인들 및 인과적 변인들이 포함된다. 앞으로 분명해지겠지만, 여러 이유들 때문에, 종종 '인과적(causal)' 변인들을 '기능적 변인(functional variables)' 또는 '기능적 중요성(functional significance)의 변인'이라고 칭할 것이다. 나아가, 상관 요인들은 횡단적 연구(cross-sectional research)설계, 예측변인들은 종단적 연구(longitudinal research)설계, 역동적 예측변인들은 중다파 종단적 연구(multiwave longitudinal research)설계 그리고 기능적 변인들은 실험적 설계와 연계된다(〈표 1-1〉을 참조할 것). 또 한 가지 중요한 것은 조절변인(moderator variable)이다. 조절변인이란 범죄행동의 공변인들과 상호작용하는 변수들이다. 예를 들어, '약물사용에 대한 사회적 지지'는 '약물사용에 대한 호의적 태도'와 상호작용할 수 있는데, 이는 약물사용에 대한 사회적 지지가 높을 때에는 태도가 약물사용과 강하게 연합되는 반면, 사회적 지지가 낮을 때에는 매우 약하게 연합되기 때문이다([자료 노트 1-3]에서 더 자세하게 논의한다). 조절변인들은 인간 행동의 복잡함을 인식하는 공식적인 통로가 된다. 종종, 범죄행동의 상관변인들은 다른 변인들과 사회적 맥락 모두 또는 어느 한쪽에 '종속(depend)된다.'

공변인들에 관한 우리의 지식을 응용하는 데 있어서, 위험(risk), 욕구(need), 반응성

(responsivity) 그리고 강점(strength)이라는 단어들을 사용할 것이다. 반응성에 대해서는 후에 설명할 것이고, 지금은 위험, 욕구 그리고 강점에 집중할 것이다.

표 1-1 공변인의 유형, 임상적 변인의 유형, 연구설계, 준거변인

공변인 유형	임상적 유형	연구설계	준거	비고
상관변인	위험/욕구 요인	횡단적	과거 범죄	예측이 아닌 사후 추정(post-diction)
예측변인	위험 요인	종단적	미래 범죄	문제에 대한 강조
	강점 요인	종단적	미래 범죄	긍정적인 것에 대한 상대적 강조
역동적 예측변인	욕구 요인	중다파 종단적	미래 범죄	덜 또는 더 안정적일 수 있음
	안정적 욕구	중다파 종단적	미래 범죄	천천히 변화함(보다 안정적)
	급성적 욕구	중다파 종단적	미래 범죄	빠르게 변화함(덜 안정적)
기능적 변인	개입	실험적	미래 범죄	통제된 방식으로, 변화에 대한 계획적 유도

주: a) 횡단적 설계는 잠재적 위험/욕구 요인들에 대한 정보를 제공한다. 진정한 위험 요인에 대한 지식은 종단적 연구들에 근거해야 하며 범죄유발적 요인에 대한 지식은 중다파 종단적 연구와 실험적 연구 모두 또는 어느 한쪽에 근거해야 한다.
b) 위험 요인 및 강점 요인의 예: 직장에서 매우 낮은 수준의 보수와 만족은 잠재적인 위험/욕구 요인이고(범죄를 증가시키는), 매우 높은 수준의 보수와 만족은 잠재적 강점 요인이다(범죄를 감소시키는). 반면, 중간 수준의 보수와 만족은 증가 또는 감소 측정치에 대한 재범 기저율이다.
c) 강점 요인들은 또한 역동적일 수 있으나 강점 요인의 변화는 아직까지는 잘 연구되어 있지 않다.

위험. 위험 요인은 미래 범죄행동 기회의 증가와 관련된 사람들의 특성 및 그들이 처한 상황의 특성을 나타낸다. 예를 들어, 범죄에 대해 호의적인 태도는 범죄에 대한 혼합된('그저 그런') 태도 또는 범죄행동에 호의적이지 않은 태도와 비교하여 범죄행동에 대한 기회의 증가와 연결된다. 위험 요인에 대한 지식의 임상적(또는 실무적)인 응용은 다양하다. 교정 기관 및 시설 그리고 법정 정신건강 장면들에서, 재범 위험성에 대한 문제는 조기 석방(예: 가석방이나 석방), 지역 슈퍼비전 프로그램(community supervision program)의 슈퍼비전 수준, 수감자 분류에 있어 구금(custody) 수준의 결정에 있어서 매우 중요하다. 일반적으로, 위험요소가 낮은 경우들은 조기 석방과 낮은 수준의 슈퍼비전의 대상이 되는 반면, 위험요소가 높은 경우들은 높은 수준의 슈퍼비전의 대상이 된다. 덧붙여서, 앞으로 예방과 교정 처치 프로그램에 대한 논의에서 살펴보겠지만, 위험 요인은 처치 서비스를 결정하는 데 주요한 역할을 한다. 범죄자 분류의 위험 요인 원리에 따르면, 중간이나 고위험 요인의 범죄자들에게는 더욱 집중적인 처치 서비스가 필수적으로 제공되어야 하며, 반면 저위험 요인의 범죄자들의 경우에는 심지어 그들에게 처치 서비스가 제공되지 않는다고 할지라도 낮은 재범률을 보여야 한다. 위험 요인 평가에 대한 응용적 가치는 앞으로의 장들에서 기술할 것이다.

욕구. 교정 분야에서는 문제적인 상황들을 '욕구'의 문제로 여기는 것이 전통적이다. Andrews, Bonta 그리고 Hoge(1990)는 범죄유발적(criminogenic) 욕구와 비범죄유발적(noncriminogenic) 욕구를 구분하는 것이 더욱 가치 있다고 제안했다. 범죄유발적 욕구는 역동적인 위험 요인이며, 이러한 위험 요인은 변화한다. 이러한 변화에 따라 범죄행동의 기회도 변화한다. 비범죄유발적 욕구가 변한다고 해서 범죄행동에 대한 기회의 변화가 발생하는 것은 아니다. 재범률 감소를 목표로 할 경우, 선정된 역동적 위험 요인(또는 범죄유발적 욕구)은 처치 서비스를 통해 변화 가능한 중간 목표가 무엇인지를 시사한다. 비범죄유발적 욕구를 선정하는 것은 이들 욕구를 다룸으로써 미래 범죄에 영향을 미치고자 하는 것은 아니다.

물론, 환경적인 문제들을 감소시키고자 하는 시도에는 범죄를 통제하는 것을 넘어서는 다양한 이유들이 존재한다. 노숙자에게 주거지를 제공하고 정서적 고통을 감소시키는 것은 범죄의 분석에 있어서 단지 사소한 요인에 지나지 않을 수 있지만, 그렇게 하는 것 자체만으로도 가치가 있는 것이다. 범죄자들에게 중요한 비범죄유발적인 욕구에 초점을 맞추는 것은 처치에 참가할 만한 동기를 강화시키는 계기가 될 수 있다.

강점. 강점 요인들은 때로는 '보호적(protective)' 요인이라고도 불린다. 일반적으로, 강점은 범죄행동의 기회를 감소시키는 사람들의 그리고 환경적 특징들을 뜻한다. 예를 들어, 범죄에 대한 태도는 매우 부정적이거나, 상당히 중립적이거나 또는 매우 호의적인 것으로 측정된다. 만약 범죄에 부정적인 태도가 중립적인 태도에 비해 낮은 범죄율과 관련된다면, 이러한 부정적인 태도는 강점 요인이 된다. 반대로, 만약 범죄에 호의적인 태도가 중립적인 태도에 비해 높은 범죄율과 관련된다면, 호의적인 태도는 위험 요인이 될 것이다. 이러한 접근법에서는, 위험 요인들과 강점 요인들이 최소 세 수준 [약한(weak), 중립적(neutral), 강한(strong)]으로 평가될 수 있다. 만약 우리가 단순히 '약함/중립'을 '강함'과(또는 '약함'을 '중립/강함'과) 비교한다면, 위험 요인을 다루고 있는 것인지 강점 요인을 다루고 있는 것인지 알 수 없을 것이다. 강점들을 타당하게 측정했을 때, 이 강점들은 단지 위험 요인들의 측정만으로 얻어진 예측 정확성(r의 크기)을 보다 증가시킬 수 있다. 더욱이, 강점을 고려하게 되면, 위험 요인에만 초점을 맞추는 것에 비해 사람들의 더욱 긍정적이고 완전한 모습을 그릴 수 있다.

강점은 또한 위험 요인의 영향으로부터 사람을 보호해 준다는 점을 강조하여 '회복적

(resilient) 요인'이라고도 정의된다. 그러나 이러한 해석은 위험 요인의 영향이 실제로 강점 수준에 따라 변하는 것에 대한 경험적인 검증에서 일관성이 없기 때문에 취약하다. 이러한 발견들은 이후 분명해질 것이나, 현재로서는 '강점' 그리고/또는 '보호적'이라는 용어 사용을 선호한다.

요약하면, 서비스의 목표가 재범률 감소인 경우에 범죄유발적 욕구에 대한 평가는 적절한 중간 목표를 제시해 주는 반면, 임상적으로, 위험 요인에 대한 평가는 도입되어야 할 서비스의 수준을 제시해 준다. 강점에 대한 평가를 함으로써 누구의 재범 확률이 높아지는지 식별하는 능력이 향상된다. 마찬가지로, 중간 목표들을 선택하는 것은 범죄유발적 욕구를 감소시키는 것을 넘어서 그 사례의 강점들을 향상시키는 것을 포함하는 것으로 확대될 수 있다. [자료 노트 1-3]은 위험 요인과 강점을 둘 다 고려할 때의 잠재력을 보여 준다. 응용적인 교정 장면에서의 실무적인 예측에서, 강점을 추가하는 것에 대한 가치는 아직 연구 중이다.

[자료 노트 1-3]

강점 요인들

강점 요인들의 예시들은 1987년에 시작한 종단적 연구인 Pittsburgh Youth 연구(Stouthamer-Loeber et al., 2002)에서 얻어졌다. 인용한 논문에서 연구자들은 6년 동안의 평가를 통해 지속적인 심각한 비행을 예측했다. '지속적이고 심각한(persistent and serious)' 어린 남성 범죄자들은 6년의 평가 기간 중 최소 2년 동안 다음의 범죄들 중 하나 이상의 범죄를 보고했다(또는 그러한 범죄에 연루되었다고 보고했다): 절도, 마약 판매, 강도, 신체적 공격 그리고/또는 강간. 저자들은 그들의 '강점'(또는 '보호') 요인을 '증진(promotive)' 요인이라고 지칭했지만, 우리는 '강점'이라는 용어를 쓸 것이다. 잠재적인 위험 및 강점 요인은 연구 첫 연도에 평가된 아동, 보호자 및 선생님의 보고를 바탕으로 정해졌다. 잠재적인 위험/강점 요인은 −1(강점, 대략 25%의 아동들), 0(중립, 중간 50%의 아동들), +1(위험, 대략 25%)로 채점되었다. −1점이 0점에 비해 평균적으로 더 낮은 비행과 관련되어 있을 때, 그 요인은 강점 요인이라고 불린다. +1의 점수가 평균적으로 높은 비행과 더 관련되어 있을 때, 그 요인은 위험 요인이라고 불린다. 이러한 접근방식을 이용한다면, 어떠한 요인이든지 강점 요인 그리고/또는 위험 요인이 될 가능성이 있다. 이러한 예측 요인들은 일련의 성격적 특징(예: 죄책감을 느끼는 능력), 행동전력(예: 사람들에게 잔인함), 반사회적 행동에 호의적인 태도, 가족관계(부모 및 감독자와의 관계) 그리고 나이 및 사회적 계층 같은 인구학적 변인들을 포함한다. 아동이 일곱 살 때 처음 평가된 결과들 중 일부는 다음과 같다. 죄책감을 느끼는 능력은 위험 요인인 동시에 강점 요인이었는데, 그러한 능력이 높은 경우 범죄의 기회는 감소되었고, 낮은 경우에는 범죄의 기회가 증가되었다. 부모님과의 관계는 강점 요인이었지만 위험 요인은 아니었다. 낮은 읽기능력은 위험 요인이었으나 강점 요인은 아니었다. 상관관계적으로, 위험 요인은 비행과 정적으로 상관관계가 있었던 반면, 강점 요인은 비행과 부적으로 상관이 있었다. Pittsburgh 연구자들의 주장에 따르면, 위험 및 강점 요인들은 지속적이고 심각한 비행의 예측에 독립적인 기여를 한다(즉, 두 요인을 모두 고려하는 것이 각기 하나씩만 고려하는 것에 비해 상관계수의 수준을 증가시킨다는 것이다). 만약 관련성이 있는 요인들의 두 점수를 더한다면, 심각한 비행의 가능성은 전체 점수에 따라 직접적으로 증가한다. [그림 1-1]에는 Stouthamer-Loeber 등(2002)의 연구에서 두 번째 표본(13~19세)에 대한 몇 가지 결과가 요약되어 있다. 부적인 값은 강점 요인의 불균형적인 수를 반영하는 반면, 정적인 값은 위험 요인의 불균형적인 수를 반영한다. 명백히, 지속적이고 심각한 비행을 하게 되는 아동들의 비율은 다수의 강점 요인을 가진 아동들 사이에서는 매우 낮지만, 상대적으로 높은 위험 점수와 낮은 보호적 점수를 보인 아동들 사이에서는 비행이 거의 확실해진다.

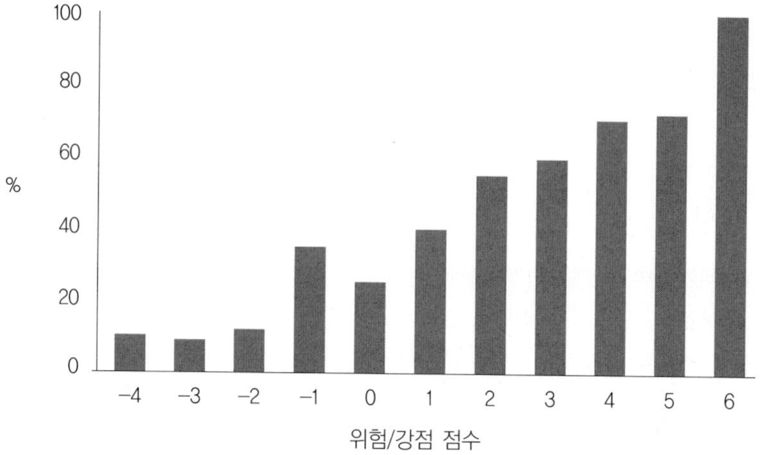

Stouthamer 등(2002)에서

[그림 R.N. 1-1] 7~13세 아동들의 지속적이고 심각한 비행의 비율

연구설계

이 장은 공변량 확립에 있어서 연구설계 구조의 중요성에 초점이 맞추어져 있다. 이 장은 측정, 조직화 및 개념화 과정의 많은 잠재적 오류의 원천에 대한 전반적인 검토를 하지 않는다. 그러나 측정과 개념화의 잠재적 오류는 특정 위협에 의해 공변량 추정치를 부풀리거나, 축소시키거나 또는 공변량 수준에 아무런 영향도 미치지 않을 수 있다.

지금까지 검토한 연구 접근법들은 체계적인 양적인 전통을 따른다. PCC에서 질적인 연구 접근법 또한 잠정적인 모델(변인들에 대한 초기 개념화와 변인들 간의 관계)을 구축할 때 중요한 역할을 한다. 연구자들은 양적인 연구를 통해 적용과 검증을 한 후에, 그 모델의 '진실성(ring of truth)'을 탐구하기 위해 질적인 연구로 돌아간다. 즉, 예를 들어, 우리가 관심을 가진 현상을 정말로 이해한다는 느낌을 주는 데에는 좋은 사례 연구만한 것이 없다.

사례 연구들은 선호하는 이론적인 입장을 위한 '증거'로 빈번하게 사용되곤 했지만, 방법론적인 결함이 너무 심각해서 실험의 가설들을 구축하거나 어떠한 현상을 예시하는 정도에 그친다. 저자들이 이 책에서 사례 연구를 제시하는 경우, 그것은 연구 증거를 제시하는 것이 아니라, 단지 체계적인 연구에 의해 이미 정립된 연구결과를 예시하기 위한 것이다.

범죄의 상관변인: 범죄전력에서 차이가 있는 집단에서의 구분

상관변인에 관한 지식은 범죄전력에서 차이가 있는 것으로 알려진 개인들에 대한 횡단적 관찰에서 나온다. 횡단적 연구는 보통 두 가지 유형이 있다. 극단적 집단 연구 그리고 조사연구(extreme groups and surveys). 극단적 집단 접근법에서는, 개인의 범죄전력에 차이가 있다는 것을 알기 때문에 밀접한 관찰을 통해 대상자들이 선정된다. 예를 들어, 고등학교 학생들이 보호관찰하에 있는 범죄소년들과 비교되거나 초범자 집단과 상습범 집단이 비교될 수도 있다. 여기에서의 경험적인 문제는 어떤 잠재적 공변인들이 실제로 범죄자와 비범죄자를 구분하는지 발견하는 것이다. 또 조사적 접근법에서는, 어떤 특정 모집단으로부터 그 집단을 대표하는 개인이 체계적인 관찰을 위해 선택된다. 연구된 변인들 중 하나는 개인이 관여한 범죄행동의 수준 그리고/또는 유형이다. 측정된 다른 변인들은 범죄전력의 잠재적인 공변인들이다. 여기에서도 과제는 과거 범죄와 연관성이 있는 변인들을 찾아내는 것이다. 즉, 상관변인들은 과거 범죄의 공변인들이다.

횡단적 설계는 범죄행동의 분석에서 가장 자주 사용된다. 그러한 연구는 시행하기에 비용이 덜 들고 다른 방법들보다 훨씬 빠르게 정보를 제공해 준다. PCC와 범죄학 전체를 통틀어서 가장 중요하고 가장 많이 인용되는 두 연구는 Sheldon Glueck과 Eleanor Glueck(1950)의 연구와 Travis Hirschi(1969)의 연구다. 이론에 관한 장들(제3장과 제4장)에서 그들의 연구가 얼마나 중요한지 알게 될 것이다. 여기에서는 그들의 연구결과들을 잠재적인 위험/욕구 요인에 따라 비교했다. 이들 연구는 여러 측면에서 다르지만, 그들의 연구결과는 매우 비슷하며 그 이후의 많은 연구들에 의해 지지되었다(〈표 1-2〉를 참조할 것).

표 1-2 두 개의 고전적 횡단적 연구들의 위험/욕구 요인에 대한 연구결과들의 비교

	고전적 횡단적 연구들	
	Glueck & Glueck(1950)	Hirschi(1969)
성격		
활기차며 쉽게 지루해함	Y	Y
자기-통제력 부족	Y	Y
반사회적 행동의 전력		
다수의 규칙 위반	Y	Y
반사회적 태도		
친범죄적 태도	Y	Y
반사회적 친구		
비행친구	Y	Y
학교		
학교를 싫어함	Y	Y
가족		
나쁜 가족 관계	Y	Y
부모의 취약한 슈퍼비전	Y	Y

주: Y(Yes: 그렇다), N(No: 아니다)

예측변인: 종단적 연구에서의 진실한 예측

범죄행동의 예측변인에 관한 지식은 종단적 연구에서 행해진 관찰들로부터 온다. 종단적 연구에서는, 가정된 예측변인들과 차후 또는 미래 범죄행동과의 관계가 조사된다. 횡단적 연구 및 조사연구에 비해서, 종단적 연구는 확인된 공변량이 실제로 가망성이 있는 것인지를 확증시켜 준다는 장점이 있다. 즉, 범죄행동에 대한 측정이 예측변인들을 측정한 후 발생한 사건들을 근거로 하기 때문에, 범죄행동이 공변량에 영향을 미치지 않았다는 것을 확신할 수 있다. 논리적으로, '원인(causes)'은 '결과(effects)' 이전에 일어나야 한다. 하지만 횡단적 연구와 조사연구에서는 두 변인들 간의 연합성을 관찰할 때, 어떤 것이 우선하는지 결코 확신할 수 없다(예: 근육질 체형이 범죄행동을 하도록 이끄는가? 아니면 범죄행동이 근육질 체형을 만드는가?).

종단적 연구의 실용성을 예시하기 위해, 미래 범죄를 예측하는 능력의 구체적인 예시를 제시한다. Sally Rogers(1981)는 범죄행동의 특정 위험 요인들로 잘 알려진 요인들을 반영한 간단한 6항목 위험척도를 개발했다. 여섯 개의 예측변인들(또는 위험 요인들)은 다음과 같았다.

남성, 젊은이(24세 이하), 범죄기록, 비행친구, 목적 없이 보내는 레저시간, 사회적 지원에 의존하는 가족. Rogers는 보호관찰 기간 중에 또는 보호관찰이 끝난 후 2년 내에 공식적인 재선고(official reconvictions)를 받은 Ontario의 1,104명의 보호관찰자들을 대표적 표본으로 하여 연구했다. 보호관찰 기간 동안의 인터뷰에 근거하여 각 보호관찰 대상자들에게 하나의 위험 요인이 있을 때마다 '1'점의 점수를 매겼다. 따라서 위험척도는 '0'(위험 요인이 없음)부터 '6'(모든 요인이 존재함)의 값을 갖게 된다. 공식적인 재선고율이 위험척도의 점수에 따라 증가한다는 것이 〈표 1-3〉에서 명백하게 나타난다. 이러한 예측타당도의 수준에 대한 실용적인 의미는 PCC의 중요한 초점이다.

표 1-3 위험수준에 따른 재선고율

위험 점수	재범률	N
6	94.2%	17명 중
5	76.9%	108명 중
4	62.7%	109명 중
3	42.9%	220명 중
2	24.2%	397명 중
1	9.4%	181명 중
0	5.6%	36명 중
전체 표본	35.8%	1,104명 중

Rogers(1981)에서 발췌.

역동적 예측변인: 역동적 위험 요인, 더욱 그리고 덜 안정적인

역동적 예측변인들에 대한 명확한 지식은 중다파 종단적 연구를 통해 얻어진다. 중다파 종단적 연구에서는, 관찰이 최소 세 번 이루어진다. 첫 번째는 잠재적인 예측변인을 평가하고, 두 번째는 이러한 잠재적 예측변인들을 재평가한다. 신체, 정신, 사회적 배치 중 역동적인 측면들의 일부는 시간이 지나면서 변한다. 역동적 예측변인들을 확립하기 위해서, 첫 평가와 재평가 사이에서 관찰된 변화는 세 번째 평가, 즉 차후에 행해진 범죄에 대한 평가와 비교·분석된다.

역동적 예측변인들(역동적 위험 요인들)은 이후의 범죄행동과 연합된 변화에 대한 평가다. 일부 역동적 위험 요인들은 몇 주, 몇 달, 심지어 몇 년에 걸쳐 변화가 일어난다는 점에서 상당히 안정적이다. 이러한 역동적 위험 요인의 예로는 가정, 학교 또는 직장에서 대인 관계의 개선뿐만 아니라 범죄자와의 교제가 감소하거나 또는 증가하는 것을 들 수 있다. 일부 역동적 위험 요인들은 덜 안정적이며 매우 즉시적으로 변화할 수 있다. 이렇듯 빠르게 변화하는 역동적 위험 요인들은 급성 역동적 위험 요인(acute dynamic risk factors)이라고 불리고 대체적으로 즉시적인 상황과 환경들(오늘 밤에 마약 복용자와 시간을 보내는 것과 같은) 그리고/또는 화, 분노, 복수심과 같은 즉시적인 정서적 상태들을 반영한다(Hanson & Harris, 2000; Quinsey, Coleman, Jones & Altrows, 1997; Zamble & Quinsey, 1997). 우선, 보다 안정적인 역동적 위험 요인부터 살펴볼 것이다.

역동적 예측변인에 대한 예시로, Andrews와 Wormith(1984)는 보호관찰자들의 수용 당시 '다른 범죄자와의 동일시(Identification with Criminal Others)'라고 불리는 반사회적 태도에 대한 지필검사 측정치가 재범률을 예측한다는 것을 발견했다. 역동적 예측변인과 관련해서, 우리는 첫 번째와 두 번째 측정에서의 점수 변화와 미래 재범률에 관심이 있다. Andrews와 Wormith(1984)는 수용 중인 범죄자와 중간 정도의 동일시를 보인 보호관찰자가 6개월 후 그 동일시의 수준이 낮아지는 경우 단지 10% 정도의 재범률을 나타냄을 밝혀냈다. 중간 정도의 동일시를 지속적으로 유지한 자들은(즉, 6개월 후에도 변화 없음) 38%의 재범률을 보였다. 보호관찰 기간 동안 범죄자와의 동일시가 증가한 사람들은 57%의 재범률을 보였다. 요약하자면, 모든 보호관찰자가 수용 당시에 중간 수준의 재범위험을 가진 것으로 판단되었지만, 6개월 후 이들 중 일부는 재범위험 수준이 감소하고, 또 일부는 재범위험 수준이 변하지 않았으며, 또 다른 이들은 재범위험 수준이 증가했다. 중요한 점은 수용되면서부터 재측정할 때까지의 변화가 범죄결과와 관계가 있다는 것이다.

단파(single-wave) 종단적 연구들에 있어서 단순한 예측변인들의 식별은 개인을 미래 범죄행동에 대해 서로 다른 위험도를 가진 집단에 신뢰롭게 할당되게 한다. 역동적 예측변인들의 발견은 위험정도가 변화할 수 있고, 이러한 역동적 예측변인들이 처치 목적으로 쓰일 수 있다는 것을 확인시켜 준다. 예를 들어, 많은 보호관찰 기관들에게 있어서 가장 일차적인 목적은, 위험이 낮은 경우에는 낮은 위험 정도를 유지시키고 높은 경우에는 낮은 위험 정도가 될 수 있도록 보호관찰 대상자들에게 처치 서비스와 슈퍼비전을 제공하는 것이다. 따라서 역동적 예측변인들은 변화를 꾀하는 보호관찰관들의 노력의 초점이 된다.

범죄행동 심리학은 개인과 그들의 상황 중 보다 정적인(static) 측면에만 집중하는 것을 철저히 거부하기 때문에, PCC에서 역동적 예측변인을 이해하는 것은 매우 중요하다. 실제로, PCC 실무자 및 연구자들이 매우 안정적인 예측변인들을 발견했을 때, 그들은 바로 그러한 안정적인 예측변인의 역동적 상관변인이 무엇일지에 대해 생각하기 시작한다. 예를 들어, 과

거의 반사회적인 행동이 미래의 반사회적 행동의 주요 예측변인임을 알게 될 것이다. 그러나 이를 역동적으로 생각한다면, 아마도 변화를 위한 적절한 중간 목표는 위험성이 큰 상황에서 범죄행동을 대체할 수 있는 것을 구축하는 것이 될 것이다. 앞서 살펴본 것처럼, 실무에서는 단순한 예측변인들을 종종 위험 요인이라고 부른다. 범죄행동의 역동적 예측변인들(즉, 역동적 위험 요인들)은 다른 한편으로는 자주 범죄유발적 욕구라고 불린다. '욕구'라는 용어는 범죄유발적 욕구가 감소하면, 범죄활동에 연루될 기회가 감소할 것이라는 희망을 나타내는 실무적인 이유에서 사용된다. 그러나 저자들의 '욕구'라는 용어의 사용은 매우 한정되어 있다. 모든 '불쾌한' 상황들이 범죄유발적 욕구 요인을 대표하거나 범죄의 모든 공변인들이 그 자체만으로 어떤 식으로든 '나쁘거나' '불쾌한' 것이라고 주장하는 것이 아니다. 위험 요인과 욕구 요인은 단지 미래의 범죄행동에 대한 예측변인이다.

6개월 또는 그보다 훨씬 짧은 기간(예: 매월, 매주 또는 매일) 동안 행해진 재평가로도 매우 짧은 기간 내의 범죄발생을 예측하는 급성 역동적 위험 요인이 발견된다. 만약 가석방된 사람이 현재 생활(가정 또는 직장에서의)에 대해 상당한 분노와 화를 표출한다면, 재범위험성이 적어도 단기적으로는 증가되었다고 생각할 수 있다.

예측변인에 대한 지식이 단순한 상관변인들에 비해 원인을 더 잘 알게 해 주는 것처럼, 역동적 예측변인에 대한 지식 역시 보다 더 높은 수준의 경험적 이해를 이끈다. 그러나 PCC는 역동적 예측변인에 대한 지식 이상의 것을 추구한다. PCC는 단순히 범죄 사건들을 예측하는 것이 아니라 신중한 개입을 통해 범죄행동의 기회에 영향을 미칠 잠재성을 제공하는 것에 대한 이해를 추구한다.

인과적/기능적 변인

범죄의 인과적 변인들은 상관변인들 및 예측변인들의 결정을 통해서가 아니라 신중한 개입의 효과를 입증하는 기능적 변인들을 통해서 가장 설득력 있게 수립된다. 개입 조건들이 실험적인 이상에 가까울수록 특정 변인의 기능적 중요도에 대한 확신은 증가한다. 고전적인 실험설계는 인과적 중요도를 두고 경쟁하는 변인들을 통제한다. 전형적으로 경쟁 변인들(competing variables)은 상수(constant) 또는 무선변수(random)로 설정되어 통제되고, 그동안 실험의 주 관심이 되는 기능적 변인의 잠재적 효과들이 조사된다. 따라서 PCC는 통제집단 및 실험집단에의 무선할당(random assignment)과 범죄행동의 공변인의 인과적 중요성에 관한 결론에 대한 확신을 증가시켜 주는 기타 연구 기법들을 사용하는 데 관심을 갖는다([자료 노트 1-4]를 보라).

[자료 노트 1-4]

고전적 실험설계

두 가지 연구설계는 기능적(인과적) 타당성에 대한 결론에 이르도록 한다. 단일 피험자 연구에서 사용되는 A-B-A 타입의 설계(Hersen & Barlow, 1976)와 고전적 실험설계(Campbell & Stanley, 1963). 범죄행동 연구에서는, 고전적 실험설계가 가장 빈번하게 사용되는데, 전형적으로 개입 프로그램들의 효과성을 평가하는 연구들에서 사용된다.

실험설계의 중심적인 특징들은 다음과 같다:

1. 최소 두 집단: 가설적인 기능적 변인에 노출되는 실험집단과 이에 노출되지 않는 통제집단.
2. 피험자들을 집단에 무선할당.
3. 일정시간 경과 후 두 집단의 준거변인에 대한 동시적 사후검사(posttesting) 실시.

이러한 실험설계는 무선할당을 통해 피험자 선정 요인들로부터 발생되는 편향을 통제한다. 통제집단의 사용 및 동일한 시기에 행해지는 사후검사는 성숙(maturation)(예: 나이를 먹는 것)과 역사적 요인들(history factors)(예: 개입과 사후검사 사이에 자연스럽게 발생하는 경험들)을 통제하는데, 그것은 이러한 요인들이 실험집단 피험자들과 같은 방식으로 통제집단 피험자들에게도 영향을 미칠 것이라고 예상되기 때문이다. 또한 객관적인 측정 및 실험자 편향에 주의를 기울인 후 실험결과에 대한 통계적 유의도를 검증했음을 고려하면, 실험집단과 통제집단 간 발견된 사후검사 상의 차이는 개입 또는 가설적인 기능적 변인에 그 원인이 있는 것이다.

Michael Chandler(1973)의 실험은 실험설계의 강점을 보여 준다. Chandler는 비행청소년들에게 역할-수용 기술(role-taking skills)을 가르치도록 설계된 처치 프로그램을 평가했다. 그는 몇몇 청소년들의 타인의 조망(perspective)을 고려하지 못하는 무능력이 사회화의 결함을 의미하는 것이며, 이런 자기중심주의가 사회적 갈등을 불러온다고 추정했다.

11세부터 13세 사이의 비행청소년 45명이 세 가지 조건 중 한 조건에 무선할당되었다(피험자 선정을 통제). 실험조건에는 처치(treatment) 개입이 이루어졌다. 처치는 대학원생들이 소년들에게 실제 사회적 상황에 대한 영화 극본을 쓰도록 하는 것이었다. 이는 비행청소년들로 하여금 그 극본에 등장하는 모든 배우들의 다양한 조망에 대해 생각해 보게 하려는 것이었다. 그들의 대본은 녹음되었고, 피험자들에 의해 관찰되었다. 그리고 대학원생들의 지도하에 타인의 조망에 대한 토론이 진행되었다.

두 번째 집단 또한 극본을 쓰고 촬영했으나, 이 극본들은 그들의 이웃이나 만화에 대한 다큐멘터리들이었다. 여기서는 조망-수용(perspective-taking)에 대해 생각해 보게 하려는 시도는 이루어지지 않았다. 이 통제집단은 처치자(즉, 대학원생들)로부터 단순히 특별한 관심을 받음으로써 발생할 수도 있는 어떤 영향들을 통제하기 위해 의도된 것이었다. 세 번째 집단은 어떠한 처치도 받지 않았다.

모든 비행청소년들은 모든 개입 전에 역할-수용 능력에 관한 테스트를 받았다. 세 그룹은 조망수용의 점수에서 유의한 차이를 보이지 않았다. 사전검사는 무선할당 절차가 제대로 이루어졌는지 여부, 즉 사전검사 시기에 실험집단과 통제집단이 동등한 집단인지 여부를 테스트할 수 있는 기회를 제공한다. 이 연구에서, 무선할당은 자기중심주의 점수에 있어서 통계적으로 차이가 없는 집단들을 산출하는 데 효과적이었다.

사후검사에서(10주 후) 실험집단의 평균 점수는 5.5였고, '관심'집단의 평균 점수는 8.6이었으며, 통제집단의 점수는 8.0이었다(점수가 낮을수록 덜 자기중심적임). 실험집단의 낮은 점수가 우연의 결과가 아니라는 것이 통계적으로 검증되었다.

우리가 실험집단의 낮은 자기중심주의 점수를 특수한 경험이나 또는 성숙의 영향으로 볼 수 있을까? 아마도 다른 두 집단에도 유사한 영향을 예상할 수 있기 때문에 그렇지 않을 것이다. 또한 이 연구에서는 개입의 내용과 상관없이 실험집단에게 단순히 관심을 주는 것이 한 요인이었을 가능성을 배제할 수 있다. 세 그룹이 조망-수용 훈련에 관해서만 달랐기 때문에, 이 훈련이 자기중심주의 점수에 직접적으로 영향을 미쳤다고 합리적으로 결론지을 수 있다(즉, 기능적 타당성).

마지막으로, 조망-수용 기술을 변화시키는 것이 범죄행동과 관련이 있는지에 대해서 질문해 보아야 한다. Chandler는 처치 후 18개월 동안 이 비행청소년들을 추적하였다.

추적결과, 경찰 및 재판기록으로 '관심'집단의 평균 범죄 수는 2.1이었고, 처치가 없었던 집단의 평균 범죄 수는 1.8이었다는 것을 확인할 수 있었는데, 이러한 차이는 통계적으로 유의미하지 않았다. 그러나 실험집단의 평균 범죄 수에는 유의한 차이가 있었다. 그들의 평균 범죄 수는 1.0으로 나타났다. 이는 처치 전 그들의 평균 범죄 수(1.9)와 비교해 볼 때, 유의미한 감소였다. 다른 집단에서는 이러한 감소가 발견되지 않았다.

Chandler는 조망-수용 기술이 범죄행동과 관련해 기능적 타당성이 있다는 것을 입증하였다. 의도적이고 체계적인 개입은(즉, 처치를 제공함으로써) 자기중심주의와 비행행동을 감소시켰다. 이러한 방식으로, Chandler는 교정적인 재활의 타당성을 확인하였다. 몇몇 교정적인 처치 프로그램들이 '효과가 있다'는 사실과 이러한 사실을 우리가 실험적으로 입증할 수 있다는 것은 이 책의 주요한 주제 중 하나다.

이상적이고 진정한 실험에 근접하는 것은 인간이 아닌 동물들을 대상으로 하는 매우 통제적인 실험실 상황에서도 달성하기 어렵다. 이러한 어려움은 범죄행동처럼 사회적으로 중요한 인간 행동을 연구할 때도 혼입(compound)된다. 확실히, 심리학자들은 PCC의 어떠한 이론적인 쟁점을 증명하기 위해서 범죄행동의 기회를 증가시키는 모험을 하지는 않을 것이다.

그러나 몇몇 사회기관들은 개인들의 범죄행동을 통제하려는 사회적으로 승인된 목적을 가지고 그들의 인생에 개입하도록 공식적으로 요청받는다. 또한 이러한 기관들은 그들의 의

무를 효과적이고, 효율적이고, 공평하며, 정의로운 방식으로 실천할 것으로 기대된다. 이것은 질 높은 적극적인 실험에 허용되는 것뿐만 아니라 실제로도 요구되는 효과적이고, 효율적이며, 윤리적인 범죄행동의 통제에 대한 고려다. 따라서 교정 및 예방 프로그램의 효과에 기여하는 것이 이 책의 주 관심사다. 실무에 대한 통제된 평가는 '실용적일' 뿐 아니라 범죄의 원인에 대한 높은 수준의 연구를 가능하게 한다.

요약해서 말하자면, 범죄행동의 공변인들에 대한 이해의 대부분은 연구방법들에 의존한다. 이러한 방법론은 이해의 수준을 한정시켜 주며, 지식을 구축하기 위한 실증적 연구의 중요성을 일깨워 준다. 이들 모든 것과 관련하여, Michael Gottfredson과 Travis Hirschi(1990)의 문헌연구는 횡단적 연구결과와 종단적 연구결과들이 서로 양립 가능하다고 제안한다. 횡단적 연구에서 밝혀진 범죄력과 같은 강력한 위험 요인의 타당성이 위험 요인에 대한 종단적 연구에서 확증되고 있다.

다른 한편으로는, 잠재적 범죄유발적 욕구 요인에 대한 중다파 종단적 연구가 너무 적어 잠재적인 역동적 위험 요인들이 역동적 예측 준거타당도의 요구 기준에 부합한다고 높은 정도의 확신을 가지고 주장하기에는 아직 이르다. 더욱이, 중다파 종단적 연구들이 드문 것처럼, '범죄유발적 욕구'에 관한 궁극적인(ultimate) 테스트들은 더욱 드문데, 그것은 이러한 궁극적인 테스트들이 '범죄유발적 욕구'가 실험적 설계 내에 성립할 것을 요구하기 때문이다. 범죄유발적 욕구라고 엄밀하게 결정하기 위해서는 다음과 같은 것들이 충족되어야 한다: (1) 의도적인 개입이 잠재적인 욕구 요인에 변화를 가져 오는가, (2) 의도적인 개입이 범죄행동을 변화시키는가, (3) 개입과 범죄행동 간의 관계성 크기는 잠재적인 욕구 요인의 변화를 통계적으로 통제함으로써 감소될 수 있는가(Andrews, Bonta & Hoge, 1990).

조절변인

PCC가 인간 행동에 대한 복잡성을 기꺼이 인정하고, 다양한 조건하에서 연구된 결론들의 일반적인 타당성을 요구한다는 사실에 주목하는 것이 중요하다. 가장 분명한 것으로, 오늘날에는 연구결과가 나이, 성별, 인종, 사회경제적 지위가 다른 사람들에게 타당한지를 입증하는 것이 중요하다. 이와 유사하게, 무선할당, 표본크기, 이상적인 연구방법으로부터의 일탈과 같은 방법적인 문제들이 효과크기 추정치에 미치는 영향의 증가나 감소 또는 무효과와 관계가 있는지의 여부를 밝히는 것도 중요하다. 모든 변인은 하나의 잠재적 조절변인이다. 그렇지만 실제 조절변인들은 예를 들어, 하나의 변인이 범죄행동과 어떤 방식으로 상관을 맺는지에 영향을 미치는 변인들이다. 조절변인에 관한 많은 테스트들이 이 장에서 소개된다. 예를 들어, 범죄자들을 상대로 한 공식적인 개입의 효과들이 개입에 인도적 서비스를 포함했는지의 여부에 따라 달라지는 것을 보게 될 것이다. 교정적 처치 프로그램들의 효과가 변화의 목표가 무엇인지 그리고 어떤 행동변화 기법들을 사용했는지에 의존한다는 것도 보게 될 것이다.

메타분석에 관한 예비적인 언급

거의 모든 학생들과 실무자들 그리고 모든 교수들은 확실히 '문헌고찰'에 익숙하다. 학술지는 관심 분야에 대해 고찰하는 논문들에 집중하고, 모든 학위논문과 연구보고서는 문헌고찰로부터 시작된다. 전통적인 문헌고찰은 본질적으로 서술형인데, 이러한 고찰의 질은 저자들의 전문성과 철저함에 크게 의존한다. 고찰자는 연구들을 고르는 데 있어서 상당히 자유롭고 결과들을 타당하다고 간주하는 데 구애받지 않는다. 따라서 하나의 특정 분야의 문헌에 관한 두 개의 독립적인 고찰이 서로 매우 다른 결론을 내리는 것도 드물지 않다.

메타분석적인 고찰들은 특정 문헌에 대해 보다 편향되지 않은 분석을 가능하게 하며, 결과들의 중요성에 대한 양적인 추정치를 제공한다. 메타분석이 20년 이상 사용되어 왔지만, 실제 사용은 최근 15년 사이에 증폭되었다. 지금은 많은 이들이 메타분석을 문헌고찰을 위한 표준적인 접근 방식으로 간주한다. 본질적으로, 메타분석에서는 개별적인 연구결과들이 공통적인 측정단위나 효과크기(effect size)라는 통계치로 변환된다. 효과크기는 다양한 연구의 결과들을 보다 직접적으로 비교할 수 있도록 하며, 각 연구들의 효과크기를 평균화할 수 있도록 한다.

예시로, 지능과 범죄의 관계를 추정하는 것에 대해 살펴보자. 한 연구는 *t* test(두 집단의 평균 차이를 통계적으로 측정)를 사용해 결과를 보고하고, 다른 연구는 Pearson 상관계수(r)를 이용했으며, 또 다른 연구는 범죄자 집단과 비범죄자 집단에서 IQ가 높은 개인들과 낮은 개인들의 비율을 보고했을 수 있다. 이러한 결과들을 어떻게 잘 비교할 수 있는가? 전통적인 서술적 문헌고찰에서는, 고찰자가 이 세 연구의 상대적 중요성에 대한 판단을 내려야 한다. 고찰자 A는 두 번째 연구의 결과를 강조하고 다른 두 연구의 결과들을 경시할 수 있다. 고찰자 B는 *t* test를 바탕으로 한 결과들을 선호하고 다른 통계치들을 경시할 수 있다. 우리는 이러한 접근들이 어떻게 다른 결론들을 이끌어 내는지 알 수 있다.

메타분석에서는 세 연구결과들이 모두 같은 통계치 또는 효과크기로 변환된다. 종종 사용되는 효과크기는 Pearson 상관계수(*r*)이다([자료 노트 1-1]을 참조할 것). 앞서 예시에서는 *t* 점수가 % 차이와 마찬가지로 *r*로 변환될 것이다(% 차이가 Rosenthal 이항효과크기 분포를 통해 얼마나 손쉽게 변환될 수 있는지 상기하라. [자료 노트 1-1]). 그 결과, 세 연구의 효과크기를 비교할 수 있고, 그들을 평균화함으로써 더욱 정확하게 지능과 범죄 사이의 '진정한' 관계를 예측할 수 있다. 많은 연구들이 다양한 장소에서 다른 표본을 가지고 다른 기간에 진행되기 때문에 메타분석에 의한 결과들의 일반화가 더욱 강화된다.

또한 평균 효과크기의 조절변인을 찾을 수도 있다. 예를 들어, 횡단적 연구결과가 종단적 연구결과와 다를 수(또는 같을 수도) 있다. 유사하게, 결과는 범죄행동의 측정이 지필검사의 자기-보고를 바탕으로 한 점수인지 아니면 체포와 유죄선고와 같은 공식적인 절차에 대한 측정치를 바탕으로 한 것인지에 따라 다를 수 있다. 오랜 시간 동안 주류 범죄학에서는 범죄에 대한 '심리적인' 공변인들이 '사실은' 나이, 인종, 성별 그리고/또는 사회경제적 지위와 같은 사회적 위치 변인들(social locator variables)을 반영한다는 입장을 취했다. 일차 연구들에서 그리고 일차 연구들의 메타분석적 고찰에서 우리는 평균 효과크기가 나이, 성별 등에 따라 변화하는지 여부를 분석할 수 있다.

이 책의 곳곳에서 서로 다른 메타분석들의 결과들이 언급될 것이다. 앞서 개략한 이유들 때문에, 전통적인 문헌고찰의 결과보다는 메타분석의 결과를 더욱 신뢰한다. 실제로 우리는 개별적인 '일차 연구들(primary studies)'(고찰 연구들의 자료들인 각 연구들)의 결과에 관심이 있다. 그렇지만 우리는 단 하나의 연구에 대해서는 크게 신뢰하지 않을 것이다. 우리는 수많은 일차 연구들의 분석들을 통해 증명된 전체적 효과(overall effect)를 찾을 것이다. 연구결과를 반복 검증하는 것은 과학을 확신하게 하는 하나의 특징이다.

심리학과 범죄학에서 PCC의 위치

우리의 전체적인 결론들은 PCC 내의 연구와 이론적인 발달과 관련하여 상당히 강력하고 고무적인 것이 될 것이다. 또한 PCC의 실무적인 응용에 있어서도 긍정적일 것이다. 동시에 PCC 내의 지식들 간의 많은 차이(gap)에 대한 언급들을 교재 곳곳에서 볼 것이다. 앞서 기술한 PCC의 목표가 달성되기 위해서는 이러한 차이들이 메워져야만 한다. 또한 우리는 서로 다른 유형의 연구설계와 관련하여 타당도를 위협하는 것들과 특정 연구들에서 그 위협들이 어떻게 명백히 나타나는지를 강조할 것이다. 다시 말해, 이 책은 합리적이고 경험적인 접근법에서 강조하는 건강한 회의주의를 강조할 것이다. Frederick Crews(1986)가 언급한 것처럼, 합리적 경험론자들의 특징은 증거에 대한 존중과 더불어 엄격한 비판을 통해 자신들의 이해를 향상시키고자 하는 것이다. 이 책에서는 PCC의 발전을 방해하는 많은 비합리적이고, 반심리학적이며, 반경험적인 장애물들을 고찰하였다. 흥미롭게, 매우 최근까지도, PCC의 발전을 저해하는 장벽들이 범죄학 학문 내의 광범위한 영역에서 빈번하게 나타났다. 그러나 우리는 우선적으로, PCC를 심리학과 범죄학의 광범위한 분야 내에 위치시킨다.

PCC와 일반 인간심리학

PCC는 진정으로 다학제적인(interdisciplinary) 범죄학의 하위 분야이며, 인간심리학의 하위 분야다. 심리학의 하위 분야가 됨으로써 PCC는 매우 광대한 과학적이고 전문적인 학문의 한 분야가 된다. 과학으로서 심리학은 행동적인 현상에 대해 경험적으로 방어할 수 있는 설명들을 제공하는 것을 중요시한다. 직업적으로, 심리학자들은 개인, 소집단, 조직/보다 큰 지역사회 그리고 행위의 사회적 수준들에서 심리학적 지식을 효과적으로 응용시키는 데 관여한다. 많은 심리학자들이 '과학자–실무자 모델(scientist-practitioner model)'을 따르도록 훈련되었기 때문에 직업적인 관심과 과학적인 관심을 함께 갖고 있다.

범죄행동은 심리학 전반(그러나 항상 주류는 아닌)의 오랜 관심사였다. 그러나 일반 인간심리학 내에 매우 다양한 관심사와 경향성이 존재한다는 점에서, 범죄행동에 대한 심리학적 분석은 다면적일 것이다. 인간심리학이 관심을 가지고 있는 많은 영역들에는 인간 발달, 감각과 지각, 학습과 인지, 기억과 정보 처리, 동기와 정서, 성격과 개인차, 측정과 평가, 역사와 철학, 임상과 응용, 지역사회 그리고 생물 및 생리심리학이 포함된다. 이러한 복잡한 목록은 거의 모든 심리학 개론 교재에서 선정되는 연구 영역들을 포함한다. 따라서 범죄행동 심리학은 나이, 성별, 사회적 지위(최근까지 사회학적 범죄학에서 선호되는 사회적 변인들) 같은 변인들에 초점을 맞추어 발견할 수 있는 것보다 더욱 풍부하고 깊은 이해를 추구한다. 마찬가지로, PCC는 임상적인 요소, 정신병리학에 대한 고려, 또는 범죄의 심각성, 법적 · 윤리적 책임, 가중 요소들이나 감경 요소들(법정 정신건강 분야에서 선호되는 변인들)과 같은 법률적 변인들 그 자체에 국한되지 않는다. 즉, 범죄행동에 대한 분석은 생물학적, 개인적, 대인 관계적, 가족적, 구조적/문화적 요인들뿐만 아니라 특정한 즉각적 상황들과 보다 더 넓은 사회적 맥락 내에서의 개인을 고려하는 것이라고 범죄행동 심리학은 강력히 주장할 것이다.

인간심리학 내에서의 이론적 방향들 역시 다양하다. 이 책에서는 사회적 학습 조망이 기여한 바를 강조하지만, 이러한 강조가 인간심리학이 그러한 특정 견해에 의해 성공적으로 통합된다는 것을 의미해서는 안 된다. 일반적인 인간 행동에 대한 심리학은 특수한 범죄행동에 대한 심리학처럼, 일곱 가지 주요 견해들 중 일부 견해들의 조합에 의지한다. 인간의 본성과 개인차에 관한 탐구의 견해들은 다음과 같다.

1. **생물학적인** 조망은 상당히 지속적인 신체적 소인(예: 체질과 유전), 역동적인 생물학적 과정들(예: 고전적 조건화 그리고/또는 호르몬 활동의 생리), 정서와 자기조절의 신경심리 그리고 주요한 신체적 의미를 갖는 것들(예: 신체적 기능에 알코올이 미치는 영향 그리고/또는 뇌 손상)을 강조한다.
2. **특질**(trait) 조망은 특별히 특질들의 생물학적, 심리적 또는 사회적 근거에 대한 특정한 가정을 요구하지 않지만, 지속적인 행동적, 인지적, 정동적 소인들(affective predispositions)(예: 외향성, 지능, 정서성, 자기-통제)을 강조한다. 그러나 전형적으로, 주요 기질적(temperamental) 요소들의 유전 여부에 대해 관심을 가지며 연구한다.
3. **정신역동적** 조망은 많은 사람들이 여전히 '진정으로 심리학적인' 것으로 생각하고 있는 것들을 강조한다. 정신역동적 조망은 표출된 행동의 개인적이고 심리적인 동기들과 통제들에 대한 평가를 통해 이해하고자 한다.
4. 심리학 내의 **사회문화적** 조망은 개인의 행동에 대한 가족, 또래 및 지역사회의 영향을 강조한다. 이것은 행동, 인지 및 정서에서의 개인차가 서로 다른 가족, 또래집단 그리고 사회적 기관들에 의한 훈련에서의 차이와 연결된다고 보는 사회화 이론들이다. 또 다른 사회문화적 조망들은 성별, 계층, 민족성의 맥락적 영향을 강조한다. '다체계적(multi-systematic)'이라는 용어는 단순히 사회문화적인 것뿐만 아니라 행위의 즉각적인 유관성들(contingencies)(예: 어떤 행동들이 격려되거나 단념되고, 어떤 행동들은 가능하게 되거나 제한됨) 또한 보다 쉽게 인식할 수 있게 하면서도 다양한 사회체계들 중 한 부분이라는 개념을 잘 나타내기 때문에 지난 10년 동안 인기가 있었다.
5. **급진적 행동주의적**(radical behavioral) 조망은 즉각적인 행동적-환경적 상황이 개인 행동의 습득, 유지 그리고 수정에 어떤 식으로 영향을 주는지에 집중한다. 즉각적인 환경의 영향은 그러한 환경이 행동을 어떻게 강화하고, 처벌하며, 무시하는지에 크게 의존한다.
6. **인본주의** 및 **실존주의적** 조망은 위의 조망들과는 세 가지 점에서 차이가 있다. 첫 번째

는 '자유로운 선택'과 '개인적 책임'을 강조한다는 것이다. 두 번째는 자기에 대한 지각과 자기에 의해 '지각된' 그리고 '해석된' 세계를 강조한다는 것이다. 세 번째는 대인 관계에서 오는 따뜻함, 개방성, 수용의 경험이 정신적이고 사회적으로 긍정적인 개인 '성장'의 패턴과 관련된다는 생각에 관심을 가진다는 것이다.

7. **사회적 학습/인지행동적/사회적 인지** 조망은 앞서 언급한 견해들과는 다르게, 관찰에 의한 학습, 인지의 역할 그리고 특수한 상황 속의 개인을 고려하는 것이 중요하다는 것을 추가적으로 강조한다. 일반적인 사회심리학적 조망은 개인적인 태도와 신념, 타인들의 기대에 대한 지각, 자기-효능감, 특정 상황의 요구들을 강조하는 경향이 있다.
8. **인간 행동에 대한 일반 성격 및 인지사회적 학습 조망.** 모든 심리학자들이 수용하는 것은 아니지만, 저자들은 일반적인 인간심리학이 오늘날 일반 성격 및 사회적 학습/사회적 인지 조망에 의해 잘 활용되고 있다고 생각한다. 이 접근들은 전부는 아니지만 거의 대부분의 사람들에게 해당되는 성격의 근본적인 차원이 있다고 인식한다. 또한 이러한 성격의 근본적인 차원들이 생물학적인 토대를 기반으로 하며 몇몇 차원들은 유전에 의해 크게 영향받는다는 것이 넓게 인식되어 있다. 인간이 유아기에서 청년 그리고 노년기까지 발달하는 동안, 생물학적인 잠재성이 환경과의 상호작용을 통해 형성되어 간다. 만약 당신이 즉각적인 행위(action)가 나타나는 상황에서 행동(behavior)을 예측하고 싶다면, 당신은 그 상황을 심리학적으로 이해해야만 한다. 그 상황의 정서적인(기분 좋은, 화가 나는) 의미는 무엇인가? 특정한 행동(친사회적이거나 반사회적인)에 대한 어떤 결과들(기분이 좋거나 불쾌한)이 그 특정 상황에서 암시되고 있는가? 당신이 중장기적으로 행동을 예측하고 싶다면, 우리는 특정 변인들이 핵심이 된다는 것을 알게 될 것이다(우리는 이것들을 'Big Four'라고 칭할 것이다). 이것들은 특정 행동을 지지하는 인지들을 포함한다. '인지'란 특정 행동을 지지하거나 지지하지 않는 태도, 가치, 신념, 합리화, 정체성을 뜻한다. 특정 행동에 관여한 전력은 또 다른 주요 요인이다. 특정 행동을 옹호하는 타인들과의 교제(사회적 지지)는 세 번째 요인이다. 네 번째 요인은 특정 행동을 하려 하는 기질 또는 성격적인 소인이다.
9. **심리학은 계속적으로 성장한다.** 따라서 우리는 가까운 미래에 PCC가 '긍정심리학(positive psychology)' 그리고/또는 '포스트모던'('post-modern') 심리학 그리고/또는 '페미니스트' 심리학 그리고/또는 '개인적 변화(personal transformation)' 심리학 그리고/또는 '문화적으로 특수한(culturally specific)' 심리학 그리고/또는 '생물학적으로 보편적인(biologically universal)' 그리고/또는 '관계(relation)' 심리학 그리고 아직 나타나지 않은

다른 종류의 심리학의 발달에 의지하게 될 것이다.

일반 인간심리학 내에서의 이러한 관심들과 조망들은 다양하다. 다행스럽게도, 이러한 관심과 조망들의 다양한 혼합 안에서 최소 네 개의 통합적인 원리들이 나타난다:

1. 개인의 사고, 정서, 행동을 이해하는 데 관심이 있다. 인간의 생각, 감정, 행동의 모든 범위에 대한 관심들은 개인에 초점을 맞추고 있다.
2. 개인 행동에 대한 모든 범위의 잠재적 공변인들과 이런 공변인들의 모든 범위의 조절변인들과 매개변인들(즉, 신체적, 정신적, 대인 관계적, 사회적, 문화적, 정치적, 경제적, 행동의 즉각적 상황)에 대한 개방성.
3. 지식의 구축에 있어 합리적인 경험적 접근법에 대한 전념(commitment).
4. 경험적 지식, 이론적 체계의 구축, 심리학적 지식과 조망들의 응용은 윤리적이고 전문적인 지침과 특정 사회적 맥락과 함께 변화할 수 있는 다른 규범들을 따른다.

PCC와 범죄학

범죄학은 범죄와 형사사법 체계에 대한 광범위한 다학제적 탐구영역이다. 그러나 앞으로 언급될 것처럼, 공식적인 범죄학과 교재들은 매우 최근까지 사회학적인 경향을 가지고 있었다. 이런 사회학적인 경향은 명백하게 반심리학적이었다. 범죄학 분야의 윤곽과 경계선은 과거 30년간 다소 변화되어 왔다. 1960년대 후반에는, Donald Cressey와 David Ward(1969: xii)가 그들의 저서 『비행, 범죄 그리고 사회적 과정(Delinquency, Crime, and Social Process)』의 서문에서 범죄학의 두 가지 주요 주제들을 제시했다. 하나는 범죄행동 및 비행행동의 시공간적인 통계분포다(왜 이 집단, 도시, 국가의 비행률이 다른 집단, 도시, 국가의 비행률보다 높은가?). 두 번째는 개인이 어떤 과정을 거쳐 범죄적으로 또는 비행적으로 행동하게 되는가이다(Johnny가 어떻게 잘못된 방향으로 가게 되었는가?).

두 번째 주제(범죄행동의 개인차를 설명하는 것)는 PCC의 주 초점이다. 범죄율에 관한 사회과학의 본질적인 요소가 종합적(aggregated) 범죄율에 초점을 두는 반면, PCC의 본질적인 요소는 개인의 범죄행동에 초점을 맞춘다. 이러한 초점이 되는 관심사들은 서로 갈등적인 것이 아니라 단순히 다를 뿐이다. 더 나아가, 논리적인 조망에서 보면, 종합적 범죄율은 범죄행동의 개인차에 대한 직접적인 반영의 결과다. [테크니컬 노트 1-3]은 이러한 아이디어들을 발달시키고, 종합적 범죄율의 상관변인들로부터 개인의 범죄행동에 대한 상관변인들을 추론하는 문제점과 관련하여 몇 가지 경고를 언급하고 있다.

개인차 조절변인으로서의 사회적 맥락

이 책은 범죄행동의 개인차를 만들어 낸 사회적, 정치적, 경제적, 역사적 맥락에 주목한다. 특히, 범죄행동의 개인차에 대한 상관변인들의 일반화에 대해 알아볼 것이다. 몇몇 상관변인들이 특정 사회적 배치(social arrangement)들에 제한되어 있다 하더라도, 많은 상관변인들은 여러 사회적 배치에 걸쳐 매우 안정적이다. 몇 가지 기초적인 예시들을 제시하겠다.

어떤 성격적 변인들은 사회적 위치가 지역, 역사적 시기, 출생계층, 인종, 나이, 성별에 따라 달라질 때에도 청소년 범죄행동의 상당히 주요한 상관변인임이 증명되어 왔다. John Hagan, A.R. Gillis 그리고 John Simpson(1985)은 Toronto의 고등학생들에 의해 자기-보고된 '일반적인(common)' 비행에서 위험-감수(risk-taking) 성향이 주요한 상관변인이라는 것을 증명한 바 있다. 다른 많은 연구자들도 위험-감수 성향과 감각-추구(sensation seeking) 성향이 범죄전력의 상관변인이라는 것을 확인했다(예: Eysenck, 1977). 그러나 여기에서 우리들은 범죄행동의 개인적인 상관변인의 일반적인 그리고 제한적인(limited) 본질을 예시하기 위해 Hagan의 연구를 기술하겠다.

Hagan 등(1985)은 자기-보고식 질문지의 두 문항에 대한 응답으로 위험-감수성향을 측정했다. 학생들은 다음과 같은 진술에 동의하는 정도를 나타내도록 요청받았다. "나는 위험을 감수하는 것을 좋아한다" "내가 가장 하기 좋아하는 행동들은 위험하다" 여러분들은 어떠한가? 여러분들은 위험을 감수하는 것을 좋아하는가? 각각의 질문을 "나에겐 전혀 사실이 아니다"(0점)부터 "나에게 있어 매우 사실이다"(4점)까지 5점 척도를 이용해 대답해 보라.

앞의 연구자들은 위험-감수 성향이 자기-보고된 비행과 상관관계가 있다고 밝혔다. 더 중요하게 이 연구는 평균 이상의 위험-감수 성향이 출생가족의 사회적 지위나 연구대상자인 젊은이들의 성별과는 관계없이 범죄행동과 상당히 높은 수준의 상관을 가진다는 것을 확인했다. 개인적인 위험-감수 성향과 자기-보고된 비행행동 간의 정적 관계는 사업주, 관리자, 노동자, 무직자의 자녀들 모두에게서 나타났다.

또한, Hagan 등(1985)은 성격 측정치와 상관없이 젊은 남성들이 젊은 여성들에 비해 더 많은 범죄행동을 보고했다고 밝혔다. 성별의 영향은 사업주, 관리자, 피고용인의 자녀들 모두에게서 명백하게 나타났다. 이러한 결과는 비행의 상관변인에 관한 일반화에 대해 또 다른 예시를 제공해 준다. 그러나 성별-비행의 관계는 무직자의 자녀들 사이에서는 나타나지 않았다. 최소한 위험-감수에 대한 성향이 통제되지 않을 때는 그러했다. 이러한 매우 잠정적인 조건들은 출생계층이 성별과 범죄행동 간의 상관관계를 조절할 수도 있다는 것을 시사한다. 비록 미약하지만, 이런 결과는 다른 여러 변인들이 범죄행동과 상관을 갖는 방식에 사회적 계층이 어떻게 영향을 미칠 수 있는지에 관한 예시를 보여 준다.

사회적 계층의 조절변인 효과가 약한 것처럼, 비행행동에 대한 사회적 계층의 직접적인 영향도 약할 뿐만 아니라 범죄행동에 대한 계층-기반이론들이 예측했던 것과는 반대 방향의 영향을 미친다. 관리자, 노동자, 무직자 가장들의 청소년기 자녀들은 범죄행동의 수준에서 통계적으로 구분되지 않았으며, 그들 범죄행동의 수준은 사업주의 자식보다 약간 낮았다. 이러한 결과는 낮은 계층 출신이 비행의 주요 위험요소라고 주장하는 계층-기반이론들과는 직접적으로 반대되는 것이다.

사회적 위치와 개인적인 요인들의 상호작용에 관한 마지막 예시는 최근에 재발견된 이웃의 중요성에 대한 것이다. Per-Olof H. Wikström과 Rolf Loeber(2000)는 사회경제적 이웃 맥락(socioeconomic neighborhood context)의 차이가 충동적 성격, 반사회적 태도, 반사회적 친구, 문제가 있는 가족관계(일반 성격 및 사회심리학적 조망에서 주장된 위험요소들을 떠올려 보라)를 반영한 위험수준 측정의 타당성에 영향을 끼친다는 것을 보여 주었다. 심각한 청소년 범죄와 위험수준과의 상관계수는 상당히 부유한 이웃 환경에서는 대략 .70 정도였으나, 매우 불우한 이웃 환경에서는 상관계수가 통계적으로 .00보다 크지 않았다. 달리 말하면, 성격, 태도, 직접적인 대인 관계의 환경에 따라 반사회적 행동에서 낮은 위험 수준을 보이는 젊은 남성들조차도 매우 불우한 이웃의 옆에 살 때에는 위험수준이 높아진다는 것이다.

다른 한편으로, 높은 위험수준을 보이는 젊은 사람들은 사회경제적 맥락에 상관없이 상당히 높은 비율의 범죄를 저질렀다. 개인적 위험수준의 전반적인 영향이 불우한 이웃 환경의 전반적인 영향보다 훨씬 컸다는 것을 유념하기 바란다(개인적 위험수준과 심각한 청소년 범죄와 상관계수가 .69이었던 것에 반해, 이웃 환경과 심각한 청소년 범죄의 상관계수는 .28이었다). 위에서 언급한 상관계수들은 gamma를 사용한 것이며, gamma는 Pearson *r*보다 다소 높은 값을 나타낸다. 전반적으로, 범죄행동에 대한 위험 요인들은 서로 다른 이웃 환경에서 매우 유사하게 나타난다는 것이 분명해지고 있다. 게다가, 불우한 이웃 환경의 주요한 특징 중 하나는 개인적인 위험 요인들에서 높은 점수를 받은 개인들의 비율에 있다(Stouthamer-Loeber, Loeber, Wei et al., 2002).

요약하면, PCC는 사회적 배치들이 범죄행동의 개인적 상관변인들을 어떻게 조절하는지에 관심이 있다. PCC는 또한 사회적 맥락이 개인의 행동에 미치는 영향에 있어서 개인적 조절 변인들에 대한 지식을 추구한다.

종합적 범죄율에 대한 사회학적 연구

지금까지 살펴본 것처럼, PCC에서는 종합적 범죄율에 관한 연구들과 개인들의 범죄행동의 다양성에 관한 연구들 간에 중요한 차이가 존재한다. 모든 범죄학자들이 이러한 구분에 대해 저자들만큼 민감한 것은 아니다. 우리의 제안은 어떤 하나의 관심사가 다른 그것보다 더 중요하다는 것이 아니다. 저자들의 관심사는 종합적 범죄율의 상관변인들이 개인의 범죄행동에 대한 상관변인과 같지는 않다는 데 있다. [테크니컬 노트 1-3]은 일부 기술적 세부사항에 있어서 '생태학적 오류(ecological fallacy)'의 문제를 탐구한다. 기본적인 메시지는 단순하다. 만약 당신이 개인의 범죄행동의 다양성을 이해하고 싶다면, 생물학적, 개인적, 대인 관계적, 지역사회적 그리고 구조-문화적 측면에서 모든 범위의 잠재적인 요인들을 가지고 개인을 연구하면 된다.

PCC의 목표에 대한 반대

PCC의 목표와 방법에 대한 저자들의 간략한 기술은 논란의 여지가 없게 보일 수 있으며, 심지어 평범하고 진부하게 느껴질 수 있다. 누가 개인차의 중요성, 합리성, 증거에 대한 존중, 실용성에 대해 반대하는 주장을 할 수 있겠는가?

다수는 아니지만, 누군가는 대안들이 비합리적이고, 경험적으로 오류가 있으며, 쓸모없고, 개인들의 특성을 무시하는 범죄행동을 이해하려는 것에 분명히 관여할 것이기 때문이라고 생각했을 수 있다. 그럼에도 불구하고, 많은 범죄학자들은 반개인적, 비합리적, 반경험적, 반실용적인 방식들을 주장했었다—소수 학자들은 계속해서 주장하고 있다. 1970년대와 1980년대 그리고 심지어 2000년대에 이르기까지 이어진 주류 사회학적 범죄학에 대한 다음과 같은 평가들을 살펴보자:

- 처음부터, 사회학적 이론의 혹평은 비행연구에서 개인차와의 관련성을 부정하는 것이었고, 사회학적 비평의 혹평은 사회학적 이론과 명백하게 반대되는 연구결과들을 평가절하하기 위한 것이었다. 연구문헌들에 대한 '파괴적인' 고찰들은 전형적으로 무비판적으로 수용되었으며, 심지어 찬사를 받아 왔고, 이들 '신범죄학들(new criminologies)'은 연구의 진공상태를 초래했다(Hirschi & Hindelang, 1977: 571-572).
- 범죄 및 비행에 대한 거의 모든 사회학적 처치에서, 유전적인 설명들은 무시되거나 조롱을 받는다(Rowe & Osgood, 1984: 526).
- 범죄에 대한 심리학의 목적은 범죄행동의 개인적 공변인들을 이해하는 것인 데 반해, 주류 범죄학의 주요 목적은 그러한 이해를 훼손시키는 것이다(Andrews & Wormith, 1989: 290).
- 사회학은 범죄에 강한 흥미를 보이는 모든 다른 학문 분야의 주장들을 명백하게 부인하는 개념도식을 가지고 있다(Gottfredson & Hirschi, 1990: 70).
- 성격이론과 측정의 발달은…… 범죄학자들이 실행한 연구에 거의 영향을 주지 않았다…… 실제로 「Criminology」라는 학술지가 1964년에 창간된 이후로 성격적 요인의 역할에 대한 논문은 네 편밖에 출판되지 않았다(Caspi et al., 1994: 165).
- 많은 범죄학자들이 범죄행동을 이해하는 데 생물학적인 요인에 대한 고려를 계속해서 거부하는 이유는 이념적인 것에 있다. 그들의 진보적인 학풍의 한 단면으로서, 범죄학자들은 개인에게 책임을 물으려는 시도를 반대하는 편이며, 대신에 사회나 사회기관에 책임을 묻는 것을 선호하는 편이다(Ellis & Hoffman, 1990: 57).
- …… 범죄학과 다른 사회과학 분야에서는 우리가 위험성과 재범에 대하여 정확하고 신뢰할 수 있는 능력을 가지고 있는지에 대해 회의를 가지고 있다(Hannah-Moffat & Shaw, 2001: 18).

1990년대와 현세대의 주류 범죄학 서적, 실제 주요 범죄학의 내용 그리고 형사사법 학술지들의 변화는 놀랄 만하다. PCC의 두 가지 주요 경험적 관심들—예측과 영향—이 이제는 주류가 되었다. 범죄에 관한 주요 사회학적 이론들이라고 불리던 것들은 이제 거의 모두 사회심리학적 이론으로 개정되었다. 형사사법, 모든 주, 지방 그리고 국가의 교정체계들이 PCC의 원리들에 관심을 갖게 되었다. 이 모든 것이 앞으로 기술될 것이다.

동시에, 범죄학과 형사사법 분야의 일부에서는 공개적으로 PCC에 반대를 하고 반-예측, 반-처치, 반-PCC적인 주제들을 발달시키고 있다. [테크니컬 노트 1-4]는 PCC 연구와 응용을 반대하는 부류의 특성과 근원에 대해 탐구하고 있다.

미리 살펴보기

제1부는 4장으로 구성되어 있으며, PCC의 이론적인 맥락과 경험적인 기반을 요약한다. 제2부는 주요 위험/욕구 영역들을 조사하며, 이 주요 영역들의 중간 목표를 설정한 개입 프로그램들의 예를 기술한다. 제3부는 예측과 효과적인 개입에 있어 PCC의 응용에 관해 자세한 고찰을 한다. 제4부에서는 요약과 결론을 제시한다.

제1부. 제1장의 소개에 이어, 제2장에서는 PCC의 가치를 검증할 기반이 되는 두 가지 주요 연구결과들을 소개할 것이다. 미래의 범죄를 예측할 수 있는 것은 무엇이며, 범죄의 발생을 막을 수 있는 것 그리고 범죄 발생에 실제로 영향을 미칠 수 있는 것은 무엇인가? 제2장은 교정적 측정과 처치에 대한 위험–욕구–반응성 모델[risk-need-responsivity(RNR) model]로 시작한다. 제3장과 제4장은 범죄에 대한 주요 이론적 설명들을 고찰한다.

제2장은 이론과 전형적인 연구들에 대한 자세한 설명에 앞서 (a) 범죄행동의 예측 (b) 범죄행동의 발생에 영향을 미칠 수 있는 것과 같은 중요한 주제들에 관한 연구결과들의 요약을 제시한다. 두 가지 주요 주제들은 교정적 측정과 처치의 위험–욕구–반응성 모델이라는 맥락에서 고찰된다. 현재의 연구결과에 대한 개괄적인 지식을 갖춘 독자들은 특정한 이론들과 연구결과들의 의미를 더 깊이 이해할 수 있을 것이다. 제2장에서는 이론적이고, 경험적이며, 실용적인 이해와 같은 목표의 통합을 추구한다.

제2장 전체에 걸쳐서 그리고 그 후의 각 장에서, 인간의 유형과 환경의 유형, 사회경제적 및 문화적 맥락에서의 보편성과 특수성을 고찰한다. 즉, 여성과 남성의 위험/욕구 요인들이 같은가? 위험/욕구 요인들이 재소자들과 보호관찰 대상자들에 대한 추적 연구에서도 같게 나타나는가? 효과적인 범죄예방의 원리들이 여성과 남성, 또 어린 범죄자와 성인 범죄자 등에 있어서 같은가? 범죄행동에 관한 동일한 이론이 남성과 여성 등에게 적용될 수 있는가?

제3장과 제4장은 범죄행동에 대한 주요 이론적인 조망들을 요약한다. 다양한 조망들을 일반 성격 및 사회심리학적 조망과 비교할 것이다. 특히 가치 있는 사회심리학은 인지사회적 학습 조망이다.

제2부. 제5장부터 제9장은 주류 범죄학에서 수년간 주로 다루었던 범죄행동의 다양성의

잠재적 원천들을 종합적으로 살펴본다. 제5장에서는 생물학적 기원(biological origin)을 유전학과 기질의 매개변인[또는 생명 활동(biology)과 환경의 상호작용을 통해 나타나는 성격]과 함께 고찰한다. 사회경제적 출생 계층(사회적 출신)은 수년간 사회학적 범죄학의 가장 중요한 인과적 변인이었다. 유전, 성격, 출생 계층이 범죄행동에 대해 잘 구축된 위험요소들이기는 하지만, 우리는 기질/성격만을 주요 위험/욕구 요인의 세트인 'Big Four'로 삼을 것을 제안한다(제6장).

제7장은 반사회적 태도와 반사회적 친구를 탐구한다. 제8장은 출생가족, 결혼과 이성 간의 애착, 학교/직장, 레저/레크리에이션, 이웃을 포함한 다양한 사회적 맥락 내의 개인을 논의한다. 제9장의 초점은 물질남용과 범죄에 대한 것이다.

제3부. 제10장부터 제14장까지는 실용적인 예측, 예방, 재활 프로그램을 통한 PCC의 응용에 대해 관심을 둔다. 제12장은 PCC의 지식을 응용하는 데 따르는 주요 문제를 개관한다. 이 특정 문제들은 일반적으로 심리치료 분야에 존재한다. 엄격하게 통제된 단기 시범 사업들(demonstration projects)의 프로그래밍은 통상적인 프로그래밍보다 훨씬 큰 긍정적인 효과를 나타낸다. '통상적인(regular)' 프로그램은 '일상적인(routine)' 프로그램 그리고/또는 '현실-세계(real-world)'의 프로그램이라고도 불린다. 제13장은 인도적 서비스가 제공되지 않았을 때 공식적인 제재가 재범에 미치는 영향을 자세하게 분석한다. 제14장은 정신질환자, 성범죄자가 포함된 특수한 집단과 다양한 형태의 폭력(성적 폭력, 가정폭력 등)을 이해하는 것에 PCC의 응용을 확장시킨다.

제4부. 제15장은 PCC가 제1장에서 언급한 목표들을 얼마나 성취하였는지를 평가한다.

기억하기

1. PCC의 목표는 개인들의 범죄행동의 다양성을 이해하는 것이다.
   경험적이고(연구에 기반을 둔), 이론적이며(설명적인), 실용적인(응용적인) 이해를 추구한다.
2. 범죄행동에는 상당한 개인차가 있는데, 그것은 나이, 인종, 성별, 사회경제적 계층과 연합된 다양한 생물학적이고 사회적인 맥락에서 세계 곳곳에서 행해진 다양한 연구들을 통해 증명되어 왔다.
3. 범죄행동에 대한 공변인들의 강도를 기술하는 매우 손쉽고 영향력 있는 방법은 Pearson *r*이다. 그러나 그것도 한계점이 없지는 않으며, 따라서 때때로 추가적인 접근

법을 소개한다.

*r*은 이항효과크기 분포(Binomial Effect Size Display: BESD)를 통해 쉽게 해석된다. BESD는 한 조건(예: 높은 위험수준)의 범죄자 비율을 다른 조건(예: 낮은 위험수준)의 범죄자 비율과 비교했을 때의 차이이다.

4. PCC는 일반 인간심리학으로부터, 특히, 일반 성격 및 인지사회적 학습심리학으로부터 방대한 지식을 가져왔다.
5. PCC는 현재 범죄학의 중요한 부분을 이루고 있지만, 주류 사회학적 범죄학의 반-심리학적 편향을 약화시키는 데에는 오랜 세월이 걸렸다.
6. 범죄행동의 개인차와 종합적 범죄율 사이에는 직접적인 연관성이 있지만, 개인차와 관련하여 종합적 수준에서 결과들을 해석할 때에는 매우 조심해야만 한다.
7. 범죄행동 심리학 교재에서의 우리들의 주요 관심사는 범죄, 형사사법, 반사회적 행동 전반에 관한 심리학적 관심의 한 측면일 뿐이다.
8. 심리학이 범죄행동에 흥미를 두고 있는 유일한 학문은 아니다. 다른 학문들도 범죄행동에 관심을 가지고 있다. 그러나 그 초점이 개인들의 범죄행동의 다양성을 이해하는 것이라는 사실이 PCC의 주요 주제 중 하나다. PCC는 개인들의 범죄활동의 다양성에 관해 모든 학문, 전문가, 대중들이 가치 있다고 생각하는 일반적이고, 전체적이며, 진정으로 다학제적인 이해를 추구한다.

Chapter 02

PCC의 경험적 기반과 인도적 서비스를 통한 범죄예방 및 평가에 대한 RNR 모델

제1장에서는 PCC의 목적, 목표 그리고 방법을 개략적으로 살펴보았다. 제2장은 세 가지 주요 쟁점에 관한 현재의 지식들을 기술한다. 첫 번째 쟁점은 범죄행동의 예측 요인들에 대해 경험적인 이해를 하는 것이다. 우리는 가장 잘 입증된 주요한, 중간의 그리고 약한 위험/욕구 요인들에 역점을 둔다. 두 번째 쟁점은 범죄행동의 발생에 영향을 줄 수 있는 것들에 대해 경험적인 이해를 하는 것이다. 세 번째 쟁점은 이러한 지식이 교정평가 및 재활 모델을 통해 윤곽이 그려지고 실용화될 수 있는 응용적 가치를 요약하는 데 있다. 이 모델은 교정평가 및 재활 프로그래밍에 대한 위험-욕구-반응성(Risk-Need-Responsivity: RNR) 모델로 널리 알려져 있다. 이제 RNR 모델에 대해 살펴보도록 하자(〈표 2-1〉을 보라).

교정평가 및 처치에 대한 RNR 모델

RNR 원리는 위험, 욕구 그리고 강점 요인을 훨씬 넘어서 확장된다. 능동적인 개입을 하는 유용한 모델은 반드시 규범적이고 조직적인 맥락 내에서 수립되어야 한다. RNR 모델은 또한 인간의 행동에 대한 일반 성격 및 인지사회적 학습 조망(general personality and cognitive social learning perspective)과 깊은 관련성을 갖는다. 형사사법 및 공식적 처벌에 대한 모델들이 인간 행동에 대한 견고한 심리학에 기초하고 있지 않기 때문에, RNR 모델은 사법 및 공식적 처벌 모델들에 구속받지 않는다. 인간 행동에 대한 광범위한 성격 및 사회심리학적 모델은 위험/욕구 요인의 식별, 효과적인 행동영향 전략의 특징, 직원 구성(staffing)과 관리의 효과적인 접근법의 특징을 형성하도록 돕는다.

RNR 모델은 개인 및 소집단에 대한 임상적, 사회적 그리고 인도적 서비스를 통해 범죄예방을 하고자 하는 모든 노력들에 확대 적용된다. 이 모델은 다음과 같은 핵심적인 임상적 문제점들에 대해 매우 구체적이다. ① 누가 더욱 강력한 재활 서비스를 받아야 하는가(RNR의 위험 원리), ② 범죄행동 감소라는 궁극적 목적을 위한 서비스의 가장 적절한 중간 목표는 무엇인가(RNR의 범죄유발적 욕구 원리), ③ 최선의 서비스 유형, 방법 그리고 전략은 무엇인가(일반적 반응성 및 특수한 반응성의 원리).

표 2-1 효과적인 교정평가 및 범죄예방 서비스에 대한 위험-욕구-반응성(RNR) 모델

포괄적인 원리(Overarching Principles)
1. **개인 및 규범적 맥락에 대한 존중:** 서비스는 자율적으로, 인도적으로, 윤리적으로, 공정하게, 합법적으로, 품위 있게 그리고 그 밖의 규범적인 맥락에 대한 존중을 바탕으로 시행된다. 어떤 규범들은 서비스가 시행되는 기관 또는 특정한 장면에 따라 달라진다. 예를 들어, 소년범을 다루는 기관들에게는 교육적 문제 및 아동 보호 문제에 대한 특별한 관심이 기대된다. 정신건강 기관들은 개인적 안녕의 문제에 주의를 기울일 것이다. 여성 범죄자들을 다루는 기관들은 정신적 외상이나 양육 문제에 특별한 관심을 기울일 것이다.
2. **심리학적 이론:** 프로그램들은 경험적으로 견고한 심리학 이론(성격 및 인지 사회적 학습 관점이 추천된다)에 기초한다.
3. **범죄예방 서비스의 전반적인 향상:** 범죄피해의 감소는 형사사법 및 교정기관을 비롯한 서비스 기관들의 적법한 목표로 간주된다.
핵심적인 RNR 원리 및 임상적 문제들
4. **인도적 서비스의 도입:** 형사사법적 맥락에 인도적 서비스를 도입하라. 범죄감소를 위해 제재에 의존하지 말라. 억제, 회복 그리고 그 외 사법적 원리에 의존하지 말라.
5. **위험:** 서비스의 강도를 범죄자의 위험수준에 일치시키라. 중간 및 높은 위험수준의 범죄자를 다루라. 전반적으로, 낮은 위험수준의 범죄자와 높은 위험수준의 범죄자가 상호작용하는 것을 피하라.
6. **욕구:** 범죄유발적인 욕구들을 우선적인 목표로 삼으라. 범죄유발적인 욕구들을 강점이 되도록 변화시키라.
7. **일반적 반응성:** 행동적, 사회학습적 그리고 인지행동적 영향 및 기술 구축 전략을 이용하라.
8. **특수한 반응성:** 서비스가 이루어지는 장면과 범죄자 개인들의 강점, 동기, 선호, 성격, 연령, 성별, 민족, 문화적 정체성 요인 등과 같은 특성들에 따라 서비스 형식과 방법을 조정하라. 특수한 반응성에 관한 증거는 일반적으로는 인정되고 있으나, 매우 산발적이어서 종합적인 메타분석은 아직 이루어지지 못했다. 특수한 반응성을 고려한 예들은 다음과 같다.

a) 동기가 약한 자들을 다룰 때: 강점을 만들어라; 처치에 온전히 참여하는 것을 막는 개인적, 상황적 장애물들을 감소시켜라; 질적으로 좋은 관계를 형성하라; 개인적인 관심사를 보이는 것들에 대해 빠르게 자주 그들의 기대에 맞추어 주어라; 그리고 그 사람이 현재 있는 곳에서 시작하라.

b) 연령, 성별 그리고 문화적으로 반응적인 서비스와 관련되는 증거에 주목하라.

c) 대인 관계적 성숙, 대인 관계적 불안, 인지적 기술수준 그리고 사이코패시(psychopathy)(역자 주: 본 번역서에서는 '정신병질자'라고 번역되는 'psychopath'는 '사이코패스'로, '정신병질'이라고 번역되는 'psychopathy'는 '사이코패시'로 번역함)의 반응성 측면에 따라 구별된 처치에 대한 증거에 주목하라.

d) 동기강화와 주의집중을 방해하는 요인들의 감소를 위해 그리고 인도주의적이고 권리문제와 관련한 이유에서 비범죄유발적인 욕구들을 다루는 것을 고려하라.

9. **폭(또는 중다방식)**: 비범죄유발적 욕구들에 비해 많은 범죄유발적 욕구들을 목표로 삼으라.

10. **강점**: 예측 및 특수한 반응성 효과를 향상시키기 위해 강점들을 평가하라.

11. **구조화된 평가**:

a) 강점 및 위험-욕구-특수한 반응성 요인에 대한 평가: 구조화되고 타당화된 평가도구를 사용하라.

b) 평가와 개입의 통합: 모든 개입과 접촉은 평가에 의해 이루어져야 한다.

12. **전문가적 재량권**: 매우 특수한 이유가 있을 때에만 권고사항에서 벗어나라. 예를 들어, 기능적 분석은 정서적 고통이 어떤 이에게는 위험/욕구 요인이라는 것을 시사할 수도 있다.

조직적 원리: 장면, 직원 구성 그리고 관리

---

13. **지역사회-기반**: 지역사회에 기반하는 서비스들이 선호되지만, RNR 원리들은 거주지 및 기관 장면 내에서도 응용된다.

14. **교정직원의 핵심적인 실무**: 개입의 효과성은 질 높은 구조화 기술과 결합된 질 높은 대인 관계 기술을 가진 치료자와 직원에 의해 수행될 때 향상된다. 질 좋은 대인 관계란 존중적인, 배려하는, 열정적인, 구조적인 그리고 개인의 자율성을 가치롭게 여기는 특징을 가지고 있다. 구조화된 실무들은 친사회적 모델링, 효과적인 강화 및 불용인, 기술형성, 문제해결, 권위의 효과적 사용, 옹호/중재, 인지적 재구조화, 동기화 면담을 포함한다. 동기화-면담 기술은 효과적인 실무의 관계적 측면과 구조화된 측면을 포함한다.

15. **관리**: RNR에 따라 직원의 선발, 훈련, 임상적 슈퍼비전을 장려하고, 모니터링, 피드백 그리고 조정 시스템을 도입한다. 효과적인 실무와 지속적인 관리를 지지하는 체계와 모델을 형성한다. 관리의 완결성에 대한 추가적인 특수한 지표들로는 활용 가능한 프로그램 매뉴얼 보유, 서비스 과정과 중간적인 변화에 대한 모니터링, 적절한 처치의 정도, 서비스의 설계와 시행에 관여하는 연구자들이 있다.

출처: Andrews(1995, 2001); Andrews, Bonta & Hoge(1990); Andrews & Bonta(1994, 2006); Andrews, Zinger et al., (1990a); Bonta & Andrews(2007); Gendreau(1996).

핵심적인 RNR 원리 및 임상적 쟁점

1990년, 우리는 동료인 Robert Hoge와 함께 효과적인 교정적 처치를 위한 세 가지 일반적 원리를 제시했다: 효과적인 교정적 처치에 대한 (1) 위험, (2) 욕구, (3) 반응성 원리(Andrews, Bonta & Hoge, 1990). 〈표 2-1〉이 보여 주듯이, 그 이후 우리는 몇 가지 원리들을 더 추가했다. 왜냐하면 이것들은 핵심적인 임상 원리들—RNR이라는 명칭의 근거—이기 때문에, 우리는 인도적 서비스를 실행하고 핵심적 임상 원리들을 준수하는 것을 강조한다.

인도적 서비스의 원리. 억제, 회복, 응보, 및 적법 절차에 대한 전형적인 법률적·사법적 원리들은 주요 위험/욕구 요인들과 거의 관련이 없다. 범죄의 주요 원인들은 인도적, 임상적 그리고 사회적 서비스를 통해 다루어질 수 있다.

위험 원리. 위험 원리(risk principle)에는 두 가지 측면이 있다. 첫 번째 측면은, 범죄행동은 예측될 수 있다는 것이다. 이 책은 범죄행동이 예측될 수 있다는 증거를 제시하면서 제1장을 시작하였고, 이번 장은 물론 교재 전반에 걸쳐서 계속 다룰 것이다. 위험 원리의 두 번째 측면은 **처치 서비스의 수준을 범죄자의 위험수준과 일치시키는 것**이다. 이와 같이, 범죄자 위험수준과 서비스 수준 간 짝을 맞추는 것은 위험 원리의 본질이며, 평가와 효과적인 처치 사이를 이어 주는 다리 역할을 한다. 더 엄밀하게 말하자면, 의미 있는 재범감소를 바란다면, 높은 위험수준의 범죄자들에 대해서는 더욱 강력하고 광범위한 서비스가 필요하다는 것이다. 낮은 위험수준의 범죄자들에게는, 최소한의 개입이나, 심지어는 개입을 하지 않아도 충분하다.

비록 위험 원리가 대부분 상식으로 이루어져 있는 것처럼 보이지만, 가끔씩 이론과 실제는 항상 일치되는 것이 아니다. 어떤 서비스 실무자는 높은 위험성을 가진 저항적인 범죄자들보다는 낮은 위험성의 의욕적인 범죄자들과 함께 일하는 것을 선호한다. 결국, 실무자들은 자신의 조언을 경청하고 따르려는 범죄자와 함께 일하도록 개인적으로 강화된다.

Christopher Lowenkamp 등(Lowenkamp, Latessa & Holsinger, 2006)은 위험 원리에 대해 가장 잘 알려진 실험을 실시했다. 그들은 Ohio 주에서 실시된 97개의 거주지 및 비거주지 기반 프로그램들에서 위험 원리가 얼마나 잘 준수되는지를 연구하였다. 프로그램이 실시된 시간, 높은 위험도의 범죄자들에게 더 많은 서비스를 제공하는지 여부 그리고 인지행동적 프로그램이 실행되는지 여부에 대한 정보들이 수집되었다. 높은 위험수준의 범죄자들에게 강력한 서비스를 제공한 거주지 및 비거주지 기반 프로그램들은 각각 18%의 재범 감소율과 9%의 재범 감소율을 보였다.

〈표 2-2〉는 처치를 범죄자의 위험도에 따라 실시하면—또는, 그렇지 않으면—일어나는 결과들에 대한 몇 가지 예들을 제시하고 있다. 각각의 연구들에서, 오직 강력한 서비스가 주어진 때에만 높은 위험도의 범죄자들의 재범이 감소했음이 나타났다. 하지만 강력한 서비스가 낮은 위험도의 범죄자들에게 제공되었을 때에는 부정적인 효과를 가져왔다. 이와 같은 해로운 결과가 모든 연구에서 나타난 것은 아니지만, 일반적으로 긍정적인 효과는 매우 미미했다(Phi = .03; Andrews & Dowden, 2006). 이 장의 끝부분에서, 위험 및 다른 RNR의 원리들을 분석하는 374개의 교정처치 실험 연구에 대한 메타분석 고찰이 요약될 것이다.

표 2-2 위험수준과 처치(재범률 %)

연구	위험수준	처치수준	
		약한	강력한
O'Donnell 등(1971)	낮음	16	22
	높음	78	56
Baird 등(1979)	낮음	3	10
	높음	37	18
Andrews와 Kiessling(1980)	낮음	12	17
	높음	58	31
Bonta 등(2000a)	낮음	15	32
	높음	51	32
Lovins 등(2007)	낮음	12	26
	높음	49	43

범죄유발적 욕구 원리. 많은 범죄자들, 특히 높은 위험도의 범죄자에게는 다양하고 많은 욕구가 있다. 그들은 거주하기 위한 그리고 일하기 위한 장소가 필요하고 그리고/또는 약물복용 중단에 대한 욕구가 있다. 어떤 이들은 자존감이 낮으며, 만성적인 두통이나 충치가 있다. 이것들은 모두 욕구들 또는 문제적인 상황들이다. **범죄유발적 욕구 원리**(criminogenic need principle)는 범죄유발적인 욕구들과 비범죄유발적인 욕구들 간의 차이에 주의를 기울여 도출해 낸 것이다. 이를 제1장에서 역동적 욕구를 논의할 때 소개했다. 범죄유발적 욕구들은 범죄자의 위험성과 부분적인 관련이 있다. 범죄유발적 욕구들 중 역동적인 위험 요인들이 변화하는 경우, 재범가능성과 연합된다. 비범죄유발적 욕구들 또한 역동적이고 변화가능한데 그것들은 재범과의 연합이 약하다.

만약, 처치서비스가 재범을 감소할 목적을 가지고 제공된다면, 변화는 반드시 범죄유발적 욕구 요인과 관련해 일어나야 한다. 범죄자는 또한 다른 욕구에 대한 가장 최상의 서비스를 받을 권리가 있지만, 이것 자체가 **교정적**(correctional) 재활의 가장 중요한 초점은 아니다. 비범죄유발적 욕구들을 다루는 것은 그것이 범죄유발적 욕구들에 간접적으로 영향을 미치지 못하는 한 미래의 재범을 의미 있게 변화시키지 못할 것이다. 전형적으로, 비범죄유발적 욕구는 동기를 유발하려는 목적이나 인도주의적인 입장에서 목표로 정해질 수 있다. 이러한 것은 범죄자의 상태를 더 좋아지게 도울 수 있으며, 이는 중요하고 가치 있는 일이지만, 필연적으로 재범을 줄이지는 못한다.

독자들은 다음 절에 개괄되는 범죄유발적 욕구들이 실제로는 Central Eight로 대표되는 것에 주의를 기울여야 할 것이다. 비범죄유발적 욕구들은 범죄에 대한 사회학적, 정신병리학적 이론들에서 중요하게 고려되는 요인들에 속한다(제3장에서 기술한 것처럼).

범죄유발적 욕구와 범죄행동 간의 연계성의 예시로서 우리는 범죄태도를 범죄유발적 욕구로 선택한다. 모든 이론들—낙인이론, 통제이론, 차별적 접촉이론 등—은 어떤 식으로든 범죄행동에 있어서 범죄태도의 역할에 중요성을 두었다(Andrews, 1990). 친범죄적 태도의 평가가 성인범죄자(Andrews, Wormith & Kiessling, 1985; Bonta, 1990; Simourd, 1997; Simourd & Olver, 2002; Simourd & Van de Van, 1999; Walters, 1996)와 소년범죄자(Shields & Ball, 1990; Shields & Whitehall, 1994)의 범죄행동과 의미 있게 연합되어 있다는 증거들이 반복적으로 제시되었다.

또한 친범죄적 태도의 **역동적**(dynamic) 타당성에 대한 증거가 있다(〈표 2-3〉을 보라). 친범죄적 태도의 강화는 재범증가와 관련되고, 친범죄적 신념 및 태도가 약화되면 재범은 감소한다. 이와 반대로, 불안 및 정서적 공감과 같은 전통적인 임상적 처치의 대상은 역동적 예측타당도를 증명하는 것에 실패했다. 범죄유발적 욕구를 평가하는 연구는 지속적으로 이루어졌고 또 발전함으로써 범죄자의 재활과 범죄행동에 대한 개념적 이해를 발달시키는 데 큰 영향을 미쳤다.

일반적 반응성 원리. 반응성 원리(responsivity principle)는 처치 프로그램들이 범죄자의 능력 및 학습양식과 일치하는 스타일과 방법에 의해 실행되는 것을 말한다. 일반적 반응성 원리(general responsivity principle)는 매우 명료하다: 범죄자는 인간이다. 그리고 이용 가능한 가장 강력한 영향 전략은 인지-행동 및 인지 사회적 학습 전략이다. 이 전략에서는 문제가 반사회적 행동, 우울, 흡연, 과식이든지 또는 좋지 못한 공부 습관이든지 별 문제가 되지 않는다. 인지-행동적 처치는 종종 다른 방식들보다 더욱 효과적이다. 그러므로 변화를 가져오기 위해서는 사회적 학습 및 인지-행동 서비스 방식을 이용해야 한다. 이러한 강력한 영향 전략들에는 모델링, 강화, 역할 수행, 기술 구축, 인지 재구성을 통한 사고 및 정서의 수정 그리고 다양한 높은 위험 상황 속에서 낮은 위험 수준의 대안행동이 숙달될 때까지 그 대안행동을 반복하는 새로운 행동 연습하기가 포함된다.

표 2-3 친범죄적 태도를 6개월 후 재검사했을 때, 3년 내의 재범률(N)

첫 검사 시 위험수준	재검사 시 위험수준			
	낮음	중간	높음	전체
높음(38)	7	43	40	29
중간(58)	10	37	57	33
낮음(56)	10	20	67	16
전체(152)	10	34	52	19
	(72)	(53)	(27)	(152)

Andrews & Wormith(1984)에서 발췌.

특수한 반응성 원리. 특수한 반응성 원리(specific responsivity principle)에 대한 많은 고찰이 있다. 예를 들어, 집단형식의 통찰-지향적 처치는 지능이 낮은 신경질적이고 불안한 범죄자와는 잘 맞지 않을 것이다. 범죄자의 대인 관계에서의 민감성, 불안, 언어적 지능 그리고 인지적 성숙과 같은 특징들은 다른 방식과 스타일의 처치 서비스가 적절하다는 것을 말해 준다(Bonta, 1995). 반응성 원리에 따르는 많은 심리학적 범죄자 평가 접근법들은 가치가 있다(Van Voorhis, 1997). 성격과 인지 양식을 파악함으로써 처치를 범죄자에게 적절히 더 잘 실행할 수 있다.

범죄자 처치를 잘 실행하기 위해 다수의 성격-기반적인 체계들이 개발되었다. 예를 들어, 개념적 수준 체계(Conceptual Level system)(Hunt & Hardt, 1965)는 청소년비행에 사용되며, 인지 발달의 네 단계들(자기중심적 사고에서부터 다양한 관점에서 문제를 사고하는 능력까지)을 기술하기 위해 개발되었다. 소년범을 평가하고 네 가지 개념적 수준 단계 중 어느 한 단계로 분류하여, 서로 다른 수준으로 구조화된 처치들 중 하나와 일치시킨다. 개념적 수준 체계와 다른 유사한 체계(예: I-Level; Jesness, 1971)에서는 차별적 처치라는 개념이 중요하다. 즉, 특정한 처치 전략 및 치료자는 범죄자의 특성과 일치되어야 한다. 〈표 2-4〉는 개념적 수준 체계를 사용한 연구를 포함하여, 처치유형과 범죄자의 특성에 따른 성과에서 차별적인 효과를 발견한 다수의 연구들을 요약하고 있다.

반응성 원리 아래에서 상세하게 연구된 변인들은 단지 몇 개에 지나지 않는다. 성격과 범죄에 관한 이론들은 교정 연구자들이 거의 고려하지 않았던 다수의 가능성을 제시했다. 처치에 대한 유순함이나 동기문제는 중요한 연구영역이다. James Prochaska 등(Prochaska, DiClemente & Norcross, 1992)은 치료자들이 내담자들의 변화 동기를 증대시키기 위해 사용할 수 있는 방법들을 기술하고 있다. 그들의 연구는 중독 분야에서 이루어졌지만, '동기화 면담(motivational interviewing)'의 원리들 중 일부는 일반 범죄자(Ginsberg et al., 2002; Kennedy & Serin, 1999; Ogloff & Davis, 2004) 및 성범죄자들(Wilson & Barrett, 1999)에게도 타당한 원리다. 동기를 증가시키는 것은 프로그램 처치 도중 그만두는 경향을 보이는 고-위험 범죄자들에게 특히 중요할 수 있다. 우리가 위험 원리를 준수하고자 한다면, 우리는 반드시 고위험 범죄자들이 처치 프로그램에 계속 남아 있을 수 있도록 해야만 한다(Wormith & Olver, 2002).

표 2-4 특수한 반응성 원리

PICO: 수감되기까지 평균 추적 개월(Grant, 1965)

내담자 유형	정신역동적 개별 처우		
	아니요	예	p
유순한	4.8	2.1	*
유순하지 않은	4.8	5.5	ns

Camp Elliot: 성공률의 추정치(Grant, 1965)

내담자 유형	구조화 수준		
	낮음	높음	p
높은 성숙(high maturity)	.72	.60	*
낮은 성숙(low maturity)	.46	.60	*

보호관찰자의 재범률(Andrews& Kiessling, 1980)

내담자 유형	시민 봉사자에 의한 슈퍼비전		
	아니요	예	p
높은 공감	.80	.00	*
낮은 공감	.48	.42	ns

새로운 범죄의 평균횟수(Leschied, 1984)

내담자 유형	구조화 수준		
	낮음	높음	p
높은 개념적 수준	nr	nr	nr
낮은 개념적 수준	1.54	.47	*

p = 확률; ns = 유의미하지 않음; nr = 보고되지 않음.
Andrews 등(1990)에서 발췌.

추가적인 임상적 원리

원리 9 [폭, Breadth]는 고-위험 사례를 다룰 때 복합적인 범죄유발적 욕구들을 목표로 삼는 것의 중요성을 강조한다. 따라서 고-위험 범죄자들의 범죄유발적 욕구들 중 한두 가지만 다루는 것은 이들의 복합적인 범죄유발적 욕구들을 목표로 삼는 것에 미치지 못한다.

원리 10 [강점, Strength]은 정확한 재범 예측과 특수한 반응성에 대한 시사점이 있다. 예측과 관련해서, 제1장의 강점에 대한 논의를 상기하라. 그러나 위험성 평가 실무에서 강점과 위험성을 결합했을 때 그 정확성이 향상됨을 실제로 증명한 사례는 매우 드물다.

원리 11 [구조화된 평가, Structured Assessment]은 구조화된 평가의 타당도가 비구조화된 전문가적 판단의 타당도를 훨씬 능가함을 강조한다. 위험 원리를 준수하기 위해, 먼저 신뢰롭게 고-위험 사례와 저-위험 사례를 구분해야 하며 그리고 그 이후 이루어진 구조화된 위험성 평가는 비구조화된 위험성 판단보다 더 낫다.

원리 12 [전문가적 재량권, Professional Discretion]는 예외적인 상황에서 전문가적 판단이 구조화된 의사결정을 기각할 수도 있다는 것을 받아들인다. 하지만 이 원리는 또한 전문가적 재량권의 사용이 명확히 문서화되어야 한다는 것도 강조한다.

포괄적인 원리

모든 개입은 보다 넓거나 좁은 지역사회의 규범들을 존중해야 하기 때문에, 원리 1은 가장 중요하다. 레크리에이션, 치과, 의료 그리고 그 외의 서비스들의 이행에서처럼 교정활동에 대해서도 원리 1은 그대로 적용된다. 윤리성, 합법성, 품위 유지 그리고 비용 효율성은 널리 인정되는 행위의 기준들이다. 모든 유형의 인도적, 사회적 그리고 임상적인 서비스는 윤리성, 합법성 그리고 그 외 규범들과 관련한 평가들이 이루어진다. 원리 1에서 제시된 바와 같이, 규범적인 맥락에서 일부 장면과 관련된 특수성이 존재한다는 것 또한 사실이다. 예를 들면, 보살핌의 윤리(ethic of caring)는 일부 교도소 장면보다는 일부 법정 정신건강 장면에서 보다 분명히 나타난다.

규범적 원리는 서비스의 능동적 '구성요소(ingredients)'와 혼동되는 것이 아니다. 범죄 감소를 위한 능동적 구성요소들은 위험, 범죄유발적 욕구, 및 반응성 원리들을 포함하는 인도적 서비스의 핵심 원리들을 준수한다. 특정한 조건하에서 관련된 규범을 준수하는 것은 처치 결과에 긍정적인 영향을 미칠 수 있다. 예를 들어, 비범죄유발적 욕구를 다루는 것은 처치에 대한 참여 동기 그리고/또는 처치에 더욱 깊이 참여하게 하는 역량을 증대시킨다.

원리 2는 범죄에 대한 심리학적 이해를 활용하도록 권한다. 만약 개인의 범죄행동에 관심이 있다면, 그에 대한 이론적 조망에 근거해 작업을 하는 것이 당연하다. 특히, 일반 성격 및 인지사회적 학습(GPCSL) 이론적 조망이 권장된다. GPCSL 조망은 그것의 효과와 광범위한 응용력에서 타의 추종을 불허한다. GPCSL 조망의 힘은 (a) 광범위한 응용력을 가진 효과적인 임상적 실무 그리고 대인 관계 영향 전략의 확인, (b) 범죄적 그리고 비범죄적 대안 행동의 분석과 예측에 있어서 주요 위험, 욕구 그리고 반응성 요인들의 구체화, (c) 보다 넓은 사회구조적 및 문화적 조망은 물론 생물학적/신경심리학적 조망들과의 쉬운 통합, (d) 새로운 개념 및 전략들(동기화 면담과 같은)을 통합하는 유연성에 있다. GPCSL은 제4장에서 자세하게 검토될 것이다.

원리 3은 범죄예방에 대한 RNR 모델을 사법과 교정 외의 건강과 다른 서비스 제공 기관으로 확장한다.

조직적 원리

13과 15에 걸친 원리들은 RNR 프로그래밍의 완결성을 지원하는 정책과 관리의 중요성을 강조한다. 직원들은 범죄자들의 재활을 지원할 수 있는 그들 스스로의 조직 및 다른 조직들(정신건강, 사회서비스 등)의 지원 없이 RNR에 따른 프로그램 및 서비스를 제공할 수 없다. GPCSL에 기반하는 대인 관계적 영향 전략과 행동변화 접근들에서 직접적으로 도출된 직원들의 실무에 존재하는 고유의 관계 기술 및 구조화 기술에 주목하라.

RNR의 대안

RNR 모델의 대안들이 제시되어 왔다. 예를 들어, Ward, Melzer 그리고 Yates(2007)는 좋은 삶 모델(Good Lives Model: GLM)을 진행해 왔다. 이 모델은 개인적 안녕은 즐거운 친구관계, 가치 있는 일 그리고 성적인 만족 등의 '인간적인 것들(human goods)'을 통해 획득된다고 가정한다. 이것이 중간 및 고-위험 범죄자들과 작업하기 위한 GPCSL에 기반한 RNR 접근보다 더 나은 대안일까? 좋은 삶 모델은 다음과 같이 제안한다:

1. 저-위험 범죄자에게 강력한 범죄예방 서비스를 제공하라. 우리의 대답: 왜 그래야 하

는가? 그들은 서비스를 제공하지 않아도 재범 가능성이 낮다.

2. 처벌에 의존하라. 우리의 대답: RNR 원리들에 충실한 인도적 서비스가 제공되지 않는 한, 공식적 제재들은 범죄행동을 감소시킬 수 없을 것이다.
3. 범죄자의 개인적 안녕을 증진시키는 것에 의존하라. 우리의 대답: 이것은 RNR의 타당한 인도주의적 측면이지만, 그 서비스들이 그 외에 추가적으로 RNR의 원리들을 따르지 않는 한 범죄행동은 감소하지 않을 것이다. 만약 중간 및 고-위험 범죄자들의 범죄유발적 욕구들이 줄어들지 않는다면 재범감소를 기대하기는 어렵다.

재활에 대한 GLM의 개념적 해석은 만족스러운 삶이 범죄와 양립할 수 없다는 것을 시사한다. 또 다른 주장은 개인적인 안녕을 향상시키면 자동적으로 범죄유발적 욕구가 감소한다는 것이다. 이러한 구호들은 GPCSL 조망에서 강조하고 있는 인간 행동의 유관성(contingency)의 중요성을 완전히 놓치고 있다.

우정, 즐거운 일, 애정 관계, 창의성 추구, 성적 만족, 긍정적 자기-존중 그리고 지적인 도전과 관련된 만족을 통해서 가능한 한 가장 충족적인 삶을 사는 것의 중요성을 고려해 보라. 다음은 그와 같은 만족들의 성취가 범죄를 쉽게 증가시키는 방식이라고 생각되는 단순한 활동들이다. ① 우정 및 애정 관계[범죄적 친구들을 증가시키고, 비범죄적인 이들과의 관계를 약화시키며, 반사회적 사고경향(sentiments)을 가지도록 조장하는 범죄자들과의 관계]; ② 즐거운 일(흔히 빠르고 쉬운 보수 경로, 때때로 흥분되는 범죄경력의 추구); ③ 창의성 추구/지적 도전(체제를 때려 부수는 기쁨); ④ 긍정적 자기-존중(범죄성취로 인한 개인적 자부심); ⑤ 성적 만족(아동착취 그리고/또는 성적인 공격을 통해)

만약 어떤 개입들이 범죄에 대한 지지를 범죄에 대해 비우호적인 방향으로 바꾸지(또는 위험 요인들을 강점 요인이 되는 방향으로 바꾸지) 않는다면 개입은 범죄를 지지하게 된다. PCC를 통해서 살펴보겠지만, RNR 원리들의 준수를 통해 유관성들이 변화되지 않는 한, 잘 구성된 가족, 직업 및 물질남용 프로그램들이라 할지라도 재범을 감소시키는 데 실패한 많은 사례들을 보게 될 것이다.

요약

GPCSL 맥락에서, 인간 행동에 대한 개인적, 대인 관계적, 지역사회적 지지가 범죄에 대해 우호적인지 비우호적인지에 대한 이해가 없이는 범죄는 이해될 수 없다. 인간 행위의 유관성이 무시될 때, 공식적 처벌, 근본적인 인간의 욕구들 그리고 긍정적인 목표들과 같은 미사여구에 기반을 둔 행위들은 범죄를 유발시킬 수 있다. 개인의 안녕을 강조하거나 보수 및 만족의 축적을 강조하는 것으로는 충분하지 않다. 반드시 보수를 줄 수 있는 비범죄적 대안적 경로들을 지원하는 유관성이 있어야만 한다는 것이 분명하다. 그것은 RNR 원리를 따르면서 설계되어야 한다. 이제 위험/욕구 요인들과 관련된 연구결과들과 RNR 모델의 적용에 대한 연구결과들을 살펴볼 것이다.

주요 및 중간 위험/욕구 요인

가장 타당한 위험/욕구 요인

범죄행동의 분석에 있어서 주요 위험/욕구 요인들은 무엇인가? 그리고 이 요인들은 그 자체로 또는 결합되었을 때 범죄행동과 얼마나 강력하게 연합되는가? 대부분 우리는 Pearson 상관계수 *r*을 연합의 강도(또는 효과크기)의 측정치로서 사용할 것이다. 또한 요인들의 공변성의 강도 측면에서 잠재적인 위험/욕구 요인들의 순위를 매길 것이고, 아니면 최소한 주요한, 중간의, 약한 위험/욕구 요인들의 세트를 제시할 것이다. 여기 'Central Eight' 위험/욕구 요인을 소개할 것인데, 이것은 'Big Four'를 포함한다. 'Big Four'는 주요 예측변인들로 제시되고 실제로도 개인의 범죄행동 분석에서 중요한 인과적 변인들이다.

이어지는 논의에 앞서, 저자들은 1980년 후반부터 메타분석을 시작한 바, 저자들의 작업들이 어디서부터 출발했는지를 알게 되면 도움이 될 것이다. 사회심리학자들이 자신들의 지식을 설명할 때와 마찬가지로, 연구들로부터 도출된 결론들은 일정 부분 초창기의 연구자들, 메타분석 연구자들 그리고 메타분석 연구들을 고찰한 학자들에 의해 내려진 결정들을 반영해야만 한다. PCC에 기저하고 있는 가치들 중 일부는 제1장에서 개관했다. 어떤 유형의 잠재적 위험/욕구/강점 요인들이라 할지라도 그 존재 가능성은 열어 놓고 있지만, 우리는 다시 사회적 위치 조망들, 초기의 법정 정신건강 조망들 또는 억제 및 일부 다른 사법적 조망들로 돌아가고 싶지는 않다. 이러한 점은 일부분 저자들의 초기 연구와 초기의 문헌검토에 의해 밝혀진 사회적 위치, 정신건강, 억제변인들의 영향력이 약하다는 연구문헌들에 대한 저자들의 이해를 반영한 결과다.

1990년대 메타분석이 폭발하던 시기 이전에, 저자들(Don Andrews, Jim Bonta, and Robert

Hoge, Stephen Wormith, Paul Gendreau 같은 동료들)은 위험/욕구 요인과 교정처치 연구들을 적절히 실행해 왔다. 우리의 연구들과 우리 연구 집단의 일부 연구자들과 다른 연구자들에 의한 서술적 고찰을 통해, 우리 집단은 1980년대 초기에 이미, 출생의 사회적 계층, 개인의 정서적 고통 그리고 정신장애는 기껏해야 미미한 위험 요인이었다는 것을 "알았다". 우리는 반사회적 성격 패턴, 반사회적 태도, 반사회적 친구, 반사회적 행동의 전력, 물질남용, 가정과 학교 또는 직장에서의 문제적 상황들이 모두 범죄행동의 위험 요인이라는 것을 "알았다". 우리는 "Glueck과 Glueck(1950), Hirschi(1969) 그리고 뒤이어 수행된 종단연구들을 읽고, 누가 정신질환 및 출생 계층의 상대적 중요성을 계속해서 주장할 수 있겠는가?"라고 생각했다. 우리는 "공식적 처벌 및 교정처치의 효과에 대한 연구들을 읽고, 누가 처벌은 효과가 있고 처치는 효과가 없다고 믿을 수 있겠는가?"라고 의심스러워했다. 그리고 그 이후 메타분석은 학계에 모습을 드러내기 시작했다. 약 15년이라는 짧은 기간 안에, PCC는 활력을 띠게 되었으며, 많은 사회학적 범죄학과 법정 정신건강의 주류들이 크게 무너지고 다시 수정되었다. 억제 그리고 회복과 같은 다른 형사사법 모델들 또한 현재 환영받고 있는 치료적 사법체계를 통해 재형성되고 있다(Andrews & Dowden, 2007).

1980년대 초, 서비스 수준 인벤토리의 첫 번째 개정판(The Level of Service Inventory-Revised: LSI-R)이 캐나다의 Ontario 주에서 사용되었다(Andrews, 1982, 1994; Andrews & Bonta, 1995). 이와 같은 범죄자 위험/욕구 평가 도구는 범죄자와 그와 관련된 이들(예를 들어, 가족 구성원들)과의 면담 그리고 교정기관과 경찰 또는 법정기록을 검토함으로써 보호관찰관과 가석방 공무원들이 점수를 매길 수 있도록 만들어졌다. 이 도구는 반사회적 태도, 반사회적 친구, 범죄전력, 물질남용, 가족/결혼, 학교/직장, 레저/레크리에이션, 재정문제, 적응문제 그리고 정신건강 문제와 혼합되어 있는 반사회적 성격 문제들을 포함하는 개인적/정서적 문제의 영역에 해당되는 위험/욕구 요인 항목들의 세트로 구성되어 있다. 이것이 우리가 처음으로 구성한 Central Eight 위험 및 욕구 요인들의 개요다.

LSI-R의 새로운 개정판(LS/CMI 또는 Level of Service/Case Management Inventory; Andrews, Bonta & Wormith, 2004)의 위험/욕구 절은 폭력 및 공격성 전력에 대한 추가적인 표집을 포함하여 Central Eight(반사회적 성격 패턴을 포함한)로 축소되었다. LS/CMI 그리고 이것의 청소년판(YLS/CMI; Hoge & Andrews, 2002)은 또한 프로그램을 계획하기 위해 광범위한 비범죄유발적 욕구들이 조사된 성별을 감안한(gender-informed) 도구들이다. 서비스 수준(LS) 도구를 사용한 수년간의 연구들은 Central Eight의 강점, 특히 Big Four의 예측력에 대한 진가를 매우 크게 향상시켰다.

무엇보다도 중요한 것은, 1990년대까지의 우리의 연구와 경험은 세상을 주요한, 중간의, 약한 위험/욕구 요인의 관점에서 보도록 했다는 것이다. 이 모델은 다음에 요약된 메타분석에 의해 전반적으로 지지되었다. 하지만 우리가 Central Eight를 논의하는 동안 다른 연구자들은 다른 방식으로 주요한 그리고 약한 위험/욕구 요인을 기술했다는 사실을 독자들은 주의해야 한다.

우리가 아는 바로는, 비판적 (마르크스주의자/ 사회주의자) 범죄학, 비판적 페미니즘 그리고 사회학적 범죄학의 일부를 차지하고 있는 페미니즘에서 아마 약간의 예외가 있지만, 여기서 기술하고 있는 결과들의 전반적인 패턴을 부정하는 연구자나 학자들은 거의 없다. 이제 이 예외들을 다루겠다.

일부 연구자들은 자신들의 발견들에 대해서 어떤 이론적인 이치를 부과하지 않는다. 그들은 예측정확성을 최대화하는 데 필요한 가장 적은 수의 평가 요인들로 구성된 위험성 평가를 추구하는 순수한 '경험주의자' 경향이 있다. 전형적으로, 통계적 기술은 가장 적은 수의 예측 요인들을 선택하는 데 이용된다. 제10장에서, 이런 위험성 평가의 접근 형태들은 역동적 위험 요인(또는 범죄유발적 욕구)을 무시하는 경향이 있기 때문에 '제2세대'라고 불릴 것이다. 한편, 앞서 언급한 LS 도구들은 신중하게 주요 범죄유발적 욕구들을 조사하기 때문에 '제3세대' 도구들이라고 불리고, 또는 '제4세대'라고도 불리는데, 그 이유는 이 도구들이 욕구들(범죄유발적 및 비범죄유발적)에 대한 조사에 더해 RNR 모델에 충실한 방식으로 사례 계획(case planning)을 구성하기 때문이다. 제10장에서 다루겠지만, 제2세대 도구들은 위험성 평가 도구로서 매우 좋지만, 이 도구들은 그 외 적절한 중간 목표들을 선택하는 것과 서비스를 계획하는 측면들에서 매우 제한된 가치를 갖는다. 우리가 아는 바로는, 제2세대 평가의 지지자들은 우리가 고찰하게 될 증거들을 부정하지 않는다. 간단하게 표현하자면, 그들은 주로 효과적인 위험성 평가에 관심이 있으며, 중간 및 고위험 사례들에 대한 범죄예방 서비스의 계획에는 관심이 없다.

다른 연구자들은 Big Four나 Central Eight를 언급하지 않지만, 다른 명칭이나 분류체계를 부여하고 있다. 예를 들어, 반사회적 성격과 범죄전력은 '반사회성(antisociality)' '반사회적 잠재성(antisocial potential)'의 측정형태로, 또는 Hare(1991)의 '사이코패시적 성격(psychopathic personality)' 평가와 같은 형태로 결합된다.

어떤 이들은 Central Eight 전체는 단일 요인을 표현하는 것뿐이라고 말하기를 선호한다. Hirschi(2004)는 그러한 단일 요인을 '약한 자기-통제(weak self-control)'라고 부른다. 이런 대안적인 명칭 만들기 접근들은 이 책을 다루는 동안 내내 소개될 것이다. 우리가 아는 바로는,

대안적인 서술적 명칭들을 선호하는 연구자들은 우리가 개괄한 증거들을 부정하지 않는다. 위에서 언급한 바와 같이, 사회학적 범죄학 내의 비판적 그리고 페미니즘적 영역에서 소수의 예외를 제외하고 저자들의 증거를 부정하는 연구자 또는 학자들은 거의 없다. 성차에 관한 쟁점을 간단히 살펴 볼 것이다.

이제 우리는 독자들이 이 책의 시작 부분에서 그 측정과 개념화의 민감한 문제에 대한 논의 없이 기술했던 위험/욕구 요인들에 대한 증거를 이해하길 원한다. PCC의 내용을 서술해 나가면서 그 이론적, 측정적 그리고 방법론적 이슈들을 전개해 나갈 것이다.

Central Eight에 대한 서술적 요약

〈표 2-5〉는 Big Four로 시작하여 Moderate Four까지의 Central Eight 위험/욕구 요인에 대한 서술적 요약을 제시한다. 미래의 범죄감소가 궁극적인 관심사일 때, 이 표에서 각 위험 요인의 역동적 측면(즉, 범죄유발적 욕구 요인)은 물론 변화시키고자 하는 적절한 중간 목표를 명시하는 것에 주목하라. 긍정적인 극단들은 강점으로 기록되었다. 그렇게 함으로써 각 요인이 위험, 범죄유발적 욕구 그리고 RNR의 강점 원리들에 충실하도록 조직화 되었다.

표 2-5 주요 위험/욕구 요인들: Central Eight

Big Four
1. 반사회적 행동전력(History of Antisocial Behavior): 이것은 어린 시절부터 가정 안팎의 다양한 상황에서 다수의 다양한 반사회적 행동에 연루된 것을 포함한다. 주요 지표는 어린 시절의 체포, 다수의 선행 범죄행동들 그리고 조건부 석방 기간 중 규칙위반을 포함한다. 현재의 범죄행동의 심각성과 범죄행동으로 인한 권리침해의 크기는 거의 관심을 두지 않는다. 후자는 형의 가중 요소이지만, 그것이 위험 요인이 되는 것과는 다르다. 위험성 평가에서는 범행의 이른 시작, 횟수 그리고 다양성을 강조한다. **강점**: 반사회적 행동이 없거나 또는 매우 드물면 반사회적 태도에 대한 친범죄적 기여가 최소화될 것이다. **역동적 욕구 그리고 변화의 유망한 중간 목표**: 전력은 변할 수 없지만, 변화의 적절한 중간 목표는 고-위험 상황에서 새로운 비범죄적 행동을 형성하고, 이러한 재형성을 지지하는 자기-효능감(나는 범죄행동을 피하기 위해 무엇을 해야 하는지를 알고 있으며, 이에 필요한 것을 할 수 있다는 것을 알고 있다)을 구축하는 것이다.
2. 반사회적 성격 패턴(Antisocial Personality Pattern). 일상적인 언어: 충동적, 모험적인 쾌락추구, 일반화된 말썽(다양한 사람들, 다양한 장면들), 끊임없이 공격적인, 타인에 대한 노골적 무시(제3장의 Glueck과 Glueck의 연구를 보라). 이와는 다른 반사회적 성격 패턴의 분류와 기술은 다음과 같다: **다면적 성격 질문지(the Multidimensional Personality Questionnaire)에 따르면 (Caspi, Moffitt et al., 1994; Patrick, Curtin & Tellegen, 2002)**: 약한 억제(전통주의 또는 높은 도덕적 기준에 대한 지지가 부족함; 위해를 회피하거나 흥분 및 위험을 회피하는 것이 약함; 자기-통제가 약함; 사려성 및 계획성이 부

족함): 부적 정서성(공격 또는 다른 사람에게 불편함 야기하기; 소외와 피학대감; 분노와 짜증에 의해 지배되는 스트레스 반응). 긍정적 정서성은 비행과 주요 상관관계에 있지 않다는 사실을 주목하라(긍정적 정서성의 지표들은 행복감, 긍정적 자존감 그리고 사교성을 포함한다).

5요인 모델에 따르면(Miller & Lynman, 2001; Digman, 1990): 낮은 우호성(냉담한, 악의적인, 질투하는, 자기중심의, 타인에게 무관심한, 적대적인)과 낮은 성실성(끈기 부족, 충동적인, 약한 계획성, 약한 억제, 범죄적 가치). 다음은 주요 상관변인이 아니다: 외향성(사교성으로 정의되는), 경험에 대한 개방성 그리고 신경증적 성향(짜증을 시사하는 항목은 제외하고).

7요인 모델에 따르면(Cloninger et al., 1993): 새로움 추구(새로움에 대한 강력한 활기/흥분). 낮은 자기-지시성(자기-결정 능력 및 의지력). 낮은 협동심(대립적이고 비동의적 경향). 위해 회피, 끈기 그리고 자기-초월(영성)은 반사회적 행동과 관련되지 않는다.

Hare 사이코패시 체크리스트의 네 측면(the four facets of Hare Psychopathy Checklist)에 따르면(Hare, 2003): 가장 강한 측면은 반사회적 행동전력이다(앞서 언급한 대로). 약한 측면들은 대인 관계에서 언변이 좋음, 피상적 정서 및 죄의식 결여, 기생적인 생활습관 등의 성격적 측면들이다.

LS/CMI에 따르면(Andrews, Bonta & Wormith, 2004): 사이코패시의 지표들 그리고/또는 분노 문제들. 어린 시기의 다양한 반사회적 행동. 범죄적 태도. 여러 영역에서 일반화된 말썽.

강점: 강한 억제, 행동하기 전 생각하는 것, 높은 우호성.

역동적 욕구 그리고 변화의 유망한 중간 목표: 성격의 역동적 측면들로는 약한 자기-통제 기술, 약한 분노 관리 기술, 취약한 문제-해결 능력 그리고 당연히 중간 목표는 이러한 기술들을 형성하는 것이다.

3. 반사회적 인지(Antisocial Cognition). 이 변인들의 세트는 범죄에 호의적인 태도, 가치, 신념, 합리화 그리고 개인적 정체감을 포함한다. 범죄와 관련되는 인지-정서적 상태는 화를 내고, 짜증을 내고, 분개하며, 반항적인 것이다. 특수한 지표들로는 범죄자와의 동일시, 법과 사법체계에 대한 부정적 태도, 범죄가 보수를 가져올 수 있다는 신념, 범죄를 정당화하기 위해 광범위한 조건들을 구체화시키는 합리화(예: 피해자는 그러한 피해를 당할 만하다, 피해자는 아무 짝에도 쓸모없는 인간이다)를 포함한다.

   강점: 반사회적 사고경향(sentiments)을 거부한다: 개인적 정체성은 명백하게 반범죄적이며 친사회적이다.

   역동적 욕구 그리고 변화의 유망한 중간 목표: 반사회적 인지들은 반사회적 사고와 감정의 감소 그리고 덜 위험한 사고와 감정들을 형성하고 연습함으로써 변화하도록 다루어진다.

4. 반사회적 친구(Antisocial Associates). 이 위험/욕구 요인은 친범죄적인 사람들과의 교제와 반범죄적인 사람들로부터의 소외를 모두 포함한다. 이 위험/욕구 요인은 때때로 '범죄에 대한 사회적 지지(social support for crime)'라고 불린다.

   강점: 반범죄적인 사람들과의 밀접하고 빈번한 교제; 범죄적인 사람들과의 교제는 없음.

   역동적 욕구 그리고 변화의 유망한 중간 목표: 이 요인은 역동적이며, 또 적절한 중간 목표는 분명하다: 친범죄적인 사람들과의 교제는 감소시키고, 반범죄적인 사람들과의 교제는 증가시킨다.

Moderate Four

---

5. 가족/결혼 상황(Family/Marital Circumstances). 청소년의 출생가족 그리고 성인의 결혼 상황 두 가지를 평가하는 핵심은 단위(부모와 자식 간 또는 배우자 간) 내 대인 관계의 질과 반사회적 행동과 관련된 행동적 기대와 규칙이며, 모니터링과 슈퍼비전 및 훈육적 접근을 포함한다. 청소년에 대한 평가에서, 두 가지 핵심적인 양육 변인들은 양호(nurturance)/보살핌(caring)과 모니터링/슈퍼비전이다. 청소년 자신들 입장에

서, 부모들을 걱정하고 부모들의 의견을 유념하는 것을 조사한다. 결혼의 경우(또는 이것과 대등한), 반범죄적 기대와 결합된("당신의 배우자가 어디 있는지 아는가?") 질 높은 관계성(서로 보살피고, 존중하고 그리고 관심을 갖는)을 조사한다. 위험 요인은 범죄에 대한 중립적 기대 또는 친범죄적 기대와 결합된 질 낮은 관계성이다.

강점: 강력한 모니터링과 슈퍼비전이 결합된 강력한 양호와 보살핌.

역동적 욕구 그리고 변화의 유망한 중간 목표: 갈등을 줄이고, 긍정적인 관계를 형성하며, 모니터링과 슈퍼비전을 강화하라.

6. 학교/직장(School/Work). 다시 한번 학교나 직장 내 대인 관계의 질에 대해서 강조를 한다. 일반적으로, 위험/욕구 요인은 낮은 수준의 수행과 참여이며 그리고 낮은 수준의 보수와 만족이다.

   강점: 학교/직장에서의 높은 수준의 수행 및 만족과 결합되는 권위자와 학교 친구 및 직장 동료들과의 강한 애착.

   역동적 욕구 그리고 변화의 유망한 중간 목표: 수행과 참여 그리고 보수와 만족을 향상시킨다.

7. 레저/레크리에이션(Leisure/Recreation). 반범죄적인 레저 추구에 있어서의 낮은 참여도와 만족도.

   강점: 반범죄적인 레저 추구에 있어서의 높은 참여도와 만족도.

   역동적 욕구 그리고 변화의 유망한 중간 목표: 참여와 보수 그리고 만족을 향상시킨다.

8. 물질남용(Substance Abuse). 위험/욕구 요인은 알코올과 그 외의 다른 약물(담배를 제외한)의 문제다. 현재의 약물과 관련된 문제점들은 물질남용의 전력보다 더 위험한 지표다.

   강점: 위험한 물질남용에 대한 증거가 없다. 그리고 물질남용에 대한 사고경향(sentiments)은 부정적인 경향이 있다.

   역동적 욕구 그리고 변화의 유망한 중간 목표: 물질남용을 줄이고, 물질 지향적 행동에 대한 개인적, 대인관계적 지지를 줄이고, 물질남용의 대안을 증진시킨다.

주: 약한 위험/욕구 요인(그리고 변화의 덜 유망한 중간 목표)은 다음과 같다. 개인적/정서적 고통, 주요 정신장애, 신체적 건강 문제, 공식적 처벌에 대한 두려움, 출생 사회계층, 현재 범행의 심각성 그리고 범행과 관련 없거나 또는 약하게 관련된 요인들.

반사회적 행동의 전력에 대한 구체적인 설명에서 최근의 심각한 범죄행동을 범죄위험과 동일하게 취급하지 않는 것이 중요하다. 위험의 지표는 조기 연루, 광범위한 전력, 다양한 반사회적 행동(재산범죄와 폭력범죄의 결합), 슈퍼비전 받고 있을 때의 규칙위반(예를 들어, 가석방 위반) 등이 있다.

위험성 평가에 있어서 심각한 오류는 최근의 심각한 범죄를 위험 요인으로서 평가하는 것이다. 이는 주요 위험 요인이 아니다. 이것은 형의 가중 요인(범행에 의한 상해가 심각할수록 더욱 엄한 처벌이 부과된다는 점에서)이다. 응보와 재범위험은 다른 관심사를 반영한다.

반사회적 성격 요인에 대한 기술은 일상 언어는 물론, 잘 알려진 성격의 분류 및 체계와 관련된 좀 더 정밀한 언어를 사용한다. 다음 장에서 이런 체계를 좀 더 알게 될 것이므로, 지금 각 체계에 대해 깊은 이해를 하고 있어야만 한다는 생각을 할 필요는 없다. 위험/욕구 요인과 관련된 반사회적 성격 패턴은 전형적으로 적어도 두 개의 상당히 독립적인 차원을 포함한다. 첫 번째는 약한 자기-통제와 계획성의 부족이다. 두 번째는 부정적인 정서성이다(짜증, 피학대의 감정, 적대적임).

반사회적 패턴에 대한 특질(trait) 측정은 이러한 성향을 상당히 안정적이고, 지속적인 요인으로 평가한다는 것에 주목해야 한다. 하지만, 자기-통제와 부정적 정서성은 또한 급성적(acute) 역동적 요인으로 평가될 수도 있다. 분노의 폭발과 같은 급성적 변화들은 GPCSL의 범죄행동의 다양성에 대한 이해에 있어서 매우 중요한 것이다.

마지막으로, 성격 연구들은 또한 범죄행동의 개인차를 이해하는 데 있어서 거의 제공되지 못했던 요인들을 확인하는 데 매우 유용하다. 널리 그리고 적극적으로 홍보되어 왔던 범죄 및 범죄자에 대한 수많은 오해들을 고려해 봤을 때, 주로 범죄행동과 연합되지 못했던 성격 측면들에 주의를 기울이는 것은 꽤 유용한 것이다. 이러한 약한 요인들로는 행복, 자존감, 사교성, 영성, 경험에 대한 개방성, 불안과 걱정 그리고 정신병리를 포함한다. 범죄와 범죄자들에 대한 오해가 매우 흔하기 때문에, 이 책에서는 줄곧 이 쟁점을 논의할 것이다. 일부 행복한 사람들은 범죄자이며 그리고 이들 중 많은 이들은 범죄자가 아니다. 슬픔에 잠긴 일부의 사람들은 범죄자이며 그리고 슬픔에 잠긴 이들 중 대부분은 그렇지 않다 등등. 독자들은 자유롭게 자신들 스스로의 예를 들 수 있다.

이러한 비범죄유발적 요인 중 몇몇은 아마도 특수한 반응성 요인이 될 것이다. 아마 당신은 슬퍼하는 사람들에게는 행복해하는 사람들과는 다른 방식으로 접근하고 작업할 것이다. 일부 슬퍼하는 범죄자들은 너무 슬퍼서 처치에 집중하지 못할 것이다. 일부 행복한 범죄자들은 그들의 존재 자체와 상황들에 매우 행복해하고 변화하는 데 전혀 관심을 보이지 않을 것이다. 범죄 활동이 명백히 자신들의 안녕에 기여할 때 그들이 자신들의 범죄유발적 욕구를 줄일 이유가 있겠는가?

위험/욕구 요인에 대한 메타분석

[자료 노트 2-1]에서 초기 메타분석이 New Brunswick 대학교의 Paul Gendreau, Claire Goggin 그리고 Chantel Chanteloupe에 의해 처음으로 실시되었다고 소개했다. 이것은 여러 측면에서 원시적인 메타분석이었지만, 이 결과들의 전반적인 패턴은 지금도 많은 연구자들에 의해 반복 검증되고 있다. 독자들은 범주화의 목적에 대해 주목할 것인데, 초기에는, 반사회적 태도와 반사회적 친구들에 대한 연구들은 하나의 범주로 묶였다. 마찬가지로 반사회적

성격 패턴과 반사회적 행동의 전력도 또한 그러했다. 따라서 Big Four는 오직 두 개의 범주로 나타났다. 초기 연구에서, 부모 특성(예, 아버지의 범죄전력)과 가족 구조(예: 편부모 가정)는 가족 응집력 및 부모양육의 연구와 함께 묶였다.

[자료 노트 2-1]을 자세히 살펴보면, 그 패턴이 분명하다는 것이 드러난다. 낮은 계층 출신과 개인적 고통/정신병리는 다른 변인들의 묶음과 비교하면 약한 위험 요인이었다. 이것은 남성과 여성, 백인과 흑인 그리고 청소년과 성인에 대해서 모두 사실이었다. 횡단적 설계 또는 종단적 설계 연구였든지 간에, 범죄행동이 자기-보고에 의해 또는 공식적 기록에 의해 밝혀졌든지 상관없이 그 패턴은 분명했다. 어떤 방식으로 나누든지 간에, 태도/친구 그리고 성격/전력은 범죄행동과 가장 강하게 관련되었다.

[자료 노트 2-1]

New Brunswick/Carleton 대학교의 범죄행동 예측 요인에 대한 메타분석: 대표적 연구결과

진행 중인 이 프로젝트(Gendreau, Andrews, Goggin & Chanteloupe, 1992)는 1970년 이래 영어로 출판되었던 모든 범죄의 상관연구에 대한 조사연구다. 연구는 자동화된 문헌검색, 주요 고찰 연구들 그리고 저자들이 소유하고 있는 연구들의 참고문헌에 대한 추적조사를 통해 이루어졌다.

약 1,000개의 연구를 목록화했고, 700개를 찾아냈으며, 그중 372개의 연구에 대한 내용분석과 메타분석을 실시했다. 이들 372개의 연구는 1,770개 이상의 Pearson 상관계수들을 제시했는데, 이들 각각은 개인 범죄행동의 일부 잠재적 상관변인과 범죄행동의 일부 측정치들 간의 공변성을 나타낸다.

이 책의 기저를 이루는 일반 성격 및 사회심리학적 조망을 반영하여, 특정한 위험/욕구 요인들은 일곱 개의 범주에 할당되었다. 이들 범주들은 다음과 같다: (1) 부모의 교육적 · 직업적 지표들과 이웃의 특성들로 평가되는 낮은 계층 출신, (2) 불안, 우울 그리고 낮은 자존감에 대한 '심리학적' 측정치들뿐만 아니라 아노미 및 소외와 같은 좀 더 '사회학적'인 평가를 포함하는 개인적 고통 지표, (3) 개인의 교육적/직업적/경제적 성취, (4) 부모의 심리적 상태와 기능 및 가족 응집력과 부모의 양육 방식, (5) 반사회적 기질, 성격 그리고 행동전력, (6) 반사회적 태도와 반사회적 친구, (7) 이들 여섯 개의 범주에 명확히 들어맞지 않는 기타 변인들.

위험/욕구 요인의 처음 6개 범주의 각각의 평균 상관계수는 다음과 같다(괄호 안은 상관계수의 수):

1. 낮은 계층 출신 .06(97)
2. 개인적 고통/정신병리 .08(226)
3. 개인의 교육적/직업적 성취 .12(129)
4. 부모/가족 요인 .18(334)

5. 기질/위법행위/성격 .21(621)
6. 반사회적 태도/친구 .22(168)

이러한 여섯 가지 위험/욕구 요인 세트의 순위는 다양한 피험자의 유형들(성별, 연령 그리고 인종에 따라 다른)과 방법론적 변인들(범죄에 대한 자기-보고 대 공식적 측정 그리고 종단설계 대 횡단설계와 같은)에 걸쳐서 매우 견고하다는 것이 입증되었다. 이런 연구결과들의 견고함은 다음 표에 기술되어 있다.

요약하면, 연구결과들은 낮은 계층 출신과 개인적 고통이 가족, 성격, 태도 그리고 대인 간 교제 패턴에 대한 평가로부터 이끌어 낸 반사회적 경향 지표에 비해 범죄성에 대한 약한 위험 요인들이라는 것을 밝히고 있다.

위험/욕구 요인의 유형과 다양한 통제변인들에 따른 평균 상관관계 계수(N)
위험/욕구 요인의 유형

	1	2	3	4	5	6
전체	.06 (97)	.08 (226)	.12 (129)	.18 (334)	.21 (621)	.22 (168)
성별						
남성	.04 (58)	.09 (157)	.11 (180)	.16 (180)	.18 (461)	.21 (113)
여성	.03 (12)	.08 (19)	.13 (7)	.16 (43)	.23 (38)	.23 (12)
연령						
청소년	.03 (49)	.09 (66)	.10 (40)	.18 (151)	.22 (142)	.23 (63)
성인	.05 (49)	.09 (105)	.12 (60)	.11 (64)	.18 (301)	.19 (50)
인종						
백인	.05 (20)	.09 (102)	.10 (56)	.20 (148)	.19 (235)	.24 (77)
흑인	.07 (7)	.05 (6)	.17 (5)	.12 (22)	.22 (23)	.29 (10)
범죄의 측정						
자기-보고	.00 (28)	.08 (31)	.10 (19)	.14 (94)	.20 (58)	.25 (42)
공식 기록	.06 (40)	.10 (140)	.12 (81)	.18 (121)	.19 (385)	.19 (71)
설계						
종단적	.11 (47)	.08 (152)	.14 (89)	.17 (179)	.21 (423)	.20 (118)
횡단적	.03 (50)	.08 (74)	.08 (40)	.19 (156)	.19 (198)	.27 (50)

1) 낮은 계층 출신 2) 개인적 고통/정신병리 3) 개인의 교육적/직업적 성취
4) 부모/가족 요인 5) 기질/위법행위/성격 6) 반사회적 태도/친구

Carleton 대학교에 있던 당시 Linda Simourd는 청소년 범죄에 대해서 특히 관심을 가졌다 (Simourd & Andrews, 1994). 그녀는 동일한 도구로 소년과 소녀 모두를 평가한 새로운 일련의 연구들을 도출했다. 〈표 2-6〉에 요약된 것처럼, 그녀의 연구결과와 New Brunswick 대학교의 연구결과들이 매우 비슷하다는 것이 놀랍다. 이러한 유사성은 출신 계층과 개인적 고통은 상대적으로 약한 요인이고 성격은 상당히 강한 타당성을 갖는다는 점에서 분명하다. Linda Simourd의 분석은 일부 발전을 보여 주었다. 그녀는 부모의 양호/보살핌 및 모니터링/슈퍼비전의 양육 기술이 가족 구조(편부모 상태 등)와 부모의 전력보다 더 중요하다고 가설을 세웠다. 부모-자녀 관계가 청소년 범죄와 매우 강하게 관련되어 있는 반면에, 가족 구조 변인들의 평균 상관계수들은 개인적 고통의 평균 상관계수들보다도 크지 않다는 것에 주목하라. Linda Simourd는 또한 약한 성격 변인 세트에 외향성 같은 요인들을 포함시킴으로써 성격/전력 세트를 강화했다. 이에 따라 성격 세트는 오직 사이코패시, 약한 자기-통제, 분노, 분개(resentment)와 같은 성격 요인들만을 포함시킴으로써, 평균 효과크기 면에서 상당한 증가를 가져왔다.

표 2-6 성별에 따른 평균 *r* (k = 주요 상관계수의 수)

	여성	남성	합계
(1) 하위 계층 출신	.07	.06	.05 (38)
(2) 개인적 고통/정신병리	.10	.09	.07 (34)
(3) 가족 구조/부모 문제	.07	.09	.07 (28)
(4) 약한 성격변인	.18	.22	.12 (18)
(5) 약한 부모-자식 관계	.20	.22	.20 (82)
(6) 개인적 교육적/직업적 성취	.24	.23	.28 (68)
(7) 기질/약한 자기-통제/위법행위 전력	.35	.36	.38 (90)
(8) 반사회적 태도/친구	.39	.40	.48 (106)

Simourd & Andrews(1994)에서 발췌.

결과의 패턴은 소년과 소녀에게서 사실상 거의 동일하게 나타났다. 이러한 상관관계들이 소년들과 소녀들이 동일하게 범죄활동에 개입되었다거나 또는 유사한 방식으로 위험/욕구 요인의 측정이 이루어졌다는 것을 의미하지는 않는다는 것을 명심하라. 실제로, 만약 젊은 여성들이 젊은 남성들보다 범죄행동에 덜 개입되었다면, 우리는 적어도 일부 요인들에서 젊은 여성들이 젊은 남성들보다 더 낮은 위험-수준으로 평가될 것이라고 기대한다.

〈표 2-7〉은 앞서 제시된 두 가지를 포함한, 여덟 개의 메타분석의 결과들을 요약하여 소

개하기 때문에 흥미롭다. 각 메타연구가 효과크기의 측정치로서 Pearson *r*을 이용하였기에, 우리는 각 Central Eight 위험/욕구 영역들의 전체 평균 효과크기에 대해 보고할 수 있으며, Big Four에 대한 전체 평균과 Central Eight의 나머지 네 가지 요인에 대한 전체 평균을 분리하여 산출할 수 있다. 우리는 또한 이 절의 도입부에서 약한 요인으로 명명한 위험/욕구 요인 세트의 전체 평균을 보고하고 있다. 메타분석 연구들이 모두 동일한 방식으로 *r* 값을 산출하지는 않았지만, 약한 변산성들은 메타분석 연구들 내에서 상수로 통제되어 있다.

CI는 평균 효과크기를 중심으로 발생하기 쉬운 값의 범위를 제공하는 신뢰구간이다. 전형적으로, CI는 95% 확률로 진짜 평균이 이 구간에 떨어진다는 것을 의미한다. Big Four에 대한 전체 평균 *r*은 .26이며, 95% 확률로 진짜 평균이 .22와 .30 사이(CI 범위)에 있다. 중간(moderate) 요인들 세트의 전체 평균 *r*은 .17이며 CI는 .13에서 .20까지다. 약한(minor) 요인들 세트의 평균은 .03(CI = −.02에서 .08)이다. 마지막 CI는 .00을 포함하고 있으므로 평균 .03은 .00과 유의미하게 차이가 나지 않는다는 것이고, 이것은 평균적으로 잠재적인 예측변인과 범죄행동 간에 관계가 없다는 것을 의미한다.

이러한 결과 패턴은 낮은 계층 출신, 개인적 고통 그리고 공식적 처벌에 대한 두려움에 비해 Big Four(그리고 Central Eight)의 예측력이 상당히 강력하다는 증거다. 위의 신뢰구간(CI)들은 중첩되지 않으므로, 이 세 개의 평균들은 통계적으로 유의미한 차이가 있다. 그러나 오직 하나의 메타분석 연구에만 잠재적 위험/욕구 요인으로서 레저/레크리에이션이 포함되어 있는데, 이 연구는 LS/CMI의 Central Eight 하위 척도(앞서 기술된)를 포함하고 있는 다섯 번째 메타분석 연구였다. 분명히, Central Eight의 한 요인으로서 레저/레크리에이션에 대한 더 많은 연구가 필요하다.

표 2-7 범죄행동과 Central Eight, 개인의 정서적 고통 그리고 하위 계층 출신과의 상관관계(r): 여덟 개의 메타분석에서의 평균 추정치

	메타분석적 고찰							
	하나	둘	셋	넷	다섯	여섯	일곱	여덟
반사회적 행동전력								
	.21p	.38p	.16	.26	.35	.22	.28	.16
반사회적 성격 패턴								
	nt	nt	.18	.19	.31	.12	.34	.33
반사회적 태도								
	.22p	.48p	.18	nt	.21	nt	.15	.36

반사회적 친구								
	nt	nt	.21	.37	.27	nt	nt	.28
Big Four 위험/욕구 평균 추정치의 전체 평균 (.26, 95% CI = .22/.30, k = 24)								
	.22	**.43**	**.18**	**.27**	**.29**	**.17**	**.26**	**.28**
가족/ 결혼								
	.18	.20	.10	.19	.16	.10	.14	.33
교육/ 고용								
	.12	.28	.13	.19	.28	.04	.17	.21
물질남용								
	nt	nt	.10	.06	.24	.11	.22	.06
레저/레크리에이션								
	nt	nt	nt	nt	.21	nt	nt	nt
중간 위험/욕구 평균 추정치의 전체 평균 (.17, 95% CI = .13/.20, k = 23)								
	.15	**.24**	**.11**	**.15**	**.22**	**.08**	**.18**	**.20**
낮은 계층 출신								
	.06	.05	.05	.10	nt	.00	nt	nt
공식적 처벌에 대한 두려움 (억제)								
	nt	nt	nt	nt	nt	nt	nt	−.25
개인적 고통 / 정신병리								
	.08	.07	.05	nt	.14	−.04	.02	−.08
언어 지능								
	nt	nt	.07	.11	nt	.01	nt	nt
약한 위험 요인 평균 추정치의 전체 평균 (.03, 95% CI = −.02/.08, k = 16)								
	.07	**.06**	**.07**	**.11**	**.14**	**-.01**	**.02**	−.17

p: 태도/친구의 통합 추정치 및 전력/성격의 통합 추정치; nt: 검증되지 않음.
주: 메타분석 연구들: 하나: Gendreau, Andrews, Goggin와 Chanteloupe(1992); Andrews와 Bonta(2003: 75-76). 둘: Simourd와 Andrews(1994). 셋: Gendreau, Little와 Goggin(1996), 넷: Lipsey와 Derzon(1998). 다섯: Andrews, Bonta와 Wormith(2004)의 자료로부터. 여섯: Bonta, Law와 Hanson(1998); 일곱: Hanson와 Morton-Bourgon(2004). 여덟: Dowden와 Andrews(1999ab); Andrews와 Bonta(2003: 310).

Central Eight의 합성평가의 예측타당도

〈표 2-3〉에서 〈표 2-7〉까지 검토된 결과들의 응용가능성은 이론적, 경험적 그리고 실용적으로 주요한 쟁점이다. LS/CMI는 종합적인 범죄자 평가도구이며 제10장에서 더 충분히 기술될 것이다. LS/CMI의 첫 번째 부분에서는 일반적인 위험/욕구 점수(General Risk/Need score)를 제공하는데, 이 점수는 Central Eight 위험/욕구 요인의 평가점수들을 합산한 것이다. 이 점수들은 매우 낮은 수준에서부터 매우 높은 수준까지 다섯 단계로 위험/욕구 수준을

나눌 수 있다. 미국, 캐나다, 싱가포르 그리고 영국에서의 남성과 여성 및 기타 다양한 집단들에 대한 표본들에서 이 점수들과 재범과의 관계가 연구되어 왔다(Andrews et al., 2004). 〈표 2-8〉을 자세히 보면, 캐나다 Ontario 주에서의 범죄자 재범률을 알 수 있다. 전체적으로, 전체 표본에서 재범률은 LS/CMI 위험/욕구 점수와 함께 직접적으로 증가했다(위험과 재범의 상관관계는 .44이었다). 이 재범률은 각 위험/욕구 수준에서 백분율로 제시되었다. 첫 열을 검토해 보았을 때, 매우 낮은 위험 점수를 받은 151명의 보호관찰자들 중 9%가, 낮은 위험 점수를 받은 169명 중 20%가 그리고 매우 높은 위험 점수를 받은 2명 중 100%가 재범을 저질렀다.

이번 장에서 이미 고찰된 두 개의 메타분석에서, 우리는 예측타당도 추정치들이 사실상 남성과 여성의 표본에서 거의 동일하다는 사실을 확인했다. 아직까지는 페미니즘적 및 비판적 및 범죄학 문헌들에서 Central Eight의 예측타당도가 연령, 성별 그리고 빈곤의 다양한 조합을 반영하지 못하고 있다고 보는 것이 일반적이다. 그러나 실제로 가끔씩은 Central Eight 요인들의 예측값이 연령, 성별 그리고 사회경제적 불평등에 대한 예측력을 실제로 반영한다고 언급되고 있다. 이러한 도전은 신중한 고찰이 필요하며, 교재 전체에서 살펴볼 것이다. 지금까지, 매우 간략하게, 예측에 관한 우리의 관점을 형성하는 데 도움이 되어 왔다고 언급한 LS/CMI 일반 위험/욕구 척도(General Risk/Need Scale)에 관한 응용가능성 문제를 탐색했다.

〈표 2-8〉은 청소년 범죄자와 성인 범죄자 그리고 사회적 지원에 의존하는 사람들과 경제적으로 주 정부에 의존하지 않는 사람들에서의 LS/CMI 위험/욕구와 남성 및 여성 보호관찰자들의 재범률과의 관계를 제시하고 있다.

표 2-8 성별 및 빈곤에 기반한 561명의 보호관찰자 하위 그룹에서의 LS/CMI 일반 위험/욕구 수준에 따른 재범률(n)

위험 수준					
매우 낮음 (0~4)	낮음 (5~10)	중간 (11~19)	높음 (20~29)	매우 높음 (30+)	재범과의 r
전체 표본					
09 (151)	20 (169)	48 (196)	72 (43)	100 (2)	.44
여성 범죄자					
05 (37)	11 (27)	37 (24)	78 (9)	– (0)	.50
남성 범죄자					
10 (114)	22 (142)	49 (172)	71 (34)	100 (2)	.41
청소년 범죄자					
09 (32)	31 (39)	59 (51)	87 (16)	100 (2)	.52

성인 범죄자					
09 (119)	17 (130)	44 (145)	63 (27)	– (0)	.38
빈곤: 사회적 지원에 의존하는					
09 (11)	25 (24)	47 (72)	77 (22)	– (0)	.39
사회적 지원에 의존하지 않는					
09 (140)	19 (145)	48 (124)	67 (21)	100 (2)	.43

이 표의 수치들은 LSI의 원자료를 재분석하여 도출한 것이다. 전반적으로, 평가 점수들은 전체 표본 내에서 그리고 성별, 연령 그리고 사회적 계층에 따라 정의된 하위 그룹 내에서 미래 범죄에 대해 예측적이다.

〈표 2-8〉은 설명하고 예시하기 위한 의도로 만들어졌다. 이 책의 뒷부분에서(제10장), 우리는 다양한 응용가능성의 쟁점들을 메타분석적으로 그리고 자세하게 탐색할 것이다. LS의 일반적 위험/욕구는 남성 범죄자의 재범뿐만 아니라 적어도 여성 범죄자의 재범을 예측한다는 사실이 분명하다. 달리 말하자면, 비록 평균적으로 남성 범죄자들이 여성 범죄자들보다 더 재범 가능성이 높다는 것이 잘 확립되어 있지만, LS 위험/욕구는 재범에 대한 성-중립적인(gender-neutral) 예측 요인이라는 것이다.

실제, 일반적으로 소년들이 소녀들보다 더 반사회적인 행동에 관여할 가능성이 높고, 이러한 범죄활동의 성차는 사춘기 및 성인기에도 그대로 나타난다. 그러나 여전히 몇몇 위험/욕구 요인의 예측타당도에서의 성별 유사성은 성별 차이를 훨씬 앞지른다. 남성이 보다 더 범죄를 저지른다는 것은 평균적으로, 남성들이 여성들 보다 위험/욕구 요인의 점수가 더 높다는 것이다. 이것이 위험/욕구 요인들의 구성에서 성차가 있다는 것을 의미하지는 않는다.

마찬가지로, 어떤 특별한 욕구 영역의 점수에서 성차가 있다고 해서 그 특정 영역에서의 예측타당도에 성차가 있음을 의미하지는 않는다. 예를 들어, 여성이 남성보다 성적 학대를 더 당하고, 더 큰 정서적 고통을 경험한다는 사실이 자주 언급된다. 그러나 그것이 범죄예측에 있어서 피해 또는 불안의 평가타당도에 성차가 있음을 의미하는 것은 아니다.

학자나 실무가들 중 위험/욕구 요인들에서 일부 성-특수성(gender-specificity)이 존재함을 부정하는 사람은 거의 없다. 남성-특수적 요인은 남성에게만 예측적이다. 여성-특수적 요인은 여성에게만 예측적이다. 하지만 경험적으로, 위험/욕구 요인의 예측타당도에서의 성별 유사성과 차이성의 정립은 반드시 실제로 남성과 여성의 표본을 비교한 성별 유사성과 차이성에 대한 연구를 기반으로 해야 한다. 성-특수성은 가끔씩 위험/욕구 요인의 예측타당도에서의 성차에 대한 실제 검증 없이 '성별에 따른(gendered)' '성별을 감안한(gender-informed)' 또는 '성-반응적인(gender-responsive)'과 같은 용어의 사용으로 나타난다.

저자들은 성-특수성 위험/욕구 요인의 예를 확인하는 것에 큰 관심을 갖고, 모든 메타분석들을 모아 위험/욕구 요인의 타당도에서의 성차를 밝혀 냈다. 특히 '성별을 감안한'(GI) 요인들부터 위험-욕구 요인을 탐색했다. '성별을 감안한' 요인들은 범죄에 대한 성별의 역할이 알려진 이론적 관점에 의해 제시된 것들이다. 세 가지 사회적 위치 요인들(연령, 민족, 사회적 계층)은 특히 비판적 페미니스트들에 의해 그 중요성이 제안되었다. '비판적 페미니즘(critical feminism)'은 비판적 범죄학에 근거하는데, '비판적'이라는 말은 마르크스주의자(때로는 사회주의자)의 조망을 지칭하는 것이다. 정서적인 고통, 피해화(victimization), 빈곤 그리고 주거 문제들은 몇몇 비판적 페미니스트, 사회학적 페미니스트에 의해 그리고 여성 범죄자들에 대해 인도주의적 관점을 지닌 학자들에 의해 중요한 위험/욕구 요인으로 제안되었다. 일곱 개의 요인들이 가능한 모든 GI 요인들을 망라하고 있는 것은 아니지만 합리적인 요인들을 구성하고 있다.

〈표 2-9〉를 자세히 보면, 고찰된 위험/욕구 요인들에서 여성-특수성의 증거가 없음을 알 수 있다. 모든 요인은 여성과 남성 모두에게 약한 그리고 중간의 위험/욕구 요인이다. 어리다는 것은 여성들보다 남성들에게 더 강한 위험/욕구 요인이며, 학대전력은 남성들보다 여성들에게 더 강한 요인이다. 특출성(salience)이라는 것은 한 요인이 남성과 여성 모두에게 예측적이지만, 이 요인이 남성에게 있어 더 강력한(남성에게 특출한) 또는 여성에게 있어 더 강력한(여성에게 특출한) 예측력을 갖는다는 것을 나타내는 것이다. [테크니컬 노트 2-1]은 〈표 2-9〉에 요약되어 있는 여덟 개의 메타분석을 보여 준다.

물론, 일부 예외는 존재하겠지만, 여성과 남성 간의 무수히 많은 차이에도 불구하고, 확고히 확립된 위험/욕구 요인들 대부분의 예측타당도는 성-중립적이라는 증거가 있다. 이것은 GPCSL에 기반한 위험/욕구 요인(예를 들어, 〈표 2-8〉에서의 경우와 같이 LS/CMI 일반 위험/욕구)과 성별의 역할에 대해 잘 알려진 관점들에서 확인된 일부 위험/욕구 요인들의 사례에서 나타난다.

이 책의 나머지 부분에서의 주요 과제는 위험/욕구 요인에 관한 지식이 얼마나 성장했는지를 밝히는 것과 이론적 및 실무적인 응용들을 개관하는 것이다. 하지만 또 다른 것들도 논의하게 될 것이다. 주류 사회학적 범죄학 내에서 PCC의 목표들이 그렇게 심각하게 도전받는 것이 어떻게 가능했는가? 또한 최근 여성 범죄자와 관련하여 일부 사회학적 범죄학자들이 제기하는 동일한 반대들과 도전들이 어떻게 가능했는가?

표 2-9 성별에 따른 위험/욕구 요인들의 성별 평균 예측타당도 추정치: 전체 평균 *r*은 평균적으로 여덟 개의 메타분석들에서의 평균 추정치보다 크다

	여성	남성	성-중립적 요인인가?
어림	.06	.15	그렇다, 그러나 남성에게서 특출함
백인이 아님	.07	.06	그렇다
낮은 계층 출신	.06	.07	그렇다
정서적 고통	.11	.12	그렇다
학대 전력	.13	.06	그렇다, 그러나 여성에게서 특출함
빈곤	.19	.16	그렇다
주거문제	.16	.16	그렇다

주: 여기에 요약된 여덟 개의 메타분석들에 대한 자세한 내용은 [테크니컬 노트 2-1]을 보라.

범죄행동의 상관변인들과 관련한 증거는 일찍이 1950년대에 명백하게 나타났으며, 1970년대까지 계속 검증되어 왔다. 그러나 심지어 법정 정신건강(임상 사회복지사, 정신의학자 그리고 심리학자들의 영역)에서 조차도, 심각한 범죄는 예측할 수 없다는 신념을 가지고 있었다. 만약 방금 고찰된 연구들이 정확한 증거를 제공한다면, 어떻게 이러한 증거가 그렇게 오랫동안 간과되어 왔는가? 우리는 [테크니컬 노트 1-3]에 개관된 PCC의 평가절하에 기저하는 이유에 대해 묻지 않겠다. 우리는 주류 범죄학에서 사회계층이론이, 법정 정신건강에서는 정신적 질병 모델이 번성할 때 PCC를 평가절하하는 데 사용되어 왔던 구체적인 지식-파괴 기술을 논의할 것이다. 다음 장에서 우리는 이 부분으로 돌아갈 것이다. 이제 우리는 교정처치에 대한 RNR 모델의 응용을 통해 범죄행동에 영향을 미치는 것을 이해하고자 했던 연구 문헌들을 논의할 것이다.

교정처치의 효과성에 대한 실험연구: RNR 모델의 효과와 이 모델을 지지하는 연구에 대한 간략한 검토

교정 프로그램의 효과성은 논란이 되어 왔던 문제다. RNR 모델이 나오기 전 범죄학의 주류는 간단히 말해 '효과가 없다(nothing works)'는 입장을 취해 왔다. 이들 범죄학자들은 이미 잘 알려진 것처럼 범죄자 개인에게 초점을 맞추는 것이 효과적일 수 없다고 주장한다. 따라서 이들은 인도적 서비스의 효과가 정립되지 못했다는 프로그램 평가들을 비판 없이 수용했고, 상담이나 슈퍼비전에 대한 특정한 접근들을 지지하는 증거를 찾는 연구들을 심하게 비판했다.

주류 범죄학은 인도적 서비스가 그들의 신화와 일치하지 않았기 때문에, 선험적으로 인도적 서비스를 철저하게 거부했다. 그들의 신화는 범죄행동에서의 개인차는 사소한 것이고, 모든 중요한 다양성은 사회적 위치와 불평등을 반영하며, 범죄행동은 본질적으로 비예측적이고, 아마도 사회경제적 불평등을 감소시키는 것을 제외하고는 '효과가 없다'는 것이다.

직접적인 인도적 서비스를 거부해 오면서, 많은 주류 범죄학과 형사사법학은 개인의 범죄행동을 통제하는 공식적 처벌을 적극적으로 지지하게 되었다(제3장에서 검토될 것임). 여기서 우리는 처치의 효과성에 대한 누적된 연구결과들을 간단하게 살펴볼 것이다.

첫째, 재범에 대한 공식적 처벌의 긍정적인 효과를 체계적으로 밝히는 어떠한 실험적 연구도 찾을 수 없었다는 사실을 주목하라. 즉, 공식적 처벌이 무력화 효과를 넘어서 재범을 감소시킨다는 증거는 없다. 대조적으로, 직접적인 서비스에 관한 연구들이 다이버전(diversion), 보호관찰 그리고 보호감호와 같은 다양한 사법 제재의 맥락에서 실시되었다. 공식적인 처벌의 효과와는 극적으로 다르게 이 연구들 중 40~80%의 연구들에서 재범감소가 입증되었다. 교정 장면에서 실시된 인도적 서비스 프로그램에 대한 통제된 연구들의 고찰들은 1950년대 문헌에서 나타나기 시작했다.

Bernard Kirby는 1954년에 출판된 고찰연구에서, 이상적인 실험에 근접한 오직 네 개의 교정상담 연구들만을 다룰 수 있었다. 네 개 중 세 개의 연구에서 직접적이고 통제된 개입이 범죄행동의 감소를 가져온다는 견해를 지지하는 결과를 보였다 1966년, Walter Bailey는 문헌연구에서 교정적 효과에 대한 100개의 연구들을 찾을 수 있었다; 상당히 잘 통제된 연구들 중 약 60%(22개 중 13개)에서 개입의 유형이 결과와 관련된다는 생각을 지지하는 증거를 찾았다. 1972년, Charles Logan은 관련 문헌들을 검토했다. 우리들이 그의 논문에 제시된 표들을 자세히 살펴본 결과, 최소 18개의 연구들이 상담절차에 초점을 맞추었고, 실험 및 통제집단을 사용했으며, 객관적인 결과 지표들을 사용했음을 알 수 있었다. 이들 연구들 중 최소 50%의 연구들에서 상담을 지지하는 증거를 제시했다.

Martinson(1974)과 Lipton, Martinson 그리고 Wilks(1975)는 230개 이상의 연구들을 검토했다. 이 연구들 중 최소 40%에서 60%까지의 연구들은 일부 처치들이 효과가 있다는 결과를 산출했다. 1979년, Paul Gendreau와 Robert Ross는 1973년과 1975년 사이에 출판된 상당히 잘 통제된 95개의 연구들에 대해 보고했다. 이 연구들 중 86%는 처치가 다소 의미 있는 수준의 재범감소를 가져왔다고 보고했다. 1987년에 그들은 다시 한번 1981년과 1987년 사이에 출판된 연구들을 바탕으로 본질적으로 동일한 결론에 도달했다. 1989년 Mark Lipsey는 교정효과에 대한 400개 이상의 연구들 중 60%가 긍정적인 효과를 보였음을 보고했다.

최소한 일부 프로그램들이 어떤 상황에서는 일부 범죄자들에게 효과가 있다는 연구증거들이 제시되었던 시기에, 어떻게 해서 '효과가 없다'는 생각이 만연해지고 처벌이 권장되었을까? 이러한 연구증거들은 사회학적 범죄학의 신화와 일치하지 않았다. 신화는 이렇다: (a) 범죄의 근원들은 구조적 불평등에 깊이 뿌리내리고 있다. (b) 개인차 및 개인적 변인들은 사소한 것이거나 또는 단지 사회적 계층을 반영하는 것이며, (c) 교정처치/재활은 범죄행동 심리학이 잘못된 방향으로 이끌고 있기 때문에 효과적일 수 없을 것이다. 문제는 **이론주의**(theoreticism)다. 이론주의는 증거에 기반하는 것이 아니라 개인적 및 전문가적 관심에 기초하거나 정치적 이데올로기에 근거하여 지식을 수용하거나 거부한다.

메타분석들은 서술적 고찰보다 쉽게 거부되지 않는다는 것이 증명되어 왔다. 교정처치의 효과에 대한 Carleton 대학교 메타분석과 다른 많은 메타분석들은 예방과 재활을 다루는 장에서 자세히 검토할 것이다. 이제 우리는 연구결과들을 대략적으로 설명하기 위해 그리고 메타분석들에서 연구설계, 방법론적 쟁점 그리고 지식-파괴 접근들이 어떻게 탐구될 수 있는지를 보여 주기 위해 간략한 요약을 제시한다. [테크니컬 노트 2-2]는 서술적 고찰에서조차 명백하게 긍정적인 형태의 결과들을 묵살하는 반-재활 주제들을 요약하고 있다.

Carleton 대학교의 데이터 은행(Andrews, Dowden & Gendreau, 1999)은 다양한 사법적 및 교정적 처치 개입의 효과를 다룬 374개의 통제된 실험연구에 대한 정보들을 포함한다. 모든 실험은 개입집단과 비교집단이 있고, 집단의 피험자들은 특정한 기간 동안 시기 별로 추적 조사되었다는 점에서 진실한 이상적 실험설계에 가까웠다. 재범 측정치는 각 연구에서의 개입집단과 비교집단에서 추출되었고, 많은 연구들에서 계산된 이 집단들 간의 차이는 일반적인 효과크기 측정치로 표시되었다(우리의 경우에는 Pearson 상관관계 계수인데, 이것은 또한 두 집단이 재선고와 관련하여 예-아니요와 같은 이항 결과가 비교될 때에는 Phi 계수로 알려진 것이다). 효과크기들에서의 변산성(variability)은 효과크기 변산성의 원천들에 대한 잠재적 조절변인으로서 연구, 방법론 그리고 처치 변인들에 대한 면밀한 조사를 통해 탐구될 수 있다. 우리는 이미 선택된 특정 변화의 목표들이 효과크기 변산성의 주요 원천임을 살펴봤었다는 것을 기억하라.

전체적으로, 이 374개의 검증 연구들에서는 −.43[이항효과크기 분포(Binomial Effect Size Display: BESD; [자료 1-1])에 따르면, 재범이 43% 증가한다]에서 .83(재범이 83% 감소)까지 변화하는 극적인 효과크기 범위를 보이면서, .08의 평균 효과크기가 산출되었다. 이러한 변산성에 직면하여 우리는 무엇을 할 수 있을까? 먼저, 평균적으로, 가장 최소한의 타당한 결론은 효과가 없다는 것이다. 그러나 374개의 실험연구에서 평균효과는 .00(평균적으로 아무런 효과가 없는)이 아니었고, 부적인 값(평균적으로 재범의 증가를 나타내는)도 아니었다. 우리가 발견한 것은, 평균적으로 재범이 약간 감소했다는 것이었다. BESD를 이용하면, 평균적으로, 개입집단의 재범률은 46%[50−(8/2)], 비교집단의 재범률은 54%[50+(8/2)]였다. 이러한 약한 긍정적 효과는 효과크기 변산성의 원천에 대한 탐구를 고양시켰다. 무엇으로 좀 더 부정적인, 중립적인 그리고 긍정적인 연구결과들을 설명할 수 있을까? 이후의 장에서 공식적 처벌과 인도적 서비스/처치에 대해 좀 더 상세하게 초점을 맞출 것이기 때문에 여기서는 단지 일부 변인들만을 탐색한다.

엄격한 제재의 효과

374개의 연구들 중 101개는 공식적 처벌에서 엄격성(severity) 증가의 효과를 검증한 것이었다. 예들 들어, 이들 연구들은 장기 대 단기 지역사회 슈퍼비전, 장기 대 단기 구금, 보호감호 처분 대 지역사회−기반 처분 그리고 공식적 체포 대 경고를 비교하였다. 처벌의 엄격함이 증가하는 것의 전체 평균 효과는 매우 약한 재범증가로 나타났다[(평균 $r = -.03$, 범위 −.32에서 .22, 95% 신뢰구간 (CI): −.05에서 −.03)]. 다시 한번, 상당한 변산성이 있었지만, 95% 확률로 실제 평균(true mean) 값은 −.03과 −.05의 좁은 부적 범위에 위치했다.

교정처치의 효과. 374개의 연구들 중 지역사회 슈퍼비전, 보호감호 그리고 다이버전과 같은 사법적 맥락에서의 인도적 서비스의 효과를 검증한 연구는 273개였다. 연구된 인도적 서비스 프로그램들은 학업적 및 직업적 프로그램, 기술교육 프로그램, 가족치료, 물질남용 처치 그리고 공식적 처벌과 반대되는 교정처치 프로그램으로 확인된 기타 모든 처치를 포함한다. 평균 효과크기는 .12(범위 −.43에서 .83, CI = .09에서 .14.)인데, .12의 값은 약하지만 긍정적이며, 신뢰구간은 심지어 공식적 처벌의 신뢰구간과 중첩조차 되지 않는다. 평균적으로, BESD를 사용한 평균에서, 처치집단의 범죄자는 44%[50−(12/2)], 비교집단은 56%의 재범률을 보였는데, 그 차이는 12%에 달했다.

RNR 원리 4의 검증(인도적 서비스의 도입)

앞에서 언급했듯이, 제재에서 엄격성을 증가시키는 것의 평균 효과크기는 재범의 약한 증가를 나타냈다(−.03, CI는 −.05에서 −.03). 반대로, 서비스 이행의 평균 효과크기는 재범의 약한 감소를 나타냈다(.12, CI는 .09에서 .14). 범죄를 감소시키기 위해서는 사법적 맥락에 인도적 서비스를 도입해야 한다. 즉, 인도적 서비스 원리의 준수는 재범감소와 연합되었다([그림

2-1]을 보라).

임상적으로 적절하며, 심리학적으로 정통한 인도적 서비스의 효과: RNR의 세 개의 핵심 원리의 준수

세 개의 핵심 원리들은 낮은 위험 사례보다는 높은 위험 사례에 대해 인도적 서비스를 실시하는 것(위험 원리), 역동적 위험 요인들을 목표로 하는 것(범죄유발적 욕구 원리) 그리고 일반적으로 강력한 영향 및 행동 변화 전략들을 사용하는 것(일반적 반응성 원리: 비구조화된, 비지시적인 또는 '강경한' 접근들보다는 행동적/사회학습적/인지행동적 전략들을 사용)을 지지한다. [그림 2-2]는 위험 원리를 준수하는 것—즉, 높은 위험 사례들에 대해 인도적 서비스를 실시하는 것—이 준수하지 않는 것에 비해 더 큰 평균 효과크기를 산출한다는 것을 보여 주고 있다. 이 그림에서는 또한 욕구 원리 및 일반적 반응성 원리를 준수하는 것이 그렇지 않을 때보다 각각 더 높은 평균 효과크기를 산출한다는 것을 보여 주고 있다.

메타분석 연구자들은 전반적인 위험, 욕구 그리고 일반적 반응성의 준수에 대한 간단한 네 수준의 지표를 산출했다. 점수 '0'은 아무런 인도적 서비스 없이 처벌만 하거나 또는 세 개의 핵심 원리들 중 어느 하나도 준수하지 않는 인도적 서비스 프로그램들에 할당되었다. 점수 '1'은 세 개의 핵심 원리들 중 오직 한 가지 원리만을 준수한 처치 연구들에, 점수 '2'는 세 개의 핵심 원리들 중 두 개의 원리를 준수한 연구들에 그리고 점수 '3'은 위험, 욕구 그리고 일반적 반응성 원리를 모두 준수한 인도적 서비스 처치 연구들에 할당되었다.

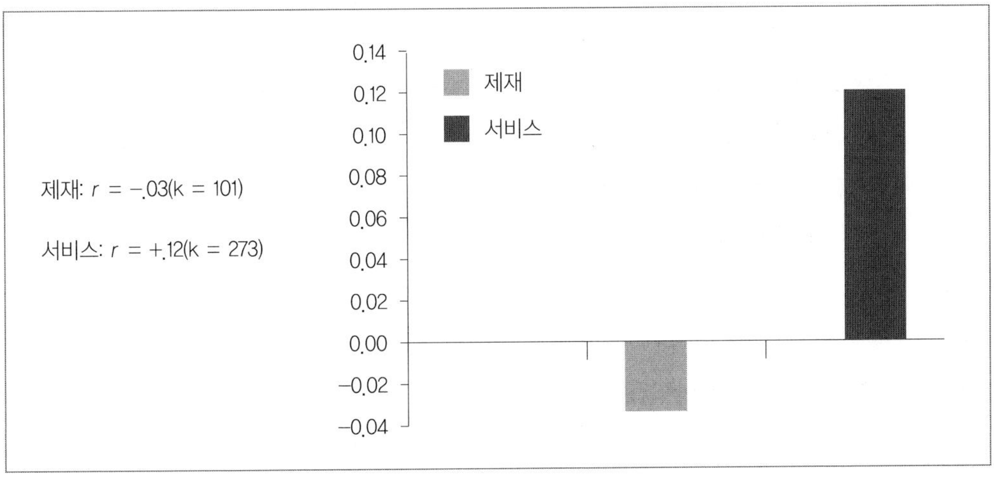

[그림 2-1] 인도적 서비스 원리에 따른 평균 효과크기 (*r*) (k = 374)

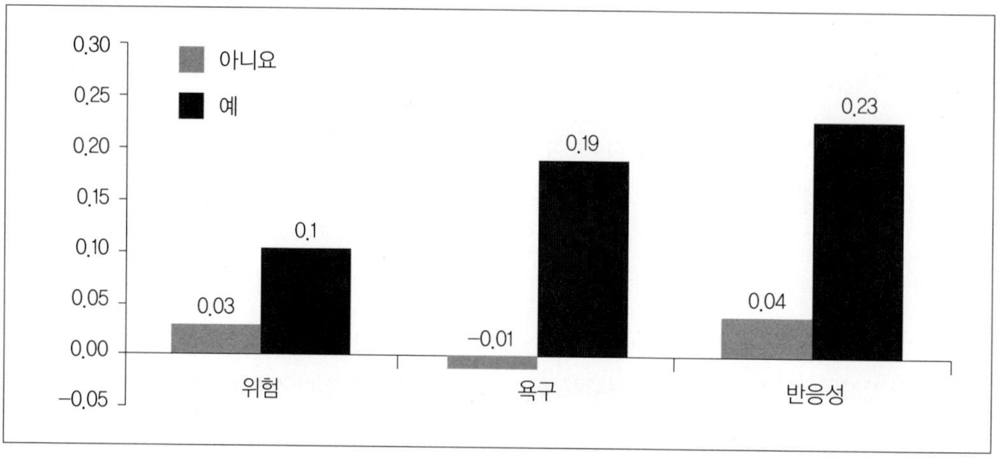

[그림 2-2] 원리 준수에 따른 평균 효과크기 (*r*) (k = 374)

교정상황에서 인도적 서비스가 위험, 욕구 그리고 일반적 반응성(RNR) 원리에 따라 이행되는 경우, 60개의 처치효과 검증연구에서 .26의 효과크기를 보였다. 세 개의 인도적 서비스 원리들 중 단지 두 개만을 준수했을 때, 평균 효과크기는 .18까지 떨어진다(84개의 연구에서). 세 개 중 오직 하나의 원리를 준수했을 때, 평균 효과크기는 단지 .02에 불과하다(106개의 연구에서). 인도적 서비스가 아닌 서비스가 도입되거나 또는 자존감을 목표로 하는 집중적인 정신역동적 치료처럼 위험, 욕구 그리고 반응성 원리들 각각에 불일치하는 방식으로 인도적 서비스가 이행되었을 때의 평균 효과크기는 −.02이다(124개의 연구에서). [그림 2-3]은 RNR 원리를 준수했을 때 재범감소에 대한 효과를 보여 주는 그래프다. 이 그래프는 RNR 원리를 준수하지 않았을 때 실제로 범죄가 증가될 수 있다는 것과 범죄예방에 대한 희망은 효과적인 교정처치의 주요 원리들과 일치하는 처치 서비스의 이행에 있다는 것을 보여 주고 있다. 이는 신중한 결론인데 이에 대해서는 매우 신중한 비판적 검토를 받아야 할 필요가 있는 것이다. 교재 전반에 걸쳐서, 다양한 맥락적 및 잠재적 조절변인들이 탐색되는 동안 독자들은 RNR 원리 준수에 대한 고려들을 보게 될 것이다.

[그림 2-4]에서부터 [그림 2-6]에서는 여성 범죄자와 남성 범죄자, 청소년 범죄자와 성인 범죄자 그리고 수감자들과 지역사회 내 교정처치를 받은 범죄자들에 대한 추적 연구에서 기본적으로 동일한 발견들이 제시되고 있다.

[그림 2-7]은 다르지만 매우 중요한 발견을 제시하고 있다. 그것은 서비스 이행의 완결성(integrity)이 중요함을 말하고 있다. 완결성은 우리의 열네 번째(직원 구성)와 열다섯 번째(관리) RNR 원리의 준수와 관계가 있다. RNR의 핵심 임상적 원리에 따르지 않는다면 서비스 이

행의 완결성은 전혀 중요하지 않게 된다. 당신은 치료자(또는 상담자 또는 관리 직원)의 선발, 훈련 그리고 임상적 슈퍼비전을 통해 핵심적 원리들을 준수할 수 있다. [그림 2-8]은 RNR 원리들에 대한 준수 수준이 증가됨으로써 범죄예방 효과가 증가함을 요약하고 있다.

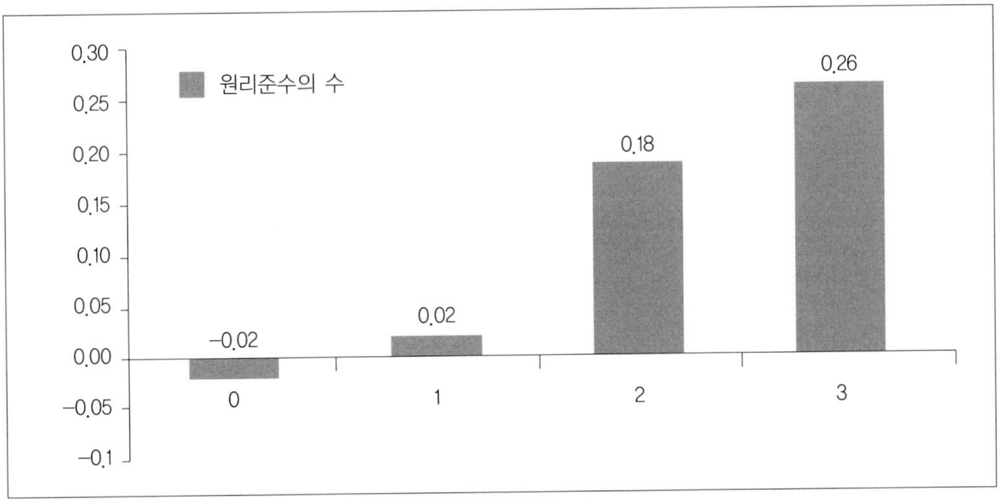

[그림 2-3] 원리 준수 수에 따른 평균 효과크기 (*r*)

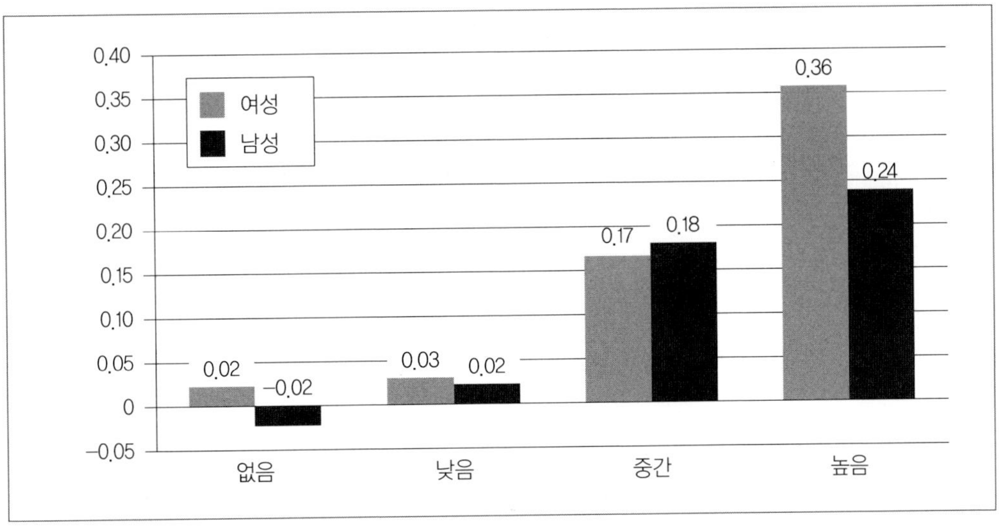

[그림 2-4] RNR 준수와 성별에 따른 평균 효과크기 (*r*)

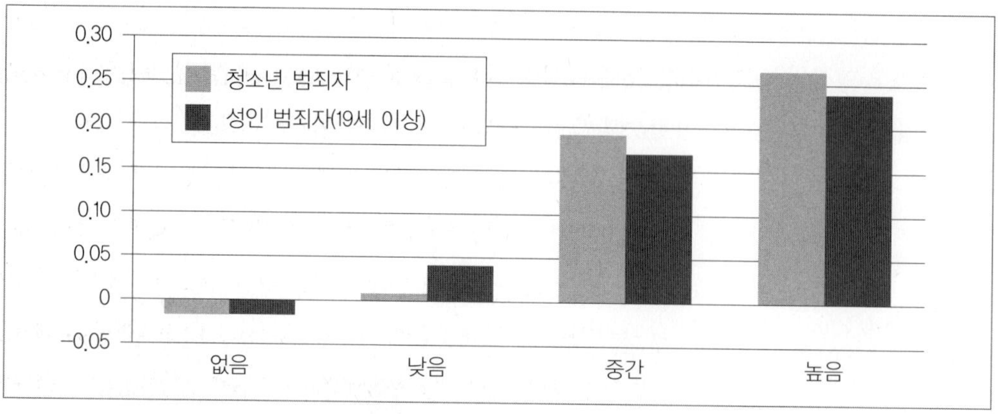

[그림 2-5] RNR 준수와 범죄자 연령에 따른 평균 효과크기 (*r*)

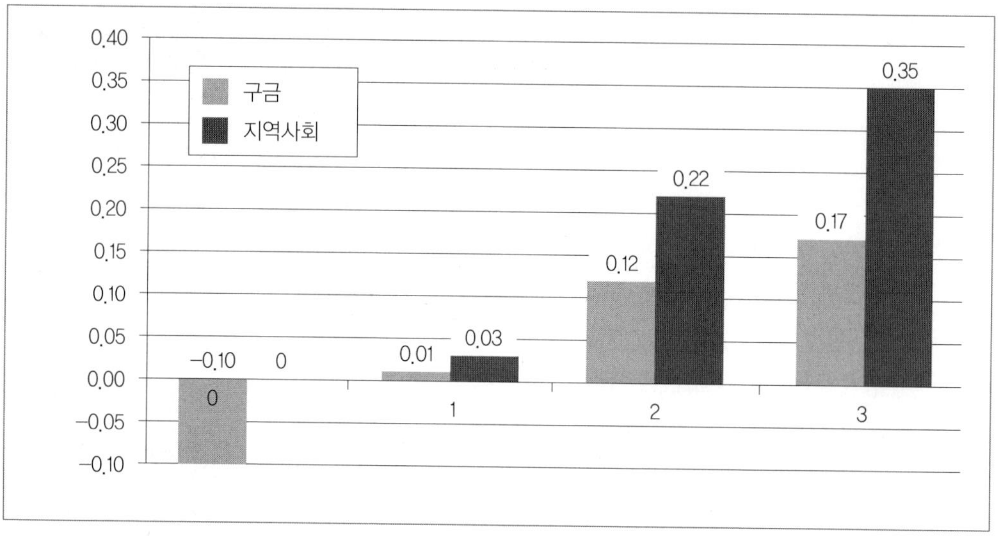

[그림 2-6] RNR 준수와 교정 장면(구금/지역사회)에 따른 평균 효과크기 (*r*)

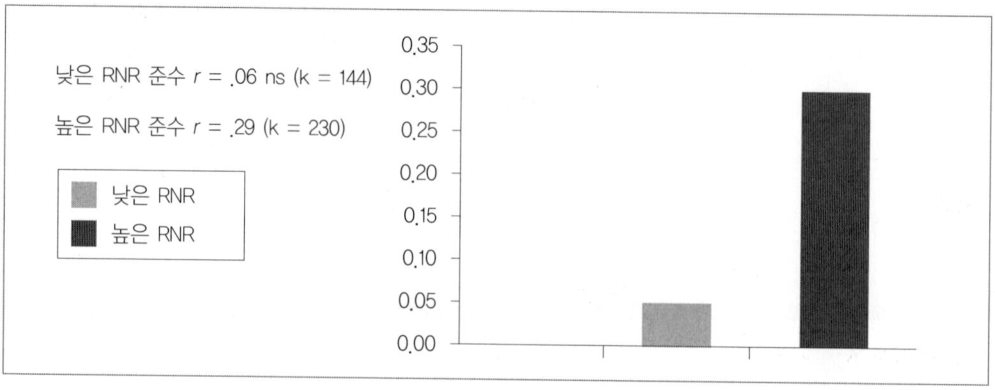

[그림 2-7] RNR 핵심 임상적 원리의 준수 수준에 따른 직원 구성 및 관리 원리 준수와 효과크기와의 상관

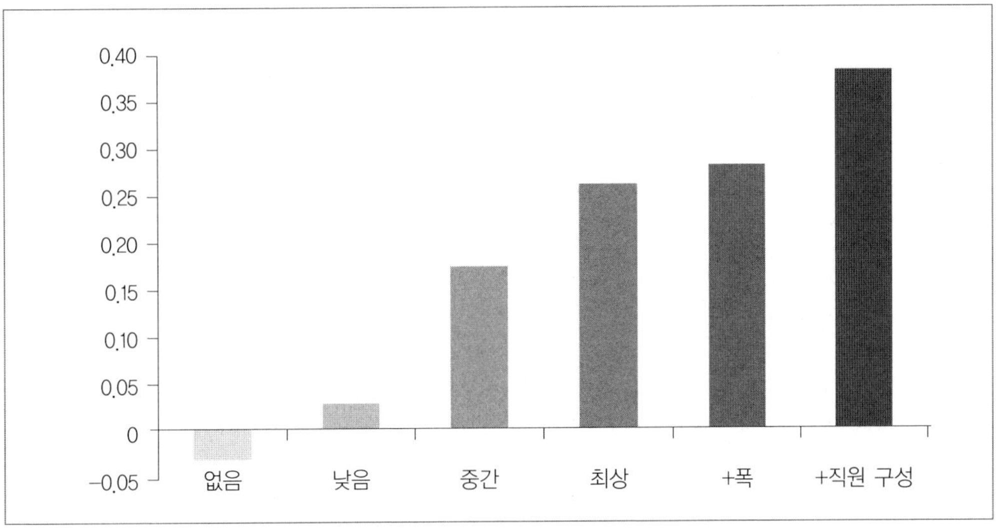

[그림 2-8] RNR 준수 수준의 증가에 따른 평균 효과크기

우리는 공식적 처벌과 교정처치의 효과에 관한 기본적인 결과를 소개하기 위해서 Carleton 대학교의 발견들을 사용해 왔다. 앞으로 점점 더 명확해지겠지만, 이와 관련된 증거들은 많은 추가적 자료들에서 나오고 있다. James McGuire(2004)는 1980년대 후반부터 출판된 교정처치의 재범효과에 대한 42개의 메타분석들을 목록화했다.

Mark Lipsey(2009)는 청소년 범죄자들에 대한 효과적인 개입에 관한 연구들을 독립적으로 검토했다. 그는 인도적 서비스 또는 치료적 원리, 위험 원리, 프로그램 완결성의 중요성, 행동적 및 인지행동적 전략을 지지하는 결과를 찾았다. 그러나 불행히도, 그가 찾은 일반적 반응성에 대한 연구들은 서비스 프로그램들 중 일부에 제한되었으며, 욕구 원리에 대한 연구는 찾지 못했다. 교정처치에 대해 언급해야 할 많은 것들이 더 남아 있으며, 이 책에서 앞으로 기술될 것이다. 이제 이론 및 이론적으로 관련된 연구를 통해 지식의 발전을 다루고 있는 제3장과 제4장으로 넘어갈 것이다.

기억하기

1. 교정적 평가와 처치에 대한 위험-욕구-반응성(RNR) 모델은 범죄행동을 포함한 인간 행동에 대한 일반 성격 및 인지사회적 학습 조망에 기반하고 있으며 주요 위험, 욕구 그리고 반응성 원리들은 인도적이고 사회적인 서비스를 통해 범죄예방과 관련된다.

2. Big Four 위험/욕구 요인은 반사회적 성격 패턴, 반사회적 행동 전력, 반사회적 태도들 그리고 반사회적 친구들이다. Central Eight는 Big Four와 물질남용, 가족/결혼, 학교/직장, 레저/레크리에이션 영역에서의 문제적 상황들을 포함한다.
3. 유사하지만 다르게 조직화된 위험/욕구 요인들의 목록화가 가능하다. 'Big Four'와 'Central Eight'라는 명칭은 지식의 조직화를 돕는 수단이지만, 그러한 명칭은 새로운 증거 그리고/또는 이론적인 고려에 의해 바뀔 수 있다.
4. 이용 가능한 메타분석적 증거들은 Central Eight 위험/욕구 요인의 예측타당도를 강하게 지지한다.
5. 문헌에 대한 전통적인 서술적 고찰들과 교정처치, 문헌에 대한 보다 최근의 메타분석들은 엄격한 처벌에 비해 교정처치의 상대적인 효력이 더 큼을 지지한다. 이 문헌 연구들은 위험, 욕구 그리고 일반적 반응성의 인도적 서비스 원리 준수의 효력 또한 지지한다.
6. 제1장에서 제시한 것과 같이, PCC에 대한 우리의 접근은 사람들의 유형(예: 소년과 소녀, 남성과 여성) 및 장면의 유형(예: 구금과 지역사회 교정)과 관련한 특수한 쟁점들에 대해 매우 신중한 관심을 기울이는 것과 동시에 범죄행동에 대한 일반적 이해를 추구하는 것을 매우 강조한다. 이와 같은 관심은 이 장에서 기술했으며, 이 책 전반에 걸쳐서 볼 수 있을 것이다.
7. 이 장에서 검토한 내용들과 관계된 세 개의 큰 이야기가 있다. 이 장의 테크니컬 노트에 기술된 첫 번째 이야기는, 범죄의 정의와 관련된 지적인 게임들을 통해 PCC의 매우 큰 가능성을 파괴하기 위한 고통스러운 시도였다. 두 번째와 세 번째 이야기들은 (1) 범죄의 예측과 (2) 성공적인 재활에 대한 높은 가능성을 묵살하기 위해 사용되었던 특수한 지식-파괴 기술들이었다.

추천 도서

이 장에서 제시한 주요한 요점들을 더욱 정교화시키는 데 필요한 두 개의 논문들이 있다. 하나는 Mark Lipsey와 Francis Cullen(2007)의 「The Annual Review of Law And Social Science」의 범죄자 재활의 효과성에 대한 고찰이다. 보고서는 제재의 효력에 대한 열아홉 개의 메타분석 그리고 그것과 재활 프로그램에 대한 여덟 개의 메타분석과의 비교를 요약한다. 그들의 결론은 실질적으로 우리—즉, 처치는 효과가 있다—와 동일하다. 「Victims &

Offenders」에 실린 두 번째 논문은 문헌고찰을 하는 데 유사한 접근을 따른다. Paula Smith, Paul Gendreau 그리고 Kristin Swartz(2009) 역시 제재보다 서비스의 효과가 더 낫다는 것을 주장하기 위해 메타분석의 발견들을 이용하고 있다. 게다가, 그들은 효과적인 개입의 핵심으로서 RNR 원리들을 재강조한다.

요약하면, 연구결과들은 낮은 계층 출신과 개인적 고통은 가족, 성격, 태도 그리고 대인 관계적 교제에 대한 평가로부터 도출된 반사회적 성향과 비교해 약한 위험 요인임을 나타낸다. 그러한 발견들은 성, 연령 그리고 인종에 걸쳐 매우 광범위하게 적용되며, 자기-보고식 대 공식적으로 기록된 범죄에 따라서 그리고 연구설계의 유형에 따라서도 마찬가지다.

Chapter 03

이론을 통한 이해: 정신병리학적, 정신역동적, 사회적 위치, 차별적 접촉 조망

범죄행동에 대한 이론이 인간 행동에 대한 일반 심리학의 도움을 받지 못한다면, 실로 취약할 것이다. 범죄와 비행에 관해 좀 더 경험적으로 옹호할 수 있는 이론을 위한 심리학적 기초는 Sigmund Freud의 정신역동적 조망, B. F. Skinner의 급진적 행동주의적 조망 그리고 Albert Bandura, Walter Mischel 그리고 Donald Meichenbaum의 인지행동적 조망들을 포함한다. 마찬가지로 일반 인지사회적 심리학은, 예를 들면, George Herbert Mead의 상징적 상호주의, Albert Bandura의 자기-효능감 연구 그리고 태도 및 행동에 대한 사회심리학의 전반적인 발달을 반영하여 출현하였다(Ajzen,1996; Ajzen & Fishbein, 1980, 2005). 2010년 현재, 자기-조절(self-regulation)에 대한 모델들이 가장 중요하다는 것은 명백하다. '인간은 무언가를 하기 위해서, 목표에 따라 행동을 조직화하고, 정서적인 고통을 피하며, 법을 준수하고, 좋은 행동(도덕적이며 합법적인 것)의 사회적 기준을 내면화함으로써 자기 스스로가 자신의 내면의 문제를 해결해야 한다'(Baumeister & Vohs, 2004: xi). 자기-조절을 결합한 새로운 모델들은 정신역동적, 행동적, 사회학습적 그리고 인지적 조망의 공헌들과 관련하여 매우 통합적인 기능을 제공할 수 있을 것이다.

제3장과 제4장의 후반부에서는, 범죄행동의 해악을 줄이는 것에 관심을 둔 이들에게 범죄와 비행에 대한 이론 및 연구들이 경험적으로 풍부하며 상당한 실용적 가치가 있는 일반 성격 및 사회심리학적 틀로 수렴됨을 볼 수 있을 것이다.

이처럼 높은 합의를 이룬 이론적 틀에 대한 윤곽은 1900년대 유럽에서 그려졌고, 1940년대 미국(예: Glueck & Glueck, 1950)에서 중대한 발전을 하게 되었다. 이 틀은 오스트레일리아(예: Mak, 1990), 영국(예: Farrington, 1995), 캐나다(예: LeBlanc, Ouimet & Tremblay, 1988) 그리고 미국(예: Sampson & Laub, 1990)에서 계속 발전하였다. 수렴된 구성개념들은 일반 정신역동 및 통제 모델들(Glueck & Glueck, 1950; LeBlanc et al., 1988), 통합된 차별적 접촉/행동적 조망들(Akers, 1973, 1985), 유대조망들(Hirschi, 1969; Linden, 1987), 성격 및 자기-통제 조망들(Hirschi, 2004) 그리고 Bandura로부터 강하게 영향받은 일반 사회적 학습 조망들(Jessor & Jessor, 1977; Patterson, 1982)에서 발견된다. 현재, 일반 성격 및 인지사회적 학습 조망들이 가장 강력하다.

경험적으로, 범죄행동이론들 중에서 가장 취약한 이론은 정신병리학 및 사회적 위치 조망들에 기반을 두고 있다. 반면, 역사적으로, 정신역동적 조망들은 경험적으로 방어적인 범죄학적 이론의 핵심에 있다. 그러나 우리는 정신병리학적 조망들을 먼저 살펴볼 것이다. 솔직히 말하자면, 우리는 정신병리학적 조망에 대한 논의는 건너뛰고, 바로 실용적 가치가 높으면서 경험적으로 방어적인 이론을 지향하는 정신역동적, 상징적 상호작용, 행동적, 성격 그리고 사회적 학습/인지적 행동 조망들의 발전에 대해 살펴보길 원한다.

정신병리학적 조망

정신병리학적 조망들은 적절한 이론의 기준들에 따라 평가했을 때, 매우 취약한 이론이다. 즉, 이론의 내적 일관성, 외적 일관성, 절약성(parsimony) 등에 따라 평가했을 때, 비합리적으로 조직화된 원리들이다. 사실상, 이론의 최소한의 기준들에 근접하는 예조차 찾을 수 없다. 차라리, 초기 임상 법정 정신건강(clinical forensic mental health: 임상심리학, 임상정신의학 그리고 사회복지학)에서는, 임상전문가들에 의해 수행된 정신장애 평가가 단순히 범죄행동을 이해하는 데 도움이 될 것이라는 입장을 취했었다. 전형적으로, 이러한 이해는 재범 특히 폭력범죄를 예측하는 능력에 의해 분명해진다.

임상학자들은 반사회적 결과들이 일어날 확률에 대해 전문가적인 판단을 얼마나 잘할 수 있을까? 제10장에서 살펴보겠지만, 전문가적인 임상적 판단의 평균 예측타당도 추정치(상관계수)는 .03에서 .12 사이다[Andrews, Bonta, and Wormith(2006)의 요약과 James Bonta, Karl Hanson, 그 외 동료들의 고찰에서 볼 수 있듯이]. 법정 정신건강 외의 영역에서, 전문가적 판단은 일반적으로 저조한 기록을 보인다. 정신병리학에 초점을 맞추지 않은 체계적으로 구조화된 평가도구들은 손쉽게 .35 이상의 평균 예측타당도 추정치(*r*)를 산출한다(제2장에서 포괄적으로 다루었고, 제10장에서 자세하게 다룰 것이다).

정신병리학적 모델에 기반을 둔 프로그램들이 반사회적 결과들에 미치는 영향력 또한 절망적이다. 제2장을 상기하면(제11장에서 좀 더 상세하게 기술할 것이다), 효과적인 개입 프로그램들은 인도적 서비스, 위험, 욕구 그리고 일반적 반응성 원리들에 부합하는 것이었다. 위의 어떤 조건에서도 정신병리학적 조망을 주도적으로 사용할 필요는 없다. 두 가지 주목할 만한 예외가 있는데, 첫째, 정신장애는 RNR 모델에서 주요 특수한 반응성 요인이 될 수 있다는 것이고, 둘째, 법정 정신건강의 임상적 역량이 효과적인 범죄예방을 추구하는 데 동원될 수 있다는 것이다.

물질남용 평가의 예측타당도와, 보다 중요하게는, 사이코패시 체크리스트-개정판(PCL-R; Hare, 1991; 제2장과 제8장을 보라)의 예측타당도가 증명되었기 때문에 법정 정신건강은 최근 지적으로 상당히 부흥되었다. 소년범죄의 분석에 있어서 주의력 결핍장애(Attention-Deficit Hyperactivity Disorder), 반항성 장애(Oppositional Defiant Disorder) 그리고 품행장애(Conduct Disorder)와 같은 미국정신의학회 매뉴얼에 의한 진단들은 청소년 비행을 예측해 왔다(American Psychiatric Association, 1994). 품행장애의 진단 기준은 싸움, 절도, 방화, 무단결석 등을 포함하는 반사회적 행동전력에 대한 조사로 구성된다. 다른 두 개의 청소년 장애에 대한 준거는 충동성, 부주의, 분노, 적대감을 반영한다. 이러한 지표들은 정신병리학의 개념을 적용하지 않을 때에도 재범을 예측한다.

물질남용을 정신질환으로 보는 것과 관련하여, 우리는 알코올 중독이 질병으로 간주되기 훨씬 이전부터 알코올과 범죄 간에 관련성이 있을 것이라고 예상했었고, 그 진단 여부와 상관없이, 알코올과 범죄 간에는 관련성이 존재한다. 이에 대해서는 제9장에서 더 자세히 논의될 것이다.

제2장을 상기해 보면, 후에 더욱 상세히 살펴보겠지만, PCL-R은 비구조화된 임상적 판단보다 더 높은 수준으로 재범과 폭력범죄를 예측한다. 그러나 제2장에서 소개된 'Central Eight'에 의한 평가와 비교했을 때, PCL-R은 얼마나 잘 예측할까? 위험/욕구 척도로서 PCL-R은 반사회적 성격패턴과 반사회적 행동전력에 초점이 맞춰진 평가도구다. 빠른 대답이 가능하다. PCL-R의 평균 예측타당도 추정치는 .25 정도이고, 반면에 LSI-R의 평균 예측타당도는 .37이다(Gendreau, Goggin & Smith, 2002). 제2장에서 우리는 LS/CMI의 일반 위험/욕구(Central Eight에 근거한)의 평균 예측타당도가 .41임을 살펴보았다.

좀 더 자세한 대답을 위해서는 폭력위험성 평가 가이드(Violence Risk Assessment Guide:

VRAG; Quinsey et al., 1998)의 구성에 주의를 기울일 필요가 있다. 600명 이상의 다양한 정신장애 범죄자들의 자세한 임상기록들과 심리사회적 전력들이 철저하게 재검토되었다. 또한 폭력적 재범과 관련한 양적 지표들이 탐구되었다. 주요 예측변인들은 정신과 기록, 임상적 진단 또는 임상적 증상들이 아니었다. 주요 위험 요인들은 어린 나이에 범죄에 연루됨, 범죄전력, 알코올 남용, 공격성, 충동성, 학교나 직장에서의 문제, 사이코패시(PCL-R) 그리고 기타 성격장애들 그리고 LSI-R의 점수들이었다. 이와 같은 각 요인들은, 앞 장에서 살펴본 Central Eight 요인들의 연구를 고려하면 상당히 이해하기 쉽다.

VRAG는 PCL-R 점수, 초등학교에서의 부적응, 어린 시절에 중대 범죄(index offense)를 저지르는 것, 비폭력적 범죄전력 점수, 16세 이전 한쪽 부모로부터의 분리, 결혼한 적이 없음, 알코올 남용, 성격장애, 조건부로 석방되었으나 실패한 경험 등에 가중치를 둔 합성 측정도구다. 마지막으로, 세 가지 항목들은 일부 사람들에게는 놀라운 것이었다. 미국정신의학회의 진단 및 통계 편람-Ⅲ(Diagnostic and Statistical Manual Ⅲ: DSM-Ⅲ)의 조현병 준거를 충족하는 것, 중대 범죄로 인해 피해자가 심각한 부상을 입는 것 그리고 중대 범죄의 피해자가 여성인 것은 **보호적 요인**(protective factor; 즉 이것은 폭력적 재범과 부적 상관이 있다)이었다. VRAG의 예측 타당도 추정치는 *r* 값이 .45로 매우 인상적이었다. 좀 더 최근의 메타분석 증거는 .39의 평균 *r*을 나타냈는데, 그래도 여전히 이러한 값은 매우 인상적인 것이다(Andrews et al., 2006).

위에서 말한 세 가지 '보호적(protective)' 요인들의 성취(performance)가 왜 법정 정신건강 분야에서 임상적 판단의 성취가 빈약한지에 대한 이해를 돕는다. 간단히 말하면, 임상의학자들은 법정이나 병원이 주의를 기울이는 개인들의 정신의학적 장애의 심각성과 범죄행위의 심각성만을 근거로 판단하는 경향이 있다. 그러나 사실 이 둘 다 모두 미래 범죄행동과 부적으로 관련이 있다.

PCL-R과 성격장애의 진단 항목들은 어떠한가? 그것들은 정신건강적 조망을 지지하는가? 전혀 그렇지 않다. 이미 말했듯이, PCL-R은 반사회적 성격패턴(충동성, 끊임없는 공격적 에너지, 쉽게 화내는 것)은 물론, 반사회적 행동전력을 수준 높게 평가할 수 있는 도구로 여겨진다. 게다가, Vernon Quinsey 등(Quinsey, Book & Skilling, 2004; Quinsey, Harris, Rice & Cormier, 1998, 2006)은 PCL-R이 초등학교에서의 부적응, 10대 때의 알코올 문제들, 아동기의 공격성 평가, 학교의 정학/제적 전력, 16세 이전의 체포, 부모의 알코올 중독, 16세까지 부모와의 동거(부모가 사망한 때는 제외하고) 그리고 DSM-III에 정의된 세 가지 이상의 품행장애 증상(이것은 반사회적 행동전력에 대한 체크리스트다)을 포함한 아동 및 청소년의 여덟 개 항목 조사에 의해 대체될 수 있음을 이미 제안했었다. DSM-III의 항목들은 공식적인 정신장애를 언급하지 않고도 대체될 수 있을 것이다. 우리는 또한, VRAG가 언급하고 있는 "조현병" "성격장애" "여성 피해자들" 및 "중대 범죄로 인한 피해자의 심각한 상해"들은, 예측타당도의 손상 없이, 이용 가능한 수많은 비임상적 요인들로 쉽게 대체될 수 있을 것이라고 기대한다.

VRAG의 개발자가 인정한 것처럼, VRAG는 미래 폭력의 잠재성에 기반하여 사람들을 분류하는 응용적인 작업에 있어서 매우 수준 높은 기여를 한다. 그러나 이론적인 입장에서는 범죄행동을 설명하는 데 VRAG는 소용이 없다. 예를 들어, 만약 우리가 VRAG의 어떤 항목을 잠재적인 인과적 요인으로 간주한다면, 이에 대한 VRAG만의 독특한 처치 결과는 무엇일까? 사이코패시를 치료하는가? 미래에 여성에 대한 폭력을 조장하는가? 성격장애가 조현병으로 바뀌는가? 간단히 말해, 이것은 범죄행동을 이해하는 데 단순히 어리석으며 거의 도움이 되지 않는 것이다.

가족을 살해한 후 우울증에 시달려서 자살한 사람과 같은 충격적인 사례는 어떠한가? 부엌의 토스트 기계나 라디오에서 자살하기 전에 누군가를 죽여야 한다는 메시지를 받은 조현병으로 진단된 사람들의 극적인 예는 어떠한가? 정신적인 질병으로 고통받고 있었다는 것을 부인할 수는 없다. 또한, 어떤 증상들이 반사회적 인지의 원인이 된다는 것도 부인하지 않는다. 예를 들어, 진단에 의한 것이든 아니든 간에, 세상을 적대적인 곳으로 여기고, 사람은 자기-보호를 위해 공격적으로 행동해야만 한다고 생각하는 것은 반사회적 인지의 한 예다. 저자들은 견고한 범죄행동이론이, 법정 정신건강 분야가 PCC의 발전에 기여한 것보다, 법정 정신건강에 더 큰 도움이 될 것이라고 제안한다. 예를 들어, 제6장에서, 사이코패시적 성격에 대한 RNR에 기반한 분석은 효과적인 개입을 하는 데 요구되는 이해를 명확하게 한다 (Wong & Hare, 2005 and Thornton & Blud, 2007을 보라).

이러한 것들 때문에, 다시 한번, 법정 정신건강(forensic mental health: FMH)은 교정 분야에서 매우 부족한 그 무언가가 있다. FMH는 환자보호라는 강령 그리고 임상적 기술에 대한 깊은 존중과 밀접한 관련성이 있다. 이 책의 마지막 장에서는, FMH가 임상적 개입의 주요 목표를 범죄피해의 감소라고 간주하는 것에 대한 반대 입장을 기술할 것이다.

현재는, FMH 내에서 웰빙(well-being)을 향상시키는 것은 더욱 긍정적인 것으로 간주되는 반면, 범죄예방은 제한적인 것으로 간주된다. 앞으로는, FMH 내에서 비범죄적인 대안행동에 대해 보수와 만족을 구축하는 것이 보다 긍정적인 것으로 판단될 것이다. Skeem, Louden, Polaschek 그리고 Camp(2007)는 평가와 처치가 보호와 통제 모두에 기여할 때 FMH가 강력하다는 것을 예시하고 있다. 메타분석 고찰에서 RNR 원리들을 준수했느냐를 고려했을 때 성범죄자 처치 프로그램의 성과에서 상당히 일관된 결과를 보여 준다(제14장에서 기술된 Karl Hanson, Guy Bourgon과 동료들의 연구를 참고하라). 최근 몇 년 동안에, FMH 내의 관심 및 접근과 PCC는 단순히 수렴되고 있는 것이 아니라, 서로를 강력하게 해 주고 있다.

물론, 범죄행동에 대한 이해를 차치하고서라도, 사법체계에서의 정신적 질병에 대한 처치와 관리에 대한 정치경제적, 인도주의적인 거대한 쟁점들이 있다. 이에 대해 제14장에서 다시 논의할 것이다. 또한 제14장에서는 (1) 정신질환의 위험/욕구 요인들과 (2) 특수한 반응성 요인으로서의 정신질환에 대한 체계적인 조사연구를 더욱 충분히 탐색할 것이다.

인간 행동에 대한 정신역동적 개념

인간 행동에 대한 Freud의 조망은 풍부하고, 상세하며, 매우 인문적(human)이었다. 1915년에 발표된 「정신분석에 관한 입문 강연(introductory lectures on psychoanalysis)」(Freud, 1953)을 읽어 보길 권한다. 이것은 매우 학문적인 조망으로서, 생물학, 인류학 그리고 서양문화와 예술에 대한 풍부한 이해에 근거하고 있다. 또한 이 이론은 매우 사변적(speculative)이다. 앞으로 살펴보겠지만, 그의 많은 특정 개념들이 체계적인 경험적 연구로 입증된 것은 아니지만, 이론의 광범위한 개요에서 그의 이론은 현대 이론들의 많은 요소를 예견했었다.

Freud 이론은 행동을 네 가지 주요 '구조들(structures)'의 기능으로 가정한다. 그 구조 중 하나는 개인의 외적인 것(행위의 즉각적인 상황)이고, 나머지 세 개는 내적인 것이다. 내적 구조는 id, ego, superego가 있다. 모든 특정 상황에서의 행동은 ego가 외적인 상황, id의 힘(forces) 그리고 superego의 요구들(demands)을 어떻게 다루는가의 측면에서 이해된다.

Freud는 ego와 superego가 어떻게 발달하고 기능하는지에 관해서 많은 견해를 제시했다. 기본적으로 ego와 superego의 출현은 생물학적으로 결정된 성장패턴들과 환경의 상호작용에 따라 달라진다. 가장 결정적인 발달단계는 아동 초기와 중기이며, 주요 결정요소들은 가족관계의 맥락에 있다.

Id. Freud에 따르면, 인간은 생물학적으로 강한 공격적 추동(drive)과 성적 추동을 가지고 있다. 이러한 공격적/성적 에너지의 심리적 창고가 id이고, 이런 id는 쾌락 원리(pleasure principle)에 따라 작동한다. 쾌락 원리는 즉각적인 만족을 추구하는 인간 본성의 원리다. 만족은 행동의 즉각적인 상황에서 항상 고통을 최소화하고 쾌락을 최대화하는 것을 의미한다. 공격성은 특히 기본적 욕구들(예: 빨기, 먹기, 온정성의 경험 그리고 성적 안도감)이 좌절되었을 때 나타난다. 이러한 기본적인 좌절-공격 가설(frustration-aggression hypothesis)은 중요한 행동적 및 사회적 학습이론에 기여한다(이 장의 후반부에서 검토한다).

Freud 이론에서, 모든 행동의 동기는 id의 성적/공격적 에너지를 반영한다. 이러한 의미에서, Freud의 이론은 범죄학자들이 '통제이론(control theory)'이나 '견제이론(containment theory)'이라고 부르는 이론들의 원형이다. 강간, 살인, 자살 그리고 절도의 동기는 모든 인간 내부에 있다. 그러나 실제로는 범죄행동의 개인차는 기본적 동기를 반영한 것이 아니다. 오히려, 범죄행동에서의 개인차(실제로는, 모든 행동)는 개인들이 직면한 외적 현실과 그 개인들의 통제 기능을 수행하는 ego와 superego의 능력 차이의 결과다. 사람이 성숙해 감에 따라, ego와 superego의 내적 구조는 id로부터 출현하게 된다.

Ego. ego는 발달하는 아이가 기본적 욕구에 대한 어떤 행동적 표현들이 선택적으로 강화, 처벌 또는 무시되는 외적 환경에 부딪혔을 때 id로부터 출현한다. 충분히 발달된 ego는 id의 욕구를 즉각적인 외적 상황이 요구하는 것에 따라 의식적으로(그리고 무의식적으로) 통제하거나 조정하는 능력을 가지고 있다. 즉, ego는 장기적인 이익을 위해 만족을 지연시키라고 규정하는 현실 원리(reality principle)에 따라 작동한다.

아이는 제멋대로 깨물거나 용변을 보는 것이 즉각적인 환경(immediate environment)으로부터 환영받지 못한다는 것을 학습한다. 사실, 유아/아이들에게 쾌락을 주는 모든 것들은 매우 선택적인 환경(selective environment)의 판단들에 따르게 된다. 먹고 마시는 것은 양육하는 사람의 존재와 의지(그리고, 점점 더, 오직 하루 중 특정 시간에 한정되어)에 달려 있다. 배뇨와 배변은 오로지 특정 장소에서 하는 것만이 적절한 것으로 여겨진다. 아이의 활동 영역은 부모의 손이 닿는 곳까지로 한정되고 그리고 자기의 성기를 가지고 노는 것은 문제시되기 때문에 그러한 놀이는 가장 사적인 상황에서만 가능하게 된다.

이와 같은 선택적 환경들[즉, '훈련(training)' 경험들]은 어린 아이에게 좌절감을 준다. Freud에 따르면, 본성적 반응은 저항하는 것과 공격적으로 행동하는 것이다. 그러나 이러한 공격성의 표출 역시 선택적 환경의 영향을 받는다. 부모들은 때리고, 심하게 화를 내는 것을 좋아하지 않는다. 다행히도, 선택적 환경은 매우 쾌락적인 행동을 제한하는 것 이상의 관심을 갖는다. 훈련은 또한 아이들이 자신들의 환경을 잘 다루고, 독립적으로 행동하며, 다른 사람들과 협동하도록 격려하는 것을 포함한다.

그러한 훈련을 통해서, ego의 집행 및 대처 기술들이 출현하기 시작한다. ego의 과업은 외적 환경과 id의 요구를 균형 맞추면서 쾌락은 극대화하고 불편감은 최소화하는 것이다. 의식적인 ego의 기능들은 상황에 대한 합리적인 분석, 대안적인 행위과정에 대한 숙고 그리고 고통을 최소화하고 쾌락을 극대화하는 행위과정의 선택을 포함한다. id와는 다르게 ego는 때때로 즉각적인 만족을 지연시키는 것이 장기적인 이익을 가져온다는 사실을 안다.

ego의 많은 무의식적 기능들인 '방어기제들(defense mechanisms)'은 매우 중요하다. 그것들은 무의식적이다. 왜냐하면 ego는 '정당화시킨(justified)' 행동이 실은 id의 성적 또는 공격적 욕구를 만족시키기 위한 시도라는 것을 깨닫지 못하기 때문이다. 그 과정은 무의식적임에 틀림없다; 그렇지 않다면 id의 만족은 불가능하게 된다. 그러므로 예를 들어, '그녀가 그것을 원했기' 때문에('합리화' 방어기제) 또는 '그녀가 나를 원했기' 때문에('투사') 강간이 가능해진다.

Superego. ego의 추가적인 과업은 superego의 요구를 관리하는 것이다. superego는 ego로부터 나오는데, 이는 환경에 대한 특정 행동들의 선택적 반응의 결과이며, 친밀한 권위자의 모습과 동일시(identification)함으로써 나타난다. Freud는 이러한 동일시 과정을 도덕적 행위를 결정짓는 단 하나의 가장 중요한 결정 요인으로 보았으며, 그것은 6~7세 때 대부분 결정된다고 하였다. superego는 두 가지 구성요소로 이루어져 있다: 양심(conscience)과 자아-이상(ego-ideal). 양심은 처벌의 대상이 되는 행위의 내면화된 표상을 포함한다. 자아-이상은 환경에 의해 긍정적으로 평가받는 행위에 대한 정신적 표상이다.

소년들의 '오이디푸스적(Oedipal)' 갈등의 해결책은 아버지와 동일시하는 것이다. 아이들은 어머니와 친밀한 접촉을 하고자 하는 욕망에 직면하고, 아버지가 아주 힘이 세다는 것을 인식하면서, '아빠와 같은 존재'가 되는 것이 언젠가 엄마와 같은 사람과 특별한 관계를 가질 수 있을 것으로 생각하게 된다. 소녀들은 '엘렉트라(Electra)' 갈등에 직면하게 된다. 소녀들은 자신들의 엄마들처럼 자신들도 남근(소녀가 원하는 것)이 없다는 사실을 알게 되고, 자신들이 엄마와 닮았기 때문에 언젠가는 아빠와 같은 사람이 나타날 것이라는 희망으로 엄마를 동일시하게 된다.

이러한 오이디푸스적 갈등과 엘렉트라 갈등은 동성 부모와의 동일시를 통해 해소되고, 이렇게 성장한 아이들은 잠재기에 들어간다. 아이들은 기본적인 사회적 기술 및 삶의 기술들을 발달시키는 것과 세상에 대한 지식을 습득하는 과제들을 익숙하게 수행할 수 있게 된다. 에너지의 기본적인 원천, 즉 성적, 공격적 추동이 사회적으로 건설적인 방식으로 승화된다. 따라서 superego의 발달과 함께 ego가 더욱더 강해지게 된다.

요약하면, id는 쾌락 원리에 따라 작동하는 반면, ego는 현실 원리에 따라 작동한다. superego는 엄격한 도덕적 원리(moralistic principle)에 따른다. 따라서 도덕적으로 나쁜 일이나, 도덕적 태만은 강력한 죄의식을 경험하게 한다. 따라서 ego는 id, 외적 현실, 양심 그리고 자아-이상의 요구들을 관리한다.

청소년기는 범죄행동에 있어서 특히 위험한 시기다. 왜냐하면 사춘기가 되면서 성적 본능이 되살아나고, 나이가 들어 약화될 때까지 상당히 높은 수준으로 유지되기 때문이다. 그러나 사춘기에는 id와 superego 그리고 행동의 즉각적인 상황에서 발생하는 기회와 장애물 모두에 대처할 수 있는 보다 성숙한 ego가 발달하게 된다.

심리적 성숙(Psychological Maturity). 만약 발달과정이 순조롭게 진행된다면 성숙한 성인이 된다. Freud에 의하면, 성숙이란 즉각적인 만족을 지연시킬 수 있고, 장기간의 성적 관계에서 서로 사랑하고 사랑받을 수 있으며 그리고 사회적으로 생산적인 능력을 지니게 되는 것이다. 의심할 바 없이, 성숙한 인간에 대한 Freud의 개념은 소위 '중산층의 도덕성(middle-class morality)'이라고 일컬어지는 것과 일치한다. 그러나 그것이 항상 일치하는 것은 아니다. 어떤 사람들은 타인들을 위한 '관습적인(conventional)' 관심사들과의 관련성과 타인들의 온전성(integrity)을 지켜주는 규칙들을 무시하지 않으면서, 개인의 창의성과 자기-실현에 높은 가치를 둔다.

가치판단은 제쳐 두고라도, Freud의 세 가지 '성숙' 지표가 개인에게 결여되어 있을 때, 범죄행위의 위험 요인이 된다는 것은 경험적으로 입증된 사실이다. 즉, 약한 자기-통제, 결혼생활의 불안정 그리고 불안정한 직업경력은 각각 성인들의 범죄행위를 예측하는 것으로 잘 확립된 요인들이다.

정신분석이론을 논의할 때, Freud의 성숙 개념에는 종종 놓치게 되는 또 다른 측면이 있다. 강한 superego의 결과 중 하나인 과잉-관습성(hyper-conventionality)은 대개 범죄행위를 용납하지 못하면서 개인에게 높은 수준의 고통을 안겨다 준다. Freud의 이론은 범죄행위를 통제하는 과잉 사회화 경험이 신경증적 고통을 가져올 수 있다는 점을 분명히 지적하고 있다. 다시 말하면, Freud 이론을 따르는 임상의학자들은 관습적 규제의 위반을 통제하는 데 관심을 가지고 있는 만큼 관습적 통제의 감옥으로부터 개인을 해방시키는 데에도 관심을 갖는다.

Freud가 특별히 심리적 중요성을 부여하고 있는 이유(weaning), 배변훈련(toilet training) 그리고 이성의 부모를 향한 초기 성적 접근과 같은 현상은 체계적 연구에 의해서 살아남아 있지 못한 Freud 이론의 특징들이다. 그러나 가족생활에서, 식사, 배변훈련 그리고 친밀한 인간관계 관리의 문제들은 때로는 실제로 빨리 해결되어야 하는 일이다. 매 순간, 매일 그리고 보다 지속되는 환경적 조건들의 중요성에 대한 Freud의 견해들은 어느 정도 일관된 경험적 지지를 받고 있다. 이러한 개념들은 다음과 같이 발전했다.

발달에 대한 환경적 장애

고전적인 Freud 학파의 이론에서, 성숙한 ego와 superego의 발달은 기술적 발달과 도덕적 발달을 위한 슈퍼비전, 직접적인 훈련 그리고 직접적인 모방에 있어서 온정성, 보살핌 그리고 관심과 같은 조건들에 달려 있다. Freud 학파의 이론에서는, 많은 조건들이 문제가 있는 발달과 연합되어 있다고 본다. 그러한 문제적 조건들 중 하나는 성장하는 아동에 대한 극심한 방임과 명백한 학대다. 그러한 조건들에서는 강한 ego와 superego의 발달을 기대할 수 없다.

문제를 유발하는 두 번째 조건은 극단적인 허용 또는 무조건적인 온정과 애정이다. 강한 ego가 발달하는 동안, 만약 부모가 부수적으로 '옳음(right)'과 '그름(wrong)'에 대한 명확한 개념을 보여 주지 않는 한 superego는 약화될 것이다.

세 번째 문제되는 발달조건은 온정과 애정 없이 도덕적 훈련을 하는 양육 형태다. 이러한 가정의 아이들은 규칙을 지향할 수는 있지만, 사람들에 대한 긍정적인 지향성(orientation)은 갖지 못할 수도 있다. 이와 같은 점들이 Freud 학파의 조망에서 중요하다고 제안하는 초기 아동기 경험에 있어서 다소의 변산성이 된다.

간단히 말해, 거듭해서 다시 한번, 청소년 범죄와 연합된 출생 가족의 주요 변인들은 취약한 부모의 양호(nurturance)/보살핌(caring)과 빈약한 부모의 슈퍼비전, 모니터링 그리고 훈육이다. 이러한 것들이 출생 가족의 양육에 기초한 위험성 평가 내에서 중요한 양육변인들이라고 했던 제2장을 기억하라.

즉각적인 환경, 행위의 상황 그리고 심리적 순간

일반 성격 및 인지사회 학습적 조망들의 강점은 다음과 같은 두 가지의 중요성을 인식하고 있다는 점이다: (1) 행위의 즉각적인 상황 속의 개인, (2) 배경적 소인들. 행위가 일어나는 즉각적인 상황에 대하여 주의를 기울이는 것은 그 상황이 인간 행동의 직접적인 원인이 될 수 있음을 제안하고, 반면 배경이 되는 기질적 요인들은 범죄행동을 일으킬 확률이 높은 상황으로 사람들을 이끌 가능성을 제안하고 있다. 배경적인 기질적 요인들은 '범죄성'을 설명하려고 시도한다. 즉, 오랜 시간에 걸쳐 일어나는 범죄행위의 다양성을 발생시키는 요인들을 밝히고자 한다. 그러나 이와 같은 다양성은 다양한 행위의 즉각적인 상황에 있는 특정한 사람들의 전력을 반영한다.

정신역동이론에서, 범죄의 즉각적인 원인들은 상황적인 것과 개인적인 것 모두에 있다. 범죄행동은 즉각적인 상황 속에 있는 행위자의 맥락에서 이해되어야 한다. [그림 3-1]은 정신역동이론에 따른 반사회적 행동의 즉각적인 원인들에 대한 요약인데, 한 개인은 superego, ego 그리고 id로 대표된다. 즉각적인 환경은 환경이 제공하는 유혹과 외적 통제에 따라 구분된다.

따라서 개인의 범죄행위를 이해하고 예측하기 위해서는 superego의 강도에 대한 지식(예: 법규위반에 대한 태도, 가치관 그리고 신념), ego의 자기-조절/자기-통제와 문제-해결 기술 및 과정에 관한 지식, 즉각적인 환경의 촉진적인 측면과 억제적인 측면에 대한 지식이 요구된다.

또한 정신역동적 조망은 배경적 소인들에 대해 많은 것을 언급하고 있다. 이것들은 다음에 범죄에 이르는 다양한 경로들로서 그리고 범죄자들에 대한 정신역동적 유형론으로서 검토된다.

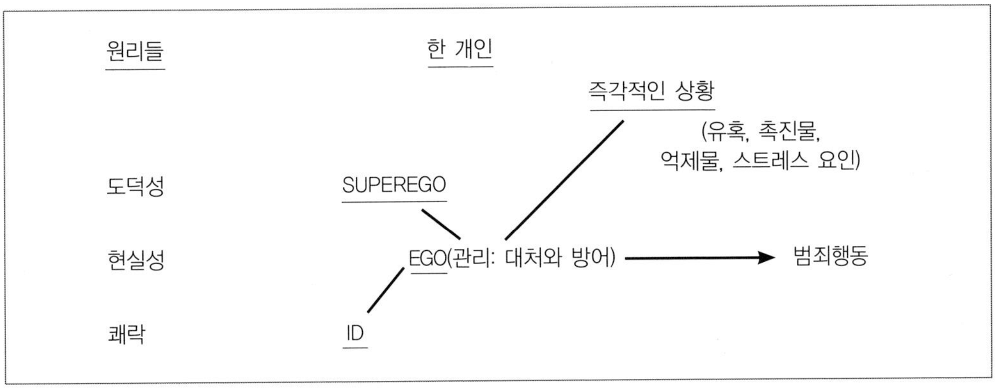

주: SUPEREGO(사회적 기준의 내면화): 양심 + 자아-이상
EGO: 대처하고, 방어하고 그리고 '해석하기'
ID: Freud 이론에서의 반사회적 상수(constant).
상황: 일부는 개인에 의해 선택되고, 일부는 출생가족의 한 기능이며, 일부는 매우 광범위한 사회적 배치의 한 기능임.

[그림 3-1] 전통적 정신역동이론의 심리적 상황(또는 심리적 순간)

정신분석적 이론에서의 범죄자 유형

Freud의 이론은 다양한 범죄경로를 제안한다. Mannheim(1965)의 연구를 참고해 범죄자들이 더 자주 경험하는 경로들 중 일부를 이 장에서 논의할 것이다. 범죄자 유형에 관한 이러한 요약은 Freud 이론의 모든 유형들을 포함하지는 않는다. 왜냐하면 그것들은 이미 기술하였기 때문이다. 심리적으로 미성숙하다는 것은 가족과 직업생활 모두에서 불안정하며, 만족을 지연시키지 못하고 충동적인 특성이 있음을 상기하라. 심리적 미성숙이라는 것은 다음에 설명된 것처럼 약한 superego와 약한 ego가 결합되어 나타난다.

약한 superego 유형. 어떤 사람들은 관습적인 사회에서 처벌되고 강화되는 행동들에 대한 내재화된 표상들이 부족하기 때문에 심각한 범죄행동을 자주 한다. 따라서 친사회적이든 반사회적이든, 그들의 행동은 단지 즉각적인 만족감과 외적 상황의 요구에 빠지기 쉽다. 이와 같이 약한 superego의 지표들은 범죄행동의 준거와는 독립적으로 정의되며, 다음과 같은 것을 포함한다:

1. 관습적인 규범과 절차에 대한 무모한 무시;
2. 반사회적 인지/친범죄적 사고경향(procriminal sentiments)(양심 결핍);
3. 인생에 대한 계획이 거의 없고 관습적 야망이 약함(자아-이상의 결핍);
4. 죄책감이 거의 없음(양심 결핍);
5. 지속적이고 일반화된 문제행동들의 조기 출현(superego는 8세까지 형성된다고 가정됨);
6. 허세, 경박함 그리고 과시벽의 표출(이성 부모의 성적 매력에 기인한 초기 갈등들이 해결되지 않았음);
7. 권위적인 인물과의 갈등(또다시, 초기 갈등들과 좌절들이 해결되지 않았음);
8. 근본적인 고립, 애정 없음 그리고 절망적인 고독을 반영하는 타인과의 기본적인 분리(separateness)

'약한 superego' 유형에 대하여 아마도 가장 잘 알려진 서술은 Hervey Cleckley의 『정상성의 가면(The Mask of Sanity)』(1982)이라는 책에서 나타나는데, 이 책은 정신의학적/임상적 전통에 따른 고전적인 저작물이다. 이것은 큰 영향력을 발휘해 왔고, 'Cleckley의 사이코패시 체크리스트(Cleckley checklist for psychopathy)'로 잘 알려져 있는 그의 특성들의 목록과 매우 밀접하게 연계되어 있다. 이들 특성들은 다음과 같다: 피상적인 매력; 높은 지능(지적으로 장애가 없는); 망상이 없으면서 비합리적인 사고 징후(정신병이 아닌); 신경증적 증상의 부재(신경증 환자가 아닌); 신뢰할 수 없음; 비진실성과 위선; 후회 또는 수치심의 결여; 부적절하게 동기화된 반사회적 행동; 빈약한 판단능력과 경험으로부터의 학습 실패; 병리적인 자기중심성과 애정 능력의 부재; 주요 애정적 관계의 일반적인 결핍; 구체적인 통찰력 부족; 일반적 대인 관계에서의 무반응; 음주 시 기이하고 타인에게 환영받지 못하는 행동(때때로 술을 먹지 않아도); 비인격적(impersonal)이고, 문란하며(trivial), 빈약하게 통합된(poorly integrated) 성 생활; 그리고 인생설계에 따라 살지 못함. 사이코패시에 관한 객관적 측정도구인 Hare 사이코패시 체크리스트-개정판(Hare Psychopathy Checklist-Revised)은 이번 장의 도입부분과 제2장에서 논의되었고, 제6장에서도 자세하게 검토될 것이다.

약한 superego와 사이코패시에 대해 위에서 기술한 내용을 측정하는 평가도구의 예측타당도를 체계적인 경험적 연구들이 일관되게 지지한다는 것은 놀랄 일이 아니다.

약한 ego 유형. 약한 ego는 미성숙, 빈약한 사회적 기술, 빈약한 현실검증 능력, 속기 쉬움 그리고 과도한 의존을 내포하고 있다. 정신분석적 이론으로 볼 때, 약한 ego 유형은 id와 즉각적인 환경보다는 superego의 통제를 더 적게 받는 유형이다. 약한 ego 유형에서, 범죄행동은 실수(외부환경을 잘못 이해하는 것), 격분 또는 리더를 추종하는 것 등에 의해 발생한다.

'정상적인(normal)' 반사회적 범죄자. 이러한 범죄자들은 특별한 문제없이 심리성적(psychosexual) 발달 단계가 진행된다. 심리적으로, 그들은 완전히 기능하는 성숙한 성인의 이상적인 모습과 일치한다. 그러나 자아-이상과의 불일치는 존재한다. superego는 범죄적 부모를 동일시한 결과로서 친범죄적이게 되고, ego는 전문적인 범죄기술들을 받아들인다.

신경증적(neurotic) 범죄자. Freud 이론은 신경증적 갈등이 범죄행동으로 전환되는 많은 방식들을 제안한다. '죄책감으로 인한 범죄'는 매우 빈번하지는 않지만, 매우 흥미로운 것이다. 이러한 유형의 범죄는 과거의 범죄에 대해 처벌받고자 하는 무의식적 욕망에 의해 나타난다. 지나치게 활동적인 superego는, 실제로 행하지 않았을 경우조차도, 숙고했거나 또는 단지 실행하고자 원했던 환상의 초점이었던 과거의 죄에 대한 처벌을 추구한다.

신경증적 범죄자들 중 가장 빈번하게 나타나는 사람들은 특정 좌절감과 정서적 불안을 처리하거나 불안한 가족관계에 영향을 끼치기 위한 수단으로 범죄행동을 하는 사람들이다. 예를 들어, 일부 '신경증 환자'는 그들의 부모를 처벌하거나 주의를 끌기 위해 범죄행동을 한다.

많은 임상의학자들은 일부 범죄자의 범죄는 어떤 구체적인 목표를 성취하는 데 필요한 것을 넘어서는 요소들을 가지고 있다고 언급했다. 예를 들어, 돈을 획득하는 것은 소매치기 행동에 대한 명백한 설명이 된다. 그러나 훔치는 행동이 성적 흥분의 증가와 관련 있을 경우, 이 행동을 이해하는 데 보다 깊은 분석이 도움이 될 것이다.

다른 유형들. 정신분석적 조망은 많은 범죄경로들을 밝혀 냈다. 그 경로는 다음과 같다:

1. 정신병자와 지적 장애가 있는 사람들은 법률을 위반할 위험에 처해 있다. 이것은 정신

병자나 지적 장애자에 대한 정의의 근저에 있는 무능력함을 논리적으로 확대 해석한 것일지도 모른다. 만약 누군가가 현실과 접촉이 어렵거나 또는 지적으로 손상되어서 자신의 일을 다룰 수 없다면, 다른 많은 관습적 규범위반과 같은 불법행동들이 발생할 것이다.

2. 상황적인 범죄자(situational offender)는 믿었던 배우자의 부정한 짓을 발견했거나, 매우 '부당하거나' 또는 '격분하게' 하는 상황에 직면하는 것과 같은 극단적이고 고립된 상황에 대해 반응한다.
3. 부당함에 대한 지각은 정신분석이론에서 매우 관심을 불러일으키는 범죄경로다. 부당함의 지각으로 인해 지속적으로 범죄행위를 하는 사람들은 자신의 아버지에게 강한 증오심도 지니고 있다. 즉, 부당한 상태는 미워하는 아버지와 동일한 것이다.
4. 범죄경로를 탐구하고자 하는 많은 다른 사람들처럼, 정신분석적 사상가들은 알코올과 약물사용(그리고 남용)의 역할에 주목한다. 어떤 사람들에게 있어 일부 약물들은 범죄동기를 증가시키고 내재화된 통제력을 감소시킨다.
5. 우연적인 범죄자(accidental offender)는 특히 불운한 환경 때문에 우연히 실수로 범죄에 발을 들여놓게 된다. 정신분석이론에서는 부주의나 '실수(slips)'로 저지르는 범죄조차도 무의식적 동기를 반영한 것으로 본다.

정신분석이론에 따르면, 범죄경로들은 많고 다양하다. 범죄학의 또 다른 의학적 아버지로 존경받고 있는, 1800년대 후반 이탈리아 교도소의 의사였던 Lombroso의 유형론을 간단히 살펴볼 것이다. Lombroso는 Freud 학파가 아니었지만, Freud와 유사한 지적 배경을 가지고 있었다. Freud는 성인기 이전의 사회화될 때까지의 모든 인간을 선천적인 범죄자로 보았다. Lombroso는 특히 범죄자들에게 관심을 가졌고, 범죄자 개인에 대한 관찰과 측정이 범죄학에서 중요한 구성요소가 되어야 한다고 생각했다. 제5장에서 요약한 바와 같이, 그의 생각들은 진화이론에 큰 영향을 받았지만, 비판을 받은 후 환경적 요인, 더 나아가 관찰과 성찰(reflection)을 강조하는 쪽으로 바뀌었다.

Lombroso에 따르면, 대다수의 범죄자들은 '우발적인(occasional)' 유형이다. 이들 유사범죄자(pseudocriminal)는 본래 악의가 없고 비교적 해를 끼치지 않으며, 과도한 사회경제적 고통에 대한 반응 또는 격렬한 감정의 폭발로 인해 범죄를 저지르는 사람들이다. Lombroso는 또한 상습적인 범죄자 집단을 확인했는데, 이들의 범죄활동은 친범죄적인 양육뿐만 아니라 범죄자와의 교제를 반영했다. 그리고 또 다른 집단을 확인했는데, 이들의 범죄성은 정신장애나 정신이상을 반영했다. 그러나 Lombroso는 격세유전(atavistic) 또는 '타고난(born)' 범죄자에 관한 연구로 가장 잘 알려져 있다. 모든 범죄자의 약 35%를 차지한다고 알려진 타고난 범죄자는 원시적 인간이나 인류출현 이전으로 유전적으로 퇴보하는 것으로 기술되고 있다. 타고난 이들 범죄자의 심리는 매우 강한 동물적 추동들과 매우 약한 내적 통제와 같은 동기적이고 통제적인 요소를 지니고 있다. 정신분석이론에서는, 고통을 피하고 쾌락을 추구하려는 욕망(이것은 기본적인 인간 본성의 한 부분이다)의 다양성에는 거의 흥미가 없고, 통제 측면(그리고 생물심리학적 유기체와 환경과의 상호작용에 의한)의 변산성에 거의 모든 관심을 기울이고 있다.

Lombroso는 타고난 범죄성과 관련된 심리사회적 요인들의 목록을 제시하였다. 'Lombroso의 체크리스트'에 있는 많은 항목들은 정신분석의 superego 개념과 매우 유사하다(그리고 현재 재범예측에 사용되는 설문지나 평가척도의 내용과도 유사하다). 도덕적 미성숙, 잔인함, 나태, 허영심, 신체적 고통에 대한 높은 인내심, 범죄은어의 사용 그리고 문신들(당신의 작품이 학생들이나 동료들의 몸에 근사한 문신으로 보이는 것과 같은, 문신은 오늘날에는 덜 관련된다).

범죄경로의 다양성에 대한 활발한 추구를 위한 지적 토대는 1920년대의 Freud와 Lombroso의 연구를 통해 확립되었다. 모두 의학적 훈련을 받고, 한 사람은 심리학에 또 한 사람은 생물학에 전념해 온 두 지적 거장들은 자아중심적인 만족감 추구와 내적 통제 발달 모두의 중요성을 인식한 조망들의 발달을 통해 범죄행위를 보다 잘 이해할 수 있다고 제안하였다. 또한 각 조망은 어떤 범죄행동은 병리적인 심리적 부적절성, 비전형적인 상황적 압력, 범죄적 하위문화에 대한 동조 그리고 심지어 지각된 사회적 불공평에 대해 자기를 정당화시키는 고의적인 반응을 반영한다고 언급했다. Freud와 Lombroso는 쾌락추구의 다양성이 중요하다는 점에서는 일치하지 않았지만, 통제에서의 다양성이 중요하다는 점에는 서로 동의했다. 그러나 제1장과 제2장에서 논의했던 주류 사회학적 범죄학 내의 생물학과 심리학의 문제적인 지위를 상기해 보자:

> 역사적인 불행으로 인해, 사회학은 1920년대의 학문 분야들을 점령해 버렸다. 그리고 생물학과 심리학의 공헌은 과소평가되었다(Jeffery, 1979: 7).
>
> 범죄와 비행에 대한 대부분의 사회학적 처치에 있어서, 유전적 설명은 무시되거나 조롱을 당했다(Rowe & Osgood, 1984: 526).

이들 유망한 선도적 조망들은 범죄학에서 체계적으로 수년 동안 배제되었다. 이 장의 후반부에서, 가장 분명한 반심리학적인 범죄이론(계층-기반적인 아노미, 하위문화, 낙인 그리고 갈등/마르크스주의 조망)을 개관하고, 이 이론들이 PCC 전체에 있어서 경험적으로 거의 인정될 수 없는 이론들임을 알게 될 것이다. 우리는 사회적 학습이론에 초점을 맞추면서, 개념적으로는 사회학적이지만 사회적 학습과 사회적 인지이론을 통합시킴으로써 실용적인 가치와 경험적으로 인정될 수 있는 이론이 되었던 차별적 접촉이론을 검토할 것이다.

그러나 이번 장에서는 정신역동적 조망의 발달에 집중한다. 그러나 독자들은 이 책의 저자들이 고전적인 정신분석 사상이 현대 심리학의 지식을 대표한다고는 믿지 않고 있음을 명심해야 한다.

정신역동적 사고와 최근의 심리학적 발전

정신분석적 접근은 문예 비평과 인문학에서 여전히 왕성하게 관심을 끌고 있지만, 심리학 내에서는 역사적으로 큰 부분을 차지하고 있다. 이 장과 다른 장들에서도 보겠지만, 현대 심리학에는 정신분석적 조망들을 발전시키고, 변형시키고 그리고 이를 성공적으로 대체시킨 개념과 절차들이 있다. 이러한 발전들을 간단하게 기술한다:

1. Lombroso와 대조적으로, Freud는 타고난 id의 강도 또는 ego나 superego의 발달 역량에 있어서 개인차를 가정하지 않았다. 그러나 최근 성격이론가들은 개인을 비교적 영속적인 성격특성 또는 특질을 지닌 것으로 개념화하고, 아동들마다 규범을 위반하는 성향과 규범 학습능력이 다르다는 증거를 밝혀냈다. 예를 들면, 제2장에서 보았듯이 낮은 우호성(agreeableness)과 낮은 성실성(conscientiousness)은 범죄행동과 가장 밀접하게 관련된 두 가지 성격 차원이다.
2. 행동적 유전학과 생리심리학은 유전, 피질 각성, 예기적 공포반응의 고전적 조건화 그리고 자기-조절(self-regulation)에 대한 신경심리학의 중요성을 지적한다. 사회화에 대한 회피-학습 모델(예: Eysenck, 1977; Eysenck & Gudjonsson, 1989)은 지속적이고 심각한 범죄행동의 일부 유형과 특히 관련된 것으로 보인다. 자기-조절과 관련된 신경심리학에서의 발달은 최근의 관심사이며 중요한 가치를 갖는다(Baumeister & Vohs, 2004). 제5장의 주제는 주요 위험/욕구 요인들의 기원들 중 하나인 유전이다.

3. 강화되거나, 처벌되거나 또는 무시되는 행동의 선택에 있어서 환경의 중요성에 대한 이론과 연구가 발달하였다. 학습 원리(예: 조작적 조건화)는 Freud 시대보다 현재 더 잘 이해된다.
4. 사회적 학습과 인지 분야의 최근 이론과 연구는 모델링, 동일시 그리고 관찰학습과 관련 있는 변인들에 관해 많은 것을 제공한다.
5. 최근 사회적 학습과 인지이론은 몇 가지 행동적 자기-통제(self-control) 과정을 구체화시켰다. 관련 연구들은 구체적인 자기-통제 기술들을 자세히 설명하였고, 개인적인 행위기준의 중요성을 인식시켜 주었다. 즉, 자기-조절은 반범죄적 또는 친범죄적인 태도, 가치 그리고 신념 등에 의해 이끌어진다.
6. 사회심리학에서 특정 행위를 지지하는 태도, 가치 그리고 신념들이 그 행동에 대한 지지의 정도를 지각하는 것과 어떻게 결합되는지에 대한 조망들이 발달했으며, 이에 따라 특정 행동을 매우 정확하게 예측한다.
7. Freud는 사람은 항상 외적 환경에 대처해야만 한다고 강조했으나, 성격의 주요 요인들이 매우 어린 시기에 형성된다고 생각했다. 사회적 학습이론은 초기 학습과 경험의 중요성을 부정하지는 않지만, 그 당시의 환경 내에 있는 사람이 그 무엇보다도 중요한 행동적 의미를 갖는다고 간주한다.

요약하면, 인간 행동에 대한 Freud의 모델은, 이론의 사변적 요소에도 불구하고, 인간이 무엇인가에 대해 많은 사람들이 생각하고 있는 생각들을 포함하고 있다. 인간은 쾌락을 추구하고 고통을 회피하는데, 그러한 추구는 즉각적인 상황의 요구, 제한 그리고 기회에 의해 지배받으며 또한 사회화 경험을 통해 발달하는 내적 통제에 의해서도 지배받는다.

정신역동이론의 재공식화

범죄와 비행에 관한 정신역동이론에서 가장 중요한 발달은 Sheldon Glueck과 Eleanor Glueck(1950)의 연구임에 틀림없다. 그들의 경험적인 결과들뿐만 아니라 Freud 이론을 반영하는 '잠정적인 인과공식(tentative causal formula)'은 범죄행동에 관한 모든 예측모델 중 가장 타당성이 높은 것이다.

Glueck과 Glueck은 범죄성의 근원이 1940년대 실무나 이론에서 인식하고 있던 것보다 훨씬 더 깊고, 그것은 성격적인 것에 있다고 생각했다. 그들은 빈곤한 도시의 거주 환경이 젊은 남성들의 범죄를 발생시킨다고 인정하였지만, 또한 이런 지역에 거주하는 가족들과 개인들의 태도들 및 능력들은 서로 매우 다를 것이라고 예상하였다:

> 서로 다른 사람들의 다양한 신체적, 정신적 그리고 사회적 전력은 사회적 해체, 문화갈등 그리고 도시의 성장기-고통들에 의해 영향받게 될 방식을 상당한 정도로 결정함이 틀림없다(p. 6).

다양한 측면을 지니고 있는 복잡한 생물심리사회적 문제를 잘 표집하기 위해서 Glueck과 Glueck은 연구와 이론은 개인적이고 환경적인 변인들에 초점을 맞추어야 한다고 제안했다. 이러한 초점은 정신분석학적 사상에 근간을 두고 있으며, 여기에 모든 인간 행동은 '개인 내에서 하나로 통합되고, 조정되거나 또는 갈등을 일으키는 특정한 사회적 과정과 생물학적 과정들 간의 접촉점' 측면에서 이해되어야 한다는 것이다(p. 7). Freud의 입문강연에서 인용하자면 다음과 같다:

> 경제적 조건들은 …… 그들의 [사람들의] 본능적 충동들—그들의 자기-보존 본능, 공격성, 애정 욕구 그리고 쾌락 추구와 고통 회피의 충동—을 단지 작동시킬 수 있을 뿐이다(p. 9).

Glueck과 Glueck은 범죄유발적인 환경적 · 상황적 요인들과 관련하여 분명한 견해를 가지고 있었다. 이들은 일부 이웃환경에서의 많은 자극적인 기회와 통제의 부족을 분명히 언급했다. 이들의 '잠정적인 인과공식'은 약한 내적 통제(약한 superego)를 강조하는데, 이것은 취약한 양육과 부모의 모델링 그리고 공격적 에너지의 표현과 자기이익 추구에 대한 기질적/체질적 소인 등으로부터 결과된다. 만약 Glueck과 Glueck(1950: 281-282)이 남성 비행에 대한 자신들의 조망을 요약한다면, 아마 다음처럼 기술하는 것이 최상일 것이다:

> 신체적으로: 비행자들은 본질적으로 중배엽형 체격을 지니고 있다(단단하고, 근육질이다).
> 기질적으로: 끊임없이 활동적, 충동적, 외향적, 공격적, 파괴적.
> 태도적으로: 적대적, 도전적, 의심이 많은, 고집이 센, 모험적, 비관습적, 권위에 대해 불복종적.
> 인지: 상징적이기보다는 직접적이고 구체적, 문제-해결에서 덜 체계적.

가족: 부모의 이해, 애정, 안정성 또는 도덕심이 결여된 가정에서 양육되는 것은 균형적이고 사회적으로 정상적인 superego를 구축하는 데 필요한 효과적인 원천으로는 맞지 않음.

빈민지역의 흥분적이고 자극적이며, 그러나 거의 통제되지 않고, 문화적으로 비일관적인 환경 속에서, 소년들은 억제되지 않은 충동과 자기중심적 욕망을 다양한 형태의 비행행동으로 쉽게 표출한다.

Glueck과 Glueck의 일부 표현은 상당히 거슬린다. 그러나 독자들은 이들이 타인에게 해로운 행동을 감소시키고, 반사회적 행동의 위험이 있는 사람들을 위한 서비스의 질을 향상시키는 데 전념했다는 것을 알아야 한다. 이들은 범죄의 해악 감소를 위해 투자된 사회적 자원들과 범죄자 처벌을 위해 투자된 사회적 자원들 간 격차 때문에 혼란스러워했다.

Glueck과 Glueck의 인과공식이 비행의 가장 강력한 두 가지 상관변인들을 언급하지 않았다는 점을 주목해야 한다. 즉, 비행친구들과 학교에서의 문제행동. 이들은 학교에서의 친구관계 패턴과 문제행동들은 보다 근본적인 개인적 · 가족적 변인이 표출된 것으로 보았다. 그러나 이들은 학교와 지역사회를 개입을 위한 주요한 상황들로 간주했다.

Glueck의 연구자료는 정신역동이론을 발달시킨 것 외에도, 비행행동에 대한 특정 이론들이 불우한 도시 내의 공식적으로 규정된 비행행동들의 다양성을 설명하지 못한다는 것을 시사하고 있다:

1. 문화적 갈등: 세대 간의 문화갈등은 50% 이상의 가족들에게서 나타나지만, 이것은 비행과 관련이 없었다.
2. 사회적 계층: 좁은 범위 내에서 표본 조사된 경제적 환경, 부모의 교육수준 그리고 직업수준은 비행의 다양성의 많은 부분을 설명하고 있지 못한다. 심지어 경제적 고려사항들은 소년들의 주요 정서적 문제가 아니었다.
3. 서비스에 대한 제한적인 접근성: 비행자의 가족들은 사회 서비스 기관들과 더 많이 접촉한다. 처치 연구를 개관할 때 알게 되겠지만, 서비스는 횟수보다 질이 더 중요하다.
4. 신체건강: 신체와 일반적인 건강문제들은 비행과 관련이 없었다.
5. 관습적인 야망: 소년들이나 부모들의 관습적인 야망은 비행과 부적으로, 정적으로가 아니고, 연합되어 있었다. 관습적인 성공기준에 대한 개인이나 부모의 수용이 비행을 설명할 수 없었다는 점은 분명하였다.
6. 관습적 추구에서의 실패감: 개인적 그리고 학업적 실패로 인한 걱정에 사로잡히는 것은

비행자 집단보다는 비비행자 집단의 특성이었다. 실제로, 비행청소년은 학교가 제한하고 통제하였기 때문에 학교를 싫어했으나, 비행을 저지르지 않는 청소년 들은 실패감 때문에 학교를 싫어했다. 학교, 미래 전망, 재정 그리고 물질적 환경에 대한 정서적 갈등은 소년들 두 집단에서 낮은 빈도로 발생하였고 일반적으로 비행과 약하게 연합되어 있었다.

7. 마르크스주의/갈등 조망(Marxist/conflict perspective): 전체적으로, 관습의 '감옥(prisons)' (가족, 교회, 학교 그리고 직장)에 갇힌 사람들이 '갇혀 있지 않은 사람'보다 비행자가 될 가능성이 적었다. 명백하게, 관습이라는 '감옥'으로부터 가장 자유로운 사람들이 비행을 저질렀다. 그들은 길거리나 감독받지 않는 위락장소에 가고, 주거지역 밖으로 배회하거나, 흡연, 성행위 그리고 학교 출석 등과 같은 연령에 따라 규제되는 규범들을 거부하는 소년들이다. 관습적 도덕성(conventional morality)에 갇혀 있는 소년들은 신경증적 고통과 과-진부함(hyper-banality)에 빠질 위험성이 높았다.
8. 정신병리학: Glueck과 Glueck은 주요 성격적 상관 요인들이 단순히 병리적인 특질이 아니었음을 매우 분명히 하였다. 오히려 비행과 관련된 상관 요인들은 충동성, 강한 모험추구, 양심 결핍, 적개심 그리고 반권위적 태도 등이었다. 정신병리적 반사회성은 비행청소년 표본에서 약간 더 많이 나타나는 반면, 정신병리적 신경증은 비행을 저지르지 않는 소년 표본에서 약간 더 많이 나타난다.
9. Glueck과 Glueck에 의해 비행에 대한 개인적 고통이론들은 지지되지 않았다. Glueck과 Glueck의 자료는 많은 젊은 사람들이 불안전감, 불안, 무력감을 느끼고 있으며, 사랑이나 인정을 받지 못한다는 점을 보여 주었다. 그러나 인간의 이러한 조건은 비행과 관계가 없었다.

종합적으로, Glueck과 Glueck은 많은 불법행위 경로들은 그리고 취약한 이론들(1부터 9까지 위에 서술된)이 시사하고 있는 어떤 잠재적인 원인들은 아마도 특정한 상황에 있는 일부 사람들에게는 잘 적용될 것임을 인식했다. 그러나 그들의 '잠정적 인과공식'은 더 넓게 적용될 수 있었다. 이에 따르면, 어떤 비행은 주요한 심리적, 가족적 그리고 이웃 요인들 중 하나에 의해 설명되지만, 비행의 가능성은 다양한 원인들이 결합됨으로써 증가한다.

Glueck과 Glueck의 이론적 공헌들은 그들의 정신역동적 토대와 연구발견들에 의한다. 그들의 1950년 연구는 범죄학 전체에서 보면 오늘날까지도 하나의 고전적인 횡단연구다. 최소한으로 말해도, 그들의 접근법과 자료는 가치가 있다. 조사연구는 Boston 지역 두 개의 훈련

학교에 다니는 500명의 비행소년들과 같은 지역의 일반 학교의 500명의 비-비행청소년들을 비교하였다. 비행청소년들과 비행집단이 아닌 청소년들의 나이(대략 10~17세, 평균 14세), IQ 그리고 출생 인종은 서로 대응되도록 짝지어졌다.

자료는 소년들, 그들의 친척들 그리고 기타 사람들(사회복지사 및 선생님 같은)을 대상으로 사회적 전력에 대한 면담을 통해서 수집되었다. 사회복지, 법원 그리고 교정기록들과 학교서류들이 검토되었고, 병원기록, 정신과 면담, 심리검사, 소년들의 사진을 근거로 한 인체 측정학적 분석 그리고 교사가 응답한 체크리스트도 검토되었다.

Glueck과 Glueck의 연구결과는 〈표 3-1〉, 〈표 3-2〉, 〈표 3-3〉에 선택적으로 요약되어 있다. 〈표 3-3〉은 Glueck과 Glueck의 인과공식에서 강조하지 않았던 변인들에 대한 앞선 아홉 개의 요약에 주의를 기울여 정독하는 데 매우 유용할 것이다. 그것은 정말 놀라운 일이었다. 1950년에 Glueck과 Glueck은 이미 사회학적 범죄학에서 선호되는 요인들(출생계층 그리고 매우 약하게 개념화된 아노미/긴장)이 매우 제한된 차별적 가치가 있다는 것을 보여 주었다. 마찬가지로, 법정 정신건강 내에서 선호되는 변인들(정신 병리와 정서적 고통)도 제한된 가치가 있었다.

Glueck과 Glueck의 인과공식은 비행청소년들과 비-비행청소년들 간에 실제로 차이를 보이는 변인들을 인과적 요인으로 정의했다는 것 때문에 간혹 비판을 받는다. 그러나 1950년 이래로 많은 연구자들이 제안된 인과적 중요성과 유사한 모델들을 독립적으로 검증하였다(예: Laub & Sampson, 1988: Sampson & Laub, 1990). 아마도 Walter Reckless와 Travis Hirschi의 통제이론들은 정신역동모델로부터 도출된 가장 잘 알려진 이론들이다. 이제 정신역동적 주제들의 변형을 살펴보자.

표 3-1 기질/성격, 인지적 기술들, 반사회적 태도들, 반사회적 친구들 그리고 학교: 비행청소년과 비-비행청소년의 각 요인들의 비율

	비행청소년	비-비행청소년	차이
기질/성격			
중배엽형	60	31	29
극도의 활동성	60	30	30
부주의	48	19	29
쾌활, 활기	51	23	28
자기-통제	39	66	-27
성실성	9	54	-45
인지			
평균 언어지능	88.6	92.0	ns

높은 상식	29	39	−10
문제에 대한 체계적 접근: 없음	79	65	14
반사회적 태도들			
현저한 복종	27	80	−53
반항	50	12	38
권위에 대한 양가성	41	20	21
관습적인 생각, 행동	8	32	−24
모험을 즐김	55	18	37
적개심	80	56	24
반사회적 친구들			
갱 일원	56	1	55
비행자들과 매우 친하게 지냄	98	7	91
학교			
나쁜 성적	41	8	33
학교 내 문제행동	96	17	79
무단결석이 없음	5	89	−84
지속적인 무단결석	63	0	63
문제행동을 처음 저지른 평균 학년	4.36(478명 중)	7.38(86명 중)	

ns = 유의미하지 않음.
Glueck & Glueck(1950)에서 발췌.

표 3-2 가족과 양육: 비행청소년과 비-비행청소년의 각 요인들의 비율

	비행청소년	비-비행청소년	차이
출생가족			
모의 출생가족의			
범죄성	55	36	19
부의 출생가족의			
범죄성	40	32	12
어머니의 전력			
지적 장애 병력	33	9	24
범죄성	45	15	30
아버지의 전력			
정서적 혼란	44	18	26
범죄성	66	32	34
형제의 전력			
범죄성	65	26	39

부모와 함께 했던 거주의 안정성			
양쪽 또는 한쪽 부모로부터 지속적 양육	54	88	−34
집 밖의 공간	71	9	62
가족생활의 애정적 질			
높은 가족 응집력	16	62	−46
온화하고 애정적인 부자관계	40	81	−41
온화하고 애정적인 모자관계 (과잉보호 포함)	72	96	−24
슈퍼비전/훈육/행위의 기준			
부적절한 행위 기준	90	54	36
아동에 대한 어머니의 적절한 슈퍼비전	7	65	−58
단호하지만 온화한 어머니의 훈육	4	66	−62
단호하지만 온화한 아버지의 훈육	6	56	−50
사회적 서비스 기관의 개입(평균)	11.7	6.9	***

Glueck & Glueck(1950)에서 발췌.

표 3-3 다른 이론들에서 제안된 기타 요인들: 비행청소년과 비-비행청소년들의 각 요인들의 비율

	비행청소년	비-비행청소년	차이
출생가족의 사회경제적 계층			
경제적으로 의존적	29	12	17
재정적 원조의 이유들			
가장의 질병	16	16	ns
불경기/계절적 실직	39	59	−20
마지못해 책임을 떠 맡음	45	25	20
첫 번째 집을 떠난 이유			
비행	32	0	32
가출	31	0	31
죽음/이별/이혼	14	55	−41
재정적인 문제	8	17	−9
정서적 갈등의 원천			
금전적 자원의 부족	4	2	ns
물질적 환경	3	0	ns
아버지	23	5	18
어머니	15	2	13
성인 남성과의 동일시 문제	30	12	18

아노미/긴장/개인적 고통/무력감(powerlessness)			
정서적 갈등의 원천			
교육적 기대	10	7	ns
일반적인 희망	5	2	ns
학교를 매우 싫어하는 이유			
학습능력 부족	33	50	−17
열등감	14	28	−14
구속이나 통제에 대한 분개	24	5	19
흥미 부족	22	10	12
수줍음	10	19	−9
무비판적 자기	29	11	18
실패나 패배에 대한 공포	44	63	−19
불안전감/불안감의 증가	14	29	−15
무기력감(helplessness)과 무력감(powerlessness)	42	54	−12
체념	5	3	ns
우울 경향	3	1	ns
자신의 삶을 관리할 수 있다는 느낌	73	64	9
진지하게 받아들여지지 못하거나 또는 중요하게 여겨지지 않는다는 느낌	59	64	−5
필요한 존재가 아니거나 사랑받지 못한다는 느낌	92	97	−5
매우 애매하고/무의식적인 불안전감과 불안감	89	96	−7
정신병리			
사이코패시적	24	6	18
신경증적	25	36	−11

ns = 유의미하지 않음.
Glueck & Glueck(1950)에서 발췌.

통제이론에서 정신역동적 주제의 변형

사회학적 범죄학자들의 통제 또는 견제이론들은 사람들이 범죄를 행하는 이유를 설명하기보다는 범죄를 행하지 않는 이유를 설명하는 것에 집중한다. Freud의 이론적 입장에서 보면, 통제이론들은 사회화 이론들이다. 통제이론들은 사람들이 어떻게 관습과 강한 유대관계를 발달시키며, 훔치고 공격하고자 하는 유혹에 저항하는가에 초점을 맞춘다.

Walter Reckless(1967)는 통제의 자원이 내 · 외적으로 모두 있다고 하는 점에서 Freud의 이론을 따르고 있다. 외적 통제들은 순응에 대한 사회적 압력이며, 이러한 통제들의 힘은 반범죄적 집단에 속해 있다는 소속감에 따라 증가한다. 이러한 집단들에는 가족, 사회적 모임, 학교 그리고 종교단체들이 있다. Reckless의 '내적 견제(inner containment)'는 심리학자들이 자기-통제, 양심 또는 superego라고 부르는 것과 상응하는 개념이다. Reckless는 내적 통제에 대한 5가지 지표를 제시했다:

1. 자존감뿐만 아니라 자신을 범죄와 반대되는 관습적인 존재로 인식하는 긍정적 자기개념;
2. 장기적인 합법적 목표들에 대한 전념;
3. 현실적 목표를 세우는 것;
4. 좌절에 대한 강한 인내;
5. 합법성과 동일시하며 법을 존중.

Reckless의 목록은 죄책감과 관습적 규범에 대한 일반화된 무시와 같은 중요한 지표를 통합하는 데 실패했고, 정신역동적 개념들이 포함하고 있는 자기-이익을 위한 끊임없는 에너지와 공격적인 추구와 같은 것을 완전히 배제하고 있다. 사회학적 이론화의 조망에서 보면, Reckless 이론의 주요 이론적 중요성은 젊은이들의 사회적 네트워크가 사회-경제적 지위와 하위문화적 구성원이 되는 것 이상의 무언가를 구성한다는 것이다. 그는 또한 내적 통제력과 사회화에서의 개인차를 인식하는 것에 우월성을 부여했다.

고전적 횡단연구인 Travis Hirschi의 『비행의 원인(Causes of Delinquency)』(1969)에서는 정신역동적 주제들과 Glueck과 Glueck의 주제들에 대한 변형을 포함한다. 본 요약에서는 Hirschi에 의해 탐구된 이론적 논쟁점들 중 일부에 선택적으로 초점을 맞출 것이다. 그리고 Glueck과 Glueck의 『청소년 비행의 이해(Unraveling Juvenile Delinquency)』(1950)와 비교해 볼 것이다. 왜냐하면 두 책 모두 범죄행동을 이해하는 데 중요하기 때문이다.

두 연구 사이에는 많은 이론적 수렴점들이 있다. 무엇보다도, 두 연구는 통제이론에 기초하고 있다. **이해**(unraveling)와 **원인**(causes)의 두 책 모두에서 중요하게 설명하는 문제는 '우리가 왜 법을 위반하는가?'라기보다는 '우리가 왜 법을 위반하지 않는가?'다. 즉, 설명하고자 하는 것은 일탈보다는 순응이다.

정신분석학적으로, Glueck과 Glueck은 반사회적 행동은 기본적인 성적 에너지와 공격적 에너지의 표출이라는 것을 받아들였다. 따라서 비행은 억제되지 않은 충동 또는 외적 통제가 없는 상황에서 나타나는 부도덕성의 표출이라고 보았다. Hirschi는 id를 가정하는 것에는 가치를 두지 않았지만, 그는 범죄동기의 본질과 관계없이 도덕성에는 개인차가 있다는 가정을 기꺼이 받아들였다.

Hirschi에 의하면, 도덕적 유대(tie)는 애착(attachment), 전념(commitment), 참여(involvement), 법의 타당성에 대한 신념(belief in the validity of the law)으로 이루어져 있다:

1. 가족, 선생님 그리고 또래들의 견해에 대한 애착(또는 마음을 쓰는 것)은 superego의 '자아 이상' 부분에 대한 사회심리학적 표현이다.
2. 관습적인 추구에 전념하는 것은 자신들의 일탈이 밝혀지면 투자한 것들이 손실될 위험성이 증가할 수 있음과 관계된다. 결국 전념은 법규위반을 통제하는 데 있어서 현실 원리가 작용하는 ego와 똑같은 이론적 역할을 한다. 그러나 Freud 이론에서 ego는 자기-조절 기술, 문제-해결 그리고 다양한 의식적, 무의식적 과정들을 포함한다.
3. 관습적인 추구에 참여하는 것은 비행행동을 저지를 시간을 제한시킴으로써 비행을 감소시킨다. 이와 유사하게, Glueck과 Glueck의 예방 프로그램 개발 원리에서는 범죄를 대신하여 열중할 수 있는 도덕적 대체안을 개발하는 것을 특히 강조하고 있다.
4. 법의 타당성에 대한 신념은 사람들이 법규를 준수해야 한다고 믿는 정도에서의 개인차를 말한다. 결국, 신념은 superego와 반사회적 태도(superego의 '양심' 부분)와 같은 이론적 기능을 한다.

Hirschi 연구와 Glueck 연구 간의 두 번째 수렴점은 사회계층의 중심적인 인과적 중요성을 거부하고 있다는 것이다. Freud 이론으로부터 발전한 Glueck의 이론에서, 예측공식에 개인차를 도입하지 않는 한 계층은 의미가 없다. Hirschi는 1940년대 이후의 연구결과들을 토대로 계층이 비행과 매우 약한 상관관계가 있다는 것을 '알았다'. 또한 그는 사회적 계층이론의 논리적 구조가 매우 취약하다는 것을 알고 있었다.

세 번째로, Hirschi와 Glueck의 이론들은 차별적 접촉이론에 관심을 두지 않았다. Glueck과 Glueck이 인과적 변인 목록에 비행친구(그들의 연구에서 비행과 가장 큰 상관관계가 있었던)를 포함하지 않았다는 것을 이미 보았다. 유사하게, Hirschi가 비행친구들의 역할을 경시한 것은 그의 이론적 위치를 경험적으로 가장 취약한 것으로 만들었다(Hirschi의 자료를 재분석한 연구에 따르면, 비행친구들이 있다는 것이 비행의 주요 상관요인임이 입증되었다; Matseuda, 1982).

연구의 측면에서 보면, 원인(Causes)은 이해(Unraveling) 이후에 나타났던 방법론적 향상들을 보여 준다. Hirschi는 공식적으로 기록된 비행과 자기-보고된 비행 모두를 조사했다. 그는 지역사회의 고등학생 집단을 대상으로, 비행청소년들과 일반청소년을 대표하는 표본을 신중하게 선발했다. Hirschi 연구에 참가했던 대부분의 비행청소년들은 지속적이고 심각한 공식적 범죄자들이 아니었다. 1960년대와 1970년대의 많은 횡단연구(소수의 연구를 제외하고는)의 전형적인 한계점은 비행의 잠재적 상관요인에 대한 평가를 전반적으로 자기-보고식 지필검사에 의존했다는 것이다. **원인**(Causes)과 **이해**(Unraveling)의 결과들을 비교해 보면, 개념적으로는 중첩되지만 방법론적으로는 극적으로 다르다는 점에서 흥미롭다.

〈표 3-4〉는 ① 부모의 슈퍼비전, ② 소년의 아버지에 대한 동일시 그리고 ③ 비행친구들과 같은 요인들의 경험적 중요성에 관한 Glueck과 Glueck의 발견들은 Hirschi의 연구에서도 각각 지지되었다는 것을 보여 주고 있다. 마찬가지로, 학교에 대한 태도와 언어지능의 중요성에 관한 발견들은 Hirschi(1969)에 의해서 반복되었으며 확장되었다. Hirschi는 Glueck의 소위 '모험적 활동들(adventurous activities)'과 일부 태도/신념 항목들(예: 흡연, 술, 여자에 개입

표 3-4 가족, 또래 그리고 기타 특성들에 따른 비행률

예측인자/질문	비행청소년 %	N
어머니의 슈퍼비전		
(당신의 어머니는 당신이 집에 없을 때 당신이 어디에서 누구와 함께 있는지 아십니까?)		
0 결코 모른다	55	11
1	41	29
2	29	236
3	20	252
4 항상 안다	12	698
아버지와의 애정적 동일시(당신은 아버지 같은 사람이 되고 싶습니까?)		
0 전혀 아니다	38	138
1	22	172
2	17	387
3	11	404
4 모든 점에서 그렇다	16	121
비행친구들 (당신은 경찰에 의해 체포된 적이 있는 친한 친구들이 얼마나 있습니까?)		
0 4명 또는 그 이상	45	208
1	44	62
2	21	99
3	21	164

4 없다	7	520
언어 적성 점수(DAT)		
0 매우 높다	10	21
1	13	140
2	14	319
3	22	452
4 매우 낮다	21	224
학교에 대한 태도(당신은 학교를 좋아합니까?)		
0 좋아하지 않는다	49	72
1	25	101
2 좋아한다	9	580
교육적인 열망(당신은 학교 교육을 최종적으로 어느 단계까지 받고 싶습니까?)		
0 대학 미만	56	172
1	47	240
2 대학 졸업	40	825
담배를 피기 시작한 나이		
0 13세 전	48	154
1 13~15세	32	117
2 15세 이후	28	29
3 피우지 않는다	12	952
성인 활동들(흡연, 음주, 데이트)에 참여		
0 흡연, 음주, 데이트	78	154
1	65	17
2	62	149
3	61	73
4	40	270
5 세 개 모두 안 한다	25	535
권태감(당신은 '아무것도 할 일이 없다'고 느낀 적이 있습니까?)		
0 자주 있다	51	313
1	43	619
2	40	246
3 결코 없다	38	78

법에 대한 태도(법망을 빠져나갈 수 있다면, 그렇게 하는 것이 좋다)		
0 강하게 동의한다	41	49
1	45	93
2	29	219
3	15	493
4 강하게 동의하지 않는다	9	426
자기-통제 부족(아무리 노력해도 문제 상황에서 벗어날 수 없을 것 같다)		
0 강하게 동의한다	63	46
1	66	104
2	49	176
3	44	621
4 강하게 동의하지 않는다	25	251
권위에 대한 존중(나는 경찰을 많이 존경한다)		
0 강하게 동의한다	45	89
1	33	98
2	22	325
3	13	496
4 강하게 동의하지 않는다	12	273

Hirschi(1969)에서 발췌.

되는 것은 비행과 상관이 있다) 외에, 성격에 대한 전통적인 평가들을 포함하지 않았다.

또한, 〈표 3-4〉는 법 위반에 대한 자기중심적 태도, 자기-통제의 부족, 권위에 대한 무시 그리고 권태 등이 비행과 관련이 있음을 보여 준다. 자료는 제공되지 않았지만, Hirschi 또한 중배엽의 사람(마른, 뚱뚱한 또는 평균적인 것과 대조되는 것으로서 스스로를 '건장'하다고 기술한) 들이 비행행동을 저지를 가능성이 높다고 지적하였다.

전체적으로, 상관변인들은 이해(Unraveling)에서 제시되었던 비행의 이미지와 매우 일관성이 높았다: 에너지가 넘치고 쉽게 지루해함, 중배엽형, 평균 이하의 언어적성, 자기-통제 부족, 연령-기반 규범들에 대한 일반화된 위반, 학교를 싫어함, 취약한 가족관계, 소홀한 부모의 슈퍼비전, 친범죄적이며 반권위적인 태도, 약한 관습적 야망 그리고 비행친구들.

이 두 가지 연구에서의 매우 유사한 결과들은 그 중요성이 매우 높다. Glueck과 Glueck의 연구결과에 대해 비판가들은 이것은 심각한 범죄자가 저지르는 빈번하고 위험한 범죄의 상관관계를 반영하고 있기 때문에 이는 일반적인 중요성이 없음을 지적하였다. Hirschi의 연구결과에 대해 비판가들은 이것은 어린 학생들이 저지르는 사소하고 평범한 반사회적 행동들의 상관관계를 반영하고 있기 때문에 역시 일반적인 중요성이 없음을 지적하였다. 여러분들이 청소년 범죄에 있어서 개인차들에 전혀 관심이 없지 않는 한, 우리들의 견해로는 극적으로 다른 두 연구에서 이처럼 매우 유사한 결과들이 나타났다는 것은 매우 인상적인 것이다.

그러나 곧 살펴보겠지만, Hirschi의 4-요인이론은 관습과의 유대를 과대평가하고, 범죄와의 유대는 과소평가하며(오직 반사회적 태도들만 포함되었고, 반사회적 친구는 배제되었다) 그리고 자기-통제, 모험성, 공격성과 같은 기질/성격 변인들을 범죄 또는 관습과의 유대와는 특별한 관계성이 없는 배경 요인으로 격하시켰다.

더욱 최근의 정신역동적 주제의 변형

1990년, Travis Hirschi는 Michael Gottfredson(Gottfredson & Hirschi, 1990)과의 공동연구에서, 다시 한번 기본적인 정신역동 원리로 회귀했다(Glueck의 연구는 인용하였지만, Freud는 전혀 언급하지 않았다). 관습과의 유대와 친범죄적 태도들이 최소화되었다. 즉, Freud의 심리적 성숙과 같은, 순간의 유혹을 피하는 능력 또는 자기-통제를 강조했다. Gottfredson과 Hirschi(1990)의 '범죄에 관한 일반이론(general theory of crime)'은 낮은 자기-통제가 범죄행동에서 안정적인 개인차를 설명하는 성격변인이라고 제안했다. 그들은 '범죄성'과 같은 구성개념을 대수롭지 않게 여겼지만, 단어 자체는 억제(restraint)의 부족보다는 강박(compulsion)을 내포한다고 생각했다. 그들은 또한 '양심'을 고려했으나, '양심'이라는 구성개념이 지나치게 강박적인 동조(compulsive conformity) (Freud 이론에서, 이것은 '착하게 행동하는 것'에 전념하는 것과 관련된, 양심이 아니라, 자아-이상의 구성개념이다)와 연결되어 있다고 보았다. 보다 일반적으로, 그들은 '공격성' 또는 '사이코패시'와 같은 구성개념들에 대해 자주 불편함을 토로했다.

Gottfredson과 Hirschi가 범죄에 대한 정신역동적(그리고 행동적) 조망들에서 항상 심각한 문제였던 것을 어떻게 다루었는지 이해하는 것은 매우 흥미롭다. 예를 들어, Glueck과 Glueck(1950)이 확인했었던 부인할 수 없는 예측타당도를 지닌 성격변인들에 기저하는 단일한 구성개념이 있는가? 만약 있다면, 무엇인가? 그것들을 범죄행동 준거에 대한 평가와는 독립된 방식으로 평가할 수 있는가? 그리고 더 일반적으로 가장 잘 측정할 수 있는 방법은 무엇인가? 만약 '심리적 미성숙' 또는 '사이코패시' 또는 '약한 자아/초자아'를 포괄하는 단일한 구성개념이 없다면, 얼마나 많은 다른 구성개념들이 포함되며, 이들을 가장 잘 평가하는 방법은 무엇인가?

Gottfredson과 Hirschi는 이러한 과제를 용기 있고 어느 정도는 혁신적인 방식으로 다루었다. 최소한의 혁신이지만, 그러나 용기 있는 접근법은, 그들이 실제로 '자기-통제(self-control)'라는 단 하나의 구성개념을 선택하고 선언한 것이었다. '자기-통제'라는 용어를 선택한 것은 용기 있는 일이다. 왜냐하면 구성개념을 기술하고, 신뢰성이 높고 타당한 방식으로 이 개념들을 평가하는 단일한 평가 접근법을 수립하는 과제는 심리학에서도 오늘날까지 해결되지 않은 주된 문제이기 때문이다(Baumeister & Vohs, 2004; Webster & Jackson, 1997을 참조). 그들은 혁신적으로 자기-통제의 요소들을 범죄행동의 본질로부터 직접 추출하고자 했다. 또한 흥미롭게도, 그들의 자기-통제 개념의 거의 모든 요소들은 경험적으로 잘 확립된 범죄행위의 상관변인들과 일치되었다.

그들의 낮은 자기-통제 개념의 요소들은 다음과 같다:

1. 즉각적인 만족을 지연시키지 못하는 경향. 그들은 '능력(ability)'이라는 단어보다는 '경향(tendency)'이라는 단어를 사용한다. 따라서 그들은 지연과정을 분석하는 것과는 반대로, 지연시킨 행동적 전력을 평가하여 자기-통제 요소를 조작적으로 정의하려고 한다. 즉, 범죄행동과 연계시켜 범죄행동을 즉각적인 만족을 제공한다는 사실로 표현한다.
2. 행위의 과정에서 근면, 끈기 또는 지속성이 부족한 경향. 다시 한번, 과정에 대한 분석(이 경우, 성실성에 관한)보다는 행동적 전력이 자기-통제 요소를 평가하는 데 충분한 자격을 갖춘 것으로 제시하였다. 범죄행동과 연계시켜 범죄행동을 쉽고-단순하게 욕망들을 만족시킨다는 사실로 표현한다.
3. 모험적이고, 활동적이며, 신체적인(신중하고, 인지적이고, 언어적인 것과 반대되는) 경향. 범죄행동들은 흥분되거나 위험하거나 또는 짜릿한 것으로 기술된다.
4. 일, 결혼, 가족 그리고 친구들에 대한 불안정적인 전념의 전력. 우리는 근시안적인 특성(shortsightedness)을 지칭하려 한 것으로 생각한다. 그러나 또다시, 이러한 구성개념을 직접적으로 평가하기보다는 행동전력을 통해 평가했다. 이와 같은 행동전력의 측면들을 범죄행동과 연계시키기 위해서, 범죄행동을 장기적 이익을 매우 적게 가져오는 것으로 표현한다.
5. 최소한의 인지, 학업, 손 기술 그리고 이러한 기술들에 대한 평가 절하. 범죄행동을 기술이나 계획이 거의 필요 없는 것으로 표현한다.

6. 자기중심적인 것과 타인의 고통 및 욕구들에 무관심하거나 무감각한 것. 범죄행동은 반사회적인(즉, 타인에게 해로운) 행동이기 때문이라는 식으로 범죄행동과의 연계성을 표현한다.

이와 관련하여, 흥미 있는 많은 논쟁점들이 있다. 첫째, Gottfredson과 Hirschi는 반사회적 태도, 가치 그리고 신념 등을 하나의 특질로서 도입할 수 있는 기회가 있었음에도 불구하고 그렇게 하지 않았다. 오히려 그들은 공감과 자아중심성 개념을 선택하였다. 흥미롭게도, 이것들은 심리학에서 계속되고 있는 논쟁거리 중 하나다. 간단히 말해서, 자아중심성, 냉담함 그리고 정서적인 공감과 같은 구성개념들은 의미적으로 어느 정도까지 중첩되는가? 또한, 흥미로운 것은, Gottfredson과 Hirschi는 자기-통제가 낮은 사람들이 그러한 행동이 쉽게 보상받는 방법을 학습했기 때문에 매력적이고 관대하게 보일 수 있음을 지적하면서, 낮은 자기-통제의 요소를 규정하는 데 신중을 기했다. 이와 같은 규정 방식은 사이코패시의 요소를 정의하는 것, 즉 일부 범죄자들이 대인 관계적으로 '멋있고(nice)' 그리고 일부 범죄자들은 '멋있지 않다(not nice)'는 사실을 다루는 것과 관련된 계속되는 논쟁들을 상기시킨다.

위에 언급한 여섯 가지 요인들은 Gottfredson과 Hirschi(1990)의 자기-통제 구성개념에 대한 정의적 요소인 것 같다. 요약문에서(p. 90), 그들은 자기-통제가 낮은 사람을 충동적(위의 1번), 무감각적(위의 6번), 위험감수(위의 3번), 근시안적(저자들의 생각으로는 위의 4번), 정신적인 것과 반대되는 것으로서 신체적인(아마도, 위의 3번 그리고/또는 5번) 그리고 비언어적인(아마도, 다시 위의 3번과 5번) 특징이 있는 것으로 기술한다. 그들의 자기-통제 구성개념 요소와 그 구성개념에 대한 요약을 이해한 바로는, 2번 요소(성실성)가 요약문에 언급조차 되어 있지 않고, 어떤 특질이 어떤 범주에 해당되는지 애매하다. 물론 이러한 점은 성격-지향적인(personality oriented) 연구자와 이론가들이 항상 직면하는 고전적인 문제다.

Gottfredson과 Hirschi가 제안한 바에 의하면, 자기-통제에 있어서 변산성의 주요 원천은 비효과적인 자녀양육이다. 비효과성의 지표는 Glueck의 연구발견들과 '잠정적 인과공식'을 매우 흡사하게 따르고 있다: 부모의 자녀에 대한 약한 애착, 부모의 취약한 슈퍼비전, 취약한 행동 기준(부모가 일탈을 인식하는 데 실패) 그리고 비효과적인 처벌. 일반적 이론을 제시하고 있는 이 저자들은 Glueck과 Glueck처럼, 모든 아이들이 다 똑같이 사랑을 받거나 똑같이 슈퍼비전을 받는 것이 아니라, 그들에게는 기질/체질상의 개인차가 있다는 점이 해결되지 못한 문제라는 것을 인정하고 있다.

Gottfredson과 Hirschi(1990)는 자신들의 일반적 이론에 대한 첫 번째 진술에서 독창적인 연구를 제시하지 않았다. 그들은 자기-통제 구성개념과 그 평가 또는 심지어 자기-통제와 범죄행동의 측정치 간의 관계성 등에 대한 심리학적 연구를 개관하지 않았다. 따라서 우리가 개략적으로 언급하고 있는 이들의 자기-통제 요소들에는 여전히 개념적인 문제와 측정상의 문제점들이 있다. 그러나 이들은 성격에 관한 많은 경험적 연구가 자신들의 이론과 일치하기는 하지만, 그들의 적절한 증거 기준에는 맞지 않음을 분명히 하였다. 특히, 이들은 일부 성격 측정치들(예: 사회화와 사이코패시 척도)이 일부 반사회적 행동전력들을 직접 조사한 내용을 반영하고 있다는 것에 관심을 가졌다.

반사회적 성격패턴에 대한 평가는 가장 강력한 위험 요인들 중 하나다(제6장과 제10장 참고). 자기-통제이론의 낮은 자기-통제와 직접적으로 관련하여, Travis Pratt과 Francis T. Cullen(2000)은 메타분석을 통해 낮은 자기-통제 외에도 반사회적 태도와 반사회적 친구들이 위험 요인들이며 범죄행동의 예측에 증분적 기여를 하고 있음을 밝혀냈다. 예측공식에서 낮은 자기-통제의 효과크기(상관계수)는 .44를 나타냈지만, 반사회적 친구들과 반사회적 태도가 더해지면서 .59로 증가하였다. 이론이 '일반적'이라고 간주되려면, 낮은 자기-통제는 남자와 여자의 비행, 젊은 사람과 나이든 사람, 일반인 집단과 범죄자 집단 그리고 비행청소년들과 비-비행청소년들의 반사회적 행동과 상관이 있어야 한다.

정신역동이론에 있어서 Hirschi의 자기-통제의 변형

Travis Hirschi(2004)는 다시 한번 그의 입장을 바꾸게 되었다. 1990년대 초기에 '자기-통제'는 '장기적인 비용이 지금 당장의(momentary) 이익을 초과하는 행동을 피하는 경향'이었다. 분명히 인간이라는 생명체는 행동하기 전에 장기적인 비용을 '알고 있다.' 그래서 이제 Hirschi(2004: 543)는 '자기-통제'를 '특정한 행동의 전체적 잠재 비용을 고려하는 경향'이라고 말한다. 이제 원인(낮은 자기-통제)과 결과(범죄행동)들은 최소한 동시적인 것이고, 이는 원인보다 결과가 더 우선시되는 것이다.

고등학생들을 대상으로 한 새로운 버전의 Hirschi(2004)의 자기-통제 척도 항목들을 살펴보자: 학교를 좋아하는 것, 좋은 성적을 중시하는 것, 학교에서의 노력, 과제 수행, 선생님이 자신을 어떻게 생각할지에 신경 쓰는 정도, 어머니가 자신이 어디에 있는지를 아는지, 어머니와 감정을 공유하는지, 어머니와 같은 사람이 되고 싶은지 그리고 경찰에게 체포된 친구는 없는지. 명백히, 원래 유대를 측정하는 항목들이 지금은 자기-통제의 지표로 정의되고 있다. 초기의 사회통제이론으로부터 주요한 변화는 지금은 다른 범죄자와의 교제를 매우 중요하게 여긴다는 것이다. 이제, 범죄자 친구들이 없다는 것은, 또래들의 반범죄적 견해들이 억제 요인으로 작용하기 쉽다는 것을 의미한다. 실제 자기-통제는 범죄행동을 억제하는 요인들의 수로 측정된다.

그러나 '반사회적 행동의 전력'은 어디에 있는가? Hirschi 자신의 대담한 진술에 따르면, "범죄의 최고 예측인자는 과거의 범죄행동이다." 그러나 Hirschi(2004)는 계속해서 '반사회적 행동의 전력'이 그의 '통제'이론에서 원인으로서의 역할을 차지해서는 안 된다고 믿었다. 제2장에서 이미 살펴보았듯이, 전력변인을 태도 및 친구 등과 함께 포함시켰을 때 예측정확도가 증가하는 많은 사례들이 있었다. 이에 더해, 행동적 전력의 인과적 중요성은 통제 조망들(그리고 비용들에 대한 그들의 강조)이 범죄의 이해를 향상시키는 것으로 제시했던 동기적 요인들(보수들)을 받아들일 때 더욱 명확해지게 될 것이다. 즉, 예를 들면, 장기간의 반사회적 행동의 전력은 범죄행동을 지지하는 인과적 신념들을 높게 상승시킬 것이다. 자기-효능감(self-efficacy)의 두 가지 핵심요소는 (1) 반사회적 행동이 보상받을 것이라는 신념, (2) 어떤 행동을 실행할 수 있다는 신념이다. 물론, 강한 반사회적 행동의 전력은 자기-효능감의 두 가지 요소들을 지지한다(Bandura, 1989, 2001).

마지막으로, 예상했던 것처럼, Travis Hirschi(2004)는 Freud 이론의 핵심 요소와 Glueck과 Glueck의 입장을 계속해서 놓치고 있다. 그렇다, 약한 자기-통제는 정신역동적 조망에서 결정적인 것이다. 그러나 끊임없는 공격적 에너지 그리고 분노와 피학대감의 동기적 요소들 또한 동등하게 중요하다. 제2장을 상기해 보고, 제5장과 제6장을 예상해 보면, 기질과 약한 자기-통제와 같은 성격 요인은 범죄행동과 강하게 연결된다. 그러나 경험적으로는, 부정적인 정서성(피학대감) 그리고/또는 낮은 우호성과 같은 상당히 독립적인 차원이 범죄행동과 연결된다.

정신역동적 조망의 요약

정신역동적 조망은 Freud의 정신분석이론 초기부터 범죄학 분야에서 장래가 촉망받는 것이었다. 인간 본성에 기초한 모델은, 반사회적 행동을 설명하는 과제와 잘 부합된다. Glueck과 Glueck의 고전적 연구(1950)는 정신역동이론의 체계적이고 경험적인 연구와 범죄행위에 대한 정신역동적 개념을 세련시키는 출발점이었다. 정신분석적 조망은 광범위하고 다양해서 지속적인 범죄행위의 매우 많고 적절한 경로를 산출한다. 가장 분명한 경로들은 약한 내적 통제(ego와 superego 기능의 측면에서)에 있는데, Freud의 이론에서 이것은 가족과정과 양육에 직접적으로 연결되어 있다.

Sheldon Glueck과 Eleanor Glueck은 이런 점에 관심을 가지고, 그 당시의 생물학, 인문학 그리고 사회과학에 의해 제안된 추가적인 변인들에 대한 광범위한 조사를 실시했다. 그들의 연구결과들은 설득력 있고 분명했다. 지속적이고 심각한 비행과 상관있는 주요 변인들은 반사회적 태도, 반사회적 친구, 반사회적 성격패턴 지표들(지칠 줄 모르는 에너지, 공격성, 충동성, 냉담함)의 복합체, 가족문제 요인(심리적으로 결함이 있는 부모, 약한 애정, 취약한 양육, 구조적 불안정성) 그리고 학교 및 더욱 광범위한 지역사회에서의 문제들이었다. 이러한 변인들은 재정과 학업적인 걱정들, 개인적 고통의 지표 그리고 문화적 갈등 또는 무력감 등과 상당히 관련된다. 그들에 의해 개발된 잠정적 인과공식은 많은 주류 사회학적 범죄학에 의해 무시되거나 거부되었지만(Sampson & Laub, 1990의 이와 같은 무시에 대한 설명을 보라), Travis Hirschi에 의해 조심스럽게 재조명받게 되었다.

Hirschi(1969)는 관습과의 유대를 강조함으로써 Glueck의 이론에 대한 부드럽고, 더욱 '사회화된(socialized)' 진술을 제시했다(즉, 범죄는 관습적인 타인들, 제도들 그리고 추구들에 대한 애착이 약하다는 것을 반영한다). 그는 '반사회적 태도'가 인과적 변인이라는 입장엔 변함이 없었지만, Glueck과 Glueck이 그랬던 것처럼, 그 또한 '반사회적 친구들'을 인과적 변인으로 생각하지는 않았다. 그 후, Hirschi(Gottfredson & Hirschi, 1990)는 Glueck과 Glueck의 성격의 복합체(complex of personality) 중 자기-통제 요소를 강조하면서, 그의 1969년 이론에서 가장 강한 상관 요인이었던 것(법의 타당성에 대한 신념)을 경시했다. 다른 연구자들은 반사회적 태도, 성격 복합체, 유대(특히, 가족) 그리고 반사회적 친구들에 대한 인과적 변인의 지위를 유지했다. 다음 절에서는 정신역동이론의 추가적 공헌인 친구의 중요성을 살펴볼 것이다.

좌절-공격을 거쳐 사회적 학습으로

Freud에서 사회적 학습으로: 좌절-공격

범죄에 대한 심리학에서 계속해서 반복되는 주제는 좌절-공격 가설이었다. 먼저, Freud의 가설은 급진적 행동이론 및 사회화의 조건형성 모델과 통합되었다. 뒤이어, 관찰학습의 원리와 자기-통제에 대한 인지 모델들이 결합되었다. 후속 모델들에서도, 좌절과 공격의 관련성은 여전히 분명한 것이지만, 더 이상 지배적이지는 않다. 인간의 다양성과 복잡성을 인정하고, 능동적이고 조직적인 개인을 포함하는 인간 행동 모델이 새롭게 태어났다.

공격과 범죄성에 대한 현대적 개념들은 1939년 Yale 대학교의 Dollard, Doob, Miller, Mowrer 그리고 Sears가 『좌절과 공격(Frustration and Aggression)』이라는 책을 출판하면서 생겨났다. 심리학자와 사회학자인 이들은 Freud의 개념들을 인간 행동에 대한 새로운 행동적 조망의 방법들 및 개념들과 연결시켰다:

1. 공격은 항상 좌절의 결과다. 모든 공격에는 좌절이 선행되며, 좌절은 항상 어떤 형태의 공격을 유발한다.
   좌절은 가치 있는 목표-반응을 가진 행동연속성을 방해하는 것이다.
   공격은 타인에게 해를 가하려는 목표를 갖는 행위다.
2. 공격을 촉발하는 강도(즉, 좌절의 양)는 다음에 따라 증가된다.
   a) 좌절 반응을 촉발하는 강도;
   b) 좌절 반응을 방해하는 정도;
   c) 좌절들의 수.
3. 모든 공격행동을 억제시키는 강도는 그 행위의 결과로서 예상되는 처벌의 양에 따라 증가한다.
4. 공격의 촉발은 좌절에 대한 책임이 있다고 지각된 행위자에 대해 가장 강하다.
5. 좌절시킨 행위자에 대한 특수한 억제 정도가 크면 클수록, 간접적 공격 그리고/또는 대치된(displaced) 공격이 발생될 가능성이 더 크다.
6. 공격적 행동을 하게 되면 공격하고자 하는 욕구가 일시적으로 감소된다(카타르시스).

Dollard 등은 1930년대 범죄학의 지식 현황과 관련된 많은 문제들을 잘 인식하고 있었다. 그러나 그들은 지식의 기반들을 재검토하면서 좌절-공격 가설이 범죄행동과 관련한 대부분의 '사실(fact)'들을 설명할 수 있을 것이라고 제안했다. 그들은 범죄성의 상관요인들을 좌절의 지표 그리고/또는 범죄행동의 억제지표로 간주하였다. 또한, 좌절-공격 가설은 사회적 학습이론의 발달에 중요한 영향을 미쳤다.

사회적 학습이론의 등장

Berkowitz는 1962년에 좌절-공격 가설에 대해 개정판인 『공격: 사회심리학적 분석

(Aggression: A Social Psychological Analysis)』이라는 책을 출판하였다. 이 책은 최초의「예일 논문(Yale Monograph)」이 출판된 이래 25년간 수행되어 온 엄청난 양의 연구를 수록하였다. 가장 주목할 만한 점은 보다 정교한 학습 원리들과 인지적-정서적 매개 요인들을 도입했으며, 공격적인 성격의 개념에 대해 더 많은 주의를 기울였다는 것이다.

Berkowitz(1962)와 Buss(1966)는 도구적 공격(instrumental aggression)과 분노 공격(angry aggression)을 분명히 구분하였다. 도구적 공격이란 손상을 가하기보다는 주로 어떤 목적을 지향하는 공격을 말한다(예: 무장한 강도의 목적은 돈이다). 도구적 공격의 학습은 조작적 조건화의 원리를 따른다. 다른 한편, 분노 공격은 특정한 좌절에 대한 반응이며, 그 목표는 위해를 가하는 것이다.

좌절은 분노를 활성화시켜, 공격적인 성향을 불러일으킨다. 분노란 적절한 단서 또는 촉발 요인이 존재하는 경우에 추동-특수적(drive-specific) 행동(즉, 공격)을 이끌어 내는 추동이다. 만약 분노가 크거나, 과거에 폭력 행동이 강화되었다면 폭력을 행사하게 된다. 공격적인 사람은 매우 다양한 사람과 상황들을 위협적이거나 좌절적인 것으로 해석하도록 학습되었고, 이러한 단서들에 대한 공격적 습관을 학습하였다.

공격적 성격은 덜 공격적인 사람들에 비해 다음과 같은 차이가 있다:

1. 위협이라고 규정되고 분노를 일으키는 사건들의 수와 다양성
2. 정동적-생리적(affective-physiological) 각성수준과 폭력을 지지하거나 지지하지 않는 인지
3. 과거에 강화되었던 특수한 형태의 공격행동 및 대안적인 비공격적 반응들의 가용성

간략하게 기술한 이 모델은 분노통제를 목적으로 하는 처치 프로그램의 기초가 된다(예: Novaco, 1975, 2000).

Megargee의 공격의 대수학

Megargee(1982)는 공격과 범죄에 대한 최근의 심리학적 연구들에서 나타난 대다수 요소들을 통합하는 하나의 틀을 제시하였다. 폭력범죄와 관련된 변인들은 다음과 같이 폭넓은 범주 내에서 나타난다:

1. 공격 촉발(Instigation to aggression: A). 모든 내적 동기들의 합. 몇 가지 예를 들면, 돈과 같은 개인적 이득, 좌절에 대한 반응인 분노 그리고 질투와 같은 것들이다.
2. 습관 강도(Habit Strength: H). 보상경험과 관찰에 의해 학습된 행동 선호.
3. 공격에 대한 억제(Inhibitions against aggression: I). 처벌에 대한 조건화된 두려움, 학습된 태도와 가치들 그리고 피해자에 대한 동일시 등을 포함하는 공격행동과 반대되는 내적 요인들의 합.
4. 폭력을 촉진(S_a)시키거나 억제(S_i)시키는 즉각적인 환경 내의 자극 요인들.
5. 반응 경쟁(Response Competition). 다른 가능한 반응들은 각기 그들만의 대수학을 가지며, 비공격적 반응들은 공격적 반응보다 더 나은 비용-이익 비율을 지닌다.

따라서 공격적 행동의 발생은 다음과 같은 공식에 따른다:

$$A + H + S_a > I + S_i$$

달리 말하면, 동기 요인들이 억제 요인들보다 더 커야만 한다.

좌절-공격에 대한 Freud 학파의 가설 발달을 통해 심리학적 사고의 진화과정을 추적해 보았다. Freud와의 연계성은 초기의 행동적 재공식화 속에 분명히 남아 있다. 그러나 일반심리학이 급진적 행동주의와 고도의 인지사회적 학습이론들에 의해 영향을 받음으로써, 공격과 범죄성은 촉진 요인, 억제 요인, 이전 학습 그리고 즉각적인 상황들의 복합적인 작용인 것으로 널리 인식되었다. 인간의 다양성과 복잡성에 대한 인식은 범죄행동에 대한 계층-기반 사회학적 이론들과는 극적으로 대조된다.

계층에 기반한 사회학적 이론: 사회적 위치, 사회적 반응, 불평등

비행과 범죄에 대한 계층에 기반한 사회학적 조망들은 아노미/긴장이론(anomie/strain theory), 하위문화이론(subcultural theory), 낙인이론(labeling theory) 그리고 갈등/마르크스주의 이론(conflict/Marxist theory)을 생성시켰다. 이들 이론들은, 그들의 사회심리학적 버전들로, 각각 출생 사회적 계층이 개인 수준에서의 불법행위 다양성의 주요 원천이라고 주장했다. 관련 연구증거들(제2장과 제5장에서 검토했던 것처럼)은 이런 가정이 경험적으로 옹호될 수 없으며, 출생계층은 기껏해야 미약한 위험 요인에 불과하다는 것을 보여 주었다. 계층에 기반한 그 어떤 사회학적 이론들도 정신역동 모델과 일반 성격 및 인지사회적 학습 모델들의 예측타당도에 접근하기 시작할 수 있는 범죄 및 범죄자들의 이미지를 제공하지는 못한다. 새로운 증거가 나타날 가능성은 있겠지만, 계층에 기반한 여러 이론들은 구체성이 취약하여 이념적인 헌신만이 세력을 가질 수밖에 없다. 예를 들어, 아노미/긴장이론은 다음과 같은 사항들을 동시에 제시하고 있다: (a) 너무 지나친 관습적 열망이 범죄의 원인이 되고, (b) 너무 적은 관습적 열망이 범죄의 원인이 되고, (c) 좌절된 관습적 열망들이 범죄의 원인이 되고 그리고 (d) 관습적인 성공이 통제할 수 없는 관습적 열망과 탐욕을 생성한다(이것들은, 차례차례 돌아가며, 범죄의 원인이 될 것이다).

달리 말하면, 일부 아노미 이론가들에 의해 지지되는 방식대로라면, 관습적 야망, 관습적 성공 또는 관습적 실패에 관한 모든 발견은 범죄와 관련이 없을 수가 없다.

아노미/긴장이론

Robert Merton(1938, 1957)에 따르면, 사회구조들은 일부 사람들에게 일탈행동을 하도록 하는 압력을 행사한다. 이 책은 특정 사회구조가 실제로 범죄유발적이라는 사실을 나타내주는 예들을 포함하고 있다. 그러나 Merton 이론의 핵심적인 가정은 하위계층의 사람들이 중-상류층 사람들보다 범죄행동을 저지를 가능성이 더 높다는 것이었다. 따라서 사회경제적 체계에서의 위치(즉, 사회적 위치)가 범죄행동의 주요 변산성을 설명한다고 하였다. 사회적 위치는 부모의 교육 수준, 직업 그리고 수입뿐만 아니라, 거주지역의 사회경제적 특성에 의해서도 평가된다.

일탈행동은 관습적인 열망이 정당한 행동에 의해 가능한 성취수준을 초과할 때 발생된다고 한다. 미국에서, 모든 사람들에게(또는 모든 사람들이 공유하는) 지배적인 열망은 '성공'(돈, 재산, 명성)하는 것이다. 누구든지 자라서 대통령이 될 수 있으며, 성공을 위한 합법적인 경로는 학교와 직장에서 열심히 일하는 것이다. 이 이론의 이런 측면이 갖는 힘은 이것이 바로 '미국인의 꿈'이기 때문에 의심할 여지가 없다. 그러나 꿈과는 반대로, 성공을 위한 관습적 경로로의 접근은 하위계층의 많은 사람들에게는 차단되어 있다. 따라서 범죄행동은 적법한 경로만 주어진다면 얻을 수 있는 관습적인 활동의 보수와 똑같은 보수를 얻기 위한 혁신적인 수단으로 개념화되었다.

여기에서 Merton은 범죄와 범죄자에 대한 정신분석학적 설명들을 다 뒤집어엎고, 범죄의 사회화 이론에 관한 사회학을 제시하였다. 범죄는 억제되지 않은 성적-공격적 에너지의 비사회화된 표출이 아니라 오히려 사회화된 관습적 야망이 표출된 것이다. 즉, 범죄자들은 '일탈자(deviants)'가 아니라 '혁신자(innovator)'인 것이다.

흥미롭게도, Merton은 아노미에 대한 다른 형태의 적응방식들이 있다고 제안했고, 혁신(즉, 범죄)은 단지 그러한 방식 중 하나라고 제안했다. Merton 역시 좌절-공격 가설을 이용했다. 제한된 기회들에 대한 다른 적응들은 회피주의(retreatism; 사회의 진정한 '빈털털이'들 중 정신장애와 물질남용), 반란(rebellion; 낮은 계층에서 일부 능력자와 지식인이 새로운 사회적 질서를 창조하기 위한 시도) 그리고 의식주의(ritualism; 가난한 노동자들이 자신의 꿈을 자신의 아이들이 성공하는 것으로 전이시켜 분별없이 열심히 공부시키는 것)이다. 그 기저에 있는 심리학적 설명은 매우 의심스러우며 가난한 사람들에 대한 이미지가 잠재적으로 공격적이지만(술에 취한, 약에 중독된, 범죄적인, 정신적으로 질병이 있는, 분별없는 의식주의자), 아노미 이론은 오랜 기간 동안 사회과학자들과 대중의 마음을 사로잡은 정치적으로 영향력 있는 주장이다.

아노미와 긴장의 개념들은 합법적인 수단으로부터의 분리와 비합법적인 수단의 추구 사이에 있는 매개변인들로서 이해된다. Merton은 정신분석학적 사고를 사회학적으로 수용할 수 있는 방식으로 재구성하였다. 우리는 이미 좌절-공격 가설을 논의하면서 분노가 좌절과 공격 간의 중요한 심리적 매개 요인이라는 것을 논의하였다. 고전적인 긴장이론가들에게 있어서, 심리적 매개 요인은 아노미(예: 소외감)다. 그러므로 분노, 증오, 분개, 반항, 모험의 추구 또는 지나친 관습적 야망(탐욕) 등이 범죄행동을 일으키는 것이 아니다. 오히려, 범죄행동은 제한된 기회에 대한 인식과 소외감, 고립감, 무력감, 무규범 그리고 개인적 고통들을 반영하는 것이다. 경험적으로, 이 모두는 정신분석적 요인들과 비교하여 매우 약한 예측인자이다.

요약하자면, 아노미/긴장이론은 '조잡한 정신분석적인 것들'을 범죄 동기 및 범죄자들에게서 제거하기 위한 시도를 해 왔다. 심리학적으로, 좌절-공격이론을 사회적 위치로 전환한 것은 인간의 능력과 다양성을 동질화시켰으며, 인간에 대한 진부한 이미지를 창출하였다.

일반 긴장이론. Robert Agnew(1992)는 아노미 이론과 사회적 계층을 둘러싸고 있는 정치적 및 전문가적 이념과의 관계를 단절했다; 구조적인 아노미-소외-혁신 경로를 좌절-분노-공격에 대한 본래의 정신역동적, 사회학습적 경로로 대체하였고; 범죄와 가정, 학교 그리고 직장에서의 어려움 간의 연계성에 대한 현재의 많은 증거들을 긴장-범죄 연계의 지표라고 재명명했다. 그는 실제로는 전통적인 긴장/아노미 이론과는 전혀 관계가 없는 소위 저자들의 일반 성격 및 사회심리학적 조망을 수용한 것 같다. Agnew는 그의 조망을 **일반 긴장이**

론(General Strain Theory: GST)이라고 불렀으며, 부적 정서(즉, 소외보다는 분노)의 원천들을 관습적인 성공에서의 포부–성취 간의 불일치를 훨씬 넘어서는 것으로 확대했다.

Robert Agnew 등에 의한 GST 연구는 1990년대 미국 범죄학회의 연례회의에 새로운 활기를 불러일으켰다. 예를 들어, 범죄에 대한 복합적이고 잠재적인 동기들이 탐구되었다(Agnew, 1994): (a) 범죄에 대한 도덕적 평가들 ('절도는 나쁘지 않다'는 식의 무조건적 용인, '배고픈 사람은 훔칠 권리가 있다'는 식의 조건적 용인, '나를 무시하는 사람은 해를 입어야만 한다'는 식의 도덕적 규칙); (b) 복합적이고 잠재적인 보수들과 비용들에 대한 체계적인 재검토; 그리고 (c) 부적 정서(분노를 강조하는 인지적–정서적 상태).

GST로 인해, 아노미 이론은 더 이상 아노미 이론이 아니라 부적 정서(분노, 우울 그리고/또는 일반화된 무기력감)에 특별한 관심을 두는 범죄행동의 일반 사회심리학이다. 공격성에 대한 일반심리학의 많은 연구결과들이 주류 범죄학으로 강하게 유입되었다. 또한 2001년에 Robert Agnew는 성격을 그의 일반적 이론으로 받아들였다(Agnew et al., 2001). 몇몇 페미니스트들은 특히 일반 긴장이론에 매혹되었는데, 이는 피해화(victimization)가 여성범죄의 주요한 요인이라고 느꼈기 때문이었다(Holtfreter & Cupp, 2007). 그들은 계속적으로 사회적 학습이론의 약점을 제시하고 있었기 때문에 GPCSL 조망을 받아들이고 있다는 사실을 깨닫지 못했던 것으로 생각된다.

교정심리학(Brown, St. Amand & Zamble, 2009; Zamble & Quinsey, 1997), 법정 정신건강(Quinsey et al., 1997) 그리고 청소년 서비스(Rowe, 2008)에서의 재범연구들은 부적 정서의 급성적인 역동적 지표가 재범의 예측가능성을 향상시킬 수 있다는 것을 밝히고 있다. 그러므로 일반 성격 및 사회적 학습 조망은 경험적 지위도 확보하면서 실무적인 가석방, 보호관찰, 및 재발 예방 프로그래밍에도 영향을 미칠 수 있다.

Agnew(1992)가 좀 더 지적으로 풍요로운 사회심리학으로 되돌아가기 전에 사회학자들은 이미 아노미 이론의 문제점들을 인식하고 있었다. 초기에는 하위문화이론을 받아들이고, 범죄행동은 주류를 이루고 있는 중류계층 사회와 반대되는 규범과 가치들에 순응한 것이라는 생각을 받아들였다. 나아가, 이러한 일탈적 규범과 가치들은 주로 사회 내의 권리 박탈자들에 의해 공유되는 것이었다. 이 하위문화이론들은 사회심리학의 조망에서 검토되었고, 이를 통해, 우리는 범죄행동의 심리학을 위한 황금 광맥을 발견하게 되었다.

대담한 사회학적 형태의 하위문화적 조망

하위문화이론가들은 주로 도시에 거주하며 도시의 하위계층 문화에 동조하는 젊고 도시에 사는 하류계층 남자들에 대해서 주로 다루었다. 이 문화는 성공에 대한 관습적 경로를 평가절하하고, 쾌락과 파괴에 가치를 둔다. Merton이 상정하는 사람들은 '일탈자'가 아니라, 최소한 '혁신자'로 인정되었다. 하위문화이론에서는 범죄행동은 동조(conformity)다. 절도는 범죄적인 하위문화에 동조하는 것이며, 마약복용은 회피적인 하위문화에 동조하는 것이고, 싸움질은 갈등적인 하위문화에 동조하는 것이다. 일탈적 하위문화에 동조하지 않는 사람(비범죄자)이 진정한 일탈자인 것이다.

Matza(1964)는 다음과 같은 하위문화이론들의 문제점들을 우려했던 사회과학자 중의 한 사람이었다: (1) 젊은 하위계층 남성들의 비행을 과잉예측하고 있으며, (2) 다른 사회적 지위를 갖고 있는 사람들의 비행에 대한 설명은 시도조차 하지 않는다. 게다가, 분명한 것은 개인적인 태도나 행동을 조사하는 것 외에는 비행문화를 확인하는 것이 어렵다는 점이다. 이러한 문제를 해결하는 확실한 한 가지 방법은 개인적인 태도와 가치를 신뢰하는 것이다. 그러나 대신에 Matza는 지역, 연령, 성, 인종 또는 계층의 한계들에 속박되지 않은 '비행의 하위문화'가 있다고 가설화하였다. 그러므로 우리 모두는 비행의 하위문화 속에 살고 있는 것이다.

그렇다면 왜 범죄행동에 있어서 개인차가 존재하는가? 이에 대해서 Matza는 애매한 대답을 했다. 그는 범죄행동을 실현시키는 '힘(impetus)'에 대해서 언급하였다. 이러한 힘은 냉대를 받으면서 나타나고 그리고 체념과 절망감에 이르게 한다. 물론 모든 사람들이 이러한 힘에 노출되거나 영향을 받는 것은 아니지만, 영향을 받은 사람들은 비행을 저지름으로써 이러한 감정을 극복하고 통제감과 유능감을 회복하게 된다. 그러나 Matza는 하위문화적 비행자는 다른 일반 소년들과 다르지 않기 때문에, 자신의 이론을 검증하지 말라고 경고한다. 좀 더 확실히 말하면, 비행자와 비-비행자 간에 차이가 없다는 것이 그의 이론에서 '바로 핵심'인 것이다(우리는 1969년에 Hirschi가 Matza 이론의 핵심을 강조한 점에 감사한다. 이 이론은 실제로 경험적인 검증 불가능성에 자부심을 갖는다).

사회학적 범죄학에서 사회심리학적 가치의 발견

Cloward와 Ohlin(1960)은 빈번하고, 심각하며, 지속적인 범죄행동들을 지지하는 가치들이 전혀 관습적이지 않다는 것을 인식함으로써 Merton의 계층에 기반한 이론을 정교화하였다. 실제로 이러한 가치들은 분명히 반관습적이고 친범죄적이다. 차별적 접촉이론(이 장의 뒷부분에서 살펴보게 된다)과의 직접적인 연계를 통해, 그들은 긴장/아노미 이론에서 전개되지 않았던 다수의 변인들을 제시하였다. 이러한 변인들은 긴장/아노미 이론에서 주장된 상관변인들보다 범죄에 대한 사회심리학 내에서 더 중요한 것으로 입증되었다.

하위문화이론의 주요한 기여는 비합법적 수단들에 대한 접근 정도에 있어서 중요한 개인차들이 있을 수 있다고 주장한 것이다. Merton은 사회적으로 규정된 수단들의 가용성 차이들을 강조한 반면에, Cloward와 Ohlin은 범죄적인 경향이 있는 사람은 다른 규칙들과 신념들에 노출되어 왔고 내재화되었다고 주장하였다. Cloward와 Ohlin은 Merton과 유사하게, 개인적인 요인들이 차별적인 기회를 초래할 가능성에는 특별히 관심을 두지 않았다.

범죄행동의 심리학(PCC)의 목표들을 위해서, 특정한 개인적 사고경향(personal sentiments)과 행동적 선호들이 범죄행동과 관련되어 있음을 밝히는 것이 중요하다. 또한, 특정 가치가 지배적인 집단의 구성원이 되는 것이 개인의 가치와는 독립적으로 범죄행동에 실제로 영향을 줄 수 있는지를 찾아내는 것이 중요하다(제1장에서의 이와 같은 요점을 상기하라).

범죄적 하위문화의 내용

초기에는, 일탈적 하위문화들 내에서 지배적인 것으로 여겨지는 가치와 규범들의 내용이 연구되었다. Cohen(1955)은 범죄적 하위문화들이 중류층의 가치인 이성(reason)과 언어화(verbalization), 만족 지연(delayed gratification) 그리고 소유권 존중(respect for property)과 정반대되는 친범죄적 사고경향(procriminal sentiments)을 공유한다고 명백히 주장하였다. 즉, 주요 가치들은 적대감과 공격성, 즉각적 만족과 단기적 쾌락주의 그리고 파괴 등이다. 흥미롭게도, Merton이 좌절에 대한 반응을 구체화시키는 데 Freud를 끌어들인 것처럼, Cohen도 비행을 지지하는 반대적 가치들의 발달을 설명하기 위해서 Freud의 반동형성(reaction formation)이라는 기제를 사용하였다. 따라서 학교를 중퇴하고, 일하지 않는 것은 중류계층 가치들에 대한 반항행동이었다. Cohen은 일부 적대적이고 파괴적인 행동들이 주로 주거침입 범죄들을 일으킨다고 설명하였다.

Miller(1958)는 친범죄적 사고경향의 내용들을 구체화한 바 우리에게 많은 정보를 제공한다. 우리는 범죄행동에 있어서 다음과 같은 '초점적 관심사들(focal concerns)'의 잠재적 역할들을 평가하기 위해 그 관심사들이 하위계층에서 특유한 것으로 간주할 필요는 없다: 고민거리(일반화된 곤란), 거침(신체적 용기, '남성적', 대담함), 영리함(남을 속이는 것, '사기'), 자율성(독립성, 지시받지 않는), 운명론(운) 그리고 흥분(스릴, 위험).

'갱(gang)' 내에서의 주요 관심은 소속과 지위와 관계된다; 이 두 가지는 거침, 영리함 그리고 다른 초점적 관심사들의 실연을 통해서 달성된다. 남자 청소년 집단 내에서의 지위에 대하여, Miller는 성인기적 특성을 빨리 표출하는 것이 높이 평가되고 있는 점을 강조했다(비행 청소년들은 어린 나이에 흡연하고, 술을 마시며, 성행동을 한다는 Glueck의 연구결과를 상기하라). 결국, 갱의 명성을 입증하고 유지하려는 것은 주로 패싸움과 같은 비행행위들의 동기로 작용한다.

정신역동이론에서 주로(비록 전부는 아니지만) 사회화의 결핍을 반영한 것으로 보는 반사회적 또는 친범죄적 태도, 가치 그리고 신념들은 여기에서는 문화적 속성으로 외면화된다. 그런 후, 이들 외면적 '가치들'이 내면화된다. 여기에 더하여, 또 다른 것이 발생한다. 하위문화이론가들과 연구자들은, PCC에 범죄행동을 야기하는 인지적인 과정의 어떠한 이론적인 표현에 포함되는 새롭고, 좀 더 광범위하며, 보다 기초적이고 그리고 좀 더 완벽한 어휘들을 제공한다. Sykes와 Matza(1957)는 범죄의 인지(cognition of crime) 분석에서 뛰어난 공헌을 하였다.

Sykes와 Matza(1957)는 하위문화이론가들에 비해서 비행자를 범죄적 가치를 수행하는 사람으로 보는 경향이 적었다. 그들은 매우 소수의 사람들이 훔치거나 다른 사람에게 고의적으로 고통을 가해도 '괜찮다'는 입장을 지지한다고 제안하였다. 중요한 변인은 비행적인 하위문화들(delinquent subcultures)이라기보다는 오히려 비행에 대한 하나의 하위문화(a subculture of delinquency)였다.

비행의 하위문화는 특정 상황에서 법을 위반해도 '괜찮다'는 식으로 말하게끔 기능하는 언어표현들에 의해서 특징화된다. 게다가, 일부 상황에서는 법을 위반하는 것만이 적절한 행동인 경우도 있다. 이러한 언어적 표현들은 '중화기법(techniques of neutralization)' '법위반에 대한 합리화(rationalizations for law violation)' 그리고 '불법행위에 대한 동기들의 어휘(vocabulary of motives for illegal action)'로 불린다(Hartung, 1965). 이것들이 행동을 하기 전에도 사용되고, 인과적 요인으로도 고려된다는 것을 주목하라. 이것을 사용하는 것은 범죄가 일어난 후에 비난을 모면하거나 죄의식을 통제하는 것에 국한되지 않는다. 사회적 학습/사회적 인지이론에서, 이러한 유형의 인지들은 '면죄적 기제(exonerating mechanism)' 또는 '도덕적 이탈(moral disengagement)' 과정이라고 부른다(Bandura et al., 1996).

Sykes와 Matza는 언어표현들이 일상생활—비일탈적인 것뿐만 아니라 일탈적인—에서 나타나는 신념양식과 전혀 무관하지 않다고 본다. 대부분의 언어표현은 법적 의사결정에서 공식적 역할을 하는 가중요소 및 감경요소들로 확대된다. 사실상, 대부분의 사람들은 도덕적 상황 하에서 행동을 선택하기 위해 이것들을 사용한다. 그러나 하위문화적 조망은 범죄자들이 이것들을 더 많이 확대 사용하고, 더 폭넓게 적용할 수 있다고 주장한다. 죄의식을 중화시키는(또는 법 위반에 대한 합리화) 기법들에는 다음과 같은 것들이 포함된다:

책임에 대한 부인(denial of responsibility): '나는 어쩔 수 없었다' '악마가 나를 그렇게 하게 만들었다' '그것은 나의 잘못이 아니다' '그것은 우연한 사고일 뿐이다' 만약 비행행동들이 개인이 통제할 수 없는 요인들에 기인했다면, 그 개인은 무죄이며 또한 거리낌이 없을 것이다. 이러한 많은 합리화들은 사회과학의 확실한 지지를 받고 있다: 빈민가에 거주하는 것, 결손가정 출신, 학대의 피해자였던 것, 나쁜 친구들, 비정상적으로 강한 성적 욕구를 가지는 것, 과다한 음주 등.

위해에 대한 부인(denial of injury): '나는 아무도 해치지 않았다' '나는 녹음기를 빌렸다' '우리는 단지 시내 주위를 드라이브 하려고 차를 탔다' 이러한 합리화들을 사용하여, 비행자는 행위의 책임은 인정하지만 모든 심각한 손상에 대한 책임은 인정하지 않는다.

피해자에 대한 부인(denial of the victim): 범죄자는 책임과/또는 손상을 부인하기 어려운 상황에서, 범죄자와 피해자 역할을 바꿈으로써 피해자를 부인할 수 있다. 그 피해자는 '자업자득이다' 또는 '피해를 받을 만하다'. 그러므로 동성애자, 순종하지 않는 아내, 심술궂은 아이 그리고 불공정한 교사들은 학대와 괴롭힘의 적절한 대상이 된다. '처벌'을 자신의 시각으로 정당화시키는 '범죄자'들은 매우 많다—부패 정치인들에서부터 기업의 '거액 정치 헌금자들'에 이르기까지.

비난자에 대한 비난(condemnation of the condemners): 이 유형의 합리화는 범죄자의 행동을 비난하는 사람들을 부도덕하고, 위선적이거나 또는 그들 자체가 범죄자인 것으로 정의한다. 따라서 '변호사들은 좋지 않다' '법정은 매수될 수 있다' '경찰은 잔인하다' 그리고 '모든 사람들은 자신만의 부정한 돈벌이를 한다'라고 말한다. 사회학자들은 형사사법절차가 피고인들의 범죄성이 아니라 고소인들의 사회적 권력을 반영한다는 것을 입증하지 않았는가? 마르크스는 사회의 주요 기관들이 약자들을 억압하면서 강자들의 이득을 꾀하는 기능들을 밝혀 내지 않았는가?

보다 높은 충성심에 호소(appeal to higher loyalties): '내 자신을 위해 한 것이 아니다' 오히려 형제자매, 친구 또는 갱에게 충실했다. 보다 큰 사회의 요구들이 보다 즉각적인 충성심의 요구들을 위해 희생되었다. Sykes와 Matza(1957)가 예시하지는 않았지만, 아마도 포르노의 배급을 방해하기 위해 비디오 가게에 불을 지르는 것이나 사회적인 부당행위를 널리 알리기 위해 인질극을 벌이는 것과 같은 범죄들이 장기적인 선(longer-term good)을 위한 것이라고 호소한다.

우리의 간략한 논의에서 하위문화이론가들이 주장한 친범죄적 사고경향들(procriminal sentiments)을 모두 다루지는 않았다. 또한 태도, 가치, 신념, 규범, 합리화 또는 중화를 구별짓는 데 철저하지 못했다. 이것은 행동의 인지적 통제에 속해 있는 특정 심리과정에 대한 검토를 위해 남겨두었다. 그러나 여기서 하위문화이론의 사회심리학이 주장하는 잠재적 예측인자들을 요약해 보고자 한다:

1. 친범죄적 사고경향을 가진 비행자나 집단들과의 개인적인 교제;
2. 반사회적/친범죄적 사고경향들을 개인적으로 수용;
3. 어떤 범죄행동들을 수행하는 데 필요한 기술 획득 그리고/또는 마약 공급자, '장물아비' 등과 같이 필요한 물건들이나 자원들에 접근하는 것, 또는 무기류에 접근하는 것.

비행과 범죄에 대한 이러한 세 가지 상관변인들은 의심할 여지없이 경험적으로 유의미하다(비록 세 번째는 첫 번째와 두 번째 보다 덜 연구되어 왔지만). 이것들은 정신역동이나 통제이론들과 일맥상통한다.

차별적 접촉에서 사회적 학습으로

저자들의 편향을 인정하지만, 초기의 정신역동적인 사상을 우리가 호의적으로 여긴 것(Andrews & Wormith, 1989)과 같이 차별적 접촉(Differential Association: DA)이론에 대해서도 호의적이다(Andrews, 1980). 초기 정신역동이론과 마찬가지로, DA 이론에도 많은 직접적인 가치가 있다고 생각한다. DA 이론을 소개함에 있어 이 이론이 가지고 있는 일부 문제점이나 모호함을 깊이 파고들지는 않을 것이다. 그 이유는 앞에서 고전적 정신분석 사상의 곤란함과 사상의 비약에 집중하지 않았던 이유와 똑같다. 어떤 이론이 어느 정도 진실하고, 경험적으로 상당히 타당한 범죄행위와의 강력한 상관변인들을 밝혀 낸다면, 그것만으로도 상당한 주목을 받을 만한 가치가 있다고 믿는다(DA의 원리들은 [자료 노트 3-1]에서 개략적으로 소개한다).

[자료 노트 3-1]

차별적 접촉이론의 원리들
(일부 약간 수정함)

1. 범죄행동은 학습된다.
2. 범죄행동은 의사소통 과정에서 다른 사람과의 상호작용을 통해 학습된다.
3. 주된 학습은 친밀한 개인적 집단 내에서 일어난다.
4. 학습은 범죄기법과 동기, 추동, 합리화 그리고 태도들의 특정 방향(친범죄적 대 반범죄적)을 포함한다.
5. 범죄적 및 반범죄적 패턴들과의 접촉에 의한 학습과정은 다른 모든 학습에 관여되는 모든 기제들을 포함한다.
6. 사람이 비행자가 되는 것은 법위반에 대한 호의적인 정의가 비호의적인 정의를 능가하기 때문이다.
7. 차별적 접촉은 빈도, 기간, 우선순위 그리고 강도에 있어서 다양하다.

행동적 재공식화들

범죄행동은 조작적 조건화의 원리에 따라 학습된다.

학습은 비사회적 상황들과 사회적 상호작용 모두에서 일어난다.

어떤 이론이 예측과 예방에 있어서 분명한 실용적 가치를 지니고 있다면 더더욱 큰 관심을 갖게 된다(Andrews, 1980). 게다가, Freud의 경우에서 그랬던 것처럼, 독자들에게 Edwin Sutherland(1939; Sutherland & Cressey, 1970)의 DA 이론의 원문을 참고하도록 권장한다. 그러나 독자들은 Sutherland가 가장 강력한 PCC들 중 하나를 만든 사람이면서, 동시에 주류 사회학적 범죄학의 반심리학적 편향을 만드는 데 일조한 사람이라는 것을 알아야 한다(Andrews & Wormith, 1989; Gottfredson & Hirschi, 1990; Laub & Sampson, 1991).

DA 이론이 가지고 있는 한 가지 매력적인 측면은 PCC를 통틀어 범죄행위의 가장 타당한 상관변인들 가운데 두 개의 변인을 포함하고 있다는 것이다: 반사회적 태도와 반사회적 친구. 이 책 초반에 반사회적/친범죄적 태도 평가들이 과거범죄의 중요한 상관변인이며 미래범죄의 예측인자라는 것이 일관되게 증명되었음을 기술해 왔다. 친범죄적 사고경향들(procriminal sentiments)에서의 변화가 미래 범죄행동을 예측한다는 증거도 보았었다. 범죄행동은 범죄행동에 대한 호의적 인식을 반영한다는 것이 DA의 중요한 인과적 가정이기 때문에, 이러한 증거는 DA와 매우 연관되어 있다. 한 사람이 비행자가 되는 것은 법위반에 대한 호의적인 '정의'가 비호의적인 '정의'를 능가하기 때문이다(Sutherland, 1947). 또한 지금까지 살펴본 범죄에 대한 모든 조망들이 반사회적 태도들에 인과적 요인의 지위를 부여하고 있다는 것을 기억하라. 심지어 Merton은 구조적으로 유도된 아노미에 관한 원래 진술의 각주에서 만약 법위반에 대한 금지가 내면화되었다면 소외가 범죄행위를 이끌지 않는다고 주장하고 있다.

둘째로, 비록 Glueck과 Glueck(1950) 그리고 Hirschi(1969; Gottfredson & Hirschi, 1990)가 그들의 연구발견이 합당함을 시사함에도 불구하고 반사회적 친구들에 인과적 중요성을 부여하고 있지 않았지만, 반사회적 친구들은 반사회적 행동의 주된 상관변인이다. 반사회적 친구들에 대한 최초의 경험적 타당성 연구(예: Short, 1957)에서부터 오늘날 방대한 경험적 논문들에 대한 최근의 검토연구까지([자료 노트 2-1]), 반사회적 친구들에 대한 평가가 범죄자와 비범죄자를 정확히 구분할 수 있으며, 그 정확성 수준은 오직 반사회적 성격 및 반사회적 태도에 대한 평가들에 의할 때와, 또는 오직 가정, 학교, 직장 그리고 보다 넓은 지역사회에서의 위험 요인들에 대한 매우 광범위한 표집에 의할 때와 견줄 만하다는 것이 분명하다. DA 이론에서, 반사회적 친구들의 중요성은 기본적인 이론적 원리들에 나타나 있다. 범죄행동은 범죄자와 반범죄자 패턴들과의 접촉에 의해 학습되며, 이러한 학습의 중요한 부분은 친밀한 의사소통 과정에서 다른 사람들과 상호작용하면서 나타나게 된다(Sutherland, 1947).

따라서 고전적 DA 이론에서 기본적인 인과적 연쇄성은 반사회적 친구들에게서 반사회적 태도를 획득하고 특정 상황에서 반사회적 행동을 하는 것으로 나타난다. DA 이론은 DA 이론의 행동적 재공식화의 발달(Andrews, 1980; Burgess & Akers, 1966)과 함께 경험적 연구의 강한 지지를 받으면서, 반사회적 친구들이 반사회적 태도들에 의해 매개되는 것이 아니라 직접적인 인과적 의미를 가지는 보다 강력한 인과 모델이 되었다. 이 모델에 따르면, 반사회적 태도들과 반사회적 친구들은 서로 영향을 줄 뿐만 아니라, 특정 상황을 범죄행동에 호의적인 것으로 정의하는 데 서로 기여한다고 본다.

DA 이론의 또 다른 긍정적인 특징은 초기 정신역동이론과 행동적/사회적 학습이론의 경우에서처럼, 즉각적인 상황 속에 있는 사람에 기반한 행동심리학을 실제로 반영하고 있다는 점이다. 게다가, DA 이론에 기저하고 있는 즉각적인 행동에 대한 심리학은 초기 정신역동적 조망들에 근거한 심리학과 크게 다르지 않다. 또는 이 문제에 대해서는 이 장의 처음 부분에서 언급되었던 공격에 대한 Megargee(1982)의 대수학(algebra)의 심리학에서 즉각성을 중시했던 것과 마찬가지다. 정신역동이론에서는, 범죄행동이 쾌락을 극대화하고 고통을 감소시키기 위하여 id, superego 그리고 관련 상황변인들에 대한 ego의 결정을 반영한다고 본다.

급진적 행동주의 입장에서 보면, 특정 상황에서의 행동은 그 상황의 차별적인 속성에 의해서 결정되며, 이에 의해 특정 행동의 가능성은 유사한 상황에서 일어났던 행동의 강화전력에 의해 영향을 받는다. 상징적 상호작용주의(symbolic interactionism)는 DA 이론이 기반하고 있는 것에 대해 행동에 대한 유사한 심리학을 제안한다. 사람들은 자신의 인지적인 '상황에 대한 정의들'과 일치하게 행동한다. 특정 행동은 그 행동이 적절하거나 또는 '좋은(ok)' 의미로 정의되는 특정 상황하에서 발생한다. 상황에 대한 정의가 특정 행동을 행하는 것에 대해 비호의적일 경우에는 그 행동이 일어나지 않을 것이다.

행동의 즉각적인 상황에 대한 이러한 조망은 전체 사회심리학 내에서 가장 타당한 인간 행동 모델과 매우 잘 들어맞는다. 매우 타당한 모델은 Ajzen과 Fishbein(1980, 2005)의 이성적 행동이론(theory of reasoned action)이다(우리는 범죄에 대한 정신역동적/통제이론들이 충동적 행동, 즉 비이성적 행동과 약한 자기-통제를 강조하는 모순이 있음을 알고 있다). Ajzen과 Fishbein에 따르면, 사람들은 자신의 의도에 따라 행동한다. 행동 의도는 그 행동에 대한 호의적인 태도, 행동에 대한 지각된 사회적 지지 그리고 행동 실행에 대한 지각된 장애 등을 반영한다. 행동의 즉각적인 상황에 대한 이 모델은 Albert Bandrua가 자기-효능감 신념(self-efficacy beliefs)의 즉각적인 인과적 중요성을 강조한 것과 잘 부합된다. 이에 따르면, 사람들은 보상받고 성공적으로 수행될 것이라고 믿는 행동을 하게 된다는 것이다. 이 일반적 모델은 제4장에서 더 깊게 논의될 것이다.

DA 변인들에 대한 횡단연구들은 매우 일관되게 비교문화적인 연구들, 많은 연구들 간 그리고 다양한 일탈 측정치를 사용한 연구들 간에서 밝혀진 비행과 범죄성의 이미지를 나타낸다. 특히, 다양한 일탈 측정치들 간에 걸친 일관성은 Jessor와 Jessor(1977), Ronald Akers(1985) 그리고 Delbert Elliott 등(Elliott, Huizinga & Ageton, 1985)이 수행한 연구들에서 잘 나타난다. Akers뿐만 아니라 Jessor와 Jessor는 범죄자와 비범죄자를 잘 구분 짓는 원리들이 알코올 중독자와 비알코올 중독자, 마리화나 사용자와 비사용자 등도 잘 구분한다는 입장을 일관되게 취하고 있다.

Ronald Akers와 John Cochran(1985)은 미국 중서부 지역에 있는 학교들의 7~12학년 학생들을 대상으로 마리화나 사용의 변량을 설명하는 데 사회적 학습, 아노미 그리고 사회통제 이론들이 얼마나 유용한지를 직접 비교하였다. 그들은 대상 모집단의 67%(N = 3,065)로부터 자기-보고식 응답을 얻었다. Merton의 이론에 근거한 아노미와 소외에 대한 여러 측정치들은 마리화나 사용 변량의 3%만을 설명할 수 있었다. 사회통제이론으로부터 추출한 측정치들(예: 부모와의 애착, 평균 성적, 학교에 대한 전념, 교육에 대한 가치)은 약물사용 변량의 30% 정도를 설명했다.

그러나 차별적 접촉이론의 행동적 재공식화들에서 도출된 측정치들(즉, 사회적 학습 변인들)은 약물사용 변량의 68%를 설명하였다. 사회적 학습변인들에서 가장 강력한 변인들은 다음과 같다: (1) 마리화나 사용에 대한 호의적인 개인적 태도; (2) 마리화나를 사용하는 친한 친구들이 있는 것; (3) 마리화나 사용에 대해 찬성하는 친한 친구들이 있는 것.

이 예측공식에 아노미와 사회통제 변인들을 추가했을 때, 사회적 학습 변인들에 의해서 독자적으로 얻어진 68% 수준 이상으로 R^2을 두드러지게 증가시키지 못했다. 간단히 말해서, 이 결과들은 횡단연구에서 가장 중요한 변인들을 비행의 관여에 찬성하는 친한 비행친구들과 비행 가치들에 대한 개인적 지지가 결합된 것으로 보는 입장을 강하게 뒷받침하고 있다.

Ronald Akers(1994, 1999) 등이 실시한 이론적으로 적절한 연구체계는 매우 인상적이다. 이들은 폭넓은 범위의 준거변인들(일반 비행, 일반 범죄, 음주, 마리화나 사용 그리고 여성에 대한 폭력)에 대하여 태도와 친구들이 미치는 영향을 검증하였다. 사회적 학습이론에 대한 Akers의 조망은 대학생들 사이의 컴퓨터 범죄에 대한 최근의 분석에서도 폭넓게 적용 가능한 것으로 나타났다(Skinner & Fream, 1997). 컴퓨터 소프트웨어 저작권 침해와 불법적 접근과 같은 컴퓨터 범죄들은 분명히 이런 범죄를 선호하는 개인의 인지뿐만 아니라 이런 범죄를 선호하는 친구들과의 접촉도 반영한다. 다음 장에서 명확하게 다루어지겠지만, DA 이론의 행동적 재공식화가 주요 예측인자들만을 제시하는 것이 아니라, 예방과 처치 맥락에 있어서 모델링과 강화에 대한 매우 강력한 영향력이 있는 전략들도 논하고 있기 때문에, 우리는 Ronald Akers가 개입 연구들에 관심을 가지기를 기대한다.

사회적 학습과 일반 사회심리학적 조망은 제4장에서 추가로 논의할 것이다. [자료 노트 3-2]는 차별적 접촉의 몇몇 원리들의 행동적 재공식화에 대한 일련의 실험적 검증들을 요약한 것이다. 두 가지 중요한 원리들은 **관계성 원리와 구조화(또는 유관성) 원리**다. 대인 관계의 영향하에서, 영향력의 기회는 대인 관계의 질과 함께 증가한다. 질적으로 높은 관계들은 냉담한 태도, 비-보살핌, 경멸과는 반대되는 상호 존중, 보살핌, 상호 호감에 의해 특징지어지는 경향이 있다. 영향력의 방향은 어떠한 태도와 행동이 모델링되고 강화되느냐에 따라 달라진다. 반범죄적 학습은 질적으로 높은 대인 관계 조건하에서 반범죄적 패턴들의 노출에 의존한다는 것이 직접적으로 예측된다.

[자료 노트 3-2]

축소판 사회체계의 사회적 구조 조작을 통한 차별적 접촉이론(DA)의 원리들에 대한 실험적 연구들

1970년대 말까지 이미 반사회적 태도와 반사회적 친구 둘 다 또는 그중 한 가지 요인에 대한 평가의 예측타당도를 지지하는 방대한 횡단연구와 종단연구가 있었다. 그러나 실험적 증거는 실질적으로 전무했다. 그 시대를 이끌어 온 두 개의 연구 총집(Cressey & Ward, 1969; Rubington & Weinberg, 1973)에서 100건 이상의 연구들 중에 실험연구는 단 하나뿐이었다.

1955년, Donald Cressey는 '변하는 범죄자(changing criminals)'에 대해 차별적 접촉이론을 적용하는 흥미 있는 이론적 해석을 제시했다. 그러나 그것은 많은 통제된 프로그램에 대한 평가를 유발하지는 않았다. 집단 상호작용 지도(Guided Group Interaction: GGI) 프로그램들은 프로그램에서 정해진 대로 변화의 대상으로서 또래 비행자들을 사용하는 것을 확실하게 강조했다. 그러나 처치에 대해 기술한 장에서 언급한 것과 같이, 이러한 자기-기술식(self-described)의 '임상적 사회학'은 구조화된 인지적 변화나 기술습득 전략들을 사용하지 않았다. 그리고 프로그램 직원들의 격려 없이 '집단'이 그들 스스로 반-범죄적 가치를 수용하기를 원했던 것으로 나타났다. 그러한 수동성은 명백한데, 왜냐하면 태도들을 개인들의 실제 속성들이 아닌 집단들의 속성들처럼 생각했고, 또한 직원들에 대한 적극적인 행동적 모델링이 '거절자들의 거절(rejection of the rejectors)'을 촉진시킬 수도 있었기 때문이었다. 이러한 이유들 때문에, LaMar Empey(Erickson과의 1972년 연구; Rabow와의 1961년 연구)와 Stephenson과 Scarpitti(1974)는 범죄학과 교정학에서 실험적인 이상에 접근한 연구들을 도입한 매우 중요한 선구자들이었다. 즉, GGI 프로그램들은 지역사회를 기반으로 한 보호관찰 슈퍼비전(때때로 수감보다 명백히 좋을 수도 있지만)과 별로 다르지 않았다.

1970년대에, Carleton 대학교와 Ontario Ministry의 교정국이 참여한 연구 프로그램은 차별적 접촉이론의 행동적 재공식화에 의한 처치효과를 연구했다. 행동적/사회적 학습의 접근은 차별적 접촉이론에 의해 제안된 위험 요인들의 예측타당도를 확실히 하는 것을 도울 뿐만 아니라, 수동적이고 취약하게 지지된 효과전략들에 의존하는 처치 프로그램을 사용하지 않도록 한다. 특히, 행동적 그리고 사회적 학습이론들은 모델링과 강화의 강력한 효과전략들을 제공한다. 또한 자기-관리 과정들에 관하여 구체적이다.

차별적 접촉이론의 세 가지 핵심 원리들은 두 개의 광범위한 세트들로 다시 구성되었다. 그 하나는 범죄학습을 촉진하는 조건들이고, 다른 하나는 범죄학습이 범죄행동으로 전이되는 조건들이다. 범죄의 학습을 촉진하는 데 관련된 원리들은 유관성 원리(contingency principle)와 관계성 원리(relationship principle)다. 유관성 원리는 DA 이론에서 범죄와 비범죄 행동에 대한 노출에서의 차별성의 중요성을 반영한다. 행동주의적으로, 유관성의 원리는 어떤 패턴들이 모방되어야 하는지(또는 표출되어야 하는지)—만약 당신이 행동이 지속되기를 원한다면, 그 행동을 표출해야 한다—에 주의를 기울이도록 한다. 또한 유관성의 원리는 범죄적, 반범죄적 표출들의 직접적인 결과에 주의를 기울인다. 관심 있는 직접적인 결과들은 강화와 처벌이며, 강화는 행동을 반복하는 기회를 증가시키고 처벌은 그 기회를 감소시킨다. 또한 유관성의 원리는 규범적인 원리(normative principle)로 때로는 구조적인 원리(structuring principle)로 불린다. 유관성의 원리는 학습의 방향이나 대인 관계 영향의 방향에 영향을 준다. 반범죄적 학습을 위해서는, 친범죄적 패턴의 사고, 감정, 행동에 대한 생생한 반범죄적 대안들을 추구한다. 또한 반범죄적 대안들에 대한 차별적 강화와 친범죄적 패턴의 표출에 대해서는 차별적 불용인을 추구한다.

관계성의 원리는 친밀한 개인적 집단들 안에서 발생하는 차별적 접촉의 중요성을 반영한다. 또한 그 원리는 사회적-정서적 원리(socio-emotional principle) 또는 통제 원리(control principle)로 부르기도 한다. 이 원리는 학습의 양에 영향을 미치거나 또는 대인 간 영향력의 크기에 주의를 기울인다. 가장 강력한 보수들과 비용들은 '친밀한' 개인적 집단에 있다. 우리는 '친밀함(intimacy)'을 개방적인, 따뜻한, 이해적인, 민감한, 보살피는, 비난하지 않는, 열정적인, 존중하는 그리고 빈번한 의사소통으로 정의한다. 이러한 조건하에서, 주의를 기울이고 따뜻하게 대하는 것은 큰 강화물이 되며, 상호 호감과 보살핌은 모방의 기회를 증가시키며, 그와 같은 상호작용이 있는 상황은 사람들이 피하기보다는 분명히 접근하고자 하는 환경을 조성하게 된다. 더 나아가, 만족을 주는 환경하에서는 불용인과 같은 비용 유관성이 더욱 강력한 힘을 갖게 된다(행동주의자들은 '1대 4의 규칙'을 말하는데, 이것은 한 번의 처벌에 최소한 4개의 보수를 제공한다는 것이다).

어쩌면, 이와 같은 강력한 원리들은 자연스럽게 그리고/또는 신중하게 설계된 처치 환경들의 주요 예방적/재활적 가능성에 대한 평가의 지침이 된다. 또한 교정과 임상 직원들의 선발, 훈련 그리고 슈퍼비전에 대한 지침이 된다. 이제 다시 프로그램 연구에 대해서 살펴보자.

세 번째 원리는 소위 자기-관리 원리(self-management principle)다. 이 원리는 범죄행동은 호의적인 정의가 과다할 때 발생한다는 DA의 입장을 반영하고 있다. 사회적 학습 용어로는 태도들이 자기-통제를 통해 행동으로 옮겨 간다는 것이다. 요약하면, 태도, 가치, 신념, 합리화 그리고 분노나 후회와 같은 인지적 그리고 정서적 상태들은 표준적인 행동과의 비교를 거쳐 자기-관리에 영향을 끼치는 기준을 제공한다. 더 나아가 자기-용인, 자기-불용인 그리고 행동을 계속할 것인가 아니면 중지할 것인가의 자기-지시를 이끌어 낸다. 즉, 사람들은 자기 자신과 대화하며, 그러한 대화(그리고 상상하는 것)는 반사회적 태도와 자기-관리 기술에 따라 범죄행동을 지지하거나 지지하지 않는다.

이들 원리들이 교도소와 보호관찰 장면에서 연구되었다. 소수의 연구들이 수감 상황에서는 범죄학습에 그리고 보호관찰 상황에서서는 자기-관리 원리에 초점을 맞추어 수행되었다. DA의 구조적 그리고 개인적 수준에 따라 작동하는 기능에 일치되게, 대인 관계 영향력에 대한 관계성과 유관성 차원을 축소판 서비스 체계의 구조적 수준에 맞추어 실험적으로 조작했다. 구조적으로, 집단 구성과 집단 구성원의 역할을 변화시켰다.

Rideau 교정센터는 성인 단기 재범자들과 그리고 같은 지역의 서로 분리된 시설의 젊은 초범 수감자들을 수용하기 위한 중간 안전 구금시설(medium-security custody setting)이었다. 그곳은 실제로 농업이 이루어지는(그리고 농작물이 성장하는 일부 시기 동안에, 그 지역의 농부들과 계약하지 않는 상태에서 농작물들이 수확되었다) 교외의 시설이었다. 범죄자들의 욕구에 대해 체계적인 조사가 이루어졌는데, 이 조사는 Rideau 센터의 다양한 프로그램들을 위한 욕구조사였다. 상당수의 단기 구조화 집단이 도입되었다. 많은 프로그램들은 학생들의 연구와 학위논문 프로젝트처럼 실험적 평가가 이루어졌다. 반면에, 통제된 평가에서는 내부 규칙 위반, 사회적 기술 그리고 석방 후의 지역사회적 자원에 대한 지식 등 한 번도 성취해 보지 못한 성과들을 포함하여, 다양한 단기간 성과들에 미치는 효과들을 밝혀 냈다. 반사회적 사고에서의 변화는 이루어지지 않았다. 반사회적 양식의 사고, 감정 그리고 행동에 대한 실제적인 대안에 노출시키는 것이 필요함을 밝혀냈다.

교도소 목사인 Jerry Brown은 시민 자원봉사자(주로 나이든 기독교 신자)들이 일주일에 한 번씩 밤에 교도소를 방문하여 수감자들과 그들의 문제나 또는 그날 저녁 합의를 본 주제에 대해서 토론을 하는 흥미 있는 프로그램을 도입했다. Brown과의 논의를 거쳐 '지역사회 집단'이 도입되었으며, 시민 자원봉사자와 수감자들은 주간 토론집단의 공동참여자가 되었다. 토론집단은 8명에서 14명 정도의 참여자로 구성되었으며 일주일에 한 번 저녁에 8주간 계속되었다. 집단의 리더들은 초기에는 교도소의 임상 직원들이었고, 다음에는 작업장 감독과 같은 직원이었으며, 마지막에는 초기 집단의 비범죄자인 대학원생들이었다. 리더들은 개방적이고, 따뜻하고, 솔직하고, 열정적인 대화를 장려했으며, 규칙, 법률 위반에 대한 합리화 그리고 자기-관리 과정에 관계된 문제들에 대한 대화들을 구조화시켰다. 지역사회 집단들은 매우 매력적으로 되어 갔으며 토론에 참여하는 사람도 증가했고 시민 자원봉사 참여자도 Carleton 대학교의 학부생을 추가했다.

연구 1: '지역사회 집단' 참여의 효과. 수감자 중 자원자와 시민 자원봉사자들은 지역사회 집단에 무작위로 또는 대기자 명단 순서에 따라 배치되었다. 집단 평가 전후에 그 이전의 프로그램들에서는 변화를 볼 수 없었던 반사회적 태도들에 대한 동일한 지필검사 설문지를 실시했다. [Carleton 대학교의 사회학적 범죄학자들 중 일부는 시민 자원봉사자와 수감자들이 반사회적 태도에서 다르지 않을 것이라고 했다(그때가 1970년대임을 상기하라)]. 실제로는, 사전검사에서 수감자들은 시민 자원봉사자와 비교해서 법, 법정 그리고 경찰에 대해 더 많은 부정적 태도를 지니고 있었고, 또한 범죄자와 더 동일시했으며, 법률 위반을 더 수용한 것으로 나타났다. 사후검사에서는, 우리 연구에서 처음으로 유관성 원리와 일치되게 참여 수감자들이 비참여 수감자들에 비해 반사회적 사고가 감소되었다. 특히, 기대하지 않은 것이었는데, 유관성 원리와 일치되게 시민 자원봉사 참여자들의 반사회적 사고가 증가했다. 유관성 원리를 지지하는 증거에 기뻤지만, 우리는 평가를 위한 새로운 서비스 프로그램을 도입했다. 시민 참여자들에게서 나타난 좋지 않은 효과 때문에 우리는 그들에게 서비스 전의 훈련과 사후 설명을 강화했다.

연구 2: '지역사회 집단' 대 '레크리에이션 집단' 참여의 효과. 레크리에이션 집단들에게는 시민 자원봉사자들의 반범죄적 패턴들에 노출시키는 구조화된 기회가 제공되지 않는다. 그 보다는 시민과 수감자들이 카드와 보드게임을 한다. 간단히 말해, 반사회적 태도의 감소는 지역사회 집단들에서만 나타났다. 그러한 효과는 반범죄적 사람들에게 단순히 노출시키는 것보다는 반범죄적 패턴들에 대한 노출에서의 차별성 때문인 것 같다. 레크리에이션 집단의 수감자들의 자존감이 높아지는 반면, 지역사회 집단의 수감자들은 그렇지 않은 기대하지 않은 결과가 나타났다. 다행히도, 우리에게는 대기자 명단에 있는 통제집단이 있었는데 그들 역시 자존감이 상승했다. 자존감의 상승은 지역사회 집단들에 노출됨으로써 수감이 제한되어 발생되는 의례적인 결과로 나타나기 시작한 것 같다.

연구 3: '지역사회 집단' 내에서 대인 관계를 강화시켰을 때의 효과. 지역사회 집단에 참여하기 전에 시민 자원봉사자들의 대인 관계 기술을 측정했다. 그 후 지역사회 집단들은 대인 관계 기술이 평균 이상인 시민 봉사자를 포함시킨 집단과, 대인 관계 기술이 평균 이하인 시민 봉사자를 포함시킨 집단으로 나누어 구성하였다. 시민 자원봉사자들의 관계 기술은 비자원봉사자와 비교했을 때 관계기술의 점수가 훨씬 높았음에 주의해야 한다. 따라서 낮은 관계 점수의 집단조차도 상대적으로 높은-기능적인 시민들이었다. 연구결과는 우리가 기대한 만큼 명확하지는 못했다. 단지 낮은 불안 수준의 수감자들만이 높은-기능적인 자원봉사자들에 대한 반응이 좋았다. 대인적으로 불안해하는 범죄자들은 낮은-강도의 자원봉사자들과 더 좋은 결과를 가져오는 것으로 나타났다.

연구 4: 시민참여가 있는 그리고 없는 토론 집단의 효과. 이 연구는 캐나다 연방 체제하의 장기수들에 대한 연구다. 이 연구의 발견들은 수감자들의 관계성 조건이 반사회적 사고의 감소와 어떻게 관련되는지에 관한 것이다. 수감자들만의 집단에서 개방적인 대화는 반사회적 태도를 증가시켰다. 지역사회 집단에서 개방적인 대화는 반사회적 태도를 감소시켰다. 이 같은 유형의 발견들은 높은 질의 관계성은 영향을 촉진하는데, 그러한 영향력의 방향은 무엇을 모방하고 무엇이 강화되었는지에 따른다는 이론적 입장을 지지했다.

연구 5: 교정 장면에서의 캐나다 자원봉사자 연구(Canadian Volunteers in Corrections study: CaVIC)에서 탐구된 보호관찰 프로그램의 관계성, 유관성 그리고 자기-관리의 원리. 이 연구에서 190명의 보호관찰 범죄자들이 전문적인 보호관찰 공무원 또는 이들을 보조하는 시민 자원봉사자들에게 무작위로 할당되었다. 자원봉사자 프로그램은 Ontario 주 Ottawa의 경력이 많은 보호관찰 공무원인 Jerry Kiessling이 진행했다. 그는 동료들과 시민 자원봉사자들로부터 존경을 받는 사람이었기 때문에 대학 연구자들과 학생들이 보호관찰 공무원들과 보호관찰 대상자들의 성격평가를 실행하고 두 집단 모두에게 그들의 슈퍼비전 절차와 단기성과들에 대한 조사들을 할 수 있게 했다. 추가적으로, 일부 슈퍼비전을 받는 회기들에서는 보호관찰 공무원과 보호관찰 대상자들의 양해하에 녹음을 할 수 있도록 허가되었다.

많은 평가도구들이 사용되었지만 연구진들의 기본적인 관심사는 공감, 사회화 그리고 반사회적인 태도에 있었다. 공무원들의 공감점수들은 그들의 대인 관계의 질에 대한 보호관찰 대상자 및 동료 공무원들의 평정과 긍정적으로 연합되었다. 공무원들의 사회화 점수는 도움행동에 대한 보호관찰 대상자 및 동료 공무원들의 평정과 긍정적으로 연합되었다. 공무원들의 공감점수는 모델링과 강화에 대한 녹음-기반 평가와는 관계가 없었지만, 공무원들의 사회화 점수는 반범죄적 모델링과 반범죄적 강화와는 긍정적인 상관이 있었다. 간단히 말해, 보호관찰관들은 공감과 사회화 점수에 따라 분류되었고 그리고 그들이 관리하는 보호관찰자들의 재범률과 비교되었다. 대인 관계 지표(공감)와 구조화 지표(사회화) 점수 모두가 높은 보호관찰관들에게 배치된 보호관찰자들은 다른 보호관찰관들에게 배치된 보호관찰자들보다 재범률이 낮았다. 공감능력이 높은 보호관찰관들은 그들의 보호관찰자들과 질 좋은 대인 관계를 형성했고, 긍정적인(반범죄적) 메시지를 전달했으며, 그 두 가지 합성효과는 보호관찰자들의 범죄를 감소시켰다. 연구결과들의 전반적인 패턴은 우리들로 하여금 범죄행동에 대한 일반 성격 및 인지 사회적 학습 모델을 추구하게끔 하였다. 이제 인지사회적 학습 접근을 통해 실제적 예측 및 영향력 모두가 개선될 것으로 보인다(제4장을 보라).

다음 장에서 우리는 DA 이론의 행동적 재공식화를 지지하는 추가적인 실험적 증거를 볼 것이고, 범죄행위의 원인들이 상황적(situational), 정황적(circumstantial), 개인적, 대인 관계적, 가족적 그리고 구조적/문화적이라는 것을 인식하고 있는 일반 성격 및 인지사회적 학습 접근의 진정한 가치를 찾을 것이다.

기억하기

1. 고전적인 정신역동이론에 의해 제시된 인간의 성격 특성 구조는 오늘날 계속해서 반향을 불러일으키고 있는 주요 위험/욕구 요인들의 윤곽을 제공했다. ego의 기술과 superego의 강도는 특히 중요하다. 이것들은 기본적인 공격적 · 성적 추동들을 통제하는 내적 근원으로서 작용한다.
2. 이제 정신역동, 사회적 유대, 차별적 접촉 그리고 긴장이론의 조망은 일반 성격 및 인지사회적 학습 조망으로 수렴되고 있다. 정신역동이론은 일찍이 1930년대 좌절-공격 조망을 거쳐 초기 사회적 학습이론을 이끌었다. 차별적-접촉이론은 행동적인 용어로 재공식화되었다. 범죄학에서 이것은 사회적 학습이론으로 불린다. 전통적인 긴장이론은 재차 좌절-공격 가설에 뿌리를 두게 되었고, 그리하여 분노와 공격성에 대한 사회적 학습 및 사회인지적 조망으로부터 도움을 받게 되었다. 사회적 학습이론은 이제 범죄

학과 PCC를 통틀어 명백히 나타나게 되었다.

3. 연구 증거는 명백하다. 약한 자기-통제와 같은 성격 요인들이 예측 정확도를 향상시키기 위해서는 태도들 및 친구들에 대한 평가들과 잘 결합되는 것이다.

추천 도서

이번 장에서는 주요한 범죄학적 이론들과 범죄행동의 사회적 학습 조망들에 대한 정신역동적 이론의 영향을 알아보았다. 그러므로 Freud(1953)의 『A General Introduction to Psychoanalysis』를 추천한다. Freud의 조망 대부분이 이 책에 녹아들어 있다. 상세하고 직접적인 설명보다 요약을 더 바라는 독자들에게는 Calvin Hall(1954)의 『Primer of Freudian Psychology』가 적합하다.

독자들에게 제안하는 두 권의 다른 고전서는 Sheldon Glueck과 Eleanor Glueck(1950)의 『Unraveling Juvenile Delinquency』와 Freud의 좌절-공격가설을 사회적 학습 용어로 재공식화한 Dollard 등(1939)의 『Frustration and Aggression』이다.

Chapter 04

일반 성격 및 인지사회적 학습 접근: 개인적, 대인 관계적, 지역사회-강화 조망

이 책은 범죄행동 심리학(PCC)의 경험적, 이론적 그리고 실용적 위치를 기술하고 평가하는 것을 목적으로 시작되었다. 비록 실용적 예측(제10장)과 실용적 처치(제11장, 제12장)와 관련된 증거를 아직 상술하지 않았지만, 제2장과 제3장에서 PCC의 매우 합리적이고 경험적인 기반을 기술했다.

PCC에는 최초의 범죄 연루와 범죄의 반복 모두에 있어서, 본질적인 개인차를 나타내는 매우 의미 있는 준거변인이 있다. 이것은 범죄가 자기-보고, 피해자 보고 또는 공식적 기록 등 어느 것에 의해 정의되든지, 또한 성별, 인종 그리고 사회-경제적 불이익으로 정의된 전형적인 사회적 위치 범주들 중 어느 것에 의해 측정되든지 사실이다(제1장, 제2장, 제10장).

거의 모든 표본 내에서 범죄행동에 대해 가장 잘 정립된 위험 요인들은 **반사회적 인지, 반사회적 친구, 반사회적 행동전력** 그리고 **반사회적 성격 패턴**의 복합적 지표(제2장)라고 주장하기에 충분할 만큼, 개인적인 범죄행동의 상관변인과 예측변인들에 대해서는 잘 알려져 있다. 이러한 반사회적 성격의 지표들은 충동성, 인내심 결여 그리고 생각이 깊지도 계획적이지도 않음과 같은 약한 자기-통제 요소들을 포함하고 있다. 추가적인 지표들은 악의적인 것, 적대적인 것, 잘못 취급된다고 느끼는 것 그리고 타인에게 무관심한 것 등과 같은 반-우호성(disagreeableness) 요소들을 포함한다. 가족과 양육에 대한 평가, 개인적인 학업/취업 달성의 지표들 그리고 레저/레크리에이션은 중간 범위의 예측타당도를 나타내며, 물질남용도 역시 중간 정도의 타당성을 나타낸다. 낮은 출생 계층과 개인적 고통은 낮은 범위의 예측타당도를 나타낸다.

위의 모든 것을 받아들인다 해도, 일부 쟁점에 대해서는 경험적 지식이 아직 취약하다. 첫째, 범죄행동 공변인의 특정 조절변인들(예: 범죄 유형 그리고/또는 인간 발달의 단계에 따른 위험/욕구 요인들의 변화)이 쟁점으로 남아 있다. 둘째, 개인의 범죄행동에 대한 광범위한 사회적 배치들(social arrangements)의 영향이 입증되지 않았다(이웃의 생태적 환경을 개인의 범죄행동에 연결시키는 최선의 노력에서조차도 미약한 영향력만이 산출되었음을 제8장에서는 보여 주고 있다). 사회과학적 수사(rhetoric)를 제외한다면, 개인적인 범죄행동의 변산성에 대한 폭넓은 구조적/문화적 요인들의 영향을 흥미롭고 설득력 있게 증명하고 있는 것들은 찾기 힘들다. 셋째, 연구 설계의 선택 또는 측정 그리고/또는 개념화의 오류로 인해 특정한 구성개념들의 타당성에 한계가 있다는 것은 잘 알려져 있으나, 이에 대해서 충분히 고찰되지는 못하고 있다. 마지막으로(그리고 확실히), 경험적 지식은 이미 수행되어 보고된 연구의 결과들만을 반영할 수 있다는 것이다. 경험적 지식은 상대적이고, 정치적이며, 사회적으로 구축된 것일 뿐만 아니라 또한 부분적이고 완벽하지 못한 것이다.

이러한 문제점들을 인식하고, 만약 이론이 경험적인 방어성(empirical defensibility) 기준을 충족해야 하는 것이라고 한다면, 이 장의 두 번째 단락에서 언급된 경험적 발견들을 다루어야만 한다. 이론을 경험적으로 도출하기 위해서는, 가장 강한 상관변인 목록으로부터 주요 인과적 변수들을 확실하게 선별하는 선택을 해야 한다. 우리는 반사회적인 태도, 친구, 행동전력 그리고 성격을 선택한다. 우리는 효율적이고 효과적인 예측 모델을 구축함에 있어서 'Big Four' 중 최소한 한 가지라도 잠재적 예측변인으로 선정되지 않은 횡단적 또는 종단적 연구가 있는지 알지 못한다. 더욱이, 일찍이 1950년대부터 1980년대까지 걸쳐 수행되었던 횡단적(예: Akers & Cochran, 1985; Johnson, 1979) 그리고 종단적(예: LeBlanc et al., 1988) 연구들은 가장 강력하고 효율적인 예측공식 내에 이 네 가지 요인들 중 두 가지 이상이 선정될 것임을 이미 보여 주고 있었다.

1990년대 후부터 현재까지, 우리는 거의 모든 타당한 예측들에는 Big Four 위험/욕구 요인들에 대한 구조화된 평가들이 있었다는 것을 지속적으로 발견해 왔다(제2장 및 제10장; Andrews, Bonta & Wormith, 2006). Pratt와 Cullen(2000)의 메타분석 연구는 친구와 태도를 결합한 약한 자기-통제는 각 변인이 하나일 때보다 범죄와 더 높은 상관관계가 있음을 보여 주고 있다. 판결을 받은 범죄자들에 대해 수년 전에 수행된 저자들의 연구에서도 경험적으로 가장 방어적인 이론들은 네 가지 요인들 중 적어도 두 가지 요인에 대해 인과적 중요성을 부여하게 될 것을 확신시켜 주고 있다. 우리가 네 가지 요인들을 모두 선택한 이유는 곧 명확해질 것이므로, 지금은 그 이유가 '건조한 경험적인(dustbowl empirical)' 것이라기보다는 이론적인 것임을 주목하기 바란다. PIC-R에 대한 초기 진술들은 메타분석적 증거들이 폭증하기 전에 이미 이루어졌다.

이미 존재하는 자료에 근거해 이론을 구축하는 것은 아마도 극단적으로 '건조한 경험주의(dustbowl empiricism)'라고 특징지을 수 있을 것이다. 한계가 있긴 하지만, 이론적 이해를 구축하기 위한 급진적인 경험주의적 접근은 최소한 지식을 합리적인 방법으로 조직화하는 잠재력을 가지고 있다. 일부 범죄학자들은, Glueck과 Glueck(1950)의 '잠정적인 인과 공식(tentative causal formula)'이 공인된 비행의 강력한 상관변인들의 목록을 정신분석적 원리들에 따라 단순히 조직화한 것에 불과했다고 비판했다. 우리는 Glueck과 Glueck의 인과공식에서 제외된 변인들에 계층-기반적인 사회학적 이론들이 수십 년 동안 지속적으로 고취시켜 왔던 경험적으로는 방어적이지 못한 변인들이 포함되어 있다는 비판들을 기억한다. 전문적이며 이념적인 관심들과는 반대되지만 증거에 대한 심사숙고를 통해 인과적 변인들을 선정했다는 것을 고려한다면, PCC의 합리적 경험주의는 이론주의(theoreticism)보다는 차라리 급진적 경험주의(radical empiricism)에 더 가깝다.

그러나 급진적 경험주의적 접근법들이 단순히 이론주의보다 더 낫다는 것은 아니다. 이론들은 또한 생산적이어야 한다. 이론들은 경험적 지식을 합리적이며 매력적인 방식으로 조직화해야 하며, 또한 범죄행동에 대한 보다 깊은 이론적 평가를 유도하는 새로운 경험적 이해를 추구하는 것을 지원해야 한다. 이에 더해, 우리는 이론들이 범죄에 대한 사람과 사회적 비용을 감소시키는 데 실제적으로 유용할 것을 기대하고 있다. 훌륭한 이론은 또한 생물학적, 인문학적 그리고 사회과학들의 보다 넓은 영역의 여타의 강한 이론들과 일관될 것이다.

다음의 두 가지 관심은 범죄행동의 일반 성격 및 사회심리학(general personality and social psychology)을 경험적으로 구축하는 다음 단계로 이끌어 간다. 첫째, 우리는 인간 행동에 대한 심리학적 조망들 중 가장 타당하며 유망한 조망과 일치하는 일단의 가정들을 추구한다. 이는 우리가 인간 행동의 다양성을 이해하는 데 경험적으로 방어적이고 유망한 일반 심리학을 추구한다는 것을 의미한다. 둘째, 우리는 인간 행동에 기저하고 있는 임상적으로 적절한 이론을 추구한다. 종합적 범죄율, 형사사법 절차 그리고/또는 정치적 공정성(political correctness)에 대한 우리들의 관심이 아무리 전문적으로 강력하고 도덕적이라 해도, 임상적 적절성은 PCC가 반사회적 행동 그리고/또는 절차의 비용을 감소시키는 직접적인 서비스를 시행하고 설계하기 위한 의미 있는 지원을 제공하는 데 필요하다. 만약 직접적인 서비스를 통한 예방과 재활이 소모적인 노력이라는 것을 알게 된다면, 그대로도 괜찮다. 요점은 임상적으로 적절하지 않은 PCC는 임상적으로 적절한 PCC 보다 가치가 없다는 것이다.

행동주의적 심리학들보다 PCC의 관심사들에 더 기여할 수 있는 인간심리학이 있는가? 우리의 대답은 다른 것들보다 확실히 더 나은 몇몇 인간심리학들이 있다는 것이다. 이러한 유망한 심리학들 중 하나는 정신역동이론이다. 즉각적인 상황에 처한 인간에 대한 정신역동심리학은 제3장에서 개괄하였으며, 위험 요인들에 대한 Glueck과 Glueck의 정신역동적 해석의 예측타당도는 반사회적 친구를 주요 변인에서 탈락시킨 것을 제외하고는 모든 면에서 인상적이었다는 것이 증명되었다.

Glueck과 Glueck은 정신역동이론에서 즉각적인 환경이 중요하다는 것을 알고 있었지만, 몇 가지 이유로 인해 행동의 많은 즉각적인 상황들 내에서 촉진적인 또는 억제적인 효과의 지표로 반사회적 친구를 간주하는 것에 실패했다. 보다 일반적으로, Freud 이후 및 Glueck 이후 인간 과학의 발전에 힘입어, 우리는 이제 매우 광범위하면서 상당히 안정적인 구성개념인 ego와 superego의 조작화(operationalization)에 의존하는 행위(action)에 관한 심리학을 보다 더 잘 해 나갈 수 있다. 그러한 특질들(traits)은 오랜 기간에 걸친 행동을 예측하는 데는 필요하지만, 단기 예측과 임상적 적절성을 위해서는 보다 급성적인 특성들(acute characteristics)이 필요하다. 임상적 적절성과 관련해서, Glueck과 Glueck은 스스로도 처치모델로서의 정신분석에 만족하지 못하였다. 더욱이, 우리는 오늘날까지 교정에서 성공적인 정신역동적 처치의 사례를 거의 찾지 못하고 있다.

급진적 행동주의는 특정 상황에서 행동의 결정요소에 대한 상세하고 매우 타당한 분석을 제공하고 있다. 이것은 입증된 임상적 가치이며, 정신역동이론과 통합되어 왔다(예: 좌절-공격이론). 통합의 결과는 흔히 사회적 학습 또는 사회적 인지이론으로 불리고 있다. 이들 명칭은 행동적 원리들이 차별적 접촉이론에 기저하는 상징적 상호작용주의(symbolic interactionism)와 통합되어 출현한 것에도 역시 적용된다.

상징적 상호작용주의는 행동에 대한 인지적 통제를 강조하고, 태도, 신념 그리고 대인 관계적 상호작용에 중요한 인과적 의미를 부여하였기 때문에, 잠재적으로 강력한 심리학을 제공하였다. 그러나 차별적 접촉이론은 특정인들이 특정한 상황에서 어떻게 스스로를 인식하는지에 대한 배경 예측 요인들에 대해 별다른 언급이 없었다. 임상적으로, 상징적 상호작용주의는 임상적 노력의 방향을 설정하는 데는 효과적이지 못했다. 따라서 다시 한번, 행동주의와의 통합이 필요해졌다.

즉각적 상황 속의 인간

쟁점을 논하기보다는 비록 '통합(integration)'이라는 용어로 느슨하게 사용하고 있지만, 범죄행동에 대한 일반 성격 및 인지사회적 학습(General Personality and Cognitive Social Learning: GPCSL)의 조망에서 행동의 즉각적인 심리를 살펴보자. [그림 4-1]에서 즉각적인 인과적 중요성이 범죄행동들에 호의적인 상황들에 대한 정의와 유사한 구성개념들에 부여되었음을 알 수 있다. 일부 이론가들은 '행동의도(behavioral intentions)'를 말하며, 다른 사람들은 '자기-효능감 신념(self-efficacy beliefs)' '대수적 해결(algebraic solution)' 또는 '개인적 선택(personal choice)'이라고 말한다. 일부는 '보수와 비용의 균형(balance of rewards and costs)'과 같은 표현을 사용한다. 이것은 이들 변인들에 대한 평가들에서 나타나는 조작적 특징들이 구성타당도 연구들에서 구별될 수 있는지의 문제를 낳는다. 우리는 그렇지 않다고 예상한다. 현장에서의 주요 문제는 공통적인 어휘를 정착시키는 것이다. 지금까지, 행동의도와 자기-효능감 신념에 대한 평가들은 많은 상이한 상황에서 인상적인 예측타당도를 보여 주었다(Ajzen & Cote, 2008; Ajzen & Fishbein, 1980, 2005; Bandura, 1989, 2008; Bandura et al., 1996; Fishbein, 1997). 지금은 많은 특수 모델들이 있지만, 자기-조절(self-regulation)은 성격 및 사회심리학, 인지심리학 그리고 신경심리학에서 주도적인 한 부분을 차지하고 있다(Roy Baumeister와 Kathleen Vohs의 2004년도 논문 모음집에서 부분적으로 겹치는 많은 모델들을 보라). 자기-조절(자동적 그리고 노력해서 하는)에 대한 폭발적인 연구들을 감안해서, [그림 4-1]에서는 이제 자기-조절이라는 일반적인 인과적 변인을 포함하고 있다.

여기에서는 흔히 내적 대화를 가정한다. 많은 사기(fraud)와 강압적인 행동들은 순간적으로 발생하며, 너무도 '쉬워서(easy)'(Gottfredson과 Hirschi, 1990의 표현) 거의 누구든지 자신들이 행동에 관여할 만큼 충분히 숙련되어 있다고 믿을 정도의 자기-효능감의 단계에 도달할 수 있게 된다. 그러나 모든 사람들이 특정 상황을 그러한 행동을 할 만한 적합한 상황이라고 평가하는 것은 아니다.

적합성 판단에서의 변산성의 주요 원천들은 다음과 같다: (a) 즉각적 환경의 특성, (b) 반사회적 행동에 대한 사람들의 태도, 가치 그리고 신념, (c) 대부분 지각된 형태의 반사회적 행위에 대한 타인들의 지지이지만 직접적인 도움 또한 포함하는, 반사회적 행동에 대한 사회적 지지, (d) 반사회적 행동에 관여했던 전력, (e) 반사회적 행동을 하게 하는 상당히 안정적인 성격특성들, (f) 분노와 같은 인지적 정서적 상태 그리고 (g) 법률위반에 대한 합리화 및 정당

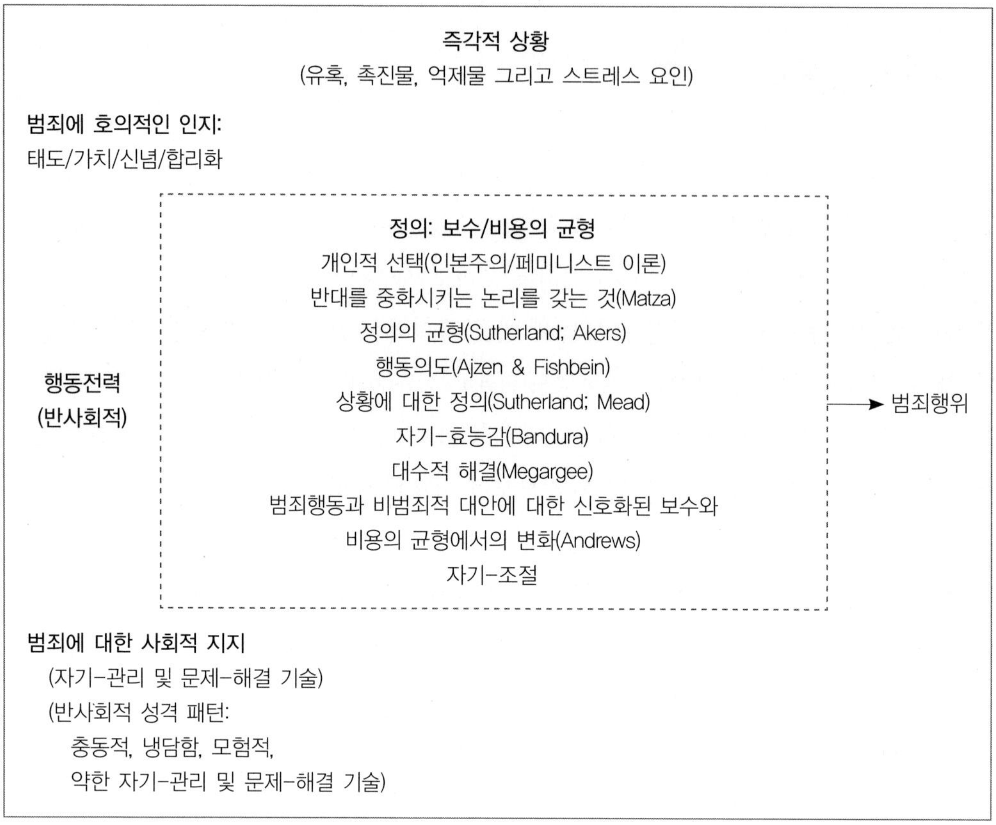

[그림 4-1] 범죄행위에 대한 일반 성격 및 사회심리학에서의 심리적 상황(또는 심리적 순간)

화의 사용을 포함한, 자기-관리 및 문제-해결 기술이다. 이러한 기술들이 특정 개인을 특정 상황에 있도록 크게 기여하였기 때문에 [그림 4-1]의 괄호 안에 있다. 일부 추가적인 기여들은 태도 또는 사회적 지지와 상호작용하는 조절변인 형태가 될 수 있다.

그러나 정신역동이론과 사회학습이론에서는 심리적 순간은 문제-해결과 자기-조절과 같은 '자아 기술들(ego skills)'에 대한 이해가 병행되어야 한다고 제안한다. 여기에서 강조점은 우리가 무엇을 생각하느냐(반사회적 태도의 경우에서처럼)가 아니라, 어떻게 생각하느냐 하는 것에 있다. 일부 이론가들은 이들 기술들과 인지적 과정들을 타고난 것으로 받아들이고 있다. 예를 들어, David Matza(1964)는 젊은이들이 적극적인 합리화를 하는데, 즉 "난 어쩔 수 없었어." 또는 더 나아가 "'피해자'가 그럴 만했어."와 같이 표현함으로써 법규위반에 대해 예상되는 죄책감을 중화시킨다는 점을 인식했었다. 그러나 동시에, Matza는 이러한 합리화에 빠지게 되는 경향 또는 능력에 따라 젊은 범죄자들과 비범죄자들을 구별할 수 없다는 입장이었다. 오늘날, 인지적 기술들은 발달 및 인지심리학에서 연구의 핵심 주제이며, 생각하고/해석하고/대처하는 '방법'과 '내용' 모두에서 중요한 개인차가 있다는 점에는 의문의 여지가 없다. Ross와 Fabiano(1985)의 연구에 의하면, '인지적' 프로그래밍은 전형적으로 인지적/정서적 내용의 재구성과 결합되는 인지적 기술을 구축하는 것으로 이루어진다.

인지적 기술들에 대한 고찰은, 인지적 기능에서의 발달적 지연이 반사회적 행동 연구에서 특별한 중요성을 갖기 때문에, 젊은 범죄자들 연구에서는 특별한 가치가 있다(제5장, 제6장 및 제7장을 볼 것). 자기-조절 및 문제-해결 기술에 추가하여, 최근의 연구와 이론적 논쟁에서 초점을 맞추고 있는, 심리적 순간에 포함시킬 수 있는 일부 변인들이 있다. 물질남용으로 인한 중독 상태는 정상적인 통제를 저해하는 명백한 요인이다. 마찬가지로, 매우 스트레스적인 상황과 우울한 또는 정신병질적 상태들도 정상적인 통제들을 약하게 한다. 어떤 변인들이 어느 정도로 결합되는 것이 특별히 결정적인가에 대해 꾸준히 관심을 기울여 왔다. 예를 들어, 반사회적 태도는 반사회적 친구와 결합하여 매우 심각한 반사회적인 행동으로 전환된다. Mischel과 Shoda(1998) 그리고 Fleeson(2001)에 의해 제안된 상호작용주의 모델들(interactionist models)은 다수의 심리적 그리고 사회적 과정들 간의 상호 관계성을 개념화하는 데 유망한 것 같다.

인지적-정동적 성격 체계(Cognitive-Affective Personality System: CAPS; Mischel & Shoda, 1998, 2006)는 특별히 매력적인 자기-조절 모델이다. 저자들은 자기, 목표, 기대, 신념 그리고 정서의 정신적 표상들(또는 인지적-정동적 단위들)이 있다고 제안한다. 또한 자기-조절 역량, 계획 그리고 전략의 정신적 표상들도 있다. 단위들은 개인의 생물학적 그리고 사회적 학습전력에 따라서 독특하게 조직된다. Mischel과 Ayduk(2002)은 의지력(willpower)이 힘들고 좌절적인 상황들로부터 어떻게 자기-거리두기(self-distance)를 유지시키게 하는지를 설명하고 있다. 자기-조절은 균형 잡힌 "뜨거운(hot)" 정서와 "차가운(cool)" 인지[즉, "냉정함(chill)"]를 내포하고 있다.

[그림 4-2]는 특별한 환경에서 특별한 사람이 되는 과정에 대한 경로-분석적 요약이다. 이것은 사람과 행동의 즉각적인 맥락을 형성하는 보다 원거리(distal) 또는 배경적인(background) 성향 요인들을 포함하고 있다. 유사한 모델들이 Jessor와 Jessor(1977), Akers(1973, 1985, 2001) 그리고 많은 다른 학자들에 의해 제시되어 왔지만, 우리들은 성격이 범죄에 대한 일반 인지 사회심리학에 가장 잘 접목될 것으로 생각한다.

이 모델은 불법적인 행동에 연루되는 다수의 경로들이 있다는 점을 인정하지만, 반사회적 태도와 범죄적 친구가 특별히 심각한 위험요소들이라고 제안한다. 예를 들어, 모든 젊은 범죄자들이 기질적으로 가만히 있지 못하거나 공격적이거나 또는 가정 및 학교와 약하게 연결되어 있다고 가정하지는 않는다. 불법행동의 기회는 보다 근거리적(proximal) 소인적 요인의 집합의 수와 종류가 늘어남에 따라, 극적으로 증가한다.

정치경제, 사회구조 그리고 문화는 범죄에 대한 일반 성격 및 사회심리학의 어느 부분에 잘 들어맞는가? 그것들은 일정하기 때문에, 특별한 사회적 배치 내에서의 개인 행동의 다양성을 설명할 수 없는 말단의 배경 맥락적 조건들이다. [그림 4-3]은 가장 광범위한 수준부터 즉각적인 상황 속의 개인까지, 개인행동에 영향을 미치는 다양한 종류의 변인들을 보여 주고 있다. 구조와 문화는 각각의 사회적 배치 내에서 효력을 갖는 근본적인 유관성들(fundamental contingencies)을 형성하는 데 중요한 역할을 한다. 일탈행위에 대한 개인적, 대인 관계적 그리고 지역사회-강화 조망은 범죄행동에 있어서 개인적 차이들을 설명하고자 하는 모델에서 이러한 역할을 설명하려고 시도한다.

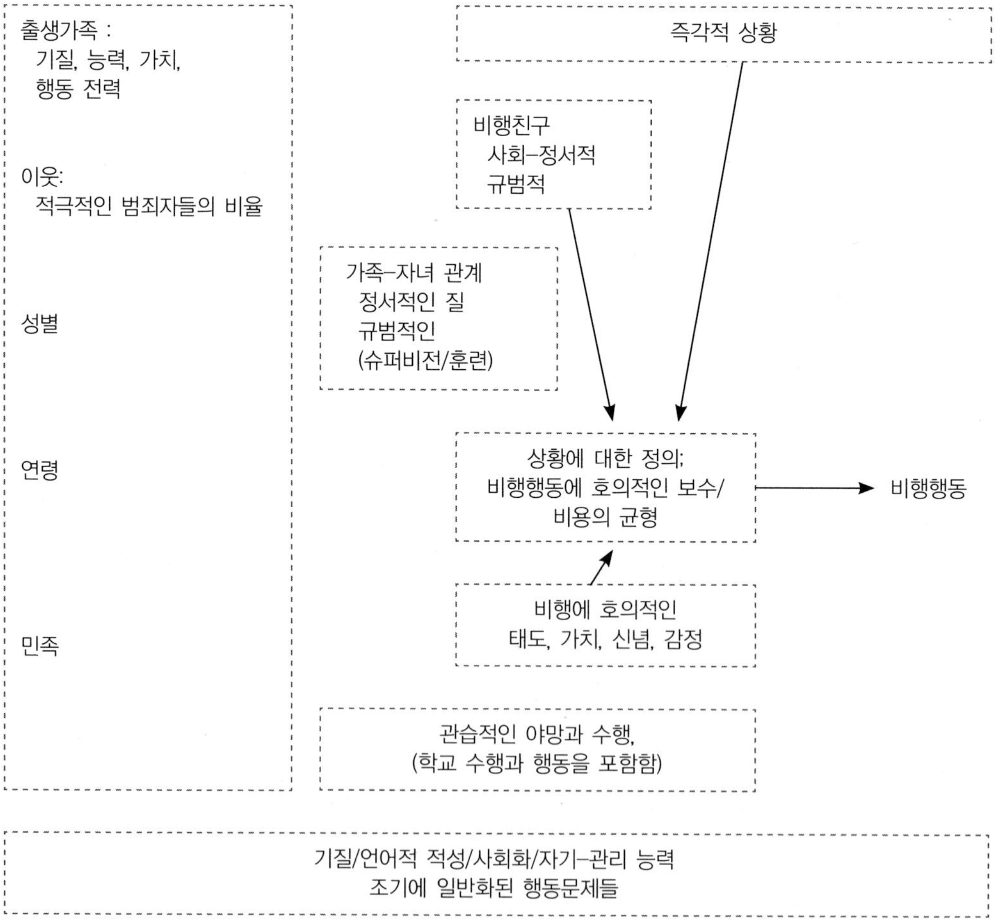

[그림 4-2] 범죄행동에 대한 일반 성격 및 사회심리학적 조망

광범위한 맥락: 정치적, 경제적, 문화적, 사회-구조적

지배적 가치와 부와 권력의 배분
법률/정책/관습

노동 시장
경쟁적 개인주의

보다 즉각적인 사회 구조적 및 문화적 요인들

출생 가족, 구성원 조합: 성격, 능력, 가치,
정신건강, 행동전력(범죄/물질남용),
교육적, 직업적, 양육 기술 및 자원들

이웃: 구성원 조합(예: 적극적 범죄자의 비율),
역할과 지위들

지역사회 장면들:
학교/직장/레저/정신 건강/사회서비스 기관들
사법 체계: 경찰, 법원, 공식적 기관들

대인 관계적: 상호작용의 과정과 내용

가족-자녀 관계:
애정/슈퍼비전/태만/학대
기관들과의 상호작용(즉, 과정과 서비스)

반범죄적 타인과의 유대
범죄적 타인과의 유대

개인적

생물학적으로 타고난: 기질/적성/언어지능
연령/성별

초기의 행동 문제들:
거짓말, 절도, 공격성

성격:
사회화/특히 사이코패시

(자기-조절 기술/문제-해결 방식)
(행동 기준에 대한 내적/외적 모니터링)

관습적 야망과 수행

학교 수행과 행동

범죄에 호의적인 인지:
태도, 가치, 신념,
합리화, 중화 그리고 감정

범죄에 대한 지각된 사회적 지지

범죄행동의 전력

즉각적 상황 속의 개인

즉각적 상황:
촉진물, 억제물,
스트레스 요인
→ 범죄활동에 호의적인 신호화된 결과들 → 범죄행동

[그림 4-3] 범죄행동 분석에 관련된 중다수준 변인들에 대한 개인적, 대인 관계적, 지역사회-강화 조망

범죄행동에 대한 개인적, 대인 관계적, 지역사회-강화(PIC-R) 조망

일반 성격 및 인지사회적 학습 접근법의 한 가지 예는 일탈행위에 대한 개인적, 대인 관계적 그리고 지역사회-강화[Personal, Interpersonal, and Community-Reinforcement(PIC-R)] 조망이다(Andrews, 1982a). [자료 노트 4-1]에 원리들이 소개되어 있다. 우연히도, 원래의 PIC-R의 원리들은 10여 년 전에 준비된 바, 이는 서로 다른 위험요소들의 상대적 크기(예: 제2장)와 효과적인 예방의 특성들(제2장과 제11장)에 관한 메타분석적 발견들이 소개되기 이전이었다.

[자료 노트 4-1]

PIC-R의 원리

1. 일탈 및 비일탈적 행동의 발생은 선행적인(antecedent) 그리고 결과적인(consequent) 통제 하에 있다.

2. 특정 종류의 행동(일탈 또는 비일탈적)의 발생 가능성에 있어서 개인 간 그리고 개인 내 변산성들은 그러한 종류의 행동에 대해 신호화된 보수와 비용의 변산성에 기인한다.

3. 선행 사건들 및 결과들의 통제 속성들은 환경과 개인의 상호작용을 통해서 습득된다. 자극 조건들에 대한 통제 속성들의 습득, 유지, 수정을 좌우하는 원리들은 유전적 및 체질적 소인과 역량; 생물신체적 기능; 인지적 기능; 인간 발달; 행동 목록(repertoire); 상태(state) 조건들; 그리고 관찰학습, 규칙학습, 상징적 통제 및 역할 실행(role enactment)을 포함한 반응적 및 조작적 조건화를 포함한다.

4. 선행사건들과 결과들은 두 가지 큰 유형으로 나뉜다: 가산적(additive) 사건들(자극이 도입되고, 확대되거나 증가됨)과 감산적(subtractive) 사건들(자극이 철회되고, 지연되거나 감소됨).

5. 특정 행동의 발생 가능성의 변산성은 그러한 종류의 행동에 대한 신호화된 보수 밀도(density)와 정적 함수 관계가 있고, 신호화된 비용 밀도와는 부적 함수 관계가 있다.

6. 선행사건들 및 결과들은 세 개의 주된 원천이 있다: (1) 행위자(개인적으로 매개된 사건), (2) 타인들(대인 관계적으로 매개된 사건), (3) 행동 그 자체(매개되지 않거나 자동적이며 습관적인 사건들).

a) 개인적으로 매개된 영향의 크기는 개인적 억제, 문제-해결 및 자기-통제 기술들과 같은 특정 자기-관리 요인들의 일반적 소인이 높을 때 그리고 개인적 인지가 중립 상태로부터 벗어날 때 증가한다. 영향의 방향은 인지가 친범죄적이냐 아니면 반범죄적이냐에 따라 좌우된다. 간단히 말해, 범죄행동의 기회들은 개인의 태도, 가치, 신념, 합리화, 정체감 그리고 인지-정서적 상태가 범죄행동에 대해 지지적일 때 증가한다. 인지가 반범죄적일 때는 범죄행동의 기회가 감소한다. 개인적으로 매개된 통제는 인지가

중립적일 때 약화된다.

b) 대인 관계적으로 매개된 영향의 크기는 관계성과 구조화 원리들을 준수함에 따라 증가한다. 만일 타인을 존경하고, 가치를 인정하고, 좋아한다면(존경할 만하고 호감이 간다면), 대인 관계적 영향의 효과는 증가된다. 영향의 방향은 타인의 인지, 기대 그리고 행위가 친범죄적이냐 반범죄적이냐에 의해 결정된다. 범죄에 대해 중립적인 사람과의 매우 좋은 관계는 범죄행동에 대해 중간 정도의 영향을 끼칠 것이다.

c) 비매개적 영향은 행동 자체의 기능으로서 상당히 자동적이며, 주로 표적 행동에 대한 강화의 전력을 반영한다. 강화된 행동과 다른 자극 사건들의 반복된 연합을 통해, 자극이 또한 자동적 통제를 하게 한다. 예를 들어, 단지 의미 있는 타인을 생각하는 것이 그 타인이 선호하는 행위를 일으키는 데 영향을 미칠 수 있다. 능동적이며 신중한, 개인적으로 매개된 통제가 자동적 통제로 되기 위해서는 주의 깊고 자세하게 행동을 계획하고 자주 시연(rehearsal)을 하는 것이 요구된다.

7. 어떤 종류의 행동이든지 그 행동에 대해 신호화된 보수의 효과크기는 그 행동에 따르는 다른 신호화된 보수들의 밀도에 의존한다. 일반적으로, 모든 행동에 대한 보수의 효과크기는 그 밀도가 중간 수준일 때 가장 크고, 그 밀도가 매우 낮거나 매우 높은 수준일 때 작아진다. 마찬가지로, 어떤 종류의 행동이든지 그 행동에 대해 신호화된 비용의 효과크기도 비용의 밀도가 중간 수준일 때 가장 크다.

8. 한 종류의 행동(일탈적 또는 비일탈적)에 대해 신호화된 보수와 비용의 변화는 또 다른 종류의 행동의 발생 가능성을 변화시킨다. 효과크기는 일탈적 및 비일탈적 행동에 대한 유관성과 스케쥴이 상호 연결된 함수다. 비일탈적인 행동에 대한 보수는 다음 조건들하에서 일탈적 행위의 기회에 최대의 영향력을 미친다:

a) 비교적 비용이 들지 않은 비일탈적인 행동들이 일탈적 행동에 의해 산출되는 것과 유사한 보수를 포함하여, 상당히 높은 밀도의 보수를 생성할 때나 그러한 상황;

b) 일탈적 행동의 비용이 비일탈적 행동에 의해 산출된 보수를 획득하는 과정을 축소, 지연, 생략 또는 방해할 때나 그러한 상황; 그리고

c) 비일탈적 행동이 일탈적 행동과 양립할 수 없을 때나 그러한 상황.

9. 각각의 일탈적 및 비일탈적 유형의 행동 내에서 특정 행동이 발생할 가능성의 변화는 그러한 특정 행동에 선행하는 원리들을 적용함으로써 이해되거나 생성된다.

10. 역사적, 지리적 그리고 정치-경제적 요인들은 주로 이들이 주변 환경 및 지역사회 내에서 생성하는 유관성을 통해서 개인 행동에 영향을 미친다. 예를 들어, 물리적, 환경적 그리고 문화적 변인들과 사회 체제 구조는 주변 환경 내에 유지되는 보수와 비용의 유관성을 통해 개인 행동에 영향을 미친다.

11. 하나의 체제가 그 구성원들의 일탈적 및 비일탈적 행동에 미치는 영향을 분석하기 위한 두 가지 기본적인 차원은 규범적(normative) 차원과 통제(control) 차원이다. 규범적 차원은 체제 내의 구성원의 위치에 따라 행위 규칙과 금지 그리고 그들의 분배를 포함한다. 통제 차원은 자원(잠재적인 보수와 비용을 포함)을 통제하는 사람에 대한 규범적이며 일탈적인 행동의 가시성; 잠재적인 보수와 비용의 양, 종류, 질 그리고 크기; 비용과 보수가 획득되는 즉시성, 빈도 및 규칙성; 그리고 일탈적 및 비일탈적 행동

에 대한 상호 연결된 유관성을 유지하는 것을 포함한다. 우리들은 대인 관계적 상호작용의 맥락에서 또다시 상호작용의 관계성 및 구조화 차원을 적용한다.

12. 행동의 예측 가능성과 영향에 대한 순응성은 신호화된 보수/비용의 유관성들에 대해 개별적으로 평가함으로써 증가한다.

13. 인간 행위에 대한 모든 조망의 인간적 및 사회적 가치는 일부분 예측적인 효율성과 사건에 영향을 미치는 능력에 달려 있다. 대부분, 실용적인 가치는 윤리적, 법적, 인도적 응용의 함수다.

인간 행동에 대한 폭넓은 인지사회적 학습 조망처럼, PIC-R은 통합적이며 유연해지고자 한다. PIC-R은 일탈행동을 적극적으로 부추기거나, 억제하는 요인들을 고려한다. 이러한 의미에서, PIC-R은 사회학적 범죄학자들의 동기 및 통제이론들의 요소들을 포함한다. PIC-R은 이론적 선호 때문이라기보다는 범죄 활동과 그 결과의 본질 때문에, 동기적 요소와 통제 요소 모두를 강조한다. 일반 인간심리학에서, 강화와 처벌 모두 미래의 행위에 영향을 미친다는 점은 잘 알려져 있으며, 또한 범죄에 대한 인간 동기는 억제보다 더 강력한 것으로 인식되고 있다. PIC-R은 사회적 유대(social bonding)를 인정하지만, 타인에 대한 친범죄적 및 반범죄적 지향이 타인에게 미치는 영향을 결정짓는 데 핵심적이라는 것은 명백한 것이다. 더 나아가, PIC-R은 분석 시 개인적, 대인 관계적 그리고 지역사회 요인들을 명백하게 인식하고 있다. PIC-R은 또한 인간 행동을 지배하는 특정 요인들이 많으며, 이것들이 상당히 개인주의적이고, 시간이나 상황에 따라 그 중요성이 변화한다는 것을 강조하고 있다. 포괄적인 속성으로 인해 PIC-R은 다른 덜 포괄적인 이론들이 다루고자 했던 것뿐만 아니라, 그들이 과소평가했던 것을 조직하고 정립하는 데 도움을 준다.

PIC-R은 일탈적 행동에 대한 이해가 일반적인 생물학, 인간학 및 사회과학의 지식에 의존해야 한다는 점을 인식하고 있지만, 응용적 환경에서의 기능적 힘 때문에 행동적 및 인지적 사회적 학습 원리들을 강조한다. PIC-R의 실용적이며 임상적인 유용성은 종합적인 평가가 격려되고 합리적이며 효율적인 개입을 계획하는 데 있어서 도움을 주는 능력에 있을 것이다. 공공 선(public good)에 대한 PIC-R의 기여는 범죄통제 정책입안자들이 효과적인 법률은 즉각적인 행동 상황 속에 있는 사람들에게까지 이르는 것이라는 것을 인식하도록 돕는 능력에 좌우될 것이다.

PIC-R에서는 행동의 즉각적인 상황에서의 인간 행위의 변산성에 책임이 있는 요인들에 대한 가장 기본적인 원리들을 급진적 행동주의로부터 도출하였다. 특히, 이 요인들은 보수와 비용 그리고 특정 행위에 대한 보수적 또는 비용적인 결과를 신호화하는 행동의 선행 사건들을 포함한다. 이와 같은 행동적 분석의 기본적인 원리들이 [자료 노트 4-2]에 요약되어 있다. 이론적 원리는, 행동의 즉각적인 유관성들에서의 변산성이 인간 행동의 습득, 유지 및 수정에 책임이 있다는 것이다. 행동적 원리들은 학습에만 제한되지 않으며, 수행의 근본적인 원리들이기도 하다. 심지어 Gottfredson과 Hirschi(1990)의 소위 '쉽고 단순한' 범죄행동들도 PIC-R 조망에서는 행동적 통제를 받는다.

[자료 노트 4-2]

행동적 분석의 원리

다음에 핵심적인 학습조망을 요약했다.

- 고전적(classical)[또는 반응적(respondent) 또는 파블로프적인(Pavlovian)] 조건화: 이전에는 중성적인 자극들이 무조건 자극과 짝지어짐으로써 조건반응을 통제하게 되는 과정. 조건반응은 흔히 무조건 자극에 대한 무조건 반응의 일부분이거나 구성요소다.
- 도구적(instrumental) 행동들[또는 조작적 행동들(operants)]: 환경에 대해 조작하는 또는 환경의 변화를 유발하는 데 수단이 되는 행동들.
- 조작적 행동의 결과적 통제: 행동으로 인한 비교적 즉각적인 환경적 결과들 때문에 재발되는 행동기회의 변화.
- 보수(또는 강화물): 행동재발 증가의 기회와 연합되어 있는 조작적 행동에 의해 생성되는 즉각적인 환경적 변화.
- 비용(또는 처벌물): 행동재발 감소의 기회와 연합되어 있는 조작적 행동에 의해 생성되는 즉각적인 환경적 변화.
- 모델링(modeling): 관찰과 모방을 통한 학습(또는 모델이라면: 행동을 보여 주기).
- 선행적 통제: 즉각적으로 선행하는 자극 조건으로 인해 발생하는 행동 기회의 변화.
  일부 중요한 선행 사건들은 다음과 같다: 모델로서의 타인; 보수 또는 비용의 잠재적 원천으로서의 타인; 자기-대화(self-talk); 이미지와 생각; 정서적 상태; 행동완수를 위해 필요한 물리적 자원 또는 지원; 행동기회를 갖게 하는 차별화된 자극에 대한 경험; 무조건 자극; 조건 자극; 상황에 대한 의도 또는 정의; 수행능력에 대한 신념; 그리고 수행의 결과.
- 대안적 행동 또는 대안적 반응: 어떤 상황에서는 하나 이상의 행동이 선행적 및 결과적 영향의 통제하에 있다. 이들 다른 행동들을 대안(alternative)이라고 부른다.

일부 행동들의 본질(절도는 소유물을 생성한다; 약물복용은 감각변화를 생성한다)과 그리고/또는 이것들이 자주 함께 발생한다는 점을 고려했을 때, 일부 유관성들은 상당히 자동적으로 나타날 수 있다. 다른 유관성들은 개인적으로 매개되며(자기-지시 및 자기-보수를 통한 능동적인 자기-관리) 그리고 또 다른 유관성들은 대인 관계적으로 매개된다(예: 타인이 명시적으로 나의 행동을 허용하거나 불허할 수 있다). 이에 더해, 협소하거나 광범위한 사회체계의 정치경제와 사회구조는 개인적 그리고/또는 대인 관계적 매개에 관련되는 특정한 유관성들을 생성하고 유지시킬 것이다. 임상적 실무에서, 개인적, 대인 관계적 그리고 지역사회에서의 보수와 비용들의 변화가 없으면, 장기적인 행동변화는 가능하지 않다.

PIC-R은 성격과 사회과학들의 개념들로부터 도출된다. 행동에 대한 즉각적인 유관성들이 인간 행동의 다양성을 설명하는 반면, 유관성 자체의 발달, 유지 그리고 수정은 개인적, 대인 관계적 그리고 지역사회 요인들에 의한다. 안정된 유관성들은 시간과 다양한 상황에 걸친 행동의 안정성을 설명한다. 예를 들어, 개인의 태도, 친구의 선택 그리고 개인적 기질에서의 안정성이 다양한 상황에 걸쳐 어떻게 일탈행위의 비교적 높은 기회들을 유지하는지를 알게 될 것이다. 실제로, 명백하게 다른 상황들은 이들이 나타내는 유관성과 그것들이 일으키는 인지들의 측면에서 심리적으로 동등할 것이다(Mischel & Shoda, 1995, 2006).

마지막으로, 비일탈적인 대안행동들의 효과 측면에 있어서, 이 유관성들은 일탈행위를 분석하고 실제적인 수정을 하는 데 있어서 중요한 것이다. 비일탈적인 대안행동들이 매우 보수적일 때, 일부 행동의 동기는 감소할 것이다. 따라서 아노미 이론(anomie theory)은 약간의 여지가 있기는 하지만, 심리적 과정은 초기의 사회학적 및 심리학적 긴장이론들(strain theories)에서 제안했던 것과는 극적으로 다르다. 범죄행동의 감소 가능성은 범죄동기를 감소시키는 것보다는, 범죄의 감산적(substractive) 비용을 증가시킴으로써 범죄에 대한 비용을 극적으로 증가시킬 가능성이 있다. '비-범죄'에 대한 보수가 증가한다면, 개인은 잃을 것이 더 많아진다.

선행적 및 결과적 통제

[자료 노트 4-1]은 PIC-R 원리들에 대한 요약을 제공하고 있다. 여기에서는 이들 원리들을 확장하여 보다 풍부한 설명을 할 것이다. 원리 1은 일탈 및 비일탈 행동의 발생은 선행적 및 결과적인 사건들의 통제하에 있다는 것이다. 원리 2는 특정 종류의 행동(일탈적 또는 비일탈적) 발생 가능성의 개인 간 및 개인 내 변화는 그러한 종류의 행동에 대해 신호화된 보수와 비용의 변화에 기인한다는 것이다.

선행적 자극들은 행동에 선행하고 영향을 미치는 자극사건들이다. 이들은 행동적 분석의 A-B-C (선행사건-행동-결과)에서 'A'를 구성한다. 선행사건들은 외적 또는 내적 자극들이며, 선행적 통제란 자극조건의 변화가 행동발생의 가능성을 변화시킨다는 것을 의미한다. 예를 들어, 경찰관이 있고 없음이 무단횡단의 가능성에 영향을 줄 것이며, 누군가 당신을 죽이려 한다는 생각이 자기-방어적인 공격행동의 가능성에 영향을 미친다.

선행적 자극들은 고전적 조건화(classical conditioning), 대리 학습(vicarious learning) 그리고 변별 학습(discrimination learning)의 과정을 통해 행동에 대한 통제를 획득한다. 선행적 자극들이 고전적인 조건화를 통해서 행동적 통제를 획득하면, 대부분 자극-반응 관계성이 자동적이게 된다. 흔히 행동은 정서적 행동으로서 묘사된다. 예를 들어, 주사기를 보는 것은 마약 중독자에게는 즐거운 정서를 불러일으킬 것이다. 모델링은 선행적 통제에 대한 강력한 원리 중 하나인데, 어떤 한 사람의 행동적 표현은 관찰자가 그러한 행동에 개입할 기회를 증가시킨다. 선행적 자극들이 다른 학습과정을 통해서 행동적 통제를 획득할 때, 그것들은 특정한 행동의 결과에 관한 정보를 제공하는 것으로써 기능한다. 즉, 선행적 자극들이 특정 행동에 따르는 보수와 비용을 알려 주는 데 이용된다. 선행적 통제의 강도는 자극과 행동결과들이 반복되어 짝지어짐으로써 증가한다.

결과적 통제 또는 성과통제(consequent control or outcome control)란 행동재발의 기회에 대한 어떤 한 행동의 결과들의 효과를 말한다. 행동재발의 가능성을 증가시키는 결과를 강화물(reinforcer) 또는 보수적 결과(즉, 보수)라고 한다. 그 과정은 강화(reinforcement)라고 한다. 행동재발의 가능성이 감소하는 결과는 비용이라 부르며, 그 과정은 처벌이라고 한다. 이때, 즐거움을 찾고 고통을 회피하려는 사람들의 경향은 행동적 원리들의 핵심이다. 이것이 정신역동이론가들과 통제 이론가들의 가슴을 똑같이 따뜻하게 한다.

원리 3과 관련해서, 반응과 학습의 역량에 영향을 미치는 많은 '신체적' 및 인지적 특성들이 있다. 때때로 이들 인적 요인들은 영구적이지만(예: 뇌 손상), 때로는 일시적이다(예: 발달적 및 성숙적 변화). 그리고 때로는 급성적(acute)이다(예: 중독; 특정 상황의 특정 시점에서 잘못 취급받았다는 느낌).

[자료 노트 4-3]

사례 연구: 가산적 및 감산적 보수들의 동시적 조작

Julia는 매춘 및 마약소지로 30일간의 구류를 선고받았다. 그녀는 19세이며, 이번이 첫 구금이었다. 구금되자마자 Julia에게 다른 모든 범죄자들이 받았던 것과 같은 절차가 진행되었다: 지문이 채취되고, 의료검진을 받았으며, 간단한 전력이 작성되었다. 특별한 것은 아무것도 없었다.

첫 야간 점검에서, 교정공무원은 Julia가 의식이 완전하지 않고, 팔뚝에서 피를 흘리고 있는 것을 발견하였다. 그녀는 그날 이른 시간에 다리 털 제거를 위해 면도기를 요청하였다. 면도기는 수거되지 않았으며, 그날 밤 자신의 팔뚝을 상해하는 데에 사용되었다. Julia는 즉시 치료를 받았으며, 일부 상처를 꿰맨 것 외에 Julia가 스스로 유발한 상처는 가벼운 것이었다.

다음 날, Julia는 자살평가를 위해 심리학자와 면담하였다. Julia는 직원이 자신을 자살 충동적이라고 생각하는 것에 놀랐으며, 그녀는 자살의도를 부정하였다. 그녀는 "그것은 그냥 어쩔 수 없는 일이었어요."라고 말했다. 그날 밤 다시 그녀는 안경 유리(그녀는 안경테에서 안경알을 분리하였다)를 가지고 자신의 팔에 상처를 입혀, 피를 흘리고 있는 것이 발견되었다. 비록 상처가 깊지 않았지만, 직원들은 경계를 하였고, 그녀는 병동에 수용되어 24시간 간호를 받게 되었다.

흔히 Julia와 같은 행위는 '도움 청하기' 또는 '관심 끌기'로 보인다. 자살하려는 움직임은 타인들로부터 큰 관심을 끌게 되며, 매우 외로운 사람에게는 강화적인 속성이 강하다. 심리학자가 Julia를 다시 보았을 때, 팔뚝을 긋는 것이 '대인 관계적인 가산적 보수'를 유발하였다는 작업가설(working hypothesis)을 세웠다.

놀라운 것은 그 행위가 감산적 보수(즉, 불쾌한 자극의 제거) 또한 초래했다는 것이다. 두 번째 면담에서, Julia는 보다 느긋하게 마음을 열고 있었다. 그녀는 신체적 및 성적 학대, 극심한 빈곤 그리고 알코올 중독에 젖은 생활을 말했다. 그녀는 또한 과거에 매우 불안할 때 팔을 그었다고 이야기하였다. 고통스러운 것이었기 때문에, 자신의 문제들로부터 벗어나게 해 주었다. 자신의 상처로부터 피가 흘러나오는 것을 보는 동안은, 그녀의 마음을 자신의 참혹한 삶에서 잠시 벗어나게 해 주었다. 피가 계속해서 흘러나오면서, 그녀는 이완감과 평화로움을 느꼈다(의심의 여지없이 점진적인 혈액손실로 인해 유발되었다). 결국 그녀는 자신이 깨어났을 때 새로운 날을 맞이할 수 있도록, 재충전되는 잠에 빠질 수 있었다.

원리 3은 PIC-R이 급진적 행동주의에서 출발하여 생물학적 그리고 인지심리학적 지식을 활용함을 강조한다. 특히, 이 원리는 개인에 대한 통제의 원천이 발달적 변화에 따라 변화할 수 있음을 일깨워 준다(다음 장에서 보게 될 것이다).

원리 4는 선행사건들과 결과들이 두 가지 주요 유형으로 되어 있다고 말한다: 가산적(additive) 사건들(자극들이 도입되거나, 확대되거나 또는 증가한다)과 감산적(subtractive) 사건들(자극들이 철회되거나, 지연되거나 또는 감소한다).

가산적 또는 정적 보수는 환경에 좋은 것을 추가시키는 결과들이다(예: 어린이에게 특정 행동에 맞는 상을 주는 것). 감산적 또는 부적 보수는 불쾌한 것을 제거하는 결과들이다(예: 폭력이 경멸적인 말을 하는 것을 멈추게 하는 데 성공적이었다면, 폭력의 재발을 증가시킬 것이다). 임상적 예시는 [자료 노트 4-3]에 있다.

유사하게, 비용 또한 가산적이거나 감산적일 수 있다. 따라서 결과적 통제 원리는 가산적(정적) 처벌과 감산적(부적) 처벌, 양자를 포괄한다. 어린이의 행위를 꾸짖는 것은 가산적 처벌의 사례이며, 상황의 긍정적인 측면을 제거하는 것(예: 관심을 철회하는 것)은 감산적 처벌의 사례다. 가산적-감산적 구분은 기존의 이론들을 분류하는 데에 매우 중요한 발견이 될 것이다. 특히 감산적 처벌은 효과적인 개입 프로그램을 설계하는 데에 가치가 있음을 알게 될 것이다(Hunt & Azrin, 1973; Meyers & Smith, 1995).

[자료 노트 4-4]

자극 통제 및 범죄행동에 대한 이해: 코카인 남용의 ABC(Carroll, 1998) 기능적 분석

특별한 행동(코카인 사용과 같은)의 기능적 분석은 코카인 사용의 선행사건들 및 결과들에 대한 매우 개인적인 이해를 하게 한다. 이러한 이해는 코카인 의존자의 사용 이전과 이후의 사고, 감정 및 환경에 대한 고찰에 기초한다. 코카인 사용 이전의 사고, 감정 그리고 환경에 대한 고찰은 한 개인의 코카인 사용의 선행적인 결정요인들(또는 고위험 상황들)을 확인하는 데에 도움이 된다. 많은 사용 사례들에 대한 기능적 분석은 이와 같은 특정인의 '촉발 요인(trigger)'에 대한 윤곽을 형성시킬 것이다.

코카인 사용에 따른 상당히 즉각적인 결과들에 대한 이해는 개인의 코카인 사용에 대한 주요 강화물이 무엇인지를 시사한다. 이것은 또한 어떠한 비용이 명백하게 결여되었으며 도입되었는지에 대해 알려 준다. 희열, 따분함의 해소 그리고 대인 관계적 어려움에서 도피하는 수단이 되는 것이 가능한 강화물들이다.

인지행동적 치료법에서, 치료자와 환자는 관심행동에 대해 통상 기능적 분석을 수행한다. 그들은 고위험 상황을 인식하고(RECOGNIZE), 적절한 때에 이 상황들을 회피하고(AVOID), 문제행동과 연합된 다양한 선행사건들을 좀 더 효과적으로 대처하기(COPE)를 원한다. 인지행동적 치료법에 대한 상세한 기술은 [테크니컬 노트 4-1]을 보라.

Robert Agnew의 일반 긴장이론(general strain theory)의 입장에서 생각해 보면, 선행사건들이 가산적 및 감산적인 것으로 개념화될 때, 긴장의 세 가지 원천들이 명백하게 나타난다. 가치 있는 자극의 철회는 혐오스러운 사건 또는 불쾌한 조건들의 발생이 그러한 것처럼 긴장생성적(strain-producing)이다. 마찬가지로, 또한 기대하는 즐거운 결과가 발생하지 않으면 좌절감을 일으킨다. 행동적 측면에서, 강화조건들로부터 소거(extinction) 조건으로 이동하는 것은 좌절을 가져온다.

[자료 노트 4-4](그리고 [테크니컬 노트 4-1])는 기본적인 선행적 및 결과적 통제들이 효과적인 인지행동적 치료법과 어떻게 관련되어 있는지를 보여 주고 있다. 특히 행동적 기능적 분석이 즉각적인 환경 변인들의 통제적 특성들에 대한 개인적 이해를 어떻게 할 수 있을지에 주목하라.

원리 5에 의해, 우리는 특정 부류의 행동발생 가능성의 변화가 다음과 같은 것들과 정적인 함수관계에 있음을 알게 된다: (1) 그러한 부류의 행동에 대해 신호화된 보수의 밀도 그리고 (2) 그러한 부류의 행동에 대해 신호화된 비용 밀도의 부적 함수.

많은 형태의 일탈행동들은 다양한 보수를 산출한다는 점에서 중다함수 관계에 있다. 따라서 PIC-R은 보수와 비용의 밀도를 강조한다. '강화의 밀도'는 보수의 수, 종류, 질 및 크기뿐 아니라, 이행되는 즉각성, 빈도 및 규칙성에 의한다. 기회는 비용의 밀도에 따라 감소한다.

행동적 원리들의 매력은 관심을 두는 문제, 즉 특별한 행동이 발생하는 기회의 변화에 대해 직접적으로 초점을 맞추고 있다는 것이다. 직접적으로, 무엇이 특별한 행동들을 발생시키는 기회를 끌어올리고, 끌어내리느냐 하는 것이 문제다. '밀도(density)'라는 개념은, 이것이 제한된 유형의 보수 또는 비용에 고정된 것이라기보다는 현재의 그리고 잠재적인 보수와 비용에 대한 포괄적인 개별화된 평가를 조장하기 때문에 중요하다. 이것은 또한, 범죄 및 비범죄적 대안에 대한 비용-보수 유관성을 변경시킬 목적을 갖는 개입 프로그램에서 중대한 의미를 갖는다. 실용적인 의미는 보수-비용 유관성의 원천에 대한 관심과 함께 더욱 확대된다(다음의 원리에서처럼).

원리 6은 선행사건들 및 결과들의 세 가지 주요 원천들을 구체화함으로써, 행동에 대한 개인적, 대인 관계적 그리고 자동적 통제들을 확인한다. 6a, 6b 및 6c와 같은 부가적 원리들은 다음과 같은 것에 직접적인 관심을 두고 있다: (a) 개인적 수준에서 자기-통제 기술 및 반범죄적 대 친범죄적 인지의 중요성, (b) 대인 관계적 영향의 관계성 및 구조화 측면 모두를 고려한 반사회적 및 친사회적 친구의 중요성 그리고 (c) 습관적이며 자동적인 행동 통제. 이들은 다음에 상술될 것이다.

원리 7과 원리 8은 보수와 비용의 효과는 상호의존적이며, 행동에 대한 영향은 실제로 상호작용한다고 제안한다. 원리 7은 우리가 단일의 또는 적은 유인(incentive)을 가지고 커다란 행동 변화를 기대하지 말아야 한다는 점을 상기시켜 준다. 예를 들어, 마리화나를 피우는 것이 흥미로울 것이라고 생각하기 시작하는 것이 마리화나를 피우는 것으로 전환될 수는 없지만, 약물을 사용해 보려는 것에 대한 개인적 관심과 동료의 지지가 결합하면, 약물사용의 기회가 극적으로 증가한다. 일반적으로, 원리 7은 보수 또는 비용의 배경 밀도는 특정 보수 또는 비용의 상대적 중요성을 이해하는 데 중요하다고 제안한다. 예를 들어, 특정 행동 상황에 하나의 특정 보수를 추가하는 것은 배경(background) 밀도가 매우 높거나 매우 낮을 때는 행동에 별다른 영향을 갖지 못할 것이다. 그러나 보수의 배경 밀도가 다소 중간적인 수준일 때에는, 추가적인 보수가 행동에 커다란 영향을 끼친다.

원리 8은 범죄적 및 비범죄적 대안행동에 대한 상호 연계되는 보수/비용 유관성들이 어떻게 범죄행동에 영향을 미칠 수 있는가를 구체화한다. 간단히 말해서, 보수의 범죄적 원천이 탐색될 필요가 없으며 범죄의 감산적 비용이 증가되도록, 다양한 장면들에서 비범죄적 행동들에 대한 보수를 형성하는 것이다. 간략하게 언급되었지만, 그것은 매우 강력하다. 관습적인 성취들에서 낮은 비율의 보수와 만족은 스트레스 또는 긴장으로 해석되는 상황에서 범죄행동의 동기가 될 수 있지만, 관습적인 행동에 대한 낮은 수준의 보수와 만족은 범죄행동에 대한 감산적 처벌이 전체적으로 거의 없을 때 극적인 효과를 가져 온다. 다시 한번, 누구나 범죄자가 될 수 있을 가능성이 있다.

원리 9는 선행 원리들이 모든 특별한 대상 행동에도 적용된다는 사실을 독자들에게 알려준다. 예를 들어, 당신이 반사회적 태도들을 감소시키기 원한다면, 친사회적 표출에 대해서는 높은 밀도의 보수를 제공하고 그리고 반사회적 태도의 표출에 대해서는 보수를 감소시켜라. 만일 당신이 자기-통제를 높이기 원한다면, 자기-통제의 실행과 강화의 기회를 증가시켜라. 이 원리는 주요 범죄행동을 감소시키기 위해 주요 인과적 변인들을 어떻게 변경시킬 것인가를 제안한다는 점에서 중요하다.

원리 10과 원리 11은 범죄유발적 가능성을 지닌 사회 체제들과 문화를 어떻게 분석할 것인가를 구체화하고 있다. 간단히 말해, 이제 다음과 같은 것은 당연한 것이다. 모델이 된 것은 무엇이고, 강화된 것은 무엇이며, 처벌된 것은 무엇인지 분석하라.

원리 12는 효과적인 보수-비용 유관성에 대한 개별적 이해의 실용적 가치를 상기시켜 주는 간단한 언급이다. 원리 13은 연구와 실행이 윤리적이고, 인도적이며 그리고 정당한 방식으로 진행된다는 것을 상기시키는 것이다.

통제의 원천에 대한 자세한 탐색

원리 6은 선행사건들과 결과들이 세 가지 주요 원천들로부터 발생된다고 말한다: (1) 행위자(개인적으로 매개된 사건들), (2) 행동상황에서의 타인(대인 관계적으로 매개된 사건들) 그리고 (3) 행동 그 자체(매개되지 않고, 자동적이며, 습관적인).

통제자극들의 원천에 대한 고려는 PIC-R을 인지 사회학습적 조망으로 변경시킴으로써 행동적 조망의 분석적 및 실용적 가치를 확장시킨다. 우리는 이러한 자극들의 원천을 행위 자체(예: 헤로인 주사로부터 자동적으로 유발되는 쾌락)와 즉각적인 환경 내 타인들(예: 친구의 칭찬) 안에 위치하게 했다. 그러나 PIC-R은 다른 통제 원천을 추가한다: 개인적으로 매개된 통제, 즉 개인은 자신의 행동에 대해 능동적인 통제를 실행할 잠재성을 갖는다. 이것은 상징적 상호작용주의와, Bandura(1986)의 사회적 인지이론에 대한 저술들과 Meichenbaum(1977)의 인지적 행동주의(cognitive behaviourism)에서 시작된 폭발적인 지식들과 직접적인 관계가 있다. 급진적인 행동주의는 근본적인 행동적 원리들에 대한 분석적 및 기술적 힘이 응용적 상황에서 지속적으로 잘 적용되고 있기 때문에 중요하며, 인지적 접근법들 중 최상의 것은 선행적 및 결과적 지향 접근법들이다(제11장과 제12장을 볼 것).

Albert Bandura(Barbaranelli, Caprara, 그리고 Pastorelli와 같은 동료들과 함께, 1996)는 개인적으로 매개된 통제가 어떻게 작용하는지에 중요한 기여를 하였다. 이 저자들은 비도덕적 행동에 대한 자기처벌을 회피하거나 자기-보수를 표현하는 도덕적 이탈(moral disengagement)의 기제들을 자세하게 기술하고 있다. Sykes와 Matza의 중화의 기법들과 같이(제3장 및 제7장), 이와 같은 도덕적 이탈 기제들은 다음과 같은 것들을 포함하고 있다:

1. 도덕적 정당화(moral justification): "친구를 보호하기 위해/가족을 위한 복수를 하기 위해 싸우고/거짓말하고/훔치는 것은 괜찮아."
2. 완곡한 언어(euphemistic language): "단지 농담으로/누군가에게 교훈을 주려고/단지 물건을 빌리려고/잠시 한번 해 보는 것이라면, 싸우고/훔치고/마약을 하는 것은 괜찮아."
3. 유리한 비교(advantageous comparison): "다른 사람들이 더 나쁜 짓을 할 때/다른 행동들이 더 나쁠 때, 싸우고/거짓말하고/훔치는 것은 괜찮아."
4. 책임감 치환(displacement of responsibility): "내가 나쁜 조건에서 살고 있기 때문에, 넌 나를 비난할 수 없어."
5. 책임감 분산(diffusion of responsibility): "집단 모두가 개입되어 있을 때는/친구들이 내게 그것을 하도록 요청했을 때는 넌 나를 비난할 수 없어."
6. 결과 왜곡(distorting consequences): "실제로 아무도 피해를 입지 않았어."
7. 비난의 귀인(attribution of blame): "만일 내가 잘못 행동했다면, 그것은 선생님/부모님의 잘못이야."
8. 비인간화(dehumanization): "그럴 만한 사람들을 다치게 한 것은 괜찮아."

주의 깊게 정의된 인지적 기술들의 결함들은 범죄행동과 연결되어 있으며, 많은 임상가들과 연구자들은 인지적 기술 접근법을 적극적으로 사용하고 있다(예: Friendship, Blud, Erikson, Travers & Thornton, 2003; Goldstein & Glick, 1994; Lowenkamp, Hubbard, Makasios & Latessa, 2009; Platt & Prout, 1987; Ross, 1995; Wilson, Bouffard & MacKenzie, 2005). 임상적으로, 특정 개인들에게서 확인되는 범죄유발적 욕구에 따라, 기술 커리큘럼(Goldstein & Glick, 1994, 2001; Hatcher, Palmer, McGuire, Hounsome et al., 2008)은 대인 관계적 기술들을 대상으로 한 바, 이에는 '대화 시작하기' '사과하기' '정서 표현하기' '실패에 반응하기' 그리고 '목표 설정하기' 등과 같은 행동적 및 인지적 요소들이 포함된다. 이들 기술들에는 기초적인 대인 관계적 기술들로부터 공격성을 대체하는 특정 행동들을 발달시키는 것까지 있다. Goldstein과 Glick의 체계에서 분노-통제 관리는 '촉발인자들을 확인하는 것', 각성을 낮추기 위해 자기-진술과 이완 기술을 사용하는 것 그리고 분노-통제를 위해 자기-강화를 하는 것을 포함한다. 기타 관련된 욕구영역들은 문제-해결 훈련과 사회적 지각 훈련을 포함한다.

자기-통제의 사회적 학습 개념에서 특별히 중요한 측면은 자기-조절 과정들에 대한 상세한 기술과 경험적 타당성에 있다. 자기-통제의 추정적인 효과들(예: 충동적 행동전력, 쾌락 추구 전력 등)을 관찰함으로써 조작적으로 정의하는 것은 더 이상 필요가 없다. 보다 중요한 점은 이들 '기술'들이 직접적인 훈련을 통해서 발전되는 것이다. 끊임없이 활동적인 아이들의 부모들(그리고 아이들 자신들)은 이것이 매력적임을 알게 된다. 자기-조절의 과정들은, 예를 들어, 행동 기준의 설정, 활동의 계획, 활동의 선택, 자기-모니터링 그리고 심지어 행동에 대한 자기-평가 이후에 스스로에게 보수와 비용을 제공하는 것에 의한 자기-결론 짓기(self-consequation)를 포함하고 있다. 여기에서 우리는 의도적으로 급진적인 행동주의와 일치하는 언어를 사용하고 있지만, 그 과정은 순수한 사회적 학습/사회적 인지다.

Baumeister와 Vohs(2004)의 모음집은 여러 다른 연구자들과 실무자들이 자기-조절에 접근하고 있는 방법의 여러 사례를 제공한다. 연구의 한 영역은 정서 조절(affect regulation)이다(Laresen & Prizmic, 2004). 생각해 보라. 당신은 부정적인 정서를 어떻게 통제하는가? 기분전환? 분출? 억압? 인지적 재구성? 누군가 당신보다 더 심각한 사람을 생각하기? 긍정적인 것을 생각하기? 당신이 정말로 하고 싶은 것을 하기? 친구를 찾아가기? 움츠려 있기? 누군가를 때리기?

행동적, 인지 행동적 그리고 사회적 학습 접근법들은 능동적이며, 실험적이고, 지지적인 개입에 우선적인 가치를 둔다. 기술훈련의 기초들은 기술을 정의하고, 기술을 모델링하고, 역할수행 시 강화할 기회를 충분히 배치하는 것으로 잘 이해되고 있다. 교재 후반에서 기술하는 개입에 대한 연구들의 고찰에서는 사회와 PCC가 인지사회적 학습이론을 중요하게 수용하지 않을 수 없다는 것을 보여 준다. 일부 대안적인 이론들은 범죄의 상관변인들과 예측인자들에 대해 설명하고, 성격을 통합시킬 수는 있다. 그러나 그 어느 이론도 인지사회 학습이론의 검증된 임상적 응용성은 갖지 못한다. 이론에 대한 종국적인 검증은 관심을 두는 현상에 영향을 미치는 능력이다. 지금까지 인지사회적 학습 접근법은 실제로 그러한 부분에서 경쟁자가 없었다(또한 제11장 및 제12장에서 예방 및 재활에 대한 논의에서 더 살펴볼 것이다). 우리는, 자기-조절과 가장 잘 연결되는 이론적 조망이 또한 범죄적 성향을 지닌 자들은 신중한 개입에 따를 가능성이 거의 없다는 것을 인식하고 있는 조망이라는 것과 같은, 아이러니(irony)를 인식하고 있다. [우리는 Hirschi(1990, 2004)의 자기-통제 조망을 생각하고 있다].

다른 이론과의 관계

[그림 4-4]에서는 결과들의 유형들과 원천들을 교차-분류함으로써 원리들을 요약하고 있다. 행동—범죄적 및 비범죄적 모두—은 선행적 및 결과적 사건들의 통제하에 있다; 행동을 변화시키기 위해서는, 그 행동을 지배하고 있는 선행적 및 결과적 조건들이 변화되어야 한다. 이러한 통제적인 조건들은 본질적으로 가산적이거나 감산적이며, 이들은 매개되지 않거나, 대인 관계적으로 매개되거나 그리고/또는 개인적으로 매개된다. 범죄행동에 대한 전통적인 이론들 중 상당수는 범위가 제한적이며, 인간 행동에 대한 기본적인 심리학이 취약하다. 강력한 이론은 인간 행동의 전반적인 다양성과 복잡성을 수용하게 될 것이다.

일탈에 대한 주요 사회심리학적 이론들이 [그림 4-4]에서 어떻게 분포되어 있는지에 주목하라. 동기이론들은 첫 두 개의 열(columns)에 해당하며(보수), 통제이론들은 마지막 두 개의 열(비용)에 있다. 동기이론가들은 일탈행동의 잠재적 보수를 강조하고 있지만, 통제이론가들은 일탈의 잠재적 비용—또는 단념시키는 요인들—을 강조한다. 아노미 이론은 금전과 소유물이라는 물질적 보수를 강조하며 강화된 권력과 특권에 대해 추가적인 언급을 하고 있다. 그러한 결과들이 가산적 보수로 기능할 수는 있겠지만, Merton의 글에는 이러한 사건들이 또한 감산적 보수로 작용한다는 다른 의미도 있다. 즉, 이들은 좌절감과 소외감으로부터 벗어나게 하는 기능을 한다. 고전적인 정신분석이론과 좌절-공격이론들(Berkowitz, 1962; Dollard et al., 1939)은, 알코올 중독의 스트레스 감소 모델(Sobell & Sobell, 1972)과 아편 중독에 대한 Lindesmith(1947)의 조망에서 제안되고 있는 것과 같이, 범죄가 도피(escape)/회피

(avoidance) 기능을 할 수 있다고 주장한다.

일부 가치 있는 최종 상태들은 비일탈적 행동들보다 일탈적 행동들에 의해 더 쉽게 영향을 받을 것이다: 예를 들어, 흥분과 전율(Akers, 2001; Miller, 1958; Quay, 1965), 독립심(Jessor, Jessor & Finney, 1973; Miller, 1958) 또는 현존하는 사회질서에 대한 경멸의 표현이나 새로운 질서에 대한 헌신적인 확인(갈등이론가들). 자기 자신과 친구들의 지향성에 따라서, 일탈활동이 또한 자신과 타인의 인정을 불러일으킬 수도 있다.

하위문화 및 낙인이론가들은, 비록 그들이 규범이 행위를 안내하는 과정을 무시하는 경향이 있지만, 전술한 일부 개인적 가치와 사회적 규범을 강조한다. 반대로, PIC-R은 과정을 보여 주며, 통제가 개인적 및 대인 관계적 수준 모두에서 분명할 것이라는 점을 상술하고 있다. Burgess와 Akers(1966) 그리고 Sykes와 Matza(1957)가 수십 년 전에 제안한 바와 같이 그리고 이제는 많은 학자들(예: Agnew, 1994)에 의해서 지지되는 것처럼, 중화기법들(techniques of neutralization; 즉, 일탈에 대한 합리화)은 자기 자신 또는 타인에 의해 부정적으로 낙인찍히는 것을 회피하거나, 도피하거나 또는 변형시켜버리는 표현방식이다. Gottfredson과 Hirschi(1990)는 문화적 일탈이론들의 일부 행동주의적 재구성은 마치 일탈이라는 오래된 개념을 단지 동조(conformity)로 재구성한 것처럼 보인다고 제안했다. 그러나 그것은 광범위한 사회적 학습 조망이 추구하는 것이 아니다. PIC-R은 일탈행동에 대한 협소한 동기이론들이 제안한 일반적 보수를 포함하지만, 그러나 그것들에 제한되는 것은 아니다. 더 나아가, PIC-R은 일부 개인들에게 있어서, 어떤 환경하에서, 일탈행동에 대한 동기가 매우 개인 특유적(idiosyncratic)[예: 사디즘(sadism) 사례에서처럼, 타인의 고통; 소아성애(pedophilia) 사례에서처럼, 아동에 대한 성적 매력]임을 부정하지 않는다. 또한 PIC-R은 보수가 무엇이든지 간에, 비용이 관련된다고 본다.

문화이론(Akers, 1996)으로서 이해되지 않을 때, 일반적인 조망들(Akers & Cochran, 1985; Andrews, 1980; Johnson, 1979) 중에서 개념적으로나 경험적으로 보다 만족스러운 이론들 중 하나인 차별적 접촉이론(Sutherland & Cressey, 1970)은 보수와 비용, 양자에 민감한 것으로 보인다. 그러나 차별적 접촉이론의 원래의 설명은 통제의 상징적(또는 개인적) 수준을 지나치게 강조한다. 몇 연구를 제외하고, 경험적인 연구들은 또래의 지원과 개인적 사고경향(sentiment)의 측정치가 일탈행동의 지표를 예측하는 데 독립적인 기여를 한다고 제안한다(Agnew, 2001; Andrews & Kandel, 1979; Andrews & Wormith, 1984; Jenson, 1972; Johnson, 1979). 이 주제에 대해서는 제7장에서 좀 더 논할 것이지만, 일탈적 친구들은 일탈에 관한 개인적 신념에 끼치는 영향을 넘어 일탈행동의 기회 또한 증가시킨다. 사회적 지지는 대인 관계적으로

결과 또는 선행사건들의 원천		보수		비용	
		가산적	감산적	가산적	감산적
수반되는 일부 전형적인 정서 상태		(‘쾌락’)	(‘안도’)	(‘고통’)	(‘좌절’/‘실망’/‘슬픔’)
A 개인적: 자기-매개된 (타인의 반응에 대한 사고, 이미지, 자기-대화, 타인의 반응에 대한 기대)	i) 사건들:	긍정적 자기-명명, 개인적 용인, 진행을 위한 자기-지시	부정적 낙인의 자기-제거 부정적-낙인을 회피 또는 감소시키는 것	부정적 자기-낙인, 개인적 불용인, 중지하자는 자기-지시	긍정적 낙인의 자기-제거 잠재적 손실에 대한 인식
(‘능동적’ ‘의식적’ ‘의도적’ ‘자기- 관리적’ 개인을 가정함)	ii) 사례들	‘이거 대단해’ ‘재미있어’ ‘대단한 마약인데’ ‘세상에 나 하나뿐이야’ ‘나는 자유롭고, 독립적이고, 강력해’ ‘지금껏 해 왔던 것 중 매우 깔끔한 주거침입이야’ ‘내가 이것을 Joe에게 말할 때까지 기다려’	‘난 겁쟁이/비겁자가 아니야’ ‘이거 편안한데’ ‘이거 흥분되는데, 그것이 전에는 따분 했었어’ ‘마침내, 활기가 넘쳐’ ‘마약법은 어쨌든 바보 같아’ ‘그 자식(SOB)은 그래도 싸’	‘기분이 안 좋아’ ‘내 입장에서, 어머니의 입장에서 그리고 신의 입장에서 이것은 잘못 되었어’ ‘이 사람이 앙갚음 할지도 몰라’	‘내가 절도를 하거나/남을 해치거나/담배 사는 동안 아이들을 비를 맞게 놔두는 사람 같아?’ ‘만일 어머니가 이런 말을 한다면……’ ‘난 통제력을 잃었어’
자기-조절에 대한 몇 가지 일반 심리학적 조망들: Bandura, Meichenbaum, Kanfer, Mahoney, Carver & Scheier.		Glaser 차별적 동일시	Lindsmith; Sykes & Matza	Reckless; Hirschi; Piliavin; Freud	
		상징적 상호작용을 강조하는 하위문화 및 낙인이론가들		상징적 상호작용을 강조하는 통제이론가들	
			차별적 접촉이론: 상징적 상호작용을 강조		
B 자동적: 비매개된	i) 감각/생리적 효과와 효과적인 자극	‘쾌락’ 마약에 의한 ‘흥분’ ‘고조’ ‘신바람’ 각성적인 도취	‘구제’: 따분함으로부터: Quay 좌절: 아노미: 좌절, 공격 불안/긴장/죄책감: 스트레스-감소 이론들 고통 철회: Lindesmith 마르고, 따끔거리는 목으로부터	‘고통’ 메스꺼움 (부적 실행과 ‘빠른 흡연’과 같은 일부 개입은 특정 행동의 자연스럽고 혐오스러운 결과들을 악화시킨다.)	‘좌절’ 신체적 조정력의 상실, 유쾌한 정서 또는 감각 상태의 제거
	ii) 조건화된 정서적 반응	‘희망’	‘안도’	‘공포’	‘좌절’
		Lindesmith의 행동적 버전	Eysenck, Hare, Lykken, Schachter & Latané		
	iii) 외적 사건들이 절도 및 공격성과 같은 특정 행동 유형과 친숙한 방식으로 연계되어 있다.	돈, 소유물, 성적 만족, 고통/복종의 표시	좌절적 작인(agent)의 제거 또는 파괴	복수의 가능성: 다른 사람에 의한 정복의 표시	진행 중인 활동들에 대한 간섭 Hunt & Azrin 금전 상실(도박)
C 대인 관계적으로 매개된	사건들: i) 타인의 표현에 대한 직접적 평가	용인, 애정, 관심	불용인의 감소	불용인	용인, 관심의 감소
	ii) 타인과 관여되는 행동 기회들	가치로운 활동에 관여할 기회, 타인과 집단 구성원의 용인이 다양한 사회적, 레크리에이션 및 성적 활동을 초래	싫어하는 활동(일과 권위; 가족 책임; 또는 혼자 있는 것, 따분한 것, 일반적으로 좌절감을 주는 것)에서 도피/회피할 기회. 그렇지 않다면 매우 비용 소모적인 행동(중독은 공격적/성적 실행의 비용을 감소시킬 것이라는 의미에서)에 관여할 기회	싫어하는 활동들에 강제로 관여(예: 술 취한 친구의 똑같은 옛 이야기를 들어야 하는 것, 싫어하는 타인들과 상호작용하는 것)	가치로운 활동들에 관여할 기회 상실 용인, 애정 및 관심의 감소
대인 관계적 영향에 대한 일부 관련 있는 일반 사회심리적 조망들: 집단 역동 이론; 사회적 학습이론; 관계성과 유관성 차원	하위문화 및 낙인이론가들. 대인 관계적인 유관성을 강조하는.		통제이론가들. 대인 관계적인 유관성을 강조하는.		
		Matza(‘Sounding’)	Reckless; Hirschi; Piliavin; Hunt & Azrin		

[그림 4-4] 결과의 유형과 원천의 교차-분류

매개된 승인뿐 아니라, '장물아비(fence)' 또는 마약에 접근하는 것과 같은 특정한 행동을 증가시키는 원천들의 가능성까지 포함한다.

통제이론가들은 일탈의 비용을 강조하지만, 가장 이론적 관심을 받는 비용의 유형과 관련해서는 그들 사이에도 견해가 서로 다르다. Eysenck(1977)는 조건화된 공포반응에서의 결함을 강조한다. 일부 연구자들(Hare & Neumann, 2008 참고)은 사이코패시(psychopathy)의 자동적 수준에서의 특수한 상관변인을 발견하였으며, 정서의 신경심리를 탐구하고 있다. 다른 연구자들은 관습적인 도덕률과의 유대 및 기타 관습적인 것들과의 정서적 유대를 강조한다(Agnew, 2001; Hirschi, 1969, 2004; Reckless & Dinitz, 1972). 한 사람이 관습과 강하게 연결되어 있을 때, 일탈활동은 개인적 및 대인 관계적 불용인뿐 아니라 애정과 존중감을 상실하는 것과 같은 위험이 있을 때 발생한다.

또한 범죄성의 성격적 상관변인들은 PIC-R 내에 존재한다. 충동성과 약한 자기-통제는 개인적으로 매개된 통제(앞서 논의한 것처럼) 상태를 통해 직접적으로 표현되는 것을 주목하라. 흥분과 전율 추구에 높은 가치를 두었을 때, 범죄를 탐색할 가능성이 증가한다. 언급한 것처럼, 일부 가치 있는 결과들은 일탈을 통해 단순히 매우 쉽게 이루어진다. 자기중심주의(egocentrism)와 불쾌감은 자신의 일탈행동에 대한 타인의 반응(기대되는 또는 실제적인)에 대한 통제를 감소시킨다.

또한 PIC-R 내에서 일부 상당히 경미한 개인적 위험/욕구 요인들이 작동된다. 예를 들어, 심리적 불편함(불안, 낮은 자존감 그리고 소외와 같은)의 측정치들이 매우 특별한 환경하에서는 범죄성과 관련된다. 일탈의 어떤 형태들은 심리적 고통을 감소시켜 주며(감산적 보수), 자기만족이 낮은 배경하에서는 개인적으로 매개된 일탈의 감산적 비용이 상당히 낮을 것이다. 사회적 권력과 개인적 역량이 낮은 경우에는 한 사람이 비일탈적인 것을 추구할 때 많은 보수를 받지 못할 것임을 시사한다; 따라서 일탈의 감산적 비용은 경미할 것이며, 범죄동기는 증가될 것이다. 낮은 언어적 지능(verbal IQ)은 개인적으로 매개된 통제에 방해가 됨을 시사한다.

반사회적 태도와 같은 구성개념은 PIC-R에서 중요한 역할을 한다. 개인적으로 매개된 통제의 방향을 결정하는 것이 바로 이들 태도, 가치 그리고 신념—즉, 친범죄적 대 반범죄적 사고경향—이다. 이것들은 개인적으로 매개된 통제가 비범죄적 선택보다는 범죄적인 것을 선호하느냐 여부를 결정짓는 행위 표준(standard of conduct)에 기여한다. 이것들은 또한 사람들이 어떤 특별한 상황에서 사용가능한 정당화 및 면죄적 진술들의 집합을 대표한다.

반사회적 친구와 같은 구성개념 또한 매우 중요하다. 반사회적 친구(부모, 형제, 또래 그리고 행동의 즉각적 상황에서 타인들을 포함하는)는 행동상황에서 모델링의 친범죄적 대 반범죄적 속성에 영향을 줄 뿐 아니라, 보수와 비용이 지정되고 이행되는 규칙을 지배한다. 반사회적인 의미 있는 타인들은 또한 반사회적 태도에 영향을 주며, 타인이 없는 상황에서조차 개인적으로 매개된 통제에 영향을 줄 수 있다.

반사회적 행동전력과 같은 구성개념 또한 이론적으로 관련이 있다. 이것은 행동을 성공적으로 완수할 수 있는 것과 관련하여 자기-효능감 신념을 증가시키며, 행동주의에서는 전통적으로 습관의 힘에 대한 측정치로 사용한다. 경험적으로, 합리적으로 그리고 (제10장, 제11장 그리고 제12장에서 볼 것처럼) 실용적으로, Big Four 요인들은 일반적으로 PIC-R과 PCC의 핵심이다.

Central Eight 위험/욕구 요인들 목록에 있는 중간적(moderate) 요인들 또한, 이론적 의미가 있다. 가족, 학교/직장 그리고 레저/레크리에이션은 주요 행동적 환경을 대표하며, 이들 환경들 내 유관성들은 범죄행동에 대한 총체적인 보수와 비용의 밀도에 커다란 영향을 미친다. 발달적으로, 출생 가족은, 물론, 다음과 같은 것들의 주요 원천이다: (a) 자기-통제 기술, (b) 태도, 가치 및 신념, (c) 친구 그리고 (d) 초기 행동전력(제5장, 제6장 및 제8장을 볼 것). 결혼관계 또한 신호화되고, 강화되고, 처벌되는 교제패턴과 행동 및 사고의 패턴에 대해 매우 강한 영향을 미친다. 학교/직장과 레저/레크리에이션에서의 보수와 만족은 범죄의 대안행동을 좋아할지의 여부에 영향을 주며, 다시 교제패턴에 영향을 준다. 물질남용은 자체로 법을 위반한 것이 되며, 이것이 자동적으로 그리고 의도적으로, 개인적으로 매개된 통제를 붕괴시키는 것을 포함한 다양한 경로를 통해서 범죄활동으로 이끌 수 있다.

요약

범죄행동에 대한 예측적 이해를 구축하려는 일반 성격 및 인지사회심리적 접근법은 상당한 진전을 이루어 왔다. 인과관계적 의미를 입증하기 위해서는, PCC는 기능적 가치를 입증해 온 인간 행동의 일반심리학과 연계되는 접근법을 필요로 한다. 우리는 기반이 되는 심리학으로서 일반 성격 및 인지사회적 학습이론을 사용하였으며, PIC-R의 개요를 제시했다. PIC-R은 많은 이론들이 기여한 바들을 포괄하는 광범위한 조망이다. 범죄행동은 특별한 동기 또는 특별한 억제만을 반영하는 것이 아니라, 신호로 나타나는 보수와 비용의 밀도를 반영한다. 이러한 조망의 함의는 다음 장들에서 탐색한다.

기억하기

1. 인간 행동은 결과–지향적(outcome-oriented)이며, 범죄행동을 포함한 대부분의 행동들은 선행적 및 결과적 통제하에 있다는 것을 인식하는 것이 중요하다.
2. 범죄행동에서의 변산성은 범죄 및 비범죄적 대안행동들에 대해 신호화된 보수와 비용의 밀도의 반영으로 간주하는 것이 유익하다.
3. 신호화된 보수의 원천은 개인적, 대인 관계적 그리고 자동적이다.
4. 예측을 위해, 'Big Four'에 대한 평가들은 결과 유관성들이 범죄활동에 호의적인 정도를 반영한다.
5. 일반 성격 및 인지사회적 학습 조망의 주요한 특징은 예방과 재활 프로그램을 설계하는 데 그 함의가 크다는 데에 있다.

PART 2

범죄행동의 주요 위험/욕구 요인

Chapter 05

주요 위험/욕구 요인과 개인적 강점의 생물학적, 개인적, 사회적 기원

이 장을 시작하기에 앞서, 다시 한번, 범죄행동에 관한 개인적, 대인적 그리고 지역사회-강화(PIC-R) 조망인 제3의 원리를 인용하는 것이 유익할 것이다([자료 노트 4-1]).

> 선행사건들 및 결과들의 통제 속성들은 환경과 개인의 상호작용을 통해서 습득된다. 자극 조건들에 대한 통제 속성들의 습득, 유지, 수정을 좌우하는 원리들은 유전적 및 체질적 소인과 역량; 생물신체적 기능; 인지적 기능; 인간 발달; 행동 목록; 상태 조건들; 그리고 관찰 학습, 규칙학습, 상징적 통제 및 역할실행을 포함한 반응적 및 조작적 조건화를 포함한다.

제3의 원리에서 파생되는 가장 중요한 점은, 보수와 비용의 영향력은 개인적 요인들에 의존한다는 것이다. 이것은 **상호작용**을 의미한다. 상호작용 효과는 심리학에서는 일반적이고, 그러한 상호작용이 사람들을 독특하게 만들어 준다. 보수 그리고 비용과 상호작용하는 한 가지 중요한 요인들은 생물학적 및 기질적 요인들이다. 바로 이것들이 이 장의 초점이다. 또 다른 요인들은 성격적인 것이고(제6장) 그리고 인지적인 것이다(제7장). 상호작용은 또한 왜 일부 개인적 요인들이 위험/욕구 요인들이 되며, 다른 개인적 요인들은 강점 요인들이 되는지를 설명해 준다. 예를 들어, 범죄행동에 대한 기회적(opportunistic) 보수는 자기-통제가 약하며 충동적인(위험/욕구 요인) 개인에게는 흥미를 끌지만, 반면, 높은 통제감은 그와 같은 기회적 보수에 반하는 강점 또는 보호 요인으로서 작동할 것이다 이 장과 다음의 몇 개의 장에 걸쳐서 일부 생물사회적, 개인적 요인들이 어떻게 위험/욕구 요인이 되고, 또 다른 한편으로는 강점의 원천이 되는지를 살펴볼 것이다.

어린아이들은 특수한 가족적, 사회적, 문화적 환경과 상호작용하는 타고난 생물학적 역량과 소인을 가지고 삶을 시작한다. 개인적 역량과 소인들은 환경이 행동형성에 영향을 주는 방식에 작용을 하고, 상호 호혜적으로, 행동은 생물학적 경향을 수정할 수 있다. 예를 들면, 평균적인 지능을 가지고 태어난 아이에게 고무적이고 풍요로운 환경이 주어진다면 박탈된 환경에서의 가능한 수준을 넘어서는 성취를 이룰 수 있다. 나아가, 이와 같은 성취는 생물학적으로 더 큰 성장을 조장한다(예: 신경연결의 증가, 신경화학물질의 변화 등; Beckman, 2004). 이와 같이 생물학적인 상태와 환경 간의 상호작용의 본질이 끊임없이 변화하는 것은 발달범죄학의 매우 흥미를 끄는 한 측면이다(Le Blanc & Loeber, 1998).

생물학적 요인은 범죄행동의 한 근간을 이룬다. 이것은 성격 발달(제6장)뿐만 아니라 인지발달(제7장에서 더 많이 다룰 것이다)에도 토대가 된다. 청년들과 성인들에게서 관찰되는 일부 특질과 행동 유형들은 유아기에서도 명백히 자주 나타난다. 유전과 범죄와의 관계성을 살펴보고, 반사회적 행동의 또 다른 생물학적인 상관변인들을 요약할 것이다. 다음으로, 생물학적인 기원과 수사-진화심리학/범죄학(investigation-evolutionary psychology/criminology)의 논쟁들에 대한 견해를 밝힌다. 즉, 범죄행동은 생존 가능성을 증가시키는가? 마지막으로, 범죄행위를 이해하는 데 사회적 계층의 역할을 검토하고 범죄의 사회적 기원을 다룰 것이다. 우리는 이 장을 읽고 난 후 독자들이 범죄행동을 이해하는 데, 생물학적인 변인뿐 아니라 생물학적 결정론의 한계를 고려할 필요성을 인식하고, 범죄에 대한 사회적 계층의 영향을 잘 인식하기를 바란다.

발달범죄학(developmental criminology)은 범죄 전과 후에 어린이와 청소년들이 어떻게 성장하는지 이해하려고 노력한다(Loeber & Stouthamer-Loeber, 1996). 대부분의 청소년들 중, 특히 남자 아이들은 성인으로 성장하면서 여러 가지 반사회적인 행동에 관여하게 된다. 그러나 청소년들은 다른 궤도나 범죄경로를 따라간다. 얼마나 많은 경로가 존재하는지 합의된 것은 없다. 셋, 넷, 다섯 가지 또는 심지어 여섯 가지일 수도 있지만(Moffitt, 2007; Piquero, 2008), 그러나 인종(Yessine & Bonta, 2009)과 성별(Odgers, Moffitt, Broadbent, Dickson et al., 2008; Piquero, 2008)에 걸쳐 공통적인 일반적인 두 가지 경로가 있다. 이 경로는 각각 다른 명칭들로 사용되어 왔지만 우리는 Terri Moffitt의 용어를 사용할 것이다. 첫 번째, '청소년-제한형(adolescent-limited)'이 있다(Moffitt, 1993). 이것은 청소년기 동안 어느 시기에 비행활동을 하는 대다수의 청소년들을 대변한다. 그러나 이들은 약 18세 이후가 되면 범죄율이 감소하며, 성인 초기에 범죄활동을 그만두게 될 것이다. 그다음에는, 범죄경력궤도(criminal career trajectory)에 따라 여전히 범죄활동을 계속하는 일부 청소년들이 있다(Blumstein et al., 1986; Moffitt, 1997). 이 경로는 '생애지속형(life-course-persistent)'이다(Moffitt, 2003). 이 범죄자들은 대부분 남자이며 일찍 반사회적 행동을 시작하여 그 행동은 성인기 내내 계속되고, 보통 그 들 행동의 심각성은 증가한다. 생애지속형 범죄자는 소수(5~10%)에 해당하지만 대부분의 범죄를 저지른다([테크니컬 노트 1-1]을 상기하라). 생애지속형 범죄자들에 대한 대부분의 종단연구들은 범죄행동이 40세에 끝난다고 보고하고 있지만, 48세까지 덜 심각한 상태로 범죄행동이 지속된다는 증거도 있다(Farrington, Coid, Harnett, Jolliffee et al., 2006; Farrington, Ttofi & Coid, 2009). 그리고 심지어 60세까지라는 과거의 연구도 있다(Sampson & Laub, 2003). 일부 범죄자는 '소진(burn out)'되지 않는 것처럼 보이기도 한다.

사회적 정책과 범죄예방에 중요한 영향을 주기 때문에 생애지속형 범죄자들의 직접적인 발달 요인을 이해하는 것은 중요하다. 우리는 제7장에서 생애지속형 범죄자들의 심리사회적 특성들의 개관을 포함하여, 좀 더 언급할 것이다. 이제부터 범죄의 생물학적, 기질적 그리고 사회적 기원으로 제한하여 주의를 기울일 것이다.

범죄행동의 생물학적 근거

한 세기 이상, 과학자들은 행동에 대한 본성과 환경의 상대적인 영향력에 대해 논쟁해 왔다. 대부분의 학자들은 본성(nature)과 양육(nurture) 둘 다의 중요성에 대해 동의하고는 있지만, 어느 것이 더 행동에 영향을 미치는지에 대해서는 앞으로도 오랫동안 논쟁이 이어질 것으로 보인다. 우리는 분명 환경이 행동에 대한 통제의 즉각적인(immediate) 근원이기 때문에 환경을 강조하는 입장에 서 있다. 그럼에도 불구하고, 범죄행동을 더 이해하기 위해 범죄행동 발달에 기여하는 더 많은 원거리적(distal) 요인을 조사할 필요가 있다. 따라서 우리는 유전적 역할과 함께 범죄행동과 관련된 일부 특수한 생물학적 요인에 관하여 요약할 것이다(유전의 생화학적 기원에 대한 더 자세한 논의는 [테크니컬 노트 5-1]을 보라).

유전과 범죄

범죄가 유전된다는 생각은 오랫동안 범죄의 인과관계를 관찰해 온 사람들에게서는 높은 합의를 이룬 추론이다. 형사사법 체계에서 종사해 온 대부분의 사람들은 세대 간에 범죄성(criminality)이 전해 내려오는 생생한 예들을 제공할 수 있다. 범죄 특질의 유전에 대한 가장 유명한 초기 연구는 Richard Dugdale(1877/1970)의 Juke 가계 분석이다. Dugdale은 Max Juke의 자녀를 시작으로(약 1750년경) 1870년까지의 Juke 가계를 추적하였다. 709명의 후손들 중 거의 20%가 범죄자였고, 약 40%가 넘는 자들은 주 정부의 재정적 지원에 의존하였다. Dugdale은 높은 범죄율과 '빈곤 상태'는 범죄성과 빈약한 사회적 적응의 유전적 증거라고 결론 내렸다.

Cambridge 연구에서도 세대 간 범죄성의 예가 나타난다([테크니컬 노트 1-1]을 참고하라). 이 종단연구에 따르면, 아버지의 범죄성과 아들의 범죄성 간 상관관계는 상당히 높다(r=.43; Rowe & Farrington, 1997). 범죄의 세대 간 전달(transmission)은 소년과 소녀에게도 동등하게 적용되며(Van DeRakt, Nieuwbeerta & De Graff, 2008), 삼대에 걸쳐서도 발견되고 있다(Smith & Farrington, 2004; Farrington, Coid, & Murray, 출판 중). 그러나 세대 간 범죄에 대한 이러한 결과들과 또 다른 연구결과들이 필연적으로 범죄성의 유전적 전달을 의미하는 것은 아니다. 제7장에서 보게 되겠지만, 부모의 모델링, 모니터링 그리고 훈육은 극히 중요하다. 이에 더해, 세대 간 범죄성의 전달에 대한 또 다른 환경적 설명도 있고, 또한 자기 자신과 유사한 사람과 짝을 맺는 경향인 소위 '동류 짝짓기(assortative mating)'라 불리는 것도 있다(Krueger, Moffitt, Caspi, Bleske & Silva, 1998; Luo & Klohnen, 2005; Maes, Silberg, Neale & Eaves, 2007; Rhule-Louie & McMahon, 2007). Cambridge 연구에서, 소년 피험자의 83%가 역시 범죄기록을 가진 여성과 결혼하였다(Farrington, Barnes & Lambert, 1996). 반사회적 개인들이 반사회적 파트너와 동거하거나 또는 반사회적 아동들은 역기능적이고 분쟁이 많은 가정에서 양육될 가능성과 같은 이 모든 점들은 범죄에 대한 유전적 영향보다는 환경의 영향이 크다는 것을 나타내고 있다. 유전과 환경의 영향을 더 잘 구분하기 위하여 연구자들은 쌍둥이 및 입양 아동에 대한 연구로 돌아갔다.

쌍둥이 연구. 쌍둥이 연구는 일란성(Monozygotic: MZ) 쌍둥이와 이란성 (Dizygotic: DZ) 쌍둥이들을 비교한다. 접합체(zygote)는 난자를 의미한다. 따라서 일란성 쌍둥이 또는 '동일한(identical)' 쌍둥이는 하나의 정자에 의해 수정된 하나의 난자로부터 발생한다. 수정 후, 난자는 두 개로 나뉘고, 마침내 유전적으로 동일한 두 명의 태아가 생긴다. 이란성 쌍둥이(DZ), 또는 형제 쌍둥이(fraternal twins)는 두 개로 분리된 수정란에서 비롯된다. 비록 같은 태반을 공유하면서 보통 몇 분 차이로 태어나지만, 그들은 몇 년 떨어져 태어난 남매나 같은 성의 형제만큼 유전적으로 다르다(DZ에서 'D'를 볼 때에는 'different'를 생각하라). 일란성 쌍둥이는 항상 같은 성이고 외관상 구별되지 않으나, 반면에 이란성 쌍둥이는 다른 성별일 수 있고, 심지어 같은 성이라 하더라도, 잘 구분할 수 있다. 이제, 유전이 영향력을 갖는다면 일란성 쌍둥이의 행동(신체적인 외관만이 아니라)은 이란성 쌍둥이의 행동에서 발견된 것들보다 더 유사하거나 '일치'해 보여야 한다.

범죄성과 쌍둥이에 대한 최초 연구에서, Lange(1929)는 독일에서 출생 신고한 일란성(MZ) 쌍둥이 13쌍과 이란성(DZ) 쌍둥이 17쌍을 확인하였다. 범죄성은 수감전력으로 정의되었다. Lange는 일란성 쌍둥이는 범죄성에서의 유사성/일치성이 77%였고, 이란성 쌍둥이는 단지 12%라는 것을 발견하였다. 즉, 일란성 쌍둥이의 13쌍 중 10쌍이 형제자매 둘 다 수감전력이 있었지만 이란성 쌍둥이는 2쌍만 수감전력이 있었다.

이 연구의 효과크기는 인상 깊었지만, Lange의 연구 그리고 같은 기간 동안에 다른 연구자들에 의해 수행된 연구는 많은 이유들로 의심받고 있다. 먼저 한 가지 이유는, 영국과 북아메리카 사회과학자들은 나치즘이 발흥되는 시기의 독일의 연구 보고서에 관심을 두지 않았었다(독일의 나치 및 이탈리아의 파시스트 시기의 범죄학에 대한 고찰을 위해서는 Fafter, 2008을 보라). 또한 초창기의 모든 연구는 심각한 방법론적인 문제들이 골칫거리였다. 예를 들어, Lange는 쌍둥이들의 수감 전력을 이미 알고 있는 상태에서, 그들의 사진을 보고 일란성 쌍둥이와 이란성 쌍둥이로 분류했다. 이러한 방법론은 일련의 믿음과 기대를 지니고 있는 실험자가 전혀 동일하게 보이지 않는 쌍둥이들을 MZ 집단으로 배치할 유혹이 너무 크다는 문제점이 있다.

1970년대에는 방법론적으로 더욱 세련된 연구들이 등장했다. 예를 들어, Christiansen (1977)은 일란성이나 이란성으로 신뢰롭게 확인될 수 있는 많은 쌍둥이 표본(3,586)이 있는 Copenhagen의 출생기록([테크니컬 노트 1-1]을 보라)을 이용하였다. 범죄적 활동은 공식적인 기록에 따라 정의되었다. 일란성 쌍둥이들의 일치율은 35%였다. 이란성 쌍둥이는 12%였다. 쌍둥이 연구가 점점 정교화되면서 일란성 쌍둥이의 일치율은 77%(Lange의 보고서)에서 26%로 감소하였다(Dalgaard & Kringlen, 1976). 방법론 및 표집 요인들에 의해 설명될 수 있는 일부 예외들을 제외하고(Gurling, Oppenheim & Murray, 1984; Rowe, 1983), 쌍둥이 연구들에 대한 일반적인 고찰과 메타분석적 요약은 유전과 반사회적 행동 간 중간 정도(moderate)의 관계성을 발견하였다(Carey & Goldman, 1997; Mason & Frick, 1994; Rhee & Waldman, 2002; Walters, 1992).

쌍둥이 연구들을 해석하는 데 있어 중요한 제한점은, 대부분의 쌍둥이 연구들이 함께 양육된 쌍둥이를 대상으로 했다는 사실이다. 일란성 쌍둥이는 그들의 사회적 환경(예: 부모, 친구들, 선생님들 등)에 의해 더 비슷하게 다루어지고, 이란성 쌍둥이보다 서로 더 큰 영향을 준다(Carey, 1992; Carey & Goldman, 1997). 이와 같이, 유사성은 공통적인 환경적 영향에 의해 더 커질 수 있다(Brennan & Mednick, 1993). '이상적인' 쌍둥이 연구는 일란성 쌍둥이가 태어나자마자 분리되어 다른 환경에서 양육된 사례들을 다루어야 하겠지만, 이러한 연구는 거의 없다. 분리되어 양육된 일란성 쌍둥이에 대한 가장 큰 대규모 연구는 William Grove 등에 의해 수행되었다(Grove et al., 1990). 5세 이전에 떨어진 일란성 쌍둥이(이 중에서 절반은 출생 후 처음 몇 달 이내에 분리되었다)를 성인기까지 추적하였다(중앙값은 43). 반사회적 성격장애의 일치율은 29%였는데, 이는 거의 모든 범죄에 대한 쌍둥이 연구들에서 발견된 범위와 비슷하다. 따라서 함께 양육된 일란성 쌍둥이들이 공유한 환경은 이전에 생각했던 것만큼 중요하지 않은 것 같다. 쌍둥이 연구에서의 어려움들을 다루기 위해, 연구자들은 환경과 유전의 영향을 더욱 잘 분리시키는 입양 연구를 수행했다.

입양 연구. 입양 연구는 교차 양육설계(cross-fostering design)라고 불리는 방법을 사용하였다. 이 설계는 출생 후 바로 생물학적 부모로부터 분리되어 친척이 아닌 사람에 의해 양육되거나 또는 입양된 아동의 행동을 분석하였다. 입양 연구에서, 입양아동의 미래범죄는 (a) 생물학적 부모의 범죄전력, (b) 입양부모의 범죄전력, (c) 생물학적 부모와 입양부모들의 범죄성의 특별한 조합과 관련시켜 분석한다. 여기서의 가정은 만약 입양아동의 범죄율이 생물학적 부모가 비범죄적인 입양아보다 생물학적인 부모가 범죄적 기록이 있는 입양아에게서 더 높게 나타난다면 유전이 영향력이 있다는 것이다.

Mednick, Gabrielli 그리고 Hutchings(1984)는 덴마크에서 1924년에서 1947년 사이에 입양된 14,000명이 넘는 아동의 사회적 전력정보를 포함한 데이터 은행을 이용하였다(이 발견은 제1장에서 기술되었다). 연구자들은 생물학적 부모와 입양부모의 형사적 유죄판결과 관련시켜 남자 입양아의 유죄율을 표로 만들었다. 〈표 5-1〉을 검토해 보면, 유전적 영향과 약간 일치하는 증거를 발견할 수 있다(r=.03). 표의 맨 아랫줄에서, 비범죄적인 양부모에게서 길러졌지만 범죄적인 생물학적 부모를 가진 남자 입양아가 생물학적 부모도 비범죄적이고 비범죄적인 양부모에게서 길러진 입양아보다 유죄선고를 받을 위험이 더 높다는 점을 주목하라(20% 대 13.5%).

표 5-1 생물학적 부모와 입양부모의 범죄성에 따른 남자 입양아 범죄성 교차양육 분석

	범죄적 생물학적 부모인가?	
범죄적 입양부모인가?	예	아니요
예	24.5% (143명 중)	14.7%(204명 중)
아니요	20.0% (1,226명 중)	13.5%(2,492명 중)

Mednick, Gabrielli & Hutchings(1984)에서 발췌.

추적 연구에서, Mednick, Gabrielli 그리고 Hutchings(1987)는 소위 상습적인(즉, 생애지속형) 범죄자들에게 집중하였다. 상습범죄자들은 적어도 세 번의 유죄선고를 받은 자들로 정의되었는데, 이들은 범죄자 표본의 4%였지만 총 범죄의 69%를 저질렀다. 또한 생물학적 부모는 그들의 유죄선고에 따라 분류되었다(0에서 세 번 이상까지). 생물학적 부모의 유죄선고가 증가함에 따라, 양자의 유죄 횟수도 늘어났다. 그러나 이 결과는 폭력적인 범죄가 아니라 재산범죄(예: 주거침입과 절도범)였다. 부모의 범죄성 그 자체로는 자식들의 폭력적인 범죄를 설명하기에 불충분한 것으로 나타났다. 폭력을 이해하는 것과 관련될 수 있는 한 요인은 부모들의 정서적 안정성이다. 다수의 연구자들(Moffitt, 1987; Odgers, Milne, Caspi, Crump et al., 2007; Tehrani et al., 1998)은 부모의 정신장애가 생애지속형과 관련됨을 발견하였다. 그러나 부모의 정서적 안정성이 폭력적인 범죄에만 특수하게 관련되는 것인지에 대해서는 여전히 그 증거가 분명하지 않다(Moffitt, 2003; Tehrani & Mednick, 2000).

입양아와 쌍둥이의 연구결과들을 종합해 봤을 때, 행동에서 유전적 요인을 무시하기는 어렵다. Carey와 Goldman(1997)은 그들의 고찰연구에서 유전적 영향을 보여 준 여섯 개의 입양 연구를 발견하였다. Walters(1992, 2006a) 그리고 Rhee와 Waldman(2002)의 메타분석에서, 입양 연구들에서의 일치율은 쌍둥이 연구들에서 발견된 비율보다 유의미하게 감소하긴 했지만, 그렇다고 그 비율이 0은 아니었다. 한 가지 중요한 관찰결과는 문제행동의 심각성이 더 강한 유전적 요소가 될 수 있다는 것이다. John Malouff, Sally Rooke 그리고 Nicola Schutte(2008)는 다양한 문제들(예: 지능, 언어적 능력, 주요 우울증, 반사회적 행동)을 조사했던 쌍둥이 및 입양 연구들에 대한 여덟 개의 메타분석 연구를 검토했다. 이들은 문제의 심각성이 강한 유전성을 갖는다는 것을 발견했다. 따라서 심각한 언어문제, 음주문제, 심지어 흡연문제까지도 심각성이 적은 문제들보다 더 높은 유전성을 보였다. 반사회적 행동의 경우, 여성이거나 또는 품행장애 진단이 있는 것(생애지속형 범죄자의 특징 중 하나)이 남성이거나 또는 품행장애 진단이 없는 것보다 더 강한 유전성을 보였다. 다시 말해서, 훨씬 드문/심각한 유형의 범죄자(예: 여성범죄자와 전문적인 범죄자)는 유전적 영향이 더 강하다는 것이다.

범죄 유전자 찾기

의학계에서는 단일 유전자의 이상 또는 돌연변이에 의해 발생되는 몇 가지 의학적 질병[예: 헌팅턴병(Huntington's disease), 낭포성 섬유증(cystic fibrosis), 근위축증(muscular dystrophy)]을 오래전부터 인식하고 있었다. 앞에서 기술했듯이, 유전자는 단백질과 효소를 생산하고, 차례로, 우리가 보고 행동하는 것에 영향을 주는 유전의 기초적인 단위다([테크니컬 노트 5-1]을 보라). 2003년에 인간게놈프로젝트(Human Genome Project)는 인간의 DNA의 완전한 배열 및 각 개인적 유전자를 구성하고 있는 유기체의 프로그래밍 부호를 식별해 냈다. 각 유전자의 정확한 기능에 대해서는 보다 오랜 연구가 필요할 것이지만, 일부 특정 유전자들에 대해서는 그 기능이 확인되어 가고 있다(예: 7번 염색체 내의 아미노산의 변형이 낭포성 섬유증을 유발한다). 이러한 발견은 인간이 인간일 수 있는 핵심이 되는 인간의 생화학적 과정과 기능을 지배하는 방식을 변경하는 새로운 의학적 치료 개발의 가능성을 제공한다. 이 새로운 지식은 질병의 속도를 늦추고, 심지어 일부 질병들을 퇴치할지도 모른다. 만약 범죄를 유발하는 단일 유전자의 스위치를 탁 눌러 끌 수 있다면 얼마나 좋을까?

단일 유전자에 의한 의학적 질병일지라도, 대부분(예: 심장 질환, 조현병)이 많은 유전자에 의해 영향을 받는다. 그럼에도 불구하고, 단 하나의 '범죄 유전자(crime gene)'를 찾는 것을 멈출 수 없다(Tehrani & Mednick, 2000). 어쨌든, 만약에 유전-범죄의 직접적인 관련성에 대한 증거가 밝혀진다면, 이론 발달, 예방 활동, 심지어 유죄를 결정하는 데 막대한 영향을 미치게 될 것이다(예: 유전적이라는 주장은 '강박적인 충동적 행동'의 처벌에 대항하는 증거로 사용될 수 있다). 따라서 XYY 염색체 이상에 대한 이야기를 해 보자.

염색체들은 DNA(유전적 프로그램)로 구성되어 있고, 인간들은 46개의 염색체를 가지고 있다. 때때로 염색체는 손상을 입거나 올바른 결합이 실패하게 될 수 있다. 염색체의 유전적 순서의 변화(돌연변이)는 설명할 수 없는 자연적인 방법이나 사고(예: X-ray 노출)를 통해 발생될 수 있다. 이 돌연변이는 염색체 안의 유전자 위치에 영향을 주어, 염색체가 완전히 없어지거나 또는 가외적 염색체(extra chromosome)를 갖도록 한다. 예를 들어, 다운증후군은 가외염색체(21번째 염색체)가 있기에 발병한다. 또 다른 예는 XYY 염색체 이상(aberration)이다. Y 염색체는 남성의 특징을 결정짓는 유전자다(예: 성기의 발달, 체모 분포). 1961년, Sandberg, Koepf, Ishihara 그리고 Hauschka는 가외적인 Y염색체를 가진 한 개인을 기술했다. 이 사람이 결코 '슈퍼남성'(그는 평균적인 지능을 가진 비범죄자였다)은 아닐지라도, Jacobs, Brunton, Melville, Brittain 그리고 McClemont(1965)에 의한 후속 연구는 가외적인 Y 염색체와 폭력행동 사이의 관련성을 제안하였다. 이와 같은 발견에 대한 지나친 열광은 법원에서 '유전자가 나를 그렇게 하게 시켰다'라고 방어하는 것을 기대하게 할 뿐만 아니라(예: 8명의 간호실습생을 교살한 Richard Speck는 이러한 방어에 실패하였다), 남자 유치원생과 고등학생에게 가외적인 Y 염색체 검사를 하는 것과 같은 극단적인 결과를 가져왔다(Katz & Chambliss, 1995). 그러나 초기 연구에서는 기관에 수용되어 있고 대부분 지적으로 장애가 있는 남성을 편향적으로 표집하였다(Jarvik, Klodin & Matsuyama, 1973).

잘 설계된 역학연구에서 가외적 Y염색체가 범죄와 크게 관계없다는 것이 밝혀짐으로써 초기의 흥분이 빠르게 사라졌다. Witkin 등(1976)은 덴마크 남성 4,558명의 표본 중에서 단 12명의 남성만이 XYY 이상이 있음을 발견하였고, Götz, Johnstone 그리고 Ractcliffe(1999)는 스코틀랜드 17,522명의 남성 표본 중에서 단지 17명만을 발견하였다. 후속 연구에서, 두 연구들은 XYY 남성이 정상(XY 남성)보다 더 범죄 전과를 가지고 있었으나, 대부분의 범죄는 재산범죄였음을 발견했다. 연구자들은 단순히 어떤 가외적 염색체가 있다는 것이 범죄행동에서의 차이를 일으키는 원인이 아니라 가외적 Y 염색체가 있다는 것에 그 원인이 있을 것이라는 것을 확신하기 위해서, XYY 남성과 추가적인 X 염색체를 가진 남성[클라인펠터 증후군(Klinefelter's syndrome)은 남성 생식기에 특성이 나타나지만, 종종 불임, 유방 확대, 지적 지체를 수반한다]을 비교했다. Witkin 등(1976)은 16명의 XXY 남성을 확인하였고, Götz 등(1999)은 그들의 표본에서 17명의 XXY 남성을 발견하였다(각 표본의 1% 미만). 가외적 Y 염색체가 있는 남성과 가외적 X 염색체가 있는 남성 간 폭력적 범행의 비율에서 아무런 차이가 없었다. 가외적 Y 염색체는 극히 드물 뿐만 아니라 일반적인 범죄행동과는 관계성이 약하고, 폭력성과는 전혀 관련이 없다.

마지막으로, 저자들이 아는 바, XYY 염색체를 가진 어린이들에 대한 단 하나의 종단연구에서(Geerts, Steyaert, & Fryns, 2003), 38명의 소년들 중 절반이 심리적 문제를 보였으나, 아동기 자폐증이 품행장애보다 더 많았다. Ike(2000)의 XYY 염색체 연구에 대한 고찰에서는, 대부분의 XYY를 가진 사람들은 아무런 행동 문제가 없었으며, 반사회적 행동에 대한 보고서들은 XYY 증후군을 가진 개인을 선택적으로 선별한(selective screening) 결과일지도 모른다고 밝혔다. 결론적으로, XYY 이상은 비록 유전적 결정주의 입장에서는 흥미로운 이야깃거리이지만, 범죄행동에 대한 이론적 및 경험적 이해와는 크게 관련이 없다.

XYY 이상을 통해 '범죄 유전자'를 발견하지 못한 것이 특수한 유전자를 탐색하는 것을 그만두어야 한다는 의미는 아니다. 이와 반대로, 유전학 연구 발전은 유전자들이 함께 작동하여 범죄행동에 영향을 주는지를 탐구하는 새로운 기회를 주었다. 예를 들어, 도파민

(dopamine)은 감정 조절, 주의력 결핍장애 그리고 인지능력에 연관되어 있다(DeYoung, Petereson, Séguin, Mejie et al., 2006; Guo, Roettager & Shih, 2007). Guang Guo 등은 세포 수준(DAT1과 DRD2)에서 도파민의 수송(transportation)과 수용(reception)에 관련된 유전자를 연구하였다. 청소년 건강에 대한 국가적 종단연구[National Longitudinal Study of Adolescent Health(Add Health)]에 참가한 2,500명의 청소년 표본에 근거하여, 그들은 심각하고 폭력적인 비행경로와 연합된 이들 두 가지 유전자내의 변이를 발견하였다. 분명히, 앞으로 몇 년 안에 유전자-범죄 관계에 관해 더 많은 것이 밝혀질 것이다.

유전-양육 상호작용

Moffitt(2005)는 유전과 반사회적 행동 간의 관계성에 대한 100개 이상의 연구들이 있다고 추산하였다. 최근에는, 행동에 대한 생물학적 소인과 환경과의 상호작용에 관심이 집중되어 왔다(Rutter, Moffitt & Caspi, 2006; Tremblay, 2008). 즉, 어떠한 환경적인 조건하에서 생물학적 소인이 더 적게 또는 더 많이 그 역할을 수행하는가? PIC-R 원리 3은 이와 같은 상호작용의 중요성을 강조하였고, 우리는 예를 들어 범죄를 저지르는 여성들과 생애지속형 범죄자들에게는 유전의 역할이 더 크다는 것을 이미 보았다. 행동적인 표출을 하는 데 있어서 환경에 의존하는 다른 생물학적 요인들은 무엇인가?

유전-양육 상호작용에 대한 탐색은 두 가지 수준으로 진행될 수 있다. 분자 유전학 수준이 있고, 우리의 경우 범죄행동의 기저를 이루는 생물학적 체계를 나타내는 높은 수준의 행동적 표지들(behavioral markers)에 관한 연구가 있다. 예를 들어, 부적 정서성은 유전자의 작용과 연계될 수 있는 근본적인 생화학적 과정을 반영한다.

분자 유전학 수준의 상호작용은 이제 겨우 보고되고 있다(Caspi, McLay, Moffitt, Mill et al., 2002; Deyoung et al., 2006; Foley, Eaves, Wormley, Silberg et al., 2004; Haberstick, Lessem, Hopfer, Smokin et al., 2005). 최근 연구에서, Guo, Roettger 그리고 Cai(2008)는 앞서 언급했던 Add Health의 종단연구 데이터를 사용하여, 부모와 함께 식사하는 것과 같은 단순한 일상적인 활동들이 비행에 대한 DRD2 유전자(도파민 수용체 유전자)의 효과를 완화시킨다는 것을 입증하였다. 더 나아가, 이들은 또한 비행의 위험 요인들인 학교에 대한 애착과 유급(repeating a grade)이 MAOA 유전자와 상호작용하는 것을 보여 주었다(Monoamine Oxidase는 세로토닌과 도파민과 같은 신경전달물질을 통하여 공격성과 연합된다). 이와 같은 분자 유전학 수준의 연구는 유전의 영향력이, 어떤 의미에서는, 유전의 힘을 방출시키는 특정한 환경적 위험 요인들의 존재에 의존한다는 관점을 강화한다. 예를 들어, 가족의 역기능(Button, Scourfield, Martin, Purcell & McGuffin, 2005)과 낮은 사회경제적 지위(Tuvblad, Grann & Lichtenstein, 2006)는 반사회적 행동의 유전성을 증가시킨다.

Moffitt(2005: 548)는 환경적 요인들과 상호작용하는 생물학적 체계의 처리 과정들에 대한 다수의 행동적 지표들을 목록화했다. 그것들은 다음을 포함한다: 감각-추구, 과잉행동, 낮은 자기-통제, 정서성, 냉담함. 환경에 따라 그런 특성들을 가진 아동은 그들의 반사회적 행동에 차이가 있다. 우리는 여기에서 이 연구들을 고찰하지는 않겠지만, 이 장과 제7장에서 간단히 언급할 것이다. 일반적으로 말하자면, 유전과 생물학적 요인들의 발현이 그에 맞는 환경적 조건들에 의존한다는 것이다.

신경학적 결함, 잘못된 결합, 범죄

뇌는 인간의 모든 기관 중에 가장 복잡하고, 사고, 정서, 및 동기의 중심 역할을 한다는 사실에는 반론의 여지가 없다. 뇌의 처리 과정들이 반사회적 및 폭력적 행동에 어떻게 영향을 미치는가에 대해서는 오랫동안 연구의 주제가 되어 왔다. 그러나 이 분야에서의 결과는 종종 범죄학적 이론에 의해 무시되어 왔다(Ellis, 2005). 아노미와 긴장이론, 차별적 접촉이론 그리고 Hirschi와 Gottfredson의 자기-통제이론에서 신경심리학적 요인들에 대해 아무런 언급이 없다는 것을 주목해 보라. 그렇지만 분명히 유전의 생물학적 요인과 신경심리학적 요인은 범죄행동에 영향을 줄 수 있다.

신경심리학적 변인들이 끼치는 영향의 복잡성은 뇌에서 공격성을 담당하는 부위에 대한 연구를 통해 알 수 있다. 연구는 매우 단순하게 시작되었지만 뇌기능과 공격성에 대해 좀 더 정교한 이해를 하게 되었다. 1970년, Vernon Mark와 Frank Ervin은 걷잡을 수 없는 분노에 욱하여 그의 아내나 아이를 폭행하는 환자를 기술하였다. 외과적으로 뇌의 부분(정확하게는, 오른쪽 편도체)을 제거하였더니, 폭력을 멈출 수 있었다. 편도체(amygdala)의 무엇이 그리 특별한 것인가? 이 작은 구조물이 모든 악과 나쁨의 중심으로 여겨지는 이유는 무엇인가?

편도체는 뇌의 측두엽 안에 묻혀 있는 아몬드 모양의 구조물이다. 가까이 있는 다른 구조물과 함께 변연계(limbic system)라고 불리는 회로를 형성한다. 변연계는 낮은 수준의 동물에게서 나타나고 인류 진화의 초기에 발달한 것처럼 보이기 때문에 보통 '구뇌(old brain)'라고 말한다. 사실, 태아 때 가장 먼저 변연계가 발달되고, 대뇌피질 (부드럽고 구불구불한 조직)이 부위 위에 자란다. 피질은 고등사고를 가능하게 하고, 네 개의 엽—전두엽, 측두엽(왼쪽과 오른쪽), 두정엽(위), 후두엽(뒤)—으로 나누어진다.

생의 초기에 발달하는 구뇌(변연계)는 기본적인 정서(분노, 공포)와 동기(배고픔, 목마름, 성)를 통제한다고 여겨진다. 따라서 변연계는 뇌에서 분노와 공격성의 타고난 영역으로 자리 잡게 되었다. 초기 연구들은 분노와 공격성 표출을 관찰하기 위하여, 변연계 특히 편도체를 자극하거나 제거했다(예: Kiloh, 1978). 이 연구들은 또한 편도체가 전적으로 공격성에 책임이 있는 것이 아니라, 변연계 내의 다른 구조들(예: 해마, 시상 등)이 편도체와 함께 관여된다는 것을 보고하고 있다.

1990년까지, 공격성은 단지 변연계에서 어떤 일이 일어나는가에만 의존하지 않는다는 것이 명확해졌다(Golden et al., 1996). 뇌는 수십 억 개의 뉴런이 서로 연결된 망이다. 어떤 뉴런이 잘 기능하지 못할 때, 보통 그 부근의 다른 뉴런이 손상된 부분의 기능을 맡아서 한다. 이것을 '가소성(plasticity)'이라 부르며, 인간의 뇌는 성인기보다 어린 시절에 더 많은 가소성을 갖는다. 예를 들어, 뇌졸중은 행동에 영향을 주는 뇌의 부분에 손상을 입히지만, 그 영향은 이웃한 뉴런이 손상된 뉴런들의 기능을 대신 해 주기 때문에 일시적이 되기도 한다. 이것은 뇌의 한 부분, 오직 한 부분만이 행동에 영향을 주는 것을 검증하는 것의 어려움을 말해 준다(저자들은 이와 같은 진술이 일반적인 진술이며, 만약 손상되면 다시는 회복할 수 없는 매우 특수한 뇌의 영역이 있음을 알고 있다).

폭력행동은 변연계와 전전두피질(prefrontal cortex)의 처리과정들의 결합에 의존하는 것 같다(Barker, Séguin, White, Bates et al., 2007; Bufkin & Luttrell, 2005; Nelson & Trainor, 2007; Scarpa & Raine, 2007; Volavka, 2002). 뇌의 앞 쪽 부분은 주의, 계획 그리고 행동억제와 관련이 있다(Funahashi, 2001). 어떤 면에서, 전두엽은 충동적이고, 본능에 따르는 id(즉, 변연계)를 통제하는 심리적 ego와 같은 기능을 한다. Freud 학파에 속하지 않는 경영학 전공 학생이라면, 당신은 전두엽을 뇌의 최고의 경영자처럼 생각할 수도 있다. 전두엽 및 변연계의 손상이 폭력행동을 유발할 가능성이 있다 할지라도, 상대적으로 폭력행동을 자주 저지르는 이유를 설명할 수 있을 만큼 이 뇌 영역이 손상된 사람들이 충분하지는 않다. 대신에 대뇌의 역기능이 확산되어 뇌의 여러 부위에 영향을 주는 것이 공격행동에 지배적인 역할을 하는 것 같다(Gontkovsky, 2005). 확산된 신경학적 장애를 직접적인 신체적 상처와 트라우마가 발생하기 훨씬 전, 발달 초기에 아마 신생아 때, 가졌을 수도 있다(Moffitt, 1990). 그러나 검사를 통해 언어적 및 기억결함, 지능을 측정할 수 있을 때까지는, 자주 그런 역기능은 눈에 띄지 않는다.

전두엽은 청소년기에 거쳐서 발달하는데, 신경 주변의 수초(myelin)는 30세까지 그리고 아마 그 이후까지도 발달한다(Fields, 2005). 결국, 전두엽은 청소년기 초까지도 충분히 발달되지 못한다. 이러한 지연된 발달은 어린아이의 충동성과 낮은 집중 지속 시간을 부분적으로 설명한다. 게다가, 신경생리적 발달의 지연은 일반적으로, 주의 기술, 언어적 발달, 및 지능에 영향을 미친다. Moffitt(2003)는 청소년-제한형 비행은 신경생리적 발달의 지연과 어른처럼 취급받고 싶어 하는 청소년의 욕구에 의해 형성된 '성숙도 간격(maturity gap)'에 의해 고통을 받는 것이라고 주장하였다. 또한, 생애지속형 범죄자는 신경적 성숙이 느린 것이라기보다는, 전두엽과 변연계의 실제 손상에 기인하는 것이라고 주장하였다(Nelson & Trainor, 2007; Raine, Moffitt, Caspi, Loeber et al., 2005). 이러한 연구결과들은 어린 범죄자들에게 법을 적용함에 있어서 시사하는 바가 매우 크다. 만약, 전두엽이 계속 발달하고 있는 것과 함께, 뇌의 역량과 기능 또한 여전히 발달하고 있는 중이라면, 우리는 청소년들에게 억제하지 못한, 반사회적 행동에 대해 책임을 물을 수 있을까?(Steinberg & Scott, 2003) 주 법원들은 이러한 증거를 고려해, 16세와 17세는 살인에 대해 유죄를 물을 수 없다고 결론 내렸다. 31개 주는 청소년에 대해 사형을 금지하였다(1988년에 미국 대법원은 16세 이하 청소년들에게 사형을 금지하였다; Beckman, 2004). 마침내, 2005년 3월, 미국 대법원 또한 16세에서 18세 사이 청소년에 대한 사형은 잔인하고 정상적이지 않은 형벌이라고 결정하였다(Roper v. Simmons, 2005).

New Zealand의 Dunedin 다학제적 건강 및 발달연구(Dunedin Multidisciplinary Health and Development Study)에서, 1972년에서 1973년 사이에 태어난 대략 1,000명의 아동들은 매 2년마다 다양한 요인들에 대한 검사를 받았다(Moffitt, Lynam & Silva, 1994). 이들은 13세 때, 신경심리적 검사 및 IQ검사를 받았고; 18세 때에는 비행이 평가되었다. Terri Moffitt 등은 많은 신경심리적 검사들이 18세 때의 비행을 예측한다는 것을 발견하였다. 시각-운동 능력을 측정하는 검사들과는 대조적으로, 언어 능력을 측정하는 검사들에서 미래의 비행과 가장 강한 상관이 나타났다. 연구자들은 이러한 검사들에서의 빈약한 수행 결과는 오직 생애지속형 남성 범죄자들과만 관련성이 있다는 것을 발견하였다. 매우 작은 집단(표본의 12%)이었지만, 이들은 유죄가 선고된 모든 범죄들 중 59%를 저질렀다. 비행이 청소년기로 제한되는 사람들에게서는, 신경심리적 검사 수행이 결과를 예측하지 못했다. 일반적으로, 이러한 결과들은 Dunedin 표본(Odgers et al., 2008)과 다른 표본(Cauffman, Steingerg & Piquero, 2005; Piquero, 2001; Raine et al., 2005)에서 현재 남녀 모두 32세까지 확장되었다.

우리가 기술했던 이러한 결과들은 발달범죄학의 주요 질문들 중 한 가지에 대해 말하고 있다. 청소년들을 상습적인 범죄자로 이끄는 요인들은 무엇인가? Moffitt 등(Moffitt, 2003; Moffitt, Lynam & Silva, 1994)은 신경심리적 요인들, 기질(다음 절에서 논의할 것이다) 그리고 사회화 경험들(또한, 청소년 문제행동을 유사하게 설명하고 있는 Dodge와 Pettit, 2003을 보라)을 확인하는 생애지속형 범죄에 대한 생물사회적 모델을 제안했다. 따라서 생물학적 요인들은 지속적인 그리고 대개는 폭력적인, 범죄행동의 발달에 대한 공식 중 한 부분을 이룬다. 많은 지속적인 범죄자들에게 있어서, 생물학적인 변인들은 범죄의 위험을 증가시키는데, 여기에 심리적 위험 요인들(상호작용 효과를 상기해라)이 더해질 때에는 문제가 더 심각해진다(Lynam, Caspi, Moffitt, Wikström, Loeber & Novak, 2000).

우리는 생물학과 범죄 사이의 관계가 직접적이지 않고 간단하지도 않다고 강조하고 싶다. 빈약한 언어적 기술, 억제력 결함 그리고 빈약한 주의 및 계획 능력은 일관적으로 나타나는 결과들이다. 이러한 결함들이 직접적으로 영향을 미치는지 다른 환경적 요인에 의해 매개되는지는(쉽게 그러는 것처럼) 풀리지 않는 의문으로 남아 있다(Ellis, 2005; Moffitt, 2003). 일반적으로, 사회적 환경이 최소한 일반적으로 범죄를 지지할 때 그리고 특히 심각한 범죄를 지지할 때, 범죄 행동에 대한 유전적 및 신경생리적 기여는 매우 커질 것이다(Cauffman, Steinberg & Piquero, 2005; Lynam et al., 2000; Malouff et al., 2008; Meier, Slutske, Arndt & Coderet, 2008; Rutter, Moffitt & Caspi, 2006; Scapra & Raine, 2007; Tibbetts & Piquero, 1999; Tuvblad et al., 2006).

비록 우리가 범죄행동에 대한 포괄적 이론에 생물학적 및 유전적 요인들을 반드시 포함시켜야 한다고 주장하는 사람들(예: Ellis, 2005; Walsh, 2000)의 의견에 동의하고 있긴 하지만, 우리는 이러한 요인들이 반드시 균형감 있는 관점에서 다루어져야만 한다고 생각한다. Walters의 메타분석(1992)은 유전-범죄 연합의 강도가 연구의 유형과 연구 설계의 질에 따라 변하는 것을 발견하였다. 가계(family pedigree)연구들(즉, 아이의 범죄행동과 관련해서 부모와 친척의 범죄행동을 조사하는 것)이 가장 큰 연합(phi=. 26)을 보여 주었고, 반면에 더욱 정교한 입양연구는 가장 작은 연합(phi=.07)을 보여 주었다.

이 절을 마무리하면서, Plomin(1989)의 유전-행동연구에 대한 언급은 20년 전과 마찬가지로 오늘날에도 적절하다:

> 이들의 동일한 자료(유전 연구)는 환경의 중요성에 대해 가장 유용한 증거를 제공한다. 그것들은 또한 비유전적 요인들이 가장 복잡한 행동 변량의 반 이상에 책임이 있다는 것을 가리킨다(p. 108).

까다롭고, 충동적이며, 감각-추구적인 기질

일반적으로, 성격(personality)은 사고, 감정 그리고 행동의 특징적인 패턴들을 말한다. 기질(temperament)은 타고난 그리고 안정적인 환경에 대한 특징적 반응 경향성들을 말한다(Else-Quest et al., 2006). 기질은 보통 개인들이 환경에 어떻게 반응하는지를 기술하는 행동의 몇 가지 차원들을 구성하는 것으로 여겨진다. 예를 들어, 어떤 아기들은 항상 만족스러워하고 성장해서도 계속 삶의 도전들에 잘 적응한다. 다른 아기들은 매우 까다롭고 우물쭈물하며, 나이가 들면 '긴장형(high-strung)'으로 묘사된다. 확실히 학습경험은 서로 다른 상황에서 개인이 어떻게 행동하는지에 관해 큰 영향을 주지만, 한 개인의 근본적인 반응은 태어날 때부터 분명한 일반적인 소인이다. 기질은 성격에 대한 생물학적 전조다. 우리는 기질적인 특성들이 중요한 유전적 요소를 지니고 있다는 것(McCrae et al., 2000), 출생 후 곧바로 분명하고(Saudino et al., 1995; Zukerman, 1993), 삶을 통해 비교적 안정적이다는 것(Saudino, 2005; Svrakic, Svrakic & Cloninger, 1996)을 살펴볼 것이다. 성격과 범죄에 대한 더욱 일반적인 논의는 제6장에서 진행될 것이다.

오늘날의 기질에 대한 연구의 기원은 Alexander Thomas, Stella Chess 등의 작업으로 거슬러 올라갈 수 있다. 기원적인 연구(Thomas, Chess, Birch, Hertzig & Korn, 1963)에서, 133명의 신생아들은 그들이 전형적으로 환경에 어떻게 반응하는지를 기술한 아홉 가지 특성들에 따라 평가되었다. 예를 들어, 신생아의 활동성 수준은 낮은(변화 때 여전히 누워 있음), 또는 높은(변화 동안 법석을 떪), 기분의 질은 부정적(젖을 먹고 난 후 법석을 떪) 또는 긍정적(곧잘 부모에게 미소를 띰) 그리고 주의산만의 정도는 낮은(젖꼭지를 주면 야단법석을 멈춤) 또는 높은(젖꼭지를 주어도 계속적으로 야단법석을 떪) 것으로 분류했다.

이 범주들은 나아가 세 가지 유형으로 묶였다: '순한(easy)' '더딘(slow to warm)' 그리고 '까다로운(difficult)'. 성격이론가들은 흔히 몇 가지 일반적이고, 기질적인 특질들(traits)을 특정의 기술어들(descriptors)로 축소시킨다. 우리는 그들의 '측면들(facets)' 그리고 '특질들'이라는 용어를 사용할 것이다. 특질은 기질에 대한 큰 그림의 기술어며, 측면들은 특질을 구성하는 더욱 구체적인 기술어들이다(예: 활동성 수준, 부정적인 기분 등).

우리의 관심은 Chess와 Thomas(1984)가 '까다로운' 아이라고 부르는, 어린이 133명 중에서 10%를 차지하는 범주에 있다. 이 까다로운 아이들은 다음과 같은 측면들을 보여 준다:

1. 자극에 대해 강한 반응
2. 일반적으로 부정적인 기분
3. 변화에 대한 적응이 느림
4. 수면, 배고픔 그리고 다른 신체 기능들이 불규칙적임

까다로운 아이들을 성인 초기(24세)까지 추적해 보면, 상당한 안정성이 발견된다(Chess & Thomas, 1984). 예를 들어, 10살 때, 까다로운 아이는 다양한 수면주기를 갖고, 학교적응에 어려움을 보여 주며, 좌절할 때는 성질을 부리고, 숙제를 할 때 문제가 풀리지 않으면 운다. 청소년기에, 행동장애(behavior disorder)로 진단된 12명의 사례 중 10명은 기질적으로 까다로운 아이였다.

오늘날, 연구자들은 다수의 기질적인 특질들을 확인했고, 그것들 중 많은 것들이 비행, 특히 생애지속형 범죄자에 대한 이해를 하는 데 중요하다. 두 개의 기질적 특질들이 특히 중요한 것 같다. 첫째, 낮은 자기-통제와 결합된 높은 수준의 자극-추구다. 이는 삶을 경험하는 것에 최대한의 관심을 갖고 높은 수준의 활동성(많은 성공한 사람들의 특성들 중 하나)을 갖는 것이다. 그러나 만약 에너지 수준이 통제되지 못하면 문제를 일으킬 수 있다. 사회화가 잘된 높은 자극-추구의 기질이 실제로 높은 IQ 점수를 예측했다(Raine, Reynolds, Venables & Mednick, 2002). 그러나 사회화 훈련이 되지 않은 자극-추구는 매우 다른 문제다. 이 기질적 특질은 보통 충동적/감각-추구형이라 불리며 반사회적 행동과 연합된다고 밝혀졌다(Baker & Yardley, 2002; Barnow, Lucht & Freyberger, 2005; Berkowitz, 2008; Glenn, Raine, Venables & Mednick, 2007; Séguin et al., 1999).

충동적/감각-추구 기질은 반사회적 행동에 대한 많은 일반적인 이론(Eysenck, 1977, 1998; Quay, 1965; Zukerman, 1993), 발달적 이론(Farrington, 2005; Moffit, 2003)에서 나타난다. Gottfredson, Hirschi(1990) 그리고 Moffitt 등의 저술은 특히 이 분야에 강한 영향을 주었다. Gottfredson과 Hirschi(1990)의 이론에서, 범죄는 한 가지 일반적인 결함—빈약한 자기-통제(즉, 충동성)—으로 축소된다. Moffitt의 3요인 모델에서는, 그중 한 가지가 **억제**(constraint)다(Moffitt, 2003). 범죄자들은 억제의 측정 점수가 낮은 경향이 있다. 낮은 억제에 대한 핵심적인 기술어에는 충동성과 흥분에 대한 욕구가 있다.

범죄행동과 관련된 두 번째 주요 기질적 특징은 사회적-정서적 차원이다. 우리가 좋아하는 Moffitt가 사용한 용어로는 **부적 정서성**(negative-emotionality)이다. 부적 정서성의 측면들은 **공격성**(다른 사람들을 불편하게 만듦), **소외**(학대받았다는 느낌) 그리고 **스트레스 반응**(분노와 성마름)이다. 생애지속형 범죄자들은 청소년기 제한형 범죄자들보다 부적 정서성 점수가 더 높게 나왔다. 더 나아가, 생애지속형 범죄자의 부분 집합[사이코패스들(psychopaths)]은 또한 그들의 사회적 상호작용에서 **냉담한-비정서적인**(callous-unemotional) 특징을 보여 준다(Frick & White, 2008). 이 기질적 특징은 생물학적인 것에 기반을 둔 것이며(Viding, Jones, Frick, Moffitt & Plomin, 2008), 소녀에게도 소년만큼 관련이 있다(Hipwell, Pardini, Loeber, Sembower et al., 2007).

연구자들이 사용하는 용어와 상관없이 '까다로운' 기질의 일부 형태는 거의 모든 분류체계에서 흔하다. 우리는 이와 같은 아이들이 저지를 수 있는 잠재적인 문제들을 잘 전달할 수 있기 때문에 '까다로운'이라는 용어를 계속 쓸 것이다. 충동적인 자극-추구 성향과 부적 정서성이 특징인 까다로운 기질은 틀림없이 많은 부모들을 힘들게 할 것이다. 모든 아이들이 자기-통제 기술 없이 삶을 시작하지만, 대부분 충동을 조절하는 것을 점차적으로 배우게 된다. 자기-통제는 공격적 행동을 억제하는 데 가장 중요한데, 공격적인 행동을 억제하는 것을 학습하기에는 시간이 걸린다. Richard Tremblay(2000, 2008)가 언급한 것처럼 아동들은 1세가 되면 신체적인 공격성을 나타내고, 신체적인 공격행동의 가장 높은 비율은 청소년이나 초기 성인들이 아니라 3세의 아동에게서 나타난다. 달리 말하면, 연구들은 공격적인 행동이 어떻게 학습되는 가에 많은 주의를 기울이지 말고 어떻게 억제되는지에 더 관심을 기울여야 한다. 까다로운 기질을 가진 어린이들은 그 기술을 배우는 데 더 많은 고된 시간을 보낼 것이라고 예상된다.

유아기나 아동 초기의 까다로운 기질은 공격적 행동, 청소년 비행 그리고 사이코패시(psychopathy)를 예측한다(사이코패시에 대한 논의는 제6장을 보라). Schwartz, Snidman 그리고 Kagan(1996)은 31개월 이하의 아이들을 평가하여 13세까지 추적 연구했다. 까다로운('억제하지 못하는') 기질은 부모들에 의해 보고된 내용에 의하면 비행과 공격성을 예측하였다. 7세부터 17세의 759쌍의 쌍둥이를 대상으로 한 노르웨이 연구는 '정서성'이 Achenbach의 아동행동 체크리스트(Achenbach's Child Behavior Checklist)의 비행행동과 공격적 행동(Delinquent Behavior and Aggressive Behavior) 점수와 연합됨을 발견하였다(Gjone & Stevenson, 1997). 성별과 결과에 따른 상관관계의 범위는 .11~.51이었다(소녀들은 비행척도에서 더 낮은 상관관계를 갖는 경향이 있다). Terri Moffitt 등은 3세 때의 까다로운('통제의 부족') 기질이 26세 때의 자기-보고된 그리고 공식적으로 보고된 반사회적 행동을 예측함을 발견했다(Caspi, Harrington, Milne, Amell et al., 2003). 반면 Gleen 등(2007)은 3세 때의 비억제적인 감각-추구가 28세 때의 사이코패시를 예측함을 발견했다.

만약 아동이 까다로운 기질을 가지고 태어났다면 이 기질이 어떻게 범죄행동의 발달을 촉진시키는 것일까? 앞서 제안한 바와 같이, 그와 같은 아동을 양육하는 것은 쉽지 않을 것이다. 만약 아동의 부모가 '올바르다(right)'(보살피고, 인내하고, 아이의 행동패턴에 유연하게 적응함)면 아동에게 긍정적인 결과가 발생할 것이다. 그러나 만약 부모의 양육방식과 아이의 기질간의 관계가 '부적합(poorness of fit)'(Chess & Thomas, 1990)하면, 그들은 문제가 생길 수밖에 없다. 대처하는 데 어려움을 알게 된 부모들은 정서적으로 아이에게 거리를 두거나

(Larsson, Viding & Plomin, 2008; Pardini & Loeber, 2008; Shaw & Vondra, 1995), 경직되고 적절하지 않은 훈육방법에 의지하게 될지도 모른다(Hawes & Dadds, 2005). Gerald Patterson 등(Dishion & Patterson, 1997; Patterson, DeGarmo & Knutson, 2000)은 예를 들어, 아이의 과잉활동성(hyperactivity)은 상습적인 비행을 이끄는 첫 단계라고 가정했다. 아이의 과잉활동성은 효과적인 훈육을 방해하고, 그 결과 비행의 이른 출현에 기여한다. 까다로운 기질인 아동과 참을성 없고 충동적이고 적대적인 부모가 짝지어질 때(세대 간 자료를 고려한 그럴듯한 시나리오)는 불행한 결과를 낳는다(Jaffee, Belsky, Harrington, Caspi & Moffitt, 2006; Kimonis, Frick, Boris, Smyke et al., 2006).

Moffitt(2003)의 모델에서, 주요 환경적 위험 요인은 부적절한 양육과 부모와 아동과의 취약한 관계다. 그러므로 까다로운 기질과 높은 위험의 가정적 환경과 연합된 아동의 파괴적 행동이 결합되면 생애지속형 범죄자가 된다. 제6장에서, 우리는 범죄의 가장 높은 위험성을 대표하는 성인 범죄자들에게서 발견되는 반사회적 성격 패턴의 기원이 기질과 초기 사회화 경험에 있다는 것을 논의할 것이다.

PCC의 관점에서, 기질은 개인에게 항상-존재하는 특성이다. 범죄행동의 발달에 있어서, 충동성, 높은 활동성 수준, 부적 정서성에 의해 특징지어지는 기질은 매우 중요하다. 우리는 위험 요인으로서 기질을 제시하지만, 기질은 개인이 환경에 어떻게 반응하는 경향이 있는지에 대해 알려 준다(예: 새로운 환경에 대해 개방적인가? 아니면 분노하는가? 신뢰하는가?). 기질은 반응성 원리(제2장을 다시 보라)에 대한 생물학적 기초 중 하나다. 예를 들어, 사회화 노력과 처치효과는 사회화의 대리인(부모나 선생님) 또는 서비스 제공자(임상가)가 아동의 성격/기질적인 스타일에 대해 민감할 때 향상된다. 인내, 구조화 그리고 일관성은 까다로운 기질을 가진 개인에게 성과를 가져올 수 있다.

활동적이고, 충동적이고, 감각-추구적인 기질과 같은 개념은 행동을 묘사한다. 이러한 행동의 원인은 무엇인가? 한 가지 중요한 일반적 요인은 신경생리적 각성(neurophysiological arousal)이다(Raine, 1997). 사람들은 그들의 신경생리적 각성이나 흥분성의 일반적인 상태가 서로 다르다. 심장 박동과 호흡률, 동공확장, 땀을 흘리는 것과 같은 일부 과정들은 분명한 반면, 다른 과정들은 신경생리적 과정(예: 뇌의 전기적 활동)을 알아내기 위한 특별한 도구가 필요하다. 일부 이론들은 범죄행동의 중심적 소인으로서 신경생리적 저각성(underarousal)을 제안한다. Eysenck(1977; Eysenck & Gudjonsson, 1989)와 Quay(1965)는 범죄자들을 신경생리적 저각성 상태로 상정하였다. 당신 몸 안의 모든 뉴런이 반 잠든 것처럼 작동한다고 생각해 보아라. '잠에서 깨어나기'와 신경생리적 시스템의 균형을 찾기 위해서는, 당신은 자극과 흥분을 추구하는 것이 필요하다. 이러한 행동은 신경생리적 체계에 진한 커피 한 잔과 같은 것이다. 저각성 상태가 충동성과 빈약한 자기-통제와 맞물리는 경우, 법과 갈등을 겪는 그들을 발견하는 것은 별로 놀랄 일이 아니다.

신경생리적 저각성의 또 다른 면은 이것이 어떻게 자기-통제(또는 Eysenck가 '양심'이라고 기술했던 것) 학습에 영향을 주는가다. Sarnoff Mednick(1977)의 생물사회적인 이론에서, 자기-통제는 교육, 모델링 그리고 친사회적 행동의 강화 및 적절하지 못한 행동에 대한 처벌의 조합을 통해 배울 수 있다고 기술한다. 보통, 처벌은 공포를 불러일으키고, 공포는 생리적으로 심장박동률과 혈압 및 발한의 증가로 나타나는(이 지표들은 또한 흥분과 분노로 기술될 수 있다. 이 모든 것은 이들 감정을 당신이 인지적으로 어떻게 명명하는지에 달려 있다) 정서의 근거가 된다. 부적절한 행동을 억제하는 것(즉, 자기-통제)은 불쾌한 공포반응을 피하게 한다.

따라서 중요한 억제학습(inhibitory learning)은 다음과 같은 것을 요구한다: (1) 반사회적 행동은 처벌되고, (2) 아동은 반사회적 행동을 억제하는 학습능력을 갖는다. 일부 사람들의 반사회적 행동은 그들이 적절한 사회화 훈련을 받지 못했다는 사실에 기인한다. 즉, 그들은 정상적인 신경생리적 각성 패턴을 지니고 있지만, 부모들이 그들의 행동을 매우 자세하게 모니터하지 않았거나 비도덕적인 행동과 구분하지 못한 것이다. 그 결과, 반사회적 행동을 처벌하는 것에 실패한 것이다. 다른 사람들의 반사회적 행동은 자기-통제를 학습할 수 있는 생물학적 능력이 손상된 것에 기인한다(Beaver, Shutt, Boutwell, Ratchford et al., 2009).

처벌을 피하는 억제학습(예: 자기-통제)은 '공포 감소'와 관련이 있다. 이것은 수동적 회피학습이라고 불린다. 수동적 회피학습은 다음 방식으로 진행된다:

1. 아동은 폭력적 행동을 생각한다.
2. 이전의 처벌이 아동에게 공포를 준다(심장 박동률과 혈압 상승 및 발한 증가).
3. 공포, 유쾌하지 않은 정서는 아동이 공포의 감정을 피하기 위해서 공격적 반응을 억제하도록 한다.
4. 더 이상 아동은 공격적인 충동을 품지 않고, 공포가 사라진다.
5. 공포의 즉각적인 감소는 반사회적 행동을 억제하는 것을 강화한다.

처벌을 통한 최초의 교육을 실행할 사회화 대리인이 필요할 뿐 아니라, 이 과정은 적절한 공포반응, 공포반응을 습득할 수 있는 능력, 억제에 대한 자연적인 강화를 받기 위한 재빠른 공포 소멸(처벌을 피하는 안도감과 같은)을 요구한다. 몇몇 연구들에서는, 반사회적 성격을 가진 개인이 혐오자극에 대해 감소된 공포반응을 보이고, 다시 한번 공포가 각성되고, 공포의 생물학적 표시(예: 심장 박동률의 증가, 높은 혈압, 발한)가 서서히 사라짐을 발견하였다(Lorber, 2004; Raine et al., 2000). 반면, 신경생리적 각성으로부터 더 빠르게 회복하는 것은 범죄를 그만두는 것을 예측한다(Raine, Venables & Williams 1996).

일반적인 범죄자 표본과 까다로운 기질을 가진 아동들에게 만연되어 있는 신경생리적 저각성에 대해 더욱더 많은 연구가 필요하다. 충동성에 대한 저각성 및 빈약한 자기-통제 기술들과 관련된 가설들 및 소수의 연구들은 마음을 끌리게 한다. 그러나 수동적 회피학습에서의 결함은 공포 결함보다는 다른 요인들에 의해 야기될 수 있다. 예를 들어, 일부 사이코패스들은 공포를 느낄 수 있는 잠재력은 있지만 단지 공포를 촉발하는 자극에 주의를 기울이지 않는다(Hiatt & Newman, 2006).

PCC의 맥락에서, 신경생리적 저각성 및 자극을 향한 욕구는 범죄행동에 대한 자동적이고 비매개적인 강화 가능성을 부각시킨다. 즉, 일부 범죄자들은 동료의 인정이나 또는 자기강화 전략 때문이 아니라 행위 자체가 좋게 느껴지기 때문에 범죄행동에 연루된다[여기서 우리는 비성적(nonsexual) 범죄자를 말한다]. 비범죄자들과 비교하여, 범죄자들은 감각-추구의 점수가 더 높은 경향이 있으며(Gottfredson & Hirschi, 1990; Zuckerman, 1984) 범죄를 저지를 때 '고양되거나 흥분된' 감정을 쉽게 보고한다(Wood et al., 1997). 따라서 신경생리적 각성 가설은 대인 관계적 또는 개인적으로 매개된 통제들이 없는 반사회적 행동에 대한 그럴듯한 설명을 제공한다.

우리는 범죄행동과 낮은 자기-통제에 대한 많은 심리학적 이론들에서 중심적인 역할을 하기 때문에 신경생리적 각성에 상당한 관심을 기울였다. 그러나 각성은 오직 낮은 자기-통제의 생물학적 상관변인만은 아니다. 일부 비행청소년은 일반적인 각성 유형을 가지지만 여전히 낮은 자기-통제를 보여 준다. 예를 들어, Elizabeth Cauffman, Laurence Steinberg 그리고 Alex Piquero(2005)는 전두엽의 취약한 기능(계획, 기억 그리고 자기-통제와 관련된 뇌의 부위)과 심각한 비행 간의 연계성을 발견하였다. 즉, 낮은 자기-통제는 다수의 생물학적 결정 요인뿐만 아니라 환경적 결정 요인도 가지고 있다. 그러나 이제 범죄에 대해 근거리적(proximal) 생물학적 공변인들에 대한 고찰은 그만하고 더욱 원거리적(distal) 생물학적 요인, 즉, 진화의 이야기를 해 보자.

진화에 대한 사색

Darwin이 자연선택에 의한 진화이론을 주장한 그의 책, 『종의 기원(On the Origin of Species)』은 1859년에 출판되었다. 거의 모든 사람들이 다윈의 이야기를 안다. 그는 갈라파고스 섬을 방문하는 동안 매우 다양한 환경에서 살고 있는 식물과 동물을 관찰하고 분류하였다. 특히, 갈라파고스 섬에는 어느 곳에서나 볼 수 있는 종과 유사함에도 불구하고, 지구 어디에도 존재하지 않는 동물들이 살고 있다. 그는 종들이 환경에 점차 적응하는 것을 통해, 시간이 경과함에 따라, 조상과는 매우 다른 새로운 종으로 진화한다고 결론 내렸다. 종의 신체적 외형 및 생리적 변형들은 적응적이 되고, 따라서 그러한 변형들은 유기체의 생존과 번식을 가져오기 때문에 적응적이게 된다(예: 제비는 그들의 날개를 나는 것과 공중에 사는 곤충을 잡는 데 사용하지만, 펭귄은 오히려 물고기를 좇아 수영하기 위해 날개를 사용한다. 두 사례에서 날개는 새가 음식을 획득하는 데 도움을 준다). 자신의 관찰로부터, 다윈은 진화와 자연선택이론을 공식화하였다. 이론의 주요 두 가지 원리(tenet)는 다음과 같다: (1) 오늘날의 종은 원형인 종으로부터 진화하였다. 그리고 (2) 그들의 환경에 적응하는 유기체는 더욱 쉽게 재생산되고, 그러기에 종의 생존력이 계속적으로 보장된다[적응에 실패한 유기체는 덜 재생산된다. 혈통이 소멸되고, 따라서 '적자생존(survival of fittest)'이 된다].

그 당시, 다윈은 특정한 적응이 어떻게 다음 세대로 계속되는지 이해하기 어려웠다. 다윈과 동시대의 Gregor Mendal은 청대완두(garden peas)를 가지고 실험을 했고, 마침내 유전의 메커니즘으로서 유전자를 지목하였다. 진화론자들은 유전자를 다양한 적응의 세대 간 전달자로서 간주한다. 이미 살펴본 것과 같이, 유전자는 생물학적, 생리적 그리고 (일부가 주장하는) 심리적 과정에 영향을 주는 프로그램을 지니고 있다. 다윈의 조망과 일치되게, 유전자들은 그들의 현재의 그리고 계속적인 생존을 최대화 시키고자 하는 것으로 알려져 있다. Richard Dawkins(1989)의 책, 『이기적 유전자(The Selfish Gene)』는 이 모든 것에 대해 말해준다. 유전자의 유일한 목표는 '복제(replicate)'(Dawkins의 용어를 사용하여)이고, 유전자는 경쟁이 매우 심한 세계에서 생존하기 위해 유기체의 몸체(body)를 사용한다(기억하라. 그들 자신의 유전자들 밖에는 동일한 것을 원하는 또 다른 유기체들이 있다).

진화 범죄학자들과 진화 심리학자들은 일부 범죄행동 유형을 진화의 산물로서 이해할 수 있다고 제안하였다. 기본적인 주장은 수천 년 전, 또는 수백만 년 전은 아니라 하더라도, 범죄행동의 유전적 소인이 있다는 것이다. '소인'이라는 단어에 주목하라. 오늘날 대부분의 진화이론가들은 환경이 오직 유전자가 행동을 촉발하게 하는 기능을 한다는 생각과 유사한 유전적 결정론(genetic determinism)의 개념을 받아들이고 있지 않다. 오히려 환경에 의해 유전자가 영향을 받고 그들 스스로 변하는 데 소인이 통로를 열어 준다는 것이다. 진화이론이 범죄행동에 적용될 때, 관심은 기질, 성격 특질 그리고 재생산을 극대화하는 행동에 주어진다. 따라서 위험-감수(risk-taking), 공격성, 부정직함은 산아제한을 하지 않는 합의된 섹스, 합의되지 않은 성관계(강간) 그리고 다수의 성적 파트너를 이끌어 자손을 증식시키게 된다.

진화의 실수: 깨어난 원시인

Cesare Lombroso(1835~1909)는 현대 범죄학의 창시자 중 한 명으로 간주된다. 정신의학에 흥미를 가진 의사('정신질환 교수')로서 훈련을 받고, 그는 특히 범죄자의 신체적 특징에 관심을 가졌다. Lombroso는 머리, 귀 그리고 팔의 크기를 측정하여 표로 만들었고, 또한 눈의 결함과 이상하게 생긴 코와 같이 비정상적인 신체적 특징에 주목하였다. 왜 신체적 특징들에 관심을 가지는가? 그리고 이러한 것들이 의미하는 것은 무엇인가? 질문에 대한 답은 Lombroso 자신의 말에 있다.

> 나는 그의 두개골을 조사하였다. …… 후두부 중앙 척추(occipital median spine) 부근이 오목하게 움푹 패어 있다. …… 이것은 우수한 유인원에게는 없는 특징이며, 다른 모든 척추동물들에게서 존재하는 특징이다. …… 나는 즉시 범죄자는 원시인과 육식동물 중 살아남은 존재임에 틀림없다는 것을 감지했다. …… 나는 범죄자가 야만인보다 더 나쁘고, 때때로 전형적인 육식동물보다 더 나쁘다는 것을 알게 되었다(Lombroso, 1895/2004: 65-66).

이러한 관찰은 교도소 수감자의 부검을 수행하면서 이루어졌다. 뇌의 후두부(occipital part)는 뇌의 뒤쪽에 있고, 시각을 담당한다. Lombroso는 세 가지 중요한 지적을 했다. 첫째, 범죄자는 생물학적으로 인간보다는 하등동물과 더욱 유사하다. 둘째, 생물학적 후진성 때문에, 개인은 억제력이 없는 동물처럼 행동하기 쉽다. 더 나아가, 범죄자는 이전 진화 단계로 가는 생물학적 후퇴다[Lombroso의 '격세유전(atavism)' 이론은 먼 조상의 특징으로 회귀하는 것을 의미한다]. 마지막으로, 일부 범죄자들은 단지 나쁘게 태어난 것이다.

Lombroso에 따르면, 모든 범죄자들이 나쁘게 태어나는 것은 아니며 그리고 '격세유전' 하는 것도 아니다. 대부분의 범죄자들은 불우한 환경 및 경험의 결과다. 그러나 정말 불유쾌한 일부 유형(상습적인, 직업적인 범죄자)은 불행하게도 현대 세상에서 성공적으로 대처하는 것을 방해하는 심하게 부적절한 생물학적 구성(biological makeup)에 의해 고통을 받는다. Lombroso의 격세유전적 범죄자의 신체적 특징(예: 침팬지와 같은 긴 팔, 넓은 턱, 솟아오른 귀)을 검토해 보면, 네안데르탈인(Neanderthal)이 그려진다. 당신은 원시인이 안정적인 직업을 가지고, 당신과 나와 같은 사람과 어울린다는 것을 상상할 수 있겠는가?

Lombroso는 환경에 선택적인 적응을 통해 진화한다는 다윈의 이론에 크게 영향을 받았다. Lombroso에게 있어서, 범죄자들은 성공적인 적응에 실패한 것이며 높은 수준의 진화에 실패한 것이다. 격세유전 범죄자는 공격적인 성적 행동(강간) 그리고 서로 유사하게 기형인 사람과 성교하는 것(예: 동류 교배) 때문에 어느 정도 재생산에 성공했던 것이다. Lombroso는 그의 연구를 남성으로 제한하지 않고 여성에 대해서도 형태적인(morphological)[신체적인(physical)] 자료를 모았다(Lombroso & Ferrero, 1895/1980). 정상적인 여성('소작농' 표본)과 비교하여, 여성 범죄자들(매춘부를 포함한)은 짧은 팔, 작은 머리 그리고 짙은 머리색과 눈을 가지고 있었다.

격세유전 범죄자들과 생물학을 강조한 Lombroso의 이론은 그 시대를 반영한 것이었다(20세기의 전환점). 이 이론의 타당성은 범죄자들이 비범죄자들에 비해 더 많은 신체적 이상을 실제로 보인다는 것을 증명하는 것에 부분적으로 의존한다. Lombroso 자신의 이론에 대해 자신이 행한 타당화 연구는 애매한 비교 집단들을 사용했다는 것과 다소 적은 표본(383명의 남성 범죄자들과 80명의 여성 범죄자들)을 사용했다는 한계가 있었다. Charles Goring(1913)은 Lombroso의 생각을 검증하기 위해, 매우 큰 표본인 3,000명의 영국의 유죄 판결자들을 37개의 신체적 특징에 따라 대학생, 병원 환자 그리고 군인들과 비교한 연구를 실시했다. 그는 아무 차이점도 발견하지 못했다(일부 논평가들은 Goring이 Lombroso가 틀렸음을 입증하기 위해 발견된 차이점들을 무시했다고 언급한다).

미국에서, Hooten(1939)은 14,000명의 재소자들과 3,000명의 비범죄자들의 신체적인 특징을 비교하였다. 그는 33개의 신체적 특징 중 19개에서 범죄자들이 비범죄자들에 비해 푹 꺼진 이마와 돌출된 귀 그리고 일반적으로 신체적인 열등함들이 있다는 것을 발견하였다. Hooten은 신체적 열등함이 정신적 열등감을 동반하고 모두 유전된다고 믿었다. Hooten이 모든 것을 충분히 검토하지는 않았지만, 또한 그는 범죄자들을 인구의 나머지로부터 강제로 분리를 시키거나 우생학(eugenics)에 의거해 재생산하지 못하게 하는 방식으로 다루어야 한다고 믿었다(우생학에 대한 Hooten의 관점의 요약은 Rafter, 2004를 보라. 또한 독일 나치의 우생학에 대한 주장은 Rafter, 2008을 보라).

학계는 Hooten의 연구와 연구 발견들에 대한 그의 해석을 강력하게 비판하였다. 방법론적인 문제점이 드러났고, 신체적인 열등감이 유전된다는 주장도 도전을 받았다(그는 자신의 주장에 대한 아무런 증거도 제공하지 못했고, 그는 세대 간 범죄자들을 연구할 수도 없었다). 아마도 Sutherland, Merton 그리고 다른 학자들에 의해 전개된 범죄에 대한 사회학적 설명의 증거로 인해, 범죄자의 행동에 대한 생물학적 관심은 시들해졌다. 그러나 이것은 사라지지는 않았다.

Glueck과 Glueck(1950)의 비행자들과 비비행자들 간 고전적인 비교는 비행에 대한 사회심리학적 연구였지만, 또한 그들은 William Sheldon의 유형론을 이용하여 신체 유형을 측정하였다. Sheldon(1942)은 세 가지 신체 유형(외배엽형=마른, 내배엽형=살찐 그리고 중배엽형=근육질인)에 근거한 성격에 대한 체질이론을 개발했다. 각 신체 유형은 다른 기질과 관련된다. 예를 들어, 중배엽형은 높은 활동성 수준을 가지고 더 공격적이다. 물론, 많은 개인들을 어떤 한 신체 유형으로 명확하게 분류할 수는 없다. 이 문제를 다루기 위해, Sheldon은 각 신체 유형에 점수를 매기는 평가체계를 개발했다(평점을 매기는 데 도움을 주기 위한 1,000명이 넘는 대학생들의 46,000장의 사진첩이 있었다). Glueck과 Glueck(1950)의 연구에서, 비행은 중배엽형에 더 많이 해당되었다. 비록 이 신체 유형 패턴이 범죄행동과 연관된다는 것이 반복적으로 발견되었다 할지라도(Ellis, 2000), 신체 유형이 유전자에 의해 미리 결정된 것이라고 결론 지을 수는 없다. 중배엽의 신체 유형이 육체적이고 모험적인 생활양식을 갖게 했을 수도 있는 것이다.

심지어 우리는 오늘날에도 범죄행동에 대해 Lombroso와 같은 설명을 하고 있는 흔적들을 본다. 가장 잘 알려진 논쟁적 견해는 Phillipe Rushton의 견해다. Rushton은 Arthur Jensen과 함께 지능, 기질, 사회적 질서(예: 법에 대한 존중, 결혼의 안정성)와 성적 억제에서 인종 차이가 있음을 제안했다(Rushton, 1988; Rushton & Jensen, 2005, 2006, 2008). 요점만 말하자면, 순서적으로는 아시아인이 가장 앞서고, 백인, 그다음 흑인이라는 것이다. 더 나아가, 이와 같은 차이점들은 유전, 교제(association) 그리고 진화에 의해 설명된다. 따라서 흑인들에게서 관찰되는 높은 범죄율은 그들의 낮은 지능, 낮은 성적 억제 그리고 사회적 무질서에 의한다는 것이다.

Rushton과 Jensen은 다른 유형의 많은 증거를 도출했다, 그러나 Lombroso와 Hooten에 대한 우리들의 논의와 연계시키기 위해 우리는 지능을 대신하는 것으로서 두개골과 뇌무게를 측정한 것을 지적한다. 두개골의 용량과 뇌무게의 차이에서, 아시아인은 가장 큰 수치를 흑인은 가장 작은 수치를 보여 주는데, 이는 IQ점수의 차이를 반영한다고 주장된다(Rushton & Ankney, 1996; Rushton & Jensen, 2005, 2006, 2008). 그러나 인종 간 신체적인 차이에 대한

Rushton의 설명이 널리 받아들여지지 않고 있다는 것을 명확히 하고자 한다(Cernovsky & Litman, 1993; Sternberg, 2005). 우리는 단지 Lombroso의 연구가 오랜 유물이 되었음을 보여 주기 위해 Rushton과 Jensen의 관점에 대해 간단히 논의했다.

진화적 적응으로서의 범죄행동

앞 절에서 범죄에 대한 현대의 진화적 설명의 배경으로서, Lombroso의 격세유전이론을 설명하였다. 오늘날의 많은 진화이론가들과는 반대로, Lombroso는 남성 및 여성 범죄자들을 진화에서의 결함–진화적 발달에서 전혀 긍정적 단계가 아님–이라는 입장을 견지했다. 비록 현대 진화이론가들이 환경에 적응하는 유기체의 본성을 강조하지만, 즉 유기체는 환경의 도전들에 대한 **성공적인** 적응의 결과라고 하지만, 예외가 있다. 예를 들어, HIV 바이러스는 숙주(사람)를 **죽인다**. 만약 바이러스가 정말로 적응적인 것이라면, 숙주는 재생산을 지속하기 위해 숙주가 살아 있어야 될 것이다.

Lee Ellis와 Anthony Walsh(1997)는 『cads and dads』에 대한 특성을 묘사함으로써 범죄행동에 대한 진화적 조망을 잘 보여 주었다. Cads는 교활하고, 공격적이며, 속여서 여자와 아이를 낳고 나서, 먹고 살길이 막막한 여자를 떠나 또 다른 생식 파트너를 찾으러 가버린다(cad라는 용어는 동물에게도 적용할 수 있다. 예를 들어, 극락조의 수컷 새는 성교 후에 재빨리 날아가 버리고, 암컷 새는 알을 품고 새끼를 기른다). 반면에, Dads는 일부일처제를 유지하며 어린아이를 양육한다.

범죄행동의 기원을 진화론으로 설명하기에는 부족하다. 비행자의 조기의 성적인 행동(Glueck & Glueck, 1950; Stouthamer-Loeber & Wei, 1998), 사이코패스의 난교와 기생적인 삶(Hare, 1991), 강간범의 행동(Lalumière & Quinsey, 1996) 그리고 범죄자들의 일반적인 부정직함(Quinsey, Skilling, Lalumière & Craig, 2004)을 생각해 보아라. 또한 진화이론은 가정폭력(남성이 여성들이 다른 사람의 아이를 임신하는 기회를 통제하는 것; Daly & Wilson, 1988) 그리고 아동학대와 살인(혈연관계가 아닌 부모는 유전적 투자가 없었기 때문에 아동을 방치하거나 아동학대를 더욱 하기 쉽다; Daly & Wilson, 1994; Harris, Hilton, Rice & Eke, 2007)을 설명하기 위해 사용되어 왔다.

Quinsey 등(Quinsey, 2002; Quinsey, Skilling, Lalumière & Craig, 2004)은 사실상 두 가지 유형의 생애지속형 범죄자를 제안하였다. 첫 번째 유형은 신경생리적 문제, 까다로운 기질 그리고 빈약한 사회화 경험을 지닌 아동으로서 Moffitt(1993)이 기술한 것이다. 두 번째 유형은,

Quinsey 등(2004)이 말하는 사이코패스로서 그들은 전 생애에 걸쳐 진화적인 적응전략을 따른다. 이들은 신경생리적 결함이 거의 없으며, 그들의 행동은 최대한 짝짓기에 성공하기 위해 유전적으로 결정된 전략을 따른다. 그러나 상습적인 범죄자들의 두 가지 유형이 확증될 것인지는 미래 연구에 달려 있다.

비록 남성의 이기적인 행동에 대해 논의해 왔지만, 여성들의 번식행동도 또한 적응적인 중요성을 지닌다. 진화이론에 따르면, 여성들은 아이들을 헌신적으로 돌보고 유전자 풀(genetic pool)의 지속성을 보장할 수 있는 'dad'를 찾는다. 편무모에 의해 양육된 아동은 성숙과 번식에 이르지 못하는 위험에 빠진다. 새, 도마뱀 또는 인간이든, 보통 편부모보다 양쪽 부모가 충분한 음식을 제공하고 자식의 건강발달을 위해 더 보호할 수 있는 위치에 있다. 그러므로 엄마의(유전자의) 최대의 관심사는 아이를 양육하는 데 의지할 수 있는 상대를 선택하는 것이다. 이것은 신체적 매력의 중요성을 깎아내리는 것은 아니지만(Provost, Kormos, Kosakoski & Quinsey, 2006), 오랫동안 자녀양육에 헌신하는 것의 필요성을 강조하는 것이다.

Ellis(2005)와 Buss(2009)는 엄마들은 또한 '지위에 분투하는 남성'을 선택하고자 하는 소인이 있으며, 이는 남성들에게 매우 경쟁적이 되도록 하는(그리고 경쟁하는 중에 사람들은 또한 피해자가 된다–성공하기 위해 약한 사람을 짓밟아야 하기 때문에) 진화적 압력이 된다. 물론, 남성들은 여성들의 선호를 완전히 무시하지 않으며, 그들 자신의 매력과 가치를 유지하는 데 노력한다(많은 새의 종에서, 수컷들은 색깔 있는 깃털을 진화시켜 왔다. 인간들 중, 남성들은 최고급의 옷을 산다).

슬픈 일이지만, 자식을 위해 계속적으로 일하고, 사려 깊고, 돌볼 수 있는 자원을 가진 아버지를 선택하는 것은 쉽지 않다. 아이들의 높은 성적 및 신체적 희생률이 이를 증명한다. 그럼에도 불구하고, 우리는 'dad'를 선택하고 'cad'에게 속는 것을 피하는 것이 불가능한 것은 아니다. 결국, 우리 모두는 좋은 선택을 해서 아이를 기르는 데 헌신적이었던 부부들이 있었다는 것을 알고 있다. 또한 우리는 단지 억제되지 않은 공격적 행동이 아니라, 충동성을 통제하는 것이 적응적이다는 것을 알고 있다(Ferguson, 2008).

범죄자의 구애행동을 자세히 살펴보면, 그러한 행동이 장기적으로는 적응적이라고 보기 어렵다. 그렇다. 비행자와 범죄자는 비범죄자보다 더 일찍 성관계를 시작하고, 아이를 빨리 가지고, 더 많은 성적인 상대를 갖는다. 이것은 남성 유전자들이 더 승리한 것처럼 보인다. 그러나 그들이 함께 하는 짝을 보아라. 범죄자들은 유사한 기질, 성격, 사회적 배경 그리고 범죄적 생활과 관련된 문제들, 나쁜 건강상태 그리고 빨리 사망하는 파트너와 결혼하는 경향이 있다(Farrington, Barnes & Lambert, 1996; Haynie et al., 2005; Jaffee, Belsky, Harrington, Caspi

& Moffitt, 2006; Laub & Vaillant, 2000; Nieuwbeerta, 2008; Piquero, Daigle, Gibson et al., 2007; Tremblay & Paré, 2003). 부유한 여성상속자와 함께 아이를 기르는 남성 사기꾼이나 위세당당하고 성공적인 사업가에게 열중하는 여성 매춘부는 영화와 같은 일이다. 또한 남성 범죄자는 법과 갈등이 많고, 이상한 직업을 가진 전력이 있고, 알코올이나 다른 약물들을 남용하는 여성과 결혼하는 경우가 더 많다(예: Pogarsky, Lizotte & Thornberry, 2003). 결국, 이 결혼에서 어떤 아이가 태어날까? 너무나 많은 경우, 아이들은 저체중, 까다로운 기질 그리고 주의력 결핍과 과잉행동장애에서부터 태아 알코올 증후군까지 신경학적 문제들을 가진다. 이와 같은 상황이 어떻게 유전자에게 최선의 이익을 가져다주는 상황이라고 보는지 모르겠다.

또한 사람들은 손쉽게 피임하는 방법을 이용하며, 많은 나라에서는 낙태가 가능하다. 이 요인들은 유전적 번식의 과정을 바꾼다. 신중하지 않음, 물질남용, HIV의 높은 비율을 보이는 범죄자의 생활 스타일은 범죄자들이 이와 같은 방법을 덜 쓸 것임을 시사하지만, 범죄자들이 얼마나 피임을 하는지에 대한 확실한 증거는 없다(Sheeran, Abraham & Orbell, 1999). 이러한 것이 유전적 번식을 증가시킬 수는 있으나, 자손들의 '질(quality)'은 더 나빠질 수 있다. Donahue와 Levitt(2001; 『괴짜경제학』으로 명성을 얻은 Steven Levitt)은 1973년 미국 대법원의 Roe v. Wade의 낙태 합법화 이후 범죄가 감소하였음을 주장하였다. 그 이유는 낙태 가능성으로 인해 가난한 어린 엄마들이 범죄자로 자랄 수 있는 아동들을 감소시킬 수 있었다는 것이었다. 실제로, 범죄는 1990년대 초기에 감소했으나, 10대 미혼모의 낙태 때문이 아니었다(Chamlin, Myer, Sanders & Cochran, 2008).

진화이론은 변하고 있다. 많은 진화 이론가들이 유전적 결정론을 고수하는 것을 부인하지만, 자세히 살펴보면 그렇지 않다는 것을 알 수 있다(Lickliter & Honeycutt, 2003). 그들의 관점을 유전자-기반진화이론(gene-based evolutionary theory)이라고 말하는 게 더 나을 수 있을 것 같다. 즉, 이들에 따르면, 적응은 1년과 같이 짧은 세대(예: 독감 바이러스)에서 수천 세대를 걸쳐 발달하며, 이것은 유전자의 활동으로 환원될 수 있다. 보고, 느끼고, 행동하는 방식은 유전자 때문이지 다른 것들 때문이 아니다. 유전자는 현재의 우리를 대부분 결정하며, 환경은 유전자의 프로그램이 발현되도록 유전자를 촉발시키는 역할을 한다. 유전자-기반 진화는 유전자의 매우 결정론적인 기능과 유전자의 행동적인 표현은 모두 적응적이라고 가정한다(유전자 영향의 모든 것이 적응적이라는 것에 예외들이 있다; 예: 눈의 색깔은 적응적인 기능이 없다, Daly, 1996).

이와 같은 일방적인 관점에 대한 많은 주장들은 하등한 종들의 연구에 기반하고 있고, 이후 인간 행동에 대해 외삽하는(extrapolate) 것이다(Dagg, 2005). 그러나 인간은 감상용 담수어인 구피(guppy)가 아니며, 더 복잡한 유기체이고, 유전 외적인 요인의 영향이 더욱 크다. 심지어 낮은 수준의 종이라 할지라도, 환경적 요인은 유전자 프로그램을 완전히 바꿀 수 있다. 예를 들어, 거북이의 성(유전이 기반이 되는)은 알 품기 온도에 달려 있다. 유전자-기반진화이론은 진화에 대한 발달생물학의 지식에 기반한 이론(developmental biology-informed theory)으로 형성되어 가고 있으며, 이 이론에서는, 환경적 영향력은 유전적 영향력과 동일한 것으로 간주된다(Lickliter & Honeycutt, 2003). 환경의 중요성에 대해서는, 심지어 진화이론에서조차, 아직도 충분한 여지가 있다.

범죄의 사회적 기원

사회적 계층

범죄학적 이론화(theorizing)에서 사회적 계층보다 더 중요한 단일한 변수는 없어 왔다. 대부분의 저술에서, 사회적 계층과 범죄행동 간의 부적인 연합성보다 더 잘 성립된다고 판단되는 사실은 없었다(예: 사회적 계층이 낮을수록 범죄행동의 가능성이 높다). 범죄와 비행에 대한 많은 주요한 사회학적 이론은 낮은 사회적 계층들의 범죄에 대한 이론이다. 범죄의 사회적 기원은 낮은 계층, 박탈, 가난 그리고 상위 계층이 가지고 있는 것들을 획득하고자 하는 노력들이 좌절된 것이다.

Charles Tittle, Wayne Villimez 그리고 Douglas Smith(1978)는 개인적 수준에서(따라서 생태학적 오류를 피하면서) 계층-범죄 간 연관성을 검증한 35개의 연구들의 메타분석을 통해 계층-범죄 간 연관 강도에 대한 의문을 처음으로 제기하였다. 이 연구들에는, 사회경제적 지위(Socioeconomic Status: SES)에 대한 전통적인 측정치들(개인 또는 가족의 직업, 교육, 및 수입)뿐만 아니라 거주지역의 계층구조에 따라 개인들의 특성을 나타낸 연구들이 포함되었다. 여기서 중요한 의문점은 SES의 감소가 범죄자의 비율 증가와 연합되는가 하는 것이다. 효과크기 0은 아무 관련이 없다는 것을 나타낸다. 수치 1은 완벽한 1:1 관계를 나타낸다. 효과크기의 부호, 더하기(+) 또는 빼기(−)는, 관계의 유형을 나타낸다. 빼기(−) 부호는 부적 연합을; 더하기(+) 부호는 정적 연합을 나타낸다.

35개의 연구들은 성, 인종 그리고 다른 요인들의 다양한 조합에 따라 363개의 효과크기 추정치들[감마 계수들(gamma coefficients)]을 산출하였다. 평균 효과크기는 −.09였는데, 이는 계층과 범죄 간의 상대적으로 약한 관계를 나타낸다. 게다가, 남자(-.08)와 여자(-.11), 백인(-.07)과 비백인(-.01)은 모두 같은 범위의 평균 효과크기를 보였다. Tittle 등은 비록 평균적인 감마는 약할지라도, 일부 개별적인 효과크기는 크고 부적임을 인식했다. 유사하게, 일부 효과크기는 실제로 정적이었는데, 이는 어떤 상황에서는 SES가 높을수록 범죄성과의 연합이 낮아지는 것이 아니라 높아진다는 것(계층-기반 이론들이 예측한 것과는 반대의 결과)을 시사하는 것이다.

추가적인 분석들에서, 계층-범죄 관련성이 범죄의 유형(예: 폭력, 비폭력)에 따라 다르지 않다는 것이 발견되었다. 그러나 연합의 크기는 범죄성의 측정 방법(자기-보고 대 공식적 기록)과 연구의 수행 시기에 따라 달랐다. 자기-보고식 연구에서 평균 효과크기는 작았으나(-.06) 공식적인 기록 연구에서는 더 컸다(-0.25). 공식적 기록 연구들에서의 상대적으로 더 큰 효과크기는 이 연구들이 1970년대 이전에 수행되었다는 것에 기인한다. 1950년 이전, 평균 효과크기는 -.73으로 매우 컸으나, 그 후에는 감소하였다. 1970년 이후, 효과크기는 +.04로 떨어졌다. 한편, 자기-보고식 범죄성에 근거한 효과크기는 시간이 지나도 상당히 일정했고 크기도 작았다(범위는 -.03부터 -.11까지). 이러한 결과는 1970년대에는 범죄에 대한 자기-보고 및 공식적 측정이 모두 미미한 효과크기를 보여 줌으로써 계층과 범죄성 간에 본질적으로 아무런 관계성이 없다는 의미로 해석된다. 1950년 이전에는 관계성이 있다고 했지만, 이는 범죄성보다는 연구 절차적 효과를 반영한 것일 수 있다(따라서 이는 범죄의 공식적 측정치를 사용했던 초기 연구들에서의 큰 효과크기를 설명한다).

Tittle 등(1978)의 고찰은 범죄행동에 대한 계층-기반 설명들의 지속성에 심각한 의문을 던진다. 그들의 결론은 논쟁의 여지가 있었다(예: Braithwaite, 1981). 결국, 사회적 계층은 대부분 주류 범죄이론의 중심이 되었다. 신념을 지닌 옹호자들의 일부 반응은 아무런 증거도 없이 단순히 관계성이 존재한다거나, 종결되었다고 주장하였다('사회적 불평등은 범죄의 주요 원인이다' Dekeseredy & Schwartz, 1996: 463; '개인적 수준에서 그 관계성을 수립하지 못하는 연구자들의 무능함에도 불구하고, 가난과 범죄의 관련성은 변경될 수 없다', Short, 1991: 501). 그러나 1978년 이후 문헌 고찰(Gendreau et al., 1996; Loeber & Stouthamer-Loeber, 1987; Simourd & Andrews, 1994; Tittle & Meier,, 1990, 1991)과 최근에 직접적인 검증들(Dunaway et al., 2000; Ring & Svensson, 2007)은 계층-범죄 관계성에 대한 증거가 거의 없음을 지속적으로 밝히고 있다. 제2장의 [자료 노트 2-1]에서 출생 계층의 평균 상관이 .06이었던 것을 상기하고, 이를 반사회적 성격 패턴, 반사회적 태도 그리고 반사회적 친구에서 나타났던 상관관계(범위 .12에서 .36)와 비교해 보라. 전반적인 우리의 결론은 1960년대 이후부터 주류 사회학적 범죄학을 이론적으로 지배했던 출생계층은 증거에 기반한 것이 아니라는 것이다. 결국 범죄학적 지식에 대한 사회심리학이 기술됨으로써, 사회계층에 대한 주류 사회학적 범죄학의 이론주의는 과학에서 하나의 지적인 수치(scandals)가 되었다.

사회적 계층을 구제하려는 시도는 계속되어 왔다. 너무 많은 사회과학자들이 단순히 사라져야 할 개념에 너무나 많은 투자를 해 왔다. 가난, 낮은 계층의 범죄 그리고 사회적 부와 힘의 재분배에 대한 관심은 계속될 것이다. 그러나 그러한 관심들은 계층과 범죄 간의 견고한 연계성을 신뢰하는 것이 아니다. 계층-범죄 간의 약한 관계를 인식한다고 해서 가난이라는 실제적인 문제를 포기하거나, 높은 범죄-이웃(high crime-neighborhoods)의 존재를 부인하는 것은 아니다. 계층과 범죄 간 낮은 연계성에 대한 인식은 학생, 학자 그리고 정책입안자들이 사회경제적 상황들이, 잘해야, 행동의 즉각적 상황을 포함한 다른 개인적, 대인적, 가족적 그리고 구조적/문화적 변인들에 비해 범죄에 적은 기여를 한다는 것을 상기하는 것이다.

비록 범죄와 계층 간의 관계성이 약하지만, 관계성을 이해하는 다른 접근법들이 있다. 한 가지 접근은 특정한 기간에 개인이 마음대로 쓸 수 있는 소득의 수준에 초점을 맞추어 관계성이 있는 가능한 조건들을 구체화하는 것이다. 당신의 지갑이나 호주머니에 있는 마음대로 쓸 수 있는 잔돈의 의미는 무엇인가? 일부 미국인(예: Cullen, Larson & Mathers, 1985; Wright, Cullen & Williams, 2002)과 영국인(예: West & Farrington, 1977)의 자료는 즉각적인 감각으로 느끼는 상대적인 부는 청소년 비행과 상관이 있다는 것을 시사하고 있다. 그러나 비행 아동은 비-비행 아동에 비해 많은 돈을 가지는 경향이 있다. 돈이 있다는 것은 부모의 통제로부터 벗어나 원하는 것을 할 수 있는, 불법적인 행동을 할 수 있는, 힘(power)을 갖게 할 수 있다(Hagan, 1989).

또 다른 접근은 힘을 사회적 환경에서 개인적 행동에 영향을 줄 수 있는 '사회적 사실(social fact)'로서 간주하는 것이다. 예를 들어, Marxist의 '지배 계층' 대 사회의 나머지 계층의 사회적 힘에 대한 개념을 고려해 보자. Hagan, Gillis 그리고 Simpson(1985)은 가장(남녀를 명시하지 않음)이 '지배하는 계층'(예: 사업장의 소유주나 관리자)이나 '지배받는 계층'(예: 노동자 또는 실업자)인 485명의 고등학생의 자기-보고된 비행을 분석하였다. 사회계층의 전통적인 측정치(예: 직업의 명성 정도)는 비행과 관련이 없었고, 전체적으로, Marxist의 네 개의 범주에 해당되는 청소년들의 자기-보고된 비행에는 차이가 없었다. 그러나 소유주의 자녀들을 다른 집단과 비교했을 때, 약한 상관관계가 나타났다(거의 +.11의 r). 권력자(the powerful)의 자녀들은 적은 권력자(the less powerful)의 자녀보다 약간 더 많은 비행을 저질렀다. 비행에 가장 자유로운 것은 최고 권력자(the most powerful)의 자녀들이었다.

사회와 문화

보수와 비용은 행동을 통제하는 직접적인 원천이다. 더구나, 이러한 보수와 비용은 자신, 주변의 사람들(친구, 부모, 교사, 직장동료 등) 또는 행동 자체로부터(코카인 흡입으로부터 오는 황홀경) 올 수 있다. 보수와 비용의 가용성과 그것들이 실행되는 규칙은 사회에 따라 그리고 특정한 사회나 문화의 고유한 경제-사회-정치적 상황에 따라 다양하다. 이것은 PIC-R의 10 원리의 본질이다([자료 노트 4-1] 참고). 예를 들어, 실업률이 높은 사회는 직업을 통한 친사회적 행동에 대해 충분한 보수를 제공할 수 없다. 그러므로 돈을 벌기 위한 대안적인 수단으로서 반사회적 행동은 더욱 매력적이게 된다. 규범적인 조망에서, 문화에 따라 사람들이 구성원에게 무엇을 기대할 것인가와 어떠한 보수를 받을 것인지가 다양할 것이다. 예를 들어, 술 마시는 것을 들 수 있다. 술의 소비가 용인되는 '규칙'은 오직 엄격하게 제한된 조건하에서부터 의식을 치룰 때(ceremonial) 그리고 공개적으로 취한 모습을 보여 주는 것까지 문화에 걸쳐서 다양하다.

보수와 비용의 가용성과 분배는 국가적인 수준에서부터 국가 내 하위집단까지 다양하다. Graeme Newman(1976)은 여섯 개 국가를 조사했고 범죄로 간주되는 행동에 대한 일반적인 동의를 발견했다. 그러나 차이가 있었다. 연구에 의하면, 피조사자 중 혁명 전 이란인들의 98%와 미국인들의 71%가 근친상간을 비난했다(즉, 처벌받아 마땅함). 또한 국가의 정치적 구조는 무엇이 범죄이고 아닌지를 정의한다. 예를 들어, 전체주의 정부는 개인이 정부에 대항하는 것을 관대하게 봐주지 않을 것이다. 많은 국가 내에서 집단에 따라 어떤 행동은 보상받고 다른 행동들은 처벌받는다. 이러한 집단들은 출생국가, 인종, 종교 그리고 일부 학자들이 주장하는 계층(빈곤의 문화)에 따라 다양할 수 있다. 주류 범죄학은 문화와 하위문화가 어떻게 범죄행동에 기여하는지를 이해하기 위해 많은 노력을 해왔다. PIC-R조망으로 보면, 이러한 기여는 문화에 의해 정해진 규범과 이러한 규범들을 준수했을 때 따르는 보수와 비용을 시행함으로써 이루어진다.

우리는 출생 계층과 문화의 모든 수준에 따른 범죄연구 그리고 생산 수단과 범죄와의 관계성에 대한 연구를 강력하게 추천한다. '사회적 출신'에 관심을 갖는 사람들은 Glueck과 Glueck(1950)의 비행에 대한 고전적 분석을 참고로 하는 것이 좋을 것이다. 다양한 개인적 특성들의 예측력에 대해 증거를 제공하는 것 외에, 그들 연구는 또한 '사회적 출신'이 '가족의 생물-사회적 유산'과 비교해 사소한 것임을 분명하게 보여 주고 있다. 비행에 대한 주된 가족의 상관변인들은 부모의 교육정도나 직업의 수준이 아니라 직업에 대한 부모의 태도였다.

복지경험이 아니라 복지에 의존하는 것이었으며; 가족의 사회경제적 상황이 아니라 양육에 영향을 미칠 수 있는 세대 간의 정서적, 지능적 그리고 행동적인 문제들이었다.

최종 언급

이 장을 마치기 전에 우리는 PCC와 관련된 몇 가지 언급을 하고자 한다. 첫째, 생물학적 요인들은 범죄행동에 기여한다. 이는 생물학적 요인들이 범죄를 결정한다는 것이 아니라, 충동성, 감각- 추구, 부적 정서성 배후의 생물학적 과정이 그에 맞는 환경적 상황에서 반사회적 행동의 가능성을 증가시킨다는 것이다. 우리는 생물학적 과정에 기저하는 것을 정확하게 측정할 수는 없지만 기술된 행동들에 따라 개인들을 확실히 구별할 수 있다. 더구나, 우리는 이러한 행동들을 Big Four 위험/욕구 요인들(이 개념은 제6장에서 자세히 살펴볼 것이다) 중 하나를 나타내는 소위 **반사회적 성격 패턴**을 형성하는 한 부분으로 고려할 수 있다.

둘째, 생물학적 요인은 생애지속형 범죄자에게 있어서 보다 큰 역할을 하는 것 같다. 비록 그들의 행동을 불리한 사회적 환경의 산물이라고 설명하고 싶겠지만, 증거는 단순히 이렇게 말하는 것을 용납하지 않는다. 많은 아이들은 가난 속에서 그리고 제 기능을 하지 못하는 양육환경의 가정에서 자란다. 그러나 모두가 상습적인 그리고 폭력적인 범죄의 길로 가지는 않는다. 이러한 환경에 있는 일부 아이들은 이러한 경로를 좇아가며 다른 아이들은 덜 반사회적인 경로를 따르는 까닭은 생물학적 차이에 기인하는 것 같다.

셋째, 우리는 친사회적 행동보다 범죄적 행동에 대한 보수와 비용의 밀도(density)가 좀 더 강할 때 범죄행동의 발생 가능성이 높다는 것을 안다. 범죄행동 시 유리한 보수/비용의 비율은 사회적 맥락과 개인 요인에 따라 달라진다. 범죄전력은 범죄행동이 초기에 빈번하게 강화되어 깨뜨리기 어려운 행동습관을 형성한다는 사실을 반영한다. 그러나 그것은 또한 어떤 소인을 가진 일부 개인들은 친사회적 행동에 대한 보수보다 범죄행동의 빠르고 쉬운 보수에 더욱 반응적이라는 사실을 반영한다.

기억하기

1. 환경은 우리의 생물학적 소인들이 행동으로 표현되는 방식을 통제한다.
   개인에게는 나이, 성, 인종, 및 기질과 같이 생물학적인 것에 기반을 둔 많은 측면들이 있다. 그러나 단지 특정 요인들이 생물학적 기반을 가지고 있다고 해서, 그것이 행동이 미리 결정된다는 것을 의미하는 것은 아니다. 범죄 또는 좋은 시민으로 가는 길은 개인이 어떤 능력을 타고 났는지보다 개인이 성장하면서 어떤 일이 발생했는지에 더 의존한다.
2. 대부분의 범죄는 남자 청소년들이 저지른다.
   대다수의 남자 청소년들이 청소년기 동안 범죄에 연루되지만 초기 성인기에 멈춘다. 발달범죄학자들은 이러한 경로를 '청소년기 제한형'으로 정의한다. 그러나 소수 청소년들의 범죄행동은 성인기까지 지속된다. 이러한 경로를 상습범죄자 또는 '생애지속형' 범죄자라고 부른다.
3. 사회적 환경과 상호작용하는 범죄행동의 유전적 요소가 있다.
   가계, 쌍둥이, 입양연구 결과는 범죄행동의 유전적 요인을 강조한다. 그것은 범죄행동 자체가 유전되는 것이 아니라 충동성, 감각-추구, 부적 정서성과 같은 기질적 특성이 유전되는 것이다. '까다로운' 기질은 일부 아동들에게 있어서는 범죄의 위험을 증가시키는 소인이지만 기질이 범죄행동으로 전이될지의 여부는 환경에 달려 있다(역기능적 가족의 영향). 유전자는 생화학적 반응을 결정하지만, 당신이 무엇을 생각하고, 느끼고 그리고 어떻게 행동할지는 환경이 결정한다.
4. 다른 생물학적 요인들은 일부 시간 동안 일부 개인들에게 영향을 미칠 수 있다.
   다양한 생물학적 요인들(예: 외상성 뇌손상)이 어떤 개인들에게는 위험 요인으로 증명되었다. 이런 경우는 상당히 드물고 독특하다. 그러나 신경심리적 요인들은 상습적이고 폭력적인 범죄자들에게 특히 중요하다.
5. 범죄행동의 진화론적 설명은 흥미로운 의미를 지니고 있지만, 그 분야는 아직도 매우 논쟁적이다.
   범죄행동이 적응적 기능이 있다는 생각은 범죄의 진화론적 조망에 기저하고 있다. 즉, 범죄자의 공격성과 부정직성은 즉각적인 만족을 넘는 보수가 된다. 그러한 행동들은 수천 년 동안 형성되어 온 유전적 소인을 나타낸다. 발달생물학자들은 유전자가 매우 중요하다는 진화론적 조망에 의문을 제기하고, 환경의 거대한 중요성을 상기시킴으로써 그들의 조망을 유지시키고자 한다.

6. 사회적 출생계층은 범죄와 낮은 상관관계를 갖는다.

주류 범죄학의 많은 부분은 범죄행동을 설명하는 데 사회적 계층에 중요한 역할을 부여하고 있다. 그러나 연구증거들은 사회적 계층이, 잘해야, 범죄와 미약한 상관관계를 갖고 있다는 것을 보여 주고 있다. 보다 중요한 것은 까다로운 기질, 부모의 모니터링과 훈육, 사회적 성취, 반사회적 태도 그리고 반사회적 친구들과 같은 개인적인 특성이다. 범죄학자들 및 심리학자들은 왜 특정 사회적 계층들에서 위와 같은 개인적 특성들을 지닌 개인들이 더 많은지 여전히 질문하고 있지만, 그러한 질문은 X라는 개인이 왜 반사회적 행동을 저지르고 Y라는 개인은 그렇지 않은지와 같은 질문과는 다른 것이다.

추천 도서

발달적 경로와 생애지속형 범죄자에 대한 연구에 관심 있는 독자들에게, 『The Cambridge Handbook of Violent Behavior and Aggression』에서 Terri Moffitt(2007)의 장을 추천한다. Moffitt는 Dunedin 표본으로부터 발견된 것뿐만 아니라 범죄행동의 발달을 추적한 다른 주요 종단적 연구도 고찰하고 있다.

『Genetics and Criminal Behavior』는 유전과 범죄의 주제에 대한 자세한 개관을 제공하는 매우 훌륭하게 편집된 책이다. 어떤 독자들은 또한 범죄와 관련 있는 유전적 발견의 법적 의미에 흥미를 가질 것이다. 이러한 독자들에게 Jeffrey Botkin 등이 편집한 총집 『Genetics and Criminality: The Potential Misuse of Scientific Information in Court』을 추천한다 (Botkins, McMahon & Fancis, 1999).

Jan Volavka(2002)의 『Neurobiology of Violence』라는 책은 폭력적 행동의 신경생리학적 상관변인들에 대한 연구들의 포괄적인 요약을 제공한다. 그는 매우 드물고 애매한 것부터 (예: 몽유병 중에 살인) 더욱 그럴듯한 위험 요인까지 가능한 위험 요인들을 넓고 다양하게 다루었다. Volavka는 이러한 작업을 항상 증거에 주의를 기울인 고찰을 통해 수행한다.

유전-기반적인 진화이론에 대한 포괄적인 기술은 Richard Dawkins(1989)의 매우 읽기 쉬운 저서인 『The Selfish Gene』에서 찾아볼 수 있다. 동물(그리고 식물)이 그들의 환경에서 생존하고 생식하기 위해 겪는 아주 흥미로운 적응에 대한 많은 예들을 제시한 비학술적인(nontechnical) 책이다. 생물학과 유전학에 대한 지식이 부족한 사람들은 진화이론의 장점을 쉽게 확신하게 된다. 이러한 이유로, 독자들에게 「Psychology Bulletin」에 실린 Robert Lickliter와 Hunter Honeycutt(2003)의 논문, 「Developmental Dynamics: Toward a Biologically Plausible Evolutionary Psychology」를 읽음으로써 유전-기반적인 진화이론의 한계를 탐구해 볼 것을 제안한다. 이 논문은 Dawkins의 책처럼 읽기 쉽지는 않지만 내용이 짧고 지나치게 전문적이지는 않다. 최소한, 이 논문은 전화이론에 대한 모든 인기 있는 논문들에 대해 다시 생각하도록 만들어 줄 것이다.

진화이론이 심리학에 기여한 바에 대한 전반적인 개요는 「The American Psychologist」(Volume 62) 의 2009년 2월의 Special issue를 검토할 가치가 있다. 진화이론을 범죄행동에 응용하기 위해서는 Lee Ellis와 Anthony Walsh(1997)의 논문으로 시작하기를 제안한다. 그것은 연구들에 대한 훌륭한 요약이다. 또한 Vernon Quinsey 등의 『Juvenile Delinquency: Understanding the Origins of Individual Differences』(2004) 책은 읽어 볼 가치가 있다. 이 책의 제1장과 제2장은 진화심리학과 유전학에 대한 매우 좋은 소개를 해 준다.

Tittle, Villemez 그리고 Smith(1978)의 「The Myth of Social Class and Criminality: An Empirical Assessment of the Empirical Evidence」라는 논문은 매우 오래되었지만, 여전히 고전이다. 이 논문은 사회적 계층을 범죄에 대한 하나의 주요 공변인에서 이데올로기의 위치로 재정의한 첫 번째 연구다. 더 나아가, 저자들은 문제들에 대해 메타분석 기법을 적용하여 이와 같은 업적을 이루었으며, 범죄학에서 가장 먼저 메타분석의 한 사례를 보여 주었다.

Chapter 06

반사회적 성격 패턴

반사회적 성격은 범죄행동에 대한 가장 좋은 예측변인 중 하나다. 실제로, 우리는 제2장에서 반사회적 성격을 범죄행동과 연관된 Big Four 요인 중 하나로 제시했다. 반사회적 성격의 근원은 소위 까다로운 기질(제5장에서 기술했다)에 있다고 여겨지며 그리고 이 성격군은 생애 지속형(life-course-persistent)이고, 높은 위험의 범죄자를 형성하는 데 중심적이다. 이 장에서는 반사회적 성격에 대한 다른 조망들을 논하면서 반사회적 성격의 개념을 좀 더 심층적으로 탐색할 것이다.

이 장은 일반적인 성격에 대한 현재 지식의 개요를 서술하는 것으로 시작한다. 성격에 대한 연구는 심리학의 한 분야이며, 성격에 대한 최근의 논의는 범죄행동을 이해하는 데 정보를 제공할 것이다. 그다음 범죄와 성격에 대한 범죄학의 입장을 살펴 볼 것이며 그리고 범죄학이 성격을 중시하는 데 있어서 주목할 만한 변화를 살펴볼 것이다. 세 번째로는, 반사회적 성격장애와 사이코패시(psychopathy)에 대한 연구를 통해 법정/임상심리학과 정신의학의 정신장애에 대한 편향을 살펴볼 것이다. 마지막으로, 반사회적 성격에 대한 법정/정신건강 분야의 개념화를 비평하고 반사회적 성격에 대한 더욱 일반적인 조망을 요구할 것이다.

성격에 대한 심리학의 관점

대부분의 사람들은 한 번쯤 '나는 누구인가?'라고 묻는다. 대개의 답은 자기에 대한 평가('나는 좋은 사람이다.'), 동기('나는 게으르다.'), 지능('나는 똑똑하다.'), 정서('나는 신경질적이다.') 그리고 타인과의 관계('나는 친절하다.')와 연관되어 있다. 또한, 답들은 비교적 안정되어 있다. 즉, 만약 우리가 신경질적이거나 또는 타인에게 친절하다고 말한다면, 우리는 대부분의 시간 그리고 대부분의 사람들에게 그와 같은 방식으로 행동한다는 것이다. 성격은 생각, 감정 그리고 행동의 전형적인 패턴을 반영한다.

대부분의 성격연구자들은 특질들(traits)과 이러한 특질들이 개인 간에 어떻게 다른지를 이해하는 것에 관심을 가진다. 특질은 다른 상황들에 대해 반응하는 일반적인 패턴이다. 범죄행동과 연관된 특질들의 일부 예로는 공격성, 충동성, 위험-추구, 부정직 그리고 정서적 부정성(emotional negativity)이 있다. 다른 특질들은, 불안과 수줍음 같이 특히 범죄자에 대한 처치 개입을 고려할 때 중요한 것들이다. 제11장과 제12장에서 논의할 것이지만 가끔 우리가 성격특질에 대한 연구를 살펴볼 때, 뒤죽박죽이라는 생각이 들곤 한다. 서로 다른 매우 많은 조망들에 따라 다양한 방법으로 측정한 수많은 측정치들이 있다. 그러나 성격연구자들 및 이론가들은 특질의 다양한 측면들을 망라하는 몇 가지 기본적 성격 차원을 기술하는 체계를 발달시킴으로써 성격연구들을 조직화시켰다.

요인분석은 집단 특질들을 소수의 넓은 범주로 묶는 데 일반적으로 사용되는 통계적인 방법이다. 이것은 기저하는 공통 요인들을 탐색하는 데 많은 양의 데이터를 필요로 한다. Raymond Cattel(1957)은 요인분석 기법을 사용하여 수백 개의 특질들에 대한 묘사들을 16개 요인으로 줄여 성격에 대한 연구를 개척했다. 그는 깔끔한, 까다로운, 과도하게 꼼꼼한, 느슨하지 못한, 부주의한 그리고 게으른과 같은 특질에 대한 묘사를 고집스럽게 단정한/느슨한(insistently orderly/relaxed)의 차원에서 묘사할 수 있음을 보여 주었다. 그리고 개인의 차원들 또는 요인들이 항상 양극적임을 주목해야 한다(개인들은 차원상에서 매우 낮다에서 매우 높다까지 위치한다). 그러나 많은 성격연구자들은 16개 요인들조차 너무 많음을 지적하면서, 추가적인 축소가 이루어졌다. 예를 들어, Hans Eysenck(1977, 1998)는 외향성/내향성, 신경증적 성향(정서적으로 불안정한부터 안정적인) 그리고 정신증적 성향(공격적, 충동적인 것에서부터 친절한 및 잘 통제하는)의 세 가지 차원을 만들었다.

성격에 대한 상위 특질적 조망

지난 십 년 동안 성격의 5요인 모델이라는 주목할 만한 생각의 전환이 일어났다. 대부분의 성격특질이 다섯 개의 일반적인 차원이나 또는 Big Five(Digman, 1990) 라고 불리는 것에 의해 묘사될 수 있다는 것이다. 다섯 개의 상위 특질의 구체적 분류나 명명에 대해 모든 사람들이 동의하지는 않는다. 그러나 우리는 Paul Costa와 Robert McCrae(1992; McCrae & Costa, 1999)에 의해 제안되고 NEO 성격검사에 의해 측정되는 분류를 사용할 것이다[NEO는 원래 신경증적 성향(neuroticism), 외향성(extraversion), 개방성(openness)을 의미하였으나, 현재는 검사의 이름일 뿐, 약어로서 간주되지 않는다]. Big Five는 하위 특질 또는 '측면들(facets)'로 구성되어 있다. 다음은 해당하는 측면들을 예시와 함께 제공한 Big Five이다:

1. **신경증적 성향**(Neuroticism)—불안, 분노적 적대감, 충동적
2. **외향성**(Extraversion)—긍정적인 정서, 자극-추구
3. **경험에 대한 개방성**(Openness to Experience)—창조적, 개방적, 총명한
4. **우호성**(Agreeableness)—신뢰로운, 이타적, 순응적
5. **성실성**(Conscientiousness)—능숙한, 단정한, 자제력이 있는

Big Five에 대한 연구는 이러한 성격차원들이 양 성과 문화들에 걸쳐 발견되며, 유전적 요소도 있음을 제안한다. 예를 들어, Schmitt 등(Schmitt, Realo, Voracek & Allik, 2008)은 다섯 가지 요인들을 미국에서 짐바브웨(Zimbabwe)까지 55개의 다양한 나라의 남성과 여성들에게서 발견했다. 문화들에 걸쳐 나타나는 이러한 적용가능성은 성격에 생물학적 기반이 있음을 시사한다(Allik & McCrae, 2005). Big Five의 생물학적 기반에 대한 추가적인 증거는 쌍둥이 연구들로부터 나온다(Jang et al., 1998; McCrae et al., 2008).

비록 5요인 모델이 성격이론에 중요한 영향을 끼치고 있긴 하지만, 이 분야에서 강력한 단일이론은 존재하지 않는다. 어떤 심리학자들(예: Mayer, 2005)은 Big Five 모델이 통제소재(locus of control)나 남성성-여성성(masculinity-feminity) 등과 같은 일반적으로 연구되는 일부 특질을 충분히 반영하는 것에 실패했다고 생각한다. 어떤 이들은 만약 정신병리적 측면을 기술하고자 한다면, 좀 더 많은 요인들을 고려해 보아야 한다고 주장한다. 예를 들어, Christine Durrett과 Timothy Trull(2005)은 **긍정적인 가치화**(Positive Valence)와 **부정적인 가치화**(Negative Valence)라는 두 개의 차원들을 더하여서 Big Seven 모델을 만들었다. 긍정적인

가치화는 자기를 좋게 평가하는 것을 말한다(예: "나는 뛰어나다." 대 "나는 평범하다"). 반면에 부정적인 가치화는 자기를 실제보다 나쁘게 평가하는 것을 말한다(예: "나는 나쁜 사람이다." 대 "나는 괜찮은 사람이다"). Durrett과 Trull(2005)은 이러한 성격의 두 차원들이 나르시시즘(과장된 자기-가치 평가)이나 경계선 성격장애(스스로를 나쁘거나 또는 악하게 바라보는 관점)와 같은 성격장애를 설명하는 데 필요하다고 주장했다.

Big Five에 대한 많은 연구들이 정상인들을 대상으로 한 표집을 통해 이루어져, 일탈의 영역에서는 매우 적은 연구가 이루어졌다. 범죄 또는 공격적 행동에 대해서는, Big Five 모델을 기반으로 한 연구의 수가 매우 적다. 이들 연구들은 모두 극단적 집단들(예: 대학생들 대 수감자들)을 비교하는 횡단-연구 방법을 사용했고, 그에 따라 차이를 발견할 가능성이 극대화되었다. 이 연구들이 발견한 것은 우호성과 성실성이 거의 언제나 반사회적인 개인들을 친사회적인 개인들과 구별한다는 것이었다(Heaven, 1996; Miller, Lynam & Leukefeld, 2003; Samuels et al., 2004; van Dam, Janssens & De Bruyn, 2005; Wiebe, 2004). 대부분의 연구들은 또한 신경증적 성향과 외향성이 중요하다는 것을 발견했다(Wiebe, 2004는 예외다). 신경증적 성향과 외향성은 Hans Eysenck의 범죄행위에 대한 'Big Three' 모델에서 중심 역할을 하는 중요한 성격변인으로 오랫동안 인식되어 왔다.

발달을 다룬 제5장에서 살펴본 바와 같이, Moffitt 등은 3요인 모델을 만들어 냈다. 우리들의 Big Four와 Central Eight뿐만 아니라, 성격이론들을 이처럼 나열식으로 배치한(Big Five, Big Seven 등등) 것에 대해 독자들에게 사과한다. 그러나 단순히 이 모든 입장들을 요약할 더 좋은 방법을 생각해 낼 수가 없었다. 내 생각에, 만약 우리가 성격과 범죄에 대한 가장 간단한 모델을 원한다면, Gottfredson과 Hirschi(1990)의 Big One 이론(즉, 범죄자들은 자기-통제가 부족함)을 추가해야 할 것 같다. Moffitt의 3요인 모델은 억제성(constraint), 부정적 정서성(negative emotionality), 긍정적 정서성(positive emotionality)으로 구성된다. 그러나, 처음 두 요인들이 범죄성과 가장 강하게 연합된다. 비록 다른 요인들(외향성과 우호성)과 일부 겹치기는 하지만, 이 요인들은 또한 Big Five 모델의 성실성 및 신경증적 성향 요인들과 잘 들어맞는다.

Caspi, Moffitt, Silva, Stouthamer-Loeber, Krueger 그리고 Schmutte(1994)는 억제성과 부정적 정서성이 국가, 성별, 인종 그리고 연구방법들에 걸쳐 범죄와 연관되어 있음을 발견했다. 억제성의 측면들은 전통주의(높은 도덕적 기준들을 지지하는), 피해 회피(흥분과 위험을 회피하는) 그리고 통제(사색적이고, 계획적인)이다. 범죄자들은 비범죄자들에 비해 억제성에서 낮은 점수를 받았다. 부정적 정서성의 측면들은 공격성(타인에게 불편감을 초래하는), 소외감

(학대받는다고 느끼는) 그리고 스트레스에 대한 반응(분노와 성급함을 표출하는)이다. 범죄자들은 비범죄자들에 비해 부정적 정서성에서 높은 점수를 받았다. 범죄자들과 비범죄자들은 긍정적 정서성에서는 별다른 차이를 드러내지 않았다(예: 안녕감과 사교성).

Eysenck(1977)와 Tellegen(1982)의 3요인 모델을 메타분석한 결과들은 위의 요인들과 관련성이 있었다. 이 두 연구들은 외향성/사교성, 신경증적 성향/정서성(Mofftt의 모델의 부정적 정서성과 유사한) 그리고 충동성/억제불능성(impulsivity/disinhibition)(억제성과 유사한)과 같은 매우 유사한 요인들을 기술하고 있다. Cale(2008)의 고찰에 따르면, 반사회적 행동과 가장 상관이 높은 것은 충동성/억제불능성(r = .37, k = 96)이고, 그다음이 신경증적 성향/정서성(r = .18, k = 90)이며 그리고 외향성/사교성(r = .10, k = 94)이 효과크기가 가장 작은 것으로 나타났다.

Big Five 또는 그로부터 파생된 다른 이론들을 비롯한 여러 성격 요인들로부터 도출된 중요한 하나의 결론이 있다. 즉, Big Five(또는 Big Three 등) 상위 특질들(super traits)은 성격의 **정상적인** 측면이라는 것이다. 그것들은 우리 모두를 어느 정도 묘사하고 있으며, 우리 모두는 성격의 일반적인 차원을 조금 더 또는 조금 덜 가지고 있다. 우리는 상위 특질 모델을 사용하여, 법정 정신의학과 심리학의 통상적인 접근법인 정신병리나 질병적 관점을 거론하지 않고 범죄자들의 행동을 설명할 수 있다. 범죄자들은 억제성(자기-통제, 충동성, 낮은 성실성), 정서성(적대적, 공격적, 타인에 대한 냉담한 무시) 그리고 문제를 일으키는 일반적인 패턴의 잘못된 끝 지점에 해당된다. 이와 같은 반사회적 성격 패턴은 우리 모두가 공유하고 있는 성격 차원들의 군집을 반영하지만, 그러나 범죄자와 비범죄자의 차이를 설명하는 이 차원들에 대한 우리의 입장은 어떠한가? 기억하길 바란다. 이 장의 끝에서 이 질문으로 다시 돌아올 것이다.

성격은 단지 특질의 문제인가

지금까지 성격을 특질적 조망하에서 논의하였다. 특질적 조망은 성격의 안정적이고, 영속적인 측면을 강조한다. 틀림없이, 우리는 특질의 안정성에 대한 근본적인 증거를 살펴보았다. 제5장의 기질과 청소년 비행에 대한 종단연구들에서 제시된 증거를 간단히 검토해 보라. 그러나 사람들이 우리가 가끔 어떤 상황에서는 평소와는 다르게 행동한다는 것을 알고 있다. 위기에 처했을 때, 소심한 사람일지라도 시련에 대처하기 위해서라면 그 또는 그녀의 모든 용기를 짜낼 것이며, 수줍은 사람일지라도 사랑하는 이가 비난받는다면 거침없이 이야기할 것이다. 그렇다면 성격특질들은 얼마나 안정적이고 일관적인 것인가?

Walter Mischel(1968)은 다양한 성격특질들에 대한 안정성을 고찰하여, 다양한 상황 속에서 특정한 특질과 그 특질의 표출 간의 평균적인 상관이 .30이라는 것을 발견했다. Mischel(1968)은 성격특질이 상황들 간에 매우 안정적이라는 관점이 우리를 잘못된 방향으로 이끌고 있다고 제안했다. 그는 사람들이 상황들을 어떻게 해석하는지에 그리고 이러한 심리적 과정들이 성격의 기본적인 측면들이라는 사실에 좀 더 주목해야 한다고 주장했다.

Mischel(1968)의 고찰연구의 결과로, 특질들에 대한 연구는 성격의 Big Five 모델의 발달로 인하여 다시 나타나기 전까지 탐탁찮게 여겨졌다. 행위의 즉각적인 상황들을 이해하고자 하는 심리적 과정들에 대한 연구는 그 인기가 올라갔다. 이러한 연구들의 목표는 어떠한 상황적 조건들 아래에서 특질이 표출되는지를 구체화하는 것이었다. 이러한 목표를 달성하기 위해, (a) 행위 상황을 매우 구체적으로 기술하는 것 그리고 (b) 사람들이 상황을 개인적으로 어떻게 해석하거나 또는 부호화하는지에 대한 이해를 하는 것이 필요했다. 정보를 부호화하는 것은 인지적 및 사회적-정서적 과정에 달려 있다. 따라서 만약 어떤 한 사람이 공격적으로 행동할 것인지에 대한 여부를 예측하기 원한다면, 구체적인 상황(예: 경찰관이 존재하는가?)과 그리고 개인이 상황을 어떻게 해석하는지에 대한 정보(예: "경찰관이 나를 수감시킬 것이다." 또는 "나는 경찰관이 싫어")를 알아야 할 필요가 있다.

상황/심리적 과정 접근이 행동에 대한 예측을 개선시킨다 하더라도, 피할 수 없는 하나의 사실이 있다. 일반적으로, 사람들은 환경에 대해 특징적인 방식으로 반응한다는 것이다. Mischel(1968)의 매우 영향력 있는 연구가 이루어진, 20년 동안, 성격연구는 특질적 조망과 상황적/심리적 과정 조망이라는 두 가지 축으로 이루어졌다. 최근에, 성격연구자들은 이 두 조망을 통합하려고 노력 중이다. 그리고 일부 연구는 다름 아닌 Mischel의 연구들이다(Mischel, 2004; Mischel & Shoda, 1998; Mischel, Shoda & Mendoza-Denton, 2002; Shoda & Mischel, 2006).

Mischel과 Shoda(1998; Shoda & Mischel, 2006)는 그들의 통합적 이론을 인지적-정동적 성격 체계(Cognitive-Affective Personality System: CAPS)로 기술한다. 인지적-정동적 과정(즉, 부호화, 정동, 기대, 자기-조절 계획들)은 성격특질과 상황 간의 비교적 안정적인 매개자다. 예를 들어, 사람들이 자신에게 해코지를 할 것이라는 일반적인 믿음은 수많은 사회적 상황을 동일한 방식으로 해석하게 하며, 그 결과로 유사한 행동적 반응을 하게 된다. Mayer(2005)는 성격을 동기(motives)와 정서(emotions)(특질 이론들에서 필수적인)뿐만 아니라 기억, 지능, 사회적 애착 그리고 태도와 기대로 구성되어 있다고 함으로써 체계의 틀을 발전시켰다. 오늘날 성격 이론들의 흐름은 다양한 심리적 하위체계들의 대통합을 목표로 하고 있다. 성격연구는 더 이상 안정적인 성격특질만을 대상으로 이루어지고 있지 않으며, 특질과 행동상황 간의 매개자로 작용하는 역동적인 심리적 과정들에 대해서도 연구가 이루어지고 있다.

성격에 대한 범죄학의 관점

이 절에서는 주류 범죄학에서 성격과 범죄에 대한 관점의 주목할 만한 변화를 개괄할 것이다. 1930년대에서 거의 1990년대까지, 성격의 중요성은 광범위하게 무시되어 왔다. 과거의 연구들은 범죄학 이론에서 사회적 계층의 핵심적인 역할을 유지하기 위해 성격에 관한 증거들을 무시하려고 노력했었다. 오늘날은 매우 달라졌다. 성격은 범죄학 이론에서 중심적 역할을 차지하고 있는 것으로 간주되며, 연구자들은 범죄와 관련된 성격연구에 거의 몰입되어 있는 상황이다. 이 전환들에 대한 이야기를 시작해 보자.

그 당시에는……

성격과 범죄와의 관련성에 대한 최초의 실질적인 고찰연구는 Schuessler와 Cressey(1950)에 의해 이루어졌다. 그들은 113개의 연구를 검토하고, 42%의 연구들이 범죄자와 비범죄자 간 성격차이가 있음을 보고하는 것을 발견하였다. 그러나 그들은 성격과 범죄는 관련이 없다는 결론을 내렸다. 그렇다. 42%는 100%가 아니다. 그러나 사회적 계층은 어떠한가?(약 20%) 분명히, 42%의 적중률을 무시할 수가 없다. 어쨌든, Schuessler와 Cressey는 무시했고 그리고 그 이후의 범죄학자들도 그러했다.

Waldo와 Dinitz(1967)는 Schuessler와 Cressey(1950)의 고찰연구 이후에 출판된(즉, 1950~1965) 94개의 연구들을 고찰하였다. 이 고찰연구는 이전의 연구보다 더 중요한데, 왜냐하면 성격을 측정하기 위해 사용된 검사들이 보다 정교해졌고 보다 잘 설계된 연구들에 대한 것이기 때문이다. 연구들의 81%에서 성격과 범죄의 연관성이 발견되었다. 그러나 Waldo와 Dinitz(1967) 역시 성격과 범죄행동 간에 실제적 연관성은 없다고 결론지었다.

이제 1977년으로 가보자. Tennenbaum(1977)은 1966년과 1975년 사이에 출판된 성격과 범죄에 관한 44개의 연구들을 찾아냈다. 그는 과거에 비해 연구들의 방법론적 수준이 높아졌고, 보다 넓은 범위에서 성격검사들이 시행되었음을 언급했다. 44개의 연구들 중 80%가 성격과 범죄의 연합성을 보고했다. 말할 필요도 없이, 또 다른 부정적인 결론이 내려졌다.

Tennenbaum의 고찰에서 주요 발견들 중 하나는, 다른 두 개의 선행 고찰에서와 마찬가지로, 반사회적 성격에 대한 측정결과가 범죄자와 비범죄자 표본 간에 일관되게 차이가 나타났다는 점이다. 반사회적 성격과 사이코패시적(psychopathic) 성격의 개념들은 이 장의 뒷부분에서 다룰 것이지만, 지금 잠깐 언급하자면, 관습적인 규칙과 절차에 대한 일반화된 무시, 무모한, 냉담한, 자기중심적인, 모험적인 그리고 충동적인 쾌락-추구 스타일이 이들 측정치들의 내용을 이루고 있다.

반사회적 성격을 측정하는 데 널리 사용되는 두 가지 측정치는 California 성격검사(California Personality Inventory: CPI)의 사회화(Socialization: So) 척도와 Minnesota 다면적 인성검사(Minnesota Multiphasic Personality Inventory: MMPI)에서 그 당시 반사회성 척도(Psychopathic Deviate: Pd)라고 불렀던 것이 있다. 이 검사들은 자기-보고식의 지필(paper-and-pencil) 검사다. 이 척도들은 타당도가 높아, 많은 연구들에서 초점이 되었다. So와 Pd의 점수들은 가족적 및 생물학적 변인들, 자기-관리 기술들과 충동성, 그리고 행위의 합법성 문제가 아니라 확장된 일탈의 측정치들과 상관이 있는 것으로 밝혀졌다. 이미 알려진 이론적으로 적절한 구성개념들과의 상관들뿐만 아니라, 이 척도 항목들은 그들이 검증한 준거타당도에 따라서 신중히 선별되었다. 간단히 말하면, Pd와 So를 구성할 때, 만약 행동적 문제들의 수준에서 차이점을 보이는 집단 간 구별을 하지 못하는 항목들은 삭제되었다. 이와 같은 경험적 접근에 의한 척도 구성은 척도가 관심을 갖고 있는 준거변인과의 확실한 상관관계를 보장하기 위한 것이었다. 선행된 고찰연구들에 의하면, Pd 척도는 당시에 범죄자와 비범죄자 집단을 약 90% 유의하게 구분해 냈으며, So 척도는 연구들 사이에서 86% 적중률(hit rate)을 보였다.

연구들 중 42%에서 81%가 관계성을 발견했는데도 어떻게 성격과 범죄가 관계성이 없다는 결론을 내릴 수가 있는가? 연구들 중 86%에서 90%가 범죄연구에 있어서 반사회적 성격의 중요성을 보여 주는데도, 어떻게 서로 무관하다는 결론을 내릴 수가 있는가? 그 해답은 연구자들이 증거의 가치를 최소화하기 위해 지식파괴 기법을 사용했기 때문이다. 지식파괴가 실행되었음을 예시하고 있는 Tennenbaum(1977)의 논문을 보자. 그 과정은 다음과 같다:

1. Tennenbaum은 첫 번째로 '당황스러운 점'을 발견했다고 언급했다. 즉, 현재의 성격검사가 10년 전에 비해 범죄성에 대한 더 좋은 예측도구가 아니라는 것이다.
   논평. 그는 우리에게 걱정된다고 말하고 있지만, 무엇이 걱정된다는 것인가? 연구들 사이에서 적중률이 1950년에는 42%였고, 1967년에는 81%였으며, 그의 1977년 고찰연구에서는 80%를 보여 주고 있다. 그는 연구들 사이에서의 적중률이 100%여야 한다고 생각한단 말인가?

지식파괴 기법 #1. 독자들에게 애매한 의심 또는 불안한 느낌을 심어 주어라.

2. Tennenbaum은 반사회적 성격평가들이 일관되게 공존 준거타당도(concurrent criterion validity)를 검증했다는 사실을 받아들였다. 그러나 이 성취를 단순한 '표면타당도(surface validity)'인 것으로 기술했다. 제1장에서 경험적 이해들에 대해 논의하였다(예: 기능적 또는 인과적 타당도, 예측타당도). 도대체 '표면 타당도'란 무엇이란 말인가?

논평. 또다시, 독자는 지식파괴 활동에 정서적으로 준비되어 가고 있다. 처음으로 우리는 애매한 부정적인 염려를 경계하고 있다. 지금 우리의 불편한 느낌들은 '표면타당도'라는 용어에 의해 강해지고 있다.

지식파괴 기법 #2. 과학적으로 들리는 단어들을 창조해서 의심을 불러일으켜라. '타당도'라는 단어는 효과가 좋은 경향이 있다.

3. Tennenbaum이 So와 Pd 척도에 대한 증거를 어떤 식으로 묵살하려고 시도했었는지를 살펴보면, 지식파괴가 정말로 왕성함을 알게 된다. So와 Pd는 범죄자와 비범죄자 집단을 성공적으로 구분할 수 있게 구성되었기 때문에, 계속되는 연구들에서 실제로 두 집단을 성공적으로 구분한 것은 허황된 성취라는 것이다. 좀 더 구체적으로, Tennenbaum은 반사회적 성격 측정치들이 "단순히 범죄자들의 명단을 입수함으로써 얻을 수 있는 정보 외에는 아무 정보도 제공하지 않는다"라고 말한다.

논평. Tennenbaum의 마지막 말은 무슨 뜻인가? So와 Pd 척도가 범죄행동과 관련 있다는 발견이 지겨워진 것인가? 이 척도들이 범죄행동과 관련 있는 다른 공변인들(예: 가족 변인들, 자기-관리 기술들)과 상관이 있음을 보여 주는 방대한 연구들은 어떠한가?

Pd와 So 척도들의 소수 항목들은 직접적인 범죄행동의 지표들이다. 예를 들어, Pd 척도는 "나는 법적인 문제로 난처했던 적이 없다."라는 항목이 있고, So 척도는 "감옥에 수감되는 것은 매번 즐겁다."라는 항목도 있다. Tennenbaum은 척도들의 이러한 특징을 단순한 범죄자들의 명단 이상으로 이 척도들에 의해 더해진 가치는 아무것도 없다고 결론짓는 데 이용했다. 그러나 척도들의 항목들 대부분은 범죄행위에 대한 너무 뻔한 측정치가 아니다(예: Pd 척도의 '몸무게가 증가하지도 않고 줄어들고 있지도 않다.'). 그리고 이 항목들은 범죄자와 비범죄자를 구별하는 데 기여했다. 이에 더해, 이 척도들은 범죄기록이 있었던 모든 표본들의 미래 재범을 예측했다.

지식파괴 기법 #3. 추가된 가치를 의심함으로써 새로운 지식의 중요성을 최소화하라.

Tennenbaum에 의해 사용된 몇 가지 지식파괴 기법의 개요를 서술했으나, 이것이 성격의 중거적 측면을 와해하는 데 사용된 모든 기법은 아니다. 몇 가지가 더 있다:

1. 범죄의 개인차와 범죄의 개인적 상관변인에 관심을 두고 있는 연구자들과 이론가들은 좋은 사람이 아니라고 언급한다. 그러한 관심들은 아마 "권위주의적(authoritarian) 성격"을 나타내는 것일 수도 있다(Matza, 1964: 15에 언급됨). 실제로 난관에 부딪치는 경우, 단지 그러한 사람들은 반사회학적이라고 말한다.

2. 단순하게 예측은 불가능하다고 선언한다. Matza(1964)는 다양한 이론들에 의해 제시된 위험 요인들이 "거의 항상" 경험적으로 검증 불가능한 것으로 인식하고 있었다. Taylor, Walton 그리고 Young(1973: 58)은 "이런 모험적인 계획은 실패할 수밖에 없다. 일관성 없는 결과들이 가득하다."고 인식하고 있었다. Schur(1973: 154)는 실제로 "소위 비행자들"은 "청소년 사법제도에 의해 처리되었었다는 것을 제외하면" 비–비행자들과 다르지 않다고 인식하고 있었다.

3. 예측이 가능한 것으로 명백해졌을 때, 결국은 "실제로는"사회적 계층을 반영하는 것이라고 선언한다. 그러므로 Taylor 등(1973)에게는 "차별적인 강화전력"(p. 52), "성격"(p. 57), "부모의 양육"(p. 64)은 계층에 기반을 둔 가치의 차이들일 수 있다. Gibbons(1986: 510)에게는 미국의 매우 높은 비율의 폭력과 범죄는 "범죄의 원인이 생물학적 또는 잘못된 사회화에 있지 않고 경제적 사회적 불평등과 의미 있는 직업의 부족…… 그리고 미국의 사회구조의 분열에 의한 것이라는 분명한 지표들"이었다.

그리고 현재……

이제 성격에 관한 증거들을 무시하던 시대는 갔다. 오늘날 범죄학 이론들은 성격을 중요한 이론적 구성개념으로 간주하고 있다. 이제는 성격의 측면들이 범죄성과 매우 강력하게 연합된다는 것에 상당한 합의를 이루고 있다. 가장 주목받는 것은, 반사회적 성격 패턴에 대한 평가들이 범죄자와 비범죄자 집단을 일관되게 구별 지으며, 범죄행동을 예측한다는 것이다. 그리고 이러한 발견들은 성별, 문화 그리고 인종/민족에 걸쳐 반복 검증되어 왔다.

Gottfredson과 Hirschi(1990)의 『범죄에 대한 일반 이론(A General Theory of Crime)』은, 아마도 우연히, 주류 범죄학이 성격에 대한 연구를 하도록 크게 영향을 미친 것들 중 하나일 것이다. 그들의 연구에서는, 자기-통제가 범죄의 원인이다. 자기-통제는 많은 심리학자와 범죄학자들에 의해 하나의 성격 구성개념으로 간주된다. 그러나 Hirschi와 Gottfredson(1993: 49)은 '심리학적 실증주의의 논리'가 자신들의 이론을 오해하게 만든다고 비난하면서(지식파괴가 또 다시 등장했다), 자기-통제 개념이 성격특질이라는 입장을 강력하게 거부했다. 그들에게 있어서, 취약한 자기-통제는 행동 그 자체에서 분명하므로 범죄를 저지르는 소인이라는 가설을 세울 필요가 없다. 예를 들어, 난폭한 범죄행동은 취약한 자기-통제의 지표이고, 취약한 자기-통제가 범죄행동을 유발한다는 것이다. Ronald Akers가 다음 글을 통해 지적했듯이, Hirschi와 Gottfredson의 설명은 순환적이며 전혀 도움이 되지를 않는다:

> 낮은 자기-통제로써 범죄를 저지르는 경향을 설명하는 것은 결국 동의어 반복적(tautological)으로 보인다. 그것들은 하나이며 동일하다……. 그 주장의 뜻은 낮은 자기-통제가 낮은 자기-통제의 원인이라는 것이다. 마찬가지로, 현재 어떠한 조작적 정의(operational definition)도 없기 때문에, 우리는 그 또는 그녀가 범죄를 저지르지 않는다면 낮은 자기-통제력(범죄를 저지르는 안정적인 경향)을 가지고 있는지를 알 수 없다……. 낮은 자기-통제가 범죄의 원인이 된다는 주장 또한 동의어 반복적이다(Akers, 1991: 204).

자기-통제에 대한 Hirschi와 Gottfredson 그들 스스로의 관점은 제쳐 두고라도, 그들의 저서는 범죄학에 성격을 다시 도입하게 했다. 이론을 발전시키기 위한 각각의 새로운 연구 제안들과 함께 그들의 후속 가설들에 대한 검증들이 이루어졌다(Burton, Cullen, Evans, Alarid & Dunaway, 1998; Grasmick, Tittle, Bursik & Arneklev, 1993; Longshore, Turner & Stein, 1996; Ratchford & Beaver, 2009). Hirschi와 Gottfredsondm의 책이 출판된 지 20년이 지난 뒤에도 자기-통제이론은 꾸준한 연구와 토론을 이끌어 냈다(Cretacci, 2008: Hirschi & Gottfredson, 2000; Pratt & Cullen, 2000; Rebellon, Straus & Medeiros, 2008).

또 다른 조망에서, Delbert Elliott, David Farrington, Rolph Loeber, Richard Trembly 그리고 Terence Thornberry와 같은 발달 범죄학자들 및 심리학자들과 함께한 Terri Moffit 등의 연구들은 특히 생애지속형 범죄자의 발달에 있어서 기질의 중요성을 강조했다. 유력 학술지인「Criminology」에 발표된 Caspi 등의 연구(Caspi et al., 1994)는 범죄학에서 성격에 대한 연구를 확고하게 만들었던 획기적인 연구였다. 그들 자신들의 New Zealand 자료와 Pittsburg 청소년 연구(Pittsburgh Youth Study)를 바탕으로, 그들은 부정적인 정서성과 취약한 억제와 같은 성격 특성들이 문화, 성별, 인종 간에 걸쳐 비행과 관련됨을 설득력 있게 보여 주었다. 더 나아가, Miller와 Lynam(2001)은 메타분석 문헌연구를 통해 5요인 모델(우호성과 성실성)이 반사회적 행동과 어떻게 관련되어 있는지를 보여 주었다. 성격과 범죄에 대한 연구는 더 이상 심리학과 정신의학 학술지들로 한정되지 않았다.

성격에 대한 범죄학의 새로운 관심으로부터 파생된 것 중 하나는 일반심리학의 중요성을 재발견한 것이었다. 갑자기, 범죄학 학술지들에서 심리학 학술지들에서나 출판될 수 있었을 논문들이 보이기 시작했다(우리는 범죄학 연구에 큰 영향을 주었던 소수—예를 들면, Ronald Akers, Paul Gendreau와 같은 학자들—의 영웅적인 노력을 인식하고 있다). 예를 들면, Peter Wood 등(Wood et al., 1997)은 비매개적인 강화를 통한 행동 그 자체(즉, 스릴을 얻기 위해 범죄를 저지르는 것)가 어떻게 범죄를 지속되게 할 수 있는지에 대해서 기술했다. 성격은 또한 주류 범죄학 이론에서도 발견된다. 우리는 그러한 사실을 이미 Hirschi와 Gottfredson의 낮은 자기-통제이론(low self-control theory)을 거쳐 통제이론(control theory)으로 확장되는 현상에서 볼 수 있었다. 또한, 긴장이론(strain theory)(Agnew, 2006; Broidy, 2001)과 아노미 이론(anomie theory)(Baumer, 2007; Konty, 2005)에서도 성격을 볼 수 있다. 성격은 주류 범죄학에서 더 이상 기피되지 않고 있다.

정신병리로서의 반사회적 성격

이 장을 시작하면서 '반사회적 성격'이라는 용어에는 다른 의미가 주어질 수 있음을 언급했다. 첫 번째 의미는, 단순하게 모든 사람들이 공통적으로 가지고 있는 성격의 정상적인 차원에서 극단에 있는 것을 의미한다. 두 번째 의미는, 정신병리학에 뿌리를 두고 있다. 정신병리학적 조망은 반사회적 성격을 정신장애로 간주하여, 마치 질병처럼 그것을 건강하지 않고 비정상적인 것으로 본다. 의학에서는, 무엇이 건강하지 않고 비정상인지를 확인하는 것이 상대적으로 쉽지만, 심리적 과정들에 대해서는 그리 쉬운 것이 아니다. 하루에 몇 번 이상 손을 씻어야만 청결성과 강박증 어느 쪽에 해당하는지를 말할 수 있을 것인가? 누군가를 사이코패스(psychopath)라고 하기 위해서는 어느 정도의 거짓말과 부정직성이 요구되는가? 대부분의 정신의학과 임상심리학은 비정상적인 것으로 생각되는 '선을 넘어선(crossing the line)' 행동과 사고 패턴을 보이는, 즉 정신적 질병(mental illness)을 가졌다고 간주되는 개인을 다룬다. 이러한 정신적 질병 중 몇 가지는 신뢰로운 진단과 분류를 고려한 잘 정의된 유형을 보여준다(예: 조현병, 조울증). 다른 '정신적 질병들'은 그리 명확히 정의되어 있지 않으며, 반사회적 성격도 그중 하나다. 이제 반사회적 성격에 대한 두 가지 정신병리학적 조망들을 기술할 것이다.

정신의학과 반사회적 성격장애

정신의학은 정신장애를 연구하는 의학의 분야다. 일반적으로, 정신의학은 대부분의 심리적 문제를 생물의학적 시각으로 바라보며, 의사들은 상담 외에 자주 약물을 처방하여, 개인을 처치한다. 임상심리학자들은 대부분의 주(state)에서 약물 처방권한을 가지고 있지 않다. 그들은 심리측정과 상담에 특화되어 있다. 양측의 많은 전문가들은 심리적 이상은 고유한 병인들, 발달 과정, 처치, 예후(prognosis)로써 구분되는 묶음으로 분류할 수 있다는 신념을 공유하고 있다. 신체적 질환들(예: 일반적인 감기)은 원인(예: 바이러스 감염), 질병들의 자연적 과정(예: 점점 목이 따갑고 콧물이 심해지는), 처치(예: 어머니의 닭 수프를 먹어라) 그리고 예후(예: 걱정 마라. 10일 정도면 괜찮아질 것이다)의 범주로 진단되거나 분류될 수 있다. 마찬가지로, 정신질환 또한 병인, 발전과정, 기타 등등이 포함된 진단범주로 분류될 수 있다.

가장 영향력 있는 정신장애 분류법 또는 분류체계는 「정신장애의 진단 및 통계 편람(Diagnostic and Statistical Manual of Mental Disorders)」 또는 DSM-IV라고 불리는 것이다(American Psychiatric Association, 1994). DSM-IV는 진단 범주의 묶음으로 행동 패턴과 심리적 특성을 기술한다. 예를 들어, 환청 또는 기괴한 망상(예: 애완용 개가 인간의 행동을 조정한다) 그리고 이러한 망상과 환각이 6개월 이상 지속된 전력이 있다면 조현병으로 진단된다. DSM-IV가 다루는 일반적인 영역 중 하나는 성격장애다. 성격장애의 예를 들면, 강박성 성격(obsessive-compulsive personality), 편집성 성격(paranoid personality), 자기애성 성격(narcissistic personality) 그리고 물론 반사회적 성격장애(antisocial personality disorder: APD)도 있다. 대부분의 성격장애는 어린 나이에 조기 발병하며, APD는 '타인의 권리를 무시하고 침해하는 것이 만연한 패턴'이라는 측면에서 다른 성격장애와 차이점을 드러낸다. 아동의 경우, 이에 상응하는 정신장애는 품행장애(conduct disorder)라고 부른다. APD와 품행장애의 진단기준의 개요는 〈표 6-1〉에 제시되어 있다.

미국 성인의 약 3.5%가 APD에 해당하는 것으로 추정된다(Grant et al., 2004). APD가 공격적인 행동과 연합되긴 하지만(Crocker et al., 2005), 이 질환은 법을 어기지 않은 비공격적인 개인에게서도 비교적 흔하게 나타난다(예: 알코올 중독자, 충동적인 도박사). 이 질환은 치료하기 힘든 것으로 간주되며, 상당한 연구들이 조기개입이 좀 더 성공적일 것이라는 희망에서 APD의 아동기 예측 요인을 밝혀 내는 데 집중했다(Lahey et al., 2005; Simonoff et al., 2004).

사이코패시(psychopathy)에 대한 논의로 넘어가기 전에, APD에 대해 언급하고 싶은 두 가지가 있다. 첫 번째는, APD가 종종 비구조화된 임상적 면담에 의해 진단된다는 것이다. 제10장에서 비구조화된 임상적 평가에 대해 좀 더 얘기를 하겠지만, 현 시점에서 강조하고 싶은 것은 현실세계의 임상적 현장에서의 APD 진단은 신뢰성이 상당히 떨어진다는 것이다. APD 연구자들이 구조화된 임상적 진단도구를 사용할지 모르지만, 실제 매일 매일의 임상적-법정 현장(daily clinical-forensic practice)에서는 충분할 정도로 자주 사용하지는 않는다(Widiger & Samuel, 2005). 두 번째로, DSM-IV의 APD 기준은 행동적 특성을 강조한다. 이후 간략히 다루겠지만, 일반인들과 일부 연구자들은 또한 어떤 정서적 특징을 일부 범죄자들에게 독특한 것이라고 간주한다. '냉혈한 살인범'에 대해서 생각해 보자. DSM-IV 기준은 공격성과 양심의 가책이 없음을 포착해 낼 것이다. 그러나 이 범죄자의 정서적인 냉담함은 포착하지 못한다.

표 6-1 반사회적 행동과 관련된 정신의학적 장애들

반사회적 성격장애의 DSM-IV 진단기준

I. 다른 사람들의 권리를 무시하는 행위로서, 최소한 다음 중 세 가지 이상을 충족해야 한다:
  a) 체포당할 만한 방식으로 행동
  b) 타인을 기만하고 조종
  c) 충동적
  d) 공격적
  e) 무책임한
  f) 죄책감의 결여

II. 18세 이상일 것

III. 아동기에 품행장애로 진단받은 전력이 있을 것

IV. 반사회적 행동이 조현병적, 조증적인 삽화로 나타난 것이 아닐 것

품행장애의 DSM-IV 진단기준

I. 다른 사람들의 권리를 무시하거나 또는 나이에 맞는 사회규범을 위반하는 행위로서,

최소한 다음 중 세 가지 이상을 충족해야 한다:
a) 타인을 괴롭히고, 위협하거나 또는 협박
b) 신체적인 싸움을 일으킴
c) 무기의 사용
d) 사람들에게 신체적으로 잔혹함
e) 동물들에게 신체적으로 잔혹함
f) 피해자와 대면한 상태에서 절도를 행함
g) 성적 행위를 누군가에게 강요함
h) 방화
I) 재물 손괴
j) 집, 건물 또는 차에 침입
k) 물건 또는 호의를 얻기 위해 거짓말을 함
l) 절도
m) 13세 이전에, 부모의 금지에도 불구하고 밤늦게 돌아다님
n) 최소한 2회 이상의 가출
o) 13세 이전에 무단결석을 시작
II. 아동기 발병형: 10세 이전에 하나 이상의 진단기준을 충족할 것
III. 청소년기 발병형: 10세 이전까지는 어떠한 진단기준도 충족하지 않을 것

우리는 이제 (a) 고도로 구조화된 방식으로 평가하며 (b) 행동적인 것뿐만 아니라 성격적 특성도 포착하고 그리고 (c) 범죄행위와 매우 밀접하게 연결된 성격구조에 대해 기술하고자 한다. 바로 사이코패스(psychopath)다.

사이코패시

사이코패시(psychopathy)라는 용어는 전문가들과 일반 대중들 사이에서 널리 사용되고 있으며, 우리 문화에서 깊숙이 자리 잡았다([자료 노트 6-1]을 통해 임상적 예시를 살펴보자). 사이코패스에 대한 대중적 이미지는 부드럽고, 매력적이면서도, 폭력적이고, 가학적인 인물이다. Pinel의 '광기발작이 없는 마니아(Mania without frenzy)'에서부터 Prichard가 1835년에 기술한 '도덕적 비정상성(moral insanity)'(Pichot, 1978)과 Freud의 미발달된 superego에 이르기까지 전문 영역에서도 다양한 개념들이 1세기 이상에 걸쳐 등장했다. 그러나 사이코패스를 당시의 임상적 특징으로 나타낸 것은 Hervey Cleckley(1941, 1982)였다.

[자료 노트 6-1]

사이코패스에 대한 사례 연구

모든 이들이 그를 'Red'라고 부른다. 그는 30세의, 키가 크고 외모가 준수했고, 붉은 머리와 잘 손질된 붉은 수염이 있었다. Red는 중산계층 출신이며, 그의 아버지는 공무원이었고, 어머니는 지역 신문의 기자였다. Red가 네 살이었을 때, 그의 부모는 이혼했고, 그는 여섯 살이 될 때까지 아버지와 함께 살았다. 6세 이후에 그는 기숙학교에 보내졌다.

그는 기숙학교를 힘겨워했다. 그는 학교, 학업 그리고 선생들을 증오했다("그곳은 군대 같았어요."). 그는 수없이 가출했고, 마침내 17세에 성공했다. 그는 Florida로 도망갔고, 그곳에서 누나를 찾아냈다. 그는 그녀에게 모든 일이 잘 되어 가고 있으며, 그가 너무 뛰어나서 선생님들이 누나를 방문할 수 있도록 휴가를 주었다고 말했다. 그는 누나의 집 보관함의 술을 몰래 마시고, 색이 있는 물로 바꿔 치기 시작했다. 3주 뒤에, 전보가 그녀의 누나에게 왔고, 그녀가 집에 없었기에 그는 전보를 보고 아버지가 교통사고로 갑자기 사망했음을 알게 되었다.

Red는 유산을 받기 위해, New York 주의 그의 집으로 돌아왔다. 그는 관계자에게 그의 누나가 6개월 전 자살을 했다고 말했으며, 그의 주장을 뒷받침하는 위조된 문서를 보여 주었다. Red는 모든 것을 상속받았다. 그는 아버지의 집에 거주하면서 파티를 열기 시작했다. Red의 친구들은 술을 마시고, 다른 약물을 복용했다. 대부분 소년원 또는 감옥에 갔던 경험이 있었다. Red는 학교도 다니지 않고 공부도 하지 않는 그저 신나는 일만 가득한 인생을 즐기기 시작했다.

파티는 신속히 끝났다. 어느 날 밤, 그는 술에 취해 그의 '가장 친한 친구'를 야구 방망이로 공격했다. 그 친구는 팔목이 부러졌지만, 기소를 거부했다. 경찰이 도착했지만, 공식적인 기소는 없었다. 이후 5년 동안, Red에게는 수많은 법적 충돌이 있었고, 한 번 결혼을 했고, 약물에 중독되기도 했다. 21세가 되었을 때, 모든 유산을 탕진했다. Red는 도시에서 도시로 옮겨 다니기 시작했다. 각 도시에서 그는 낮은 임금을 받는 여성을 만났고, 그녀와 함께 생활했다. 각 여성들은 몇 개월이 지나고 나면, 그가 문제를 불러일으키거나 그 중심에 있다는 것을 알아챘다. 그는 계속해서 술을 마시고, 코카인을 주사했고, 약물복용을 위해서 '가택침입'과 절도를 시도했다. 60일 이상의 감옥행이 가끔 선고되었다.

그러다가 30세 즈음, Red는 그와 함께 살던 여성에게 폭력을 휘둘렀다. 이번에는 판사가 그에게 2년을 선고했다. 그가 유치장에 온 날 이후부터, Red는 사실혼 관계의 아내에게 전화를 걸어 용서를 구하기 시작했다. 처음에 그녀는 전화를 끊어버렸지만, 그것이 Red를 그만두게 만들지는 않았다. 2주가 지나기 전에, 그녀는 그의 전화를 받았고, 한 달이 지나기 전에, 그녀는 그가 출소하기 전까지 면회를 가기 시작했다. Red가 그의 사실혼 관계의 아내의 면회와 그녀가 건네주는 돈을 받는 동안, 그는 다른 계획으로 인해 바쁘게 지냈다. 그는 다른 재소자들에게 여성을 소개받는 것뿐만 아니라, 신문의 '반려자 구함(companions)' 광고에도 연락을 취했다.

그는 출소하자마자, 세 명의 여성으로부터 함께 살 것을 권유받았다. 다음은 그가 감옥에 있을 때 실시된 검사의 결과다.

서비스 수준 인벤토리-개정판 (LSI-R):	48 (가능한 최대점수 54)
사이코패시 체크리스트-개정판 (PCL-R):	36 (최대점수 40)
Gough의 사회화 척도:	8(최대점수 25) (점수가 낮을수록 규칙을 무시하는 경향)
법, 법원, 경찰에 대한 태도 척도:	14 백분위
범죄자에 대한 동일시 척도:	92 백분위
IPAT 불안 척도:	4 (최대점수는 10)
Bennett의 자기-존중감 척도:	81 백분위

PCL-R의 검사결과는 Red가 사이코패스라고 진단한다(30점 이상이 요구된다). 진단은 Gough의 사회화 척도(Socialization Scale)를 통해서도 확인된다. LSI-R이 측정한 결과에 따르면, Red는 재범 위험성이 높다. 마지막으로, Red는 비교적 불안으로 인한 쇠약함이 없으며[IPAT—대인 간 불안 검사(Interpersonal Anxiety Test)—의 결과], 범죄자인 자신을 긍정적으로 여기는 것으로 보인다[Bennett의 자기-존중감(Self-Esteem)과 범죄자에 대한 동일시(Identification with Criminal Others) 측정에서의 높은 점수].

다년간 정신과 의사 활동을 하면서, Cleckley는 그의 일부 환자들이 보여 주는 특징적인 패턴들을 기록했다. Cleckley의 사이코패스에 대해 저자들이 요약한 〈표 6-2〉는 세 가지 중요한 사실을 나타내고 있다. 첫 번째로, 사이코패스들은 겉으로 보기에는 정상인과 다름이 없다. 그들은 환각이나 망상을 가지고 있지 않으며, 특별하게 불안이나 죄책감에 의해 쇠약해져서 지장을 받는 모습을 드러내지 않는다[Cleckley는 그의 책 제목을 『정상성의 가면(The mask of sanity)』이라고 붙였다]. 두 번째로, 사이코패스들은 사회적 통제에 반응이 없는 모습을 드러낸다. 예를 들어서, 그들은 사회와 그들을 둘러싼 주변의 처벌에도 불구하고 계속해서 문제를 일으킨다. 세 번째로, 범죄행동은 사이코패시 진단에 필수적으로 요구되지 않는다. 사실, Cleckley는 범죄기록이 없는(그렇게 알려진) 환자들의 많은 사례를 보고했다.

표 6-2 Cleckley의 사이코패시 체크리스트

핵심 특성	기타 특성
타인을 조종하려는 경향	문란한 성 생활
평균이상의 지능	신뢰할 수 없는
정신병적 증상들(망상, 환각)의 부재	인생계획에 따르는 것의 실패
불안의 부재	진정성 없는 자살 시도
후회의 부족	충동적
경험으로부터의 학습 실패	반사회적 행동
자아중심적	
정서적 깊이의 부족	

마지막 사실이 특히 중요하다. 만약 우리가 사이코패스가 반드시 범죄자는 아니라는 가정을 받아들인다면, 다음과 같은 필연적인 결과들이 뒤따른다:

1. 모든 범죄자들이 사이코패시적인 것은 아니다.
2. 범죄에 대한 설명은 사이코패시에 대한 설명으로서 적절하지 않다. 이는 역으로도 성립한다.
3. 2항에 따라, 사이코패스들과 범죄자들에 대한 평가와 처치는 서로 달라야 한다.

사이코패시의 평가: Hare의 사이코패시 체크리스트(PCL-R)

Robert Hare는 Cleckley가 제시한 진단기준을 바탕으로 구조적 면담과 자료 분석에 근거하여 객관적 평가를 개발했다. Hare(1980)는 임상가들과 연구자들에 의해 제시된 100가지 이상의 행동과 특성을 22가지로 줄인 이후, 사이코패시의 핵심 지표라고 생각되는 것들을 20가지로 다시 추려냈다. 다만, 예외적으로 세 가지의 범죄행동 지표를 20 개의 지표에 포함시켰다. 그 결과가 사이코패시 체크리스트-개정판 또는 PCL-R이며(〈표 6-3〉), 1990년 처음 출판되어, 2003년에 개정된 바 있다. 각 항목은 3점 척도로 구성되어, '0'은 해당하지 않음(not applicable), '1'은 불확실함(uncertain) 그리고 '2'는 확실히 그러함(definitely present)을 의미한다. 점수가 높을수록, 해당인은 사이코패스에 가까운 것이다.

표 6-3 사이코패시 체크리스트-개정판(PCL-R)

언변 좋음/피상적 매력
과도한 자기-가치감
자극 욕구/쉽게 지루해함
병적인 거짓말
남을 잘 속임/조종함
후회 또는 죄책감 결여
얕은 감정
냉담/공감능력의 결여
기생적인 생활양식
행동통제력 부족
문란한 성관계
어릴 때 문제행동
현실적이고 장기적인 목표의 부재
충동성
무책임성
자신의 행동에 대한 책임감을 수용하는 데 실패
여러 번의 단기 혼인관계
청소년 비행
조건부 가석방의 취소
범죄적 다재다능

DSM-IV에서 정의된 APD와 PCL-R에 의해 측정된 사이코패시의 차이점은 무엇인가? DSM-IV를 개발할 때, 개발자들은 진단적 범주안의 반사회적 성격에 사이코패시의 정서적이며 대인 관계적 측면(예: 공감능력, 오만한 자기평가)을 통합하기 위해 현장연구를 감독하는 임무를 맡았다(Hare, 1996). 그러나 현장연구의 결과는 혼란스러웠고, 때문에 DSM-IV에서 이러한 특성들을 찾아볼 수 없게 되었다(Widiger et al., 1996). 결과적으로, DSM-IV의 APD와 PCL-R의 본질적인 차이점은 정서적-대인 관계적 차원에 있다(Hare, 1998).

이 차이점은 많은 의미들을 가진다. 첫째, DSM-IV의 APD는 사이코패시와 다르다. 두 개의 분리된 기준들이 진단에 사용된다. 그러나 임상가들과 연구자들은, 자주 두 용어를 상호교환적으로 사용한다. 둘째, DSM-IV 진단은 행동적인 반사회적 전력에 의존한다. 성격적 특성보다는 지속적인 범죄성을 측정한다. 이러한 점들이 APD 진단이 법정이나 교정적 상황에서의 유용성을 제한한다. 예를 들어, 12개 국가의 약 23,000명의 수감자들을 대상으로 이루어진 조사연구에서, 남성 수감자의 47%가 APD로 진단되었다(Fazel & Danesh, 2002; 여성 수감자의 경우 21%가 APD로 진단되었다). 일부 교정기관들의 경우 50%에서 80% 범위로 더 높게 나오기도 한다(Ogloff, 2006). 18세를 진단기준으로 했을 때, 그와 같이 높은 기저율과 법적 행동에 대한 사회적 규범을 준수하지 않는 것은 전혀 놀랄 만한 일이 아니다. 때문에, 그러나 높은 기저율은 처치, 감호 그리고 석방에 대한 결정을 내리는 것에 많은 도움을 주지 못한다. DSM-IV의 APD의 문제점(과소포함성과 유용성)은 많은 법의학과 교정 연구자들 그리고 임상가들이 반사회적 성격을 진단하는 데 PCL-R을 사용하도록 유도한다.

초기 연구에서, Hare 등(Hare et al., 1990; Harpur, Hakstian & Hare, 1988)은 PCL-R은 두 가지 요인으로 구성되어 있다고 보고했다. 첫 번째 요인은, '대인 관계/정서(interpersonal/affective)'라고 불리며, 성격 문항들을 사용한다(예: 언변 좋음, 냉담, 남을 잘 속임/조종함). 두 번째 요인은, '사회적 일탈(social deviance)'로 불리며, 행동적 지표들로 구성된다(예: 자극욕구, 충동성, 무책임성). 그리고 최근, Hare는 PCL-R의 4-요인 모델을 채택했다(Hare, 2003; Hare & Neumann, 2006). 근본적으로, 기존의 두 개의 요인이 요인 1(대인 관계적; 예: 언변 좋음, 병적인 거짓말), 요인 2(정서적; 예: 후회 또는 죄책감 결여, 냉담), 요인 3(생활양식; 예: 자극욕구, 충동성), 요인 4(반사회적; 예: 청소년 비행, 범죄적 다재다능)로 나누어진 것이다. 이 장의 후반부에서 최근의 PCL-R의 발전내용을 좀 더 다룰 것이다. 현 시점에서는 치료 목표들로 삼을 수 있도록(예: 공감능력을 향상시키기 위한 처치, 자기-통제의 학습) 사이코패시가 어떻게 보다 많은 별개의 영역들로 개념화되는지에 주목해야 한다.

또 다른 중요한 의문은 사이코패스들이 다른 범죄자들과 질적으로 다른가 하는 것이다. 다시 말해, 사이코패시는 별개의 성격구조인가, 즉 하나의 분류군(taxon)인가? 라는 것이다. 분류군은 생물학 분야의 하나인 분류학(taxonomy)에서 사용되는 용어로서, 분류학은 생물의 다양한 형태를 개별적인 범주로 구분하는 학문이며, 분류군은 구분되어 나뉜 세부적인 범주에 붙여지는 명칭이라고 말할 수 있다. 분류범주, 즉 분류군은 광범위하게 또는 좀 더 세부적이게 될 수도 있다. 예를 들어서, 포유류와 어류의 분류는 광범위하게 사용된 분류군일 것이며, 오리와 닭 그리고 청둥오리와 미국 원앙새를 분류하는 것은 세부적으로 사용된 분류군인 것이다. 요점은 분류군은 예(범주에 부합한다)와 아니요(범주에 부합하지 않는다)로서 명확하게 규정하여, 두 개의 답을 동시에 가질 수는 없다는 것이다.

Cleckley와 그의 뒤를 이은 Hare와 다른 이들(Harris, Rice & Quinsey, 1994; Skilling, Harris, Rice & Quinsey, 2002; Skilling, Quinsey & Craig, 2001)은 사이코패시를 다른 장애들과 공유되

지 않는 정서, 인지, 대인 관계 그리고 행동적 특성들을 지닌 별개의 성격구조라는 입장을 취했다. Harris, Rice 그리고, Quinsey(1994)는 653명의 정신적 장애가 있는 범죄자들에게서 얻어진 PCL-R 자료에 대한 분류학적 분석(개별적인 실체를 확인하기 위한 통계적인 절차)을 실시하여 사이코패시라고 부를 수 있는 별개의 성격구조의 존재에 대한 몇 가지 증거를 찾아냈다. 그러나 하나의 분류군에 대한 증거들은 대부분 요인 1(냉담, 후회 또는 죄책감 결여 등의 성격)이 아니라 요인 2(충동적인 반사회성)를 지지하는 것이었고, 이는 보다 차원적인 것으로 나타났다. 남성 범죄자들(Edens, Marcus, Lilienfeld & Poythress, 2006; Guay, Ruscio, Knight & Hare, 2007; Marcus et al., 2004)과 여성 범죄자들(Guay, Ruscio, Knight & Hare, 2006)을 대상으로 한 대부분의 연구들도 하나의 분류군을 지지할 수 없음을 보고하고 있다.

분류군 접근에 대한 대안은 차원적 조망이다. 이 조망에 따르면, 사이코패시는 정도의 차이로서, 따라서 모든 범죄자들은 어느 정도는 사이코패스이며, 어떤 이들은 다른 이보다 더 그렇다고 간주된다. Hare는 그의 초기 저술에서, 분명히 하나의 분류군으로서의 사이코패시를 주장했다(결국, 그의 대중적인 1993년 책 『Without Conscience』는 'Without Some Conscience' 라고 제목을 붙이지 않았다). 그 이후, 그는 한 발 물러서서 사이코패시의 '기초적인 차원성(underlying dimensionality)'에 대해 말하였다(Hare & Neumann, 2006: 73). PCL-R은 사이코패시가 하나의 분류군이냐의 문제에 있어서는 항상 다소 혼란스러운 모습을 드러낸다. PCL-R의 점수는 0에서 40점으로 나타난다. 그렇다면 몇 점을 받아야 사이코패시가 되는 것인가? Hare(1990; 2003)는 30점을 기준으로 삼을 것을 권고했다. 그러나 실제로 연구자들은 25점에서(Harris, Rice & Cormier, 1989) 32점(Serin, Peters & Barbaree, 1990) 사이를 사용했다. 현장과 최근 연구의 발견들(Guay et al., 2007)에 의하면, PCL-R은 사이코패시의 차원적 모델을 따르는 것으로 보이며 그리고 이것은 성격장애를 진단적 범주로 생각하기보다는 차원적 분류로 취급하는 일반적인 경향을 반영한다(Widiger & Trull, 2007).

PCL-R과 범죄행동의 예측. PCL-R은 일반적인 재범과 폭력적인 재범에 대한 예측을 매우 잘하고 있다. 이 주제에 대한 많은 메타분석 연구들은 PCL-R 점수와 미래의 일반적인 재범 간의 평균적인 상관이 거의 동일했다(r = .27, Salekin, Rogers & Sewell, 1996; r = .28, Gendreau, Little & Goggin, 1996). 다른 범죄로 기소되는 것과 '교도시설 부적응(institutional maladjustment)'을 포함하는 광범위한 재범의 개념을 사용하여, Leistico, Salekin, DeCoster 그리고 Rogers(2008)는 r 값이 .27임을 발견했다. 두 개의 메타분석 연구에서는 폭력적인 재범과 PCL-R 간의 상관 값 r 이 동일하게 .27로 보고되었고(Campbell, French & Gendreau, 2009; Hemphill, Hare & Wong, 1998), 이와 달리, Salekin, Roger 그리고 Sewell(1996)은 .32의 r 을

발견했다. Hemphill, Hare 그리고 Wong(1998)의 메타분석은 PCL-R과 다른 보험 통계적 척도들(예: SFS, SIR 그리고 LSI-R)을 비교했다는 점에서 주목할 만하다. 그들은 PCL-R이 일반적 그리고 폭력적 재범뿐 아니라 (때로는 더욱 낫게) 다른 척도들과도 상관이 있음을 발견했다. 그리고 "PCL-R은 재범과 위험성에 대한 임상적 평가에서 주요 도구로 간주되어야 하며"(p. 160) 그리고 PCL-R이 "비할 데 없는(unparalleled)" 위험 측정도구라고 결론 내렸다.

그러나, 후속 문헌연구들은 PCL-R이 위험성 평가에 있어서 반드시 '비할 데 없는' 것이라고 할 수 없다고 제안한다. 첫째, 추가적인 위험성 요인을 포함함으로써 PCL-R이 향상된다는 몇몇 증거가 있다. 이러한 접근은 캐나다 Ontario 주의 Penetanguishene에 위치한 정신건강센터의 Grant Harris 등이 폭력 위험성 평가 가이드(Violence Risk Appraisal Guide: VRAG)를 개발하는 과정에서 채택했다(Harris, Rice & Quinsey, 1993; Rice & Harris, 1997). PCL-R(r = .34)뿐 아니라, 다수의 다른 요인들도 폭력적 재범을 예측했다. 그 예들은 초등학교 부적응, 알코올 남용 그리고 16세 이전에 부모로부터 분리와 같은 것들이었다. VRAG를 구성하는 11개의 추가적인 예측변인들이 PCL-R과 결합되었을 때, PCL-R만을 사용했을 때보다 예측률을 더욱 향상시키는 것으로 나타났다(r = .44).

최근, Penetanguishene의 연구자들은 PCL-R이 필수적이지 않을 뿐만 아니라, 아동기와 청소년기의 문제를 평가하는 간단한 여덟 개의 문항으로 대체될 수 있음을 발견했다(예: 십대 때의 알코올 문제, 품행장애 증상). 아동과 청소년 분류군 척도(Child and Adolescent Taxon Scale: CATS) 라고 불리는 이 척도는, 심리학적/정신의학적 전문가가 PCL-R을 기반으로 진단을 내려야 할 필요성을 제거했다(Quinsey, Harris, Rice & Cormier, 2006). PCL-R 대신에 CATS를 사용하는 것은 VRAG의 예측타당도에 영향을 주지 않았고(Quinsey, Book & Skilling, 2004; Quinsey, Harris, Rice & Cormier, 1998), 이는 성범죄자들을 대상으로 한 VRAG 척도인 SORAG에 있어서도 마찬가지였으며(Bartosh, Garby, Lewis & Gray, 2003), 그리고 CATS가 여성 범죄자들의 일반적 그리고 폭력적 재범을 예측한다는 것 또한 증명되었다(Folsom & Atkinson, 2007).

둘째, PCL-R과 다른 위험성 평가도구들을 비교하여 보았을 때, PCL-R이 항상 더 나은 예측도구는 아니었다. Hemphill 등(1998)의 메타분석 연구에서, LSI-R과 PCL-R을 비교한 연구는 단 하나였는데, 이 연구는 정신적으로 장애가 있는 범죄자들의 기록들을 바탕으로 수정된 LSI-R 점수를 측정한 것이었다(LSI-R은 일반적인 범죄자 위험성 평가도구이며, 제10장에서 더욱 자세히 설명할 것이다). PCL-R과 LSI-R을 비교한 연구를 포함하여 메타분석 연구들에서는 폭력적 재범 예측에 있어서 두 척도 간 거의 비슷한 효과크기를 발견했다(Campbell et al., 2009;

Gendreau, Goggin & Smith, 2002). 그리고 Gendreau 등(2002)에 의해 이루어진 메타분석에서는 LSI-R이 실제로는 PCL-R보다 일반적 재범에 대해서 더 나은 수행을 나타냈다(r = .39 대 r = .25). Walters(2003)는 PCL-R과 생활양식 범죄성 선별 도구(Lifestyle Criminality Screening Form: LCSF)에 대한 일곱 개의 연구결과들을 비교했다. LCSF는 기록들에서 이용 가능한 정보를 바탕으로 간단히 측정될 수 있는 17개 항목으로 이루어진 위험성 평가도구다. Walters는 이들의 평균 예측타당도들의 차이가 통계적으로 유의미하지 않음을 발견하였다(PCL-R은 .26, LCSF는 .31).

셋째, PCL-R의 어떠한 측면이 실제로 범죄행동 예측에 기여하는지를 살펴보자. 앞서서, PCL-R은 몇 개의 요인들로 구성된다고 했다. 두 개의 요인은 성격을 다루고, 다른 두 개는 반사회적 생활양식(예: 이른 행동적인 문제, 충동성, 스릴추구)을 다룬다는 것이 기억나는가? 요인들 간의 상대적인 기여도를 연구한 두 개의 메타분석들이 있다(Hemphill et al., 1998; Leistico et al., 2008). 두 개의 연구 모두 요인 2(반사회적 생활양식)가 요인 1(성격)보다 일반적인 재범을 예측하는 좋은 요인이라는 것을 발견했다. 이러한 발견들은 비록 성격적 특질들이 폭력적 재범을 예측하는 것과 관련될 가능성이 있지만, PCL-R로 측정된 성격적 특징들이 일반적 범죄성과 관련해서는 아무런 역할도 하지 못한다는 것을 시사한다.

PCL-R의 예측타당도는 매우 인상적이다. 그리고 PCL-R의 핵심적 발견은 장면들(교도소, 정신과 병동), 성별 그리고 인종 간에 걸쳐 반복검증 되었다(Douglas, Vincent & Edens, 2006). 비록 PCL-R이 서로 다른 여러 표본들에서 재범을 예측하긴 하지만, PCL-R은 특정 집단들에 대해서 유의미하게 더 잘 예측하는 것으로 보인다. Leistico 등(2008)은 PCL-R은 코카시안, 여성 그리고 정신과 환자들에게서 소수 인종 집단, 남성 그리고 재소자들보다 더 높은 예측타당도를 가진다고 결론을 내렸다. 그럼에도 불구하고, PCL-R은 양 집단 모두에게 사용되고 있는 만큼, 소수민족, 남성 그리고 죄수들에게 PCL-R을 사용할 때는 주의가 요구된다.

또 하나의 중요한 주의사항이 있다. PCL-R의 사용과 사이코패시에 대한 생각(idea)에 관한 것이다. 의학-법-법정 장면들에서 사이코패시는 종종 위험성과 동일시되는데, 그래서 사이코패시적 범죄자를 엄중히 처벌해야 한다는 근거를 제공한다(Edens & Petrilla, 2006; Zinger & Forth, 1998). 대중매체들은 분명히 그런 식으로 그려 내고자 하며, 임상전문가들에 의해 큰 논란이 일어나지도 않는다. 그러나 모든 사이코패스가 폭력적인 것도 아니며, 모든 폭력적인 범죄자가 사이코패스가 아니라는 것은 명백하다. 사실, 몇몇의 주장에 따르면(Skeem & Cooke, 출판 중), 사이코패시의 구성개념에는, 범죄행동이 필요조차 없다고 한다(이에 대해서는 다음 부분에서 좀 더 다룰 것이다). Hare가 Cleckley의 본래의 기술에 몇 가지 범죄전력 항목을 추가했다는 것을 기억해 보자. 메타분석 연구에 따르면, PCL-R과 폭력적 재범 간의 평균 효과크기는 1이 아니라 대략 .30이다. 게다가, Serin(1996) 그리고 Harris 등(1991)은 PCL-R 점수가 30점 이하인 폭력적 범죄자 비율이 통계적으로 유의미한 비율을 차지한다는 것을 발견했다. 그리고 캐나다 법정에 의해 '위험한 범죄자(dangerous offenders)'로 선고된 범죄자들 중 오직 39.6%만이 PCL-R에 의해 사이코패스들로 진단받았다(Bonta, Harris, Zinger & Carriere, 1996).

비범죄적 사이코패스가 있는가

사이코패시의 성격적 특성을 가지고 있으면서, 행동이 법과 충돌하지 않는 사람들이 있을까? Cleckley는 분명히 그렇게 생각했다. Cathy Widom(1977)은 모든 연구들의 대상인 범죄인으로서의 사이코패스는 아마도 실패한 사이코패스들(검거된 사이코패스들)로서, 의문스러운 행동을 드러냄에도 불구하고, 형사사법체계를 교묘히 피해나가는 '성공한' 사이코패스들이 있을 것이라고 생각했다. 문제는 이것이다. 이런 성공한 사이코패스들을 당신은 어떻게 찾아낼 것인가?

Widom은 '모험심이 강하고' '자극을 추구하고' '충동적이며' 그리고 '원하는 것을 얻기 위해서라면 모험을 할 수 있는' 사람을 찾는 광고를 신문에 게시하여, 일반 대중으로부터 사이코패스들을 모집하는 절차를 개발했다. 그녀의 첫 번째 연구(Widom, 1977)에서, 대부분은 수감된 전력이 없었으나, 표본의 32.1%(n = 28)가 성인이 된 후 수감된 경험이 있었다. 두 번째 연구(Widom & Newman, 1985)에서는, 5.1%(n = 40)만이 수감된 경험이 있음을 보고하였으나, 체포된 경험이 있는 사람은 표본의 41%에 해당했다(첫 번째 연구에서는 체포된 전력이 보고되지 않았다). 우리는 수감률에 근거해서 첫 번째 연구의 체포된 경험이 있는 사람의 비율을 짐작할 수밖에 없지만, 유사하게 높거나, 아마도 두 번째 연구의 비율보다 높을 것이다.

Widom의 연구가 PCL-R을 사이코패시 측정에 있어서 신뢰할 만한 도구로 만드는 작업에 기여를 하지는 않았다. 보다 최근의 연구들은 PCL-R을 사용했거나, 또는 PCL-R을 변형한 것들을 사용하였다. Widom의 방법을 사용하여, 지역사회에서 피험자들을 모집한 이후에, Belmore와 Quinsey(1994)는 PCL-R의 여덟 개 항목을 포함한 16개 항목을 가진 척도로 피험자들을 측정하였다. 가장 높게 측정된 15명의 피험자들 전원이 체포된 전력이 있었다. 유사한 방식으로, DeMatteo, Heilbrun 그리고 Marczyk(2005, 2006)은 54명의 남성 중 표본의 41%에 해당하는 피험자들에게서 체포된 전력이 없음을 발견하였다. 그러나 사이코패시 진단기준에 해당하는 30점 이상으로 측정된 사람이 단 한 명도 없음을 보고하였다(가장 높은 점수는 27점이었다). 더 나아가, 그들은 이와 같은 집단이 체포된 적은 없었으나 폭력행동을 놀랄 정도로 많이 저질렀음을 보고하였다. 마지막으로, 영국 가정의 638명을 대상으로, PCL-R의 선별용(screening version) 도구를 사용한 조사에서, 사이코패시의 진단기준에 해당하는 사람은 1% 미만이었다(Coid, Young, Ullrich, Roberts & Hare, 2009). 비록 유죄판결과 수감된 비율은 보고되지 않았지만, 측정 점수들은 범죄행동과 매우 강하게 관련되어 있었다.

범죄를 저지르지 않는 사이코패스들에 대한 문제는 Cleckley의 사이코패스에 대한 최초의 공식에 관심을 기울이게 만든다. 만약 독자가 Cleckley(〈표 6-2〉)와 Hare(〈표 6-3〉)의 사이코패시의 특징에 대한 기술을 비교해 본다면, Cleckley의 공식에 범죄행동이 없음을 가장 주요한 차이점으로 주목하게 될 것이다. PCL-R은 범죄경력을 측정하는 3개의 항목이 있으며, 이 항목에 해당되지 않는다면 기준 점수 30점에 도달하기란 매우 힘들다(17개의 비범죄 항목들 중 15개 항목들이 '확실히 그러함'으로 채점되어야만 한다). 최근, Jennifer Skeem과 David Cooke(출판 중)는 Cleckley의 사이코패스에 대한 설명으로 다시 돌아가야 한다고 주장하고 있다. Cleckley의 관점에 따르면, 사이코패스의 주요 특징은 정서적 분리(emotional detachment)와 두려움 없음(fearlessness)이지 범죄행동이 아니라는 것이다. 더 나아가, Skeem과 Cooke(출판 중)는 PCL-R에서 높은 점수를 받는 것을 사이코패시의 구성개념과 동일시하는, PCL-R의 구체화(reification)에 대해서 경고한다. 그러나 Hare와 Neumann(2005)은 여전히, 범죄행동을 구성개념의 중심적인 요소로 인식하고 있다.

마지막으로, '성공적인' 사이패스들이라는 생각에 대해 언급하려 한다. 이들은 이름만 대면 아는 정치 또는 경제 분야의 지도자일 수도 있고, 심지어 사이코패스라고 확신하고 있는 개인적으로 아는 사람일 수도 있다. 이들 '사이코패스들'은 그들의 대인 관계에서 교활하고, 타인을 조종하고, 무례하며, 스스로를 위해 최고인 것을 추구하는 것에 관심을 둔다. 그리고 이들은 오직 정상만을 추구한 결과로, 개인적 삶은 엉망진창이지만, 직업적으로는 '성공적인' 삶을 살아가고 있는 것으로 보일 수 있다(Hall & Benning, 2006). 우리가 어떤 사람을 말하고 있는지 알고 싶다면, 2006년에 출판된 Babiak과 Hare의 『Snakes in Suits: When Psychopaths Go to Work』를 읽어 보면 될 것이다.

엔론사 간부들과 정치인들의 부패에 대한 일화 외에 성공적인 사이코패스에 대한 경험적 증거는 어떤 것이 있는가? Simone Ullrich 등(Ullrich, Farrington & Coid, 2008)은 48세 때 Cambridge 종단연구의 인터뷰에 참여한 304명의 남성들을 12항목의 PCL-R 선별용 도구를 사용하여 측정했다. 그들은 이 사람들을 수입과 직업에 대한 만족에 걸쳐 12개의 변인상에서 평가했다. 예상과 다르게, PCL-R(선별용)의 점수와 삶의 성공 지표(예: 사회적 지위, 부)와는 아무런 관련이 없었다.

우리가 성공적인 사이코패스에 대해 기술할 때에는, 일탈행동적인 요인(생활방식과 반사회성)보다는 사이코패시의 성격적 특징(Hare에 의해 묘사된 정서적 및 대인 관계적 요인)에 대한 것을 더 많이 기술하고 있는 것이다. 즉, 범죄를 저지르지 않는 사이코패스는 그 자신만의 병인(etiology)을 지닌, 다른 유형의 사이코패스일 수도 있다(Hall & Benning, 2006). Hare의 사이코패시 모델이 가장 많이 연구된 조망이기 때문에 이를 기술하였지만, 사이코패시에 대한 다른 관점도 존재한다. 이러한 다른 모델들은 사이코패스의 다른 유형들에 대해 기술하고 있다(Blackburn, 2006). 예를 들어, Eysenck(1964)와 Blackburn(1975)은 오랫동안 '일차적(primary)' 사이코패스들(전통적인 유형)과 '이차적(secondary)' 사이코패스들(죄책감을 느끼지만, 죄책감을 '단절시킬' 수 있는 사이코패스; Porter, 1996)에 대한 구분을 주장해 왔다. Hicks 등(Hicks et al., 2004)은 '정서적으로 안정된 사이코패스들'과 '공격적인 사이코패스들'을 기술했다. 이러한 이유로, 사이코패시가 실제로 무엇으로 구성되어 있는지에 대한 100%의 동의는 없으며, 범죄를 저지르지 않는 사이코패스들의 개념화에 대해서도 마찬가지다.

사이코패스의 치료

임상가들은, 일반적으로, 사이코패스들을 치료 불가능하다고 본다(Phillips & Gunderson, 1999; Reid & Gacono, 2000). 물론, 이것은 Cleckley의 관점이었다. 그들을 다루기 힘든 것은 생물학적 결함 그리고/또는 아동기 초기의 가혹한 경험들에 기인한 것이기에, 가망이 없다고 판단한다. 특히, 일부 사이코패스들은 죄책감과 후회를 느끼지 않는다는 개념이 치료 가능성에 대한 논의의 중심부에 자리 잡고 있다. 정서 능력과 '양심'을 지닌 자들이 치료에 더 잘 순응한다는 것이다(Blackburn, 1993; Eysenck, 1998). 치료 공동체들(therapeutic communities)(Blackburn, 1993; Hobson, Shine & Roberts, 2000)과 같이 사이코패스에 특화된 것으로 추정되는 치료 방법들에서는 사이코패스들이 치료에 대한 동기화가 잘되지 않음을 보여 주고 있다(Ogloff, Wong & Greenwood, 1990). 비구조적인 치료 방법들은 사이코패스들의 재범률을 실제로 증가시켰다(Harris, Rice & Cormier, 1994). 정신역동치료와 같은 비구조적 치료에 대한 증거가 전혀 없음에도 불구하고, 비구조적 치료가 '일단의 진실성(ring of truth)'을 담고 있기 때문에(Cox, 1998) '사이코패시적 전이(psychopathic transference)' 그리고 '편집증적 퇴행(paranoid regression)'에 직면하는 노력들은 계속되고 있다(Kernberg, 1998).

치료의 일화들과 일부 출판된 연구들은 사이코패스들은 치료 불가능하다는 믿음을 굳건하게 만들지도 모른다. 그러나 우리의 관점에서는, 그렇게 비관적으로 보지만은 않는다. 수많은 치료 문헌에 대한 연구들은 동일한 결론을 내리고 있다. 치료가 영향을 주는지에 대한 증거가 불충분하다는 것이다(D'Silva, Duggan & McCarthy, 2004; Harris & Rice, 2006; Lösel, 1995; Wong, 2000). 거의 대부분의 치료 프로그램들이 빈약하게 계획된 개입들이었으며, 치료환경들이 사이코패스들이 직원들을 속여 치료가 진전이 있는 것으로 믿도록 되어 있었다(Hare et al., 2000; Hobson, Shine & Roberts, 2000). 우리가 아는 효과적인 교정적 처치의 내용에 비추어 볼 때, 왜 이런 계획들이 효과적일 것이라고 기대해야 하는가?

우리는 일반적인 범죄자들에게 처치가 효과적이기 위해서는 몇몇 확실한 원리가 적용되어야 한다는, 몇 가지 증거를 이미 확인했다. 처치가 좀 더 효과적이기 위해서는: (a) 높은 위험성의 범죄자에게는 집중적인 처치가 이루어져야 하고(위험 원리), (b) 처치목표들은 범죄유발적 욕구들이어야 하며(욕구 원리) 그리고 (c) 인지행동적 개입이 사용되어야 한다(반응성 원리). 이러한 원리들이 사이코패스들에게 적용되지는 않았다. 따라서 저 지평선 너머에 희망은 여전히 존재한다. Stephen Wong과 Robert Hare(2005)는 최근에, 제2장에서 말한 효과적인 처치를 위한 원리에 강하게 영향을 받은 사이코패스를 위한 치료 프로그램을 개발했다. 이 원리를 고수하는 Stephen Wong과 Robert Hare(2005)와 또 다른 프로그램들의 치료효과가 평가되기 전에, '사이코패스들'이 치료 불가능하다는 관점을 받아들이는 것은 너무 이르다.

아동도 사이코패스가 될 수 있을까

사이코패시는 보통 시간에 따른 변화가 적은 안정적인 성격 패턴으로 알려져 있다. 사이코패스들의 범죄행동이 40세를 전후하여 감소함에도 불구하고, 검거를 회피하기 위해서 감소가 이루어지는 것인지 아니면 행동에 있어서 진정한 변화가 일어난 것인지 확실하지 않다. 사이코패시적 구성개념의 안정성은 또한 성격과 행동특질들은 인생 초기부터 드러난다는 점을 제안한다. 제5장에서 충동성, 감각-추구, 차분하지 못함, 냉담한 비정서성으로 특징되는 반사회적 성격 패턴의 기원들이 아동기 초기에 쉽게 확인될 수 있음을 보았다. 일부 연구자들은 아동에 대해 사이코패시 개념을 확장시킬 가능성 또는 최소한 성인 사이코패시의 아동기 때의 조짐을 확인하는 데 특별한 관심을 가지고 있다.

Adelle Forth 등(Forth, Hart & Hare, 1990; Forth, Kosson & Hare, 2003)은 13세 이상의 청소년 범죄자들에게 사용하기 위해서 PCL-R을 수정하였다. 수정은 몇 가지 항목을 삭제하고(예: 여

러 번의 단기 혼인관계) 다른 항목들의 규준점수를 바꾸는 것이었다(예: 범죄적 다재다능). 대부분의 연구는 청소년 사이코패시 체크리스트(Psychopathy Check List: Youth Version: PCL: YV)가 신뢰성이 높고, 측정해야 할 것을 측정하고 있는 것으로 보이며(즉, 구성타당도), 과거 범죄행동(Campbell, Porter, & Santor, 2004; Salekin, 2006) 및 보호기관에 적발된 비행(Edens & Campbell, 2007)과 상관관계를 갖는다는 것을 보여 준다. PCL:YV의 예측타당도에 대해서는, 몇몇의 긍정적인 결과들(Corrado et al., 2004; Gretton, Hare & Catchpole, 2004; Gretton et al., 2001; Vincent et al., 2003)과 미래 재범과 거의 관계없다는 다른 발견들(Douglas, Epstein & Poythress, 2008; Edens & Cahill, 2007)이 혼합되어 나타난다. 나아가 PCL:YV는 일반적인 위험/욕구 평가도구들인 청소년용 LSI-R보다 더 나은 결과를 보이지 않는다(Edens, Campbell & Weir, 2006).

Paul Frick(Frick, Barry & Bodin, 2000; Frick et al., 1994)과 같은 연구자들은 한 단계 더 나아가서, 6세에서 13세 사이의 아동들에게 사용하기 위해 PCL-R을 수정하였다. 반사회적 과정 선별도구(Antisocial Process Screening Device: APSD; Frick & Hare, 2001)에서는 부모와 교사가 제공한 정보들에 근거해 항목들을 측정한다. 이와 유사하게, Donald Lynam(1997)은 PCL-R을 모델로 삼아, 두 개의 다른 아동 부적응 행동 검사들로부터 항목을 선별하고, PCL-R 구성요소들을 6세에서 17세까지의 아동과 청소년에게 사용하기 위한 41개 항목의 아동 사이코패시 척도(Childhood Psychopathy Scale)로 '변환'했다. 이들 척도들을 사용한 연구는 구성타당도에 대한 일부 평가와 관련하여 신뢰도와 정상규준(normative data)에서 한계가 있었다. PCL:YV를 포함한 아동을 대상으로 한 척도들의 요인구조에 대한 연구들은 일반적으로 '냉담한-비정서적인(callous-unemotional)'과 '품행장애(conduct disorder)' 두 가지 요인들을 발견했다고 말한다[그러나 Salekin 등(2006)은 세 개에서 네 개의 요인을 가지는 모델을 보고하고 있다]. 품행장애는 그 자체로 반사회적 성격장애의 전조가 되는 지표로 인식되나, 냉담한-비정서적인 특질들이 함께 존재할 경우에는 사이코패시와 생애지속형 범행의 조짐일 수 있는 것이다(Dadds et al., 2005; Lynam, Loeber & Stouthamer-Loeber, 2008; Vincent et al., 2003).

앞으로 연구자들이 어떠한 발견을 하든지 간에, 우리는 아동과 청소년에게 사이코패시 구성개념을 적용하는 것과 그 유용성에 대해 우려한다(Edens et al., 2001; Hoge, 2002). 근본적으로, 항상 성인에게 제한되어 왔던 구성개념을 아동에게 확장하는 것이 이치에 맞는가? 반사회적 성격장애 진단기준이 최소 18세를 필요로 함을 상기해 보라.

John Edens 등(Edens et al., 2001; Edens & Vincent, 2008)은 '청소년 사이코패시(juvenile psychopathy)' 평가에 대한 사려 깊은 분석과 비평을 제공했다. 첫째, 우리가 이미 언급했듯

이, 청소년용 PCL-R과 다른 평가도구에 대한 연구들은 매우 적은 예측타당도 데이터를 포함하고 있었다. 둘째, 이 연구는 가끔 심각한 방법론적 취약점을 가지고 있었다. 예를 들어, Frick 등(1994)의 연구는 적은 표본인 92명의 아동이 대상이었으며, Lynam(1997)은 20개의 PCL-R 항목 중에서 아동에게 사용하기 위해 오직 13개만을 변환할 수 있었다. 그러나 가장 심각한 문제는 다양한 청소년용 검사들의 일부 항목들은 규범적이거나 또는 그들의 발달과 관련 있는 것들이라는 점이다. 성인들은 청소년의 '과도한 자기-가치감' 또는 '책임을 수용하는 것의 실패'에 만족해 왔던 것 아닌가? 충동성, 자극욕구, 현실적이고 장기적인 목표의 부재는 일반적인 청소년의 모습이 아닌가? Edens는 PCL-R의 변형들이 청소년의 사이코패시적 특성을 과대 추정하고 있는 것은 아닌지 의심스러워했다. 그와 그의 동료들은, "사이코패시 측정에 의존하여 소년의 장기배치(long-term placements)를 결정짓는 것은 현시점에서는 그만두어야 한다."고 결론 내리고 있다(Edens et al., 2001: 53).

일반 성격 및 사회심리학적 조망: 반사회적 성격 패턴

DSM-IV와 PCL-R 그리고 기타 임상 분류체계들은 특정한 행동 유형들이 '결집하면' 다른 분류들과 확실하게 구분되어 그들만의 병인들과 발달과정을 가지는 범주들을 생성한다는 가정을 전제로 작동한다. 예를 들어, 조현병 환자로 진단된 사람은 조울증과는 다른 특성을 가지며, 상이한 병인과 예후를 드러낸다는 것이다. 이것은 반사회적 성격 장애(APD)와 사이코패시에 있어서도 마찬가지라고 말할 수 있다. APD와 사이코패시의 문제점 중의 하나는 그들의 병인과 예후에 있어서 일치하지 않는다는 점이다(Widiger, 2006).

우리의 입장을 개괄하기 전에, Robert Hare 등의 작업에 대한 우리의 존경을 재차 확인하고자 한다. PCL-R을 둘러싼 연구는 경험적, 보험통계적 조망을 정신장애 평가에 심어 주었으며, 의사결정 시 전문가의 판단에 의존해 온 법정심리학을 구원했다. 우리는 또한 반사회적 성격 평가도 범죄자 평가로서 좋다는 것을 확인했다. 결국, 반사회적 성격 또는 우리들이 선호하는 반사회적 성격 패턴은 'Big Four'위험/욕구 요인들 중 하나다. 그러나 우리는 Hare(1998: 197)의 "일반적으로 반사회적 행동을 설명하는 성격 및 사회심리학적 요인들은…… 사이코패스들에는 적용되지 않는다."는 진술이 납득되지 않는다. 우리는 PCC가 반사회적 성격과 사이코패시에 대해 더 많은 것을 말해 줄 수 있다고 생각한다.

반사회적 성격 패턴에 대한 PCC의 정의는 범죄행동 평가 및 처치와 관련 있는 행동적 및 성격적 특성을 포괄하고 있다. 우리는 '패턴(pattern)'이라는 단어를 강조하는데, 왜냐하면 그 단어는 제2장에서 요약한 성격적 측면들(예: 충동성, 자극-추구, 두려움 없음, 자아중심적, 적대적 정서와 태도)과 종종 생의 초기의 위법적이고 문제적인 행동들을 포함하는 단어이기 때문이다. APD 또는 사이코패시와 같은 구성개념을 가정할 필요가 없음을 주목하라. 이와 같은 더 포괄적인 정의가 높은 위험성, 높은 욕구를 지닌 범죄자들에 대한 이해를 의미 있게 증가시켜 줄 것이라고 생각한다. 더 나아가, 반사회적 성격 패턴을 평가하는 것은 전문화된 자격 및 PCL-R과 DSM-IV에 대한 훈련 없이도 적절하게 훈련된 모든 교정직원에 의해 수행될 수 있다.

자기-통제: 반사회적 성격의 한 측면

Gottfredson과 Hirschi(1990)는 낮은 자기-통제는 범죄행동을 설명하기에 충분하다고 주장했다. 분명히, 우리들의 일반 성격 및 인지사회적 학습 조망은 더욱 많은 변인들이 우리가 관찰하는 범죄행동의 빈도, 가혹함 그리고 다양성을 설명한다고 주장한다. 특히 주요 요인은 범죄전력과 반사회적 태도 그리고 반사회적 친구들이다. 또한 가족/결혼, 학교/직장, 레저/레크리에이션 그리고 물질남용도 중간 정도의 상관이 있다고 본다(제8장과 제9장). 반사회적 성격 영역에서, 자기-통제는 자아중심성 및 자극-추구와 함께하는 한 측면이지만, 우리는 심지어 취약한 사회적-정서적 인지기술들까지도 포함시킬 수 있다. 앞서 언급한 것을 염두에 두고, 자기-통제의 심리학에 대해 간단히 정리하려 한다.

자기-통제는 개인이 자신들의 행동을 장기적 목표의 달성에 지향하는 과정이다. 이 과정은 전형적으로 즉각적인 만족을 지연시키는 것을 필요로 한다. 우리가 범죄행동을 생각해 볼 때, 이것은 대개 사회적 규준을 지킴으로써 오는 더 큰 장기적인 이익과 범죄(vice) 간의 선택이다. 일부 사람들은 빈약한 자기-통제를 장기적인 결과들을 훼손시키면서 현재에 과도하게 의존하는 것으로 간주한다. 이러한 견지에서, 범죄자들은 구체적인 지금과 여기에(here and now) 지나치게 초점을 맞추어 좀 더 추상적인 미래에 대해서는 어려움을 겪는다. 점점 수용되고 있는 또 다른 자기-통제의 모델은 Baumeister 등에 의해 처음으로 제안된 자기-통제 강도 모델(the strength model of self-control)이다(Baumeister, Heatherton & Tice, 1994).

자기-통제 강도 모델은 자기통제를 제한된 에너지 원천으로 간주하여, 근육에 비유한다(Baumeister, Vohs & Tice, 2007). 근육처럼, 자기-통제는 훈련을 통해 더욱 강해지고 효율적으로 될 수도 있는 반면에, 약화되어 잘 작동하지 않을 수도 있다. 실험연구들은 참가자가 최초에 자기-통제 활동을 필요로 하는 과제(예: 초콜릿을 먹는 것을 참는 대신 장기적 건강을 위해 무를 먹는 것)를 수행하면, 다음의 자기-통제 과제에서 더 빈약한 수행을 한다는 것을 보여 준다. 마치, 첫 번째 과제에서 자기-통제를 실행하기 위해 필요로 했던 에너지가 두 번째 과제에서는 약화된 것 같다(Vohs, Baumeister, Schmeichel, Twenge et al., 2008).

이 모델은 범죄자들의 자기-통제에 대한 우리의 이해에 몇 가지 흥미로운 시사점들을 제공한다. 아마도 범죄자들은, 평균적으로, 낮은 수준의 자기-통제력(Moffitt의 모델에서 낮은 억제)으로 시작하고, 이와 같은 기저선이 그들을 느리고 어려운 것보다는 빠르고 쉬운 것을 선택하게 하는 경향을 갖게 하는 것 같다. 나아가서, 그들이 약간의 자기-통제 활동을 수행할 때에 그들의 에너지는 더 빨리 고갈되어, 취약성이 상승한 결과로 범죄에 굴복하게 된다. Baumeister 등(2007)은 자기-통제를 연습하는 것이 도움이 될 수 있고, 또 다른 변인들은 자기-통제력의 고갈을 지연시킬 수 있다고 제안한다. 통제력에 영향을 미칠 가능성이 있는 변인 중 하나는 반사회적 태도들이다. Kivetz와 Zheng(2006)은 자격부여에 대한 태도가 자기-통제를 해소시켜, 즉각적 만족을 선택하게 함을 발견했다(예: "나는 열심히 일했으니, 오래 쉬어도 돼"). 우리의 관점에서 보았을 때, 자기-통제는 복합적이고 다양한 상호의존성을 갖는 심리적 과정의 한 부분으로 간주될 필요가 있다.

반사회적 성격 패턴: 위험성과 처치

반사회적 성격을 기술하는 특성들에 초점을 맞춤으로써, 우리는 APD와 사이코패스는 치료 불가능하다는 비관적인 태도들을 피할 수 있었다. 일부 사법적 관할지역들에서는 치료 불가능하다는 진단과 '경험으로부터 학습할 수 없음'을 연계시켜 형사사법적 제재들을 정당화했다(Bonta et al., 1996; Edens & Petrila, 2006; Wong, 2000; Zinger & Forth, 1998). 앞서 언급했듯이, 사이코패스들과 APD 범죄자들이 위험, 욕구 그리고 반응성의 원리에 따르는 처치를 통해 학습하지 못한다는 증거는 없다.

사이코패시와 APD는 시간에 따른 변화가 없는 안정적인 성격특질로 간주된다. 예측적 조망에 따르면, 이것들은 안정적인 위험 요인들이다(Hare, 1998). 그러나 사이코패시/APD를 정적(static) 위험 요인들로 간주하는 것은 잘못된 것이다. PCL-R의 문항들에 대한 분석은 20개 중 14개 이상의 항목들이 역동적임을 발견했다. 적절한 처치 이후 PCL-R 재검사에서 측정치의 변화가 보이지 않을 것이라고 가정할 선험적 이유는 없다. 게다가, 수많은 연구들이 정적/역동적 평가도구인 LSI-R과 .64에서 .86까지의 상관을 보고하고 있다(Simourd & Hoge, 2000;

Stevenson & Wormith, 1987). 최근까지도, 반사회적 성격은 변할 수 없다는 가정이 PCL-R의 역동 가능성 연구에 대한 연구자들의 관심을 딴 곳으로 돌려놓았다. 이미 보았듯이, Wong과 Hare(2005)는 수정 가능한 범죄유발적 욕구에 크게 의지하는 사이코패스 처치 프로그램을 제안했다.

점차, PCL-R과 사이코패시의 개념은 정신병리학적 전통에 얽매이지 않는 방식으로 다루어지고 있다. 이 장의 초반부에서, 아동 및 청소년 요인들에 대한 평가(즉, CATS; Quinsey et al., 2006)가 PCL-R을 대체할 수 있음을 보았다. Lynam과 Derefinko(2006)는 PCL-R을 5요인 모델의 언어로 '변환'했으며, 또한 Hare는 PCL-R을 세세한 부분(두 개의 요인들에서 네 개의 요인들로, 그중 세 개가 역동적인 요인이다)으로 분리했다. 우리가 PCC에 부합되게 재설정한 PCL-R의 항목들이 〈표 6-4〉에 제시되어 있다(항목의 분류는 임의적으로 했다). PCL-R과 사이코패시의 구성개념은 위험, 욕구 그리고 반응성의 원리들에 매우 잘 맞는다. 세계 각국에서 보고되는 PCL-R의 예측력(Hare et al., 2000)은 정적인 범죄전력 및 역동적/범죄유발적인 위험 요인들에 기인한다. 사이코패시를 PCC 내의 광의의 반사회적 성격 패턴으로 개념화함으로써, 우리는 PCL-R의 예측정확성의 근거를 이해하는 것뿐 아니라 처치에 있어서도 긍정적이고 미래지향적인 의제(agenda)를 제공하고 있다. 처치 목표들은 확인되었고(범죄유발적 욕구), 반응성 고려사항들의 윤곽이 형성되었다.

PCL-R에 PCC를 응용하는 것은 David Simourd와 Robert Hoge(2000)에 의해 보고되었다. LSI-R과 PCL-R이 캐나다의 교도소에 있는 321명의 재소자들에게 시행되었다. 약 11%가 PCL-R에서 30점 또는 그 이상의 점수를 받았다. 사이코패스들과 비사이코패스들을 비교하면, 사이코패스들은 '재정(financial)'을 제외한 LSI-R의 모든 역동적 하위 구성요소에서 높은 점수를 받았다. 다시 말해서, 사이코패스들은 재범을 저지를 위험성이 높으며, 그들의 위험성은 부분적으로 높은 수준의 범죄유발적 욕구에 의해 설명된다.

표 6-4 PCC의 관점에서 본 PCL-R

정적인 범죄전력(Static Criminal History)
- 기생적인 생활양식
- 어릴 때 문제행동
- 여러 번의 단기 혼인관계
- 청소년 비행
- 조건부 가석방의 취소
- 범죄적 다재다능

역동적인 범죄유발적 욕구들(Dynamic Criminogenic Needs)
병적인 거짓말
남을 잘 속임/조종함
후회 또는 죄책감 결여
행동통제력 부족
문란한 성관계
현실적이고 장기적인 목표의 부재
충동성
무책임성
책임감 수용의 실패

반응성(Responsivity)
언변 좋음/피상적 매력
과도한 자기-가치감
자극욕구/쉽게 지루해함
얕은 감정

아마도 사이코패시적 범죄자들은 단지 높은 위험, 높은 욕구를 지닌 범죄자들일 수 있다. 그리고 만약 연구자들이 LSI-R 점수의 상위 10번째 백분위 또는 다른 일반적 범죄자 위험척도를 선택한다면, PCL-R을 이용한 모든 실험들은 반복 검증될 수 있다. Tennenbaum처럼 들리는 위험이 있지만, 사이코패시 또는 APD와 같은 구성개념이 갖는 추가적 가치는 무엇인가? 범죄행동의 예측에 대해서는, 아무 가치가 없다고 생각한다. 그러나 그러한 구성개념들은 우리가 사이코패스들 및 반사회적 성격장애자들에게 처치를 하고 사례 관리를 할 때 어떻게 접근할 것인지 판단하는 데 유용할 수 있다. 예를 들어, 사이코패시적 코카인 중독자는 약물사용을 대상으로 한 처치 프로그램에 배치될 수 있고, 이 개입은 미래의 재범을 줄일 수 있겠지만, 우리는 이 중독자가 다른 집단 참여자들을 조종하는 것에 주의할 것을 권한다. 미래의 연구들은 의심할 여지없이, 이와 같은 특별한 하위 유형의 범죄자들에 대한 이해를 명확히 해 줄 것이다. 그때까지, 우리들은 최소한 검증하고 탐구해야 할 가설들을 제시한다.

기억하기

1. 일반 성격이론은 다섯 가지 기본 성격 차원들을 기술한다.

   성격의 5요인 모델은 모든 성격특질들을 다섯 가지 일반적인 차원으로 줄였다. 이들 성격차원들은 모든 사람들에게 공통적이며 성격의 정상적인 특징들이다. '상위 특질들' 중에서 약한 억제와 부정적 정서성, 이 두 가지는 우리의 반사회적 성격 패턴 개념과 특별하게 관련된 요인들이다.

2. 성격은 특질들과 행위의 상황을 이해하는 심리적 과정들을 포괄한다.

   개인적 특질들의 표출은 우리가 처해 있는 상황과 이들 상황을 해석하고 또는 부호화하는 방식에 의존한다. 행동을 이해하기 위해서는 개인의 성격특질들, 상황 그리고 상황을 부호화하는 개인들의 특징적인 방식에 대한 지식이 필요하다.

3. 범죄학은 범죄에서 성격의 중요성을 재발견했다.

   20세기 대부분의 기간 동안 주류 범죄학은 범죄와 성격과의, 특히 반사회적 성격과의 관련성을 무시했다. 범죄학이 선호하는 설명적 변인들인 사회적 계층이 보호되어야만 했기 때문이다. 오늘날에는 더 이상 그렇지 않다.

4. 반사회적 성격장애(APD)와 사이코패시는 일부 범죄자들을 정신병리학적으로 바라본다.

   법정 정신건강 전문가들은 반사회적 성격장애(APD)와 사이코패시를 분명하게 정의된 진단적 범주가 형성된 것으로 간주한다. 그러나 APD 진단의 신뢰성에 대해 몇 가지 우려가 있다. 결론의 증거가 매우 약함에도 불구하고, 두 장애 모두 치료 불가능하다고 믿는다.

5. 일반적인 반사회적 성격패턴은 반사회적 성격에 대한 정신병리학적 모델들보다 더욱 적절하다.

   반사회적 성격에 대한 일반 성격 및 인지 사회심리학적 조망이 정신병리학적 모델을 넘어서는 주요 장점은 치료 가능성에 있다. 매우 강한 반사회적 성격들의 역동적 욕구들은 계획된 개입들을 위한 목표들로 제공될 수 있다.

추천 도서

성격의 5요인 모델에 대한 일반적인 소개를 위해, 우리는 Pervin과 John(1999)이 편집한 『Handbook of Personality』(2nd ed.)의 McCrae와 Costa가 쓴 장을 강력히 추천한다. 다른 성격적 조망에 대해 공부를 더 하고 싶은 독자라면, 「American Psychologist」(2005)의 Mayer의 논문이나 Walter Mischel의 저작물을 참고하는 것이 좋을 것이다.

초기 범죄학자들의 지식파괴 기법에 대해 충분히 알아보고 싶다면, 주저 없이 Tennenbaum(1977)의 성격과 범죄와의 관련성에 대한 고찰을 추천한다. 이 장을 읽은 이후라면, 독자는 이 논문을 비판적인 안목으로 평가하기에 충분히 준비되어 있을 것이다.

우리는 많은 독자들이 사이코패시의 개념에 대해 관심이 있을 것이라 추정한다. 입문서로서 Robert Hare(1993)의 책인 『Without Conscience: The Disturbing World of the Psychopaths Among Us』를 살펴보라. 이 책은 종이 표지 책을 구할 수 있으며, 평범한 독자를 염두에 두고 쓴 책이다. 만약 사이코패시의 개념에 대해 좀 더 깊고 비판적인 분석을 원한다면, Christopher Patrick의 『Handbook of Psychopathy』를 참고하라.

Chapter 07

범죄행동에서 반사회적 친구 및 태도의 역할

[그림 7-1]은 이번 장의 내용을 반영하기 위해 수정된, [그림 4-1]의 간소화된 버전이다. 여기에서 우리는 즉각적 상황의 맥락에서 행동 결정에 작용하는 Big Four를 살펴본다. 일반 성격 및 인지사회적 학습(GPCSL) 모델에서, 인지(즉, 특정 방식으로 행동하는 자기결정)는 중심적 역할을 한다. 궁극적으로, 행동의 원인은 개인의 인지에 달려 있다. 사람들은 선택하고 그 선택에 대해 책임을 진다. 때때로 우리는 알코올이나 약물로 인한 사고 과정의 붕괴, 충동적인 정서적 반응, 몇몇 행동의 자동적 특성 때문에 행동에 대한 결정을 완전히 인식하지 못할 수 있다. 하지만 이런 상황에서도, 우리는 연쇄적인 행동적 사건들 속에서, 현재의 행동을 설명해 줄 적극적 선택이 이루어진 지점을 되짚어 볼 수 있다. 예를 들어, 화가 난 사람이 바에 가서 술을 마신 다음 결국 싸움을 벌일 수 있고, 아니면 약물 중독자가 약을 사러가기 위하여 집을 나서는 것을 선택할 수 있다. 자기-작인(self-agency)은 강력한 구성 개념이다.

행동결정은 즉각적 상황은 물론 'Big Four'에 의해 영향을 받는다. 경찰, 무기, 열쇠가 꽂혀 있는 차 등은 범죄행위의 강력한 억제 요인이거나 촉진 요인들이다. 범죄전력은 범죄행동에 대한 보상의 역사를 반영하며, 그 역사가 다양하고 오래될수록, 행동은 더욱 '자동적'이게 된다. 어떤 시점에서는, 범죄를 신속하고 효율적으로 저지르는 범죄전문가라는 인식을 갖게 된다. 또한 범죄전력은 범죄결정을 지지하는 의사결정의 지표가 된다. 충동적이고, 냉담한 감정, 감각-추구 그리고 부적 정서성의 반사회적 성격 패턴(제6장)은 반사회적 행동이라는 의사결정을 하게 한다. 마지막으로, 범죄행동의 주요 결정 요인으로 반사회적 친구와 반사회적

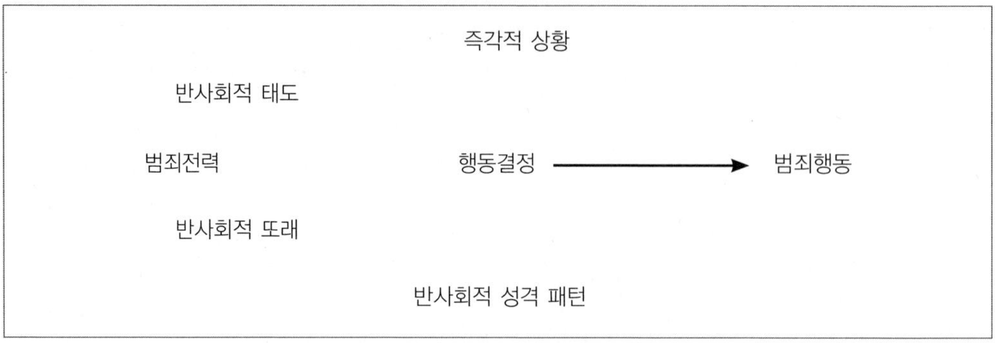

[그림 7-1] 즉각적 상황에서의 Big Four와 행동결정

태도가 있다.

Big Four의 각 요인들은 범죄행동과 .20 이하의 상관관계([자료 노트 2-1] 참조)를 가지면서 범죄행동을 예측한다. 비록 Big Four(또는, 이 경우, 완전한 Central Eight)가 상호 상관적이지만, 각 요인은 가산적 기여를 한다. Big Four를 탐색하는 범죄자 위험/욕구 평가 도구들은 일반적으로 재범과 .30을 넘는 상관을 보이며, 때때로 .40 범위의 상관관계도 나타낸다(Andrews, Bonta & Wormith, 2006). 이번 장에서는 Big Four 위험 요인들 중 반사회적 친구와 태도에 초점을 맞춘다. 먼저 제5장의 발달적 조망에서 언급한 반사회적 친구에 대한 논의부터 시작하겠다. 이를 통해, 그러한 친구가 구체적으로 어떻게 범죄행동을 조장하는지 살펴볼 것이다. 그런 다음 반사회적 태도에 대해 논의할 것이다. 다양한 반사회적 태도들은 범죄자들과의 교제를 통해 학습되고 유지되며, 반사회적 행동에 관여할지에 대한 결정을 직접적으로 통제한다. 이것들은 범죄행동을 이해하고 변화시키는 데 있어서 강력한 결정 요인들이며 변화목표들이다.

부모가 통제력을 상실했을 때: 비행친구들에 이르는 경로

청소년은 생물학적, 인지적, 정서적으로 상당히 성숙된 시기이며, 스스로를 부모로부터 독립된 개별적인 존재로 정의하기 시작하는 시기다. Granic과 Patterson(2006)이 제안한 자율성으로 가는 한 가지 잠재적 경로는 반사회적 행동에 관여하는 것이다. 비행청소년의 행동들은 더욱더 '어른과 같은 행동'(최소한 청소년의 마음속에서)을 하고, 부모의 권위에 대해 도전하고, 또래의 이목을 끌고자 한다. Glueck과 Glueck은 이미 반세기 이전에, 어른 같은 행동들

(예: 흡연, 음주, 조기 성행위)을 통해, 비행청소년들과 비-비행청소년들이 구별된다고 언급했다. 우리는 비행청소년의 행동에는 자율성에 대한 욕구 그 이상의 것이 있다고 생각한다. 앞장에서 살펴보았듯이, 기질적, 성격적 요소들은 일정한 역할을 한다. 가령, 일부 청소년들의 흥분과 스릴에 대한 욕망은 여러 어른들이 눈살을 찌푸릴 만한 행동에 관여함으로써 충족될 수 있으며, 충동성은 일부 반사회적 활동들을 통해 제공되는 즉각적 만족에 이르게 한다.

취약한 양육 역시 반사회적 행동을 심화시키는 데 심각한 영향을 미친다. 범죄와 관련된 가족 요인들에 대한 보다 충분한 논의는 제8장에서 할 것이며, 지금은 네 가지 중요한 요점들을 살펴보자. 첫째, 부모들은 실제로 반사회적 행동의 모델이 되고 그러한 행동을 강화시키면서 친사회적 행동과 태도를 억제시킬 수 있다(Newcomb & Loeb, 1999). 제5장에서의 세대 간 범죄와 유전에 관한 논의를 상기해 보자. Dugdale 연구부터 Cambridge 종단연구까지, 우리는 범죄가 가계에 걸쳐 계속되며 이것은 단순히 유전에 의한 것만은 아니라는 것을 보았다. 부모들이 잘못된 행동을 어떻게 조성(아마도 무심결에)할 수 있는가를 설명하기 위해, 〈표 7-1〉에서 Glueck과 Glueck의 고전적 연구결과들 몇 가지를 요약한다. 비행청소년의 부모들은 범죄자인 경우가 많고, 친사회적 행동들(일)의 모델이 되지 못하며, 부적절하게 감독하고 훈육할 가능성이 높다는 점을 주목하라.

표 7-1 반사회적 행동의 사회화 대리자로서 부모

양육의 특성	비행청소년	비-비행청소년
범죄자 아버지	66.2	32.0
범죄자 어머니	44.8	15.0
취약한 근로 습관 (아버지)	25.7	5.7
행동 기준의 취약 (가족)	90.4	54.0
어머니의 슈퍼비전 (부적절한)	63.8	13.0
아버지의 적대적/무관심한 애정	59.8	19.9
어머니의 훈육 (느슨한/변덕스러운)	91.4	32.8
신체적 처벌 (아버지)	55.6	34.6

Glueck & Glueck(1950)에서 발췌.

둘째, 취약한 관계성, 부적절한 모니터링과 훈육이 이루어지는 가족 내에서, 공격적이거나 기타 반사회적인 행동이 매우 어린 시절에 형성된다는 점이다. 이로 인해 아동이 발달시키는 또래의 사회적인 연계망(network) 유형이 심각하게 제한된다(Lacourse et al., 2006). 적절하게 사회화된 아이들(그리고 그들의 부모)은 반사회적인 아이들과의 우정을 수용하지 않을 것이다. 반사회적 아이들은 그들의 정상적인 또래들로부터 사회적으로 배제되고, 비슷하게 일탈된 또래들과 어울릴 위험에 처하게 된다.

셋째, 부모와의 취약한 정서적 애착으로 아이들이 정서적으로 발달하지 못하고 자존감(self-esteem)이 낮아진다. 자존감과 범죄행동과의 관계성은 복잡하다(Baumeister, Campbell, Krueger & Vohs, 2003). 어른들의 경우, 태도를 제외한 자존감만으로는 범죄행동을 예측하기 어렵다(Wormith 1984). Baumeister 등(Baumeister, Bushman & Campbell, 2000)은 공격적인 사람은 높은 자존감을 지닌 사람들[즉, 자기애자(narcissists)]이라고 주장한 반면, 그 밖의 학자들은 범죄자는 자존감이 낮다고 생각한다(Sprott & Doob, 2000). 종단연구에서 얻은 자료를 분석한 Moffitt 등은 11세에 측정된 낮은 자존감으로, 13세의 외형적인 문제행동(Donnellan, Trzesniewski, Robins, Moffitt & Caspi, 2005)과 26세의 범죄행동(Trzesniewski, Donnellan, Moffitt et al., 2006)을 예측했다. 하지만 두 연구에서 연구자들은 이런 관련성은 약하며 주의해서 해석해야 한다고 설명했다. 우리가 자존감을 거론하는 이유는 범죄적 하위문화들에 관한 이론을 논의할 때 이를 다시 살펴볼 것이기 때문이다.

마지막으로, 아이가 나이가 들고 보다 많은 시간을 집 밖에서 보냄에 따라, 비행청소년 친구를 사귈 기회가 늘어난다. 만일 부모들이 아이가 누구와 친구를 맺는지 모르거나 신경 쓰지 않으면, 비행청소년과 사귀거나 비행청소년 폭력 집단에 가입할 가능성이 높아진다(Lahey et al., 1999; Osgood & Anderson, 2004; Rebellon, 2002; Tolan, Gorman-Smith & Henry, 2003; Warr, 2005). 이와 같은 차별적 교제는 생애지속형 궤적의 일부 위험지표들(예: 냉담하고-비정서적인 특질; Kimonis, Frick & Barry, 2004)을 지닌 아이들 사이에서 증가된다. 아프리카계 미국인 673가구를 대상으로 한 10~12세의 '조기 비행 진입자들(early starters)'에 관한 연구에서, Simons 등(Simons, Simons, Chen, Brody & Lin, 2007)은 취약한 부모의 모니터링 및 훈육과 부모의 적대성이 반사회적 또래 가입에 대한 최고의 예측 요인들(각각 r = .12, r = .19)이란 점을 발견했다.

비행친구에 대한 이론적 조망

반사회적 활동에 미치는 친구의 영향력에 관한 이론적 설명은 범죄학에서 오랜 역사를 지니고 있다(제3장 참조). Sutherland(1939)는 범죄행동이 다른 범죄자와의 차별적 교제를 통해 학습된다고 주장했다. 하지만 범죄자들이 왜 서로에게 끌리는지에 관한 의문은 1950년대와 1960년대까지는 주요 이론적 문제가 아니었다. 하위문화이론(subcultural theory)들은 Merton(1938)의 제한된 기회이론(theory of limited opportunity)에 의해 큰 영향을 받았다. 즉, 사회적 목표(즉, 돈이나 지위)를 성취할 길이 막힌 자들이 같은 처지에 있는 다른 사람들을 찾아 세력을 형성해서 자신들의 장애물을 극복하고자 한다는 것이다.

이 당시 주요 하위문화이론은 Cloward와 Ohlin(1960)과 Cohen(1955)의 이론들이었다. 두 이론 모두 차단된 기회를 출발점으로 삼았지만 이런 장애물에 대한 반응은 약간 다르게 설명했다. Cohen(1955)의 경우, 집단 내 다른 사람들은 일반 사회에서 이루지 못한 사회적 지위를 서로에게 부여하기 때문에 더 좋은 감정을 가지는 것으로 보았다. Cloward와 Ohlin(1960)의 경우, 사회적 재화를 얻기 위한 주류 사회에 반대되는 공격적 접근법을 지지하는 믿음, 가치, 태도를 채택하는 것으로 보았다. 독자들은 두 이론 모두 '우리' 대 '그들'이란 개념에 근거를 두고 있다는 점에 주의를 기울여야 할 것이다.

사회적 배척(social exclusion)에 관한 심리학적 조망의 연구를 통해 비행청소년들이 왜 서로 친구가 되려는지에 관한 이해가 증진될 수 있다. 범죄행동은 널리 허용되지 않는 비규범적인 행동이다. 결과적으로, 범죄에 관여하는 자들은 주류로부터 배척된다(하위문화의 범죄학적 이론에서도 배척을 하나의 문제로 보지만 배척은 범죄가 아니라 계층을 기반으로 형성된다). 발달심리학자들은 어린아이들의 경우 또래로부터 배척되면 많은 문제를 야기한다는 점을 잘 인식하고 있다. 특히 자존감에 미치는 영향이 문제다.

Mark Leary 등(Leary, Tambor, Terdal & Downs, 1995)은 자신들의 실험에서 또래집단으로부터 배척된 느낌을 갖는 참여자들(대학생들)일수록 자존감이 낮았다는 점을 발견했다. 이와 반대로, 그들이 수용된다는 느낌을 받을수록 자존감은 더 높았다. 연구자들은 자존감은 기본적으로, 자신의 또래에게 사회적으로 얼마나 매력적으로 받아들여지는지에 대한 내적 측정치라고 가정했다. 자존감이 떨어진다는 것은 잠재적으로 사회적 집단으로부터 배제될 수 있다는 경고가 되고, 개인에게 사회적 수용을 증진하도록 하게 하는 동기를 부여하는 것 같다. 범죄자의 경우, 반사회적 집단에 가담함으로써 사회적 수용이 촉진되고 자존감이 증가할 수 있다(Cohen에 따르면). 물론 이런 집단에 참여할 경우 범죄자는 또한 친사회적인 타인들의 영향으로부터도 멀어진다.

사회적 배척은 또한 공격적 행동과도 관련이 있다. 또 다른 일련의 실험연구에서, 참여자들에게 다른 사람들이 그들을 거부했다고 알려 주었고, 이로 인해 오해한 피험자들은 공격적 반응을 나타냈다(Twenge, Baumeister, Tice & Stuke, 2001). 피험자에게 집단과제에 참여하도록 선정되지 않았다고(즉, 배척되었다고) 말했던 사람들이 공격의 대상이 된 것은 당연한 일이었다. Twenge 등(2001)의 연구에서 흥미로운 점은 부정적인 분위기는(실험 중 혐오감을 유발하는 소음) 공격적 행동과 관련이 없다는 점이었다. 더 나아가, 사회적 배척은 타인의 중립적 행위를 적대적으로 해석하도록 유도하며 상황에 대한 이러한 해석은 공격을 촉발한다(DeWall, Twenge, Gitter & Baumeister, 2009).

일곱 번 이상의 실험을 통해, Twenge 등(Twenge, Baumeister, DeWall, Ciarocco & Bartels, 2007)은 사회적 배척이 **친사회적**(prosocial) 행동에도 영향을 미친다는 점을 발견하였다. 사회적 배척 조건에 속한 학생들은, 다른 누군가에게 사고가 일어났을 때 자선을 베풀거나 도와주는 수준이 낮았으며, 일반적으로 덜 협조적이었다. 만일 우리가 이들을 반사회적 집단으로 보는 게 비약이고, 설령 대학생들을 범죄적 하위문화로 보는 것 또한 비약이라 해도, 우리는 사회적 배척이 어떻게 반사회적 집단을 형성하는 것을 촉진하는 가에 의문을 가질 수밖에 없다. 사회적 배척 연구가 대학의 실험실 밖으로 확대되기를 희망한다.

비행친구: 반사회적 행동의 훈련

비행자들과의 교제로 일어나는 결과들 중 하나는 다양한 범죄행동들—특히 은밀한 반사회적 행동들—을 학습할 수 있는 기회의 증가다. Patterson 등(Granic & Patterson, 2006; Patterson & Yoerger, 1999)은 상습적 범행의 발달, 즉 아동기의 공공연한 공격적 행동이 청소년기 절도와 약물남용 같은 은밀한 반사회적 행동으로 발전하는 '단계 이행(phase transitions)'에 대해 말한다. 게다가 반사회적 또래 집단들은 이러한 이행에 기여한다. 따라서 상습적 범죄자는 공격적인 반사회적 행동뿐만 아니라 비공격적인 반사회적 행동을 보여 줄 정도로 다방면에서 매우 능력적이게 된다. 일부 반사회적 행동들(즉, 신체적 공격)이 성별과 연령(Broidy et al., 2003; Leschied et al., 2002; Tomada & Schneider, 1997)에 따라 차이를 보인다는 증거가 존재하지만, 생애지속형(life-course-persistent) 궤적을 따르는 소녀들조차 소년들과 유사한 수준의 공격성과 능력을 갖는 것으로 보고되었다(Fontaine et al., 2008; Mazerolle et al., 2000).

관련 문헌들에 대한 고찰들은 반사회적 친구들을 범죄행동의 가장 강력한 상관변인들 중 하나로 일관되게 평가하고 있다(Gendreau et al., 1996). 예상대로, 비행친구들의 영향력은 연령의 증가에 따라 높아진다. Lipsey와 Derzon(1998)에 의한 메타분석에 따르면, 6~11세 아동들의 경우 반사회적 친구들의 평균 효과크기는 .12인 반면, 12~14세 아동들의 경우에는 .43이었다. 여기서 연구자들이 몰두하는 문제는 관계성에 대한 해석이다. 이와 관련하여 두 가지 가설들이 제시되었다. Glueck과 Glueck(1950)에 의해 처음 제안된 첫 번째 가설은, 청소년들은 비행적 네트워크에 참여하기 전에 이미 반사회적 행동 및 태도들이 확립되어 있다는 것이다['유유상종(birds of a feather flock together)' 가설]라고 가정한다. 마찬가지로 Gottfredson과 Hirschi(1990)의 자기-통제이론 또한 이미 비행적 소인을 가지고 있는 약한-자기-통제 개인들은 자기-통제가 약한 타인들을 스스로 선택한다고 가정한다. 따라서 다른 비행청소년들과의 교제는 실제로 범죄행동의 기회를 증가시키지 않으며, 청소년들은 그들이 교제하는 사람들에 상관없이 범죄를 저지른다.

두 번째 가설은 비행청소년들이 위에서 언급했던 이유로 서로에게 매력을 느끼며, 일단 그들이 동료 의식과 친구관계를 형성하면, 반사회적 행동에 대한 상호 강화는 범죄행동의 위험을 증가시킨다고 가정한다. 다시 말해, 비행친구들은 직접적으로 반사회적 행동의 모델이 되고 보상을 주며, 친사회적 행동에 대해서는 용인하지 않고, 따라서 범죄행동의 위험이 증가한다(Matseuda & Anderson, 1998; Wright et al., 2001). 게다가, 청소년들은 우정이 강해지면 강해질수록 비행친구들을 더 따르게 된다(Payne & Cornwell, 2007). 비행청소년들 간의 사회적 상호작용에 대한 연구들은 반사회적 또래들이 반사회적 태도와 행동을 격려할 뿐만 아니라 친사회적 행동을 처벌한다는 사실을 명확히 보여 준다(Buehler, Patterson & Furniss, 1966; Dishion, Spracklen & Andrews, 1996; Shortt, Capaldi, Dishion, Bank & Owen, 2003).

GPCSL 조망은 두 가설 모두 옳다고 주장한다. 취약한 자기-통제, 냉담함, 적대적 정서, 자기중심주의의 특성을 지닌 반사회적 성격 패턴은 반사회적 동료 네트워크와 상관없이 반사회적 행동의 소인을 갖는 경향이 있다. 그렇지만 그러한 성격 패턴은 비행 또래 집단에 참여할 가능성을 증가시킨다. 반사회적 성격 패턴은 자기를 잘 통제하고 정서적으로 안정된 개인들과 관계를 형성하는 데 그리고 학교와 직장에서 성공하는 데 어려움을 겪게 한다. 학교에서 시간을 덜 보낼수록, 반사회적 친구들과 목적 없는 비행에 참여할 시간은 더 늘어난다. 일단 반사회적 친구들에 대한 애착이 형성되면, 그들에 대한 모방과 학습 과정이 시작된다. 우리는 범죄행동에 대해 성격과 또래 교제의 영향을 동시에 고려한 오직 한 연구를 알고 있다. 그 연구는 McGloin과 O'Neill Shermer(2009)의 연구로서, 그들은 취약한 자기-통제와 반사회적 동료들과의 교제가 각기 그 자체로써 범죄를 야기할 뿐만 아니라, 이 둘의 조합은 범죄에 대한 독특한 기여 요인으로서 기능한다(이러한 경로는 GPCSL에 의해 제안되었다)는 사실을 발견하였다.

갱들(gangs). 지난 20년 동안 경찰, 언론, 학계는 비행 갱들에 대해 특별히 관심을 기울여 왔다. 갱들은 항상 일반 대중의 관심을 받아 왔지만, 또한 그들은 낭만적으로 묘사되는 경향이 있었다[예: 〈웨스트사이드 스토리(West Side Story)〉, 〈이유 없는 반항(Rebel Without a Cause)〉]. 하지만 그들의 실상은 그렇지 않다. 갱들은 거리와 감옥에서 활동하며, 그들 중 대부분은 매우 폭력적일 뿐만 아니라, 적어도 감옥에서는 잘 조직되어 있다(Decker, 2007). 범죄학자들은 오랫동안 반사회적 집단의 형성과 유지를 이해하려고 노력하여 왔는데(예: Cloward & Ohlin, 1960; Cohen, 1955), 이러한 관심은 최근에 크게 증가하였다.

갱들을 연구하는 연구자들이 직면하는 첫 번째 도전은, 다음과 같은 질문들에 대답하는 것이다: 무엇이 갱을 만드는가?(Esbensen et al., 2001) 두 범죄자들은 서로의 구역을 정기적으로 함께 돌아다니는가? 둘 이상의 갱들을 필요로 하는가? 갱들은 모든 범죄를 함께 저지르는가 아니면 자기들 스스로 범죄를 저지를 수 있는가? 범죄행동에 대한 실제적 참여가 필요한가 아니면 단순한 교제만으로도 충분한가?('갱을 동경하는 사람들') 그들의 소속을 나타내는 색깔이 있는 머리에 쓰는 천과 같은 구체적 상징이 있어야 하는가? 리더가 있는 높은 수준의 조직이 필요한가? 갱을 정의하기 위한 복잡성에도 불구하고, 대부분의 연구들이 단지 "당신은 갱에 속하는가?"라는 질문을 한다. 이러한 접근은 상당한 효과가 있는 것처럼 보인다. 그렇다고 대답하는 사람들은 법집행관들이 파악한 갱 구성원들과 유사한 경향이 있다(Curry, 2000).

미국에는 785,000명의 갱들이 있고, 그중에서 26,500명 이상이 청소년 갱들인 것으로 추정된다(Egley & O'Donnell, 2008). 가장 많이 제기되는 질문은 갱단의 구성원이 되는 것이 범죄활동의 가능성을 증가시키는지 여부다(Battin et al., 1998). 이에 대한 대답은 횡단적 연구와 종단적 연구에서 나온 증거를 볼 때 사실인 것으로 드러난다(Thornberry, Huizinga & Loeber, 2004; Thornberry et al., 2003). 횡단적 연구에서, Ronald Huff(1998)는 미국의 네 개 지역에서 140명의 갱들과 145명의 '위기(at-risk)' 청소년 그룹을 대상으로 인터뷰를 진행하였다. 갱들은 경찰 및 사회복지기관의 정보 제공과 자기-보고를 통해 확인되었다. 갱들은 위기 청소년들보다 차량을 이용한 총격과 폭행, 마약 밀매에 훨씬 더 많이 참여하였다.

두 종단적 연구들은 갱단에 속할 때 비행이 크게 증가한다는 사실을 발견하였다(Gordon et al., 2004; Thornberry et al., 2003). 첫 번째 연구는, 갱 생활을 하다가 그만둔 858명의 소년들을 10년 이상 추적한 Pittsburgh 청소년 연구(Pittsburgh Yough Study)였고(Gordon et al., 2004), 두 번째 연구는 1,000명의 소년과 소녀를 대상으로 진행한 Rochester 청소년 연구(Rochester Youth Study)였다(Thornberry et al., 2003). 갱들은 갱단에 참여하기 전 이미 상당한 비행을 저지르지만, 갱단에 참여한 이후에 비행은 예상보다 훨씬 더 증가하는 것으로 나타났다. 예를 들어, Rochester 청소년 연구에서 갱단에 속했던 비행청소년들은 연구 대상의 1/3을 차지하였는데, 이들은 연구대상들이 저지른 전체 범죄의 2/3에 책임이 있었다.

또한 종단적 연구들은 갱단의 구성원이 매우 유동적이라는 점에서 유익한 정보를 준다. Gordon 등(2004)은 갱단에 참여한 소년들의 85%가 4년 이내에 갱단을 떠났다고 보고했다. Rochester 연구에서는 거의 93%의 소년들과 모든 소녀들이 갱단을 떠났다(Thornberry et al., 2003). 더 나아가, 갱단에 헌신하는 정도는 매우 다양하다. 일부 비행청소년들은 범죄에 직접적으로 관여하기보다는 단지 갱들과 함께 '어울리는 것'을 좋아한다. Esbensen 등(2001)은 '핵심 멤버들'에 대해 기술했는데, 종단적 연구들로부터 나온 자료는 이러한 핵심 멤버들이 갱단에서 단지 15%만을 차지하는 것으로 나타났다.

갱단에 적극적으로 참여하는 비행청소년들과 사소한 역할을 하는 비행청소년들 간에는 놀랄 만한 유사성들이 있다. 이들 간의 차이는 그 정도에서 나타난다. 예를 들어, 940명의 갱들을 대상으로 한 연구에서, 두 그룹 모두 부모의 애착과 슈퍼비전, 모니터링이 중요한 요인이었지만, 갱단에 대해 헌신적인 핵심 멤버들은 그 헌신 정도가 보다 약한 비행청소년들보다 부모의 모니터링 수준이 훨씬 낮았다(Esbensen et al., 2001). 전반적으로, 갱단 소속이 되는 것과 같은 위험 요인들은 생애지속형 비행의 위험 요인들과 유사하다. 열악한 동네나 역기능적 가정에서의 성장뿐만 아니라(Esbensen et al., 2001; Hill et al., 1999; Lahey et al., 1999; Thornberry et al., 2003; Wyrick & Howell, 2004), 반사회적 태도와 광범위한 의미에서의 반사회적 성격(공격적인, 정서적으로 냉담한, 모험적인, 충동적인)을 소유하는 것은 갱단이 되는 것과 관련이 있었다(Hill et al., 1999; Le Blanc & Lanctöt, 1998). 게다가, 소녀들의 위험 요인들도 소년들과 별로 차이가 없는 것으로 나타났다(Hill et al., 1999; Thornberry et al., 2003).

반사회적 성격 패턴은 갱 구성원들에게서 나타나지만, 사이코패시 자체는 갱 구성원들의 주요 특성이 아니다(비록 언론에서 그렇게 묘사되더라도 말이다). Avelardo Valdez, Charles Kaplan 그리고 Edward Codina(2000)는 50명의 갱들과 이에 대응되는 25명의 비-갱들을 대상으로 PCL-R의 선별판을 시행하였다. 그들은 갱들의 단지 4%만이 사이코패스들이었던 반면, 비-갱들의 24%가 사이코패시로 진단받았음을 보고하였다. 갱들 중에서 나타난 더 낮은 사이코패시 비율은 사이코패스들이 타인들에 대한 애정적 유대가 낮을 뿐만 아니라 타인들과 함께하기보다는 그들 스스로 활동하길 선호한다(또는 상식을 가진 일반 범죄자들은 그들과 함께 하는 것을 원하지 않는다)는 것을 나타낸다.

이와 관련된 개입 노력들은 경찰의 순찰 강화와 공격적 기소 같은 '강경한(get tough)' 접근들에 초점을 맞추어 왔다. 하지만 이러한 '강경한' 접근이 많은 성공을 거두지 못했다는 사실은 놀라운 일이 아니다(Decker, 2007; Wyrick & Howell, 2004). 더 유망한 접근은 무엇보다도 청소년들이 갱단에 합류하는 것을 막는 것이다(하지만 반사회적 또래 집단을 실제적으로 막기 위한 프로그램들은 거의 존재하지 않는다). 갱 저항 교육훈련(Gang Resistance Education and Training: GREAT)은 학교를 기반으로 한 예방 프로그램으로, 미국뿐 아니라 국제적으로도 시행되는 프로그램이다(Esbensen, 2004). 제복을 착용한 경찰관들은 7학년 학생들을 대상으로, 갱단 소속 및 약물의 부정적 측면과 갈등해결 방식에 대해 강연한다. 이러한 프로그램의 목표는 청소년들에게, 갱단에 참여하고자 하는 유혹과 또래 압력에 저항할 수 있는 능력을 키워주는 것이다.

프로그램에 대한 대규모 평가에서, Esbensen과 Osgood(1999)은 프로그램을 이수한 2,629명의 학생들과 이수하지 않은 3,207명의 학생들을 비교하였다. GREAT 이수자들은 더 낮은 수준의 약물사용과 더 적은 수의 비행친구들 그리고 갱들에 대한 더 부정적인 태도를 보고하였다. 하지만 연구자들은 GREAT가 '약한 단기적 효과(modest short-term benefits)'를 산출했으며, 그 결과가 자기-보고에 의한 것이고, 실제 갱단 가입에 대한 추적조사를 하기에는 참여자들이 너무 어렸다고 결론 내렸다. 프로그램 이수 후 2년이 경과된 3,000명의 아동들을 대상으로 한 종단적 연구는 어떠한 효과도 발견하지 못했다(Esbensen et al., 2002). 이처럼 가지각색의 결과는 갱단에의 소속을 예방하기 위한 GREAT의 효과에 의문을 갖게 하는데, DARE 평가들을 기술할 때 우리는 경찰에 의해 제공되는 일반적 교육 프로그램들에 대해서도 이와 유사한 의심이 있음을 보게 될 것이다.

우리들이 알고 있기로, 갱들에게 위험-욕구-반응성(risk-need-responsivity) 원리들을 응용한 단 하나의 처치 연구(Di Placido, Simon, Witte, Gu & Wong, 2006)가 있다. 캐나다 중부에 있는 최대-안전 법정 시설(maximum-security forensic facility)에서 고강도의 인지행동적 처치 프로그램이 40명의 갱들에게 실시되었다. 대부분의 갱들은 그 지역의 원주민들이었고(61%), 나머지 갱들은 다양한 지역 출신이었다(예: Hells Angels, Bloods, Crips). 프로그램 종료 후 평균 13.7개월에 걸쳐 진행된 추적 연구에 따르면, 처치집단 갱들의 20%가 다시 범죄를 저지른 반면, 처치받지 않은 갱들의 경우에는 35%가 다시 범죄를 저질렀다.

요약. 취약한 정서적 유대, 모니터링, 및 훈육이 취약한 가정에서 성장한 아동은 비행아동들과 교제할 가능성이 높다. 범죄에 대한 사회적 지지는 이론적으로나 경험적으로 범죄행동의 가장 중요한 상관변인들 중 하나다. 예방적 조망에서 볼 때, 가족 수준에서의 효과적 개입은 가족에게 직접적인 효과를 미칠 뿐만 아니라, 아동이 성장하면서 맺는 교제 패턴에 영향을 미친다. 역기능적 가정환경에서 성장하게 되는 것의 또 다른 결과는, 범죄행동의 네 가지 주요 상관변인들 중의 하나인 반사회적 태도를 갖게 되는 것이다.

범죄를 지지하는 인지: 반사회적 태도

태도란 사람, 사물, 행위들(action)에 대한 행위자(actor)의 행위(act) 및 행동(behavior)결정을 조직하는 평가적인 인지들(cognitions)과 감정들(feelings)이다([그림 7-1] 참조).* 어떤 사람은 교사를 박식한 사람으로, 승용차를 오염원으로, 조깅을 지루한 것으로 여길 수 있는데, 교사와 자동차와 조깅에 대한 이러한 태도들은 또한 행동적 행위(behavioral action)를 내포하고 있다. 즉, 이러한 태도들을 가지게 되면, 사람들은 교사의 말을 주의 깊게 경청하거나, 승용차보다는 버스를 타거나, 또는 주요 레크리에이션 활동으로 텔레비전을 시청하게 될 수 있다. 우리는 실제로 '태도'를 볼 수 없지만, 개인들의 행동을 통해 추론할 수는 있다. 많은 사회심리학자들에게 있어서, 태도는 그들 연구의 중요한 측면을 형성한다. 이 장의 나머지 부분에서 저자들은 태도가 범죄행동에 어떤 영향을 미치는지 탐구할 것이다.

태도 연구는 심리학과 범죄학에서 오랜 역사를 가지고 있다. 심리학에서 태도 연구는 미국 심리학의 아버지인 William James까지 거슬러 올라간다. 그렇지만 태도에 대한 탐구는 실제로 1950년대 Solomon Asch, Michael Argyle, Carl Hovland 그리고 그 외 다른 학자들의 실험에서부터 시작되었다. 범죄학에서는 법에 대한 우호적인 또는 비우호적인 Sutherland의 '정의들(definitions)'이 범죄행동과 관련된 태도에 관한 고전적인 이론적 공식으로 여겨진다(Sutherland, 1947). 범죄행동에서 태도의 인과적 역할에 대한 변형은 또한 범죄에 대한 상징적 상호작용주의의 이론들(Rubington & Weinberg, 1968)과 Hirschi(1969)의 통제이론('관습과의 연대') 그리고 하위문화이론('범죄자들과의 동일시'; Cohen, 1955; Glaser, 1956)에서 확실하게 드러난다.

일반적으로 말해, 반사회적 태도는 범죄행동을 지지하는 사고, 감정, 신념이다. 만약 당신이 소득세를 탈세하는 것이 잘못된 것이 아니라거나, 또는 당신을 모욕하거나 또는 단지 성가시게 했다고 구타를 당할 만하다고 생각한다면, 무슨 일이 일어날 것인가? Ajzen과 Fishbein(1980)이 태도의 근본적 요소로 간주한 우호적이거나 비우호적인 평가를 하는 것의 중요성에 주목하기 바란다. 반사회적 태도는 바로 법의 위반을 옳다고 여기는 것이다.

*역자 주: action은 어떤 기간에 걸쳐 여러 act의 집합으로서의 행동을 의미하는 바, act(행위) 및 behavior(행동)와 구분하기 위해 '행위들'로 번역함.

반사회적 태도의 발달

우리는 범죄행동과 관련된 태도의 기원을 두 가지 방식으로 찾아볼 수 있다. 첫째는 양심의 발달이나 도덕적 추론에서의 실패(failure)를 강조하는 조망들이며, 둘째는 옳고 그름에 대한 이해를 못하는 것과 상관없이, 태도의 형성에서 사회적 환경을 강조하는 조망들이다.

superego(또는 양심)의 결핍에 대한 Freud의 개념은, 태도 구조의 기반으로 성격에 초점을 맞추는 첫 번째 조망에 속한다. 아동이 성숙함에 따라, id(기본적 충동들)는 ego(id의 충동들을 억제하는 현실)의 통제를 받고 결국 superego(자기-통제하의 충동들)의 통제를 받게 된다. superego의 발달은 부모와의 동일시, 부모의 규범과 가치의 내재화에 의존한다. 이 책에서 이미 언급한 것처럼 취약한 superego나 양심은 반사회적 행동을 유발한다. 부모와의 동일시나 또는 엄마나 아빠의 사랑에 대한 갈망은 부모와의 애정적 유대를 필요로 한다. 이러한 보호자와의 애착의 붕괴는 양심의 발달을 방해한다. 더 나아가, 비행청소년 가족들에게서 상당히 빈번한 신체적 체벌은 도덕적 발달을 저해한다(Gershoff, 2002).

성격 발달보다는 인지 발달에 초점을 맞추는 예는 Kohlberg의 도덕발달이론이다(Kohlberg, 1958; Kohlberg & Candee, 1984). Kohlberg의 이론은 아동이 연령에 따라 각기 다른 이유로 '올바른 것(the right thing)'을 수행한다고 주장한 Jean Piaget의 연구로부터 큰 영향을 받았다. Kohlberg의 도덕적 추론의 3-수준/6-단계 모델은 〈표 7-2〉에 요약되어 있다. 각 단계별 발전은 순서적이며 성숙과 연령(즉, 생물학적으로-기반한)에 의존한다. 일부 처치[예: 도덕적 재의욕 치료(Moral Reconation Therapy); Little, 2005]를 통해 발달속도를 빨리 할 수는 있지만, 2단계를 생략하고 3단계로 직접 갈 수는 없다. 일반적으로, 대부분의 범죄자들

표 7-2 콜버그의 도덕발달이론

수준	단계	설명
I. 전인습적(preconventional)	1. 처벌과 복종 2. 수단적 쾌락주의	자아중심적 (규칙이므로 규칙에 따르라; 나에게 무슨 일이 일어날까?)
II. 인습적(conventional)	3. 타인들의 승인 4. 도덕성을 지탱하는 권위	사회적 기대 (타인들이 나에게 기대하는 것은 무엇인가?)
III. 원리주의(principled law)	5. 민주적으로 수용되는 (모두를 위한 최선은 무엇인가?) 6. 양심 원리	보편성

은 1단계와 2단계에 속한다(Arbuthnot & Gordon, 1986; Craig & Truitt, 1996; Gibbs et al., 1984; Lee & Prentice, 1988; Palmer, 2003).

반사회적 태도의 기원에 대한 두 번째 조망은 태도의 형성에 대한 사회적 환경의 역할을 강조한다. 사회학자들은 인종, 문화, 종교 등에 따라 달라질 수 있는 광범위한 사회적 집단들을 태도를 형성시키는 요인으로 생각한다. 일반적으로, 개인의 특수한 태도보다는 집단들이 지니고 있는 태도에 관심을 갖는다. 예를 들어, 미국인들과 이탈리아인들은 직업에 대해 서로 다른 태도를 가지고 있고, 천주교 신자와 불교 신자는 예배 참석에 대해 서로 다른 태도를 가지고 있으며, 이와 마찬가지로 인도인과 캐나다인은 구애(courtship)에 대한 서로 다른 태도를 가지고 있다.

사회학적 범죄학에서, 폭넓은 사회를 구성하는 소규모 집단들(즉, 범죄적 하위문화들)은 각 구성원들에 의해 강화되는 그들만의 규범적 태도를 가지고 있다고 본다. 따라서 하위계층들은 그들 계층만의 특수한 태도를 가지고 있다. 이것이 바로 Miller(1958)의 '초점적 관심사(focal concerns)' 이론이다. 상위계층은 힘듦(toughness)과 운명(fate) 등과 같은 관심사를 공유하지 않으며, 오직 하위계층만이 그렇게 한다. 하위계층에 속하는 대부분의 사람들은 이러한 태도를 가진 것으로 여겨지며, 이 계층의 구성원들은 이러한 신념에 따라 사회화된다. 집단 공유적 태도와 관련된 이와 동일한 주제가 다양한 하위문화이론들에서 발견된다.

또한 사회적 학습이론은 사회적 태도의 학습을 사회적 맥락 내에 그러나 더욱 즉각적인 가족, 친구, 학교, 직장과 같은 사회적 맥락 내에 위치시킨다. 이와 관련하여 사회적 학습이론은 두 가지 장점을 가진다. 첫째, 이 이론은 학습 메커니즘(모델링과 조건화)을 명시한다. 이것은 반사회적 성향을 변화시키기 위한 처치에 지식을 제공하기 때문에 중요하다. 둘째, 집단에 의해 갖게 되는 태도보다 개인적 태도의 이해에 대한 탐구를 가능하게 한다. 다시 말해, 사람들은 집단과는 매우 다른 태도를 유지하는데, 예측과 처치에 도움을 제공하는 것은 바로 개인적 수준의 태도에 대한 이해다.

태도-행동의 연계

반사회적 태도에 대한 연구는 태도와 행동 간의 큰 상관성을 가정하기 때문에 중요한 것으로 여겨진다. 그렇지만 Walter Mischel(1968)이 성격과 행동에 관해 언급한 것처럼(6장), 태도와 행동 간의 관계는 결코 완전하지 않다. 태도와 행동 간의 관계에 대한 연구들은 부적 관계에서 정적 관계까지 다양한 범위를 나타내며 평균 .40의 r을 보인다(Kraus, 1995). 태도에 대한 심리학적 연구는 태도와 행동 간의 일관성이 증가하는 조건에 대한 이해에 초점을 둔다.

태도와 행동 간의 관계에 영향을 미치는 많은 요인들이 존재한다(검토를 위해서는, Fishbein & Azjen, 1975를 보라). 최근 두 중요한 조건들에 대한 메타분석이 이루어졌다. 첫째, 태도에 따라 행동하게 하는 사회적 압력의 문제다. 확실히 이것은 갱과 같은 반사회적 집단 내에서 활동하는 개인들과 밀접한 관련이 있다. 태도에 대한 거의 800개의 연구들을 고찰한 연구에서, Wallace, Paulson, Lord 그리고 Bond(2005)는 동료 압력(peer pressure)이 행동에 예상치 못한 영향을 미친다는 사실을 발견하였다. 태도와 행동 간의 가장 높은 일관성은 중간 수준의 동료 압력하에서 나타났다. 가장 높은 수준의 동료 압력 하에서는 평균 상관관계가 .41에서 .30으로 떨어졌다. 확실히 집단 규범에 대해 높은 수준의 동조를 요구하는 즉각적인 상황하에서는 개인적인 태도는 영향을 덜 미쳤다. 그렇지만 이러한 고찰 연구에서 반사회적 태도를 포함하지 않았다는 점에 주목할 필요가 있다(예를 들면, 흡연, 헌혈, 소프트 음료를 마시는 것에 대한 태도). 반사회적 태도와 동료 연대에 대한 연구들은 이와 같은 동료-압력 가설을 확장시킬 필요가 있다.

두 번째의 일반적 조건은 태도의 '접근성(accessibility)'이다. '접근성'은 반복성, 기억의 용이성 그리고 행동적 결정과의 관련성을 의미한다. 다시 말하면, 개인에게 있어 어떤 한 태도의 개인적 의미성과 특출성(saliency)은 태도에 따라 행동하는 것을 증가시킨다. 41개 연구들을 고찰한 결과, 높은 접근성의 조건하에서는 전체적으로 .50의 *r*을 발견하였으며, 한 연구에서는 상관관계가 .70에 달했다(Glasman & Albarracín, 2006). 다시 말해서, 메타분석이 반사회적 태도를 포함시키지 않았지만, 우리는 접근성이 개인의 반사회적 태도와 반사회적 동료 집단에 개입하는 것 간의 상호작용에서 한 요인으로서의 역할을 할 것이라고 제안한다.

반사회적 태도의 분류

범죄행동을 지지하는 많은 태도들이 있다. 이러한 태도들의 분류에 대한 완전한 의견 일치는 이루어지지 않고 있지만, 그러한 반사회적 태도들을 분류하는 것은 유용할 것이다. 일부 이론 및 연구에 기반하여 우리는 다음과 같이 제안한다:

1. 중화기법
2. 범죄자들과의 동일시
3. 관습에 대한 거부

첫 번째 범주인 '중화기법(Techniques of Neutralization)'부터 살펴보자. 반사회적 태도에서의 이 범주는 Sykes와 Matza(1957)의 개념이다. 우리들은 독자들에게, 양심의 발달과 도덕적 추론의 실패에 관한 앞선 논의를 상기시키고 싶다. Sykes와 Matza는 대부분의 범죄자들이 관습적 가치에 대한 신념을 가지고 있을 뿐만 아니라, 옳고 그름(right and wrong) 간의 차이를 안다(know)고 주장한다. 다시 말해, 그들은 양심상의 결함을 전혀 가지고 있지 않다. 따라서 여기서 제기되는 중요한 질문은, "그들이 대부분의 사람들이 불쾌하게 여기는 '그름(wrong)'을 알고 있으면서 계속해서 법을 위반하는 이유는 무엇인가?"다.

Sykes와 Matza가 볼 때 이 질문에 대한 대답은, 범죄자들이 범죄행동에 대한 잠재적인 처벌을 '중화시킨다'는 점이다. 제3장에서 그들의 다섯 가지 '중화기법들'을 요약하였다. 중화 주제의 변형은 Hartung과 Mills의 작업['동기의 어휘(vocabulary of motives)'; Hartung, 1965; Mills, 1940]과, Bandura 등의 연구['면죄 기제(exonerating mechanism)'; 1996]에서 각각 발견된다. 이 기법들은 대인적 그리고 개인적인 처벌들을 최소화시킨다. 다시 말해, 나쁜 행동에 대한 논리적 근거를 제공함으로써, 타인들의 부정적 반격을 최소화시킬 뿐만 아니라(예를 들어, 남의 차를 허락 없이 타는 자들은 "차를 되돌려 주려고 했었다."라고 말한다), 부정적 감정과 자기-평가를 완화 시킨다(예를 들어, "그녀는 다치지 않았으며, 단지 살짝 밀친 것이었다."). 심지어 일부 중화기법들(더 높은 충성심에 대한 호소)은 나쁜 행동을 정당화시키기 위해 사용될 수 있는 도덕적 추론의 형태로 나타난다(Krebs & Denton, 2005).

중화, 합리화, 변명은 본질적으로 사회 및 자신으로부터의 비난을 피하기 위한 일반적인 반사회적 태도들이다. 어떤 의미에서, 그것들은 사람들이 일반적 규범에 대한 신념을 포기하지 않은 채 규범에서 벗어난 행동을 가능하게 한다. 또 다른 반사회적 태도들은 범죄자의 정체감을 반영하는 인지다. 이러한 태도들은 범죄행동과 범죄자들을 우호적으로 평가하면서 범죄자 정체감의 일부가 된다. 즉, 일반 사회가 범죄행동을 좋아하지 않는다는 사실은 문제가 되지 않으며, 자기와 반사회적 동료들의 승인이 중요하다. Tony Soprano는 대중적인 텔레비전 시리즈인 〈The Sopranos〉에서 많은 중화기법들을 보여 줄 뿐만 아니라, 심지어 그의 범죄행동에 만족하거나 자랑스러워한다(비록 그가 그의 치료사와 함께 저지른 속임수이지만). Tony에게 중요한 것은 '가족(the Family)'과 유능한 범죄자라는 자기 자신에 대한 시각이며, 다른 규범적 가치는 받아들이지 않는다. 일부 비행청소년들은 범죄적 정체성의 채택을 청소년기의 통과의례로 여긴다(Hirschfield, 2008). 우리는 이러한 일단의 반사회적 태도들을 **범죄자들과의 동일시**(Identification with Criminal Others: IWCO)라고 기술한다.

또다시 우리들은 범죄학에서 IWCO 주제의 변형을 발견한다. William Miller(1958)는 하위계층의 초점적 관심사를 기술하였지만, 이러한 태도를 단지 하위계층과만 연결된 것으로 여기지 않아야 한다. "나는 거칠어." "나는 문제아야." "하찮은 일이 우연히 일어난 거야." 같은 태도들은 확실히 법 위반의 가능성을 증가시키는 신호다. 삶에서 일어나는 것이 개인적 책임보다는 운명에 더 의존한다는 것과 같은 신념의 초점적 관심("하찮은 일이 우연히 일어난 거야")은 개인적 자기-통제를 해체하는 것을 정당화시킨다(Kivetz & Zheng, 2006). Albert Cohen(1955)은 중산 계층의 가치를 거부하고 하위문화적 가치체계를 채택한 청소년들을 기술하였고[예: '자발적인(spontaneous)' 대 '합리적인(rational)'], Daniel Glaser(1956)는 범죄적 참조집단과의 동일시에 대해 말했다. 심지어 조직된 범죄집단과 갱들을 관찰해 보면, 폭력적 이미지를 자랑스러워하는 사고와 가치 패턴[예: '거리의 법(code of the street)'; Stewart, Schreck & Simons, 2006]을 빠르게 드러낼 뿐만 아니라, 부정적 결과를 피하거나 변명을 하려는 노력을 행하지 않는 것이 보인다.

반사회적 태도의 세 번째 범주는 **관습에 대한 거부**(Rejection of Convention)라고 명명할 수 있다. 법과 질서의 기관(예: 경찰서와 법정), 직업, 교육의 가치를 깎아내린다. 확실히, 직장과 학교에 대한 부정적 태도는 반드시 반사회적인 것은 아니지만, 그 중요성을 최소화시킴으로써 범죄가 더 선호적인 대안이 된다(독자들에게 PIC-R 원리 8을 상기시키고 싶다. 만약 직업을 가지고 있지 않거나 학교를 싫어한다면, 범죄적 생활양식을 선택해도 잃을 것이 적다). 범죄학적 이론에서 볼 때, 관습을 거부하는 요소들은 다양한 하위문화이론과 갈등이론에서 명확하게 드러난다.

요약하면, 반사회적 태도는 범죄행동에 관한 대부분의 이론들에서 핵심을 차지할 뿐만 아니라, 다양한 형태의 반사회적 태도에 대한 설명에서 상당한 발전을 이루었다. 일부 학자들(Maruna & Copes, 2005; Ward, 2000)은 범죄적 태도들의 목록을 발전시키는 데 너무 많은 노력을 기울여 왔으며, 그러한 목록들을 더욱 일반적인 범죄행동이론으로 통합시키지 못했다고 불만을 토로하고 있다. 우리들은 반사회적 태도를 범죄행동의 Big Four 상관변인들 중 하나로서, 범죄행동에 관한 GPCSL 모델에 통합하는 것에 찬성한다. 반사회적 태도들이 구체적으로 범죄행동에 미치는 영향, 그 한계 그리고 어떻게 변화시킬 수 있는지를 밝히기 위한 더 많은 연구가 필요하다. 현재, 이와 관련된 연구들이 진행 중이다.

반사회적 태도에 대한 평가

우리는 반사회적 태도가 범죄행동에 대한 최고의 예측 요인들 중 하나임을 이미 살펴보았다. 메타분석적 고찰연구에서 각 연구들은 반사회적 태도를 측정하는 방식이 다양하다. 일부 연구들은 질적 평가[예: '사고 오류(thinking errors)'를 평가하기 위한 인터뷰; Yochelson & Samenow, 1976]를 사용했고, 다른 연구들은 경험적 타당성을 가진 구조화된 지필검사 도구를 사용했다. 이제 더 구조화된 평가도구들과 주요 발견들을 살펴보자.

가장 초기의 중화 측정 척도들 중 하나는 Ball(1973)의 중화 척도다. 이 척도는 네 개의 시나리오(두 개의 폭행, 강도, 들치기)로 구성되었으며, 각 시나리오마다 10개의 중화진술들로 구성되어 있다. 피험자들은 '매우 동의함'부터 '매우 동의하지 않음'까지로 구성된 5점 척도상에 각 중화진술을 평점했다. Ball의 척도와 이 척도의 변형적 형태(예: Shields & Whitehall, 1994)를 가지고 수행된 횡단적 연구는 비행청소년들이 그렇지 않은 청소년들보다 더 강하게 중화를 한다는 것을 발견하였다(Maruna & Copes, 2005). 종단적 연구에서도 역시 중화가 반사회적 행동을 예측하는 것으로 나타났다(Agnew, 1994; Minor, 1981; Shields & Whitehall, 1994).

범죄자들과의 동일시(IWCO)를 측정하는 좋은 예는 비행 자부심 척도(Pride in Delinquency Scale)에 있다(Shields & Whitehall, 1991). 이것은 10개의 범죄행위를 열거한 매우 간단한 척도로서, 각 행위는 −10점(매우 부끄러운)부터 +10점(매우 자랑스러운)까지의 20점 척도를 사용하여 평가된다. 이 도구는 수용할 만한 심리측정적 속성을 지니고 있는 것으로 입증되었으며(Simourd, 1997), 비행 자부심 척도의 점수들은 재범을 예측하는 것으로 나타났다(Simourd & Van De Ven, 1999).

반사회적 태도에 대해 가장 널리 연구된 측정도구는 범죄적 사고경향 척도(Criminal Sentiments Scale: CSS; Andrews & Wormith, 1984)이다. CSS에서 흥미로운 사실은 반사회적 태도의 세 가지 일반적 범주들—중화기법, IWCO, 관습에 대한 거부—을 모두 다룬다는 점이다. 〈표 7-3〉은 이들이 측정한 범주들과 항목들의 일부 예를 보여 주고 있다. 총 41개의 항목들이 '매우 동의'부터 '매우 부동의'까지의 5점 척도로 평가되었다. 범죄적 사고경향 척도의 점수들은 자기-보고식 범죄행동(Andrews & Wormith, 1984), 공식적으로 측정된 재범(Simourd & Olver, 2002; Simourd & Van De Ven, 1999; Witte, Di Placido, Gu & Wong, 2006) 그리고 교도소에서의 폭력행동(Shields & Simourd, 1991)을 예측했다.

물론 위에서 기술된 것들 외에도, 반사회적 태도에 대한 다른 많은 척도들이 존재한다. 주목할 만한 척도들로는, Glenn Walter의 범죄적 사고 유형의 심리적 인벤토리(Psychological Inventory of Criminal Thinking Styles)(Walters, 1996; 증거에 대한 요약은 Walters, 2006b를 참조)에서 나온 하위척도들과, 범죄적 태도 및 친구 척도(Measures of Criminal Attitudes and Associates)(Mills, Anderson & Kroner, 2004; Mills & Kroner, 2006; Mills, Kroner & Hemmati, 2005)가 있다. 반

표 7-3 범죄적 사고경향 척도

항목	반사회적 하위 요소
배고픈 사람은 훔칠 권리가 있다.	중화
대부분의 성공한 사람들은 성공하기 위해 불법적 수단을 사용했다.	중화
법과 충돌하는 사람들은 삶에 대한 나의 사고와 동일한 생각을 지니고 있다.	IWCO
경찰이 사람들을 돕는 경우는 드물다.	관습에 대한 거부
법은 항상 불공평하다.	관습에 대한 거부

사회적 태도에 대한 구조화된 인터뷰에 기반을 둔 평가들 중 가장 널리 사용되는 것은 범죄자 위험/욕구 서비스 수준 도구(Level of Service offender risk/need instrument)의 태도/지향성 하위 요소 척도(제10장에서 논의됨)다. 지금까지의 논의를 통해, 반사회적 태도가 이론적으로 중요할 뿐만 아니라 신뢰롭게 측정되기 때문에 범죄행동의 예측에 사용될 수 있다고 말할 수 있다. 질문은 다음과 같다: 반사회적 태도를 친사회적 태도로 대체하는 것은 범죄행동을 감소시키는가?

처치의 목표로서 반사회적 태도

반사회적 태도는 범죄행동의 **역동적**(dynamic) 위험요소다. 우리는 참여자들의 교제 패턴을 간단히 변경시키는 것만으로도 반사회적 태도에서 변화가 일어난다는 것을 알고 있다. 교도소 레크리에이션 프로그램에 참여한 시민 자원봉사자들이 8주 동안 재소자들과 상호작용한 후 그들의 반사회적 태도 점수가 증가하였음(재소자들의 반사회적 태도는 감소하였다)을 보여 주는 [자료 노트 3-2](연구 1)를 상기하기 바란다. Stephen Wormith(1984)는 [자료 노트 3-1]에서 기술한 것처럼 재소자들의 반사회적 태도를 적절하게 다룰 수 있도록 시민 자원봉사자들을 훈련시키는 것이 재소자들의 반사회적 태도뿐만 아니라 재범을 감소시켰다는 사실을 발견하였다. 오늘날 범죄자들에 대한 수많은 인지-행동적 개입은 반사회적 태도를 다루기 위한 요소들을 포함한다(예: Ashford, Wong & Sternbach, 2008; Lowenkamp, Hubbard, Makarios & Latessa, 2009; McGuire, Bilby, Hatcher, Hollin et al., 2008). 지금까지 많은 개입들이 반사회적 태도의 변화를 입증했지만(예: Hubbard & Pealer, 2009), 직접적으로 재범에 대한 변화와 연결되는 개입은 상대적으로 거의 없었다(예: Wormith, 1984).

반사회적 태도에 초점을 맞춘 집단 개입 프로그램을 예시하기 위해, 우리는 Counter-

Point를 제시한다. Counter-Point는 캐나다 교정국과의 협력으로 지역기관(John Howard Society of Ottawa)에 의해 개발되었다(Graham & Van Dieten, 1999). 범죄자들은 25회기 이상에 걸쳐, 자신들의 반사회적 태도를 확인한 후 친사회적 태도로 바꾸는 학습을 수행하였다. 이 프로그램은 집단 형식으로 제공된다. 이 프로그램에 대한 평가(Yessine & Kroner, 2004)에서 Counter-Point에 참여한 가석방자들(n = 332)을 지역기관으로부터 정기적으로 감독을 받는 위험수준의 가석방자들과 비교하였다. 프로그램 참여자들에게 앞서 기술된 반사회적 태도 검사(즉, CSS, 비행 자부심)를 실시하였다. 프로그램 참여자들은 반사회적 태도 측정치에서는 물론 재범에서도 감소를 보였다. 1.4년의 추적 기간 동안 저지른 새로운 범죄를 평가했을 때, 프로그램 참여자들의 재범률은 33%이었고 비교 그룹은 45%였다.

Counter-Point는 집단 프로그램이다. 그룹 형태로 제공되는 처치 개입은 많은 사람들을 처치할 수 있다는 점에서 효율적이지만, 일부 단점들도 있다. 그룹을 이루기에는 불충분할 정도로 산발적으로 흩어져 있는 지역의 범죄자들이나, 처음부터 그룹에 속하지 않았기 때문에 다음 집단이 되기 위해 수 주나 수개월을 기다려야 하는 범죄자들에게 무엇을 어떻게 해야 하는가? 집단 개입에 대한 대안은 처치를 개별적으로 제공하는 것이다. 캐나다 공공안전(Canada Public Safety)의 연구자들(Bonta, Bourgon, Rugge, Scott, and Yessine)은 범죄자들의 반사회적 태도를 친사회적 태도로 대체하도록 도움을 제공하는 보호관찰 감독관들의 훈련 프로그램을 개발하였다. '지역사회 슈퍼비전의 전략적 훈련 방안(Strategic Training Initiative in Community Supervision: STICS)'으로 불리는 이 프로젝트에 대한 설명은 [자료 노트 7-1]에서 기술한다.

또한 STICS에서 주목할 만한 사실은, 이 프로젝트가 온전히 위험-욕구-반응성(risk-need-responsivity) 원리들 위주로 구축되어 있다는 점이다. 많은 집단 프로그램들은 이 원리들 위주로 구축되지만, 이 원리들을 일대일로 지역사회 슈퍼비전에 적용하여 검증한 경우는 거의 없다. STICS에 대한 평가에서, 보호관찰 감독관들은 '효과 있음' 원리들에 대한 반나절의 설명회나 또는 3일간의 트레이닝 조건([자료 노트 7-1]에서 기술됨)에 무작위로 배정되었다. 이 책이 출간될 때까지 재범에 대한 성과는 얻을 수 없었지만, 예비적 결과들은 전망을 밝게 한다. 보호관찰 감독관들과 그들 의뢰인들 간의 인터뷰를 녹화한 것을 보면, STICS 훈련을 받은 보호관찰 감독관들이 비교 그룹보다 반사회적 태도에 시간을 더 많이 투자하고, 그들의 의뢰인들이 이러한 태도를 친사회적 사고로 대체할 수 있도록 더 많은 도움을 제공하며, 이를 위해 인지적 행동적 기술을 더 많이 사용한다는 사실을 보여 주고 있다. 뿐만 아니라 STICS에서 훈련을 받은 의뢰인들에 대한 6개월간의 추적 연구는, 그들이 관행적인 감독을 받은 보호관찰자보다 부정적 결과(즉, 새로운 기소, 보고 불이행, 보호관찰 위반)를 더 적게 보였다고 보고하였다. 우리는 가까운 미래에 반사회적 태도를 특별한 목표대상으로 삼는 프로그램들이 크게 성장할 것으로 기대한다.

[자료 노트 7-1]

지역사회 슈퍼비전의 전략적 훈련 방안

Bonta 등(Bonta et al., 2008)은 보호관찰 감독관들이 보호관찰자들에게 수행하는 슈퍼비전 과정을 녹화하였다. 그들의 주요 관심은 보호관찰 감독관들이 위험-욕구-반응성 원리들을 얼마나 잘 준수하는지 확인하는 것이었다. 그들은 그러한 원리들이 잘 준수되지 않고 있다고 결론을 내렸다. 공식적 정책에 따르면 저위험 범죄자들에 대한 슈퍼비전보다 고위험 범죄자들에 대한 슈퍼비전에 더 많은 노력이 이루어져야 함에도 불구하고 보호관찰 감독관들의 정책 이행은 단지 중간 정도였다. 범죄유발적 욕구와 관련하여, 보호관찰 감독관들은 가족/부부의 범죄유발적 욕구와 약물남용을 목표로 삼았으며, 반사회적 태도는 거의 무시하였다. 또한 인지-행동적 기법(일반적 반응성)의 적용은 자주 이루어지지 않았다. 이러한 결과에서 확실하게 얻을 수 있었던 사실은 보호관찰관들에게 필요한 것은 의뢰인들을 슈퍼비전하는 과정에서 반사회적 태도에 초점을 맞추어 고위험 범죄자에 노력을 집중하는 훈련과 인지-행동적 개입 기법을 더 많이 활용하게 만드는 일이라는 점이었다.

3일 동안의 STICS 훈련 프로그램은 '일반 성격 및 인지사회적 학습(General Personality and Cognitive Socal Learning: GPCSL)'의 이론적 조망에 기반을 두고 있다. 그러므로 총 10개 구성 단위(module) 중 첫 번째 단위는 GPCSL과 위험-욕구-반응성(risk-need-responsivity) 원리를 따르는 것의 중요성에 대한 90분짜리 간단한 개요였다. 보호관찰관들이 이론적 조망을 '수용하는'(STICS) 것이 중요하다. 심리치료 문헌들에서는 환자가 처한 문제들에 대한 '설명'과 이 문제들을 극복하는 방법이 중요하다는 점이 오랫동안 인식되어 왔다(Wampold, 2007). STICS의 첫 번째 목표는 보호관찰관의 행동을 변화시키는 것이었고, 두 번째 목표는 보호관찰관들이 보호관찰 대상자들의 행동을 변화시키기 위한 훈련을 통해 습득한 기술들을 사용하게 하는 것이었다. 그러므로 보호관찰관들에게 필요한 것은 자신들의 행동을 변화시켜야 하는 이유와 의뢰인들을 변화시키는 데 도움을 줄 수 있는 방법에 대한 설명이었다.

다음 단위는 매우 간략한 것으로, 위험 원리에 대한 개요였다. STICS 평가에서, 프로젝트를 위해 보호관찰관들에게 중간 위험 의뢰인과 고위험 의뢰인만을 선택하도록 하였다. 이 구조는 저위험 보호관찰 대상자에게는 최소한의 서비스를 제공하고 고위험 보호관찰 대상자에게는 더 많은 서비스를 제공하는 것이다.

이 연구에서 보호관찰관들은 타당한 위험/욕구 평가 도구(예: LSI-R)를 사용하였다. 이것은 일반적인 위험을 평가하는 작업뿐만 아니라 감독 기간 동안 목표로 삼아야 할 범죄유발적 욕구(예: 친범죄적 태도, 범죄적 친구, 반사회적 성격)를 확인하는 작업을 위해서도 중요하였다. 단위 3은 범죄유발적 욕구에 관한 것이었고, 단위 4(반사회적 태도)는 STICS 계획서(protocol)의 핵심이 시작되는 부분이었다. 보호관찰관들은 의뢰인들의 반사회적 태도 표현을 재빨리 인식하고 그들이 반사회적 사고를 표현할 때 스스로가 인식할 수 있도록 도와주는 방법을 학습한다. 결국, 반사회적 사고나 태도가 문제라는 것을 인식하지 않으면 아무것도 변화시킬 수 없는 것이다. 처음 네 가지 훈련 단위는 대략 첫째 날의 3/4을 차지했다.

반응성 단위는 (1) 관계 맺기, (2) 인지-행동적 기법 사용, (3) 보호관찰 대상자의 특수한 학습 스타일에 대한 주의 등과 같은 세 가지 구성요소로 이루어진다. 대인 간 영향력이 존재하는 상황에서 보수와 처벌은 관계 속에서 힘을 발휘한다. 유관성 있는 보상(예: 칭찬의 말이나 미소)과 처벌(예: 불인정의 말이나 찌푸리는 표정)을 통해 의뢰인들에게 영향력을 행사할 수 있는 보호관찰관의 능력은 의뢰인들로부터 존경과 애정을 받는지에 달려 있다. 직설적으로 말하면, 한 사람이 다른 사람의 생각과 느낌에 관심을 기울이지 않으면 그 사람은 자신이 원하는 것에 따라 거리낌 없이 행동하게 된다. 따뜻함이나 존중을 표현하고 건설적인 피드백을 제공하는 것과 같은 관계성-맺기 기술은 배울 수 있다. 단위 5는 이와 같은 기술들을 보호관찰관들에게 학습시키고 역할수행을 하며 연습시킨다.

보호관찰관들이 범죄유발적 욕구, 특히 반사회적 태도의 중요성을 인식하고, 상호 존중하는 관계에서 의뢰인에게 이 점을 지적할 필요를 인식하면 그다음 단계는 적절한 방향으로의 변화를 연습하는 것이다. 대인 간 영향력의 차원을 구조화하는 작업은 인지-행동적 모델, 인지 재구성, 친사회적 모델링, 강화와 처벌의 효과적 사용으로 구성된 STICS 훈련 단위의 2일차에 시작한다. 보호관찰관들이 극복해야 할 난관은 자신들의 의뢰인에게 구조화된 학습을 제공하고, 그래서 긍정적인 의미의 개입자(interventionist)가 되도록 요청받고 있다는 점이다. 많은 보호관찰관들은 보호관찰 조건에 대한 준수 여부를 모니터링하고, 의뢰인의 입장을 대변하는 사회서비스 단체를 옹호하고, 의뢰인들이 고충을 겪고 대인 간에 문제가 발생했을 때 지지자가 되는 일을 훨씬 더 편하게 여긴다.

2일차와 3일차, 보호관찰자들은 의뢰인들과 일대일로 인지-행동적 기술을 사용하는 법을 학습한다. 이 단위에서 핵심적인 것은 간단하고 구체적인 방법으로 기술을 가르쳐서 보호관찰관들이 의뢰인들에게 그 기술을 가르치게 하는 것이다. 결국, 보호관찰 대상자들도 자신들의 문제를 어떻게 설명하며, 모델로부터 습득한 자신들의 행동을 변화시킬 수 있는 기술들을 어떻게 활용할 수 있는지에 관한 '설명'(즉, 인지-행동적 이론)을 필요로 한다.

보호관찰 대상자와 관련된 '설명'을 제공하고 그들에게 친범죄적 태도를 변화시킬 필요가 있다는 점을 설득하는 것은 두 단계로 이루어진다. 첫째, '행동 연쇄(Behavior Sequence)'라고 불리는 간단한 인지-행동적 모델을 학습한다. 행동 연쇄 모델은 행동을 선행 자극, 결과 그리고 태도의 함수로 파악하며, 태도나 내부의 인지적 단서가 어떻게 행동의 근본 원인이 되는지를 강조한다. 또한 이 훈련에서는 행동 연쇄 모델을 가르치는 방식을 설명하여, 자신의 사고가 어떻게 행동으로 이어지는지에 대해 발달적으로 지체된 의뢰인도 쉽게 이해할 수 있도록 하였다. 둘째, 보호관찰관들에게 의뢰인의 인지를 재구성하는 방법을 학습시킨다. 인지 재구조화(cognitive restructuring)는 반사회적 사고를 친사회적 사고로 대체시키는 기술이다. 인지-행동적 단위들의 전체적인 주제는 인지 재구성을 구체화시키고 그것을 보호관찰자의 슈퍼비전을 받고 있는 광범위한 의뢰인들(예: 여성, 정신장애자, 소수 인종)에게 적합하게 만드는 일이다.

3일간의 STICS 훈련은 교실 수업과 역할수행 등 구조화된 형식으로 이루어진다(훈련 매뉴얼이 사용된다). 반복이야말로 기술 유지(skill maintenance)를 보증한다. 그러나 3일 동안의 훈련 프로그램 실행으로 새로운 행동이 몇 주 혹은 몇 달 기간 유지되기에는 충분하지 않다. STICS의 한 가지 특징은 지속적인 임상적 슈퍼비전이 이루어진다는 점이다. 훈련을 마친 후, 보호관찰자들은 STICS 기술의 사용에 대해 논의하기 위해 매월 소규모 그룹으로 모임을 가지고, 훈련자와 화상회의를 하였다. 훈련 기간에 학습한 기술적인 숙제가 그룹에 주어지고 미팅에서 토론이 이루어졌고, 화상회의를 통해 각 참가자들의 숙제에 대한 피드백과 임상적 슈퍼비전이 이루어졌다.

STICS 평가의 종합적인 목적은 보호관찰자에게 위험-욕구-반응성(RNR) 모델의 주요 요소를 성공리에 학습시키고 그들의 의뢰인에게 적용할 수 있다는 점을 증명하는 것이다. Trotter(1996, 2006)는 RNR 모델의 일부 구성성분(예: 친사회적 모델링, 협업적 목표-설정, 문제-해결)을 학습시키고 이를 적용하여 긍정적인 결과를 얻었지만, 그는 범죄유발적인 욕구를 목표로 삼아 직원들을 훈련시키지 않았을 뿐만 아니라 중간 위험 및 고위험 범죄자를 대상으로 개입하지도 않았다. Andrews 등(Andrews & Carvell, 1997; Dowden & Andrews, 2004)은 비록 핵심적인 교정 실무에서 이와 같은 훈련이 이루어져 왔음에도 불구하고, 핵심적인 교정 실무와 훈련에 대한 공식적인 평가를 내린 적이 없었음을 기술하였다. STICS에 대한 평가는 연구 과정에서 생기는 이러한 중요한 공백을 채우고 그리고 재범과 관련된 결과들을 얻을 수 있는 경우 STICS는 실제 현실에서도 '효과(what works)'를 발휘하는 데 더욱 기여할 것이다.

기억하기

1. 범죄행동에 가담하고자 하는 결정에 아주 강한 영향을 미치는 두 가지 요인은 반사회적 친구와 태도다. 반사회적 친구는 범죄 기술을 배우고 반사회적 태도를 학습하는 기회를 제공한다.
2. 취약한 양육은 반사회적 교제를 하고 반사회적 태도를 학습하도록 청소년을 이끌 수 있다. 부모의 모니터링과 훈육에서의 결함은 청소년으로 하여금 부모의 질책에 대한 두려움 없이 반사회적 타인들과 관계를 갖도록 한다.

3. 갱단의 구성원이 되는 것은 범죄행동을 조장한다. 갱단에 들어간 대부분의 개인들은 이미 견고한 범죄성향을 지니고 있다. 그러나 갱단의 구성원이 된다는 것은 그 개인으로부터 기대되는 것 이상으로 범죄행동을 증가시킨다.
4. 반사회적 태도는 신뢰롭게 측정될 수 있으며 또 변화시킬 수 있다. 반사회적 태도에 대한 평가는 세 개의 일반적 범주로 묶인다: (1) 중화기법, (2) 범죄자들과의 동일시, (3) 관습에 대한 거부. 수많은 처치 프로그램들은 반사회적 태도를 친사회적 태도로 대체시키는 것이 재범감소와 관련된다는 것을 증명하고 있다.

추천 도서

비행 갱들에 관한 고전적 문헌은 어떤 것이든지 매우 추천할 만하다. Sutherland(1939)가 비행친구들의 중요성을 강조한 최초의 학자이지만, 이에 대해 본격적으로 연구한 학자는 Cohen(1955) 그리고 Cloward와 Ohlin(1960)이었다. 이 두 책 모두 읽기 쉽다. 경험적 연구는 적으나 서술적(narrative) 내용은 풍부하다.

『The Crime and Justice』 중 Shadd Maruna와 Heith Copes(2005)가 공동 집필한 장은 Sykes와 Matza의 중화이론을 상세하고도 이해하기 쉽게 고찰하고 있다. 이 두 학자는 그 이론의 범죄학적 근원과 오늘날 이 이론과 인지심리학과의 연관성을 고찰하였다. 더 나아가, 여전히 관심을 가질 필요가 있는 이슈와 연구에 대한 탁월한 요약도 제공하고 있다.

Chapter 08

사회적 맥락 내의 사람: 가족, 학교, 직장, 레저/레크리에이션, 결혼생활의 애착, 이웃

유력하고 이론적으로 가장 적절한 위험/욕구 요인들을 고찰하였고, PIC-R의 조망에서 이러한 요인들의 인과적 유의성을 살펴보았다. 그렇다. 다시 한번 인지사회적 학습 맥락에서 인과과정을 검토할 것이다.

반사회적 태도, 가치 그리고 신념들은 개인적으로 매개된 통제에 적용될 수 있는 기준들을 제시한다. 스스로의 행동을 평가할 때, 그러한 기준들은 범죄행동에 호의적일 수도 있고 비호의적일 수도 있고 중립적일 수도 있다. 반사회적 인지는 또한 분개 및 학대받은 감정과 같은 부정적인 인지-정서 상태를 포함한다. 이러한 요인들은 또한 범죄에 호의적인 자기-관리(self-management)를 낳는다. 반사회적인 인지가 범죄에 대단히 호의적이거나 또는 대단히 비호의적인 경우, 이러한 인지들이 행동에 미치는 영향은 비교적 자동적이게 되고, 따라서 애써 자기-조절(self-regulation)을 할 필요가 없게 된다.

반사회적 친구는, 타인이 비범죄적인 대안행동을 지지하는 반응을 할 것인지 또는 범죄적인 행위를 지지하는 반응을 할 것인지 여부를 암시한다. 단지 태도적 입장을 생각하거나 심지어 타인을 생각하는 것만으로도 범죄에 대한 지지적 또는 비지지적 정신적 과정이 자동적으로 시작될 수 있다.

반사회적인 행동전력은 자기-효능감 신념이 범죄에 대해 매우 호의적일 가능성을 크게 증가시키고, 당연히 범죄적 반응에 대한 습관적(자동적)인 힘을 나타내는 직접적인 지표가 된다. 반사회적인 성격 패턴은 일반적으로 자기-통제 부족과 다른 사람들에게 학대받았다고 느끼는 경향 등을 포함한 범죄활동에 대한 일련의 지지들을 암시한다. 이러한 특질들은 가정, 학교, 직장, 레크리에이션 시설 그리고 지역사회의 다른 영역 등 여러 장면들에서 문제를 일으킬 수 있다. 이러한 장면들에서의 문제적인 환경들은 범죄에 대한 감산적 처벌뿐만 아니라 그러한 장면들에서의 사회화 가치를 크게 감소시킬 수 있다. 만약 관습적인 장면들에서 비범죄적 행동에 대한 밀도 높은 보상을 규칙적으로 받지 못한다면, 범죄행동에 대한 감산적 처벌의 영향력은 크게 줄어들게 된다. 누구나 범죄를 저지름에 있어 자유롭다. "자유는 더 이상 잃을 것이 없음의 다른 말이다"(Kristofferson, 1977).

간단히 말해서, Big Four는 주요한 인과적 요인들이다. 그러나 가정 또는 보다 넓은 지역사회와 같은 주요 행동적 장면들에서의 범죄적인 그리고 비범죄적 대안행동들의 효과와 관련된 유관성들은 Big Four에 큰 영향을 미치고 나아가 Big Four와의 상호작용에도 영향을 미친다. 이번 장에서는 출생가족, 학교/직장, 레저/레크리에이션, 결혼생활의 애착 그리고 이웃 등과 같은 사회적 장면 변인들을 탐구할 것이다. 가족요인에 대한 연구가 가장 많이 이루어진 반면, 결혼 상황들 및 레저/레크리에이션에 대한 연구는 가장 적게 수행되었다.

우리들은 직접적인 대인적 영향 맥락 내에서의 관계성과 구조화에 대한 PIC-R 원리들을 추구할 것이다. 우리는 또한 장면 효과를 광범위하게 고려하면서 규범적 및 행동적 통제에 관계된 원리들을 끌어낼 것이다. 일반적으로, 장면 내에서 범죄적 및 비범죄적 행동에 대한 전반적인 모델링 패턴과 보수와 비용의 유관성은 어떠한가? 범죄행동을 지지하는 태도, 교제 패턴 그리고 행동들이 장면 내에서 모방되거나, 강화되거나, 처벌되거나 또는 무시되는가? 반사회적 사고, 감정 그리고 행위들에 대한 실제적인 대안들이 모방되거나, 강화되거나, 처벌되거나 또는 무시되는가? 중요한 타인들이 사람들과 양질의 관계를 맺게 하는가? 그리고 이 중요한 타인들이 반범죄적 학습을 지지하는 구조화 기술을 갖고 있는가? 각 장면에서 범죄활동에 연루된 '사람들'의 비율은 어느 정도인가?

출생가족

제5장에서는 생물학적인 요인들이 어떤 사람들에게 어떻게 범죄행동의 소인을 갖게 하는지에 대해 기술하였다. 어떤 사람들은 범죄행동을 저지를 위험을 증가시키는 기질적인 특성(예: 충동성, 감각-추구 그리고 부정적 정서)이나 신경적인 결함을 가지고 태어난다. 그렇지만 이는 이러한 사람들이 단순히 태어날 때부터 나쁘다는 뜻은 아니다. 아마도 제5장에서 가장

중요한 내용은 사회적 환경이 우리의 이러한 타고난 소인(predisposition)을 발현시키는 데 막대한 영향을 끼칠 수 있다는 것이다. 이번 장에서는 제5장의 내용에 계속해서 초기의 사회화 환경-가족-이 범죄행동 발달에 어떻게 영향을 주는지에 대해 탐구할 것이다.

우리는 보호자-자녀의 관계에서 시작되는 사회적 애착개념을 검토하면서 논의를 시작한다. 보호자-자녀의 관계가 다른 사회적 장면들 속에서 형성되는 애착관계의 질을 부분적으로 결정할 수 있다는 것을 분명하게 명시할 것이다.

그리고 가족의 역학관계(family dynamics)가 자녀의 범죄 궤적에 어떻게 막대한 영향을 미칠 수 있는지에 대해 서술하겠다. 부모는 때로는 무심결에 반사회적 행동이나 또는 친사회적 행동의 모델이 되거나 그런 행동들을 강화시킨다. 부모의 애정 또는 애정의 결핍은 자녀가 부모를 기쁘게 하기 위한 행동을 하게 하는 동기를 결정하기도 한다. 마지막으로, 더욱 효과적인 가족개입에 대해 기술하겠다.

배려의 학습: 부모-자녀의 관계와 사회적 유대의 발달

제4장(범죄행위에 대한 PIC-R 조망을 다루었다)에서 특정 행동의 가능성은 그 행동에 대한 보수와 비용의 횟수, 다양성, 질 그리고 즉각성에 달려 있다는 것을 설명하였다. 이 절에서는 사회적 맥락에서 이루어지는 보수와 비용의 질(quality) 측면에 중점을 둘 것이다. 즉, 일부 사람들이 제공하는 보수와 비용이 우리에게 왜 그토록 중요한지, 왜 우리가 단지 미소나 칭찬을 받기 위해 행동하는지, 반면에 왜 찡그림이나 냉대를 피하기 위해 일부 행동을 억제하는지에 대해 알아볼 것이다. 주위 사람들이 우리가 하는 행동에 큰 영향을 미칠 수 있지만, 모든 사람들이 우리가 무슨 말을 하는가와 무슨 일을 하는가에 대해 동일한 수준의 영향을 미치지 않는다는 것은 분명하다.

대인 관계 영향의 정도는 보수와 비용을 주고받는 사람 간의 관계의 질에 달려 있다. Travis Hirschi(1969)는 그의 통제이론(부모와의 유대가 그의 주제의 중심이었다)에서 그 중요성을 인정한 바 있다. 보수와 비용의 원천이 높이 평가되고 사랑받으며 존경받는 사람일 때, 우리는 그 사람에게 주목하고 우리의 행동에 대한 그 사람의 반응에 신경을 쓴다. 그러나 낮게 평가되고 사랑받지 못하며 무시당하는 사람은 우리의 행동에 적은 영향을 미친다. 즉, 당신이 좋아하지 않는 사람 때문에 왜 변하겠느냐는 것이다.

우리는 성인들 중에 따뜻하고 친절하고 지속적인 대인 관계를 맺는 것이 어려운 사람이 있다는 것을 안다. 그들은 왠지 사회적인 애착을 형성하는 능력이 결핍되어 있고 자기중심적이며 무신경하다(Fonagy et al., 1997; van IJzendoorn, 1997). 확실히, 일부 기질적인 특성들(예: 내향성, 극도의 조심성, 냉담한-무정서적인)은 긍정적인 사회적 관계를 맺는 것을 어렵게 할 수 있지만 또한 사회적 조건화 요인들(social conditioning factors)도 중요하다. 대부분의 이론가들과 연구자들은 가족 맥락과 부모와 같은 사람들과의 애착을 미래의 사회적 관계의 원형으로 보고 있다.

애착이론은 John Bowlby(1971, 1988)의 연구에 그 뿌리를 두고 있다. 대부분의 10개월부터 18개월 정도까지의 아이들은 부모와 분리될 때 정서적인 고통을 겪는다. Bowlby는 아이들의 이러한 반응[즉, '분리불안(separation anxiety)']이 아이가 이미 부모와 애착관계를 형성했다는 것을 나타내는 것이라고 보았다. Bowlby는 원래 엄마와의 애착관계가 결정적이라고 생각했지만, 나중에(1988) '지속적으로 돌봐주는 그 누구나'로 그의 견해를 수정하였다. 그의 견해로는, 애착의 결정적인 기능은 유아가 주변 환경을 탐색하고 독립성을 기르기 위해 필요한 안정감을 제공하는 것이었다. 엄마/보호자는 세상이 위협적일 때 돌아갈 수 있는 안전한 피난처인 것이다. 이상적으로, 미래의 사회적 애착형성을 위한 긍정적인 기반이 되기 위해서는 보호자-자녀 간의 건강한 애착이 생후 2년 내에 형성될 필요가 있다.

부모와 자녀 사이의 유대가 미래의 대인 관계 형성의 기초임에 반해, 유대의 단절은 후에 다른 성인들, 또래 그리고 권위의 상징들(선생님, 고용주, 사회 체제 등)과 애착을 형성하는 데 어려움을 겪을 것임을 예고하는 것으로 여겨져 왔다. 따라서 Bowlby의 연구는 엄마와 자녀의 유대가 붕괴되는 경우(심지어 짧은 시간만이라도) 어떤 일이 일어나는지 분석하는 것에 중점을 두었다. 냉담(detachment)(어른들에 대한 관심 결여)이 그런 결과들 중 하나다. Bowlby(1971)는 부모와 아이 사이의 유대관계가 너무 오랫동안 빈번하게 붕괴되면 아이가 "그 누구와도(자신들을 포함해서) 애착 형성을 모두 중단"(p.50) 하고 "피상적인 사교성(superficial sociability)"을 발달시킨다고 주장하였다.

부모-자녀의 유대가 단절되어 나타나는 영향을 알아보는 한 가지 방법은, 이혼이 아이에게 미치는 영향을 연구하는 것이다. 이혼에 의해 '붕괴된 가정(broken-homes)'(부모의 죽음보다는)을 연구한 결과 미래의 비행행동과 작은 상관에서 보통까지의 상관관계를 보였다. 부모의 이혼과 비행을 연구한 메타연구는 .12부터 .23까지의 상관관계를 보고하였다(Amato, 2001; Leschied, Chiodo, Nowicki & Rodger, 2008; Wells & Rankin, 1991).

붕괴된 가정과 비행의 상관관계를 매개하는 요인들에는 무엇이 있을까? 여러 가지 매개 메커니즘이 제안되었다. 첫 번째는 이혼한 가정의 아이의 반사회적 행동은 부모의 반사회적

병리(antisocial pathology)를 물려받은 것이라고 설명하는 것이다. 그러나 이혼한 가정의 친자녀와 입양자녀들 610명을 분석한 결과, 유전적이라는 증거를 발견할 수 없었다(Burt, Barnes, McGue & Iacono, 2008). 두 번째는, 아이의 행동이 '지저분한 이혼(messy divorces)'이냐 또는 '원만한 분리(amicable separations)'냐에 따라 차이를 보인다는 것이다. 증거들은 이혼한 가정의 아이들이 겪게 되는 어려움은 부모와의 분리보다는 가족이 해체되는 데 따르는 정서적 갈등에서 더 크다는 것을 시사한다(Haas et al., 2004; Juby & Farrington, 2001). 세 번째 요인으로는, 이혼 후 부모와 자녀의 관계의 속성이다. 5세 이하의 아동에게 이혼이 미치는 영향을 분석한 12개의 연구들에 대한 Whiteside와 Becker(2000)의 고찰에 의하면, 이혼 후 아버지와 지속적으로 긍정적인 관계를 유지한 아이들에게서 더 적은 '외현증상(externalizing symptoms)'이 나타났음이 드러났다. 붕괴된 가정의 아이들 7,000여 명을 포함한 총 16,000명 이상의 청소년들을 연구한 Demuth와 Brown(2004)의 연구에서, 가장 높은 청소년 비행률을 보인 집단은 아버지만 있는 가정의 아이들이었다. 그러나 아버지와 자녀의 관계를 고려하였을 때는 그렇게 높은 비율은 아니었다. 즉, 아버지가 아이와 따뜻한 관계를 유지한다면, 편부가정의 아이라도 온전한 가정의 아이만큼 비행 가능성이 적었다. 반면에, 반사회적 아버지가 아이를 돌보는 것은 미래의 문제에 유전적 그리고 환경적인 '이중적-불행(double whammy)'의 위험을 가져왔다(Jaffee, Moffitt, Caspi & Taylor, 2003). 한부모 가정의 긍정적인 부모-자녀관계는 비행에 대한 보호적 요인이 될 수 있지만, 두 부모가 아이와 건강한 관계를 공유하는 가정의 보호적 요인보다는 강할 수 없다. Hirschi(1969)는 적어도 한 명의 부모와의 강한 유대감이 비행으로부터 아이를 보호할 것이라고 제안하였지만, Joseph Rankin과 Roger Kern(1994)이 National Survey of Youth 데이터베이스를 분석한 결과는 아무리 한부모 가정에서 긍정적인 부모-자녀 애착관계를 형성한다고 하더라도 온전한 가정에서 두 부모와 긍정적인 애착관계를 갖는 것을 대신할 수 없다는 것을 보여 주었다. 다른 연구자들(Cookston, 1999; Demuth & Brown, 2004; Griffin et al., 2000)도 이와 비슷한 결과를 발표하였다.

부모-자녀의 유대가 언제 방해받느냐의 시기적 중요성은 Bowlby에 의해 제기되었는데, 그는 부모-자녀의 유대가 이른 시기에 방해받는 것이 늦은 시기에 방해받는 것에 비하여 더 아이에게 유해하다고 예측하였다. 이 주장에 대한 증거는 엇갈린다. Hirschi(1969)는 부모와 아이가 분리될 때의 나이(5세 전후일 때)와 비행은 상관없다는 것을 발견하였다. Mark Lipsey와 James Derzon(1998)은 메타분석을 하기에 6세 이전 아이들의 연구자료는 부족했지만, 6세부터 11세 사이에 '붕괴된 가정'의 경험이 있는 아이들 그룹과 12세부터 14세 사이의 분리경험이 있는 그룹을 비교 연구할 수 있었다. 6세부터 11세 아이들 그룹에서는 폭력행동에 대한 평균 효과크기는 .06이었고, 12세부터 14세 사이의 아이들 그룹에서는 .10이었다(차이는 유의하지 않았다). 그러나 Rebellon(2002)은 부모의 이혼/분리가 빠를수록 폭력적이거나 비폭력적인 비행과 관련이 있음을 발견했고, 이러한 관련성에 대해 인지사회적 학습이론과 일관된 설명을 제공하고 있다. 그는 National Youth Survey(n = 1,725명의 청소년)의 종단적 연구 데이터를 사용하였다. 이 연구 데이터에서 가장 중요한 점은 가족 기능, 또래관계 그리고 관습적 신념에 대한 측정치를 포함하고 있다는 것이다. Rebellon(2002)의 분석결과는 조기의 가족붕괴가 아이가 조기에 반사회적인 또래와 어울리고 반사회적인 태도를 학습할 수 있는 장을 제공해 줄 수 있다는 것을 시사하고 있다.

비행과 강력하게 관련 있는 또 다른 요소는 보호자와 자녀 간의 유대관계 단절의 빈도다. 지역신문에 보도된 범죄기사를 읽기만 해도 범죄자가 성장기 때 입양가정이나 기관을 전전하며 자랐음을 알 수 있다. Bowlby는 빈번한 단절은 아이가 어른들과 애착 형성을 피하고 '마음을 또다시 아프게 할 그 어떤 위험부담'을 피하려 한다고 가정했다. 자녀-보호자 간의 애착이 빈번하게 단절되는 것이 반복되고 뒤죽박죽이 되면, Moffitt이 아주 간결하게 기술한 대로 생애지속형 범죄자를 만드는 것이다.

세 개의 종단연구들의 데이터를 이용하여, Thornberry 등(Thornberry et al., 1999)은 유대관계가 다섯 번 이상 단절된 경험이 있는 청소년들 중 90%가 범죄행동에 개입된 것을 발견했다. Rolf Loeber 등(Loeber et al., 2005)은 1,500명 이상의 어린 남자아이들을 어른(30세)이 될 때까지 추적 연구하였다. 10세 이전에 두 명 이상의 보호자가 바뀌는 경험을 한 아이들이 폭력적인 범행을 저지를 가능성은 경험이 없는 아이들에 비해 두 배 이상 높았다. 한 수감자 표본에서는, 입양가정에서 자란 전력이 있는 청소년이 그렇지 않은 청소년에 비해 생애지속형 범죄자가 될 가능성이 네 배 이상 높았다(Alltucker, Bullis, Close & Yovanoff, 2006). 흥미롭게도, Ryan과 Testa(2005)는 학대로 인해 가정에서 분리된 아이들의 표본에서 빈번한 단절은 남자아이들에게는 위험 요인이었지만 여자아이들에게는 그렇지 않았다는 것을 발견했다. 네 번 이상 가정이 바뀐 경험을 한 남자아이들의 비행률은 21%였고, 가정이 바뀌지 않은 남자아이들은 12%였다. 위와 동일한 경우의 여자아이들은 각각 7%와 6%의 비행률을 보였다.

마지막으로, 부모-자녀 사이의 애착과 후에 형성될 또래 애착 간의 관련성을 살펴보자. Bowlby가 부모-자녀의 애착이 미래의 비보호자들과의 애착의 원형이라고 했던 것을 기억하자. 다시 말해서, 부모와의 관계를 망쳤다면, 친구들과의 관계도 망칠 위험이 있다는 것이다. 실제로, 부모와 긍정적인 애착관계를 형성한 경우 또래관계도 성공적이라는 증거가 있다. 예를 들어, 63개의 연구들을 메타분석한 결과 어머니와의 애착관계와 성공적인 또래 관계의 평균 효과크기는 .20인 것으로 나타났다(Schneider, Atkinson & Tardif, 2001). Fonagy 등(1997)은 청소년기는 부모-자녀 유대로부터 좀 더 일반적인 성인 및 사회적 유대로 그 중요성이 옮겨가는 특별히 중요한 시기라고 가정했다. 청소년기에는 "이전의 애착패턴이나 새로운 애착패턴이 모두 충분하게 활성화되지 않는 냉담의 순간(moment of detachment)"이 있다(p. 241). 이 '냉담의 순간'은 정상적인 과정이지만, 부모의 통제가 느슨해지는 시기이며, 이 시기에 청소년기에만 제한된 비행을 저지를 가능성이 있다. 마찬가지로, 이 가설은 새로운 친사회적 애착으로 변화하는 것이 이전의 애착 패턴을 그만두게 하는 가장 중요한 요인임을 제안한다(Born, Chevalier & Humblet, 1997; Piquero, Brezina & Turner, 2005). 사회적 관계를 구축하는 것과 타인들을 실제로 배려하는 것의 근원은 보호자-자녀 관계의 애착 패턴이지만, 비행을 낳게 하는 데 있어서 부모의 역할은 단지 정서적으로 따뜻하거나 안정감만 주는 것을 넘어선다. 부모와 자녀 사이의 긍정적인 관계도 물론 중요하지만, 부모의 양육 방법 또한 매우 중요하다.

가족과 비행

부모가 자녀에게 막대한 영향을 끼친다는 견해에 이의를 제기하는 사람은 드물 것이다. PIC-R에서 기술된 모든 대인간 영향의 원천과 마찬가지로, 부모의 영향도 또한 관계성과 구조화의 차원에서 작용한다. 부정적인 부모-자녀 관계는 아이에게 적대적인 감정을 불러일으킬 수 있고, 반사회적 행동으로 이끌 수 있다(Dembo et al., 1998; Haapasalo & Pokela, 1999; Rohner, 2004; Smith & Thornberry, 1995; Widom & Maxfield, 2001). 부모들은 또한 친사회적 규범, 가치, 신념 그리고 사회에서 성공하는 기법을 가르치고 주입시키는 역할을 한다. 이런 면에서 부모가 아이에게 친사회적인 행동의 모범이 되지 못하고, 취약한 모니터링 그리고 일관성 없는 훈육을 하는 것은 위험하다.

관계성과 구조화의 차원은 흔히 어떤 특정 연구에서 분리시키기 어렵기 때문에 각각의 상대적 중요성을 평가할 수 없도록 만든다. 이 두 차원에 대한 우리의 개요는 PIC-R 조망과 관련된 연구들을 조직하기 위한 것이다. 친사회적인 규범을 장려하고 따뜻한 정서적 애착이 있는 가정은 비행률이 가장 낮을 것으로 예측된다. 반면에 사회적인 관습을 훈련시키는 데 실패하고 정서적인 유대가 약한 가정은 비행률이 가장 높을 것으로 기대된다. 마지막으로, 구조화와 애정적인 차원의 조합이 서로 다른 가정(예: 친사회적 규범은 높고 애착은 낮은)은 비행률이 중간 범위에 이를 것이다.

가족개입과 비행행동의 감소

비행에 대한 종단적 연구결과는 모두 하나같이 가족 사이의 약한 정서적 관계와 일관성 없는 모니터링과 훈육이 아이의 반사회적 행동을 예측한다는 것을 발견하였다(예: Johnson et al., 2004; Leschied et al., 2008; Loeber et al., 2005). 독자들은 이미 앞선 장들에서 이에 대한 증거들을 많이 보았다. 이 시점에서, 우리는 바로, 미래의 범죄를 예방하기 위하여 가족 수준에서 무엇을 행해야 되는지 살펴보겠다.

일반적으로, 부모 및 가족 처치 프로그램은 문제행동과 비행에 긍정적인 영향을 미친다. 일부 프로그램은 일차적 예방에 중점을 두고 있다. 예를 들어, 7세 남자아이들 중 가장 위험수준이 높은 아이들을 대상으로 한 Montreal 종단 실험 연구(Montreal Longitudinal Experimental Study) 결과, 아이들의 성장 후 24세 때의 범죄율을 비교했을 때 처치집단(21.7%)이 통제집단(32.6%)보다 더 낮았다(Boisjoli, Vitaro, Lacourse, Barker & Tremblay, 2007). 5세 이전의 아동들을 대상으로 실시한 55개의 조기개입 처치 연구들을 메타분석한 연구에서는 반사회적인 행동이 22% 감소했다고 보고하고 있다(Piquero, Farrington, Welsh, Tremblay & Jennings, 2009). 가족개입 연구의 또 다른 메타분석에서의 평균 효과추정치 *r* 값의 범위는 .15(Latimer, 2001)부터 .21(Gordon et al., 1992)에서 .22(Waldron & Turner, 2008)까지로 나타났다. 나아가, 이런 메타분석 연구들에서, 행동적 방법을 사용한 처치 프로그램들은 정신역동적 또는 내담자-중심적 프로그램들과 같은 덜 구조적이고 덜 지시적인 처치 프로그램들에서 보다 훨씬 더 큰 재범감소율을 나타냈다. 다음의 예는 더욱 효과적인 가족치료 사례들이다.

Oregon 사회적 학습센터 프로그램. Oregon 주에서 Gerald Patterson 등은 품행장애와 과잉행동장애가 있는 아이들과 그 가족들에게 초점을 맞추었다. 그들의 이론적 모델에서는, 강압적인 가족 과정(coercive family process)이 중심에 있다(Granic & Patterson, 2006; Patterson, 1982, 1997). 아이들은 아주 어린 나이 때부터 싫고 성가신 태도로 행동하면 강화를 받는다는 것을 배운다. 예를 들어, 부모가 아이의 짜증(temper tantrum)에 항복하는 것을 말한다. 부모의 항복은 아이의 나쁜 행동에 대해 보상을 해 주는 것뿐만 아니라 부모의 이런 행동은 추후 아이의 부적절한 행동을 격화시키게 된다. 따라서 치료는 부모에게 아이의 긍정적인 행동에는 보상을 해 주고 부정적인 행동은 무시하라고 가르침으로써 이러한 강압적인 사이클(coercive cycle)을 단절하는 것에 초점을 둔다.

Oregon 처치 프로그램은 가족의 상호작용과 부모의 훈육방법을 바꾸는 데 상당히 성공적이었다. 대부분의 연구는 아주 어린아이들의 가족들을 대상으로 진행되었지만, 일부는 청소년을 대상으로 실시되었다. Bank, Marlowe, Reid, Patterson 그리고 Weinrott(1991)의 연구에서는 비행청소년들(평균 14세)을 무작위로 Oregon 사회적 학습센터(Oregon Social Learning Center: OSLC) 처치 프로그램(n = 28)과 지역사회 처치 프로그램(n = 27)에 배정하였다. 처치 동안에는, OSLC 그룹이 통제집단과 비교하여 비행행동의 유의한 감소를 나타내었지만, 이러한 차이는 3년에 걸친 추적 연구 결과 사라졌다. 유일하게 지속되는 차이점은 OSLC 처치 그룹이 수감기간이 더 적었으며, 이는 $100,000 정도의 비용을 낮추었다는 것이었다.

구조화된 행동적 프로그램이 장기적 재범률을 낮추는 데 실패했다는 것은 당혹스러운 일이었으며 다른 행동적 접근법의 발견들과 일치하지 않는 것이었다. Patricia Chamberlain (2003)은 극단적으로 역기능적인(dysfunctional) 가정에서 상습적인 비행을 하는 아이들은 입양가정이나 시설에서 치료받는 것이 더 나을 것이라고 제안했다. 결과적으로, Oregon 주 사회적 학습센터의 연구자들은 비행 때문에 가정으로부터 분리된 청소년을 위한 고강도의 구조화 프로그램(highly structured program)을 개발하기 시작했다. 이 프로그램의 이름은 다차원 처치 위탁 보호(Multidimensional Treatment Foster Care: MTFC; Chamberlain, 2003)다.

MTFC는 입양부모나 친부모에게는 가족치료와 사회적 기능훈련을, 아이를 대상으로는 개별적 치료를 제공하며, 학교의 선생님, 보호관찰관 그리고 가석방 심사관에게는 자문을 해준다. 개입 프로그램의 이런 포괄적인 접근방법은 다체계적(multisystemic) 치료의 특성으로 이에 대해서는 나중에 다시 설명하겠다. 상습적인 남자 비행청소년(평균 12.6회의 기소전력이 있는)을 무작위로 배정한 한 연구에 의하면, MTFC 처치 그룹에 있는 청소년들이 1년 후 집단가정(group home)에 배정받은 통제집단에 비하여 형사사법기관과의 접촉이 더 적었다(Chamberlain & Reid, 1998). 그 이후 2년간의 추적 연구에서도, MTFC 참가자의 단 5%만이 형사사법기관과의 접촉이 있었고 집단가정에 배정받은 통제집단은 24 %였다(Eddy, Whaley & Chamberlain, 2004).

MTFC의 효과는 여자 비행청소년들에게도 나타났다. 평균 12번의 형사사법기관과의 접촉이 있었던 81명의 여자 청소년들이 무작위로 MTFC 그룹이나 집단가정 통제집단에 배정되었다(Leve, Chamberlain & Reid, 2005). 프로그램을 이수한 1년 후, MTFC 참가자들은 통제집단의 여자청소년들에 비해서 형사사법기관과의 접촉이 42%나 적었다. 처치집단의 이러한 이점은 추후 2년간의 추적 연구에서도 유지되었다(Chamberlain, Leve & DeGarmo, 2007). 흥미롭게도, MTFC 프로그램에 대한 두 개의 평가에서, 프로그램에 참가한 비행청소년은 비행적이고 반사회적인 또래 아이들과의 교제가 적어졌다(DeGarmo & Forgatch, 2005; Leve & Chamberlain, 2005). 즉, MTFC는 보호자에게 아이의 행동에 대해 적절하게 보상과 처벌을 하게 하여 강압적인 사이클에서 벗어나게 할 뿐만 아니라 또래 아이들과의 교제도 바꾸게 도와주었다.

기능적 가족치료. Oregon의 집단적 개입 프로그램이 강조하는 것은 규범적 차원(모니터링과 훈육)이다. 그러나 James Alexander 등은 관계성 차원도 목표로 삼았다. 기능적 가족치료(Functional Family Therapy: FFT; Barton & Alexander, 1980)는 가족 간의 의사소통 패턴을 바꾸어 가족 간의 관계 향상을 도모한다. 그들의 초기 연구결과들을 보면, 비행 가정은 '방어적 의사소통'(예: 가혹하고 화내는 의사표현이나, 크게 비난하는 것 등)을 많이 하고, '지지적 의사소통'(예: 공감하고, 도움이 되는 정보들을 제공하며, 상대방의 말이 끝날 때까지 기다렸다가 대답하거나 하는 것)은 거의 하지 않는 것으로 나타났다. 바라건대, 독자들이 호혜적(reciprocal)이고 지지적인 의사소통은 가족 간의 따뜻한 정서적 관계를 촉진한다는 것을 알기 바란다.

이러한 관찰결과를 기반으로, Utah 그룹은 가족 구성원들에게 방어적 의사소통은 줄이고 호혜적인 지지적 의사소통을 늘리도록 가르쳤다. 더욱 효과적인 의사소통 방식의 훈련은 OSLC(예: 아이의 긍정적인 행동에 대해서는 보상하고 부정적인 행동은 무시/인정하지 않는 것)의 접근법과 유사한 양육 기술의 훈련과 함께 병행되었다. 비행청소년에 대한 FFT는 일관되게 긍정적이라는 평가를 받았다.

첫 번째의 성과연구(outcome study)에서는, 가족들이 무작위로 네 가지 그룹에 배정되었다(Alexander & Barton, 1976; Alexander & Parsons, 1973). 가족들은 모두 13세에서 16세 사이의 아이가 있었고, 이들은 모두 그리 심각하지 않은 비행[예: 가출, 무단결석, '통제불능(ungovernable)']의 아이들이었다. FFT 집단 이외에도 두 개 집단이 추가되었고(내담자 중심 가족치료와 정신역동적 가족치료), 마지막 집단은 치료를 하지 않는 통제집단이었다. 내담자 중심 프로그램은 비지시적이고 가족의 감정 상태에 초점을 맞추었다. 정신역동적 가족치료는 '통찰'을 제공하는 것이 치료의 목적이었다.

치료가 모두 끝났을 때, FFT 집단은 지지적 의사소통은 더 많이 하고 방어적 의사소통은 더 줄어들었다. 부모도 또한 아이의 행동을 강화시키는 더 나은 행동적 기법들을 학습했다. 〈표 8-1〉에서 볼 수 있듯이, 이러한 중간 목표들(intermediate targets)은 비행행동의 감소를 이끌었다. 나중에 추가된 두 번째 FFT 집단도 첫 번째 FFT의 집단의 결과와 비슷했다(Alexander & Barton, 1976). FFT 집단의 재범률은 아무런 처치를 받지 않은 집단에 비하여 절반 정도로 나타났다. 내담자 중심 가족치료는 후의 비행행동에 어떤 영향도 미치지 않는 것으로 나타났고, 정신역동적 가족치료의 '통찰' 제공 접근방법은 오히려 재범률을 증가시켰다(73%).

표 8-1 가족개입과 재범

집단		N	재범률(%)
FFT:	1st 집단	46	26
	2nd 집단	45	27
내담자-중심		19	47
정신역동적		11	73
치료 없음		46	48

Alexander & Parsons(1973); Alexander & Barton(1976)에서 발췌.

FFT는 가족체계 모델이다. 가족은 하나의 체계로서, 가족 구성원 한 명에게 무슨 일이 생기면 그 외의 다른 가족 구성원에게도 영향을 미친다(엄마가 불행하면, 가족 구성원 그 누구도 행복하지 않다). 바로 이러한 점이 체계 모델적 개입의 강점이다. 행동의 변화는 치료자의 최초의 관심의 대상이었던 아이에게서만 나타나는 것이 아니라 대상 아동의 형제자매에게서도 나타난다. Nanci Klein, James Alexander 그리고 Bruce Parsons(1977)는 소년법원기록을 조사하여 치료를 받지 않은 집단의 아이들의 형제자매들 중 40%가 공식적인 법원기록이 있음을 발견했다. 내담자 중심 가족치료 집단의 형제자매 재범률은 59%였고, 정신역동적 가족치료 집단의 형제자매 재범률은 63%였다. FFT 집단의 형제자매 재범률은 20%였다.

마지막으로, Barton, Alexander, Waldron, Turner 그리고 Warburton(1985)은 수감된 '매우-심각한(hard-core)' 비행청소년(평균 22건의 범행전력이 있는)이 있는 30개 가정에 FFT를 도입하였다. 일부 가정은 청소년이 가족의 품으로 돌아가기 전에 기관에서 치료를 시작했다. 이 FFT 집단은 다양한 지역사회 프로그램들을 이수한 같은 훈련 학교의 44명의 범죄자들과 비교되었다. 이 두 그룹은 나이, 교육수준, 인종 그리고 이전 범죄의 횟수와 심각성을 일치시켰다. 15개월 동안 추적 연구한 결과, FFT 집단은 60% 그리고 비교집단은 93%가 추가 기소를 받았다. 더 나아가, 이 재범자들 중 새로운 범행의 수도 FFT 집단에서 더 적었다(범죄의 심각성의 차이는 없었다).

대부분의 초기 FFT 평가는 Utah에서만 이루어졌는데, 대부분의 연구대상자들은 모르몬교도(Mormon)가 70%를 차지하는 지역사회의 중산층 가정 출신이었다. 하지만 FFT의 효과는 다른 곳에서도 입증되었다(Gordon, 1995; Gordon, Jurkovic & Arbuthnot, 1998). 일례로, FFT를 Ohio 주의 지방도시와 빈곤지역에 사는 비행청소년 가정에 도입하였다(Gordon et al., 1988). 28개월의 추적 연구 끝에 FFT 치료를 받은 집단의 재범률은 11%, 보호관찰 중인 치료를 받지 않은 집단의 재범률은 67%인 것을 발견했다. 이 집단을 3년간 장기적으로 성인이 될 때까지 추적 연구한 결과, 치료를 받은 대상자의 8.4%가 유죄판결을 받았고, 치료를 받지 않은 통제집단의 40.9%가 유죄판결을 받았다(Gordon, Graves & Arbuthnot, 1995). Washington 주에서 이루어진 FFT 프로그램들에 대한 고찰에서, 유능한 치료자가 실시한 FFT 치료는 재범률을 38%까지 낮춘다는 것을 보여 주었다. 그러나 무능하다고 판정된 치료자가 실시한 FFT 치료는 재범률을 17% 증가시키는 것으로 나타났다(Washington State Institute for Public Policy, 2004).

내담자-중심 및 정신역동적 개입이 효과가 없었다는 것을 기억해 보자. 이 두 가지 치료적 접근법이 효과를 거두지 못한 이유는 내담자와 치료자 간의 관계에 지나치게 의존하고, 친사회적 기술을 직접적으로 훈련시키지 않았기 때문이다. 그러나 우리가 내담자와 치료자의 관계성 차원을 무시하고 부모들에게 행동적 양육 기법만을 훈련시키는 데 초점을 둔다는 뜻은 아니다. 비행청소년의 대다수의 부모는 자주 부모들 간의 관계가 불행하고 이로 인해 아이들을 효과적으로 감독하거나 지도할 수 없다(예: Griffin et al., 2000). 그러므로 결혼생활 관계 개선과 적절한 양육 기술을 가르치는 것을 병행하는 것이 필요하다(Dadds, Schwartz & Sanders, 1987).

다체계적 치료. 마지막으로, 효과적인 가족처치 프로그램으로 남부 Carolina 의과대학교의 Scott Henggeler 등이 개발한 다체계적 치료(Multisystemic Therapy: MST)가 있다(Culpit, Henggeler, Tayor & Addison, 2005; Henggeler et al., 1998; Swenson, Henggeler & Schoenwald, 2001). MST는 원래는 더 심각한 비행청소년을 다루기 위해 고안되었다. 이 치료법의 핵심적 요소['가족 보존(family preservation)']는 부모들에게 청소년 문제(규범적)를 다루고 가족 내의 갈등(관계성)을 줄이는 기술을 가르치는 것이다. Oregon 집단의 다차원적 처치 위탁 보호(Multidimensional Treatment Foster Care) 프로그램처럼 MST는 학교, 또래 그리고 주요 지역 기관의 협조를 요청하여 치료의 효과를 유지하고자 한다([자료 노트 8-1] 참조).

[자료 노트 8-1]

다체계적 치료의 이론과 실제 적용

다체계적 치료법(Multisystemic therapy: MST)은 그동안 널리 보급되었고 고위험 비행청소년의 개입치료법으로 연구되어 왔다. 문제청소년의 행동을 바꾸게 하는 MST의 성공 요인은 아마도 개입치료의 포괄적인 특성 때문일 것이다. MST의 개발자 Scott Henggeler 등은 가족 시스템과 사회학적 생태이론을 강조했다. 개인은 가족, 또래, 학교 그리고 지역사회를 포함하는 더 넓은 사회적 맥락의 일부분이다. 이 접근법은 PIC-R의 이론적 진술과 일치된다. 이 두 가지 모델에서 예측한 효과적인 개입방식은 비슷하다. 즉, 많은 욕구를 갖고 있는 고위험군에 속하는 개인들의 반사회적 행동과 관련되어 있는 보수와 비용의 유관성이 바뀌려면 중다적인 개입이 필요하다는 것이다.

MST는 직접적인 개입과 지역사회의 지원책을 마련하여 가족개입 치료의 이득을 유지함으로써 가족의 긍정적인 변화를 이끌어 내는 것을 목적으로 한다. 청소년들에게는 친사회적인 교우관계를 맺는 것을 포함하여 학교생활과 사회적응을 도와준다. 마지막으로, 비행청소년 개인이 가지고 있는 독특한 욕구를 개별적인 상담을 통해 해결한다. 이러한 모든 서비스들은 고도로 전문적인 상황에서 치료의 완결성(integrity)을 도모하기 위한 엄청난 노력으로 이루어진다.

가족수준에서는, 치료자들이 직접 가족들과 함께 하며 가족 간의 상호관계를 관찰한다. 이것의 강점은 더 효과적인 가족 기능의 기반이 된다. 여기서 가족은 가족 구성원 중 하나가 다른 가족 구성원의 행동을 바꿀 수 있는 사회적 체계로 여겨진다. 가족 구성원들은 자주 자신의 행동을 관찰하고 다른 가족 구성원의 행동을 관찰하도록 요청받는다. 최초의 평가 단계 후, 부모는 그들의 훈육 방법을 바꾸고, 더 효과적인 보상과 처벌 방법을 사용하는 것을 학습했다. MST 치료자들은 특히 부모(들)가 가지고 있을지 모르는 개인적 문제에 관심을 가졌다. 예를 들어, 만약 정신장애가 있다고 명백히 판단되면, 적절한 지역사회 치료가 보장된다. 만약 부모가 아이를 모니터링하는 데 도움이 필요하다면, 이웃이 이를 돕도록 한다. MST는 지역사회의 자원을 활용하여 가족을 돕는 것을 매우 중요하게 생각한다.

치료자는 가족과 프로그램을 진행하면서 일탈적 동료와의 교제가 줄어들도록 노력한다. 치료자들은 친사회적인 동료들의 거부에 대한 문제를 이해하고 부모가 아이의 사회적 상호작용을 모니터링하도록 가르친다. 반사회적인 아이들과 교제함으로써 발생되는 피해에 대해 부모가 아이들과 더 효과적으로 의사소통하는 방법에 대해서도 가르친다(예: 자녀가 어울리는 비행청소년 또래 아이들을 함부로 질책해서는 안 된다. 왜냐하면 자녀가 그 비행청소년 아이들과 어울리려는 결심을 더 부추길 수 있기 때문이다). 자녀와 진행하는 개별적인 상담은, 또래 아이들에 대해 의논하고 대인 관계 기술을 가르치는 것이 보편적이다.

학교는 고위험군 비행청소년에게 사회적 생태계 중 중요한 곳이다. 아이들은 학업에서 적절한 도움을 받고, 부모는 아이들의 학교생활을 모니터링할 수 있게끔 지원을 받고 그리고 선생님들은 변화를 위한 대리인으로서 참여가 요구된다. MST는 친사회적인 행동에 대한 보상을 증진시키면서, 반사회적 활동을 지지하는 사회적 힘들을 억제시킬 수 있는 즉각적인 사회적 및 지역사회의 지지들을 확인하는 데 모든 수단을 동원한다.

주의 깊게 통제된 평가에서, 적어도 두 번 이상 체포된 전력이 있는 청소년의 가족들이 무작위로 MST 또는 개인 치료집단에 배정되었다(Borduin et al., 1995). 개인치료는 행동적, 내담자-중심 그리고 정신역동적 치료가 혼합된 방식을 도입했다. MST 치료자들은 최소 두 달간의 훈련을 받고, 이 두 달 간 매주 3시간씩 슈퍼비전을 받았다. 이는 프로그램의 수준 높은 완성도에 반영된다. MST 집단은 청소년의 문제행동을 감소시키고 가족관계를 향상시킨 반면, 개인치료 집단에서는 그와 같은 변화를 찾을 수 없었다. 4년간의 추적 연구에서 MST 집단의 재범률은 26.1%였고, 개인치료 집단의 재범률은 74.1%였다. 그 이후 13년간의 추적 연구 결과도 비슷한 양상을 보였다(Shaeffer & Borduin, 2005). 현재 평균 28세가 된, MST 청소년들의 재범률은 50%였고, 개인치료 집단은 81%였다.

MST는 약물사용(Borduin et al., 1995; Henggeler et al., 2002, 2006), 폭력적이고 심각한 흉악범죄(Henggeler, Melton & Smith, 1992; Henggeler et al., 1993), 아동 학대(Henggeler et al., 1998) 그리고 청소년 성범죄(Borduin et al., 1990; Borduin, Schaeffer & Heiblum, 2009) 등을 포함한 다양한 문제들에 적용되어 왔다. 일곱 개의 MST 연구들에 대한 메타분석 연구에서는 청소년 비행에 대한 제법 큰 효과를 발견했다(Curtis, Ronan & Borduin, 2004). MST에 대한 대부분의 평가는 긍정적이었지만 모두 그런 것은 아니었다. MST를 평가한 한 보고서에 의하면, 캐나다의 고위험 청소년 집단을 대상으로 실시한 MST와 일반적인 서비스를 받은 집단 간에 차이점을 발견할 수 없었다(Leschied & Cunningham, 2002). 그러나 문제는 프로그램을 실행하는 데 어려움이 있었다는 것이었다(Leschied와의 개인적 대화, January 31, 2006). 형편없이 훈련받은 치료자가 실제 재범증가와 관련이 있다는 FFT에 대한 논의를 떠올려 보자. 대부분의 MST에 대한 평가에서, South Carolina 집단은 프로그램을 감독하고 평가를 실시함으로써 치료 실행에서의 완결성을 확고히 했다. 그러나 Washington 주의 MST에 대한 보고서에 의하면, 실행에 있어 문제가 너무도 엄청나서 그 어떤 결과도 도출할 수 없었다. 스웨덴에서 실시한 MST에 대해서는 치료 실행의 충실성 문제 때문에 사실상 평가를 실시할 수 없었다(Sundell, Hansson, Löfholm, Olsson et al., 2008). MST의 개발자들과는 무관하게 독립적으로 MST를 제대로 시행할 수 있을지에 대해서는 더 연구해 봐야 알겠지만, 적게나마 희망적인 발전이 이루어지고 있다. Timmons-Mitchell 등(Timmons-Mitchell, Bender, Kishna & Mitchell, 2006)은 청소년 범죄자들을 MST 집단과 통상적인 상태의 집단에 무작위로 배정하였다. MST는 철저히 Scott Henggeler 그룹의 관리감독을 받지 않는 스태프에 의해서 진행되었다. 18개월간의 추적 연구에 의하면 MST 집단의 67%가 재체포되었고 통제집단의 87%가 재체포 되었다.

RNR 모델과 효과적인 가족치료. 가족상담 상황에서 변화되어야 하는 특정 중간 목표들의 중요성이 간과되어서는 안 된다. 제2장에서 간단하게 언급했던 Carleton 대학교의 메타분석 데이터 뱅크에 대해서는 제11장에서 더 자세히 다룰 것이다. 이 데이터 뱅크는 각기 치료집단과 비교집단 간의 비교로 이루어진 374개 테스트에서의 재범에 대한 치료효과를 분석한다. 두 집단 간의 재범률 차이는 효과크기로 나타낸다(종종 Pearson의 상관계수로 수량화한다). 총 374개 테스트에서 전체적인 평균 효과크기는 .08이었다. 이를 이항효과크기로 나타내면, 이는 374개의 통제집단의 평균 재범률은 54%로[(50+8)/2](역자 주: (50+8)/2 는 (50+8/2)로 추정됨), 374개의 치료집단의 평균 재범률 46%[(50−8)/2](역자 주: (50−8)/2 는 (50−8/2)로 추정됨)와 비교하면, 8%의 차이를 나타낸다(54−46 = 8).

가족 영역에서 가장 큰 두 가지 위험 요인으로는 부모와 자녀들 간의 취약한 관계(예: 양육/보살핌)와 부모의 구조화 기술(예: 모니터링/슈퍼비전)이 취약하다는 것을 기억하자. 두 가지 요인 모두 역동적인 위험 요인(또는 범죄유발적인 욕구)인 바, 따라서 만약 프로그램의 궁극적인 목표가 재범의 감소라면, 이들은 변화되어야 하는 합리적인 중간적 목표들이다.

374개 치료 테스트 중 24개의 테스트가 부모와 자녀 간 관계의 질적인 향상에 목표를 두었다. 이 24개 테스트의 평균 효과크기는 .32(95% CI = .24에서 .40)이었고, 평균적으로 통제집단에서는 66% 그리고 치료집단에서는 34%의 재범률이 나타났다. 이것은 부모와 자녀의 관계향상에 목표를 둔 치료에 호의적인 방향으로 32%의 차이가 나타남을 보여 준다. 다른 17개의 테스트는 청소년들의 모니터링과 슈퍼비전의 증진에 목표를 두었다. 이의 평균 효과크기는 .33(95% CI = .30에서 .49)으로 인상적이었다. 가족치료의 중간 목표로, 애정과 슈퍼비전 두 가지 모두를 동시에 중간목표로 둔 11개 테스트의 평균 효과크기는 .42(CI = .30에서 .53)로 놀라운 결과를 나타냈다.

실제로, 가족치료의 중간 목표를 부모와의 관계나 또는 구조화 기술로 하지 않은 23개의 평균 효과크기는 .02(95% CI = −.08에서 .11)이었다. 이들은 가족의 변인들로 불안, 우울, 낮은 자존감 그리고/또는 다른 비범죄유발적인 목표를 설정한 것이다. 결과로 나온 .02의 수치는 제로효과(신뢰 구간에 .00이 포함된다는 것에 주목하자)와 다를 바 없었다. 여기에서 얻는 교훈은 효과적인 교정처치의 욕구 원리를 기억해야 한다는 것이다: 만약 처치의 목적이 재범률을 낮추는 것이라면, 주요 범죄유발적 욕구 요인을 대상으로 해야 한다는 것을 신중하게 고려해야 한다.

욕구 원리는 효과적인 교정처치에 있어 세 가지 주요 원리들 중 하나에 불과하다(제2장에서 소개했고, 제10, 제11장, 제12장에서는 더욱 충분히 다룰 것이다). 여기에는 또한 위험 원리와 일반적 반응성 원리도 있다. 위험 원리(R)는 저위험 사례보다 고위험 사례에 서비스를 제공한다는 뜻이고, 욕구 원리(N)가 최소한으로 요구하는 것은 중간적 목표로 삼는 범죄유발적 욕구 요인이 비범죄유발적 욕구 요인보다 수적으로 더 많아야 한다는 것이다. 일반적인 반응성(R)이란 사회적 학습과 인지적 행동전략을 사용해야 한다(즉, 강화 모델링, 역할-수행, 기술 구축 등)는 것이다. RNR 원리를 얼마나 잘 따르냐 하는 정도는 '0'에서부터 '3'까지로 측정한다. '0'은 완전히 따르지 않았다는 것이고, '1'은 적어도 RNR 중 한 가지를 따랐다는 것이고, '3'은 RNR 모두를 따랐다는 것이다.

〈표 8-2〉는 가족상담 프로그램에서 나타나는 RNR 원리에 대한 충실도에 따른 다양한 평균 효과크기를 나타낸다. 자세히 살펴보면, RNR에 충실하지 않았던 가족상담은 그 효과를 거두지 못했던 반면 RNR에 충실했던 가족 프로그램에서는 재범감소가 나타났다. 우리는 RNR에 충실한 가족치료의 효과가 가족의 성별, 인종/민족 또는 사회경제적 상황에 따라 달라지는지에 대한 체계적 증거에 대해서는 아는 바가 없다. 다행스럽게도, 생물학적인 부모와 떨어진 청소년을 위해, 입양부모나 또는 다른 보호자에게 이러한 포괄적인 프로그램을 실행할 수 없다고 믿을 만한 근거 또한 없다(Aos et al., 2001이 기술한 Washington 주 공공정책협회의 다차원적 치료 위탁 보호의 경제적 이득을 참고; 이 프로그램은 위에서 언급하였다).

〈표 8-2〉 가족, 학업적, 직업적 프로그램에서 RNR 준수 수준에 따른 평균 효과크기(r) (k = 처치 테스트의 수)

RNR 준수 수준 프로그램 유형	0 (k) 없음	1 (k)	2 (k)	3 (k) 전체 ES	ES와의 r
가족치료	−.02 (6)	.06 (18)	.22 (17)	.40 (17)	.63
학업적	.03 (6)	.07 (20)	.20 (31)	.32 (15)	.47
직업적	−.05 (5)	.05 (13)	.20 (16)	.38 (10)	.68

ES = 효과크기

요약. 가족 개입연구에서 세 가지 중요한 결론을 도출할 수 있다. 첫째, 구조화와 관계성 두 차원은 중요하다.

둘째, 행동적 치료 접근법은 구조화와 관계성 차원에서 가족 내 상호작용들을 변화시킬 수 있는데, 이러한 변화들은 비행행동의 감소와 관련이 있다. 계획된 가족개입 치료로 인해 증진된 가족의 기능과 관계성은 또한 비행 또래들과의 교제를 감소시키는 것으로 나타났다(DeGarmo & Forgatch, 2005; Huey et al., 2000; Leve & Chamberlain, 2005). 비지시적이고, 통찰-지향적인 그리고 정화적인(cathartic) 개입이 곤경에 처한 가족을 치료하는 데 효과가 있다는 증거는 확실히 없으며, 더욱이나 침습적(intrusive)이고 무감각적인(insensitive) 방식으로 행동적 기법들을 도입하는 것이 효과적이라는 증거도 없다. 효과적인 가족개입 프로그램은 모두 공동적(common)이고, 인지-행동적이고 기술-지향적인 접근법을 공유하고, 가족구성원들과 질적으로 좋은 관계를 형성하는 숙달된 치료자에 의해 실시된다.

마지막으로, 가족 프로그램들의 성공 이유들은 단순히 적절한 중간 목표와 대인 간 영향력의 관계성과 구조화 차원에 주의를 집중하는 것 이상의 것이다. 이 프로그램들은 각각 프로그램의 완결성에 세심하게 관심을 기울인다. 가장 효과적인 프로그램은 표본 집단의 크기가 작아 개입이 더 쉽게 시행되고 더 쉽게 모니터링된다(Piquero et al., 2009). 이 프로그램들은 모두 적절한 이론적 모형을 통해 작업하고, 이 모형에 따라 치료자들에 대한 체계적 훈련과 슈퍼비전을 제공하는 대학-기반의 훈련 및 연구기관과 밀접하게 연관되어 있다(Edwards et al., 2001; Huey et al., 2000). 이러한 프로그램들은 중도탈락(dropout)의 비율을 줄이기 위해 가정에서의 시행(Gordon, 1995), 입양부모의 협력(Chamberlain, 2003), 선생님들과 친구들의 참여(Henggeler et al., 1998) 그리고 치료자와 가족 구성원 간의 강한 관계 형성(Robbins et al., 2003) 등과 같은 특별한 방법들을 사용한다. 프로그램의 효과성은 적절하고 집중적인 전략들이 얼마나 완전하게 실행되느냐에 달려 있다.

학교

상당히 낮은 학업 성취도는 범죄행동의 위험 요인이고, 이는 성인기에도 그 예측타당도가 지속된다. 그러나 학업 성취도의 예측타당도는 학교에서 일으키는 문제행동 평가에 의한 예측타당도에 비해 약한 것이 사실이다. 문제행동은 대부분 이른 시기의 반사회적 행동이나 반사회적 성격 패턴 그리고 대개는 좀 더 나이 많은 학생들에게서 보이는 반사회적 태도에 의해 암시된 소인들을 반영한다. 범죄행동의 위험 요인 중에 잘 알려져 있지만 상당히 미약한 위험 요인으로 낮은 언어적 지능이 있는데, 이는 반사회적 행동보다는 낮은 학교 성취도의 더 강력한 예측변인이다. 실제 그리고 의심할 바 없이, 이른 시기의 반사회적 행동전력은 청소년 후기 및 성인기의 낮은 학업적 성취도와 낮은 직업적 성취도의 주요 예측변인이다. 8,000명 이상의 청소년들을 분석한 결과, 반사회적 행동과 학교에서의 문제들이 통제된 후에는 자퇴가 비행에 영향을 미치지 않는 것으로 나타났다(Sweeten, Bushway & Paternoster, 2009). 간단히 말해, 이른 시기에 시작된 반사회적 행동이 낮은 학업 성취도보다 선행된다.

Glueck과 Glueck(1950)이 1940년대에 학교 관련 문제와 범죄행동에 대하여 진행한 분석이 여태껏 가장 신중한 분석 연구라는 것이 다소 유감이다. 제 3장에서 다룬 어린 비행소년들이 낮은 학업성적, 잦은 무단결석 그리고 저학년부터 문제행동을 일삼는 경향이 있다는 것을 기억하자. 그중 특히 흥미로웠던 것은 어린 비행소년들이 학교를 싫어하는 이유였다. 그들은 학교에서 가하는 행동의 제약과 통제 그리고 학업에 특별히 관심이 없다는 이유로 학교를 싫어했다. 학교를 싫어하는 이유로 학업이 어려워서 또는 열등감 때문이라고 보고한 사람은 비행소년들이 아니라 비-비행소년들이었다.

Robert Agnew(2001: 158-161)는 재학 중인 학생들의 비행과 관련이 있는 학교의 특징들에 대한 매우 가치로운 목록을 제공하였다. 어떤 상관변인들이 학교 간 비행차이를 가져오는가? 비행률이 높은 학교는 주로 가난하고, 남자이며, 소수집단의 구성원들인 학생들의 비율이 높았다. 불행히도, 학교들은 학생들의 Central Eight 평가 점수에 따라 특징지어지지 않았다. 왜냐하면 이것은 학생들의 인구통계학적인 특징의 영향을 제거시키거나 매우 감소시키기 때문이다. 가장 흥미로운 것은 Agnew가 이러한 학교 간의 차이를 요약할 때, 저자들이 관계성과 구조화라고 부르는 원리들을 언급한 것이다. 그는 학생들의 비행률이 낮은 학교를 '온정적이지만 엄격한(warm but firm)' 학교라고 부르고, 그것 때문에 효과적인 학교와 효과적인 가족이 연결된다고 하였다:

> …… 비행률이 가장 낮은 학교는 다른 한편으로는 엄격하다. 모두에게 동일하게 적용되는 분명한 규칙이 있고 학생에게 학업적인 부담을 가한다. 반면에, "온정적(warm)"이다; 학생들을 공평하게 대하고, 선생님들은 학생에게 관심을 쏟아부으며, 학생들에게 성공할 기회를 주며, 학생들의 성취를 칭찬하고, 학교의 전 직원이 학생들에게 학교를 유쾌한 환경으로 만들기 위해 노력한다(Agnew, 2001: 161).

이론적으로, Robert Agnew는 이러한 학교들은 학생들에게 중압감을 덜어 주고[일반긴장이론(general strain theory)], 사회적 유대를 증진시켜 주며[사회적 통제이론(social control theory)]

그리고 반범죄적인 보수와 비용의 유관성을 조성해 준다[사회적 학습이론(social learning theory)]고 주장하였다.

학교생활(학업성취)과 학교에 대한 애착(관습적인 활동과 동년배 학생들과 선생님과 같은 관습적인 사람들에 대한)의 변화가 과연 범죄행동에 영향을 미칠 수 있을까? 우리들의 이론적인 대답은 '그렇다'이다. 만약 학교를 기반으로 한 변화가 범죄행동과 관련 있는 실제 보수와 비용의 밀도를 실제로 바꿀 수 있다면 가능하다. 미취학 아동들을 대상으로 한 일부 조기 개입 프로그램들이 또한 아동의 보호자에게도 적절한 관심을 쏟았을 때, 후에 아동들의 학교생활을 향상시켰고 미래의 비행행동을 줄일 수 있었다는 결과를 상기하라(제5장).

청소년과 성인의 교정(correction)에서 범죄행동에 미치는 효과를 고려한 교육적 프로그램의 가치는 유망하다. Mark Lipsey와 David Wilson(1998)은 어린이들을 대상으로 한 교육적 프로그램의 효과는 일반적으로 긍정적이기는 하지만 작다고 언급했다. 비교집단의 재범률이 50%라고 가정했을 때, 성인기 기초교육(Adult Basic Education)과 고졸 학력 인정 학위(General Equivalency Diploma)에 참가한 성인들의 재범률은 각각 46%와 40%였다(Wilson, Gallagher, Coggeshall & MacKenzie, 1999). 중등 과정 이상의 교육(post-secondary education)에 참여하는 범죄자들의 재범률(36%)은 통제집단 범죄자들의 재범률(50%)과 비교했을 때 상대적으로 낮은 수치였다. 최근에 이루어진 20개의 교정 프로그램을 메타분석한 Terri Simon과 Stephan Wormith(2008)의 연구에서, 평균 효과크기 r = .10(보고된 OR = .70을 변환하였다)으로 나타났다. 교육적 프로그램에 대한 평가는 긍정적이었지만, 더욱 견고한 범죄유발적 욕구(예: 반사회적 태도, 약물남용)를 대상으로 한 개입과 비교하면 그 효과가 작다. 저위험군 사람들이 더 수준 높은 교육 프로그램에 선발되기 때문에 이러한 긍정적인 효과가 나타나는지는 불분명하다.

학교에서 문제적/반사회적 행동을 보이는 학생들에게 주목한 학교-기반 프로그램은 반사회적 행동을 감소시켰고, 특히 그 효과는 고위험군 학생들에게서 두드러졌다(Wilson & Lipsey, 2007; Wilson, Lipsey & Derzon, 2003). 이전의 메타분석 연구(Wilson et al., 2003)를 재분석한 Sandra Jo Wilson과 Mark Lipsey(2007) 연구에서는 학업 성취도부터 공격적이고 문제적인 행동들까지 다양한 결과들에 대한 학교-기반의 399개의 개입들의 영향을 고찰하였다. 싸움이나 반항 같은 문제행동들의 감소에 초점을 맞춘 개입들은 효과적인 처치의 위험 원리와 일관되게 특히 고위험 학생들의 문제행동들을 감소시키는 데 효과적이었다. 더욱이, 행동적 전략들은 다른 처치 형식들(예: 사회적 문제 해결, 상담)보다 월등히 효과적이었다.

Carleton 대학교의 메타분석 데이터뱅크에서는 학교 관련 문제들에 초점을 두는 것이 범죄감소와 관련 있음을 보여준다(제2장에서 처치효과 개요를 참조할 것). 학업과 학교 영역에 초점을 둔 개입 프로그램들에 대한 72개의 테스트들에서 평균 효과크기는 .17(CI = .13에서 .22)이었는데, 이는 분명히 효과가 전혀 없는 것보다 나은 것이고, 또한 총 374개의 테스트들의 평균효과 .08보다 실제로 더 나은 수치다. 그러나 이 데이터는 학교수행과 유대 그리고 학업에 대한 실질적인 효과를 탐구하기에는 역부족이다. 하지만 우리는 위험, 욕구 그리고 일반적 반응성의 원리들에 충실했던 것이 학교 관련 처치의 평균 효과크기에 어떻게 영향을 미치는지를 탐구할 수는 있다. 〈표 8-2〉를 자세히 보면, 가족 프로그램과 마찬가지로 학업/학교 프로그램의 성공 사례들은 오직 RNR에 충실했던 것들이었다는 것을 알 수 있다.

다시 한번 말하지만, 우리들이 알기로는 RNR에 충실한 학교 관련 프로그램들이 나이, 성별, 민족/인종 또는 사회적 계층 등에 따라 그 효과가 차별적이라는 증거가 없다(Wilson & Lipsey, 2007 참조). 그러나 특정한 어느 사회적 사실들은 너무나도 놀랍기 때문에 짚고 넘어가야 할 필요가 있다. 우리가 특별히 고려했던 부분은 고등학교 졸업을 하지 못한 미국의 젊은 흑인 남성들의 터무니없이 높은 수감률이다(Pettit & Western, 2004). 1965년과 1969년 사이에 출생한 비-중남미계(non-Hispanic) 미국 남성 중, 3%의 백인과 20%의 흑인이 30대 초반에 이르기 전까지 형사상의 처벌을 받은 적이 있었다. 고등학교 중퇴자 중 60%에 가까운 흑인 남성이 1999년 이전까지 한 번이라도 수감된 적이 있었다. 이에 비해 백인 고등학교 중퇴자의 수감률은 11%에 불과했다. 확실히, 나이, 성별, 및 교육적 성취를 조합했을 때, 수감은 미국의 젊고 학력이 낮은 흑인 남성 생애의 한 부분이었다. 우리의 의견으로는, Central Eight 요인에서의 차이들은 나이, 성별, 인종 그리고 계층이 범죄에 끼치는 거의 모든 영향을 설명할 수 있다는 것이다. 그러나 바로 위에서 제시된 통계수치들은 범죄에서의 차이를 발생시키는 원천들뿐만 아니라, 범죄의 과정 및 범죄자가 되는 과정에 있어서의 차이가 미치는 영향력에 대해서도 심각한 의문들을 제기하게 한다.

직장

많은 사람들에게 직장은 성인이 되는 한 부분이다. 또한 구직활동은 많은 비고용상태의 성인에게는 현실적으로 부딪치는 문제다. 당연하게 이 절에서는 성인을 다룬다. 그러나 직장은 많은 청소년에게도 중요한 문제다. 미국의 자료를 참고하여, Robert Agnew(2001)는 90%의 고등학생이 언젠가는 일을 하고, 80%가 재학 중에 일을 한다고 추정했다. 그는 일부 청소년에게 일이 적게나마 범죄유발적 영향을 미친다는 연구 증거에 인상을 받았다. 돈 그리고 집과 학교 밖에서의 시간은 마약사용과 사소한 비행을 가능하게 한다고 생각했다. 이러한 생각은 수중에 있는 돈과 비행 간에 긍정적인 연계성이 있다는 Cullen 등(Cullen, Larson & Mathers, 1985; Wright, Cullen & Williams, 1997)의 발견을 떠오르게 한다. 즉, 현재 당신은 당신이 쓸 수 있는 얼마나 많은 돈을 가지고 있는가? 그리고 당신이 반사회적인 행동에 관여할 가능성은 당신이 획득할 수 있는 돈의 액수에 따라 달라지는가?

출생계층과는 달리, 교육 수준, 고용 수준, 소득(모두 합하면 사회경제적인 성취의 수준이 된다)은 모두 범죄행동에 대한 중간 정도의 위험 요인들이다. 여전히 고용 안정성(stability of employment)이 실직 수준보다 더 강력한 위험 요인이다. 특히 범죄행동은 잦은 실직과 장기간 실직상태에 따라 증가한다. 제2장에서 매우 간략하게 LSI-R과 LS/CMI라고 불리는 범죄자 위험성 평가도구를 기술한 바 있다. 이 도구에는 고용, 직장 동료, 상사 또는 감독관과 관련된 보상과 만족에 대한 직접적인 평정(rating)을 포함하는 교육/고용이라는 하위 요소가 있다. 여러 연구에 의하면, 이 요소와 재범 간의 평균 예측타당도는 .28로 상당히 크다.

직업적 훈련과 교정적 산업체들은 교정적 프로그래밍의 고전적 요소들이다. Wilson, Gallagher 등(2006)의 이와 같은 프로그램의 분석에 의하면, 교정산업체에서 일을 하는 상태에서의 재범률은 44%, 직업훈련 상태에서의 재범률은 39%(비교조건의 재범률은 50%)였다. 그러나 이 결과는 선정 편향(selection bias)의 위험이 있다. 청소년 범죄자를 위한 프로그램에 대한 메타분석 연구에서, Lipsey와 Wilson(1998)은 직업 프로그램은 일관되게 그 효과가 경미하거나 전혀 없다는 것을 발견하였다.

Carleton 대학교 데이터 은행은 직업 프로그램에 대한 44개의 테스트를 보유하고 있다. 이 44개 테스트의 평균 효과크기는 .18(CI = .12에서 .24)이다. 〈표 8-2〉를 자세히 보면, 직업 프로그램의 평균효과는 RNR에 충실하게 따르는 것과 직접적으로 비례하여 증가한다. 이러한 유형의 결과는 청소년 범죄자와 성인 범죄자 표본에서 명확하게 나타난다. 추가적으로, 직업프로그램이 고용으로 이어지지 않을 때 재범을 유의하게 감소시키지 못함을 발견하였다. 일자리를 제공하지 않는 32개의 직업 프로그램은 평균 효과크기가 .11(.04에서 .19)이었다. 일자리를 제공하는 경우 수치는 .32(k = 12, CI = .25에서 .48)이었다. 마지막으로, 결론의 타당성에 영향을 줄 수 있는 방법론적 위협을 통계적으로 통제하였는데, 결론은 변하지 않았다.

고용에 대한 논의는 Robert Sampson과 John Laub(1993)의 영향력 있는 연구를 참고하지 않을 수 없다. 고전적인 Glueck과 Glueck(1950) 표본(제3장 참조)을 추적 조사하여 이 연구자들은 장기간의 의미 있는 고용[그리고 '좋은 여성(good woman)'의 사랑]을 획득하는 것이 상습범 및 중범죄자의 생애에서 '전환점'으로서 중요하다는 양적 및 질적 증거를 제시하였다. 그들은 범죄의 세계에 일찍 발을 들여놓는 것이 범죄자의 운명을 좌우한다는 입장을 반박했다. 그들은 중범죄자가 좋은 직업을 얻는 데 성공하는(아니면 '좋은 여성'을 얻거나) 것은 일상적이지 않으며 가능성도 적지만, 가끔씩은 이런 일이 일어난다고 말하고 있다. 그리고 이런 일어나기 어려운 사건(우연 또는 의도적인 행위의 결과로서)이 범죄의 어떠한 표준적이고 안정적인 예측변인보다도 훨씬 더 범죄행위를 그만두는 결과를 초래할 수 있다고 제안하고 있다. 물론 우리들은 범죄행동의 많은 예측변인들의 역동적인 본질을 인식하는 조망에 매력을 느끼고 있다. Sampson과 Laub은 Hirschi의 사회통제 이론을 이용하였으나, 우리들은 고용(그리고 범죄자가 아닌 사람과의 결혼)이 범죄적인 행동과 비범죄적인 행동에 대한 효과에서 보수-비용의 유관성을 강하게 재분배한다는 것을 의심하지 않는다.

안정된 고용의 보수와 비용의 재분배의 예는 John Wright와 Francis Cullen(2004)의 National Youth Survey(NYS)의 종단적 분석 연구에서 볼 수 있다. NYS는 11세에서 17세까지 전국을 대표하는 청소년 표본들에 대한 면담을 수행한 연구로 1976년에 시작되었다. 이들 청소년들에게는 1976년 이후부터 정해진 기간에 재면담이 실시되었다. 청소년들이 15세에서 24세가 되었을 때, 연구자들은 Waves 5차 및 6차 수집자료를 분석하여, 일주일 동안의 노동시간과 친사회적인 동료와의 접촉이 마약사용과 범법행위를 감소시키는 것과 관련이 있음을 발견하였다. 즉, 범죄행동에 대한 친사회적인 직장 동료의 영향력이 작동하여 Big Four 중 하나인 범죄의 반사회적 지지에 대한 효과에 영향을 미쳤던 것이었다.

가장 중요한 잠재적 효과는 범죄에 대한 감산적 비용이 급격하게 증가하도록 비범죄적인 행동에 대한 보수와 만족을 증진시키는 것이다. 개인적으로 그리고 개인 간에 매개되는 영향력에 있어서의 주요 변화는 또한 반사회적인 친구 및 반사회적인 태도의 감소를 통해 기대될 수 있다. 특히 Shadd Maruna(2001)는 범죄의 삶에서 빠져 나오는 것은 탈-범죄자(ex-offender)라는 새로운 정체성을 형성하는 것에 달려 있음을 제안했다. 정체성의 변화를 구축하는 것은 주요한 인지적 변화와 함께 이루어진다.

레저/레크리에이션

솔직히, 레저/레크리에이션에 대한 관심은 원래의 LSI-R에 있는 같은 이름의 두 개의 항목으로 된 척도를 만들 때 시작되었다. 그리고 그 척도는 새로운 [LS/CMI 일반적 위험/욕구 척도

(LS/CMI General Risk/Need Scale)(제10장)]의 하위 요소로서 지속적으로 기능을 잘 하고 있다. 우리들의 자료에 의하면, 레저/레크리에이션 하위 요소의 평균 예측타당도(r)는 .21로 꽤 괜찮다. 우리들은 관습적인 레저 활동에 참여하지 않는 것과 자유 시간을 허비하는 것을 위험요인으로 본다.

불행히도, Carleton 대학교의 메타분석 데이터뱅크에는 반범죄적인 자유시간 활동을 증가시키는 데 참가목표를 둔 프로그램에 대한 단 하나의 실험 연구도 포함되어 있지 않다. 43개 테스트들은 모두 신체활동과 신체 건강을 증진시키고자 하는 프로그램들에 대한 것이었다. 평균 효과크기는 .09(CI = .02에서 .15)로 유의하지 않았다. 이는 신체적 특징(physicality)을 비범죄유발적인 욕구로 분류한 것과 일치하며, Lipsey와 Wilson(1998)의 황무지와 도전(wilderness and challenge) 프로그램이 실험적 지지가 미미하다고 언급한 것과도 일치한다. 아마도 우리가 연구들을 놓쳤을 수도 있으나, 레저/레크리에이션을 교정처치에서 변화의 적절한 중간 목표로 사용한 연구는 거의 찾을 수 없었다(Burton & Marshall, 2005).

Jones와 Offord(1989)는 저자들의 고향인 Ontario 주 Ottawa에서 공공주택(public housing) 프로젝트의 일환으로 방과 후 레크리에이션 프로그램을 개발하고 평가하였다. 그들은 레크리에이션 프로그램을 실시한 프로젝트와 이와 같은 프로그램을 실시하지 않는 프로젝트를 비교하여 체포율을 조사하였다. 그 결과는 놀랄 만하였는데, 프로그램 시행 전 2년과 프로그램 시행 2년 기간을 비교한 바, 비교집단의 체포율은 증가하였으나 레크리에이션 프로그램이 실시된 프로젝트의 체포율은 75% 감소하였다. 반복 연구에서도 일관된 결과가 나타났다.

지역과 학교 기반의 개입에 대한 포괄적인 고찰을 해 보면, 여러 멘토링 프로그램은 시민과 학생으로 이루어진 봉사자들이 사람들과 흔히 레크리에이션 형식의 활동으로 시간을 보내는 것으로 이루어짐을 알 수 있다(Catalano, Arthur, Hawkins, Bergland & Olson, 1998). [자료노트 3-2]에서, 시민 봉사자와의 레크리에이션적인 상호작용은 그 상호작용이 반범죄적 모델링과 차별적 강화를 증진시키기 위해 신중하게 구성되어 있지 않는 한 범죄자들의 반사회적인 태도에 아무런 영향을 미치지 못함을 본 적이 있을 것이다. 실제로, 보호관찰관 보조자들인 시민 자원봉사자의 어떤 성격적 특성들은 보호관찰 대상자의 태도뿐만 아니라 재범률을 낮추는 데에도 기여를 하는 것으로 나타났다. 성격적 특성들은 관계성의 기술(평균 이상의 공감능력)과 반범죄적 성향(평균 이상의 사회화 점수)이 혼합된 형태다. 우리는 Catalano 등의 주장에 동의한다. 즉, 학습의 기회가 프로그램 내에 구성되어 있지 않으면 반사회적 행동의 감소를 기대하기 어렵다.

결혼생활의 애착

교정 분야에서 부부치료에 대한 평가가 소수 있으나 모두 단지 '부부간 친밀도(marital closeness)'(Carlson & Cervera, 1991)나 성공에 대한 촉진자의 판단(Accordino & Guerney, 1998)과 같은 즉각적인 성과에 대해 보고하고 있다. 성과의 준거로서 재범을 제시한 통제된 평가는 찾을 수 없었다. 배우자나 의미 있는 타인이 교도소로 면회를 오는 것은 재범률 감소와 관련된다는 증거가 있으며(Bales & Mears, 2008), 우리의 예측파일에서 가족/결혼생활 요인의 평균 타당도 추정치는 .18(k = 8, CI = .11에서 .24)로 나타났다.

Laub과 Sampson의 '전환점' 입장은 직업에 대한 논의에서 언급한 바 있는데, 그들의 입장은 결혼에도 적용된다. Glueck과 Glueck의 고전적인 연구에서 원래의 500명의 소년들 중에서 추출한 하위 표본(N = 52)을 사용하여, Sampson, Laub 그리고 Wimer(2006)는 결혼이 범죄행동에 미치는 영향을 조사하였다. 그들은 결혼한 것이 범죄행동을 35% 감소시키는 것과 관계가 있음을 발견하였다. 추가분석에서, 이런 그룹에서 흔치는 않지만 안정적인 동거관계에 있게 되면 결혼을 통계적으로 통제해도 범죄감소에 기여하는 것으로 밝혀졌다. 또 NYS 연구의 Waves 5차 및 6차 수집자료를 분석한 Warr(1998)는 결혼 후 동료와 친사회적이건 또는 반사회적이건 보내는 시간의 양이 유의하게 감소한다는 것을 발견하였다. 즉, 우리가 '직장(work)'에서 발견한 것처럼 결혼 역시 Big Four의 하나인, 즉 범죄에 대한 반사회적 지지와 관련된 보수/비용의 분배를 변화시킴으로써 영향을 미친다.

흥미로운 New Zealand 연구는, 21세 성인들을 대상으로 자신들의 범죄행동에 대하여 자기-보고를 하도록 했다. 그 결과 일탈행위를 일삼는 파트너와 연애를 하고 있는 경우에는 싱글인 또래 친구들에 비해서 범죄를 저지를 위험도가 높았다(Woodward, Fergusson & Horwood, 2002). 비일탈적인 파트너와 연애를 하고 있는 경우에는 범죄를 저지를 위험이 낮았다. 이러한 결과들은 18세 때의 범죄 개입 정도와 관계가 없다는 것이 분명했으며, 성별과 반사회적 교제를 통계적으로 통제해도 마찬가지였다. 청소년 범죄자들 및 성인 범죄자들 내의 연애 관계에 대한 분석은 흥미로운 추후 연구 분야다. 배우자가 범죄자인 경우와 비범죄자인 경우에 대한 연구는 그 가치가 매우 높은데, 그 이유는 일반적으로 사람들은 자신들과 비슷한 배경의 사람들과 짝을 맺는 경향이 있기 때문이다(제5장의 동류 짝짓기에 관한 논의를 상기하라).

이웃

가족이 거주하는 지역의 이웃은 부모와 자녀들의 행동에 영향을 미칠 수 있다. 고-범죄적이고 불우한 이웃들은 부모의 모범적 양육을 방해하고, 부모-자녀의 유대에 긴장을 유발시키며, 범죄자들에게 청소년들을 노출시키고, 또한 범죄를 저지를 기회들을 제공한다. 1940년대 및 1950년대의 출중한 정신역동적 연구자들인 Glueck과 Glueck(1950)은 사회적으로 불우한 이웃들이 범죄를 유발한다는 것을 이미 알고 있었다는 제3장의 내용을 상기하라. 특히 이들은 길 위에서 벌어지는 수많은 통제되지 않은 자극적인 기회들에 대하여 언급하였다. 그러나 빈곤한 지역에 사는 모든 어린이들이 범죄자의 삶을 살아가는 운명을 맞게 되는 것은 아니라고 제안했다. 이웃의 맥락과 범죄와의 관계는 복잡할 뿐만 아니라, 실제로도 다른 더 직접적인 개인적, 대인 관계적 그리고 가족 내의 위험/욕구 요인들에 비하면 미미한 수준이다(Vazsonyi, Cleveland & Wiebe, 2006).

일부 연구들에서, 비행위험이 있는 사람들은 빈곤한 동네에서 더 악화되는 것을 발견했다. 즉, 가족의 상황과 일반적인 이웃 간에는 가산적인(additive) 영향이 있는 것으로 보인다. 아프리카계-미국인 아이들을 연구한 자료에 의하면, 부모와의 애착형성이 약하고, 부모의 양육방식이 거칠고 비일관적인 것은 가장 빈곤한 동네에서 살고 있는 가족에게 가장 최악의 결과를 가져왔다(Brody, Ge, Kim et al., 2003). Donald Lynam 등(Lynam, Caspi, Moffitt, Wikström, Loeber & Novak, 2000)은 충동성과 이웃의 맥락 간에 상호작용이 있는 것을 발견했다. Pittsburgh 청소년 연구의 데이터를 분석하면, 가장 빈곤한 지역에 거주하는 충동적인 아이들은 빈곤하지 않은 더 나은 지역에 거주하는 충동적인 아이들에 비해 자기-보고 비행률이 더 높았다. 빈곤한 지역과 부유한 지역에 사는 충동적이지 않은 아이들은 비행에 대한 위험도가 똑같았다. 그러나 Vazsonyi 등(2006)은 20,000명이나 되는 매우 큰 청소년 표본에서 Lynam 등(2000)의 발견을 반복 검증할 수 없었다(충동성 측정방법의 차이로 두 연구에서의 차이를 설명할 수 있다).

불우한 지역에서 거주하는 고위험군 가정이 위험할 수 있다는 발견은 그들을 중산층 이웃으로 이동하는 몇 개의 실험으로 이어졌다. 이러한 연구들은 중산층 이웃 지역으로 이동하였을 때, 비행이 감소하는 것으로 나타났지만 그 효과는 적었다(Leventhal & Brooks-Gunn, 2000). 확실히, 우리는 모든 불우한 가정을 그 동네에서 몰아낼 수 없다. 거주자들을 범죄로부터 보호하는 접근방식의 하나로 '깨진 창문(broken window)' 가설이 있다. 동네의 무질서

(예: 낙서, 공공장소에서의 만취, 길거리의 쓰레기)는 아무도 돌보지 않아서 반사회적 행동에 대하여 점검조차 하지 않는 사회적 환경이라는 신호다. 이런 동네에서 범죄에 대응하는 방식은 경찰이 경범죄를 엄격히 처벌하고, 동네를 시각적으로 더 좋게 하는 것이다. 그러나 동네를 좋아 보이게 하는 것과 경찰이 동네에 더 많이 상주하는 것만으로는 충분치 않다. 더 중요한 것은 사회적인 통제의 증진(Sampson & Raudenbush, 2001)인데, 우리의 조망을 통해 봤을 때 이것은 위험/욕구 요인 및 강점 요인으로서 개인적 그리고 대인 관계적 요인들에 진지하게 관심을 기울이는 것을 의미한다.

불우한 많은 지역들은 범죄의 위험을 증가시키는 특징들(예: 범죄자들의 밀집)이 있지만(Tolan, Gorman-Smith & Henry, 2003), 이런 동네 안에서도 몇 가지 보호 요인은 있다. 동네에 강한 애착이 있고, 경찰을 존중하고(Silver & Miller, 2005), 지역에 있는 학교에 긍지를 느끼며(Eamon & Mulder, 2005) 그리고 긍정적인 양육을 실행하는(Chung, Hawkins et al., 2002; Leventhal & Brooks-Gunn, 2000) 거주자들이 보호적 요인이다. 가족과 사회적인 지원도 굉장히 중요한 보호 요인이 된다. 폭력 수준이 높은 동네에 거주하며 부모의 지원이 적은 가정의 아이들은 사회적 인지(Farver, Xu et al., 2005)와 도덕적 추리(Kuther & Wallace, 2003)에 큰 어려움을 겪는 것과 같은 다양한 정신적인 문제를 보인다. 같은 지역에 거주하고 있는 부모의 지원이 많은 아이들은 훨씬 더 좋은 적응력을 보인다. 동네의 위험을 인식하고 있고('밖에 나가서 조심해라') 자녀의 행동을 면밀히 모니터링하는 부모의 아이들은 비행행동을 할 가능성이 매우 낮았다(Chung, Hawkins et al., 2002; Eamon & Mulder, 2005; Leventhal & Brooks-Gunn, 2000).

많은 연구들은 고위험 동네에 사는 일부 아이들이 범죄궤도를 피함을 증명하였다. Chung 등(Chung, Hawkins et al., 2002)은 Seattle의 가난한 423명의 아이들을 10세부터 18세까지 추적 연구하였다. 그 결과, 19%에 달하는 아이들이 전혀 비행행동을 하지 않은 것으로 나타났다. 무엇이 이 아이들을 그토록 특별하게 하는지 알아보니 이 아이들은 부모와 애착이 강하였고 이 아이들의 부모는 뛰어난 가족관리 능력을 보였다. Emmy Werner(1987)는 빈곤한 배경을 가진 아이들을 연구하였는데, 그녀의 관심을 끈 것은 비행청소년이 되지 않은 아이들['난공불락(invulnerable)' 아이들]이었다. 이 그룹의 아이들에게는 두 가지 세트의 요인들이 중요하게 작용하였다. 첫째는 기질적 특성이었다. '난공불락' 아이들의 어머니들은 자녀를 사랑스러우며 돌보는 데 어려움이 없는 아이들이라고 묘사하였다. 자녀들은 양육 과정에서 큰 어려움이 없었고 합리적이었고 쉽게 적응하였다. 두 번째 요인은 양육환경이었다. 탄력적인(resilient) 아이들은 대가족의 슈퍼비전, 훈육 그리고 정서적 지지를 받는 환경에서 자라난다.

즉, 여러 연구들에서 비행청소년들에게는 없다고 밝혀 낸 요인들(온정적인 부모와의 유대와 슈퍼비전)은 위험 요인들이 매우 많은 상황에서도 이 아이들을 미래의 비행으로부터 보호해 주는 역할을 했다.

독자들에게 또다시 상기시키자면, 어느 장면(가정, 학교, 직장, 이웃)에서건 가장 주요한 특성들은 구성원(범죄자 대 비범죄자), 대인 관계의 질 그리고 모방되고, 강화되고, 처벌받는 인지적 및 행동적 패턴들의 범죄적 대 반범죄적 속성들이다. 이러한 점에서, Loeber, Stouthamer-Loeber 등의 연구는 이와 밀접한 관련이 있다. 이들은 불우한 이웃의 본질과 고질적이고 심각한 비행에 기여하는 그 이웃의 특징을 면밀히 연구하였다. 우리는 불우한 환경이 고위험군 젊은이들의 빈번하고 심각한 비행에 그 어떤 영향도 미치지 않았다는 이들의 발견을 주목해야 한다. 더 정확히 말하면, 저위험군의 젊은이들이 오히려 '나쁜' 이웃의 영향을 받는다는 것이다. 이들의 연구는 빈번하고 심각한 비행에 대하여 매우 광범위한 정의를 내렸고, 불우한 지역이 고위험군 아이들에게 특히 더 범죄유발적이라고 보고한 다른 연구들보다 훨씬 더 강력한 위험/욕구 그리고 강점(strengths) 평가도구를 사용하였다. 우리는 PIC-R을 통해 봤을 때 고위험군 젊은이들의 범죄행동은 너무 확고하여 지역(area)의 추가적인 영향력은 크지 않을 것으로 예상된다(그렇지만 실제로는 알지 못한다).

Loeber, Stouthamer-Loeber 등의 두 가지 발견은 극적이다. 첫째, 불우한 지역의 가장 큰 특징 중 하나는 지역의 개인들과 가족들이 범죄에 대한 높은 위험/욕구 점수와 낮은 강점 점수를 보인다는 것이다. 즉, 구성원의 효과가 있다는 것이다. 둘째, 범행과 위험, 욕구, 및 강점에 대한 평가들 간에는 큰 상관성이 있는 반면, 사회적으로 정의된 불우한 지역과 범행 간의 상관성은 분명히 있으나 그 크기는 상당히 작다는 것이다.

다시 한번, 지역사회 수준의 개입에 대해서는 Catalano 등(1998)과 Howell(1998)의 고찰연구를 강력히 추천한다. 그리고 또, 제11장에서 다룰 아노미, 하위문화 그리고 차별적 접촉이론(사회적 학습이론의 이전 모형)에서 영감을 받아 실시된 고전적인 지역사회-지향적 프로그램에 대한 고찰 부분도 추천한다. 이러한 고전적 프로그램들은 효과적인 예방과 치료에서 관계성과 구조화 요소들을 실행하는 데 실패한 주요 사례들이다. 물론, 우리는 학교, 직장, 및 레저 장면들에서 관습적인 기회를 증진시키는 것에 대해 호의적이다. 그러나 우리들은 관련된 개인적, 대인 관계적 그리고 가족적 요인들을 고려하지 않거나 그 영향이 미치지 않는 이웃-수준의 개입이 효과적일 것이라고 생각하지 않는다. 즉, RNR에 충실할 것을 강력하게 추천한다.

요약

이번 장은 일반 성격 및 인지사회적 학습 조망에서 장면과 사회적 맥락에 대한 기여가 어떻게 접근될 수 있는지에 대해 서술하였다. 당신은 사회적 구조에 대한 구성원 조합 조망(membership composition perspective)으로부터 가정, 학교, 직장 그리고 레저 장면들에서 발견되는 범죄자의 비율에 대한 통제방안을 찾고 싶을 것이다. 당신은 그러한 장면 내에 존재하는 보상과 만족을 이해하고 싶을 것이다. 당신은 부모나 배우자와 같은 중요한 사람들이 상호작용의 관계성 및 구조화/규범적 차원들에서 어디에 위치하는지를 알고 싶을 것이다.

다양한 사회적 맥락들에 대한 지식의 수준은 확실히 극적으로 차이가 있다. 출생가족 영역에서, 젊은이들의 범죄를 예측하고 그에 영향을 주는 능력은 매우 인상적이다. 그것은 인과적 또는 기능적 유의미성에 접근하고 있다. 실제로, 우리는 재범감소와 같은 극적인 성취에는 두 가지 큰 요인이 작용한다는 것을 안다. 그것은 부모와 자녀 간 관계의 두 가지 주요 요소 모두를 목표로 하는 것과 위험, 욕구 그리고 일반적 반응성의 원리를 철저히 준수하는 가족치료를 행하는 것이다. 레저/레크리에이션 그리고 결혼생활의 애착 영역에 대한 지식의 수준은 범죄활동에 영향을 미치는 통제된 노력 측면에서 봤을 때 특히 취약하다.

학교와 직장에 대한 연구들의 지식은 중간 수준 정도의 발전이 이루어졌다. 이 두 가지 영역과 관련 있는 평가도구의 예측타당도는 두 영역 모두에서 잘 확립되어 있다. 그러나 오늘날까지, 학업이나 직업 프로그래밍의 가치는 이러한 프로그램들이 RNR 원리들을 확실히 준수할 때에만 매우 믿을 만하다. 우리는 오직 학교와 직장 문제들에만 초점을 맞추고 RNR의 다른 측면들에는 주의를 기울이지 않는 프로그램들에게는 많은 것을 기대하지 않는다.

기억하기

1. 사회적 애착을 형성하는 것은 자녀를 범죄의 궤도로부터 보호해 줄 수 있는 건강한 관계의 기초다.
   보호자에게 애착을 갖는 아이들은 그렇지 않은 아이들에 비해 더 적은 정신적 어려움을 겪고, 또래 친구들이나 어른들과 더 건강한 관계를 맺으며 성장한다. 문제가 있는 애착 유형은 단순히 이혼으로 인한 부모-자녀 간 유대의 단절 때문이 아니다. 단절의 속성과 빈도가 중요하다. 아이는 가족 간의 갈등이 많거나, 부모가 자녀를 정서적으로 방치하거나, 가혹하게 취급하거나 그리고 한 입양가정에서 또 다른 입양가정으로 보내질 때 가장 큰 상처를 입는다.

2. 가족은 두 가지 차원에서 작용한다: 관계성과 구조화/규범적 차원.
   부부 관계가 원만하지 않고 부모의 양육방법이 부실한 가정에서 성장한 아이들의 비행 위험이 가장 높다. 뿐만 아니라, 그러한 가정의 아이들은 반사회적인 또래와 교제할 가능성이 더욱 높다.
3. 가족개입이 청소년 비행을 감소시킬 수 있다.
   가족의 기능을 관계성과 규범적 차원에서 다루는 처치 프로그램은 문제아이의 비행을 감소시키며 심지어 문제아이의 형제자매들의 비행까지도 감소시키는 것으로 증명되었다. 이 프로그램의 효과는 장기간 지속되는 것으로 나타나며, 한 연구에서는 그 효과가 13년까지 지속되었다.
4. 가정, 학교, 직장 그리고 레저 영역에 대한 평가의 예측타당도는 인상적이다.
   가족치료 연구들의 메타분석 결과들은 부모-자녀 관계와 부모의 양육 기술에 목표를 두는 것이 긍정적인 효과를 나타냈다. 비록 학교, 직장 그리고 레저와 같은 맥락에서의 평가들의 예측타당도에 대한 연구는 가정 맥락에서만큼 크지는 않았으나 모든 지수들은 기대하는 방향과 크기를 나타냈다.
5. 가정-지향적인 개입 프로그램은 출생가족 연구들에서 보여 주는 정도로 범죄에 큰 영향을 미쳤지만, 연애/결혼생활 애착의 경우는 기본적으로 연구된 바가 없다.
6. 레저/레크리에이션 프로그램의 영향은 연구된 바 없다.
   레저/레크리에이션은 좋은 예측타당도를 보여 주지만, 레저 행위를 체계적으로 변화시키면서 이것이 반사회적 행동에 미치는 영향을 관찰한 통제된 연구는 없다.
7. 광범위한 사회적 맥락 내에서 연구된 모든 신중한 개입 프로그램들 중 인지사회적 학습 조망(즉, 사회적 학습/인지적 행동적 영향 전략의 사용)의 영향은 재범감소에 결정적이었다. 사회적 맥락을 고려할 때에는, 인지사회적 학습의 지식 요소들은 중요하다.

추천 도서

애착에 대하여 심도 있는 독서를 하고 싶다면, John Bowlby의 『Attachment and Loss』

(1971, 1973)를 읽어야 한다. 그러나 시간이 없다면 L. Atkinson과 K. J. Zucker(1997)의 『Attachment and Psychopathology』를 읽어 보라.

다체계적 치료는 비행청소년과 그의 가족들을 위한 가장 효과적인 가족개입 프로그램으로 간주되고, 당연히 가장 많이 연구되었다. 이 프로그램과 연구에 대해 가장 적절하게 서술되어 있는 책은 2009년에 출간된 Scott Henggeller 등의 저서인 『Multisystemetic Therapy for Antisocial Children and Adolescents』 2판이다.

Robert Sampson과 John Laub(1993)의 「Crime in the Making: Pathways and Turning points Through Life」는 Glueck과 Glueck(1950)의 500명의 비행청소년을 대상으로 한 연구의 후속 연구로 대단히 흥미로운 읽을거리다. 성인들의 주요 생애 사건들(고용과 결혼)이 범죄행동에 얼마나 중요한지에 대한 증거를 제시하는 몇 되지 않는 연구 중 하나다.

Chapter 09

물질남용

Central Eight 위험/욕구 요인들 중 마지막 요인은 물질남용(substance abuse)이다. 물질남용에 포함되는 것은 알코올 오용(misuse)과 불법적 약물의 사용이다(처방전으로 받을 수 있는 약물과 담배는 제외한다). 다른 약물사용으로부터 알코올 사용을 분리시키는 목적은 두 가지다. 첫째로, 알코올 남용과 범죄와의 관계성은 일반적으로 불법적 약물남용과 범죄와의 관계성보다는 약하다. 둘째로, 형사사법체계는 알코올 남용보다는 불법적 약물남용에 대해서 훨씬 더 엄격하다. 성인들이 알코올을 구입하는 것은 합법적이고, 알코올 소비가 처벌을 받는 것은 매우 적은 소수의 특수한 상황들에서 그렇다(예: 음주 운전, 공공장소에서의 만취 상태). 처방전 없는 약물은 불법이고 심지어 극소량의 약물을 소유하거나 사용하는 것만으로도 강력한 형사사법적 처벌을 받을 수 있다.

알코올 남용

정의와 유병률

첫 번째 과제는 '알코올 남용(alcohol abuse)'을 정의하는 것이다. 합법적으로 사용할 수 있는 약물을 마시는 것이 어느 시점부터 남용이 되는가? 이것은 양의 문제인가?, 그렇다면 얼마 만큼인가? 나이가 문제가 되는가? 또다시, 몇 살이 문제가 되는가? 운전하고 있는 차 안이나, 공공장소에서 취한 상황과 같은 상황적 맥락은 어떠한가? 마지막으로, 결혼생활의 파탄, 음주로 인한 죄책감과 무가치감 등과 같은 대인적 및 개인적 맥락은 또 어떠한가? 알코올 남용을 정의하는 것은 오랫동안 논쟁의 주제였다. '알코올 남용'이라는 용어는 미국정신의학회의 『진단 및 통계 편람(Diagnostic and Statistical Manual: DSM)』 2판에서 질병의 하나로 명명하면서 대중성을 얻기 시작했다. DSM은 정신의학적 장애를 분류하기 위한 주요 기준 매뉴얼이다(제14장에서 더 다룰 것이다).

DSM에서 아홉 개의 기준요건 중 세 개를 충족시켜야 하는 '알코올 의존(alcohol dependence)'과는 다르게, '알코올 남용'은 좀 더 협의적으로 정의된다(Hasin, 2003). 알코올 남용으로 진단하기 위해서는, 문제가 반드시, 최소 한 달 동안 지속되어야 하거나 또는 문제의 형태가 반복적이어야만 한다. 또한 진단하기 위해서는 다음 진단기준 중 하나를 충족해야 한다:

1. 위험한 상황에서의 사용(예: 음주운전)
2. 사회적, 직장 또는 심리적 영역에서의 문제들
3. 신체적 문제들을 일으키는 사용

DSM에 의거한 이러한 정의는 한 가지 중요문제를 제외하고는 매우 명백해 보인다. DSM의 기준을 사용하는 알코올 남용 연구에서, 첫 번째 진단기준인 위험한 사용 때문에 진단적 기준을 충족하는 경우는 무려 70%나 된다(Babor & Caetano, 2008; Harford, Grant, Yi & Chen, 2005). 이러한 기준의 문제는 법이 변화한다는 것이다. 예를 들면, 과거에는 음주운전하는 것이 위험하다거나 그리고 형사사법적 제재의 대상으로서 여겨지지 않았다는 점이다. 게다가, Keyes와 Hasin(2008)은 위험한-사용 기준에 의해 알코올 남용으로 진단하는 것은, 계층적인 편향이 내재되어 있는데, 이는 아마 상위계층이 차에 대한 접근이 더 쉽기 때문에 더 높은 알코올 남용률을 보이는 것이라고 제안하고 있다.

앞서 말한 문제들을 인식하고서, 대부분의 역학조사들은 알코올 남용의 유병률(prevalence)을 측정하기 위해 DSM 기준들을 사용하고 있다. 2001년의 약물남용에 대한 전국 가구 조사(National Household Survey on Drug Abuse)에서는 50개 주 전체에서 55,000명 이상의 성인들을 대상으로 전년도의 알코올 소비량을 조사하였다(Harford et al., 2005). 전체적인 알코올 남용 유병률은 7.3%였으며 남성들은 여성들보다 2배 더 높았다(10.4% 대 4.4%). 미국의 알코올 남용 유병률은 다른 국가들보다 약간 더 높았으나, 이는 아마 많은 부분이 문화의 차이뿐만 아니라 방법론의 차이 때문일 것이다(Somers, Goldner, Waraich & Hsu, 2004). 알코올 남용 유병률은 1991년과 2002년 사이에 또한 증가하였다(Grant, Dawson, Stinson, Chou et al., 2006).

미국에서는 피체포자 약물남용 모니터링(Arrestee Drug Abuse Monitoring) 프로그램을 실시하는데, 범죄자들을 인터뷰하고 범죄자들이 체포된 지 48시간 이내에 소변검사를 실시하여 그 결과를 수집한다. 2003년에 39개 지역에서 180,000명 이상의 체포된 남성들의 9.5%가 알코올 남용 양성 판정을 받았고, 47.9%가 지난 한 달 내에 폭음한 적이 있다고 응답했다(Zhang, 2003). 여성은 놀랍게도, 86.4%가 알코올 남용 양성 판정을 받았고, 34.9%가 지난 한 달 내에 폭음한 적이 있다고 보고했다.

알코올 남용의 정의와 범죄자 모집단에서의 유병률을 파악하는 또 다른 방식으로는 위험/욕구 범죄자 분류 도구들(risk/need offender classification instruments)로부터 나온 결과들을 사용하는 것이다. 다음 장에서 더욱 자세히 논의할 위험/욕구 도구들은 물질남용을 포함한 다양한 범죄유발적 욕구들을 표집한다. 위험/욕구 척도에서 물질남용을 평가하기 위한 기준은 DSM의 분류나 다른 특별한 평가도구들만큼 엄격하지는 않지만, 이 검사는 몇 가지 장점이 존재한다. 첫째, 위험/욕구 평가도구는 일반적으로 교정직원에 의해 실시되고, 따라서 비싸고 전문화된 조사를 하지 않고도 표준적인 유병률 데이터가 제공된다. 둘째, 위험/욕구 도구에 의한 범죄유발적 욕구에 대한 평가는 교정체계 내에서 처치 서비스를 실행하도록 유도한다. 마지막으로, 범죄유발적인 욕구들의 예측타당도를 연구할 수 있다. 물질남용을 평가한 DSM의 예측타당도 연구들은 비교적 드물다.

알코올 남용을 평가하는 위험/욕구 도구의 한 종류는 서비스 수준(Level of Service: LS) 도구들이다. 제10장에서는 LS 위험/욕구 도구들에 대한 연구를 더 자세히 살펴볼 것이다. 이들이 포함하고 있는 영역 중 하나는 소위 알코올/약물 문제다. 〈표 9-1〉은 이들 문제를 보여 준다. 아홉 개 항목 중 두 개는 정적 위험 요인(#37, #38)이고, 나머지 일곱 개 항목들은 역동적인 위험 요인이다. #41에서 #45까지의 항목은 현재 알코올 또는 불법적 약물들의 문제가 있는 경우에만 점수화된다. LS 도구는 보통 훈련된 직원이 지역사회 그리고 교도소 장면들에서 범죄자들에게 실시한다.

〈표 9-2〉는 LS 도구를 사용한 평가에 기초한 일부 유병률 데이터를 보여 준다. 이러한 데이터를 사용함으로써 얻는 이점 중의 하나는 불법적 약물남용으로부터 알코올 남용을 분리시킬 수 있게 해 준다는 점이다. 많은 연구들이 이 두 가지를 일반적인 물질남용 범주 안에 함께 포함시킨다. 범죄자들 사이에서는 알코올 및 불법적 약물남용이 자주 병행해서 발생하지만, 항상 그렇지는 않다. 일부 범죄자들은 알코올 오용을 하면서 불법적 약물은 피하며, 반

대로 불법적 약물을 하면서 알코올 오용은 하지 않는다. 〈표 9-2〉에서 볼 수 있는 바와 같이, 그 두 가지를 함께 남용하는 것은 알코올 남용만 하는 것보다 더욱 빈번하다. LS 도구는 불법적 약물 및 알코올 남용이 법, 가족/결혼생활 그리고 학교/직장 영역들에서의 문제의 원인이 되는지에 관해 더욱 발전적인 연구를 가능하게 해 준다. 예를 들어, 물질남용 그리고 법과의 갈등은 남성과 여성 모두에게 있어서 단연코 가장 많이 발생되는 문제다.

표 9-1 LSI-R의 알코올/약물 문제 하위 구성요소

알코올/약물 문제	
37	이전의 알코올 문제
38	이전의 약물 문제
39	현재 알코올 문제
40	현재 약물의 문제
41	법 위반
42	결혼생활/가족
43	학교/직장
44	의학적
45	다른 임상적 지표들

Andrew & Bonta(1995)에서 발췌. [Multi-Health Systems, Inc., 908 Niagara Falls Blvd., North Tonawanda, NY 14120-2060(800/456-3003)]의 허가에 의해 복제.

알코올 남용과 범죄

앞에서 살펴보았듯이, 범죄자 집단 사이에서 알코올 남용의 유병률은 꽤 높은 편이며, 확실히 일반적인 집단의 유병률보다 훨씬 더 높은 편이다. 또한 취한 상태에서 범죄가 많이 발생한다고 범죄를 저지른 사람들과 피해를 입은 사람들이 보고하고 있다(Greenfeld & Henneberg, 2001; Kazemian & Le Blanc, 2004; Martin, Bryant & Fitzgerald, 2001). 이는 특히 총기 살인사건에 있어서 그러하다(Phillips, Matusko & Tomasovic, 2007; Roberts, 2009). Lipsey 등(Lipsey, Wilson, Cohen & Derzon, 1997)에 의한 메타분석은 알코올 남용과 폭력 간의 상관관계를 포함하고 있다. '급성적 범죄(criminal acute)'(음주상태에서 발생한 단일 사건) 범주에서의 평균 효과크기(*r*)는 .10(k = 29)이었으며, 만성적인 알코올 남용(k = 67)의 경우에서는 .15였다. 그러나 이는 알코올이 범죄를 유발한다는 것을 의미하는 것은 아니다. 알코올과 범죄사이의 인과관계성을 평가하기 위해서는, 단순 상관관계보다 더 높은 수준의 증거가 필요하다(독자들은 제1장에서 논의되었던 다른 유형들의 공변인들을 기억해라).

〈표 9-3〉은 다양한 LS 데이터베이스를 다시 한번 이용한 바, 명백한 약물남용 문제는 아닌 현재 알코올 남용 문제가 있는(지난해에) 경우만을 선택할 수 있다. 〈표 9-3〉을 보면, 알코올 남용의 예측타당도가 약한 수준인 것을 알 수 있다(평균 r은 .09). 이러한 결과는 Dowden과 Brown(2002)의 메타분석(r = .12, k = 29)의 결과보다 약간 더 낮다.

표 9-2 알코올 남용: 약물과 알코올을 함께 남용한 경우와 알코올만 남용한 경우의 유병률(%)

표본(n)	국가	함께 남용한 경우	알코올만 남용한 경우
남성			
교도소(956)	캐나다	47.2	42.3(634)
법 위반		98.4	
결혼생활/가족		48.8	
학교/직장		45.7	
교도소(16,635)	미국	29.2	13.3(9,344)
법 위반		90.4	
결혼생활/가족		74.3	
학교/직장		61.6	
지역사회(664)	영국	30.9	27.6(504)
법 위반		89.2	
결혼생활/가족		70.4	
학교/직장		39.9	
지역사회(46,167)	미국	35.5	19.9(9,344)
법 위반		88.3	
결혼생활/가족		73.5	
학교/직장		60.6	
지역사회(464)	캐나다	15.3	13.3(428)
법 위반		78.9	
결혼생활/가족		46.5	
학교/직장		42.3	
여성			
교도소(647)	캐나다	41.0	38.8(312)
법 위반		92.8	
결혼생활/가족		71.3	
학교/직장		47.5	
교도소(216)	캐나다	33.8	39.8(103)
법 위반		93.2	
결혼생활/가족		76.7	

학교/직장		21.9	
교도소(1657)	미국	31.1	11.1(614)
법 위반		65.7	
결혼생활/가족		61.0	
학교/직장		52.3	
지역사회(2193)	캐나다	24.0	21.1(1,783)
법 위반		88.0	
결혼생활/가족		63.1	
학교/직장		29.8	
지역사회(263)	캐나다	20.9	19.7(213)
법 위반		89.1	
결혼생활/가족		70.9	
학교/직장		21.8	
지역사회(139)	영국	23.0	19.1(89)
법 위반		71.9	
결혼생활/가족		68.8	
학교/직장		34.4	
지역사회(10,970)	미국	29.1	16.3(4,471)
법 위반		87.7	
결혼생활/가족		80.3	
학교/직장		65.0	

표 9-3 알코올 남용: 재범(1년)에 대한 예측타당도(*r*)

표본(*n*)	출처	국가	*r*
남성			
교도소(619)	Bonta	캐나다	.06
지역사회(428)	Andrews	캐나다	.03
지역사회(664)	Raynor(2007)	영국	.02
여성			
교도소(312)	Brews(2009)	캐나다	.05
교도소(103)	Rettinger(1998)	캐나다	.29
지역사회(1,783)	Brews(2009)	캐나다	.07
지역사회(213)	Rettinger(1998)	캐나다	.18
지역사회(139)	Rayonr(2007)	영국	.01

Lipsey 등(1997)은 상관관계 연구들에 대한 메타분석에 추가해서, 또한 폭력에 대한 알코올 사용의 잠재적인 인과적 역할을 검증한 **실험** 연구들을 고찰하였다. 인체 실험(human experiment)에서는 참가자들에게 알코올이 주어졌고, 다른 참가자들에게 전기충격을 가하는 행동인 그들의 공격적 행동을, 알코올이 주어지지 않은 참가자들의 행동과 비교하였다. 이 연구들에서, 독립변수(알코올)는 실험자에 의해서 조작되었고, 따라서 공격적 행동에 대한 알코올 효과의 평가가 가능했다.

실험 연구에서 알코올 조건과 비-알코올 조건을 비교하면, 전체적인 효과크기(r)는 0.54 (k = 42)였다. 이러한 결과는 실험실 상황에서 공격성과 알코올 섭취 간의 관계성을 검증한 49개의 실험연구들에 대한 초기의 메타분석과 동일했다(Ito, Miller & Pollock, 1996). 그러나 두 양적 고찰들은 실험절차와 실험 참가자들의 개인 특성에 따라 결과들에서 매우 큰 변산성이 있음을 발견했다. 일부 상황에서, 결과는 반대였다. Lipsey 등(1997: 278)은 다음과 같은 결론을 내렸다. "알코올 섭취의 폭력에 대한 인과적 영향을 배제할 수는 없지만…… 알코올의 폭력에 대한 광범위하고, 신뢰로운 '주 효과(main effect)'가 없다는 것은 명백한 것으로 보인다."

알코올 남용 치료

알코올 남용에 대한 치료에는 다양한 개입들이 있다. 모든 치료를 다 살펴보지는 않겠지만 약물적인 치료와 알코올 중독자 익명모임(Alcoholics Anonymous)과 같이 널리 알려진 치료를 선택해서 살펴보겠다. 약물남용 치료에 대해 논의할 때 인지행동적 치료를 좀 더 다룰 것이다.

약물적인 치료는 두 가지 종류의 약물을 포함하고 있다. 가장 널리 연구된 것은 디술피람(disulfiram) 또는 안타부스(Antabuse)다. 안타부스는 알코올 중독 치료로 60년 이상 사용되었다(Fuller & Gordis, 2004). 작용기제는 안타부스가 알코올(에탄올)과 상호작용했을 때, 안타부스는 격렬한 생리적인 반응을 촉발시킨다. 복용한 사람은 복통을 느끼기 시작하고, 게워 낸 후, 두통을 겪고 높은 불안감을 느낀다. 이것은 알코올을 기피하도록 혐오적 조건형성을 시킨다고 추정되며 이후의 음주를 억제하도록 만든다. 알코올 남용자가 약을 투약하는 것을 동의하기만 하면 안타부스는 효과가 있다. 그러나 수많은 환자들이 동의하지 않는다(Buonopane & Petrakis, 2005; Garbutt, 2009). 법원명령에 의한 약물치료 준수의 보장(Mustard, May & Phillips, 2006)과 행동적 강화를 준수하는 노력들이 있었지만, 이러한 노력들은 단지 약간의 성공만을 가져 왔다.

새로운 약물이 15년 전에 알코올의 쾌락적 효과를 차단하기 위해 도입되었다. 날트렉손(naltrexone)과 아캄프로세이트(acamprostate)와 같은 약물은 '갈망(cravings)'을 멈추게 한다. 이 약물들이 안타부스와 관련된 도덕적 문제들(즉, 고의적으로 해를 유발하는 것)이 적고 높은 동의율을 보인다는 점을 고려했을 때, 이 약물들은 아마 곧 알코올 남용의 약물치료에 있어서 안타부스를 대신할 것으로 보인다(Fuller & Gordis, 2004). 치료의 효과(흔히 음주 빈도 또는 금주로 측정되는) 측면에서, 주요 치료로서 이러한 약물들은 작은 효과를 보여 주었다. 그러나 약물들의 효과성은 행동적 상담과 함께 이루어질 때 향상된다(Berglund, 2005; Buonopane & Petrakis, 2005; Mann, 2004, Weiss, O'Malley, Hosking, LoCastro & Swift, 2008).

알코올 중독자 익명모임(Alcoholics Anonymous: AA)은 금주를 하고자 하는 내담자들을 위한 사회적 지원 집단이다. 1935년에 설립된 AA는 40개 이상의 국가에서 운영되는 국제적인 조직으로 성장하고 있다. 참가자들은 반드시 그들 스스로 혼자서 금주를 할 수 없음을 인정해야만 하며 '상위 권력(higher power)'(후원자, 집단 또는 신을 의미하는 것으로 해석되는)에 복종해야만 한다. 적어도 일 년 동안 금주해 온 후원자는 새로운 입문자를 위해 24시간 후원자와 선생님으로서의 역할을 한다. 모임은 정기적으로 갖는데 그 모임에서 다른 멤버들은 회복하기 위한 12단계를 준수함으로써 지지를 제공한다[12번째 단계는 '영혼의 깨어남(spiritual awakening)'이라고 한다].

엄격한 통제(예: 무선할당)를 사용하여 AA를 평가하는 것은 여러 가지 이유에서 수행하기가 매우 어렵다. 예를 들어, 회원의 기록은 보존되지 않으며, AA 모임은 매번 똑같은 방식으로 열리지 않는다(Krentzman, 2007). 하지만 접근 가능한 문헌들에 대한 고찰들은 AA에의 참여가 알코올 사용의 감소와 연합됨을 시사한다. Toniga, Toscova 그리고 Miller(1996)는 AA에 대한 74개 연구들을 메타분석을 한 바, AA **가입**(affilation)(즉, 모임에 참석)은 평균 .08의 *r*을 그리고 AA **관여**(involvement) 조건들(예: 모임을 이끌거나 모임을 공유하는 등)에서는 평균 *r* 값이 .22로 상승함을 발견했다. 적극적으로 관여한 사람들에게서는 AA의 모임에서 단순하게 앉아 있는 사람들과는 반대되게 좋은 성과가 나타나는 것이 자주 관찰되었다(Tonigan, Connors & Miller, 1998; Vaillant, 2005).

왜 AA가 효과적일까? 알코올 사용을 줄이는 AA의 효과성에 대한 그럴듯한 많은 이유가 있다(재범에 대한 이야기가 아님에 주의하라). 첫째, AA는 인지행동적 치료의 모델에서 발견된 몇 가지 치료법의 요소들을 공유한다(Knack, 2009; Moos, 2008). 예를 들어, 후원자는 AA모델 안에서 훈련받은 치료자처럼 기능하고 신입자에게는 접근법을 가르친다. 후원자들은 금주의 모델이 되고 신입자와 상호작용하면서 강화를 제공한다. 다른 중요한 요소는 집단의 힘이다. 집단은 개인들이 금주를 유지하는 것을 동기화하는 것뿐만 아니라 음주를 대체하는 행동에 대해서 보상을 제공하고, 음주에 대한 충동을 다루는 대처기술들을 가르친다. 24개 연구들에 대한 고찰은 AA의 가장 큰 영향력이 알코올 중독 회복을 위해 사회적 망을 대체하는 것이라고 결론 내리고 있다(Groh, Jason & Keys, 2008).

자조-집단(self-help group)들은 개인들에게 다양한 지원들을 제공한다. 자조-집단은 예를 들어, 일반적인 자기-가치감(self-worth)을 지지하거나 또는 금주에 대해서 구체적인 지지를 제공한다. AA에 의존하지 않고 행동적 원리를 따르는 매우 구조화된 집단들이 있다. 아마도, 초기의 가장 잘 알려진 예로는 Hunt와 Azrin(1973)의 지역사회-강화(Community-Reinforcement) 접근법일 것이다([자료 노트 9-1]). 그러나 대부분의 치료 프로그램들은 알코올 중독 환자들의 사회적 망을 대체시키는 수단으로서 AA를 사용한다(Martin, Player & Liriano, 2003; McCrady, Epstein & Kahler, 2004; Witbrodt, Bond, Kaskutas, Weisner et al., 2007). 예를 들어, 네트워크 지지 프로젝트(Network Support Project)는 AA 모임에 참가한 참여자에게 술을 마시는 친구들과의 사회적 상호작용을 끊도록 적극적으로 장려한다(Litt, Kadden, Kabela-Cormier & Petry, 2007). 2년간의 추적 연구는 네트워크 지지 조건에 참여했던 알코올-의존적인 참여자들이 대안적 치료 조건에 있던 사람들보다 20% 정도 더 많은 날들을 금주한 것을 발견했다(Litt et al., 2009).

[자료 노트 9-1]

알코올 남용에 대한 지역사회 강화 접근법

1973년, George Hunt와 Nathan Azrin은 알코올 중독 치료에 대한 조작적 조건형성 접근방법을 도입했다. 주립병원에 있던 심각한 알코올 중독 문제를 가진 여덟 명의 남성들을 지역사회 강화(Community-Reinforcement: CR) 프로그램의 참가자로 선발하였다. CR 프로그램은 금주행동에 보상을 주도록 가족, 친구들 그리고 지역사회 집단의 도움을 얻었다. 이러한 목적은 알코올 없이 좀 더 즐겁고 성취감을 주는 삶을 만드는 것이었다. 만약에 더 많은 사회적 강화가 금주적 행동에 제공되었다면, 그 이후 음주로 되돌아가는 것은 이러한 강화들의 감소와 중단을 야기하게 된다. 음주행동에 대한 보수와 비용의 정도를 재조정하는 일반적인 접근법도 사용했다.

가족을 포함하여, 일반적으로 알코올 중독자의 배우자는 프로그램의 중요한 구성요소다(Miller, Meyers & Tonigan, 1999). 병원에서 시작할 때, 남편과 부인은 상호 간에 만족할 수 있는 활동들의 리스트에 동의하기 위해 만난다. 일반적으로 부부는 문제 영역을 다루고 서로 보상을 주는 활동들에 함께 더 많은 시간을 보냄으로써 상대방을 행복하게 만드는 데 동의한다. 가족이 없는 알코올 중독자들은 친척이나 고용주 또는 목사로 '대용가족(synthetic family)'을 만들어 준다. 대용가족은 정기적인 방문이나 식사를 위해 알코올 중독자를 자신들의 집에 초대한다. 만약에 의뢰인이 직업이 없다면, 의뢰인은 의뢰인이 만족스러운 직업을 구하거나 면접을 준비하기 위해 '직업 클럽'에 가입한다. 대부분의 알코올 중독자들은 그들의 시간을 다른 알코올 중독자들과 보내기 때문에 사람의 사회적 네트워크를 변화시키는 것은 매우 중요하다. Hunt와 Azrin이 찾아낸 이러한 변화의 하나의 방식은 이전의 선술집으로부터 사회적 클럽으로 들어오게 해 영화를 보여 주거나 춤을 가르치고 빙고 게임을 하게 하는 것이었다. 신중하고 체계적으로 알코올 중독 환자들의 보상을 음주에서 금주행동으로 재분배하기 위해 사회적 환경을 변화시켰다.

여덟 명의 남성들은 다른 여덟 명의 알코올 중독자들과 나이, 직업 전력, 결혼 상태 그리고 교육수준이 대등하게 짝지어졌다. 통제집단은 알코올의 영향에 대해 25시간 동안 설교하여 가르치는 프로그램을 진행하는 일반적인 병원을 거쳤다. 6개월의 추적 연구는 CR 집단에서 매우 놀라운 개선을 보여 주었다. CR 집단은 음주로 보내는 시간이 현저하게 줄었을 뿐만 아니라 (CR 집단은 14%, 통제집단은 79%였다) 실업상태에 있게 될 가능성 또한 더 적었다(5% 대 62%). 가정생활 면에서는, CR 집단에 있던 결혼한 남성들 다섯 명은 프로그램 이전에 이혼을 고려하고 있었다. 추적 결과, 이 다섯 명의 남성들은 결혼 상태를 유지하고 있었던 반면에, 통제집단에서 네 부부 중 두 부부는 이혼한 것으로 나타났다.

1973년 검증연구 이후로, 알코올 남용 치료에 대한 CR 접근은 발전되어 왔다. 이러한 적용은 병원 장면부터 지역사회 장면들까지 확장되고 있으며, 동의를 얻어 안타부스와 같은 약물도 함께 사용하는 접근법이 되고 있다(Sisson & Azrin, 1989). CR 접근방법은 알코올 중독자들에 대한 치료를 위해 사용되는 것뿐만 아니라 약물 중독자들의 치료에도 사용된다. Roozen 등(Roozen, Boulogne, van Tulder, van den Brink et al., 2004)은 알코올과 기타 약물남용의 치료에서 CR 접근방식을 사용한 11개의 연구들을 검토하였다. 그들은 비록 증거가 금주와 섞여 있지만 CR 접근방법이 음주일(drinking days)을 줄이는 결과를 가져온다는 강력한 증거를 발견했다. 약물남용과 관련한 두 개의 연구들에서는 CR 접근이 코카인 사용을 금지하는 것과 연합되어 있음이 발견되었다.

불법적 약물남용

유병률

2004년에, 12세 이상의 미국인 중 7.9%(대략 1,900만 명)가 불법적 약물을 과거에 이용한 적이 있다고 보고하였다(Substance Abuse and Mental Health Services Administration, 2005). 나아가, 대략 1.8%에서 3.6%의 인구가 약물남용 또는 약물의존 장애로 진단받았을 것으로 추정된다(Baumeister & Horter, 2007). 범죄자 집단의 조사에서 물질남용은 20%에서 79%의 범위로 훨씬 높은 비율로 나타났다(Fazel, Bains & Doll, 2006; Glaze & Palla, 2005; Karberg & James, 2005; Lurigio et al., 2003; Office of National Drug Control Policy, 2000; Pernanen et al., 2002). 180,000명 이상의 체포된 사람들에 대한 조사(Zhang, 2003)에서 가장 빈번하게 사용된 약물은 마리화나(marijuana)였고(44.1%), 그다음은 코카인(cocaine)이었다(30.1%). 헤로인(heroin)(5.8%)과 메탐페타민(methamphetamines)(4.7%) 같은 약물들은 상당히 적었다. 우리들의 일부 자료에서는(고맙게도 우리의 동료들이 이용하게끔 해 주었다) 알코올 남용과의 동시이환(comorbidity) 없이 불법적 약물남용 유병률의 범위가 낮게는 5.6%에서 높게는 56.1%(역자주: 〈표 9-4〉에서 최고 수치는 56.6%임. 두 수치 중 하나는 오타로 추정됨)에 이르렀다. 알코올 남용의 논의에서 언급했듯이, 관련 문헌들은 알코올 남용과 다른 약물남용을 일반적인 물질남용의 영역에 결합시키는 경향이 있다. 하나의 수준에서, 이러한 결합 경향은 둘 간에 상관관계가 있다는 것으로서 어느 정도 이치에 맞는다. 예를 들면, 우리의 많은 미국 교도소 표본들에서, r = .39(N = 18,313)이며, 지역사회에서 슈퍼비전 받은 범죄자들은 r = .26(N = 39,496)이었다. 그러나 이러한 연합은 완전하지 못하며, 따라서 우리는 두 남용 장애들을 분리하여 연구하도록 연구자들을 격려할 것이다.

표 9-4 불법적 약물남용: 불법 약물과 알코올을 함께 남용한 경우와 불법 약물만 남용한 경우의 유병률(%)

표본(n)	국가	함께 남용한 경우	약물만 남용한 경우
남성			
교도소(956)	캐나다	33.7	27.4(504)
법 위반		64.4	
결혼생활/가족		29.1	
학교/직장		28.0	

교도소(16,643)	미국	43.8	31.1(11,773)
법 위반		49.6	
결혼생활/가족		38.7	
학교/직장		32.8	
지역사회(663)	영국	24.0	20.5(459)
법 위반		51.7	
결혼생활/가족		19.9	
학교/직장		39.9	
지역사회(29,779)	미국	52.9	41.6(18,147)
법 위반		60.6	
결혼생활/가족		48.2	
학교/직장		40.4	
지역사회(464)	캐나다	7.8	5.6(393)
법 위반		61.1	
결혼생활/가족		33.3	
학교/직장		33.3	
여성			
교도소(647)	캐나다	51.8	50.0(382)
법 위반		89.9	
결혼생활/가족		72.8	
학교/직장		56.1	
교도소(216)	캐나다	52.3	56.6(143)
법 위반		65.3	
결혼생활/가족		55.6	
학교/직장		12.5	
교도소(1,658)	미국	62.9	52.3(1,659)
법 위반		65.7	
결혼생활/가족		61.0	
학교/직장		52.3	
지역사회(2,182)	캐나다	18.3	15.3(1,659)
법 위반		78.7	
결혼생활/가족		57.1	
학교/직장		39.3	
지역사회(263)	캐나다	19.0	17.8(208)
법 위반		30.4	
결혼생활/가족		25.9	

학교/직장		27.2	
지역사회(139)	영국	36.6	32.7(107)
법 위반		43.2	
결혼생활/가족		36.0	
학교/직장		20.1	
지역사회(9,317)	미국	58.5	51.8(6,628)
법 위반		60.9	
결혼생활/가족		52.5	
학교/직장		41.2	

알코올 남용과는 달리, 불법적인 약물남용은 마리화나나 코카인 등과 같이 약물의 불법적인 성질 때문에 범죄와 관련이 더 깊다. 따라서 이러한 약물에 중독이 되면 다른 범죄자들과의 직접적인 접촉을 하게 되며, 많은 경우에, 약물을 사기 위하여 다른 불법적인 활동에 가담하게 하는 압력이 된다. 게다가, 일부 약물들은 어떤 사람들에게 있어서 매우 직접적으로 반사회적 행동을 이끄는 생각에 영향을 미치고(예를 들어, 코카인의 사용은 망상적 생각을 촉발시킨다), 또는 극심한 갈망은 약물남용으로 진행하도록 진전시키는 행동을 이끌기도 한다. 알코올 남용과 구분되지 않는 물질남용은 일반적으로 성인범죄자(Cartier, Farabee & Prendergast, 2006; Gendreau et al., 1996)와 소년범죄자(Cookson, 1992; Loeber et al., 2005)들의 범죄에서 위험요소가 된다. 두 개의 메타분석은 약물의 사용과 재범 간의 유의미한 관계를 밝혀냈다.

Craig Dowden과 Shelley Brown(2002)은 116개의 효과크기 추정치를 산출한 45개의 연구들을 고찰한 바, 재범 전에 물질남용이 이루어졌음을 밝혀냈다. 33개의 추정치는 오로지 불법적인 약물남용에 대한 것이었다(다른 것들은 알코올 남용을 포함하고 있었다). 약물남용과 재범 간의 평균 효과크기는 .13이었다. Trevor Bennett 등(Bennett, Holloway & Farrington, 2008)은 약물사용과 범죄 간의 관계를 연구한 30개의 연구들을 분석하였다. 평균적으로, 범죄행동의 가능성은 약물남용자들이 비-약물사용자들에 비하여 2.79배 더 컸다($r = .27$). 크랙(crack)(코카인의 한 종류)을 사용하는 사람들의 범죄 가능성은 여섯 배나 높았다. 〈표 9-5〉에 우리의 데이터 자료에서 알코올 남용을 하지 않는 불법적 약물남용의 예측타당도가 제시되어 있다. 가장 눈에 띄는 결과는 약물남용이 다섯 개의 여성 표본 모두에서 재범과 상관관계가 더욱 높다는 것이다.

그렇다면 Elliott Currie(1993)가 언급한 '미국인의 악몽(American Nightmare)'에 대처하기 위

해서는 무엇을 해야 되는가? 처음에는, 약물에 대한 '전쟁'을 선포하는 것이었다. 하지만 우리가 오늘날 알다시피, 범죄자들을 거칠게 제압하는 것이 바라던 결과를 가져오지는 않는다. 약물범죄를 줄이는 대신에, 그 결과는 경찰관들을 혹사시키고, 법원의 업무가 잘 작동되지 않고, 감옥은 정맥주사를 이용하여 약물사용을 함으로써 발생하는 건강문제(예: HIV, AIDS, 간염)를 지닌 많은 범죄자들로 채워졌다(Fagan, 1994; Webster et al., 2005; Worden, Bynum & Frank, 1994). 일부는 처벌 및 통제를 더욱 강조하게 된 것이 단지 미국의 내부 도시에서 가난한 사람이나 소수자를 통제하기 위한 위장된 노력이었다는 의문을 제기한다(Byrne & Taxman, 1994; Currie, 1993; Daly & Tonry, 1997).

'약물과의 전쟁'의 전반적인 실패와 '전쟁'이 완전히 끝난 것이 아니라는 명백한 인식은, 우리에게 물질남용 범죄자들을 처벌하기보다는 치료하기 위한 노력을 재개하도록 했다. 1980년대에 수감자들에게 많은 약물치료 프로그램들의 실시가 증가하였다(Chaiken, 1989). 이러한 프로그램들은 1990년대부터 20세기 말까지 폭증했는데, 미국 전체의 교정시설들 중 약 40%가 물질남용 프로그램을 실시하기에 이르렀다(Welsh & Zajac, 2004). 하지만 수요가 공급을 앞지르고 있다. 주립 감옥의 약물문제가 있는 성인 수감자의 대략 90%가 치료를 받고 있지 못하며(Welsh & Zajac, 2004) Texas 주에서는 물질남용 문제를 가지고 있는 청소년 중 70%에서 90%가 치료를 받지 못하고 있다(Kelly, Macy & Mears, 2005). California에서는 160,000명 이상의 수용자들 중에서 오직 대략 8,000명의 수용자들만이 약물치료를 받았다(Burdon, Messina & Prendergast, 2005).

표 9-5 약물남용만(알코올 제외): 재범(1년)에 대한 예측타당도(r)

표본(n)	국가	r
남성		
교도소(504)	캐나다	.08
지역사회(393)	캐나다	.03
지역사회(459)	영국	.17
여성		
교도소(382)	캐나다	.19
교도소(208)	캐나다	.26
지역사회(1,659)	캐나다	.20
지역사회(143)	캐나다	.42
지역사회(107)	영국	.24

약물남용 치료

약물치료 프로그램의 평가들은 긍정적인 효과를 나타내며(Hepburn, 2005; Messina, Farabee & Rawson, 2003; Sims, 2005; Swartz, Lurigio & Slomka, 1996) 높은 수준의 비용-효과성(cost-effectiveness)을 보인다(Longshore et al., 2006). 두 개의 메타분석적 요약이 있다. 첫 번째 고찰은 교정적 약물남용 치료효과 프로젝트(Correctional Drug Abuse Treatment Effectiveness project: CDATE; Pearson & Lipton, 1999; Pearson, Lipton & Cleland, 1996)다. CDATE 프로젝트에서는 1968년부터 1996년 사이에 전 세계에서 출판되었던 연구들과 출판되지 않았던 연구들에 대해 종합적인 고찰이 수행되었다. 이들은 Andrews 등(1990a)에 의해 사용되었던 것과 유사한 치료의 정의를 사용했기 때문에, 우리는 CDATE의 결과들과 Andrews 등(1990a)의 메타분석을 비교할 수 있었다. Andrews 등(1990a)의 메타분석은 Carleton 대학교 데이터 은행의 자료들을 바탕으로 특별히 이 책을 위해서 오직 물질 남용 프로그램들에 대해서만 실시된 것이었다(〈표 9-6〉을 보라). Pearson, Lipton 그리고 Cleland(1996) 메타분석에서의 가장 중요한 발견은 치료가 재범을 감소하는 데 제재 또는 다른 구체화되지 않은 개입보다 더 효과적이었다는 것이다.

CDATE의 메타분석 연구는 PCC와 일치한다. 인지행동적인 방법으로 범죄유발적 욕구들을 목표로 하는 치료 프로그램들은 문제 행동을 감소시키는 데 효과적이다.

표 9-6 약물남용과 범죄자 치료의 효과성(phi)

연구	RNR의 준수			
	제재	아니다	불분명한	그렇다
Andrews 등(1990a)	−.02	−.03	.13	.30
Andrews와 Bonta(2006)	−.03	−.01	.12	.26
Carleton University(2006) (오직 물질남용 프로그램만)	−.06	.07	.14	.30
Pearson 등(1996)	.03	.06	.09	.22
Pearson과 Lipton(1999)				
극기 훈련 캠프	.05			
비구조화 집단		.04		
치료적 지역공동체			.13	

두 번째 메타분석은 Holloway, Bennett 그리고 Farrington(2008)의 연구다. 그들은 형사사법 제도 내에서 실시했던 치료개입의 유형으로 분류된 37개의 연구들을 고찰했다. 그들은 효과크기의 측정치로서 오즈비율(Odds Ratio: OR)을 사용하였다. 1.0의 OR은 치료집단과 통제집단 간의 차이가 없다는 것을 나타낸다. 고찰한 전체 치료에서 전체적인 OR은 1.35(r = .08)이었으며 신뢰구간(CI)은 1.0을 포함하지 않았다(CI = 1.22에서 1.50; OR은 효과크기임을 기억하라. 효과가 없는 것은 OR이 1.0이며 다른 효과크기 측정치의 0이 아님을 주의하라). 〈표 9-7〉에 Holloway 등(2008)의 결과를 요약하고 있고, 또한 OR 추정치로부터 변환된 r값을 제공하고 있다. 치료적 지역공동체들은 치료효과를 보여 주었으며, 반면에 약물 법원(drug court)의 헤로인 사용자들에 대한 메타돈(methadone) 치료 그리고 약물검사(drug testing)는 의미 있는 효과를 보여 주지 못했다(CI는 1.0을 포함하고 있었다). 치료적 지역공동체의 결과는 Pearson과 Lipton(1999)의 연구결과(r = .13)보다 컸다.

치료적 지역공동체들은 일반적으로 교도소 장면들에서 운영되며, 수감자들은 약물을 끊고 친사회적인 생활방식으로 변화하도록 서로를 돕는 각 단위로서의 역할을 하며 함께 생활한다. 치료적 지역공동체에 대한 평가는 방법론적인 부분에서 비판받아 왔지만(예: 피험자 선정 편향, 프로그램의 애매한 설명 및 실행 등), 재범의 감소와 연합되는 것으로 나타났다(Aos, Miller & Drake, 2006a; Holloway et al., 2008; Pearson & Lipton, 1999). 일부 연구자들은 치료적 지역공동체의 치료 후 갱생지도(aftercare) 요소를 그 치료법의 효과가 애매한 이유로 들고 있으며(Burdon, Messina & Prendergast, 2004; Prendergast, Hall, Wexler, Melnick & Cao, 2004), 반면에 다른 연구자들은 갱생지도가 불필요하다(Welsh, 2007)고 주장하고 있다. 이 치료법은 앞서 기술했던 물질남용을 다루는 알코올 중독자 익명모임(Alcoholics Anonymous)과 지역사회 강화 접근(Community-Reinforcement approach)과 유사한 지지적인 사회적 망의 측면이 존재한다. 예를 들어, 아편-의존(opiate-dependant) 환자들에 대한 5년간의 추적 연구에서는 마약 중독자 익명모임(Narcotics Anonymous: NA)에 참여했던 사람들이 NA에 참여하지 않았던 사람들과 비교하여 더 높은 금지율(abstinence rates)을 보인다는 것을 발견했다(Gossop,

표 9-7 약물남용: 치료적 지역공동체와 약물 법원(OR)

치료 유형	k	OR	CI	r
치료적 지역공동체	10	2.06	1.73에서 2.45	.20
약물 법원	2	1.52	0.88에서 2.60	.11
메타돈	9	1.14	0.92에서 1.42	.03
약물검사	6	0.85	0.68에서 1.06	-.05

Stewart & Marsden, 2007).

재발 방지

1980년에 Alan Marlatt과 Judith Gordon은 중독치료 분야에 큰 영향을 미친 논문을 작성했다. 그들은 행동치료가 행동을 변화시키는 데는 효과가 있지만 변화의 지속성에서는 문제가 있다고 언급했다. 다양한 중독(술, 담배, 헤로인)의 개입에 대한 결과들을 검토한 후, 그들은 대부분의 참여자들이 치료가 끝난 지 겨우 한 달 이내에 이전의 중독수준으로 되돌아간다는 것을 발견하였다. Marlatt과 Gordon(1980)은, 재발 방지는 '더 크고 더 좋은 치료 패키지들'에서 찾을 수 있는 것이 아니라, 내담자들에게 재발을 촉발시키는 상황들을 인식하는 직접적인 훈련을 제공하는 것과 이러한 상황들에 어떻게 대처해야 하는지를 가르치는 것에서 찾을 수 있는 것이라고 판단했다.

재발 방지(Relapse Prevention: RP)는 매우 위험한 상황에서 자기-관리 기술을 증진시키는 인지-행동적 개입이다. 이는 매우 다양한 중독(담배, 알코올 그리고 불법적인 약물들)과 일반적인 형사상의 범죄(Dowden & Andrews, 2007; Dowden, Antonowicz & Andrews, 2003) 그리고 심지어 성범죄자의 치료(Yates & Ward, 2007)에도 응용되었다. 첫 번째 단계는 물질오용에 빠지게 하는 상황을 인식하게 하는 것이다. 이 단계는 아마 내담자가 물질을 오용하는 상황들을 자세히 검토하거나 또는 음주 상황 인벤토리(Inventory of Drinking Situation; Annis, 1982)와 같은 객관적인 평가측정 도구의 도움을 받아 이루어진다. 두 번째 단계는 내담자에게 고-위험 상황에 대처하는 대안적인 반응을 가르치는 것이다(예: 음주를 거부하고, 토요일 밤에 다른 활동을 계획하기).

RP모델은 상당히 직관적인 매력이 있으며 이것의 효과성에 대한 연구는 유망하다. 대부분의 RP에 대한 평가들은 성과변인으로서 물질사용과 심리사회적인 적응을 사용한다. 26개의 연구들의 메타분석(n = 9,504)은 RP가 일반적으로 담배와 약물 그리고 음주문제에 있어서 효과적이라는 것을 발견했다(r = .14; Irvin Bowers, Dunn & Wang, 1999). 그러나 RP는 코카인 사용(r = −.03, k = 3)에서 보다 알코올 남용(r = .37, k = 10)에서 유의미하게 더 효과적이었다. 복합물질 사용(polysubstance use)에 있어서는 평균 효과크기가 알코올 남용의 결과 값보다 약간 더 작았으나(r = .27, k = 5), 그 차이는 통계적으로 유의미하지 않았다. 약물남용에 대한 다양한 개입들의 메타분석에서는 복합물질 남용이 전반적으로 가장 빈약한 결과를 산출한다(r = .12, k = 13; Dutra, Stathopoulou, Basden et al., 2008). 나아가 RP개입은 다른 개입들

(즉, 인지행동적 치료, 유관성 관리)과 비슷하게 효과적이었다.

요약. 중독치료 분야에 대한 우리의 논의는 효과적인 구성요소들이 범죄자들에 대한 일반적인 처치에서 발견했던 것들과 유사하다는 것을 시사한다. 치료자와 내담자의 긍정적인 관계를 증진시키면서 구조화된 형식을 따르는 프로그램들은 재발률 감소와 연합된다(Project MATCH Research Group, 1997). 게다가, 인지-행동적 개입과 집중적인 서비스는 고위험 물질남용 범죄자들에게 좀 더 효과적이다. 지역사회의 지지와 재발방지 기술에 대한 구체적인 교육은 또한 치료의 장기적인 성공을 향상시킨다. 일반적인 범죄자들에 대한 효과적인 처치의 본질적인 특징들 대부분은 특별히 물질남용 문제들이 있는 범죄자들을 대상으로 한 프로그램에 적용했을 때에도 효과가 있었다(Bourgon & Armstrong, 2005; Ramsay, 2003; Wanberg & Milkman, 1995).

이론적인 조망에서, 물질남용과 연합되어 있는 보상을 상쇄시키기 위해서는 많은 강화 유관성들을 변화시키는 것이 필요하다. 남용을 하지 않는 것을 선호하도록 보상의 추를 옮기는 것은 개인적인 태도, 사회공동체 그리고 유능감과 자기-통제력에서의 변화를 필요로 한다. 가족 구성원, 동료 그리고 친구들은 맑은 정신(sobriety)에 대해 강화하고 물질남용에 대해서는 반감을 표현하는 것을 체계적으로 배울 수 있다. 개인들은 고위험 상황에 대처하고, 그들이 자신들의 물질남용을 합리화하거나 물질남용을 지지하는 방법을 생각하기 시작했을 때 스스로 멈출 수 있는 인지적인 기술을 배울 수 있다. 행동적인 변화는 쉽지 않다. 많은 물질남용 범죄자들에게 있어서, 행동은 빈번하게(거의 매일) 일어나며 매우 긴 전력을 가지고 있다. 물질남용의 자동적이며 습관적인 본질은 심각한 도전 과제다. 그러나 증거들이 시사하고 있다시피, 이와 같은 장애물을 극복할 수 있는 개입들은 존재한다.

치료에 대한 저항 다루기

형사 범죄자들을 위한 치료 프로그램들은 범죄자들을 치료에 참여시키고 나아가 이들이 치료를 지속하게 하는 것과 같은 어려운 문제에 부딪힌다. 치료 중 높은 자연적 탈락률(attrition rates)은 물질남용 범죄자들에게 있어 일반적일 뿐만 아니라 다른 유형의 치료를 받는(예: 분노 관리) 범죄자들에게 있어서도 문제다. 특히 자연적 탈락률은 치료를 가장 필요로 하는 범죄자들 사이에서 높다(Wormith & Olver, 2002). 게다가, 치료를 가장 필요로 하는 범죄자들은 치료를 시행하는 데 어려움들이 혼입되어 있는 중다적인 범죄유발적 그리고 비범죄유발적 욕구를 지니고 있다. 예를 들어, 형사사법 약물남용 치료연구들(Criminal Justice Drug Abuse Treatment Studies)은 13개의 주요 연구들을 아우르고 있다. 치료를 받는 범죄자들은 여러 가지의 약물 의존들, 정신건강 문제들, 장기적인 범죄전력들 그리고 높은 HIV 발병률을 보였다(Fletcher, Lehman, Wexler & Melnick, 2007). 내담자들 중 오직 63%만이 자신이 직접 치료를 의뢰해 왔다. 물질남용 범죄자를 치료에 참여시키고 치료를 지속하게 하는 데 두 개의 일반적인 접근법이 사용되었다. 하나의 접근방식은 내담자를 치료로 끌어들이기 위해 심리학적인 기법들에 의존하는 것이었고, 반면 다른 하나의 접근법은 부정적인 결과들에 대한 위협을 더욱 강조하는 것이었다.

동기화 면담

동기화 면담(Motivational Interviewing: MI)은 스스로가 중독임을 부인하며 치료에 참가하고자 하는 동기가 없는 내담자를 다루기 위한 필요에 의해서 비롯되었다. James Prochaska와 Carlo DiClemente(1982, 1983)은 내담자들이 변화의 준비성 단계에서 어떤 단계에 있는지를 기술하는 모델을 만들었다. 이러한 단계들의 범위는 단순히 어떤 문제를 가지고 있을 수도 있다는 가능성을 생각하는 것부터 문제를 해결하기 위해 실제로 무언가를 하는 것까지 있다. 사전숙고(precontemplation) 단계와 숙고(contemplation) 단계에서, 내담자는 자신이 변화가 필요한 어떤 문제를 가지고 있다는 것을 알지 못한다. 행동은 합리화되거나, 부인되거나 또는 내담자가 "생각해 보는 중"이다. William Miller와 Stephen Rollick(1991)은 "그것에 대해 나는 생각 중이야."에서 "그걸 위해서 뭘 좀 해 봐야겠어."로 내담자를 움직이기 위한 기술로서 동기화 면담을 개발하였다. 본질적으로, 치료자들은 위협적이지 않은 관계로, 라포를 형성해야 하고, 부드럽고 조심스럽게 조금씩 반드시 직면해야만 하는 문제를 받아들이는 방향으로 내담자를 끌어들어야 한다.

MI는 관계 형성을 강조하는 Carl Rogers(1961)의 내담자 중심 치료(client-centered therapy)와 사람들이 인지 부조화를 어떻게 다루는지에 관한 Daryl Bem(1967)의 자기-지각 이론(self-perception theory)에 그 기원이 있다. 그러나 내담자에게 문제를 직접적으로 인식하게 만들기 위해 종종 할당된 숙제(예: 일기에다 당신이 술을 마시고 난 이후에 가족이 무엇을 했고 어떠한 말을 했는지를 써라)와 같은 행동-치료의 요소들도 있다. MI는 종종 치료를 좀 더 공식화하고, 구조화하고, 재발방지 훈련을 하기 위한 예비적인 첫 번째 단계다. 이 기법은 치료를 권유받은 모든 사람들을 동등하게 동기화시키지는 못한다는 것을 인정한다. 많은 범죄자들이 외적 동기들(예: 법원 명령, 가석방 신청) 때문에 치료 받으러 오는 것을 감안하여, 동기화 면담은 내적 동기를 증진시키기 위한 방법을 제공한다.

MI는 반응성 원리와 조화된 상담 기법이다. 치료자의 개입 스타일은 내담자의 특정 시점의 인지와 정서적인 특징에 맞추어진다. 치료의 사전 숙고 단계에서, 직면적이거나 매우 구조화된 개입은 문제가 있다고 생각하지 않는 내담자나 또는 타인들에게 자신의 행동이 미치는 영향에 대해 신경 쓰지 않는 내담자에게는 아무런 영향을 주지 못할 수도(또는 부정적인 영향을 줄 수도) 있다. 이러한 내담자를 구조화된 인지-행동적 프로그램으로 유인하는 것은 실패나 중도포기를 불러일으킬 수 있다. 내담자가 변화의 과정에 전념하게 되고 자신의 인지적-정서적 관점들을 변화시키게 되면, 그때 치료자의 상호작용 스타일과 치료 양식은 수정된다.

MI 연구들에 대한 최소 네 개의 메타분석 고찰들이 있는데, 이 MI 연구들은 모두 비범죄자 집단을 대상으로 수행된 것들이었다. 이들 고찰 결과들에는 의사의 충고에 따르는 것(Rubak, Sanboek, Lauritzen & Christen, 2005), 다이어트나 운동(Burke, Arkowitz & Menchola, 2003), 도박(Hettema, Steele & Miller, 2005) 그리고, 당연히 중독(Hettema et al., 2005; Vasilaki, Hosier & Cox, 2006)이 포함되어 있다. 모든 고찰들은 MI가 다양한 결과의 전반에 걸쳐 긍정적인 효과를 가지고 있다는 것을 발견했다(금연을 제외하고서). 알코올 및 다른 약물남용과 관련해서, 평균 효과크기는 추적기간에 따라 $r = .13$에서 $r = .24$ 사이의 값을 보였다.

대부분의 범죄자들의 다루기 힘든 본성을 감안할 때, 일반 연구들로부터 나온 긍정적인 결과들은 범죄자들에게 MI를 응용하는 것에 대해 큰 관심을 갖게 했다. 많은 교정기관들은 MI 기술을 직원들에게 교육시키고 있으며, 이는 지역사회 슈퍼비전하에 있는 범죄자를 동기화하는 데 유용한 접근방식으로서 미국 연방 교정기관(U.S. National Institute of Corrections)이 장려하고 있다(Walters, Clark, Gingerich & Meltzer, 2007). 우리들이 강조하고 싶은 한 가지는 MI가 범죄자의 재범에 영향을 주는 것을 기대할 수 없다는 것이다. MI는 기본적으로 치료에 참여시키고 유지하며 동기를 증가시키는 하나의 반응성 기법(responsivity technique)이다. MI는 범죄자를 치료에 참여하게끔 만들겠지만, 만약 치료가 위험-욕구-반응성 원리를 준수하지 않는다면 범죄자의 행동변화는 없을 것이다. 범죄집단에 대한 연구는 초기 단계에 머무르고 있지만, 연구들은 MI기술들이 치료의 진행에 대한 치료자의 판단(Farbring & Johnson, 2008; Ginsburg, Mann, Rotgers & Weekes, 2002)과 문제를 다루는 데 더 긍정적인 자세(Harper & Hardy, 2000) 그리고 치료의 유지(McMurran, 2009)와 관련 있다는 것을 발견했다. 연구들은 여러 방면에서 현재 진행 중이지만 물질남용 범죄자에 대한 연구는 없다(Farbring & Johnson, 2008).

법원명령에 의한 치료와 약물 법원

놀라울 것 없이, 교정은 형사사법 체계에서 매우 다반사로 이루어진다. 예를 들어, 법원은 일상적으로 보호관찰 명령에 추가해 치료를 명령하며 가석방 심의위원회는 수감자가 교도소 치료 프로그램을 이용하기를 '기대'한다. 비록 이러한 치료의 비자발적인 형식은 도덕적인 문제점을 발생시키지만(Monahan, 1980; Shearer, 2003) 여전히 실행되고 있다. Klag, O'Callaghan 그리고 Creed(2005)는 강제력(coercion)을 복잡한 구성개념으로 간주하며 단순히 강요된(forced) 대 자발적인 치료처럼 이분법으로 보지는 않는다. 형사사법 체계에서, 강제력은 미묘한 압력을 강제하는 것에서부터 치료에 참여하게 하는 것까지 매우 광범위한 연속적인 변수다. 강제력의 차원적 속성을 인식하는 것은 도덕적이고 동기적인 문제들을 충분히 이해하도록 이끈다(예: 만약 치료에 참가하라고 하는 강제력이 법원보다는 가족의 구성원들로부터 오는 것이라면, 이는 좀 더 도덕적으로 수용가능한가? 내담자는 치료에 좀 더 동기화될까?).

강제력 연구들에 대한 많은 서술적 고찰들은 범죄자들이 법에 의해서 명령된 치료를 치료에 자발적으로 참여하는 범죄자들만큼 잘 수행한다는 결론을 내리고 있다(Prendergast, Farabee, Cartier & Henkin, 2006; Stevens et al., 2005). 그러나 최근의 메타분석들은 법에 의해서 명령된 또는 강압된 치료는 자발적으로 이루어진 치료와 동등한 효과가 없다고 보고하고 있다. Karen Parhar 등(Parhar, Wormith, Derkzen & Beauregard, 2008)은 명령에 의한 또는 명령에 의하지 않은 치료 프로그램에 대한 139개의 연구들을 고찰하였다. Klag 등(2005)의 권고에 따라, Parhar 등은 치료들을 명령에 의한 것(치료에 참여하지 않아 생긴 법적인 결과)부터, 강압된 것[치료에 참여하지 않아 생긴 부차적(minor) 결과] 그리고 자유로이 자발적으로(freely voluntary) 참여하는 것까지 3점 척도로 부호화하였다. 모든 연구들 전반에 걸쳐서, 재범에 대한 치료의 효과는 작았다(r = .06, CI = .05에서 .08, k = 129). 그러나 결과들을 3점 척도에 따라서 완전히 나누어 분류했을 때, 중요한 차이점이 드러났다. 자발적인 치료는 법의 명령에 의한 치료 및 강압된 치료보다 더 큰 효과를 나타내었다(r = .17 대 r = .08, 각각). 이 시점에서, 물질남용 범죄자들에게 법의 명령에 의해 널리 사용된 치료의 예로서 약물 법원(drug courts)으로 우리의 주의를 돌릴 필요가 있다.

약물 법원은 1989년에 출범하였다. 2003년까지 50개 주 모두에서 1,000개 이상의 약물 법원이 생겨났다. 약물 법원의 인기도는 미국의 국경을 넘어 퍼지고 있다. 약물 법원은 캐나다, 호주 그리고 영국(Weekes, Mugford, Bourgon & Price, 2007)에서 운영되고 있다. 형이 선고되기 이전에 약물 범죄자들을 지역사회 공동체 치료를 받게 하고, 법원은 이후 범죄자들의 치료 진행 과정을 감시한다. 치료의 성공적인 종료는 일반적으로 구금판결을 피하는 것으로서 보상받는다.

약물치료 법원들이 물질남용과 재범을 줄이는 데 도움이 되는가? 이 질문에 대한 답변은 어렵다. 왜냐하면 많은 평가들이 방법론적인 문제들로 인해 고통을 받고 있기 때문이다. 예를 들면, 미국 Government Accounting Office(1997)는 검토했던 20개의 평가들 중 어느 것도 이들 프로그램에 대해 무언가를 말할 수 있을 정도로 평가의 방법론적 측면에서 충분히 확신을 주는 평가들이 없음을 발견하였다. Gutierrez(2008)는 96개의 평가들 중 방법론적 기준에 따라 '높은 확신'으로 평정된 오직 한 개의 평가만을 발견할 수 있었다. 비록 소수의 무선할당 연구들이 있지만(Gottfredson & Exum, 2002), 동등한 비교집단과 약물 재발 데이터들이 너무 부족했다(Belenko, 2001). 방법론적인 약점에도 불구하고, 메타분석 논문들은 약물 법원이 재범의 감소와 연합되어 있음을 발견했다(Aos, Miller & Drake, 2006a; Latimer, Morton-Bourgon & Chretien, 2006; Lowenkamp, Holsinger & Latessa, 2005; Wilson, Mitchell & MacKenzie, 2006). 모든 네 개의 메타분석에 걸쳐서 재범감소는 평균 12%였다(Gutierrez, 2008).

많은 약물치료 분야의 메타분석 논문들은 프로그램 성과에 영향을 미치는 프로그램 및 방법론적 요인들에 중점을 두고 있다. 예를 들어, Prendergast, Podus 그리고 Chang(2000)은 프로그램을 실행하는 데 있어 평가자의 관여 그리고 치료가 얼마나 오랫동안 진행되었는지가 치료의 효과크기와 연합되어 있음을 밝혀내었다. 우리는 범죄자의 치료에 있어서 이러한 요소들이 중요하다는 것을 인식하며, 이것들에 대하여 제11장과 제12장에서 좀 더 살펴볼 것이다. 또한 치료의 본질을 고려하는 것이 중요하며, 특히 치료가 위험, 욕구 그리고 반응성의 원리를 준수하는지를 살펴볼 것이다.

Douglas Marlowe 등(Marlowe et al., 2006)의 논문은 약물 법원의 효과성을 어떻게 극대화할 수 있는지에 대한 아이디어를 제공해 준다. 고-위험 범죄자들(반사회적 성격장애 진단기준과 약물남용 전력에 기반을 둔)은 정기적으로 법원에 보고하거나, 또는 2주에 한 번 정도 보고하도록 되어 있다. 격주 보고를 요건으로 하는 고-위험 범죄자들은 한 달에 한 번 보고 스케줄을 갖는 고-위험 범죄자들보다 치료 회기에 더 많이 참여하며 더 적은 약물 양성 반응을 보인다. 저-위험 범죄자들은 그들의 보고 요구조건 간 별다른 차이점을 보이지 않는다. 달리 말하자면, 위험 원리가 예측하는 것과 같이, 고-위험 범죄자들에게 맞게 집중적인 서비스를 시행했을 때, 그들은 더 나아졌다.

Leticia Gutierrez와 Guy Bourgon(2009)은 RNR 원리들을 코딩하여 약물치료 법원 연구들에 대한 메타분석을 시행하고 있다. 무엇보다도, 첫 번째로, 96개 중에 71개의 연구들은 그들의 메타분석에 포함시키기에는 너무 방법론적으로 취약하여 제외되었다. 지금 시점에서, 결과들은 잠정적이지만 남아 있는 25개의 연구들 중 11개는 RNR의 어떠한 원리도 따르지 않았으며, 13개는 하나의 원리를 따랐고, 오직 하나의 약물치료 법원 연구만이 두 개의 원리를 준수했다. 어떠한 약물치료 법원도 세 개의 모든 원리를 준수하는 경우는 없었다. 범죄유발적 원리를 준수한다고 부호화하기 위해서는 이미 주어진 약물중독보다는 다른 범죄유발적 욕구를 치료대상으로 하는 것이 요구된다. 원리들을 지지하는 경향은 나타났다. 원리를 준수하지 않는 경우의 평균 *r* [그들의 오즈비(Odds Ratio)로부터 전환된]은 .05였으며, 원리 하나를 준수한 경우는 .11이었고, 두 개의 원리를 따른 경우는 .31이었다. 저자들은 RNR 원리를 준수한다면, 약물치료 법원에 대한 미래 연구가 위와 같은 경향을 강화할 것이라고 기대한다.

물질남용에 대한 마지막 언급

알코올과 불법적 약물남용은 범죄행동과 비일관적으로 연합된다. 하지만 많은 범죄자들이 둘 다를 오용하고 있다. 알코올 및 다른 약물을 남용하는 범죄자를 살펴보면, 그 연합성은 확고해진다.

표 9-8 물질남용: 재범(1년)에 대한 예측타당도(*r*)

표본(n)	국가	*r*
남성		
교도소(923)	캐나다	.17
지역사회(464)	캐나다	.27
지역사회(666)	영국	.17
여성		
교도소(659)	캐나다	.16
교도소(216)	캐나다	.34
지역사회(2,193)	캐나다	.23
지역사회(263)	캐나다	.31
지역사회(138)	영국	.25

〈표 9-8〉은 LSI-R의 알코올/약물 문제 하위 요소 총점을 반영하여 앞의 〈표 9-4〉를 확대하고 있다. 이러한 하위 요소들로써, 많은 연구들이 통상적으로 제공했던 것보다 더욱 포괄적인 알코올 및 기타 약물문제들을 조사하는 것이 가능하다. 알코올/약물 문제 영역에서의 항목은 불법적 약물과 알코올 남용의 이전 전력뿐만 아니라 또한 문제가 얼마나 많은 기능적인 측면을 방해하고 있는지를 검사하는 항목을 포함한다. 이러한 보다 세부적인 조사는 장면과 상관없이 남녀 범죄자들에게 물질남용이 위험요소임을 보여 준다. 메타분석들은 물질남용(즉, 알코올 그리고/또는 다른 약물남용)이 재범에 대한 중간 정도 수준의 예측변인이라는 것을 보고하고 있다. Gendreau 등(1996), Dowden과 Brown(2002)은 마찬가지로 .10의 평균 효과크기를 발견했다. 이러한 결과들은 정신적으로 장애가 있는 범죄자들(.11; Bonta et al., 1998)과 성범죄자들(.06; Hanson & Bussière, 1998)에서도 비슷하게 발견되었다. 물질남용은 Big Four의 일부분이 아니라 틀림없이 Central Eight의 일부분이다.

범죄자들 사이에서 물질남용은 다른 범죄를 유발하는 욕구들과 상호 관련된다는 것을 명심하는 것이 중요하다. 불법적인 약물남용은 누군가를 반사회적인 사람들에게 이끌기도 하며 반사회적인 태도들에 노출시키기도 한다. 물질사용을 지지하는 인지는 물질을 사용하는 행동들과 매우 관련이 있다(r = .31, k = 89; Rooke, Hine & Thorsteinsson, 2008). 상습적인 물질남용은 안정된 결혼생활과 가족관계에 지장을 주며, 학교와 직장에서의 성공을 제한하며, 이는 재정적인 어려움을 야기한다. 굉장히 많은 형사사법 정책은 범죄의 근원으로서 물질남용을 강조한다. 범죄자들이 보여 주는 다양한 욕구들에 주의를 기울이는 더욱 균형 있는 접근법은 문제에 대한 좀 더 증거에 기반한 접근법을 제공한다.

기억하기

1. 알코올과 기타 약물남용은 범죄자들 집단에서 꽤 일반적이지만, 범죄와의 관계성은 중간 정도다.

   알코올/약물사용과 범죄의 상관연구에 대한 메타분석적 결과들은 평균 효과크기(r)가 .10의 범위에 있다는 것을 보여 주었다. 비록 알코올 사용이 불법적인 약물사용과 보다 직접적으로 연결되지만, 알코올 사용이 실제로 범죄의 원인이라는 결정적인 증거는 없다.

2. 약물남용 범죄자들을 치료하는 것은 '약물과의 전쟁'보다 더 효과적이다.

수감률을 증가시킴으로써 약물 범죄자들을 처벌하는 것은 이러한 범죄자 집단의 재범률을 낮추지는 못한다. 치료 프로그램들이 물질남용 범죄자들을 다루는 더 효과적인 방법이다.

추천 도서

Elliot Currie의 『Reckoning: Drugs, the Cities, and the American Future』(1993)는 약물과의 전쟁으로 초래된 난제들에 대해 훌륭히 개괄하고 있다. 매우 읽기 쉬우며 비전문적인 책으로 물질남용 범죄자들에 대한 개관에 대해 보다 폭넓은 맥락을 제공해 줄 것이다.

물질남용의 치료에 대한 소개로서, William Miller와 Kathleen Carroll이 쓴 『Rethinking Substance Abuse』(2006)를 추천한다. 이 책에서 Miller와 Carroll은 과학적 치료의 종합적이고 양적이지 않은(nonquantitative) 고찰을 제공한다.

PART 3

응용

Chapter 10

범죄행동의 예측과 범죄자 분류

제10장에서는 범죄행동 심리학(PCC)의 실제적 응용에 대한 쟁점들을 다루게 되며, 위험성을 예측하고 분류하는 것에 관심을 둔다. 이를 위해 다음 세 가지 질문을 제기한다: (1) 범죄행동을 얼마나 잘 예측할 수 있는가? (2) 이러한 예측으로써 범죄행동들의 발생 기회를 감소시키기 위해 무엇을 할 수 있는가? 그리고 (3) Central Eight 위험/욕구 요인들이 연령, 성별, 인종 그리고 상이한 범죄자 표본들에 얼마나 적용될 수 있는가?

이러한 의문점들에 대해서 독자들은 이미 폭넓은 개략적 답변을 살펴보았다. 제1장의 [자료 노트 1-2]에서 기술된 이론적인 조망들에 대한 간략한 소개에서부터, 우리는 범죄행동의 예측과 처치에 대한 정의를 제공해 주는 이론들의 응용가능성을 언급하기 시작하였다. 이러한 이론들의 응용 가능성에 대해서는 일반 성격 및 인지사회적 학습(GPCSL) 접근법의 한 사례로서 제시된 PIC-R과 함께, 이론적 조망들에 대해 기술한 제3장과 제4장에서 더욱더 자세히 살펴보았다. 이러한 특별한 이론적 조망들은 무엇이 범죄행동 기회들의 증가와 감소를 유도하는가에 집중되어 있다.

제2장에서는, 확장된 RNR 모델이 소개되었으며, 위험, 욕구 그리고 반응성이 범죄자들의 평가와 처치에 어떻게 가치를 부여하는가에 대한 일부 사례들을 제시하였다. 더 나아가, 주요 예측변인들과 위험/욕구 평가도구들을 구축하는 것의 가치에 대한 연구 증거를 간략하게 요약했으며, Central Eight 요인들에 대한 LS/CMI 일반적 위험/욕구 조사를 간략하게 살펴보기도 하였다. 실제로, 모든 장들에서, 전형적으로 예측적 가치 및 프로그래밍 제안 사례들과

함께, 위험, 욕구 그리고 반응성 원리들을 준수한 문헌들에 대해 언급했다.

제1장에서, 우리는 PCC가 다루려고 시도하는 세 가지 유형의 이해들을 개관하였다. 제1부에서는 이론적 이해를 다루었고, 제2부에서는 확대하여 범죄행동에 대한 경험적 이해를 기술하였다. 그리고 제3부에서 우리는 실용적 이해를 탐구한다. 우리는 이제 효과적인 교정적 처치를 위해 범죄자 위험성 평가에 대한 논의와 범죄자 분류의 실용적인 접근들에 대한 논의를 시작할 것이다.

범죄행동에 대한 예측은 아마도 형사사법 체계의 가장 핵심적인 활동들 중 하나일 것이다. 이로부터 지역사회 안전, 예방, 처치, 윤리 그리고 정의에 대한 논의가 시작된다. 누가 재범할 것인지를 예측하는 것이 경찰, 법관, 교정 공무원 그리고 가석방 위원회의 의사결정에 지침을 제공한다. 취약한 양육이 장래의 비행을 유발한다는 것을 인식하는 것이 지역사회 기관들이 가족에 대해 양육 프로그램을 제공하는 데 지침이 된다. 제2장에서 본 것처럼, 처치 프로그램들은 중간 및 고-위험 범죄자들에게 가장 효과적인 것 같다. 윤리적으로, 한 개인의 미래 범죄행동을 예측할 수 있느냐 여부는 수감과 가석방과 같은 처분을 하는 데 크게 영향을 미친다.

수형, 보호관찰 및 가석방 체제에서, 범죄자 위험성 평가의 주요 목적들 중 하나는 이들을 특정 개입 방식에 지정하기 위해 유사한 하위집단들로 분류하는 것이다. 가장 일반적인 분류 유형은 위험성 수준에 기초하는 것이다. 예를 들어, 폭력 또는 도주의 위험성이 수형자들을 중범죄 교도소(maximum security prison)에 지정하는 것을 결정하는 데 일정 부분 영향을 주거나 또는 재범위험성은 가석방 슈퍼비전에 있어서 접촉횟수를 지정하는 데에 핵심적이다. 교정 시스템이 어떻게 범죄자들을 신뢰롭게 저, 중 그리고 고 위험성 집단들로 구분하는가는 이 장에서 초점을 두고 있는 한 부분이다. 물론 위험성은 세 집단보다 더 많이 분류될 수 있지만, 우리는 이것이 가장 많이 사용되고 있기 때문에 실례를 보여 주기 위해 세 집단 분류를 사용한다.

예측에 의해 제기된 다양한 쟁점들은, 예방을 위한 인적, 사회적 그리고 경제적 비용이 적지 않으며, 또한 체포, 구금, 유죄 선고, 보호관찰, 또는 수감되는 사람들에 대해서 사법 전문가들이 갖는 권한이 대단하기 때문에, 전반적으로 시민들이 관심을 갖는다. 이 쟁점들은 피해자, 범죄자 또는 사법 전문가처럼 형사사법 체제의 과정에 개입되는 사람들의 즉시적인 관심의 대상이 된다. 현재의 우리 역할이 무엇이든 간에—관심 있는 시민, 범죄자, 피해자 또는 관련된 전문가—우리 모두는 예측에 대한 관심을 공유한다. 따라서 우리 모두는 다음과 같은 예측의 측면들에 대한 지식을 요구할 권리가 있다:

1. 범죄행동을 예측할 수 있는 정도에 대한 증명(예측정확성에 대한 쟁점);
2. 예측을 하기 위해 사용된 정보가 윤리적, 법적, 사회정치적, 경제적 그리고 인도주의적 기준에 따라 평가될 수 있도록 예측이 이루어졌는지에 관한 명확한 설명;
3. 예측방법들이 사법적 목표 달성 및 실무를 실질적으로 용이하게 하는 정도에 대한 증명;

일반적 지식이 이론, 연구 그리고 실무의 통합을 통해 증진된다고 가정했을 때, 네 번째 쟁점은 주목할 만하다:

4. 우리는 예측 및 이에 근거한 활동들이 범죄와 형사사법에 대한 이해를 증가시키도록 기록되고, 모니터링되고, 경험적으로 탐구되기를 기대한다.

우리는 예측 정확성이 의미하는 것과 이러한 예측에 있어서 나타나는 일부 도전들에 대한 일반적인 논의부터 시작한다. 비록 초점은 예측의 기술적 측면들에 있지만, 이런 논의들은 다음 주제들에 대한 배경을 제공하기 때문에 필요하다. 예측의 정확성 문제에 이어서, 이론이 위험성 예측의 실무 작업에 어떻게 도움을 줄 수 있는지에 대해 그리고 범죄자들의 평가에 대한 위험, 욕구 그리고 반응성 원리들의 관련성에 대해 간략하게 고찰할 것이다. 우리들은 계획된 개입에 위험, 욕구 그리고 반응성에 대한 평가를 통합하고 그리고 그것을 연령, 인종, 성별에 걸쳐 폭넓게 응용하는 '제4세대(fourth generation)' 평가방식을 소개할 것이다. 마지막으로, 우리는 고찰한 지식을 실행하는 데 따르는 장애들을 요약하면서 이 장을 마칠 것이다.

예측의 정확성 평가

이러한 점에서, 우리는 예측의 의미를 어떤 한 시점에서 측정되는 변인들과 미래의 범죄활동의 평가 간 연합의 크기라고 한정짓는 것에 만족해 왔다. 따라서 앞선 장들에서는 예측변인들(한 시점에서 획득한 정보)과 준거들(제2시점에서 측정한 범죄행동) 간의 통계적으로 유의미한 연합에 대해 자주 언급해 왔다. '통계적으로 유의미한(statistically significant)'이라는 말은 우연 수준을 넘거나 또는 상관계수(r)가 .00과 유의미하게 차이를 보이는 연합 수준이 관찰되는 것을 말한다. 예를 들어, 낮은 계층 출신과 범죄행동은 대략 .05의 수준에서 상관이 있다. 이러한 상관관계의 수준은, 표본크기가 클 때, .00과는 통계적으로 차이가 있지만, 낮은 수준의 연합을 나타낸다. 반사회적 성격 및 반사회적 태도와 범죄행동 간의 예측적 상관관계는 .30 이상의 수준에 다다른다. 표본크기가 충분히 클 때에, 상관계수 .30은 0보다 유의미하게 클 뿐 아니라, 상관계수 .05 와도 유의미한 차이가 있다. 이러한 발견들을 바탕으로, 우리는 변인들이 장래의 범죄행동에 대해 예측적이라는(또는 예측적이지 않다는) 결론 그리고 하나의 변인이 다른 변인에 비해 범죄행동에 대해 더욱 예측적이라는 결론에 도달한다.

상관계수 그리고 이와 유사한 통계적 연합성 측정치들은 연구와 이론을 위해 가치 있는 것이다. 그러나 일상의 실무 상황에서는, 예측정확성에 대한 보다 의미 있는 측정치를 필요로 한다. 재소자의 석방을 결정해야 하는 가석방 위원회가 직면한 문제를 예로 들어 보자. 많은 요인들이 위원들에게 비중 있게 고려될 것이다. 그중 가장 중요한 것은 안전한 석방(safe release)과 매우 위험한 자를 석방하지 않는 것을 포함하여 정확한 결정을 내리는 것이다. 이에 더해, 재범할 사람을 석방했다거나, 재범할 가능성이 없는 사람을 석방하지 않음으로써 발생하는 오류의 비용을 고려해야 한다. 곧 살펴보겠지만, 예측은 결코 완벽하지 않으며, 우리들이 사례로 든 가석방 위원회 위원들은 정확한 선택과 오류 사이에서 합리적인 균형을 바탕으로 결정을 내려야만 한다. 의사결정의 어려움에 더해, 정확한 결정들과 오류들에 대한 가치는 흔히 사회적으로 정의된다. 예를 들어, 어떤 상황에서는, 재범할 사람을 석방하는 것이 더욱 심각하게 받아 들여져서, 재범하지 않을 사람의 가석방도 거부되는 것이다.

이러한 매우 실제적인 문제는 연구자들이 이원(2×2) 예측정확성 표라고 부르는 것에 예시되어 있다(〈표 10-1〉의 A를 볼 것). 각 칸은 예측유형을 의미한다. 네 가지 가능한 결과들이 있다: (a) **진실 긍정**(True Positive) – '재범할 것이라고 예측했고, 실제로도 그러했다'; (b) **거짓 긍정**(False Positive) – '재범할 것이라고 예측했으나, 그렇지 않았다'(예측 오류); (c) **거짓 부정**(False Negative) – '재범하지 않을 것이라고 예측했으나, 재범하였다'(예측 오류); 그리고 (d) **진실 부정**(True Negative) – '재범하지 않을 것이라고 예측했고, 실제로도 그러했다' (a), (d) 칸은 정확한 예측이며, (b)와 (c)칸은 잘못된 예측이라는 점을 주목하라. 사실 우리는 (a), (d)의 수는 극대화하고, (b)와 (c)의 수는 최소화하기를 바란다.

이원 분석표에서 도출된 4개의 결과와 더불어, 다음과 같은 예측정확성 지표들을 계산할 수 있다:

1. 전체적인 정확예측의 비율(진실 긍정과 진실 부정을 전체의 예측 수로 나눈 것):
   (a + d)/(a + b + c + d);

2. 재범위험이 있다고 판단한 사례들 중, 실제 재범한 사례의 비율: a/(a + b);
3. 재범위험이 없다고 판단한 사례들 중, 실제 재범하지 않은 사례의 비율: d/(c + d);
4. 정확하게 확인한 재범자들의 비율: a/(a + c);
5. 정확하게 확인한 비재범자들의 비율: d/(b + d);

표 10-1 2×2 예측정확성 표

A: 2×2 예측정확성 표

재범할 것으로 예측하는가?		실제로 재범을 저질렀는가? 그렇다	아니다
그렇다:	고-위험	(a) 진실 긍정	(b) 거짓 긍정
아니다:	저-위험	(c) 거짓 부정	(d) 진실 부정

B: 2×2 예측 정확성 표 (Phi = .15)

재범할 것으로 예측하는가?		실제로 재범을 저질렀는가? 그렇다	아니다	N	비율
그렇다:	고-위험 (남)	109	345	454	24.0%
아니다:	저-위험 (여)	3	59	62	4.8%
N		112	404	516	21.7%

〈표 10-1〉의 B는 저자들의 연구 자료들 중 실제 데이터를 보여 주고 있다. 위험 요인은 남성이라는 것이었으며, 결과 수치는 2년 동안 또다시 유죄선고를 받은 공식적인 기록이었다. 상관계수(r)와 통계적으로 유사한, 파이 값(phi)은 중간 정도 크기인 .15였다. 이 경우에 예측 정확성에 대해 언급되는 것들은 결과를 어떻게 보고할 것인지에 부분적으로 좌우된다:

1. 남성 재범률('고-위험'사례들)이 여성의 다섯 배에 달했다(24% 대 4.8%);
2. 재범자들 중 97.3%는 고-위험으로 분류된 남성들이었다(109/112). 총 112명의 범죄자들이 또 다시 유죄선고를 받았으며, 이들 중 109명이 재범을 할 것으로 예측된 남성들이었다;
3. 진실 부정 비율은 95.2% 이었으며(59/62), 즉 재범하지 않을 것으로 예측한 62명의 사례들 중 59명이 재범을 하지 않았다[따라서 거짓 부정 비율은 4.8%(3/62)에 불과했다];
4. 그러나 전체적인 정확한 예측의 비율은 단지 32.6%였다. (109 + 59)/516;
5. 진실 긍정의 비율은 단지 24%였으며(109/454), 따라서 거짓 긍정의 비율은 76%였다(345/454).

예측의 정확성을 평가하기 위해, 학습해야 할 교훈은 위 설명들 중 어느 하나를 단독으로 제공하는 것보다 더 많은 정보가 필요하다는 것이다. 가석방 위원회에서 성별을 기초로 결정을 내렸다고 상정해 보라. 우리들의 사례에서, 많은 재소자들이 불필요하게 수감상태로 있게 될 것이며, 재정적 비용도 커질 것이다. 예측정확성에 대한 보다 완벽한 평가를 위해서는, 전체적인 2×2 예측표를 재구성할 필요가 있다.

〈표 10-1〉의 B에 있어서, 재범자들을 찾아내는 뛰어난 정확성(97.3%)은 상당 부분 우리의 위험성 평가(성별)가 대다수의 사례들을 재범할 것으로 예측된 범주에 지정하였다는 사실에 기인하고 있다. 즉, 사례들 중 88%가 남성이다(454/516). 고-위험 집단 (또는 재범할 것으로 예측한 사람들의 범주)에 지정된 사례들의 비율은 **선정비율**(selection rate)이라고 불린다. 선정비율이 높기 때문에(88%), 우리의 재범 적중률이 높지만, 비재범 적중률은 낮다(14.6% 또는 59/404). 선정비율이 높을 때, 거짓 긍정 비율 또한 높아지는 경향을 보일 것이다. 특히, 비교적 적은 사람들이 실제로 재범을 할 때. 실제로 재범을 범한 사건들의 수는 **기저율**(base rate)이라고 부르며, 우리의 사례에서는 이것이 상당히 낮은 21.7%(112/516)이다.

거짓 긍정, 거짓 부정, 진실 긍정 그리고 진실 부정의 비율들은 위험 예측변인과 범죄행동 간 연합의 크기와 마찬가지로, 모두 기저율과 선정비율의 영향을 받는다. 서로 다른 접근법에 따른 위험성 평가에 대한 예측정확성을 평가하는 데에는, 이들로부터 도출되는 2×2 표가 이상적이다. 그러나 실무에서 전반적으로 가장 큰 정확한 예측수치를 산출하는 위험성 평가 접근법이 항상 선택되는 것 같지는 않다. 예를 들어, 정확하게 확인되는 재범자들의 수를 극대화하기 위해서 약간의 거짓 긍정을 감안하게 될 수 있다. 또는 거짓 긍정을 최소화하는 것이 보다 중요한 것으로 판단되는 상황도 있을 수 있다.

얼마나 많은 거짓 긍정과 거짓 부정이 있느냐는 다음에 달려 있다: 즉, (1) 위험성 측정 자체의 정확성, (2) 선정비율 그리고 (3) 기저율. 이 장의 대부분은 위험성 측정의 정확성을 다루고 있지만, 더 나아가 선정비율과 기저율이 오류에 미치는 효과를 주의해야 한다는 점을 언급할 것이다. 위험성을 성별로 정의한 우리의 예시에서, 고-위험 사례들을 선택한 것은 분명하다. 만일 남성이면, 고-위험이며, 만일 여성이면, 저-위험이다. 그러나 많은 범죄자 위험성 척도들이 한 개 이상의 위험 요인이 있으며, 일련의 점수들을 산출한다. 예를 들어, 다음에 좀 더 자세하게 다룰 범죄자 위험성 척도인, 서비스 수준/사례 관리 인벤토리(Level of Service/Case Management Inventory)는 그 점수가 0에서 43까지다. 따라서 저-위험은 '0에서 7', 또는 '0에서 14'로 또는 '0에서 30'으로 정의될 수 있다. '절단점(cutoff)' 점수 또는 선정비율을 변경하는 것은 얼마나 많은 범죄자들을 저-위험으로 또는 고-위험으로 규정할 것인지 그리고 이로부터 정확하게 확인된 재범자들과 비재범자들의 수 그리고 오류의 비율에 영향을 줄 것이다.

또한 예측이 전혀 문제가 되지 않는 상황에 빠지는 것을 피해야 할 것이다. 이러한 상황은 범죄행동의 기저율이 매우 낮거나 또는 매우 높은 때다. 예를 들면, 가학적인 성적 살인과 같은 범죄행동의 기저율은 0에 가깝다(예: 5%). 아무도 재범하지 않을 것이라고 예측하는 것이 가장 좋은 전략이기 때문에, 예측은 쉽고 위험성 평가는 필요가 없다. 이 경우에 당신은 95%의 정확률을 보일 것이다. 마찬가지로, 기저율이 100%에 가까울 때(예: 96%)는, 모든 사람이 재범할 것이라고 예측해도 96%의 정확성을 갖는다. 그러나 대부분의 범죄행동(예: 재산범죄, 폭력, 마약)의 기저율은 20에서 80% 사이에 해당된다. 따라서 위험성 평가를 통한 예측은 의미 있는 기여를 하게 된다.

예측정확성을 평가하는 데 2×2 표를 고려하는 것이 중요하다고 강조해 왔다. 또한 기저율과 선정비율이 상관계수(r)와 파이(phi)와 같은 통계치로 측정된 예측의 정확성에 영향을 줄 수 있다는 것을 살펴보았다. 그러나 기저율과 선정비율에 의해 거의 영향을 받지 않는 예측정확성에 대한 통계적 측정치가 있다. 그중 중요한 측정치가 **수신자 조작 특성**(Receiver Operating Characteristic: ROC)이다. ROC에 대한 보다 자세한 기술은 [테크니컬 노트 10-1]에 있는데, 지금 당장 중요하게 기억해야 할 것은 ROC 분석이 곡선 하 영역(Area Under the Curve: AUC)이라 불리는 측정치를 산출한다는 점이다. 만일 위험성 도구가 1.0의 AUC를 갖게 되면, 완벽한 예측을 의미하며, AUC가 .50과 같으면 도구가 우연수준을 보일 뿐인 것이다. AUC는 또한 공통 언어(Common Language: CL) 효과크기와 같은 방법으로 해석할 수 있다. CL은 어떤 표본으로부터 무작위로 도출한 점수가 다른 표본으로부터 무작위로 도출한 점수보다 더 높을 개연성을 의미한다. 예를 들어, AUC가 .75인 위험성 점수와 두 개의 범죄자 집단이 있다고 상정해 보자. 한 집단은 재범자들로 그리고 다른 집단은 비재범자들로 구성되어 있다. 만일 우리가 재범자들 집단에서 한 범죄자를 무작위로 선정했다면, 그의(또는 그녀의) 점수가 무작위로 선정된 비재범자의 수치보다 더 높을 가능성이 75%이다. AUC를 검토함으로써, 기저율과 선정비율을 고려하여 상이한 범죄자 위험성 척도들의 예측정확성을 비교할 수 있다.

비록 AUC가 지금은 흔하게 보고되고 있지만, 항상 그러한 것은 아니었다. 2000년도 이전에는, 대부분의 평가들이 피어슨 상관계수(r) 또는 다른 통계 지수들로써 위험성 척도들의 정확성을 보고하였다. 다행스럽게도, Marnie Rice와 Grant Harris(2005)는 다양한 통계치들의 예측정확성을 기술하기 위해 AUC로 변환할 수 있게 해 주는 편리한 변환표를 제공하였다. 다음에 있는 수정된 표(〈표 10-2〉)는 일반적으로 보고되는 *r* 값을 AUC로 쉽게 해석할 수 있게 해 준다. 표에 있는 값들은 근사치이며, 따라서 변환표를 구성하는 데 있어서 특정한 가정들을 하고 있다(예: 50% 기저율을 추정한다). 상이한 기저율들을 처리하기 위해 Rice와 Harris(2005)가 공식을 제공하며, 독자들은 정확한 변환을 하기 위해서 이들 공식들을 이용할 수 있다.

표 10-2 위험성 도구들의 예측타당도 해석을 위한 변환표

r	AUC
.00	.50
.05	.53
.10	.56
.15	.59
.20	.61
.25	.64
.30	.67
.35	.70
.40	.73
.45	.79

Rice와 Harris(2005)에서 발췌.

논의를 계속하기 전에, 우리는 형사사법 및 법정 전문가들이 완벽한 예측정확성을 요구하는 것의 비합리성을 강조하고자 한다. 완벽한 예측은 불가능하며, 이것은 형사사법 영역뿐만 아니라 다른 많은 영역에서도 진실이다. 여러 독자들이 잘 알고 있는 심장마비에 대한 위험요인들을 예로 들어 보자 (예: 나쁜 콜레스테롤의 높은 수준, 흡연 그리고 고혈압). 이들 위험 요인들은 Framingham 연구에서 확인되었는데, 이 연구는 12년에 걸쳐 약 5,000명을 추적한 것이었다. 위험 요인들이 결합되었을 때, AUC는 .74에서 .77 사이에 이른다(Wilson et al., 1998). 이 장에서, 범죄자 위험성 측정치들도 또한 이와 유사한 값들을 보여 주는 것을 알게 될 것이다. 어떠한 사안에서도, 완벽한 예측은 없으나, 위 두 경우 모두 위험성에 대한 지식이 실용적 가치를 지니는 사례들이다.

PCC와 예측

이 절에서는, 범죄행동이론들이 범죄자 평가에 어떠한 영향을 미치는가를 탐구하려 한다.

범죄행동에 대해서는 많은 이론과 설명들이 있지만, 다음 세 가지 일반적인 범주로 분류할 수 있다: (1) 사회학적, (2) 정신병리학적 그리고 (3) 사회적 학습(PIC-R). 사회학적 이론들은 범죄를 사회적-경제적-정치적 힘의 산물로 설명하고 있고; 정신병리학적 이론들은 범죄자를 심리적-개인적 결함을 지닌 사람으로 보며; 그리고 PIC-R 조망과 같은 사회적-학습이론들은 범죄행동을 사람들 및 환경적 요인들과의 상호작용에서 학습하는 경험들에 기인한다고 본다.

〈표 10-3〉에서 보는 것처럼 세 가지 이론적 방향들은 본질과 유용성 면에서 차이가 있는 평가변인들을 제시한다. 사회학적 이론들에서 도출된 위험 요인들은 정적인(static) 경향을 가지며(예: SES, 민족), 상대적으로 관심영역이 적고, 범죄행동을 변화시키기 위해서는 광범위한 사회적 수준에서의 개입이 필요하다고 주장한다. 반대로 다른 두 조망들은 개인적 수준의 위험 요인들에 큰 가치를 부여하며, 이들 중 상당수는 역동적이며, 따라서 범죄자 재활과 관련해서 잠재적으로 유용하다.

표 10-3 이론과 범죄자 평가 간 관계

이론적 조망	도출된 위험 요인
사회학적	사회적 지위(젊은이, 남성)
	인종과 민족(소수집단 구성원)
	재정적 지위(빈곤)
정신병리학적	정서적 불편(불안, 소외)
	자기-존중감(낮은)
	기이한 생각들
PIC-R과 Central Eight 요인	범죄전력
	범죄행동에 대한 사회적 지지
	반사회적 성격 패턴
	반사회적 태도
	고용 및 교육문제들
	가족 및 결혼생활 문제들
	친사회적 레저 추구의 결핍
	물질남용
	개인적 적성(지능, 자기-통제 기술)
	고-범죄 이웃

Bonta(2001)에서 발췌.

어떤 이론적 접근법을 선택해야 하는가? 이에 대한 답은 가장 강한 증거를 갖는 이론적 조망을 선택하는 것이다. 〈표 10-4〉와 이 책의 전체 내용에서 보듯이, PIC-R 조망은 매우 적절하게 우세하다는 것을 보여 준다. 〈표 10-4〉에서 가장 돋보이는 발견은 범죄행동에 대한 경험적 증거와 PIC-R 조망 간의 일치성이다. 가장 우수한 예측 요인들은 Big Four의 이론적 요인들과 일치된다: 반사회적 친구, 태도, 성격 그리고 범죄전력. 중간-범위의 재범예측 요인들과 관련된 것들 또한 Central Eight 요인들의 일부로서 PCC 이론에 의해 기술된 것들이다(예: 가족 요인 그리고 교육 및 고용과 같은 사회적 성취 지표). 가장 취약한 예측 요인들은 사회학 및 정신병리학의 이론적 조망에서 도출된 것들이다. 따라서 한 가지 중요한 교훈은, 좋은 범죄자 평가도구란 평가를 위한 적절한 변인들을 선택할 때에 지침이 되는 이론들을 사용함으로써 만들어진다는 점이다(Bonta, 2002).

PIC-R 조망은 범죄자 평가에 대해 다음과 같은 교훈들을 제공한다:

1. 범죄행동의 중다영역들을 표집하라.

단지 몇 개의 영역들에 평가를 제한해서는 안 된다. 곧 살펴보겠지만, 일부 범죄자 위험성 도구들은 하나 또는 두 개 영역들에 제한된다(예: 범죄전력, 물질남용). PIC-R은 범죄행동이 범죄 및 비범죄적 행동들 양자에 대한 보수와 비용의 수와 다양성에 따른다고 상정한다. 이들

표 10-4 재범의 예측 요인들

예측 요인들	*n*	k	*r*
친구	11,962	27	.21
반사회적 인지	19,089	67	.18
반사회적 성격	13,469	63	.18
인종	56,727	21	.17
범죄전력	171,159	282	.16
양육방식	15,223	31	.14
사회적 성취	92,662	168	.13
대인 관계적 갈등	12,756	28	.12
연령	61,312	56	.11
물질남용	54,838	60	.10
지능	21,369	32	.07
개인적 고통	19,933	66	.05
사회경제적 지위	13,080	23	.05

n = 표본의 수; k = 연구의 수.
Gendreau, Little & Goggin(1996)에서 발췌.

보수와 비용은 중다적인 요인들로부터 발생한다(예: 가족, 친구, 직장). 최소한 Central Eight 위험 요인들을 평가해야 한다.

2. 범죄행동의 역동적 및 정적 공변인을 평가하라.

많은 예측변인들이 역동적이거나 변화가능하다는 것에 주목할 필요가 있다. 범죄에 대한 사회적 지지, 친범죄적 태도 그리고 물질남용 등은 모두 잘 변하는 것들이다. 이전 범죄전력과 같은 정적인 요인들이 예측적일 수는 있지만, 일단 유죄판결을 받으면, 그 기록은 표식으로 남는 것이다. 역동적 예측 요인들은 범죄자의 재범위험을 감소시키기 위해 무엇을 변화시킬 필요가 있는지에 대한 아이디어를 교정공무원들에게 제공하는 이점이 있다. 예를 들어, 레저시간을 잘못 사용하는 것은 재범의 예측 요인이다(Bonta & Motiuk, 1985; Raynor et al., 2000). 이것은 또한 역동적이며 변화한다(따라서, 원인으로서 충분하다). 생산적인 레저를 즐기는 개인은 친사회적 행위에 대한 보상을 받는다(타인들로부터 또는 활동 자체로부터). 취미 또는 조직적인 친사회적 활동에 관여하지 않는 범죄자를 상대하는 교정공무원은 친사회적 레저활동들을 증진시키기 위해 무엇을 할 수 있는지를 고려할 수 있다.

3. 범죄자 평가는 처치의 강도에 대한 지침을 줄 수 있다.

PIC-R 조망은 개입의 잠재적 목표가 되는 역동적 위험 요인들에 주요한 역할을 부여한다. 그러나 이 모델은 또한 범죄위험성이 현재의 상이한 위험 요인들의 수와 반사회적 및 친사회적 행동과 연합된 보수와 비용의 밀도에 직접적으로 비례한다고 본다. 즉, 고-위험 범죄자는, 단지 한두 개의 위험영역에 포함된 문제들을 가지고 있는 저-위험 범죄자들보다 많은 위험 요인들(예: 범죄자 친구들, 친범죄적 태도들, 물질남용 문제들, 불안정한 고용)을 가지고 있을 것이다. 더욱이, 위험 요인들의 수와 다양성은 행동에 대한 보수와 비용의 밀도를 반영한다. 결과적으로, 범죄자의 위험수준에 대한 지식은 우리에게 범죄자의 위험을 감소시키기 위해 얼마나 강한 처치가 필요한지에 대해 말해 준다.

4. 범죄자 평가는 처치의 방법에 대한 지침을 줄 수 있다.

PIC-R 원리에 의하면, 환경으로부터 학습하는 개인의 능력은 많은 개인적-인지적-정서적 요인들에 좌우된다는 것을 떠올려 보자. 예를 들어, 치료자, 교정 담당자 또는 가족 구성원의 충고에 대한 개인의 반응은 그 또는 그녀의 인지적 능력에 좌우된다. 만일 지능이 낮다면, 복잡하고 추상적인 방법으로 조언을 제공하는 것은 효과적이지 못할 것이므로 단순하고 정확한 방법으로 조언을 해야 할 것이다. 따라서 범죄행동의 예측변인은 아니지만 서비스 시행을 위해 평가해야 할 관련 있는 특성들을 선택해야 한다.

범죄자 평가와 위험, 욕구 그리고 반응성의 원리들

범죄자들에 대한 평가는 재범위험에 대한 판단에 제한될 필요가 없다. 이것은 분명히 중요한 것이지만, 평가는 또한 처치에 대한 지침을 주는 데 유용하다. 제2장에서 우리는 확대된 RNR 모델을 제시했다. 여기에서는, 우리의 관점에서, 범죄자 위험성 평가에 대한 근본적인 세 가지 원리들, 즉 위험성, 범죄유발적 욕구 그리고 반응성의 원리들을 다시 살펴볼 것이다.

위험성 원리

위험성 원리는 위험성 수준과 처치의 수준을 일치시키는 것을 말한다. 이 원칙은 누가(who) 처치의 대상(즉, 고-위험 범죄자)인가를 말해 준다. 제2장의 Andrews와 Dowden(2006)의 메타분석에서, 고-위험 범죄자들에게 제공된 적절한 처치가 재범감소와 약하지만 아주 작지는 않은(modest) 정도의 상관관계(r = .17)를 보여 준 것을 떠올려 보라. 저-위험 범죄자들에 대한 처치는 거의 효과가 없었다(평균 효과크기는 .03). 따라서 범죄자를 효과적으로 처치하려면 처치를 받는 대부분의 사람들이 저-위험 범죄자들 보다는 고-위험 범죄자들이라는 것을 확신할 수 있는 범죄자 위험성을 신뢰롭게 평가할 수 있는 방식을 알아야 한다. 단지 정적인(static) 항목들로 구성된 위험성 척도는 범죄자들을 처치에 배정하는 기능은 할 수 있지만, 효과적인 재활을 위해서는 위험성 원리에 충실하는 것 외에도 더 많은 고려사항들이 있다.

범죄유발적 욕구 원리

이 원리는 범죄유발적 욕구(중간부터 큰 역동적 위험 요인들까지)와 비범죄유발적 욕구(약한 역동적 위험 요인들)를 구분한다. 나아가, 범죄유발적 욕구들은 재범감소를 위한 처치의 목표가 되어야 하는 것들이다. 범죄유발적 욕구 원리는 **무엇이**(what) 처치의 목표인가를 말해 준다. 따라서 범죄자 위험성 도구들은 범죄유발적 욕구에 대한 평가를 포함하고 있어야 하며, Central Eight 요인은 가장 중요한 범죄유발적 욕구 중 일곱 가지를 반영하고 있다(Central Eight 위험 요인들 중 하나는 범죄전력, 즉 정적인 요인이라는 점을 기억하라). 〈표 10-5〉는 Craig Dowden(1998)이 225개의 처치를 검토한 연구들로부터 도출한 범죄유발적 및 비범죄유발적 욕구들에 대한 요약을 보여 주고 있다.

표 10-5 범죄유발적 및 비범죄유발적 욕구들

범죄유발적 욕구들	비범죄유발적 욕구들
반사회적 성격/부적 정서	개인적 고통에 대한 애매한 감정
반사회적 태도와 인지	취약한 자존감
범죄에 대한 사회적 지지	소외 및 배제된 감정
물질남용	신체적 활동의 부족
부적절한 부모의 모니터링 및 훈육	피해전력
학교/직장 맥락에서의 문제들	환각, 불안 그리고 스트레스
낮은 자기-통제	무질서한 지역사회들
친사회적 활동들의 부족	야망의 부족

반응성 원리

반응성 원리는 처치를 **어떻게**(how) 제공하는가에 대해 말해 준다. 첫째, 변화에 영향을 미치기 위해 인지-행동적 기법들을 사용하기를 권유하는 일반적인 반응성 원리가 있는데, 이 인지-행동적 기법들은 새로운 태도와 행동들을 학습하도록 돕는 가장 효과적인 기법들이다. 특수한 반응성 원리는 일반적인 인지-행동 기법들을 범죄자의 특수한 특성들에 맞춰 적용하는 것을 요구한다. 이들 특성들에는 생물학적인(예: 성별), 사회적인(예: 문화) 그리고 심리적인(예: 성격, 정서 그리고 인지능력) 것들이 있다. 범죄자 평가에 관한 쟁점들을 유발하는 것은 특수한 반응성 원리와 관련된 것들이다. 인지 및 성격 특성에 주목하는 전통적인 법의학적 평가도구들은 범죄유발적 욕구들을 다루는 데 있어, 장애물로서 작용하는 요인들을 확인하는 데 중요하다. 만약 처치대상이 정신병을 가지고 있다면, 약물중독을 성공적으로 다룰 수 없으며, 또 어떤 사람이 자살충동을 느끼는 사람이라면 고용문제들을 다룰 수 없다. 더 나아가, 성별과 인종과 같은 생물학적-사회적 구성 요소들은 평가와 처치를 하는 데 각기 독특한 고려사항을 나타낸다. 여성 범죄자들의 범죄유발적 욕구들을 성공적으로 다루기 위해서는, 예를 들어, 양육, 피해경험 그리고 남성 배우자에 대한 재정적 독립과 같은 문제들이 평가 및 처치에 통합되어야 할 필요가 있다.

범죄행동의 평가 및 예측에 대한 접근법

이 시점에서, 독자들이 범죄자들에 대한 평가가 단순히 재범위험성에 대한 문제뿐 아니라 처치에 대한 문제이기도 하다는 올바른 인식을 갖기를 희망한다. 이어서 지난 30여 년 동안 범죄자에 대한 평가가 어떻게 변화해 왔는지를 살펴볼 것이다. 이 기간은 범죄자들을 평가하는 방법과 재범을 예측하는 능력에 대한 개념화가 향상되어 온 주목할 만한 시기다. 1996년에, Bonta는 범죄자 위험성에 관한 연구들을 고찰하고 위험성 평가의 3세대(three generations)'를 기술하였다. 현재는 4세대에 이르렀다(Andrews, Bonta & Wormith, 2006).

제1세대 위험성 평가: 전문가 판단

> 행동이 더 위험할수록, 예측하는 것이 더 어렵다. 전체적으로 보아서, 연구들이 실제로 명확하게 보여 주고 있는 것은, **위험성 예측을 하기 위해 실제로 위험한 사람들보다도 훨씬 더 많은 사람들을 붙들어 두어야 한다는 것이다**(Mathiesen, 1998: 461) [원 저서에서 강조함]

> 연구논문들에 의하면 합리적인 의학적 확신을 가지고 미래의 폭력을 예측할 수 없다는 것 그리고 이것이 결코 가능하지 않을 것이라는 점이 분명하다(Meloy, 1992: 949).

위의 두 인용문들은 폭력적 행동 또는 위험성의 예측에 대한 현장의 선입견(preoccupation)을 반영한다. 폭력에 대한 예측은 피해자에게 유발되는 피해의 심각성 때문에 중요하지만, 보다 빈도가 높은, 비폭력적인 범죄행동에 대한 예측 또한 중요하다. 우리는 두 가지 유형 모두에 대한 예측에 관심을 가지고 있으나, 위험성 예측에 대한 사례로서 제1세대 위험성 평가를 기술할 것이다.

위에서 인용된 비관적인 평가들을 이해하기 위해 고려해야 하는 한 가지 요인은 예측이 어떻게 이루어지는가다(사용한 예측 요인들, 모델들 그리고 방법들). 우리가 말하고자 하는 것을 설명하기 위해서, Steadman과 Cocozza(1974)가 발표한 연구를 살펴보자. 이러한 연구들 중 첫 연구에서, 정신이상으로 범죄를 저지른 98명의 병원 환자들이 법원 명령에 따라 병원에서 지역사회로 석방되었다. 정신과 담당자는 이들 환자들이 지역사회에 위험할 것이라고 판단(예측)했었다. 의문점은 그들이 위험했었느냐다. 추적조사에 따르면, 98명 중 20명만이 체포되었는데 이는 한 사람이 체포되는 것을 예방하기 위해 거의 4명이 수감되어 있어야 한다는 것을 시사하는 것이다.

당시의 다른 연구들과 함께 이 연구가 보여 주는 것은, 고도로 훈련받은 임상의사들에 의해 수행되는 위험성에 대한 전문가 판단들(즉, 제1세대 평가)이 매우 정확하지 않다는 점이다. 이러한 결과에 대해서는 두 가지 이유가 있다. 첫째, 의사결정에 있어서 비공식적, 비관찰적 기준을 사용하는 문제점이다. 둘째, 범죄행동과 경험적으로 관련성을 갖지 않는 범죄자 특성들에 주목하는 문제점이다(예: 정신병리학적 요인들).

여기에 제1세대 평가에서 전형적으로 발생하는 것이 있다. 사회과학적으로 훈련된 전문가가 범죄자를 상당히 비구조화된 방법으로 면담을 한다. 임상의사들은 모든 범죄자들에게 몇 가지 기본적인 질문을 하겠지만, 대부분 특별한 범죄자에게 행해지는 질문에는 상당한 융통성이 있다. 때로는 심리학적 검사들이 실시될 것이며, 이것들은 검사 관리자에 따라 다양하게 실시된다. 자료들을 검토하겠지만, 이 자료들 역시 전문가의 재량을 보여 준다. 정보 취합 과정의 마지막에, 담당자는 지역사회에 대한 범죄자의 위험성과 그들의 처치 필요성을 판단한다. 임상의학적 접근의 핵심적 특징은, 결정의 이유가 주관적이며, 때때로 직관적이며, '직감(gut feelings)에 의해 유도되었다는 점이다. 이것들은 경험적으로 타당하지 않다.

비록 임상 전문가들이 범죄자 위험성 평가에 있어서 전문성을 가지고 있는 것으로 생각되도록 훌륭하게 꾸며지고 있더라도, 그들이 구조화된 방법으로 경험적으로 타당한 위험성 요인들에 주목하는 것에 실패한다면 상당히 빈약한 진단가들이라는 것을 말해 주는 증거들이 있다. 때때로 임상적 판단들은 구조화되어, 임상가들이 무슨 요인들을 고려해야 하는지를 구체화시켜 주지만, 이들은 요인들과 결정을 연결시켜 주는 보험통계적인 체계(즉, '구조화된 임상적 판단')를 사용하지는 않는다. 보험통계적 접근법의 평가가 더 바람직하다.

제2세대 위험성 평가: 보험통계적, 정적 위험성 척도

그러한 동의가 흔한 것은 아니지만, 보험통계적 평가가 임상적 판단을 능가한다는 점에서는 합의가 존재한다(Ægisdóttier, White, Spengler, Maugherman, Anderson, Cook et al., 2006; Hanson, 2009; Hilton, Harris & Rice, 2006). 보험통계적 방법의 초기 사례들 중 한 가지는 Burgess(1928)가 제안한 것이다. Burgess는 3,000건 이상의 가석방자들을 검토하여, 가석방 실패와 성공을 구분 짓는 21개 요인들을 발견하였다. 그는 모든 범죄자들에게 나타나는 각 요인들에 대해 1점씩을 부여하였다. 최대 점수의 범죄자들의 재범률은 76%이었으며, 최소 점수의 범죄자들의 재범률은 1.5%이었다. 항목들을 합산하는 보험통계적 접근은, 아마도 그 자체의 단순성 때문에, 위험성 평가 방법론에서 선호하는 선택이었다. 정교한 기법들(예: 중다 회귀법, 반복적 분류)이 예측문제에 응용되어 왔으나, 이들 새로운 기법들은 예측력에 있어서 별다른 진전을 보여 주지 못하였다(Jones, 1996; Silver, Smith & Banks, 2000).

최근의 메타-분석들은 임상적 접근법들에 비해 경험적, 통계적 접근법들이 우월하다는 것을 확인해 주고 있다. 예를 들어, William Grove 등(Grove et al., 2000)은 위험성 예측에 대한 보험통계적 접근법을 임상적 접근법과 비교한 136개의 연구들에 대한 메타분석을 실행하였다. 이들 연구들은 일반 임상심리학 및 정신병리학에서 나온 것들이었다. 이들 연구들 중 47%에서 보험통계적 방법들이 임상적 절차들에 비해 우수한 결과를 보였으며, 다른 47%에서는 동일한 결과를 보였다. 단지 6%에서만 임상적 판단이 보험통계적 예측에 비해 우월하였다. 상담심리학과 관련된 67건의 연구들에 대한 보다 집중된 조사에서는, 연구들 중 52%에서 보험통계적 방법들이 우세했고, 단지 10%에서만 임상적 방법이 우세하여, 거의 유사한 결과를 얻었다(Ægisdóttier et al., 2006). 〈표 10-6〉은 다른 메타분석들로부터 도출된 AUC 결과들을 보여 주고 있으며, 일부는 특정 범죄자 집단들(예: 정신장애 범죄자들; Bonta et al., 1998)을 그리고 나머지는 특정 결과들(폭력)을 다루고 있다.

제2세대 위험성 평가도구들은 증거에 기반하고 있으나, 두 가지 커다란 한계가 있다. 거의 모든 제2세대 위험성 평가들이 이론적 기초를 가지고 있지 못하며, 대부분 정적(static)이면서 과거 전력을 반영하는 항목들로 구성되어 있다는 점이다. 〈표 10-7〉에서는 세 가지 제2세대 위험성 평가도구들의 사례들을 보여 주고 있다. 1980년대와 1990년대에 미국에서 널리 사용되었던 특출요인 점수법(Salient Factor Score: SFS)(Hoffman, 1994), 캐나다에서 사용되었던 재범에 대한 통계적 정보(Statistical Information on Recidivism: SIR) 척도(Nuffield, 1982) 그리고 영국에서 개발된 범죄자 집단 재선고 척도(Offender Group Reconviction Scale: OGRS)(Copas & Marshall, 1998). 세 도구들 모두 .64에서 .76 사이의 AUC를 나타내 만족할 만한 예측정확성들을 보여 주고 있다(Bonta et al., 1996; Hoffman, 1994; Hoffman & Beck, 1984).

이러한 위험성 척도들에서 분명한 것은 범죄행동과 이론적으로 관련된 많은 요인들(예: 반사회적 동료 및 태도)이 결여되어 있고, 정적이거나 변화 불가능한 항목들이 우세하다는 점이다. 마지막 지적과 관련하여, SFS 척도를 주목해 보라—한 항목을 제외하고 모두가 정적이다. 헤로인 중독 상태에서 자동차 절도로 인해 16세의 나이에 수용된 범죄자는, 비록 이 사건이 20년 전에 발생한 것이고 그 이후로 그가 바르게 살아왔다 하더라도, '좋지 못한(poor)' 범주에 해당하게 될 것이다. 이들 척도들은 개선된 범죄자에게 나쁜 점수를 부여하게 된다. 또한 범죄자의 위험수준을 감소시키기 위해 무엇이 행해질 필요가 있는지에 대해 실무자들과 감독자들에게 정보를 제공하지 못한다.

범죄자 평가의 개선은 이론적으로 그리고 경험적으로 범죄행동과 연계되어 있는 요인들에 대한 보다 종합적인 평가—정적 및 역동적 모두—를 가지고 실행할 수 있다는 점이 명확해졌다. 다른 이론적으로 관련된 변인들을 주목하지 않고 정적인 변인들(예: 범죄전력)에 단편적으로 집중하는 것은 위험성 평가의 유용성에 한계를 가져오게 된다. 앞서서 예측은 유용성이 있어야 한다는 요구사항을 언급하였다. 제2세대 위험성 척도들은 석방결정과 안전 및 슈퍼비전을 분류하는 데는 유용하지만, 예측기법으로서는 좀 더 많은 것이 필요하지 않을까? 형사사법 체계는 지역사회에 대한 범죄자의 위험성을 최소화하고, 재소자들을 사회에 재통합시켜야 할 책임을 지고 있다. 이러한 목적을 달성하기 위해서는, 보다 우수한 이론적 이해가 필요하며, 이것이 범죄자 평가기법에 응용되어야 한다.

표 10-6 보험통계적 위험성 평가의 우수성: 메타-분석 증거(AUC)

연구	준거	전문가 판단	보험통계적
Bonta, Law & Hanson (1998)	일반적 재범	.50	.73
	폭력적 재범	.55	.67
Hanson & Bussière(1998)	성적 재범	.56	.74
Mossman(1994)	폭력	.67	.78
Andrews, Bonta & Wormith (2006)	일반적	.56	.75
	폭력	.57	.73

AUC는 Rice & Harris(2005)의 *r*에 대한 AUC로의 변환표로부터 도출.

표 10-7 제2세대 위험성 척도들

항목	SFS(U.S.)	SIR(Canada)	OGRS(U.K.)
정적:			
범죄 유형	있음	있음	있음
이전 범죄전력	있음 (2개 항목)	있음 (5개 항목)	있음 (3개 항목)
연령	있음	있음 (2개 항목)	있음
이전 가석방 실패	있음	있음	없음
성별	없음	없음	있음
안전 분류	없음	있음	없음
형기(sentence length)	없음	있음	없음
위험 간격	있음	있음	없음
약물남용 전력	있음	없음	없음
역동적:			
실업	없음	있음	없음
결혼 상태	없음	있음	없음
자녀의 수	없음	있음	없음
전체 항목들	6	15	6

제3세대 위험성 평가: 위험/욕구 척도

제3세대 범죄자 평가는 범죄자 욕구를 측정한다는 점에서 제2세대 평가와 구분된다. 위험/욕구 도구들 중 두 가지 예는 위스콘신 위험 및 욕구 평가도구(Wisconsin Risk and Needs assessment instrument)(Baird, Heinz & Bemus, 1979)와 서비스 수준 인벤토리 개정판(Level of Service Inventory-Rivised)(LSI-R; Andrews & Bonta, 1995)이다. 비록 위스콘신 체계의 위험요소의 예측타당도에 대한 증거는 긍정적이지만(Baird, 1981, 1991; Baird et al., 1979; Bonta et al., 1994), 욕구요소에 대한 예측타당도 증거는 문제가 있다(Bonta, Parkinson & Barkwell, 1994; Bonta et al., 1994). 따라서 LSI-R에 대한 많은 연구논문들이 있고, 이 도구가 제4세대 평가를 이끄는 선도적 역할을 하기 때문에, 우리는 LSI-R에 초점을 맞출 것이다.

서비스 수준 인벤토리 개정판. 서비스 수준 인벤토리-개정판 또는 LSI-R(Andrews & Bonta, 1995)은 이론적으로 위험/욕구 범죄자 평가에 기초하고 있다. LSI-R은 54개의 위험 및 욕구 항목들이 있으며, 각각 0과 1점으로 계산하고, 10개 하위 요인들(예: 범죄전력, 교육/고용, 레저 등)이 있다. LSI-R 항목들과 하위 요인들의 대부분은 서비스 수준/사례 관리 인벤토리(Level of Service/Case Management Inventory: LS/CMI)의 첫 번째 절에 반영되어 있는데, 이에 대해서는 제4세대 평가에서 논의될 것이다(〈표 10-9〉에 LS/CMI의 내용을 제시하고 있다).

LSI-R의 항목들은 연구결과 범죄행동과 연합되어 있는 것들이며, 이론적 관련성이 있는 것들이다. 따라서 Big Four는 범죄전력(Criminal History), 동료들(Companions), 태도/지향성(Attitudes/Orientation) 하위 요소들 그리고 정서적/개인적(Emotional/Personal) 하위 요소 항목들 중 일부에 나타나 있다. 이에 더해, 가족, 물질남용 그리고 사회적 성취 같은 다른 Central Eight 위험/욕구 요인들도 나타나 있다. 이론적으로 말하자면, LSI-R의 거의 모든 항목들은 PIC-R에서 도출된 것들이다. 예를 들어, 동료들 하위 요소의 정보는 다음에서 획득된다: (a) 범죄자 동료들(즉, 일탈행동에 대한 대인 관계적 보수 및 친사회적 행동에 대한 비용의 원천들) 그리고 (b) 친사회적 동료들(즉, 친사회적 행동에 대한 보수 및 범죄행동에 대한 비용의 대인 관계적 원천들). '지인(acquaintance)'과 '친구(friends)' 간의 구분은 보수와 비용의 밀도(질과 빈도)와 관계가 있다.

LSI-R의 예측타당도에 대한 첫 번째 보고(Andrews, 1982b) 이래로, 전문 학술지에 40편 이상의 논문들이 출판되었고, 정부 및 기관 보고서들과 대학의 학위논문들은 약 20여 편 정도 출판되었다(Vose, Cullen & Smith, 2008). 연구들은 LSI-R의 신뢰도, 수렴타당도, 및 요인 구조와 같은 심리 측정적 속성들에 대한 분석(예: Hollin, Palmer & Clark, 2003; Lowenkamp et al., 2004)에서부터, 도구의 예측타당도에 대한 분석(예: Kelly & Welsh, 2008; Raynor et al., 2000)에 이르기까지 다양했다. LSI-R의 예측타당도에 대한 증거는 Andrews 등(2006)에 의해 요약되었다. 일반적인 재범 예측에 대한 평균 AUC는 .71(r = .36)이었고, 폭력적 재범에 대해서는 .64(r = .25)였다(AUC 값들은 Rice & Harris, 2004의 변환표를 이용하여 계산되었다).

또한 다른 범죄자 위험성 도구들과 LSI-R을 비교한 연구들도 많이 있다. 모든 비교 연구들에서는 LSI-R이 다른 도구들만큼 또는 보다 더 좋은 예측을 한다는 것을 보여 주고 있다(Campbell, French & Gendreau, 2009; Dahle, 2006; Kroner & Mills, 2001 Loza & Loza-Fanous, 2001; Motiuk, Bonta & Andrews, 1986; Raynor et al., 2000). Gendreau 등(1996)의 메타분석에서는, LSI-R을 SFS 및 Wisconsin 분류 도구들과 비교하고 있다. LSI-R이 더 높은 상관관계 계수를 산출한다는 사실이 Gendreau 등(1996)으로 하여금 LSI-R이 '현재로서는 최선의 선택'이라는 결론을 내리도록 이끌었다(p. 590). Gendreau, Goggin 그리고 Smith(2002)의 가장 최근의 메타분석은 LSI-R을 사이코패시 체크리스트-개정판(PCL-R; 이 도구는 제6장에 기술되어 있다)과 비교하고 있다. 일반적인 재범과 관련한 평균 AUC는, LSI-R에서는 .73(r = .39)이었고, PCL-R에서는 .64(r = .25)이었다.

그러나 LSI-R의 가장 중요한 응용은 지역사회 내 대부분의 범죄행동에 대해 책임이 있는 고-위험 범죄자들에 대한 슈퍼비전과 서비스를 시행하는 데 있다. 정적 위험 요인들뿐만 아니라 범죄유발적 욕구들에 주목함으로써, 일부 범죄자들의 전반적인 위험 수준은 감소될 수 있다.

LSI-R의 범죄유발적 욕구와 역동적 타당성. LSI-R을 구성하고 있는 항목들 대부분은 역동적이다. 따라서 재평가에서 LSI-R의 점수가 변화할 것이라고 예상할 수 있다. 변화는 자연스럽게 발생한 사건들(예: 범죄자가 직업을 구한 것)부터 또는 치료의 결과(예: 금주)로서 생겨난 것일 수 있다. 만약 LSI-R 점수의 변화가 재범과 관련된다(즉, LSI-R이 범죄유발적 욕구들을 측정한다)는 것이 증명될 수 있다면, 이러한 정보가 범죄자들의 개선 또는 악화를 모니터링하는 데 유용함을 입증할 수 있다. LSI-R 점수의 변화가 경험적으로 재범과 관련되어 있는가? 지금까지 LSI-R의 역동적 타당성을 증명하는 다섯 개의 연구들이 수행되었다(Andrews & Robinson, 1984; Arnold, 2007; Motiuk, Bonta & Andrews, 1990; Raynor, 2007; Raynor et al., 2000).

LSI-R의 역동적 타당성에 대한 이들 연구들의 핵심 결과들이 〈표 10-8〉에 있다. 가장 광범위한 평가는 Thomas Arnold(n = 1064; Arnold, 2007)와 Peter Raynor(n = 203; Raynor, 2007)에 의해 행해졌다. 나머지 연구들은 55명(Motiuk et al., 1990)부터 157명(Raynor et al., 2000)까지 적은 표본들을 대상으로 한 것이었다. 검사-재검사 간격은 Arnold의 연구에서는 8.6개월이었으며, 다른 연구들에서는 평균 1년이었다. 악화된(재검사에서 더 높은 LSI-R 점수를 받은) 저-위험 범죄자들은 더 높은 재범률을 보였으며, 점수가 낮아진 고-위험 범죄자들은 더 낮은 재범률을 보였다는 것에 주목하라.

LSI-R 요약. LSI-R은 서비스 수준/위험, 욕구, 반응성(LS/RNR)이라 불리는 다른 제3세대 평가도구로 확장되었다(Andrews, Bonta & Wormith, 2008a). LS/RNR은 LSI-R에 의해 측정되는 Central Eight 위험/욕구 요인들을 포함하고 있고, 이에 더해 많은 특정 위험/욕구 요인들(예: 성폭행, 무기사용, 노숙, 피해경험) 및 반응성 고려사항들(예: 문화적 및 인종적 문제들)이 추가된 것이다. 이 두 도구들은 범죄행동에 대한 연구와 사회적 학습 조망의 산물이다. LSI-R은 범죄행동의 예측도구로서 상당한 증거를 보여 주었다(Andrews & Bonta, 1995; Andrews et al., 2006, 2009; Clements, 1996; Gendreau et al., 1996, 2002). 특히, LSI-R 점수에서의 변화들이 교정 결과를 예측하였다는 점이 중요하다. 이들 결과들이 제안하고 있는 것은, 견고한 이론적 맥락에서 효과적인 예측의 일부 본질적인 요인들(다양성, 기능적 및 역사적 특성들 등)을 고려할 때—LSI-R이 시도하는 것처럼—상이한 범죄자 표본들 중에서 다양한 규칙 위반행동을 예측할 수 있다는 것이다.

표 10-8 LSI-R의 역동적 타당성(재범률 %)

연구	재-평가	
	저-위험	고-위험
Andrews & Robinson(1984)		
저-위험	4.2	28.6
고-위험	0.0	57.1
Arnold(2007)		
저-위험	13.0	26.0
고-위험	32.0	54.0
Motiuk 등(1990)		
저-위험	0.0	33.3
고-위험	0.0	54.5
Raynor 등(2000)		
저-위험	26.2	54.8
고-위험	55.3	78.4
Raynor(2007)		
저-위험	29.0	59.0
고-위험	54.0	76.0

제4세대 위험성 평가: 사례관리와 위험/욕구 평가의 통합

잘 연구되어진 증거에 기반한 평가들과 처치개입들이 있다는 것이 이들이 '현실 세계(the real world)'에서 사용될 것임을 의미하는 것은 아니다. 실제 활용을 위한 지식으로의 변환은, 다른 영역(예: 의학)에서와 마찬가지로, 형사사법 체계의 문제다. 예를 들어, 위험성 원리가 미국과 캐나다에 걸쳐 폭넓게 알려져 있음에도 불구하고, Ohio의 97개 교정 프로그램에 대한 조사 결과, 단지 20%만이 원리를 고수한 것으로 나타났다(Lowenkamp, Latessa & Holsinger, 2006). 이 장의 마지막 부분에서 위험성 평가의 지식을 실무적으로 응용하는 데 있어서의 장애들에 대해 좀 더 기술할 것이고, 여기서 우리는 제4세대 위험성 평가의 개발 필요성에 초점을 맞춘 연구들을 기술하는 것부터 시작할 것이다.

제3세대 위험/욕구 도구들은 직원들이 슈퍼비전 자원들을 적절하게 배정(위험성 원리)하고 개입의 목표를 정하는 것(욕구 원리)에 도움을 주고자 만들어졌다. Manitoba 지방의 보호관찰에 대한 연구에서, Bonta 등(Bonta, Rugge, Scott, Bourgon & Yessine, 2008)은 64명의 보호관찰 관리들의 사례관리 실태를 검토하였다. 사례파일들이 검토되었고, 보호관찰관들은 보호관찰자들을 면담한 과정이 담긴 녹음테이프를 제출하였다. 현재의 논의와 관련된 중요한 몇 가지 발견이 있었는데, 첫째는, Lowenkamp 등(2006)이 발견한 것처럼, 보호관찰관들이 위험성 원리들을 잘 고수하지 않는다는 것을 보여 주었다(예: 중간-위험 범죄자들이 자주 저-위험 범죄자들로 판단되었다). 둘째, 녹음 내용에 대한 분석에서는 보호관찰관들이 위험/욕구 평가를 통해 확인된 범죄유발적 욕구에 집중하지 않고 있음을 보여 주었다.

Manitoba 보호관찰 연구는 비록 경험적인 범죄자 평가들이 수행되고는 있었지만, 그것들이 사용되지는 않고 있었다는 우려를 확인시켜 주었다. 보호관찰관들이 범죄자들을 다룰 때 평가결과를 무시하지 않도록 하기 위한 보다 구조화된 절차가 필요하다는 것이 분명해졌다.

제4세대 도구들은 평가와 사례관리 간의 연결을 강조한다. 이것은 위험성 원리를 준수하는 것과 범죄유발적 욕구들을 목표로 하는 것 이상을 의미한다. 이것은 또한 친사회적 지향성을 구축하고, 처치의 이점을 극대화하기 위한 특수한 반응성 요인들을 평가하고 그리고 슈퍼비전의 시작부터 마지막까지 사례에 대한 구조화된 모니터링을 하는 데 있어서 개인적 강점의 역할을 인정한다. 서비스 수준/사례 관리 인벤토리(Level of Service/Case Management lnventory: LS/CMI; Andrews, Bonta & Wormith, 2004)는 LSI-R을 기반으로 만들어졌다. 다른 제4세대 평가들이 있으나(예: OASys; HM Prison Service and National Probation Directorate, 2002), LS/CMI가 잘 발전된 이론적 기반을 지니고 있기 때문에, 제4세대 평가에 대한 저자들의 설명은 LS/CMI에 한정 지을 것이다.

LS/CMI 구조의 일반적인 윤곽과 항목들의 표본들이 〈표 10-9〉에 제시되어 있다. 10개의 원래의 LSI-R 하위 구조들이 Central Eight 위험/욕구 요인들을 더 잘 반영하기 위해 재조직되어 있다. LS/CMI의 제1절은 전체적인 범죄자 위험성 점수를 제공하고 있다. 이 절은 LSI-R의 항목들에 기초하고 있기 때문에, LS/CMI의 점수들은 일반 및 폭력적 재범 모두를 예측하는 것으로 나타나고 있다(Andrews et al., 2004, 2006, 2009; Bourgon & Armstrong, 2005; Campbell et al., 2009; Girard & Wormith, 2004; Rettinger, 1998).

제1절의 핵심적인 위험/욕구 평가에 대해, LS/CMI는, LS/RNR처럼, 특수한 위험 및 욕구 요인들(제2절) 및 반응성 문제들(제5절)을 측정한다. 제2절에서는 범죄자의 측면들을 평가하고, 특정 개인에 대해 범죄유발적 잠재성을 갖는 범죄자의 상황을 평가할 필요성을 인식한다. 예를 들어, 성범죄자는 피해자와 그의 관계에 대한 질문들을 받게 될 것이고, 남성 가해자는 협박 및 스토킹 행동에 대한 조사를 받게 될 것이다.

표 10-9 서비스 수준/사례 관리 수준 인벤토리(LS/CMI)

제1절. 일반적 위험/욕구 요인들

1.1 범죄전력
- 1 이전의 청소년기 성향(disposition) 또는 성인기 때의 유죄선고
- 4 세 건 이상의 범행
- 5 16세 이전 체포 또는 고소
- 8 과거의 지역사회 슈퍼비전 기간 중 고소 제기, 보호관찰 위반 또는 가석방 유예

1.2 교육/고용
- 9 현재 실업상태
- 13 정규 12학년 또는 유사 학력 이하
- 15 참여/수행
- 17 권위자와의 상호작용

1.3 가족/결혼생활
- 18 결혼생활 또는 유사한 상황에서의 불만
- 19 비보상적인 부모
- 21 범죄적-가족/배우자

1.4 레저/레크리에이션
- 22 최근에, 조직화된 활동에 대한 참여가 없음
- 23 시간 활용을 더 잘할 수 있는가

1.5 동료들
- 25 일부 범죄적 친구들
- 27 반범죄자 친구들이 거의 없음

1.6 음주/약물문제
- 30 음주문제, 최근
- 31 약물문제, 최근
- 33 결혼생활/가족
- 34 학교/직장

1.7 친범죄적 태도/지향성
- 36 범죄에 대해 지지적
- 31 관습에 대해 비우호적

1.8 반사회적 패턴
- 41 조기의 다양한 반사회적 행동
- 42 범죄적 태도
- 43 일반화된 문제의 패턴(재정적 문제, 불안정한 거처)

제2절. 특수한 위험/욕구 요인들

B 1. 범죄유발적 잠재성을 가진 개인적 문제들

(2) '사이코패시' 진단

(6) 분노 관리 결함

(9) 빈약한 사회적 기술

(12) 낮은 성취

B 2. 가해 전력

(2) 성폭력(가족 외, 아동/청소년-여성 피해자)

(8) 신체적 폭력(가족 외 성인 피해자)

(18) 갱(gang) 참여

제5절. 특수한 반응성 고려사항

1. 장애물(barrier)로서의 동기
2. 여성, 성별-특수적인
3. 낮은 지능
4. 반사회적 성격/사이코패시

제9절. 사례관리 계획

프로그램 목표 대상 및 개입 계획

범죄유발적 욕구	목표	개입
1.		
2.		
3.		
4.		

특수한 반응성 고려사항들:

반응성 문제	문제를 다루기 위해 제안된 접근
1.	
2.	
3.	
4.	

제10절. 진전 사항 기록

범죄유발적 욕구

일자	범죄유발적 욕구	개선	악화	변화 없음

제5절에서는, 교정 공무원이 어떻게 범죄자와 관계를 맺고 사례를 감독할 것인지에 영향을 주는 반응성 고려사항에 집중한다. 따라서 LS/CMI는 효과적인 개입을 위한 위험, 욕구 그리고 반응성이라는 세 가지 주요 원리들을 다룬다. 반응성 요인들에 대한 평가는 LS/CMI에 철저하게 반영된 것은 아니며, 매우 상세하지도 않다. 단지 중요한 반응성 요인들 중 일부만을 포괄하고 있으며, 교정 담당자는 다른 잠재적인 반응성 변인들을 탐색하도록 권유된다.

마지막으로, LS/CMI의 가장 중요한 특징은 사례관리와 평가를 통합하는 것이다. 〈표 10-9〉의 제9절을 보면, 교정 담당자는 범죄자의 범죄유발적 욕구를 우선시하고, 구체적인 변화의 목표를 명확히 설정하는 데에 범죄자를 참여시키고 그리고 이들 목표들에 접근하기 위한 수단을 선택해야 한다. 더 나아가, 각 대상자와의 접촉(제10절)을 통해 목표 달성의 진전 사항 또는 진전의 부족에 대한 기록을 한다. 모든 이러한 정보를 하나의 소책자에 기록하여, 담당자들이 구조화된 방법으로 범죄자의 위험 및 욕구에 주목하는 데 초점을 맞추도록 한다. 요약하자면, 제4세대 범죄자 평가는 범죄자의 위험 및 욕구들의 포괄적 표집, 반응성 고려사항들 그리고 이러한 정보와 사례관리의 통합을 포함하고 있다. 욕구에 대한 평가는, 범죄유발적인 것과 비유발적인 것 모두가 슈퍼비전 계획에 영향을 주기 때문에, 양자 모두를 포함한다. [그림 10-1]은 제4세대 위험성평가를 요약해 보여 주고 있으며, [자료 노트 10-1]은 LS/CMI 평가 사례의 예를 제공하고 있다.

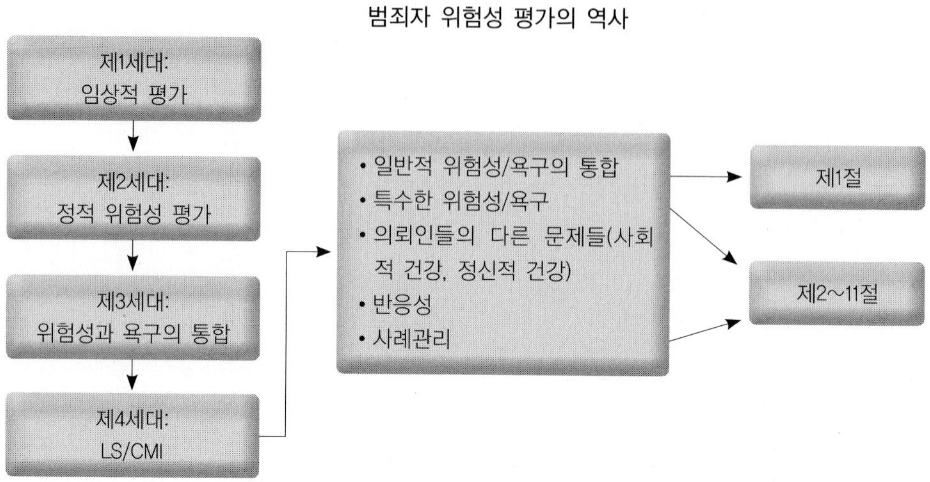

[그림 10-1] 범죄자 위험성 평가의 세대

[자료 노트 10-1]

LS/CMI 범죄자 평가

LS/CMI는 다양한 목적으로 사용될 수 있다. LS/CMI는 지역사회 슈퍼비전을 위한 사례 계획을 발전시키는 데 있어서 보호관찰관을 지원하고, 석방결정 및 석방을 위한 조건 배정에 있어서 가석방위원회를 지원하는 데에 응용될 수 있다. 또한 교도소 분류담당관들은 LS/CMI를 적절한 안전 분류 및 재소자들을 위한 프로그램 계획을 수립하기 위해 응용할 수 있을 것이다. 때때로 보호관찰관들이 LS/CMI를 자신의 판결 전 보고서(Pre-Sentence Report: PSR) 준비의 일부로서 사용하기도 한다. PSR은 판결을 준비하는 법관에 의해 요청될 수 있다. LS/CMI를 실시하는 것은, 다음의 사건 사례에서 나타난 것처럼 사건 슈퍼비전에 있어서 법정뿐 아니라 보호관찰관에게도 도움이 된다.

다음 PSR에서는 LS/CMI 계산을 위해 중요한 정보를 볼드체로 표시하였다. 이탤릭체로 된 부분은 보고서의 일반적인 진술들이다.

판결 전 보고서
이름: Frank Brown
생년월일: 1984. 2. 14.
나이: 23세
날짜: 2006. 4. 13.

평가 이유

존경하는 Belinda McCormick 판사께서 2006년 5월 15일에 판결을 대기 중인 Brown에 대한 판결 전 보고서를 요청하였다. 법원은 지역사회

조치와 처치를 위한 권고사항의 적합성을 고려 중에 있다.

정보 원천

서비스 수준/사례관리 인벤토리(LS/CMI)가 대상자가 지역사회에 보여 준 위험성의 수준 및 그러한 위험성에 기여하는 대상자 특성들을 결정하기 위해 사용되었으며, 그중 일부는 다양한 종류의 적극적인 개입 또는 처치에 의해 처리될 것이다. LS/CMI는 판결의 전통적인 원리들은 포함하지 않으며—특히, 범죄의 심각성—따라서 이러한 다른 사항들을 고려하지 않고 판결을 위해 사용되어서는 안 된다.

4월 10일에 면담하였으며, 그에 대한 정보를 확인하고자 그의 법적인 배우자를 만나려 했으나 만날 수 없었다. 그러나 그의 어머니인 Edna씨 그리고 여자 형제 한 명(Mrs. West)과 이야기할 수 있었다. 다른 정보 원천은 이전의 PSR(2000년 3월 25일 자)과 이전 슈퍼비전 기록이 포함된 보호관찰 사례 노트다.

이 시점에서, PSR은 LS/CMI의 제1절(일반적 위험/욕구 요인들)부터 서술형으로 기술한다. LS/CMI의 제1절은 Central Eight 위험/욕구 요인들을 포함하고 있으며, 재범예측을 위한 전체적인 위험/욕구 점수를 산출하고, 사례와 관련된 중요한 범죄유발적 욕구를 확인한다.

범죄전력

범죄전력 정보의 점수는 범죄행동과 연계된 보수의 밀도를 반영한다. 오래되고 일찍 시작된 전력은 재범의 가능성을 증가시킨다. 게다가, LS/CMI의 이 부분은 교정적 슈퍼비전 및 범죄자의 범행 패턴의 심각성을 내포한다.

Brown은 최근에 세 건의 재산 범죄들(두 건의 침입과 한 건의 장물 소지)로 기소되었다. Brown은 이전 범죄에 대한 보호관찰을 작년에 완료하였으며, *수용시설에 수감된 전력은 없다.* Brown은 소년범죄 전력은 없으나, 이번이 성인으로서 두 번째 기소된 사건이다. 2년 전, 그는 장물소지죄로 1년 간의 보호관찰을 선고받았으며, 나의 슈퍼비전하에 *성공적으로 완료하였다.*

교육/고용

LS/CMI의 제2절(특수 위험/욕구 요인들)은 특정 종류의 범행(예: 성 범죄, 가정폭력)에 특정된 가능한 위험/욕구 요인들을 포함함으로써 제1절의 일반적 위험/욕구 요인들이 확장된 것이다. LS/CMI에 기반한 보고서들은 LS/CMI의 각 절의 순서 조합을 따를 필요는 없다. 사실상, 보고서가 정확하게 LS/CMI를 반영하여 쓰였다면, 길고 반복적이 된다. 면담 과정 동안, 범죄자는 보고서의 다른 부분의 점수를 매기는 데 사용될 정보를 제공할 것이다. 독자는 이 절에서, 그러한 정보들이 LS/CMI의 다른 부분의 정보를 제공하는 것을 알게 될 것이다. 교육/고용 부분은 대상이 학생인가 또는 직장에 고용된 사람인가에 따라 점수가 계산된다. Brown의 경우에는, 점수계산이 취업의 범죄유발적 욕구에 기초하고 있으며, 그가 취업을 했느냐뿐 아니라 취업이 Brown에게 어떻게 보상을 하느냐를 포함하고 있다.

Brown은 *12학년을 마쳤으며*, 곧바로 자동차 공장의 조립라인에서 일을 시작하였다. Brown은 차량에 바람막이를 장착하는 것을 교육받았으며, 자신의 일을 "그냥 일이에요"라고 묘사하였다. 그는 *일에 별다른 열정을 보이지 않았으며, 반복적인 것에 따분해하면서 보다 도전적인 일을 찾고자 했다*(제2절의 1, 항목 '저-성취').

Brown은 자신의 *직장 감독관과 잘 지내지 못했으며*, 그를 속이 좁은 사람 그리고 "폭군"으로 표현하였다. *동료들과의 관계는 만족스러웠다.* Brown은 그들과 점심식사와 휴식시간을 함께 하였다. 요약하자면, Brown은 직장에서 만족감을 느끼지 못하는 개인으로 보인다(다시 한번, *제2절의 1, '저-성취'*).

가족/결혼생활

이 절에서는, 비록 범죄유발적 욕구는 아니지만, 범죄자를 슈퍼바이징하는 것과 관련된 다른 내담자 쟁점들을 유발하는 정보를 제공한다(LS/CMI의 제4절). Brown의 배우자와 부모로부터 받은 Brown의 피해는 그의 삶의 긍정적인 변화에 장애를 일으킬 수 있으며, 치료되어야 할 정서적 스트레스를 나타낸다. 또한 이 부분에서 강조되는 것은 그의 배우자에 의해 제공된 반사회적 지지 그리고 Brown의 여자 형제들이 슈퍼비전에 도움이 될 수 있다는 가능성이다.

Brown과 그의 법적 배우자(Sherri)와의 관계는 문제가 있는 것으로 보인다. 8개월간 동거했으며, 아이는 없다. Brown은 Sherri를 '거칠다'고 묘사하고 있으며, 그녀는 자주 말없이 집을 떠나서 며칠 동안 비우곤 했다. Brown은 그녀가 폭음을 하는 것으로 추측하고 있으며, 여러 차례 *체포된 적도 있다*. 집에서 자주 술을 마셨으며, 싸움으로 끝나는 경우가 많았다. Brown은 배우자를 폭행한 적은 없다고 한다. 전혀 반대로, 그녀가 자주 그를 때리고, 마음에 드는 다른 사람과 나갈 것이며, 그는 '아무것도 아니다'고 말하면서, 그와 '심리 게임(mind game)'을 하곤 한다고 보고하고 있다(*제4절, '신체적 및 정서적 학대의 피해자'*). Brown은 자신의 결혼 관계에 대해 이야기할 때 눈에 띄게 동요된 모습을 보였으며, 이러한 문제를 자신의 배우자와 어떻게 논의해야 할지를 모른다고 인정한다(*제2절의 1, '미숙한 사회적 기술'*). 나는 Sherri로부터 위 내용을 확인할 수 없었으나, Brown의 모친이 결혼상황에 대한 아들의 묘사에 동의하였다.

Edna씨는 그녀의 아들이 어려운 어린 시절을 보냈다고 말하였다. 그의 아버지는 알코올 중독이었으며, 음주상태에서 반복적으로 아이들을 학대했다고 한다. 그는 Frank가 유일한 아들이었기 때문에, 그에 대해 자신의 개인적 좌절감을 신체적으로 분출하였다(*제4절, 과거 신체적 학대*). 그는 Frank Brown이 16세 때에 자동차 사고로 사망했으며, Brown은 크리스마스와 Edna 씨의 생일에만 집을 방문하였다. *그녀는 그가 자신의 개인적 문제에 대해 그녀와 논의할 수 없다는 것을 인정하였다.*

두 명의 누나들이 있으며, 한 시간 거리의 Springfield에서 가족들과 거주하고 있다. 그럼에도 Brown은 전화와 e-mail을 통해서만 정기적으로 연락하고 있었다. *누나들은 어떠한 법적 어려움도 없었다.* 결혼한 누나, Elizabeth West와의 면담에서, 두 자매가 모두 동생을 걱정하고 있으며, 필요할 때는 언제나 도움을 제공하여 왔다는 것을 확인하였다(*주목하라, 이것은 강점 영역일 수 있다*). 그녀는 또한 그가 흔히 수줍어하고 내성적인 모습을 보였으며, 술을 마시면 느긋하고 외향적으로 되었다고 말하고 있다. 이는 Brown이 술을 항억제제(disinhibiter)로 사용했다는 것을 말해 준다.

레저/레크리에이션

이 절에서는 Brown의 레저 활동(즉, 그의 음악에 대한 애정)에 대한 긍정적인 면과 비체계적으로 너무 많은 시간을 보내는 것의 위험을 보

여 준다.

Brown은 음악에 상당한 재능이 있으며, 혼자서 또는 동료 음악가들과 작은 그룹으로, *상당한 시간을 기타 연습에 할애한다.* 그와 Brown이 '가족'의 형으로 표현한 동료들은 대략 한 달에 한 번씩 *다양한 종류의 사회행사에서 연주를 의뢰받는다*고 하며, 이로부터 적은 돈을 번다고 한다. Brown은 개인적인 만족을 위해 이 일을 하며, 음악경력을 쌓는 것을 좋아한다고 말한다.

그는 *다른 개인적 관심이나 취미가 없으며,* 보통 집에 와서, 식사를 하고, 부인과 맥주를 마시면서 TV를 보거나 기타를 치는 일상적인 하루를 보낸다. 주말에는, 그와 그의 부인은 항상 정오 때까지 자고, 식료품점 쇼핑을 하며, 저녁에는 친구들과 주점에 간다.

동료들

동료들은 범죄행동의 Big Four 상관변인 중 하나인데, LS/CMI는 이 위험/욕구 요인에 특별한 관심을 두고 있다. 다른 범죄자 위험성 도구들은 범죄에 대한 사회적 지지에 이와 같은 관심을 두지 않는다. 또한 이 절의 마지막에, 제1절의 친범죄적 태도/지향성 하위 요인에서 도출된 항목들의 점수계산을 가능하게 하는 정보가 제공된다.

Brown의 직장 친구들 중에는, 그가 알고 있는 한 *아무도 범죄기록이 없다*고 한다. 비록 Brown이 그들과 함께 있는 것을 좋아하지만, 직장 밖에서 만나는 일은 없다. 그는 현재의 친구들이 몇몇 음악을 하는 사람들—그가 *매우 바른 사람들*이라고 표현한—뿐이라고 말한다. 그러나 Brown은 지금은 부인의 다양한 친구들을 소개받았으며, 그녀의 많은 친구들과 함께 하는 것에 잘 적응했다고 말한다. 이들 모두는 술을 마시며, *일부는 약물을 하고* 범죄에 *연루되었다.* 이 사람들을 어떻게 생각하는지 질문을 받았을 때, 그는 "매우 재미있어요." 그리고 "남에게 해를 끼치지 않는 한, 그들이 조금 과격하거나 경미한 범죄에 연루된다 해도 누가 상관하겠어요?"라고 대답하였다.

알코올/약물문제

알코올/약물문제 영역에서는 단지 범죄자가 물질남용 문제를 가지고 있는가 여부의 문제뿐 아니라 이 문제가 어떻게 범죄행동에 영향을 미치는가를 이해하는 문제다.

따라서 면담자는 물질남용이 직장, 가족 그리고 개인적인 자기-조절을 어떻게 손상시키는가에 대한 정보를 수집한다. Brown이 피해자에게 끼친 피해를 최소화시키면서 자신의 범죄를 어떻게 합리화하는지에 주목하라. 더 나아가, Brown이 처치에 참여할 의사가 없다는 표시를 할 때 반응성 문제가 평가되는 것을 알게 된다.

Brown은 *아버지 사망 이후 정기적으로 음주*를 시작했다. 대략 1년 후에 과다한 음주를 멈추었으며, 일에 적응하였다. Brown은 음주가 부인을 만난 이후에 '약간 습관이 되어버렸다'는 것을 알고 있었다. 내가 그에게 하루에 보통 얼마 정도의 음주를 하는지를 물어보았을 때, 그는 *평일 저녁에는 5~6개의 맥주 캔을 그리고 주말에는 8~9개를 마신다*고 하였다. 음주는 거의 항상 부인과 함께 하였으며, *흔히* '어리석고, 하찮은 것' 때문에 *다투곤 하였다.* Brown의 어머니는 그가 아버지와 동일한 습관을 끊기 전에는 *아들을 보고 싶지 않다고 말하였다*(Brown의 아버지의 알코올 중독을 참고).

내가 확신할 수 있는 것은, Brown이 일을 하

는 중에는 음주하지 않았으나, 숙취 때문에 여러 차례 *결근*하였으며, 업무 감독자에 의해 두 차례 *질책*을 받았었다. 더 나아가, 현 *범죄*들은 친구들과 *음주한 후에 시작되었으며*, Brown은 그날 저녁을 잘 기억하지 못하였으나, "*피해가 크지는 않았었어요.*" 그리고 주인들이 "*어찌 됐든 물건을 되찾았잖아요.*"라고 기억하였다. 알코올 남용 치료 프로그램의 참여에 대해 논의할 때, Brown은 재빨리 거부하면서, 과거에 양을 줄였으며, 앞으로도 그럴 것이고, 그런 치료를 하는 것은 정부의 돈을 낭비하는 것이라고 말하였다(*제5절, 반응성, '장애물로서의 동기'*).

Brown은 자신은 *현재 약물을 사용하지 않으며*, 그것에 흥미도 없다고 주장하였다. 그는 친구들과 몇 차례 마리화나(marijuana)를 해 보려고 하였으나, 졸리게만 하였을 뿐이라고 시인하였다.

친범죄적 태도/지향성

Big Four 요인 중 하나인, 친범죄적 태도에 대한 평가는 항상 *범죄행동과 일상(직장, 권력 등)에 대한 태도에 관한 면담을 주의 깊게* 들으면서 *실행한다.*

Brown은 만나는 동안에 여러 차례 반사회적 행위에 대한 그의 지지를 표명하였다. 그는 술에 책임을 전가하면서, 자신의 이번 범죄개입을 최소화하였으며, 더욱이 현재의 친구들과 교제하는 것에는 아무런 문제가 없다고 생각하고 그들과의 *우정*에 *가치*를 *부여*하고 있다. 보다 긍정적인 면에서는, Brown이 *일하는 것을 중요한* 활동으로 생각하고 있으며, 모두가 살기 위해서, '복지에 대한 것들을 포함해서' 일을 해야 한다고 느끼고 있다. 비록 그가 특별히 현재의 일과 감독자를 좋아하는 것은 아니지만, 그만 둘 계획은 없으며, 직장에서 활동적인 구성원으로 남기를 원하고 있다. Brown은 과거에 보호관찰 슈퍼비전 상태에 있었으며, 항상 약속을 잘 지켰고 *보호관찰 조건을 이행하였다*. 이전의 보호관찰에 대해 이야기한 결과, *자신의 보호관찰 담당 공무원과 긍정적인 업무관계를 형성했음*이 확실하다. 그러나 Brown은 현재의 유죄선고에 대해서는 이의를 제기하고 있다.

사건에 대한 책임이 있음에도 불구하고, 그는 자신이 심하게 *취한 상태*이었기 때문에, 이웃 상점 주인이 고소하지 말았어야 한다고 생각하고 있다. 손해상황을 조사할 때, 그는 책임을 인정했으며, 배상할 것을 받아들였으나 *상점이 보험에 들어 있을 것*을 확신한다고 첨언하였다.

반사회적 패턴

반사회적 패턴 하위요소는 범죄행동과 연계되어 있는 일반적인 성격 및 행동적 패턴을 평가한다. *대부분, Brown은 반사회적 성격의 고-위험 범죄자들에게서 흔히 발견되는 불안정성을 별로 보여 주지 않았다.*

성인으로서, Brown은 두 건의 법적 분쟁이 있었으며, 두 건 모두 유죄선고를 받았다. 하지만 *어린 시절 행동적 문제의 증거는 없었으며*, 청소년기에 비행도 없었다. 그는 가정에서 또는 그 외에서, *지속적인 폭력적인 행동을 저지른 전력도 없다*. 다소 자기중심적이지만, 그는 특*별히 냉혹한 사람으로 보이지 않는다*. Brown은 때때로, 특히 술 때문에, 충동적으로 행동한다.

Brown은 정신건강 개입 전력도 없다. 비록 진행 중인 법정사건에 대해 현재는 불안해하지만, 우울 또는 자살 생각의 증거는 없다.

Brown은 *재정적 어려움을 부인하였다*. 그는 아파트를 임대하고 있으며, 자신이 소유한 차량은 차 값을 완전히 지불하였다. 그는 특별한 빚이 없으며, 자신의 소득 내에서 생활을 할 수 있다고 주장했다. 그러나 비싼 것들을 많이 살 수 있을 정도는 아니라고 하였다. Brown은 범죄가 높게 발생되는 지역이 아닌 주거지역에 살고 있으며, 이사할 계획은 없다.

요약 및 제언

이 절에서는 보호관찰 담당자가 어떻게 Brown 씨의 재범위험성의 평가자료를 제공하는지 그리고 법관이 수감하지 않고 지역사회 배치를 고려하도록 판단할 수 있는 계획을 개괄하고 있는지에 주목하라.

Brown의 개인 전력들을 검토하면서, 이전의 보호관찰 명령과 비교했을 때 그의 상황에서 가장 주목할 만한 변화는 그의 부인 및 그녀의 친구들과 개입되면서 촉발되었다. 범죄행동을 지지하는 태도들과 가치들에 대한 표명이 증가한 것은 또한 Brown의 사회적 관계의 영향을 반영하는 것이다.

Brown이 이전 범죄로 판결을 받았을 때, LS/CMI에 따라 그는 저-위험/욕구 범주에 해당하는 것으로 평가되었다. 현재로서는 재범위험성이 중간 정도인 것으로 평가되었다. 위험성의 증가는 제한적이지만 범죄전력의 증가, 지속적이며 확대된 알코올 남용, 불안정한 결혼상태, 범죄에 개입되어 있는 사람들에게 노출 또는 함께하는 시간의 증가 그리고 직장에 대한 불만이 증가하는 것에 따른 것이다. 중간-위험 범주 내의 보호관찰자들은 2년 내 재범가능성이 약 48%이다. 그러나 효과적인 개입은 어느 정도 이러한 가능성을 낮추는 것으로 기대되고 있다.

현재의 평가는, 비록 내담자가 불필요하다는 생각을 가지고 있지만, 알코올 남용 상담의 필요성과, 동료들과의 보다 친사회적인 교제망을 발전시킬 필요성을 확인시켜 주고 있다.

범죄 또는 음주에 개입되어 있지 않은 사람들과의 연대를 증가시키는 것은 보다 생산적인 레저시간의 활용으로 이어질 것이다. 그의 두 누나들은 동생에 대해 긍정적인 사고경향을 표현하고 있으며, 친사회적 활동(예: 그의 음악에 대한 흥미)을 격려하는 데에 도움을 줄 것이다.

보호관찰 기간 동안의 Brown의 순응 전력을 보았을 때, 처치에 참여하는 것을 조건으로 하는 또 다른 보호관찰 기간은 그에게 알코올 남용을 치료할 동기를 제공하고 지역사회 자원들에 대한 접근을 가능하게 하는 데에 도움이 될 것이다. 그는 이미 그의 법적 부인과 헤어질 단계에 있는 것으로 보이며, 이것이 그가 현재의 반사회적인 교제의 환경에 대한 노출을 감소시키는 데 도움이 될 것이며, 또한 일부 친범죄적 태도를 감소시키는 데에도 영향을 미칠 것으로 보인다. 더 나아가, 지역사회 처분은 Brown이 직업을 유지하도록 할 것이며, 보호관찰 슈퍼비전 담당자의 지도에 따라 친사회적 망을 확장시킬 수 있는 직장 내 교제를 구축할 수 있을 것이다.

J. Wordsmith
수석 보호관찰 담당관

이론에 기반한 범죄자 평가의 일반적인 응용

PIC-R 조망은 행동의 변화들을 인지사회적 학습이론의 근본적 원리들로 설명한다. 개인의 행동은 행동의 개인적, 개인 간 그리고 지역사회 상황 내의 보수와 비용의 영향하에 있다. 독자들이여, 우리가 앞선 문장에서 '범죄적(criminal)'이라는 질적 형용사 없이 '행동(behavior)'이라는 단어를 사용한 것에 주목하라. 학습의 일반적 원리들(모델링, 조작적 및 고전적 조건화, 자신의 활동에 있어서 자기-조절)은 모든 행동에 응용 가능하기 때문에, 의도적으로 이렇게 사용했다. 범죄행동 심리학에 있어서, 이것은 일반 성격 및 인지사회적 학습 조망에서 도출한 평가와 처치 전략들이 서로 다른 범죄자 모집단들(예: 여성, 소수자들, 정신적으로 장애가 있는 사람들)과 상이한 유형의 범죄행동들(예: 폭력적, 성적)에 폭넓게 응용 가능하다는 것을 의미한다. 서비스 수준 도구들(LSI-R, LS/CMI 등)은 그러한 조망에서 개발되었다. 우리는 이 절에서 범죄자 표본들과 범죄적 결과들에 걸쳐서 서비스 수준(LS) 도구들의 응용가능성을 살펴볼 것이다.

서로 다른 모집단들에 걸친 LS 위험성 평가

형사사법 체계 내에는 많은 서로 다른 범죄자들이 있다. 청소년 범죄자들과 성인 범죄자들, 남성과 여성 범죄자들, 가난하고 부유한 그리고 정신적 질병을 앓는 범죄자들이 있다. 여러 가지 방법으로 이들을 집단화할 수 있으며, 그렇게 할 때 우리는 범죄행동의 차이들을 발견할 것이다. 예를 들어, 남성들은 여성에 비해 범죄에 관여할 가능성이 더 크다. 그러나 이것이 위험 요인들이 집단에 따라 본질적으로 다르다는 것을 의미하는가? 우리는 그렇게 생각하지 않는다.

위험/욕구 요인들의 일반화에 대한 우리의 논의를 소개하기 위해, 우리는 561명의 Ontario 보호관찰자들의 LS/CMI의 전반적인 위험/욕구 점수와 3년간의 재범률 간의 관계성을 제시한다(〈표 10-10〉). 재범률은 전체 표본에 대한 그리고 연령(청소년 범죄자들/성인 범죄자들), 성별(여성/남성) 그리고 빈곤(사회보장에 의존/재정적으로 국가에 덜 의존하는 사람들) 수준에 대한 각각의 위험/욕구 수준의 비율로 나타나 있다. 첫째 열을 검토해 보면, 매우 낮은-위험으로 점수가 매겨진 151명의 보호관찰자들 중에서 9%, 169명의 낮은-위험 사례 중 20%가 재범하였으며, 두 건의 매우 높은-위험 수준은 100% 재범을 했다. 재범률은 위험/욕구 수준에 따라 확실히 증가하였으며, 전반적인 위험성과 재범 간의 상관관계는 .44이었다. 남은 열들을 검토해 보면, 모든 하위 그룹에서 LS/CMI 점수가 증가함에 따라 재범이 증가한다는 것을 알 수 있다.

표 10-10 LS/CMI 위험/욕구 수준에 따른 재범률(N = 561)

	위험/욕구 수준				
집단/하위 집단	매우 낮은	낮은	중간	높은	매우 높은
전체 표본	.09(151)	.20(169)	.48(196)	.77(43)	1.00(2)
SA에 의존하는 청소년 남성	.00(1)	.00(0)	.73(11)	1.00(3)	(0)
SA에 의존하는 청소년 여성	.00(1)	.00(1)	.33(3)	1.00(2)	(0)
SA에 의존하는 성인 남성	.17(6)	.38(13)	.46(48)	.67(15)	(0)
SA에 의존하는 성인 여성	.00(3)	.10(10)	.30(10)	1.00(2)	(0)
청소년 남성	.13(23)	.34(32)	.61(33)	.88(8)	1.00(2)
성인 남성	.09(84)	.15(97)	.44(80)	.50(8)	(0)
청소년 여성	.00(7)	.17(6)	.25(4)	.67(3)	(0)
성인 여성	.08(26)	.10(10)	.57(7)	.50(2)	(0)

주: SA = 사회적 원조(Social Assistance).

연령, 성별 그리고 빈곤은 그 자체가 위험 요인들이다. 어리다는 것(18세 이하의 연령), 남성이라는 것 그리고 빈곤상태에 있는 것(사회복지에 의존)은 각기 위험 요인이며, 예측타당도(상관계수)가 각각 .15, .09 그리고 .16으로 측정되었다. 그러나 전체 위험/욕구 점수를 공변인으로 투입했을 때, 성별과 빈곤의 영향은 의미 없는 수준으로 감소했으며, 연령 및 재선고에 대한 r 수치도 .11로 감소하였다. 반대로, 연령, 성별 그리고 빈곤을 통제해도 전반적인 위험/욕구 점수들의 예측타당도에 별다른 영향을 주지 못했다(r 수치가 .44에서 .40으로 떨어졌다). 이것은 연령, 성별 그리고 빈곤의 재범에 대한 영향이 태도, 친구 등에 대한 영향을 통해서 이해될 수 있다는 것을 보여 준다. 이제 서비스 수준(LS) 도구들을 연령, 성별 그리고 인종/민족과 관련하여 좀 더 자세하게 살펴보자.

연령. 청소년 서비스 수준/사례관리 인벤토리(Youth Level of Service/Case Management Inventory: YLS/CMI; Hoge & Andrews, 2003)는 Central Eight 위험/욕구 요인들을 중심으로 조직된 42개 항목들로 구성되어 있다. 또한 이 도구는 여섯 개 부분들로 나누어져 있으며, 42개 항목 및 사례관리 계획에 기반을 둔 일반적인 위험/욕구 점수를 포함하고 있다. 성인 LS/CMI 처럼, 청소년 LS 도구는 이론과 청소년과의 관련성에 기초하고 있다(Hoge, 2009). YLS/CMI는 비록 10세 이하의 어린 층에게도 사용되어 왔지만, 보통 12세에서 17세 사이의 청소년에게 실시된다. 도구의 심리측정적 속성들은 Hoge(2009)에 의해 요약되어 있다.

YLS/CMI는 성인 LS 도구만큼 예측타당도와 일반화 가능성에 대해 많은 연구가 있지는 않으나, 이러한 상황은 빠르게 변화하고 있다. Mark Olver 등(Olver, Stockdale & Wormith, 2009)은 청소년들에게 사용된 세 개의 위험성 도구들에 대한 메타분석을 실시할 수 있었다. 그들은 총 58개의 연구를 분석했는데, 이 중 22개는 YLS/CMI(또는 약간 변형된 것)에 대한 것이었고, 27개는 청소년 사이코패시 체크리스트(Psychopathy Checklist: PCL)에 대한 것이었으며, 아홉 개는 청소년 폭력 위험성의 구조적 평가(Structured Assessment of Violence Risk in Youth: SAVRY)에 대한 것이었다. 세 도구들은 모두 비슷한 정도로 일반적 및 폭력적 재범을 예측했다. YLS/CMI의 경우에, 평균 효과크기(*r*)는 일반적 재범에 대해서는 .32(k = 19)이었으며, 폭력적 재범에 대해서는 .26(k = 26)이었다.

YLS/CMI는 성별 또는 인종에 대해 특별한 조정을 하지 않았고, 이들 집단들에 대한 도구들의 타당성은 엄밀하게 조사되었다(Onifade, Davidson, Campbell, Turke et al., 2008; 다음 절에서 성별과 인종 문제들에 대해 더 이야기할 것이다). 비록 명확한 결론을 내기 위해서는 훨씬 더 많은 연구들이 필요하지만, 초기 지표들은 YLS/CMI가 소녀들과 일부 인종적 소수자들에게 응용 가능한 것으로 나타났다. Schwalbe(2008)의 메타분석에서, 평균 효과크기(*r*)는 소년들에 대해서는 .32(k = 4) 그리고 소녀들에 대해서는 .40(k = 3)이었다. 그러나 분석을 위해 사용가능했던 연구들이 매우 적었다는 것을 주의하라.

인종과 관련해서는, 단지 소수의 예측타당도 관련 연구가 있을 뿐이다. Onifadde 등(2008)은 1년 동안에 328명의 청소년들(10세에서 16세 사이)을 추적조사 하였다. 이들은 YLS/CMI의 위험/욕구 점수가 백인들에 대해서는 재범을 예측했으나, 아프리카계 미국인과 라틴계 미국인에 대해서는 예측하지 못했음을 발견하였다. 그러나 Bechtel, Lowenkamp 그리고 Latessa(2007)가 훨씬 더 많은 4,482명에 대해 추적한 연구에서는, YLS/CMI가 백인과 비백인 청소년 모두에 대해서 동등하게 우수한 예측을 하였다(남성과 여성에 대해서도 동등하게 우수하게 예측). 캐나다 대초원 지방들 중에는 원주민 청소년 범죄자들에 대한 YLS/CMI 평가를 허용하는 중요한 원주민 집단들이 있다. 이들 평가들에서, YLS/CMI의 점수들은 재범을 예측하였다(Gossner & Wormith, 2007; Luong, 2007).

성별. 우리의 입장은 LS 도구들과 같은 일반 성격 및 인지사회적 학습(General Personality and Cognitive Social Learning: GPCSL) 이론에 기초한 위험/욕구 도구들이 남성과 여성에게 동등하게 응용될 수 있다는 것이다. 앞서 제2장에서 이러한 점을 지적했다(〈표 2-9〉의 논의를 볼 것). 그러나 일부 페미니스트 학자들은 LSI-R이 성별에 기초한 변인들에 충분한 관심을 기울이지 않는다고 비판한다. 일부(예: Bloom & Covington, 2000)는 정서적 우울과 낮은 자존감의 중요성을 강조하고 있다. 어느 것도 LS 도구들에서 주요 위험 요인으로 반영되어 있지 않다. 왜 그것들이 반영되어야 하는가? Hubbard와 Pratt(2002)의 소녀들의 비행에 대한 위험 요인들의 메타분석에서 평균 효과크기는 .06이었다.

Holtfreter 등에 의해 수행된 두 개의 연구(Holtfreter, Reisig & Morash, 2004; Reisig, Holfreter & Morash, 2006)에 따르면, LSI-R은 미흡한 재범 예측 도구였다. 그러나 첫 번째 연구에서는 추적기간이 불과 6개월이었으며, 두 번째 연구에서는 평균 추적기간이 1년이 채 되지 못했다. 더욱이, 그들은 면담을 통한 자기-보고에 의존해 여성들의 범죄행동을 조사했다. 의심스럽게도, 공식적으로 재범을 한 사람들 또는 면담이 불가능한 사람들은 분석에서 제외되었다. 왜 재범했다는 것을 알고 있는 여성들을 모르는 체하는가?

항상 표준을 벗어난 발견을 보고하는 연구들이 있을 것이다. 메타분석을 통한 발견들은 무엇이 표준인지 그리고 무엇이 특이한 것인지에 대한 보다 진실한 모습을 알 수 있기 때문에 매우 중요하다. 최근에 Paula Smith, Francis Cullen 그리고 Edward Latessa(2009)가 여성 범죄자들의 LSI-R과 재범에 대한 메타분석을 실시하였다. 총 14,737명의 여성들이 포함된 연구들을 고찰했으며, 평균 효과크기(r)는 .35(k = 27)이었다. Kristy Holtfreter는 11개의 연구(사실 SIR에 대한 한 개의 연구는 LSI 연구로 오인되었다)에 대한 고찰에서 'LSI-R이 실제로 여성들에 대해서도 매우 '효과가 있는' 것으로 나타났다'고 결론지었다(Holtfreter & Cupp, 2007).

LSI-R이 '성-중립적(gender-neutral)'이라는 막대한 증거에도 불구하고, '성별을 감안한(gender-informed: GI)' 위험/욕구 도구들을 발전시키려는 노력이 계속되고 있다. GI 요인들의 타당성이 어느 정도 증가할 가능성은 있다. LS/CMI와 LS/RNR 도구들은 GI 평가들의 사례들이다. 다른 사례들은 Cincinnati 대학교의 연구자들이 만들었다. Patricia Van Voorhis 등은, 미국 국립 교정국(U.S. National Institute of Corrections)의 지원 아래, LSI-R에 추가하여 여성용 '예고판(trailer)'을 개발하였다(Van Voorhis, Salisbury, Wright & Bauman, 2008). 예고판은 여성을 위해 특별히 중요하다고 생각되는[즉, 성별을 감안한 또는 Van Voorhis 등이 사용한 용어로는 성-반응적인(gender-responsive)] 항목들로 구성되었는데, 이들 항목들은 성인 피해화(adult victimization), 양육 스트레스 그리고 자기-존중감을 포함한다. GI 항목들 중 일부는 LSI-R 항목들과 중복된다(예: 가족/결혼생활 및 재정 변인들).

이 접근법은, LSI-R과 같은 도구들로써 평가하는 잘 구성된 위험/욕구 요인들의 성-중립성 개념에 대해 도전하고자 시도한 것은 아니기 때문에 매우 흥미롭다. 그보다는 성별을 감안한 위험/욕구 요인들에 대한 평가를 추가하는 것 자체가 LSI-R의 예측타당도를 향상시킬 수 있는지 여부에 의문을 제기한다. '예고판'의 타당화는 현재로서는 단지 교차타당적 연구들에서 탐구되고 있다. 아직은 현재까지의 결과들이 매우 흥미롭고 유익하다.

타당화 연구들이 Colorado, Hawaii, Minnesota 그리고 Missouri 주에서 실시되었다. Colorado, Hawaii 그리고 Minnesota에서는 LSI-R을 사용하였으며, 따라서 LSI-R의 예측타당도를 GI 예고판의 타당성과 비교할 수 있었다. Van Voorhis 등(2008)의 보고서에서 추출한 결과들을 〈표 10-11〉에서 볼 수 있다. 표에서 알 수 있는 것처럼, 성-반응적 척도가 여섯 개의 비교 연구들 중 두 개의 연구(Colorado와 Minnesota)에서 우수한 실행을 보여 주고 있다. 사실상, 여섯 개의 테스트들 중 두 개의 테스트에서는, GI 평가가 기여하는 바가 심지어 0보다 유의미하게 크지 않았다.

지금까지의 Van Voorhis의 연구결과들에 대한 일부 해석과는 반대로, 결과들이 위험/욕구 요인들의 성-중립성 그리고 성-특수성에 대한 쟁점들에 대해서는 결코 아무것도 말하고 있지 못하다는 것을 주목하는 것이 중요하다. NIC-UC 연구들만큼 중요한 이들의 연구는 전적으로 여성 범죄자들만을 대상으로 하였고, 따라서 위험/욕구에서의 성별 유사성과 성별 차이점들에 대한 직접적인 정보는 제공하지 못하고 있다. Reisig 등(2006)이 보고한 것처럼, Holtfreter와 Cupp(2007)의 '성별에 따른(gendered)' 범죄경로의 발견에 대한 해석은 위와 같은 문제를 매우 중요하게 다루고 있으며, 그와 같은 연구는 여태껏 없었다. LSI '예고판' 연구들의 경우에서처럼, 위험/욕구 요인들에서의 성별 유사성과 차이점들은, 심지어 남성에 대한 연구들이 수행되지 않았던 때에도 존재하는 것으로 여겨졌다. 제2장에서 보여 준 것처럼, 남성과 여성 모두에 대한 연구 없이 '성별을 감안한(gender-informed)' '성-반응적인(gender-responsive)' 또는 '성별에 따른(gendered)' 경로들에 대해 결론을 도출할 수는 없다.

표 10-11 예측타당도 추정치(*r*): LSI-R 대 성별을 감안한 척도(*n*)

	재소자 표본		보호관찰 표본		가석방	약물 법원
위험성 평가	Colorado (156)	Minnesota (198)	Minnesota (233)	Hawaii (158)	Colorado (134)	Minnesota (150)
LSI-R	.16	.30	.31	.36	.21	.28
성별을 감안한 척도	.27	.27	.34	.31	.00(ns)	.00(ns)

주: ns = 유의미하지 않음.

Van Voorhis 등(2008; 〈표 3〉에서 발췌. Van Voorhis 등(2008)은 성별을 감안한 평가가 유의미한 어떤 요인도 산출하지 못했기 때문에 그들의 〈표 3〉에서 약물 법원 표본을 제외시켰음.

여성 범죄자들의 범죄경로의 차이와 관련된 Daly(1992)의 제안이 기여한 바를 우리가 과소평가하려는 것은 아니라는 점을 알아주기 바란다. 그러나 우리는 여성 범죄자들의 범죄경로가 남성 범죄자들의 경로와 매우 유사할 것이라고 예상한다. 탐구되지 않았고 타당화되지도 않은 '성별에 따른 경로들(gendered pathways)'이라는 용어를 강조하는 것은 한계가 있다. 여성 범죄자들이 매우 유사한 범죄경로를 따르지 않는다는 증거는 없다.

본질적으로, 경로 접근법은 성인범죄로 가는 상이한 통로(routes) 또는 경로(pathways)에 중심을 두고 있다[비록 일부 페미니스트 학자들은 동의하지 않겠지만, 우리는 범죄에 이르는 중다 통로(multiple routes)에 대한 우리의 견해와 경로 모델(pathway model) 간에 별다른 차이점이 없다고 본다]. 예를 들어, 가정에서의 학대는 가출로 이어지며, 거리에서의 삶을 극복하기 위해 가출한 젊은이들은 매춘, 절도 그리고 마약사용과 판매를 하게 된다. 이처럼 조기 비행(폭력을 포함하여)은 조기 가출로 이어질 것이며, 학업 포기의 가능성이 증가하고, 관습적인 직업에 대한 준비 미흡 그리고 다른 범죄자들과의 교제로 이어질 것이다. 당신은 '성별에 따른' 경로들의 표식들의 대부분은 실제로는 잘 알려진 위험/욕구 요인들이라는 것을 알게 될 것이다. 남성 범죄자들의 기술에서 쉽게 발견되지 않는 '거리의 여성들(street woman)' '매 맞는 여성들(battered women)', 약물과 관련된(drug connected)' 그리고 '피해를 당하는 및 피해를 입히는(harmed and harming)' 것과 같은 기술들은 Daly의 연구에서도 거의 없다.

'성별에 따른'(n = 155), '성별에 따라 구분하지 않은'(n = 30) 그리고 '분류 불가능한'(n = 50) 하위집단들에서 여성 범죄자들에 대한 LSI-R의 타당도를 검증한 Reisig 등(2006)의 연구는 매우 혁신적인 것이었다. LSI-R은 성별을 구분하지 않은 집단 및 분류 불가능한 집단들에 대해서는 재범을 예측하였으나, 성별을 구분한 집단에서는 그렇지 못하였다. 다시 말해, 14,000명 이상의 여성 범죄자들에 대한 메타분석이 LSI-R이 재범을 예측하는 것으로 보여 준 사실을 어떻게 받아들일 것인가? 메타분석 결과들은 다수의 여성 범죄자들이 성별 구분이 안 되는 경로를 따르며, 나아가 '성별에 따른' 경로의 적절성이 취약함을 시사한다.

다행스럽게도, 현장에는 여성 및 남성의 범죄 궤적들에서의 성별 유사점들과 차이점들에 대한 보다 직접적인 테스트들이 있다(비록 LSI-R을 사용한 것은 아니라 할지라도):

> 여성과 남성들에게서 네 개의 반사회적 행동 궤적 집단들이 확인되었으며, …… 생애 지속형(life-course persistent: LCP), 청소년기-시작형(adolescent-onset), 아동기 제한형(childhood limited) 그리고 궤적이 약한 집단들을 포함하고 있다. …… 비록 여성에 비해 더 많은 남성들이 LCP 궤적을 따르고 있지만, 반사회적 행동의 발달적 궤적들 그리고 아동

기 때의 발달 근원 및 성인기 결과들과 관련한 연구들은 성별 간 유사성을 지지하고 있다 (Odgers, Moffitt, Broadbent, Dickson et al., 2008: 673).

여성에게 적합한 위험/욕구 평가에 대한 논란은 계속되고 있다(Hannah-Moffatt, 2009; Taylor & Blanchette, 2009). 이 논란이 가까운 시간 내에 해결될 것이라고 보지는 않는다. 그 이유는 부분적으로 페미니스트 학자들에 의해 제기된 기준들이 합의점에 도달하기 불가능하게 다양해지고 있기 때문이다. 예를 들어, 여성 범죄자들에 대한 LSI-R의 적합성을 논의하는 일련의 논문들을 Merry Morash(2009)가 편집한 서문의 다음 글을 보라:

> 논문들과 이에 대한 반응들은 많은 의문점들을 발생시켰다. LSI-R이 여성 범죄자에 대한 가장 훌륭한 예측도구인가? 사회적 학습이론과 인지심리학(LSI-R에 대한 이론적 근거)이 여성의 범죄행위와 이를 중단하는 것을 설명하는 가장 훌륭한 이론들인가?(p. 173)
> 이 특정한 이론들은 명확하고 논리적인 방식으로 통합될 수 없다(즉, 소녀 및 여성의 법규위반에 대한 인지심리학과 경로 설명들)(p. 177).

LSI-R이 어떻게 최상의 기준에 부합할 수 있는가? 이미 불가능한 것으로 공언된 바, 일반성격 및 인지사회적 학습이론이 어떻게 여성 범죄성을 설명하기를 희망할 수 있겠는가?

아마도 성별을 감안한 변인들에 대해 LSI-R을 강화할 필요성은 성별을 감안한 YLS/CMI, LS/CMI 그리고 LS/RNR이 발전된다면 약화될 것이다(Andrews, Bonta & Wormith, 2008b). 이들 도구들 모두는 성별을 감안한 항목들(예: 피해화 전력, 양육 걱정)을 추가하였다. 비록 이들 추가 항목들이 위험/욕구 점수에 영향을 주지는 못한다 할지라도, 이러한 항목들은 체계적인 방법으로 여성 범죄자들에 대한 평가의 타당성을 증가시키는 요인들을 탐색할 기회를 제공한다. 이러한 연구는 여성 범죄자들과 남성 범죄자들 모두에 주목하면서 현재 진행되고 있다. 만약 이러한 연구가 수행되지 않는다면, 위험/욕구 요인들의 성 특수성과 성 중립성에 관한 결론들은 추측에 불과하게 된다. 우리는 성-반응성에 관한 연구와 실무가 교정 평가 및 처치에 관한 RNR 모델의 원리들(제2장)에 일치되게 특수한 반응성 및 비범죄유발적 욕구들을 목표로 삼는 영역들로 이동할 것이라고 기대한다.

인종/민족. 인종 및 민족에 대한 LSI-R 연구들은 여성 범죄자 연구들에 비해 적다. 일반적인 수준에서, LSI-R의 예측타당도는, 이 도구가 처음 개발된 캐나다 이외의 나라들에서 증명되었다. 미국 외에도, 싱가포르(Neo, Misir & Lee, 2006), 영국(Hollin & Palmer, 2006; Raynor,

2007; Raynor et al., 2000), 오스트레일리아(Cumberland & Boyle, 1997), 포르투갈(Neves & Gonçalves, 2008) 그리고 독일(Dahle, 2006)에서 LSI-R의 타당성이 증명되었다.

LS 도구들의 기원이 캐나다임을 감안할 때, 북미 원주민 범죄자들에 대해 도구를 응용하는 것에 다소 흥미로운 점이 있다(Bonta, 1989; Gross & Srgoa, 2008). Saskatchewan 대학교의 Stephen Wormith 실험팀은, Ontario의 연구자들과 공동으로, 현재로서는 가장 대규모 연구를 진행하였다. Carrie Tanasichuk와 Stephen Wormith(2009)는 3,960명의 원주민 범죄자들을 대상으로 LS/CMI 점수와 재범 간의 관계를 검증하였다. 표본 중 80%가 남성이었으며, 평균 추적기간은 2년이 약간 넘는 시간이었다. 주요 결과들에 대한 요약은 다음과 같다:

1. 전체 위험/욕구 점수는 일반적 재범(r = .37) 및 폭력적 재범(r = .17)을 예측하였다.
2. Central Eight 요인들 모두가 일반 및 폭력 재범을 예측하였다(상관관계는 레저/레크리에이션과 폭력 간 .06부터, 범죄전력과 일반 재범 간 .35까지의 범위).
3. 전체 위험/욕구 점수 및 Central Eight 하위요소들의 예측타당도는 남성과 여성 원주민 범죄자들에 있어서 유사하였다.

LS 도구는 캐나다 원주민 범죄자들에게서 타당성을 가지며, 미국 원주민 범죄자들에게서도 일부 타당성의 증거가 있는 것으로 나타나고 있다(Holsinger, Lowenkamp & Latessa, 2006).

Whiteacre(2006)는 LSI-R과 같은 도구들에 근거한 위험성 수준의 분류가 아프리카계 미국인 또는 중남미계 미국인에 대한 선택적인 편향성을 갖지 않도록 하기 위해서 도구를 철저하게 평가할 필요가 있다고 경고하였다. 코카시안(Caucasian)을 위해 처음 개발된 절단(cutoff) 점수들은 다른 소수 민족들에 대해서는 과대 또는 과소 분류로 이끌 수 있다. 이 점에서 다른 소수민족들에 대한 대부분의 연구들이 출간되지 않은 정부 보고서 또는 학생들의 논문에서 발견되며(Arnold, 2007; Flores, Lowenkamp, Smith & Latessa, 연도를 알 수 없음; Graves & Vellani, 2000; Washington State Institute for Public Policy, 2003), 단지 소수 연구들만이 출간되었다(Fass, Heilbrun, Dematteo & Fretz, 2008; Lowenkamp & Bechtel, 2007; Schlager & Simourd, 2007). 연구결과들은 혼합되어 있으며 모순된다. 대부분의 보고서들은 아프리카계 미국인들에 대한 LSI-R의 예측타당도를 지지하고 있으나, 두 개의 연구는 중남미계 미국인에 대해서는 지지하지 않는 것으로 나타났다(Fass et al., 2008; Schlager & Simourd, 2007). 보다 확정적인 결론에 도달하기 위해서는 메타분석을 할 수 있는 보다 많은 연구들이 필요하다.

요약. 일반적으로, LS 도구들에 의해 측정된 GPCSL의 Central Eight 요인들은 연령, 성별에 걸쳐 적용되며, 또한 대부분의 인종과 민족에도 적용된다. 주요 연구들이 계속해서, LS 도구들에 반영된 GPCSL 조망의 실제적 활용성에 대한 우리의 이해를 돕고 있다(Brews, 2009; Listwan, 2009; Manchak, Skeem, Douglas & Siranosian, 2009). LS 점수의 예측타당도는 또한 정신장애 범죄자들에게서도 입증되었으며(Daffern, 2007; Ferguson, Ogloff & Thomson, 2009; Harris, Rice & Quinsey, 1993; Lovell, Gagliardi & Phipps, 2005; Thomas, Daffern, Martin, Ogloff et al., 2009), 남성 구타자(Hanson & Wallace-Capretta, 2004; Hendricks, Werner, Shipway & Turinetti, 2006), 성범죄자들(Girard & Wormith, 2004; Vrana & Sroga, 2008; Washington State Institute for Public Policy, 2006), 약물범죄자들(Kelly & Welsh, 2008), 10년 이상의 장기형을 받은 범죄자들(Manchak, Skeem & Douglas, 2008) 그리고 자주 실직상태에 있고 높은-범죄 이웃 환경에서 사는 사람들(Andrews, Dowden & Rettinger, 2001)에게서도 입증되었다. 이 모든 것이 의미하는 것은 범죄행동에 대한 우리의 이론적 조망에 의해 확인된 위험 요인들이 다양한 사회적 조건들(예: 빈곤)에 거주하는 여러 범주의 범죄자들에게 응용가능하다는 것이다. 이러한 발견은 성별, 인종, 민족, 빈곤 등의 중요성을 축소하는 것이 아니며, 단지 다양한 맥락과 표본들에 걸쳐 범죄들이 Central Eight 위험 요인들을 반영하는 정도를 보여 줄 뿐이다.

상이한 결과들에 대한 LS 위험성

폭력의 예측. 이 장을 시작하면서(예측정확성과 이원분석표), 우리는 낮은 기저율 행동들을 예측하는 어려움들을 살펴보았다. 기저율이 흔히 40%에서 60% 범위에 해당하는 비폭력적인 범행과 비교해서, 폭력적 범행은 훨씬 낮으며(10%에서 20%), 특정 형태의 폭력은 더욱 낮다(예: 이웃에 의한 성범죄는 5%). 낮은 기저율 행동들을 예측하는 어려움에도 불구하고, 피해자에게 유발되는 피해의 심각성은 폭력적 행동의 예측에 대해 특별한 관심을 갖게 한다.

폭력적 행동에 대한 위험성 평가를 다루기 위한 일반적인 접근법은 특수한 위험성 척도를 개발하는 것이다. 이러한 접근법은 폭력적 행동을 저지르는 자들은 보통의 범죄자와는 매우 의미 있게 다르고, 따라서 다른 예측 요인들을 필요로 한다는 생각에 기반하고 있다. 폭력성을 예측하는 데에 많은 사람들에 의해 특별히 우수하다고 생각되는 두 가지 위험성 도구는 PCL-R(Hare, 1991)과 폭력 위험성 평가 가이드(Violence Risk Appraisal Guide: VRAG; Harris, Rice & Quinsey, 1993)다. 이외의 '일반적인 폭력' 척도들은 많은 논문들에서 볼 수 있다(Dolan & Fullam, 2007; Kroner & Mills, 2001; Loza, MacTavish & Loza-Fanous, 2007; Simourd & Mamuza, 2000; Ward & Dockerill, 1999; Wong & Gordon, 2006). 우리가 묻고자 하는 것은 'PCC에 기반한,

LS 일반적 위험성 평가도구가 폭력적 행동의 예측에 유용한가?'이다.

이 질문에 대한 대답의 한 가지 방법은 폭력적 재범을 예측하도록 특별하게 설계된 일련의 도구들과 LS 도구를 비교하는 것이다. 예를 들어, Daryl Kroner와 Jeremy Mills(2001)는 VRAG, PCL-R 그리고 LSI-R을 직접 비교하여, 폭력적인 재범에 대해 다음과 같은 상관관계(괄호 안은 AUC)를 도출하였다: PCL-R에서는 r = .12(.56), VRAG에서는 r = .16(.60) 그리고 LSI-R에서는 r = .19(.68). 보다 중요한 것은, LSI-R이 PCL-R 및 다른 폭력-특정 위험성 척도들만큼 폭력적 재범예측에 우수하다는 점을 발견한 두 개의 메타 분석적 요약들이 있다는 것이다(Campbell, French & Gendreau, 2009; Gendreau, Goggin & Smith, 2002). 〈표 10-12〉는 이들 두 개의 메타분석을 요약한 것이다. 어떠한 폭력-특정 위험성 척도(PCL-R과 VRAG)도 일반적 LSI-R보다 더욱 우수한 예측을 보여 주지는 못하고 있다(척도들의 신뢰구간은 중첩되어 있다).

표 10-12 LSI-R과 폭력적 재범

연구	k (*N*)	*r*	AUC
Campbell 등(2009)			
LSI-R	19(4361)	.28	.66
PCL-R	24(4757)	.27	.65
VRAG	14(2082)	.32	.68
Gendreau 등(2002)			
LSI-R	9(2777)	.29	.67
PCL-R	7(1552)	.27	.65

주: k = 효과크기의 수, *N* = 범죄자들의 수.
Rice와 Harris(2005)에 근거한 AUC로의 변환.

일반적으로, LSI-R을 이용한 연구들은 일반적이고 이론-기반적인 위험성 평가 측정이 폭력 위험성 척도들만큼 우수하게 폭력적 행동을 예측할 수 있다고 제안한다. 이미 지적한 것처럼, 심지어 LSI-R 점수가 성폭력(Washington State Institute for Public Policy, 2006) 그리고 가정폭력(Hendricks et al., 2006)과 같은 일부 특정 형태의 폭력을 예측한다는 증거도 있다. LSI-R이 폭력 위험성 척도들을 능가하는 하나의 이점은 LSI-R이 고-위험 폭력 범죄자들의 관리에 너무도 중요한 역동적 요인들을 측정한다는 점이다. 대부분의 폭력 위험성 척도들은 정적인 항목들로 구성되어 있으며, 역동적인 위험성 요인들은 무시해 왔다(Douglas & Skeem, 2005). 폭력에 대한 예측을 향상시킬 수 있을까? 물론 할 수 있다. 폭력-특정 위험성 척도에 대한 연구가 지속되고 있으며 발전하고 있다. LS/CMI에서, 반사회적 성격 패턴 하위 요소와 폭력을 다루는 특정 항목들의 도입은 예측정확성의 향상을 가져올 가능성이 있다. 이미 우리는 LS/CMI에서 이러한 변화의 가능성을 보았다. Lina Girard와 Stephen Wormith(2004)는 반사회적 성격 패턴과 공격의 전력이 .42의 r(AUG = .75)을 산출하는 것을 발견하였다.

경험적인 위험성 예측 사용의 장애물

우리는 독자들이 이 장에서 증거-기반적인 범죄자 위험성 평가 사용의 이점을 알기를 기대한다. 증거는 강하며, 관심 있는 실무자들이 사용할 수 있는 도구들은 부족하지 않다. 그러나 많은 실무자들과 교정 시스템들이 연구결과들의 충분한 이점을 즐기지 않는 불안한 표식들이 있다. 이러한 상황에 대해서는 많은 그럴 만한 이유가 있다. 이 중 네 가지만 언급할 것이다.

1. **범죄행동의 정신병리학적 모델에 대한 집착.** Jennifer Boothby와 Carl Clements(2000)는 830명의 교정심리학자들에게 범죄자들을 평가할 때 어떤 검사를 사용하는지 질문하였다. 심리학자들 중 절반 이상이 일탈행위의 정신병리학적 조망에 근거를 둔 검사들(예: 로르샤흐 투사 검사)을 사용하는 것으로 보고하였다. 우리가 예상하는 것처럼, 이것들이 재범을 예측한다는 증거는 없다. 마찬가지로, 25개 주의 교정 시스템에 대한 조사에서는, 투사 검사들이 10개 주에서 사용되었으며, 거의 모든 주에서 Minnesota 다면적 성격 검사(Minnesota Multiphasic Personality Inventory: MMPI), 즉 성격 부적응에 대한 일반적인 측정 도구를 사용하는 것으로 보고되었다(Gallagher, Somwaru & Ben-Porath, 1999). 많은 심리학자들 사이에서, 정신병리를 측정하는 검사 도구들을 사용하고 있다는 것은 PCC 조망을 모델로 선택하도록 하려면 앞으로 할 일이 많다는 것을 시사한다.

2. **임상적 판단을 포기하기를 주저함.** 우리가 이제 제4세대 평가의 끝에 와 있다는 것을 감안했을 때, 우리의 경험상 왜 아직도 많은 전문가들이 경험적이고 보험통계적인 위험성 예측 및 범죄자 분류방법들을 사용하기를 거부하는 것일까? 이에 대한 대답은 복잡하며, 많은 요인들이 관련되어 있다. [자료 노트 10-2]는 '분류 파괴 기법들'의 일부 목록을 제공하고 있다. 지난 수년간 우리는 이들에 대해서 많은 얘기를 들었지만, 보험통계적이고 증거-기반적인 예측에 가장 중요한 장애는, 우리의 판단에, 전문가들의 훈련에 있다. 북미에서 얼마나 많은 형사사법 프로그램들이 위험성 예측의 심리측정학과 위험성 척도들을 발전시키고 평가하는

[자료 노트 10-2]

분류 파괴 기법들:
보험통계적 위험성 평가 사용에 대한 반대

반대	현실
'둘 중 하나'는 아니다; 둘 다 사용한다.	결정이 내려지는 순간에, 두 개의 접근법이 일치하지 않으면, 어느 하나를 사용해야 한다. 둘 다 사용할 수는 없다.
척도는 상이한 표본에서 개발되었으며, 내 표본에는 응용되지 않는다.	새로운 표본에는 약간의 통계적 위축이 있을 수 있으나, 표본이 독특할 때에만 문제가 될 것이다. 또한 상이한 배경을 가진 직원들이 이직하면, 현장에 대한 임상적 예측이 곤란해질 수 있다. 보험통계적 예측의 상대적 이점은 존재한다.
연구들이 개인적 전문가인 나에게는 적용되지 않는다.	만일 수백 명의 전문가들이 개입된 100개 이상의 연구들이 있고, 그들이 보험통계적 도구들만큼 예측을 잘하지 못하는 것으로 보인다면, 당신이 다른 사람들보다 매우 월등하다고 생각하는 것은 무엇 때문인가?
너무 비용이 많이 든다.	아마도, 팀 미팅에 소비되는 시간, 불필요하게 누군가를 수감시키는 비용 또는 위험한 범죄자를 확인하지 못함으로써 공중을 위험에 빠트리는 것은 어떠한가?
나는 단지 예측하는 것이 아니라, 행동을 변화시키기를 원한다.	만일 목표가 행동을 변경시키는 것이라면, 성과의 가능성을 알아야 할 필요가 있으며, 그래야 당신의 행위가 효과가 있는지 여부를 판단할 수 있다.
예측은 집단자료에 근거하고 있다; 나는 독특한 개인을 다루고 있다.	삶은 개연성에 의해 인도된다. 만일 개인이 준거집단과 유사하고 명백한 차이가 없다면, 자료를 무시하는 것은 어리석은 일이 될 것이다. 만일 의사가 당신과 유사한 사례의 수술 중 90% 성공적이라고 말한다면, 그것을 무시할 수 있는가?
중요한 자료가 측정되지 않는다; 사람들을 숫자로 축소시킬 수 없다.	쓰여진 것은 그 어떤 것이든지 부호로 처리할 수 있다. 더 나아가, 합리적이고 경험적이라는 것이 의뢰인에 대해 냉정하고 무감각하다는 것을 의미하는 것은 아니다.

Grove & Meehl(1996)에서 발췌.

방법론들을 대학원생들에게 교육하고 있는가? (우리는 소수의 개론과정 이상을 의미하고 있다) 우리의 경험상 거의 없다.

또한 구조화된 임상적 판단(Structural Clinical Judgement: SCJ)의 출현이 우려가 된다. 이들 도구들은 전문가들이 평가에서 무엇을 고려해야 하는지를 구조화하고 있으나, 위험성 측면에서 범죄자를 범주화하는 최종적인 '점수'는 산출하지 않고 있다. 이러한 결정은 전문가들의 몫으로 남겨두고 있다. SCJ 도구의 한 예가 HCR-20이다(Webster et al., 1997). HCR-20은 10개의 과거전력 항목들(예: 이전의 폭력), 5개의 임상적 항목들(예: 통찰력의 결여) 그리고 5개의 위험성 관리 항목들(예: 실행가능성이 결여된 계획)로 구성된 20개 항목 도구다. 비록 각 항목이 점수로 계산되고(0, 1 또는 2), 합산되지만, 어떤 점수가 낮은, 중간의 또는 높은 위험성에 상응하는지에 대한 설명이 없다. 전문가가 최종 판단을 해야 한다. SCJ가 비구조화된 임상적 판단을 능가하는 개선된 것이지만, 예측정확성은 제1세대와 제2세대 평가의 사이에 해당한다(Hanson & Morton-Bourgon, 2009).

우리는 오로지 보험통계적 위험성 도구들만을 사용하기를 옹호하는 것은 아니다. 전문가들은 흔히 그리고 당연히 결정을 하는 데 있어서 재량을 행사한다. 이것은 공정하고 정당한 시스템의 중요한 부분이다. 그러나 전문가들은 전문가적인 결정(override)을 하기 전에 먼저 보험통계적 위험성 평가들의 결과에 주목해야 한다. 더 나아가, 우리는 전문가적인 결정이 무계획적이며 비이성적인 방법으로 사용되지 않도록 그리고 예측을 하는 데 선호하는 선택이 되지 않도록 주의해야 한다. 그보다는, 그러한 결정들을 평가를 향상시키기 위한 기회로 삼아야 한다. 이것은 전문가적인 결정을 체계적으로 관찰함으로써 그리고 만일 패턴이 나타난다면, 새로운 평가 원리들을 통합시킴으로써(또는 발견함으로써) 가능하다. 간단히 말하자면, 우리는 건설적인 방법으로 과학을 사용해야 한다.

3. **평가의 완결성에 대한 조직의 무관심.** 교정적 평가 분야에서 평가도구들이 실제 활용을 위해 설계되어 사용되고 있는지 여부는 거의 연구되지 않았다. 즉, 분류 및 보호관찰 관리들이 척도를 완전하게 사용하기 위한 지시를 따르고 있는가 그리고 그들이 정보를 활용하고 있는가?

아마도 훈련은 국가기관이 새로운 범죄자 평가도구 사용의 성공을 극대화할 수 있는 유일하게 가장 중요한 것이라 할 수 있다. 새로운 위험성 도구를 사용하는 것은 시간, 돈 그리고 직원 확보를 필요로 한다. 훈련에 충분한 자원을 투입하는 것에 실패하면, 많은 문제들이 발생한다. 직원들은 흔히 수년 동안 자신들이 해 온 것을 바꾸고, 새로운 평가절차를 채택하는 것을 주저한다(Haas & DeTardo-Bora, 2009; Lowenkamp, Latessa & Holsinger, 2004; Mair, Burke & Taylor, 2006; Maung & Hammond, 2000; Whiteacre, 2004). 예를 들어, Schneider, Ervin 그리고 Snyder-Joy(1996)에 따르면, 직원들에게 새로이 도입된 분류체계에 대한 의견을 물었을 때, 단지 27%만이 그 도구가 자신들의 전문가적 판단보다 더 정확하다고 생각하였다. 놀랄 것도 없이, 훈련이 부족하거나 새로운 위험성 평가도구의 가치에 대한 확신이 없는 직원들은 형편없는 예측정확성 평가들을 산출할 것이다(Flores, Lowenkamp, Holsinger & Latessa, 2006).

둘째로, 충분한 훈련 이후에도, 숙련도를 유지하기 위한 단계들이 취해져야 한다. 예를 들어, Colorado 주에서 LSI-R을 도입한 직후에, LSI-R 기록을 검토한 결과, 336개의 파일 중 13%에서 오류가 나타났다(Bonta et al., 2001). 오류들 중 상당수는 단순한 합산 실수들이었으나, 다른 부분들은 항목들의 점수를 어떻게 계산하는지에 대한 오해들로 인한 것들이었다. Colorado 교정체제의 책임하에, 위험/욕구 평가 실행이 모니터되고, 평가 과정을 발전시키기 위한 조치가 취해졌다. 많은 기관들이 이러한 중요한 과정을 모니터하고 바로잡는 것에 실패하고 있다.

4. 위험성 평가에 대한 사회적/정치적/법적 회의주의. 범죄자 위험성 도구의 응용에 대한 회의론은, 자신들이 선호하는 변인들을 보호하거나(예: 일부 범죄학자들의 경우에는 사회경제적 요인들이 개별화된 위험성 요인들보다 더 중요하다), 또는 공정한 사법권의 적용을 걱정하는(예: 처벌은 재범을 저지를 위험성 때문이 아니라, 범죄 때문에 집행된다), 페미니스트 학자들(Hannah-Moffat & Shaw, 2001; Holtfreter et al., 2004), 비판적 범죄학자들(Rigakos, 1999) 그리고 법률 전문가들(Birgden, 2009; Cole, 2007; Cole & Angus, 2003)로부터 시작되었다. 우리는 이러한 회의론을 환영한다; 이것은 새로운 생각과 새로운 연구를 이끌어 낸다.

그러나 우리는 또한 증거에 대해 대단한 존중심을 가지고 있다. 만약 보험통계적 위험 척도가 역동적인 위험 요인들을 포함한 위험 요인들에 대한 전반적인 조사와 재범에 대한 예측을 제공한다면, 우리가 이러한 정보를 무시하는 것을 어떻게 정당화할 수 있겠는가. 이 장의 앞부분에서 말한 것처럼, 형사사법 체제 내 모든 종사자들이 지역사회 안전, 예방, 처치 그리고 정의 실현에 대한 최상의 결정을 하는 것에 관심을 갖는 것은 아니다. 우리의 동료인 Ivan Zinger(2004: 607)가 관찰한 것처럼, '보험통계적 평가를 실행하거나 또는 그 결과를 고려하는 것에 실패하는 것은 비이성적, 비과학적, 비윤리적 그리고 비전문적인 것이다.'

범죄자 평가의 미래

지난 20여 년 동안 범죄자 평가에 상당한 진전이 있었다. 제1세대 평가 접근법인 '전문가적 판단'은 이제 옹호받기 힘들지만, 아직도 일부 사법권에서 사용되고 있다. 증거에 기반한, 제2세대 평가는 폭넓게 수용되었지만, 그들 중 상당수가 정적인 위험성 요인에 초점을 맞추고 있으며 범죄자 위험성 관리에 활용하기에는 한계가 있다. 객관적인 범죄자 욕구 평가의 중요성은 상당 기간 동안 인식되어 왔으나(Clements, 1986), 최근까지도 범죄유발적 그리고 비범죄유발적 욕구 간을 구분하는 올바른 인식이 없었다. 이것은 범죄행동에 대한 일반 성격 및 인지사회적 학습 조망에서 요구하는 구분이다.

대부분의 제2세대 평가들은, 사용이 간단하고 평가완료가 신속하기 때문에, 아직 얼마간 유지될 것 같다. 발전은 범죄행동, 특히 폭력적 행동을 예측하는 능력에서 이루어질 것이다. 그러나 결과들은 많은 전문가들이 원하고 필요로 하는 것—범죄자들의 위험성을 감소시키고 개입하는 데에 도움을 주는 것—을 제공하지 못하는 이 도구들의 정적인 특성 때문에 만족스럽지 못할 것이다.

제3세대 평가들은 계속되겠지만, 점진적으로 제4세대 평가들에 의해 대체될 것이다. 제3세대 및 제4세대 평가도구들에 대한 평가가 다양한 표본들과 결과들에 대해 실행될 것이며, 이것이 새로운 응용과 향상을 가져올 것이다. 이것은 LS/CMI 및 LS/RNR의 청소년판 및 성인판과 함께 이미 일어나고 있다.

곧 우리가 보게 될 한 가지 흥미 있는 발전은 Karl Hanson과 Andrew Harris(2000)가 '급성적(acute)' 역동적 위험 요인들이라고 부르는 것의 평가에 대한 관심의 증가다. 이것들은 매우 짧은 기간에 변화할 수 있으며(예: 약물중독, 실직, 사회적 지원체계의 붕괴), 범행의 가장 근거리(proximal) 결정 요인으로 나타나는 위험 요인들이다(Brown, St. Amand & Zamble, 2009; Quinsey et al., 2006; Rowe, 2008; Zamble & Quinsey, 1997). 사실 미래는 밝게 보이지만, 현재의 연구결과들에 따를 때에만 진전될 수 있다. 따라서 이 장을 범죄자 평가도구들의 사용을 위한 몇 가지 일반적인 지침들을 상기시키면서 마치려 한다([자료 노트 10-3]을 볼 것).

[자료 노트 10-3]

범죄자 평가를 위한 지침

범죄자 평가에 대한 연구들은 인상적이었다. 평가에 관해서라면, 훌륭한 실무를 구성하는 데 특별한 제안을 할 수 있을 만큼 많은 것들을 학습했다. 다음은 범죄자 평가과제에서 고려할 '10가지'(역자 주: 원서에 9가지만 기술되어 있음) 사항들이다.

1. 위험성에 대한 보험통계적 측정방법을 사용하라.

증거는 명백하다–보험통계적 위험성 평가가 임상적 평가들에 비해 매우 월등하다. 일반적인 범죄자들뿐 아니라, 정신장애자, 성범죄자 그리고 남성 구타자와 같은 매우 특별한 범죄자들에 대해서도 이는 진실이다.

2. 위험성 평가는 예측타당도를 입증해야 한다.

사용가능한 평가도구들은 많으나, 때때로 그들에 대한 연구는 내적 신뢰도, 안면 타당도, 평정자 간 신뢰도 등에 한정되어 있다. 실무자들은 교정 맥락에서 가장 유용성을 갖는 것은 예측타당도이므로, 사용하려고 하는 도구의 예측타당도에 대해 의문을 가져야 한다.

3. 평가도구들은 교정업무와 직접적으로 관련되어야 한다.

범죄자를 취급할 때, 우리는 두 종류의 일반적인 행동에 관심을 갖는다: (1) 규칙 위반 그리고 (2) 심리적 불안정성. 이들 두 가지는 모두 중요하며 때때로 서로 관련되어 있으나(예: 편집증적 망상과 폭력적 공격), 항상 그렇지는 않다(예: 우울은 재범과 관련이 없다). 우리가 명백히 해야 할 필요가 있는 것은 정서적 및 심리적 기능이 흔히 범죄행동과 관련성이 없다는 점이다. 따라서 범죄행동의 위험성 평가를 목적으로 심리적 불안정성을 평가하는 것은 대체로 부적절하다. 검사 실시자들은 검사가 무엇을 예측할 것인가를 잘 알고 있어야 하며, 자신들의 평가가 상황이 요구하는 예측결과에 특정된 것이어야 한다는 것을 이해해야 한다.

4. 타당한 이론에서 도출된 도구들을 사용하라.

전통적인 범죄학적 그리고 정신병리학적 범죄이론들에서 도출된 상관변인들은 중요하지 않은 것으로 입증되었으며, 사회적 학습 조망이 가장 강력한 경험적 지지를 받고 있다. 이들 이론들에서 범죄행동은 인지적–정서적–성격–생물학적 요인들과 환경적 보수–비용 유관성들 간 상호작용의 산물로 파악되고 있다. 범죄행동에 대한 일반 성격 및 사회학습이론에 기초하고 있는 범죄자 평가도구들은 다양한 장면들과 표본들에 걸쳐 강력한 예측정확성 및 일반화 가능성을 제공한다.

5. 범죄유발적 욕구를 평가하라.

범죄유발적 욕구는 위험성 관리에서 매우 중요한 역동적 위험 요인이다. 범죄자의 위험성에 대해 어떻게 개입하고 감소시켜야 할지를 고민하는 교정담당자에게는 범죄유발적 욕구에 대한 지식이 필수적이다. 범죄유발적 욕구의 평가 및 재평가는 일반적인 슈퍼비전 과정 동안 위험 수준의 변화와 처치에서의 진전에 대한 평가를 가능하게 해 준다.

6. 반응성 평가를 위해 일반 성격 및 인지적 검사를 사용하라.

범죄자 분류의 반응성 원리는 처치의 스타일과 방식이 개인의 인지, 성격 그리고 사회문화적 특성들과 조화되어야 한다는 것을 말해 준다. 개인의 처치 반응성에 영향을 줄 수 있는 개인적 특성들의 평가에 유용한 많은 범죄자 분류 도구들과 일반적인 성격 측정법들이 있다. 검사 실시자들은 많은 성격 및 인지 검사들이 범죄행동을 예측하는 능력에 있어서 전혀 증거가 없다는 것을 인식하고 있어야 한다. 그러나 이들은 반응성을 측정하는 데에는 훌륭한 도구들이다.

7. 중다-방법 평가를 하라.

어떠한 검사법도 단일 영역을 완벽하게 측정하지 않으며, 각 방법은 약점이 있다. 특정 평가 방법들의 단점을 처리하는 중요한 방법은 중다적이며 다양한 방법들을 사용하는 것이다. 이러한 방식으로 하나의 평가방법이 가진 약점은 다른 방법의 강점에 의해 보완된다.

8. 중다-영역 표집을 하라.

범죄행동에 영향을 미치는 많은 요인들 또는 영역들이 있다(즉, Central Eight 요인). 그러나 범죄자들에게 사용되는 검사들 중 상당수는 비교적 소수의 영역들만을 측정한다. 따라서 중다-영역 표집을 하는 범죄자 평가가 범죄자 위험성 평가에서 표준이 되어야 한다.

9. 전문가적이며 윤리적인 책임을 다하라.

범죄자에게 실시된 평가의 결과를 가지고 취해지는 것은 심각한 결과를 낳을 수 있다. 따라서 범죄자 평가를 실시하는 사람들은 잘 훈련되고, 자신들이 사용한 검사의 강점과 약점을 잘 알고 있어야 하는 책임이 있으며, 검사들을 적절하게 적용할 책임이 있다.

Bonta(2002)에서 발췌.

기억하기

1. 범죄행동은 예측 가능하다.

   범죄행동에 대한 예측은 우연 수준(chance level)을 넘어선다. 그러나 이들 예측들은 완벽하지는 않으며, 완벽함을 기대하는 것은 현실적이지 못하다. 다른 분야들(예: 의학)도 예측이 완벽하지는 않으나, 예측정확성들은 실용적 가치를 가질 만큼 충분하다. 형사사법 분야에서도 마찬가지다.

2. 예측은 이론에 대한 지식을 통해 향상된다.

   PCC의 이론과 연구가 타당하고, 객관적이며, 실무적인 평가도구들로 전환될 수 있다는 것을 발견하였다. Central Eight 및 역동적 위험 요인들에 대한 강조는 범죄자 평가가 지녀야 할 바람직한 특성들이다.

3. 위험, 욕구 그리고 반응성 원리들은 범죄자 평가에 반영되어야 한다.
   효과적인 개입 원리들은, 처치 서비스로 누가 이득을 얻을 것인가(위험성 원리), 무엇이 목표가 되어야 하는가(욕구 원리) 그리고 처치가 어떻게 제공되는가(반응성 원리)를 제안하고 있다.
4. 제4세대 평가들은 범죄자들의 사례관리와 통합된다.
   제1세대 평가들은 비구조적이고, 임상적인 위험성 판단이며, 범죄행동 예측은 취약하다. 제2세대 평가들은 예측은 잘하지만, 대부분 정적인 위험 요인들로 구성되어 있다. 제3세대 위험/욕구 도구들은 범죄자의 범죄유발적 욕구를 규명하는 데 반해, 제4세대 평가들(예: LS/CMI)은 범죄유발적 욕구를 대상으로 실제적인 서비스의 지침을 제공한다.
5. PCC에 기초한 평가는 응용성이 광범위하다.
   범죄의 상관변인들은 서로 다른 집단들(예: 성별)에 걸쳐 매우 유사하다는 증거가 있다. 또한 일반적인 범행을 예측하는 요인들 중 상당수는 폭력적인 범행도 예측한다는 증거들이 있다.
6. 연구지식을 실행하는 데는 도전들이 존재한다.
   범죄행동에 대한 효율적이며 정확한 예측의 특성들에 대한 연구들은 많다. 그러나 이상적인 신념과 조직의 결함들이 범죄자 평가의 완결성에 영향을 줄 수 있다.

추천 도서

Grove 등(2000)과 Ægisdóttier 등(2006)의 메타분석들은 보험통계적 평가와 제1세대의 비구조화된 전문가 판단들을 비교하는 아마도 가장 믿을 수 있는 고찰들일 것이다. 이들 고찰들은 형사사법 분야에만 특정되지 않고, 예측에 대한 보다 넓은 쟁점들에 대해 이야기하고 있다.

이론과 연구에 기초한 위험성 평가의 폭넓은 응용성에 관심을 가지고 있는 사람들을 위해서는, J. A. Winterdyck의 『Correction in Canada: Social Reactions to Crime』에서 Andrews, Dowden 그리고 Rettinger(2001)가 집필한 장을 추천한다. 이 장은 이번 장에서 다루지 않은 응용을 포함하고 있으며, PCC가 위험성 평가의 사용을 크게 확장시킨다는 우리의 일반적인 입장을 보강해 주고 있다.

마지막으로, 제4세대 위험성 평가들에 대한 요약을 위해서는 「Crime & Delinquency」에 실린, Andrews, Bonta 그리고 Wormith(2006)의 논문 「The Recent Past and Near Future of Risk and/or Needs Assessment」를 추천한다.

Chapter 11
예방과 재활

이번 장의 첫 번째 목표는 '효과 있음(what works)'에 대해 언급하는 것이다. 이번 장은 주류범죄학과 형사사법 분야에서 예방 및 교정 프로그램 연구들이 어떻게 '효과 없음(nothing works)'의 입장을 지지하는 결론에 도달하게 되었는지를 살펴볼 것이다. 다음으로는, 사법적 맥락에서 인도적 서비스에 대한 인식(즉, '효과 있음'의 입장으로 이동하는 논쟁)을 기술하며, 또 다른 목표는 범죄행동에 대한 서로 다른 이론적 설명들의 조망하에 '효과 있음과 효과 없음'을 고찰해 보는 것이다. 성격 및 인지사회적 학습이론은 이러한 쟁점에 대해 좋은 시각을 가지고 있을 것이라고 자신하는가? 당신은 계층-기반 이론들이 어떠할 것이라고 생각하는가?

마지막으로, 이번 장은 위험-욕구-반응성 모델(제2장에서 기술한 모델)을 준수하는 것의 효과성과 관련하여 메타분석적 증거들을 요약한다. 이것은 조직적인 원리들(장면들, 직원 구성 그리고 관리)과 함께, 핵심적 임상적 원리들에 대한 준수를 포함한다. 대부분의 상세한 내용들은—그 내용이 많다—[자료 노트]에서 기술할 것이며, 프로그램 완결성—'효과가 있게 만드는 것(making what works work)'—은 PCC와 이것의 응용성의 미래를 구축하는 데에 도움을 주기 위해 다음 장(즉, 제12장)에서 좀 더 자세하게 전개될 것이다. 다음 장에서는 효과적인 예방과 처치의 원리들을 넘어서서, 모델링 구성, 강화 그리고 기술 구축의 '무엇을 어떻게(what and how)'에 대해 기술할 것이다. 이들은 흔히 효과적인 교정처치에 있어서 핵심적인 실무들이라고 불린다. 거기에서 우리는 교정전문가들의 기술 수준을 구축하고자 하는 새로운 프로그램을 포함하여, 대인 관계적 영향의 관계성과 구조적 측면들을 좀 더 자세히 기술할 것이다. 당신은 교정 분야에서 효과적인 인도적 서비스 실무자가 될 만한 기술들을 가지고 있는가?

처치가 제공되는 사법적 맥락은 지역사회와 기관에서의 교정뿐 아니라 어린 범죄자와 성인 시스템까지 포함한다. 재범의 공식적인 처벌의 효과에 대한 상세한 검토는 제13장에서 다룬다. 그러나 이번 장의 일차적 초점은, 사법적 상황에서 시행되는 인도적 처치의 재범에 대한 효과다. 사법적 상황은 매우 흔하게 일부 형태의 사법적인 제재를 부과하는 것을 포함하고 있다. 이번 장에서는, 사법적 상황의 처벌에서 자주 실행되는 인도적 서비스 프로그램들을 고찰하는 것을 강조한다. 전형적으로, 여기에서 우리의 관심은 소위 '재활(rehabilitation)' '재통합(reintegration)' 또는 '교정적 처치(correctional treatment)'이며, 재범감소가 목표다. 사법적 징벌 부과의 또 다른 그리고 종종, 매우 중요시 여겨지는 목표는 응보(retribution)와 회복(restoration)이다.

응보적 사법은 범죄자에게 해(harm)를 가하는 것과 관계가 있다—해란 피해자에게 행해졌던 것이며[흔히 추상적으로 '상태(state)'로 정의되는], 사법기관이 입장을 바꾸어 범죄자에게 해를 준다는 것을 의미한다. 인과응보이론(just deserts theory)은 처벌의 강도가 범죄의 심각성과 일치되어야 한다는 점을 추가한다. 인과응보 개념은 해의 정도에 대한 상한선을 부과하지만, 그러나 인과응보가 미국에서 처벌을 급증시키는 데 중요한 역할을 했으며, '비열한 정신(mean spirit)'이 수반되었다는 결론을 부정하기는 어렵다(Cullen, 1995). '비열하다는 것'은 단순히 더 많은 수감뿐만이 아니라, 수형시설 내 서비스와 프로그램의 감소를 포함하고 있다. 인과응보하에서는, 범죄자에게 책임을 묻는 것으로 충분하다고 간주하기 때문에, 재범감소에 대한 기대가 없다. 따라서 응보적 서비스 상황에서 인도적 서비스는 어려운 것이지만, 검토된 프로그램들 중 상당수는 그러한 조건하에서 제공되었다. 강력한 슈퍼비전 프로그램의 맥락에서('범죄자들에게 압박을 하라') 제공된 인도적 서비스들은 그 유망함이 '압박(heat)'에 있는 것이 아니라 인도적 서비스에 있다는 것에 대한 자세한 논의를 제공한다(Gendreau, Cullen & Bonta, 1994).

회복적 접근들(restorative approaches)은 피해자에게 가해진 피해를 보상하는 것, 범죄행동에 의해 침해되었거나 붕괴된 지역사회를 회복하는 것 그리고 범죄자에게 책임을 지게 하는 것을 통해 정의를 추구한다. 책임 있는 범죄자에게 책임을 지우는 것은, 예를 들어 그들에게 배상하게 하거나 지역사회 서비스를 완수할 것을 요구하는 것이다. 회복적 정의라는 미사여구가 범죄자에게 항상 유리한 인도적 서비스는 아니지만, 회복적 맥락은 인도적 서비스 실행을 위한 좀 더 쉬운 환경을 제공할 수 있다. 회복적 정의에 대한 좀 더 상세한 논의는 제13장에서 다시 할 것이다.

제재의 추가적인 목적은 무력화(incapacitation)다. 여기서 주요 관심사는 수감 기간 동안에 재범을 통제하는 것이다. 비록 강력한 감시를 포함하는 지역사회 제재 역시 무력화의 이점들이라고 여겨지지만, 가장 확실하게 무력화시키는 제재는 구금형 판결이다. 때때로, 이때의 인도적 서비스는 재범에 대한 통제가 형의 종료를 넘어서까지 확장될 수 있을 것이라는 희망을 가지고 무력화 맥락하에서 도입된다. 일반 억제(general deterrence)에 기초한 제재는 범죄활동이 부정적 결과를 낳는다는 점을 알게 함으로써 비범죄자들[또는 범죄자 '추종자들(wannabees)']에게 영향을 주려고 한다. 다시 말해서, 인도적 서비스는 제재의 일차 목적이 일반 억제인 조건하에서 제공된다.

특별 억제(specific deterrence)는 재활과 같이 재범감소에 기여하기 위해 의도된다. 특별 억제는 제재의 단계에서 공식적인 처벌에 대한 범죄자의 두려움을 증가시키는 것을 의미한다. 형사법에서 공식적 처벌에 대한 두려움은 부과되는 형벌의 가혹함에 따라 증가하는 것으로 추정된다. 따라서 재범감소는 보다 가혹한 형벌에 의해 증가하는 것으로 기대된다. 재범을 감소시키기 위해 가혹한 형벌을 부과하는 조건하에서, 인도적 서비스는 또한 재활을 염두에 두고 도입된다.

마치 재활환경을 만드는 것이 복잡하지 않다는 듯이, 교정기관들은 많은 여타의 고려사항들에 대한 평가에 매달리게 된다. 교정기관들은 다양한 회복적, 응보적 그리고 여타 목적들을 위해 부과되는 제재를 관리하도록 요구받는다. 더불어 교정기관들은 윤리적이고, 법적이며, 품위 있고, 인도적이며, 비용-효율적인 방법들로 제재를 집행하도록 요구받는다. 만일 제재가 배상 또는 지역사회 봉사를 포함하고 있으면, 당국은 지불할 배상금과 지역사회 봉사 시간을 추가적으로 평가한다. 소년 범죄자 시스템의 사법기관들은 추가적으로 어린이 복지를 최우선으로 제공하고, 그들의 특별한 욕구들에 주목할 것을 요구받을 수 있다. 요약하자면, 교정기관들은 많은 것들을 하도록 요구받는다. 이들 중 하나가 재범감소에 기여하는 것이며, 바로 이것이 우리가 논의할 문제다.

이상주의에서 '효과 없음'으로 그리고 인도적 서비스로 회귀: '효과 없음'의 방법과 이유

다음은 교정적 처치 연구들에 대한 가장 영향력 있는 일부 고찰연구들을 비판적으로 요약한 것이다(이들 중 상당수가 제2장에서 간략하게 소개되었다). Kirby(1954)는 '처치(treatments)'를 다음과 같이 분류하였다: 보호관찰과 가석방, 수용기관-기반(institution-based) 처치, 사형(capital punishment), 심리치료 그리고 비수용기관-기반 처치. 이들 '처치'에 대한 분류는 행정가들, 관료들 그리고 정책 입안자들에게는 어느 정도 이해가 되겠지만, 행동적 영향 과정에 대한 분석과는 직접적인 관련성이 거의 없다. 기껏해야, 직접적인 서비스의 내용과 과정들에 대한 서술이 아니라, 시행되는 서비스의 구조에 대한 광범위한 서술들일 뿐이다. Kirby는 따라서 교정처치의 효과성에 대한 연구들에서 지속되는 문제점, 다시 말해 그러한 구조 또는 장면 내에서 발생하는 서비스의 구조적/장면적 변인들과 임상적 측면들(즉, 행동의 영향 과정들) 간의 명확한 구분에 실패했음을 언급하였다.

상담의 효과성을 결정짓는 중요한 변인들은 범죄자 제재에 의해 형성된 광범위한 장면 조건들 내에서 발견된다. 교정 상담자들은 방법론적이기보다는 실용적인 측면에서 다시 말하자면, 범죄자 제재를 뛰어넘는 즉각적인 영향을 거의 미치지 못해 왔다. 그들이 영향을 미치는 것은 판결을 관리하는 데 있어서의 재량적 측면들과 제공되는 서비스들의 세부 사항들이다(제2장의 실무를 통한 지식에 관한 논의를 상기하라).

우리가 알기로는, 1990년대까지의 형벌(다이버전, 보호관찰, 구금, 회복)의 효과에 대한 통제된 연구들의 고찰들 중 어느 하나도 재범감소에 대해 일관된 증거를 발견하지 못하였다. 연구들에 대한 초기부터 최근의 고찰들은, 단지 직접적인 인도적 서비스를 제공한 연구들만이 유망함을 보여 주었다. 즉, 비사법적 장면, 다이버전 프로그램, 보호관찰 그리고 구금을 포함하는 다양한 장면들에 걸쳐서 유망하다는 증거를 보여 주었다. '효과 없음'이라는 결론은 공식적 처벌에 대한 연구들로부터는 잘 도출될 수 있지만, 예방과 재활 서비스들의 효과 측면에서는 전혀 타당하지 않다.

Kirby(1954)가 1950년대 초기의 연구들이 방법론적으로 취약하다는 것을 발견한 것도 놀라운 것은 아니다. 그러나 **직접적인**(direct) 서비스에 대한 최소한 네 개의 연구들은 비교조건들과 객관적인 성과 측정치들을 포함하고 있었다. 이 연구들은, 광범위한 장면 조건들이 각각의 연구들 내에서 대략적으로는 통제되었기 때문에 적절하였다. 네 개의 잘 통제된 연구들 중 세 개는 상담이 유망하다는 결과를 산출하였다; 이것들은 조직화된 상담 서비스를 제공하는 새로운 훈련 기관에 대한 Fox의 연구, 지역사회에 기반한 활동집단들에 대한 Schulman의 연구 그리고 치료에 대한 Levy의 연구였다. 네 번째(덜 유망한) 연구는 Cambridge-Somervile의 대규모 청소년 연구였다(후자는 우리의 상담과정들에 대한 상세한 분석에서 다시 논해지겠지만, 지금은 상당히 잘 통제된 네 개의 연구들 중 세 개의 결과들이 상담을 지지하고 있음에 주목하라).

Kirby의 결론은 논란의 여지가 없었다. '대부분의 처치 프로그램들은 검증된 정보보다는 희망과 아마도 식견에 의한 추측에 기초하고 있다.' 그는 또한 연구에 있어서 대학-기관 간 협조를 요구하였다. 연구는 범죄자들에 대한 '처치'가 확고한 경험적 기반을 가지고 있는 것인지의 여부를 명확하게 하는 것이 요구된다.

Walter Bailey(1966)는 교정 효과성에 대한 100개의 연구들을 찾아내었다. 연구들 중 22개가 실험적으로 이상적인 것에 가까웠다. 이것들은 1950년대 초기의 연구들을 뛰어넘는 상당히 향상된 연구들이었다. 잘-통제된 연구들(n = 22) 중 60%는 '현저한 향상(marked improvement)'을 보고하였거나, 비교조건들과 대비하여 통계적으로 유의미한 성과가 있음을 증명하였다. 23%는 '유해(harm)'또는 '변화 없음'을 보고하였다. 100개의 연구라는 전체 표본을 감안하면, 대략 50개의 연구들이 처치집단들 내에서 '상당한 향상(considerable improvement)'을 보고하였다.

Bailey의 결론은 연구들의 질과 양 모두가 Kirby의 보고 이래로 향상되었다는 인식을 내포하고 있다. 그러나 Bailey는 또한 교정처치의 타당성을 증명하는 데는 확실한 진전이 없었다고 언급하였다. 그는 이러한 '진전(progress)'의 부족을 평가했던 기준을 제시하지는 않았다. Ted Palmer(1983)가 언급한 것처럼, 반처치(antitreatment)의 입장에 있는 사람들의 기준들은 분명하지 않다. 그러나 1960년대 중반까지 긍정적인 결과를 보고한 교정처치에 대한 잘-통제된 연구들의 비율은, Kirby의 네 개 중 세 개와 비교해서, 당시 22개 중 13개였다. '성공'의 비율은 증가하지 않았으나, 지지하는 연구들의 양은 확실히 증가하였다.

Bailey는 독자들이 50%에서 60%의 '적중률(hit rate)'을 긍정적으로 생각하지 않도록, 보고서를 작성한 사람이 바로 연구 실행자들이었음을 상기시키고 있다. 이러한 근거 없는 언급은, 그 이후로 Michael Gottfredson(1979)의 '처치파괴 기법들(treatment destruction techniques)'의 목록에 소중하게 기술되어 있으며, 우리의 반-재활(anti-rehabilitation) 주제들([자료 노트 2-3]을 볼 것)의 표본에 반영되어 있다. 같은 단락에서, Bailey는 또한 '신뢰롭게 타당한 증거에 기반한 성공적인 결과들의 상대적인 빈도를 상당히 감소시킬 수 있다'고 언급하고 있다(p. 157).

무엇이 '신뢰롭게 타당한 증거(reliably valid evidence)'인가 [기준들(standards)은 무엇인가?] 그리고 왜 이들 기준들이 단지 상담에 호의적인 결과들을 얻은 연구들에만 적용되는 것 같은가? 아마도 Bailey의 언급은, 만일 타당성(예: 외적, 구성타당도)에 대한 모든 잠재적인 위협들을 고려한다면, 실제로 긍정적 결과들을 보고하고 있는 각 연구가 제한적이라는 점을 발견할 수 있다는 것을 의미하는 것일지 모른다. 연구의 어느 한 부분도 타당성에 대한 모든 잠재적인 위협들로부터 자유로울 수 있다는 것은 상상할 수도 없는 일이기 때문에, 만일 그러한 한계들이 발견되지 않는다면 놀라운 일이 될 것이다.

그러나 이러한 절대적인 기준들이 처치효과를 수립하는 데 실패한 연구들에 적용되지 못한다면? 결국, '효과 없음(null effects)'의 연구들은 아마도 처치 비효과성(noneffectiveness)에 대한 '신뢰롭게 타당한 증거'를 발견하는 것에서도 똑같이 실패할 것이다. Bailey는 직접적인 인도적 처치에 대해 비호의적인 결과들을 발견한 연구들을 수용하는 것을 선택하였다. 그는 '교정처치의 효용성을 지지하는 증거는 미약하고, 비일관적이며, 신뢰성은 의문스럽다'고 결론짓고 있다(1966: 157). 그의 구체적이지 않은 '신뢰롭게 타당한' 준거에 내재하는 반-경험주의를 진실되게 하기 위해서는, 그는 효용성에 대한 경험적 연구들이 누군가의 기준들에 의해서 타당성이 의문스러운 증거를 계속적으로 산출할 것이라는 결론에 도달하는 것이—산출된 증거의 양과 일관성이 어떠하든 간에—더 나았을 것이다.

마지막 단락에서, Bailey는 자신이 교정처치에 대해 전반적으로 부정적인 상황이 될 것이라고 생각하는 것에 대한 네 가지 가능한 설명들을 제공함으로써 경험적 쟁점들로 회귀하고 있다: (1) 처치는 실제로 비효과적이다, (2) 처치는 비효과적으로 적용되고 있다, (3) 잘못된 처치들이 적용되고 있다, 또는 (4) 처치의 효과성은 범죄자-처치 상호작용에 의해 숨겨지고 있다. 이들 네 개의 '설명'은 서비스와 의뢰인 변인들 양자를 보다 더 탐구하도록 초대—실제는 도전—한다는 점에서 체계적인 경험적 접근법들의 정신에 충실한 것이다.

"지식 파괴(knowledge destruction)"는 1970년대에 확산되었다. Charles H. Logan(1972)은 100개의 연구들을 검토하였으며, 그들의 결과들을 다음과 같이 요약하였다: 높은 성공(n = 20), 좋은 성공(35), 평균적 성공(15), 실패(16) 그리고 알 수 없음(14). 마지막 범주는 성공이 의뢰인과 처치의 특별한 조합에 따라 변화하는 세 개의 연구들을 포함하고 있다. 전체적으로, 73개의 연구들은 일부 성공에 대한 증거들을 제공하였으며, 16개는 명백히 실패하였고, 11개는 분류할 수 없는 결과들을 얻었다.

Logan은 효과성에 대한 적합한 연구의 최소한의 필요조건으로서 일곱 가지의 방법론적 준거를 설정하였다. 메타-평가에 대한 하나의 중요한 발전으로서 Logan은 자신의 준거를 목록으로 작성하였으며, 100개의 연구들을 어떻게 평가하였는지 표를 이용하여 보여 주었다. 그중 몇몇 기준들은 적절성 여부에 대한 판단이 이루어지는 중이다.

Logan의 결과들은 좀 더 상세하게 검토할 만한 가치가 있다. 심리치료/상담에 대한 18개의 연구들은 무선적 배정 그리고/또는 대응(matching)에 기초한 비교조건을 포함하고 있다. 우리는, Cambridge-Somerville의 청소년 연구를 '실패' 범주에 두 번 기록하는 것의 부적절성에 대한 논쟁 없이, Logan의 판단을 수용할 것이다(동일 연구에 대한 두 개의 서로 다른 추적 연구는 이 프로그램의 효과성에 대한 증거를 찾지 못하였다). 마찬가지로, 우리는 PICO 프로젝트(Grant, 1965; 〈표 2-4〉를 보라)의 결과들이 '긍정적 결과' 범주로 두 번 지정되었다면, 그때는 이 프로젝트를, '불확실한 결과' 범주로 지정한 것을 수용할 것이다[PICO 프로젝트는 '유순하지 않은' 수용자들이 일상적인 케이스워크 서비스(casework service)에 가장 잘 반응한 반면에, '유순한' 수용자들은 개인상담에 가장 잘 반응했다는 점을 발견하였다]. Logan 자신이 정의한 것처럼, 성공 비율은 최소한 우수하게 통제된 연구들 중 50%(9/18)가 상담의 긍정적인 효과들을 보고하였다는 것을 보여 준다. 만일 범죄자-처치 상호작용(이것은 처치가 일정 유형의 범죄자들에 대해서만 효과가 있다는 것을 시사한다)을 감안한다면, 성공 비율은 78%(14/18)까지 치솟는다.

그러나 결과에 대한 Logan의 해석은 부정적이었다. 그의 방법론적 기준들을 100개의 연구들에 적용하였을 때, 그는 어느 하나의 연구도 적합(즉, 모든 준거들에 합당함)하지 않았다는 것을 발견하였다. 따라서 교정처치의 효과성과 관련한 그의 결론(p. 381)은 수년 전의 Schur의 요약을 인용하는 방식으로 표현되었다:

> 현재까지 하나의 처치 프로그램이 다른 것보다 우수하다고 말할 수 있거나 또는 한 사람을 연구하고 그가 필요로 하는 처치를 구체화 시킬 수 있게 하는 연구는 행해지지 않았다. 보호관찰이 보호시설에 수용하는 것보다 낫다거나, 보호시설에 수용하는 것이 보호관찰보다 낫다거나, 또는 가석방을 시키는 것이 면책(escaping)보다 낫다는 증거는 없다. …… 범죄에 대해서 현재 행해지고 있는 것들 상당수가 잘못되었을 수 있기 때문에, 조치(action)들의 순수 효과는 범죄를 감소시키는 것보다 증가시키는 것이다.

Logan의 논평과 함께, 효과성 논란은 일반적으로 과학적 담론과 관련된 학문 분야와 단절되었다. 가장 부정적인 가능성(즉, 인도적 서비스는 효과가 없다)이 공식적인 처벌과 처치 서비스 간을 구별하는 것에 실패함으로써 부각되고 있다. 그러나 효과적인 인도적 서비스에 대한 그와 같은 가장 부정적인 가능성은 그 자신이 검토했던 증거와 거의 일관되지 않는 것이었다. 제한점이 있는(모든 연구들이 그러는 것처럼) 모든 긍정적인 연구가 무시되는 것 같다.

더욱이, Logan은 '효과 없음' 연구들의 타당성을 수용하는 것과 관련하여, Bailey를 넘어 한 단계 더 나아가고 있다. Bailey는 단순히 연구자들 자신들이 그 보고서들을 작성하였다(즉, '당신은 그들 연구자들을 신뢰할 수 없다')는 것을 우리에게 상기시켰다. Logan은 처치가 실패했다는 판단을 유보하는 것이 성격적인 약점을 나타내는 것임을 암시하고 있다. '이들 연구들에는 강한 낙관주의 경향이 있다, 단지 소수(16%)만이 실패를 받아들이고 있다'(p. 381; 강조 부분 추가함). '최소한의' 방법론적 준거들에 따라 모든 연구들을 부적합한(따라서 신중하게 고려할 가치가 없는) 것으로 기술한 이후에, Logan은 실험적 연구는 포기되어야 한다는 권유를 하면서 끝을 맺는다. 연구 현장은 이제 교정처치의 파괴에서 다음 단계로 갈 준비가 되어 있다. 서비스 노력 또한 포기되어야 한다고 권유한다.

Martinson의 '효과 없음' 논란

Martinson(1974)과 그의 동료들(Lipton, Martinson & Wilks, 1975)의 고찰들은 중요한 성과들을 거둔 연구들에 대한 요약을 제공하고 있다. 231개의 통제된 연구들을 검토하였으며, 신중하게 기술하고 표로 작성하였다. 연구들이 어떻게 분류되는가에 따라서, 연구들 중 40%에서 60%가 적어도 일정 유형의 범죄자들에 대해서 긍정적인 효과들이 있다는 보고를 포함하고 있다. 비록 231개의 연구들이 고찰에서 다루어졌지만, Cullen과 Gendreau(2001)는 결과변인들이 기관 조정(institutional adjustment) 및 물질남용의 재발과 같은 측정치들을 포함하고 있다는 점을 상기시키고 있다. 138개의 연구들은 재범에 대한 측정치들을 포함하고 있다. 더 나아가, 보호관찰, 가석방 그리고 수감에 대한 연구들이 '처치'로서 제외되면, 83개의 연구들이 남는다(48%가 재범감소를 나타낸다).

Martinson 등이 도출한 결과는 본래의 고찰 연구논문들과 이어진 논평, 모두에서 다양한 형태를 취하고 있으나, 지배적인 메시지는 '효과 없음'이다. Martinson의 고찰 연구 또한 지식 파괴를 증명하는 데에 기여하였다:

1. 처치의 효과성과 관련해 부정적인 결론에 도달한 연구들은 거의 의심 없이 수용되었다.
2. 처치에 대해 지지적인 연구들은 Gottfredson(1979)이 '처치 파괴'라고 불렀던([테크니컬 노트 2-3]을 보라) 것과 같은 유사과학류(pseudoscientific variety)의 강력한 비판을 받았다. 이들 기법들은 '준거 문제 강조하기' '처치 오염시키기' 그리고 '기반이 되는 이론들을 평가 절하하기'를 포함하고 있다(다음에 이들 기법들의 정의를 보라).
3. 이러한 고찰들에서 결코 거의 고려되지 않은 것은 긍정적인 결과들을 깎아내리기 위해 제공된 이유들이 바로 처치의 효과를 감추거나 저평가하는 것에 책임이 있는 요인들일 가능성이었다.

예를 들어, 재범과 같은 결과 변인들('준거 문제')의 측정에 대한 비신뢰성(unreliablity)은 처치의 효과를 탐지하는 기회를 증가시키는 것이 아니라 감소시킨다. 척도의 비신뢰성은 효과가 발견되지 않은 가능한 이유이지 효과가 발견된 이유는 아니다.

마찬가지로, 범죄와 처치의 개념화에서의 오류들은 긍정적인 결과들을 증진시키는 것이 아니라 방해하는 효과를 갖는다. 범죄에 대한 심리학적 모델이 잘못되었다면('기반이 되는 이론들을 평가 절하하기'), 그러한 모델에 의해 서비스가 이루어질 때 어떤 효과를 가져올 것이라고 기대하지 못할 것이다.

'처치의 오염'에 대한 주요 사례는 상담의 긍정적인 효과가 상담가의 '자연스러운 대인 관계적 기술들'만을 반영한다고 주장하는 것이다. 만일 대인 관계에 익숙한 치료자들에 의해 제공되었을 때 상담이 효과적이라는 결과가 나온다면, 그것은 그럴 것이다. 그러한 결과는 어떤 조건 하에서 행해진 상담이 효과적인가에 대해 무엇인가를 말해 주는 것이다. 이것이 처치를 평가 절하하는 이유는 아니다.

Stuart Adams(1975)와 Ted Palmer(1975)는 증거의 본질을 독자들에게 상기시켜 주었다. 우수하게 통제된 연구들의 성공(40~60%)에 대한 보고는 의학과 산업에서의 연구 결과들과 호의적으로 비교되었다. 더욱이 Bailey(1966)가 10여 년 전에 주장했던 것처럼, 현재 처치의 효과성은 처치의 세부 사항들이 범죄자들의 특성들과 어떻게 부합되었는가에 따라 좌우된다는 상당한 증거가 있다.

Ted Palmer(1975)의 논문은 Martinson 등이 효과적인 프로그램들에 대한 그의 서술을 자주 직접적으로 인용할 정도로 매우 강력한 연구였다. Martinson(1976)은 답변에서, 그는 재범에 대해서 실제로 관심을 갖지 않았다는 점을 명확히 하였다. 그보다는, 처치 프로그램들이 종합적 범죄율(aggregated crime rates)에 영향을 준다는 증거가 없다고 말하고 있다. 비록 이것이 사실일지라도, 종합적 범죄율에 대한 교정 개입의 영향과 관련된 쟁점은 Palmer나 Martinson에 의해서 연구되지 않고 있었다. 반심리학적 범죄학자들은 흔히 준거 변인들을 심리적인 것으로부터 사회적인 것으로 변경시킨다.

Martinson은 개인적으로 Palmer를 공격하였다: "Palmer의 연구계획들 중 하나를 고찰하는 것은…… 모스코바 전화번호부를 스와힐리어(Swahili)로 번역하는 것과 같다." 그는 일반적인 교정처치를 공격하였다. "그것은 십중팔구 허식(pageantry)이고, 사색(rumination)이며, 쓰레기다" 그리고 그는 처치 유형에 따른 범죄자 유형 상호작용(type-of-offender-by-type-of-treatment interaction)(대응)에 대한 쟁점에 관해 자신의 입장을 밝혔다: "하나의 '부분적으로 긍정적인' 결과는 아마 부분적으로 임신한 여자 친구와 유사하다." 그는 교정 연구에 대한 자신의 평가를 다음처럼 요약하였다: "당신은 New York에서 30센트로 한 잔의 커피를 살 수 있다."

교정 효과성 쟁점에 대해 취하는 입장에 따라서, Martinson(1976)의 Palmer(1975)에 대한 반응은 재활적 이상(rehabilitative ideal)과 매우 거리를 두게 하거나 또는 인문과학과 사회과학에서 증거를 존중하는 사람들에게 당혹감을 갖게 하였다. 그러나 양쪽의 많은 이들이 잘 알지 못하고 있는 것은, Martinson이 자신의 주장을 철회하고, 일부 프로그램들은 효과가 없었지만 다른 프로그램들은 명백하게 효과성에 대한 긍정적인 증거를 제공했다는 것을 인정하는 용기를 가졌었다는 점이다("나는 처치가 '중요하다'고 자주 말해 왔다…… 결론은 정확하지 않다"; Martinson, 1979: 254). 그는 공개적인 철회 이후 얼마 안 되어 자살하였다.

Martinson의 효과성 쟁점에 대한 입장변화는 대체로 무시되었다. '효과 없음' 견해는 다양한 집단들의 이해에 더 잘 부합하는 것으로 나타났다. 주류 범죄학자들은 그러한 결론이 자신들의 일반적인 반심리학적 편향과 조화되기 때문에 '효과 없음' 견해를 반기는 것 같다. 더 나아가, 이번 장의 후반부에서 볼 것처럼, 초기에 친-개입(pro-intervention)적이었던 많은 사회학자들이, 다양한 사회학적 이론들을 반영한 프로그램들이 거의 보편적으로 비효과적이었기 때문에, 반-개입적 성향이 되었다. 결국 정치적 좌파는 1960년대 후반과 1970년대 초반의 사건들을 보는 시각으로 국가 개입에 대해 의혹을 가지게 되었다. 보수적인 대중은 범죄자 처벌을 증진시킬 준비가 되어 있는 듯했으며, 적법절차/인과응보(due process/just deserts) 학파들의 학자들은 '존엄성을 지닌 처벌(punishment with dignity)'이라는 자신들의 의제를 진행시킬 수 있었다[자신들이 '처치의 횡포(tyranny of treatment)'라고 부르는 것과 반대로]. 보수적인 정치적 의제는, 좌파가 재활에 대한 자신들의 지지를 철회했기 때문에, 번창하는 것이 가능해졌다.

많은 사람들에게 '효과 없음'이 편안한 것만큼, 연구들에는 긍정적이며 희망적인 증거가 존재하는 것도 사실이다. 실제로 긍정적인 증거는 빠른 비율로 증가하고 있었다. Paul Gendreau와 Robert Ross는 많은 사람들이 증거에 다시 주목하도록 고취시켰다. Gendreau와 Ross(1979; Ross & Gendreau, 1980)는 연구들을 새롭게 고찰하였으며, '효과'가 나타난 프로그램들에 관심을 갖게 만들었다. 이들의 갱신작업(update)은 인상적이었다: 1973년부터 1978년 사이에 95개의 실험적 또는 유사 실험적 연구들이 출간되었으며, 이들 중 85%가 긍정적인 결과들을 보고 하였다. 95개의 연구들 모두가 실험적으로 이상적인 것에 근접한 것은 아니었지만, 1970년대 초반에 출간된 연구들로부터 얻은 증거(보다 앞선 시기의 증거와 같은)

는 교정상담에 대해 보다 지지적이었다.

Gendreau와 Ross는 상당수 '효과 없음' 주장들의 핵심적인 약점에 대해 간결한 요약을 제공하고 있다. 그들은 '부분적으로 임신한 여자 친구'와 같은 수사적인 언급이 연구들에서 처치유형과 범죄자 유형 상호작용들이 자주 나타나는 사실 그리고 처치효과를 밝히는 데 실패한 연구들의 결론이 처치효과를 발견한 결론들의 타당성에 대한 위협이 되기 쉽다는 사실을 묵살할 수 없다고 지적하였다. 사실상 과학에서, 영가설을 채택하는 것은 영가설을 기각하는 것보다 더욱 위협적이다. 그들은 '처치'의 효과가 처치의 세부사항, 즉, 처치의 '정도(dosage)' 및 처치의 '완결성(integrity)'에 따라 좌우되었다는 점을 상기시켰다. 그들은 전체적인 '효과 없음'과 반재활(antirehabilitation) 입장이 우리가 상습적인 범죄에 대한 일정 수준의 책임을 회피하기 위한 것임을 의미하는 것이라고 결론짓고 있다.

Francis Cullen 등(Cullen & Gilbert, 1982; Travis & Cullen, 1984)의 연구는 재활의 대안들이 재활보다 무엇이 더 효과적이거나 인도적인지 여부를 묻고 있다는 점에서 신선하다. 그에 대한 답은 재활적 이상(rehabilitative ideal) 없이는, 덜 인도적인 수형시설에서 더 긴 기간 동안의 구금형 판결이 증가될 수 있고, 재범 또한 증가될 수 있다는 것이었다(제13장에서 보게 될 것처럼, 예언이 실현되었다). Cullen 등은 재활이 처벌을 조장했다는 이유로 재활을 넘어서서 처벌 이론들을 조장하고 정당화하는 것은 터무니없다는 점을 강조하였다.

같은 시기에, Ted Palmer(1983)는 교정재활의 효과성 쟁점에 대한 가치 있는 발전을 가져왔다. Palmer에 따르면, 현재의 '회의론자들(Skeptics)'과 '낙관론자들(Sanguines)' 간에는 실제로 어떤 중간 영역이 있을 수 있다고 했다. 그 지점이 어디에 존재하든지 간에, Palmer는 1970년대에 '효과 없음'과 '무엇인가 효과 있음(some things work)' 진영들을 분리했던 것들보다 현재는 덜 분리적이라고 인식하였다. 실제로, 그는 사법시스템이 이와 같은 논란으로부터 곧 이점을 얻을 것이라고 기대하였다. 그는 정책적 의미를 지니고 있는 합의점들이 반대되는 진영들 사이에서 나타나고 있다고 느꼈다. 예를 들어, 효과적인 프로그램들은 필요할 때에 적절하게 강력하고 중다초점적(multifocused)이어야 하며, 처치 대상자들의 욕구 및 능력과 대응되어야만 한다.

Palmer는 '효과 없음' 지지자들 중 남은 사람들이 두 개의 집단을 구성하고 있다고 상정했다. 첫 번째 집단, 회의론자들 I은 재활 문제가 정착되었다고 믿는다. 많은 연구들이 몇몇 재활 프로그램들은 효과가 있지만, 효과가 매우 크지는 않다는 것을 증명하기 위해서 실행되어 왔다. 다른 집단, 회의론자들 II는 재활이 효과를 갖는(또는 낼 수 있는) 수준을 결정하는 데 중요한 질(quality)에 대한 연구가 지금까지 이루어지지 않았으며, 프로그램도 연구되지 않았다고 생각한다. 그러나 회의론자들 I과 달리, 잘 시행된 프로그램들에 대한 경험적 탐구에 개방적이었다(그리고 권장하였다).

낙관적인 집단들은 많은 프로그램들과 접근법들이 일부 범죄자 유형들에 대해 효과가 있다고 믿어 왔다. Palmer는 일부 사람들은 일정 비율의 범죄자들(순응적인 자들)이 다양한 환경에서 다양한 접근법들에 대해 긍정적으로 반응한다고 믿고 있다는 점을 지적하였다. 다른 사람들은 범죄자 유형들과 적절한 접근법을 대응시킨 결과 성공한 것이라고 믿었다. 적절하지 못한 결합은 중성적 또는 심지어 부정적 결과가 기대되었다. 따라서 재활에 대한 일부 합리적인 전망은 의뢰인과 서비스, 양자를 분류하고, 긍정적인 결과의 기회가 최대화되도록 두 가지를 연결하는 능력에 달려 있다. Palmer(1983)는 차별적인 개입(Differential Intervention: DI) 입장에 대한 지식 기반은 많지도 않고, 경험적으로 결함이 없는 것도 아니며, DI의 원리들과 과정들이 체계적으로 구성되어 있는 것도 아니라고 지적한다.

1980년대 중반, 이 책의 저자들 그리고 저자들의 많은 동료들과 학생들은 소위 '낙관주의자들'이라고 불리는 집단이었다. 우리는 연구결과들이 효과적인 교정 상담에 적절한 의뢰인들과 서비스들의 속성과 관련하여 임상적으로 효과적인 가설들을 제시할 만큼 충분히 강하다고 생각했다. 더욱이, 우리는 의뢰인 유형과 처치 유형을 대응시킨 상호작용이 범죄행동과 대인 관계적 영향 상황에 대한 광범위한 사회적 학습 조망으로부터 쉽게 도출된 명백히 신중한 생각이라고 여겼다(Andrews, 1980, 1983). 이러한 초기의 생각들은 제2장에서 개관한 위험-욕구-반응성(RNR) 모델의 시초가 되었으며, 이것을 이번 장에서 상세하게 고찰할 것이다.

1980년대 초반 우리의 결론은, 범죄학자들과 교정 전문가들이 논란과 연구를 거쳐서 회의주의와 낙관주의 사이 어딘가에 위치하는 하나의 진영으로 통합될 것이라는 Palmer(1983)의 견해보다 더욱 급진적이었다. 우리의 결론은 교정 상담자들이 범죄학 현장으로부터 이탈할지의 여부에 대해 최대한 논쟁을 하리라는 것이었다. 그들은 아마 범죄학에서 찾을 것으로 기대했던 것보다 심리학과 사회복지학에서 더욱 전문가적으로 보상받을 수 있는 환경을 찾게 될 것이다. 범죄학은 사회적 위치, 권력, 처벌 그리고 사회학의 향상에 사로잡혀 있는 듯하며, 그러한 관심사항들이 훌륭한 것이지만, 이러한 관심의 영역들이 인도적 서비스의 전문가들에게는 유용한 지침을 제공하지 못할 것이다. 실제로, 범죄학에 대한 우리의 비관적인 생각은, 연구증거들에 대한 고찰들이 직접적인 서비스 제공을 명확하게 지지하고 있는 데 반해, 연구들에 대한 동일한 고찰연구자들은 처치가 공식적인 처벌과 같은 문제를 변화시키는 데 근거를 잃어 가고 있다는 분위기 조성에 기여하고 있다는 사실에 의해 강화되었다.

따라서 우리는 우리가 관여하고 있는 범죄의 심리학에 대한 모든 견해를 표현함에 있어서 (강의실에서, 학술토론회에서, 형사사법과 교정업무 환경에서, 전문가 회의에서 또는 출간된 논문들에서든지 간에) 주류 범죄학의 반-심리학적인 그리고 친-사회학적인 편향들이 지적되고, 증거에 대한 경멸이 입증되어야 한다는 결정을 했다. 정부 정책과 강한 관계를 지니고 있는 영향력 있는 학문 분야가, 변형된 공식적인 처벌(때때로 윤리적으로 모순된)의 실행에 대해 직접적으로 기여하고 있는 반면에, 인간의 다양성(개인차)과 인도적 서비스의 중요성을 체계적으로 거부한다는 것은 받아들일 수 없다.

Paul Gendreau와 Robert Ross(1981, 1987)는 공식적인 처벌의 이론적 및 경험적 약점을 처음으로 강조하였다. 1987년에, 그들은 1981년부터 1987년 사이에 출간된 재활에 대한 연구들에 대해 보고하였다. 1987년 보고서는 재활에 호의적인 결과들이 계속해서 누적되었으며, 낙인 및 억제이론들에 의한 프로그램들의 결과들은 최소의 긍정적인 성과들을 산출하고 있다는 점을 보여 주었다.

Andrews, Bonta 그리고 Hoge(1990)는 Carleton 대학에서 수년 동안 발전되어 온 임상적으로 적절하고 심리학적으로 정통한 위험, 욕구, 반응성 그리고 전문가적 재량이라는 원리들을 다시 설명하였으며, 이와 더불어서, 그들의 보고는 원리들의 타당성에 대한 여러 사례들을 제시하였다. 그리고 Carleton 대학팀은 처치 연구들에 대한 메타분석을 출간하였다(Andrews, Zinger et al., 1990a). 다음 절에서 이 분석과 보다 최근의 메타분석들에 대해 보고하겠지만, 우리는 우선 형사사법적 환경이 1990년대 이래로 어떻게 변화해 왔는지에 대해 언급하고자 한다.

1980년대와 1990년대 초반(거의 변화가 없었다)의 범죄학 및 형사사법의 주류 서적들과는 극적으로 상반되게, 교정의 실제 업무는 많은 사법적 시스템에서 극적인 변화가 있었다. 캐나다 교정시스템은 위험, 욕구 그리고 반응성 원리에 특별한 관심을 보이면서, 인도적 서비스 프로그램을 폭넓게 확장하기 시작하였다. 마찬가지로, 미국과 여타 국가들의 사법시스템들(예: 영국, 오스트레일리아, 뉴질랜드)에서도 인도적 서비스를 중요하게 여기는 주요 개혁이 이루어졌다. 처치의 효과성에 대한 증거들은 국립교정기구(National Institute of Correction: NIC)가 주관한 교육 세미나들과 미국 법무부의 지부들로부터 덴마크, 핀란드, 아이슬란드, 네덜란드, 노르웨이, 포르투갈, 스웨덴, 뉴질랜드, 오스트레일리아, 스코틀랜드 그리고 웨일스에서의 '효과 있음(what works)' 회의로까지 넓게 확산되었다.

교정적 처치 연구에 대한 체계적인 양적 고찰들은 '효과 없음'에서 '효과 있음'으로 이동하는 전환점이 되었다. 이제 주요 쟁점들은 '효과가 있게 만드는 것(making what works work)'과 관련되어야 한다. 프로그램 실행에 대한 쟁점은 더 이상 '잊혀진 쟁점'이 아니라 주요한 쟁점이다(Bernfeld, Farrington & Leschied, 2001; Gendreau, Goggin, French & Smith, 2006). 제12장에서는 완결성과 프로그램 충실성에 대한 쟁점들이 훨씬 많이 소개될 것이다. 이제, '효과 있음' 스토리와 문헌들에 대한 체계적인 양적 고찰들로 돌아가 보자.

처치 효과성에 대한 메타-분석적 고찰들

1990년까지, 범죄자들에 대한 지역사회와 교정적 개입의 통제된 평가들에 대해 영어로 출간된 많은 보고서들이 빠르게 증가하여 거의 500건이나 되었다. 이제는 '처치'가 평균적으로, 최소한 재범을 어느 정도까지는 감소시킨다는 것이 명백해졌다. 심지어 일부 '회의적인' 학자들도 이 사실에는 동의하고 있다(예: Lab & Whitehead, 1990). 수년 전에 언급한 것처럼, 심지어 재활에 대해 가장 신랄한 비판자인 Martinson(1979)조차도, 일부 프로그램은 긍정적인 효과를, 일부는 효과가 없고 그리고 일부는 재범을 증가시킨다는 것을 인정했다.

Mark Lipsey의 연구

Mark Lipsey(1989, 1992)는 1990년대 초반에 가장 포괄적인 고찰연구를 발표했다. 그의 연구는 교정처치 효과성에 대해 질적인 측면에서 뿐만 아니라, 체계적이고 양적이며, 메타분석적인 면에서도 가장 포괄적인 고찰이다. 메타분석은 많은 서로 다른 연구들에 근거해서 처치와 재범감소 간의 연합수준에 대해 공통적인 양적 추정치를 추출한다는 것을 기억하라. 메타분석적 접근법은 그 자체의 특별한 한계가 없는 것이 아니라, 연구 고찰자들이 서로 다른 연구들의 서로 다른 효과성의 준거를 적용할 가능성을 감소시켜서 많은 연구들의 결과들을 종합하는 것이다(Gendreau, Smith & Goggin, 2001; Glass, McGraw & Smith, 1981).

Lipsey는 443개의 효과크기들 중 64%가 비교조건에 비해 재범에서 처치의 효과가 있었다는 차이점을 발견하였다. 이 64%라는 수치는, 저자들이 이전에 조사된 연구들 중 40%에서 80%가 재범감소를 보고하였다고 결론을 내고 있는 것과 일치된다. Lipsey의(1989) 메타분석에 따르면, 평균적으로, 처치효과는 통제집단의 재범률 50%에서 처치집단의 재범률 45%까지, 재범률이 감소한 것[10%(5/50) 감소]으로 나타난다. Lipsey는 단순한 상관계수(r)를 사용한 것도 아니며, [자료 노트 1-1]에 설명된 이항효과크기 분포(binominal effect size display)를 사용한 것도 아니라는 것을 주목하라. Lipsey는 통제집단에서 50%의 재범률을 추정하고, 이 50% 수치로부터 처치집단의 재범률이 어떻게 편차를 갖게 되는가라는 관점에서 상관계수(*r*)를 표현하였다. 이 긍정적인(그러나 상당히 약한) 효과는 공식적인 재범 평가에 있어서 잘 알려진 비신뢰성의 관점(즉, 재범자들 중 일부의 범행은 인지되지 못할 수 있다)에서 저평가된 것이다. Lipsey는 이러한 비신뢰성을 교정하여 처치의 평균효과가 50%에서 40%로 감소(10% 포인트 감소, 또는 10/50 = .20으로 20% 감소)된다고 추정하였다.

그러나 처치의 전반적인 평균효과 추정치(비신뢰성 때문에 교정이 되었든지 안 되었든지)는 방법론적 변인들과 처치의 변인들이 평균효과의 변화에 영향을 줄 수 있다는 것을 인식하지 못하고 있다. 다시 말해, 일부 유형의 연구들 및 처치 유형들은 재범에 대한 보다 큰 효과와 연합되는가?

적절하게, Lipsey는 재범에 대한 처치의 유형 효과를 결정하는 데 보수적인 접근법을 채택하였다. 그는 재범감소에 대한 처치변인들의 모든 기여들은 오직 이들이 방법론적 변인들에 대한 통제가 분명하게 이루어진 후 고려되어야 한다고 주장하였다. 많은 처치 관련 연구들에 대한 다수의 고찰연구자들이 의심한 것처럼(그러나 설득력 있는 방법으로 증명할 수 없었던), Lipsey(1989)는 처치효과의 크기에 대한 방법론적 변인들의 기여가 상당히 크다는 점(전반적인 상관관계가 0.50)을 보여 주었다. 이들 방법론적 기여들은 다음을 반영하고 있다:

1. 적은 표본 연구들이 더 큰 효과크기 추정치를 산출하였다;
2. 더욱 긴 추적기간과 준거변인들의 신뢰성 및 타당성이 약한 연구들이 더 적은 효과크기 추정치를 산출하였다;
3. 방법론적 그리고 통계적 절차들에 대해 덜 분명하게 보고한 연구들은 더 높은 효과크기 추정치와 연합되었다;
4. 처치집단과 통제집단들의 초기 부등성(nonequivalence)은 부등성의 세부 항목들에 따라 더 크거나 더 적은 효과와 연합되었다;
5. 처치집단 또는 통제집단 중 어느 한 집단의 더욱 큰 인원감소는 더 적은 효과크기와 연합되었다;
6. 처치와 '대안적 처치' 간의 비교는 처치와 '비처치' 간의 비교보다 더 적은 효과크기 추정치를 산출하였다.

앞의 마지막 발견은, 평균적으로, 일정 형태의 '대안적(alternative)' 처치(무엇인가를 하는 것)가 비처치(아무것도 하지 않는 것)에 비해 더 나은 것으로 나타나기 때문에, 처치의 효과성에 대한 결론들을 실제적으로 지지한다. 그러나 처음의 다섯 가지 방법론적 발견들은 연구설계와 절차의 특성들이 연구들에서 실시했던 처치들의 차이와는 독립적으로 처치효과의 추정치에 영향을 미친다는 점을 더욱 더 명확하게 증명하고 있다. 이것은 PCC에 대한 체계적이며 경험적인 전통을 매우 잘 보여 주고 있다. 처치효과의 추정치에 대한 다양한 오류들을 일으키는 원천의 효과를 확고히 하고 경험적으로 증명한 이후에, Lipsey는 **지식 구성**(knowledge construction)의 절차를 시작하였다.

Lipsey(1989)는 방법론적 문제들을 통계적으로 통제하여, 처치의 유형이 효과크기 추정치의 변량을 상당히 증가시키는 데 기여함을 발견하였다(총 설명 변량 중 47%). 재범감소와 연합된 주요 처치변인들은 다음을 포함하고 있다:

1. 처치기간이 더욱 길고 보다 의미 있는 접촉(수용시설 보호에 의해 제공되는 계속된 접촉은 제외);
2. 공식적인 교정환경 및 수용시설 외부에서 제공되는 서비스;
3. 평가자의 영향력하에 있는 서비스;
4. 행동-지향적, 기술-지향적 그리고 중다-형식의 처치;
5. 고-위험 사례들에 대한 서비스;
6. 개인 외적인 환경들(예: 가족)에 주목하는 처치.

최상의 처치들은 구조화되어 있고 초점화되어 있는 처치였고, Lipsey에 따르면 이러한 처치들은 평균적으로 재범률을 약 30% 감소시켰다. Lipsey(p. 39)는 최상의 처치들(거의 예외가 없이)은 Carleton 대학팀에 의해 가장 '임상적으로 적절한' 것으로서 독립적으로 규정되어 있는 것들이었다고 결론짓고 있다(Andrews, Bonta & Hoge, 1990). 수년 동안 많은 저자들이 제안해 온 것처럼(예: Andrews, 1979, 1980; Andrews & Kiessling, 1980; Gendreau & Ross, 1979, 1987; Glaser, 1974; Palmer, 1974; Ross & Fabiano, 1985), 일부 처치들의 접근법들은 확실히 다른 것들보다 우수하며, 처치효과는 어느 정도 처치대상의 유형에 좌우된다.

위험-욕구-반응성 접근

제2장과 제10장에서 언급했던 범죄심리학과 일관된 다음의 핵심 임상적 원리들을 기억해 보라(Andrews, Bonta & Hoge, 1990; Andrews, Zinger et al., 1990a):

1. 인도적, 사회적 또는 임상적 서비스들을 도입하고, 공식적 처벌에는 의존하지 않는다.
2. 처치 서비스는 중간 및 고-위험 사례들에 대해 실행한다(저-위험 사례들과는 반대로).
3. 범죄유발적 욕구는 주로 변화를 시키고자 하는 목표가 된다(예: 자기존중감보다는 친범죄적 태도들).
4. 처치의 스타일과 형태는 범죄유발적 욕구에 영향을 줄 수 있는 것 그리고 범죄자들의 학습 스타일에 상응하는 것을 사용한다(즉, 비지시적이며, 관계-지향적 상담 또는 정신역동적 및 통찰지향적 상담보다는 인지행동적 및 사회학습 접근법; 또는 특수한 반응성의 원리에 따라 구체적으로 대응시키기). 몇 개의 특수한 반응성 체계들은 제2장에 기술되어 있다(〈표 2-4〉).
5. 전문가는 특정한 사람들에게 처치를 적용할 때 위험, 욕구 그리고 반응성 고려사항들을 검토하고, 법적, 윤리적, 인도주의적, 비용-효율적 그리고 임상적 기준들에 따라 가장 적합한 처치 결정을 한다.

효과적인 처치에 대한 이러한 원리들은 처치가 실행되는 장면에 관계없이 적용되는 것으로 가정되어 있다. 장면 그 자체는 재범통제에 있어서 최소한의 중요성을 갖는 것으로 가정되어 있다. 즉, 교정적 처치 서비스의 실행에서 체계적인 변화가 없는 형사절차상의 변화는 재범과 최소한으로 관련되어 있다. 이것은 형사절차의 유형 및 가혹함의 변화가 범죄유발적 욕구 영역(예: 반사회적 태도, 비행 동료, 가족 과정, 학업 성공, 기술 결핍 등)에 대해 아무런 체계적 및 긍정적 효과도 없을 것이라는 시각을 반영한다. 근본적으로, 형사사법 절차의 이론들(낙인, 억제, 인과응보 또는 회복적 정의) 중 어느 것도 비행 또는 범죄에 대해 잘 발전된 사회심리학을 대표하거나 반영하지 못하고 있다.

이러한 가정들에 따라, Andrews, Zinger 등(1990a)은 154개의 처치 비교 연구들에 대한 메타분석을 시행하였는데, 이 중 30개의 연구들이 범죄자 제재에 속하는 것이었다. 범죄자 제재들은 사법 절차의 유형 또는 가혹함에서 차이가 있었다. 이들은 공식적 절차 대 경찰의 경고, 보호관찰 대 비공식적 조정, 보호관찰 대 개방된 구금, 폐쇄된 구금 대 개방된 구금 그리고 보호관찰 대 폐쇄된 구금을 포함하고 있다. 두 개의 비교 연구에는 회복 프로그램(restitution program)을 완료한 조건 대 완료하지 않은 조건이 포함되었다. 비교 연구들 중 구금 조치의 기간에서의 차이가 포함된 연구는 없었다.

30개를 비교분석한 바, 어느 하나도 .20 또는 그 이상의 정적인 파이 계수(phi coefficient)를 생성하지 못한 것으로 나타났다. 전체적으로, 범죄자 제재 가설은 평균 파이 상관계수가 최소(-.07)로 지지된다. 파이 상관계수가 마이너스라는 사실은, 보다 강력한 형사사법 절차가 미약하나마 재범비율의 증가와 연합되어 있다는 것을 나타낸다. 이 결과는 낙인이론과 다소 일관되며, 억제이론과는 일관되지 않는다. 간단히 말해서, 공식적 처벌의 유형과 가혹함이 재범에 어떤 효과를 갖는다면, 그 효과는 '더 큰' 것이라기보다는 '더 적은' 것으로 나타나는 것 같다.

보다 가혹한 사법적 제재들의 부적 효과는 방법론적 변인들과 특정한 처치 형태들을 통계적으로 통제해도 유지되었다. 더 나아가, Lipsey(1989)는 억제이론에 대한 아홉 개의 특수한 테스트들[충격 구금(shock incarceration)과 '직접 위협(Scared Straight)']이 테스트를 실시한 모든 처치형태들 중에서 가장 부적인 효과를 산출하였다고 보고하였다(재범비율에 있어서 평균 24%의 증가).

따라서 메타분석은 연구들에 대한 초기의 서술적 고찰들이 밝히지 못했던 것을 확인해 주고 있다. 교정처치 서비스의 평균효과는, 많은 조치들에 걸쳐 평균적으로, 처치 서비스를 실행하지 않은 범죄자 처벌보다는 확실히 더욱 크고 긍정적이었다[처치의 경우는 평균 파이 상관계수는 .15(N = 124) 그리고 처벌의 경우는 평균 파이 상관계수는 -.07(N = 30)]. 이제 처치 연구들의 차이점들을 살펴보자.

처치 서비스들에 대한 124개의 테스트들은 위험, 욕구 그리고 반응성의 원리들에 따라 '적합한(appropriate)' '명확하지 않은(unspecified)' 그리고 '부적합한(inappropriate)' 범주들로 지정되었다. 사실상 위험성에 따라 차이를 보인 연구들은 거의 없었으며, 처치의 목표가 되는 범죄유발적 욕구 영역에서도 많은 연구들이 명확하지 않았다. 더욱이, 많은 연구들에서 사용했던 서비스의 방식과 형태의 세부사항들에 대한 언급이 없었다. 따라서 '적합한 교정 처치 서비스'를 지배하는 주요 기준은 프로그램을 단순히 '행동주의적'으로 설계하는 것이었다. 즉, '적합한' 서비스들 중 70%(38/54)가 행동주의적인 것이었다.

이 외 '적합한' 처치들은 고-위험 사례들에게 명확하게 실시된 처치들, 범죄유발적 욕구와 관련하여 구체적이며 적절하게 구조화된 프로그램들(예: 범죄적 사고를 대상으로 하는 것) 그리고 대인 관계적 성숙도 수준과 같은 반응성 체계들에 따라 적절하게 대응시킨 소규모 집단

처치들이었다.

38개의 처치들은, 억제 수단들(예: '직접 위협'), 비지시적인 대상-중심적/심리역동적 접근들, 비행동주의적 환경 접근들, 강력한 비행동주의적 집단 상호작용 또는 사례들에 대응되지 않는 처치를 사용했기 때문에, '부적합한' 것으로 분류되었다. 32개의 처치들은 일부 처치 서비스가 제공되었지만, 처치가 효과적인 서비스의 임상적 원리에 따라 적합 또는 부적합한지 여부가 불명확하였다. 이들 32개의 처치는 '명확하지 않은' 것으로 분류되었다.

적합한 처치의 평균효과(phi = .30)는 명시되지 않은 처치(.13), 부적합한 처치(-.06) 그리고 처치가 이루어지지 않은 형사절차(-.07)에 비해 유의미하게 더 컸다. 적합한 처치에서의 .30의 평균 파이 상관계수는 비교조건에서 발견된 것에 비해 50% 이상의 평균 재범감소를 보여 주었다. 이항효과크기 분포를 사용하면([자료 노트 1-1]을 볼 것), .30의 평균 상관관계는, 적합한 처치집단에서의 35%와 비교하여, 비교조건에서는 65%의 평균 재범비율을 나타내는 것이다.

심지어 위험성과 욕구 측면들이 무시되어도, 행동주의적 및 인지적 사회학습 처치전략들은 비행동주의적인 처치들에 비해 상당히 커다란 평균효과를 갖는다[.29(N = 41) 대 .04(N = 113)]. 그러나 효과크기 추정치와 네 개 수준의 처치 변인 유형 간의 상관관계는 효과크기와 단순한 행동주의적/비행동주의적 변인 간의 상관관계에 비해 매우 강하다. 이것은 위험성과 욕구 원리들이 적합한 처치에 영향을 미치고 있다는 것을 말해 준다. 앞으로 좀 더 자세하게 살펴보게 될 것이다.

처치 유형과 처치 효과크기 사이의 상당히 큰 상관관계(.70에 가깝다)는 다양한 방법론적 고려사항들을 통제할 때에도 확고하게 유지된다. 예를 들어, Lipsey(1989)와 일관되게, 재활을 지지하는 증거는 연구설계의 질, 표본크기, 추적기간 그리고 처치의 완결성에 대한 평가를 통제했을 때도 유지된다. 실제로, Hill, Andrews 그리고 Hoge(1991)는 높은 완결성 조건에서 부적합한 처치의 효과는 매우 부정적인 경향이 있으나, 적합한 처치효과는 매우 긍정적이라고 보고하고 있다. 적은 표본 크기뿐 아니라 평가자가 개입된 처치 연구들도 비교적 큰 평균 효과크기를 나타낸다. 심지어 이러한 결과들에 대한 회의적인 해석들(예: Lab & Whitehead, 1990)조차도 주의 깊게 주목할 가치가 있지만, 적합한 처치의 긍정적인 효과는 또한 더 커다란 표본 연구들에서 그리고 평가자 개입이 덜한 연구들에서도 발견된다는 것을 주목해야 한다. 적어도 부분적으로는, 적은 표본들과 평가자 개입에 의한 효과확대는 처치의 완결성을 반영하고 있다. 적합한 처치효과의 확고함은 1980년대와 그 이전에 수행된 연구들, 소년 범죄자들 및 성인 범죄자들에 대한 연구들, 성별 비교 연구들 그리고 지역사회 또는 거주 장면에서 제공되는 프로그램들로 확장되고 있다.

구금과 관련해서, 부적합한 처치의 서비스는 구금 장면들에서 특히 부정적이며 그리고 임상적으로 관련된 서비스의 효과들은 지역사회 장면들에서 특히 긍정적이라는 약하지만 탐지 가능한 경향성이 있다. 이러한 발견은, 범죄자 제재들의 평균적인 부정적 효과와 함께 결합되어, Andrews 등(Andrews, Zinger et al., 1990a)으로 하여금 자신들이 초기에 구금의 부정적인 효과를 과소평가했다는 결론을 이끌어 내도록 하였다. 이러한 연구결과들은 구금이 마지막 수단이라고 여기는 것이 최고의 관점이라는 믿음에 대한 이해를 광범위하게 공유하도록 하는 데 확신을 갖게 했다. 더 나아가, 임상적 적합성을 지닌 서비스가 거주 장면에서 주목받고 있다는 것은 중요하다.

구금조치(custodial dispositions)의 두 가지 추가적인 측면들은 교정처치 관련 연구에서 적절하게 다루어지지 않아 왔다. 첫 번째 문제는 구금의 무력화 가능성을 고려하지 못한 것이 구금의 가치를 과소평가하는 결과를 낳을 수 있는 가능성이다. 둘째 문제는 구금의 신중한 임상적 사용과 관련되어 있다.

첫째, 위에 언급된 고찰들을 포함해서 체계적인 연구문헌들은 구금조치의 무력화 효과에 의한 재범통제 문제를 다루지 않고 있다(Bonta & Gendreau, 1990, 1992). 처치 관련 문헌에 대한 우리들의 고찰에서 구금 및 비구금 조치들의 재범에 대한 프로그램-내 및 프로그램-후의 상대적인 효과들에 대해 강한 주장을 펴기에 충분한 무력화 효과에 대한 연구들을 찾지 못했다(이 문제에 대한 논의를 위해서는, Andrews, 1983 그리고 제13장을 보라).

실례로, Barton과 Butts(1990)는 강도 높은 슈퍼비전 프로그램과 구금조치들이 2년 이상의 기간 동안 재범에 대한 효과에서 통계적으로 차이를 보이지 않았다고 주장했다. 그러나 이는 비구금적 조치를 받은 사례들이 구금적 조치를 받은 사례들보다 '전반적으로' 유의미하게 훨씬 더 많다는 사실 때문에 재범에 대한 통계적 조정이 이루어졌을 때에만 지배적으로 나타나는 결과들이었다. 일부 조정되지 않은 재범에 대한 측정치들(예: 실제 기소의 수)이 결과 측정치로 사용되었을 때에는, 2년 이상의 추적기간에 걸쳐, 비구금적 조치를 받은 사례들이 구금 사례들에 비해 평균적인 횟수에서 재소상태와 형사기소에서의 횟수가 분명히 훨씬 더 많았다. 명확하게, 비구금적 조치에 호의적인 유일한 결과는 구금 사례들의 재범 범죄의 심각성이 평균적으로 비구금적 사례들에 비해 더욱 크다는 사실이었다.

전반적으로, 재범통제에 있어서 비구금과 구금조치들의 상대적 가치의 결정은 여러 사항들을 고려해야 하는 복잡한 일이다. 이러한 고려사항들은 재범에 대한 프로그램-내 무력화 효과와 프로그램-후 효과; 비구금 및 구금 장면들에서 실행된 처치 서비스의 질; 지역사회

기반 처치에 의해서 예방된 범죄들의 심각성; 그리고 덜 심각한 범죄들에 대한 공식적인 절차의 인적, 사회적 그리고 경제적 비용을 포함하고 있다. 흥미롭게도, Barton과 Butts(1990)는 비록 순-확산의 위협(더 확장된 범죄자 집단에 대해 제재를 적용하는 것)을 고려한다 해도, 비구금적 대안들을 도입하는 것이 체계-확대(system-wide)를 기초로 한다면 비용-효율적이라고 결론 내렸다.

둘째, '인과응보적' 고려사항이 아닌 자기 또는 타인의 피해예방에 대한 보다 직접적인 관심에 기초하여, 거주지 배치들(residential placements)이 범죄자 재범을 감소시키는 정당하고, 윤리적이며, 적절하고, 인도적이며, 효과적인 경로가 될 수 있는 가능성을 충분하게 탐구한 체계적 연구 문헌이 아직까지는 없다. 저자들의 관점으로는, 지역사회 대 거주지 배치의 사용에 대한 California 연구의 훌륭한 기여들 중 하나는 교정전문가들이 자신들의 재량으로 단기 거주지 배치를 집행함으로써 재범을 감소시킬 수 있다는 증거에 있다(Palmer, 1974). 저자들이 구금의 사용을 강하게 제한하려고 하는 만큼이나, 우리들 대부분은 일부 젊은이들이 인도적인 거주지 배치가 제공하는 단기 보호, 보살핌 그리고 서비스로부터 이익을 얻게 될 것이라고 느낀다.

Mark Lipsey(1989)의 고찰, Carleton 대학교의 고찰(Andrews, Zinger et al., 1990a) 그리고 Whitehead와 Lab(1989)의 메타분석적 고찰이 출간된 이래로, 대단히 많은 활동들이 진행되어 왔다. Carol J. Garrett(1985)과 Leah Gensheimer, Jeffery P. Mayer, Rand Gottschalk 그리고 William S. Davidson(1986)의 초기 연구가 재발견되었다. 지식 기반을 확장하는 데에 공헌한 다른 사람들로는 Washington 주립 공공정책 연구소의 Steve Aos 등(Aos, Miller, & Drake, 2006a); 미국 동료들과 함께 한 캐나다의 Paula Smith와 Paula Gendreau(Lipsey, 2009; Lipsey & Cullen, 2007; Smith, Gendreau & Swartz, 2009); 독일의 Friedrich Lösel(1995); 영국의 James McGuire(2002); 스페인의 Santiago Redondo 등과 Vicente Garrido와 J. Sanchez-Meca(1999) 등이 있다.

Douglas Lipton은 1960년대 후반 New York의 효과적인 교정처치 프로젝트의 책임자였는데, 악명 높은 Martinson(1974)의 보고서를 기초로 했던 Lipton, Martinson 그리고 Wilks(1975)의 영향력 있는 책 집필을 이끌었다. Douglas Lipton은 거대한 CDATE 프로젝트에서 수석 연구자로서 효과성 논란에 다시 휘말렸다. 미국의 국립 약물남용 기구에서 후원한 CDATE 프로젝트는 1968년부터 1997년 사이에 보고된 모든 처치 관련 연구들을 취합하고, 주석을 달고, 메타분석적 고찰의 대상으로 삼았다. Douglas Lipton과 그의 동료들인 Frank S. Pearson, Charles Cleland 그리고 Dorline Yee(1997; Pearson & Lipton, 1999)는 다른 처치들

(예: 억제-기반 프로그램들)에 비해 일부 처치 유형들(예: 인지행동주의적/사회학습적 전략들)에서 보다 호의적인 경향성을 발견했다. Mark Lipsey(1995, 1999)는 효과성 문제를 계속해서 탐구하였다. 실무자들에 대한 그의 실용적인 조언은 구조화된 방법으로 행동 및 기술 문제들에 대해 초점을 두기, 실행의 완결성에 대한 주목 그리고 적합한 양적 문제(100시간 이상의 접촉, 주당 두 번 이상의 접촉, 26주 이상의 기간; 고-위험 범죄자들에 대해서는 최소한 300시간을 권유함)를 계속해서 강조했다(Bourgon & Armstrong, 2005).

RNR-관련 접근들에 대한 초기 비판

모든 활동에 비판이 없는 것은 아니었다. Carleton 대학교의 메타분석에 대한 Lab과 Whitehead(1990)의 반응, 특히 응보적 또는 회복적 사법에 몰두하는 사람들에 의해서 이러한 비판적 반응은 계속해서 표면화되고 있다. 일부는, 그러나 많지는 않지만 사법적 맥락에 인도적인 서비스를 도입하는 것을 묵살하거나 무시하는 사법 모델들을 계속해서 주장하고 있다. Andrews, Zinger 등(1990b)은 1990년에 이와 관련된 비평을 했으나, 모든 문제를 포함한 것은 아니었다. Charles Logan은 미국 연방교정국의 동료들과 함께(Logan et al., 1991; Logan & Gaes, 1993) 인과응보 및 자신들의 반-재활 입장에 대한 확고한 입장을 재확인했으나, 그 과정에서 메타분석적 증거를 무시하고, '믿는 자들(believers)'의 '선교사적 열의(missionary zeal)'를 개탄하였으며, '교묘한 속임수(smoke and mirrors)'에 대해 언급하였다. Gerald Gaes는 최근에 그의 초기 반-재활 입장을 완화하였으며, 이제는 일부 범죄자 처치 프로그램들이 재범을 감소시키는 데 효과가 있다는 사실을 인정하고 있다(Gaes, 1998; Gaes et al., 1999).

[자료 노트 11-1]

사법적 맥락에서 인도적 서비스의 효과에 대해 진행 중인 그리고 확장된 메타분석의 최근 결과들

효과적인 교정처치에 대한 PCC 조망은 상당히 직설적이다. 범죄행동에 대한 일반 성격 및 사회학습 조망은 범죄자들이 그들의 재범 위험성에 따라 차이가 있을 것이라고 주장하면서, 위험/욕구 요인들이 개인적, 대인 관계적 그리고 가정, 직장, 학교 및 레저활동과 같은 일련의 행동적 환경에서의 즉각적인 상황들과 연결되어 있다고 인식한다; 위험성 요인들을 중요한 것과 경미한 것으로 분류한다; 만일 재범을 감소시키는 것이 목표라면 역동적인 위험 요인들을 최상의 목표대상으로 한다. 그리고―어떠한 대안적 조망보다도―행동적 영향 및 행동의 변화에 대한 근본적이고 매우 실용적인 절차들에 관하여 매우 명확하게 규정하고 있다.

따라서 우리는 다음과 같이 가정한다: (1) 사법적 맥락에서 인도적 서비스는 처벌의 응보적 그리고/또는 회복적 측면의 변화보다 재범감소에 더욱 커다란 영향을 미치게 될 것이다. 그리고 (2) 인도적 서비스의 긍정적인 영향은 위험, 욕구 그리고 일반적 반응성 원리들을 준수할 때 증가할 것이다. Lipsey(1990)와 Andrews 등(1990a; Andrews, 1996)의 견해를 반영하여, 우리는 다음을 추가로 가정한다: (3) 임상적으로 적합하며 PCC와 관련된 인도적 서비스의 긍정적 영향은 지역사회에 기반한 비거주지 장면에서 주어질 때, (4) 실행직원들이 관계성 및 구조화 원리들로 구성된 핵심적인 교정 실행을 할 때 그리고 (5) 프로그램들이 완전하게 이행될 때 향상될 것이다. 완결성의 지표들에는 실행직원의 선발, 교육 및 임상적 감독 그리고 서비스 이행 매뉴얼과 모니터링을 통한 프로그램의 구조화가 포함된다. 마지막으로, 우리는 (6) 임상적으로 적합하며 PCC와 관련된 서비스의 범죄감소 가능성은 내적, 외적, 구성 그리고 통계적 결론 타당성에 대한 위협들에 의해 제안된 통제변인들의 범주들에 걸쳐 그리고 범주들 내에서 명백하게 나타날 것이라고 가정한다. 1990년 우리 연구(Andrews et al., 1990a)는 다양한 연구설계, 사례, 연구 그리고 장면 요인들과 같은 고려사항들을 포함하는 것으로 확대되었다. 그러나 이 [자료 노트]에서, 우리는 인도적 서비스 대 범죄자 제재 쟁점에 그리고 인도적 서비스 내에서 위험, 욕구 그리고 일반적 반응성 원리들의 적용에 초점을 맞출 것이다.

이 교재에서 개관한 PCC에 따르면, 억제, 낙인 그리고 다른 사법적 이론들은 심리학적 개념에서 발전되지 않았기 때문에, 그러한 조망에 기초한 개입들은 일반 성격 및 사회적 학습 조망에 기초한 인도적 서비스 개입들의 효과들에 비해 약한 효과들을 가질 것이다. 374개 테스트들로 확장된 일련의 연구들에서 이러한 결과 패턴은 계속되고 있다. 〈표 11-A〉를 자세히 보면, 범죄자 제재들의 평균 효과크기(−0.03)가 인도적 서비스의 평균 효과크기(.12)보다 더 낮은 것을 알 수 있다.

비회복적 사법 맥락에서의 인도적 서비스가 효과가 없는 것처럼 회복적 사법 맥락에서의 인도적 서비스도 효과가 없다는 것은 표에 제시되지 않았다(비회복적 맥락 내 265개 테스트에서의 .12의 평균효과에 비해서, 회복적 맥락 내 8개 테스트에서의 .17의 평균 효과크기). 지금까지, 평가된 회복적 사법 프로그램들은 인도적 서비스의 도입에 많은 관심이 없었다.

이 보고서에서, 단지 일반적 반응성 원리만이 코딩되었으며, 성격 반응성 체계들 또는 어떤 다른 특수한 반응성 고려사항들은 코딩되지 않았다. 따라서 반응성 원리를 따르기 위한 단일 코딩 요구사항은 행동주의적, 사회적 학습 그리고/또는 인지적 행동주의적 전략들을 사용하는 것이다. 반응성 원리를 준수하면 효과크기가 향상된다. 비슷하게, 〈표 11-A〉는 또한 범죄유발적 욕구 원리와 위험성 원리 준수의 의미있는 기여를 보여 주고 있다. 〈표 11-B〉는 개인적 및 대인 관계적 영역이 적합하게 목표대상이 되었을 때 그리고 부적합하게 목표대상이 되었을 때 발견되는 평균 효과크기를 요약하고 있다. 자기-통제의 결함과 반사회적 인지와 같은 개인적인 목표대상은 상당히 큰 효과크기를 산

표 11-A 374개 테스트들에서 효과적인 교정처치 원리들의 준수에 따른 평균 효과크기 그리고 준수와 효과크기와의 상관관계

원리	원리 준수 아니요	원리 준수 네	효과크기(eta)와의 상관
인도적 서비스	−.03(101)	.12(146)	.35***
위험성: 고-위험 사례에 이행된 서비스	.03(96)	.10(278)	.17***
범죄유발적 욕구: 비범죄유발적 욕구의 수보다 더 많은 범죄유발적 욕구를 목표로 함	−.01(205)	.19(169)	.54***
일반적 반응성: 사회적 학습/인지행동전략	.04(297)	.23(77)	.40***
전체적 준수: 임상적으로 적합한 처치 (위 모든 것을 준수)	.05(314)	.28(60)	.42***
지역사회-기반 전체 준수: 임상적으로 적합한 처치	.06(219)	.35(30)	.49***
거주지-기반 전체 준수: 임상적으로 적합한 처치	.002(95)	.17(30)	.38***

k = 처치 테스트의 수.
***p 〈 .001

출한 반면, 개인적 고통과 공식적 처벌의 공포를 목표대상으로 하는 것은 재범감소에 대해 약한 효과를 산출했다.

임상적으로 그리고 심리학적으로 적합한 처치. 임상적으로 그리고 심리학적으로 적합한 처치는 위험-욕구-반응성을 준수하는 것이다. 모든 서비스의 적합한 처치변인은, 위험, 욕구 그리고 일반적 반응성의 합성물이다. 〈표 11-A〉에 나타나 있는 부적합한 서비스의 두 개 수준은 '아니요(No)'(인도적 서비스 없는 범죄자 처벌 또는 위험, 욕구 그리고 반응성과 일관되지 않는 인도적 서비스) 와 '네(Yes)'(위험, 욕구, 반응성 각각과 일관된 인도적 서비스)로 표현되었다. RNR 준수의 네 가지 수준이 '0'(인도적 서비스 없는 범죄자 처벌 또는 위험성, 욕구 그리고 반응성과 일관되지 않은 인도적 서비스) 그리고 인도적 서비스 원리들의 한 개, 두 개 또는 세 개와 일관된 인도적 서비스를 표현하는 '1' '2' '3'이었던 것을 기억하라. 상응하는 평균 효과크기는 RNR 준수의 네 가지 수준에 대해 −0.2(k = 124), .02(k = 106), .18(k = 84) 그리고 .26 (k = 60)이었다. 지금까지 이 책의 몇몇 부분에서 이러한 결과 패턴을 보아 왔다.

지역사회/비거주지 장면들. 지역사회 장면 및 시설보호/거주지 장면 양자에서 모두 적합한 처치의 수준에 따라 평균 효과크기가 증가한다. 그러나 적합한 처치의 긍정적인 효과는 지역사회 장면에서는 향상되었으나(평균 효과크기 = +.35, k = 30), 부적합한 서비스의 부정적 효과는 거주지 장면에서 증가되었다(평균 효과크기 = −.10, k = 25).

핵심적인 교정적 실행들. 〈표 11-C〉는 행동적 영향의 기본적인 요소들의 목록이다. 우리는 이것들이 범죄자들을 다루는 사람들의 필수적인 기술과 질(quality)이 되어야 한다고 우리 그리고 다른 학자들(예: Trotter, 1999)이 믿는 것

표 11-B 평균 효과크기 그리고 목표대상이 된 욕구와 효과크기와의 상관관계(k)

목표대상이 된 욕구영역	%	평균 효과크기		효과크기와의 상관
		목표대상이 안 된	목표대상이 된	
범죄유발적 욕구				
개인적 범죄유발적 목표: 반사회적 인지 및 기술 결함	26	.04(277)	.21(97)	.39***
대인 관계적 범죄유발적 목표: 가족과 동료들	19	.05(392)	.22(72)	.37***
욕구를 개인적으로 상응시킴: (확인되지 않은 특수한 욕구)	17	.06(313)	.21(61)	.30***
학교/직장:	24	.06(286)	.15(88)	.21***
물질남용:	10	.08(338)	.11(36)	.06(ns)
비범죄유발적 욕구				
개인적인 비범죄유발적 욕구: (개인적 고통, 공식적 처벌에 대한 두려움)	46	.11(203)	.04(171)	-.18**
대인 관계적 비범죄유발적 욕구: (예: 양호, 슈퍼비전 이외의 가족 과정)	12	.09(329)	.01(45)	-.13*

k = 처치 테스트의 수, %: 욕구를 목표대상으로 한 테스트의 비율,
*p 〈 .05, **p 〈 .01, ***p 〈 .001,
ns = 유의미하지 않음.

을 표현하기 때문에, '핵심적인 교정적 실행들(core correctional pratices)'이라고 부른다. 표에서 보여 주는 것처럼, 고-질의 관계성과 구조화의 지표들은 효과크기의 증가와 연계되어 있다. 구조화의 지표들은 모델링, 강화, 문제해결, 구조화된 학습 등을 포함한다.

연구의 다양성, 조직적 및 타당성 고려사항들에 대한 탐구. 〈표 11-D〉에서 알 수 있듯이 효과크기가 최소한 프로그램 완결성 지표들 중 두 가지를 제외하고는 약한 수준으로 증가한다.

두 가지는 처치의 정도에 대한 평가와 과정에 대한 모니터링이다. 효과크기와 관련되어 있으나, 〈표 11-D〉에 나타나지 않은 다른 요인들은 무선적 배정(eta = .10)과 2년 미만의 추적기간들(eta = -.12)이었다. 다시 한번, 이들 고려사항들에 대한 통계적 통제를 해도 RNR 준수의 긍정적인 효과를 없애지는 못했다. 마찬가지로, 사례들의 연령, 성별 그리고 인종과 같은 사항들은 준수효과에 영향을 미치지 않았다.

결국, 네 가지 변인들은, 일단 RNR 준수를 통제하면, 효과크기와 긍정적으로 연계된다. 이들은 지역사회 기반 프로그램들, 개입된 평가자, 프로그램의 비사법적 소유권 그리고 사법기관원들에 의한 프로그램 추천이 포함된다. [테크니컬 노트 11-1]의 본문에서 언급한 것처럼, RNR 준수는 심지어 큰 효과크기에 대해 최소한으로 호의적인 조건하에서도 그 효과가 분명하다. 전체적으로, 평균 효과크기의 범위를

제한하는 조건들은 다양한 사법적 맥락에서 임상적으로 관련된 그리고 심리학적으로 지향된 인도적 서비스를 지지하는 증거를 부인하지 않았다.

표 11-C 핵심적인 교정적 실행(CCP)의 요소들에 따른 평균 효과크기(CCP)

CCP 요소	요소의 존재 (k)		효과크기와의 상관
	아니요	네	
관계성 기술	.07(361)	.34(13)	.26***
구조화 기술	.06(330)	.27(44)	.37***
효과적인 강화	.07(359)	.31(15)	.25***
효과적인 모델링	.06(337)	.28(37)	.36***
효과적인 불용인	.08(366)	.30(8)	.18***
구조화된 기술 학습	.06(336)	.30(38)	.39***
문제 해결	.06(329)	.25(45)	.33***
옹호/중재	.08(321)	11(53)	.10*
효과적인 권위	.07(359)	.26(15)	.19***

*p 〈 .05, ***p 〈 .001, k = 처치 테스트의 수.

표 11-D 서비스 제공 및 서비스 실행의 완결성 지표들에 따른 평균 효과크기(K = 374)

지표	지표의 존재		효과크기와의 상관
	아니요	네	
관계성 기술이 있는 직원 선발	.07(361)	.34(13)	.26**
직원 훈련	.04(206)	.13(168)	.26**
직원에 대한 임상적 슈퍼비전	.06(305)	.16(69)	.21**
서비스 시간	[비이항적(nonbinary) 측정변인; k = 84]		.20**
적합한 처치의 정도에 대한 평가	.07(221)	.09(153)	.05(ns)
인쇄된/녹음된 매뉴얼	.05(303)	.20(71)	.30**
과정에 대한 모니터링 그리고/또는 목표대상의 중간 변화	.07(227)	.10(147)	.07(ns)
구체적 모델	.03(173)	.12(201)	.23***
새로운/신선한 프로그램	.05(250)	.13(124)	.20**
적은 표본(100〈)	.04(340)	.15(134)	.28***
개입된 평가자	.04(296)	.23(78)	.41***

k = 처치 테스트의 수, *p 〈 .01, ***p 〈 .001, ns = 유의미하지 않음.

Lab과 Whitehead(1990)는 결과들이 위험, 욕구 그리고 반응성과 관련된 우리의 가설과 지나치게 손쉽게 일치하고 그리고 편향이 결과들을 설명할 수 없다는 것을 밝히고서, 아마도 설명이 '동의어 반복(tautology)' 때문일 것이라고 지적하였다. 그들이 말하는 '동의어 반복'은 원리들 자체들이 고찰된 연구들 중 특별한 집단에서 우리가 얻은 결과들의 패턴으로부터 도출되었음을 반영한다(메타분석 이전에 원리들이 개관된 사실을 무시하면서). 그러나 이러한 비판에 대해 저자들이 1990년도 답변에서 지적하였듯이, 일부 비판들은 단순히 경험적 탐색의 영역을 넘어선다. 예를 들어, 연구자들이 어떻게 그들은 '마법사들(wizards)'이다라는 주장에 답변하겠는가?

Carleton 대학교 자료들은 현재 재범에 대한 사법적 및 교정적 개입들의 효과에 대한 374개 이상의 테스트들을 포함하고 있다(Andrews & Dowden, 1999; Andrews, Dowden & Gendreau, 1999; Dowden, 1998; Dowden & Andrews, 1999a, 1999b, 2000; 보다 상세한 요약은 [자료 노트 11-1]을 볼 것). 전반적인 평균 효과는 현재 0.08(N = 374)이며, 이것은 현존하는 메타분석들에 대한 Friederich Lösel(1995)의 독립된 메타분석에서 보여 준 수치와 근접하고 있다. 이러한 효과 수준은 미흡하지만, 확실히 긍정적이며, 전반적인 '효과 없음' 입장과는 완전히 불일치하는 것이다. 이항효과크기 분포를 사용하면([자료 노트 1-1]을 기억하라), 0.08의 상관계수(r)는 개입집단과 비교집단의 재범비율 간에 8% 수치의 차이를 나타낸다: 비교집단의 54% 재범과 비교해서 개입집단에서는 46%의 재범.

평균 r = 0.08은 평균이며, .06에서 .10의 95% 신뢰구간은 .00을 포함하지 않는다. 다시 말해서, 교정개입이 재범에 대해 효과가 있다는 것이다. 그러나 이 평균값을 중심으로 대단히 큰 변산성이 존재한다. 374개의 전체 추정치들에서 가장 나쁜 결과는 −0.40의 영역 내에 있으며, 최상의 단일 결과는 +0.80의 영역 내에 있다. 아마 실제로 흥미로운 의문점은 이러한 변산성의 원천이 무엇이냐 하는 점이다. 처벌의 강도를 증가하면 약한 부정적 효과(평균 r = −0.03, k = 101)가 산출되는 반면, 인도적 서비스를 이행하면 약한 긍정적 효과(평균 r = +0.12, k = 273)가 산출되고 있는 점을 주목하라.

범죄자 처벌에서 엄격함이 증가할 때 나타나는 약한 부정적 효과는 이제 잘 정립되어서, 처벌의 엄격함을 증가시키기 위한 근거로서 특별 억제(specific deterrence)를 경험적으로 방어할 수 없게 되었다. 제13장에서는, 1980년대와 1990년대에 실험했던 '혁신적'이며 '전통적'인 전체적인 처벌들의 재범에 대한 효과를 메타분석한 Paul Gendreau 등의 고찰을 소개할 것이다. 처벌에 대한 다양한 주제들에는 '보호관찰 대상자들에 대한 압박 강화(turning the heat up on probationers)' '가석방자들에 대한 압박 강화(turning the heat up on parolees)' '극기훈련 캠프(boot camps)' '직접 위협(Scared Straight)' '구금 확대(more prison)' '남성 구타자들에 대한 강제 체포(mandatory arrest of male batterers)' 등을 포함하고 있다. 억제이론에 기초한 프로그램들에 대한 Mark Lipsey의 부정적인 결과들을 기억해 보라. 더불어 Michael Tonry(1994)의 미국 내 마약과의 전쟁에 대한 논평을 읽어 보라. 그는 캐나다, 영국 그리고 미국 정부가 1960년대부터 계속해서, 더욱 가혹한 처벌이 공공안전을 의미 있게 증가시키지 못할 것이라는 점을 푸른 리본 위원회(blue-ribbon commission)와 전문가 자문단들로부터 반복적으로 그리고 지속적으로 들어왔다는 것을 상기시키고 있다.

다른 한편, 사법적 맥락에서 인도적 서비스 이행을 옹호하는 증거는, 해답을 찾지 못한 많은 의문점들에도 불구하고, 계속해서 많아지고 깊이를 더해 왔다. 원래의 표본에서처럼, 행동주의적 또는 비행동주의적인 것으로 인도적 서비스를 단순 분류하는 것은 평균 효과크기에서 상당한 차이를 보이고 있다(행동주의적 처치가 .23, k = 77인 데 비해, 비행동주의적 처치는 .04, k = 297). '행동주의적'이라는 짧은 어구는 아마도 '행동주의적/사회적 학습/인지행동주의적'이라고 기술하는 것이 나을 것이다. 처치 프로그램들의 분류는 다음과 같은 유형의 전략을 사용하느냐에 기초하고 있다: 모델링(modeling: 행동하기를 원한다면, 그것을 보여 줘라), 강화(reinforcement: 계속적으로 행동하기를 원한다면, 보상하라), 역할-수행(role-playing: 정확한 피드백을 주면서 실행할 수 있는 기회를 제공하라), 단계적 실행(graduated practice: 일부 행동은 실제로 분할되어서 더 작은 단계들로 실행될 수 있는 복합적인 기술로 구성되어 있다), 소거(extinction: 반사회적 사고경향, 느낌 그리고 행동들은 우연히 보상되지는 않는다는 점을 확실히 하라) 그리고 인지적 재구성(cognitive restructuring: 위험한 사고의 내용에 주목하고, 덜 위험한 사고를 하려는 노력을 지원하라). 우리가 알기로는, 지금까지 보고된 모든 메타분석들은, Whitehead와 Lab(1989)의 작업을 제외하고, 위에 언급된 패턴을 발견하였다. 일반적 성격 조망에서 언급된 것처럼(제4장), 범죄행동에 대한 사회적 학습 모델들은 그 관심사가 단순한 예측보다는 범죄행동에 영향을 미치는 것일 경우 심각한 경쟁자가 없다.

'임상적으로 적합한' 인도적 처치를 지지하는 결과들의 전반적인 패턴은 표본이 확장된 연구들에서도 계속되고 있다. 위험, 욕구 그리고 반응성으로 코딩하여 다시 '적합한' 처치로 정의해서 살펴보면, 재범감소와의 평균 상관관계 계수는 다음과 같다: 범죄자 처벌(-.03, k = 101); 위험, 욕구 그리고 반응성 각각과 일치되지 않는 인도적 서비스(-.01, k = 23); 위험, 욕구 그리고 반응성 중 하나와 일치된 인도적 서비스(+.02, k = 106), 세 가지 원리들 중 두 가지와 일치된 인도적 서비스(+.18, k = 84) 그리고 적합한 서비스(세 가지 원리들 모두와 일관된; +.26, k = 60). 준수되는 원리들의 수에 대한 계산은 최근의 Carleton 표본에 대한 코딩에서의 중요한 변화에 의해 가능하게 되었다.

효과적인 처치에 대한 확장된 테스트 표본을 대상으로 진행된 우리의 연구에서, 세 가지 원리들 각각에 대해 보다 주의 깊은 연구가 진행되었다. 보고서에 반응성의 사회적 학습/인지행동주의적 측면이 기술되어 있으며, 또한 위험성과 욕구원리들에 대해 별도의 연구들이 소개되었다. 이것이 위 단락에서 분명하게 나타난 원리들을 준수했느냐의 계산을 가능하게 한다.

Andrews 등(1990a)의 보고서에서, 위험성 원리는 그러한 탐구가 가능했던 특정의 연구들 내에서 탐구되었다. 즉, 특정 처치 프로그램에 대한 특정 연구를 대상으로, 만일 처치의 효과가, 낮은 그리고 높은 위험성 사례들에 대해 분리되어 보고되면, 우리의 메타분석에서 별도의 추정치를 갖게 된다(높은 위험성 하위 집단의 추정치는 적합 처치범주에 속했고, 낮은 위험성 집단에 대한 추정치는 부적합 처치범주에 속했다). 1990년도 보고서 부록에 있는 원래의 데이터는 낮은 위험성 표본들과 비교해서 높은 위험성 하위 표본들에서 더 큰 효과들이 나타나 명확한 차이점들을 보여 주고 있다. Lab과 Whitehead(1990)는 우리의 '표본 내(within sample)' 접근에 대해 지적으로 심각한 비판을 제기하였는데, 그들의 입장 중 일부에 대해 우리는 동의한다. 우리는 위험성 원리가 실제로는 미약하게 지지되고 있다는 Mark Lipsey의 발견에 더 관심을 가지고 있다. Lipsey(1989)는 우리와 달리, 표본들을 전체적으로 보다 낮은 위험성 또는 보다 높은 위험성으로 코딩하였다. 그는 포함된 표본들 내에서 반복적인 범죄자들 대부분을 '보다 높은 위험성'으로 분류한 반면에, 초범자들 대부분은 '보다 낮은 위험성'으로 분류하는 종합적(aggregate) 접근법을 사용하였다. 우리는 현재, 불충분한 자료 때문에 위험성 원리에 대해 보다 직접적인 테스트가 불가능할 때 Lipsey 접근법을 사용한다. 위험성 원리가 다른 적합한 처치에서는 계속해서 지지되고 있지만, 지지의 수준이 보다 직접적인 '표본 내' 접근법과 비교해서 약화된다는 것을 발견하였다. 특히 Mark Lipsey와 David Wilson(1998)은 심각한 젊은 범죄자들을 대상으로 한 효과적인 처치에 대한 메타분석적 고찰에서 위험성 원리를 지지하고 있다.

Lab과 Whitehead(1990)는 우리의 욕구 원리에 대한 테스트에 대해 특히 부정적이었다. 실제로, 우리는 욕구 원리를 다소 비직접적인 방법으로 적용하였다. 욕구 원리의 적용은 기본적으로 1990년 보고서 부록의 논평에서 기술되어 있다. 그때 Carleton 대학교의 대학원생, Craig Dowden이 욕구 원리의 타당성을 체계적이며 객관적으로 평가하는 과제를 의욕적으로 실행하였다. Dowden(1998)은 이 교재에 있는 〈표 15-3〉을 이용해, 우리의 확장된 연구들을 분석하는 데 적용하였다. 〈표 15-3〉은 재범감소의 보다 궁극적인 목표와 관련된 프로그램들 내에서 보다 유망성이 있는 그리고 유망성이 적은 중간적 변화의 목표들이라는 입장에서, PCC의 지지를 받는 역동적인 위험 요인들을 달리 표현한 것이다. 〈표 15-3〉은 1980년대로 거슬러 올라가며, 교정처치에 대한 우리의 초기 메타분석의 결과들에 대한 요약은 아니다.

Dowden은 처치 프로그램들에서 나타난 유망한 목표들의 수뿐 아니라 덜 유망한 목표들의 수도 계산하였다. 그의 계산은 코딩한 것들의 90% 이상에서 독립적인 판독자(reader)의 계산과 일치하였다. 결과는 강력하였다. 세 개의 연구표본에서(Andrews et al., 1990a; Whitehead & Lab, 1989; Carleton 대학교 자료집에서의 새로운 연구들에서), 유망성이 약한 목표들을 강조했던 프로그램 연구들의 −.01(k = 205)의 평균 효과크기에 비해 유망성이 약한 목표들보다 훨씬 더 많은 수의 보다 유망한 목표들을 대상으로 한 프로그램 연구들의 평균 효과크기는 +0.19(k = 169)이었다. 적합한 목표선정과 재범감소 간의 단순 상관관계는 Whitehead와 Lab의 연구 표본(k = 87)에서는 .47이었으며, Andrews, Zinger 등에 의해 함께 선정한 표본(1990a; k = 67)에서는 .60, 우리의 1998년 추가 표본 연구들(k = 140)에서는 .50 그리고 Dowden에 의해서 추가된 연구들의 가장 최근의 연구들(k = 80)에서는 .57이었다. 범죄유발적 욕구 발견들만큼이나 확고한 교차-표본 발견은 동의어 반복식 주장과는 일치되지 않는다. 범죄유발적 욕구 원리의 중요성은 저평가되어서는 안 된다. 유망성이 약한 중간 목표들을 더욱 강조하는 프로그램들은 재범비율을 증가시키는 경향이 있다. 비범죄유발적 욕구를 목표로 삼은 프로그램들 중 어느 하나도 재범감소와 우세하게 연합되어 있는 것은 없다. 범죄유발적 욕구들의 목표 수와 재범 간의 전체적인 상관관계는 .55이었다.

이번 장에서의 교정 효과성에 대한 기존 연구들에 대한 객관적이며 양적인 결과들은 '효과 없음' 조망을 지지하지 않고 있다. '효과 없음' 조망은 처치효과에 대한 관점을 공식적 절차 또는 처벌의 유형 그리고/또는 엄격함에서의 차이의 재범에 대한 효과를 다루는 연구로 제한할 때에만 이치에 맞는다. 이와는 극적으로 반대되게, 다양한 공식적 절차의 조건들 하에서 제공되는 처치 서비스의 효과들에 대한 연구들은 평균적으로 긍정적인 효과를 보여 주고 있다. 그리고 위험, 욕구 및 반응성 원리가 적용되어졌을 때 특히 긍정적인 효과를 보여 준다.

이러한 결론들은 연구문헌에서 나타난 결과들에 적용된다. 이들은 현재 제공되고 있는 매우 많은 대부분의 처치 프로그램들에는 적용되지 않는다. 단지 매우 적은 부분의 프로그램들만이 평가되고, 이들 평가들 중 출간된 연구 문헌에 반영되는 것은 거의 없다. 다른 부분에서 언급한 것처럼, 미국과 캐나다의 수많은 젊은 시민들이 사법 체계와 접촉해 온 지난 10여 년 동안, 우리가 '적합한' 처치라고 기술했던 연구들은 총 21건이 출간되었다(Andrews, Zinger et al., 1990a). 우리는 이러한 고찰들이 현재의 프로그램들의 대표적인 표본을 제공한다거나, 평가되지 않았던 프로그램들의 효과성에 대해 이야기하고 있다고 주장하는 것은 아니다. 사실, 우리는 가장 인기 있는 처치들과 가장 타당성 있는 처치들이 결코 중복되지 않는다는 점에서, 청소년 사법절차의 상황도 이와 유사하다는 가능성에 대해서도 개방적이다. 또한 타당하지 않은, 그러나 인기 있는 처치들이 체계적인 탐구를 통해 효과적인 것으로 증명될 가능성에 대해서도 개방적이다. 이번 고찰에서 가장 중요한 점은 반사회적 행동을 감소시키기 위한 제대로 된 그리고 인도적이며, 정당하고, 효과적인 인도적 서비스 도입 수단들에 대해 계속적인 탐구와 발전이 있어야 한다는 것이다.

실용적인 관점에서, 임상적으로 적합한 처치란 무엇인가? Andrews 등이 고찰한 연구들을 요약해 보면, 효과적인 서비스의 원리들과 일관된 프로그램들은 결코 신비한 것이 아니다. 이것들은 (1) 가족 내 과정이 변화의 목표로 선정된 그리고/또는 관련 체계들이 학교, 동료 그리고 지역사회의 다른 관련 환경들을 포함하도록 확장되어 있는 단기적인 행동주의적/체계적 가족상담, (2) 조력자들이 능동적이며 직접적인 지원을 제공하도록 격려하는 구조화된 일대일 전문보조원 프로그램들, (3) 전문화된 학업적/직업적 프로그래밍, (4) 강력한 구조적 기술 교육 그리고 (5) 행동주의적으로 지향된 개인상담, 집단상담 그리고 구조화된 환경체계 등을 포함한다.

효과적인 프로그램들 대부분은 이번 고찰에서 그 중요성이 언급되어진 요소들을 내포하고 있다. 더욱이 Don Gordon, Don Andrews, James Hill 그리고 Kevin Kurkowsky(1992)는 가족치료 제공에 있어서 치료적 완결성에 대한 확장되고 세련된 측정법을 연구하였다. 완결성의 측정은 개입을 성과, 직접적인 서비스 실행자들에 대한 훈련과 임상적 슈퍼비전, 적절한 처치의 정도 그리고 서비스 과정과 중간 성과에 대한 모니터링과 연계되는 모델의 구체성을 반영한다. 그들의 발견들은 너무 강력해서 언급이 필요하다. 치료적 완결성의 효과는 적합한 처치의 효과 그리고 효과크기의 추정에 영향을 주는 것으로 알려진 방법론적 변인들로까지 누적된다. 간단히 말해서, 고찰에서 효과적인 것으로 나타난 많은 프로그램들이 위험, 욕구 그리고 반응성 원리뿐 아니라, 서비스 제공의 구체성과 조직적 문제들에 대해 특별한 관심을 두었다는 것은 주목할 만하다. 물론 이러한 사실들은 이제 RNR 모델의 조직적 원리에서 나타나고 있다(제2장에서 고찰한 것처럼).

RNR 프로그래밍 효과들에 대한 메타분석적 요약

[자료 노트 11-1]은 제2장에서 간략하게 검토되고, 이번 장에서 서술적 방식으로 고찰한 것처럼, 주요 RNR 결과들의 집약적이며 종합적인 요약이다. [테크니컬 노트 11-1]은 전체 표본에서 그리고 연령, 성별 및 인종에 기초한 하위집단들에서 RNR 요소들의 응용성을 체계적으로 고찰하고 있다. 두 개의 노트들은 원래는 Andrews, Zinger 등(1990)이 보고했던 자료들을 Dowden(1998)이 확장한 것에서 도출된 것이다. 핵심 임상적 원리들, 핵심 교정 실행들 그리고 프로그램 완결성 요소들의 넓은 응용은 매우 놀랄 만하다. 물론, 이는 범죄행동에 대한 이론과 재활에 대한 RNR 모델을 계획적으로 매우 일반화했기 때문에 예상되었던 것이다.

Carleton 대학교의 분석([자료 노트 11-1])은 또한 조건들이 임상적으로 그리고 심리학적으로 적합한 처치에 호의적인 경우 완결성의 지표들이 긍정적인 결과와 연결되어 있다고 제안한다. 그러한 처치 유형들은 위험, 욕구 그리고 반응성 원리들과 일치된 인도적 서비스 프로그램들이다. 메타분석적 결과들의 문제점은 완결성의 지표들에 대해 상세하게 보고하고 있는 연구들이 너무 적다는 것이다.

요약하자면, 지금까지의 증거는 임상적으로 적합한 처치 서비스가 재범감소의 유망한 경로임을 시사하고 있다. 처벌의 사회적 역할이 무엇이든 간에, 인과응보 또는 억제에 기초한 제재에 의존하는 것이 의미 있는 재범감소로 이어진다는 증거는 없다(제재에 대한 추가 증거는 제13장을 볼 것). 더 큰 재범감소 가능성은 위험하고 욕구를 가진 사람을 대상으로 적합한 처치 서비스를 제공하는 것이다. 그러나 여기서 고찰했던 메타분석들은 구금적 제재 대신 지역사회 대안을 활용하는 것이 핵심 임상적 원리들을 준수하는 처치 서비스들의 효과성을 향상시킬 것이라는 점을 특별히 제안하고 있다.

Mark Lipsey의 최근 고찰

20여 년 전, Lipsey(1989) 그리고 Andrews, Zinger 등(1990)은 거의 동시에 효과적인 교정처치에 대해 증거에 기반한 일반적인 원리들의 가능성을 탐구하기 시작하였다. 두 연구자 그룹은 메타분석적 접근법이 그러한 이해를 달성하는 데 유망한 방법이라고 생각했다. 일반적 원리들의 개발에 그처럼 몰두한 연구팀들은 거의 없었다. 우리는 이미 20년 전에 그들의 결과들이 매우 중복된다는 것을 보고했다. 이들 두 팀의 결과들이 오늘날 어떻게 서로 조화되는가?

이번 절에서는 Lipsey와 Andrews 팀들의 결론을 새롭게 살펴볼 것이다. 현재 교정처치의 효과성에 대한 많은 메타분석들이 있다. McGuire(2004)는 40개 이상의 메타분석적 연구들을 확인했는데, 현재는 60개에서 70개의 연구들이 있는 것 같다. 독자들은 이 책에서 우리가 이미 가족 프로그램, 물질남용 프로그램, 교육 및 직업 프로그램 그리고 기타 많은 프로그램들의 효과성에 대한 많은 연구들의 결과들을 보고했다는 것을 주목하여야 한다. 교정처치에 대한 대다수의 메타분석적 연구들은 특별한 프로그램 또는 프로그램의 유형에 집중되는 경향이 있다. 프로그램들의 일부 유형은 사용된 방법들(예: 인지-행동적 치료)에 의해, 구조(예: 집단상담)에 의해, 중간 목표대상들(예: 물질남용)에 의해, 처치를 받는 사람(예: 가족치료)에 의해 그리고/또는 특별한 하위 유형(예: 가족 영역에서의 MST 또는 FFT)에 의해 정의된다.

최근에, Mark Lipsey(2009; Lipsey & Cullen, 2007)는 효과적인 교정 처치의 원리들에 대한 보다 넓고 보다 일반적인 이해의 문제로 돌아갔다. 그는 범죄자에 대한 개입효과에 대해 연구한 모든 연구들을 최대한 수집하여 메타분석한 연구들에 대해서 언급하고 있다. 1980년대 후반에 그가 했던 것처럼, 그는 특별한 프로그램 또는 프로그램 유형으로 정의된 형식을 넘어 개입의 영역이 확대되기를 원하고 있다. Lipsey(1989, 1992)에서와 같이, Lipsey(2009)는 자신의 고찰을 청소년 범죄자들의 재범에 대한 개입효과의 연구에 한정하고 있다.

Lipsey(2009)는 개입의 영역을 확대하는 것이 세 가지 주요 기능에 기여한다고 주장한다. 첫째, 잘 정의되지 못한 프로그램들[예: 중재(brokering)/알선(referral) 프로그램들]이 가족치료와 같이 보다 전형적인 프로그램들과 함께 고찰될 것이다. 둘째, 영역의 확대는 설계 유형(예: 무선화 대 비무선화)을 통제하고, 참여한 사례들의 위험성 수준 등을 통제하여, 상이한 접근법들(예: 가족치료 대 개인적 기술 구축)의 효과성을 비교하는 연구를 격려하고 가능하게 한다. 셋째 그리고 가장 중요한 것으로, 보다 광범위한 접근은 효과성과 연합된 요인들에 대한, 즉 다음 질문들에 대해 대답을 찾는 검증과 탐색을 가능하게 한다: 일반적으로, 효과적인 교정적 개입의 원리들은 무엇인가? 어떤 원리들을 준수하는 것이 범죄자의 재범감소와 연합될 수 있는가? 즉, 효과가 있는가?

Mark Lipsey(2009)는 일반적 원리들을 따르는 두 그룹의 연구자들을 확인해 주고 있다. 한 그룹은 이 책의 저자들과 그들의 동료들로 구성되어 있다. 또 다른 그룹은 Lipsey 등이다. 독자들은 우리의 접근과 정의된 특성들에 대해 알고 있다. 위험-욕구-반응성 접근은 범죄이론에 뿌리를 두고 있으며, 교정적 평가 및 재활 모델을 반영하고 있다. 우리는 증거들이 이끄는 곳이라면 어디든지 좇아가겠지만, 이 책의 독자들은 우리가 이론적 이해들에 의해 그리고 범죄행동 심리학에 대한 우리의 접근에 기저하는 가치들에 의해 구성된 지도들(maps)을 따라

가고 있음을 안다. 만약 어떤 증거가 만족스러운 새로운 길을 제시한다면, 우리들은 그 새로운 길을 갈 것이다(심지어 발로 차고 소리를 지르면서).

Lipsey의 접근법은 상당히 다른 것이었다. Lipsey의 접근법은 비이론적이고 매우 서술적이었다. 그의 분석들은 범죄이론들과 연관되어 있지 않으며, 심지어 행동적 영향과 행동의 변화과정에 대한 이론적 입장들과도 연결되어 있지 않다. 또한 그는 효과크기 측정의 기술적인 사항들에 대해 우리들보다 훨씬 더 관심을 기울이고 있다. 다음에 기술된 것처럼, 기본적으로 그는 효과크기 추정치의 잠재적인 조절변인들을 연구하고 있다:

연구방법론

- 재범의 측정 유형(예: 유죄선고, 수감, 체포 횟수, 자기-보고, 추적 기간 등)
- 설계 문제(예: 무선할당, 대응, 공변인 조정 등)
- 개입 및 통제집단들로부터의 탈락

출판 편향

- 학술지 논문, 서적의 장, 표본 크기, 출간되지 않은 것 등

소년 범죄자 표본들의 특성들

- 평균 연령, 성별 혼합, 위험성 수준, 공격 전력 등

슈퍼비전 및 통제

- 없음, 사법시스템으로부터 전환된(diverted), 보호관찰/가석방, 수감.

개입의 유형

- 모든 특정 개입은 일곱 가지 범주 들 중 하나 이상에 속하는 것으로 코딩된다. 다양한 특정 유형들이 다음 범주들 내에 해당된다:
  - –감시(예: 강력한 슈퍼비전)
  - –억제(예: 직접 위협)
  - –훈련(예: 극기훈련 캠프)
  - –회복적(예: 배상, 중재)
  - –상담. 개인적; 멘토링; 가족; 단기 가족 위기; 집단; 또래; 혼합; 알선과 혼합된.
  - –기술-구축. 행동적 접촉, 토큰 경제; 인지-행동적; 사회적 기술 훈련; 도전; 학업적; 직업적.
  - –중다 통합적 서비스(multiple coordinated services). 사례 관리; 서비스 중재.
- 서비스의 양과 질. 서비스 프로그램의 설계와 이행에 개입한 프로그램 평가자에 의해

가장 잘 평가됨.

Lipsey(2009)의 발견들. 다음 요인들 중 처음 세 가지가 청소년 범죄자들에 대한 더 효과적인 개입과 덜 효과적인 개입을 구분해 준다:

1. '치료적' 개입들(상담과 기술 교육)은 통제 또는 강제에 기초한 개입들(감시, 억제 그리고 훈련)에 비해 의미 있게 더욱 효과적이었다;
2. 효과성은 청소년 범죄자들의 위험성 수준에 따라 증가하였다;
3. 효과성은 실행의 질에 따라 증가하였다(프로그램 완결성).

몇 가지 추가적인 발견들도 동일하게 흥미롭다:

4. 개입은 보다 어린 청소년과 보다 나이 든 청소년, 남성과 여성 그리고 백인과 비백인에 대해 동일하게 효과적이다.
5. 인지-행동적 프로그램들은 행동적 프로그램들(두 번째로 효과적임) 및 다른 모든 프로그램들에 비해 더욱 효과적이었다. 그러나 집단상담 프로그램들과 멘토링 프로그램들은 행동적 프로그램들과 통계적으로 그 효과에서 차이를 보이지 않는다.
6. 상담 프로그램의 효과성은 수감된 청소년 범죄자들 표본에서 감소되었다.
7. 기술 구축 프로그램의 효과성은 교정적 감독 하에서가 아니라 지역사회에서 청소년들에게 제공될 때 향상되었다.

Lipsey(2009)는 또한 그의 보고서의 초록에서 다른 발견을 강조하였다:

8. 일단 다른 변인들에 대한 통계적 통제를 하게 되면, 상이한 유형의 치료적 개입들은 그 효과성에서 차이들이 비교적 적어졌다.

RNR 발견과 Lipsey의 발견의 비교

억제 및 통제와 관련된 치료적 접근법들의 효과성에 대한 Lipsey의 발견은, 공식적 처벌 접근법과 비교되는 인도적 서비스의 효과성과 관련된 우리의 증거와 매우 일치한다. 마찬가지로, 연령, 성별 그리고 인종 범주들 전반에 걸친 효과성과 관련된 Lipsey의 발견은 다음과 일관된다: (a) 이론과 원리들의 일반적인 응용에 관한 우리의 이론적 입장 그리고 (b) 심지어 사법적 맥락에서의 인도적 및 사회적 서비스들의 상대적 가치에 대한 우리의 증거. 실행 완결성의 중요성과 관련해서는, 비록 Andrews와 Dowden(2005)이 보다 많은 수의 완결성의 지표들을 조사하였으나, 양쪽의 메타분석이 일치하고 있다. 그러나 우리의 지표들은 평가자가 서비스 설계 그리고/또는 그 실행에 직접적으로 개입한 것에 대해 Lipsey가 측정한 것과 상관관계를 갖고 있다. 마찬가지로, 그리고 위험성 원리 준수에 대한 측정치의 차이에도 불구하고, Lipsey와 그의 동료인 Nana Landenberger(Landenberger & Lipsey, 2005; Lipsey, 2009)의 고찰은 위험성 원리를 지지하고 있다.

일반적 반응성의 원리에 대해서는 부분적인 동의가 있으나, Lipsey는 상담이라고 기술된 프로그램들에서 인지사회적 학습 전략들에 대한 코딩은 고려하지 않았던 것 같다. 독자들은 제8장의 우리들의 분석에서, 가족상담, 교육적/직업적 프로그램 그리고 다른 유형의 서비스 프로그램들이 RNR의 핵심 임상적 원리들을 준수할 때 가장 효과적이었다는 것을 기억할 것이다.

RNR 원리들은 RNR의 핵심 임상적 원리들을 준수하는 인도적 프로그램들이 지역사회와 거주지 또는 기관수용 환경 모두에서 효과적이지만, 기관수용 환경에서 효과가 약화된다고 제안한다. 위에서 언급한 Lipsey의 발견들 중 6번과 7번은 어느 정도 우리의 발견과 일치한다.

범죄유발적 욕구 원리는 Lipsey(2009)에 의해 단순하게 테스트된 것은 아니다. 모든 프로그램들이 변화해야 할 중간적 목표들의 본질이 명확하지 않아서, Lipsey 연구의 코딩자들이 분명 어려움이 있었을 것이다. 이것은 우리들에게도 또한 문제점이었으나, 중간 목표들이 특정되어 있지 않다면, 우리는 범죄유발적 그리고 비범죄 유발적 욕구들을 '0'으로 코딩하였다(즉, 존재하지 않는).

RNR 원리들에 대한 연구가 20년이 지났으면서도, RNR 팀만이 체계적인 방식으로 중간 목표들에 주목하고 있는 메타분석 연구자들이라는 것은 문제다. 만일 우리가 코딩을 잘 못한 것이라면, 우리는 중간적 목표대상의 핵심적인 문제들을 더 훌륭하게 탐구할 수 있는 방법과 관련한 증거를 환영할 것이다. 이것은 너무나 중요한 문제여서 1차 연구자들이 특별하게 다루지 않거나 메타분석자들이 주의를 기울이지 않을 수 없다.

Mark Lipsey와 RNR 팀은 또 다른 핵심적인 관심을 공유하고 있다. 이번 장의 시작 단락을 기억해 보라. 교정맥락에서 효과적인 범죄예방에 대해 '심각한 고려의 대상이 아닌(no serious consideration given)'으로부터 '효과 없음(nothing works)'으로 그리고 '효과 있음(what works)'을 거쳐 '효과가 있게 만드는 것(making 'what works'work)'으로 변화되었다고 서술했다.

현재 적어도 두 세트의 연구들이 통제된 성과 연구임이 확실하다. 그 하나는 흔히 프로그램 평가자 자신이 평가되는 프로그램의 설계 그리고/또는 실행에 개입되어 있는 매우 잘 통제된 시범 사업들(demonstration projects)로 구성되었으며, 이들 연구들은 훈련된 그리고 슈퍼비전을 받고 있는 서비스 실행자들로부터 서비스를 받은 소수의 사례들을 포함하는 비교적 잘 통제된 연구들이다.

다른 세트의 연구들은 흔히 '현실 세계(real world)' '일상적(routine)' 또는 '통상적인(regular)' 교정 프로그램에 대한 연구들로 불린다. 예상하듯이, 평균적으로, 통상적인 교정 프로그램의 효과성은 시범 사업 프로그램의 효과성보다 훨씬 낮다. '통상적인' 교정 프로그램들은 완결성의 지표들에서 더 낮은 점수를 보이며, 심지어 RNR의 원리들을 준수하는 측정치도 그러하다. 이는 아마도 범죄행동 심리학의 응용에 대한 중요한 도전이다. 도전과 함의가 너무 커서, PCC의 이번 판에서는 '효과가 있게 만드는 것'이 이제 하나의 독립된 장이 되어야 하는 상태다. 다음 장, 즉 제12장에서는 도전과 도전에 대한 반응을 좀 더 자세하게 개관하고 있다.

여기서 바로 우리는 재범감소에 대한 위험-욕구-반응성(RNR) 준수의 긍정적 효과와 관련하여 도출된 결론들의 타당성에 대한 방법론적 위협으로 돌아간다.

경쟁적인 변인을 통제해도 적합한 처치의 기여는 유지되는가

우리는 Mark Lipsey(1989, 2009)의 메타분석들이 방법론적 쟁점들, 타당성에 대한 위협 그리고 처치변인들의 효과크기에 대한 영향의 추정치를 어떻게 제공하고 있는지를 언급했다. 그의 분석은 처치효과들이 비처치 변인들에 의해서도 잘 설명될 수 있다는 계속되는 비판을 다루는 데에 매우 중요하다. 만일 비판들이 범죄자 재활과 관련된 발견들에 동의하지 않는 경우, 그들은 결과들이 설계의 질 때문이고, 처치가 특별한 범죄자 집단들에 대해 진행된 것이며 다른 집단에는 효과가 없을 것이고 그리고 프로그램을 설계한 연구자들이 평가를 했기 때문에 평가가 흠결을 갖고 있다고 주장한다. 이러한 지식파괴의 배경에 대항하여, Lipsey의 분석은 처치효과가 그가 측정하고 테스트하였던 방법론적 변인들의 효과를 통제하고도 유지됨을 사실상 보여 주었다.

Carleton 대학교의 메타분석의 결과들은 Lipsey와 다른 학자들이 발견한 것을 확증시켜 주고 있다. 방법론적 그리고 실행적 요인들을 고려할 때도, 적합한 처치는 범죄행동을 다루는 실용적인 접근으로서 여전히 효과적이다. 이 장의 남은 부분에서, 이러한 결론의 증거가 제시되고 있다. 분석을 신뢰할 것인지의 결정은 독자들의 몫이다. [자료 노트 11-1]에서 언급한 것처럼, 우리는 임상적으로 그리고 심리학적으로 적합한 처치(즉, RNR 준수)가 효과크기의 가장 강력한 하나의 상관변인임을 발견하였다(효과크기와의 상관관계는 .42, k = 374). 네 개 수준의 적합한 처치의 각 수준에서 평균 효과크기는, 처벌만이 있는 경우나 또는 위험, 욕구 그리고 반응성 각각과 비일치된 인도적 조치에 대해서는 −.02; 위험, 욕구 그리고 반응성 중 단지 하나의 원리만을 준수하는 인도적 서비스에서는 .02; 위험, 욕구 그리고 반응성 중 두 원리를 준수하는 인도적 서비스에서는 .18; 그리고 위험, 욕구 그리고 반응성 각각의 원리들과 일치하는 인도적 서비스에서는 .26이었다.

표 11-1 RNR 준수 및 주요 통제변인들에 따른 평균 효과크기(k = 처치 테스트의 수)

	RNR 준수 수준				효과크기와의 상관
	저 : 부적합		고 : 적합		
	0	1	2	3	
개입된 평가자, 지역사회 장면, 비사법적 소유권, 사법적 알선을 조정한 평균 효과크기					
	−.02(124)	.03(106)	.17(84)	.25(60)	.53*** (부분 상관관계)
큰 효과에 유리한 주요 통제변인들의 수에 따른 평균 효과크기					
없음/하나	−.09(27)	−.02(28)	.07(23)	.11(13)	.48***
둘	−.01(88)	.03(55)	.17(25)	.22(21)	.56***
셋/넷	.04(9)	.06(23)	.25(36)	.38(26)	.60***

***p 〈 .001, k = 처치 테스트의 수.

적합한 처치를 통제하고, 일단의 경쟁변인들을 고려하면, 단지 네 개의 변인들만이 적합한 처치 때의 효과크기를 넘는 예측을 향상시킨다. 네 개의 변인들은 '설계 그리고/또는 서비스 제공에 개입된 평가자' '지역사회 기반 장면' '프로그램의 비사법적 소유권' 그리고 '사법 직원에 의한 프로그램 알선'이다. 여기에서 발생하는 의문점은 임상적으로 적절하고 심리학적으로 적합한 처치가, 네 개의 가장 강력한 통제변인들을 고려할 때, 어떻게 성과와 관련되는가이다. 〈표 11-1〉의 첫 번째 줄은 네 개의 가외적-처치변인들의 효과를 통제할 때, 처치의 네 개 수준의 평균 효과크기를 제공하고 있다(가장 적합하지 않은 것부터 가장 적합한 것까지). 다음 세 개의 줄은 효과크기 향상에 유리한 조건일 경우 처치의 효과를 보여 준다. 예를 들어, 적합한 처치(3으로 코딩된)는 큰 효과크기에 유리한 통제변인들이 세 개 또는 네 개 있을 때, 긍정적이며 가장 강하다(평균 효과크기 .38). 가장 적합한 처치의 평균 효과는, 네 개의 통제변인들 중 단지 두 개가 큰 효과크기에 유리할 때 감소하지만(.22), 가장 적합한 처치의 평균 효과는 적합성이 더 낮은 처치의 평균 효과(−.01)보다 더 크다. 가장 적합한 처치의 평균 효과는 통제변인들 중 어느 것도 큰 효과크기에 유리하지 않을 때 매우 낮지만, 다시 한번, 심지어 처치의 낮은 평균 효과(.11)조차도 가장 적합하지 않은 처치의 평균 효과(평균 효과크기

–.09)보다 훨씬 더 크다.

요약하자면, 임상적으로 그리고 심리학적으로 적합한 처치는—RNR 모델과 일반 성격 및 사회적 학습 조망에 의해 구체화된 것처럼—배경 조건들이 재범을 감소시키는 데 유리하든지 아니든지 간에 대안적 처치들을 능가하고 있다. 우리는 임상적으로 적절하고 심리학적인 배경을 가진 인도적 서비스가 대안적 개입보다 더 우수하다고 증명되지 않을 조건들이 있을 것으로 예상한다. 우리는 사법 및 1차적인 예방 맥락에서 인도적 서비스의 그러한 한계를 검토해 보기를 원한다. 이제 이번 장은 '효과 있음'에 대한 논의와 범죄행동의 주요 이론들과 교정 상담 프로그램들의 설계 및 성과들의 연계성에 대한 논의를 하면서 마칠 것이다.

이론과 개입

Central Eight 위험/욕구 그리고 강점 요인들은 범죄행동의 PIC-R 모델과 매우 밀접하게 연결되어 있다. 주요 Big Four 요인들은 특히 그러하다. 강화, 행동적 처벌, 선행적 통제 그리고 모델링 원리들은 근본적으로 인지사회적 학습 과정들이다. PIC-R 또한 대인 관계적인 영향이 가족, 또래, 직장, 학교, 레저생활 또는 공식적인 처치 환경에서 발생하는지의 여부를 중요하게 판단하는 행동적 영향에 대한 두 개의 근본적인 원리들을 강조하고 있다(Andrews, 1980; [자료 노트 3-2]).

1. **관계성 원리**(The Relationship Principle): 선행 및 결과적 과정들에 의한 대인 관계적 영향은 개방적이고, 온화하고, 열정적이고, 비책망적인 소통에 의해서 그리고 협조, 상호 존중, 호감, 관심과 같은 특성을 지닌 상황에서 가장 크다.
2. **구조화 원리**(The Structuring Principle): 대인 관계적 영향의 친범죄적 대 반범죄적 방향은 소통되는 메시지의 친범죄적/반범죄적 내용에 의해서, 또는 모델이 되고, 반복되고 그리고 강화되고 처벌을 받는 행위 패턴들의 친범죄적/반범죄적 속성에 의해 결정된다. 이 원리는 또한 유관성 원리(contingency principle)로 알려져 있다. 구조화된 측면은 효과적인 권위 실행, 반범죄적 모델링, 차별화된 용인과 불용인, 문제 해결, 기술 구축, 옹호, 중재, 동기화 면담의 구조적 측면들 그리고 인지적 재구성을 반영하고 있다(Andrews, 1980; Andrews & Carvell, 1997; Andrews & Kiessling, 1980; 또한 이 책의 제12장을 볼 것).

대인 관계적 교환의 이들 두 가지 근본적인 차원들은 대인 관계적 상호작용에 대한 일반 사회심리학(예: Bales, 1950), 상담이론(예: Rogers, 1961) 그리고 범죄행동의 사회심리학(예: Sutherland의 차별적 접촉 이론)에서 오랜 역사를 가지고 있다. 사실상, 우리는 제3장의 양육에 대한 Freud 학파의 모델들에 대한 논의에서, 제4장의 PIC-R에 대한 논의에서 그리고 제7장과 제8장의 가족 과정과 가족치료, 또래 영향 그리고 학교, 직장, 결혼, 애정관계 맥락에서의 관계성들에 대한 논의에서도 살펴보았다.

관계성과 구조화의 지표들은 일반적 반응성 실행을 기술하는 또 다른 방법이다. 긍정적인 관계성의 지표들은 모델링 효과, 효과적인 대인 관계적 강화 그리고/또는 효과적인 대인 관계적 불용인 그리고 개입에 있어서 혐오적 환경보다는 매력적인 환경을 조성하는 데 지지적인 조건들을 형성한다. 우리는 또한 실무직원의 선발, 훈련 그리고 임상적 슈퍼비전을 설계하는 요인들로서 핵심적 실행 요인들을 사용한다.

첫 번째 조건들(관계성)은, 만일 긍정적이라면, 학습을 촉진시키고 대인 관계적 영향을 증가시키는 경향이 있다. 두 번째(유관성)는 학습의 내용 또는 영향의 방향을 결정한다. 교정상담에서, 구조화 차원은 범죄행동에 호의적인 또는 비호의적인 변화들에 대한 책임이 있다. 상호작용의 내용이 범죄행동과 관련되어 있지 않으면, 범죄행동에 대한 효과는 미약할 것이다.

우리의 전반적인 프로그래밍 모델([그림 11-1])은 효과적인 프로그램들의 설계와 실행이 많은 변인들의 세트와 관련되어 있음을 나타낸다:

1. 적합한 중간 목표를 선정하는 것(범죄행동 기회의 변화와 연관되어 있는 사람들의 특성과 환경에 초점을 맞추는 것);
2. 바람직한 중간적 변화를 가져올 수 있는 서비스를 제공하는 것(관계성과 유관성 차원에 대한 개입의 과정과 내용);
3. 효과적인 과정을 지원할 프로그램 구조를 구축하는 것(예를 들어, 바람직한 과정 및 결과와 조화되도록 상담자들을 선발하고 훈련시키는 것);
4. 위험, 욕구 그리고 반응성에 따라 사례와 프로그램을 일치시키는 것;
5. 정의, 윤리성 그리고 비용-효율성에 대해 적절한 관심을 가지고 프로그램을 운영하는 것.

1) 지역사회 그리고/또는 기관 조건들의 환경

2) 서비스 이전의 대상자 특성
(위험, 욕구, 반응성)

3) 서비스 이전의 상담자 특성
(훈련, 관계성 기술)

4) 프로그램 특성
(사회문화적, 경제적)

5) 처치 서비스의 과정과 내용
(관계성, 직접적인 훈련, 옹호)

6) 처치의 중간 목표들
(욕구 요인들에 대한 이득과 손실)

7) 최종 성과
(재범, 기타 성과, 소비자 만족)

[그림 11-1] 교정 프로그램 평가의 주요 요소들

우리는 개입 효과성과 범죄행동이론들 사이의 관계성을 탐구할 준비가 되어 있다. 이 논의는 정신역동적 이론으로 시작하여, 범죄행동에 대한 여타의 이론적 조망들로 이어진다.

정신역동적 이론과 심리치료

정신분석이론에 대한 광범위한 개관들은 횡단적 및 종단적 연구들을 통해 강한 지지를 받아 왔다. 부모-자녀 갈등, 미숙한 양육 기술, 이른 시기에 반사회적 행동에 관여하는 것 그리고 약한 초자아를 나타내는 다양한 지표들(일반화된 비행, 자기중심성)은 모두 가장 타당도 높은 범죄행동의 상관변인들이며 예측 요인들임을 기억하라. 정신역동적 이론이 많은 중요한 욕구 요인들(또는 개입의 중간 목표들)을 제시하고 있다는 것은 분명하다.

그러나 정신분석은 교정이 목적인 경우 행동적 영향을 줄 수 있는 강력한 기법을 제공하지 못한다. 의문의 여지없이, 정통적인 정신분석은 반사회적 행위를 억제하는 것과는 반대로 신경증적 고통으로부터 사람들을 '해방시키는 것'에 맞추어져 있다. 정신분석적 '대화치료(talking therapy)'는 과거에 초점을 맞추며, 무의식적인 동기 요인들을 찾고 이에 대해 '통찰'하도록 개입한다. 성공을 위한 사전 필요요건은 합리적 수준의 언어 지능과 1년 또는 그 이상의 기간 동안 매주(또는 보다 자주) 회기를 끝까지 유지하려는 상당히 강한 동기다. 전통적으로, 정신분석의 '좋은' 고객은 내적으로 생성된 신경증적 고통을 일정 수준으로 경험한 사람이다. 그러나 정신분석이론에 따르면, 지속적이며 심각한 범죄자들 대부분은 이들이 갈등을 내면화하기보다는 외부 행동으로 표출하기 때문에 고통으로 인해 힘들어하지 않는다.

우리는 범죄예방 또는 교정에 대해 긍정적으로 영향을 미치는 명백하게 정신분석적인 프로그램들에 대해 알지 못한다. Glueck과 Glueck(1950)이 밝힌 것처럼, 장기간의 정신분석은 예방과 교정에서 광범위하게 사용하기에는 너무 비용이 많이 들고 비효율적이다. 그러나 정신분석의 다른 강력한 요소들(예: 관계전이의 중요성 그리고 치료자와의 동일시 가능성)은 상담의 다른 접근법들에서 발견된다.

치료, 상담, 및 사례 연구에서 다소 정신역동적인, 그러나 비구조화된, 접근법들에 대한 평가들은 상당히 풍부하다. '비구조화된'이라는 것은 상담자들이 행동적 시연, 체계적 조건형성(고전적 또는 조작적), 역할 수행 또는 코칭(coaching)과 같은 직접적인 훈련 절차를 사용하지 않는 것임을 의미한다. 여기에서 언급하는 것은 집단 또는 개인적 치료에서 '대화' '심리적 해석' '정서적 표현 및 표출' '정서적 지지' 그리고 '치료자-내담자 관계성'에 심하게 의존하는 상담에 대한 접근법들이다. 출간된 연구들은 치료 및 상담에 대한 많은 상이한 모델들을 이용하는 절충적인 프로그램들을 탐구해 온 경향이 있다. 진행 중인 처치과정을 체계적으로 모니터링한 연구들이 너무 적기 때문에, 과정에 대한 우리의 기술은 연구대상이 되는 상담가들이 공공연히 선언한 지향점에 기초하고 있다.

우리들이 문헌들을 검토한 바, 이러한 교정상담 및 사례 연구에 있어서 '통찰-지향적(insight-oriented)' '환기적(evocative)' 그리고 '관계-의존적(relationship-dependent)' 접근법들은 비효과적이거나 범죄유발적인 효과를 나타냈다. 이러한 경향은 특히 비구조화된 프로그램들이 고-위험 그리고/또는 대인 관계적으로 성숙되지 못한 대상들에게 제공될 때 명백하게 나타난다(예: Craft, Stephenson & Granger, 1966; Goodman, 1972; Grant, 1965; Grant & Grant, 1959; Harris, Rice & Cormier, 1994; Kassenbaum, Ward & Wilner, 1971; Murphy, 1972; Truax, Wargo & Volksdorf, 1970).

요약하자면, 이들 연구들은 반범죄적 유관성 조건들을 형성하는 것에 초점을 두지 않고 배타적으로 관계성 차원에만 초점을 맞추는 것은 비효과적이거나 해롭다는 것을 시사한다. 이것들은 또한 중간 목표선정 또는 사용된 개입 절차의 측면에서 범죄행동이론들과 긴밀하게 연계되어 있지 않은 개입 프로그램들에서 나타난다.

'대화치료'의 초창기부터, Freud(1953)는 정신역동적 치료자들의 언어적, 연상적, 관계-의존적 그리고 통찰-지향적인 치료가 빈약한 언어적 능력을 가진 사례들 그리고/또는 자기애적 성향을 보이는 사례들 그리고/또는 정신 이상자들에 대해서는 부적합하다고 경고하였다. 그는 일정 수준의 불편함의 경험과 치료자와 정서적 관계를 형성하는 능력이 성공의 핵심이라고 강조하였다. 그는 치료와 개인적 변화 모두에 대한 즉각적인 사회적 지지가 없다면, 성공적인 치료의 기회는 극히 희소하다고 덧붙이고 있다. Freud는 일단 그의 치료적 명성이 형성된 후에는, 개인적으로 그리고 사회적으로 서비스로 인한 이득을 취하게 될 수 있는 사례들만을 다루었다(Andrews, Bonta & Hoge, 1990: 37-38).

위에서 언급한 프로그램들의 결과들은 상담에 보다 구조적인 접근법을 사용하고 보다 이론적으로 관련된 욕구 요인들(Andrews, Zinger et al., 1990a에서 '적합한' 조합)에 영향을 미치는 것에 초점을 맞춘 연구들의 결과와는 극적으로 반대된다.

하위문화 및 차별적 접촉이론

하위문화적, 차별적 기회 그리고 차별적 접촉 조망들은 많은 지역사회-행위 개입을 이끌어 왔다. 범죄유발적 하위문화들(그리고/또는 합법적 기회로부터의 소외)은 지역사회 무질서, 동조를 가능하게 하는 서비스들에 대한 부적절한 접근 그리고 범죄 집단의식의 반영이라고 가정한다. 이에 따라, 프로그램들은 New York의 Lower East Side(The Mobilization for Youth Project), Chicago(Chicago Area Project) 그리고 Boston(Midcity Youth Project)을 포함하는 다양한 장면들에서 시작되었다.

이들 프로그램들은 Schur(1973)와 Klein(1971)에 의해서 상세하게 검토되었다. Klein의 책, 『Street Gang, Street Workers』는 특히 구체적인 개입 과정들에 깊은 관심을 쏟고 있다. 프로그램들의 지역사회-행위 요소들은 서비스의 대상을 개인이 아니라 복지기관들, 이웃 조직들 그리고 태생적 리더십의 발달 및 강화에 초점을 맞추는 경향이 있다. 범죄조직원들에 대해서는 작업자들(workers)을 파견해서 실행하는 것에 초점을 맞춘다. 이들 작업자들은 범죄조직원들과 관계를 형성하고 옹호자, 중개인, 때로는 상담자, 동반자 그리고 레크리에이션 요원들로서 역할을 한다.

프로그램들 대다수는 잘 평가되지 않았으나, 체계적으로 연구된 바에 의하면 비행에 영향이 없거나 비행을 증가시키는 것으로 드러났다. 증가시키는 결과들은 신중한 검토가 필요하다. 개입으로 인해 비행이 증가하는 것은 실무적으로 중요할 뿐 아니라, 매우 큰 이론적 관심의 대상이 된다. 이러한 결과는 프로그램들이 비록 부주의에 의한 것일지라도, 진정한 인과적 의미를 갖는 변인들에 영향을 미치고 있다는 것을 시사한다.

Klein과 Schur의 고찰에 따르면, 일부 프로그램들의 지역사회 발전 측면들은 이웃 조건들의 개선, 새로운 복지 기관들 그리고 레크리에이션 기회들을 만들어 낸다는 점에서는 성공적이었다. 그러나 이러한 중간적 변화는 비행을 감소시키려는 최종 목표와는 관련이 없는 것으로 나타났다.

Klein이 이에 대한 증거를 고찰한 바에 의하면, 비행의 증가는 작업자 파견 프로그램들과 연계되어 있었다. 특히, 비행 증가는 작업자들이 비행집단들의 결속력을 증가시키는 데에 '성공하였을' 때 발견되었다. 다시 말해, 작업자들이 개입하기 전에는, 범죄집단들이 비교적 약한 집단들—비조직화(disorganization), 흔히 리더십의 부족, 비교적 강성 구성원들이 거의 없는 그리고 흔히 내분의 특성을 보이는—이었다. 작업자들이 파견됨에 따라 범죄집단들이 보다 조직화되고 결집되었으며, 비행이 증가하였다. Klein은 자신의 고찰에서 또한 작업자를 제거하는 것이 범죄집단 결속력 및 비행의 감소와 연결될 수 있다는 점을 보여 주고 있다. 특히, Klein은 거리 범죄집단들에 대한 작업의 중간 목표는 집단들을 약화시키는 것이어야지, 강화시키는 것이어서는 안 된다고 주장한다.

이러한 패턴의 결과는 대인 관계적 기능에 있어서 관계성과 유관성 측면들 양자를 고려할 필요성을 강조한다. 반범죄적 유관성을 동시적으로 형성하지 않으면서, 범죄집단들 내 상호작용을 촉진시키고 격려시키는 것은 비행을 증가시키는 효과를 가져 올 것이다. 이것은 차별적 접촉 이론의 행동적 재공식화가 갖는 직접적인 함의다. 그렇다면 비행예방 프로그래머들은 의도적으로 비효과적이거나 유해할 수밖에 없는 프로그램들을 왜 신중하게 제공하고 있는가?

대답은 두 가지다. 한 가지 이유는 하위문화이론이 과도한 짐을 지고 있다는 것이다. 제3장에서 본 것처럼, 일부 사회학자들은 확고하게 '문화'를 존중하고 있다—직접적으로 문화를 변화시키려는 것이 아니라, 오히려 합법적인 기회의 문을 여는 것. 이와 비슷하게, 범죄집단들의 무질서는 단지 무질서한 하위-계층 영역들의 또 다른 부분으로 보았음에 틀림없다. 따라서 지역사회 무질서는 무력함, 빈곤 그리고 범죄의 원인이 되기 때문에, 조직화하는 것이 '좋은 것'으로 간주되었다.

두 번째 대답은 하위문화이론이 그 기저에 확고한 인간 행동이론이 없다는 것이다(사람들은 단순히 자신들의 문화에 순응하므로, 초점을 문화에 두어야 한다는 생각). 따라서 Klein에 따르면, 프로그램의 목표들이 흔히 예방 또는 비행의 통제와 별다른 관련이 없다는 것이다. 대신에, 프로그램들은 사회적 약자들을 위해 좋은 일을 하는 것을 의도한다. 이것은 비행을 통제하는 데 있어서 지원의 중간적 가치와는 상관없이 도움과 지원을 제공한다는 것을 의미했다. 더군다나, 비행적인 접촉의 감소에 초점을 두거나 또는 친범죄적 가치들을 감소시키려는 시도는 '그들의' 문화가 '우리의' 문화보다 다소 열등하다는 것을 암시하고 있다. 문화 개념의 부정적 기여는 '인과적 변인들'—범죄를 지지하는 개인적 태도들, 가치들 그리고 신념들; 자기-관리 및 인지적 통제 측면에서의 개인 문제들; 반사회적 친구들; 그리고 응집성과 양육 실행의 문제들에 고통스러워하는 가족들—로부터 떨어져 관심의 방향을 돌리게 했다.

작업의 토대가 되는 강력한 인간 행동 모델을 갖지 못하는 것과 친구들, 태도들 그리고 개인적 기술들의 수준에 능동적으로 개입할 의지가 없다는 이중의 문제점은 다른 주요 사회학적 개입 프로젝트들에 있어서도 명백하다. 두 가지 사례가 있다. 첫 번째는 Jim Hackler(1966, 1978)의 청소년을 위한 기회 프로그램(Opportunities for Youth Program)이다. 두 번째는 집단 상호작용 지도 프로그램들(guided group interaction programs)에 대한 테스트들을 포함한다.

Hackler의 프로그램은 가장 훌륭하게 구성되고 평가된 연구들 중 하나다. Hackler는 근간이 되는 인간 행동 모델, 프로그램 구조 그리고 성과를 신중하고 상세하게 다루었다. 낙인이론과 하위문화이론에서의 개인적 심리학의 빈곤함을 잘 알고 있기 때문에, 그는 개입 프로그램들을 설계함에 있어서 아직은 도움이 되는 사회학적 이론과 이와 양립할 수 있는 심리학적 모델을 구성하려고 시도하였다. 특히, 그는(1978: 35) 타인에 의해(그리고 아마도 자신에 의해) 낮은 자존감을 갖게 되는 것이 일탈된 행동을 초래한다는 복합적인 인과적 연쇄(complex causal chain)를 상정하였다([그림 11-2]를 보라).

1. 하류-계층, 혜택 받지 못함, 소수 민족

↓

2. 낮은 존중감을 갖게 됨

↓

3. 교사와 타인들이 낮은-존중감을 지닌 사람들이 일탈할 것이라고 예상

↓

4. 자아(ego)가 타인들이 일탈을 예상한다고 지각

↓

5. ego가 자신을 일탈자로서 지각

↓

6. ego가 일탈적인 자기-개념에 일치하는 역할을 추구

↓

7. ego가 일탈적 역할을 선택(즉, 일탈행동에 개입)

↓

8. ego가 일탈적 규범을 수용

[그림 11-2] Hackler의 인과적 연쇄

이것은 아노미, 낙인 그리고 하위문화이론들을 다소 극적인 상징적 상호작용주의적으로 통합한 것이다. 이 모델은 일탈된 규범이 비행을 유발하는 것이 아니라, 비행이 비행 규범을 유발하는 것이기 때문에, 친비행적 태도와 가치를 변화시키려는 시도는 소용없다고 제안한다. 마찬가지로, 하위계층의 지배적인 문화를 대표하는 낮은 존중감은 합리적인 단기-개입의 영역 밖에 있다. 따라서 Hackler는 4단계, 즉 타인들이 자신을 비행-성향의 사람으로 지각한다는 소년의 지각에 초점을 맞추기로 결정하였다.

프로그램이 어떻게 소년에 대해 바람직한 지각을 하도록 구성될 수 있을까? Hackler는 두 개의 접근법을 선택하였다: '작업 집단(work group)' 경험과 '자동학습기 검사(teaching machine testing)' 경험. Seattle에서 살고 있는 약 240명의 어린 소년들(13~14세)이 공공주택 프로젝트(housing projects)에서 '작업 프로그램' '자동학습기 검사 프로그램' 또는 비-처치 통제집단 중 하나에 무작위로 할당되었다. 이 경험 프로그램들은 자기-보고식 질문지에 의해 평가되었는데 태도에 영향이 없었으며, 프로그램 후 비행에 대해 확실한 효과가 없었다. 비록 자료가 취약하지만, 작업 프로그램을 실행한 고-위험 사례들(교사, 부모 및 또래들에 의해 '나쁜' 소년들로 평정된)은 고-위험 통제집단에 비해서 프로그램 후 더욱 열악한 상태를 보여주었다.

이들 프로그램들에서 특별한 것은 무엇인가? 중간적 태도들과 종국적인 행동에 영향을 미치는 것에 실패한 개입 과정들의 세부적인 내용들은 무엇인가? 자동학습기 프로그램은 명백하게 교정 교육 프로그램으로 설계된 것은 아니다. 그보다는 소년들이 자동학습기 검사를 받고, 교사에게 그들이 이 학습기의 흥미로운 점 그리고/또는 유용한 것을 발견했는지 여부를 그리고 이 학습기를 가지고 속이는 방법을 발견했는지 여부를 이야기한다. '교사'는 좋은 학업 수행에 대해 소년들에게 보상하지 말도록 지시되었다. 작업 프로그램은 성인 지휘자의 감독 하에 지역사회 청소 프로젝트(예: 공원)에 참여하고 있는 소년 집단들을 포함하고 있었다. 감독자는 직접적인 보상 유관성들이 감독자가 소년들을 책임감이 없거나, 게으르거나 또는 부적격하다고 생각하고 있다고 믿도록 유도할 수 있기 때문에, 좋은 작업 수행에 대해서 직접적인 보상을 하지 않도록 지시되었다.

전체적으로, Seattle 프로젝트에서 사용된 것보다 행동적 영향에 덜 직접적인 접근법을 상상하는 것은 어려울 것이다. 뒤늦게 알게 되었지만, 이들 프로그램들은 부적합한 방법으로 부적절한 중간 목표에 초점을 맞추고 있었다는 것이 명백했다. 지금까지도, 이 프로젝트는 효과 없음의 증거로서 끊임없이 거론되고 있다. 아마도 아노미, 낙인 그리고 하위문화이론은 효과적인 개입 프로그램들을 설계하기에 부족하다는 것을 실제로 보여 주고 있는 것 같다.

우리는 1960년대의 사회학적 개념을 직접적으로 테스트하고 그 결과를 보고하는 데 있어 추진력, 끈기 그리고 증거에 대한 존중감을 가진 Hackler에게 커다란 빚을 지고 있다. Seattle 프로젝트에서 개입에 대한 높은 수준의 소극성(passivity)은 또한 집단 상호작용 지도 프로그램들에 대한 몇몇 평가에서 명백하게 나타나고 있다. 여기에 사회학적으로 기초한 개입 프로그램들의 어려움이 다소 광범위하게 드러나고 있다. Hackler처럼, LaMar Empey는 소위 Provo 실험의 이론적 논리를 엄격하게 개관했다(Empey & Erickson, 1972; Empey & Rabow, 1961). Stephenson과 Scarpitti(1974)는 다수의 상호작용 지도 집단 프로그램들의 통제된 성과 평가들에 대해 유용한 고찰을 했다. Hackler의 연구 사례들에서처럼, 이들 평가연구들은 범죄심리학에서는 고전이다. Stephenson과 Scarpitti의 결론은 프로그램들이 통상적인 보호관찰보다 더 효과적이지 않다는 것이었다.

집단 상호작용 지도에 대한 평가에서 많은 것을 배울 수 있다(비록 처치과정에 더 많은 관심을 갖기를 바라지만). 우리는 집단 프로그램의 활동들이 반사회적인 방식으로 생각, 감정, 및 행위하는 것에 대한 실질적인 대안들을 제공하도록 구성되고(Agee, 1986; Andrews, 1980; Bush, 1995; Bush & Bilodeau, 1993; Polaschek et al., 2005), 조망-수용(perspective taking), 자기-조절(self-regulation)과 같은 새로운 인지 및 대인 관계적 기술들의 습득을 위한 실질적인 기회들을 제공한다면(Robinson & Porporino, 2001), 집단 프로그램들에 대해 반대하지 않는다. 그러나 집단 상호작용 지도 프로그램의 임상사회학(clinical sociology) 형태는 태도가 실제 개인의 특성이 아니라 집단의 특성이라는 믿음을 핵심으로 하고 있다. 또한 '집단'이 반범죄적 태도를 채택해야만 개인에게 이러한 태도가 전이될 수 있다고 생각했다. 작업자들은 반범죄적 표현을 하는 것보다는 솔직함을 강화하도록 권장받았으며, 반범죄성에 대한 과도한 강조는 '거부자들의 거부(rejection of rejectors)' 조건을 형성할 것이라는 두려움이 있었다. 우리는 반사회적인 젊은이들을 모아 지도를 하면 반범죄적 집단을 구성하리라 희망하는 것은 너무 많은 것을 바라는 것이라고 믿는다. 그것은 관계성 원리에 과도하게 의존하는 것이며, 유관성 원리를 무시하는 것이다. 매우 단순하게 말하면, 그것은 인간 행동의 심리학과 일치되지 않는다.

여전히 많은 프로그램들이, 흔히 인간의 근원적인 선(goodness)에 대한 Rogers 주의적 및 실존주의적 개념들이 뒤죽박죽인 채로 취약하게 구성된 집단역동 원리들의 기초 위에서 실행 중인데(예: Burlingame, Fuhriman & Mosier, 2003; Cordess, 2001; Mobley, 1999), 이것은 사람 또는 집단이 신뢰, 개방성 그리고 비유관적인 가치화(noncontingent valuing)를 경험할 때에만 명확해질 수 있다. Jack Bush(1995)가 동료들인 Brian Bilodeau와 Mark Kornick과 함께 한 연구는 이러한 문제를 관리하는 데에 커다란 진전을 이루어 냈다. 솔직함은 반사회적 인지가 탐구될 때 권장되어야 한다. 이들의 인지적 자기 변화(Cognitive Self Change) 프로그램에서, 판단이 없는 그리고 '상담'이나 '교정'이 없는 절대적인 솔직함은 '생각하는 것 보고하기'가 준비되었을 때 실행한다. 그러나 덜 위험한 인지를 꺼내보는 단계에서는, 모델링과 격려로써 지도가 이루어져야 하며, 존중하고 보호적인 의사소통 원리가 침해받지 않아야 한다.

유관성에 대해 관심을 기울이지 않고 관계성 원리에 집중하는 프로그램들은 방해적이다. 극단적인 유관성 원리를 취하고, 대놓고 이름을 부르기, 굴욕 그리고 모욕에 초점을 맞추는 프로그램들 또한 방해적이다. 친범죄적 사고경향(sentiments) 또는 행동을 보일 때, 큰 소리로 외치거나 모욕하는 것은 효과적인 상호작용의 관계성 또는 구조화 원리와 일치되지 않는다. 인도적 서비스에서는, 사람을 존중, 관심 그리고 배려로써 다루어야 한다.

결국, 재범감소를 위해 위험-상태에 있는 사람의 환경과 그들의 개인적, 대인 관계적, 가족적 그리고 지역사회적 특성을 변화시키는 것을 돕는 것은 현실적인 도전이다. 그것은 마술처럼 일어나지 않으며, 체포되지 않고 법정에도 가지 않으면서 제공되는(다이버전) 우연한 학습 기회를 통해서도 아니며, 배상, 지역사회 봉사 명령 이수 또는 법정에 가거나 사법시스템의 어떤 과정까지 더 나아감으로써[단지 기소(processing), 회복(restoration) 또는 처벌을 통한 '책임'] 제공될지도 모르는 우연적인 학습 기회를 통해서도 아니다. 그것은 관계지향적이며, 환기적이고(evocative), 감성적이며(sensitive), 지지적이지만, 반사회적 방식의 생각, 감정 그리고 행동에 대한 대안들을 제공하기 위해 그 '하위문화'를 너무 존중하는 집단들에서는 발생하지 않는다. 또한 억압적이며 모욕적인 기법들을 사용하는 집단들에서도 발생하지 않는다. 그것은 이웃 지역에 새로운 공원을 조성하거나 새로운 인도적 서비스 기관이 있다고 발생하는 것도 아니다. 그것은 범죄유발적 요인에 초점을 맞춘 잘-개발되고(well-developed), 잘-타당화된(well-validated) 서비스들이 위험한 상태의 개인들과 그들의 가족들에게 제공될 때 이루어진다.

Andrews와 Kiessling(1980: 462-463)의 말을 다시 기술해 보면, 효과적인 재활노력들은 대인 관계적으로 온화하고, 참을성이 있으며, 유연한, 그러나 관습적인 규칙과 절차들에 민감한 작업자들을 수반한다. 이러한 작업자들이 대인 관계적인 지배에 사로잡히지 않고 자신들의 위치에 부여된 권위를 사용한다(즉, 그들은 '확고하면서도 공정하다; 작업자들은 그들 자신의 반범죄적-친사회적 태도, 가치 그리고 신념들을 생생하게 보여 준다; 그리고 범죄자의 반범죄적 행위에 열정적으로 보상을 추가한다. 작업자는 친범죄적 태도, 사고 양식 그리고 행위 방식에 대한 대안들을 제시하고 이를 매력적으로 만든다. 작업자는 범죄자와의 온화한 관계의 상상적인 이점에 의존하지 않으며, 이러한 대안들을 범죄자들이 스스로 발견할 것이라고 가정하지 않는다. 대안들은 언어와 행동들을 통해서 드러나며, 대안의 탐구는 모델링, 강화 그리고 구체적인 지도를 통해서 권장된다(Andrews, Bonta & Hoge, 1990: 36-37). 우리가 '고집 센(pigheaded)' 것일 수도 있지만, 새로운 천년 중 첫 10년의 마지막에 있는 지금, 우리는 위의 말을 한 마디도 바꾸지 않을 것이다. 사실, 전체 단락에 밑줄을 치거나(under line) **굵은 글씨로 표시(bold)**하고 싶다(그러나 우리는 스스로를 통제하며, 단지 'under line'에 밑줄을 치고 'bold'를 굵은 글씨로 표시한다).

행동적 및 사회학습적 접근

제4장(PIC-R)에서 개관한 것처럼 그리고 이 장을 통해서, 처치에 대한 행동적, 인지-행동적 그리고 사회학습적 접근들은 가장 커다란 성공 가능성을 보여 주고 있다. 이것은 단순히 행동적 영향의 기법이 아니다. 이것은 경험적으로 방어할 수 있는 범죄행동 심리학을 제공하는 근본적인 인간 행동에 대한 심리학을 반영한다. 범죄자들은, 인간이기 때문에, 즐거움을 추구하고 고통을 회피하려 한다. 그들의 행위는 상황적으로 유도되고 개인적으로 그리고 대인 관계적으로 매개된 행동의 즉각적인 유관성에 의해 영향을 받는다. 인간 행동의 안정성은, 이러한 유관성들이 성격, 태도, 능력 그리고 무능과 같은 개인적 변인들에 의해서 그리고 부모와 또래와 같은 중요한 타인들에 의해서 유지되기 때문에 분명하다.

PIC-R은 만일 이러한 유관성들 중 일부가 변화될 수 있다면, 범죄행동과 비범죄행동에 대한 유인가와 비유인가의 밀도가 비범죄적 대안들에게 좀 더 유리하게 변화될 것이라고 주장한다. 연구문헌들은 범죄행동의 기회가 감소하도록 이러한 유관성들을 변화시키기 위해 합리적으로 잘 타당화된 많은 프로그램 모델들을 제공하고 있다.

비록 반사회적 태도에 초점을 둔 재활연구들이 거의 없지만, Andrews(1980), Wormith(1984) 그리고 Bush(1995)에 의해서 방향이 제시되고 있다. 일반적으로, 잘 조직화된 범죄행동 및 서비스 실행 모델 내에서 일하고 있는 잘 훈련되고 좋은 슈퍼비전을 잘 받은 준전문가들(paraprofessional)은 명백히 긍정적인 효과를 가져올 수 있다. William S. Davidson 등의 연구는 이러한 측면에서 뛰어나다(Davidson et al., 2001). 그들은 일대일(one-on-one) 행동적 지원 접근법 및 가족 시스템 접근법에서 준전문가들의 교육을 위한 상세한 매뉴얼을 만들었다. 유사하게, Jack Bush(1995)의 인지적 자기 변화(Cognitive Self Change) 프로그램은 연구의 지지를 받는 매뉴얼과 훈련기회들에 의해 지지되고 있다(Henning & Frue, 1996).

서비스 제공과 치료사/지도자 훈련을 위한 상세한 모델들을 가진 집중적이며, 구조화된 기술 발전 프로그램들이 활용가능하다(Bogue, Nandi & Jongsma, 2003; Goldstein & Glick, 1987; Hollin & Palmer, 2001; McGuire, 2000). 마찬가지로, 단기행동적 가족 시스템 접근법들(기능적 가족치료처럼)의 관계성 및 구조화 측면들은 Utah에서 처음 시작한 이후 이외의 많은 장면들에서 수행되어 왔다. 중다체계적(multisystemic) 가족 서비스 또한 South Carolina에서 처음 시작한 것보다 잘 수행되고 있다(제8장을 보라).

인지적-행동적 프로그램들은 성범죄자들(Hanson et al., 2002, 출간 중; Lösel & Schmucker, 2005; Olver, Wong & Nicholaichuk, 2009), 고-위험성 폭력적 범죄자들(Polaschek et al., 2005; Serin, Gobeil & Preston, 2009), 사이코패스(Olver & Wong, 2009; Wong & Hare, 2005) 그리고 여성 파트너를 신체적으로 학대하는 남성들(Babcock, Green & Robie, 2004; Dobash et al., 2000)에게 사용되어 왔다. 현재까지, 연구 증거들은 처치에 호의적이다. 그 이후의 연구들에서는 여성과 어린이에 대한 성적, 신체적 학대를 지지하는 구체적인 반사회적 태도, 가치 그리고 신념들에 대한 상세한 설명들을 제공하고 있다. 성범죄자들 영역에서, 범죄자들의 부인(denial)과 최소화(minimization)에 대해 문서화하고, 조직화하고, 평가하고 있는 Hanson과 Harris(2000)가 진행 중인 연구는 반사회적 행동을 지지하고 처치에서의 진전을 방해하는 '인지적 왜곡(cognitive distortions)'에 대한 보다 일반적인 평가 모델을 제공할 것이다.

성범죄자 연구들은, 중독 분야에서의 진전(Dutra et al., 2008; Irvin et al., 1999)과 함께, 또한 재발예방 접근법의 가능성을 탐구하고 있다(Yates & Ward, 2007). 재발에 대한 인지적, 상황적 초점은 사회적 학습의 조망에서 흥미롭다: 특정 사례들의 고-위험 상황을 확인하고, 그러한 상황들에서의 상세한 인지적, 행위적 전략들을 개발한다. 성 및 일반적 범죄자들의 재발예방에서의 효과성에 관한 평가는 유망한 것으로 보고되고 있다(Dowden et al., 2003; Hanson, 1996).

인지적-행동적, 사회적 학습 입장의 효과적인 서비스들의 설계와 실행에 관한 지식이 폭발직전에 있다는 지표들이 있다. 심지어 전문화된 학교 및 직업 프로그램들 내에서, 재범 감소와 연계되어 있는 집중적이고 구조화된 프로그램이 있다(예: Le Marquand & Tremblay, 2001). 우리는 예방과 재활에서의 발전은 인지적-행동적 접근법들의 발전을 반영할 것으로 기대한다.

우리는 예방과 교정 두 맥락에서 효과적인 프로그램들을 제공할 수 있는 잘 훈련되고 슈퍼비전을 잘 받은 직원들로 구성된 지역사회-기반 인도적 서비스 기관들을 기대한다. 그러한 기관들은 인과응보를 정당하게 고려하는 경찰과 법정으로부터 위탁을 받을 것이다. 지역사회 교정이 확대되면 많은 잘못된 시작과 방법을 재수정하면서, 이러한 기대들이 잘 이루어질 수 있을 것이다.

효과적인 프로그램 사례들이 교재 전반에 걸쳐 기술되어 있다. 효과적인 프로그래밍의 구조적인 요소들은 다음 장에서 좀 더 상세하게 기술한다. 제12장에서는, 통상적으로 진행 중인 프로그램이 '현실 세계'에서 RNR을 준수할 때 긍정적 효과들이 발견될 수 있는지 여부에 특별한 관심을 갖는다. Mark Lipsey(1999)가 평범한 청소년들을 대상으로 한 서비스 및 청소년 사법 환경에서의 196개의 '실무적'이며 '현실 세계' 프로그램들에 대한 분석에서 주의 깊게 보여 준 것처럼, 프로그램들은 '현실 세계'에서 효과를 볼 수 있다. 물론, 가장 큰 효과를 가진 프로그램들은 서비스의 설계 그리고/또는 실행에 개입한 프로그램 평가자들이 있는, 규모가 작으며 잘 통제된 시범사업 프로젝트인 경향이 있다. 우리는 제12장에서 실행 직원들의 선발, 훈련, 임상적 슈퍼비전 그리고 효과크기와 관련된 요인들을 포함하여, 특별히 RNR 준수의 가치에 주목하면서 쟁점을 탐구할 것이다.

기억하기

1. '효과 없음'에서 '효과 있음'으로의 이동은 이념, 전문가적 정체성, 과학 그리고 공공정책이 결합되어 있는 놀라운 이야기다.
   그야말로, 증거는 오랫동안 문제가 되지 않았으나, 이제는 문제가 된다. 그리고 증거에 기반한 실무가 최소한 일부 대학 학과들, 사법, 교정, 과학수사 그리고 지역사회 예방 기관들에서 이상형이 되고 있다.
2. RNR 준수의 긍정적인 효과들은 상이한 유형의 프로그램들, 사람들, 장면들 그리고 방법론적 조건들 전반에 걸쳐 매우 확고하다.
   처치의 효과성은 RNR 원리들 이외의 다수의 변인들에 기인한다. 그러나 이러한 요인들의 설명 이후에도, RNR 원리들은 프로그램 효과성에 대한 주요 설명을 제공하고 있다.

추천 도서

이 책에서 강조한 것보다 더욱 폭넓은 지역사회 조망을 취하고 있는 고찰들에 대해서는, Loeber와 Farrington(1998)의 책, 『Serious and Violent Juvenile Offenders: Risk Factors and Successful Interventions』의 제2부의 제10장, 제11장, 제12장을 읽어 보라.

비효과적인 교정과 관련해서는 Ed Latessa, Francis Cullen 그리고 Paul Gendreau (2002)의 『Beyond Correctional Quackery』를 읽어 보라. Quackery는 자연으로 돌아가려는 욕구, 등산하려는 욕구, 침술에 대한 욕구, 이발에 대한 욕구 그리고 물론 군대-형식의 극기훈련 캠프를 경험하려는 욕구 등과 같은 범죄이론들에 기초하고 있다.

일반적으로, 캐나다 공공안전(Public Safety Canada)(http://www.psepc-sppcc.gc.ca) 및 캐나다 교정국(Correctional Service Canada)(http://www.csc-scc.gc.ca)의 인터넷 홈페이지와 이들의 연구보고서들이 새로운 것과 일어나고 있는 일들에 대한 좋은 정보를 제공해 주고 있다.

Chapter 12

RNR 준수의 생성과 유지: 현실-세계 도전

개입의 효과성에 대한 평가들에서, '서비스의 설계 그리고/또는 실행에서의 평가자 개입'은 효과크기의 증가, 즉 더욱 큰 재범감소와 연관되어 있다. 독자들은 〈표 11-1〉에서 이것을 보았다. 독자들은 또한 RNR 준수의 긍정적 효과가 개입된 평가자들을 통제했을 때조차 유지되는 것을 보았다. 외부 평가자가 있다는 것이 적합한 처치의 효과를 없게 하지는 않았다. 일부 학자는 연구자가 개입되었을 때 효과크기가 더 커지는 것을 처치효과를 인위적으로 증가시키는 증거로서 해석했다. 많은 '평가자-개입(evaluator-involved)' 연구들은 실행직원들에 대한 폭넓은 훈련과 슈퍼비전을 수반하는 일회성 검증 연구들이기 때문에, 이러한 시범 사업들(demonstration projects)은 실제로 무엇이 '외부에(out there)' 있는지를 정확히 나타내지 못한다. 프로그램들은 엄격하게 통제된 시범 사업들에서는 효과적일 수 있지만, 일상적인(routine) ['통상적인(regular)' 또는 '현실-세계(real-world)'] 프로그래밍에서는 덜 효과적일 수 있다.

주의 깊은 훈련과 슈퍼비전은 실제 중요한 요소들이다—이들은 프로그램 완결성과 관계가 있다. Quay(1977)는 30여 년 전에, 널리 알려진 Kassebaum 등(1971)의 교도소 처치프로그램의 실패가 프로그램의 부적합한 개념화 및 실행직원들이 제대로 훈련되지 않았고 처치효과에 대한 믿음이 없었다는 사실에 기인했을 것이라는 것을 관찰하였다. 프로그램의 완결성(또는 '충실성')은 프로그램 모델이 처치 실행직원들에게 하도록 요구하고 있는 것을 그들이 실제로 얼마나 했느냐의 정도를 말한다. 프로그램이 치료적 원리들 및 기법들과 일관된다는

것을 보증하기 위해, 우리는 다음과 같은 유형들의 질문을 할 수 있다:

1. 직원이 처치의 효과성을 향상시키기 위해 선발되고 있는가?
2. 프로그램의 바탕이 되는 이론적 모델이 명확하게 정의되고 있는가?
3. 해야 될 것들이 기록된 문서화 작업이 이루어지고 있는가?
4. 직원이 모델을 따르도록 훈련되고 있는가?
5. 직원이 프로그램을 실행하는 동안에 임상적으로 슈퍼비전을 받고 모니터링 되고 있는가?
6. 프로그램이 적합한 강도로 그리고 설계한 방식에 따라 실행되고 있는가?

Carleton 대학교 자료집에 대한 검토에서는 핵심 교정 실무 및 프로그램 완결성에 대한 다양한 지표들이 결과와 관련되어 있으며, 많은 범죄자 표본들에 걸쳐서도 결과와 관련되어 있음을 보여 주었다([테크니컬 노트 11-1]에 있는 <표 TN 11-1-1>~<표 TN 11-1-4>까지를 보라). 직원 선발, 훈련 그리고 슈퍼비전; 구조화된 프로그램 매뉴얼; 그리고 행동적 영향에 대해 명확하게 구체화된 모델, 이들 모두는 효과크기와 관련되어 있었다. 예외는 중간 목표들의 변화에 대한 모니터링과 소수자들(minorities)에 대한 서비스 시간들이었다. 그러나 프로그램 완결성 요인들을 통제했을 때, 이것은 임상적으로 적합한 처치의 영향을 감소시키지는 않았다.

사실상, 우리는 이전 메타분석에 의해 완결성의 지표들은 프로그램들이 RNR 준수를 고려할 때에만 재범감소의 향상과 연결되어 있다는 것을 알고 있다. [그림 2-7]은, 프로그램들이 RNR을 준수할 때('0'부터 '3'까지 범위를 갖는 제4수준 RNR 준수에서 적어도 '2'점일 때), 효과크기와 완결성 지표들의 합계와의 상관관계가 .29(k = 230)이었음을 보여 주고 있다. RNR 준수 점수가 '0' 또는 '1'을 기록하는 프로그램들에서는 효과크기와 완결성 항목들의 상관관계가 단지 .06(k = 144)이었다.

이것은 무엇을 의미하는가? 이것은 저-위험 사례들을 대상으로 비인지적 행동적인 프로그램 및 목표가 서투르게 선정된 프로그램을 제공하는 '현실-세계'의 프로그램들, 즉 이러한 비-RNR 프로그램들은 아무리 프로그램의 완결성에 많은 주의를 기울인다 해도 재범을 감소시키지 못할 것이라는 점을 의미한다. 이것은 RNR 원리들을 준수하는 '현실-세계' 프로그램들은 직원 구성과 프로그램 완결성에 대한 주의를 통해서 더욱 긍정적인 영향을 향상시킬 것이라는 것을 의미한다.

Lipsey(1999)는 자신의 400건의 청소년 처치 연구들의 자료집으로부터, '연구자 이외의 사람에 의해서 시작되고 슈퍼비전되었으며, 평범한 청소년 서비스 또는 청소년 사법 환경에서 실행된' 연구들만을 선정하였다. Lipsey(1999)는 196개 '실무적인 재활 프로그램들'에 대한 분석에서, "실무적인 '현실-세계'의 재활 프로그램들은 확실히 효과적일 수 있다"(p. 641)는 결론을 내리고 있다.

Petrosino와 Soydan(2005)은 개발자가 평가에 개입한 프로그램의 효과를 탐구한 12개의 메타분석을 검토하였다. 이 중 11개가 개입과 효과크기 간에 긍정적인 상관관계를 보고하였다. 더불어, 이들은 300개의 무작위 실험적 평가들에 대한 양적인 검토를 진행하였다. 평가자가 프로그램 개발자 또는 창안자인 프로그램들을 24개 테스트들에 걸쳐서 평균을 내었을 때, 성공적인 교정 성과 비율이 실험집단에서는 61.75%이었으며, 통제집단에서는 38.25%이었다.

우리는 Lipsey(1999)와는 약간 다르게 '현실-세계' 프로그램을 정의하고 있다. 우리는 일상적인 프로그램들을 많은 수의 사례들을 다루고(예: Lipsey의 연구 표본은 100개 이상의 사례를 포함하고 있었다) 그리고 이들 중 프로그램 평가자가 외부 연구자(서비스 설계 또는 실행 그룹에 속하지 않은 연구자)인 프로그램으로 정의한다. 〈표 12-1〉을 자세히 보면, 일상적인 교정 프로그램들은 결코 적은 표본을 강하게 통제한 시범 사업 프로그램과는 같지 않다. 일상적 프로그램들은 인도적 서비스 요소들을 덜 도입할 가능성이 있다; 이것들은 임상적인 RNR 원리들 준수에 있어서 훨씬 낮은 점수를 기록하고 있다; 매우 소수의 범죄유발적 욕구들을 대상으로 하고 있다; 그리고 직원 선발, 핵심 교정 실무 그리고 프로그램 완결성 요인들에서 훨씬 낮은 점수를 기록하고 있다. 일상적 프로그램들과 시범 사업 프로그램들의 평균 효과크기들이 극적으로 다른 것에 주목하라.

〈표 12-1〉에 커다란 차이가 나타나고 있으나, 큰 쟁점을 다루어 보자. RNR 준수가 어느 정도 현실-세계/통상적 프로그램에서 효과성 증가와 연관되어 있는가? 〈표 12-2〉를 살펴보면, RNR 준수가 세 개 유형의 프로그램 각각의 사례들에서 재범감소의 향상과 연계됨을 알 수 있다. RNR을 준수했을 때, 현실-세계 프로그램들의 평균효과(.09 및 .15)는 시범 사업의 평균효과들(.31 및 .34)에 비해 약하다. 그러나 .09 및 .15의 평균효과는 RNR 준수에서 낮은 점수를 보이는 현실-세계 프로그램들(-.02 및 .04)이 범죄를 증가시키는 것에 비해서는 매우 좋게 보인다. 더욱이, 프로그램 완결성을 향상시킨 프로그램들은 범죄감소를 향상시킬 수도 있다는 매우 실제적인 가능성이 있다(제2장의 [그림 2-7]을 볼 것).

표 12-1 시범 사업들과 일상적 교정들에서의 RNR 원리 준수: RNR 임상적 실무, 직원 구성과 관리, 핵심 실무 및 프로그램 완결성의 원리들

RNR 준수 지표 (k)	프로그래밍 유형			ES와의 상관 (374)
	일상적 (209)	혼합 (118)	시범 (47)	
인도적 서비스 (평균 점수 0, 1)	.65	.77	.98	.24
RNR 임상적 (평균 점수 0에서 3까지)	.82	1.47	2.30	.48
폭 (Breadth) (평균 점수 −3에서 +5까지)	.06	1.01	2.11	.39
직원 선발, 훈련 및 임상적 슈퍼비전 (평균 점수 0에서 4까지)	.43	1.05	1.72	.46
총 핵심 교정 실무 (직원, 개입된 평가자 그리고 표본 크기에 대한 조정 없음) (평균 점수 0에서 7까지)	1.52	1.91	2.32	.20
총 완결성(직원 제외) (평균 점수 0에서 5까지)	1.52	2.91	4.32	.45
평균 효과크기(ES)	.03	.10	.29	.42

주: k = 테스트의 수; 혼합 = 적은 표본 또는 개입된 평가자; 직원 선발 = 관계성 및 구조화 기술에 근거한 직원 선발; ES = 효과크기.

표 12-2 RNR 준수 수준 그리고 시범 및 통상적인 프로그래밍에 따른 평균 효과크기(k = 테스트의 수)

프로그램 유형	RNR 임상적 원리들 준수 수준				ES와의 상관
	0(없음)	1	2	3(전체)	
시범(47)	.01 (1)	.07 (7)	.31(16)	.34(23)	.44
혼합(118)	−.03(30)	−.02(28)	.20(34)	.24(26)	.53
현실세계/통상적 (209)	−.02(93)	.04(71)	.09(34)	.15(11)	.41

주: 혼합 = 적은 표본 또는 개입된 평가자; ES = 효과크기.

'효과 없음(nothing works)'으로부터 '효과 있음(what works)'을 거쳐 '효과가 있게 만드는 것(making what works work)'까지 이어지는 궤적을 기억하라. 후자가 현재 핵심적인 쟁점이다. 연구와 실무 사이를 연결해야 하는 필요성은 고전적인 쟁점이다(Lipsey & Cullen, 2007). 그러나 논의를 계속하기 전에, '시범 사업(demonstration project)'의 효과는 어떻게 설명할 것인가?

이 효과는 일반적인 심리치료 문헌에는 잘 알려져 있는데, 이 문헌에서는 이 효과를 흔히 검토 중인 프로그램에 대한 연구자의 충성(allegiance)의 효과로 부른다. 평가자가 조사 중인 서비스의 설계 그리고/또는 실행에 개입되어 있을 때 개입의 효과가 향상된다는 잘 정립된 사실에 대해서는 두 가지 분명한 해석이 있다(Lipsey, 1995; Petrosino & Soydan, 2005). '냉소적인(cynical)' 해석은 개입된 연구자들이 연구 중인 프로그램의 효과성에 대해 호의적인 방향으로 결과를 부당하게(때로는 모르고) 편향적인 결정을 하거나 행동을 취한다는 것이다. '높은 충실성(high-fidelity)' 해석은 개입된 연구자들이 적법한 방법으로 서비스 제공의 완결성을 향상시키는 단계를 밟는다는 것이다.

우리는 세 번째와 네 번째 해석을 추가한다. 세 번째는, 그들이 평가하고 있는 프로그램에 개입된 평가자들은 교정이 '효과 있다'는 지식과 자신들의 프로그램에 대한 지식이 단순히 더 많을 가능성이 있다는 것이다(그리고/또는 프로그램들에 대한 그들의 평가는 외부 평가자들의 평가보다 더욱 정교하다). Petrosino와 Soydan(2005: 445)은 개입된 연구자들이 '보다 세련된 개입들(smarter interventions)'을 설계하고 테스트할 수 있다고 매우 직접적으로 표현한다. 그들은 범죄자들, 교정 담당자들 그리고 효과적인 교정 프로그래밍에 대해 외부 평가자들보다 훨씬 더 잘 알고 있을 것이다. 네 번째 해석은 개입된 연구자들의 긍정적인 효과가 '편향(bias)' '높은 충실성(high-fidelity)' 그리고 '세련된(smart)' 해석들의 조합을 반영한다는 것이다.

추가적인 증거는 없지만, 우리는 네 번째 해석을 지지하는 경향이 있다. 〈표 12-2〉의 자료들에 대한 재분석에서, 83%(39/47)의 시범 사업들이 RNR의 임상적 원리를 '2' 또는 '3' 수준으로 준수하고 있다. 일상적인 프로그래밍에서 '2' 또는 '3' 수준은 단지 22%(45/209)뿐이었다. 이것은 놀랄 만한 것이다. 일상적 프로그램들 중 78%(164/209)는 인도적 서비스를 전혀 포함하지 않고 있거나, 기껏해야 위험, 욕구 그리고 일반적 반응성 원리들 중 단지 한 가지만 준수하는 인도적 서비스였다. 이것은 주요 위험/욕구 요인들 및 인간 행동에 대한 일반 성격 및 인지사회적 학습(GPCSL) 조망에 익숙한 사람에게는 '세련된 프로그래밍'이 아니다. 교정의 '현실-세계'에서, RNR을 약하게 준수하는 것은 예외라기보다는 규칙이다.

상황은 RNR의 핵심 임상적 원리들을 단순히 따르지 않은 것보다 더욱 열악하다. 〈표 12-1〉에서 보는 것처럼, 일상적 교정 프로그래밍은 또한 직원 선발, 핵심 교정 실무 그리고 프로그램 완결성의 지표들에서 낮은 점수를 기록하고 있다. 일상적 프로그래밍은 매우 '세련'되지 못하고, '충실성'에 있어서도 약하다.

물론, 메타분석들에 대한 논의를 더 할 것이긴 하지만, 이제는 일부 '유명한' 프로그램들의 실행에서 최근의 '실패들'을 눈여겨볼 때가 되었다(Andrews, 2006). 이들 '유명한' 프로그램들 중 일부는 메타분석가들로부터 지지를 받고 있다(이 책의 저자들의 지지를 포함하여).

교정 처치의 최근 실패들에 대한 간략한 사례 연구

California 주의 제안 36호(Proposition 36). California 주는 약물-관련 범죄자들을 수감하는 대안으로 물질남용 처치 프로그램을 후원하였다. 후원자들에게는 실망스럽게도, 초기 평가에서 참여자들의 재범이 증가했다(Farabee et al., 2004). 범죄행동 심리학을 고찰해 온 이 시점에서, 당신은 프로그램의 '실패'와 관련하여 어떤 의문을 제기하겠는가? 아마도 당신은 이들 처치 수혜자들의 위험성 수준, 그들의 범죄유발적 욕구 그리고 처치의 강도와 중간 변화 목표가 위험성 및 범죄유발적 욕구들에 상응하였는지의 여부에 대해 의문을 가질 것이다. 치료자들/상담자들이 관계성 및 구조화 기술과 관련해서 훈련받고 슈퍼비전을 받았는가? 물질남용 처치가 RNR 원리들을 얼마나 준수하였는가?

초기의 보고서에 담긴 내용에 대한 간단한 힌트: 고-위험 범죄자들은 California의 가장 강도 높은 물질남용 프로그램에 대한 접근이 거부되었다. 이미 살펴본 것처럼, RNR 핵심 임상적 원리들을 준수하지 않는 물질남용 프로그램들은 재범감소에 비효과적이라는 것을 상기하라.

Washington 주의 중다-체계적 가족치료(Multi-systemic Family Therapy: MST). MST의 효과는 일상적인 처치 통제와 비교해서 범죄자 재범을 증가시켰다. 확실히, 이러한 실패는 완결성을 이행하는 데 실패했기 때문이었다(Barnoski, 2004). 기능적 가족치료 및 공격성 대체치료(바로 아래에 설명되어 있음)에서의 어려움과는 달리, 이러한 완결성 문제들은, 취약한 성과들에 대한 측정과는 독립적으로, 경험적인 자료가 제공되지 않았다는 것을 주목하라. Petrosino와 Soydan(2005)이 기술한 MST의 효과에 대한 메타분석에 따르면, 일반적으로, MST의 긍정적인 효과는 MST 개발자들이 평가에 적극적으로 개입하지 않았거나, 치료자들이 박사급 수준이 아닐 때에 급격하게 감소되고 있다. 후자는 전문가적 신빙성(professional credential)이 예외적으로 효과성과 연관되어 있다는 점에서 놀라운 것이다. 그러나 개발자 개입의 효과는 이미 잘 알려진 부분이다.

Washington 주의 기능적 가족치료(Functional Family Therapy: FFT). 전반적으로, FFT는 효과가 없었다. 그러나 보다 유능성이 높은 기능적 치료자들(higher-functioning therapists)로부터 서비스를 받은 운이 좋았던 청소년 범죄자들은 재범감소를 보여 주었다. 유능성이 낮은 기능적 치료자들(lower-functioning therapists)에게 지정되었던 청소년 범죄자들에게서는 범죄가 증가하였다. 두 개의 집단을 합했을 때는 전체적으로 효과가 없었다(Barnoski, 2004). 유능성이 높은 기능적 치료자들에 의해 달성된 긍정적 효과들은 유능성이 낮은 기능적 치료자들의 부정적 효과에 의해서 상쇄되었다. 치료자들의 능력은 처치가 실행되기 전에 훈련자들에 의해 평정되었다.

Washington 주의 공격성 대체치료(Aggression Replacement Therapy: ART). 전반적으로, ART는 효과가 없었다. 충실성(fidelity)이 높은 현장에서 달성된 긍정적 효과들은 충실성이 낮은 현장에서 나타난 부정적 효과들에 의해 상쇄되었다. FFT 평가의 사례에서처럼, 수행의 질은 성과측정과는 상이한 방법으로 평가되었다(Barnoski, 2004).

Ohio 주의 복귀준비 시설(Halfway Houses). 평균적으로, 복귀준비 시설 거주자들은 비교집단의 범죄자들에 비해 보다 높은 비율로 재범을 하였다(Lowenkamp et al., 2006). 복귀준비 시설에서의 프로그래밍은 RNR 준수의 다양한 지표들에 대해 독립적인 평정자들에 의해서 평가되었다. 재범을 감소시킨 유일한 복귀준비 시설은 RNR 준수의 점수가 가장 높았던 소수의 시설들이었다.

England와 Wales의 인지 기술 프로그램들(Cognitive Skill Programs). 전체적인 실패에 대한 초기 보고서는 England와 Wales의 시스템 전반에 걸쳐 많은 교정 전문가들과 관리자들에게 매우 실망스러운 것이었다(Rayner, 2008). Claire Goggin과 Paul Gendreau(2006)는 England와 Wales의 대규모 실행 경험과 관련된 '문제들'에 대해 매우 상세한 분석(autopsy)을 실시하였다:

- 위험/욕구 평가들은 일반적으로 이용 가능하지 않았다;
- '치료자들'이 미흡한 훈련과 미흡한 슈퍼비전을 받았다고 보고하였다;
- 회기들이 녹화되었으나, 결코 임상적 슈퍼비전의 일부로서 사용되지 않았다 (테이프들을 전혀 보지 않았다);
- 많은 직원들이 프로그램의 도입에 기분이 상하였다(상황을 부드럽게 이야기하자면);
- 사례 관리와 프로그래밍 간의 연결이 의문스러웠다;
- 매우 높은 탈락 비율;
- 조직의 변동(프로그램 실행 중에 지역-기반 보호관찰 시스템이 국가적 시스템으로 되었다).

New York 주의 추론 및 재활(Reasoning and Rehabilitation: Greenlight 프로젝트). 추

론 및 재활 프로그램의 축약판(Ross & Fabiano, 1985)이 조기 석방(또는 '재입소') 프로젝트의 맥락에서 실행되었다. 또한 물질남용 프로그램도 실행되었다. 효과는 재범의 10% 증가였다(Wilson & Davis, 2006). 몇 가지 두드러진 점들이 있었다. 재소자들은, 토의 또는 동의 없이, 갑작스럽게 교도소로부터 차출되어 프로그램 장소로 이전되었다. 많은 '의뢰인들(clients)'은 시스템에 의해 잘못 취급되는 식으로 프로그램에 참여하였다. 위험/욕구 평가 도구들을 사용하는 것에 대해 아무런 언급이 없었다. 실제로, 물질남용 프로그램 참여는 의무적이었으며, 심지어 물질남용 문제를 가지고 있지 않은 재소자들에게도 적용되었다. 프로그램 직원들은 프로그램 제작자들의 권유를 전혀 따르지 않고 선발되었다. 네 명의 실행자들 중 두 명의 부정적인 성과들이 프로그램 실패에 책임이 있었다.

위에 언급된 프로그램 실패에 대한 간략한 사례 연구들은, 심지어 '효과 있음(what works)'을 감안하여 설계된 프로그램들조차도 자주 제대로 실행되지 못하고 있음을 강하게 시사한다. 현장은 중요한 도전에 직면하고 있다. 이러한 도전을 표현하는 방식은 다양하다. 만일 기관들과 직원들이 범죄예방에 대해 신중하다면, 일상적 프로그래밍은 다음과 같아야 한다:

1. 시범 사업들과 더욱 비슷해야 한다;
2. 높은 수준의 완결성을 갖추고 세련된 프로그램들을 실행해야 한다;
3. 교정 평가 및 처치에 대한 RNR 모델의 임상적, 직원 구성, 관리적 그리고 규범적 원리들을 준수하도록 노력해야 한다.

그러나 '현실-세계'에서는 실행 문제들이 매우 커질 수 있다는 것을 주목하라. 〈표 12-2〉를 다시 보면, 현실-세계 프로그램들 중 단지 5%(11/209)만이 RNR 준수의 점수가 3점이다. 시범 사업들의 사례에서는, 49%(23/47)가 RNR 원리를 준수했다. 〈표 12-1〉의 일상적인 프로그램 칸에 개관한 것처럼, 직원 구성, 핵심 실무 그리고 완결성 평가에 대한 평균 점수들은 역시 낮았다.

주요 문제점

여기에서의 주요 쟁점들은 경험적으로 입증된 인도적 서비스, RNR 그리고 폭(breadth)의 원리들이, 실제로 재범을 감소시키도록, 현실-세계에서 충분히 준수되어 실행될 수 있느냐의 여부다. 간단하게 보일 수도 있으나, 사실, 주요 정책과 조직적인 변화 그리고 원리 준수가 달성되도록 관리자들과 직원들의 많은 노력을 필요로 한다.

이것들에 대해 생각해 보자:

1. 직원들과 관리자들은 많은 교정 당국들을 처벌의 수행자로 여긴다. 응보, 일반 억제 그리고/또는 특별 억제라는 사법 모델들에서, 경찰은 혐의자를 검거하고, 법정은 공정한 제재를 부과하고 그리고 교정 또는 유사한 당국들이 제재를 집행하고 관리한다. 재활을 통한 범죄예방에 대한 기대감이 추가됨에 따라, 교정 당국들과 직원들의 역할이 극적으로 변화한다. 이제 그들은 사법적 맥락임에도 불구하고, 스스로를 인도적 서비스 기관들로 여기도록 요구받고 있다. 직원들은 무슨 생각을 할까?

   "우리의 일은 정당한 방법으로 벌칙을 집행하는 것이다."
   "우리는 사회복지 업무자들보다는 경찰에 더 가깝다. 그리고 그런 것을 좋아한다."
   "우리의 일은 재범을 감소시키는 것이 아니라, 범죄자들이 다음 목적들을 달성하도록 돕는 것이다: (a) 그들이 가치롭게 여기는 것(스트레스 감소, 더욱 커다란 개인적 자유) 그리고/또는 (b) 우리가 가치롭게 여기는 것(그들이 보다 창조적이며, 보다 자기-충족적인 사람이 되도록 돕는 것) 그리고/또는 (c) 나쁜 자들을 가두어 놓는 것."

2. 정신건강 상담자를 직원들로 보유하고 있는 기관들조차도 RNR 개념으로 사고하도록 상담직원들을 이끌어야 한다. 그러나 많은 정신건강 상담자들이 'RNR' 또는 '폭'에 대해 결코 들어보지도 못했거나, 심지어 재범감소를 중요한 목표로 생각하지 않는다. 정신건강 기관 자체는 범죄자들의 존재에 의해 위협을 받을 수 있다. 우리는 상담직원들이 불안을 감소시키고 자존감을 증가시키는 것에 초점을 맞추고 있다고 자주 듣고 있다. 더욱이 사무실에서 벗어나 실제로 가족, 학교/직장 그리고 레저/레크리에이션 등의 '현실' 장면들 내에서 일하는 것을 생각하는 것은 '비전문가적'이라고 판단될 수 있다. 직원들은 무슨 생각을 할까?

   "고객이 나에게 온다. 나는 그에게 가지 않는다(나는 또한 그의 가족, 또래 그리고 선생님들을 찾지 않는다)."
   "만일 그가 약속한 시간에 올 만큼 동기화되지 않았다면, 그와 함께 작업하고 싶지 않다."

"버릇없는 어린 놈이 내가 자기를 위해 해 주려고 하는 것을 고마워하지 않는다."
"그(그녀)는 게으르고, 책임감이 없고, 무심하고 …… 내 전문가적인 관심을 받을 자격이 정말로 없다."

3. 비록 처치 장면에 RNR이 반영되었다 해도, 이를 운용하는 방법은 알지 못할 수 있다. 직원들은 RNR 평가에 대해서 그리고 구체적인 도구들을 사용하는 방법을 배워야 한다. 그들은 RNR에 따르는 서비스 계획을 세우는 방법을 배워야 한다. 그들은 아마도 필요한 관계성 및 구조화 기술들도 배워야 할 것이다. 그들은 자신들이 잘한 일이 계속될 수 있도록 그리고 잘못한 일이 개선될 수 있도록, 피드백과 강화가 필요하다. 그러나 기관 내에 가치-부가적인(value-added) 임상적 슈퍼비전을 제공할 수 있는 수준의 사람이 일하고 있는가?
4. 비록 기관과 기관원들이 모든 일을 다 마쳤다 해도, 보다 넓은 시스템이 개입하기 시작할 것이다. 지방법관이 저-위험 사례들을 프로그램에 회부하는 판결을 하거나, 물질-남용 문제가 없는 사건들을 물질-남용 프로그램에 보내거나, 또는 사이코패스들을 중간-위험 사례들을 위해 구성된 프로그램에 보낼 수 있다. 우리는 이러한 상황을 계속해서 보아 왔다—인원을 채우기 위해 프로그램에 보내진 부적합한 사례들.
5. RNR 프로그램이 성공하려면, 직원에 대한 고려사항(staff considerations)이 매우 중요하다. 만일 관계성과 구조화 기술이 질 좋은 프로그래밍을 위해 핵심적이라면, 세 가지 관리 기능들이 있다. 하나는, 당신의 직원들을 그들이 일하게 될 프로그램에서 필요로 하는 관계성 및 구조화된 기술을 소유했는가에 따라 선발하라. 둘째, 이들 기술에 대해 서비스-전 및 서비스-중에 교육을 시켜라. 셋째, 현장 실무자들에게 질 높은 임상 슈퍼비전을 제공하라. 직원들은 자신들이 어떻게 하고 있는지를 알아야 할 필요가 있다. 그들이 잘하고 있을 때에는 계속적인 강화가 필요하고, 최고 수준으로 실행하지 못하고 있을 때에는 즉각적인 지원이 필요하다.
6. 고-위험 사례들에서 스스로 서비스에 참여하지 않는 자기-선택은 중요한 문제다. 보다 높은 위험성 사례들은 자발적으로 서비스 프로그램에 덜 들어가고, 중간 탈락율도 더 높을 가능성이 있다(Wormith & Olver, 2002). 부분적으로, 자기-선택 요인은 특수한 반응성 요인이다(Andrews, 2006). 그 때문에, 다음의 것들을 포함해서, 몇몇 요소들에 대한 조심스러운 주의가 요구된다: 참여에 대한 장벽 제거, 강점 기르기 그리고 동기유발적 쟁점들에 반응하기. 프로그램 계획수립 시 개인적 자율성을 존중하고 협조하게

하는 것은 매우 중요하다. 임상가들과 교정 업무자들이 자신들이 어떻게 하고 있는가를 알고 있을 필요가 있는 것처럼(위의 5번에서 언급한 것처럼), 고-위험 범죄자들은 자신들의 위험, 욕구 그리고 강점 측정치의 의미와 프로그램을 중도에 그만뒀을 때의 결과에 비해 완수했을 때의 결과에 대한 정보를 제공받음으로써 이익을 얻을 수 있다.

7. 서비스를 직접 실시하는 직원들 중 일부 슈퍼바이저는 자신들이 책임지고 있는 프로그램에 대해 깊은 이해를 하지 못하고 있을 수 있으며, 자질이 훌륭한 직원의 선발과 훈련 그리고 임상적 슈퍼비전에 기초가 되는 관계성 및 구조화 기술을 가지고 있지 않거나 알지 못할 수도 있다. 간단히 말해서, 이것이 재앙(disaster)을 가져오는 비결이다(만일 당신이 재앙을 가져오는 범죄유발적 프로그래밍을 고려하고 있다면). 우리가 검토한 바에 의하면, 교정적 맥락에서 임상적 슈퍼비전은 거의 들어보지도 못했다.
8. 심리학, 사회복지학, 범죄학, 형사사법학 그리고 사회학 분야에서 얼마나 많은 대학들, 학부 프로그램들 또는 대학원 프로그램들이 효과적인 교정처치에서의 역할을 위해 미래의 교정 실무자들 및 전문가들을 양성하고 있는가? 우리는 이 문제에 대한 최근 관련 자료들을 알고 있지 못하기 때문에, 여기에서 답할 수는 없다. 이번 장의 후반부에서, 보호관찰 공무원들을 위한 교육 프로그램의 모델링, 강화, 및 기술훈련의 기본이 기술되고, 검증되고 그리고 교육 중인 공무원들의 역할수행이 기술될 것이다. 효과적인 교정실무를 위한 신중한 준비라고 할 만한 것을 진행하고 있는 대학이 있는가? Cincinnati 대학교는 범죄학과 형사사법학 영역에서 인상적인 사례다. 우리는 캐나다에 있는 Carleton 대학교, Saskatchewan 대학교 그리고 New Brunswick 대학교(Saint John 캠퍼스) 또한 이러한 예비교육을 제공하고 있을 것이라고 생각하고 싶다.
9. 인도적 서비스 제공을 통한 범죄예방을 위해서는 또한 다양한 형태의 정치적 지원을 증진시켜야 할 필요성이 아직 있다. 그러나 솔직히 말해서 자유민주주의 사회에서, 사람들은 다른 무엇보다도 '나쁜 자들'을 잡아들이는 것을 우선시하고, 다음으로는 이들이 인과응보에 따라 고통을 받게 하는 사법 및 교정 시스템을 원할 것이다. 무력화를 제외하고, 범죄예방이라는 복잡한 말들은 허튼소리로 여겨질 것이며, 이러한 심리학적 잡스러운 말은 단지 명예로운 정의를 추구하는 것을 방해할 뿐이다.
10. 위와 같은 요점들의 목록은 RNR 준수 향상을 방해하는 장애물들의 표면만을 겨우 건드렸을 뿐이다. 우리는 이것을 인정하며, 독자들에게 이것에 대해 생각해 보고, 우리가 놓친 것이 무엇인가를 알려 주기를 요청한다.

일상적 프로그램을 향상시키는 평가 접근

교정 및 여타 기관들이 속해 있는 지역사회가 사회적, 인도적 그리고 임상적 서비스들을 제공해서 범죄예방에 어느 정도의 긍정적인 가치를 부여하고 있는가는 주요 쟁점이다. 주류 범죄학 및 형사사법의 반심리학적/친사회학적 의제와 함께 보복적인 인과응보 의제가 1960년대 및 1970년대 미국에서 매우 강화되었고(이러한 증거에 대해서는 제3장과 제13장을 보라), 재활 접근들에 대한 지지는 붕괴되었다. 현재는 보다 수용적인 환경 속에서 범죄예방 프로그래밍을 할 수 있는 가능성이 더 높다.

체계적인 평가는 일상적 프로그래밍을 향상시키는 데 있어 유망한 방법이다. RNR에 기초한 범죄자 평가에 초점을 두는 것은 진전을 이루는 한 가지 방법이다. 또 다른 방법은 진행 중인 프로그래밍의 평가에 대해 체계적으로 접근하는 것이다.

범죄자 평가

30여 년 동안 실무적인 예측이 혁신적으로 변화하였다는 점에는 의문의 여지가 없다. 비구조화된 임상적 판단은 구조화된 평가 접근법들에 비해 너무 취약해서, 비구조화된 위험성 평가의 윤리성이 이제는 심각한 전문가적 쟁점이 되었다. 제10장에서 살펴본 것처럼, 몇 가지 제2세대 도구들은 제3세대 및 제4세대 도구들처럼 단순한 재범예측을 잘하고 있다. 그러나 다양한 범죄유발적 욕구를 표본으로 삼지 않는 제2세대 도구들은 욕구 그리고/또는 폭의 원리를 준수하는 개별화된 처치계획의 수립에 도움이 될 수 없으며, 예측적 타당도 또한 정적인(static) 변인들에 대한 재평가를 통해서는 향상되지 않는다.

제4세대 도구들의 큰 유망성은 이 도구들이 위험, 욕구, 폭, 일반적 반응성 그리고 특수한 반응성에 대한 준수를 향상시킬 것이라는 점이다. 제10장에서 제4세대 도구들이 초기 평가부터 사례관리 계획, 서비스 제공, 재평가 그리고 사례 종결까지의 사례관리 과정을 따르고 있다는 것을 기억해 보라. RNR을 준수하면서 이러한 도구들을 사용하는 것이 재범감소와 연합된다는 증거들이 나타나고 있다(Luong, 2008).

프로그램과 기관에 대한 평가

교정 프로그램 평가 인벤토리(Correctional Program Assessment Inventory: CPAI; Gendreau & Andrews, 2001)는 RNR 준수, 폭의 원리 그리고 많은 처치의 완결성 지표들에 대한 측정법이다. 수년 동안(영원한 것처럼 여겨지는), 제1저자(DAA)와 Paul Gendreau는 효과적인 상담, 확산, 처치 그리고 프로그램 완결성의 쟁점들을 다루어 왔다. 인간이 결과에 주목함으로써(즉, 자신들 행동의 결과와 피드백을 통해서) 세상에서 그리고 그가 속한 자신의 위치로부터 지식을 얻는다는 것은 인지사회적 학습 조망에서 기본적인 것이다. Andrews와 Gendreau의 관심은 일련의 여러 판들의 CPAI들을 출현시켰다. 가장 최신 판은 새 천 년에 소개되었기 때문에, CPAI-2000이라 불린다(2,000번째 판은 아니며, 아마도 단지 여섯 번째일 것이다). 내용은 〈표 12-3〉에 간략하게 소개되었다.

CPAI 사용자들로부터의 피드백은, 기관들에게는 단지 실행해 보는 것만으로도 대단한 학습경험이기 때문에, 대체로 긍정적이었다. 이것은 기관들에게 그들의 프로그램이 무엇에 대한 것인가 그리고 그들이 하고 있는 것을 왜 하는가를 생각해 보도록 요구한다. 이것은 중간 목표들을 범죄행동에 대한 종국적 효과와 연계시키도록 요구한다(그리고 일부 기관들의 직원들은 목표의 유형에 대해서도 결코 생각하지 않는다. 중간 및 최종 목표가 왜 또는 어떻게 연관될 수 있는지도 생각하지 않는다).

기관들은 그들이 항상 해 오던 것이기 때문이거나 하도록 지시받은 것이기 때문에 그들의 업무를 실행한다. 이는 아마도 결과와는 아무런 관련이 없을 것이며, 그들은 어떤 결과가 관심의 대상인가에 대해 아무런 생각이 없을 것이다. "기관이 자금을 가져오고 그리고 나는 과거에 우리가 해 왔고 계속해서 해야 하는 일을 해서 돈을 받아요." 다시 말해서, 범죄행위와 관련된 효과성은 기관의 매일매일의 집행과 흔히 관련성이 없다. 만일 범죄통제가 그들의 목표들 중 하나라고 생각되면 CPAI는 기관(또는 기관의 자금제공자들)에게 관심의 대상이 될 것이다.

표 12-3 교정 프로그램 평가 인벤토리-2000의 채점가능 내용(Gendreau & Andrews, 2001)

B. 조직 문화: 목표의 명확성, 윤리적 기준들, 조화, 직원 이직, 서비스-중 훈련, 자기-평가 그리고 기관 활동 범위에 대한 10개 조사 항목

C. 프로그램 실행/유지: 프로그램 개시, 이해 당사자들과의 가치 일치성, 예비 점검, 직원 구성 및 적격성 유지, 핵심 기술과 태도에 초점을 맞춘 선발, 교육 그리고 임상적 슈퍼비전에 특별한 구체적 주의를 기울이는 관리자들과 직원들의 자질에 대한 10개 조사 항목

D. 관리/직원 특성: 관리 및 직원 경험, 훈련, 기술 수준 그리고 처치 서비스에 대한 태도 및 믿음과 관련된 17개 조사 항목
E. 의뢰인 위험/욕구 실무: 위험, 욕구 그리고 반응성 원리들 준수의 평가를 위한 12개 조사 항목
F. 프로그램 특성: 목표의 폭, 일반적 반응성 그리고 재범예방을 강조하는 RNR 원리들 준수에 대한 22개 조사 항목
G. 핵심 교정 실무: 관계성 기술과 문제해결, 모델링, 강화 그리고 기술 구축에 대한 구조화 기술을 포함하는 핵심 교정 실무 요소들에 대한 45개 조사 항목
H. 기관 간 소통: 중개, 알선, 옹호 그리고 협력에 대한 7개 조사 항목
I. 평가: 프로그램-중 및 프로그램-후 연구 및 모니터링 활동에 대한 18개 조사 항목

CPAI는 현장 실사단들에 의해서 완료되는데, 이들은 (1) 직원, 관리자 및 고객들을 면담하고, (2) 기관 서류들과 사례 파일들을 검토하며, (3) 진행 중인 활동에 대한 인과적 관찰들을 완료하고 그리고 (4) 의뢰인들과의 상호작용에 있어서 직원 관계성과 구조화 기술에 대한 체계적 관찰을 수행한다(〈표 12-3〉의 G 부분을 볼 것). Alexsandra Nesovic(2003)은 그녀의 박사 연구의 일환으로서 CPAI에 대해 처음으로 전체적인 심리측정 평가를 완료하였다. 그녀는 면담과 CPAI의 서면 질문지 방식에 근거한 평정자 간 일치도가 매우 높다는 것을 발견하였다. 척도의 내적 일관성 또한 항목들이 의미 있게 상호 관련된 조합을 형성하는 것으로 나타나 인상적이었다. 그녀는 또한 전문가 및 학생 평정자들이 CPAI에 의해 조사된 내용의 적절성에 감명을 받았다는 것을 발견하였다. 가장 중요한 것은, 그녀가 CPAI의 구성요소 및 전체 점수들이 효과크기와 상관이 있다[전반적으로 상관계수(r)는 .50이었다]는 것을 발견하였다는 점이다.

실제로, 도구의 타당도는 여러 상이한 교정 프로그램들, 교정 장면들 그리고 범죄자 유형들에 걸쳐 인상적으로 나타났다. 예를 들어, RNR 준수와 치료적 완결성은 CPAI를 가지고 평가되었을 때, 가족, 물질남용, 교육/직업 그리고 심지어 신체적 훈련 프로그램들에서도 효과크기와 관련되어 있었다. 타당도는 여성과 남성 범죄자들, 청소년 및 성인 범죄자들, 사법 직원 및 비사법 직원에 의해 운영된 프로그램들 그리고 지역사회 및 거주지 교정 장면들에서도 명확하였다. 그러나 Nesovic 연구의 타당도는 메타분석들에 기초하였기 때문에, 이 저자는 많은 유실된 자료들을 가지고 연구해야 했다. 진행 중인 프로그램들에 대해 수행된 연구들은 앞으로 연구에 사용될 보다 완전한 CPAI를 가지게 만들 것이다.

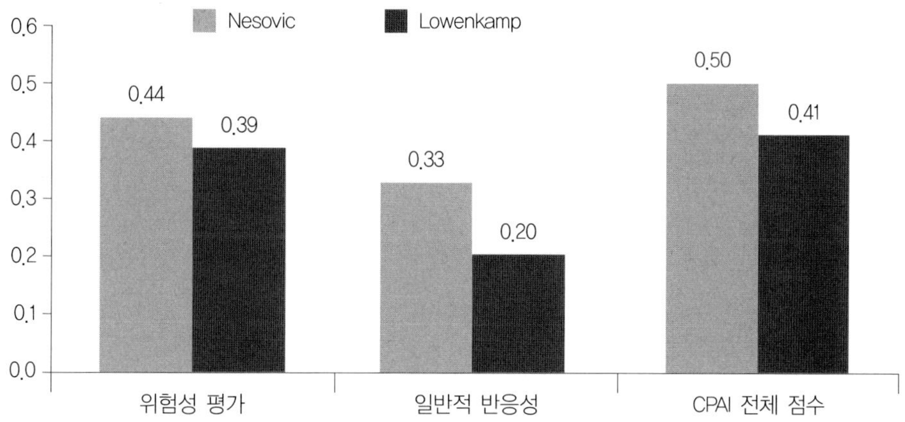

[그림 12-1] 효과크기와 CPAI의 상관관계: CPAI 위험성 평가 항목들, CPAI 일반적 반응성 항목들 그리고 CPAI 전체 점수

Chris Lowenkamp(2004)는 CPAI를 이용하여 Ohio 주에서 37개 복귀준비 시설(halfway house)들을 조사하였다. 또한 Lowenkamp는 Cincinnati 대학교의 Ed Latessa 및 다른 연구자들과 함께, 16개 지역사회-기반 교정시설들을 조사하였다. 그들은 친절하게도 우리와 자료를 공유한 바, 총 13,221명의 범죄자들을 대상으로 연구하였다—지역사회 교정처치 시설들에 대해 실행된 그때까지의 연구 중 가장 규모가 큰 연구. [그림 12-1]은 Nesovic과 Lowenkamp의 연구들에서 보고된 효과크기와의 상관관계를 보여 주고 있다. 전반적으로, CAPI 전체 점수들은 더 많은 재범감소와 연관되어 있었다. 위험/욕구 평가 및 일반적 반응성(영향에 대한 인지사회적 학습 전략들)을 표본 조사한 항목들에 대해서도 동일한 결과 패턴들이 발견되었다. 특히 위험/욕구 평가 결과들은 교정처치 연구들에서의 커다란 틈을 메우기 시작하였다. 위험/욕구 평가의 예측타당도는 수년 동안 알려져 왔다. 우리는 현재 위험/욕구 기법을 채택한 기관들이 공공안전을 향상시킨 증거를 보고 있다.

효과적인 교정 슈퍼비전 및 처치에 대한 훈련 접근법

RNR의 일반적 반응성 원리의 준수로써 효과적인 실무를 상세하게 기술하기에는 불충분하다. 단순하게 행동적 및 인지사회적 학습 절차들을 사용한다고 말하는 것으로는 프로그램 계획자들과 관리자들에게 충분한 지침을 제공하지 못한다. 이것이 조직적 원리들의 하위 조합이 RNR 모델의 일부가 되는 이유다(제2장). 원리 14는 기술과 역량의 두 개의 핵심적 조합들을 구체화한다. 관계성 요인들과 구조화 요인들의 기술 조합들은 GPCSL 이론에 기초하고 있지만, 이것들은 매우 실무적이다. 교정 종사자들과 관리자들이 언제 기술이 사용되는지 그리고 언제 그렇지 않는지를 인식하게 되는 것이 가능하다. 이것들은 충분히 명료해서 학부생들도 약간 연습하면 교정 실무자와 범죄자 사이의 상호작용을 관찰할 수 있으며, 핵심 교정적 실무 원리 준수의 관점에서 상호작용을 '채점' 할 수 있다. 실무들에서는 직원 및 자원봉사자의 선발, 서비스를 제공하는 인력의 훈련 그리고 서비스 제공에 책임이 있는 사람들에 대한 임상적 슈퍼비전 등의 핵심적인 관리 업무를 위한 지침이 제공된다.

프로그램들이 원리 준수에 따라 평정될 때 덜 성공적인 프로그램과 더 성공적인 프로그램들이 차별화될 수 있다는 것을 이미 보았다. [자료 노트 11-1]에서 기술된 핵심적 실무적 요소들의 존재가 재범감소와 연관되어 있다는 내용을 기억해 보라. 〈표 11-C〉는 핵심적 실무 원리를 준수하는 것이 청소년 및 성인 범죄자들, 여성 및 남성 범죄자들 그리고 백인 및 유색 인종들에게서 성공적이라는 것을 증명해 주고 있다. 이번 장을 시작할 때, 여러분들은 일상적 프로그래밍과 시범 사업들 간에 핵심적인 교정적 실무의 준수에서 차이가 있다는 것을 보았다.

효과적인 프로그램의 사례들은 교재 전반에 걸쳐 기술되어 있다. 우리는 보다 많은 자료들이 아니라 효과적인 교정 상담의 모습과 느낌을 도출하기 위한 내용으로 이 장의 이 부분을 마무리한다.

효과적인 교정상담의 차원: 효과적인 모델링 및 강화의 '내용과 방법'

교정 실무자의 중요한 역할은 의뢰인에게 반-범죄적 모델로서 그리고 의뢰인의 반범죄적 표현 및 노력에 대한 강화의 원천으로서 작용하는 것이다. 이것은 가족치료사들의 관계성 및 구조화 역할, 부모들의 양육 및 훈련 역할 그리고 선생님의 의사소통 및 교육적 역할들과 일치된다. 우리는 어떤 특별한 프로그램 또는 기법의 적용에 대해서 이야기하는 것이 아니라, 보호관찰 및 가석방 관리자들, 사례 관리자들, 청소년 선도원들 그리고 거주지 장면들에서의 직원들이 반사회적 개인들과 상호작용하는 방법에 대해 말하고 있는 것이다. 다음의 언급들로부터 도출된 매뉴얼도 청소년 보호관찰 대상자들과 일대일로 직접 접촉하는 시민 자원봉사자들의 훈련을 지원하기 위해 마련되었다(Andrews, 1979). 또한 다음의 언급들은 비자발적인 의뢰인들을 취급하는 보호관찰 관리자들을 위한 Chris Trotter(1999, 2006)의 지침들과 일치된다. 우리는 기관(그리고 기관의 관리자 및 직원)이 재범감소를 목표로 삼는 것을 가치롭게 생각한다는 것을 가정한다. 따라서 기관 직원과 관리자들의 한 가지 책무는 의뢰인들의 반범죄적 표현을 증가시키고 친범죄적 표현을 감소시키는 것이다.

첫 번째 단계는 관리자들과 직원들이 친범죄 및 반범죄적 표현들을 확실히 인식하고 구분할 수 있도록 하는 것이다. 이러한 지식과 기술은, 반사회적 어린이의 부모들이 어린이의 일탈 행위와 비일탈 행위를 구분할 수 있다고 가정할 수 없는 것처럼, 이미 존재할 것이라고 가정할 수는 없다(Patterson, 1997; Van Dieten, 1991). 마찬가지로, 보호관찰 기관들에는 보호관찰 직원들과 자원봉사자들 간 사회화 수준에 있어서 차이가 있으며, 직원들이 보호관찰 대상자들과의 면담에서 반범죄적 표현을 하는 것이 보호관찰 대상자들의 재범과 연계된다는 것을 발견하였다(Andrews, 1980). 상담과 임상적 경험 또한 직원들과 관리자들이 때때로 자신들의 반사회적 태도의 표현에 주의를 기울이지 않는다는 것을 보여 준다. 예를 들어, 일부 직원들이 의뢰인들에 의해 쉽게 강화되는 형사사법 시스템에 대한 냉소주의를 발전시킬 수 있다. 일부 직원들 또는 자원봉사자들은 의뢰인들에게 자신들이 얼마나 '현실적'인지를 보여주고 그들의 수용을 획득하기 위해서 '입에 발린 말(con-talk)'을 사용할 수도 있다.

친범죄적 표현들은 우리가 반복적으로 언급해 왔던 반사회적 태도들/친범죄적 사고경향들(sentiments)을 포함한다: 범죄행동이 용인될 수 있다는 것을 암시하는 구체적인 태도, 가치, 믿음, 합리화 그리고 중화기법들(제7장을 기억하라). 이것들은 다음을 포함한다: (1) 법, 법정 그리고 경찰을 향한 부정적인 태도들; (2) 일반적인 규범 위반 및 특정 법률 위반에 대한 관용; (3) 범죄자들과의 동일시; 그리고 (4) 면죄적 기제(exonerating mechanism)에 대한 지지. 반범죄적 태도들은 다음을 포함한다: (1) 범죄자, 피해자 그리고 크게는 지역사회에 대해서 법률 위반의 부정적인 결과들을 강조; (2) 법규 위반에 대한 '합리화' 또는 '정당화'를 거절하거나 또는 보다 현실적인 한계를 부과; 그리고 (3) 다른 범죄자들과의 연계 또는 그들의 신념체계를 수용하는 것이 위험하다는 표현. 성범죄, 폭력적인 성범죄, 배우자 학대 그리고 일반폭력 등과 같은 특정 범죄행동들은 그러한 범죄 자체에 대한 지지적인 인지와 어휘들을 갖고 있는데 현장 실무자들은 이것들에 대해 반드시 민감해야 한다.

친범죄적 표현들은 다른 범죄자들과의 접촉을 포함한다. 반범죄적 표현들은 다른 범죄자와의 접촉을 감소시키고 다른 반범죄자들과 접촉을 증가시킨다. 친범죄적 표현들은 지속적으로 위험한 상황 또는 환경(예: 오래된 주점 같은 곳)을 피하기보다는 찾는 것을 포함한다. 다음 반범죄적 표현들의 사례들은 범죄행동과 관련된 자기관리 및 문제해결 기술 간의 연계성에 기초하고 있다: (1) 자신의 행동을 점검하고, 자신들의 행동이 얼마나 자신이 가지고 있는 반범죄적 가치와 신념에 부합하는지 또는 자신들이 목표를 얼마나 잘 달성하고 있는지에 대해 판단을 하며 그리고 얼마나 기준에 잘 맞는지에 따라서 '좋다'-'나쁘다'라는 자기-평가적 언급을 하는 보호관찰 대상자; (2) 행동하기 전에 생각하고, 특정 행동의 결과를 생각하기 위해 잠시 멈추는 것; 그리고 (3) 특정 상황에서 대안적 행위 방식의 장점을 생각하는 것. 이 영역에서 친범죄적 표현들은 다음을 포함한다: (1) 자기-관찰, 자기-평가 또는 자기-모니터링의 결여; (2) 기준들에 대해 너무 가혹하게, 너무 느슨하게, 또는 노골적으로 친범죄적으로 평가하는 것; (3) 중요한 문제들에 대해 무감각하거나 부정하는 것; 그리고/또는 (4) 문제상황에서 새로운 행동방식을 생각할 능력이 없는 것.

처치 계획에 따르는 회합에 참석하고, 과제를 실행할 때 또한 반범죄적 표현들을 격려해야 한다. 진행자들은 처치 의뢰인들이 다른 의뢰인들의 반범죄적 노력을 지원하는 것에 대해 특히 주의를 기울여야 한다. 일선 직원들이 의뢰인들의 반범죄적 노력을 무시하거나 심지어 비웃기보다는 지원할 때, 이것이 반범죄적 모델링 및 강화의 본보기가 된다. 직원과 의뢰인 양자가 반범죄적 노력들의 표현들을 지지할 때, 일부 범죄적 힘에 대항하는 치료적 공동체가 생성된다. 교정상담의 이러한 요소들은 집단 및 거주지 프로그래밍에서 명확하게 언급되어야 한다.

두 개의 연구들이 범죄자들과 비범죄자들 간의 사회적 상호작용에서 친범죄적/친사회적 방향성 및 보수-비용 유관성들을 평가하였다. Buehler, Patterson 그리고 Furniss(1966)는 수용시설 환경에서 재소자-재소자 그리고 재소자-직원 상호작용을 직접적으로 관찰하고 행동적으로 분석하였으며, 반면에 Dishion 등(1996)은 13세와 14세 소년들 186명의 상호작용을 촬영하였다. 두 연구는 범죄자들 집단 내 상호작용 유관성들이 친범죄적이라는 것을 강하게 증명하는 것이었다. 규칙-파괴적인 말이 강화되었으며, 친사회적인 말은 범죄자들에 의해서 처벌되었다. 친범죄적 사람들이 집단을 이룰 때, 친범죄적 표현에 대한 차별화된 모델링, 강화 그리고 처벌이 생성되는 '하위문화'와 같은 구성개념은, 친범죄적 사람들이 집단을 이룰 때 친범죄적 표현들에 호의적인 차별적 모델링, 강화 그리고 처벌이 생성된다는 것을 이해하기 위해 필요하지 않다. 자원봉사자, 직원, 및 관리자들이 반범죄적 모델링과 강화의 과정에서 그것들의 가치에 대한 참조 없이 선발되고, 교육받고, 슈퍼비전을 받고 그리고 보상받을 때, 아마도 친범죄적 표현들에 호의적인 유관성들이 유지될 것이라고 예상할 수 있다. 이것은 특히 처치 모델이 자원봉사자, 직원 그리고 관리자들이 친범죄적 표현들에 주목하지 않도록 명백히 요구할 때 그러할 것이다. 반범죄적 집단들 및 거주지들을 생성하는 방법은 반범죄적 표현들의 모델링과 차별적 강화에 따라 비의뢰인들(자원봉사자, 직원 그리고 관리자들)을 선발하고, 훈련시키고, 슈퍼비전을 하고, 보상하는 것이다.

좋은 교정 실무에서, 친범죄적 및 반범죄적 표현들은 표준화된 위험, 욕구 그리고 반응성 평가에 의해서만이 아니라, 특정 개인들에게 적용되는 범죄유발적 요인들 및 상황들에 대한 개별화된 평가를 통해서도 밝혀진다. 우리가 다양한 전문적, 정치적 그리고 이념적 이유들 때문에 좋아하거나 좋아하지 않는 많은 표현들은 전형적으로 범죄유발적이지 않다. 교정 프로그램들은 특별한 완벽성(perfection)의 기준에 따라 '완벽한(perfect) 사람'을 만들어 내려고 시도해서는 안 된다.

많은 표현들은 범죄활동과 관련하여 중성적이다. 범죄적으로 중성적인 표현들은 흔히 친범죄적 표현들과 혼동된다. 그 표현들은 미래의 범죄행동과 어떤 기능적 방식으로 연관되어 있지 않은 생각, 감정 그리고 행동들을 포함한다. 따라서 반대되는 어떤 증거가 없는 상태에서는, 자존감, 정서적 고통에 대한 애매한 감정, 일반화된 불안, 낮은 자신감, 대인 관계적 즐거움과 놀이에 대한 무관심 또는 혼자 있는 것을 선호하는 것 등의 지표들을 중성적인 표현들로 간주해야 한다. 거주지 프로그램의 특별한 문제점은 집에 있기 의무와 일정을 지키는 것에 초점을 맞추는 경향이 있다는 것이다. 따라서 단정한 것, 깨끗한 것, 조용한 것, 기꺼이 화장실을 청소하는 것 그리고/또는 스포츠, 종교, '12단계(12 steps)' 등을 강조하는 특별한 프로그램과 기꺼이 함께하는 것은 지역사회에서의 범죄행동의 기회에 실제로 전이되는 반범죄적 표현들보다 더 관심을 끌 수 있을 것이다.

효과적인 실무자들. 그들의 의뢰인을 성공적으로 대하는 실무자들은 다음과 같다: (1) 그들과 질적으로 높은 관계성을 형성한다, (2) 반범죄적 표현들을 보여 준다(모델링), (3) 의뢰인의 반범죄적 표현들을 인정한다(강화) 그리고 (4) 의뢰인의 친범죄적 표현들을 불허하고(처벌), 반면 동시에 대안들을 보여 준다.

질 높은 관계의 조건들. 질 높은 대인 관계는 모델링과 강화가 보다 쉽게 발생할 수 있는 상황을 조성한다. 그러한 관계에서 중요한 것은 개방적이고, 유연하며, 열정적인 스타일을 갖는 것이고, 그 안에서 사람들이 자신의 의견, 감정 그리고 경험들을 표현하는 자유로움을 느끼는 것이다. 또한 상호 호감, 존중 그리고 보살핌을 필요로 한다. 불용인(disapproval)의 표현은 친절하고, 이해를 표현하며('허위'가 아니라 '진실되게'), 레저 활동의 상호 간 즐거움, 유쾌한 논의, 유머의 사용과 잦은 접촉이 있을 때 의미를 갖는다. 대부분의 질 높은 관계들은 신체적 및 정서적 친밀함의 한계에 대해 동의가 이루어지는 특성을 보인다. 개방성, 온화함 그리고 이해는 이러한 한계 내에서 제공된다.

효과적인 모델링. 효과적인 모델은 다음과 같다:

1. 구체적이고 생생한 방식으로 행동을 보여 준다;
2. 단지 언어적인 설명만을 했을 때는 다소 구체적이면서 상세하게 행동으로 실례를 보여 주도록 주의한다;
3. 행동으로 표현한 것에 대해서는 보상하며, 만약 언어적 표현만을 할 때는 보상에 대해 구체적인 언급을 한다;
4. 모델로 설정된 행동 또는 그와 유사한 행동을 표현한 것에 대해 보상한다;
5. 단지 처벌적 또는 중성적인 사건들의 원천이라기보다는 일반적으로 강화의 원천이다;
6. 그(그녀) 자신과 타인 간의 일반적인 유사성을 확실하게 한다(예: "나도 네 나이 때는 비슷한 문제가 있었어");
7. 다른 사람이 모델링 행동들을 두려워하거나 신뢰하지 못하는 이유가 있다는 것을 인식하며, 따라서 '달인(master)' 방식과는 반대되는 '극복하는 것'을 모델로 보여 준다(직원: "난 성적 때문에 선생님에게 가는 것이 너무 두려웠지만, 정말 두려웠지만, 그녀에게 가서 물어보았어."와 "난 그저 그녀에게 가서…….").

효과적인 강화. 행동적 접근법에 있어서, 일련의 사건들이 모든 경우에 모든 사람들에게 강화물로 기능할 것이라고 믿을 이유는 없다. 따라서 강화를 통해서 행동에 영향을 주려는 사람은 매우 다양한 잠재적인 강화물을 지니고 있어야 한다는 점이 중요하다. 질 높은 관계의 특성들은 그러한 강화물들로 구성된다. 때로는 단순히 눈을 맞추는 것과 경청하고 있다는 것을 보여 주는 진술들만으로도 충분할 것이며, 때로는 보다 구체적인 사건들(함께 영화를 보거나 쇼핑하는 것)이 강화물이 될 것이다. 일반적으로, 우리가 질 높은 관계로 기술하는 것들은 가장 넓게 적용할 수 있는 강력한 일련의 강화물들로 구성된다.

대인 관계 상황에서 수준 높은 강화는 다음 요소들을 포함한다:

1. 보호관찰 대상자가 말하였거나 행동한 것에 대해 강하고, 공감적이며, 즉각적인 방식으로 용인, 지지 그리고 동의를 표현(비언어적 표현, 눈 접촉, 미소, 공유 경험);
2. 동의와 용인의 이유들에 대해 상세하게 설명(즉, 당신이 동의하거나 용인하는 것이 정확히 무엇인지);
3. 지지의 표현은 당신이 일반적으로 행하는 기본적 수준의 지지, 배려 그리고 관심과 구별될 만큼 충분히 강해야 한다;
4. 항목 1, 2, 3보다는 덜 중요하지만, 실무자들의 피드백은 정서적 강도에 있어서 보호관

찰 대상자의 진술과 상응해야 하며(즉, 공감적), 지지하는 이유는 상세해야 되는데 자기-개방을 포함하고 있어야 한다(즉, 개방성).

용인을 언어와 몸짓으로 높은 수준으로 표현하고 용인의 이유를 상세하게 설명하며 피드백을 주는 동안에는 반범죄적 표현들을 실제로 보여 줄 기회가 있다. 보호관찰관들의 용인적인 진술은 보호관찰 대상자가 반범죄적 표현에 포함되어 있는 쟁점들을 좀 더 탐구하도록 부드럽게 캐물으면서 마친다.

효과적인 불용인. 질 높은 관계는 효과적인 모델링과 강화의 기회를 형성하는 것과 마찬가지로, 효과적인 불용인(disapproval) 시에도 필요한 조건들이다. 불용인은 개방적이며 온화한 관계의 맥락에서, 범죄자가 담당 직원과의 추가적인 접촉을 회피하거나 거부할 우려가 적은 상태에서 그리고 의뢰인이 공격적으로 반응할 가능성이 낮은 상태에서 시행한다. 불용인의 표현은 불신과 비호감적인 관계에서보다 개방적이며 온화한 관계에서 더욱 큰 처벌이 된다. 결국, 우리는 '4대 1 규칙'에 따른다: 매 한 번의 처벌에 대해 최소한 네 번의 긍정적인 지지의 진술을 하는 것. 틀에 박히게 엄격하고, 판단적이며 '적당한(proper)' 사람은 회피대상이 되기 쉽다.

대인 관계 상황에서 수준 높은 불용인은 다음과 같은 특징이 있다:

1. 보호관찰 대상자가 말하였거나 행동한 것에 대해 강하고, 공감적이며, 즉각적인 방식으로 불용인, 비-지지, 부동의를 표현(비언어적인 것을 포함: 눈살을 찌푸리는 것 또는 심지어 의뢰인과 당신 사이의 거리를 멀리하는 것);
2. 부동의 및 불용인의 이유에 대해 상세하게 설명(이것은 반범죄적 대안의 모델을 제공하는 기회가 된다);
3. 불용인의 표현은 보호관찰 대상자에게 이전에 제공되었던 관심, 염려 그리고 온화함의 수준과 매우 반대되게 표현한다;
4. 보호관찰 대상자가 반범죄적 행동을 표현하거나 그러한 행동에 비슷해지기 시작하면, 불용인의 수준을 즉각적으로 감소시키고 용인하기 시작해야 한다.

대부분의 교정 대상자들(그리고 대부분의 자원봉사자들과 전문가들)의 관점에서는, 일상의 모든 업무집행에서 형사사법 체계에 대한 맹목적인 지지를 전달하는 것, 어떠한 상황에서도 이성적인 범죄행위는 없다는 개념을 받아들이는 것 또는 "범죄는 결코 갚아지지 않는다"고 말하는 것은 어리석은 짓일 것이다. 동시에, 만일 대상자들과 직접적인 접촉을 하고 있는 교정 실무자들이 체계에 대해 명시적으로 반지지적이고, 범죄활동의 긍정적인 부분에 매혹되어 있거나 법규 위반에 대한 합리화를 받아들이고 있다면, 그들은 효과적이지 못할 것이다. 효과적인 교정 실무자들은 대상자들을 반범죄적 대안에 노출시키고, 형사사법 체계의 특수한 부정적 사례들과 일반적인 이상 간의 차이를 구분할 수 있으며(예: 특별히 비난받아야 할 경찰관과 경찰의 역할 간의 차이), 범죄활동에 대한 상식적인 정당화의 한계를 대상자들과 함께 탐구할 수는 있다.

효과적인 권위의 사용. 대부분의 교정 실무자들은 범죄자들에 비해 권력과 권한을 가진 위치에 있다. 비효과적인 권위의 사용은 규칙을 순응(compliance)하는 것에 대한 모니터링 그리고 위반이 탐지되었을 때 부정적인 제재를 시도하는 것에 달려 있다. 권위 있는 자의 효과적인 방식은 '확고하며 공정한 것'이다. 효과적인 실무는 모니터링뿐 아니라 순응에 대한 존중적인 지도를 포함하고 있다. 우리는 이러한 패턴을 John Braithwaite(1989)의 '재통합적 수치심 유발하기(reintegrative shaming)'라는 생각 중 '수치심 유발하기(shaming)'를 제외한 것과 일치한다고 생각한다.

구조화된 학습을 통한 기술 구축. 학습되어야 할 중요한 기술은 문제-해결 및 인지적 자기-변화를 포함하는 자기-관리의 다른 측면들이다(Bush, 1995). 구조화된 학습의 요소들은 Arnold Goldstein(1986)에 의해 개괄된 다음과 같은 것들이다: (1) 기술의 구성요소들을 상세하게 묘사하는 것; (2) 기술의 구성요소들을 보여 주는 것; (3) 교정적인 피드백과 함께 역할수행을 통해 기술의 요소들에 대한 강화실행을 준비하는 것; (4) 과제를 부여함으로써 학습기회를 확장하는 것; 그리고 (5) 일반적으로, 기술을 향상시킬 기회들을 제공하는 것. 간략하게 그리고 굵은 글씨로 기술하면 다음과 같다:

- **묘사하기(Describe)**
- **보여 주기(Model)**
- **역할 수행하기(Role Play)**
- **강화하기(Reinforce)**
- **교정하기(Correct)**
- **강화하기(Reinforce)**
- **반복하기(Repeat)**

동기화 면담(MI). 이 원리들은 잘 알려져 있으며 다음 모두를 포함하고 있다: 공감 표현, 불일치(discrepancy) 개발, 저항에 대한 유연한 대처, 자기-효능감 지지 그리고 희망 소통. 동기화 면담(Motivational Interviewing: MI)에 대한 언급들과 증거는 매우 강해서, 일련의 핵심적인 교정 기술로 간주되어야 한다.

인지적 자기 변화. 또한 Jack Bush의 4단계 인지적 재구성 방법은 또한 핵심적인 기술로 떠올랐다. 첫째, 당신의 생각과 느낌에 주목하기(생각하는 것들을 선행조건-행동-결과 연쇄관계로 완성시킴으로써 촉진된다). 둘째, 위험한 인지 깨닫기. 셋째, 새롭고 덜 위험한 인지를 연습하기. 그리고 넷째, 진정으로 잘할 때까지 연습하기다.

특정 행동에 범죄의 즐거움이 깊이 존재할 때에는, 동기를 변화시키는 것과 활동의 비용을 증가시키는 것에 대해 작업할 필요가 있다. 행동의 유관성들에 대한 상세한 분석을 통해 반복적으로 타인의 권리를 무시하여 심각한 해를 초래하는 전력이 드러날 때 그리고 합리적으로 유망한 개입 영역이 없다고 드러날 때에는, 사법 전문가들이 담당기관들(법원과 가석방 위원회)에게 자신들의 전반적인 평가 결과에 따라 조언해야 하며, 순수한 인과응보, 무력화 또는 회복적 의미에서 사법이 실행되도록 하여야 한다. 비록 드물기는 하지만, 인도적 서비스가 고-위험 사례들의 재범감소에 기여하지 않는 일부 맥락들이 있다.

지역사회 슈퍼비전에서 전략적 훈련 계획

이 책의 제2저자(JB)는 자신의 캐나다 공공안전부(Public Safety Canada) 동료들—Guy Bourgon, Tanya Rugge, Terri Scott 그리고 Annie Yessine—과 함께, 지역사회 슈퍼비전 시 RNR 원리에 대한 준수를 최대화시키고자 노력하는 보호관찰 공무원들을 위한 훈련 프로그램을 개발하였다. 독자들은 이미 [자료 노트 7-1]을 통해서 이 프로젝트에 대해 소개받았다. 여기에서, 우리는 '효과가 있게' 만드는 것을 둘러싼 실행 쟁점에 대해 좀 더 관심을 가지고 있다.

26개 효과크기 추정치들을 산출해 낸 15개 연구들에 대한 메타분석에서, Bonta 등(Bonta, Rugge, Scott, Bourgon, & Yessine, 2008)은 지역사회 슈퍼비전이 단지 재범을 2% 감소시켰음을 발견하였다. 같은 보고서에서, 캐나다 Manitoba 지역의 보호관찰 공무원과 보호관찰 대상자들 사이의 면담을 녹화한 것을 분석한 결과는, 보호관찰 공무원들이 RNR 모델에 기반한 실행을 거의 하고 있지 않다는 것(예: 저-위험 사례들에 너무 많은 시간을 소비하는 것, 범죄유발적 욕구를 충분히 목표로 설정하지 않는 것, 인지적-행동적 영향 기법들을 부적합하게 사용하는 것)을 보여 주었다. Bonta 등(2008)의 발견이 STICS 프로젝트를 위한 발판을 형성하였다. 이 프로젝트의 목적은 RNR 모델과 일치하는 개입 실무에 대한 훈련을 실행하고 효과성을 평가하는 것이다. STICS의 설계에 있어서, 전반적인 도전은 보호관찰 공무원들에게 유용하게 되고, 응용 측면에서 공무원들을 훈련시키고 그리고 공무원들과 이들이 슈퍼비전하는 대상자들의 행동에 대한 훈련의 영향력을 평가할 수 있도록 RNR 모델을 자세하고 구체적인 행위들로 변환시키는 것이었다.

훈련에 대한 쟁점

범죄자들을 위한 처치 프로그램이든지 또는 우리의 경우처럼, 보호관찰 공무원들을 위한 교육 프로그램이든지 간에, 쟁점들은 동일하다. 프로그램은 이론에 의해 인도되어야 하며, 위험-욕구-반응성의 일반 원리들에 주목하여야 하고, 기술의 유지에 대해 관심을 가져야 한다.

첫 번째 과업은 보호관찰 공무원들에게 보호관찰 대상자들의 반사회적 행위가 보상과 처벌에 의해 유지되고, 개인의 인지와 태도들의 통제 아래에 있다는 메시지를 전달하는 것이다. 만일 보호관찰 공무원들이, 의학적 모델(범죄자들은 병든 것이다) 또는 사회학적 조망(빈곤이 범죄의 원인이다)과는 달리, 이러한 일반 성격 및 인지사회적 학습(GPCSL) 조망을 받아들인다면, 보호관찰 공무원들은 범죄행위라는 결과를 낳은 것과 동일한 과정을 통해서 범죄자들이 친사회적 행위를 배울 수 있다는 생각을 보다 쉽게 받아들일 것이다.

많은 연구들에서 보호관찰 공무원들이 이론적인 관점을 '채택하는 것'의 중요성을 간과해 왔다. 심리치료 문헌들에서는 환자의 문제와 그러한 문제들을 어떻게 극복할 수 있는지에 대한 '설명(explanation)'의 중요성을 오랫동안 인식해 왔다(Wampold, 2007). 심리치료자의 환자들처럼, 보호관찰 공무원들 또한 왜 자신들의 행위와 대상자들의 행위가 변화해야 하는지 그리고 어떻게 그것을 할 수 있는지에 대한 설명이 필요하다. 따라서 훈련 프로그램은, 인지적 재구성, 친사회적 모델링, 강화 그리고 처벌의 힘을 실제로 보여 주기 위한 연습들과 함께 GPCSL을 지지하는 연구를 교훈적으로 제시하고 있다. 더 나아가, 보호관찰 공무원들은 인지가 행동을 어떻게 통제하는가, 보상과 처벌이 미래에 발생하는 사건들에 어떻게 영향을 미치는가 그리고 그에 대해 무엇을 할 수 있는가를 자신들의 의뢰인들에게 가르칠 수 있도록 훈련 받는다.

Canada의 지방 세 곳(British Columbia, Saskatchewan 그리고 Prince Edward Island)에서 80명

의 보호관찰 공무원들이 훈련과 이 훈련에 대한 평가에 자원하였다. 이들은 무작위로 훈련 또는 비훈련 조건에 지정되었다. 위험성 원리의 준수를 향상시키기 위해서, 보호관찰 공무원들은 프로젝트를 위해 오직 중간 및 고-위험 대상자들을 선정하도록 요구받았다. 비록 소수의 저-위험 보호관찰 대상자들이 연구에 포함되었으나 그 숫자는 매우 적었으며, 거의 95%의 대상자들이 중간 및 고-위험 범죄자들이었다.

해당된 세 개 지역 모두 타당한 위험/욕구 평가 도구들을 사용하였으며, 이들 평가들이 개입 목표(예: 반사회적 태도들, 범죄적 친구들, 물질남용 등)인 범죄유발적 욕구들을 확인하는 데 기초가 되었다. 훈련은 의뢰인들의 반사회적 태도의 표현을 인식하는 것 그리고, 이러한 인지와 태도들을 친사회적 태도로 대체하는 인지적-행동적 기법을 사용하는 방법을 매우 강조하였다. 3일 과정의 훈련 중 첫날의 대부분은 위에서 논의한 쟁점에 할애되었다.

반응성 원리의 준수는 보호관찰 공무원들이 대상자들과 라포 및 공동 목표를 형성하는 것과 인지적 재구성, 친사회적 모델링, 효과적인 강화와 불용인의 사용 그리고 다양한 반복 전략들과 같은 인지적-행동적 기법들을 가르치는 것에 대한 연습과 실행을 통해 뒷받침되었다. 보호관찰 공무원들은 남성과 여성 범죄자들을 그리고 흔히 여러 다른 문화 및 배경을 가진 범죄자들을 슈퍼비전한다. 캐나다에서, Saskatchewan 지방과 British Columbia 시골 지역의 범죄자들은 거의 모든 사람들이 원주민들이었다. 따라서 훈련은 성별 문제뿐 아니라 인종과 문화에 대해 주의를 집중하였다(즉, 특수한 반응성).

공무원들에게 가장 어려운 과제는 STICS 훈련의 핵심인데, 인지적-행동적 모델과 인지적 재구성에 초점을 두고 있는 두 번째 날에 있게 된다. 이것은 보호관찰 공무원들이 인지적-행동적 모델의 기초를 배워야 하기 때문에 그리고 자신들의 의뢰인들에게 모델을 제시하고 인지적 재구성 기술을 가르치는 방법을 배울 것이 요구되기 때문에 그들에게는 도전적인 과제다(모델에 대한 설명과 어떻게 학습되는지에 대해서는 [자료 노트 7-1]을 볼 것). 이것은 의뢰인들이 명확하게 이해하도록 만드는 것을 강조한다[예를 들어, '반사회적 사고'는 '줄자(tapes)'로, '친사회적 사고'는 '계산기(counters)'로 불린다]. 집단 프로그램을 이끌어 봤던 소수의 보호관찰 공무원들을 제외하고, 훈련 참가자들은 선생님의 역할을 어려워했다. 그들은 보호관찰 조건을 준수하는 것을 모니터링하고, 자신들의 의뢰인들을 대신하여 사회복지기관에 대응하여 옹호하는 것 그리고 의뢰인들이 고통과 대인 관계 문제에 직면했을 때 지원하는 것을 훨씬 더 편안해했다.

또한 보호관찰 공무원들에게 개별 회합(보통 25분가량 지속)에 대한 구조를 제공하는 것도 중요하다. 대부분의 보호관찰 부서들은 보호관찰 공무원들이 슈퍼비전을 위해서 의뢰인들을 만날 때 그들이 하는 것에 대해 비교적 아무 말이 없다. 유일한 예외는 의뢰인이 보호관찰 조건들을 완수하고 있는 것을 확인하는 것이다. 우리가 앞서 지적한 것처럼, "우리의 일은 공정한 방식으로 형벌을 집행하는 것이다." 보호관찰 공무원들은 각자의 그리고 모든 개인적 회합들을 네 개의 구성요소로 구조화하도록 요구받았다. 첫 번째 구성요소는 5분이 넘지 않는 간략한 '체크인(check-in)'이었다. 그것은 의뢰인과의 업무관계를 강화하고, 의뢰인의 상황에서 즉각적인 주의를 필요로 하는 어떤 새로운 발전이 있었는지를 점검하고, 보호관찰 조건들이 잘 지켜지고 있는지를 확인하는 것을 포함한다. 두 번째 구성요소는 지난 회합을 '검토'하는 것으로, 과제 수행을 포함하고 있다(다음을 볼 것). 이러한 검토는 논의와 이전 주제들의 반복을 통해서 학습을 쉽게 하고, 하나의 슈퍼비전 회합을 다음 회합과 연결시키는 것을 용이하게 하도록 설계되었다. 세 번째 구성요소는 실제로 개입을 하는 것이다. 이것은 인지적-행동적 모델을 가르치거나 역할극 연습을 하는 것(15분 정도)이다. 마지막으로, '과제'(예: 행동을 시도하고 다음 슈퍼비전 회합에서 보고할 정도로 단순한 것)는 새로운 개념들, 기술 또는 친사회적 인지에 대한 학습을 강화시키는 것으로 구성되었다.

마지막으로, 보호관찰 공무원들에게 직원들의 기술을 유지하고 보다 발전시키기 위해서 교육 이후에 임상적 슈퍼비전이 실시되었다. 보호관찰 공무원들은 한 달에 한 번 자신들의 STICS 개념들과 기술들에 대해 토의하기 위해 작은 집단으로 만났다. 훈련자들은 월별 모임에서 실행되는 논의할 구체적인 연습문제들을 주었다. 월별 모임 동안에, 공무원들은 훈련자들과 전화회합을 하였으며, 훈련에 대한 피드백을 제공받았다. 추가로, 시작 단계의 3일 교육으로부터 약 1년 이후에 보호관찰 공무원들은 훈련자들 중 한 사람에 의해 실시되는 1일 과정의 STICS 재교육 워크숍에 참석하였다.

STICS 평가방법론

STICS 평가에 대한 세 가지 핵심 쟁점들이 있었다: (1) 연구설계를 선택하는 것, (2) 보호관찰 공무원들과 대상자들의 행동변화에 대한 평가 그리고 (3) 참여 동기를 유지하는 것. 미래 고객들의 범죄행동의 변화에 영향을 미치는 것으로 가정되는 것이 바로 슈퍼비전 회합 동안의 보호관찰 공무원들의 행동이기 때문에, 이들의 행동에 대한 STICS 훈련의 효과는 특히 중요하다.

연구설계. 개입의 효과를 평가하는 방법에는 많은 상이한 접근법들이 있다. 흔히 무작위 실험(randomized experiment)은 '황금 기준(golden standard)'이며, 사례들을 실험 및 통제 조건에 무작위로 지정함으로써 내적 타당도이 최대화된다. 결론적으로, 연구자들은 독립변인들(예: STICS 훈련)이 원인일 것이라고 확신한다. STICS의 평가에서, 연구에 자원한 80명의 보호관찰 공무원들이 실험(즉, 훈련) 또는 통제집단 중 하나에 무선적으로 지정되었다. 무선 할당은 초기의 동기를 상수(constant)로 두기 때문에 자원자들에 대한 선택은 문제가 되지 않았다. STICS 평가의 이 시점에서, 관심은 동기화된 보호관찰 공무원들에게 훈련이 어떤 영향을 미치는지에 있었다. 만일 성공적이라면, 그때엔 동기화가 되지 않은 보호관찰 공무원들에 대한 훈련이 평가될 수 있을 것이다[우리는 이것이 '실제, 현실 세계(real, real world)'에서의 RNR 모델에 대한 테스트가 될 것이라고 생각한다].

범죄학의 거의 모든 실험들에서 중도 탈락은 문제가 되는데, 이 연구에서도 다르지 않았다. 자원자들을 선발하였음에도 불구하고, 훈련-후 연구를 수행하기 위해 대상자들을 모집하지 않은 28명(18명은 실험조건, 10명은 통제조건)의 보호관찰 공무원들이 있었다. 이는 탈락률이 35%라는 것을 의미한다. 15명의 보호관찰 공무원들이 프로젝트에서 부과하는 추가적인 업무 부담 때문에 참여하지 않았다. 추가로 13명의 공무원들이 대상자들을 모집하기 이전에 새로운 보직으로 이동하거나 개인적인 이유(예: 출산휴가)로 프로젝트로부터 이탈하였다. 직원들의 인사이동은 '현실 세계'의 프로젝트에서 매우 실제적인 걱정거리다. 훈련-후 자료를 제출하지 않은 28명의 공무원들에 더해, 추가적으로 일곱 명의 공무원들이 훈련-후 자료를 제출하였으나, 새로운 직장 또는 육아휴직과 같은 이유로 인해서 일찍 프로젝트 참여를 끝냈다. 그러나 프로젝트에 남아 있는 직원들과 다양한 이유로 이탈한 사람들을 분석한 결과, 개인적-인구통계학적 특성들에서는 차이가 없었다.

차단된 곳에서 진행되고 있는 것에 대한 조사

훈련의 효과를 평가하는 것은 직접관찰, 자기-보고 그리고 범죄행동에 대한 공식적 기록들을 통해 보호관찰 공무원들과 그들 의뢰인들의 행동을 측정하는 것으로 구성된다. 보호관찰 공무원의 행동을 평가하기 위해서, 그들에게 새로운 의뢰인이 지정되었을 때, 3개월 동안의 슈퍼비전 이후에 그리고 다시 대략 6개월 동안의 슈퍼비전 이후에 그들 간의 회합을 녹음하도록 요청하였다. 두 명의 훈련된 채점자들로 구성된 팀들이 상세한 코딩 지도를 받은 후에 각 녹음된 회합을 평가하였다. 채점자들은 구체적인 행동(예: 초기 위험성 평가에서 확인된 범죄유발적 욕구에 대한 논의)들의 빈도뿐 아니라, 공무원들의 구체적인 기술과 개입의 질(예: 능동적인 청취 기술 및 인지적 재구성 개입의 사용)도 평가하였다.

녹음과 더불어, 실험집단이 훈련 프로그램에서 사용했던 기술들을 얼마나 잘 학습했고 적용했는지를 평가하는 다른 방법들도 사용되었다. 예를 들어, STICS 훈련관들은 3일 훈련이 끝나고 즉시 그리고 다시 1년 후에 그들의 이해, 기술 그리고 STICS 개념과 기술을 사용하는 능력들을 평가받았다. 보호관찰 공무원들은 또한 훈련 이전에 그리고 다시 훈련 3개월 이후에 GPCSL 조망과 RNR 원리들에 대한 지식을 검사하는 지필 질문지(paper-end-pencil questionnaires)에 응답하였다. 훈련이 끝나고 대략 1년 후에는 소비자 만족도 질문지 검사를 받았다.

프로젝트 전념

참가자들을 연구 프로젝트에 유지시키는 것은, 특히 STICS와 같이 장기간이며 부담이 있는 프로젝트들에서는 도전적인 일이다. 프로젝트 수행과 프로그램 완결성의 한 가지 측면은 관리자들의 지원이다(〈표 2-1〉의 원리 15를 볼 것). 따라서 자원한 일선 공무원들을 관리하는 모든 관리자들은 3일 교육에 참가한다. 이것이 관리자들에게 의무사항이며 부분적 참가는 불가하다는 것이 보호관찰 최고책임자들(Directors of Probation)에 의해 명확하게 전달되었다. 세 번째 훈련관 역시 훈련 시 연습과 역할수행을 통해서 관리자들을 이끌어 갔다. 관리자들의 참가는 훈련 동안에 그들의 직원들을 지원했을 뿐 아니라, 직원들이 배운 것을 현장에 돌아가 실행할 때 추가적인 이점을 가져왔다. 관리자들은 연구자들이 공무원들에게 부과하는 요구사항들을 더 잘 인식하고 있었으며, 연구참여를 용이하게 하도록 직원들의 업무 부담을 조정하기 위해 자주 직원들과 함께 작업하였다.

훈련집단이 프로젝트에 전념하도록 격려하는 것은 e-메일, 전화접촉 그리고 평가자들에 의해서 진행되는 월별 임상적 슈퍼비전을 통해 이루어졌다. 통제집단에 지정된 직원들의 전념을 격려하는 것은 더욱 도전적인 일이었다. 자신들이 통제조건에 지정되었다는 것을 담당 공무원들이 일단 알게 되면, 연구에 참여하는 동기가 의미 있게 감소할 수 있다는 것은 명백했다. 따라서 참여를 위한 세 가지의 유인책이 도입되었다. 첫째, 모든 통제집단의 보호관찰 공무원들은 반나절의 특별 세미나에 함께 초청되었다. 이 세미나에서는 보호관찰 공무원들에게 '효과 있음'에 대한 문헌, 연구요건들 그리고 무선할당의 중요성에 대한 개괄적인 설명을 들었다. 범죄자 재활연구에 대한 개관을 제공함으로써, 만약 보호관찰 공무원들이 이전에 실행하지 않았을지라도 특정 교정실무에 관여할 수 있는 가능성을 다루었다. 둘째, STICS 연구팀은 이 연구에 대한 그들의 질문들에 답하기 위해서, 그리고 평가에 있어서 그들의 중요성을 반복하기 위해서 통제집단과 두 달 간격으로 전화회합을 개최하였다. 마지막으로, 통제집단에서 결과가 긍정적으로 나타나면 3일간의 훈련을 약속하였다.

현재까지의 결과

이 책을 집필하고 있는 시점에서, 프로젝트는 아직 진행 중이다. 그러나 영상 촬영된 자료를 분석한 결과, STICS가 보호관찰 공무원들의 행동에 의미 있는 영향을 미치고 있음을 보여주고 있다. 분석을 위해 총 295개의 활용 가능한 훈련-후 영상기록들이 있으며, 상당수의 훈련-후 기록들은 첫 슈퍼비전 회합(n = 140)부터 이후 3개월(n = 93) 그리고 6개월(n = 62) 후 회합에서 나온 것들이었다.

개입기술의 질적 변인들은 네 개의 구성요소들로 나누어진 개별적인 음성기록들을 코딩한 항목들을 평정하여 계산하였다. 이것들은 **구조화 기술들**(Structuring Skills; 예: 체크인 수행, 지난 회합 검토 등), **관계형성 기술들**(Relationship Building Skills; 예: 협력적인 작업 관계 형성), **인지적 기법들**(Cognitive Techniques; 예: 친범죄적 태도에 초점을 두는 것, 인지적 재구성) 그리고 **일반적인 행동적 기법들**(General Behavioral Techniques; 예: 문제-해결, 리허설, 강화 및 불용인의 사용 그리고 모델링)을 포함하고 있다. 평균적으로, 담당자와 고객 간 슈퍼비전 회합들은 약 25분간 지속되었다.

일반적인 행동적 기법들을 제외한 모든 구성요소들에서 의미 있는 차이들이 발견되었다(대부분의 보호관찰 공무원들은 어떤 특별한 훈련을 할 필요 없이 친사회적 모델링과 강화에 일반적으로 매우 우수한 것 같다). STICS 집단의 공무원들은 통제집단과 비교하여, 구조화 기술, 관계 형성 기술 그리고 인지적 기법들을 의미 있게 많이 사용하는 것으로 나타났다. 예를 들어, STICS 보호관찰 공무원들 중 70%가 인지적 기법들을 사용했던 것에 비해 통제집단은 단지 5%만이 이 기법들을 사용하였으며, STICS 보호관찰 공무원들은 슈퍼비전 회합 시 확인된 범죄유발적 욕구에 대해 논의하는 시간 비율이 더 높았다(61% 대 45%). 더 나아가, 반사회적 태도에 대한 논의 빈도는 STICS 보호관찰 공무원들의 회합에서 더 높았다(45.2% 대 17.9%).

요약

일반적으로 연구들은 교정 시스템들이 재활을 통해서 재범을 감소시킬 수 있으며 그리고 RNR 원리들이 효과적인 교정개입을 설계하고, 이행하고, 평가하는 데 지침이 될 수 있음을 분명히 하고 있다. 그러나 이러한 원리들을 매일매일의 실무에서 사용하는 데, 그러한 서비스들의 완결성을 유지하는 데 그리고 원리준수를 확보하는 데 상당한 어려움이 있다. 이들 도전들 중 일부는 STICS의 설계, 이행 그리고 평가 과정에서 다루어졌다.

보호관찰 공무원들이 의뢰인들의 변화를 용이하게 하기 위해 무엇을 할 수 있는가에 대해 그리고 이것을 어떻게 할 수 있는가에 대한 훈련 프로그램을 개발하는 데 있어서, 서비스들이 RNR 원리들을 준수하였다는 것을 확실하게 하는 것이 중요하다. 그중 범죄유발적 욕구원리가 특별히 중요하다. STICS 훈련은 친범죄적 태도와 인지를 목표로 선정하고 이들 태도와 생각을 변화시키기 위한 특별한 기술과 개입을 사용하는 것에 초점을 맞추고 있다. 더욱이 STICS 모델은 담당 공무원이 다양한 의뢰인들에게 넓은 영역의 범죄유발적 및 비범죄 유발적 욕구들을 다룰 수 있도록 충분한 융통성이 있었다. 훈련에는 인지적-행동적 모델이 적절하다는 것을 담당 공무원에게 설득하기 위한 증거 그리고 이어서 공무원이 어떻게 고객을 설득할 수 있는지에 대한 증거를 제시하는 것을 포함하고 있다. 모든 기술, 개념 그리고 개입은 단순하고, 명확하며 그리고 인지적-행동적 접근법에 따라서 반응성 원리를 준수하도록 구체적으로 설계되었다. 더 나아가, 훈련은 담당 공무원들에게 슈퍼비전 및 개별적인 공무원-의뢰인 회합을 위한 명확한 구조를 제공하였다.

비록 프로그램을 설계하는 것이 하나의 도전이지만, 일상적인 실무 속에서 이것을 이행하는 것은 또 다른 도전이다. 의도한 대로 담당자들이 서비스를 제공하도록 교육하는 것, 서비스 이행의 완결성을 확보하는 것 그리고 직원들의 기술과 전념을 유지하는 것은 매우 중요하다. STICS 프로젝트는 타당한 위험/욕구 평가 도구들과 담당 공무원-의뢰인 상호작용의 구조화에 기초해 고-위험 및 중간-위험 대상자들을 선발하여 RNR 원리를 준수하였다. 월별 임상적 슈퍼비전 모임과 재교육 워크숍은 STICS 기술과 개입의 유지를 용이하게 하였다. 담당 공무원-의뢰인 회합의 녹음 기록들은 담당자의 '비공개된' 행동을 평가함으로써 완결성을 평가하는 수단을 제공하였다.

마지막으로, 재범감소 노력에는 매우 중요한 많은 방법론적 도전들이 따른다. 사용된 연구설계의 유형, 어떤 요인들이 측정되었는가 그리고 이들 요인들이 어떻게 평가되었는가 뿐만 아니라 전반적인 '오염'의 수준(예: 탈락, 무선화의 실패)이 연구의 내적 및 외적 타당도에 영향을 줄 것이다. STICS의 중요한 초점은 슈퍼비전 회합 동안의 보호관찰 공무원의 행동이었으며, 이것이 의뢰인에게 영향을 주는 것으로 가정되었다. 공무원들은 무선적으로 실험 또는 통제 조건에 지정되었다. 직접적인 관찰, 공식적 기록들 그리고 자기-보고 측정치들이 공무원들 및 고객들에 대한 상세한 사전 및 사후 훈련 자료를 제공하였다. 프로젝트에 대한 전념은 관리자들의 조기 개입, 프로젝트 전반에 걸친 담당자들과의 규칙적인 접촉 그리고 담당 공무원들과 의뢰인들 양자에 대한 유인책 제공을 통해서 고취되었다.

즉, STICS는 '효과 있음'의 지식을 효과적이며 지속가능한 매일매일의 실무로 변환시키려고 시도하는 종합적인 프로그램이다. 슈퍼비전 회합 동안의 담당자 행동과 관련된 결과들은 고무적이다. 이들 자료는, STICS-훈련을 받은 공무원들이 통제집단과 비교해서 의뢰인들과의 상호관계 동안에 의미 있게 보다 많은 그리고 질적으로 우수한 핵심 교정적 실무를 행하고 있다는 것을 보여 주었다. 곧 연구자들이 공무원의 행동 변화가 의뢰인의 태도, 행동 그리고 최종적으로 재범에 끼치는 영향을 평가할 수 있을 것이다. 전반적으로, STICS 프로젝트가 실증적 지식을 현실 세계의 지역사회 교정으로 어떻게 효과적으로 전환시킬 수 있는가에 대한 통찰을 제공할 것으로 희망하고 있다.

일상적인 프로그램-시범 사업 간 위험-욕구 평가의 타당도 차이: 타당도 연구에서의 연구자 개입

특정한 평가 도구들의 예측적 타당도에 대한 메타분석적 연구들에서 타당도 추정치들은 연구-간 차이가 있다. 물론, 차이들의 잠재적인 원천들은 통상적으로 '의심스러운 것들'이다. 이들 잠재적 원천들은 범죄자의 특성들, 즉 연령, 성별, 인종 그리고 사회-경제적 환경뿐만 아니라, 성격과 경로(생애지속형 대 청소년기-제한형)에 따른 하위 그룹 간의 구분을 나타낸다. 다른 가능성들은 예측되는 반사회적 행동(보호시설에서의 위법 행동 대 재범, 일반적 대 폭력적 재범, 덜 심각한 대 더 심각한 위법행동)의 본질에 있다. 심지어 선택된 특별한 타당도 측정법이 중요할 수도 있다[예: AUC 추정치가 상관계수(*r*) 추정치보다 기저율의 변화에 덜 민감하다]. 또 다른 잠재적 요인은 추적 기간이다. 매우 짧은 추적 기간은 고-위험 사례들이 잠재성을 드러내기에 충분한 시간을 제공하지 못할 것이다. 매우 긴 추적 연구들은, 범죄자들의 역동적인 요인들이 변화되었을 수 있기 때문에, 역동적 위험 요인들의 타당도를 감소시킬 수 있다. '가장 훌륭한' 추적 기간은 중간 정도 길이의 기간이 될 것이다.

중요한 요인은 도구의 타당화에 있어서의 연구자의 충성(allegiance) 또는 연구자의 개입(involvement) 요인일 수 있다. 효과적인 프로그래밍의 경우에서처럼, 네 가지 가능성이 있다. '냉소적(cynical)' 해석은 실험자 편향('무의식적' 그리고/또는 '의도적')을 시사한다. 두 개의 다른 해석들은 '보다 세련된 도구들/보다 세련된 평가들(smarter instruments/smarter evaluations)'과 '충실성(fidelity)'(평가자 교육 및 슈퍼비전과 높은 질을 확보하기 위한 절차들의 도입 등을 통한 높은 실행 완결성)으로 묘사된다. 처치 연구에서, Mark Lipsey는 연구자의 충성을 '완결성(integrity)'을 대체하는 것으로 보는 경향이 있다. 처치 영역에 대한 우리의 연구는 완결성 고려사항들이 충성이 기여하는 대부분을 설명했지만, 냉소적인 해석이 일부 작은 기여를 할 여지가 있다는 점을 입증하였다. 우리가 알기에는, 이 문제는 평가의 타당도 영역에서는 체계적으로 탐구되지 못했다.

최근에, 우리는 여성 범죄자들에 대한 LS 위험/욕구 평가의 예측타당도 추정치들에서의 차이의 원천을 탐구하였다. 일련의 메타분석들은 12,505명의 여성(소녀와 성인 여성)을 대상으로 한 41개 타당도 추정치들을 포함하고 있다. 상관계수(r)의 중앙값은 .35이었으며, 평균 r은 .36(CI = .31에서 .41)이었다. 평균 추정치는 실제로 Smith 등(2009)의 추정치와 동일하다. 평균에서 차이가 컸는데, 두 개의 가장 큰 추정치들은 .61과 .60이었고, 가장 약한 추정치들은 −.13과 .08 이었다. 가장 높은 추정치와 가장 낮은 추정치 모두 도구의 타당도를 가장 잘 표현하고 있는 것은 아니었다. 무엇이 이러한 차이를 설명하는가?

일련의 소수의 요인들은 효과크기 추정치들과 관련되어 있지 않았다. 청소년 범죄자인 것, 수감자가 되는 것(지역사회 교정을 받는 것과는 반대로) 그리고 새로운 범죄의 심각성은 타당도 추정치의 크기와는 연관되어 있지 않은 요인들이었다. 다음 모두가 타당도 추정치들의 크기와 의미 있게 상관되어 있었다: 충성(평가에 연구자 개입), 추적 기간(평균 2.21년) 그리고 도구가 LS/CMI 라는 사실(LSI-R이 아니라). 1년 이상의 추적기간과 조합된 충성은 전반적으로 완결성을 대체했다. 효과크기와의 상관관계는 .56($p < .001$)이었다. LSI-R과 비교해서 LS/CMI 위험/욕구의 명백한 우월성은 전체적으로 완결성 측정에 의한 것이었다. 완결성이 통제된 상태에서는, LSI-R과 LS/CMI에 대한 평균 타당도 추정치에서 의미 있는 차이가 없었다.

평균 타당도 추정치들은 이행 완결성을 LS 평가로써 대안적으로 측정해도 직접적으로 증가한다. '0' 수준의 완결성에서, 평균 r 은 .23(CI = .15에서 .31, k = 12) 이었다. '1'의 수준에서는 평균 타당도 추정치가 .37(CI = .30에서 .44, k = 15) 이었다. 가장 높은 수준의 완결성에서는, 평균 타당도 추정치가 .46(CI = .38에서 .54, k = 13)이었다. 이에 맞추어, 예측적 타당도는 보통 수준에서부터 강한 수준으로 그리고 매우 강한 수준으로 증가하였다.

연구자 개입을 넘어서, 평가와 타당도 연구의 설계 및 실행에 있어서 완결성에 대한 모든 독립적인 지표들에 대한 직접적인 검사가 요구된다. 우리가 프로그램 이행 평가를 위해 CPAI를 가지고 있는 것처럼, 우리는 훌륭한 평가 실행에 관한 지표들을 체계적으로 조사할 필요가 있다. 보다 상세하게 탐구될 필요가 있는 특별한 요인들 중 일부는 다음과 같다:

1. 평가자들에 대한 훈련 및 임상적 슈퍼비전;
2. 평가자, 슈퍼바이저, 훈련관 및 연구자들의 지식 및 기술 수준;
3. 평가자, 슈퍼바이저 그리고 연구자들에 의해 질이 보증된 도구의 사용;
4. 충분한 길이의 추적 기간;
5. 내적 일관성 및 평정자 간 신뢰도의 검토;
6. 위험/욕구 요인들에 대한 정보의 복합적 원천에 대한 평가자들의 접근;
7. 공식적 기록들에 의해 보완된 자기–보고 재범률;
8. 재범에 대한 정보의 복합적 원천에 대한 연구자들의 접근;
9. 가장 최근의 평가 결과들의 사용(LSI–R과 LS/CMI가 역동적인 예측적 타당도가 있는 것으로 알려져 있기 때문에); 그리고
10. 자료 코딩에 대한 평정자 간 신뢰도.

잠재적 중요성이 있는 추가적인 요인들은 다음과 같다:

1. 재범의 기저율과 평균 LSI-R 및 LS/CMI 점수들과 강한 상관이 있는 하위 그룹 분류는 하위 그룹 내 타당도 추정치들을 약화시킬 것이다;
2. RNR의 원리들을 준수하는 처치는 처치 전 LS 평가의 예측적 타당도를 약화시킬 것이다;
3. 전체 예측적 타당도 추정치들은 비–LS 요인들에 대한 보완적 평가들과 함께 증가할 수 있다(예: LS 위험/욕구와 결합된 성별을 감안한 평가들); 그리고
4. 주요 위험/욕구 요인들 중 급성적 역동 요인들에 대한 평가는 예측적 타당도를 증가시킬 수 있다(Rowe, 2007).

비용–이익 평가

여기에서 우리의 마지막 초점은 비용–효과성(cost–effectiveness) 평가보다는 처치의 비용–이익(cost-benefit)에 대한 연구들에 있다. 비용–효과성은 성과의 가능성을 추정할 수 있으나, 성과의 금전적 가치에 대한 추정은 아니다. 단순한 질문은 다음과 같다: '재범하지 않은 범죄자를 처치하는 데 얼마나 비용이 들 것인가?' 비용–이익 연구에서, 금전적 가치는 범죄자를 성공적으로 처치하는 것의 이익에 있다. 예를 들어, 범죄자를 시설에 수용하는 것보다

성공적으로 처치함으로써, 우리는 임금 손실, 수용된 범죄자의 가족을 지원하기 위해서 필요한 복지 비용들 그리고 잠재적인 피해자의 '고통과 괴로움(pain and suffering)'을 피할 수 있을 것이다. '고통과 괴로움'과 같은 불명확한 비용들조차도 최근의 배심 합의를 검토함으로써 추정할 수 있다. 비용-이익 분석 기법에 대해 좀 더 학습하고자 하는 독자들을 위해, Mark Cohen(2001)의 책에서 '방법(how to)' 부분과, Brandon Welsh와 David Farrington(2000a)의 비용-이익 분석을 둘러싼 어려움들에 대한 종합적인 요약을 읽어 볼 것을 추천한다.

처치 프로그램들에 대한 통제적인 평가에 비용-이익 분석을 직접적으로 적용한 연구들은 소수다. 연구들의 수는 일곱 개(Welsh & Farrington, 2000b)에서 아홉 개(Farrington, Petrosino & Welsh, 2001) 정도다. 그러나 다음의 일부 결과들은 범죄자 재활 프로그램들이 상당한 비용-이익이 있음을 명확하게 입증하고 있다:

- "18세의 고-위험 청소년을 구제하는 것의 현재의 가치는 2백 60만에서 5백 30만 달러로 추정된다"(Cohen & Piquero, 2009: 46).
- "만일 재범 중 14%를 감소시키게 된다면, …… 죄수당 39,870달러 또는 100명의 처치 죄수당 398만 달러의 경제적 이득을 얻을 수 있다"(Donato & Shanahan, 1999: 1).
- "범죄활동을 피하는 것에 따르는 금전적 이익에 대한 가장 낮은 추정치는 …… 2천 642만 달러, 또는 처치 대상당 10,918달러였다"(2,242명의 약물남용자 분석에 기초; Rajkimar & French, 1997: 318).

지금까지 예방과 처치의 비용-이익에 대한 가장 중요한 분석은 Steve Aos, Polly Phipps, Robert Barnoski 그리고 Roxanne Lieb(2001)의 보고에서 발견할 수 있다. Aos 등은 아동에 대한 조기 개입 프로그램들로부터 성인 범죄자 처치 연구들까지 305개의 연구들에 대해서 비용-이익을 분석하였다. 이들의 메타분석적 검토는 긍정적 결론-"(일부) 프로그램들은 범죄율을 낮추고 납세자들에게 범죄 비용을 낮추는 것을 성공할 가능성이 있다"(p. 5)-그리고 개별 프로그램들에 대한 풍부한 비용-이익 자료들을 제공하였다. 〈표 12-4〉는 논의된 처치 프로그램들 중 일부 사례들을 보여 주고 있다.

표 12-4 처치 프로그램들의 범죄자당 경제적 이익에 대한 표집

프로그램	k	범죄자당 평균 이익(달러)	범위(달러)
중다-체계적 치료 (Multi-Systemic Therapy)	3	81,789	31,661-131,918
기능적 가족치료 (Functional Family Therapy)	7	36,608	14,149-59,067
공격 대체 훈련 (Aggression Replacement Training)	4	20,715	8,287-33,143
도덕성 회복치료 (Moral Reconation Therapy)	8	5,134	2,471-7,797
추론 및 재활 (Reasoning and Rehabilitation)	6	4,653	2,202-7,104

k = 연구들의 수.
Aos 등(2001)에서 발췌.

이 간략한 검토는, 효과적인 처치들이 현실 세계 장면들에서 실행될 수 있다는 것을 시사하고 있다. 높은 수준의 완결성을 갖추고 있는 적합한 처치는 재범과 비용-이익에 의미 있는 영향을 미칠 수 있다. 효과적인 처치와 프로그램 완결성/이행 요인들의 원리들에 대한 우리의 지식은 범죄자 프로그램 시스템의 이행과 모니터링을 위해 가치로운 것이었다. 우리는 처치 프로그램들을 이행하는 데 있어서의 함정들에 대해서는 많이 알고 있고, 이들 중 적어도 몇 개를 피하는 방법에 대해서는 약간 알고 있다.

기억하기

1. 효과적인 교정처치와 타당한 평가, 두 영역에서 처치설계에 개입한(또는 개입평가를 구축한) 평가자가 있다면 그는 개입(또는 도구의 타당도)에 호의적인 결론을 내릴 수 있다. 이 효과에 대해서는 네 가지 해석이 있다. 이러한 해석들은 다음과 같다: '냉소적'(실험자 편향), '세련된'(프로그램들 또는 도구들), '충실성'(완결성 있게 실행된 처치 그리고/또는 평가), '첫 세 가지의 조합'. 처치 분야에 대한 메타분석은 조합 해석을 지지한다.
2. 개입된 평가자 효과에 대한 고려는 단기간에 강하게 통제된 시범 사업들과 일상적 프로

그래밍(때때로 '통상적' 프로그래밍 또는 '현실-세계' 프로그래밍으로 불리는) 간의 차이를 이끌었다.

일상적 프로그래밍을 '세련된' 및 '충실성'의 차원에서 시범 사업들과 더욱 유사하게 되도록 돕는 것은 커다란 도전이다. 연구의 방법론적 및 실행적 측면들에 대한 정교하고 명확한 보고를 요구하는 것은 추가적으로 '편향'을 감소시킬 수 있다.

3. 일상적 프로그래밍을 향상시키는 세 가지 구체적인 방법은 다음과 같다: (1) 범죄자들에 대해 RNR에 기초한 구조화된 평가, (2) 진행 중인 프로그래밍에 대해 RNR에 기초한 구조화된 평가들 및 RNR 준수 수준에 대한 피드백 그리고 (3) 서비스 제공자들(그리고 그들의 관리자들)에 대한 RNR에 기초한 훈련 및 슈퍼비전.

추천 도서

실패한 프로그래밍에 대한 사후 '분석(autopsy)'의 완벽한 사례를 읽고자 하는 사람들을 위해서는, Clive Hollin과 Emma Palmer가 편집한 책, 『Offending Behaviour Programmes: Development, Application and Controversies』에 수록된 Claire Goggin과 Paul Gendreau(2006)의 「The Implementation and Maintenance of Quality Services in Offender Rehabilitation Programmes」 부분을 강력히 추천한다. 이 책의 다른 장들도 역시 훌륭한 이행을 둘러싼 다양한 쟁점들에 대해 의견을 제공하고 있다.

「Criminology and Public Policy」에 Christopher Lowenkamp, Edward Latessa 그리고 Paula Smith(2006)가 쓴 논문, 「Does Correctional Quality Really Matter?」는 어떤 프로그램들이 효과적일 것인가 아닌가에 대한 최근의 예측 연구들 중 완벽한 실례다. 이 논문에서, 저자들은 가장 효과적인 프로그램들을 확인하는 데 도움을 받기 위해 교정 프로그램 평가 인벤토리(CPAI)를 사용하였다.

Chapter 13

평균, 균등, 정의: 처벌과 대안탐색

누군가 해를 당하거나 잘못되었을 때, 일반적 반응은 반격을 가하는 것인데, 이는 개인적 그리고 사회적 수준 양자에서 일어난다. 상해를 가하는 것은 처벌을 받지만, 그 처벌이 부당해서는 안 된다. 공정함과 정당함이 적용되어야 한다. 대부분의 사회에서 처벌은 법을 어긴 결과이며, 처벌의 적용은 엄격히 규제를 받는다. 형사사법 시스템 내에는 처벌의 많은 목적들이 있는데, 그것들은 응보(retribution), 행위에 대한 규탄(denunciation of the act) 그리고 억제(deterrence)를 포함하고 있다. 이 장에서는 이러한 다양한 목적들을 다룰 예정이지만, 처벌의 억제적 기능에 초점이 맞추어질 것이다.

형사사법 제재와 인과응보

법은 수용 불가능한 행동을 정의하고 이 행동들의 실행에 대한 처벌을 정한다. 단순화시키기 위해서, 우리는 법을 어긴 것에 대한 공식적인 처벌의 적용을 언급하기 위해 '제재(sanction)'라는 용어를 사용할 것이다(보다 일반적으로, sanction은 또한 행동의 승인으로 간주될 수 있다). 범죄행동을 제재한다는 것은 세 가지 단순한 생각을 전제로 한다. 첫째, 잘못된 일이 처벌받지 않으면 안 된다는 도덕적 강제가 있다[응보(retribution)]. 둘째, 제재는 범죄와 비례적이어야 한다['인과응보(just deserts)']. 형벌이 과하게 가혹하거나 관대해서는 안 되며, 공정하고 정당해야 한다. 마지막으로, 제재는 불법적인 행동을 못하도록 개인을 억제하고[특별 억제(specific deterrence)], 사회의 다른 구성원들도 억제[일반 억제(general deterrence)] 하기를 기대한다.

이 책의 개정판이 나올 때마다 미국의 인신구속에 대한 소식은 더욱 암울해지는 것 같다. 직전 판에서 우리는 미국이 세계 수형 인구 중 거의 1/4을 차지하고 있다고 보고했는데, 2007년 말에는 미국이 10만 명당 756명으로, 세계 수형인구의 거의 절반을 차지하게 되었다(Walmsley, 2008). 2006년도에는 약 720만 명—미국 성인의 3.2%—이 구금, 보호관찰 또는 가석방 상태에 있었다(Glaze & Bonczar, 2007; Pew, 2008). California 주에서 2009~2010 회기연도에 신청된 103억 달러의 교정예산은 고등교육을 위한 예산보다 단지 25억 달러 적었다(California, 2009). 교정예산은 1985년부터 2004년 사이에 202%가 상승하고(Stemen, 2007), 480억 달러의 비용을 소비하게 하면서(Pew, 2009) 저소득층 의료보장 예산을 제외한 모든 주의 예산 항목들을 앞질러 버렸다. 구금은 일반적인(그리고 비싼) 징벌이 되었을 뿐 아니라 많은 사법 관할 구역들은 감옥을 가능한 한 불쾌하게 만들기 위한 수단들을 도입해 왔다. 범죄자들의 자유를 제한하고, 그들의 가족과 지역사회로부터 격리시키는 것으로 충분하지 않아서, 미국의 '무복지(no frills)' 교정시설들은 텔레비전, 담배, 도서관, 운동시설 그리고 다른 혜택(필요시설)들의 박탈까지 추가하였다.

가장 가혹한 징벌인 사형과 관련하여, 2007년에 3,233명이 선고를 받았고 42명이 집행되었다(Snell, 2008). 사형선고를 받은 사람들 중 약 11%가 19세 이전에 체포되었다. 하지만 미국 연방대법원은 1988년 16세 이하의 청소년에 대한 사형집행을 금지시켰으며(Beckman, 2004), 이는 최근에 16세에서 18세 사이의 청소년에게까지 확대되었다(Roper VS. Simmons, 2005).

심지어 지역사회의 제재들까지도 '더욱 강경(tougher)'해지고 있다. 한때 법원이 가용할 수 있는 제재의 범위는 비교적 가벼웠으나, 지금은 일련의 '중급 수준의 제재들(intermediate sanctions)'까지 가능하다. 일반적인 보호관찰 외에 약물에 대한 소변검사 또는 범죄자 위치 추적을 위해 인공위성을 사용하는 강력한 감시 프로그램까지 있다. 때때로 범죄자들은 보호관찰을 시작하기 전에 짧은 기간의 수형생활이 요구되는데, Erwin(1986: 17)의 말처럼, 보호관찰은 수형만큼 '처벌적(punishing)'이어야만 하는 것이었다.

언제부터 범죄에 대한 '강경함(getting tough)'이 시작되었는지는 명확하지 않다. 우리는 재활에 대한 장에서 '효과 없음(nothing works)' 스토리를 들어 알고 있지만, 주요 요점들은 계속 반복되고 있다. 대부분의 학자들은 범죄에 대한 태도가 엄해지는 단초가 된 사회적-정치적 조건들이 시작된 것을 1970년대 경으로 보고 있다(Clear, 1994; Cullen & Gilbert, 1982; Tonry, 2004). 1970년대의 사회적 정치적 사건들에 더하여 '효과 없음' 선언과 범죄학계의 반 개인적 입장을 살펴보면, 우리는 범죄를 다루는 방식이 개인화된 재활 프로그램으로부터 처벌에 의존하는 방향으로 변화된 것을 이해할 수 있다.

또한 고전주의 범죄학의 부활이 있었다(Vold & Bernard, 1986). 고전주의 범죄학은 개인을 특정 행동에 대한 이득과 위험을 계산하는 이성적 존재로 보았다. 따라서 범죄가 이득이 된다면, 범죄에 대한 비용도 증가해야만 한다. 이러한 공리주의 모델(utilitarian model)은 또한 범죄로 인한 보수의 감소(비용을 증가시키는 것에는 주의하지 않고)가 범죄의 가능성을 변화시킬 것이라고 가정하였다. 사실상, 공리주의 모델은 범죄행동의 PIC-R 모델이 제안하는 다수의 제안과 전적으로 모순되는 것이 아니다(〈표 13-1〉 참조). 범죄행동을 감소시키는 것은 범죄와 친사회적 행동에 대한 보수와 비용을 변화시킴으로써 달성될 수 있다. 그러나 미국 형사사법 정책에서는 여러 가지 이유로 형벌 또는 범죄 비용을 증가시키는 것(B 부분)을 선호한다.

표 13-1 범죄기회의 감소

행동		보수		비용
범죄적	(A)	감소	(B)	추가
친사회적	(C)	추가	(D)	감소

Andrew von Hirsch(1976)의 수형제도 연구 위원회(Committee for the Study of Incarceration)의 보고서는 영향력이 있다. 이 보고서는 형사사법 맥락 내에서의 재활제도의 효과성, 범죄행동 예측 능력 그리고 '개인화(individuation)'에 대한 전반적인 생각에 의문을 제기하였다. 결론적으로, 드문 상황을 제외하고는, 수형제도는 범죄자가 표출할지도 모르는 잠재적 위험성 또는 재활의 가능성과 아무런 관계가 없었다. 범죄자의 재활을 지원하는 가석방과 부정기형(indeterminate)은 불필요하였다. 더욱이 처벌은, 잘못한 사람은 처벌을 받을 만하기(deserve) 때문에, 도덕적으로 정당화된다. 제재들의 목적은 범죄자에게 '응분의 대가(just deserts)'를 치르게 하는 것이다.

범죄에 맞추어 고안된 제재는 공정하고 정당한 형사사법 체제의 결과일 뿐 아니라 범죄행동을 억제할 것으로 추정되었다. 미국은 실컷 제재를 추가하고 제재의 강도를 높여 왔다. 양형 지침(sentencing guideline)과 최소 의무형(minimum mandatory penalties)을 도입하고 법관의 자유재량권에는 제한을 가했다(von Hirsch, 1987). Washington 주는 중범죄로 세 번째 유죄판결을 받으면 의무적으로 종신형을 부과하는 '삼진 아웃법(three strikes and you're out law)'

을 1993년에 제정했다. California 주를 비롯하여 24개 주에서도 이 삼진 아웃법을 따랐다(Turner et al., 1999). 일부 주(예: Georgia, Montana, South Carolina, Washington)는 한술 더 떠서 2 스트라이크에 가석방 없는 종신형이 가능하도록 하였다(Austin et al., 1999; Boerner & Lieb, 2001). 또한 형사사법 체제의 '최종 단계(back end)'에 있던 자유재량권은 가석방 위원회의 폐지와 '형선고 진정성(truth in sentencing)' 법의 도입으로 축소되었다. '형벌 해악 운동(a penal harm movement)'(Clear, 1994)은 더 안전한 지역사회와 더 공정한 체제라는 약속이 달성되었는지에 대한 성찰 없이 출현하였다.

범죄에 대한 수감의 효과와 지역사회

범죄에 대한 '강경책' 접근은 최소 의무형, 더 긴 수감 선고 그리고 제재를 더욱 불쾌하게 하려는 여타의 노력들과 함께 법에 반영되어 있다. 많은 사법 관할구역들이 최소 의무형을 규정하고 있었으나 고의적 살인과 같은 매우 심각한 범죄나 특정 몇몇 범죄(예: 음주 운전에 대한 단기간 구금)에 국한하고 있었다. 변화된 것은, 의무형이 규정된 범죄 유형이 급격히 증가했으며 처벌이 보다 가혹해졌다는 것이었다.

삼진 아웃법들과 형선고 진정성 법률은 '강경책' 법률제정의 가장 일반적인 사례다. 삼진 아웃법은 기본적으로 법관에게 세 차례의 범행 후에 종신형 부과를 요구하며, 형선고 진정성 법률은 범죄자들이 가석방이나 기타 다른 형태의 조건부 석방 이전에 그들 형의 최소한의 기간(대략 85%) 동안은 수감될 것을 요구한다. 두 형태의 법률은 보통 폭력적인 범죄자들을 대상으로 하고 있으나, 우리가 곧 볼 것처럼, 항상 그런 것만은 아니다.

국립 과학 아카데미(National Academy of Science)의 1978년 보고서(Blumstein, Cohen & Nagin, 1978)는 무분별하게 범죄자들을 수감시키는 것에 대한 가치에 문제를 제기하였다. 무력화의 가치는 고-위험 및 고-빈도 범죄자(즉, 전문 범죄꾼)—모든 범죄의 50%를 범하는 6~15%의 범죄자—를 선별적으로 무력화시키는 데에 있다. 이와 같은 소규모의 그러나 매우 활동적인 범죄자 집단은 무력화를 필요로 하는 집단이었다.

선별적 무력화 효과는 대부분의 범죄를 범하는 소규모의 범죄자 군을 식별하는 능력에 좌우된다. Peter Greenwood(1982)는 고-빈도 강도범들을 식별할 수 있다고 주장하는 일곱 개 항목의 예측척도를 고안하였다. 나아가 이렇게 선별된 강도 집단을 8년 동안 구금하는 것은 강도 범죄를 20% 정도 감소시키고 수형인구의 5%를 감소시키는 것으로 추정되었다.

Greenwood의 낙관적인 주장들은 곧 위축되었다. RAND 사의 동료 연구원들인 Jan Chaiken과 Marcia Chaiken(1982)은 Greenwood의 데이터를 재분석하여 강도 범죄나 수형 인원 어느 것에도 의미 있는 영향이 없다는 결론을 내렸다. 이어진 연구에서, Visher(1986)는 유사한 결론을 내놓았다. 이후 Greenwood는 자신의 추정을 완화하였다(Greenwood & Turner, 1987). 그러나 너무 늦어버렸다. 많은 학계와 미국 연방 정부가 이미 선별적 수감이라는 개념을 수용해 버린 것이었다.

삼진 아웃법은 선별적 무력화에 대한 믿음의 산물이다. 고 위험, 고 비율 범죄자들을 선별하는 어려움을 방치하였기 때문에(Bushway & Smith, 2007), 삼진 아웃법의 결과는 실망스러웠다. 무엇보다도, 이 법은 항상 고-위험의 폭력적 범죄자를 대상으로 하지 않는다. 예를 들어서, California 주에서는 약 20%의 삼진 아웃법의 대상 범죄자들이 약물 관련자들이었으며(Meehan, 2000), 60%는 비폭력적 범죄자들이었다(Austin et al., 1999). 둘째, 이 법의 적용은 주마다 심각하게 차이가 있었다. California 주에서는 삼진 아웃법에 따라 4만 명의 범죄자들이 25년형에서 종신형까지 선고받은 반면에, Florida 주에서는 116명의 범죄자들에게 삼진 아웃법이 적용되었다(Turner et al., 1999). 미국 전역에 대한 Chen(2008)의 삼진 아웃법 분석에서, California 주에서의 일부 범죄에서 약간 감소된 것이 일부 다른 주들에서는 덜 가혹한 법률에 의해 달성되었음이 발견되었다. 심지어 California 주 내에서도 카운티(county)에 따라 법률의 적용에 심한 불균형이 있으며(Austin et al., 1999; Meehan, 2000), 삼진 아웃법을 가장 많이 사용한 카운티들이 드물게 사용한 카운티에 비해 더 높은 범죄율을 보여 주고 있었다(Center on Juvenile and Criminal Justice, 2008).

보통 세 가지 주장들이 강경한 법률제정을 지지하는 것으로 나타나는데, 그것들은 다음과 같다:

1. 나쁜 자들을 거리에서 치워버려서, 그들이 범죄를 저지를 수 없게 한다.
2. 형사 사법체제에 대한 믿음을 회복시킨다.
3. 사람들이 범죄를 범하려는 것을 억제한다.

그럼 이들 세 가지 주장을 좀 더 자세히 살펴보자.

무력화 효과: 나쁜 자를 거리에서 치워버리기

의심할 것 없이 만일 누군가를 지역사회에서 제거해 버린다면, 그가 범죄를 범할 수는 없다. 따라서 주장하듯이, 구금되는 범죄자가 많을수록 범죄율은 더 낮아진다. 1990년대에 미국에서 범죄율이 감소했을 때, 많은 사람들이 그 이유로 경찰력의 증가와 엄격한 형선고를 재빠르게 지적하였다. 그들 생각에 치솟는 수형인원은 그럴 만한 가치가 있다는 것을 의미하였다. 진정한 의문은 여기에 있다: (a) 인신구금이 우리 지역사회에서 범죄행동을 감소시키는가? (b) 그럼 얼마의 비용으로?

수감을 증가시키는 것이 미국에서 감소하는 범죄율에 부분적으로 기여하는가? 답은 약간 불명확하지만, 아닌 것으로 나타난다. 우리가 왜 인신구금이 범죄율 감소를 설명하지 못한다고 생각하는지에 대해서는 두 가지 이유가 있다. 첫째, 구금 증가는 1970년대 초반에 시작되었으나, 20년이 지나도록 범죄율 감소는 나타나지 않았다. 둘째, 수감비율이 최고조로 증가한 주들이 평균 이하의 수감비율을 가진 주들에 비해 범죄가 더 적게 감소되었다(King, Mauer & Young, 2005). 우리는 인신구금을 가장 많이 사용한 주들이 가장 높은 범죄율 감소를 기록할 것이라고 기대했었을 것이다.

몇몇 연구자들은 수감을 증가시키는 것이 범죄를 방지할 것이라는 입장을 계속해서 견지하고 있다(Spelman, 2000; Weatherburn, Hua & Moffatt, 2006). 그들의 주장은 대개 범죄자의 범법 비율; 체포, 유죄 선고 및 교도소에 갈 가능성; 평균 수형기간; 그리고 지역사회로 다시 돌아왔을 때 범죄자에게 남은 '직장생활'의 평균 기간에 대한 특정한 가정들을 가지는 수학적 공식의 응용에 기초한다(이러한 이슈들 일부에 대한 고찰을 위해서는 Piquero & Blimstein, 2007을 보라). 독자들이 알 수 있게, 우리는 수감을 통해서 피할 수 있는 범죄의 수를 추산하기 위한 공식을 형성할 변수들에 대해 경험에 기반한 추정을 해야만 한다.

William Spelman(2000)은 수형 인원을 두 배로 함으로써 범죄율을 20~40%가량 감소시킬 수 있다고 추산하였다. 그러나 수감 인원을 두 배로 하거나 의미 있게 증가시키는 것이 비용효율적인가? 1987년에, Edwin Zedlewski는 1년간의 수감에 따른 수형비용 25,000달러가 사회적 비용 측면에서는 무려 43만 달러나 절약할 수 있다고 주장하였다. Zedlewski의 주장이 출판됨과 거의 동시에, 그의 분석과 결론은 반박에 직면하였다(Zimring & Hawkins, 1988). 오늘날, 비용-이익 비율이 Zedlewski가 추산한 것에 비해 훨씬 적다는 데에 일반적인 합의가 이루어져 있다. Bernard, Ritti(1991)는 만약 심각한 청소년 범죄에 있어서 수감 인원비율이 두 배에서 여섯 배까지 증가되면, 범죄율은 단지 6% 감소하게 된다고 추산하였다. 수많은 다른 조사자들도 역시 인신구금의 상당한 증가는 이익을 초과하는 관련 비용과 함께 단지 미미하게 범죄를 감소시킬 뿐이라고 보고하고 있다(Blokland & Nieuwbeerta, 2007; Fass & Pi, 2002; Weatherburn et al., 2006).

Zedlewski의 분석 후 비용-이익 비율이 변화된 또 다른 이유는 수형시설에 있는 사람의 면면이 의미 있게 변화했다는 점이다. 인신구속은 보다 심각한 범죄자에 해당되는 것이 일반적인 것이었으나, '마약과의 전쟁'이 이 모든 것을 바꾸어 놓았다. 미국 연방 체제하에서 절반 이상의 수형자들이 마약 범죄자이며, 대부분이 저-위험 범죄자들이다(약 13%가 폭력적 범죄를 범하였다). 더불어 인신구금된 마약 범죄자들은 '대체효과'를 바꾸지 못한다. 즉, 마약 범죄자를 감옥에 수감하자마자, 다른 자들이 거리에서 그들의 자리를 대체하는 것이다(King et al., 2005).

인신구속의 비용과 이익에 대한 초기 분석들은 다소 협소한 관점을 가지고 있었다. 좀 더 넓게 보면, 막대한 사회적 비용을 알게 된다. 단지 범죄자 개인만 대가를 치르는 것이 아니라 가족들과 전 지역사회가 심각한 경제적 비용으로 인해 불안정하게 된다(Haney, 2006; Schirmer, Nellis & Mauer, 2009). '마약과의 전쟁'은 단지 망에 걸려든 자들의 실업과 그들 가족의 경제적 곤란만을 낳은 것이 아니라 민주 사회에서 기본적 권리의 상실이라는 결과도 낳았다. 비록 일부 주들이 시민권 박탈에 대한 그들의 입장을 재고하고 있지만, 1998년 미국 내 전체 흑인 남성 중 13%가 투표권을 잃은 것으로 추산되고 있다(Jensen, Gerber & Mosher, 2004). 더군다나 대부분의 수감자들이 석방되어 그들 지역으로 되돌아가게 된다. 결론은 희박한 취업전망과 지역사회와 느슨한 연계를 가진 자들이 매우 밀집된다는 것이다. '백만 달러 구역(Million dollar blocks)'이라 불리는(수많은 사람을 수감하는 데 드는 비용 때문에) 지역에 전과자들의 이러한 높은 밀집은 떠날 수 있는 소규모 사업체들과 준법 시민들의 이동을 유발하고 지역 쇠퇴에 일조하고 있다(Clear, 2008; Clear et al., 2003). Brooklyn 한 곳에만 그러한 백만 달러 구역이 35개에 달하는 것으로 추산되며(Gonnerman, 2004), 더군다나, 오랜 기간 다른 범죄자들과 수형되었다는 사실이 실제로도 범죄유발적이 된다(Vieraitis, Kovandzic & Marvell, 2007).

무력화 효과에 대한 논의를 마치기 전에 마지막으로 할 말이 더 있다. 인신구금보다 범죄를 감소시키는 데 더 훌륭하고 비용-효율적인 방법이 있는지 생각해 볼 필요가 있다. 우리는 처치가 보다 비용-효율적인 대안이라고 믿는다. 예를 들어, 폭력적인 범죄자들에 대한 강도 높은 처치 프로그램의 평가는 한 사람당 7.4배의 비율로 비용 대비 이익을 산출하며, 세금 부담자에게 개별 범죄자당 32만 달러를 절약하게 한다(Caldwell, Vitacco & Van Rybroek, 2006).

Cohen과 Piquero(2009)는 고 위험 청소년을 범죄의 삶에서 구제하는 것이 260만 달러에서 530만 달러 사이의 금전적 절약을 가져온다고 추산하였다. Washington 주 공공정책연구소(Washington State Institute for Public Policy)의 연구자들은 효율적인 처치 프로그램의 '온건한 공격적인' 실행 정책 제공에 대한 비용–이익 분석에서(Aos, Miller, & Drake, 2006b; Drake, Aos & Miller 2009), 주 정부가 범죄율 증가 없이 새로운 교정시설을 건축할 필요성을 피할 수 있으며, 처치 프로그램 예산을 증액할 수 있다고 추산하였다. 무력화가 처음 생각했던 것처럼 범죄감소 전략으로서 유망한 것이 아님을 보여 주고 있다.

형사사법 체제에 대한 신뢰 회복

정치지도자들은 법 위반의 결과는 법과 질서 확보를 위해 신속하고 가혹해야 한다고 주장한다. 더욱이 이것이 대중이 기대하고 원하는 것이라고 말한다. 대중이 진정으로 '강경책' 접근을 원하는지는 질문이 어떻게 주어지느냐에 달려 있다. 매우 일반적인 질문들(예: 당신은 범죄자들에 대한 보다 강한 형벌에 찬성하십니까?)을 하는 여론조사는 실제 강경한 접근에 찬성하는 다수의 응답자를 찾아낸다. 대중은 가석방을 탐탁지 않게 생각하며, 법원이 너무 관대하고, 수형시설이 사교클럽 같다고 생각한다. 그러나 대중이 선택하게 하거나 좀 더 사실적이고 세부적인 정보가 주어지면, 덜 처벌적인 태도를 보인다(Cullen, Fisher & Applegate, 2000; Roberts, 2003).

많은 요소들이 Cullen 등(2000)이 소위 '지나치게 감정적인' 또는 '강경책'이라고 말하는 대중의 태도를 완화시킨다. 첫째, 질문이 가장 심각한 형벌(예: 사형 대 종신형)에 대한 대안들을 제공하여 주어지면, 가장 혹독한 처벌을 지지하는 사람은 소수다. 만약 보다 자세한 정보가 범죄에 대해(예: 강도가 신체적 상해를 유발하지 않았다) 또는 범죄자(청소년이나 정신이상자)에 대해 주어진다면, 대중은 더욱 이해심을 보이고 관대해진다. 특정적으로 삼진 아웃법에 대해 질문이 주어졌을 때, Ohio 주에서 표집된 주민 중 단지 17%만이 삼진 이후에 모든 범죄자에게 종신형을 선택하였다(Applegate et al., 1996). 그럼에도 불구하고 '강경책' 정책들은 너무도 많다. 대중이 공공정책과 관련된 모든 사실들에 대한 정보를 제공받지 못하는 것은 이해할 수 있다. 그러나 너무도 많은 정치 지도자들이 잘 알지도 못할 뿐 아니라 주민들을 교육하는 데에도 관심이 없다는 것은 용납할 수 없는 일이다. 아마도 이것은 새로운 교정 정책을 반영하는 것일지 모른다(Zimring, 2001). Tonry(2004: 15)가 말했듯이 "정치적 용기가 필요하다. …… 삼진 아웃법을 폐지, 축소 또는 약화하기 위한 투표가 범죄를 부드럽게 다루는 것으로 비추어지게 할 수 있다. 이것은 선출 공직자들이 혐오하는 위험이 된다."

억제

삼진 아웃법과 형선고 진정성 법과 같이 엄격한 법적 개입이 범죄를 억제한다는 증거는 거의 없다(Tonry, 2008). 연구자들이 전형적으로 발견하는 것은 범죄율이 그렇게 크게 영향을 받지 않는다는 점이다. 한 연구에서, 각 주들을 삼진 아웃법과 형선고 진정성 법을 가지고 있느냐 여부에 따라 분류하였다. 기대와는 반대로, 가장 낮은 일반 및 폭력범죄율은 이와 같은 두 개의 법들 중 하나가 없는 주들에서 발견되었다(Turner et al., 1999). California 주의 자료 분석에서는 폭력적이든 사소한 것이든 범죄감소는 발견되지 않았다(Auerhahn, 2003; Austin et al., 1999; Greenwood et al., 1998; Stolzenberg & D'Alessio, 1997).

수감이 재범에 미치는 영향에 대한 일반 문헌들을 고찰해 보면, 억제효과는 발견되지 않는다. 문헌들에 대한 서술적인 고찰에 의하면, 선고형의 엄격함이나 기간은 범죄와 관련이 없다(Doob & Webster, 2003; von Hirsch et al., 1999). 메타분석적 고찰들도 역시 동일한 결론에 도달한다. 한 고찰연구에서, Paula Smith, Claire Goggin 그리고 Paul Gendreau(2002)는 더욱 장기간의 선고형이 수형시설에서 석방된 범죄자의 재범을 3% 증가시키는 것을 발견하였다([자료 노트 13-1] 참조). 또 다른 메타분석에서는 '강경책' 정책들이 약 5%의 범죄증가와 관련이 있다고 보고하였다(Pratt & Cullen, 2005). 확실히 우리가 모든 범죄를 범한 자들을 평생 수감한다면 수형시설이 범죄에 대해 영향력을 가질 수 있다. 그러나 비록 우리가 그러한 의문스러운 경제적, 사회적 실험을 실행할 의도가 있다 하더라도, 여전히 범죄는 발생한다. 비행청소년으로 성장하여 우리가 구금한 자들을 쉽게 '대체(replace)' 할 수 있는 아이들은 항상 존재한다.

비구금의 억제효과에 대한 평가로 넘어가기 전에, 가장 가혹한 형태의 형벌—사형—의 억제 가치에 대해 언급하고자 한다. 사형집행과 관련한 95개의 연구들에 대한 메타분석은 살인에 대한 경미한 억제효과를 발견했지만, 이러한 효과는 연구의 방법론에 크게 영향을 받았다(Yang & Lester, 2008). 일부 연구들은 살인 비율을 사형제 도입 전과 후로 비교했을 때(예: Decker & Kohnfeld, 1984, 1987) 또는 사형제가 있는 주와 없는 주로 비교했을 때(예: Sellin, 1980) 억제효과를 발견하지 못하였다.

John Cochran, Mitchell Chamlin 그리고 Mark Seth(1994)에 의해 처음 보고된, 불편한 결과가 있다. 그들은 25년 동안 사형집행이 없었던 Oklahoma 주에서 사형집행이 재개된 이후에 낯선 이에 의한 살인사건들이 실제로 증가했음을 발견했다. 지인, 친구 그리고 가족을 포함하는 살인은 변화를 보이지 않았다. 살인을 억제하기보다 오히려, "사형의 재개는 Oklahoma 주의 시민들이 낯선 이의 손에 죽을 수 있는 가능성을 급격히 그리고 지속적으로 증가시켰다"(pp. 123-124).

Cochran 등(1994)은 낯선 이에 의한 살인의 증가를 '잔인화(brutalization)' 효과—정부에 의한 범죄자 사형이 '치명적인 폭력을 정당화함으로써 사회를 잔인하게 만든다'—에 기인한 것으로 해석하였다(p. 108). 결과적으로, 폭발 직전의 상황에 처한 낯선 이는 치명적인 폭력을 사용하는 것에 대해 더 적은 억제심을 갖게 된다. Yang과 Lester(2008)는 잔인화 효과를 검증했던 다섯 개의 연구들을 확인했는데, 두 개의 연구는 잔인화 효과를 지지했고, 다른 두 개의 연구는 효과를 발견하지 못했으며, 마지막 한 연구는 혼합적인 지지를 보고하였다.

[자료 노트 13-1]

재범에 대한 수감형의 효과

모든 부정적 제재처럼, 범죄자에 대한 수감은 미래의 범죄로부터 범죄자들을 억제하는 것으로 기대된다. 무력화는 개인의 자유를 제한하고 일상생활에서 개인이 향유하는 즐거움을 박탈한다. 이것들이 경험될 때 이는 충분히 처벌적인 것이라 생각되고, 개인들은 처벌을 받을 만한 행동을 피하게 될 것이다. 수감형으로써 억제를 시키지 못한다면, 아마도 박탈기간이 처벌이 온전한 영향을 갖기에 충분히 길지 못한 것이다. 지난 세기의 형사정책은 명확히 이 주장을 따랐다. 사회는 재범을 방지하기 위해서 다양한 범죄에 대해 구금기간을 증가할 필요가 있다. 그러나 감옥에서 보내는 시간이 길어진다고 재범이 줄어들 것인가?

Paula Smith, Claire Goggin 그리고 Paul Gendreau는 교도소 관련 문헌들에 대한 메타분석 연구를 통해서 이 의문에 답하려 하였다. 두 가지 형태의 연구들이 선정되었다. 수형자들과 지역사회를 기반으로 하는 범죄자들(예: 보호관찰)을 비교한 27개의 연구와 장기 수형자와 단기 수형자(예: 가석방이 금지된 수형자와 가석방된 수형자)를 비교한 23개의 연구가 있었다. 이 고찰에 포함되기 위해, 최소한 6개월간의 추적 조사가 필요했다. 이에 더해, 다른 모든 메타분석 고찰들처럼, 결과는 일반 효과크기의 계산을 허용하는 방식으로 보고되었다.

총괄해서, 37만 5천 명 이상의 범죄자들을 연구한 57개의 연구들이 분석을 위해 확인되었으나, 거의 모든 연구들이 방법론적 약점을 가지고 있었다. 단지 한 개의 연구만이 무작위 할당 추출방식을 사용하였다. 분석된 연구들의 방법론적 문제들에도 불구하고, 전반적인 결과는 von Hirsch 등(1999)에 의해 보고된 서술적 문헌연구의 발견들을 확증하였다.

Smith 등은 효과크기 지수로서 phi 계수(phi coefficient: φ)를 사용하였다. Phi는 이분법 자

료들에 대해 사용되는 연합성(association)의 측정치이며, 해석은 피어슨 상관 계수와 유사하다. 57개의 연구들은 337개 효과크기를 산출하였으며, 결과요약은 다음 표에 나타나 있다.

비교 유형	표본크기	φ
교도소 대 지역사회	268,806	.07
장기 대 단기 (수형기간)	107,165	.03
종합	375,971	.03

비교 유형과 상관없이, 구금은 재범감소와 전혀 관련이 없었다. 사실, 결과는 그 반대였다. 구금된 범죄자들은 지역사회에 기반을 둔 범죄자들보다 약 7%(φ = .07) 더 높은 재범률을, 장기수형자들은 단기보다 3%(φ = .03) 더 높은 재범률을 나타냈다. 모든 연구들을 고려했을 때, 수감은 재범의 3% 증가와 관련되어 있었다.

일부 형벌학자들은 교도소가 '범죄 학교'가 될 수 있음을 지적한다. 수형시설이 범죄자들을 함께 모으고, 그곳에서 개인들은 범죄기법과 반사회적 행동에 대한 합리화를 배울 기회가 주어진다. 저-위험 범죄자들은 생각과 행동에 범죄적 패턴이 '주입'되는 것에 특히 취약할 것이다. 반면에, 고-위험 범죄자는 새로운 비결을 배우거나 그들의 반사회적인 의식에 대해 추가적인 격려를 받아야 할 필요가 없다. Smith 등은 연구들에서 발견된 범죄자 표본들의 위험수준을 최대한 분류하고자 하였다. 그들은 제재의 형태(교도소 또는 지역사회)와 범죄자 위험수준 간에 차별적 관련성을 발견하지 못하였다.

분명히, 연구보고서 저자들이나 우리들 모두 수형시설이 없어야 한다고 말하지는 못한다. 우리의 정의감은 사회에 대적하는 심각한 범죄에 대해 인신구속이 필요하다고 생각한다.

우리는 사회가 법 준수를 고양하고 어떤 행동들은 용인될 수 없다는 것을 보여 줄 필요가 있다고 믿는다. 또한 폭력적으로 재범을 할 극단적인 고-위험성을 보이기 때문에 피해를 예방하기 위해 인신구금이 유일한 방법인 범죄자들도 있다. 그러나 장기간의 격리를 필요로 하는 범죄자들은 전체 범죄자들 중 적은 부분을 차지한다. 인신구속 지지자들은 비록 인신구속이 범죄를 억제하지 못한다 해도, 적어도 범죄자들을 사회에서 제거하여 공공안전이 달성된다고 주장할 수도 있다. 그다지 고려되지 않고 있는 연구영역의 하나가 교도소 내에서 발생하는 반사회적 행동이다. 수형자와 교도관들이 습격을 당하고, 강간이 발생하고, 소유물을 절취당하고, 금지품이 밀반입되며, 약물이 남용되고 있다. 거리의 범죄가 대중의 시야에서 감추어져 단순히 다른 환경으로 이동된 것이다.

중간 제재에 대한 평가

25년 전, 법관들은 근본적으로 세 가지 형선고 선택권을 가지고 있었다: 수감, 보호관찰, 또는 벌금. 그러나 1980년대에는 과밀화된 수형시설의 압박 때문에 두 가지 극단적인 연속성을 지닌 처벌에 대한 대안들이 시도되었다. 제재들은 보호관찰보다는 엄하지만 수감만큼 가혹하거나 고비용적이지 않을 필요가 있었다. 대체처벌은 범죄와 형벌을 적합하게 맞추기 위해 더 많은 선택권을 법관들에게 부여하였으며 '합리적인' 형선고 체제를 달성하도록 하였다(Morris & Tonry, 1990; Tonry & Lynch, 1996).

가장 잘 알려진 형태의 중간 제재들은 집중적인 슈퍼비전 프로그램들(Intensive Supervision Programs: ISPs), 충격구금(shock incarceration)[예: 극기훈련 캠프(boot camps), 직접 위협(Scared Straight)] 그리고 전자 감시(electronic monitoring) 프로그램들이다. Georgia 주가 처음으로 ISP를 도입(1982)했는데, 당시 Georgia 주는 미국 내에서 가장 높은 수감률을 나타내고 있었다. 그러나 단순한 보호관찰 대신에 필요했던 것은 대중의 공정한 처벌에 대한 요구를 충족시키기 위해 보호관찰 대상들에게 압박감을 증가시키는 보호관찰형이었다(Erwin, 1986: 17). Georgia 주에서 ISP는 두 명의 관리—상담 및 사건 관리를 담당하는 보호관찰관과 통금시간 통제, 약물검사 및 예고 없는 거주지 방문을 담당하는 감시관—로부터 감독을 받는 25명의 범죄자들로 구성되어 있었다. 10년의 기간 동안에 거의 모든 주에서 ISP를 도입하였다(Cullen, Wright & Applegate, 1996).

충격구금 프로그램은 범죄자들이 자신들의 생활양식에서 벗어나도록 이 프로그램이 충격을 줄 것이라는 희망으로 감옥생활의 가혹함에 범죄자들을 노출시킨다. 충격구금의 가장 알려진 형태는 군대 방식의 극기훈련 캠프다. 다시 한번, Georgia 주는 미국 내에서 첫 번째로 충격구금/극기훈련 캠프를 개시(1983)하는 독특성을 보여 주었다. Georgia 주 프로그램은 매일 군대식의 단련과 장시간의 육체노동을 포함하였으나, 처치는 없었다. 비록 다른 극기훈련 캠프들이 상담과 처치 요소를 지니고 있었으나, 하루 8시간 또는 그 이상을 단련, 운동, 노동 등을 하는 것이었다(Parent, Chaiken & Logan, 1989). 2000년도까지 성인용 95개 및 청소년용 56개의 극기훈련 캠프가 있었다(Armstrong, 2004). 극기훈련 캠프는 또한 Manitoba와 Ontario 같은 캐나다 지역과 영국에서도(일시적으로) 운영되었다(Farrington et al., 2000).

충격구금의 한 변형은 일명 '직접 위협'으로 더 알려진 New Jersey 주의 청소년 자각 프로젝트(Juvenile Awareness Project)였다. 청소년들이 Rahway 주립 교도소의 수형자들을 방문하면, 이곳에서 수형자들이 감옥생활의 공포를 흥미진진하게 자세히 그들에게 이야기해 주는 것이었다. 이러한 '충격직면(shock confrontation)' 접근법은 청소년들에게 만일 범죄 인생을 살게 되면 무슨 일이 일어날 것인지를 보여 주기 위해 의도되었다. 텔레비전 다큐멘터리를 통해 이 프로그램이 인기를 얻게 되면서 미국, 캐나다 그리고 유럽의 다른 지역들에서도 유사한 프로젝트들이 시작되었다(Finckenauer et al., 1999).

전자 감시 프로그램들은 흥미로운 기원을 가지고 있다. New Mexico 주의 법관 Jack Love가 스파이더맨을 추적하기 위해 악당이 전자 감시 장치를 부착하는 내용이 있는 『Spider Man』이라는 희극적인 책을 읽고 있었다. 이 장치가 범인으로 하여금 스파이더맨이 주변에 없을 때 범죄를 저지를 수 있도록 해 주었다. 법관 Love는 시각을 바꾸어서, 경찰관들이 범죄자의 위치를 알 수 있도록 범죄자들에게 전자 팔찌를 채우면 어떨까 하고 생각하였다. 이렇게 해서 범죄자용 전자 감시(electronic monitoring: EM)가 탄생하게 되었다. 오늘날 EM 프로그램은 미국, 캐나다 그리고 유럽 전역을 통해서 볼 수 있다(Cotter, 2005; Mair, 2005; Whitefield, 1999). 전자 감시를 받는 범죄자들은 미국에서 약 10만 명(Conway, 2003), 유럽에 약 6만 5천 명(Toon, 2005)이 있는 것으로 추산되고 있다.

이들 중간적 처벌들 중 어느 것도 재범을 감소시키지는 못했다. 더욱이, 어떤 조건 아래에서는 이들 프로그램들이 재범과 교정비용을 증가시킴으로써 문제를 악화시키기도 했다. 평가문헌들을 간략하게 요약해 보자.

ISP에 대한 초기 평가는 비교 그룹으로서 수형자들을 자주 사용하였으며, ISP 참여자들은 긍정적인 결과를 보여 주었다. 그러나 ISP 범죄자들을 일반 보호관찰하의 범죄자들과 비교하였을 때 재-유죄선고 및 재체포 비율에서 차이가 없었다(Lane, Turner, Fain & Sehgal, 2005). 예를 들어, Joan Petersilia와 Susan Turner(1993)는 2,000명의 성인 범죄자가 참여하는 14개의 ISP 프로그램에 대한 광범위한 평가를 시행하였다. 범죄자들은 무작위로 ISP, 교도소 또는 보호관찰/가석방 집단에 할당되었다. 1년간의 관찰 후에, ISP 집단 범죄자들 중 37%가 재체포되었으며, 비교집단인 통제집단은 33%이었음을 발견하였다. 놀랄 것도 없이, ISP 참여자들을 면밀히 관찰한 결과, 이들은 절차상의 위반들(technical violations)을 더 많이 하는 것으로 나타났다(65% 대 38%). 그러나 범죄자들에게 처치가 제공된 ISP에서는 10~20% 정도 재범이 감소함을 발견했다. 더불어, 범죄자당 ISP 비용이 통제집단에 비해 더 소모되었다(연간 7,200달러 대 4,700달러). 이와 유사하게, Mario Paparozzi와 Paul Gendreau(2005)는 처치를 받고 집중적인 슈퍼비전을 받은 가석방 대상자들에게서만 10%에서 30%의 재범감소를 발견하였다.

충격구금과 극기훈련 캠프에 대한 평가는 역시 재범감소를 위해 처치가 필요하다는 점을 발견하였다. Doris MacKenzie, Robert Brame, David McDowall 그리고 Claire Souryal(1995)은 여덟 개의 주립 극기훈련 캠프를 조사하였는데, 비록 집단들이 무작위로 할당되지는 않았지만, 재범에 영향을 미칠 수 있었던 요소들에 대한 통계적 통제가 도입되었다. 이 프로그램들 중 절반에서 통제집단보다는 낮은 재체포율을 보였지만, 재범의 감소는 처치요소를 가미한 극기훈련 캠프와 관련되었다. 그들의 결론은 "군사 단련과 의식, 고된 노동, 신체적 훈련 그리고 엄격한 규칙과 규율 등이 그들의 재범을 감소시키지는 못했다"(p. 351)는 것이었다. 좀 더 최근의 극기훈련 캠프에 대한 평가들도 이 결론을 뒤집지는 못하였다(Bottcher & Ezell, 2005). 단지 처치요소가 있을 때에만 긍정적인 결과를 발견했으며(Weis, Whitemarsh & Wilson, 2005), 고-위험 범죄자들을 대상으로 하였을 때 그 결과들은 매우 극적이었다(2003년 Kempinen과 Kurlychek는 71%의 재범 감소를 보고하였다).

New Jersey 주의 직접위협 프로그램은 James Finckenauer 등에 의해 1970년대 후반에 평가되었다. 교도소 수감자들을 방문한 46명의 청소년들이 35명의 통제집단과 비교되었는데, 6개월의 추적조사(Finckenauer, 1979)에서 Rahway 프로그램에 참여한 청소년들이 참여하지 않은 청소년들에 비해 더 높은 재체포율을 보였다. 놀랍게도, 프로그램에 참여한 46명 중 19명은 심지어 범죄전력을 가지고 있지 않았는데, 그들의 재범률은 31.6% 이었다. 이러한 부정적인 발견에도 불구하고, 직접위협 프로그램은 다른 미국 사법 관할 구역들과 영국, 오스트레일리아 및 노르웨이에서 계속해서 채택되었으며, 수많은 이들 프로그램들에 대한 평가들은 재범감소를 보여 주지 못했다(Finckenauer et al., 1999; Petrosino, Turpin- Petrosino & Finckenauer, 2000). 무작위로 선정한 아홉 개의 연구들에 대한 메타분석에서, Petrosino, Turpin Petrosino 그리고 Buehler(2003)는 직접위협 참여가 단순한 경고에 비해 평균적으로 청소년들에게 더욱 해를 끼친다는 점을 발견하였다.

마지막으로, 전자 감시(EM) 프로그램들이 있다(보다 최근에 범죄자 추적을 위해 사용된 GPS 시스템도 여기에 포함한다). EM은 인신구속의 '대안'이 될 것으로 추정되었다. 징역형 선고 대신에 범죄자는 지역사회 선고를 받고 집에 머물러 있어야 했는데['가택 연금(house arrest)'], 보통 발목에 채워진 전자 신호 장치는 범죄자의 위치를 추적하는 것을 가능하게 했다. 허가 없이 집을 벗어나면 경보가 울리고, 이에 따라 감독 관리들은 범죄자를 찾아 체포할 수 있었다.

EM에 대한 연구는 세 가지 일반적 결론을 제시했다. 첫째, 대부분의 EM 프로그램들은 수형시설에 대한 대안을 제시하지 못한다. 흔히 이들 프로그램의 범죄자들은 어쨌든 지역사회 기반 제재를 받을 수 있었던 저-위험 범죄자들이다. 즉, EM 프로그램들은 다른 많은 중간 제재들처럼 다소 강한 통제를 적용하면서 교정망(correctional net)을 확대하고 있다(Cullen, Wright, & Applegate, 1996; Gable & Gable, 2005). 둘째, EM은 재범을 줄이지 못한다(Renzema & Mayo-Wilson, 2005). 예를 들어, Bonta, Wallace-Capretta 그리고 Rooney(2000b)가 실시한 세 개의 캐나다 EM 프로그램에 대한 유사 실험 연구(quasi experimental study)는 범죄자 위험 요소들이 재범에서의 변산성을 설명함을 발견했다. EM은 효과가 없었다. EM이 재범을 감소시킨다는 것을 보여 주려는 평가들은 중대한 방법론적 문제들이 있었다. 예를 들어, 75,000명 이상을 포함하는 Florida 주의 EM 프로그램에 대한 대규모 평가는 EM을 실행하지 않은 비교집단이 없었다(Padgett, Bales & Blomberg, 2006). 셋째, 앞에서 보고된 발견들과 일관되게, EM에 부가된 처치요소가 재범감소를 가져왔다(Bonta, Wallace-Capretta & Rooney, 2000a; Nellis, 2006). 대체로, 오늘날 대중적인 중간 제재들 중 어느 것도 재범을 감소시킬 것이라는 증거는 없다. 단지 처치만이 우리가 바라는 효과를 도출하고 있다.

실현되지 않은 공정성

Andrew von Hirsch와 다른 학자들은 의무적 형선고 정책의 예측가능성이 수감에 대한 의존을 감소시키고 형사사법 시스템에 공정함을 가져올 것이라고 주장하였다. 법관들은 사람이 아닌 범죄에 상응하는 처벌을 양형지침에 따라 판결해야 했다. 따라서 상이한 사람들에 의해 범해진 유사한 행위는 동일한 결과를 가져오게 된다. 인신구금 감소에 대해서는 증거가 혼란스럽다. 일부는 극적인 증가를 발견한(Nicholson Crotty, 2004; Wood & Dunaway, 2003) 반면에, 다른 학자들은 인신구금 사용에 변화가 없다고 보고한다(Frase, 2005; Merritt, Fain & Turner, 2006; Moody & Marvell, 1996; Sorensen & Stemen, 2002). 그러한 차이는 지침 준수에서의 차이에 의해 설명된다(일부 사법권에서 검사들, 법관들 그리고 교정 공무원들이 지침을 피해 가는 방법들을 찾아내었다). 양형지침에 대한 준수가 엄격한 곳은 주립 교도소 수형인구가 크게 증가했다(예: 2001년에 Mississippi 주에서는 수감률이 10만 명당 700명을 넘어섰다; Wood & Dunaway, 2003).

공정성 달성과 관련해서는, 명확하게 달성하지 못했다는 사례를 찾아내는 데 그다지 오랜 시간이 걸리지 않는다. Austin 등(1999)은 100명의 삼진 아웃 범죄자들과의 면담에서 몇 가지 '전형적인' 사건들을 찾아내었다. 한 범죄자는 90달러짜리 장물 판매를 시도했다는 이유로 27년 형을 받았으며, 다른 범죄자는 무모한 운전(경찰차 추적) 때문에 25년 형을 받았다. Currie(1993)는 5.5온스의 크랙 코카인 소지를 이유로 가석방 없는 종신형을 선고받은 초범 범죄자를 기술하고 있으며, Tonry(2004)는 150달러 상당의 비디오테이프 절도를 이유로 50년 형을 선고받은 개인의 사례를 보여 준다.

어떤 이들은 이러한 사례들은 단지 예외일 뿐이며, 대부분의 범죄자들에게는 공정함이 적용된다고 믿는다. 체포된 자들과 수감자들의 인종 구성에 대한 분석은 이와는 다름을 시사한다. 미국의 '마약과의 전쟁'과 함께 경찰이 마약범죄를 표적으로 삼으면서, 아프리카계 미국인들은 차별을 받았다(Tonry, 2008). 일반적인 체포비율이 백인에 비해 흑인들이 네 배가 높으며, 이러한 차이는 마약 범죄자들에게 있어서 더욱 확대된다(Daly & Tonry, 1997; Parker & Maggard, 2005). 차별적인 체포집행에 더해, 대부분의 마약 범죄자들에 대한 의무적 징역형 선고가 또한 아프리카계 미국인들에게 영향을 미쳤다. 2004년도에는 미국 수형인원의 41%가 아프리카계 미국인들로 구성되었다(Harrison & Beck, 2005). 비록 법적 요인들이 형선고에 대한 가장 좋은 예측 변수이지만, 많은 연구들은 또한 인종적 요인들이 흔히 범죄자에 대한 형선고에 있어 역할을 하고 있다고 보고한다(Leiber & Fox, 2005; Mitchell, 2005; Pratt, 1998).

사형 선고에서도 또한 인종 편견이 보고되었다. 2004년에 사형이 집행된 자들 중 1/3과 사형선고 후 복역 중인 수형자 중 42%가 흑인이었다(Bonczar & Snell, 2005). Aguirre와 Baker(1990)의 고찰에 따르면, 특히 피해자가 백인인 경우에 흑인 범죄자들이 사형 선고를 받을 가능성이 더 큰 것으로 나타났다. 비록 일부 연구들(예: Stauffer et al., 2006)에서는 이러한 피해자 효과를 지지하는 결과를 얻지 못했지만 말이다. Charles Lanier와 James Acker(2004)가 지적한 것처럼, 사형 중단 운동은 인종 편견에 대한 비난의 여세에 크게 힘입었다.

마지막으로, 의무적 형선고 정책은 여성 범죄자들에게 영향을 미친 것으로 나타난다. 역사적으로, 여성 범죄자들은 법원으로부터 관대함을 향유해 왔다. Daly와 Bordt(1995)가 검토한 결과, 50개 법원 데이터 중 45%에서 형선고에 있어서 여성 호의적인 판결을 발견하였다. 그러나 양형지침은 범죄행동들이 공평하게 취급되고 개인 요인들(예: 성별)은 중요하지 않은 것이 되어야 한다. Daly와 Tonry(1997)는 양형지침이 도입될 때 세 가지 가능한 선택사항이 있었다고 지적하였다. 첫째, 남성들의 형량이 여성들이 받는 형량과 맞추기 위해서 줄어들 수 있다. 둘째, 남성과 여성에 대한 형량이 어떤 중간 점에서 수렴될 수 있다. 셋째, 여성에 대한 형량이 증가할 수 있다. 처벌에 대한 우리의 욕구는 세 번째를 선택하게 하는 것으로 나타나고 있다. Minnesota 주의 양형지침에 대한 분석에서는 여성에 대한 형선고가 지침하에서 증가했음이 발견되었으며(Frase, 2005), Oregon 주의 양형지침의 실행에서도 이러한 경향이 반복 되었다(Bogan & Factor, 1995).

요약

부정적인 결과들에도 불구하고, 형사사법 제재가 아직 폭넓게 대중화되어 있다는 것은 놀랍다. 입법자들은 계속해서 더 가혹한 형벌을 만들려 노력하고, 범죄학자들은 계속해서 억제력에 효과가 있을 것이라는 결과를 기대하면서 연구를 시행하며, 프로그램들은 더욱 품위를 잃어가고 있다. 아이디어의 부족은 없다. New Jersey 주에서는, 범죄자들에게 남성우월적인 태도를 없애기 위해 여성 의복을 입도록 하였다(Wilson, Goldiner & Mickle, 1993); Graeme Newman(1995)은 징역형을 신체형으로 대체하자고 제안하였으며; 영국의 노동당 정부는 지역사회 슈퍼비전을 받는 범죄자들에게 법위반자임을 알 수 있도록 특별한 재킷을 입히는 것을 제안하였다(Wintour, 2008).

여러 요인들이 형사사법 정책에서 처벌이 견고한 자리를 잡을 수 있도록 작동한다. 첫째, 사람들은 처벌의 효과성을 믿는다(Deater-Deckard et al., 2003). 둘째, 정치가들과 입법가들은 옳건 그르건 간에 범죄에 강경하게 대응하는 것이 대중이 원하는 것이라고 생각한다. 셋째, 재활은 범죄에 유약한 조치이며 효과가 없는 것으로 여겨진다. 마지막으로, Finckenauer 등(1999)이 지적한 것처럼, 연구에 대한 인식의 결여가 프로그램의 무력화를 촉진시킨다. 일부 지역에서는 이러한 상황이 변화하고 있다. 예를 들어, Francis Cullen 등(Cullen et al., 2005)은 극기훈련 캠프에 대한 부정적 연구가 결국은 이러한 형태의 중간 제재의 매력을 감소시키고 있음을 발견하였다. 그러나 일단 정치적으로 대중적인 프로그램은 계속되고 있어서, 이러한 추이를 변화시키기 위해서는 많은 노력이 필요하다.

'강경책' 접근법은 공공 안전, 비용 효율성 그리고 사회 정의를 향상시킨다는 약속을 달성하는 데에 실패했다. 제2차 세계 대전 동안 영국을 지휘했던 Winston Churchill 수상과 같은 사람이 필요하다. Churchill은 너무 긴 형을 선고한 법관을 훈계하고, 독방 감금을 제한하고, 수형자들이 레크리에이션, 교육 그리고 의미 있는 작업을 하도록 하였다(Gardner, 2000). 그러한 지도력 없이는, 강경정책에 대한 의존을 감소시키는 것이 진정으로 어려울 것이다.

처벌

왜 처벌이 효과가 없는가

위의 질문에 대한 답변은 심리학자들에 의해 수행된 수백 건의 연구들에서 찾아볼 수 있다. 우리는 언제 처벌이 효과를 발휘하는지(즉, 행동을 억제하는 것) 그리고 언제 효과가 없는지를 너무도 잘 알고 있다. 이러한 지식은 30~40년 전에 시행된 동물과 인간에 대한 실험실 및 응용 연구들로부터 얻었다. 여기서, 우리는 처벌의 효과에 대한 지식이 오랫동안 심리학계에서 잘 알려져 왔다는 점을 강조하기 위해 의도적으로 1960년대와 1970년대의 연구들을 인용한다. 불행하게도, Huessman과 Podolski(2003)가 지적한 것처럼, 이들 연구들은 범죄학의 억제 문헌들에서는 거의 인용되지 못하였다. 만일 억제 지지자들이 이 문헌을 읽기만 했다면, 우리는 그와 같이 좌절스러운 형사사법 정책을 시작하지 않았을 것이다. '강경책' 정책의 비효율성은 형사사법 정책이 범죄행동 심리학으로부터 정보를 취득해야 할 필요성을 보여 준다.

이 절에서, 우리는 처벌의 효과에 대해 알려진 것을 요약한다. 처벌이란 특정 행동이 재발할 가능성을 감소시키는 특정 행동에 대한 결과로서 정의된다. 정의에 고통이나 고난에 대한 언급은 없다. 특정 행동이 일어날 확률을 감소시키는 특정 행동에 대한 어떠한 결과도, 고통스럽건 아니건 간에 처벌이다.

우리가 PIC-R에서 개관한 것처럼(제4장 참조), 두 가지 형태의 행동에 대한 결과가 있다. 보수와 비용. 나아가, 보수와 비용은 가산적(additive) 또는 감산적(subtractive)이 될 수 있다. 가산적 비용은 대부분의 사람들이 처벌에 대해서 생각할 때 떠오르는 것이다. 고통스러운 자극을 부가하는 것(예: 아이를 때리는 것, 직원에게 소리를 지르는 것, 쥐에게 전기 충격을 주는 것)은 행동의 가능성을 억제하거나 감소시키는 것이 기대된다. 그러나 보상이나 가치 있는 것을 제거하는 것(즉, 감산적 비용) 역시 행동의 가능성을 감소시킬 수 있다. 당신이 배우자에게 쌀쌀맞게 대하거나 잘못한 아이를 자신의 방에서 근신하게 하는 것(time out)이 감산적 비용의 예들이다.

처벌의 효과에 대한 논문은 풍부하며, 처벌의 형태에 대한 연구도 다양하다. 대부분의 실험에서는 강도와 지속시간을 높은 수준으로 통제할 수 있기 때문에 전기충격을 사용한다. 그러나 불쾌한 냄새, 찬 물에 손을 넣는 것, 눈에 바람 불기, 시끄러운 소음, 돈 빼앗기, 방 안에 있는 아이들을 보상에서 제외하기, 강압적으로 특정한 신체적 움직임을 반복하기(과잉 교정) 그리고 불쾌하고 괴로운 생각하기 등을 사용한 실험들도 있다(Matson & Kazdin, 1981).

효과적인 처벌을 위한 조건

이러한 문헌들을 살펴보면서, 우리는 범죄문제 연구의 적절성에 대한 언급과 함께 효과적인 처벌을 위한 중요한 조건들에 대해 간략한 요약을 제시하려 한다.

조건 1: 최대의 강도(Maximum Intensity). 행동을 억제하는 데 처벌의 강도가 가장 중요한 요인인지에 대해서는 명확하지 않지만, 즉각성(immediacy)이 병행되면, 더욱 중요한 것들 중의 하나임이 분명하다(Van Houten, 1983). 언뜻 생각하면, 이 마지막 언급은 만일 우리가 단순히 '열을 올리기(turn up the heat)'만 하면, 범죄행동을 멈출 수 있다고 말하는 것 같다. 그러나 그것은 단순히 강도(intensity)를 올리는 것이 아니다. 연구들은 표적이 된 행동을 완전히 멈추기 위해서는 강도를 최대한으로 올려야 한다고 제안한다.

일반적으로, 낮은 수준의 처벌도 즉각적인 행동억제를 보인다. 그러나 효과가 일시적이다(Azrin, 1956). 행동이 다시 본래의 수준으로 되돌아올 뿐 아니라, 심지어 더 높은 비율로 반응이 나타날 수도 있다. 결국, 그 행동이 발생한 어떤 시점에서 보상되었음이 틀림없으며, 보상을 얻기 위해 다시 그리고 보다 더 강하게 시도할 것이 예상된다. 행동이 더 높은 비율로 반복되면, 비록 짧은 시간이라도 행동을 억제하기 위해서는 처벌강도를 증가하는 것이 필요하다. 게다가, 낮은 수준의 처벌은 대상자가 처벌을 참아내는 법을 배우도록 하는 위험을 안고 있다(Solomon, 1964). 대부분의 서구 국가들에서 그리고 대부분의 범죄자들에 대해서, 제재는 점진적으로 증가되어 왔다. 예를 들어, 경미한 비폭력적 범죄를 저지른 초범은 경미한 제재를 받게 될 것이지만, 새로운 범죄를 저질러 법정에 다시 돌아온 것만으로도 형벌이 증가한다.

완전한 행동억제를 도출하기 위해서는 매우 강한 강도의 처벌을 즉각적으로 집행하는 것이 필요하다(Azrin, Holz & Hake, 1963; Johnston, 1972). 응보주의자들(Retributionists)은 범죄자들에게 즉시 최고의 처벌을 가할 것을 제안한다. 우리가 이미 알고 있는 것처럼, 일부 사법권에서는 그렇게 하고 있다(예: 3진 아웃법과 2진 아웃법들). 심지어 법에 의해 규정된 최고의 처벌이 과해진 때(사형을 제외하고)에도 범죄행동이 많은 경우에 계속된다. 영원히 운전면허가 정지된 운전자들에 대한 연구에서, 오직 17%만이 완전히 운전을 포기하였다(Chang, Woo & Tseng, 2006).

범죄에 대한 최대의 처벌 정책의 문제점은 우리의 정의감과 공정성을 침해한다는 것이다. 강간범, 은행 강도, 소매치기, 세금 포탈 그리고 무단횡단 등에 대해 종신형을 선고했다고 상상해 보라. 우리 대부분이 이것을 공정한 처벌이라고 생각하겠는가? 정형화된 형사사법 체제는 비례의 원칙(범죄의 심각성에 적합한 처벌의 수준)을 준수하려고 노력한다. 최대의 처벌 선택은 대부분에게 받아들여지지 않는다.

조건 2: 즉각성(Immediacy). 행동 후 처벌이 빠르면 빠를수록, 행동이 더욱 억제될 것이다. 행동과 처벌 사이가 지연되면 처벌의 효과가 의미 있게 변화한다(Deluty, 1978; Dinsmoor, 1998). 왜 그럴까? 처벌이 집행되기 이전에 행동이 강화될 기회가 있다는 것이 주요 원인이다

(Skinner, 1953). 행동은 반응들의 연쇄로서 생각해야 한다. 이러한 연쇄상의 마지막 반응이 처벌되며, 이것은 선행하는 반응들에 일정한 영향을 미치게 되겠지만, 억제효과는 반응이 처벌로부터 멀어지면 멀어질수록 감소된다.

무슨 일이 일어나는지 예를 들기 위해, 차량 파손(행동)으로 붙잡혀, 체포되고 유치장에 구금(처벌)된 범죄인을 생각해 보라. 범죄인이 무었을 배웠을까? 아마도 그(녀)는 쇠 지렛대로 차문을 열 만한 가치가 없다는 것을 배웠을 것이다. 그러나 처벌은 범죄로 이끈 행동들(예: 범죄자 친구를 방문하여, 약간의 마약을 흡입하고 약간의 흥분 때문에 밖에 나가는 것)에는 영향을 미치지 않을 것이다. 한 발짝 더 나아가서 범죄자가 보석으로 석방되었다고 상상해 보라. 이제 어떻게 될까? 재판과 선고를 기다리는 동안, 그(녀)는 아직도 다른 범죄자들과 연관되어 있으며, 약물을 남용하고, 심지어 발각되지 않은 범죄를 저지를 수도 있다. 범죄행동이 강화를 받을 기회는 충분하다.

조건 3: 확실성(Certainty). 회피이론(avoidance theory)은 처벌이 어떻게 작용하는지를 설명한다(Dinsmoor, 1954; 1998). 단순하게 이야기해서, 처벌은 원하지 않는 정서적 반응(공포, 불안)을 유발하며, 처벌을 초래하는 행동에 개입하지 않음으로써 사람은 불쾌한 감정을 피한다. 제5장에서, 우리는 사람들이 공격적 행동을 억제하는 법을 어떻게 배우는지를 기술하기 위해 Mednick(1977)이 회피이론을 사용한 것을 살펴보았다. 비록 불쾌한 무엇인가를 피하는 일이기 때문에 행동이 금지되어 있다 해도, 걱정이나 불안과 같은 불쾌한 감정은 영원히 지속되지 않는다. 우리가 불안과 공포라고 명명하는 생리적 반응들(예: 심장박동 증가, 땀 흘림 등)은 사라진다. 그것은 마치 우리가 처벌이 얼마나 나쁜 것이었는지를 잊게 한다. 다시 말하자면, 바람직하지 않은 행동은 발생할 때마다 처벌되는 것이 중요하다.

정기적이지 않거나 또는 예측할 수 없는 강화(변동 비율 또는 변동 간격 계획들로 언급되는)가 높은 반응 비율을 보이며 안정된 행동을 이끄는, 이러한 보상과는 달리, 바람직하지 않은 행동을 한동안 처벌하지 않고 허용하는 것은 역효과를 낳는다. 사람과 동물은 **행동**을 한다; 그들은 거의 가만히 앉아 있지 않는다. 범죄자는 그(녀)가 범죄를 저지를 때마다 거의 검거되어야 하며, 보상이 주어질 수 있는 다른 바람직하지 않은 행동에 참여할 기회가 허용되어서는 안 된다.

일관성은 변별학습에 있어서 또한 중요하다. 보상 또는 처벌의 존재 또는 부재와 연합되어 있는 자극은 특정 행동의 결과에 대한 정보적 가치를 제공한다. 이것이 신호화된 보수 또는 비용이 된다. 학생이 수업에 참여할 때, 그(녀)는 주의를 기울이고, 필기를 하고, 합리적 질문을 하는 것이 강화(예: 선생님의 칭찬, 좋은 점수, 동료 학생들의 존중)를 산출할 것임을 안다. 수업의 상황은 어떤 행동에 대한 보상과 연합되어 있다. 다른 행동들(예: 취침, 식사, 대화)에 관여하는 것은 아마도 처벌받을 것이다. 어떤 범죄자들은 이러한 변별을 하는 데 서툴다(예: 경찰 순찰차가 다니는 동안에 마약을 거래하는 것은 처벌의 개연성을 증가시킨다). 교실과 경찰 순찰차는 모두 변별 자극들로서 그리고 특정 행동을 했을 때 발생할 가능성이 있는 특정 결과 유형들의 **신호**(signal)로서 기능한다.

지각된 처벌의 확실성에 영향을 미칠 수 있는 또 다른 요인은 동료 집단이다. Matthews와 Agnew(2008)는 1,625명의 고등학생들을 대상으로 지각된 처벌의 확실성과 반사회적 동료 집단 간의 상호작용을 연구하였다. 반사회적 행동과 동료 연대성에 대한 자기 보고 방식을 사용하여, 지각된 처벌의 확실성(네 가지 서로 다른 범죄에 대해 경찰에 의해 검거될 것을 5점 척도로 측정)이 범죄적인 또래들이 있는 학생들의 반사회적 행동에 대한 영향이 없다는 것을 발견하였다. 이 저자들은 반사회적 또래들이 적발 가능성을 최소화시키고 범죄행동을 강화시킴으로써 억제효과의 가능성을 감소시킬 것이라고 가정하였다. 이미 제7장에서 본 것처럼, 반사회적 또래들은 개인의 범죄적 행동에 막대한 영향을 끼친다.

조건 4: 도피 불가 또는 강화된 대안들(No Escape or Reinforced Alternatives). 처벌을 받을 때, 인간은 그 상황에서 도피하려 시도한다. 혐오스러운 상황으로부터 도피하는 것은 두 가지 결과를 가져온다: (1) 도피행동이 강화된다. 또는 (2) 자신이 처벌받지 않는 상황에 있음을 알기 때문에 원래의 행동이 계속된다(Van Houten, 1983). 행동의 결과는 바람직하거나(예: 귀찮게 하는 동료집단에서 이탈하는 것), 그와 달리, 바람직하지 못할 수도 있다(예: 수형자가 다시 절도를 하기 위해 감금에서 도피하는 것). 따라서 처벌과 연합된 상황은 도피행동에 관여하는 단서로서 작용한다. 그러한 상황을 다루기 위해서는, 도피행동이 보상받지 못하도록 모든 도피통로들이 차단되어야만 한다.

우리는 사람은 항상 행동을 하고 있으며 행동은 환경에 대한 다수의 특정 반응들로 구성되어 있다는 점을 앞에서 지적하였다. 개인들은 행동목록을 가지고 있다. 예를 들어, 한 개인이 책을 읽고, 오믈렛을 요리하고 벽화를 그리는 기술이 있다. 어떤 행동 조합의 활성화는 행동이 강화되었느냐 여부에 달려 있다. 대부분의 사람들이 빈 교실에서 큰 소리로 책을 읽지는 않을 것이며, 버스에서 음식을 요리하지는 않을 것이고 또는 타인의 집 벽에 벽화를 그리지는 않을 것이다. 이러한 상황에서는 행동이 강화되지 않는다. 사람들은 보상받을 것이라고 생각되는 행동을 선택한다. 만일 행동이 보상되지 않으면, 그들의 행동목록에서 다른 행동을 선택한다.

어떤 특정한 상황에서, 개인은 어떤 행동을 할 것인지 선택을 한다. 매력적인 여성을 소개받은 젊은이는 그의 행동목록에서 칭찬받을 만한 행동을 선택할 것이다. 그는 미소를 지어야 하는가, 공손한 대화를 이끌어야 하는가, 아니면 '엄마(Mom)'라고 새겨진 문신을 그녀에게 보여 주어야 하는가? 이 행동들 모두가 아마도 그의 행동목록에 들어 있겠지만, 모두 긍정적인 관심을 끌 수 있는 동일한 가능성을 가지고 있지는 않다. 심리학자들은 행동들의 위계에 대해서 이야기한다. 어떤 상황에서, 행동들은 보상과 처벌 가능성의 순서가 있으며, 특정 상황에서 가장 할 것 같은 행동은 유사한 상황에서 가장 오래된 강화의 전력과 가장 짧은 처벌의 전력을 가진 행동이다. 다른 행동들은 그것들 자신의 개별적 보수/비용의 전력에 따라 발생한다. 우리가 예를 든 사례 속의 젊은이는 과거에 그에게 가장 성공적이었던 행동으로 시작하겠지만, 그 행동에 상대가 찡그리면, 과거에 성공적이지는 않았지만 이번에는 효과가 있을 것 같은 다른 행동에 의지하게 된다. 따라서 처벌받은 반응은 간단하게 제거되지 않으며, 다른 반응으로 대체된다(Dinsmoor, 1955).

반사회적 행동은 많은 상이한 특정 행동들로 구성되어 있으며, 고위험의 만성적인 범죄자들은 다양한 바람직하지 않은 행동들을 한다(예: 부정직, 신체적 공격, 절도 등). 어느 한 행동(예: 사기와 연합된 부정직)을 처벌한다 해도, 개인적이고 불법적인 목표 달성을 위해 사용할 수 있는 많은 다른 행동들은 남게 된다. 대체된 친사회적 행동들이 보상되지 않는다면, 범죄행동은 하나 또는 다른 형태로 계속될 것이다.

조건 5: 처벌의 밀도가 강화의 밀도를 넘어서야 한다(The Density of Punishment Must Outweigh the Density of Reinforcement). 어떤 행동이든 보수와 비용, 양자와 연관되어 있다. 매일 직장에 가는 것은 돈과 직장 친구들을 제공하겠지만, 역시 아침에 일어나고, 러시아워 혼잡과 싸워야 하고, 기타의 짜증나는 일들을 처리하는 것들을 포함하고 있다. Azrin, Holz 그리고 Hake(1963)는 의미 있는 강화전력을 가진 행동들은 제한된 전력을 가진 행동에 비해 처벌효과에 대해 보다 저항적임을 관찰하였다. 이는 여러 차례 관찰되었으며, PIC-R에 반영되었다. 강도(intensity), 즉각성(immediacy), 일관성(consistency) 그리고 다양성(variety)이라는 측면에서 행동과 연합된 보수의 밀도가 크면 클수록, 그 행동을 억제하기 위한 비용의 밀도는 더 커져야 된다. 고-위험 범죄자들은 범죄행동에 대해 높은 보수 밀도를 가지고 있으므로, 그들의 행동은 처벌에 매우 저항적이다.

조건 6: 처벌의 효과는 개인 변인과 상호작용한다(The Effectiveness of Punishment Interacts with Person Variables). PIC-R의 네 번째 원리는 보수와 비용의 효과는 다양한 개인 요인들(예: 생물학적, 인지적, 상태 조건들)과 상호작용한다고 밝히고 있다. 다시 말해, 사람들은 처벌에 대해 상이하게 반응하며(개인 간 차이), 심지어 한 순간과 다른 순간 간에도 차이가 있다(개인 내 차이). 감옥에서의 며칠이 거리의 범죄자와 화이트칼라 범죄자 간에는 다른 비용이 될 것이다. 언어적인 질책도 그 개인이 술이나 마약 등에 취해 있는지 여부에 따라 다른 효력을 나타낼 것이다. 처벌의 위협은 충동적인 사람에게는 비교적 의미가 없을 것이다.

이러한 것이 범죄자들에 대한 처벌의 효과에 대해 어떤 의미가 있는가? Gottfredson과 Hirschi(1990)는 많은 범죄자들이 가지고 있는 충동성은 처벌의 위협에 대항하는 효과가 있을 것이라고 주장하였다. 그러나 몇몇 연구들은 반대 현상을 발견했는데, 낮은 자기 통제력 또는 범죄의 '성향(propensity)'을 가진 범죄자들이 처벌에 더욱 민감했다는 것이다(Pogarsky, 2007; Wright, Caspi, Moffitt & Paternoster, 2004). 그러나 우리는 범행을 하도록 이끄는 다른 많은 범죄자 특성들이 있음을 기억해야 한다. 그들의 생각은 구체적이고 현재 지향적인 경향이 있으며, 처벌에 대한 일정 수준의 내성을 형성시킨 불규칙하고 잦은 처벌을 받은 어린 시절이 있으며, 일부는 처벌에 무반응적이게 하는 생물학적 기질적 특질들을 지니고 있다. 사이코패시와 반사회적 성격에 대한 이론들은 공포와 불안의 근간을 이루는 생리학적 기제에 있어서의 결함들을 가정한다(Eysenck, 1998; Hiatt & Newman, 2006; Lykken, 1995).

행동을 억제한다는 것은 어떤 산출결과의 가능성에 대한 판단을 요구한다. 범죄에 대한 경제적 그리고 합리적 선택이론들(economic and rational choice theories)에게는 실망스러운 일이지만, 범죄자는 컴퓨터를 모방하지 않는다. 그들은 선택하기 전에 항상 행동의 장단점을 주의 깊고 정확하게 따져보는 것은 아니다(Willson & Abrahamse, 1992). 범죄자에 대한 연구들은 범죄자들이 처벌받을 기회는 과소평가하면서 범죄의 보상은 과대평가하는 경향이 있음을 보여 준다(Montmarquette & Nerlove, 1985; Nagin & Pogarsky, 2004; Piliavin et al., 1986). 마지막으로, 많은 범죄자들의 발달적 경험들—학대와 방임—을 고려할 때, 기존의 처벌의 틀이 반사회적 행동을 억제할 것이라는 논리는 어디에서 나오는 것인가? 처벌이 효과적이기 위해 필요한 조건들 중 하나는 처벌이 범죄자의 특성들에 상응해야 한다는 것이다. 우리의 형사사법 체제에서, 개인요인들에 상응시키는 것은 공정성 원리를 침해하는 것일 것이다.

처벌의 부작용

현실세계에서 효과적인 처벌을 위한 조건들을 똑같이 적용할 수 있다 하더라도, 우리는 스키너(Skinner, 1953: 190)가 언급한 '처벌의 불행한 부산물(unfortunate by-products of punishment)'에 여전히 직면해 있다. 처벌이 행동을 억제할 수 있겠지만, 이것은 또한 의도하지 않은, 바람직하지 않은 행동들을 유발할 수도 있다. 처벌의 부작용에 대한 간략한 고찰

(Newsom, Favell & Rincover, 1983)은 반사회적 행동을 다루기 위해 비처벌적 대안을 생각해야 하는 추가적인 이유들을 제시해 줄 것이다.

처벌은 신체적으로, 정서적으로 또는 심리적으로 고통스럽다. 처벌이 왜 행동을 억제하는지에 대한 설명은 바로 고통의 회피다. 그러나 고통스러운 자극이 어떤 행동을 억제하는 것 외의 결과를 가져올 수 있다. 무엇보다도 먼저, 충분한 강도의 고통스러운 자극은 다른 바람직한 행동들을 방해할 수 있다. 예를 들어, 여성이 배우자로부터 당한 가혹한 구타는 그녀의 친구들과 사귀는 것, 직장에 가는 것 그리고 레크리에이션 활동들을 즐기는 것 등을 방해할 수 있다.

둘째, 만약 강한 처벌이 도피처가 없는 상황에서 이루어진다면, '학습된 무기력(learned helplessness)'이 발달될 위험이 있다(Seligman, 1975). Martin Seligman(1975)은 도망갈 기회를 주지 않으면서 우리 안에 있는 개들에게 잦은 충격을 가하였다. 수차례의 시행 후에, 실험 대상 개들을 분리벽이 다른 쪽으로 뛰어넘기에 충분히 낮아서 충격을 피할 수 있는 다른 우리로 옮겼다. 통제집단의 개들(피할 수 없는 충격 경험이 없는)은 빠르게 분리벽을 뛰어넘는 법을 학습하였으나, 실험대상 개들은 도피할 시도를 하지 못한 채, 울음소리를 내며 구석에 웅크리고 있었다. 그들은 그들이 충격을 피하기 위해 할 수 있는 것이 아무것도 없음을 학습한 것이다. 학습된 무기력은 인간의 우울증(Joiner & Wagner, 1995; Rehm, Wagner & Ivens-Tyndal, 2001), 스트레스에 대한 취약한 대처(Mikulincer, 1994) 그리고 구타당하는 여성이 배우자를 떠나지 못하는 이유(La Violette & Barnett, 2000; Palker-Corell & Marcus, 2004) 등을 설명하기 위해 사용되어 왔다.

학습된 무기력 개념은 자기 효능 신념(self efficacy beliefs)과 인지적 귀인(cognitive attributions)의 중요성을 강조한다. 사람들은 처벌을 받을 때, 그들이 왜 처벌을 받는지에 대해 귀인한다. 학습된 무기력 상황에서는 개인은 자신이 환경을 통제할 수 없음을 배우며, 무슨 일이 일어나든 운명에 귀인한다. 50년 전, Miller(1958)는 운명에 대한 믿음을 범죄자들의 '초점적 관심(focal concern)'이라 가정하였다. 결과를 운명에 귀인함으로써, 행동에 대한 책임을 최소화하는 것이다. 처벌에 의해 촉발될 수 있는 다른 귀인들이 있다. 그 하나는 반사회적 행동은 부적절하고 처벌은 응당한 것이라 보는 것이다. 그러나 이러한 귀인은 많은 범죄자들에게 문제가 되는 친사회적 가치들에 대한 헌신과 법률 존중에 의존한다.

만약 처벌이 불공정하고 받을 가치가 없는 것으로 간주된다면, 처벌자에 대한 분노와 혐오 또는 거부감이 유발될 것이다. 이러한 부적 정서들은 처벌자를 향한 반사적 공격 또는 타인에 의한 영향을 무시하려는 시도 등과 같은 바람직하지 않은 행동들을 용이하게 한다

(Church, 1963; McCord, 1997). 부모의 훈육법을 가혹한 것으로 판단하는 아이들은 부모와의 접촉을 피하는 경향이 있는데, 이는 더 나아가 사회화 노력을 방해한다(Deater-Deckard & Dodge, 1997).

대리 학습(vicarious learning)은 매우 중요한 과정이다. Bandura와 Walters(1959)는 어린이들은 그들의 부모가 보여 준 공격적 행동을 모방할 수 있음을 증명하였다. 부모나 다른 권위 있는 인물들(예: 선생님)이 자신들에게 보상이 되는 신체적 처벌을 사용하는 것을 보는 것이 어린아이들에게 학습의 기회를 제공할 수 있다. 그러한 모델을 봄으로써, 아이들은 불쾌한 행동을 다루기 위해 공격을 사용하는 것이 수용가능하다는 것을 학습한다.

우리는 메타분석을 통해 이미 제재나 처벌이 범죄행동을 어느 정도 증가시키는 것과 연합되어 있음을 살펴보았다. 아마도, 이러한 바람직하지 않은 행동증가의 일부는 개인의 처벌에 대한 인내, 처벌의 불공정성 인식 그리고 반사회적 행동을 목격하는 것 등에 의해 설명될 수 있다(Piquero & Pogarsky, 2002). 처벌에 뒤따르는 이러한 범죄의 증가에 대한 다른 설명은 도박사의 오류(gambler's fallacy)와 관련이 있다. 도박사의 오류란 연속된 불운 뒤에는 행운이 올 것이라는 믿음이다. 범죄자는, "그래, 지난 몇 번 동안 체포되었었어. 하지만 다음에는 피해나갈 수 있을 거야."라고 말하는 것이다. Pogarsky와 Piquero(2003)의 연구에서, 대학생들에게 음주 후에 운전해서 집에 갈 것인지 아니면 주점에 차를 두고 갈 것인지를 결정하라고 요청하였다. 이 결정을 하기 전에, 학생들은 동전을 4회 던져서 계속 앞면이 나온 후에 어떤 면이 나올 것 같은지(가능성은 50/50)를 상상해 보라고 요청받았다. 대략적으로 20%의 학생들이 도박사의 오류 방식의 생각을 지지하면서, 뒷면이 나올 것이라고 하였다. 도박사의 오류에 대한 지지는 운전 결정과 연관되었으며, 도박사의 오류를 사용할 가능성은 가장 충동적인 학생들 사이에서 컸다. 비록 이 효과가 범죄자들을 대상으로 연구되지는 않았지만, 고 위험, 생애지속형 범죄자가 처벌에 대해 어떻게 생각할 지에 대한 흥미로운 아이디어들을 떠오르게 한다.

심리학에서 처벌에 대한 변화

처벌의 심리학에 대해 살펴보면, 처벌은 문제들을 해결하기보다는 더 만들어 내는 것 같다. 1960년대와 1970년대에, 처벌이 폭넓게 연구되었으며, 동물을 이용한 실험실 연구들에서는 처벌이 효력을 발휘할 수 있음을 보여 주었다(Leitenberg, 1976). 인간을 대상으로는 다양한 행동들에 대해 전기충격, 자극적인 냄새 그리고 여타의 물리적으로 혐오스러운 방법들을 사용하는 행동수정 연구들이 있었다. 어린이들의 야뇨증, 자폐증 환자들 중의 자해 행동들, 심지어 동성애 성향을 대상으로도 행동수정 연구가 이루어졌다. 소아기호증적 취향, 성 노출증, 마약중독과 같은 반사회적 행동들에 충격을 주거나 유독한 자극을 짝지었다. 범죄자들에게 그들 행동에 대해 부정적 결과를 상상하게 함으로써 내현적 민감화(covert sensitization)를 학습시켰다(Cautela, 1970; [자료 노트 13-2] 참조).

처벌을 사용할 때는, 관대하게 그리고 항상 친사회적 행동의 강화와 함께 이루어져야 한다는 점을 심리학자들은 곧 명백하게 인식하게 되었다. 이에 더해, 사람들에게 특히 효과가 있는 결과들은 본질적으로 대인 관계적인 경향이 있다. Hunt와 Azrin(1973)은 강화와 함께 이루어진 대인 관계적 처벌(time out)과 같은 훌륭한 실례를 제공하고 있다(이 연구는 제9장에서 더 자세히 설명하고 있다). 지역사회의 공무원들 뿐 아니라 알코올 중독자의 가족과 고용주들

[자료 노트 13-2]

자기-지시적인 상상적 처벌: 알코올 남용에 대한 내현적 민감화

Joseph Cautela(1970)는 인지행동적 개입(cognitive behavioral intervention)을 개발하였는데, 이는 치료자가 환자에게 자신의 행동에 대해 혐오적 통제를 하는 장면을 상상하도록 환자를 안내하는 방법이다. 억제될 필요가 있는 행동들은 부정적 결과에 대한 생각들과 짝지어지는데, 시각화된 처벌과 행동을 연합시킴으로써 환자가 부정적 결과에 대해 민감해지도록 만든다. 이 절차를 **내현적 민감화**(covert sensitization)라 부르며 다양한 행동들, 특히 알코올 남용(Rimmele, Howard & Hilfrink, 1995)과 성적 일탈(Perkins, 1991, 1993)에 응용되었다. 다음은 알코올 중독자에 대한 내현적 민감화의 사례다.

치료자: "당신은 주점으로 걸어 들어가고 있습니다. 당신은 맥주를 한 잔 하기로 하고, 카운터로 다가갑니다. 카운터에 가까워지면서 당신은 명치에서 이상한 느낌을 갖게 됩니다. 속이 메스껍고 구역질이 납니다. 약간의 술이 목으로 들어가고 시큼한 맛이 납니다. 당신은 그것을 삼키려 하지만, 그렇게 하자 속에 있던 음식물들이 목에서 입으로 넘어오기 시작합니다. 당신은 이제 카운터에 도착해서 맥주를 주문합니다. 바텐더가 맥주를 따르는 동안, 구토물이 입으로 넘어옵니다. …… 당신이 술잔에 손을 대는 순간 더 이상 참을 수가 없습니다. 당신은 입을 벌리고 토합니다. 당신 손과 술잔과 맥주 모두에 쏟아집니다. 당신은 맥주에 떠다니는 토사물을 볼 수 있습니다……"(Cautela, 1970: 37).

치료자는 환자에게 상상 장면이 자동적으로 될 때까지 내현적 민감화를 반복하도록 지도한다. 술의 유혹이 있을 때 이 절차를 사용하도록 환자를 격려한다. 현재 내현적 민감화는 인지행동 치료에서 가끔 사용되지만, 단독 치료 기법으로는 거의 사용되지 않는다.

도 음주와 양립되지 않는 행동들은 체계적으로 강화하고, 알코올 남용과 연관된 행동들은 무시 또는 좌절시키는 법을 배웠다. 결과적으로, 실험집단(14%)은 통제집단(79%)에 비해 음주에 소비하는 시간이 감소되었다.

수년간의 실험적 그리고 응용적 연구들은 바람직하지 않은 행동을 처벌하는 것으로부터 그 행동과 양립될 수 없는 바람직한 행동을 강화하는 것을 강조하는 것으로 강조점이 이동함을 보여 주었다. 처벌에 비해서 강화는 두 가지 중요한 이점이 있다. 첫째, 오직 강화만이 새로운 행동을 형성할 수 있다; 처벌은 오직 기존의 행동을 억누를 수 있을 뿐이다. 제한된 친사회적 기법을 가진 범죄집단에게 세상의 모든 처벌은 그들에게 새로운 기법을 가르쳐 주지 않을 것이다. 둘째, 강화절차는 의도적으로 고통을 가하는 것과 같은 명확한 윤리적, 직업적 딜레마를 피한다. 우리는 처벌을 사용하는 것보다 행동을 변화시키는 데에 더 좋은 방법이 있음을 알게 되었다.

처벌에 대한 요약

처벌에 대한 일반적인 정책들이 어려움에 부딪혔다. 그러나 우리는 처벌의 효과에 대한 믿음을 포기하는 것이 어렵다는 것을 알고 있다. 우리는 어린 시절부터 처벌은 효과가 있다고 배워 왔다. 수년간의 사회화와 처벌의 공포가 어떻게 사람을 '변화시키는가'에 대한 일화들을 무시하기는 어렵다. 이에 더하여 '강경책'과 같은 정책 현실을 보면, 처벌 이외의 선택은 없는 듯하다.

우리는 부적절한 행동들은 좌절시키고 법 위반에 대해서는 불만족을 표출할 필요가 있다. 반사회적 행동을 용인하지 않는다는 것을 표현하기 위한 처벌과 억제하기 위한 처벌은 서로 다른 문제다. 처벌의 심리학을 알고 있는 학자들은 효과적인 처벌을 위해 필요한 조건들은 사실상 형사사법 체제와 조화시킨다는 것이 불가능하다는 것을 언급하고 있다(McCord, 1999; Moffitt, 1983; Wilson & Abrahamse, 1992). 경찰관이 탐지를 확실히 하기 위해 모든 곳에 있을 수는 없으며, 법원이 충분히 빠르게 형선고를 진행할 수도 없다. 또한 교정 공무원이 적합한 슈퍼비전과 모니터링을 확실히 하는 데에도 어려움이 있다.

많은 형사사법 정책들은 반사회적 행동들을 제거하기 위한 다른 방법들이 있다는 것을 고려하고 있지 못하다. 친사회적 행동과 연합된 보상을 늘리는 것은 범죄와 관련된 보상을 덜 매력적으로 만드는 것이 될 것이며, 친사회적 행동을 보상하는 것은 또한 잃을 것이 더 많아지기 때문에 범죄행동 비용을 증가시키는 것이 된다. 일-방향적인 공략(attack)보다는 범죄적 행동과 친사회적인 행동 양자에 대해 보수와 비용을 변경시키는 것을 내포하는 다면적인 공략이 보다 더 효율적일 것이다. 앞에서 본 것처럼, 친사회적 행동을 가르치고 보상하는 범죄자 재활 프로그램들이 바람직한 효과를 달성할 수 있을 것이다.

응보의 대안: 회복적 정의

모든 사람이 '강경책'의 경향을 유쾌하게 여기는 것은 아니다. 재활주의자들(rehabilitationists)(우리들과 같은)은 계속해서 범죄자 처치의 효과에 대해서 연구하고 지식을 축적하고 있다. 다른 사람들은, 재활이든 처벌이든지 간에 범죄자에게만 초점을 맞추는 것은 범죄라는 퍼즐의 중요한 한 조각을 무시하고 있는 것이라고 느껴 왔다. 바로 피해자 문제다. 피해자들은 많은 이유로 인해 형사사법 체제에 대해 불만을 가지고 있다. 그들은 형사사법 절차 내에서 자신들은 중요하지 않다는 것을 느껴 왔으며(즉, 주로 목격자 증언을 제공하는 것으로 위축된), 서비스의 시행에 있어서도 무시되어 왔다(즉, 피해자들은 스스로 극복해야 하는 반면에, 범죄자들은 처치 서비스를 받았다). 1980년대에 피해자들은 더욱 조직화되고 정치적인 목소리를 내기 시작했다. 작은 개선이 피해자들에 대한 서비스 실행에서 이루어졌으나(예: 여성 보호소, 외상 상담), 보다 큰 개선은 법률적 변화라는 측면에서 정치권에서 이루어졌다(예: 보다 엄한 형선고, 피해자 권리 법률 제정).

피해자들의 움직임은 범죄자들이 응분의 대가를 치러야 한다는 점을 확실히 하는 데에 영향을 미쳤다. 이것은 대개 '강경책'으로 해석되었다. 많은 피해자 지원 단체들의 주된 입장은 형사사법 체제가 범죄자들에게 너무 약하고, 피해자가 겪은 해악에 대한 정의 실현을 위해 보다 가혹한 처벌이 필요하다는 것이었다. 그러나 몇 사람들은 이와는 다른 시각을 가지고 있었다. 인과응보 그리고 처벌적 조망과는 반대로 피해가 처치될 필요가 있다는 관점이었다. 이러한 치유의 과정은 범죄자, 피해자 그리고 지역사회가 범죄자에 의해 범해진 잘못을 바로잡기 위한 협력을 필요로 하였다. 치유, 협력 그리고 교정(making amends)의 개념은 **회복적 정의**(restorative justice)의 중심에 있다. 형사사법 체제에 회복적 정의의 도입은 두 가지 전통에 의해 영향을 받아 왔다: (1) 정의에 대한 유대 기독교적 경향(응보적인 '눈에는 눈'에 반대되는 이해와 용서에 대한 강조) 그리고 (2) 정의에 대한 원주민적/인디언적(Aboriginal/Indian) 접근법.

첫 번째 회복적 정의 프로그램은 Ontario 주의 Kitchener라는 작은 마을로 거슬러 갈 수 있다. 1974년, 메노닛(Mennonite) 교회와 강한 유대를 지닌 보호관찰관이 법관에게 자신이 다른 뭔가를 시도해 보는 동안 기물파괴로 기소된 두 명의 청소년에 대한 형선고를 유예해 줄 것을 요청하였다(Peachy, 1989). 그는 법관에게 청소년들을 피해자와 만나게 하고 잘못을 고치도록 제안해 보겠다고 했다. 청소년들은 그들의 행동이 피해자에게 어떤 영향을 미쳤는지를 이해하는 이점이 있으며, 피해자들은 문제가 바로 잡히기 위해서는 무엇이 필요한지를 말할 기회를 얻게 될 것이었다. 놀랍게도, 대부분의 피해자들은 배상을 요구하고 구속이나 보호관찰을 원하지 않았다. 청소년 범죄자들은 그들이 유발한 피해에 대한 더 나은 이해를 가져왔다고 보고했다. 이 실험으로부터, 소위 '피해자 가해자 화해 프로그램(Victims Offender Reconciliation Programs: VORPs)'이 시작되었다.

좀 더 기술하기 전에, 정확히 무엇이 회복적 정의인지에 대한 논란이 있음을 명확히 하기를 원한다. 그것은 어떤 결과를 기대하며, 어떤 과정으로 된 프로그램인가? 처벌적인가 아니면 처벌의 대안인가? 전통적인 형사사법 절차를 보완하는 산물인가 아니면 전체적으로 새로운 사법 정의의 틀인가?(Gavrielides, 2008) 회복적 정의에 대한 우리의 관심은 계획된 개입을 통하여 이것이 범죄행동의 이해에 어떻게 기여를 하고 있는가를 살펴보는 것이다. 따라서 우리는 재범을 감소시키는 것에 대한 우리의 관심을 함축하는 '프로그램'이라는 용어를 사용한다.

VORP 같은 회복적 정의 프로그램은 여러 가지 특징들을 가지고 있다. 우선, 범죄를 대인간 관계들의 위반으로 본다는 것이다. 둘째, 범죄자를 포함해서 피해를 입은 모든 사람이 '잘못된 것을 고쳐 놓는 것'에 대해 책임을 져야 한다. 이는 범죄자와 피해자 간 대화를 필요로 하며, 여기에서 범죄가 그들에게 어떻게 영향을 미쳤는지, 가급적 직접 대면을 통하여 논의한다. 범죄자는 잘못을 고치고 사과할 기회를 가지며, 피해자는 범죄자에게 자신이 범죄로 인해 얼마나 영향을 받았는지 그리고 치유를 위해서 무엇이 필요한지를 이야기할 기회를 갖게 된다. 어쩌면, 비록 필요한 요소는 아니지만, 피해자가 가해자를 용서할 수도 있다. 결국 피해자와 가해자, 때때로 지역사회 구성원들의 지원과 함께, 각각이 범죄로 유발된 피해를 완화시키기 위해 어떻게 기여할 수 있는지를 논의한다.

정의에 대한 원주민들의 관점은 상당 부분 회복적 정의 지지자들의 관점과 일치한다. 양 집단은 문제해결을 위한 책임이 지역사회 내에 있다고 여기며 범죄를 지역사회 문제로 본다(Zion & Yazzie, 2006). 범죄는 많은 사람에게 피해를 주며, 범죄자를 처벌하는 것이 피해자와 범죄의 영향을 받은 여타 사람들의 피해를 제거하지 못한다. 그보다는 치유와 관계의 회복이 필요하다. 가족 집단 회합(Family Group Conferences: FGCs)과 양형/조정 모임(Sentencing/Peacemaking Circles)은 정의에 대한 원주민의 사상에 영향을 받은 회복적 정의 실행의 두 가지 사례다. FGCs는 뉴질랜드에서 시작하였다(Maxwell, Morris & Hayes, 2006). FGC에서는, 청소년 범죄자들과 부모들이 그들의 피해자 및 지역사회의 여타 이해관계자들과 만나서, 중개자의 참여하에 범죄에 의해 유발된 피해를 처리하고 범죄자를 지역사회에 다시 통합시킬 최선의 방법을 논의한다. 양형모임은 대부분의 거주민이 원주민으로 구성된 캐나다의 Yukon 지역에서 시작되었다(Stuart, 1996; Stuart & Pranis, 2006). 법관의 참여하에 범죄피해를 입은 모든 사람들이 범죄자의 반사회적 행동에 대한 적절한 대응방안을 만들어 내기 위해 함께 노력한다. FGCs 또는 양형모임에서 도출된 결과로부터 권고되는 것은 처벌을 포함할 수도 있으나, '만족스러운' 정의를 만들어 내기 위해 범죄에 영향을 받은 모든 사람을 치유하고 격려하는 것이 강조된다.

갈등을 해결하는 데 있어 범죄자 책임과 피해자 참여는 회복적 정의의 핵심이다. 그러나 프로그램이 회복적 정의 프로그램으로 불리기 위해 피해자의 참여가 어느 정도 필요한지에 대해서는 논란이 있다(Braithwaite, 1999; Daly, 2006a; McCold, 2000; Sullivan & Tifft, 2005). VORP, 가족집단 회합, 양형모임 등과 같은 프로그램들은 분명히 회복적 정의를 실행하는 것들이다. 이와는 달리 피해자와 범죄자 간에 직접적인 접촉이 있다 하더라도 거의 없는 그리고 중개자를 통해서 합의가 매개되는 프로그램들이 있다(Zehr & Mika, 1998). 이러한 경우에, 피해자는 배상 제안(재정적 또는 지역사회 서비스를 통한)에 또는 서면 사과에 합의할 수 있다. 피해자의 의견 제시가 없는데도 불구하고 법원이 명령한 배상 또는 지역사회 서비스가 '회복적'인 것으로 생각되어야 하는가? 이들은 단지 무엇이 회복적 정의를 실행하는 것으로 간주될 수 있느냐에 대해 논란의 여지가 있는 두 가지 실례일 뿐이다.

회복적 정의 프로그램들 그리고 실행들은 북미, 호주, 뉴질랜드, 유럽 그리고 아시아와 아프리카 일부 지역에 존재한다(McCold, 2006). 회복적 정의 원리들은 또한 입법정책과 형사사법 체제에 영향을 미치고 있다. 뉴질랜드의 어린이, 청소년 그리고 그들의 가족법(The Children, Young Persons, and Their Families Act)은 가족 집단 회합이 개최될 때까지 법원이 결정을 내리는 것을 금하고 있다. 캐나다와 미국의 정부 기관들은 회복적 정의 원칙들이 어떻게 형사법에 도입될 수 있는지에 대해 협의를 시작하였다(Kurki, 1999; Lightfoot & Umbreit, 2004; Llewellyn & Hawse, 1999). 끝으로, 우리는 남아프리카의 흑인 차별 기간 동안의 인권 침해(Villa-Valencia, 1999)와 캐나다의 기숙학교에서의 학대(Indian and Northern Affairs Canada, 2008) 등과 같은 사안들을 처리하기 위해 형성된 다양한 '진실과 화해 위원회(Truth and Reconciliation Commissions)'를 보아 왔다.

회복적 정의 프로그램은 확산되어 왔으나, 연구는 그러한 발전을 따라가지 못하였다. 상당수의 평가들은 방법론적으로 취약하였고, 대체로 과정을 묘사하는 것이었으며, 결과의 측정은 참여자들의 과정에 대한 만족감을 다루는 경향이 있었다. 일반적으로, 피해자들과 범죄자들은 운영 과정과 갈등에 대한 해결이 만족스럽다고 보고한다(Sherman & Strang, 2007; Strang, Sherman, Angel, Woods et al., 2006; Umbreit, 1995). 예를 들면, 한 실험에서, 가족 집단 회합에 참여한, 피해자의 51%가 결과에 만족하였으며, 86%의 가해자와 88%의 가해자의 부모가 만족을 표시하였다(Morris & Maxwell, 1998). 13개의 연구에 대한 메타분석에서 피해자 만족감의 평균 효과크기는 .19이었으며 .44까지 효과 범위가 나타났다(Latimer, Dowden & Muise, 2005).

평가연구들에서 나타난 결과를 해석하는 일은 많은 회복적 정의 프로그램들에서 발견된 상당한 탈락률 때문에 어렵다. 〈표 13-2〉는 대면 만남을 위해서 피해자와 가해자를 함께 소집하려 시도했던 14개의 연구들에서 나타난 참여비율을 요약한 것이다. 표에서 보면, 모든 피해자들이 가해자를 만나기를 원하는 것은 아니라는 것이 명백하다. 따라서 높은 수준의 만족감은 대상자 선발요인에 따른 것일 수 있다. 표에서 가해자들 대부분이 비폭력적 범죄를 범했다는 사실은 나타나 있지 않다(약 85%; Bonta, Jesseman, Rugge & Cormier, 2006). 대부분의 프로그램들이, 비록 예외가 있기는 하지만, 전형적으로 성범죄자, 가정폭력 사건들 그리고 여타 심각한 범죄들을 제외한다(Acker, 2006; Daly, 2006b; Rugge, Bonta & Wallace-Capretta, 2005; Wilson & Picheca, 2005). 예를 들어, Mark Umbreit와 Betty Voss(2000)의 연구에서, 피해자가 가족 중 한 사람을 살해한 가해자와 만나는 두 개의 사례 연구를 발표하였는데, 두 가해자는 사형선고를 받은 상태였다.

회복적 정의는 피해자에게 가해진 피해를 회복하는 것에 대한 것만이 아니다. 처음에 갈등을 유도했던 요인들을 범죄자가 처리하도록 도와주는 것이 범죄자의 회복에 기여할 수 있다. 비록 일부는 재범성이 회복적 정의 프로그램의 가치를 평가하는 중요한 결과 측정방법이라는 데에 동의하지 않겠지만(Robinson & Shapland, 2008), 많은 사람들이 향상된 공공 안전을 중요한 목표로 본다(Bazemore, 1996; Bonta et al., 2006; Zehr & Mika, 1998). 범죄자들에게 그들의 행동에 대한 책임을 받아들이도록 하고 모든 당사자들이 만족하도록 피해를 회복하도록 하는 것이 주된 목표다. 더불어, 지역사회가 회복 과정에 참여하는 것은 범죄자를 지역사회에서 수용하고 재통합시키는 것을 촉진한다.

표 13-2 피해자-가해자 회합에서의 참여도

연구	대상자(n)	회합(%)	표본
Bergseth & Bouffard(2007)	164	49	청소년
Bonta et al.(1983)	139	4	성인
Bonta, Wallace-Capretta & Rooney(1998)	243	10	성인
Crime & Justice Research Centre(2005)	577	36	성인
Coates & Gehm(1988)	196	50	청소년/성인
Gehm(1990)	535	47	청소년/성인
Marshall & Merry(1990)			
a) 경찰 기반	211	47	청소년
b) 법원 기반	162	51	성인
Maxwell & Morris(1994)	200	46	청소년
McCold & Wachtel(1998)	189	43	청소년
Nuffield(1997)	228	35	성인
Nugent & Paddock(1995)	296	65	청소년
Perry, Lajeunesse & Woods(1987)	1,021	46	성인
Umbreit(1995)	4,445	39	청소년/성인
Umbreit & Coates(1992)	2,799	40	청소년
Umbreit(1988)	179	54	청소년
Umbreit & Roberts(1996)			
a) Coventry 지역	276	13	청소년/성인
b) Leeds 지역	535	8	청소년/성인
Wilcox et al.(2004)	13,980	14	청소년/성인

만일 회복적 정의가 현 형사사법 체제에서 미미한 역할 그 이상을 한다면 재범에 대한 효과를 나타내는 것이 중요하다는 것이 우리의 입장이다. 이 책의 4판 이래로, 좀 더 많은 회복적 정의 프로그램에 대한 평가들이 있었으며, 많은 프로그램들이 매우 큰 표본들(대부분 오스트레일리아와 영국)을 대상으로 했다. 〈표 13-3〉은 회복적 정의의 평가에 대한 우리의 메타분석적 요약에서보다 더 갱신된 정보들을 보여 주고 있다. 메타분석에 포함하기 위해서는, 연구가 비교집단을 포함해야 하며, 프로그램 완료 이후의 재범을 측정해야 한다. 평균 r은 전반적으로 7%의 재범감소를 나타내는 .07이었으며, 이 발견은 Jeff Latimer 등이 실시한 독립적인 고찰에서 발견된 것과 거의 일치하고 있다(Latimer, Dowden & Muise, 2005). 더 나아가, 우리의 발견은 특별히 청소년들에 대한 Bradshaw와 Roseborough(2005)에 의해 보고된 것(r = .13)보다 더 작았으나, 우리의 고찰이 훨씬 많은 표본 크기(n = 39,707 대 n = 11,950)를 대상으로 더

큰 비교(k = 55 대 k = 19)를 하고 있다.

〈표 13-3〉에서 신뢰구간(confidence interval: CI)은 실제 값(true value)의 95% 확실성을 가진 범위를 보여 준다(효과크기는 실제 값의 추정치다). 만일 신뢰구간이 '0'을 포함하면 재범과 연관이 없다는 95%의 가능성을 갖게 된다. 표본크기가 크면, 신뢰구간(CI)은 극단적으로 좁아진다. 연구 전체에 걸쳐 .07의 평균 효과크기는 특별히 인상적인 결과는 아니며, 어떤 형태든지 간에 인도적 서비스를 제공하는 것(r = .10)보다 약간 더 작다. 나아가, 명백한 회복적 요소를 가지고 있는 프로그램들(즉, VORPs 그리고 FGCs)은 보다 평범한 회복적 정의의 요소들을 가지고 있는 프로그램들(예: 배상, 지역사회 서비스)보다 더 낫지는 않았고, 따라서 어떤 회복적 요인이 재범감소에 기여하는지에 대한 의문이 떠오른다.

비록 표에는 나타나 있지 않지만, 개별적 연구들 간에는 효과크기에서 상당한 차이가 있으며, 이는 어떤 조건들하에서는 회복적 정의가 재범감소와 의미 있게 연관되어 있을 수 있다는 점을 시사하는 것이다. Bonta 등(Bonta, Wallace-Capretta, Rooney, & McAnoy, 2002)은 회복적 정의 맥락에서 시행되는 범죄자 처치가 특히 재범감소에 효과가 있다고 제안하였다. 그들은 범죄자들을 교도소에서 지역사회로 전환시키고자 의도된 회복적 정의 프로그램을 평가하기 위해 유사-실험 연구 설계를 사용했다. 프로그램 진행자는 피해자들을 만나서 법원의 회복적 계획을 진행시키기 위해 가해자들을 만나도록 권유하였다. 비록 피해자 중 14%만이 대면 만남에 동의하였지만, 많은 피해자들이 진행자의 중재적 노력을 통해 그 계획에 기여하였다.

표 13-3 회복적 정의 프로그램 고찰의 메타분석 결과

프로그램 유형	*n*	k	*r*	CI
모든 프로그램	25,771	67	.07	.06 ~ .08
청소년	21,766	50	.06	.05 ~ .07
성인	3,507	16	.09	.06 ~ .12
VORP	6,949	40	.08	.06 ~ .10
배상(Restitution)	23,934	55	.08	.07 ~ .09
지역사회 서비스	23,252	57	.07	.06 ~ .08
FGC	3,741	16	.09	.06 ~ .12

주: *n* 전체 표본크기; k = 효과크기들의 수; CI = 95% 신뢰구간;
VORP = 피해자 가해자 화해 프로그램; FGC = 가족집단 회합.

지역사회로 전환시키기 위해 의도된 회복적 정의 프로그램을 평가하기 위해 유사 실험 진행자는 또한 범죄자가 그들의 욕구를 확인하고 처치 서비스를 받도록 도움을 주었다. 90% 이상의 범죄자들이 처치 프로그램에 참여하였다. 1년 후 회복적 정의 프로그램에 참여한 범죄자들 중 재차 유죄판결을 받은 비율은 15.3% 였는데, 이에 대응되는 보호관찰자 집단에서는 37.5%였다(r = .25). 추적기간이 증가할수록, 재범률에 있어서 두 집단 간의 차이 또한 증가하였는데, 3년 후에는 회복적 정의 프로그램 참여자들이 34.7%의 재범률을 보이는 데 비해 보호관찰 대상들은 66.1%의 재범률을 보였다(r = .31).

Carleton 대학교의 자료 모음을 이용하여, Andrews와 Dowden(2007)은 1998년 이전에 시행된 22개의 회복적 정의 연구들을 확인하였다(〈표 13-3〉에서 보고된 연구분석과 비교할 때 연구들이 극적으로 증가한 것을 알 수 있다). 여덟 개의 연구가 RNR 원리에 대한 준수성에 따라 분류될 수 있는 처치요소를 지니고 있었다. 하나의 원리도 준수하지 않은 경우, 회복적 프로그램의 평균 효과크기는 .02(k = 14)였다. 한 개 원리를 준수하면, 평균 효과크기가 .14(k = 4)까지 상승하였으며, 두 개의 원리를 준수한 경우는 .16(k = 3)이었고, 마지막으로, RNR 원리 모두를 준수한 연구는 단 하나였는데 이 연구의 평균 효과크기는 .35였다. Bonta 등(2002)의 연구에서, 회복적 정의와 결합된 적합한 처치(즉, 세 개의 모든 원리를 준수하는 것)의 r은 .31이었다. 이는 회복적 정의 프로그램에서의 부적합한 처치들(여섯 개의 프로그램들의 평균 r = .01; Bonta et al., 2006)과 비교했을 때 매우 긍정적인 것이다.

이론적으로, 왜 우리는 회복적 정의 그 자체가 범죄행동에 영향을 줄 것이라고 기대해야 하는가? 범죄자의 욕구를 다루는 적합한 처치를 제공하는 것 이외에도, 재범에 영향을 주도록 제안된 회복적 정의 원리들과 관련된 수많은 가능한 기제들이 있다. 피해자가 받은 범죄의 충격을 이해하는 것은 범죄자가 범죄를 합리화시키는 데 도전이 될 것이다. 피해자-가해자 만남에서의 용서와 비처벌적인 맥락은 보다 친사회적인 태도를 고양할 것이다. 지역사회 구성원들이 회복적 정의 과정에 참여할 때, 그들은 친사회적 행동들을 획득하는 데에 확실한 지원을 제공하는 비공식적 지원 체계로서 기능할 것이며 그리하여 범죄자가 변화하도록 동기를 부여할 것이다(Bazemore, Nissen & Dooley, 2000; Day, Gerace, Wilson & Howells 2008; de Beus & Rodriquez, 2007). 피해자에 대한 공감의 증가는 유해한 행동을 억제시키는 작용을 할 것이다. 불행하게도, 회복적 정의 프로그램 평가자들은 이러한 잠재적 중간 목표들에 대한 회복적 정의 프로그램의 영향력을 거의 검증하지 않았다. 이 문제에 대한 몇 안 되는 연구들 중 하나에서, Jackson(2009)은 그들의 삶에 대한 범죄의 충격을 표현한 피해자에게 노출된 범죄자들 중에서 죄의식, 창피함 또는 공감에 있어 변화가 없음을 발견하였으나, 비폭력적 여성 범죄자들—폭력적인 여성 범죄자들은 피해자에게 노출된 후에 실제로 더 나빠졌다—에서만 오직 책임을 수용하는 것이 증가했음을 발견하였다(Jackson, Lucas & Blackburn, 2009). 그러나 이 시점에서, 기술했던 그 기제들은 아직 검증될 필요가 있는 가설들이다.

기억하기

1. '강경책'은 공정성, 비용 효율성 그리고 공공안전 확대라는 목표 달성에 끔찍하게 실패하였다.

   의무적 형선고, 삼진 아웃법 그리고 더욱 가혹한 형선고들이 소수집단들에게 불균형적으로 영향을 주었으며 막대한 비용이 지불되었다. 비용은 금전적인 측면에서뿐 아니라 사회적 결과라는 측면에서도 측정되었다. 억제력의 측면에서, '강경책'은 지난 10년 동안 일어났던 범죄율의 감소를 설명하지 못하며, 또한 이것은 범죄자의 재범에 아무런 영향도 미치지 못했다. 정치인들은 대중들이 원하는 것을 생각한다고 하지만, 그럼에도 불구하고, 대부분의 여론조사들에서는 전체적인 그림을 보여 줬을 때 사람들이 덜 처벌적인 개입에 개방적임을 보여 주고 있다.

2. 처벌의 심리학은 형사사법 체제가 복제할 수 없는 매우 특수한 조건들 아래에서만 처벌의 '효과'가 있을 것임을 보여 주고 있다.

   처벌에 대한 실험실 연구들은 처벌이 효율적이기 위해서는 처벌이 행동들에 확실하고, 즉각적이고 그리고 그에 맞는 강도로 이루어져야 한다는 것을 명확히 보여 주고 있다. 현실 세계에서, 실험실 조건들을 맞추는 것은 불가능하다. 더군다나 처벌은 반사회적 행동을 억제하는 데 역효과를 가져오는 많은 바람직하지 않은 '부작용'을 가지고 있다.

3. 회복적 정의는, 적절한 처치가 이루어지면, 범죄를 감소시키는 데 있어서 '강경책'의 접근법을 대체하는 다양한 대안들을 제시할 수 있다.

   우리는 범죄자를 처벌해야 한다는 강박으로부터 범죄자를 다루는 더욱 인간적인 접근법으로 변화하는 것을 보고 있다. 회복적 정의의 영향력과 처치에 대한 새로워진 관심의 증대는 현 형사사법 체제의 적대적이고 처벌적인 범죄자 지향주의에 대한 불만의 증가를 반영한다. 회복적 정의의 영향력이 얼마나 확대될 것인가는 더 지켜봐야 할 것이지만, 범죄자 재활은 이미 대단한 진전을 해 왔으며 그 미래도 희망적이다.

추천 도서

'강경함' 접근과 그 결과들에 대한 냉철하고 생생한 고찰을 위해서는 Michael Tonry(2004)의 『Thinking about Crime: Sense and Sensibility in American Penal Culture』을 권유한다. 이 책은 쉽게 읽을 수 있고 형사정책에 대한 배경지식을 거의 필요로 하지 않는다. 또한 Tonry(2009)가 『Punishment and Society』에서 보여 준 미국 형벌정책에 대한 도발적인 검토를 강하게 추천한다. 그는 이 책에서 문제에 대한 미국 정책의 '피해망상적 형태(paranoid style)'와 같은 요인들을 질책한다. 보다 학술적 분석에 있어서는, Todd Clear(1994)의 『Harm in American Penology: Offenders, Victims and their Communities』가 읽어 볼 만하다. 좀 더 구체적인 '강경함' 접근에 대해서는 Doris MacKenzie와 Gaylene Armstrong(2004)의 『Correctional Boot Camps: Military Basic Training or a Model for Corrections?』과 Finckenauer 등(1999)의 『Scared Straight: The Panacea Phenomenon Revisited』 등이 훌륭하게 검토하고 있다.

처벌의 심리학에 관심을 가지고 있는 사람들은 W. K. Honig의 1966년의 고전적인 책인 『Operant Behavior: Areas of Research and Application』에서 Azrin과 Holz의 장을 참고해야 할 것이다. 보다 최근의 고찰은 대부분의 일반적인 심리학 개론서들에서 찾아볼 수 있다.

회복적 정의에 대한 연구는 지난 몇 년 동안 폭발적으로 증가했다. 일반 독자를 위한 입문서로는 Dennis Sullivan과 Larry Tifft(2005)의 『Restorative Justice: Healing the Foundations of Our Everyday Lives』을 보라. 좀 더 학술적인 폭넓은 고찰을 위해서는 『the Handbook of Restorative Justice』(2005)에서 Dennis Sullivan과 Larry Tifft가 편집한 부분을 읽어 보기를 제안한다. Daniel W. Van Ness와 Karen Heetderks Strong(2010)의 『Restoring Justice: An Introduction to Restorative Justice』는 회복적 정의의 동향에 대해 명확한 설명을 제공한다.

Chapter 14

범죄의 하위 유형: 일반적인 범죄부터 예외적 범죄까지

이번 장에서는, 범죄자들의 '유형들'을 살펴볼 것이다. 우리는 유형이라는 단어가 중복됨이 없이 명확하게 정의된 범주들의 개념을 전달하기 때문에, 약간 망설여지지만 '유형(type)'이라는 단어를 사용한다. 그러나 많은 범죄자들이 어떤 하나의 범주에 정확하게 해당되지는 않는다. 사실 매우 소수의 범죄자들만이 단지 한 가지 유형의 범죄에 특성화되어 있다. 성 범죄자들이 비-성적인 범죄를 저지르기도 하며, 남성 구타범들이 자신들과 관련이 없는 사람을 공격하기도 한다. 범죄자들의 다양성은 오스트레일리아 교도소의 남성 수용자 2,000명에 대한 조사에서 드러난다. Makkai와 Payne(2005)는 26%의 범죄자들만이 단지 한 가지 유형의 범죄를 저지른 것으로 보고됨을 발견하였다. 그럼에도 많은 범죄자들은 우리가 거칠기는 하지만 범주 구분을 할 수 있도록 특정한 반사회적 행동을 선호한다. 예를 들어, 성범죄자는 비-성적 범죄자들과 비교해서 또 다른 성적 범죄를 다시 저지르는 것 같다. 이러한 선호 때문에 이번 장의 제목에서 '하위 유형(subtype)'이라는 단어를 사용한다.

때때로 학자들은 준거행동 또는 범죄행동을 분석하는 것을 시작으로, 범죄를 설명하는 이론들을 발전시킨다. 따라서 화이트칼라 범죄, 반달리즘(Vandalism) 그리고 연쇄살인범들에 대한 이론들이 있다. 이러한 '소이론들(mini-theories)'을 강조하는 대신에, 우리는 보다 종합적인 이론적 기초로부터 배울 것이 많으며, 일반적인 범죄행동의 상관변인들이 범죄적 일탈의 특정 형태들에 있어서 주목할 만한 유사성을 보여 주고 있다는 입장을 취하고 있다. 우리는 범죄자들 중 비교적 일반적인 집단들(남성 구타범들)로부터 보다 빈도가 적고(성범죄자들)

그리고 드문 집단들(스토커들, 연쇄살인범들)까지 살펴볼 것이다. 우리는, 기이함과 폭력적인 행위로 인해 주류범죄자들과 구별되기 때문에, 후자를 '예외적(exceptional)'이라고 부른다. 표면적으로는, 이들 범죄 유형들이 일반적이지 않은 극단적인 집단들을 대표하는 것으로 보일 수 있다. 그러나 때때로 차이점들보다는 유사점들이 더 많다.

여성에 대한 가정폭력

미국과 캐나다의 여러 조사들은 가족 내 폭력의 만연과 발생정도에서 충격적인 모습을 나타낸다. 2007년에, 50만 명 이상의 미국 여성이 친밀한 사람에 의해 폭력적인 피해를 입었다고 보고하였다(Rand, 2008). 피해에는 살인(1,202건의 살인이 친밀한 파트너에 의한 것이었다; Fox & Zawitz, 2004), 강간(여성에 대한 성폭행 중 43%가 현재 또는 이전의 친밀한 사람에 의해 범행이 이루어졌다; Tjaden & Thoennes, 2006) 그리고 신체적 공격(폭력적 피해의 약 9%; Smith et al., 2002)이 포함되었다. 캐나다에서는 경찰에게 신고된 모든 폭력적인 범죄 중 15%가 배우자 폭력에 해당되며, 피해자 중 83%가 여성이었다(Bressan, 2008). 비록 남성도 신체적으로 여성 배우자들에 의해 공격을 당하지만(Field & Caetano, 2005; Langhinrichsen-Rohling, 2005), 남성이 더 심각한 상해를 저지른다(Archer, 2000; Dutton, Nicholls & Spidel, 2005; Kessler et al., 2001). 친밀한 자의 폭력은 또한 동성 커플들 사이에도 만연되어 있으나(McClennen, 2005), 피해자의 대부분이 여성이기 때문에 우리의 논의는 남성 구타범들에게 초점을 맞출 것이다.

가정폭력에 대한 연구는 여러 가지 이유들로 인해 매우 중요하다. 첫째, 우리는 이들 가족들 내에서 피해를 감소시키기 위해 할 수 있는 것을 학습하는 것에 관심을 가지고 있다. 배우자에 의해 학대받는 여성은 자신의 개인적 안전이 위험에 처해 있을 뿐 아니라(Keller & Wagner-Steh, 2005) 자녀들의 안전까지 위험에 처하게 된다. 많은 연구들이 배우자에게 폭력적인 사람은 역시 아이들에 대해서도 폭력적일 가능성이 있다는 점을 지적하고 있다(Ehrensaft et al., 2003; Osofsky, 2003; Ross, 1996). 둘째, 고통받는 것을 목격한 여성과 아이들 모두 더 큰 정서적, 심리적 그리고 행동적 문제들을 경험할 가능성이 있다(Kitzman et al., 2003; McCloskey, Figueredo & Koss, 1995; Smith Stover, 2005). 두 개의 메타분석적 고찰은 가정폭력 노출과 어린이들의 정서적 및 이웃에서의 행동적 문제들 간의 평균 효과크기가 r = .25라는 것을 발견하였다(Evans, Davies & DiLillio, 2008; Wolfe et al., 2003).

셋째, 우리는 누가 고-위험 학대자들인지를 알 필요가 있다. 폭력적인 남성을 정확하게 규명하는 것은 다른 가족들의 보호를 위해 공격자들을 제거하는 권한을 가지고 있는 경찰과 여타 사회복지 공무원들에게 필요하다. 대부분의 여성들이, 다양한 이유로, 학대적 관계에서 벗어나는 것이 어렵기 때문에(Zlotnick, Johnson & Kohn, 2006), 이들은 반복피해의 위험에 처하게 된다. 사회복지 제공자들 또한 남성 구타범들에 대한 효과적인 개입에 대해 알고 있을 필요가 있다. 비록 한 여성이 학대적 파트너에게서 벗어난다 해도, 폭력은 또 다른 여성에게 계속될 수 있기 때문이다. 추적 기간 및 범죄자의 위험성 수준에 따라 달라지긴 하지만, 가정폭력 재범의 추정치는 16%(Wooldredge & Thistlethwaite, 2005)에서부터, 60%에서 80%(Klein & Tobin, 2008; Smith Stover, 2005)까지 높은 정도의 범위를 보인다.

끝으로, 가정폭력을 이해하는 것은 미래의 폭력을 조기 예방하기 위해 중요하다. 비록 결정적이지는 않지만, 가족 내 폭력을 경험하고 목격한 어린이들이 친밀한 사람 및 일반적인 대인 관계 모두에서 폭력적으로 성장할 위험성이 증가한다는 것을 시사하는 연구가 있다(Kruttschnitt & Dornfeld, 1993; Smith Stover, 2005; Straus & Kantor, 1994; Widom, 1989). 더 나아가, 어린 시절의 공격성이 또한 배우자 폭력에 대해 예측적일 수 있다. 이와 관련하여 가장 설득력 있는 연구는 Concordia 대학교의 종단적 위험성 프로젝트(Concordia Longitudinal Risk Project; Temcheff, Serbin, Martin-Storey, Stack et al., 2008)다. 이 연구에서는 캐나다의 Montreal 도심 지역에 거주하는 1,700여 명 이상의 어린이를 30년 이상 추적하였다. 연구자들은 어린이의 공격적 행위가 성인기에 자기-보고된 배우자 폭력을 예측한다는 것을 발견하였다(r = .14).

이 부분에서, 우리는 PCC에서 도출된 다음과 같은 질문들을 제기한다:

1. 자신들의 파트너에게 폭력을 가하는 남성들은 일반 범죄자들과 유사한가?
2. 배우자를 폭행하는 사람들에게 효과적인 개입은 무엇인가?

구타하는 남성: 통상적인 범죄자와 동일한 근원을 갖는가

배우자 폭력이 만연되어 있다는 것을 고려했을 때, 매우 최근까지도 배우자 학대에 대한 위험성 요인을 확인하는 것에 주력한 연구가 그토록 없다는 것은 놀라운 일이다. 수백 개의 일반 범죄자들에 대한 연구들과 이 분야의 연구를 대조할 때, 거의 연구된 것이 없다는 것은 진정으로 경악스러운 점이다. 그러나 재-학대에 대한 위험 요인들을 규명하려는 연구는 개입에 대한 지침을 제공하는 것뿐 아니라, 남성 구타범들이 일반 범죄자들과 모든 면에서 차이가 있는지 여부에 대한 질문에 답하는 데에 도움이 된다는 점에서 중요하다. 위험 요인들에 대한 연구는 다음 세 가지 원천으로부터 도출된다: (1) 배우자 폭력에 대한 조사, (2) 갈등적 관계들에 대한 구체적인 연구들 그리고 (3) 보험통계적(actuarial) 위험성 측정의 개발과 타당화.

설문조사를 통해 도출된 위험 요인들. 일부 조사에서는 남성들에게 가정 내 환경에서의 자신들의 행동에 대해 보고하도록 요청한다. 다른 조사들은 피해자에게 폭력을 가한 자들의 특성을 설명하도록 요구한다. 이러한 조사들로부터, 잠재적인 위험 요인들의 목록을 구성하는 것이 가능하다. 이러한 조사들은 횡단적 연구설계(즉, 학대자들을 비학대자들과 비교한다)를 사용하고, 특정 변인들의 예측타당도에 대해서 알려 주는 종단적 설계는 사용하지 않는다. 이러한 접근법의 한 사례는 캐나다의 여성에 대한 폭력 조사(Lenton, 1995)에서 발견된다. 가부장적 관점(질투와 여성에 대한 통제)과 아버지의 어머니에 대한 학대를 목격하는 것은 친밀한 파트너 학대와 의미 있는 상관관계가 있었으나, 고용상태, 수입수준 그리고 교육은 배우자 폭력과 관련성이 없었다.

갈등적 관계들에 대한 연구를 통해 도출된 위험 요인들. Pan, Neidig 그리고 O'Leary (1994)는 미국 전역의 38개 군인 주둔지에서 14,000명 이상을 대상으로 부부관계를 연구하였다. 무엇보다도 거의 70%의 응답자들이 배우자에 대한 신체적 공격은 없다고 보고하였다. 나머지 24.4%는 '가벼운' 신체적 공격(예: 손바닥으로 때리거나 무엇인가를 던지는 것)을 보고하였고, 5.6%는 '심각한' 공격적 행동을 보고하였다(예: 배우자의 목을 조르거나 칼을 사용하는 것). 다음 다섯 가지 위험 요인들이 확인되었다:

1. 결혼생활의 고통(Marital distress)
2. 알코올/여타 약물남용(Alcohol/other drug abuse)
3. 우울 증상(Depressive symptomatology)
4. 연령(더 어린 것)[Age(being younger)]
5. 수입(더 낮은 것)[Income(lower)]

다섯 가지 요인들 중 네 가지가 또한 일반적 범죄행동의 위험 요인이기도 하다는 점을 주목하라. 예외는 우울이다. 그러나 가정폭력의 위험 요인으로서 우울이 항상 발견되는 것은 아니다(Cattaneo & Goodman, 2005). 더 나아가, Pan 등(1994)이, 결혼생활의 고통과 알코올 남용이 수입보다 더 중요하다는 것을 발견하면서, 위험 요인들의 순서를 부여할 수 있었다(일반 범죄자 위험성 연구들과 일치하는 순서). 놀라울 것 없이, 결혼생활의 고통과 배우자 폭력

간의 관계에 대한 연구들의 최근 메타분석에서, 결혼생활 고통의 평균 r은 .27(k = 37; Stith, Green, Smith & Ward, 2008)로 상당히 큰 것으로 입증되었다.

알코올 남용은 일반적인 범죄에서보다 배우자 학대에서 더욱 커다란 위험 요인인 것으로 나타났다(Finney, 2004: O'Leary, Malone & Tyree, 1994). 신중히 통제된 종단연구에서, William Fals-Stewart(2003)는 15개월의 기간 동안 음주 및 공격적인 사건들에 대해 일기를 쓰도록 남성 구타범들과 그들의 배우자들에게 요청하였다. 그는 남성이 음주한 날에는 배우자 폭행의 가능성이 음주하지 않은 날에 비해 여덟 배 더 큰 것을 발견하였다. 더욱이 심각한 공격의 발생 확률은 음주한 날에 11배가 더 높았다. 친밀한 파트너 폭력에 대한 음주의 영향은 반사회적 성격장애(APD)라는 평가를 받는 위험에 의해 조절된다(Fals-Stewart, Leonard & Birchler, 2005). 음주가 연구 대상 모든 남성들에게서 심각한 공격의 위험성을 증가시켰으나, APD의 남성에게서는 더욱 컸다.

남성 구타범들이 보통의 범죄자들과 매우 유사하다는 우리의 사례를 계속 확립시키기 위해서, Andrew Klein(1996)의 연구를 살펴보자. Klein은 민사법원의 가정폭력 사례들을 검토하였으며, 이들 중 90%가 피해자로부터 제기된 사례들이었다(나머지는 경찰 개입). 그러나 80%의 남성들이 살인처럼 심각한 범죄를 포함하여 평균적으로 여섯 차례 법정에 출두했던 범죄전력이 있었다. 2년간의 추적기간 동안, 56.4%의 남성들이 비-가정 범죄로 인해 다시 체포되었으며, 배우자 공격으로 다시 체포된 비율은 34%이었다. 두 가지의 범죄자 특징이 새로운 학대를 예측했다: 연령 그리고 이전의 범죄전력. Klein(1996)의 주요 결론은 남성 구타범들이 "범죄자들처럼 보이고, 범죄자들처럼 행동하고 그리고 범죄자들처럼 다시 학대행위를 한다."는 것이었다(p. 207). 또 다른 연구에서 Klein과 Tobin(2008)은 342명의 구타범들을 9년 기간에 걸쳐 추적하였다. 가정 내 사건에 의한 재-체포와 비-가정적 사건에 의한 재-체포 간의 상관관계는 .34였다(Klein & Tobin, 2008). 보다 중요한 것은, 비학대 체포를 예측했던 모든 범죄전력 요인들 역시 배우자 학대로 인한 체포를 예측하였다는 점이다. 남성 구타범들과 일반 범죄자들 사이의 차이는 비교적 적은 것으로 보인다(Dutton & Hart, 1992; Kessler et al., 2001; Ramirez, 2005).

일부 형태의 반사회적 성격 패턴이 남성 구타범들 사이에 공통적이라는 것이 일관된 결과로 나타난다(Dutton & Hart, 1992; Hanson et al., 1997; Hilton & Harris, 2005; Huss & Langhinrichsen-Rohling, 2000; Magdol et al., 1997). 그러나 일부 연구자들은 남성 구타범을 이해하는 데에 특별하게 중요한 것은 반사회적 성격 패턴 중 불안한 정동(disturbed affect)이라고 보고하고 있다(Hotzworth-Munroe & Mehan, 2004). 예를 들어, Dutton(1995, 2008)은 충

동적, 빠른 분노, '정서지능'의 결핍[보호관찰 공무원이 우리 중 한 사람에게 '알 수 없는 로미오(clueless Romeo)'라고 표현한 것처럼] 그리고 버림받는 것에 대한 강한 공포 때문에 관계에 대한 통제를 유지하기 위하여 폭력을 사용하는 경계선(borderline) 또는 '학대적(obusive)' 성격을 제안하였다. 유사하게, Swogger, Walsh 그리고 Kosson(2007) 또한 구타범을 비학대적인 범죄자와 구분 짓기 위해 충동성을 가진 정동불안(affect disturbance)을 제안하였다.

남성 구타범들에 관한 연구들에서 여성에 대한 태도의 역할이 눈에 띈다. 사회 조사들은 자주 가부장적 가치관을 위험성 요인으로서 취급하고 있다(Gilchrest et al., 2003; Hanson et al., 1997; Holtzworth-Monroe & Stuart, 1994). 그러나 Dutton(2008)은 규모가 큰 조사에서 단지 2%만이 "똑바로 하게 하려고 부인을 때리는 것은 괜찮아."라는 말에 동조하였다는 것을 언급하면서, 그러한 가치관의 적절성에 의문을 제기하였다. 여성에 대한 다른 태도들과 폭력성이 어떤 관계성을 갖고 있는가의 여부는 두고 보아야 할 일이다. 공격의 심각성을 최소화하거나 노골적으로 부정하는 것은 남성 구타범들 사이에서 흔한 일이지만, 이것이 예측적 타당성을 나타내지는 않는다(Henning & Holdford, 2006). 확실히, 가정폭력에서 태도의 역할에 대해서는 더 많은 연구가 필요하다.

최근, 사회적 지지가 중요한 위험성 요인이라는 인식이 점진적으로 증가하고 있다. 독자들이 봐 온 것처럼, 우리는 Big Four 요인을 다루고 있다. 사실 많은 사회적 학습 모델들이 남성 구타범들을 이해하기 위해 적용되어 왔다. 예를 들어, Holtzworth-Munroe와 Gregory Stuart(1994)의 모델은 '원거리 상관변인(distal correlates)'(유전, 어린 시절 가족, 또래경험)과 '근거리 상관변인(proximal correlates)'(태도, 충동성, 타인에 대한 애착)을 언급하고 있다. 사회적 학습이론에 대한 직접적인 테스트를 실시한 Deborah Reitzel-Jaffe와 David Wolfe(2001)의 연구에서는 남자 대학생 611명을 대상으로 연구를 실시했다. 파트너 학대의 두 가지 가장 좋은 예측 요인들은 여성에 대한 부정적인 태도 그리고 유사한 신념을 공유하고 있는 학대적인 동료와의 교제였다.

친밀한 파트너 학대에 대한 보험통계적 위험성 척도들. Murray Straus(1996)는 아마도 고-위험성 남성 구타범들을 확인하기 위한 객관적 유형의 '체크리스트'를 제시한 첫 번째 사람일 것이다. 우리가 알기로, 이 체크리스트는 우리가 범죄행동의 예측 요인들이라고 알고 있는 항목들을 포함하고 있다(예: 약물남용, 폭력 전력, 학대의 합리화). 그러나 이 체크리스트는 행동에 대한 사회적 지지에 대해서는 다루지 않았고, 단지 간접적으로 성격 요인들('극단적 지배성' '극단적 질투')을 다루었을 뿐이었다. 이 분야의 다른 전문가들이 문헌검토에 기초하여 유사한 목록을 제시하였다(Dutton & Kropp, 2000; Saunders, 1995; Thompson, Saltzman &

Johnson, 2001). 그러나 이들 '목록들'이 객관적인 평가도구들로 일정한 형태를 갖추게 된 것은 최근의 일이다.

지난 10여 년 동안 많은 보험통계적 위험성 척도들, 특히 가정폭력을 예측하기 위해 개발된 척도들에서 의미 있는 발전이 있었다[예: 위험성 평가 척도(Danger Assessment Scale: DAS; Goodman, Dutton & Bennett, 2000; B-SAFER: Au, Cheung, Kropp et al., 2008; 배우자 폭력 위험성 평가(Spousal Assault Risk Assessment: SARA; Kropp et al., 1995]. Ontario 가정폭력 위험성 평가(Ontario Domestic Assault Risk Assessment: ODARA)는 유망한 척도다. ODARA는 전력과 역동적인 항목들을 표본 선정한 13개 항목 척도다(Hilton et al., 2004). 많은 항목들이 일반적 범죄 행동의 지표들이라는 것은 주목할 만하다(예: '이전에 비-가정폭력이 있었다.' 그리고 '범죄자는 집 밖에서 폭력적이다.'). 추적기간이 4년 이상인 남성 표본들(총 589명)에 대한 두 개의 연구에서, ODARA 점수가 새로운 폭력과 폭력의 심각성을 예측하였다는 것을 발견하였다. 발달적 표본(developmental sample)에서는 AUC가 .77이었으며, 교차-타당화 표본(cross-validation sample)에서는 .72이었다. 그러나 ODARA에 대한 새로운 연구는 예측타당도 추정치가 의미 있게 감소(두 개의 표본에 대해 AUC가 .65 및 .67)되었다는 것을 발견하였다. 이것이 ODARA에 PCL-R을 추가하도록 연구자들을 이끌었으며, 가정폭력 위험성 평가지침(Domestic Violence Risk Appraisal Guide: DVRAG; Hilton et al., 2008)을 만들어 내었으나, 이것은 단지 AUC가 약간 증가했을 뿐이었다(.70과 .71).

마지막으로, 일반 범죄자들에 대해서 타당화되고 남성 구타범들에게 적용된 보험통계적 위험성 도구들의 사용에 대해 언급하겠다. 많은 연구자들이 일반 범죄자 위험성 도구들을 사용하여 파트너 학대 예측 테스트를 실시했다(예: Bourgon & Bonta, 2004; Hanson & Wallace-Capretta, 2000; Rooney & Hanson, 2001). 남성 구타범들에 대한 위험성 도구들의 메타분석에서, 특별히 파트너 학대에 대해 개발된 위험성 척도들과 일반 범죄에 대한 척도들의 예측타당도에서 의미 있는 차이가 없었다(Hanson, Helmus & Bourgon, 2007; 평균 상관계수들은 서로 신뢰구간이 중복되었으며, 각각 .20과 .26이었음). Hanson 등(2007)의 메타분석에서 얻은 결과는 남성 구타범들과 일반 범죄자들 사이의 유사성을 더욱 강화시켰다.

배우자 폭력의 위험성 평가 연구는 아직 초기 단계에 있다(Kropp, 2004). 우리는 이 영역에서의 발달을 효과적인 개입과 여성의 보호를 위한 기초를 강화하기 위해 중요한 것으로 보고 있다. 이 책의 다른 부분에서, 우리는 효과적인 재활 프로그램들이 위험성과 범죄유발적 욕구에 대해 신뢰할 만한 평가와 함께 시작되었다는 점을 논증하였다. 효과적인 프로그램들은 위험, 욕구 그리고 반응성 원리들을 따르는 것들이다. 위험/욕구 평가가 없다면, 처치의 효과성은 떨어진다. 이제 우리는 자신들의 파트너를 폭행하는 남성들에 대한 처치 연구를 살펴볼 것이다. 그러나 이 연구 분야에서 체계적인 위험/욕구 평가는 부족하기 때문에, 우리는 효과적인 개입에 대한 비교적 소수의 실증적 증거들을 찾을 수밖에 없었다.

남성 구타범에 대한 처치

1984년 Lawrence Sherman과 Richard Berk가 연구를 실시한 바, 이 연구에서 가정 내 분쟁 신고에 출동하는 경찰들을 다음 세 가지 조건들에 무선적으로 배정하였다: (1) 용의자 체포, (2) 범죄자를 8시간 동안 가정으로부터 격리 또는 (3) 범죄자와 피해자에게 도움을 찾을 것을 충고. 6개월간의 추적조사 결과, 체포조건에서 더욱 낮은 재-학대 비율(13%, 경찰자료에 따르면)을 발견하였다. 가정으로부터 격리조건에서는 26%이었으며, 충고조건에서는 18%이었다. 피해자의 재-학대에 대한 보고를 사용했을 때에도 체포조건을 지지하는 유사한 차이가 발견되었다. 몇 년 사이에, 여러 주에서 가정폭력 사건들에 대해서 의무적으로 체포하는 법안들이 통과되었으며, 현재 미국의 경찰기관 중 약 76%가 의무적인 체포정책을 사용하고 있다(Eitle, 2005).

Sherman과 Berk(1984)의 발견은, 범죄자 재활 연구들에 대한 우리의 메타분석에서 제재가 재범을 감소시키지 않고 실제로는 약간 증가시킨다는 결과와는 반대되고 있다. 남성 구타범들을 '강경하게 다루는 것'이 이러한 규칙의 예외가 될 수 있는가? 메타분석의 좋은 점은, 어느 하나의 연구가 현상을 정의하거나 설명할 수 없다는 것을 상기시켜 준다는 점이다. 많은 연구들이 필요하며, 반복검증은 훌륭한 과학의 핵심이다. Minneapolis 시의 가정폭력 실험(Minneapolis Domestic Viloence Experiment)에 대한 5개의 반복실험이 출간되었다. 연구들 모두가 무선화를 사용하였으며, 모두 체포를 여러 조건들 중 하나로 채택하였고, 표본크기도 충분히 커서 상호작용 효과를 평가할 수 있었다(Maxwell, Garner & Fagan, 2001). 반복실험 결과들은 일관성이 없었고, 따라서 Schmidt와 Sherman(1996)이 의무적 체포 법률들을 폐지하는 것을 정당화시키는 결론을 내리도록 이끌었다.

우리가 제13장에서 지적한 것처럼, 처벌을 포기하기는 쉽지 않다. 연구자들은 강경하게 다루는 것이 효과가 있었다는 것을 보여 주기 위해서 의무적 체포 실험들에서 무엇인가를 찾으려 하였다. 초기의 보고들은 체포가 직업을 가진 남성 구타범들에 대해 '효과가 있었다'는 것이었다. 확실히, 직업을 가진 폭력행위자들은 '순응에 따른 이해관계(stake in conformity)'에 있기 때문에, 체포됨으로써 잃는 것이 많다(Thistlethwaite, Wooldredge & Gibbs, 1998). 그러나 반복실험의 결과들은 일관되지 않았는데(Wooldredge & Thistlethwaite, 2005), 이러한 결과는 아마도 '순응에 따른 이해관계'가 적은 고-위험 범죄자들이 구타범 처치 프로그램들로부터 이탈하는 경향이 있었기 때문인 것 같다(Daly & Pelowski, 2000).

남성 구타범들은 체포되었지만, 필연적으로 기소되지는 않았다. 결과적으로, 많은 사법 관할지역에서 '탈락 없는' 기소정책들이 도입되었다. 의무적인 기소정책들에 대한 평가들에서는 미미한 재범의 감소가 보고되었으나, 진행과정에 대한 피해자 불만과 막대한 법정업무들에 대한 비용이 뒤따랐다(Davis, Smith & Nickles, 1998). 의무적인 기소정책이 없는 상황에서는 모든 사건들 중 절반 이상이 누락되었다—피해자가 항상 법정에 출두하는 것은 아니기 때문이었다(Ventura & Davis, 2005; Wooldredge & Thistlethwaite, 2005). 누락된 사례들과 유죄선고를 받은 사례들의 결과를 비교해 보면, 유죄선고를 받은 사례들에서 약간의 재범 감소가 발견된다(Ventura & Davis, 2005). 그러나 이러한 결과들은 차이 발견의 기회를 극대화시키는 극단적인 집단비교 설계(유죄선고 대 누락)에 의해 설명될 수 있다. Wooldredge와 Thistlethwaite(2005)의 연구에서, 보호관찰 처분이 재범감소와 연관되어 있었으나, 보호관찰에 이어지는 징역형은 재범을 증가시켰다.

대부분, 남성 구타범을 강경하게 다루는 것은 여성에게 일시적인 안도와 안전을 가져올 수 있으나, 범죄자의 장기적인 변화를 이끌지는 못한다(Hilton, Harris & Rice, 2007; Klein & Tobin, 2008). 전문화된 보호관찰 슈퍼비전(Klein & Crowe, 2008) 또는 가정폭력 사건들을 다루는 전문화된 법정들, 그 어느 것도 피해자 안전이 증가됨을 입증하지 못하였다(Rempel, Labriola & Davis, 2008; Visher, Harrell, Newmark & Yahner, 2008). 형사사법적 제재가 남성 구타범들의 범죄유발적 욕구를 처리하지 못한다는 것을 고려하면, 이것은 놀랄 만한 일이 아니다. 비록 의무적 체포와 그리고 이와 유사한 정책들이 아직은 많이 시행되고 있으나, 많은 사람들이 처치가 해결책의 일부가 되어야 한다는 점을 인식하고 있다.

처치개입에 대해 잘 설계된 최초의 평가는 Donald Dutton(1986)에 의해 이루어졌다. 4개월간의 인지적-행동적 프로그램에 참여한 50명의 남성들과 프로그램을 활용하기 전에 보호관찰이 끝나 버려서 처치에 참여하지 못한, 상응하는 50명의 남성 집단이 비교되었다. Dutton(1986)은 처치를 받은 남성들에게서 4%, 받지 못한 집단에게서는 16%의 재범률을 6개월간의 추적 조사에서 발견하였다. 2년 반의 기간 동안 처치집단은 처치의 이점을 유지하고 있었으나, 처치 받지 못한 집단의 재범률은 40%까지 증가하였다.

초기 Dutton의 연구 이래로, 처치 프로그램들에 대한 거의 대부분의 후속 평가들은 그처럼 확실한 결과를 발견하지 못했다. 이러한 문제는 부분적으로, 많은 평가들이 적합한 비교집단을 사용하는 데에 실패한 것을 포함하여(Hamm & Kite, 1991; Jacobson et al., 1996; Quigley & Leonard, 1996), 취약한 방법론들에 의해 방해를 받았다(Saunders & Azar, 1989)는 것에 있다. 일부 평가들은 처치 완료자들과 중간 탈락자들을 비교하였는데, 이것은 선정 편향(중도탈락자들은 흔히 고-위험 범죄자들이다)을 초래하고, 처치 효과성을 과장하게 된다(Dobash et al., 2000). 이러한 방법론적 문제들에도 불구하고, 대부분의 평가들은 처치가 약한 효과가 있음을 발견하고 있다.

보다 최근에는, Julia Babcock, Charles Green 그리고 Chet Robie(2004)가 남성 구타범들을 위한 22개의 처치개입 연구에 대한 메타분석을 시행하였다. 전반적인 결과는 처치가 재-학대를 약간 감소시키는 것과 연관되어 있다는 것이었다(r = .09; Cohen의 d = .18로 부터 변환). 재범률이 어떻게 측정되는가(경찰 보고 대 파트너 보고)와 관계없이 이러한 연관성은 동일하였다. 이에 더해, Duluth의 개입 모델(통제에 대한 남성의 태도를 변화시키려는 페미니즘적 접근)과 보다 광범위한 인지적-행동적 처치들에서는 효과성에 차이가 없었다.

구타범 처치 연구들에 대한 고찰연구들은 일반 범죄자 재활 연구들의 고찰연구만큼 정보가 풍부하지는 못하다. 흔히 처치에서 실제로 무엇이 진행되고 있는지에 대한 정보가 부족하다(Mears, 2003). 처치는 '인지적-행동적'으로 기술될 수 있으나, 단지 처치가 어떻게 제공되었는지에 대해서만 이야기해 줄 뿐, 무엇이 처치되고 있는지에 대해서는 기술하는 바가 없다. 예를 들어, Daniel Saunders(1996)는 인지적-행동적 개입에서 녹음한 것을 분석하여, 이완훈련(아마도 분노를 다스리는 법을 배우는 것)과 남성 우월성을 지지하는 문화적 규범에 대한 논의에 상당한 시간을 사용하고 있음을 발견하였다. 역할수행과 모델링이 흔하게 사용되었다. 나아가 개입을 위한 목표들은 최적의 목표들이 아니었다(예: 물질남용은 목표로 선정되지 못했다). 일반 범죄자 재활 연구들은 우리에게 범죄유발적 욕구에 초점을 맞추는 것과 위험성 원리를 준수하는 것이 중요하다는 것을 가르쳐 줄 만큼 상세하다. 남성 구타범 처치 연구들은 처치에서 목표로 삼는 욕구에 대해 그리고 재-학대 위험성에 기초하여 대상자를 적합한 강도로 처치를 실시하는 것의 가치에 대해 우리에게 거의 말해 주지 못한다.

그러나 미래는 희망적이다. 보험통계-기반 위험성 평가들을 도입하는 데에는 진전이 있으나(Campbell, 2005), 일반 범죄자 문헌들로부터 이점을 취할 필요가 있다. 어쨌든, 파트너에 대한 폭행들을 포함시키지 않은 상태에서, 남성 구타범 처치 프로그램의 남성 50% 이상이 범죄전력이 있었다(Bowen, Gilchrest & Beech, 2008; Cattaneo & Goodman, 2005; Labriola, Rempel & Davis, 2008). 우리는 또한 구조화된 행동적 개입들이 표준이 될 것으로 기대한다. 끝으로, 우리는 처치가 형사사법 통제와 더욱 통합될 것으로 본다. 처치 제공자들과 다양한 형사사법 시스템의 측면들을 포함하는 종합적인 접근법이 타당한 것으로 인정되고 있다(Gondolf, 2002). Dutton(1995)은 체포나 또는 형사사법적 제재의 위협을 사용하는 것이 학대의 압박 요인으로서 그리고 처치를 시작하기 위한 기회의 시작으로 작용할 수 있다고 언급한다. 심지어 경찰서 신고에 뒤이은 단순한 사회보장 직원의 방문과 같이 상당히 가벼운 개입들도 긍정적인 효과를 갖는 것 같다(Davis & Taylor, 1997). 지속적인 연구들이 형사사법적 통제들과 범죄자 처치 간 공평한 균형의 발달을 안내해 줄 것이라고 기대한다.

정신장애 범죄자

많은 사람들이 처음 '정신장애 범죄자(mentally disordered offender)'라는 말을 들었을 때, 떠오르는 이름들은 Charles Manson, David Berkowitz(Sam의 아들), Albert de Salvo(보스턴 교살자) 그리고 Jeffrey Dahmer이다. 무감각하고, 기이하고, 극단적으로 폭력적인 행동의 모습들이 강하게 떠오른다. 덜 알려져 있지만 거의 비슷하게 괴이한 범죄자들이 매일 언론매체에 보도되며, 심지어 텔레비전에서는 정신적 질병을 가지고 있는 가상적 캐릭터들이 매우 폭력적으로 그려지고 있다(Diefenbach, 1997). 보통의 시민들에게는, 정신적인 질병이 있는 범죄자들이 매우 많은 것처럼 보인다. 더욱이, 그들의 행동은 이해할 수 없는 것 같고, 거의 항상 폭력적인 것으로 보인다. 이러한 관점들이 사실과 일치되는지의 여부를 파악하는 것이 이 절의 목적이다.

범죄자들 중 정신이상자에 의한 사건의 추정을 위해서는 '정신장애 범죄자(MDO)'의 명확한 정의를 필요로 한다. 불행하게도, 널리 받아들여지고 있는 정의는 사실상 존재하지 않는다. 문제는 부분적으로 MDO에 대해 책임이 있는 두 가지 주요 사회 시스템, 즉 법적 시스템 및 정신건강 시스템이 정신이상에 대해 상이한 해석을 하고 있다는 점이다. 게다가, 심지어 각 시스템 내에서도 '정신이상(insanity)' 및 '정신질환(mental illness)'과 같은 용어의 의미가 불일치하고 있다.

오늘날 정신장애에 대해 가장 영향력 있는 분류 또는 범주체계 중 하나는 「정신장애의 진단 및 통계 편람(Diagnostic and Statistical Manual of Mental Disorder)」 또는 DSM-IV이다(American Psychiatric Association, 1994). DSM-IV는 진단적 범주들에 종합적인 행동 패턴들과 심리적 특성들을 기술하고 있다. 예를 들어, 환청, 기이한 망상(예: 사람의 행동을 통제하는 애완견) 그리고 이러한 망상과 환각이 6개월 이상 지속되면 조현병으로 진단받을 가능성이 있다.

DSM-IV는 넓은 범위의 장애들을 포괄한다. 우리의 목적에 따라, 우리는 축(Axis) I과 II로 분류된 장애들에 초점을 맞출 것이다. 축 I 장애들은 대부분 실제로 임상적 증상들이 있는 것들이다(즉, 조현병, 조울증 그리고 주요우울증). 축 I 장애들은 흔히 정신이상을 이유로 한 무죄(not guilty by reason of insanity: NGRI) 항변 및 재판회부의 적합성 평가를 위한 기준을 구성한다. 축 II는 범죄행동에 대한 연구들과 긴밀하게 관련된 장애들 중 상당수를 기술하고 있다. 여기에는 성격장애들, 특히 반사회적 성격장애(antisocial personality disorder: APD)가 있다. 제6장에서 기술한 것처럼, APD 진단을 위한 기준은 최소한 18세 이상, 품행장애(conduct disorder) 전력(예: 무단결석과 가정에서 통제 불능), 부정직, 직장 및 사회적 환경에서 무책임, 법규위반 그리고 양심가책의 결여를 포함한다.

정신장애 유병률 추정

〈표 14-1〉은 범죄자 모집단 중 정신장애의 비율에 대한 연구들을 제시하고 있다. 표에서 세 가지 중요한 것을 발견할 수 있다. 첫째, 거의 누구도 정신장애 진단을 피하지 못한다(80에서 90%의 범죄자들이 정신장애인 것으로 진단되었다). 둘째, 주요 축 I 정신장애들이 비교적 빈도가 낮았다. 단지 공판 전 장면들에서, 즉 공판의 적합성과 NGRI 결정이 쟁점이 되는 장면들에서 비율이 높다(Inada et al., 1995; Webster et al., 1982). 마지막으로, 가장 빈도가 높은 진단은 APD, 축 II 정신장애였다. 일반인들에게서 APD 분포 추정치는 3.6%(Grant et al., 2004)로, 〈표 14-1〉에서 보여 주는 것보다 훨씬 낮다. 표에는 반영되지 않았지만, 우리가 언급하고 싶은 것은 정신장애의 유병률이 보통 여성들 사이에서 더 높다는 것이다(Sirdifield, Gojkovic, Brooker & Ferriter, 2009).

표 14-1 정신장애 유병률(%)

평가 방법/연구	정신장애						
	Schizo	Manic – dep	Dep	APD	알코올	약물	적어도 한 장애 이상
구조화된 면담							
Hodgins & Cote(1990)							
495명 재소자(캐나다)	6.3	1.6	8.1	46.6	33.1	18.6	96.3

Teplin & Swartz(1989)							
728명 재소자(미국)	3.3	3.3	4.9				
1,149명 재소자(미국)	1.4	1.5	4.9				
Daniel et al.(1988)							
100명 여성 재소자(미국)	7.0	2.0	17.0	29.0	10.0		90.0
Brink, Doherty & Boer(2001)							
202명 재소자(캐나다)	3.5	0.5	4.5		3.5	2.4	
Webster et al.(1982)							
248명 공판 전(캐나다)	39.4			27.0	13.7		96.0
Inada et al.(1995)							
1,396명 공판 전(일본)	28.9	2.9	–	3.1	16.4	12.3	80.7

Schizo: 조현병, Manic-dep: 조울증, Dep: 주요 우울증, APD: 반사회적 성격장애.

위험성과 MDO

MDO는 흔히 위험성과 관련된 논쟁에 있어서 중심을 차지하고 있다. 다양한 형사 및 민사 치료감호 법률들(criminal and civil commitment laws)이 동일한 범죄에 대해 비-MDO들에게 주어지는 전형적인 판결보다 더 긴 기간 동안 MDO들을 가두어 놓기 위해 사용되고 있다. 이들 범죄자들이 더 폭력적인 행동을 일으킬 위험이 있다는 점 그리고 더 이상 '위험하지' 않을 때까지 예방적 구금이 필요하다는 점 등이 논란의 쟁점이다. 개인의 위험성에 관한 결정을 내리는 데 어려운 점들 중 하나는 MDO들의 폭력적 행동의 기저율(base rate)을 알지 못한다는 점이다. 단지 소수의 연구들만이 이러한 정보를 제공하고 있다.

최초 연구들 중 하나는 Henry Steadman과 Joseph Cocozza(1974)의 'Baxstrom 환자들'에 대한 분석이었다. 이 이야기는 재소자 Johnnie Baxstrom이 사건을 미국 연방대법원에 제소할 때부터 시작한다. Baxstrom은 정신장애로 진단받으면서 교도소에서 정신이상 범죄자를 위한 병원으로 이감되었다. 결과적으로, 그는 판결기간의 종료를 초과하여 시설에 수용되었다. Baxstrom의 변호인들은 위험성에 대한 증거가 없다면, 그는 석방되어야 한다고 주장하였다. 법원은 이에 동의하였고, Baxstrom은 정신이상 범죄자를 위한 병원에서 일반 정신병원으로 이송되었을 뿐 아니라, 유사한 병원시설에 수용되어 있던 976명의 다른 범죄자들에게도 같은 조치가 취해졌다. 아마도, New York 주에서 가장 위험한 것으로 여겨지던 범죄자들이 일반 정신병원 시설로 이송되었으며, 일부는 선고기간 완료에 따라 적법하게 석방되었다(Baxstrom은 배심원들이 그가 정신적으로 질병이 없다고 결정한 새로운 재판 이후에 석방되었다.

그는 2주 후에 간질성 발작으로 사망하였다).

Baxstrom 환자들은 '위험한 정신병 환자들'로 평가되었다. 따라서 그들의 일반병원 이송과 종국적인 석방은 이러한 MDO 집단의 폭력적 행동의 기저율 추정치를 제공한다. Steadman과 Cocozza(1974)는 평균 2년 반의 기간에 걸쳐서 석방된 이들 범죄자들 중 98명을 추적하였다. 98명 중 20명(20.4%)은 다시 체포되었으며, 11명(11.2%)은 다시 유죄판결을 받았는데, 단지 2명만이 폭력적인 범죄(폭행 및 강도)를 범하였다. 정신병원에서 석방된 환자들은 범죄행동으로 체포되는 대신에 재입원되었을 수 있기 때문에, 재입원 또한 조사되었다(이것이 범죄행동의 기저율을 상승시킬 수 있다). 병원 및 지역사회 정보를 취합한 바, 폭력적 행동의 기저율은 14.3%였다. Steadman과 Cocozza(1974: 152)는 "Baxstrom 환자들은 많이 위험하지 않다"는 결론을 내렸다. 또 다른 유사한 연구에서, Thornberry와 Jacoby(1979)는 지역사회로 석방된 432명의 정신장애 범죄자들 중 단지 14.5%만이 다른 폭력적인 범죄를 범하였다는 것을 발견하였다(역시, 평균 추적기간 2년 반).

Baxstrom 환자들과 Thornberry와 Jacoby(1979) 연구의 환자들은 위험하지 않았다는 결론을 내리기 전에, 이들 환자들 모두가 자신들의 병원수용을 유발한 폭력적인 범죄를 이미 범했다는 것을 기억해야 한다. 더 나아가, 우리는 "누구와 비교해서 위험하지 않은가?"라는 질문을 던져야 한다.

일반적으로, 정신병 환자들은 비환자들에 비해 높은 체포비율을 보인다(Brennan, Mednick & Hodgins, 2000; Harris & Lurigio, 2007; Mullen, 2006). 매우 신중하게 통제된 연구에서, Bruce Link, Howard Andrews 그리고 Francis Cullen(1992)은 다양한 정신질환자들 집단과 정신장애가 없는 무작위로 선정된 성인집단을 비교하였다. 〈표 14-2〉는 만성적인 정신장애 환자들과 비정신장애 성인 간 주요 범죄적/폭력적 행동 차이를 요약한 것이다. 행동이 공식적 기록 또는 자기-보고, 어느 것에 근거하든 간에, 연구의 결과는 일치하였다. 만성적인 정신질환을 가진 환자들(적어도 1년 동안 치료를 받은)이 더 많이 체포되고 폭력적인 범죄를 범하는 것 같다. 이와 같은 결과들은 일부 학자들(예: Teplin, 1984)로 하여금 경찰이 골칫거리처럼 보이는 사람을 체포하는 데에 편향을 가지고 있다는 것을 제시하도록 하였다. 그러나 다섯 개의 대도시 경찰국을 포함하는 광역 연구에서 체포 편향에 대한 증거를 발견하지 못하였다(Engel & Silver, 2001).

정신질환은 흔히 물질남용과 결합되어 위험 요인으로 간주된다(Mullen, 2006). 그러나 최근의 역학조사는 물질남용을 폭력에 대한 다른 위험 요인들과 비교했을 때, 더 나은 위치에 놓고 있다. Eric Elbogen과 Sally Johnson(2009)의 지휘하에 연구자들은 2002년과 2003년 사이에 34,653명과 구조화된 정신건강 면담을 실시하였으며, 3년 후에 그들에게 3년 동안의 경험에 대해 질문하였다(예: "상처를 입히거나 병원에 가야할 만큼 강하게 누군가를 때린 적이 있나요?"). 무엇보다 먼저, 폭력에 대한 기저율은 .029였고, 약 3,000여 명이 축 I 정신장애를 갖고 있었다. 둘째, 축 I 정신장애를 가진 사람들 사이의 폭력 비율이 일반적인 기저율의 절반 정도였다. 마지막으로, Elbogen과 Johnson은 폭력성 예측에 가장 우수한 10개의 요인들을 확인하였으며 이들을 순서화하였다. 정신질환은, 단지 물질남용과 결합되었을 때, 아홉 번째 순서에 해당하였다. 이 목록의 앞부분은 흔한 용의점들이었다(폭력 전력, 청소년기 구금 전력, 부모의 범죄전력 등). 정신질환 그 자체는 폭력에 대한 다른 위험 요인들과 비교했을 때 약한 요인이다.

표 14-2 정신질환자들과 비정신질환자의 범죄 및 폭력적 행동(%)

	공식적		자기-보고		
집단	체포 전체	폭력적	체포	무기	싸움
환자	12.1	5.8	22.5	12.9	28.6
비환자	6.7	1.0	9.9	2.7	15.1

주: 표본 수는 환자(93-173), 비환자(185-386)에 따라 다르다.
Link, Andrews & Cullen(1992)에서 발췌.

일반 대중들 내의 정신장애와 비정신장애의 비교를 넘어서서, 정신적으로 장애를 가진 범죄자들을 어떻게 정신장애가 없는 평범한 범죄자들과 비교할 것인가? MDO들은 사실상 폭력적 및 비폭력적 범죄행동에서 더 낮은 비율을 보여 주고 있다(Bonta, Law & Hanson 1998). 따라서 MDO들은, 그들이 대중에게 드러내는 위험을 고려할 때, 보통 시민들과 보통 범죄자들 사이 어디인가에 위치한다. 이제 흥미로운 의문점은 정신장애를 가진 사람들의 위험 요인들이 무엇인가다.

MDO의 범죄행동에 대한 예측

일탈행동에 대한 정신병리학적 모델들이 MDO들의 범죄행동 예측에 대한 연구를 주도해 왔다. 즉, 연구변인들은 불안, 우울감, 망상 등과 같은 요인들인 경향이 있었다—정신장애가 없는 범죄자들의 범죄와는 별로 관계가 없는 요인들. 그러나 우리는 잘못된 경로를 따르고 있었다.

위협/통제-지배 증상. 1994년에, Link와 Steuve는 '위협/통제-지배'(Threat/Control-Override: TCO) 망상이 폭력과 밀접하게 연결되어 있다고 제안하였다. 즉, 누군가 자신을 해치려 한다는 생각 또는 타인에 의해서 자신의 마음이 조종당하고 있다는 생각이 이러한 지각된 위협에 대해 폭력적으로 반응할 가능성을 증가시킨다. 이들은 TCO 망상이 환자들과 비환자들 집단 양자 모두에서 폭력과 연관되어 있다는 것을 발견하였다. PCC 조망에서, 반사회적 행동을 지지하는 인지가 폭력의 핵심 예측 요인들이었다.

Link와 Steuve의 결과는 담수지역 역학조사(Epidemiological Catchment Area Survey)의 일부로서 10,000명 이상의 성인을 대상으로 면담하여 반복 연구되었다. Swanson 등(1996)은 세 개의 집단들을 연구하였다: (1) 주요 정신장애가 없는 사람들; (2) 주요 축 I 장애를 가진 사람들 그리고 (3) 물질남용과 함께 주요 장애를 가진 사람들. 이들에 대해서는 또한 TCO 증상들[환각, 과대감정(Feelings of Greandeur)]의 존재 여부가 검사되었다. 각 응답자들은 18세 이후의 폭력적 행동의 실행과 관련한 질문을 받았다. 이 결과들로부터 많은 결론들이 도출되었다(〈표 14-3〉). 첫째, TCO 증상은 정신장애 및 비정신장애인의 폭력 가능성을 증가시켰다. 둘째, 물질남용은 폭력의 기회를 크게 증가시켰다. 셋째, TCO 증상이 없는 정신장애는 TCO 증상과 물질남용이 모두 있는 것과 비교해 그 정도는 약하지만, 여전히 위험 요인인 것으로 나타났다.

비록 대부분의 연구들이 TCO-폭력 관계를 보고하고 있지만(Hodgins, Hiscoke, & Freese, 2003; Link, Steuve, & Phelan, 1998; Stomp & Ortwein-Swoboda, 2004), 한 가지 중요한 예외가 있다. 1,100명 이상의 심한 정신질환자들에 대한 유망한 연구인, MacArthur 폭력 위험 평가 연구(MacArthur Violence Risk Assessment Study)에서, 초기에는 TCO-폭력 관계가 발견되지 않았다(Appelbaum, Robbins & Monahan, 2000). 그러나 앞선 연구들에서 사용된 동일한 회고적(retrospective) 방법론을 사용하여 자료들을 재분석하면, TCO-폭력 연관성이 관찰되었다. 더욱이, TCO 망상의 특수성이 중요하였다. TCO 망상에 대한 대부분의 의문점들이 편집증적 인지("당신은 사람들이 당신을 훔쳐보고 있다고 믿습니까?")를 다루며, 폭력을 지지하는 인지는 특별하게 다루지 않는다. 그러나 연구자들이 폭력적인 행동("당신은 때때로 다른 사람을 해치는 것을 생각합니까?")에 대해 구체적인 질문을 했을 때, 질문에 긍정 대답을 한 환자들이 그러한 생각을 부인한 환자들에 비해 유의미하게 더 폭력적일 가능성이 있었다.

표 14-3 폭력에 대한 위험 요인으로서 위협/통제-지배(TCO) 증상 (18세 이후 자기-보고된 폭력적 행동의 확률)

증상	장애 없음	축 I 장애 축 I 만 있음	물질 남용
없음	.17	.26	.70
비-TCO	.27	.39	.75
TCO	.40	.63	.86

Swanson 등(1996)에서 발췌.

요약하자면, 정신장애의 존재는 경미한 위험 요인인 것으로 보인다. 또한 과거 대부분의 연구들과는 달리, 정신병적 망상 역시 범죄행동과 경미한 관계성을 갖는 것으로 보인다. 그보다 오히려, 범죄행동과 관계성을 갖는 것은 일반 범죄자들 사이에서 발견된 위험 요인들이다(예: 물질남용, 반사회적 성격, 폭력적 행동을 지지하는 인지). 이 증거는 다음 절에서 검토된다.

MDO들의 위험 요인들. MDO들의 행동을 설명하는 다양한 이론적 모델들의 적절성에 대한 관심으로 인해, Bonta, Law 그리고 Hanson(1998)은 일반 및 폭력적 재범의 예측 요인들에 대한 64개의 연구들을 메타분석하였다. 이들은 정신병리적 및 임상적 조망들에 의해 중요한 것으로 고려되는 요인들이 재범을 예측하는가 그리고 이들 요인들이 일반적인 PCC로부터 도출된 예측 요인들과 어떻게 비교되는지에 의문을 가졌다.

〈표 14-4〉는 일반적 재범에 대한 결과를 보여 준다(패턴은 폭력적인 재범과 유사하였다). 또한 일반 범죄자들에 대한 Gendreau, Little 그리고 Goggin(1996)의 메타분석 결과들과 성적인 재범 위험성에 대한 다양한 요약들로부터 얻은 결과들(Hanson, 출간 중; Hanson & Bussiere, 1998; Hanson & Morton-Bourgon, 2004, 2005)을 보여 주고 있다. 놀라운 것은 MDO들에 대한 재범 예측 요인들이 일반 및 성범죄자들과 유사한 패턴을 따르고 있다는 점이다. 범죄전력과 반사회적 성격, 즉 Big Four 요인 중 두 가지가 폭력적이든 아니든 간에 가장 좋은 재범 예측 요인들이었다. 다른 요인들—그리고 그들의 효과크기들—은 세 표본들에 걸쳐서 거의 동일한 결과들을 보여 주었다.

표 14-4 표본에 따른 재범 예측 요인들(*r*)

위험 요인	MDO	일반 범죄 표본	성범죄 표본
반사회적 지지	nr	.21	nr
반사회적 성격	.18	.18	.10
반사회적 인지	nr	.18	.10

범죄 전력	.22	.16	.15
사회적 성취	.04	.13	.10
가족 요인들	.10	.10	.05
물질 남용	.11	.10	.06
지능	.01	.07	.01
낮은 계층 출신	.00	.05	.00
개인적 고통	−.04	.05	.01

주: 일반 범죄(Gendreau, Little & Goggin, 1996), MDO(Bonta, Law & Hanson, 1998)
성 범죄(Hanson & Bussiere, 1998; Hanson & Morton-Bourgon, 2004, 2005).
nr = 보고되지 않음.

MDO 연구들에 대한 메타분석에서, 반사회적 지지와 반사회적 인지를 측정한 연구들은 거의 없었다. 연구들에서의 이러한 차이는, 우리 생각으로는, MDO를 설명하기 위한 정신병리학적 모델들의 지배적인 영향에서 찾아볼 수 있다. 임상심리학자들과 정신과 의사들은 정신병과 심리적 장애 측정과 같은 요인들에서 설명을 찾도록 훈련받는다. 그러나 Bonta 등(1998)의 메타분석의 결과로부터 이들 요인들이 빈약한 재범 예측 요인들이라는 것이 발견되었다. 사실상, 주요 정신의학적 장애(예: 조현병)의 진단은 일반(r = −.05) 및 폭력적(r = −.04) 재범과 **부적으로** 관련되어 있다. 임상적 모델들이 범죄행동 예측에 기여한 것이 거의 없는 것처럼, 사회학적 범죄학에서 도출된 변인들도 그러하였다. 낮은 사회적 계층과 인종은 일반적 재범을 예측하지 못하였다(인종은 폭력적 재범의 경미한 예측 요인이었다; r = .09).

Bonta 등(1998)의 분석에서 얻은 다른 두 가지 중요한 결과는 여기에서 언급할 가치가 있다. 첫째, 보험통계적 위험성 평가가 다시 한번 위험성에 대한 임상적 판단보다 우수하다는 것이 입증되었다. 일반 재범에 있어서, 보험통계적 평가에서는 평균 상관계수(r)가 .39였으나, 임상적 판단에서는 단지 .03이었다. 그리고 폭력적 재범의 예측에 대해서는 각각 .30과 .09였다. 둘째, MDO와 비정신장애 범죄자들의 재범을 비교한 연구들에서 정신장애자들은 전체 범죄(r = −.19) 또는 폭력적인 범죄(r = −.10)를 다시 저지를 가능성이 더 적은 것으로 나타났는데, 이는 MDO가 범죄를 저지를 위험성은 일반 시민들과 일반 범죄자들 사이의 어딘가에 위치한다는 이전의 결론을 확인하는 것이었다.

Bonta 등(1998)의 메타분석 이래로, MDO의 주요 위험 요인들이 일반 범죄자들의 그것과 동일하다는 것이 추가적으로 확인되고 있다(Gray et al., 2004; Phillips et al., 2005; Skeem, Manchak & Peterson, 출간 중). 요약하자면, 임상적인 정신병리학이 개인의 인도적 서비스와 장애 증상들의 관리를 위해 중요하지만, 이것이 대부분의 MDO들에 대한 중요한 범죄행동의 예측 요인이 되는 것은 아닌 것으로 나타나고 있다. 대신에 우리가 발견한 것은 PCC에 의해 확인된 변인들이 훨씬 더 중요하다는 점이다. 불행하게도, MDO들의 처치를 주도해 왔던 것은 PCC가 아니라 정신병리학적 조망이었다.

MDO에 대한 처치

MDO에 대한 임상적 처치는 항상 심리적 불만 또는 수용시설의 기능수행을 방해하는 행동들을 다루는 것을 포함한다(Harris & Rice, 1997; Müller-Isberner & Hodgins, 2000; Skeem et al., 출간 중). 따라서 우울증을 가진 범죄자는 자기-파멸적(self-defeating) 사고에 대해 인지적-행동적 프로그램을 따르거나, 항우울증 약물을 처방받는다. 조울증은 리튬(Lithium)을 처방받으며, 조현병은 강한 진정제를 처방받는다. 증상이 사라지자마자(또는 적어도 증상이 관리되는 순간에), 환자들이 '치료된(cured)' 것으로 간주되어 더 이상의 처치가 뒤따르지 않는다. 다시 말해, MDO에 대한 대부분의 처치 프로그램들은 범죄를 저지르지 않은 정신병 환자들에게 제공되는 프로그램들과 다르지 않다. 이러한 처치 유형들에 대한 증거는 실망스럽다. 예를 들어, Jennifer Skeem 등(출간 중)은 MDO들의 재범감소를 위해 시도된 14개 프로그램을 정리하여, 대부분이 비효과적이었으며, 최악의 것은 증후군(symptomatology)에 초점을 맞춘 개입이었음을 발견하였다.

MDO들의 재범감소를 위한 처치 프로그램들의 비효과성은, 우리가 보기로는 RNR 원리들을 무시한 것에서 그 원인을 찾아볼 수 있다. 예를 들어, 범죄적 태도 및 친구가 목표가 되어 처치를 받은 MDO를 발견하는 것이 거의 불가능하였다. Robert Morgan 등(2007)은 범죄유발적 욕구를 목표로 삼은 12,000개 이상의 연구자료들에서 단지 여섯 개의 정신건강 연구들만을 찾아낼 수 있었다. 그러나 상황이 변화하고 있는 것 같다.

MDO들의 처치에 있어서 두 가지 희망적인 발전이 있었다. 첫째, 처치가 일반 범죄자 재활 연구에 주목해야 한다는 인식이다(Blackburn, 2004; Greeven & Ruiter, 2004; Harris & Rice, 1997; Mullen, 2006; Müller-Isberner & Hodgins, 2000; Skeem et al., 출간 중). 아마도 정신의학 직원들이 인지적-행동적 기법들을 사용하여 고-위험 대상자들을 치료하고 범죄유발적 욕구들을 목표로 삼게 될 때가 가까워진 것 같다. Ashford, Wong 그리고 Sternbach(2008)의 최근 보고서는 이와 관련하여 상당히 고무적이다. 이들은 반사회적 태도를 목표로 삼은 인지적-행동적 개입에 참여한 MDO들이 보통의 서비스를 받은 MDO들과 비교해서 폭력적인 범죄로 인한 체포가 더 적었다는 점을 발견하였다. 둘째, 처치와 병원치료 이후 지원을 제공하는 것이 더욱 주목받고 있다. 전문화된 사후 치료 프로그램들과 가석방 감독 실행들이 여러 주에서 가석방된 MDO들을 위해 개발되었으며, 희망적인 결과를 보이고 있다(Bloom & Williams, 1994; Swanson et al., 2001; Skeem et al., 출간 중; Wiederanders, Bromley & Choate, 1997). 우리는 이러한 경향이 계속되기를 희망한다.

성범죄자

정신장애를 가진 범죄자들과 함께, 성범죄자들은 대중적인 우려와 공포를 유발하고 있다. 미국의 전국 범죄피해 조사(National Crime Victimization Survey)에 따르면, 2005년에서 2006년 사이에 성폭력이 25% 증가하였으며, 12세 이상에 대해 1,000명당 1명의 강간 피해 비율을 보고하고 있다(Rand, 2008). 아동 성학대 비율은 1,000명당 82명으로 추산되고 있다(Finkelhor, Ormrod, Turner & Hamby, 2005). 이러한 범죄행위의 피해자들이 대부분 여성들과 아동들이라는 사실이 연구자들, 정책 결정자들 그리고 일반 대중들의 지속적인 관심을 요구하고 있다.

성범죄자는 얼마나 독특한가

성범죄자들은 근본적으로 다른 이론, 평가 그리고 처치에 대한 접근법이 필요할 정도로 여타의(성적인 것 외의) 범죄자들과 그렇게 다른가? 예를 들어, 범행 이외에 성범죄자들이 행동 전력들, 성격, 인지 그리고 태도에 있어서 다른 범죄자들과 어떻게 다른가? 그들의 범죄유발적 욕구는 자신들의 성적 행위에 제한되는가 또는 여타 다른 범죄 집단들에서 확인되는 범죄유발적 욕구(예: 반사회적 성격, 약물중독) 같은 것들과 관련되는가?

일반적으로 가지고 있는 관점은 성범죄자들이 '전문가들(specialists)'이라는 것이다(Lussier, 2005). 즉, 그들의 범죄들은 거의 배타적으로 성범죄들이다. 만일 이것이 사실이라면, 처치는 단지 성적인 행위와 직접적으로 연관된 요인들에만 초점을 맞출 필요가 있다. 예를 들어, 처치는 성적인 흥분, 성 폭행에 관대한 태도, 부적절한 육체적 친밀관계 등을 목표로 삼아야 한다. 이들 역동적인 위험 요인들은 중요하다. 그러나 비-성적인 범죄유발적 변인들에도 주목할 필요가 있다고 제안하는 증거가 있다.

회고적인 연구들(Maletzky, 1991; Weinrott & Saylor, 1991)과 종단적인 연구들(Bench, Kramer

& Erickson, 1997; Lussier, Proulx & LeBlanc, 2005; Waite et al., 2005) 모두 성범죄자들이 또한 비-성적인 범죄들을 범한다는 것을 보여 주고 있다. Hanson과 Morton-Bourgon(2009)의 성범죄자들에 대한 메타분석에서, 성범죄 재범률은 11.5%였으며, 폭력적인 재범비율(성적 및 비-성적 폭력적 범죄 포함)은 19.5%였다. 앞선 메타분석에서 Hanson과 Bussière(1998)는 비-성적인, 폭력적 재범 비율이 아동 성추행범들(child molesters)은 9.9%, 강간범들은 22.1%라고 보고하였다.

이들 연구들은 성범죄자들과 비-성범죄자들 간에 중요한 유사점들이 있다는 것을 말해 주고 있다. 유사점들 중 하나의 예는 반사회적 지지의 역할이다. 많은 임상가들은 성범죄자들을 사회적 고립자, 사회적 상호관계에 서투른 자 그리고 내향적인 사람으로 본다. 이것은 일부의 경우에는 사실이지만, 모든 경우에 그렇지는 않다. 주간보호 의료시설에서의 여러 다양한 범죄자들에 의한 성학대 보고들(Finkelhor, Williams & Burns, 1988), '남성/소년' 애정관계를 고취하는 단체들의 증가(Thorstad, 1991) 그리고 일탈된 성 목적을 위한 인터넷의 사용(Alexy, Burgess & Baker, 2005) 또는 채팅방을 통해 사회적 고립을 탈피하기 위한 인터넷의 사용(Tremblay, 2006) 등은 아동 포르노 및 섹스 집단들의 지하세계를 생생하게 묘사하고 있다. Richard Tremblay(2002)가 관찰한 것처럼, 성범죄자들은 자신들의 행동이 일반 대중에게는 매우 용납될 수 없는 것이기 때문에 초래되는 어떤 사회적 고립을 극복하기 위한 많은 방법들을 찾아낼 수 있다.

우리는 성범죄에서 사회적 지지의 역할을 다루고 있는 단지 소수의 연구들만 찾을 수 있었다. 데이트 강간에 대한 연구에서, Kanin(1967)은 남성 범죄자들은 친구들이 용인할 것이라는 기대를 가지고 자신의 성적 행동에 대해, 비록 강압적이었다 해도, 친구들에게 자주 이야기한다는 것을 발견하였다. Alder(1985) 또한 여성을 성적으로 공격하는 것을 용납하는 남성들과 그들의 친구들 또한 강간을 저질렀다고 보고한 것들 사이에 강한 연합성(r = .58)을 발견하였다. 유죄판결을 받은 성범죄자들에 대한 연구에서, Karl Hanson과 Heather Scott(1996)은 126명의 성범죄자들, 57명의 비-성적 범죄자들 그리고 119명의 비범죄자들을 대상으로 다른 사람들과의 교제에 대해서 질문하였다. 아동 성추행범들은 다른 아동 성추행범들을 알고 있다고 보고하였으며, 강간범들도 다른 강간범들을 안다고 보고하였다. 비범죄자들은 전반적으로 자신의 사회적 관계에서 성범죄자는 없다고 보고하였다. 끝으로, Underwood 등(Underwood et al., 1999)은 다른 성인이 있는 앞에서 아동을 성추행했었는지 여부를 이야기하도록 113명의 성추행범들에게 요청하였다(그 다른 성인들도 유죄판결을 받은 성범죄자들이었는지는 묻지 않았다). 38%가 범죄를 저지르는 동안에 다른 성인이 있었다고 보고하였다.

이것이 성범죄자들이 비-성적 범죄자들과 다르지 않다는 것을 말하는 것은 아니다. 한 가지 일치된 발견은, 성범죄자가 비-성적 범죄자들보다 성범죄 재범을 더 범하는 것 같다는 점이다(Bonta & Hanson, 1995; Hanson, Scott & Steffy, 1995; Soothill et al., 2000). 89개의 연구들에 대한 메타분석에서, Daniel Whitaker 등(Whitaker, Le, Hanson, Baker et al., 2008)은 성범죄자들이 태도 면에서 의미 있게 다르다는 것을 발견하였다. 성범죄자들이 범행에 대한 책임을 더 최소화하며(약 .27의 상관관계), 성인-아동 성행위에 더욱 관대했다(약 .25의 상관관계). 그러나 이러한 발견들은 일반 성격 및 인지사회적 학습 조망과 매우 일관된 것이다. 만일 태도가 행동에 대해 보다 특정한 것이라면, 태도는 중요하며, 물론 그들 간의 연합은 강력해진다.

성범죄의 위험 요인

우리가 첫 번째로 지적하고자 하는 점은 모든 성범죄자들이 동일하게 재범을 하는 것이 아니라는 점이다. 흔히 대중은 성범죄를 저지른 자들을 고-위험 범죄자로 보고 있다. 그러나 일부 범죄자들은 성적 재범을 저지를 위험성이 매우 낮으며, 다른 범죄자들은 매우 높은 위험성을 보여 준다. 가장 단순한 위험성 분류는 범죄 유형에 따르는 것이다. 예를 들어, 근친상간 범죄자들은 가족이 아닌 아동을 추행하는 범죄자들보다 낮은 재범비율을 보인다(Hanson, Morton & Harris, 2003). 그럼에도 불구하고, 우리는 범죄 및 피해자 유형을 이용하는 것보다 위험성 분류를 훨씬 더 잘할 수 있다.

성적 일탈행위의 정신병리학적 모델에 의한 선행연구들 중 상당수는 일반적인 성격 특성들과 개인적 고통의 지표들에 초점을 맞추었다. 그러나 이러한 임상적 평가들은 성적으로 일탈된 행동과 연관되어 있는 중요한 개인적 요인들을 확인하는 데 있어서 별다른 성공을 거두지 못하였다(예: Murphy & Peters, 1992). 지금은 많은 연구자들이 반사회적 성격, 약물남용, 불안정한 고용 그리고 이외의 반사회적 생활양식과 상관관계를 갖는 요인들을 검토하는 것이 더 중요하다는 결론에 도달해 있다(Hanson & Morton-Bourgon, 2005; Marshall, 1996).

일탈된 성적 환상은 성범죄의 중요한 상관 요인으로 간주된다(Howitt, 2004). 이것들은 흔히 처치에서 목표로 선정되며, 성범죄의 이론적 모델에서 일정한 역할을 한다(예: Ward & Beech, 2006). 비록 그러한 환상이 성적 일탈과 상관되어 있을지라도, 성범죄를 유발하는 데 있어서의 역할은 다소 불분명하다. Langevin, Lang 그리고 Curnoe(1998)의 연구는 이러한 점을 보여 주고 있다. 성적 환상 척도가 129명의 성범죄자들과 77명의 통제집단(22명의 비범죄자들 그리고 50명의 비-성범죄자들)에 대해 실시되었다. 성범죄자들에 의해 보고된 일탈적 환상의 전반적인 비율은 비록 통제집단(11%)에 비해서는 높았으나, 비교적 낮았다(33.3%)는 것을 발견하였다(이러한 일탈된 환상의 비율은 아마도 사람들이 창피스러운 행동을 감추는 경향 때문에 낮게 평가된 것 같다). 더 나아가, 통제집단의 많은 범죄자들은 성범죄자들보다 더 많은 일부 유형의 환상(일탈적이든 아니든 간에)을 보고하였다(90.9% 대 62.5%). 연구자들은 많은 성범죄자들이 낮은 비율의 일탈적 환상과 정상적인 성적 환상을 보고한다는 결과를 환상이 병인적(etiological) 의미를 갖지 않을 가능성이 있다는 것으로 해석하였다.

성적 환상은 성적 집착의 지표이며, 이 성적 집착이 성범죄의 위험 요인이다. 성적 집착의 또 다른 지표는 포르노의 사용이다. 포르노는 일탈된 환상을 자극하는 기능을 할 수 있으나, 여기에서도 역시 이것이 성적 공격에서 원인적 역할을 하지는 않는 것 같다는 증거들이 있다(Seto, Maric & Barbaree, 2001). 예를 들어, 561명의 성범죄자들에 대한 연구에서, 18%가 범행시간에 포르노를 사용하였으나, 대부분은 그렇지 않았다는 것을 발견하였다(Langevin & Curnoe, 2004). 아동 추행범들 사이에서 이 비율은 더 높았으나(55%), 범죄자가 직접적으로 흥분하기 위해서라기보다는 주로 피해자들에게 포르노를 보여 주기 위함이었다.

성적 일탈을 이해하는 데 있어 한 가지 유망한 접근법은 성적 일탈을 지지하는 인지에 대한 평가다. 앞서 언급한 것처럼, 성범죄자들은 아동과의 성행위에 더 관대하며 자신들의 행위를 최소화한다(Whitaker et al., 2008). 특히, 성범죄자들은 인지적 왜곡을 폭넓게 사용한다(Egan, Kavanagh & Blair, 2005; Tierney & McCabe, 2001). 인지적 왜곡은 제7장에서 기술된 중화 및 합리화와 유사하다(예: "때때로 어린아이와 성관계를 갖는 것은 아이들에 대한 사랑을 보여 주는 방법이다"). 이러한 인지와 태도의 중요성은 그것들이 범죄자의 슈퍼비전과 처치에서 중요한 역동적 위험 요인들 또는 범죄유발적 욕구라는 점이다.

성적인 재범의 위험 요인들에 대한 연구들은 Karl Hanson 등(Hanson & Bussière, 1998; Hanson & Morton-Bourgon, 2005; Whitaker et al., 2008)에 의한 다수의 메타분석에서 요약되어 있다. 〈표 14-4〉를 참고하여 보면, 성범죄자들, 일반 범죄자들 그리고 MDO들에 대한 위험 요인들의 순위를 알게 된다. 세 집단 모두에 걸쳐서 예측 요인들의 순위에 일관성이 있는 것을 주목하라. 성범죄자들에게 있어서, MDO와 일반 범죄자들에게서와 같이, 범죄전력은 반사회적 성격, 반사회적 인지 그리고 범죄에 대한 사회적 지지와 함께 가장 좋은 예측 요인들 중 하나였다(MDO에 있어서는 사회적 지지에 대한 효과크기를 추정할 충분한 연구가 없었다). 개인적 고통과 사회적 계층에 대한 측정치는 이 순위 목록의 맨 아랫부분에 있었다.

비록 성적 재범과 비-성적 재범의 위험 요인들에서 많은 유사점들이 있지만, 성적 일탈에 특정된 일부 요인들이 있는데, 특히, 일탈된 성적 관심(즉, 아동에 대한 성적 관심)과 같은 것이다. 추가로, 일부 연구자들은 성인의 성적 폭력에 선행하는 요인으로 피해의 전력을 언급하고 있다. 성적 학대를 받은 전력이 비-성범죄자들과 성범죄자들을 구분하지만(Whitaker et al., 2008), 유망한 연구들은 어린 시절 성적 학대를 받은 전력이 성적 재범과는 관련되어 있지 않다는 것을 발견하였다(Hanson & Morton-Bourgon, 2005). 더 나아가, Hanson과 Morton-Bourgon(2005)은 고립, 처치에 대한 동기 그리고 처치 동안의 진전과 같은 다른 통상적인 위험 요인들에 대한 증거는 거의 발견하지 못하였다. 요약해서, 그들의 주요 결론들 중 하나를 인용해 보자:

> 지속적인 성적 범죄자와 지속적인 비-성적 범죄자들의 특성들에서의 상당히 큰 중첩은 성범죄자들의 평가와 관리를 생각하는 사람들이 일반 범죄자들의 평가와 처치에 대한 상당히 많은 연구들로부터 이점을 얻을 수 있다는 것을 시사하고 있다(p. 1159).

위험 요인들에 대한 메타분석적 고찰로부터 제기된 실무적 응용들 중 하나는 이것이 증거에 기초한 보험통계적 위험성 척도 개발을 용이하게 한다는 점이다. Hanson과 Morton-Bourgon(2005)은 성범죄자들에 대한 위험성 척도와 관련된 두 가지 중요한 결론을 도출하였다. 첫째, 개별적인 위험 요인들은 단지 경미한 효과크기를 보여 주고 있다. 이것은 예측정확성을 증가시키기 위해서는 위험 요인들을 조합해야 할 필요성을 시사한다. 둘째, 많은 위험 요인들(예: 성적 집착)이 범죄자들의 잠재적인 범죄유발적 욕구를 나타내고 있기 때문에 역동적이며, 처치에 대한 지침이 될 수 있다. 만일 우리가 이들 두 가지 결론들을 조합한다면, 우리는 또한 성범죄자들에 대한 미래의 위험성 평가는 LSI-R과 LS/CMI와 유사한 위험성 욕구 평가가 사용될 것이라고 제안할 수 있다(제10장).

Hanson 등은 성범죄자에 대한 보험통계적 위험성 척도 개발에서 선도적 위치에 있다. 이들의 초기 연구들에는 STATIC-99(Hanson & Thornton, 2000), 갱신된 STATIC-2002(Hanson & Thornton, 2003) 그리고 성범죄 재범에 대한 신속 위험성 평가(Rapid Risk Assessment for Sexual Offence Recidivism: RRASOR; Hanson, 1997a)가 있다. 이들 척도들은 만족스러운 예측정확성을 보인 바, AUC가 .70 범위였다(Hanson, 1997a; Hanson, Helmus & Thornton, 2009; Hanson & Thornton, 2000; Sjöstedt & Långström, 2002; Stadtland et al., 2005). 그러나 이들의 단점은 이들이 주로 정적인 위험성을 측정한다는 점이다. 그러나 최근에는 성범죄자들의 평가에 있어서 역

동적인 위험성 요인들에 대해 관심을 두는 주목할 만한 변화가 이루어지고 있다(Craig et al., 2005; Hanson, 2006).

역동적 슈퍼비전 프로젝트(Dynamic Supervision Project; Hanson, Harris, Scott & Helmus, 2007)에서, 지역사회 슈퍼비전을 받은 997명의 성범죄자들에 대해 세 가지 유형의 위험성 척도들—정적(static), 안정적(stable) 그리고 급성적(acute)—이 측정되었다. 안정적 위험 요인들은, 비록 변화 가능하지만, 변화에 오랜 시간이 소요되는 역동적 위험 요인들이다(예: 친밀성 결함, 일탈된 성적 관심, 성적 자기-조절). 급성적 위험 요인들은 매우 빠르게 변화할 수 있다(예: 중독, 피해자에 대한 갑작스러운 접근, 사회적 지지의 붕괴). 정적 위험성 척도들은 지역사회 슈퍼비전의 시작 단계에 측정되었으며, 안정적 위험성 평가는 매 6개월마다 실시되었고, 급성적 위험성 평가는 각 슈퍼비전 회합마다 실시되었다. 41개월에 걸친 추적 기간이 지난 후에, Hanson 등(2007)은 성범죄자들에 대한 두 개의 새로운 역동적 위험성 척도들, 즉 STABLE-2007과 ACUTE-2007(각 AUC는 .67과 .74)이라고 불리는 척도들을 타당화시킬 수 있었다. 두 개의 새로운 위험성 평가 측정법들은 현재 전 세계에서 사용되고 있다.

성범죄자에 대한 처치

성적 재범을 관리하는 한 가지 접근법은 일탈된 성적 흥분을 감소시키는 것을 포함하고 있다. 남성 호르몬 테스토스테론(testosterone)의 높은 수준은 높은 수준의 성적 흥분과 연합되어 있다고 추정되기 때문에(Hucker & Bain, 1990; Studer, Aylwin & Reddon, 2005), 테스토스테론의 수준을 감소시키는 것이 생물학적-기반 처치의 목표가 되었다. 이것을 위해서는 두 가지 방법이 있다: 신체적 거세 또는 소위 '화학적 거세(chemical castration).'

신체적 거세에 대한 연구들은, 다수가 2%에서 4% 범위의, 낮은 재범 비율을 보여 주고 있다(Bradford, 1997). 그러나 대부분의 평가가 비교집단들을 사용하지 못하였으며, 더욱이 거세가 성적 기능의 상실을 보장하지 않는다(거의 거세된 남성들의 약 10%가 발기를 계속한다; Brown & Courtis, 1977). 말할 것도 없이, 이 절차는 심각한 윤리적 딜레마와 함께 신체적 및 심리적 부작용을 낳는다. 결과적으로, 신체적 거세는 일부 고립된 사법적 관할지역들을 제외하고는 널리 실행되지는 않고 있다(체코 공화국은 1999년 이후 10년간 94명의 죄수들을 외과적으로 거세하였다; Bilefsky, 2009). 대신에, 테스토스테론의 분비를 자극하는 호르몬[안드로겐(androgen)]의 분비를 차단하거나, 또는 테스토스테론이 분비되는 신경생리적 부위에 다른 호르몬과 대립하도록 하는 약물들이 사용되었다. 시프로테론 아세테이트(cyproterone acetate: CPA, Androcur)와 메드록시프로제스테론(medroxyprogesterone: MPA, Provera) 같은 약물들이 성범죄자들에 대한 새로운 처치로서 각광받아 왔다.

이들 약물의 투여 후에 일반적으로 성욕의 감소가 나타났다. 그러나 비록 성적인 추동은 감소한다 해도, 약물들이 성적인 행동과 상관관계를 갖는 다른 행동적 요인들에는 별다른 효과가 없을 수 있다(예: 일탈된 성적인 생각들, Marshall et al., 1991). 많은 성범죄자들이 약물 투여 동안에 감소된 재범비율을 보이는 반면(Bradford, 1997; Maletzky, Tolan & McFarland, 2006; Walker et al., 1984), 재범이 단지 이들 약물의 결과로 감소했으며 거의 모든 범죄자들이 약물투여 동안에 받게 되는 상담/처치 프로그램들에 기인한 것이 아니라는 실험적 검증은 없었다(Barbaree & Marshall, 1998). 본질적으로, 약물투여는 문제행동의 초기에 즉각적인 안정을 가져올 수는 있으나, 여전히 심리학적-기반 개입이 필요하다.

1989년에, Lita Furby, Mark Weinrott 그리고 Lyn Blackshaw는 성범죄자들에 대한 42개의 처치 연구들을 검토하였다. 그들은 "임상적 처치가 성적인 재범 비율을 감소시키는 증거는 아직 없다(p. 27)."라고 결론짓고 있다. 이 고찰과 그들의 결론은, Martinson의 것처럼, 도전을 받지 않은 것이 아니었다(Becker & Hunter, 1992; Marshall & Barbaree, 1990; Marshall et al., 1991). 주요 비판은 이들의 고찰이 처치를 실제로 구성하고 있는 것을 기술하지 못했다는 점이었다. 일반 범죄자 처치 연구에 대한 우리의 메타분석은 처치들이 동일하게 효과가 있는 것은 아니라는 것을 보여 주고 있다. Furby 등(1989)의 고찰에서 처치 프로그램들의 실패는 부적합한 처치의 결과였다.

Furby 등(1989)의 고찰에 뒤이어, 성범죄자들에 대한 처치가 효과적일 수 있다는 것을 보여 주는 많은 보고들이 있었다(Barbaree & Marshall, 1998; Bilby, Brooks-Gordon & Wells, 2006; Looman, Abracen & Nicholaichuk, 2000; Maletzky, 1991; Worling & Curwen, 2000). 그러나 처치가 효과가 없다는 것을 보여 주는 연구들 또한 있었다(Hanson, Broom & Stephenson, 2004; Marques et al., 2005). 우리가 여러 차례 강조한 것처럼, 개별 연구들의 결과들은 단지 부분만을 알려 준다. 성범죄자들에 대한 처치 연구의 메타분석들은 우리에게 보다 훌륭한 답변을 제공한다. 모든 메타분석적 고찰들은, 비록 감소의 범위가 12%로부터(Hanson et al., 2002) 37%까지(Lösel & Schmucker, 2005) 높을 정도로 상당히 광범위하지만, 성범죄자들을 위한 심리학적 처치가 재범을 감소시킨다는 것에 동의한다.

2002년에 Hanson 등은 일반 범죄자 처치 연구로부터 누적되어 온 지식이 아직은 성범죄자들의 처치에 온전히 적용되지 못하고 있다는 것을 지적했다. 최근에, 성범죄자들의 처치에 있어서, 위험, 욕구 그리고 반응성 원리들에 대한 연구를 하는 방향으로의 변화가 있었다

(Abracen et al., 2005; Looman, Dickie & Abracen, 2005; Mailloux et al., 2003; Olver & Wong, 2009; Olver, Wong & Nicholaichuk, 2009). 예를 들어, Lovins, Lowenkamp 그리고 Latessa(출간 중)는 집중적인 처치를 받은 저-위험 성범죄자들은, 고-위험 성범죄자들이 재범감소를 보여 주는 것(불행하게도, 이들은 특별히 성적 재범이 아니라 일반적 재범을 측정하였다)과는 달리, 처치를 받지 않은 성범죄자들과 비교해서 개선이 없음을 발견하였다. Hanson, Bourgon, Helmus 그리고 Hodgson(2009)의 메타분석에서는, 성범죄자들의 처치에서 이들 원리들에 대한 강한 지지를 발견하였다. 23개의 연구들에 대한 분석은 처치를 받은 성범죄자들이 처치를 받지 않은 성범죄자들과 비교해서 더 낮은 일반적 재범비율(31.8% 대 48.3%)과 성적 재범비율(10.9% 대 19.2%)을 보였다. 가장 약한 효과를 보인 것은 아무 원리도 준수하지 않은 연구들에서였으며, 처치효과성은 RNR 준수와 함께 증가하였다. 세 가지 원리 모두를 준수한 것은 매우 드물었으나(k = 3), 이들 처치들이 재범에서 가장 큰 감소를 보여 주었다.

인간 사냥꾼과 약탈자

성범죄자들은 자신들의 행동을 실행에 옮기기 위해서, 피해자를 선정하고, 추적하고 '잡아챌' 것이다. 확실히, 일부 범죄자들은 예상하지 않았던 기회를 이용하겠지만, 그러나 대부분 행동을 완성하기 위해 요구되는 일정 양의 계획이 있다. 폭력적인 범죄행동의 이러한 측면—추적, 지켜보기 그리고 기다림—이 범죄행동의 가장 공포스러운 측면들 중 하나다. 연쇄살인범들, 성범죄자들(사실상 연쇄 성범죄자들) 그리고 자신들의 연인을 스토킹하는 전(ex) 파트너들은 대부분의 범죄자들과는 다른 범죄자 계층을 형성하고 있는 것 같다. 우리는 이미 MDO들과 성범죄자들이 어떤 독특한 특성을 가지고 있다는 것을 보았지만, 또한 이들이 비-성적 범죄자들과 공통점들을 공유하고 있다는 것도 보았다. 이번 장의 남은 부분에서는, 스토커들과 연쇄살인범들에 대한 연구들을 요약할 것이다.

스토커

1989년에, 텔레비전 여배우 Rebecca Shaeffer가 자신의 집 문 앞에서 총에 맞아 사망하였다. 그녀의 살인자는 2년 동안 그녀를 따라 다니고, 편지를 쓰고, 만나려고 시도했던 팬이었다. 이 살인이 California에서 처음으로 반-스토킹 법이 제정(1991)되도록 하였으며, 이러한 법률은 이제는 미국의 모든 주, 캐나다, 오스트레일리아 그리고 대부분의 서구 국가들에서 찾아볼 수 있다(McEwan, Mullen & MacKenzie, 2007; Purcell, Pathé & Mullen, 2004). 이것은 또한 인식하지 못하고 오랫동안 지나쳐 버린 행동에 대한 대중의 관심을 이끌어 내었다. 처음에는, 유명인과 정치적 인물들에 대한 스토킹에 대해 관심이 집중되었으나, 이후에는 훨씬 만연해 있는, 관계가 악화된 연인관계의 스토킹을 포함하는 것으로 확대되었다. 스토킹의 법적인 정의에는 두 가지 요소들이 있다: (1) 피해자에게 물리적으로 근접하려는 시도 그리고 (2) 공포를 유발하려는 의도(Dennison & Thomson, 2005).

스토킹에 대한 관심은 반-스토킹 법률들이 도입되기 이전부터 오랫동안 분명히 있었다. 1942년, 프랑스 정신의학자 de Clérambault는 높은 지위의 의심할 만한 점이 없는 어떤 사람이 환자와 사랑에 빠져 있다는 망상적 믿음이 특징적인 증상이라고 기술하였다. 이 믿음은 피해자를 따라다니고 연락하려는 시도에 대한 끊임없는 동기로 작용하였다. De Clérambault의 증상은 결국 DSM-IV에서의 이상성욕을 보이는(erotomanic type) 망상적 장애가 되었다. 이전 연구들 중 상당수는 스토킹 행동이 피해자에 대한 강박적 애정 및 피해자가 스토커를 사랑한다는 망상에 의해 동기화된 것이라는 전제에서 접근했다.

De Clérambault의 분석에 이어서, 연구자들은 스토커들의 유형을 구분하기 시작하였다(Mullen & Pathé, 2002). 일부 분류법은 망상의 존재 여부, 피해자와의 관계 그리고 스토커의 동기에 따라 범주화하였다. Mullen(2009)은 동기에 기초한 다섯 가지 유형의 스토커를 제시하였다. 이 유형들은 〈표 14-5〉에 스토킹에 소요되는 평균 시간과 함께 제시되어 있다. 친밀성 추구형(Intimacy-seeker)의 유명한 사례는 여배우 Jodie Foster에게 자신의 사랑의 깊이를 보여 주고 또한 그녀도 화답해 줄 것을 기대하면서, Ronald Reagan 대통령을 저격한 John Hinckley Jr.가 있다(Perez, 1993).

때때로 스토킹은 피해자—전혀 모르는 사람일 수 있는—가 스토커를 사랑한다는 망상과 연관되어 있다(Kienlen, 1995). 그 외에는 스토커들이 망상적이지는 않지만, 매우 강박적이다(Zona, Sharma & Lane, 1993). 망상의 존재 또는 유형 체계와는 상관없이, "스토커들은 거의, 설사 가능하다 해도, 심리적으로 적절하거나 사회적으로 능력 있는 세계로부터는 발생할 수 없다(Mullen, 2009: 23)."

표 14-5 스토커들의 유형 분류

유형	동기	평균 기간(주)
거절(Rejected)	관계가 끝난 이후에 분노 표현 또는 체념	42.9
친밀성 추구(Intimacy-seeker)	지인 또는 모르는 사람의 사랑 획득	178.8
무능력(Incompetent)	성교(sex)	11.5
분노(Resentful)	실제 또는 상상적인 불만으로 인한 복수	77.7
약탈성(Predatory)	성적 및 폭력적인 것을 지켜보거나 환상을 재연하는 것에 의해 흥분	16.6

MacKenzie 등(2008); Mullen(2009)에서 발췌.

스토커들에 대한 많은 기술들은 정신병적 증상을 표출하는 유명인 및 정치인 스토커들의 매우 선택적인 표본들에 기초한 것이다(James, Mullen, Meloy, Pathé et al., 2007; James, Mullen, Pathé, Meloy et al., 2008; Mullen, James, Meloy et al., 2008). 먼저 이러한 임상적 사례들은 매우 드물다는 것을 주목해야 한다. 비록 수많은 사람들이 영화배우들, 운동선수들, 왕실 인물들 그리고 정치적 지도자들을 동경하지만, 특정 유명인을 끊임없이 따라다니느라 일상을 포기하는 사람은 거의 없다. 또한 우리가 정치적 암살[대부분 매우 이성적이며 동기가 이해 가능하다(Fein & Vossekuil, 1999)]에 대해 이야기하고 있지 않다는 것을 확실히 알기를 바란다.

유명인을 스토킹하는 망상적인 스토커를 다룰 때, 흔히 스토커가 실제로 어떻게 신체적 피해를 유발하게 되는지에 대한 의문이 제기된다. 망상적 스토커에 있어서, 이러한 일은 잘 일어나지 않는다. Park Dietz 등(Dietz, Matthews, Van Duyne et al., 1991)은 214명이 할리우드 유명인들에게 보낸 1,800개의 '괴짜 메일' 편지들을 분석하였다. 이들 유명인들에게 편지를 쓴 사람들 중 단지 17.3%만이 신체적 접촉을 하려고 시도하였으며, 더욱이 글로써의 위협과 실제 유명인들에게 접근하는 행동 사이에는 아무런 관계가 없었다는 것을 발견하였다. 유사한 연구에서, 그러나 미국 의회 의원들을 표적으로 삼은, 정부 지도자들을 위협하는 자들은 정치가들에게 덜 접근하는 것 같았다(Dietz, Matthews, Martell et al., 1991).

유명인 및 정치인 스토커들과는 달리, 대부분의 스토커들은 이성적이며 자신들의 피해자를 개인적으로 알고 있다. 그들이 얼마나 위험할까? 아마도 위험성에 대한 최고의 추정은 Barry Rosenfeld(2004)가 스토킹과 강박적 착취에 대한 13개의 연구를 메타분석한 것으로부터 얻을 수 있다. 그는 38.7%의 폭력(위협을 포함하여 넓게 정의된) 비율을 발견하였다. 불행하게도, 그는 자신의 발견을 접촉 폭력과 비접촉 폭력으로 나누어 보고하지는 않았다. 위협과 표적대상의 본질이 매우 중요한 것으로 보인다. 예를 들어, Warren 등(Warren, Mullen,

Thomas, Ogloff & Burgess, 2008)은 살인위협으로 유죄판결을 받은 565명의 남성과 48명의 여성에 대해 10년 동안 추적하였다. 표본에서 일반 대중 또는 모르는 사람을 죽이겠다는 위협은 비교적 드물었으며(0.2%와 5.9%), 위협의 대부분은 가족 구성원(38.2%), 지인들 또는 직장 동료들(36.4%)이었다. 추적 과정에서, 44.4%가 다른 폭력적인 범죄로 유죄판결을 받았다(3%는 실제로 살인을 범했다). Paul Mullen 연구팀의 스토커들에 대한 또 다른 연구에서는, 위협을 하는 것이 공격에 대한 단 하나의 최상의 예측 요인이었다(Thomas, Purcell, Pathé & Mullen, 2008).

일반적으로, 스토커들은 상당한 정서적 충격을 유발시키지만, 그들이 스토킹하는 사람을 신체적으로 해를 끼치거나 살해하는 것은 소수다(연쇄살인범들에 대한 부분에서 극단적인 사례들을 다룰 것이다). 3,700여 명의 지역사회 표본에서, 432명이 스토킹을 당했다고 보고하였다. 이들 중 17.4%가 신체적으로 공격을 받았으며, 공격을 받은 사람들 중 절반만이 신체적인 피해를 입었다. 왜 더 이상의 신체적 폭력이 없는가? 이에 대한 대답은 범죄행동의 주요 위험 요인들이 반영된 것이다. 많은 스토킹 사례들에서, 일반적인 패턴은 폭력적이지 않은 '따라다니는 행동(following behavior)'의 전력이다. 스토킹이 폭력을 이끄는 것은 행동전력이 폭력적인 속성을 가질 때다(Rosenfeld, 2004; Scalora et al., 2002). 행동에 대한 사회적 지지와 관련해서는, 스토커들은 혼자 실행하는 경향이 있다. 자신들의 행동에 대해 타인에게 알리는 것은 행동을 막으려는 시도들을 초래한다. 끝으로, Meloy(1996)는 이상성욕적 스토커들은 반사회적 성격장애(APD)에 의해 제대로 드러나지 못하고 있다는 것을 발견하였는데, 이는 아마도 APD를 가진 자들이 피해자에게 사랑과 애착을 느낄 수 없기 때문인 듯하다. 이들 외에, 피해자에게 상당한 위험을 주는 두 가지 유형의 스토커들이 있다: 가정스토커들(domestic stalkers)과 연쇄살인범들(serial murderers).

가정스토커

남성과 비교해서, 여성들이 여덟 배 이상 자신들의 파트너에 의해 스토킹을 당한다(Tjaden & Thoennes, 2006). '거절한' 전(ex) 친밀한 자에 의해 스토킹을 당하는 것이 적어도 모든 스토킹의 25%를 차지하며(Douglas & Dutton, 2001; MacKenzie et al., 2008; Mullen & Pathé, 2002), 연구는 가정 스토킹이 피해자에게 가장 커다란 위험을 주는 것이라고 제안하고 있다. 이들 사례에서 폭력의 추정치는 35%에서 80% 범위에 해당한다(Mullen, 2009; Mullen & Pathé, 2002; Palarea et al., 1999; Roberts, 2005). 이러한 유형의 스토커에서 많은 위험 요인들이 확인되었다. 첫째, 관계가 지속되는 동안 신체적 및 언어적 학대를 경험하는 여성이 관계가 끝난 이후에 스토커로부터 폭력적인 피해를 더 당하는 것 같다(Coleman, 1997; Mullen & Mackenzie et al., 2006; Roberts, 2005; Wright et al., 1996). 따라서 관계 지속 동안의 갈등전력은 관계의 종료 이후에도 진행될 수 있다. 이 문제에 대한 심도 있는 연구에서, Russell Palarea 등(Palarea et al., 1999)은 LA 경찰자료를 이용하여, 223건의 친밀관계(결혼, 동거, 데이트) 스토킹과 88건의 비-친밀관계 스토킹 사례들을 비교하였다. 친밀관계 스토커들(80.6%)이 신체적 폭력적인 위협을 비-친밀관계 스토커들(19.4%)에 비해 더 많이 하였으며, 추가적인 분석에서 일반적인 폭력전력이 피해자에 대한 폭력의 최상의 예측 요인(r = .43)이라는 것을 밝혀 주었다.

행동적 전력에 더하여, 특정 성격 특질들이 영향을 미친다. 이 시점에서, 상당한 주목을 끄는 것은 파트너의 행동을 통제하고자 하는 높은 욕구의 특징을 지닌 강박증적 애착장애(obsessive attachment disorder)다(Abrams & Robinson, 1998). 행동을 통제하는 것의 예는 가족과의 접촉을 제한하는 것, 항상 파트너의 위치를 알려고 하는 것 등이 있다. 파트너에 대한 과도하며 강박적인 통제는 배우자 살인의 중요한 전조(precursor)로 가정되어 왔다(Wilsons & Daly, 1992). 반사회적 성격장애 자체와 관련해서는 증거들이 혼합적이다(McEwan et al., 2007; Mullen & Pathé, 2002). 비록 McEwan, Mullen 그리고 MacKenzie(2009)가 친밀성-추구와 결합된 '분노적인 동기' (즉, 적대적이며, 화를 잘 내는 성격)가 고-위험 스토킹 사례들과 연관되어 있었다는 것을 발견하였지만, Douglas와 Dutton(2001)은 APD 스토커들이 비교적 일반적이지 않을 수 있다고 제안하였다.

스토킹에 대한 이론적 설명은 이 주제에 대한 제한된 연구로 인해서 매우 사변적(speculative)이다. 스토킹에 대한 연구는 단지 1990년대가 되어서야 시작되었으며(Meloy, 1998), 설명은 붕괴된 어린 시절 애착(Kienlen, 1998; MacKenzie et al., 2008)과 남성의 공격적인 지배성을 지지하는 사회문화적 가치들(White et al., 2000)에 집중되었다. 그러나 범죄에 대한 우리의 이론적 조망은 가정폭력과 같은 관련 주제들에 대한 연구와 일관되는 일부 타당성 있는 요인들을 제안한다. 이 이론적 조망은 우리가 스토킹 행동과 관련하여 Big Four 요인을 구체화할 때 중요하게 되었다. 친밀한 관계 내에서 대인 관계적 갈등의 전력, 강박증적이며 적대적인 성격 그리고 따라다니는 행동을 지지하는 망상/인지가 연구를 위해 중요한 점으로 시사되고 있다. 이 행동에 대한 반사회적 지지는, 다른 Big Four 요인들의 전반적인 영향력과 알코올 남용 및 취업 스트레스와 같은 다른 변인들의 누적된 영향으로 인해, 중요한 역할을 담당하지 못할 수 있다.

연쇄살인범

연쇄살인범들에 대한 논의와 관련해서 우리는 견고한 사실들보다는 경험에서 나온 추측들에 더욱 의존하고 있다. 연쇄살인범들에 대한 보통의 정의는 장기간에 걸쳐서 적어도 세 명 이상의 피해자들이 있는 살인범들이다. 이 정의는 단기간 동안에 많은 사람을 살해하는 다중살인범(mass murderer)과 연쇄살인범을 구분 짓게 한다. 다중살인범들의 사례들은 Montreal에서 교실에 들어가 14명의 여성을 살해한 Marc Lépine, Scotland의 Dunblane에서 16명의 어린 학생들과 선생님을 총기 살해한 Thomas Hamilton, Colorado의 Columbine 고등학교에서 12명의 학생과 선생님을 살해한 Eric Harris와 Dylan Klebold 그리고 2009년 11월 5일, Texas의 Fort Hood에서 13명을 살해한 것으로 전해지고 있는 Nidal Malik Hasan 등이다.

연쇄살인범들과 다중살인범들 모두, Elliott Leyton(1986: 25)의 표현을 빌리자면, "살인 그 자체를 위해서 살인하는 것 같다." 전문적인 살인자 또는 복수를 추구하는 사람에게서 보이는 것과 같은 확실한 목적이 없다. 그러나 다중살인범들의 심리에 대해서는 알려진 것이 너무 없기 때문에, 우리는 연쇄살인범들에 대한 설명으로 제한할 것이다.

연쇄살인범들은 오랜 시간 동안 우리와 함께 해 왔지만(예: 'Jack the Ripper'), 엄청난 언론의 관심이 소비자들에게 대단한 흥미를 불러일으켰기 때문에, 연쇄살인범을 유명하게 만드는 산업이 발전되었다[Jarvis(2007)는 이것을 '괴물회사(Monsters Inc.)'라고 불렀다]. 연쇄살인범들의 발생률에 대한 신뢰할 만한 측정치들은 없지만, 미국에서만 35명에서 500여 명의 연쇄살인범들과 6,000명 정도의 피해자들이 있었다고 추정하고 있다(Holmes & Holmes, 1998; Kiger, 1990). Quinet(2007)은 피해자들의 숫자가 낮게 추산되었으며, 실종자들을 고려할 때 1,832명의 추가적인 피해자들이 있을 것이라고 주장하고 있다. 이 수치를 살인통계와 비교해 보면, 연쇄살인범들은 극히 드문 것으로, 미국 내 전체 살인 중 1% 이하에 해당한다(Fox & Levin, 1998).

연쇄살인범들의 특성에 대한 최근의 연구들이 있다(Fox & Levin, 1998; Gresswell & Hollin, 1994; Hickey, 2006). 무엇보다도, 연쇄살인범들은 흔히 백인들이다(약 15~22%가 아프리카계 미국인이다; Jenkins, 1998; Walsh, 2005). 여성 연쇄살인범들은 존재하지만, 그들의 행동은 비교적 이성적이며 도구적이다(Holmes, Hickey & Holmes, 1998). Keeney와 Heide(1994)는 14명의 여성 연쇄살인 사건들(62명의 피해자)을 분석하여, 가장 높은 동기는 금전이었으며, 피해자들은 그들과 잘 알고 있는 사람들이었다는 것을 발견하였다(예: 피해자 중 37%가 가족 구성원이었으며, 다른 43%는 살인자의 '보호를 받는' 사람들이었다). 더 나아가, 남성 연쇄살인범과는 달리, 성폭력, 스토킹, 고문 또는 피해자에 대한 '과잉살인(overkill)'은 없었다.

남성 연쇄살인범은 피해자들을 스토킹하고 찾아내는데, 피해자는 흔히 모르는 사람이다. David Berkowitz('Sam의 아들')는 뉴욕 거리를 돌아다니며 이상한 낌새를 못 챈 여성들 또는 남녀가 타고 있는 차량에 총격을 가하였다. 성적인 폭행은 없었고, 오직 여섯 명이 사망했다. 어떤 남성 연쇄살인범들은 넓은 지리적 구역을 이동한다. 예를 들어, Ted Bundy는 Washington에서 22명을 살인하는 것을 시작으로, Utah로 그리고 Colorado로 이동하였으며, 마지막으로는 Florida에서 영구적으로 체포되었다(Bundy는 그 전에 체포되었지만, Colorado 교도소에서 탈옥하였다).

일부 연쇄살인범들의 가장 놀라운 측면은 성적이며 가학적인 살인 형태다. 이 유형의 살인자는 연쇄살인범들 중 확실히 소수다(Fox & Levin, 1999). 이들 '욕정 살인자들(lust murderers)'은 폭력적인 환상으로 유명하다(Gray, Watt, Hassan & MacCulloch, 2003; Holmes, 1989; Holmes & Holmes, 1998). Prentky, Burgess, Rokous, Lee, Hartman 그리고 Ressler(1989)는 25명의 연쇄살인범들 중 86%가 범죄 이전에 가학적 환상을 보고하였다는 것을 발견하였다. 비-연쇄살인범들의 경우에는 23%이었다. 연쇄 성적 살인범에게서 자주 관찰되는 가학적 환상에 대해 Holmes(1989)는 환상들이 행동을 위한 인지적 시연(cognitive rehearsal)으로 기능한다는 가정을 하고 있다.

성범죄자들은 피해자에 대한 공감이 결핍되어 있다고 생각되어 왔다. 만일 그들이 공감을 한다면, 피해자의 고통이 그들의 행동을 억제할 것이다. 강간범들에 대한 연구에서, Rice, Chaplin, Harris 그리고 Coutts(1994)는 강간범들이 피해자가 성교에 동의하는 것과는 반대로 강간당하는 자극에 가장 강한 흥분상태를 보인다는 것을 발견하였다. 아동 성추행자들에 대한 후속 연구에서(Chaplin, Rice & Harris, 1995), 그들은 아동이 고통받고 잔인하게 다루어지는 성적인 상호관계의 묘사를 선호한다는 것을 발견하였다. 저자들은 이러한 결과들을 공감의 부족에서 기인한 것으로 해석하였다. 그러나 성범죄자들은 완전히 공감이 결여된 것은 아닌 것 같다. 자신의 행동의 결과에 대해 거의 인식하지 못하면서 극단적인 폭력을 범하는 망상적, 조현병적 성범죄자들은 예외가 될 수 있다. 대부분의 성범죄자들은 일부 공감능력을 가지고 있다. 그들은 지필형 공감력 측정에서 0점은 아니었다. 두 가지 가능성이 존재한다. 성범죄자가 피해자로부터 심리적으로 일정 거리를 유지하려는 일종의 인지적인 '중화(neutralization)'기법을 사용할 수 있다(예: "그녀는 당할 만해" "그녀는 그것을 좋아해"). 다른 가능성은 피해자의 고통이 폭력의 목적이라는 것이다. 즉, 공격자는 피해자가 경험하는 고통에 대해서 너무도 잘 알고 있으며, 그것이 바로 행동을 강화시킨다는 것이다(Hanson, 1997b;

Hanson & Scott, 1995). 성적 가학주의자인 연쇄살인범에게는 성적인 즐거움과 피해자 고통이 타협할 수 없는 강력한 보상이 될 수 있다.

비록 성적인 연쇄살인범에 대한 연구는 아니지만, Dietz, Hazelwood 그리고 Warren (1990)의 보고는 일탈된 행동을 지지하는 인지의 힘을 예시해 주고 있다. 그들은 성적인 고문을 포함하고 있는 30건의 FBI 사건들을 기술하였다. 비록 절반 이상의 사건들이 사전 범죄기록을 갖고 있지 않았지만, 그들 거의 모두가 일탈된 성적 행동전력을 갖고 있었으며, 모두가 과장적인 자기애적 성격을 가지고 있었고, 40%가 반사회적 성격 특성을 지니고 있었다. 일탈된 성적 인지의 유지는 대부분의 성적 가학주의자들이 여성으로부터 무엇인가를 취한다든가(예: 옷, 머리카락) 또는 일정 방법으로 자신들의 범죄를 기록(예: 일기, 사진)한다는 점에서 확실하였다.

성적 가학주의자는 흔히 사회적 고립자로 묘사된다(Martens & Palermo, 2005). 그러나 Hucker(1997)는 연구한 사건들 중 1/3에서 다른 비-성적 연쇄살인범들에 대한 연구에서 언급된 발견(Walsh, 2005)처럼 공범이 있었다는 것을 발견하였다. 미국에서는, '죽음의 천사(Death Angels)' 멤버 다섯 명[일명, San Francisco 'zebra killings'을 저지른 이슬람 국가(Nation of Islam)의 극단주의 종파]이 23명을 살해한 혐의로 유죄판결을 받았으나, 추가적으로 60명을 더 살해했다고 의심받고 있다. 캐나다에서는 악명 높은 Karla Homolka 사건이 있으며, 그는 젊은 여성들에 대한 납치, 고문 및 강간 사건에서 Paul Bernardo를 도왔다(알려지기로는 이 중에 Homolka의 친여동생도 포함되어 있다). 이것들은 가장 극악한 범죄들에 대한 사회적 지지의 소수의 실례일 뿐이다.

성적 연쇄살인범들은 또한 그들의 심리적 안정성에 있어서 다양하다. 그렇다 하더라도, 아무런 이유 없이 또는 성적인 희열을 위해 누군가를 살해하는 것이 심리적으로 정상적이라고 받아들여질 수는 없다. 우리가 말하고자 하는 것은 일부 성적 연쇄살인범들이, 다른 살인범들이 좀 더 '통제 상태(in control)'에 있는 반면, 명백히 망상적이며 정신병적인 상태에 있다는 것이다. Ted Bundy는 자신의 차로 여성을 유혹할 만큼 충분히 매력적이었고, 결국 강간하고 살해하였다. 다른 살인범들은 확실히 이상하고 괴이한 행동들, 즉 '기념품(trophies)'을 수집하는 것(Edmund Kemper는 목을 자르고 피해자의 머리를 보관하였다)으로부터, 피해자의 사망 이후에 식인(Jeffrey Dahmer)과 성적 훼손 행동까지 범하고 있다.

그렇다면 반복적이며 가학적인 살인을 어떻게 설명할 수 있는가? 설명은 다양해서, 한 사례에서는 XYY 유전자형(Kraus, 1995); 성적인 연쇄살인범들에게서 보이는 명백한 성적 희열(또는 그들은 목격자를 살해한다); 신경적인 손상(Langevin, 2003); 해리성, '신체에서 이탈한(out of body)' 경험들(Moskowitz, 2004); 어릴 때의 성적 학대(Hickey, 2006; Ressler et al., 1986); 외로움을 극복하려는 사회적 접촉에 대한 욕구(Martens & Palermo, 2005); 권력과 통제에 대한 욕구(Canter & Wentink, 2004); 그리고 물론, 자신들이 '미쳤다'와 같은 평범한 사람의 선언 등이 포함된다. Leyton(2005)은 연쇄살인범이 노동 계층이고 피해자가 중간 및 상위 계층인 경우, 사회적 계층 긴장에 원인을 두고 있다.

우리의 견해로는, 상위 계층에 대한 일종의 무의식적인 저항이 있다는 Leyton(2005)의 견해에는 오류가 있다. 그러나 그는 연쇄살인범에 대해 사회적 통제가 부족하다는 점을 지적한다. 거의 모든 연쇄살인범들이 부모의 학대와 유기 그리고 사회적 고립과 같은 혹독한 배경을 가지고 있었다. 심지어 말을 잘하는 Ted Bundy도 고교 시절에 따돌림 받는 학생이었으며, 데이트도 한 번뿐이었다. 잘 알려진 소문과는 달리, 대부분의 연쇄살인범들은 전문가가 아니며, 그들의 범죄적인 다재다능함은 단지 한 번의 살인을 범하는 자들과 별로 다르지 않다(Wright, Pratt & DeLisi, 2008). 끝으로, 많은 연쇄살인범들 그리고 특별히 가학적인 성적 살인범은 사회적 통제와 자신들과의 거리를 더욱 멀리하는 망상적인 세계를 경험한다. 대인 관계적 그리고 개인적 통제의 결여는 사람들이 특이하고 기이한 환상에 따라 행동하게 한다. 폭력적인 행동 전력, 부족한 대처 기술들 그리고 아동기 때부터의 가학적 환상들이 결합되었을 때, 그 결과들은 전혀 놀라운 것이 아니다.

기억하기

1. 남성 구타범들과 일반 범죄자들 사이에는 차이점보다는 공통점이 더 많다.
   일부 페미니스트 이론들과는 반대로, 가부장적 가치를 넘어서 확장되는 가정폭력의 측면들이 있다. 남성 구타범들은 행동전력, 성격, 태도 그리고 친밀한 파트너 폭력에 대한 사회적 지지 측면에서 다른 범죄자들과 매우 유사한 것으로 보인다.
2. 정신장애 및 성범죄자들에 대한 위험 요인들은 일반 범죄자들의 위험 요인들과 유사하다.
   메타분석 결과들은, MDO들과 성범죄자들의 가장 좋은 범죄행동 예측 요인들이 일반 범죄자들에게서 확인된 것들과 동일하다(즉, 과거 전력과 반사회적 성격)는 것을 나타내고 있다. 따라서 범죄행동에 대한 일반 이론이 이러한 하위 유형 범죄자들에게 응용될 수 있다.

3. 범죄행동의 다양성에 대한 지식은 범죄행동의 심리학(PCC)을 분석에 응용함으로써 발전될 수 있다.
이 책의 주제들 중 하나는 범죄행동에 대한 우리의 지식이 PCC를 분석에 적용함으로써 진전될 수 있다는 것이다. 범죄행동을 이해하기 위한 GPCSL 접근법은 행동의 정신병리학적 모델에 의존하지 않는다. 이번 장에 논의된 범죄자들—MDO들, 성범죄자들 그리고 다른 인간 약탈자들—중 일부에 대한 이해는 거의 전적으로 임상적 모델들을 적용함으로써 이루어졌다. 결과는 만족스럽지 못하였다.

추천 도서

가정폭력 분야에서는, 두 권의 책들을 권장한다. 상세하고 종합적인 검토를 선호하는 독자들에게는 Gondolf(2002)의 책, 『Batterer Intervention Systems: Issues, Outcomes, Recommendations』을 권한다. 주제에 대한 간략한 요약은 「Journal of Interpersonal Violence」에 실려 있는 Smith Stover의 논문(2005) 「Domestic Violence Research: What Have We Learned and Where Do We Go from Here?」에서 찾을 수 있다.

정신적으로 장애를 가진 범죄자(Bonta, Law & Hanson, 1998) 및 성범죄자(Hanson & Morton-Bourgon, 2009)에 관심을 가진 사람들을 위해서는 두 개의 메타분석적 고찰 논문들을 권한다. 두 고찰연구는 이들 두 집단의 범죄자들을 이해하는 데 있어서 일반 범죄자 연구를 고려하는 것이 중요함을 보여 주고 있다. 성범죄자 연구에 대한 넓은 개관을 원하는 독자를 위해서는, Tony Ward 등(2006)이 쓴, 『Theories of Sexual Offending』이 있다. 이 책은 범죄행동에 대한 상이한 이론적 및 연구 조망들, 즉 진화론적 이론으로부터 우리들의 위험/욕구 모델까지 다루고 있는 20개의 장으로 구성되어 있다.

마지막으로, 보다 극단적인 범죄행동 사례들에 관심을 갖는 독자들을 위해서는, 『The New Oxford Textbook of Psychiatry』에서 Mullen의 스토킹에 대한 장(pp. 22-28)을 볼 것을 권한다. 그리고 Newton(2000)의 『The Encyclopedia of Serial Killers』가 있으며, 이것은 전 세계로부터 1,500건 이상의 사건 역사를 함께 제공하고 있다. 이것은 확실히 심심풀이용 책은 아니며, 주제에 대한 학문적 관심을 가진 학생을 위한 가치 있는 정보들의 모음집이다.

PART 4

요약 및 결론

Chapter 15

범죄행동에 대한 일반 성격 및 사회심리학: 요약 및 결론

마지막 장에 온 것을 환영한다. 우리가 무엇을 알고 있다고 생각하는지 그리고 어디에서 지식의 심각한 간격이 있다고 보는지에 대해 고찰할 것이다. PCC는 세 가지 이해의 유형들에서 출발한다. 즉, 그것은 경험적 이해, 이론적 이해 그리고 실용적 가치에 대한 이해다. 무엇보다도, 이 장에서는 간결한 요약과 PCC의 핵심적 요소에 대한 평가를 제시할 것이다.

일반적인 이해에 대한 뚜렷한 선호는 연구, 이론 그리고 응용의 각 영역에서 기술되었다. 소년과 소녀, 남성과 여성, 청소년과 성인 그리고 부자와 가난한 자 사이의 중요한 차이점들은 너무 분명하고 쉽게 확인되어, 위험, 욕구 그리고 반응성 영역에서 이러한 중요한 차이점을 배제하는 일은 아주 어리석은 일이다. 마찬가지로, 지역사회 교정 기관, 복귀 준비 시설, 구치소 그리고 교도소 내·간 차이는 매우 분명하고 커서 평가와 개입에 대한 신중한 이해를 위해서는 일부 상황–특수적인 조정을 해야 한다. 이와 같은 분명한 차이점 외에도, 많은 미묘한 차이점들이 있다. 특수성을 고려함으로써 얻을 수 있는 이익들은 배제했지만, 그래도 어느 정도는 기대된다. 일반적인 이해를 선호한다고 해서 특수성이 거부되는 것은 아니다.

동시에, 유사성과 차이점들은 단순히 존재한다고 가정되거나 주장되는 것이 아니라 경험적으로 탐구되는 것이다. 경험적인 탐구들은 성별에 따른, 인종에 따른 그리고/또는 다른 특수적인 고려사항들과 함께 일반적인 이론적 입장을 존중하기 위해 노력한다. 마찬가지로, 장면들(setting)과 관계된 이론적 고려사항들을 연구해야 한다.

경험적 이해

범죄심리학의 합리적이고 경험적인 근원들은 연구결과들을 요약할 때 건강한 회의론(skepticism)을 이끌어 낸다. 그 근원들은 또한 증거에 대한 존중을 조장한다. PCC의 발전을 지원하는 대중들은 무엇이 밝혀졌는지를 알 권리가 있고 인도적 서비스의 활성화에 영향력이 있는 위치에 있는 사람들은 직접적인 처치 서비스를 지원해야 하는 이유를 알고 있어야 한다.

범죄행위의 발생과 유병률

개인들의 범죄행동의 실질적인 차이. 이제 범죄행동에는 실질적인 개인차가 있다는 점이 PCC에서 잘 입증되어 있다. 사람들은 범죄행동의 빈도, 그리고 그들이 연루되는 범죄행동의 수, 종류, 다양성에 있어서 차이가 있다. 게다가, 전체 범죄행동 중 상당히 많은 양을 차지하는, 범죄적으로 보다 활동적인 범죄자들은 전문가가 아닌 경향이 있다. 이러한 발견은 특정한 범죄의 유형과 측정방법들에 걸쳐 분명히 나타나며 그리고 지역, 연령, 인종/민족, 성별, 사회적 계층과 같은 사회적 위치의 전형적인 지표상에서도 나타난다. 그러나 전 생애에 걸쳐, 집단 괴롭힘과 대인 관계적 공격에서 나타나는 성별 간 차이는 전체적인 반사회적 행동에 대해 비교할 만한 측정척도들을 만들어 내는 것을 어렵게 할 수 있다(Odgers et al., 2008).

이른 그리고 늦은 출발자들. 발달범죄학자들은 범죄자의 두 가지 주요 유형을 인식하는 것이 상당한 가치가 있다는 것을 보여 주었다: 범죄행동을 지속하는 경향이 있는 이른 출발자들 그리고 그만두는 경향이 있는 늦은 출발자들. 물론, '생애지속형'과 '청소년기-제한형' 분류체계는 각 집단 내의 많은 범죄자가 서로 다른 시기에 범죄 내외적으로 다른 패턴들을 보여 줄 것이라는 사실을 나타내지 못하고 있다.

상습적 그리고 심각한 폭력 범죄자. 매우 극적이지만 매우 소수의 생애지속형 비행청소년들이 폭력 범죄를 반복한다는 것을 기억하라. Arizona 주 Phoenix 시의 출생시기가 동일한 151,209명의 청소년들 중 오직 1%만이 청소년 시기동안 폭력 범죄로 두 번 이상 기소되었다(Snyder, 1998).

보편성과 특수성. 범죄경로와 관련하여, 범죄의 기저율에서 성차가 있다는 잘 확립된 관점에서 보면 놀랄 일은 아니지만, 남성들이 여성들에 비해 상대적으로 생애지속형 경로를 따르는 것으로 과잉대표되고 있다. 그러나 조기 및 지속적 경로에 있는 범죄자를 장기적으로 살펴본 결과들은 성인기 폭력, 허약한 건강, 허약한 정신 건강 그리고 낮은 사회경제적 환경 측면에서 남녀가 서로 유사하다는 것을 보여 주고 있다(Odgers et al., 2008).

범죄행위의 상관변인

범죄와의 상관변인들에 대해 많은 결론들이 도출될 수 있다. 독자들은 우리들이 Central Eight과 같은 주요 위험/욕구 요인들, 특히 Big Four 요인들을 확인하는 것이 유용함을 발견했다는 것을 보았다. 주요 위험/욕구 요인들은 다른 방법으로도 개념화 될 수 있다는 것을 상기하라. 예를 들어, 반사회적 성격 패턴의 구성요소들과 반사회적 행동의 전력은 '사이코패시'(Robert Hare가 PCL-R에 반영한 것처럼)와 조화를 이룰 수 있다. Travis Hirschi의 '약한 자기-통제'에 대한 최근의 정의는 Central Eight 요인 전체와 조화를 이룰 수 있다. 비이론적인(atheoretical) 입장을 취하는 다른 학자들은 효율적인 예측공식을 창출하기 위해 중다회귀와 같은 통계적 절차를 사용해 범주들 내 그리고 범주들 간 구체적인 지표들을 결정할 것이다(제10장에서 기술한 VRAG 평가 접근법과 다수의 2세대 도구들을 상기하라). 또 다른 접근은 Central Eight 요인들에 대한 평가들의 합과 규칙위반에 대한 일반적인 성향의 평가점수를 반영한 것이 될 수 있다(LS/CMI의 일반적 위험/욕구 점수와 같은).

우리는 일반 성격 및 인지사회적 학습(GPCSL) 조망에서의 Big Four의 이론적 적합성을 좋아한다. 우리는 또한 태도, 행동전력, 친구들이 영향을 받을 수 있는, 분석적으로 분명히 구분되는 행동적 장면들로서 학교/직장, 가족/결혼 그리고 레저/레크리에이션에 큰 관심을 가지고 있다.

Central Eight

Central Eight는 〈표 15-1〉에서(다시 한번) 요약한다(〈표 2-5〉의 축약판이다). 처음 네 개(Big Four)는 전형적으로 .26 영역의 예측타당도 추정치를 산출한다(95% CI = .22~.30, k = 24). 나머지 네 개는 .17 영역(CI = .13~.20, k = 23)의 타당도 추정치를 보인다. 종합적으로 Central Eight를 통한(LS/CMI 일반적인 위험/욕구를 통한) 단순 예측 준거타당도는 .41 영역(CI = .32~.50)의 추정치를 나타낸다. 이 예측치는 0보다 분명히 더 크고, 약한 변인들(낮은 계층 출신과 개인 내적인 정서적 고통)과 같은 위험/욕구 요인에 의해 나타나는 것보다 명백히 더 크다. 역동적 위험 요인들에 대해 재평가를 했을 때, 우리는 거의 두 배 정도의 예측타당도를 기대한다. 간단히 말해, 평균 .41의 r 값이 .50대에서 .60대 범위로 상승되는 것을 기대한다. 이것은 특히, 중다적인 평가방법들에 의해 중다적인 영역의 예측변인들의 표집이 보완되고 예측공식에 더욱 역동적인 위험 요인들의 시간적인 변화들이 포함될 때 그러할 것이다. 물론, 독자들은, 추적 기간에 주의하고 평가자가 전문적으로 훈련을 받았을 때 또한 타당도 추정치가 증가한다는 것을 기억할 것이다.

광범위한 응용

동일한 세트의 위험 요인들이 지역, 계층, 연령, 성별 그리고 민족과 같은 범주 내에 포함된다. 나아가, 개인적, 대인적 그리고 가족적 변인과 같은 강한 위험 요인들을 제거하는 것이 아니라 통제하면 생물학적 그리고 사회적 위치변인들의 범죄와의 상관관계는 감소된다. 추후 검증되어야 하는 것은 주요 개인적 및 대인적 요인들을 통제한 이후 남아 있는 성별/민족/인종/계층과 범죄와의 상관관계가 실제로 사회적 위치 이론들의 사회적 불평등 견해에 의해 제안된 절차효과(processing effect)의 결과인지 여부다. PCC는 규칙위반에 대한 공식적 및 비공식적인 대응들에서의 불평등과 편향을 부정하지 않는다.

비록 반사회적 태도, 친구 그리고 행동전력과 같은 범죄-특수적 지표들이 폭력 또는 성폭력에 초점을 맞출 때 가장 유용하지만, 동일한 위험 요인들은 다른 유형들의 범죄행동들에 대해서도 응용된다. 예를 들어, 일탈적인 성적 각성에 대한 실험실 평가들은 소아성애자들을 대상으로 할 때 예측타당도를 높일 수 있다. 마찬가지로, 폭력전력에 대한 평가들은 폭력범행에 대한 예측을 향상시킬 것이다.

표 15-1 주요 위험/욕구 요인들 그리고 재범감소를 위한 유망한 중간 목표들

반사회적 행동전력. 다양한 상황에서 조기 및 지속적으로 다양한 반사회적 행동에 자주 개입함.
역동적 욕구: 위험한 상황에서 비범죄적인 대안적 행동을 구축하라.

반사회적 성격 패턴. 모험적인 쾌락-추구, 약한 자기-통제, 끊임없이 공격적임.
역동적 욕구: 문제-해결 기술, 자기-관리 기술, 분노 관리 및 대처 기술을 구축하라.

반사회적 인지. 범죄를 지지하는 태도, 가치, 신념 및 합리화 그리고 분노, 적개심 및 반항과 같은 인지정서적 상태. 범죄자/교화된 범죄자/반범죄자 정체성.

역동적 욕구: 반사회적 인지를 감소시키고, 위험한 사고와 감정을 인식시키고, 대안적인 덜 위험한 사고와 감정을 구축하고, 교화/반범죄적 정체성을 형성하라.

반사회적 친구. 다른 범죄자와의 친밀한 교제, 반-범죄자로부터의 상대적 고립, 범죄에 대한 즉각적인 사회적 지지.

역동적 욕구: 다른 범죄자와 교제를 감소시키고, 반-범죄자와의 교제를 증진시키라.

가족/결혼생활. 두 가지 핵심 요소는 양육/보살핌 그리고 모니터링/슈퍼비전임.

역동적 욕구: 갈등을 감소시키고, 긍정적인 관계를 구축하고 그리고 모니터링과 슈퍼비전을 강화하라.

학교/직장. 학교 및 직장에서 낮은 수준의 수행과 만족.

역동적 욕구: 수행, 보상 그리고 만족을 향상시키라.

레저/레크리에이션. 반범죄적 레저 추구에서의 낮은 수준의 관여와 만족.

역동적 욕구: 관여, 보상 그리고 만족을 향상시키라.

물질남용: 알코올 및 기타 약물의 남용.

역동적 욕구: 물질남용을 감소시키고, 물질-지향적인 행동에 대한 개인적 및 대인적 지지를 감소시키고, 물질남용에 대한 대안들을 증가시키라.

주: 약한 위험/욕구 요인들(그리고 재범감소를 위해 덜 유망한 중간 목표들)은 다음과 같다: 개인적/ 정서적 고통, 주요 정신장애, 신체 건강 문제, 공식적 처벌에 대한 두려움, 신체적 조건, 낮은 IQ, 출생 사회 계층, 현재 저지른 범행의 심각성, 범행과 관련되지 않는 다른 요인들.

범죄에 영향을 미칠 수 있는 능력

신중한 개입 프로그램에 대한 메타분석들은 대부분의 독자들에게 이론에 근거하고 경험적으로 밝혀진 위험/욕구 요인들이 통계적 및 실무적으로 의미 있는 정도로 재범을 감소시킬 것이라는 PCC연구들에 대한 확신감을 갖게 한다. 두 개의 연구들이 특히 영향력이 있다: Mark Lipsey 등의 통계적으로 정교한 고찰연구 그리고 이 책의 저자들과 Craig Dowden을 포함하여 많은 연구자들이 수행한 Carleton 대학교의 자료들에 대한 이론적인 분석들.

두 번째 연구는 효과적인 교정처치 시행을 위한 분명한 지침을 제공하기 위해 범죄에 대한 GPCSL 입장에서 세 가지 측면을 도출했다. 즉, 첫째, 위험, 욕구 그리고 일반적 반응성(RNR) 원리들을 준수하는 서비스를 선정하라. 둘째, RNR에 충실한 처치를 선정하고 제공하라. 셋째, 점수가 매겨지고 있는가? 그 원리들을 준수하여 시행하라.

다시 한번, 무엇보다 먼저, 우리의 모든 증거들은 RNR의 원리를 준수하지 않으면 범죄에 아무런 효과가 없거나 또는 범죄가 증가함을 시사해 준다. 여타의 변인들 및 고려사항들은 RNR을 준수함으로써 범죄감소의 전반적 수준에 영향을 미치는데(예를 들어, '현실세계' 프로그램보다는 시범사업 프로그램의 더욱 큰 효과), 아직까지 RNR을 준수하지 않으면서도 범죄감소를 증진시키는 그 어떤 고려사항들도 찾지 못했다. Lipsey와 동료에 의한 고찰들은 인도적 서비스, 위험 그리고 일반적인 반응성 원리들에 대한 준수를 일관적으로 지지하고 있지만, 우리가 아는 바로, Lipsey 등은 욕구 원리를 검증하고 있지 않다.

표 15-2 Central Eight와 비범죄유발적 욕구들을 목표로 했을 때의 평균 효과크기

욕구영역	평균 효과크기	연구의 수(k)
변화의 중간 목표들로서의 범죄유발적 욕구들(평균 ES = .20, CI = .15 ~ .25)		
반사회적 태도	.21	(78)
반사회적 친구	.22	(51)
성격: 약한 자기-통제	.22	(59)
높은 위험 상황에서의 대안적인 비-범죄행동	.22	(18)
양육: 돌봄/보살핌 그리고 모니터링/슈퍼비전	.29	(30)
학교/직장	.15	(88)
물질남용	.11ns	(36)
레저/레크리에이션	검증되지 않음	
변화의 중간 목표들로서의 비범죄유발적 욕구들(평균 ES = .05, CI = -.03 ~ .11)		
공식적인 처벌에 대한 두려움	-.05	(43)
개인적 고통	.08ns	(101)
신체적인 활동성	.08ns	(43)
관습적인 야망	.08ns	(29)
관계성과 구조화 이외의 가족	.01ns	(45)

변화의 중간 목표로서 범죄유발적 욕구를 설정하는 것이 중요하다는 것에 대한 이해는 Craig Dowden의 석사학위논문에 의해 더욱 확대되었다. 범죄유발적 욕구를 목표로 하는 것이 가치롭다고 하는 것에 대한 메타분석적 증거는 이 책의 전반에 걸쳐 기술되어 있다. 〈표 15-2〉의 상단 칸은 Central Eight 위험 요인 중 일곱 가지 역동적 측면을 목표로 한 문헌의 발견들을 요약한 것이다(우리는 레저/레크리에이션 영역에서 기능 향상을 검증한 연구가 있는지 알지 못한다). 'central seven'을 목표로 하는 것과 연합된 평균 효과크기는 .20이었다(CI =

.15~.25). 비범죄유발적 욕구를 목표로 했을 때의 평균 효과크기는 〈표 15-2〉의 아래 칸에 나타난 바와 같이 .05(CI = -.03~.11)이었다. 후자의 평균 수치는 0보다 의미 있게 다르지 않고, 범죄유발적 욕구를 목표로 했을 때 해당하는 수치보다 유의미하게 낮다.

〈표 15-3〉은 변화의 중간 목표로서 유망한 그리고 덜 유망한 범죄유발적 및 비범죄유발적 욕구들에 대한 보다 종합적인 기술을 제시하고 있다. 이 표는 〈표 15-1〉과 〈표 15-2〉와 상당히 겹치지만 특별한 목적을 가지고 있다. 〈표 15-3〉은 메타분석들이 완결되기 전에, 우리의 이론에 기반한 예측들을 바탕으로 만들어진 것이다.

실제로, Ted Palmer(1992)의 표현을 사용하면, [그림 15-1]은 **범죄유발적 욕구 목표화의 폭**(breadth of criminogenic targeting)이 평균적인 범죄감소와 어떻게 연결되는지를 보여 주고 있다. 예측변인은 '목표가 된 범죄유발적 욕구들의 수'에서 '목표가 된 비범죄유발적 욕구들의 수'를 뺀 값이다. -값은 비범죄유발적 욕구들을 더 많이 목표로 한 것을 나타낸다. +값은 범죄유발적 욕구를 더 많이 목표로 한 것을 나타낸다. 평균 효과크기(즉, 재범감소의 양)는 범죄유발적 욕구들을 목표로 하는 폭(breadth)에 따라 직접적으로 증가한다. 다시 한번, 원리를 준수하지 않는 것과 범죄의 증가가 연합됨을 주목하라.

[그림 15-1]은 [그림 2-3]의 반복이다. 우리는 다른 연구자들이 범죄유발적 욕구의 원리를 검증하기 위해 관심을 갖는 것의 중요성을 강조하기 위해 반복한다. 이것은 변화의 중간 목표선택과 같은 주요 문제를 무시하고 있는 여타의 메타분석가들을 불안하게 하고 있다. 고맙게도, 다른 연구자들이 다른 핵심적 원리들을 반복 검증했다. 즉, 인도적 서비스 대 제재, 위험 원리 그리고 일반적 반응성 원리를 반복 검증했다.

작업자들과 관리자들을 훈련할 때, 우리는 [그림 15-1](폭의 효과)을 [그림 15-2](RNR준수의 효과)와 함께 보여 주는 것을 좋아한다. 우리는 다음과 같이 이야기한다. "당신의 기관이 그래프 상 어디에 위치하는 것이 좋겠습니까?" "당신들은 프로그래밍할 때 선택할 수 있습니다. 당신들은 RNR과 폭을 준수하거나, 또는 범죄유발적 기관이 될 수 있습니다." 제발 훈련 시에 관계성 원리를 잊지 않기를 바란다. 당신은 이때 피훈련자들이 그래프들을 그들이나 그들 기관을 공격하는 것으로 해석하지 않도록 그들과 좋은 관계를 만들어야 한다. 당신이 하고자 원하는 것은 피훈련자와 그들 기관에게 연구발견들의 의미를 마음을 열어 놓고 논의하는 것이다.

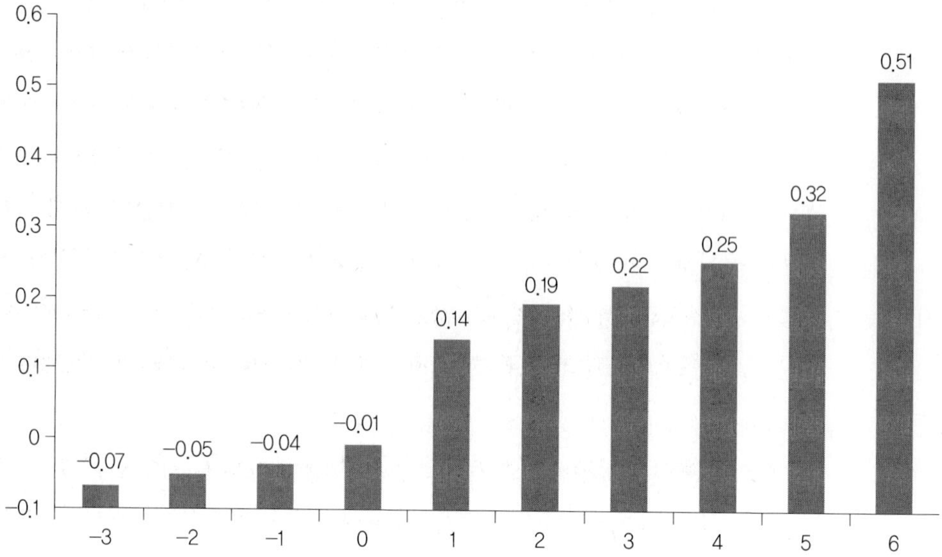

[그림 15-1] 범죄유발적 욕구 목표화의 폭에 따른 평균 효과크기
(범죄유발적 욕구의 수 빼기 비범죄유발적 욕구의 수)

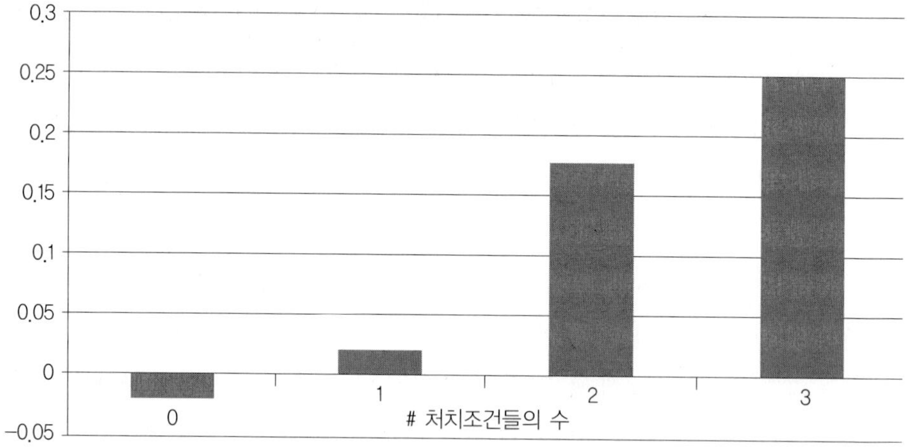

[그림 15-2] RNR 준수에 따른 평균 효과크기

표 15-3 예방과 재활에서 유망한 그리고 덜 유망한 중간 목표

Andrews(1989); Andrews, Bonta & Hoge(1990); Andrews, Leschied & Hoge(1992)에서 발췌

유망한 변화 목표들

- 반사회적 태도를 변화시키는 것
- 반사회적 감정을 변화시키는 것
- 반사회적 또래와의 교제를 감소시키는 것
- 가족의 애정/의사소통을 증진시키는 것
- 가족의 모니터링과 슈퍼비전을 증진시키는 것
- 아동보호를 증진시키는 것(방치/학대를 방지하는 것)
- 반범죄적 역할 모델과의 동일시/교제를 증진시키는 것
- 자기-통제, 자기-관리 그리고 문제-해결 기술들을 증가시키는 것
- 거짓말, 훔치기 그리고 공격을 보다 친사회적인 대안 행동으로 대체하는 것
- 화학물질에 대한 의존을 감소시키는 것
- 비범죄적 대안이 선호되도록 가족, 교육, 직업, 레크리에이션 및 다른 행동 장면들에서의 범죄적 및 비범죄적 활동들에 대한 개인적, 대인 관계적 그리고 여타의 보수들과 비용들의 밀도를 변화시키는 것
- 만성적으로 정신의학적 문제가 있는 사람에게 압박감이 적고 보호적인 주거환경을 제공하는 것
- 내담자가 위험한 상황들을 인식할 수 있게 하는 것과, 그러한 상황들을 다루기 위한 구체적이고 시연이 잘된 계획을 갖게 하는 것
- 서비스에 대한 개인적 및 환경적 장애들을 직면하게 하는 것(내담자 동기; 내담자가 사로잡혀 있는 배경적인 스트레스 유발 요인들)
- 위험 및 욕구에 대한 개별적 평가를 통하여 범죄행동과 타당하게 연결되어 있는 내담자의 다른 속성들과 환경들을 변화시키는 것.

덜 유망한 목표들

- 자기-존중감을 증가시키는 것(반사회적 사고, 감정 그리고 또래 교제들을 동시적으로 감소시킴 없이)
- 범죄행위와 연계되지 않은 애매한 정서적/개인적 불평에 초점을 맞추는 것
- 반사회적 또래 집단들의 응집력을 증가시키는 것
- 고-위험 개인들과 가족들의 범죄유발적 욕구들을 다루지 않으면서 이웃의 주거조건들을 향상시키는 것
- 한 문화권의 가치들이 다른 문화권의 가치들과 동등하게 타당하다는 것을 근거로 반사회적 사고에 대한 존중을 보이는 것
- 학교와 직장 영역들에서 관습적인 야망들을 실현시키기 위한 구체적인 지원 없이, 이러한 야망들을 증가시키는 것
- '더 좋은 사람'이 되는 것에 대한 기준들이 재범과 연결되지 않은 상태에서, 내담자를 '더 좋은 사람'으로 만들려고 시도하는 것

실용적인 가치에 대한 이해

예측 도구

실무적인 예측에 있어서, 지난 30년을 넘는 동안 혁명적인 변화가 있었다는 것은 의심의 여지가 없다. 비구조화된 임상적 판단은 구조화된 평가 접근들에 비해 너무 취약해서 비구조화된 위험평가의 윤리성은 지금 심각한 전문적 이슈가 되고 있다. 제10장에서 고찰한 바와 같이, 일부 2세대 도구들은 단순한 재범예측에서는 3세대 그리고 4세대 도구만큼 잘 예측한다. 그러나 다양한 범죄유발적 욕구들을 표집하지 않은 2세대 도구는 욕구와 폭의 원리를 준수하는 개별화된 처치 계획을 수립하는 것을 도울 수 없다. 또한 2세대 도구들의 예측타당도는 정적 변인들에 대한 재평가들을 통해 개선될 수도 없다.

4세대 도구들의 대단한 유망성은 그것들이 위험, 욕구, 폭, 일반적 반응성 그리고 특수한 반응성 원리에 대한 준수를 향상시킬 수 있다는 데 있다. 4세대 도구는 초기 평가, 사례관리 계획, 서비스 시행, 재평가 그리고 사례 종결과 같은 사례관리 과정을 따른다는 것을 상기하라. 〈표 15-4〉는 잘 알려진 위험/욕구 평가 도구들에 대한 평균적인 예측 준거타당도의 요약이다.

표 15-4 세대별 메타분석 연구들에서의 평균 예측 준거타당도 추정치(r):
Andrews, Bonta & Wormith (2006: 표 2)에 근거함

측정	재범: 일반	재범: 폭력	
1세대(임상적 판단)			
	.10	.13	
2세대[과거의 사실을 강조하는 보험통계적/기계적인(mechanical)]			
일반적인 범죄성 척도	.42	.39	성/MDO
SFS	.26		
Wisconsin	.31		
SIR	.36		
PCL-R	.27	.27	
VRAG		.39	

3세대(역동적 위험 요인에 집중하는 기계적인)		
LSI-R	.36	.25
4세대(구조화된 사례계획과 추적조사를 하는 기계적인)		
LS/CMI 일반적인 위험/욕구	.41	.29

MDO = 정신장애 범죄자.

효과적인 예방과 처치

이 원리는 〈표 2-1〉에 요약되었다. 여기서 주요 문제는 인도적 서비스, RNR 그리고 폭과 같은 경험적으로 타당화된 원리들이 현실세계에서 재범감소가 실제로 성취되는 충분한 수준으로 준수되어 실행될 수 있는지 여부에 있다. 직설적이기는 하지만, 사실은 성취되기 위해서는 주요 정책 및 조직의 변화와 관계자와 직원들이 원리들을 준수하고자 하는 노력들이 요구된다.

이 문제는 매우 중요하기 때문에 이 책에서는 현실세계에서의 처치와 관련된 문제들을 독립된 장(제12장)에서 다루었다. 국제 지역사회 교정 학회(International Community Corrections Association: ICCA)는 1990년대 초기부터 RNR을 가장 강력하게 장려했던 전문 학회 중 하나였다. 그들의 2005년 학술대회(NJ의 Atlantic 시)에서는 매우 적절하게 '효과가 있게' 만드는 것에 대해 초점을 맞추었다.

제12장에서 개관한 바와 같이, 많은 기관들이 RNR의 이행에 맞서 씨름하고 있는 중인데, 현재 도움이 필요한 상태거나 또는 이제 곧 이러한 이행 움직임이 고통을 받게 될 것이며, 따라서 앞으로 지역사회는 더 많은 범죄에 노출될 것이다. 매우 솔직히 말하면, 우리들 중 일부는 예방 및 교정에 대한 생각이, '효과 없다-예측할 수 없다-영향을 미칠 수 없다'와 같이 실패를 예상하는 입장으로 다시 돌아가는 것을 참기 힘들다. 우리는 인간의 다양성을 부정하고, 인간의 힘을 묵살하며, 실로 희망을 파괴하는 범죄자에 대한 조망들이 절대 다시 나타나지 않기를 바란다.

무력화를 넘어서, 우리는 사법적 제재의 엄격성의 증가가 단지 재범의 증가를 가져올 것이라는 것을 알고 있다. 우리가 회복적 사법에 긍정적인 만큼, 우리는 인도적 서비스 프로그램을 도입하지 않는 모든 형사사법 모델들은 재범감소에 미미한 영향을 줄 것임을 확신한다(제13장).

이론적인 이해

Big Four와 Central Eight의 중요성을 인식하지 못한 어떤 새로운 또는 현재 통용되고 있는 조망을 상상하기는 어렵다. 그러나 이론들은 인간 행동에 대한 근본적인 모델이 상당히 다를 수 있다. GPCSL 조망은 어떤 대안보다 더 나을 뿐만 아니라 효과가 있다. PIC-R 조망은 예측, 영향 그리고 설명의 측면에서 이점을 갖는다. 개인적으로 매개된 통제와 자동적 통제 두 영역에서의 인지적 연구들과 서비스의 발달들은 더욱 강력한 예측과 임상적인 개입들을 약속한다. 그리고 인지 사회학습적 개입들(또한 RNR과 폭을 준수하면서)이 이미 근본적으로 심각한 경쟁자가 없다는 것을 고려할 때, 이러한 약속된 미래는 존재한다. 그러나 아마 우리는 약간 더 매력적인 PIC-R 진술을 할 수 있을 것이다. 초기에는, Carleton 대학생이었고, 현재는 심리학박사인 Walter Friesen은 시적인 논평을 하였다:

> PIC-R이라고 불리는 한 이론이 있었네.
> 그것은 무엇이 범죄자를 어설프게 다루게 만드는지를 제안했다네.
> 이론에 관한 이야기들이 점점 더 많아짐에 따라
> 비평가들은 씩씩거리며 화를 냈다네.

이론들 중에서 선택하라. 그에 관해서 우리는 더 이상 할 말이 남아 있지 않다.

크고 작은 이슈

독자들이 생각해 보기를 원하는 몇 개의 추가적인 이슈와 도전들이 있다.

특수한 반응성

아직까지는 특수한 반응성의 원리가 심각할 정도로 발전되지 않은 것에 독자들은 주의를 기울여야 한다. 연구 부족으로 인해 그렇다. 실제로, 저자들은 일부 오래된 성격-기반 분류체계들이 매우 부적절하고 구태의연한 것임을 알고 있다. 확실히, 이와 같은 특이한 처치 성격체계들은 저자들이 특수한 반응성 개념을 도입하기 이전에 존재했다. 이 책의 이전 판에 익숙한 독자들은 이번 판에서는 우리들이 실제로 그와 관련된 모든 부분을 제외한 것을 알 것이다. Patricia Van Voorhis(1994)는 우리에게 그와 같은 오래된 체계가 근본적으로 세 가지 또는 네 가지 하위 성격 유형으로 수렴될 수 있음을 확신시켜 주었다. 어떤 매우 반사회적인 집단은 다소 사이코패스와 유사한 것 같고, 반면 다른 매우 반사회적인 집단은 정서적으로 더욱 혼란스러운데 아마도 신경심리적 손상이 있는 것 같다. 다른 하위 유형은 덜 반사회적이며 걱정하고 불안해하는 경향이 있는 것 같다. 또 다른 하위 유형은 근본적으로 통상적인 성격 및 태도 지표들로 봤을 때 전혀 반사회적이지 않은 저-위험의 상황적 범죄자다.

사이코패시, 미성숙 그리고 정서적 고통의 주요 차원들이 〈표 15-5〉에 기술되어 있는데, 여기에서 우리는 특수한 반응성에 대한 현재의 생각들에 대해 우리의 시각을 요약하고 있다. 우리의 인지적/대인 관계적 기술 수준 요인은 공감, 대인 관계적 성숙, 자기-조절 기술들 그리고 언어적 지능과 결합되어 있다. 여기서 처치 권고사항은, 언어적 및 대인 관계적으로 부담이 크고 인지적 기술들과 대인 관계적 민감성에 의존하는 서비스 스타일들을 모든 범죄자들에게 적용하는 것을 피하고 매우 잘 기능하는 범죄자들에게만 적용하라는 것이다. 만약에 이러한 요인에 대해 확신이 안 선다면, 그때엔 구조화된 인지 사회학습적 전략들을 사용하라. 구조화를 적게 함으로써, 경솔하게 범죄를 증가시킬 가능성을 갖지 않도록 하라. 대부분의 경우에는, 항상 일반적 반응성 원리를 준수해야 하지만, 매우 기능적인 범죄자들과 작업할 때에는 다소 구조화를 감소시키고 그들의 예외적인 재능들을 기반으로 할 수 있다.

나머지 특수한 반응성 요인은 상당히 간단하다. 성 반응성과 동기적 수준은 특히 흥미롭다. 여성에 대한 특수한 처치 권고에 대한 연구들이 진행되어 왔다(〈표 15-6〉을 보라). 표를 보면, Bloom 등(Bloom & Covington, 2001; Bloom, Owen & Covington, 2003; Covington & Bloom, 1999)이 제안한 여성과 함께 일하는 직장에서의 변화의 유망한 중간 영역들이 있다. 또한 특수한 반응성 권고사항들이 표에 실려 있다. 우리는 RNR과 양립되는 그리고 양립성이 낮은 요인들에 주목했다. 특정한 페미니스트들이 자기-존중감, 성 활동(sexuality) 그리고 영성(spirituality) 문제에 초점을 맞춘 주장들을 제외하고는 양립가능성이 매우 높다. 우리는 그와 같은 초점들이 재범감소와 관련이 있을지 의심한다. 그러한 것들은 여성에게 있어 매우 중요한 목표들이 될 수 있지만, 반사회적 행동과의 관계에 있어서는 중요하지 않을 것이라고 우리는 예상한다. 물론, RNR 원리는 교정처치 프로그램들에 적용되지만 개인적 성취 프로그래밍에 필수적인 것은 아니다. 이것을 어떻게 분명하게 표현해야 하는가? 영성이 평화 및 안전과 연합된다는 증거는 어디에 있는가? 이러한 증거는 성격연구에서도 분명하지 않고, 전 세계 지역에서 매일 방송되는 뉴스들에서도 그 증거가 확실하지 않다.

명료하게 하기 위해서, 확장된 RNR 모델에서(〈표 2-1〉), 규범적 원리와 특수한 반응성 원리는 매우 중요하다. 비범죄유발적 욕구는 규범적인 원리와 일치되게 인도주의적인 이유 그리고 권리문제와 관련된 이유들로 인해 중간적인 목표들로 설정될 수 있다. 이에 더해, 공동작업을 하는 처치 계획은 특정 범죄자들을 위해 선택된 비범죄유발적 욕구들을 목표로 삼는 것의 동기적 가치를 확고히 할 수 있다. RNR에 대한 초기의 진술들은 이러한 점에 대해 충분히 명확하지 못했다.

동기화 면담(Motivational Interviewing: MI)은 중독과 교정 분야에서 하나의 활력소가 되었다. 아주 작은 개입을 통한 주요 행동변화의 가능성은 무시하기에는 너무 매력적이다. MI는 제9장 물질남용에 대한 논의에서 언급하였다. 〈표 15-7〉에서, 우리는 MI의 정신(spirit)을 파악하고자 노력했으며, 또한 변화의 단계들이 MI 개입들과 차별적으로 어떻게 연계되는가에 주목하였다. 이 분야는 활기찬 에너지와 함께 인상적인 연구들이 전개되는 매우 흥미로운 분야이다.

표 15-5 특수한 반응성의 원리

인지적/대인 관계적 기술 수준(공감, 대인 관계적 성숙, 자기-조절 기술들, 언어적 지능의 결합).
언어적 및 대인 관계적으로 부담이 크고 자기-조절, 자기-반성 그리고 대인 관계적 민감성에 의존하는 서비스 스타일과 방식은 오직 매우 고-기능적인 사람들에게만 사용되어야 한다.

대인 관계적 불안. 대인 관계적 직면과 매우 강력한 대인 관계적 언쟁, 둘 다 피하라.

반사회적 성격 패턴(APP). 전체적으로 그리고 별개로, APP의 성격 요소들은 위험(강력한 슈퍼비전 및 서비스), 범죄유발적 욕구들(중다적인)뿐만 아니라 특수한 반응성 쟁점들을 시사한다.
낮은 불안, 낮은 공감, 얕은 정서, 타인 조종: 서비스와 통제를 수행하는 직원들 간 슈퍼비전, 모니터링 그리고 광범위하고-공개적인 의사소통이 있는 강력한 구조화
감각-추구: 새롭고 흥분되는 기회들과 행사들이 존재하는 프로그램
신뢰롭게 보상되는 '행동화(acting out)'/변화를 위한 낮은 동기: 쉽게 접근 가능하고, 확대되어 있으며, 둘러싸고 있는 전체 환경들의 일부가 되는 처치

변화에 대한 약한 사회적 지지. 반사회적 친구들을 무력화시키기, 반사회적 사고, 감정 그리고 행동에 대한 현실적 대안의 모델과 적극적으로 접촉하고 그러한 대안들을 강화하도록 구조화하기

성별. 성-반응적인 서비스 제공

연령. 발달적으로 적절한 서비스

민족/문화적 고려사항들.

정신장애. 장애에 특수한 욕구 다루기

사례관리 분류. Wisconsin '반응성' 분류체계

*동기. 변화의 단계에 따라 서비스를 맞추기

*강점. 개인의 강점을 구축하기

* Andrews, Bonta & Hoge(1990) 목록에서 추가.

표 15-6 욕구와 반응성 고려사항에 할당된 여성-특수 처치 권고

(Bloom, 1999; Bloom & Covington, 2001; Covington, 2000; Covington & Bloom, 1999의 권고에 기반)

욕구: 변화의 유망한 중간 영역들

자기 확장과 성장: 자존감 원천에 대한 지식; 성차별, 인종주의 그리고 낙인이 자기감(sense of self)에 미치는 영향에 대한 지식; 자기감의 발달; '자기-장애(self-disorder)'로서의 물질남용; 엄마, 직업인, 아내, 파트너, 딸, 범죄자의 역할 다루기; 좋지 못한 자기-상과 외상 및 학대의 전력 이해하기; 내적 자기(감정, 사고, 태도)와 외적 자기(역할)를 통합하기.

관계성: 출생가족에서 역할 탐구; 모성의 신화; 엄마와의 관계; 폭력을 포함한 관계성 전력; 건강한 지지체계를 재수립하고자 하는 결정; 물질남용을 약물남용 파트너와의 관계를 유지시키는 것으로서 또는 학대의 고통을 관리하는 것으로서 이해하기; 파트너, 친구 그리고 가족과 건강하지 않은, 착각적인 또는 동등하지 않은 인식.

성 활동: 성적 관심, 신체 이미지, 성 정체성, 성적 학대 그리고 청결하고 진지한 경우의 성에 대한 공포의 탐색; 성적인 기능 장애, 수치심, 공포 그리고/또는 정신적 외상에 대처하기; 고통 관리로서의 물질남용.

영성: 영성, 기도, 명상의 개념과 그것들을 어떻게 힐링과 회복에 관련시키는가 하는 것을 소개; 변화, 연결, 의미 그리고 전체성과 관련시키기.

*의사결정: 사실 구축을 위한 객관적 관찰; 반영적인 정서적 반응; 의미 및 영향에 대한 해석적 평가; 행동 또는 결정에 대한 단호한 동일시.

*부정적 정서를 적절하게 담고 있거나 표현하기
*기술 습득을 통한 역량 강화
*물질남용: 가정, 학교, 직장, 레저 영역에서의 관계의 질 향상
*건강하지 않은 관계에 대한 의문
무능-관련 문제
외모 및 전반적인 건강 및 위생
*생애 계획 개발
반응성: 방식, 스타일, 영향 전략, 서비스 실행
*여성으로만 구성된 집단 그리고 여성 조력자와의 개별적인 회기
*건강한 관계를 갖는 직원 모델
*연결감을 갖는 공동체 만들기
*임상적 모델 아님
*안전에 대한 강조
*연결감 강조: 상호 존중
*강점 구축
12단계 프로그램
*일부 심리적-교육적 방법
*문제 제기와 탐구를 강조
*최소한의 제한적 환경

* RNR과 양립됨.

표 15-7 특수한 반응성: 변화의 단계들과 동기화 면담

변화의 단계들	동기화 면담의 초점
사전 숙고	
주저	상황탐색을 위해 반영적 경청, 요약, 확언을 사용하기
저항	저항에 유연하게 대처하고 논쟁하지 말기; 어떤 한 사람에게 변화가 강요될 수 없음을 인정하기; 선택목록을 권장하기
체념	희망을 주고, 장애물을 탐색하고, 작은 단계들을 격려하고, 자기-효능감 구축하기
합리화	공감과 반영적 경청; 장단점을 계획하도록 격려; 논쟁하지 말기
숙고	위험한 행동에 대한 정확한 정보; 장단점 계획; 요약하기; 확인하기; 자기-효능감 향상
준비: 수용 가능한 계획 개발하기	경청, 반영, 장단점 그리고 현실적 계획
행동: 계획 수행하기	경청 및 확인하기
유지: 되돌아 가기	'넘어졌다'고 해서 실패한 것은 아니다. 초기 단계로 되돌아가기

MI의 정신: 공동작업, 환기, 자율성. 일반적 원리: 공감 표현하기(수용, 반영적 경청, 양가감정은 정상적임); 불일치 개발(내담자는 변화를 주장한다: 행동과 중요한 개인적 목표/가치 간의 불일치); 저항에 유연하게 대처하기(변화를 위해 논쟁하는 것을 피하라; 저항은 직접적으로 반대하는 것이 아니다; 새로운 조망을 도입하는 것을 강요하지 말기); 자기-효능감 지지하기(변화에 대한 가능성을 신뢰하고 지지하기: "나는 무엇을 해야 할지 그리고 그것을 어떻게 수행하는지 방법을 알고 있다"; 상담자가 내담자의 변화에 대한 능력을 믿어 주는 것은 중요하다).

주: 이 표는 Miller & Rollnick(2002)와 DiClemente & Velasquez(2002)의 주요 개념을 매우 간단히 요약한 것임.

일부 페미니스트, 비판적 범죄학 그리고 임상심리학의 도전

〈표 15-8〉은 PCC와 RNR에 대한 주요 도전들을 매우 간략하게 언급했다. 이와 같은 도전들은 기실 많은 부분들을 이 책에서 기술했기 때문에 한 줄짜리 언급으로 축소시키는 것이 합당하다. 이러한 도전들을 〈표 15-8〉에 제시된 순서대로 대략 살펴보도록 하자.

1번 문제와 관련하여, 우리는 사건을 예측하거나 영향을 미치는 능력에 대해서 비판적이어야 한다. PCC와 RNR은 진실을 위해 합리적이고 경험적인 접근을 시도한다. 증거에 기반한 엄격한 비판을 하는 것이 이 게임의 규칙이다. 우리는 독자들에게 변량과 공변량의 양적 추정치를 제시해 왔다. 상관계수 또는 AUC 추정치를 제시할 때는 항상 오차를 명시해 왔다. 더 나아가, 우리는 연구 설계들을 구분 지었고, 이에 따라 종단적 및 실험연구들에 높은 가치를 두었다.

표 15-8 RNR에 대한 일부 페미니스트 및 비판적 범죄학의 비판들

1. 재범을 예측하는 능력에 관한 의심
2. PCC와 RNR은 빈곤, 성별 그리고 인종/민족(비판적 범죄학이 선호하는 변인)을 충분히 고려하지 않는다.
3. '위험'은 백인이면서, 중산층인 남성들의 규범을 반영한다.
4. '위험'은 실제로 연령, 인종, 계층 그리고 성별을 반영한다.
5. RNR에 기반을 둔 분류는 비도덕적, 비효율적, 주관적 그리고 차별적이다(연령, 인종, 계층 그리고 성별에 기반한 분류와는 반대로; 또는 전문가적 판단과는 반대로; 또는 어떤 것과 반대로?)
6. RNR에 기반을 둔 처치는 소녀와 여성에게 효과가 없다(또는 흑인, 가난한 자, 정서적으로 힘든 자 또는 ……간에, '효과 없음').
7. RNR에 기반을 둔 분류 그리고/또는 처치는 대안으로 타당하지 않고 강력하지도 않다(그렇다면 대안은 무엇인가?).
8. 피해가 범죄를 발생시키는 원인이다.
9. 범죄자에게는 교정적 처치보다는 치유가 제공되어야 한다.
10. 여성들의 범죄유발적 욕구들에 집중하는 것보다 비범죄유발적 욕구들을 충족시키는 것이 더 중요하다.

2번 문제와 관련하여, 우리는 빈곤, 성별 그리고 인종에 대한 더 많은 일을 했을 수도 있었지만, 현존하는 체계적이고 경험적인 연구에 기반해 보고하고 그리고 개인의 범죄행위의 변량을 이해하고자 집중하는 일에 우리가 할 수 있는 모든 것을 해 왔다. 연령, 인종, 계층 그리고 성별의 관계성에 대해 많은 것을 알고 있지만, 그것은 우리의 연구 분야가 아니다.

합리적 경험주의 분야에서의 규칙은 다른 분야들의 효과에 적용하는 규칙과는 분명히 다르다. Smith, Cullen 그리고 Latessa(2009)는 총 41,737명 여성의 LSI-R 일반적 위험/욕구의 타당도에 대한 27개의 연구를 검토하였다. 평균 r 은 .35(CI = .34~.36)였다. 이 연구가 게재된 학술지, 「Criminology and Public Policy」 내에서의 반응은 어땠을까? 대부분의 미사여구들은 범죄의 독특한 성별적 맥락에 대한 주장(그리고 '성별적인, 인종적인 그리고 계층적인' 이해의 중요성)을 반복하는 것이었다. 양적 접근들의 사용은 이 접근들이 '독특한' 것에 부주의하다는 선언을 함으로써 무시하였다. 그러나 LS 접근방식을 지지하는 데 실패한 양적 연구들은 주저함 없이 끌어다 사용했다. 예를 들어, Reisig, Holtfreter 그리고 Morash(2006)은 지금까지 보고된 LS 위험/욕구타당도 중 가장 낮은 것을 보고했다. 모든 이상치(outlier) 결과들은 수용하거나 그렇지 않으면 찬양한 반면, 27개 연구들의 전체적인 결과들은 무시되었다. 성 반응성 평가를 한 네 개의 테스트들 중 단 하나만이 재범 예측에 있어서 LS 위험/욕구 평가를 넘어 유의미한 증분적 타당도를 보였음에도, '성 반응성'에 대한 테스트들은 긍정적인 방식으로 인용되었다. 이와 같은 선택적 비판은 그 가치가 의심스럽다. Smith 등(2009)에 대한 반응들은 다음에 언급하겠지만 놀랄 만한 진전을 보이고 있다.

3번, 4번, 5번 문제와 관련하여, 표준화된 위험/욕구 평가의 주요 기능은 매우 가시적인 판단과 결정의 근거를 만들어 주며 규범적 고찰의 대상이 된다는 것이다. 이러한 비평가들은 비구조화된 판단이 개방적이고 가시적인 의사결정보다 자동적으로 더 도덕적이고, 덜 차별적이라고 정말로 믿는 것인가? 이러한 비평가들은 RNR에 기반한 위험/욕구보다 연령, 인종, 성별 그리고 출생계층을 고려하는 것이 진정으로 더 예측적이라고 믿는 것인가? 그들은 사회적 위치 변수를 고려하는 것이 어떻게든 더 도덕적이고 덜 차별적이라고 정말로 믿는 것인가? 의사결정 시 차별을 감소시키기 위해 구조화된 위험/욕구 평가를 하는 사람들보다 더 많은 일을 하고 있는 사람은 누구인가?(Gottfredson & Snyder, 2004)

6번부터 9번까지의 도전들은 비교적 명백하게 경험주의적 문제다. RNR에 기반한 예측과 프로그래밍은 여성과 다른 인구 통계학적 하위 유형에 대해서도 효과가 있는가? 우리는 이 문제에 대해 이 책 전반에 걸쳐 탐색해 왔다. 우리는 성격, 태도, 친구 또는 행동적 전력이 인구통계학적으로 정의된 모든 하위 그룹에 대해 중요하지 않다는 어떤 증거도 발견하지 못했다. 또한 우리는 RNR 준수와 폭의 미래범죄에 대한 영향력이 연령, 인종 또는 성별에 따라 달라진다는 것을 발견할 수 없었다. 피해전력은 범죄에 상당히 기여할 수 있지만, 이 책에서 고찰된 연구들에 의하면 이러한 기여는 Big Four를 통해서 이루어진다. 학대경험은 물론 학대받았던 감정들을 상당히 활성화시킬 수 있으며, 이러한 감정들은 범죄행동과 연결된다. 그러나 만약 어떤 사람이 개인적 고통을 내면화하는 성향이 있다면, 이는 범죄를 예측함에 있어서는 사소한 것이 된다.

저자들 모두는 치유를 가치롭게 여기며, 남녀와 소년과 소녀들의 비범죄유발적 욕구에 주의를 기울일 가치가 있다고 믿는다. 개인적 성취와 영성이 범죄행동과 연계되지 않는다는 사실이 인간적 그리고/또는 사회적으로 그것들이 중요하다는 것을 부정하는 것은 아니다. 그러나 우리는 개인적 복지와 성취를 향상시키자는 호소가 감동적이라 할지라도 비범죄유발적 욕구가 재범감소에 기여할 것이라고는 확신하지 않는다(Ward, Melzer & Yates, 2007; Ward & Stewart, 2003). 우리는 PIC-R과 RNR이 인간 동기에 대한 강력한 모델과 통합되는 것이 좋다고 생각한다. 교정적 전통에서 우리가 '욕구(need)'라는 용어를 사용하는 것이 그러한 사례다. 우리는 또한 '문제적 조건들(problematic conditions)'이라는 용어도 제안한다. 우리는 Tony Ward 등이 인간 동기를 적절히 고려하여 제안한 '좋은 삶 모델(good lives model)'에 대한 연구가 잘 수행되기를 바란다.

다시 한번 가치에 기반한 의견을 언급해 보자. 우리는 비용들이 사법기관과 교정기관에서보다는 오히려 신념에 기반한, 정신건강, 사회적 서비스, 인도적 서비스, 학업적/직업적 그리고 심리-레크리에이션을 제공하는 각 기관들에 의해서 사용되는 것을 알고 있다. 우리는 범죄와 무관한 귀중한 자원들이 사법기관과 교정기관들로 전환되는 것을 탐색할 필요가 없다. 그와는 반대로, 우리는 반사회적 행동의 감소에 초점을 맞춘 RNR 프로그램의 시행을 위해 가족, 사회적, 건강 그리고 기타 서비스들로 전환된 일부 사법적/교정적 비용들을 탐색하고자 한다. 우리는 사법기관과 교정기관들이 공공의 안전을 향상시키는 데 필요한 모든 일을 하도록 요청하지 않아야 한다.

더욱 분명하게: 임상가들은 자신들의 많은 기술을 피해를 감소시키는 문제에 사용하여야 한다. RNR의 규범적 원리 및 특수한 반응성 원리는 인도주의적인 그리고 동기적인 목적을 위해 비범죄유발적 욕구를 고려하는 것에 가치를 둔다. 그럼에도 불구하고, 범죄유발적 욕구 원리를 기억하면서, 변화의 중간 목표들 대부분을 범죄유발적 욕구들로 삼는다면, 그것이 가장 좋은 것이다.

〈표 15-9〉를 자세히 보면, RNR의 준수와 재범감소 간의 관계에서 비범죄유발적 욕구를

목표로 했을 때 효과에 대한 메타분석 증거가 나타난다. 분명히, 단순히 비범죄유발적 욕구를 목표로 하는 것이 RNR 준수의 범죄예방 효과를 무효화시키지 않았다. 비범죄유발적 욕구를 우세한 목표로 할 때 극적인 변화가 온다. 그와 같은 조건들하에서, 116개의 프로그램들 중 오직 2개(2% 미만)만이 위험, 욕구 그리고 일반적인 반응성의 핵심적인 임상 원리의 2개를 준수했다. 저자들이 '일상적인(routine)' 교정 프로그램의 논의에서 언급한 바, 비범죄유발적 욕구에 전념하여 작업하는 프로그램 관리자는 '세련된(smart)' 프로그램을 제공하지 않는 것이다. 사실, 비범죄유발적 욕구를 목표로 한 경우, 오직 53%(61/116)만이 RNR의 핵심 임상적 원리 중 하나 이상만을 준수한 인도적 서비스 프로그램이었다.

범죄유발적 욕구보다 비범죄유발적 욕구에 초점을 더 맞추는 프로그램 관리자는 인간 행동에 대한 GPCSL 조망과 관련된 핵심 지식을 무시하는 것이 실무적으로는 적합한 것이라고 명백하게 믿는다. 그들은 그들로 하여금 범죄를 증가시키거나 아무 효과가 없는 서비스를 제공하게 하는 '특별한(special)' 지식(범죄와 범죄자에 대한 독특한 이해)을 가지고 있다. 미안한 일이지만, 이제는 그들이 어떤 사회적 책임을 보여 주기 위해, GPCSL 및 RNR 조망과 불일치한 프로그램을 제공해 왔다는 것을 느껴야 할 때가 왔다. 그들은 반드시 프로그램을 시작한 후, '좀 더 세련된' 방식으로 프로그램을 평가해야 한다. 우리의 지식으로는, 그들의 접근법을 지지하는 증거는 아무것도 없다.

〈표 15-8〉의 10번 문제에 관련해서, RNR에 기반한 접근법의 대안은 어떤 것일까? 구조화되지 않은 전문가적인 판단으로 되돌아가는 것일까? 전적으로 독특한 '성별적, 인종적, 계층적' 모델을 적용하는 것일까? 비범죄유발적 욕구에 집중하는 것일까? 개인적 복지를 향상시키면 자동적으로 범죄유발적 욕구가 감소된다고 가정하는 것일까? 위와 같은 것들 중 매우 영리해 보이는 것은 하나도 없는 것 같다.

다음은 매우 놀랄 만한 출처로부터 나온 아주 최근의 대답이다:

> 위험 평가, 처치 그리고 프로그래밍에 대한 대안적인 페미니스트 접근들의 효과성을 지지하는 경험적인 증거의 부재는 관리적인 마인드를 지닌 교정기관들을 성별을 얼마나 '중시해야 하는가'에 대한 문제에 대해 궁지에 빠지게 한다.…… 위험과 교정처치에 관한 많은 연구문헌들뿐만 아니라 성(그리고 인종)에 대해 명백히 주의를 기울인 연구문헌들은 이론, 연구 그리고 정책을 의미 있게 향상시킬 수 있다(Hannah-Moffat, 2009: 216).

Hannah-Moffat(2009)는 1990년대 중반 Ontario 주에서 도입한 접근법을 지금은 지지하고 있다. 1990년대로 돌아가 보면, Ontario 주에서는 성별에 따른, 인종에 따른 그리고 장면에 따른 RNR-기반 평가 접근 방법을 도입하였다. YLS/CMI 및 LS/CMI와 같은 도구들은 현재 전 세계적으로 사용가능하다.

Hannah-Moffat의 진술은 중요한 움직임을 시사한다. 솔직히 말해서, '위험 및 교정 처치에 대한 광범위한 연구' 문헌에 대한 그녀의 인식은 저자들에게는 놀라운 일이었다. Smith 등(2009)의 메타분석이 GPCSL과 RNR에 대한 지속적인 비평가로 유명한 페미니스트의 견해에 중요한 변화를 가져오는 데 기여했다.

표 15-9 RNR 준수와 비범죄유발적 욕구 목표화에 따른 평균 효과크기 (*r*)
(Dowden & Andrews, 2004, 데이터 뱅크에 근거; k = 처치 테스트의 수)

	RNR 준수 수준				
	0 (k) 없음	1 (k) 낮음	2 (k) 보통	3 (k) 높음	ES와의 *r*
1. 전체 표본	−.02(124)	.02(106)	.18(84)	.26(60)	.56
2. 일부 비범죄유발적 욕구를 목표	−.03(62)	.01(81)	.23(26)	.24(11)	.51
3. 주로 비범죄유발적 욕구를 목표	−.03(55)	−.00(59)	.16(2)	−(0)	.16ns

ns: 통계적으로 유의미 하지 않음 (p 〉.05).

공헌에 대한 인정

우리는 2005년 ICCA 학회에서 발표할 논문을 완료한 후, 그곳에서 PCC와 RNR에 영향을 미친 많은 연구자와 사상가들을 만나기를 원했다. 일부 내용은 잊어버렸을 위험이 있지만, 논평 없이, 그 내용을 〈표 15-10〉에 기술했다.

표 15-10 범죄에 대한 일반 성격 및 사회적 학습/인지 조망에 대한 공헌
(Andrews & Bonta, 2006: 제3장과 제4장을 보라)

Freud: 성격 구조(id, ego, superego); 강한 자기-통제, 안정적인 가족의 애정 그리고 사회적 생산성과 같은 심리적 성숙.

Yale 학파: (a) 정신분석, 행동주의 및 사회학/인류학의 통합, 그리고 (b) 좌절 공격에 대한 상세한 설명(Dollard, Doob, Miller, Mower, Sears)을 통한 사회적 학습이론의 탄생.

Glueck과 Glueck(1950): 하위-계층출생, 개인적 고통 그리고 정신병리를 약한 위험-범주로 위치시킨 반면, 오늘날 주요 위험/욕구 요인으로 인정받고 있는 요인들을 확인함.

사회적 위치와 비교해 인간의 다양성에 대한 중요성을 인식한 사회학자: Robert Agnew, Francis Cullen, Michael Hindelang, Travis Hirschi, Walter Reckless, Edwin Sutherland & Donald Cressey, Gresham Sykes & David Matza.

일부 행동주의적, 사회적 학습 그리고 사회인지적 심리학자: Icek Ajzen & Martin Fishbein, Neil Azrin, Albert Bandura & Richard Walters, Roy Baumeister, Leonard Berkowitz, Charles Carver & Michael Scheier, Donald Meichenbaum, Walter Mischel, Gerald Patterson, B. F. Skinner, Michael Rutter.

예측 그리고/또는 처치에 기여한 메타분석: Don Andrews, James Bonta, Craig Dowden, Paul Gendreau, Claire Goggin, Karl Hanson, Mark Lipsey, Fredrich Lösel, Doris Mackenzie, Santiago Redondo.

발달범죄학자: David Farrington, Alan Leschied, Rolf Loeber, Terri Moffitt, Richard Tremblay.

실무적 평가 도구: Wisconsin group(Baird, Bemus, Heinz), LSI group(Andrews, Bonta, Hoge, Wormith), Penetanguishene group(Quinsey, Rice, Harris, Cormier), Danny Clark, Don Gottfredson, Robert Hare, Peter Hoffman, Wagdy Loza, Larry Motiuk, Joan Nuffield, Leslie Wilkins.

일부 GPSL 조망: Robert Agnew 등(2002); Don Andrews & James Bonta(1994, 2003, 2006); Robert Burgess & Ronald Akers(1966); Curt Bartol(1998); Albert Bandura(1977, 1997, 2001); Ronald Blackburn(1993); Hans Eysenck(1964, 1977); Scott Henggeler 등(1998); Richard Jessor & Shirley Jessor(1977); Walter Mischel & Yuichi Shoda(1995); Gerry Patterson(1993).

위대한 보급자 및 훈련자: Brad Bogue, Bob Cormier, David Dillingham, Liz Fabiano, Alex Holsinger, Ed Latessa, Chris Lowenkamp, David Perry, Frank Porporino, Bob Ross, Partricia Van Voorhis.

프로그램에 대한 책임

이번 장에서, 일부 독자들은 사법적 및 교정적인 맥락에서 인도적 서비스 프로그램들을 누가 소유하고, 운영하고, 실행해야 하는지의 문제에 대해 경솔하게 접근된 여러 가지 사례에 주목했을 것이다. 우리는 항상 장난삼아 어떤 생각을 해 봤다가, 이내 그것으로부터 도망쳐 버린다(아마도, 스트레스에 대한 취약한 대처). 우리는 '현실세계'의 교정 장면에서 발견한 RNR과 폭에 대한 낮은 준수 수준에 매우 당황했다. 예를 들어, Anthony Flores 등(Flores, Russell, Latessa & Travis, 2005)은 171명의 교정 실무자들에게 Big Four 범죄유발적 욕구들 중 세 가지를 확인해 줄 것을 요청했으나, 아무도 대답하는 사람이 없었다. RNR이 우리에게는 분명한 것인 만큼, RNR의 준수는 현장의 문제다. William R. Miller와 Kathleen M. Carroll(2006)은, 중독 분야에서 우리가 가장 좋아하는 두 사람으로, 물질남용 분야에서의 효과에 대한 문헌들에 대해 양적이지 않은 고찰을 했다. 그 결과들은 이 책에서 고찰되었던 것들과 양립가능성이 매우 높다. 그러나 그들은 마지막 장에서 다음과 같이 언급했다:

> 개입은 전문가의 문제가 아니라 많은 공공 및 민간 부문에 의하여 공유되어야 하는 광범위한 사회적 책임이다(p. 302).
>
> 수정할 수 있는 주요 위험 및 보호 요인들은 약물문제에만 특수한 것이 아니라, 개인적 및 사회적 질병에 광범위한 영향을 미치는 것이다(p. 303).
>
> 성공적인 개입은 개인의 삶을 더 비참하게 만드는 것이 아니라, 더 보상적인 대안을 제공하는 것이다(p. 308).

그들은 물질남용 문제들이 주류 건강 및 사회적 서비스들에 통합되어야 한다고 주장한다. 우리는, 반사회적 행동은 너무 심각한 문제여서 사법 및 교정 기관이 관장해야 한다고 생각한다. 주류 건강 및 사회적 서비스 기관들과 기관원들은 중간 및 높은 위험 사례의 범죄에 대한 대안들을 보상하는 것을 구축하는 프로그램들을 제공함으로써 기여하는 것을 고려할 수 있다.

결론

현재 범죄행동에 대한 인문과학이 있다. 효과적인 서비스를 설계하고 제공하는 것에 도움이 될 수 있는 경험적으로 방어적인 범죄행동에 대한 이론들이 있다. 정당한 제재의 다양한 조건들과 주요 예방 조건들하에서, 중간 및 높은 위험 사례들의 예방 및 재활 프로그래밍에 대한 윤리적이고, 품위 있고, 인도적이고, 비용-효율적인 접근들의 열정적인 추구를 상당히 강력하게 지지하는 문헌들이 있다. 적극적이고 효과적이며 인도적인 서비스 기관은, 평가, 재평가 그리고 연구를 수립함으로써 좀 더 강력한 지식기반을 구축하는 데 기여할 수 있다.

이 책의 4판이 출간되고 나서 5판이 출간되기까지 몇 년 사이에, PCC 및 RNR에 기반한 이해들이 범죄행동에 대한 다른 이해 접근들과 밀접한 접촉을 하고 있다는 상당한 증거들이 축적되었다. 그와 같은 접근들 중 일부는 RNR 및 PCC와는 상당한 괴리가 있었다. 이 장에서는 RNR과 페미니스트의 접근들 상호 간 매우 최근의 올바른 인식을 보여 주고 있다. 이에 대한 동향은 Blanchette와 Brown(2006)에 의해 가장 잘 기술되어 있다. 또 다른 최근의 상호작용 분야는, 통합되지는 않았지만, PCC/RNR과 법정 정신건강 전통에서의 평가 및 처치 간에 있다. PCC 그리고 아마도 페미니스트 및 법정 분야에서 발전 가능성이 보인다.

우리는 이 책 초판에서부터, 효과가 있다는 것은 단지 시작일 뿐이며, 이를 보급하고 실행하는 것이 주요한 문제라고 언급했다. 효과가 있는 것을 어떻게 사용하도록 할 것인가, 여전히 실행과 관련한 문제들이 매우 많다.

추천 도서

James R. P. Ogloff와 Michael R. Davis (2004)는 RNR 접근이 기여한 바에 대해 흥미로운 평가를 수행했다. 독자들은 임상심리학으로부터 출현한 '좋은 삶 모델(good lives model)'과 특수한 반응성에 대한 그들의 관심까지 그들의 사려 깊은 분석에 감사할 것이다.

Kelley Blanchette과 Shelley Brown은 그들의 책 『The Assessment and Treatment of Women Offenders』에서 RNR 모델과 페미니스트적 조망을 조화시키고자 하는 훌륭한 작업을 하였다. 독자는 범죄에 대한 여성-특수적인 이론의 주요 주장들을 보게 될 것이며, 이러한 주장들 중 많은 부분이 RNR 모델이 충분히 고려될 때 사라지는 것을 알게 될 것이다.

테크니컬 노트

[테크니컬 노트 1-1]

범죄행동의 다양성 탐색

개인들의 범죄행동의 다양성과 관련된 사실의 몇 가지 실례를 다룬다. 예들은 다양성의 범위와 크기를 보여 준다. 우리는 또한 남성이든 여성이든, 흑인이든 백인이든, 나이가 적든 많든, 대부분의 표본에서 개인 내에 다양성이 있음을 살펴볼 것이다. 이 예들에서, 연령(어림), 성별(남성) 그리고 몇 가지 다른 변인들이 범죄행동의 주요 상관변인이자 예측변인임이 분명해질 것이다. 이러한 상관관계를 이해하는 것—그것들의 크기, 인과성 그리고 실무에서의 중요성—은 앞으로의 장에서 주목하는 부분이다.

종합적 범죄율로부터 추론된 개인차

공식적으로 절차를 밟은 범죄활동의 중앙 집중화된 기록은 그 질이 여러모로 의문스럽다. 그러나 국가적 형사사법 통계는 범죄행동의 유형과 빈도의 다양성을 의미 있게 훑어볼 수 있게 한다.

- 2007년, 캐나다에서 공식적으로 기록된 살인은 594건이었다(Dauvergne, 2008). 이것은 주민 100,000명당 1.8명의 비율이다. 매우 높은 비율의 캐나다인이 살인의 공범자라고 가정하지 않는 한, 상대적으로 소수의 캐나다인이 2007년에 살인에 관여한 것으로 보인다.
- 2007년, 캐나다에서는 100,000명당 90명의 비율로 총 29,600건의 강도가 기록되었다.
- 같은 해, 1,094,703건의 재산범죄가 경찰에 보고되었으며, 비율은 100,000명당 3,320명이었다.
- 2007년, 캐나다 형법에 위반되는 범죄가 총 2,300,000건이 보고되었는데, 이는 주민 100,000명당 6,975명(역자 주: 원서에는 6,9884로 나와 있는데 오타로 추정됨) 비율이다.
- 요약하면, 공식기록에 의한 국가자료 은행에 따르면, 2007년에는 상대적으로 적은 수의 캐나다인이 범죄활동에 관여했다. 확실히, 재판에 회부된 행동만이 2007년의 공식적 수치에 기여하였으나, 캐나다인 전체는 아니지만 대부분의 캐나다인의 범죄행동 점수는 0이었다.

비록, 미국에서의 수치는 더 높긴 하지만, 우리는 위와 동일한 일반적 결론을 내렸다. 미국인 대부분은(미국인 전체가 아니라) 거의 범죄를 저지르지 않았다. 연방수사국(FBI)에 의해 보

고된 2007년 미국 내의 다양한 폭력적 범죄의 100,000명당 비율은 다음과 같다:

- 살인은 5.9
- 강도는 155.7
- 재산범죄는 3,337

공식적 기록이 지역사회 범죄활동의 전체 수준을 너무 적게 추산하여 제공한다는 것은 잘 알려져 있다. 따라서 자기-보고식 피해경험 조사는 범죄학에서 점점 더 중요해지고 있다. Michael Hindelang(1981)은 국가범죄조사(National Crime Survey)에 의해 제공된 자료를 가지고 미국의 범죄발생률을 연구했다. 이 조사에서는 1973년부터 1977년까지 1년에 두 번 이상 미국 전국 표본의 약 65,000가구의 12세 이상의 모든 사람들을 대상으로 면담이 이루어졌다. 면담자들은 지난 6개월간의 피해경험 유형에 대해, 그리고 피해자가 범죄자를 목격하였을 경우에는 범죄자의 연령, 성별 그리고 인종에 대해 질문했다.

가장 최근은 아니지만, Hindelang(1981)의 보고서는 범죄자의 연령, 성별 그리고 인종을 고려한 국가적 범죄비율 추정치를 생성하기 위해 가중치 전략을 사용했기에 흥미롭다. 개인적 범죄는 강간, 강도, 폭행 그리고 개인의 물품을 훔치는 절도로 정의되었다. 연간 비율은 연령, 성별 그리고 인종의 12가지 범주들 내에서, 각각 잠재적 범죄자 100,000명당 발생하는 개인적 범죄들의 수를 반영한다. 결과 중 일부가 〈표 TN 1-1-1〉에 나타나 있다('전체'는 강간과 강도뿐만이 아닌, 개인적 범죄 전체를 의미한다).

〈표 TN 1-1-1〉은 범죄행동의 개인차의 상당한 증거를 밝히고 있을 뿐만 아니라, 미국 내에서 연령, 성별 그리고 인종이 범죄와 연관이 있음을 보여 준다. 세 개의 위험 요인 전부를 고려하면, 18세에서 20세 사이의 흑인 젊은 남성은 100,000명당 84,000건 이상의 범죄를 저지르는 수준에 달했다. 또 다른 극단으로는, 세 개의 위험 요인이 없는 21세 이상의 백인 여성은 100,000건당 300건 미만의 비율에 불과했다.

〈표 TN 1-1-1〉 잠재적 범죄자 100,000명당 연간 범죄율 추정치

	남성					
	백인			흑인		
연령	12~17	18~20	21+	12~17	18~20	21+
강간	77	291	152	403	1,624	735
강도	1,203	2,245	463	16,663	35,030	7,000
전체	7,974	15,054	3,786	43,158	84,504	18,031
	여성					
	백인			흑인		
연령	12~17	18~20	21+	12~17	18~20	21+
강간	5	0	0	92	39	7
강도	212	71	33	1,307	703	164
전체	2,124	1,138	264	8,639	4,468	1,428

Hindelang(1981)에서 발췌.

과거 범죄에 대한 조사로부터 추론된 개인차

범죄학 분야는 이제 과거의 범죄에 대한 막대한 양의 자기-보고 조사를 이용할 수 있다. 우리는 PCC와 전반적인 범죄학의 발전에 있어서 엄청난 중요성 때문에, Travis Hirschi(1969)의 조사를 선택했다. Hirschi는 1964년에 Contra Costa County(California)의 11개의 중 · 고등학교에서 5,545명을 층화무선표집(stratified random sampling)했다. 4,077명의 학생으로부터 비행의 공식적인 측정치(경찰기록)와 자기-보고된 측정치(질문지), 두 가지를 얻어낼 수 있었다. 다양한 이유로, Hirschi(1969)는 이 학생들 중에서 하위-표본(sub-samples)만을 보고했다. 따라서 아래에 제시된 예시에서 언급된 표본의 구성에는 변동이 있다. 그러나 각각의 하위표본 내에는 이 책의 주요 관심사인 개인차에 대한 증거가 있다.

- 2,126명의 백인 소년들에 대한 하위표본 내에서: 68%는 경찰기록이 없었고, 8%는 기록이 있으나 지난 2년간에는 범죄를 저지른 기록이 없었고, 11%는 지난 2년간 범죄기록이 1건 있었고, 5%는 범죄기록이 2건 그리고 8%는 3건 이상의 범죄기록이 있었다.
- 1,479명의 흑인 소년들에 대한 하위표본 내에서: 43%는 경찰기록이 없었고, 12%는 기록이 있으나 지난 2년간에는 범죄를 저지른 기록이 없었고, 18%는 지난 2년간 범죄기록이 1건 있었고, 9%는 범죄기록이 2건, 그리고 18%는 3건 이상의 범죄기록이 있었다.

Rick Linden과 Kathy Fillmore(1981)는 Hirschi의 자료와 Alberta의 Edmonton에서 학교를 다니고 있는 청소년 남성과 여성을 대상으로 수집된 자기-보고된 비행활동에 대한 자료를 비교했다. 그들의 결과는 〈표 TN 1-1-2〉에 제시되어 있다. 그들은 비행행동에 있어서 상당한 개인차에 대한 광범위한 증거를 보고했다.

- 1,264명의 California의 소년들 중 53%와 571명의 Alberta의 소년들 중 60%가 $2.00 미만의 재산절도를 인정했다. California의 소년들 중 7%와 Alberta의 소년들 중 2%가

〈표 TN 1-1-2〉 Califonia와 Alberta의 청소년들이 자기-보고한 성별에 따른 범죄활동 비율

	남성		여성	
	California	Alberta	California	Alberta
N	1,264	571	563	583
$2.00 이하의 절도	52.7%	60.1%	30.5%	33.3%
$50.00 이상의 절도	6.6%	2.4%	2.0%	0.2%
자동차 절도	10.8%	5.9%	3.6%	0.7%
재산손괴	25.8%	40.3%	8.6%	16.0%
폭행	41.7%	40.9%	15.6%	8.1%
세 개 이상	23.7%	23.0%	5.1%	5.0%

R. Linden & C. Fillmore(1981). "A comparative Study of Delinquency Involvement." *Canadian Review of Sociology and Anthropology*, 18, 343-361의 346쪽의 〈표 1〉에서 인용. 허가를 받고 재인쇄함.

$50.00 혹은 그 이상의 재산절도를 인정했다. California 표본에서 소년들 중 42%와 서부 캐나다 표본의 소년들 중 41%가 타인을 폭행했음을 인정했다. California 소년들의 24%(23.7%)와 캐나다 소년들의 23%가 세 건 이상의 비행행위를 저질렀음을 보고했다.

- 563명의 California의 소녀와 583명의 캐나다 소녀에 해당하는 자료가 〈표 TN 1-1-2〉에 소년들에 대한 자료와 함께 제시되어 있다. 제시된 수치는 특정한 범죄를 인정한 사례의 비율을 나타낸다.

유망한 종단연구로부터 추론된 개인차

범죄행동에서의 개인차의 정도는 다양한 나라와 상황에서의 종단적 연구를 통해 현재 잘 수립되어 있다. 이 연구들은 범죄행동에 대한 심리학의 발전에 있어서 매우 중요하며, 일부는 여기에서 자세히 서술될 것이고, 이 책에서 계속 언급될 것이다. 이러한 연구들 중 일부 연구들은 발생률(incidence)과 유병률(prevalence)을 동시에 조사했다. 즉, 몇몇 종단적 연구들은 범죄자들의 수, 그리고 범죄자들이 저지른 범죄의 수를 동시에 보고하고 있다.

예시들의 대부분은 Katherine Van Dusen과 Sarnoff Mednick(1983)이 편집한 『Prospective Studies of Crime and Delinquency』에서 가져왔다. 이와 같은 고전적 자료들은 범죄행동에 대한 사회심리학을 공부하는 모든 학생들에게 추천할 만하다. 우리가 발견한 것들에 대한 예시는 범죄행동의 사회심리학이 많은 것을 설명한다는 것을 확실하게 해 줄 것이다. James McGuire(2004)는 20개 이상의 1974년 이후의 종단적 연구를 확인했다.

Philadelphia 출생집단(The Philadelphia Birth Cohorts). Marvin Wolfgang(1983) 등은 Philadelphia 청소년들에 대한 두 개의 주요한 표본을 보고했다. 1945년 출생집단은 1945년에 출생하여 최소한 10번째 생일에서 18번째 생일까지 Philadelphia에 거주했던 9,945명의 남성을 포함한다. 이 소년들 중 10%(N = 975)가 무선적으로 표본으로 선정되었고, 그중 567명을 찾을 수 있었고, 25번째 생일을 맞을 때 즈음에 인터뷰를 했다. 위치가 확인된 남성들 중 인터뷰에 참여하는 것을 거부한 사람은 없었다. 인터뷰에서는 소년들이 체포되지 않은 범죄행동에 대한 자기-보고를 포함한 개인적 그리고 사회적 전력의 다양한 지표에 대해 조사되었다. 이후에 30세까지의 경찰기록이 검토되었다. 1958년 출생집단은 남성 13,811명과 여성 14,527명으로 총 28,338명인데, 이들의 18세까지의 공식기록들이 검토되었다.

- 1945년 출생집단에서 총 459명(47.3%)은 30세까지 체포되었던 공식기록을 가지고 있었다. 범죄자들의 약 31%는 30세까지 최소 5개의 범죄기록이 있었다(N = 144). 이들 144명의 '상습 범죄자들(chronic offenders)'은 총 1,683건의 범죄를 저질렀다. 따라서 약 15%의 개인들이 1945년 출생집단이 저지른 모든 범죄의 53%에 책임이 있었다.
- 1958년 출생집단의 10세에서부터 18세까지의 공식체포기록에서 밝혀진 것은 다음과 같다:
  1. 6,587명의 백인 남성들 중에서 23%가 총 4,306건의 범죄를 저질렀다. 범죄들 중에는 4건의 살인, 9건의 강간, 103건의 강도, 117건의 가중폭행, 217건의 기타 폭행, 454건의 주거침입 그리고 263건의 마약범

죄가 있었다. 절반을 살짝 넘는 정도(50.9%)의 범행이 499명의 '상습 비행자'들에 의해 저질러졌다. 그러므로 백인 남성 표본 중 7.6%(499)는 백인 남성에 의한 전체 범죄활동 기록 중 50% 이상을 차지했다.

2. 7,224명의 비백인 남성들 중에서 41%가 총 11,713건의 범죄를 저질렀다. 범죄들 중에는 52건의 살인, 96건의 강간, 1,223건의 강도, 459건의 가중폭행, 1,342건의 주거침입 그리고 474건의 마약범죄가 있었다. 약 65%(64.7%)의 범행이 비백인 남성의 전체 표본에서 17%에 해당하는 상습 비행자들에 의해 저질러졌다.
3. 유사한 경향이 1958년 출생집단의 소녀들에게서도 발견되었다. 전체적으로, 상습범들(28,338명 중 12.1%)은 1958년 Philadelphia 출생집단의 공식적 비행에서 매우 많은 양(20,089건의 범행 중 84.5%)을 차지하고 있었다.

Psykologisk Institut (Copenhagen) 입양서류. Sarnoff Mednick, William Gabrielli, 그리고 Barry Hutchings(1983)는 덴마크에서 1924년부터 1947년까지의 14,427건의 모든 비가족적(nonfamilial) 입양에 대한 공식기록을 분석했다. 15세 이상의 사람이 저지른 범죄에 대한 유죄판결 기록이 남성 입양아, 여성 입양아 그리고 그들의 생물학적 부모와 양부모에 대한 표로 만들어졌다. 일부 사람들에 대한 정보는 얻을 수 없었지만, 덴마크의 기록은 공식적으로 기록된 범죄활동에 있어서의 개인차에 대한 풍부한 정보를 제공한다. 다음과 같다:

- 6,129명의 남성 입양아들 중 15.9%는 최소 하나의 유죄판결을 받았었고, 6.9%는 두 개 혹은 그 이상의 유죄판결을 받았었다;
- 7,065명의 여성 입양아들 중 2.8%는 최소 하나의 유죄판결을 받았었고, 1% 이하(0.8%)는 두 개 혹은 그 이상의 유죄판결을 받았었다;
- 10,604명의 생물학적 아버지들 중 28.6%는 최소 하나의 유죄판결을 받았었고, 15.8%는 두 개 혹은 그 이상의 유죄판결을 받았었다;
- 12,300명의 생물학적 어머니들 중 8.9%는 최소 하나의 유죄판결을 받았었고, 2.5%는 두 개 혹은 그 이상의 유죄판결을 받았었다;
- 13,918명의 양아버지들 중 6.2%는 최소 하나의 유죄판결을 받았었고, 1.6%는 두 개 혹은 그 이상의 유죄판결을 받았었다; 그리고
- 14,267명의 양어머니들 중 1.9%는 최소 하나의 유죄판결을 받았었고, 1% 이하(0.4%)는 두 개 혹은 그 이상의 유죄판결을 받았었다.

이 연구의 위대한 가치는 입양아의 범죄성을 생물학적 부모 그리고 양부모의 범죄성의 함수(function)로써 연구할 수 있는 가능성에 있다. 현재 덴마크의 유명한 '교차-양육(Cross-Fostering)' 분석의 결과는 양부모가 범죄자일 때, 생물학적 부모가 범죄자 (24.5%) 대 생물학적 부모가 비-범죄자(14.7%), 그리고 양부모가 비-범죄자일 때, 생물학적 부모가 범죄자(20.0%) 대 생물학적 부모가 비-범죄자(13.5%)였다. 이로써 생물학적 부모의 범죄성이 남성 입양아의 범죄성과 연관되어 있음을 발견했다.

Psykologisk Institut (Copenhagen) 1944~1947 출생집단. 이 출생집단은 어머니들이 Copenhagen에 거주하였고, 범죄기록을 구할 수 있었던, 1944년과 1947년 사이에 태어난 모든 남성으로

구성된다(N = 28,879). Patricia Guttridge, William Gabrielli, Sarnoff Mednick, 그리고 Katherine Van Dusen(1983)은 이 출생집단 내의 1974년까지의 공식적으로 기록된 강력범죄에 대해 보고했다. 강력범죄는 살인, 강간, 상해, 폭력적인 협박 그리고 폭력을 동반한 강도를 포함한다. 그들은 다음과 같은 것을 발견했다:

- 남성의 37.8%는 최소 한 번의 체포전력이 있었다;
- 남성의 2.5%는 최소 한 번의 폭력적 범죄로 인해 기소된 적이 있었다;
- 0.6%는 두 번 혹은 그 이상의 폭력적 범죄로 기소된 적이 있었다;
- 상습범들은 993건의 폭력적 범죄에서 431건을 차지했고(즉, 남성의 0.6%가 남성을 대상으로 한 폭력적 범죄들의 43.4%를 차지했다.); 그리고
- 일반적인 범죄의 정점연령은 17세이고, 폭력적 범죄의 정점연령은 20세였다.

결론

많은 조사연구들의 발견들은 공식적인 범죄자들의 범죄행동과 관련해서 세계의 많은 지역에서 확인되어 온 몇 가지 기본적인 사실들을 정립해 주었다. 학생들이 이러한 각 연구의 구체적인 결과를 알아야 할 필요가 있다고 생각하지는 않는다. 학생들이 알아야 할 흥미로운 점은 범죄행동의 개인차가 상당하다는 것이다. 몇 가지 기본적인 사실이 있다:

1. 범죄활동의 개인차는 여러모로 명백하다. 그것들은 범죄의 공식적 기록과 피해자들에 의한 조사들에 근거하고 있는 종합적 범죄율에 대한 지식으로부터 추론된다. 그것들은 범죄전력(공식적으로 정의된 혹은 자기-보고된)에 대한 체계적 조사와 미래 범죄(공식적으로 정의된 혹은 자기-보고된)에 대한 체계적 연구에 의해 더욱 직접적으로 발견된다.

2. 출신 국가, 성별, 연령, 인종 그리고 사회적 계층으로 구분한 사람들의 표본에서도 범죄활동의 개인차는 명백하다.

3. 모든 범죄자들 중 적은 일부분인 상습범은 총 범죄활동에서 편중된 양을 차지한다. 그러나 전문적인 범죄자에 대한 신중한 연구는 빈번하고, 심각하고 그리고 폭력적인 것이 결합된 범죄는 그 사례수가 적다는 것을 밝히고 있다.

PCC가 설명할 것은 많다.

[테크니컬 노트 1-2]

어떠한 행동도 본래 범죄가 아니라고 할 때의 몇 가지 정의적인 쟁점들

1960년대와 1970년대에는 범죄학 내에서 반-심리학적 분위기가 팽배했다. Brian MacLean(1986)이 범죄의 정치경제학에 대해서 편집한 모음집이 이러한 주제에 대해 거의 결정적인 실례를 제공해 준다.

일부 사람들이 범죄자를 영웅시한다는 것에는 의문의 여지가 없다. 사람들은 일부 범죄자들을 영웅으로 여길 수 있는데, 이는 특정 범죄행동을 영웅적 행동이라고 생각하기 때문이다. 실제로, 영웅이라는 신분은 가끔 온전히 범죄행위 때문에 얻어진다. 만약 Bonnie Parker와 Clyde Barrow가 은행을 털지 않았다면 민중의 영웅이 될 수 있었을까? 의심스럽다. 그들의 영웅적 신분은 은행은 털어도 된다는 믿음을 반영하는 것인가? 마찬가지로 의심스럽다. 혹자는 Bonnie와 Clyde의 은행 강도 이야기를 은행을 터는 것이 합법화되어야 한다고 믿지 않으면서도 즐길지도 모른다. 마찬가지로, 혹자는 은행은 사악한 사회체계의 산물이며, 그래서 절도, 강도 그리고 은행직원을 죽이는 것을 비범죄화해야 한다고 믿지는 않으면서도 은행은 없어져야 한다고 믿을 수도 있다.

Brian MacLean(1986)은 전통적 범죄학자들이 범죄를 규칙, 법률 혹은 도덕성의 규칙을 어기는 사건으로 간주하는 실수를 어떻게 했는지 설명하고 있다. "실제로", MacLean은 "범죄는 사건이 아니다" 그것은 "사회적 과정"이라고 공언했다(p. 4).

개인차에 대한 연구들이 전체 분야를 퇴보시키는 위험을 가져온다고 말해지고 있기 때문에, PCC를 배우는 학생들은 '교정주의의 병폐(disease of correctionalism)' (전혀 정의된 적이 없는)에 대해서 더 읽어보는 것이 좋을 것이다. Taylor, Walton 그리고 Young(1973: 281-282)에게서, 우리는 과학자들이 "부와 권력의 불평등, 특히 재산과 삶의 기회의 불평등을 폐지하는 것"에 전념하지 않는다면 필연적으로 그러한 병폐에 빠지게 될 것임을 배웠다.

그들이 알고 있는 바와 같이, 그러한 것이 병폐임은 분명하다: 범죄행동의 개인차를 연구함으로써, 우리는, 결과적으로, 인간의 다양성(즉, 개인차)이 국가에 의해 처벌을 받지 않는 사회를 만들어 주는, 부와 권력의 재분배를 증진시키는 데 실패할 것이다. 여기에서 중요한 점은 비판적인 마르크스주의자들은 범죄행동의 개인차를 이해하는 데 관심이 없다는 것이다.

다양한 사회적 배치들(social arrangements)에서 불법화(criminalize)가 되기 쉬운 인간 행동의 측면들에 대해서 살펴보자. Taylor 등(1973)이 정의하지는 않았지만, 인간 다양성의 어떤 생물적(organic), 개인적 혹은 사회적 측면들이 사회에서 처벌받기 쉬운가? '도덕적 사업가'의 어떠한 '생각들(notions)'이 인간 다양성의 어떤 측면들에 대한 처벌을 이끄는 것인가? 이 질문은 교차-문화연구(cross-cultural research)의 초점이었으며, 대답은 단순히 이데올로기, 논쟁 혹은 정치적 표어의 문제가 될 필요가 없다.

1970년대 중반 초기에, Wellford(1975)는 범죄가 문화마다 다르게 정의될 가능성이 있다는 문화상대주의가 개인의 범죄행동을 연구하는 데 위협이 되지 않음을 보여 주었다. 인류학적 연구들은 몇 가지 윤리적 원칙은 보편적이며, 교차-문화적 차이는 비교적 사소하다고 제안했다. Wellford는 관습과 전통의 수준에서 문화상대주의의 사실을 받아들이면서도, 보편적인 비난은 범죄학의 주요 관심사인 행동의 특성에 있다고 결론 내렸다. 이러한 보편적인 비난 행동들은 인간의 신체적 온전성의 침해; 재산권 침해; 신뢰의 침해; 살인, 폭행, 및 기타 폭력적인 행동; 강간 및 기타 형태의 성적인 폭행; 근친상간; 강도; 절도; 재산의 파괴와 같은 것들과 관련된다. 이러한 행동들은 불법적, 비도덕적, 반관습적, 및 반사회적 행동들이 수렴되는 지점 혹은 겹치는 부분을 나타낸다. 다시 말해, 범죄행동이란 높은 합의성을 가지고 용인해서는 안된다고 평가되며 또한 비도덕적이고, 반관습적이고 반사회적인 경향을 나타낸다. 범죄로 간주되는 행동들을 '핵심적 행동패턴들'로 정의하면, 문화적 상대주의가 별 의미가 없어진다는 것은 오늘날에도 여전히 타당하다(Ellis & Walsh, 1997).

'범죄행동'에 대한 비난의 보편성은 Graeme Newman(1976)의 일곱 개 국가를 대상으로 한 세련된 여론조사 연구에 의해 입증되었다. Newman은 그가 각 나라 국민들의 대표적인 표본을 얻었다고 언급하지는 않았다. 예를 들어, 미국의 응답자들은 모두 New York 시민이었고, 이탈리아인은 사르디니아인(sardinians)이었다. New York 시민들은 일반적으로 꽤 '자유주의적(liberal)이라는 것'을 대표한다고 생각되며, 사르디니아인들은 범죄와 폭력의 하위문화에 대한 의견을 대표한다고 생각된다. 이란의 표본들은 혁명 이전에 추출되었다. 다른 국가들의 표본은 인도네시아, 인도 그리고 유고슬라비아였다.

Newman의 연구는 풍부하고 자세하다. 여러 방면에서 중요한 기여를 했다. 그것은 문화상대주의 차원에 대한 진지한 탐색의 정교함과 가능성을 보여 주었으며, PCC의 초점에 대한 설득력 있는 정당화를 제공했다. 질문들의 표본과 답변은 다음과 같다:

1. "이 행동이 법에 의해 금지되어야 한다고 생각하십니까?"

- 강도(어떤 사람이 강제적으로 다른 사람의 돈 $50를 빼앗고, 결과적으로 피해자는 부상당하고 입원하게 되었다): 사드리니아인과 미국인 응답자의 100%는 그렇다고 답했다. 인도에서는 97.3%가 그렇다고 답함으로써 비난의 비율이 가장 낮았다.
- 횡령(어떤 사람이 정부의 기금을 그 혹은 그녀 자신의 용도를 위해 사용하는 것): 비난비율은 92.3%(미국)에서 100%(사르디니아인)까지 다양했다.
- 근친상간(어떤 남자가 그의 성인 딸과 성적 관계를 맺는 것): 비난비율은 71%(미국)에서 98.1%(이란)까지 다양했다.
- 공장공해(공장 책임자가 계속해서 그의 공장에서 해로운 가스를 공기 중으로 배출하도록 허용하는 것): 다양성의 범위는 92.8%(유고슬라비아)에서 98.8%(인도)까지였다.
- 약물복용[개인이 약물을 복용하는 것; 미국에서는 '헤로인(Heroin)', 사르디니아에서는 '소프트(Soft)', 이란에서는 '아편(Opium)', 인도 그리고 인도네시아에서는 '갠지(Gange)']: 비난비율은 인도의 74.9%부터 인도네시아의 93.3%까지 다양했다.
- 법에 의해 금지된 낙태, 동성애, 공개시위 그리고 위험에 빠진 누군가를 돕지 않는 것에

대해서는 국가 간 그리고 국가 내에서 더욱 높은 변산성이 눈에 띄었다.

2. 응답자들은 각각의 행동을 0점(심각하지 않음)에서부터 11점(매우 심각함)까지의 12점 척도로 심각성을 평가해 달라는 요청을 받았다. 행동은 각 국가 내에서 심각한 정도에 따라 순위를 매겨, 국가 간에 비교되었다.

- 행동의 상대적인 심각성에 대해 국가 간 높은 동의의 비율을 보였다. 가장 높은 상관은 .99(인도–이란)였고, 가장 낮은 것은 .59(사르디니아–미국)였다.
- 가장 심각하다고 평가된 행동은 강도, 횡령, 근친상간, 약물복용 그리고 공장공해였다.
- 국가들 내에서 평균 평가점수로부터의 편차는 강도, 근친상간 그리고 횡령에서 낮은 경향이 있었다.
- 우리는 독자들이 New York 시민들의 일부 '일탈된(deviant)' 응답을 곰곰이 생각해 보기를 바란다. New York 시민들은 명백히 약물–복용을 근친상간, 강도 혹은 횡령보다 더욱 심각하게 간주해야 한다고 문제를 제기했다(우리는 New York 시민들이 헤로인 사용이 그들 지역의 빈번하고 심각한 범죄활동의 주요 예측 변인이라고 알고 있는 것은 아니었을까 하고 생각한다).

요약하면, 불법화가 되기 쉬운 인간 다양성의 측면들은 폭행, 강도 그리고 절도와 같은 행위들인 것 같다. 다수의 범죄행동들은 교차–문화적 그리고 하위문화적으로 '높은–합의'를 지니고 있음이 분명하다. 간단히 말해서, 범죄행동의 심리학은 일반적으로 중요하게 인식되는 준거변인이 존재한다. 더 나아가, 실제로 심리학은 초창기 때부터 그래 왔듯이 행동이 높게–합의된 범죄이든지 혹은 아니든지 간에 반사회적 행동을 계속적으로 연구할 것이다(그러나 다양한 사회적 위치에 있는 많은 사람들이 성적인 폭행, 강도 그리고 절도에 호의적이지 않다는 것을 알게 된 것은 위안이 된다).

또한 분명한 것은, 사회적 불평등과 사회적 통제를 이해할 수 있고 바르게 평가할만한 관심을 가진 몇몇 사회과학자들이 예측변인과 준거변인 간의 중요한 차이를 구분하는 것에 실패했다는 것이다. 인간의 다양성은 행동에 있어서, 그리고 생물적, 개인적 그리고 사회적 변인들에 있어서 명백하게 존재한다. 범죄행동에 대한 연구에서, 준거변인인 절도, 폭행 그리고 공해와 같은 패턴에서 다양성이 분명히 존재한다.

불법화가 되기 쉽지 않은 다른 영역에서의 다양성은 범죄행동에서의 변산성(variability)을 설명하는 데 도움이 되는 일단의 잠재적 예측변인들을 나타낸다. 즉, 범죄로 판단되는 인간의 다양한 행동적 사실들은 인간의 다양한 개인적, 생물적 그리고 사회적 사실들과 잘 공변(covary)할 수 있다. 이러한 상관관계들을 이해하는 것이 범죄행동 심리학의 초점이다.

[테크니컬 노트 1-3]

종합적 범죄율과 생태학적 오류

때때로 사회과학적 접근을 맹신하는 사람들은 종합적 범죄율(aggregated crime rates)의 지역적 또는 집합적 상관성이 개인행동의 상관성을 나타내는 것으로 가정한다. 생태학적 오류(ecological fallacy)는 종합적 범죄율의 집합적 상관성이 개인 행동의 상관성에 대한 지식을 내포한다고 가정하는 데 있다. 생태학적 오류는 종합적 상관성이 어떤 특정 지역 구성원의 구성요소에 대한 측정일 경우에 특히 위협적이다. 예를 들어, 지역들은 평균 수입, 평균 교육수준, 실업인구 비율 등과 같은 지표에 따라서 구분될 수 있다. 생태학적 오류에 대한 논의는 사회구조적 영향이 중요하지 않다는 것을 말하는 것이 아니다. 오히려, 개인의 행동에 미치는 사회구조적인 영향력은 서로 다른 사회환경 속에 있는 개인들에 대한 연구를 통해서 가장 잘 드러날 수 있다. 만약 그렇지 않을 경우 생태학적 오류는 매우 위협적이다.

수입과 범죄의 관계에 대해서 고려해 보자. 소위 사회학적 연구는 한 도시 주민들의 평균 소득수준과 범죄율이 어떻게 공변하는가를 설명한다. 예를 들어, 일반적으로 인정되는 사회학적 '진실'은 한 도시 내에서도 저소득층이 고소득층보다 범죄율이 더 높다는 것이다.

위 '발견'의 진실성 여부에 대해 논의하지 않더라도, 소득과 범죄의 관련성에 대한 사회학적 연구는 심리학적 분석과 비교될 수 있다. 소득과 범죄의 관계에 대한 심리학적 연구는: (1) 개인의 범죄행동을 조사하고, (2) 개인의 범죄행동을 개인의 소득수준 혹은 그 개인이 살고 있는 이웃의 평균 소득수준의 함수로써 연구한다. 심리학적으로, 개인의 소득과 이웃의 평균 소득은 서로 속성이 다른 변인들이다. 두 가지 변인들 중에서, 단지 후자 즉, 이웃의 평균 소득만이 '사회구조적' 변인 혹은 '사회적 사실'이다. '사회적 사실'은 사회체계를 측정한 속성을 의미한다. 사회적 사실들이 개인의 범죄행동에 실질적으로 영향을 미치는가의 여부는 심리학적 분석을 통해서만 확인될 수 있다. 왜냐하면 심리학적 분석에서는 개인적 요인(예: 개인의 소득)들과 사회적 사실(예: 이웃의 속성)들이 개인의 행동에 미치는 영향력을 분리시키기 때문이다. 이 점을 설명하기 위해서, 우리는 구조적 변인과 개인적 변인들이 준거변인에 얼마나 관련되는지를 분석한 Mayer(1972)의 합리적인 연구를 살펴볼 것이다. 이 실례는 종합적 자료와 개인적 자료에 대한 연구들의 해석이 서로 다름을 보여준다.

두 가지 매우 다른 심리학적 연구결과가 [그림 TN 1-3-1]과 [그림 TN 1-3-2]에 나타나 있다. 그러나 두 심리학적 연구결과는 모두 저소득 지역이 고소득 지역보다 높은 범죄율을 보여준다는 가설적인 사회학적 연구결과와 일치하고 있다.

[그림 TN 1-3-1]에서, 저소득층과 고소득층의 개인들은 저소득층 지역에 살고 있을 때 더욱 많은 범죄를 저지르는 경향을 보인다. 여기에서 개인에 초점을 둔 심리학적 연구는 평균 이하의 이웃 소득이라는 '종합적 사회적 사실'이 저소득층과 고소득층의 개인들 모두에게 영향을 미쳤다는 것을 보여 준다. 사회적 환경의 특성인 '사회적 사실'은 개인의 범죄행위와 상관이 있다.

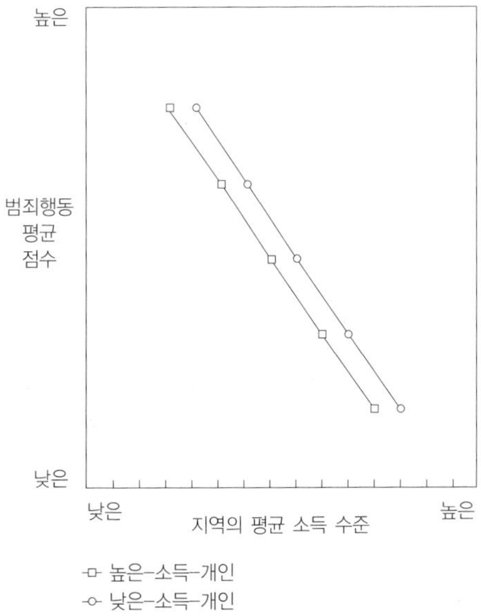

[그림 TN 1-3-1] 개인의 소득과 이웃의 소득 수준에 따른 범죄행동: 가설적 예시

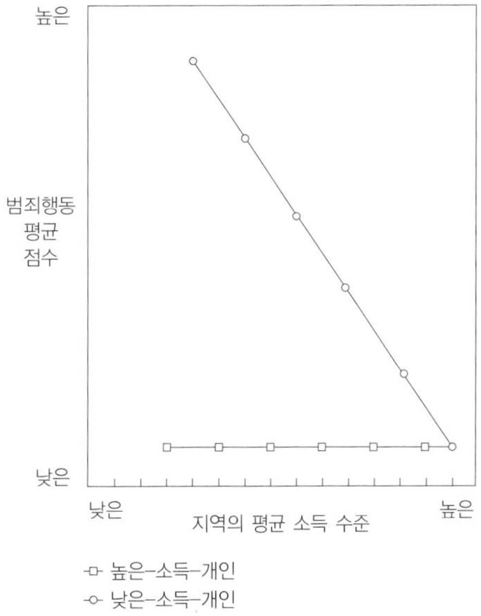

[그림 TN 1-3-2] 개인의 소득과 이웃의 소득 수준에 따른 범죄행동: 가설적 예시

[그림 TN 1-3-2]는 저소득층 지역에 살고 있는 저소득층의 개인들만이 높은 범죄성을 보여 주고 있음을 나타내고 있다. 여기서 심리학적 연구는 개인의 소득이 중요한 변인이지만 단지 저소득층 지역에서만 중요하다는 것을 보여 준다. 이 사례에서, '사회적 사실'은 개인의 소득과 범죄행위 사이의 관련성을 조절하고 있다. 즉, 개인의 소득은 단지 저소득 지역에서만 중요하다.

위의 두 개의 그림은 저소득층 지역에 사는 고소득층의 개인들이 대다수의 범죄들에 책임이 있을 가능성을 보여 주지 않고 있다. 이러한 심리학적 연구결과는 또한 저소득 지역이 상대적으로 범죄율이 높다는 사회학적 연구결과와 일치되고 있다.

마지막으로, 저소득층 주민들과 고소득층 주민들 모두 저소득층 지역의 높은 범죄율과 관련이 없을 가능성을 고려해야 한다. 이것은 그 지역에 거주하고 있지 않은 범죄자들이 범죄를 저지르기 위해서 저소득층 지역으로 왔을 가능성이 있기 때문이다.

주요 결론은 단순하다. 당신이 개인범죄에 관심을 갖고 있다면, 개인들을 연구해야만 한다. 그렇게 하지 않는다면 생태학적 오류를 범할 위험성이 있다(Mayer, 1972). 생태학적 오류는 종합적 범죄율의 종합적인 상관성이 개인 행동의 상관성에 대한 지식을 함축한다고 가정하기 때문에 발생한다. 소득과 범죄 사이의 생태학적 관계는 논리적으로 개인적 수준 분석의 수많은 가능성과 양립할 수 있다. 즉, 종합적인 생태학적 연구들은 이러한 사실들이 개인적이든 사회적이든지 간에 PCC가 추구하는 '사실'을 단순하게 확립하지는 못한다.

범죄행동에 대한 사회계층적 설명은 매우 광범위하게 가정되어 있고, 계층과 범죄의 관계를 지지하는 자료들이 주로 종합적 변인이기 때문에, 생태학적 오류에 대해 소득수준을 예로 들어 설명하였다. 그러나 사회집단들의 구성원 특성과 관련된 '사회적 사실'들은 평균 소득수준에 대한 쟁점 이상으로 확대된다. 예를 들어, 개인적으로 범죄에 대해 호의적인 태도가 있을 수 있고, 한편으로 범죄를 선호하는 태도가 지배적인 집단의 구성원이 될 수도 있다. 따라서 집단 내의 지배적인 태도와 관련된 사회적 사실과 개인의 태도 모두가 범죄심리학과 매우 관련 있는 변인들이다. 만약 이런 변인들이 범죄행동에 미치는 영향력을 이해하고자 한다면, 위의 소득 연구에서처럼 서로 독립적으로 평가해야만 한다.

사회학과 사회심리학은 집단규범과 집단가치들에 중요성을 부여하는 경향이 있다. 1960년대 대부분의 범죄학은 하위문화이론이 우세했었다. 이러한 관점에 따르면, 범죄행동은 반사회적인 집단규범에 동조해서 나타나는 것이다. 이러한 규범은 개인과는 독립적으로 외부적인 환경에 존재하는 것으로 가정되었다. 그러나 대부분의 연구에서 규범의 존재는 개인의 태도, 가치 그리고 신념에 대한 연구로부터 추론된 것이었다. 개인소득과 마찬가지로 개인적인 사고경향(sentiment)은 '사회적 사실'이 아니다. 사회적 사실의 효과는 단지 집단에서의 변산성이 개인의 범죄행동과 어떻게 관련되는가에 대한 관찰을 통해서만 확립될 수 있다.

개인이 가지고 있는 태도와 사회적 규범이 개인의 약물사용에 어떻게 관련되는지를 살펴보자. 연구자들은 인터뷰 또는 자기-보고서, 그리고 설문지를 사용하여 고등학생의 태도가 마리화나(marijuana) 사용에 대해 상대적으로 호의적인지 비호의적인지를 평가할 수 있다. 또한, 충분한 표본을 가졌다면, 연구자들은 마리화나 사용에 호의적인 태도를 가진 학생들의 비율에 따라서 학교들을 범주화할 수도 있을 것이다. 따라서 마리화나의 사용에 대해서 더 호의적이거나 덜 호의적인 기준에 따라 학교를 분류시킬 수 있을 것이다.

소득의 경우에서처럼, 마리화나 사용의 변산성은 다음과 같은 변인들의 함수로 나타날 수 있다: (1) 개인의 태도, (2) 학생들이 다니는 학교의 규범적인 상황 그리고 (3) 개인과 상황변인들의 특별한 결합. 가설적인 결과가 [그림 TN 1-3-3]에 예시되어 있다. 이러한 가설적인 결과의 전반적인 형태는 이 책에서 다루고 있는 여러 연구들에서 분명하게 나타날 것이다. 즉, 개인적인 태도는 사회적 상황이 그 행동에 호의적일 때, 개인의 행동으로 전환될 가능성이 더 높다(예: Andrews & Kandel, 1979).

PCC는 개인이 저지르는 범죄행동에 있어서 변산성을 일으키는 원천으로 개인의 속성과 개

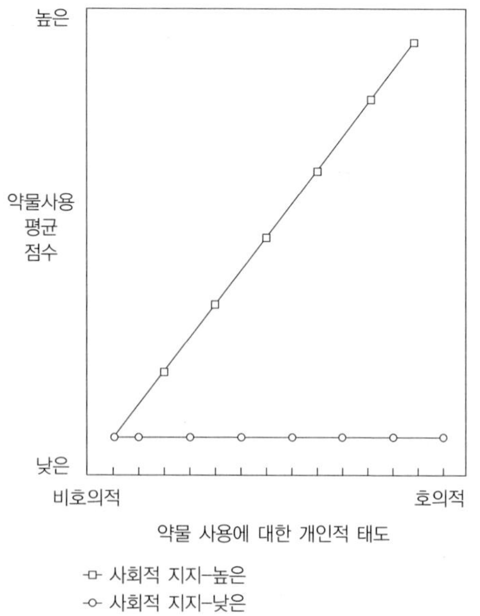

[그림 TN 1-3-3] 약물사용에 대한 개인적 및 사회적 지지에 따른 약물사용: 가설적 예시

인이 처한 상황뿐만 아니라 사회적 사실도 포함시킨다. 범죄심리학을 발전시키는 데 있어서, 범죄행동에 대한 행동과학적 정보를 제공한다면, 생물학, 사회학 그리고 역사학과 같은 학문과 연계하는 것을 주저해서는 안 된다. 앞서 언급했듯이, 다음 장에서 보겠지만, 일부 사회학자들이 최근에 집단 수준보다는 개인적 수준에 분석의 초점을 맞추어 범죄행동에 대한 심리학적인 훌륭한 연구들을 수행하였다.

요약하면, 종합적인 범죄율의 상관성에 대한 지식은 개인 행동의 변산성의 원천에 대해 거의 말해 주지 않는다. 그러나 범죄율에 대한 사회학과 범죄행동에 대한 심리학은 동일한 이론적 모델을 공유할 것이라고 기대한다. 통합적 조망은 범죄행동에 대한 강력한 사회심리학을 통해 가능하게 될 것이다.

[테크니컬 노트 1-4]

PCC의 목표에 대한 반대

일부 '좌파적 현실주의자(left realists)'를 포함한 마르크스주의자/비판적 범죄학자들은 계속해서 사회적 부와 권력의 불균형적인 분배가 범죄의 주요 원인이라고 주장하고 있다. 예를 들면:

> 결국, 미국은 거대한 불평등의 경제로 특징 지어진 나라다. …… 높은 비율의 폭력범죄는 이러한 문제의 주요 증상이고 주로 하류계층에서 저질러진다. 사실, 성격이나 생물학적 요소가 아닌 사회경제적 불평등은 심각한 폭력범죄의 가장 강력한 예측변인이다(DeKeseredy & Schwartz, 1996: 190).

위의 인용문은 좌파적 사회범죄학이 PCC를 평가절하하기 시작했던 과정에 내포된 문제의 사례를 보여 준다. 간단히 말하면, 국가들이 그들의 범죄율에 따라 다르다는 사실은 범죄에 대한 생물학적인 그리고 성격의 원인적 역할에 대해 아무것도 말해 주지 않는다. PCC에서 어떤 변인들(생물학적, 가족적 또는 사회적)의 원인적 의미에 대한 진술들은 그러한 변인들에 관한 관찰들에 근거한다. 그러나 비판적/급진적(비록 신좌파 현실주의자일지라도) 범죄학에서는 범죄율에서의 국가 간 변산성의 증거가 정신생물학(psychobiology) 및 사회화 경험과의 무관련성을 의미하는 것이라고, 그리고 범죄발생에서의 사회적 불평등의 중요성을 명백히 보여 주는 것이라고 주장된다. 약탈적인 폭력범죄들이 사회적 그리고 경제적 불평등에 의해 가장 잘 예측된다고 하는 증거들을 이 책에서 고찰했다.

이 인용문에서 관심을 두는 변인들이 매우 한정된 범위로 제한되어 있음을 주목해야 한다. 변인들의 두 가지 유형은 '사회경제적 불평등(social and economic inequality)'과 '성격 및 생물학적 요인들(personality and biological factors)'이다. 이것은 인간 행동에 대한 협소한 시각을 반영한다. 심리학에 입문한 대부분의 학생들 그리고 타인과 접촉한다는 사실을 개인적으로 인식하는 모든 사람들은 인간 행동과 관련된 변인들이 '불평등'과 '성격/생물학적인 것'들보다 훨씬 많음을 잘 알고 있을 것이다. 대부분의 사람들은 개인들—그들의 사회적/경제적 지위와 개인적/생물학적 소인들이 어떠하든지 간에—이 가정, 직장, 학교 그리고 이웃과 같은 주요 장면들에서 경험하는 사고와 정서들, 친구들, 행동적 전력들 그리고 만족과 불만족들에 따라 보다 흥미 있게 구분될 수 있다는 것을 잘 알고 있다. 또한 PCC가 인간의 생물학적 요소나 사회화에 대해서 갖는 개방성이 범죄에 대한 분석에서 사회조직의 '비애(rents and tears)'가 중요하지 않음을 의미하는 것은 아니라는 것을 주의해야 한다.

저자들, 학생, 동료들은 매우 많은 범죄학자들이 자신들은 개인적으로 절대 반-예측, 반-처치, 이념적으로 또는 맹목적으로 사회학적인 입장이 아니라고 말하는 것("나는 아니다")에 대해 환영한다. 이에 대한 그들의 개인적 면책은 Andrews 등, Ellis, Gottfredson, Hindelang, Hirschi, Hoffmann, Jeffery, Osgoode, Rowe, Wormith—그리고 위의 단락들에서 인용하지 않았던 많은 다른 사회학적 범죄학에 대한 비평가들—등이 범죄학내의 반-심리학적 편향을 자주 과장했었다는 것이었다. 실제로, PCC를 주장하는 학자들은 가끔 '광신자' '애매함'을 이용하는 사람 또는 '사교집단'의 구성원이라고 비난받는다. 범죄학자들은 PCC에 대한 매우 긍정적인 증거에 부딪쳤을 때 이를 부정적으로 낙인찍는 오랜 역사를 지니고 있다(Glueck과 Glueck에 대한 Sutherland의 공격을 주목하라; Laub와 Sampson, 1991을 보라).

일부 비판적인 포스트-모던 페미니스트 학자들은 더 나아가 PCC의 적용은 성, 인종, 민족 그리고 불평등을 충분히 고려하지 못한다고 주장한다(Bloom & Covington, 1998; Hannah-Moffat, 1999). 나아가, 위험의 구성요소는 "백인 중류층 남성들의 규범을 환기시키고" 따라서 위험은 "성 차별적이고 인종 차별적이게" 된다. 더 나아가, "그 자체로는 위험은 전혀 없다: 현실적으로 아무런 위험이 없다." 그러나 "그 어떤 것도 위험이 될 수 있다; 그러한 모든 것은 누가 어떤 식으로 위험을 분석하며 사건을 고려하느냐에 따라 좌우된다."고 말하고 있다. 그리고 더 나아가, "위험 그리고 위험 관리의 작업은 겉으로는 도덕적이고, 효율적이고, 객관적이고 그리고 비차별적으로 보이나, 사실은 그렇지 않다" (Hannah-Moffat & Shaw, 2001: 12)라고 말하고 있다. (그런데 사실은 인종차별주의자이고, 성차별주의자이고, 비현실적이고, 비도덕적이고, 비효율적이고, 그리고 차별주의자이다! 존경하는 독자들이여, 과감히 이 책을 더 읽어 보겠는가?)

Hirschi와 Hindelang(1977)의 리더십에 따라 한때 범죄학에서 우세했으나 지금은 실제 소수 집단만으로 국한된 반심리학적인 주제의 네 가지 주요 출처가 있다. 이들 소수 집단들에는 비판적/마르크스주의자 이론가들, 일부 페미니스트와 인종주의 학자들 그리고 처벌은 품위 있는 것(decency)이고 교정적 처치는 포악한 행위(tyranny)라는 생각에 사로잡힌 일부 사법학자들(처벌과 처치의 장에서 논의되었다)이 있다. 이 네 가지 근원들은 역사적/전문가적 근원, 도덕적 근원, 정치적 근원 그리고 실증주의의 쇠퇴와 이론주의의 출현에 있다.

1. **역사적/전문가적 근원.** 주류 '사회학적' 범죄학의 역사적/전문가적 근원은 앞에서 언급한 많은 관찰자들에 의해 설명되어 왔다. 다학제적인 범죄학의 분야는 대부분의 북아메리카 대학들에서 1920년대에 사회학의 하위 분야가 되었고, 이런 경향은 1940년대까지 대부분의 대학들에서 확고히 정착되었다. 가장 중요한 사회학자의 한 사람인 Robert Merton은 1950년대까지는 심리학을 분명히 거부하면서 범죄에 대한 이해가 근원적으로 사회학적이어야 한다고 주장하였다. 역대 사회학적 범죄학자 중에서도 가장 중요한 학자인 Edwin Sutherland는 범죄심리학의 매우 중요한 학자인 Sheldon Glueck과 Eleanor Glueck의 연구를 비판(현재로서는 그러한 비판을 신뢰하지 않지만)함으로써 위와 같은 사회학적 범죄학의 경향을 더욱 굳건하게 했다. 이러한 비판들은 John Laub와 Robert J. Sampson(1991)에 의해 잘 정리되어 있다. Sutherland의 PCC에 대한 공격 이후, 개인차 연구는 반사회학적인 것으로 여겨졌고 (Hirschi & Hindelang, 1977), 반사회학적이라는 꼬리표를 피하는 것이 합리적이거나 경험적인 근거를 갖는 것보다 더 중요한 것으로 판단되었다.

2. **도덕적 근원.** 개인차에 대한 거부는 부분적으

로는 '일탈자'가 '우리와는 다른 존재'라는 비난으로부터 보호하기 위한 것이었다. 다른 존재라고 하는 사실 자체가 학대의 핑계로 작용될 수 있다. 다른 존재라는 것은 분명히 학대의 핑계가 될 수 있지만, 그렇다고 해서 인간의 다양성을 거부하고, 사회적 위치(즉, 사람들이 어떤 사회적 위계에 속하는가)를 지나치게 강조함으로써 개인을 보호하려는 시도는 정상적이지 못한 사회과학이다. 다양성을 존중하는 것이 인간을 보호하는 반면, 지리, 인종 그리고 계층과 같은 사회적 지표를 가지고 사람들의 사회적 위치를 고정화하는 것은 대량학살을 조장할 뿐임을 알게 될 것이다(Andrews & Wormith, 1989).

3. **1960년대와 1970년대의 정치적 위기.** 여러 학자들이 1960년대와 1970년대의 '혼란(disorder)' 또는 '각성(awakening)'의 정치적 상황을 언급했다(Andrews, Zinger et al., 1990b; Cullen & Gendreau, 1989). 그러한 정치적 상황은 짧은 10년 동안에 보수적 정치(그리고 법과 질서에 초점을 두는 정치)의 부활, 자유주의의 쇠퇴(그리고 국가의 자비심으로부터 벗어난), 그리고 극단적으로 '사회적인' 좌파적 사회과학 운동(그리하여 일탈행동에 대한 낙인적 관점과 비판적/마르크스적 시각이 형성됨) 등이 나타났다. 이 기간 동안 좌파로 기울어진 사회과학은 인간과학과 인도적 서비스를 지지하는 활동을 철회했다. 재활에 대한 지지가 붕괴된 것은 정치적인 '우파'의 탓은 아니다—그들은 항상 처벌을 지지했다. 그러한 붕괴는 적법 절차와 비판적/마르크스주의자의 조망들을 수용한 좌파에 의한 것이다. 오늘날, 좌파적/페미니즘적/사회학적/급진적 주의는 약하거나 높은 위험 사례에서 구조화된 재활 형태의 강화된 인도적 서비스로 재범을 감소시키는 것이 PCC와 연결되어 있기 때문에 혼란스러워한다. RNR의 위험원리는 처벌을 강화하는 것을 장려하지 않고, 정당한 제재의 조건하에서 서비스의 강화를 장려한다.

4. **실증주의의 쇠퇴와 이론주의의 출현.** 1960년대는 특정한 지적 진리에 대한 평가가 활발하였다. 이들을 쉽게 요약할 수는 없지만, 포스트 모던주의(post-modern) 학자들의 일부 주장은 우리의 입장과 부합된다. 각 주장들에는 가치 있는 진리가 있다. 그들은 모든 지식은 부분적(단일 이론이나 단일 연구로 모든 것을 설명하지 못한다는 점에서)이며, 모든 지식은 상대적(이론이나 연구결과들은 시대 및 사회적 맥락과 독립적으로 존재하지 않는다는 점에서)이며, 모든 지식은 사회적으로 구성된(이론과 연구는 사회적으로 상황 지어진 인간의 상상력을 반영한다는 점에서) 것이고, 마지막으로, 모든 지식은 정치적(어떤 이론과 결과는 다른 사회 집단보다 특정 사회 집단의 이익을 대변할 수도 있으므로)이라고 제안한다. 이러한 사실들은 합리적 경험주의 연구자들로 하여금 더욱 주의 깊은 연구와 이론 구성을 하도록 자극했다. 그러나 이러한 사실들은 범죄학이 범죄와 형사사법에 대해 합리적이고 경험적인 접근을 하게 하기보다는, 사회학, 정치경제학 그리고 좌익과 우익의 이데올로기에 대한 정치적 · 개인적 관심을 갖게 했다. 다시 말해서, 범죄학의 거의 모든 영역에서 이론주의를 이해추구의 유일한 방법으로 채택하였다. 비합리적이고 비경험적인 방향의

지식 탐구는 일부 페미니즘적 접근, 일부 변화주의 운동, 일부 토착적 연구, 일부 회복적 사법학문 그리고 범죄에 대한 일부 주류 심리학적 연구들에서도 나타난다.

합리적 경험주의에 대한 대안으로서의 이론주의(theoreticism)의 본질은 증거에 대한 고려 없이 개인적이거나 정치적인 보상 여부에 따라 지식을 채택하거나 버린다는 것이다(Crews, 1986). 1960년대와 1970년대 그리고 1980년대의 주류 범죄학 서적에서 많이 다루어졌던 이론가들은 '진리'를 발견한 운이 좋은 사람들이었다. 그들의 시각은 다음의 세 가지 방식으로 명확하게 나타난다:

1. 이론가들의 선험적인(a priori) 입장을 지지하는 체계적이고 경험적인 연구결과들은 비판적인 재검토와 검증 없이 쉽게 받아들여지고 널리 유포되었다.
2. 선험적인 입장과 일치되지 않는 경험적 연구결과는 무엇을, 언제 적절하게 적용되는지에 대해 매우 비합리적으로 주장함으로써 무시하거나 평가절하 하는데, 이것은 체계적인 연구결론의 타당성에 대한 매우 이성적이면서 잘 알려진 위협이다.
3. 다양한 문제에 대한 연구들이 부족한 현상은 경고의 이유가 되기보다는 다른 학자들로 하여금 '절대자'의 관점에 의해 밝혀진 지적 사실들에 따르라는 자극으로 취급되었다.

우리는 지금까지 위의 인용과 언급들에서 범죄학의 반경험주의적, 반PCC적 요소들을 간단히 요약하였으며, 학생들이 범죄학의 반PCC적 편향들을 거부할 것이라는 가정 아래, 연구와 이론들을 간략하게 살펴보았다. 이러한 접근법이 현명한 것처럼 보이지만, 우리의 수년 동안의 연구, 교육 그리고 형사사법에서의 실무경험이 반PCC적 논의들을 단순히 무시해 버리는 것이 적절하지 못하다는 것을 확신하게 했다. 수년 동안 이러한 주제들은 범죄학에서 매우 중요하게 다루어져 왔기 때문에 더욱 직접적으로 다루는 것이 요구된다. 인용문에서 함축된 것처럼, 범죄학에 관련된 사람들은 증거에 대한 존중을 보이기보다는 반PCC적 입장을 선호한다. 그 결과, 우리는 반PCC적 주제를 이 책에서 직접적으로 다루는 것을 중요하게 생각한다.

이 책은 두 가지 과제에 초점을 둔다. 가장 중요하게는, 학생들에게 PCC와 매우 관련되는 이성적으로 견고한 이론화, 연구 그리고 응용을 가르쳐 주는 것이다. 이를 통해, 학생들은 PCC의 분명한 이론적, 경험적 그리고 실용적인 결함들을 알게 될 것이다. 그리하여, 이 책은 합리적이고 경험적인 연구를 통한 지식구축을 강조할 것이다. 연구방법을 인식시키고 체계적 연구결과의 타당성을 떨어뜨리는 어떤 비판에도 대응할 수 있어야 함을 인식시킨다. 추가적으로, 범죄의 상관변인들이 확인될 때, 우리는 독자들이 한 공변인들의 세트가 다른 공변인들의 세트에 비해 연합의 강도가 어떠한지 평가할 수 있도록 상관관계들의 크기에 대한 구체적인 추정치를 제공하도록 할 것이다.

두 번째, 학생들에게 지적으로 매우 치밀한 범죄행동의 개인차 연구를 적극적으로 적대시하는 범죄학과 형사사법 내의 요소들을 직접 탐색하게 할 것이다.

[테크니컬 노트 2-1]

성별을 감안한 요인들과 성별에 따른 재범예측에 대한 메타분석적 연구들의 요약:
평균 *r* (k = 주요 추정치들의 수)

메타분석 보고서	남성	어림		백인이 아님		하위 계층 출신		정서적 고통		학대 전력		빈곤		주거 문제	
		여성	남성	여성	남성	여성	남성	여성	남성	여성	남성	여성	남성	여성	남성
1) Gendreau 등(1996)	.06 (17)		.11 (56)		.17 (4)		.05 (23)		.05 (66)						
2) Lipsey & Derzon (1998)	.17 (5)				.04 (5)		.09 (7)				.06 (4)				
3) Cottle 등(2001)	.11 (4)				.07 (6)		.07 (3)		.07 (2)		.11 (5)				
									.30 (7)						
4) Hubbard & Pratt (2002)			.09 (4)				.03 (10)		.06 (5)		.21 (3)				
5) Green & Campbell (2006)						.10 (2)	.09 (4)	.10 (21)	.11 (61)	.16 (7)	.02 (10)				
6) Van Voorhis 등 (2008)							불안	.13 (4)	아동	.10 (8)	소득	.02 (5)		.11 (4)	
							정신병	.21 (3)	성인	.10 (8)	지원	.04 (3)			
							낮은 자존감	.07 (8)	성인	.14 (6)					
									아동	.09 (4)					
7) Andrews, Bonta, Wormith, Guzzo, Brews, Rettinger & Rowe (2008)	.13 (8)	.04 (9)	.20 (9)	.07 (5)	-.04 (5)			.07 (8)	.04 (8)	.11 (6)	.07 (2)	.19 (9)	.16 (8)	.20 (8)	.16 (8)
8) Simple Unadjusted Mean Estimates	.12	.06	.15	.07	.06	.06	.07	.11	.12	.13	.06	.19	.16	.16	.16

주: (1) Cottle, Lee & Heilbrun(2001)의 연구에서 .07은 '심한 정신병리'(정신병)에 대한 추정치다. 추정치 .30(7)은 '심하지 않은 정신병리'를 나타낸다['불안과 우울'은 구성개념의 실례들로서 사용되었지만 외재화된(externalizing) 장애는 '심하지 않은' 것으로 코딩되었을 가능성이 있다].

(2) Van Voorhis 등(2008)의 추정치에서, 의미 없는 추정치들은 .00으로 입력되었다. 의미 있는 타당도를 보여 주는 데 실패한 GI(Gender-Informed) 요인들은 보고되지 않았다(〈표 2〉, pp. 11-13). 모두 아홉 개의 연구가 보고된 최종

보고서에 대한 고찰에서 나타난 평균은, 성-반응적 척도를 사용한 모든 테스트들 중 오직 36%(40/111)만이 의미 있는 예측타당도 계수가 산출되었다.

(3) Van Voorhis 등(2008)의 소득에 대한 그들의 GI 점수 (역으로 점수를 매긴)와 공적인 지원에 대한 추정치는 전체적인 평균적 가난을 계산할 때 산입되지 않았다. 그들의 가난에 대한 GI 측정치는 LSI-R의 재정(financial) 요인과 매우 약하게 관련된다(Van Voorhis et al., 2008, 그리고 Andrews et al., 2008에 보고된 바와 같이). 실제로, 또한 Van Voorhis 등의 주거문제(housing)에 대한 평균 추정치는 주로 LSI-R의 숙박시설 (Accommodation) 요인이나 LS/CMI의 사회적, 건강 및 정신건강 요인의 관련된 항목들에 근거한 Andrews 등의 추정치와 매우 약한 관계를 갖는다.

[테크니컬 노트 2-2]

반-재활적 주제의 실례: 교정처치의 효과성에 대한 증거를 어떻게 파괴하고 있는가

1. 처치효과를 밝히는 데 실패한 연구의 발견들을 열렬히 지지하며, 그리고 그러한 발견들을 재활이 효과가 없다는 과학적으로 견고한 증거로서 선전한다. 이와 같은 일련의 연구들을 비판적인 시각으로 보지 않는다.
2. 범죄는 전체 사회를 위해서 수용될 수 있는 행동의 경계를 정의하도록 돕는다는 점에서 사회적으로 기능하고 있으며, 그러므로 효과적인 재활적 프로그램을 추구한다는 것은 사회의 존재를 위협한다는 점을 주목한다.
3. 재활은, 심지어 효과를 보일 때조차도, 본래 사악하고 이념적으로 옳지 못하며, 그리고 가혹한 선고와 부당한 판결의 격차를 촉진한다(인과응보와 급진적인 무개입의 존엄성과 비교해서)고 주장한다.
4. 재활은, 그 정의상, 절대적인 자유보다는 더 많은 사회적 통제를 개입시키므로 무시한다.
5. 재활은, 그 정의상, 절대적인 사회적 통제보다는 더 적은 사회적 통제를 개입시키므로 무시한다.
6. 자세히 살펴보면, 모든 재활 프로그램들은 성차별, 인종차별, 엘리트주의 그리고 동성애 혐오 등의 요소들을 발견하려는 것이므로 무시한다.
7. 재활 프로그램들은 주요한 예방 프로그램들(또는 일부 개인적으로 선호하는 프로그램)이 아니므로 무시한다.
8. 재범감소에 대한 증거는 보다 넓은 의미의 형사사법 측면에서 또는 심지어 보다 넓은 의미의 사회정의 측면에서, 또는 암의 치료 측면에서 개선을 시킨다는 증거가 아니므로 무시한다.
9. 재범감소에 대한 증거는 지역사회 전체(종합적인) 범죄율에 대한 효과의 증거가 아니므로 무시한다.
10. 공식적으로 기록된 범죄에 대한 효과들의 증거는 자기-보고된 범죄에 대한 효과의 증거가 아니므로 무시한다.
11. 자기-보고된 범죄에 대한 효과들의 증거는 공식적으로 기록된 범죄에 대한 효과들의 증거가 아니므로 무시한다.
12. 모든 재범 측정에 대한 효과들의 증거를 자기-존중감을 향상시키거나 어떻게든 범죄자를 좀 더 나은 사람으로 만드는 데 실패한 프로그램이라고 주장함으로써 무시한다.
13. 재활은 낮은 계층의 사람들을 높은 계층의 사람들이 보다 수용할 수 있도록 만들려는 정부가 지원하는 시도일 뿐이라고 주장함으로써 긍정적인 증거를 무시한다.
14. 범죄자들은 중산층의 도덕성에 의해 판단되는 존재이므로 긍정적인 증거는 무시한다.
15. 범죄자들에게 질 좋은 프로그램을 제공하는 것은 부끄러운 일(그들은 처벌을 받아 마땅하다)이라는 주장을 함으로써 긍정적인 증거를 무시한다.
16. 1년 이상의 추적 기간 동안 줄어든 재범은

2년 이상의 추적 기간의 효과에 대한 증거가 아니므로 무시한다; 2년 이상의 추적 기간 동안 줄어든 재범은 3년 이상의 추적 기간의 효과에 대한 증거가 아니므로 무시한다; …… 무시한다.

17. 범죄학이 범죄행동에 대한 인간 과학은 터무니없다는 사실을 증명했으므로 재활은 효과가 있을 수 없다고 주장한다.

18. 과거 경험을 통해 재활이 효과적이지 않다는 사실을 모두 알고 있다고 주장한다.

19. 연구설계의 질 또는 처치효과 크기와는 상관없이, 실제로 효과를 발생한 것에 대해서는 애매함을 언급하고, 그런 다음 재범감소의 진정한 원인이 알려지지 않았을 때에는 효과성을 주장하는 불합리성을 지적한다.

20. 연구의 질과는 상관없이, 실험설계는 범죄학의 남성-지배적, 온정주의적 그리고 실증주의적인 과거의 가부장적인 도구이며, 그리고 단지 의례적인 실증주의의 단순한 장난감일 뿐[우리는 이것이 무엇을 의미하는지 모르지만, 이와 같은 주장들은 범죄학의 일부 절들(sections)에서 쉽게 찾을 수 있다]이라고 지적한다.

21. 비교집단의 연구 참가자들에게 프로그램을 제공하지 않았다는 것은 부도덕한 것이므로 긍정적인 결과들을 거부한다.

22. 특수한 환경에 있는 일부 유형의 범죄자들에게 효과적인 처치 프로그램은 모든 환경의 모든 범죄자들에게 효과적인 것이 아니므로 거부한다(복잡하고 차별적인 세계는 이론가들이 누려왔던 보편적으로 적용가능하고 도덕적으로 우월한 비전을 지닌 진리와는 일치하지 않는다).

23. 아무리 많은 범죄자와 범죄자 유형이 연구되었다 하더라도, 상상 가능한 모든 유형의 범죄자의 표본을 연구하는 작업에는 실패했음을 지적한다[좋다. 그렇지만, 연령, 성별, 빈곤, 인종, 민족, 성적 지향성, 개인 전력, 그리고 신체적인 능력들의 결합(nexus)에서 나타나는 특수한 맥락적 독특함들은 어떠한가?].

24. 사법적 맥락에서 인도적 서비스를 옹호하는 학자들과 실무자의 동기와 목적에 의문을 제기한다. 예를 들어, "그들은 숨겨진 의도를 가지고 있다." "그들은 사실을 은폐하거나 왜곡시킨다." "거짓말쟁이이며 사기꾼이다." "그들은 사회복지사, 정신의학자 그리고 심리학자들이다."라고 주장한다.

25. 모든 쟁점들에 대해 매우 지루해한다. "누가 신경이나 쓰는가?" "테스팅. 테스팅 연구. 연구." "이런 모든 연구 조력자들은 주변에 널려 있다." "나는 나의 비전과 함께 할 전체 세상의 큰 그림에 관심이 있다."

26. **궁극적인 지식 기법**: 독자들은 연구들이 '보고서 저자의 결론에 기초해' 처치에 대해 긍정적인 보고를 한다는 사실을 명심하라. 모든 연구들은 저자가 있기 때문에, 아무런 의심을 받지 않을 정도로 안전한 연구는 없다. 이것은 모든 보고서들은 저자가 있기 때문에 당신이 동의하지 않는 것은 무엇이든지 파괴하는 궁극적인 방법이다.

Andrews(1989); Gottfredson(1979)에서 발췌.

[테크니컬 노트 4-1]

인지-행동적 치료: 개관

인지-행동적 치료는 매우 구조화되어 있고, 실천적이며, 구체적이고 그리고 실용적이다. 행동은 존경받는 모델의 행동을 지켜보고, 그리고 체계적인 보수와 비용의 적용을 통해서 학습된다. 학습해야 할 행동은 연습, 시연, 역할 수행 같은 소수의 관리가능한 단계로 나누어진다. 인지-행동적 치료는 설교식의 가르침을 통해서보다는 더 나은 행동을 하게 함으로써 학습시키는데, 형사사법 체계의 대다수 의뢰인들에 대한 학습방식으로 적합하다. 의뢰인들에게 인지-행동적 개입이 다른 개입 기법보다 더 효과적이라는 것은 놀랄 만한 것이 아니다([그림 TN 4-1-1]).

인지-행동적 개입과 일반적인 행동적 개입 간의 차이점

많은 프로그램들이 인지-행동적 프로그래밍을 한다고 하지만, 자세히 분석해 보면, '인지적'요소는 매우 적고 더 많은 '행동적' 요소로 이루어져 있다. 일반적인 행동적 접근은 보통 기술 훈련 프로그램에서 발견된다(예: 직업-관련 기술, 주장훈련, 문제-해결 기술). 일반적인 행동적 개입에서의 행동분석은 행동의 선행사건 또는 '외부 단서' 그리고 행동의 외부적 결과를 식별하는 것과 관련되어 있다. 따라서 행동변화는 외부 단서의 변화(예: 술을 마시는 친구를 피하는 것) 또는 행동으로 인한 외부적 결과의 변화(예: 친구에게 술을 마시는 것에 대한 거부감을 표현함)를 필요로 한다. 인지-행동적 치료는 사람 내의 행동에 대한 선행사건('내부사건') 그리고 자신에 의한 외부적 결과(즉, 개인적으로 매개된 보수 그리고 비용)를 특별히 강조한다.

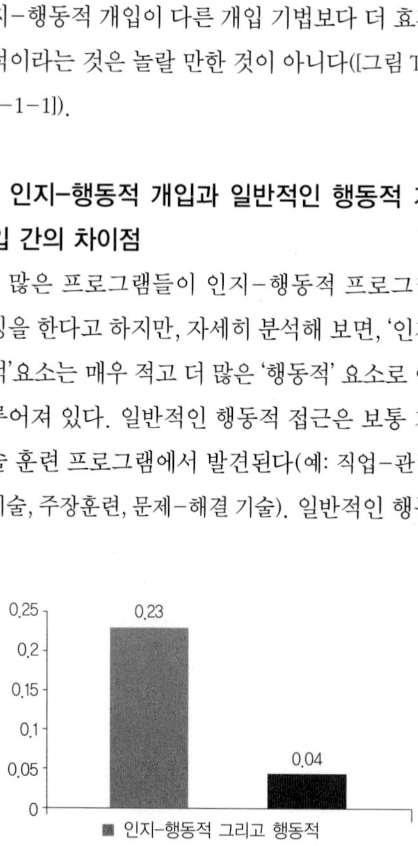

[그림 TN 4-1-1] 인지-행동적 치료의 효과성

두 접근법의 차이점을 설명하기 위해서, 지역사회 슈퍼비전의 전략적 훈련 계획(Strategic Training Initiative in Community Supervision)의 보호관찰관 훈련의 일부로서 간단한 훈련이 실시되었다(이 프로젝트에 대한 더 자세한 내용은 제12장을 보라). 훈련은 교관이 참가자에게 예외 없이 '일어서'라고 말하는 것으로 시작되었으며, 대부분은 일어났다(몇몇 말썽꾼들은 앉은 채로 있었다). 교관은 각 참가자에게 왜 일어섰는지 또는 왜 앉아 있는지를 집단에게 설명하도록 했다. 전형적인 첫 번째 설명은 "당신이 나에게 일어서라고 말했다."였다. 그러나 이 설명은 몇몇 참가자들이 같은 지시를 들었음에도 앉은 채로 있었던 것을 설명하기에는 불충분했다. 추가적인 논의를 통해 집단은 각자의 머릿속에서 각자의 행동을 직접적으로 하게 하는 다른 생각을 하고 있음을 배웠다. 엄격한 행동적 설명이란 모두 외부 단서 또는 선행사건 자극 그리고 외부적 결과에 관한 것이다. 인지-행동적 설명은 행동을 직접적으로 일으키는, 그리고 행동에 뒤따르는 외부 단서뿐만 아니라 내부 단서 또는 사고과정을 아는 것을 필요로 한다.

선행사건이 외부적 그리고 내부적이 될 수 있는 것처럼, 행동의 결과도 그렇다. PIC-R([자료 노트 4-1])에서 개관한 것처럼, 결과는 개인적으로 매개될 수 있다. 행위자는 자신들의 고유한 보수 또는 처벌을 실행할 수 있고, 어떠한 외부적 결과들과도 독립적으로 기능할 수 있다. '일어서' 훈련의 예시에서, 일어선 사람은 "일어서는 것으로써 나는 집단 지도자에게 나를 믿어도 된다는 것을 보여 주었다."고 자신들 스스로에게 말했을 수 있다. 그럼으로써 자신들에게 보수를 실행한다. 집단 지도자는 일어선 사람을 또한 칭찬할 수 있고, 보수의 정도를 증가시킬 수 있으나, 미래의 일어서라는 요구에 따를 것임을 확신할 수는 없다. 반면에, 집단 지도자의 모든 칭찬이 "나는 누구도 나에게 명령을 내릴 수 없음을 보여 주었다!"고 말하며 앉아 있는 사람에게는 매우 미약한 효과를 갖게 될 수 있다. '일어서' 훈련의 예시를 사용하여, 행동에 대한 엄격한 행동적 이해와 인지-행동적 이해 간의 차이가 다음의 〈표 TN 4-1-1〉에 개괄되어 있다.

인지-행동적 치료의 단계

행동을 이해하기 위한 인지-행동적 접근은 인지적 선행사건들과 결과들에 대한 조사를 필요로 한다. 인지-행동적 개입은 인지적 선행사건과 결과의 변화를 필요로 한다. Big Four의 하나인 반사회적 태도들은 의심할 여지없이 범죄행동에 대한 인지적 선행사건들이고 또한 변화의 목표다. 만약 반사회적 생각을 친사회적 생각으로 대체할 수 있다면, 범죄행동의 가능성도 감소된다. 범죄자를 대상으로 할 때는, 다음 단계들을 따르는 것이 필요하다:

1. 범죄자는 반드시 자신들의 그러한 생각이 직접적으로 행동을 초래한다는 것을 이해하고 받아들여야 한다. 많은 범죄자들은 나쁜 행실에 대해서 외부적 사건을 비난하고, 외부적 사건과 그들 행동 간에 인지들이 개입함을 인식하는 데 실패한다. 따라서 그들은 그들 행동을 야기하는 내부 단서(태도와 인지)에 대해서 교육을 받아야 할 필요가 있다. 그들이 이것을 인식하면, 그들이 그들 생각을 변화시킬 수 있고, 행동을 통제할 수 있음이 분명해진다. 인지-행동적 모델은 자기-능

〈표 TN 4-1-1〉

<table>
<tr><th colspan="4">행동적 설명</th></tr>
<tr><th>외부 단서</th><th>내부 단서</th><th>행동</th><th>결과</th></tr>
<tr><td>"일어서"</td><td></td><td>일어난다</td><td>교관으로부터의 칭찬</td></tr>
<tr><th colspan="4">인지-행동적 설명</th></tr>
<tr><td rowspan="4">"일어서"</td><td>내가 들은 것을 해야만 해!</td><td rowspan="2">일어난다</td><td>외부 결과: 교관으로부터의 칭찬</td></tr>
<tr><td>그는 교관이야!</td><td>내부 결과: "나를 믿어도 돼"</td></tr>
<tr><td>좋아. 그래!</td><td rowspan="2">앉아 있다</td><td>외부결과: 교관으로부터의 눈총</td></tr>
<tr><td>난 누구로부터도 명령받지 않아!</td><td>내부 결과: "그에게 보여 주었지"</td></tr>
</table>

력을 증강시킨다.

2. 범죄자들에게 문제행동과 관련된 자신들의 개인적 생각 패턴들을 식별하는 방법을 가르쳐라. 종종, 범죄자들(그리고 가끔 우리들도)은 합리화와 변명이 반사회적 행동을 위해 만들어지는 것을 인식하지 못한다.
3. 범죄자들이 행동을 설명하는 데 있어서 인지의 중요성을 이해한(1단계 그리고 2단계) 이후에는 범죄자들에게 반사회적 인지를 대체하는 대안적, 친사회적 인지를 가르쳐라. 심리치료 연구에서는 이것을 인지적 재구조화(cognitive restructuring)라고 일컫는다.

새로운 행동의 학습 그리고 유지는 대인관계적으로 매개된 그리고 매개되지 않은 보수와 비용이 관여되는 점진적 과정이다. 인지–행동적 개입에서, 개인적으로 매개된 보수와 비용은 중심 역할을 한다. 인지–행동적 치료에서 마지막 단계는 다음과 같다:

4. 슈퍼비전 회기 동안 그리고 그 외 모든 시간에 새로운 인지적 및 행동적 기술의 연습과 일반화를 촉진하라. 이것은 모델링, 역할 수행, 단계적 연습 그리고 '숙제' 부여와 관련된다(예: "이 새로운 생각은 다음번 당신이 화가 났을 때 시도해 보고, 다음 미팅에서 어땠는지 말해 주세요"). 이때, 치료자와 타인들로부터의 보수를 풍부하게 사용하는 것뿐만 아니라, 또한 내담자가 개인적으로 매개된 보수를 이행하는 것이 격려된다.

인지–행동적 처치는 범죄자를 보다 친사회적으로 만드는 데 효과적인 접근법이다. 이 접근법은 행동에 대한 보수와 비용의 강력한 영향력을 인정하고, 선행적 및 결과적 통제에 대한 개인적 원천에 특별히 관심을 기울인다. 인지–행동적 접근은 또한 인간 행동에서의 개인적 작인(personal agency)의 중요성을 강조한다.

Bonta, Bourgon, Rugge, Scott & Yessine(2009)에서 발췌.

[테크니컬 노트 5-1]

유전학과 유전

현미경으로 보면, 각각의 인간세포는 둥근 공 모양인데 그 중심부에 있는 더 작은 공 모양의 세포핵(nucleus)과 다양한 입자들[세포소기관들(organells)이라고 부르는]로 채워져 있는 동일한 일반적 구조로 되어 있다. 세포핵은 유기체의 모든 '프로그래밍 코드'를 지니고 있다. 머리카락과 눈의 색깔, 발 크기 등과 같은 관찰 가능한 특성(phenotype)들이 세포핵에 채워져 있다. 이 코드를 DNA(디옥시리보 핵산, deoxyribonucleic acid)라고 부른다.

유기체의 DNA의 기본적인 총체(complement)를 게놈(genome)이라고 부른다. DNA는 본질적으로 이중 나선구조로 감겨진 분자들(molecules)[이른 바, building blocks이라고 부르는 뉴클레오티드 염기쌍(nucleotide base pairs)]의 긴 사슬이다. 염기쌍의 무리는 유전자(genes), 그리고 특정한 기능[예: 머리카락 색깔을 규정하는 단백질(protein)]을 지닌 유전자 코드로 알려져 있다. DNA의 수백만 개의 염기쌍 내에는 수천 개의 별개의 유전자가 존재한다. 이와 같은 모든 DNA가 어떻게 세포핵 안에 딱 들어맞을 수 있는가? 그것은 DNA의 하나의 긴 가닥이 자체 분할하여 23조각의 DNA가 되는데 코일처럼 감겨져 염색체를 이룬다. 따라서 유전자들은 단순히 염색체의(chromosomal) DNA의 기능적 구간이다.

이들 유전자 각각을 식별하고 위치를 규명하는 것이 인간 게놈 프로젝트(Human Genome Project)의 웅대한 목표다. 연구자들이 인간 DNA를 구성하는 염기쌍의 배열을 발견했지만, 각 유전자들을 전혀 식별하고 있지 못하며, 각 개별적인 유전자의 역할에 대해서는 더욱더 이해를 하지 못하고 있다.

언급했듯이, 모든 프로그래밍 코드(DNA)는 23개의 염색체로서 존재한다. 그러나 세포핵 내에는 46개의 염색체가 존재한다. 이들 46개의 염색체는 쌍으로 존재하며, 각 쌍이 동일한 DNA의 배열을 지니고 있다. 염색체의 각 쌍 중 하나는 어머니로부터, 다른 하나는 아버지로부터 온 것이다. 따라서 예를 들어, 피부색의 유전자 코딩(멜라닌의 함량)은 아프리카계인 어머니의 거무스레한 피부와 유럽계통의 아버지의 더 밝은 피부색을 코드화하여, 그 결과는 그 사이의 피부색을 가지는 자녀가 될 것이다.

물론, 유전이 되기 위해서는 이 유전적 물질(genetic material)이 자식에게 전달되어야 한다. 이 경로는 생식세포 혹은 성세포[즉, 난자 또는 미수정 난(unfertilized egg), 그리고 정자]의 조합이다. 각 성세포는 오직 23개의 염색체를 가지고 있다는 점에서 나머지 인간세포와 다르다. 각 부모는 자손의 유전적 형성에 기여하여 자손이 총 46개의 염색체를 갖게 한다. 만약, 부모가 자신의 모든 유전자를 건네주는 것이 가능하다면, 자식은 부모의 복제가 될 것이다. 일부 부모의 유전적 형성은 유해할 수 있기 때문에(예: 부모 중 한 명이 색맹일 수 있다), 부모 모두의 유전자를 섞는 것이 더 유리하다. 성적 재생산에서, 정자가 난자에 수정될 때, 세포과정에서 감수분열(meiosis)이 일어난다고 일컬어진다. 이 과정 중에 각 부모의 23개 염색체는 분할과 복제의 복잡한 과정을 겪으며, 최종적으로, 각 부모로부터의 유전적 물질(DNA)을 포함하고 있는

46개의 염색체를 가진 단일 세포가 만들어진다. 이 한 개의 세포는 두 부모의 소산이고, 빠르게 분할하여 두 부모의 배아, 태아 그리고 아이가 된다. 이것이 유전의 화학적 근거다.

인간세포에서 전형적으로 발견되는 46개의 염색체(23쌍) 중에서, 하나는 성염색체라고 불린다[나머지는 상염색체(autosomes)로 불리며, 1번부터 22번까지 숫자가 매겨져 있다]. 앞서 언급했듯이, 성세포는 다른 세포에서 쌍으로 짝지어진 46개 염색체 중 오로지 단일한(single) 세트로 되어 있다; 22개의 상염색체 그리고 하나의 성염색체, 총합 23개. 이 외로운(lone) 성염색체의 짝짓기(pairing)에서 X염색체가 Y염색체와 짝지어지면 남성(XY)으로, 두 개의 X염색체를 가지게 되면 여성(XX)이라는 성별을 결정한다. 남성적 특징[예: 신장, 남성생식기 발달, 테스토스테론(testosterone)의 분비에 의한 체모의 분포; Chan & Rennert, 2002]과 관련된 유전자를 옮기는 것은 Y염색체다. 범죄통계에서 남성이 과잉 대표된다는 사실과 성적 본성에 의한 범죄는, 범죄행동에 대한 일부 이론들이 Y염색체에 특별히 관심을 갖게 만든다.

[테크니컬 노트 10-1]

수신자 조작 특성(ROC)

수신자 조작 특성(ROC)은 혼동되는 자료에 부딪쳤을 때 변별력의 지수로서 최초로 개발된 방법이다. 신호탐지 이론의 맥락에서 보면, '탐지자'는 특정한 신호가 발생했을 때 그에 따른 결정을 내려야 한다. 예를 들어, 항공 운행 관리자는 레이더 화면에 깜빡임이 있을 때 그것이 비행기인지 또는 새 떼인지를 확인해야 하고, 방사선 전문의는 X-레이 필름에서 검은 점이 보일 때 이것을 암세포로 판단할지 또는 근육 덩어리로 판단할지를 결정해야 한다. 이 두 가지 예시에서, '탐지자'는 무엇이 진짜로 염려해야 하는 부분이고, 무엇이 무시되어도 좋은 부분인지를 반드시 구별해야 한다. 이와 마찬가지로, 범죄행동의 예측에 있어서도, 우리는 어떤 개인이 대중에게 우려되는 존재인지를 알고자 한다.

우리는 다양한 방식으로 측정(예: 피어슨의 적률 상관계수)하여 재범자와 그렇지 않은 사람을 얼마나 잘 구분할 수 있는 것인가? 이러한 많은 측정방법들은 기저율(base rate)과 선정비율(selection ratio)에 영향을 받는다. ROC는 기저율이나 선정비율에 크게 영향받지 않는 방법이다. ROC는 곡선의 형태로 제시된다([그림 TN 10-1-1]). 세로축에는, 진실 긍정(true positives) 또는 '적중(hit)'의 비율[때때로 민감도(sensitivity)라고 일컫는]을 표시한다. 가로축은 거짓 긍정(false positives)의 비율을 나타낸다. 왼쪽 바닥에서 오른쪽 꼭대기로 그려지는 대각선은 우연수준을 뜻하며, 진실 긍정과 거짓 긍정이 같은 수준임을 나타낸다. 대부분의 범죄자 위험성을 양적으로 측정하는 도구들은 점수들의 범위가 있으며, 따라서 우리는 각 점수들의 적중률과 거짓 긍정 비율을 점으로 찍을 수 있다.

[그림 TN 10-1-1]에서 우리는 각 항목의 점수가 0 또는 1이 될 수 있는 네 항목으로 된 상상적인 위험척도를 점으로 표시했다. 예를 들어, 하나의 항목이 성별이라면, 여성일 때 0점, 남성일 때 1점으로 표시할 수 있다. 그 결과, 네 개의 위험항목은 점수분포가 0부터 4까지의 값을 가질 수 있으며, 만약에 범죄자 집단을 추적 조사했다면, 각 항목의 '진실 긍정'과 '거짓 긍정' 비율을 계산해서 각 점들을 잇는 거친(rough) 곡선을 그릴 수 있다. 이러한 ROC 곡선을 통해 두 가지의 진술을 할 수 있다. 첫째, 우리는 이 위험척도가 우연 수준보다 더 나은 결과를 보여주는지를 평가할 수 있다. [그림 TN 10-1-1]에서, 곡선은 모두 대각선 위에 위치하고 있으며, 이는 위험척도가 일반적인 우연 수준보다 더 잘 예측하고 있음을 의미한다. 둘째, '곡선 하 영역(area under the curve: AUC)'을 계산할 수 있다. AUC는 테스트의 전체적인 변별 능력을 보여준다. AUC가 1이라면 이는 완벽한 예측을 의미한다. 즉, 모든 재범자들은 재범하지 않는 사람들의 가장 높은 점수보다 더 높은 점수를 받는다는 뜻이다. AUC가 .50(대각선)일 경우는 우연수준과 일치하는 것이며, 이는 재범자의 점수와 비재범자의 점수가 완벽하게 동일하다는 것을 뜻한다.

우리의 예에서, AUC는 .72로 나타났다. 이 점수를 단순 해석하자면, 즉 재범자를 무선적으로 선택했을 때 비재범자를 무선적으로 선택했을 때보다 우리의 가상적 위험척도에서 재범자가 더 높은 점수를 받을 확률이 72%라는 것이다. 이 영역이 클수록 척도의 정확성이 높다고 할 수 있다('적중률'이 크고, '거짓긍정'이 작다는 뜻). 서로 다른 위험성 평가척도의 AUC를, 기저율과 선정비율의 효과를 통제한 후, 계산하면 다양한 척도들의 정확성을 비교할 수 있다.

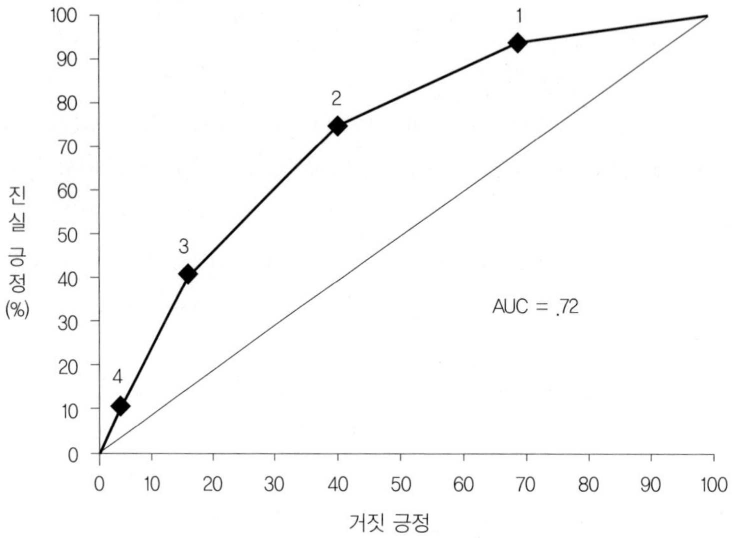

[그림 TN 10-1-1] 위험성 척도의 ROC 곡선

[테크니컬 노트 11-1]

서로 다른 유형의 사례들에 적합한 처치에 관한 발견들은 얼마나 적용 가능한가

적합한 처치에 관한 결론들에 대해 의문을 제기할 수 있는 장면적, 사례-기반적 그리고 여타의 조건들은 한없이 많다. Carleton 대학교의 데이터은행을 언급하자면, 예를 들어, 경비가 삼엄한 교도소에서 20년간 복역한 나이가 많은 여성 성범죄자들의 폭력 재범에 대한 처치의 영향을 다룬 실험연구는 단 하나도 없다. 심지어 특정 연령의 여성 범죄자들에 대한 성과를 조사한 연구조차 많지 않다. 그러나 현재로서는 인도적 서비스의 효과성에 관한 발견들은 여러 고찰자들, 장면들 그리고 사례의 유형들에 걸쳐 인상적일 만큼 견실하다.

〈표 TN 11-1-1〉에서 〈표 TN 11-1-5〉까지의 표들은 Carleton의 전체 표본과 연령(청소년), 성별(여성) 그리고 인종(소수집단 구성원, 비-백인)에 따른 하위 표본에서 효과적인 서비스 원리의 적용 가능성에 대한 개관을 하고 있다. 효과크기와 준수 간의 상관계수에서 알 수 있는 것처럼(〈표 TN 11-1-1〉), 효과적인 처치에서 원리를 준수하는 비율이 높다는 것은 분명하다.

학교/직장, 개인적 고통 그리고 비범죄유발적 대인 관계적 목표들(〈표 TN 11-1-2〉를 보라)의 중요성은 여성 그리고 소수자들에게서는 불

〈표 TN 11-1-1〉 하위 모집단에 따른 원리 준수율 그리고 원리 준수율과 효과크기(ES) 간의 상관

원리	전체 표본 (k = 374)	청소년 (k = 193)	여성 (k = 45)	소수자 (k = 106)
인도적 서비스				
준수율 %	73	76	78	63
ES와의 상관	.35	.31	.31	.29
위험: 고-위험 사례에 이행된 서비스				
준수율 %	74	74	80	80
ES와의 상관	.17	.20	.40	.18
범죄유발적 욕구: 비범죄유발적 욕구의 수보다 더 많은 범죄유발적 욕구를 목표로 함				
준수율 %	45	29	47	41
ES와의 상관	.54	.52	.49	.41
일반적 반응성: 사회학습/인지행동적 전략				
준수율 %	21	29	33	22
ES와의 상관	.40	.43	.38	.43
임상적으로 적합한 처치(위의 네 가지 모두를 준수)				
준수율 %	16	21	27	17
ES와의 상관	.55	.46	.56	.46

k = 처치 테스트의 수.

명확하다. 새로운 연구를 진행할 때는 이러한 점을 신중하게 살펴봐야 할 것이다. 핵심 교정적 실행의 구성요소들에 대한 연구(〈표 TN 11-1-3〉)에서 약한 일반 적용 가능성에 대한 유일한 증거는 가장 약한 상관[옹호(advocacy)/중재(brokerage)와 효과적인 권위(effective authority)] 그리고 가장 작은 하위 표본들(여성 그리고 인종적 소수집단)에서 나타난다. 이러한 발견들은 작은 표본 크기 그리고 약한 효과크기 추정치가 결합된다는 관점에서 통계적 검증력(statistical power)의 문제가 탐구되어야 함을 시사한다. 옹호/중재 그리고 권위가 여성과 소수자들에게 중요하지 않다는 결론을 내리기에는 너무 이르다.

우리가 보기에, 전반적으로 지배적인 결과는 긍정적인 프로그램의 성과에 대한 주요 상관변인들이 견고하다는 것이다.

〈표 TN 11-1-2〉 하위 모집단에 따른 목표 욕구 영역 테스트의 비율과 효과크기와의 상관

욕구 영역	전체 표본	청소년	여성	소수자
범죄유발적 욕구 목표				
개인적 범죄유발적 목표: 반사회적 인지 및 기술 결함				
준수율 %	26	33	18	29
ES와의 상관	.39	.39	.32	.33
대인 관계적 범죄유발적 목표: 가족과 동료들				
준수율 %	19	23	31	15
ES와의 상관	.37	.33	.45	.34
욕구를 개인적으로 상응시킴(확인되지 않은 특수한 범죄유발적 욕구들)				
준수율 %	17	19	07	12
ES와의 상관	.30	.30	.26	.28
학교/직장				
준수율 %	24	26	16	21
ES와의 상관	.21	.23	−.08 (ns)	.10 (ns)
물질남용				
준수율 %	10	03	11	08
ES와의 상관	.06 (ns)	.04 (ns)	−.01 (ns)	−.02 (ns)
비범죄유발적 욕구 목표				
개인적 비범죄유발적 목표(개인적 고통, 신체적 활동)				
준수율	46	45	24	40
ES와의 상관	−.18	−.20	−.03 (ns)	−.18
대인 관계적 비범죄유발적 욕구(애정/슈퍼비전 이외의 가족 과정)				
준수율 %	12	17	13	13
ES와의 상관	−.25	−.20	−.23	−.16 (ns)

ns = 유의미하지 않음.

〈표 TN 11-1-3〉 핵심적인 교정적 실행(CCP)의 요소들: CCP 요소 존재에 대한 테스트 비율 그리고 CCP 존재와 효과크기 간의 상관

CCP	전체 표본 (k = 374)	청소년 (k = 193)	여성 (k = 45)	소수자 (k = 108)
직원의 관계성 기술				
테스트 비율 %	03	03	02	02
ES와의 상관	.26	.31	.32	.27
직원의 구조화 기술				
테스트 비율 %	12	12	16	08
ES와의 상관	.37	.34	.56	.36
효과적인 강화				
테스트 비율 %	04	04	02	06
ES와의 상관	.25	.22	.45	.40
효과적인 모델링				
테스트 비율 %	10	12	11	11
ES와의 상관	.36	.35	.29	.23
효과적인 불용인				
테스트 비율 %	02	03	02	03
ES와의 상관	.18	.19	.32	.17
구조화된 기술 학습				
테스트 비율 %	10	11	16	08
ES와의 상관	.31	.37	.56	.38
문제-해결				
테스트 비율 %	12	12	11	11
ES와의 상관	.33	.29	.29	.23
옹호/중재				
테스트 비율 %	14	19	04	12
ES와의 상관	.10	.16	.14 (ns)	.26
효과적인 권위				
테스트 비율 %	04	02	04	03
ES와의 상관	.19	.13	.24 (ns)	.08 (ns)

ns = 유의미하지 않음.

〈표 TN 11-1-4〉 전체 표본, 청소년 범죄자, 여성 범죄자, 소수집단 범죄자들에 대한 서비스 실행의 완결성 지표들에 따른 평균 효과크기

완결성	전체 표본 (k = 374)	청소년 (k = 193)	여성 (k = 45)	소수자 (k = 105)
관계성 기술이 있는 직원 선발				
테스트 비율 %	03	03	02	02
ES와의 상관	.26	.31	.32 (ns)	.27
직원 훈련				
테스트 비율 %	45	54	44	35
ES와의 상관	.26	.32	.33	.34
직원에 대한 임상적 슈퍼비전				
테스트 비율 %	19	21	29	12
ES와의 상관	.21	.22	.51	.28
서비스 시간				
테스트 비율 %		(결측값 때문에 표본들이 감소함)		
ES와의 상관	.20	.41	.45	-.08
적합한 처치의 정도에 대한 평가				
테스트 비율 %	41	40	40	32
ES와의 상관	.05 (ns)	.11 (ns)	.28	.22
인쇄된/녹음된 매뉴얼				
테스트 비율 %	19	24	16	17
ES와의 상관	.30	.32	.26	.22
과정에 대한 모니터링 그리고/또는 목표 대상의 중간 변화				
테스트 비율 %	39	48	44	30
ES와의 상관	.07 (ns)	.07 (ns)	.22 (ns)	.12 (ns)
구체적 모델				
테스트 비율 %	54	59	56	45
ES와의 상관	.23	.27	.36	.18
새로운/신선한 프로그램				
테스트 비율 %	33	40	38	28
ES와의 상관	.20	.19	.26	.33
적은 프로그램/표본				
테스트 비율 %	36	45	58	38
ES와의 상관	.28	.19	.26	.22
개입된 평가자				
테스트 비율 %	21	26	18	21
ES와의 상관	.41	.42	.62	.53

k = 테스트의 수.
ns = 유의미하지 않음.

참고문헌

Abracen, J., J. Looman, D. Mailloux, R. Serin & B. Malcolm (2005). "Clarification Regarding Marshall and Yates's Critique of 'Dosage of Treatment to Sexual Offenders: Are We Overprescribing?'" *International Journal of Offender Therapy and Comparative Criminology*, 49, 225-230.

Abrams, K.M. & G.E. Robinson (1998). "Stalking Part I: An Overview of the Problem." *Canadian Journal of Psychiatry*, 43, 473-476.

Accordino, M.P. & B. Guerney Jr. (1998). "An Evaluation of the Relationship Enhancement Program with Prisoners and Their Wives." *International Journal of Offender Therapy and Comparative Criminology*, 42, 5-15.

Acker, J.R. (2006). "Hearing the Victim's Voice Amidst the Cry for Capital Punishment." In D. Sullivan & L. Tifft (eds.), *Handbook of Restorative Justice* (pp. 246-260). New York: Routledge.

Adams, S. (1975). "Evaluation: A Way Out of the Rhetoric." Paper presented at the Evaluation Research Conference, Seattle, Washington.

Ægisdóttier, S., M.J. White, P.M. Spengler, A.S. Maugherman, L.A. Anderson, R.S. Cook, C.N. Nichols, G.K. Lampropoulos, B.S. Walker, G Cohen & J.D. Rush (2006). "The Meta-Analysis of Clinical Judgment Project: Fifty-six Years of Accumulated Research on Clinical Versus Statistical Prediction." *Counseling Psychologist*, 34, 341-382.

Agee, V.L. (1979). *Treatment of the Violent Incorrigible Adolescent*. Lexington, MA: Lexington Books.

Agnew, R. (1992). "Foundation for a General Strain Theory of Crime and Delinquency." *Criminology*, 30, 47-87.

Agnew, R. (1994). "The Techniques of Neutralization and Violence." *Criminology*, 32, 555-580.

Agnew, R. (2001). *Juvenile Delinquency: Causes and Control*. Los Angeles: Roxbury.

Agnew, R. (2006). *Pressured into Crime: An Overview of General Strain Theory*. Los Angeles: Roxbury.

Aguirre, A. & D.V. Baker (1990). "Empirical Research on Racial Discrimination in the Imposition of the Death Penalty." *Criminal Justice Abstracts,* March.

Ajzen, I. (1996). "The Directive Influence of Attitudes on Behavior." In P.M. Gollwitzer & J.A. Bargh (eds.), *The Psychology of Action: Linking Cognition and Motivation to Behavior* (pp. 385-403). New York: Guilford.

Ajzen, I. & N.G. Cote (2008). "Attitudes and the Prediction of Behavior." In C.D. Crano& R. Radmila (eds.), *Attitudes and Attitude Change* (pp. 289-311). Mahwah, NJ: Lawrence Erlbaum Associates.

Ajzen, I. & M. Fishbein (1980). *Understanding Attitudes and Predicting Social Behavior.* Englewood Cliffs, NJ: Prentice Hall.

Ajzen, I. & M. Fishbein (2005). "The Influence of Attitudes on Behaviour." In D. Albarracin, B.T. Johnson & M.P. Zanna (eds.), *The Handbook of Attitudes* (pp. 173-221). Mahwah, NJ: Lawrence Erlbaum Associates.

Akers, R.L. (1973). *Deviant Behavior: A Social Learning Approach.* Belmont, CA: Wadsworth.

Akers, R.L. (1985). *Deviant Behavior: A Social Learning Approach,* 3rd ed. Belmont, CA: Wadsworth.

Akers, R.L. (1991). "SelfControl as a General Theory of Crime." *Journal of Quantitative Criminology,* 7, 201-211.

Akers, R.L. (1996). "Is Differential Association/Social Learning Cultural Deviance Theory?" *Criminology,* 34, 229-248.

Akers, R.L. (1999). "Social Learning and Social Structure: Reply to Sampson, Morash, and Krohn." *Theoretical Criminology,* 3, 477-493.

Akers, R.L. (2001). "Social Learning Theory." In R. Paternoster & R. Bachman (eds.), *Explaining Criminals and Crime* (pp. 192-210). Los Angeles: Roxbury.

Akers, R.L. & J.K. Cochran (1985). "Adolescent Marijuana Use: A Test of Three Theories of Deviant Behavior." *Deviant Behavior,* 6, 323-346.

Allik, J. & R.R. McCrae (2004). "Escapable Conclusions: Toomela (2003) and the Universality of Trait Structure." *Journal of Personality and Social Psychology,* 87, 261-265.

Alexander, J.F. & C. Barton (1976). "Behavioral Systems Therapy for Families." In D.H.L Olson (ed.), *Treating Relationships* (pp. 167-188). Lake Mills, IA: Graphic.

Alder, C. (1985) "Exploration of Self-reported Sexually Aggressive Behavior." *Crime & Delinquency,* 31, 306-331.

Alltucker, K.W., M. Bullis, D. Close & P. Yovanoff (2006). "Different Pathways to Juvenile Delinquency: Characteristics of Early and Late Starters in a Sample of Previously Incarcerated Youth." *Journal of Child and Family Studies,* 15, 479-492.

Alexy, E.M., A.W. Burgess & T. Baker (2005). "Internet Offenders: Traders, Travelers, and Combination TraderTravelers." *Journal of Interpersonal Violence,* 20, 804-812.

Amato, P.R. (2001). "Children of Divorce in the 1990s: An Update of the Amato and Keith (1991) Meta-analysis." *Journal of Family Psychology,* 3, 355-370.

American Psychiatric Association (1994) *Diagnostic and Statistical Manual of Mental Disorders-DSM IV.* Washington, DC: The American Psychiatric Association.

Andrews, D.A. (1979). *The Dimensions of Correctional Counseling and Supervision Process in Probation and Parole.* Toronto: Ontario Ministry of Correctional Services.

Andrews, D.A. (1980). "Some Experimental Investigation of the Principles of Differential Association through Deliberate Manipulations of the Structure of Service Systems." *American Sociological Review,* 45, 448-462.

Andrews, D.A. (1982a). *A Personal, Interpersonal and Community-Reinforcement Perspective on Deviant*

Behaviour (PIC-R). Toronto: Ontario Ministry of Correctional Services.

Andrews, D.A. (1982b). *The Level of Supervision Inventory (LSI): The First Followup*. Toronton: Ontario Ministry of Correctional Services.

Andrews, D.A. (1983). "The Assessment of Outcome in Correctional Samples." In M.L. Lambert, E.R. Christensen & S.S. DeJulio (eds.), *The Measurement of Psychotherapy Outcome in Research and Evaluation* (pp. 160-201). New York: Wiley and Sons.

Andrews, D.A. (1989). "Recidivism is Predictable and Can Be Influenced: Using Risk Assessments to Reduce Recidivism." *Forum on Corrections Research*, 1, 11-18.

Andrews, D.A. (2001). "Principles of Effective Correctional Programming." In L.L. Motiuk & R.C. Serin (eds.), *Compendium 2000 on Effective Correctional Programming* (pp. 9-17). Ottawa: Correctional Services of Canada.

Andrews, D.A. (2006). "Enhancing Adherence to Risk-Need Responsivity: Making Quality a Matter of Policy." *Criminology & Public Policy*, 5, 595-602.

Andrews, D.A. (2008). "Extensions of the Risk-Need-Responsivity (RNR) Model of Assessment and Correctional Treatment." In G. Bourgon, R.K. Hanson, J.D. Pozzulo, K.E. Morton Bourgon & C.L. Tanasichuk (eds.), *The Proceedings of the 2007 North American Correctional & Criminal Justice Psychology Conference* (pp. 7-11). Ottawa: Public Safety Canada.

Andrews, D.A. & J. Bonta (1994). *The Psychology of Criminal Conduct*. Cincinnati: Anderson.

Andrews, D.A. & J. Bonta (1995). *The Level of Service Inventory–Revised*. Toronto: MultiHealth Systems.

Andrews, D.A. & J. Bonta (2006). *The Psychology of Criminal Conduct*, 4th ed. Newark, NJ: LexisNexis Matthew Bendet.

Andrews, D.A., J. Bonta & R.D. Hoge (1990). "Classification for Effective Rehabilitation Rediscovering Psychology." *Criminal Justice and Behavior*, 17, 19-52.

Andrews, D.A., J. Bonta & S.J. Wormith (2004). *The Level of Service/Case Management Inventory (LS/CMI): User's Manual*. Toronto: MutliHealth Systems.

Andrews, D.A., J. Bonta & S.J. Wormith (2006). "The Recent Past and Near Future of Risk and/or Need Assessment." *Crime & Delinquency*, 52, 7-27.

Andrews, D.A., J. Bonta & S.J. Wormith (2008a). *The Level of Service/Risk, Need, Responsivity (LS/RNR): User's Manual*. Toronto: MultiHealth Systems.

Andrews, D.A., J. Bonta & S.J. Wormith (2008b). *Levels of Service/Case Management Inventory (LS/CMI) Supplement: A Gender-Informed Risk/Need/ Responsivity Assessment*. Toronto: MultiHealth Systems.

Andrews, D.A., J. Bonta & S.J. Wormith (2009). "The Level of Service (LS) Assessment of Adults and Older Adolescents." In R.K. Otto and K. Douglas (eds.), *Handbook of Violence Risk Assessment Tools* (pp. 199-225). New York: Routledge.

Andrews, D.A., J. Bonta, S.J. Wormith, L. Guzzo, A. Brews, J. Rettinger & R. Rowe (2008). Unpublished collaborative LS data analysis.

Andrews, D.A. & C. Carvell (1997). *Core Correctional Treatment–Core Correctional Supervision and Counseling: Theory, Research, Assessment and Practice*. Ottawa: Carleton University.

Andrews, D.A. & C. Dowden (1999). "A Meta-analytic Investigation into Effective Correctional Intervention for Female Offenders." *Forum on Corrections Research*, 11(3), 18-21.

Andrews, D.A. & C. Dowden (2005). "Managing Correctional Treatment for Reduced Recidivism: A Meta-analytic Review of Program Integrity." *Legal and Criminological Psychology*, 10, 173-187.

Andrews, D.A. & C. Dowden (2006). "Risk Principle of Case Classification in Correctional Treatment."

International Journal of Offender Therapy and Comparative Criminology, 50, 88-100.

Andrews, D.A. & C. Dowden (2007). "The RiskNeed-Responsivity Model of Assessment and Human Service in Prevention and Corrections: Crime-Prevention Jurisprudence." *Canadian Journal of Criminology and Criminal Justice,* 49, 439-464.

Andrews, D.A., C. Dowden & P. Gendreau (1999). *Clinically Relevant and Psychologically Informed Approaches to Reduced Reoffending: A Meta-analytic Study of Human Service, Risk, Need, Responsivity and Other Concerns in Justice Contexts.* Ottawa: Carleton University.

Andrews, D.A., C. Dowden & J.L. Rettinger (2001). "Special Populations within Canada." In J.A. Winterdyck (ed.), *Corrections in Canada: Social Reactions to Crime* (pp. 170-212). Toronto: Prentice Hall.

Andrews, D.A. & J.J. Kiessling (1980). "Program Structure and Effective Correctional Practices: A Summary of the CaVIC Research." In R.R. Ross & P. Gendreau (eds.), *Effective Correctional Treatment* (pp. 439-463). Toronto: Butterworth.

Andrews, D.A. & D. Robinson (1984). *The Level of Supervision Inventory: Second Report.* Report to Research Services (Toronto) of the Ontario Ministry of Correctional Services.

Andrews, D.A. & J.S. Wormith (1984). *Criminal Sentiments and Criminal Behaviour.* Programs Branch User Report. Ottawa: Solicitor General Canada.

Andrews, D.A. & J.S. Wormith (1989). "Personality and Crime: Knowledge Destruction and Construction in Criminology." *Justice Quarterly,* 6, 289-309.

Andrews, D.A., J.S. Wormith & J.J. Kiessling (1985). *Self-reported Criminal Propensity and Criminal Behavior: Threats to the Validity of Assessment and Personality.* Programs Branch User Report. Ottawa: Solicitor General Canada.

Andrews, D.A., I. Zinger, R.D. Hoge, J. Bonta, P. Gendreau & F.T. Cullen (1990a). "Does Correctional Treatment Work? A Psychologically Informed Metaanalysis." *Criminology,* 28, 369-404.

Andrews, D.A., I. Zinger, R.D. Hoge, J. Bonta, P. Gendreau & F.T. Cullen (1990b). "A Human Science Approach or More Punishment and Pessimism—Rejoinder." *Criminology,* 28, 419-429.

Andrews, K.H. & D.B. Kandel (1979). "Attitude and Behavior: A Specification of the Contingent Consistency Hypothesis." *American Sociological Review,* 44, 298-310.

Annis, H.M. (1982). *Inventory of Drinking Situations (IDS-100).* Toronto: Addiction Research Foundation.

Aos, S., M. Miller & E. Drake (2006a). *Evidencebased Adult Corrections Programs: What Works and What Does Not.* Olympia, WA: Washington State Institute for Public Policy.

Aos, S., M. Miller & E. Drake (2006b). *Evidence-based Policy Options to Reduce Future Prison Construction, Criminal Justice Costs, and Crime Rates.* Olympia, WA: Washington State Institute for Public Policy.

Aos, S., P. Phipps, R. Barnoski & R. Lieb (2001). "The Comparative Costs and Benefits of Programs to Reduce Crime." Olympia, WA: Washington State Institute for Public Policy. See http://www.wa.gov/wsipp.

Appelbaum, P.S., P.C. Robbins & J. Monahan (2000). "Violence and Delusions: Data from the MacArthur Violence Risk Assessment Study." *American Journal of Psychiatry,* 157, 556-572.

Arbuthnot, J. & D.A. Gordon (1986). "Behavioral and Cognitive Effects of a Moral Reasoning Development Intervention for High-Risk, Behavior-Disordered Adolescents." *Journal of Consulting and Clinical Psychology,* 54, 208-216.

Archer, J. (2000). "Sex Differences in Aggression between Heterosexual Partners: A Metaanalytic

Review." *Psychological Bulletin*, 126, 651-680.

Armstrong, G.S. (2004). "Boot Camps as a Correctional Option." In D.L. MacKenzie & G.S. Armstrong (eds.), *Correctional Boot Camps: Military Basic Training or a Model for Corrections?* (pp. 7-15). Thousand Oaks, CA: Sage.

Arnold, T. (2007). *Dynamic Changes in the Level of Service Inventory-Revised (LSI-R) Scores and the Effects on Prediction Accuracy*. Unpublished Master's Dissertation, St. Cloud University, St. Cloud, MN.

Ashford, J.B., K.W. Wong & K.O. Sternbach (2008). "Generic Correctional Programming for Mentally Ill Offenders: A Pilot Study." *Criminal Justice and Behavior*, 35, 457-473.

Atkinson, L. & K.J. Zucker (eds.) (1997). *Attachment and Psychopathology*. New York: Guilford.

Au, A., G. Cheung, R. Kropp, C. Yuk-chung, G.L.T. Lam & P. Sung (2008). "A Preliminary Validation of the Brief Spousal Assault Form for the Evaluation of Risk (B-Safer) in Hong Kong." *Journal of Family Violence*, 23, 727-735.

Auerhahn, K. (2003). *Selective Incapacitation and Public Policy: California's Imprisonment Crisis*. Albany, NY: SUNY Press.

Austin, J., J. Clark, P. Hardyman & A.D. Henry (1999). "The Impact of 'Three Strikes and You're Out.'" *Punishment and Society*, 1, 131-162.

Azrin, N.H. (1956). "Some Effects of Two Intermittent Schedules of Immediate and Nonimmediate Punishment." *Journal of Psychology*, 42, 3-21.

Azrin, N.H. & W.C. Holz (1966). "Punishment." In W.K. Honig (ed.), *Operant Behavior: Areas of Research and Application* (pp. 380-447). New York: AppletonCenturyCrofts.

Azrin, N.H., W.C. Holz & D. Hake (1963). "Fixedratio Punishment." *Journal of the Experimental Analysis of Behavior*, 6, 141-148.

Azrin, N.H., R.W. Sisson, R. Meyers & M. Godley (1982). "Alcoholism Treatment by Disulfiram and Community Reinforcement Therapy." *Journal of Behavior Therapy and Experimental Psychiatry*, 13, 105-112.

Babcock, J.C., C.E. Green & C. Robie (2004). "Does Batterers' Treatment Work? A Metaanalytic Review of Domestic Violence Treatment." *Clinical Psychology Review*, 23, 1023-1053.

Babiak, P. & R.D. Hare (2006). *Snakes in Suits: When Psychopaths Go to Work*. New York: Regan Books.

Bobor, T.F. & R. Caetano (2008). "The Trouble with Alcohol Abuse: What Are We Trying to Measure, Diagnose, Count and Prevent?" *Addiction*, 103, 1057-1059.

Bailey, W.C. (1966). "Correctional Outcome: An Evaluation of 100 Reports." *Journal of Criminal Law, Criminology and Police Science*, 57, 153-160.

Bailey, W.C. (1998). "Deterrence, Brutalization, and the Death Penalty: Another Examination of Oklahoma' s Return to Capital Punishment." *Criminology*, 36, 711-733.

Baird, C. (1981). "Probation and Parole Classification: The Wisconsin Model." *Corrections Today*, 43, 36-41.

Baird, C. (1991). *Validating Risk Assessment Instruments Used in Community Corrections*. Madison, WI: National Council on Crime and Delinquency.

Baird, S.C., R.C. Heinz & B.J. Bemus (1979). *Project Report #14: A TwoYear Followup*. Madison, WI: Department of Health and Social Services, Case Classification/Staff Deployment Project, Bureau of Community Corrections.

Baker, J.R. & J.K. Yardley (2002). "Moderating Effect of Gender on the Relationship between Sensation Seeking-Impulsivity and Substance Abuse in Adolescents." *Journal of Child and Adolescent Substance Abuse*, 12, 27-43.

Bales, R.F. (1950). *Interaction Process Analysis*. Reading, MA: Addison-Wesley.

Bales, W.D. & D.P. Mears (2008). "Inmate Social Ties and the Transition to Society." *Journal of Research in Crime and Delinquency,* 45, 287-321.

Ball, R.A. (1973). "Ball's Neutralization Scale." In W.C. Reckless (ed.), *American Criminology: New Directions* (pp. 26-36). New York: Appleton-Century-Crofts.

Bandura, A. (1977). *Social Learning Theory.* New York: General Learning Press.

Bandura, A. (1986). The Explanatory and Predictive Scope of Selfefficacy Theory. *Journal of Social and Clinical Psychology,* 4, 359-373.

Bandura, A. (1989). "Human Agency in Social Cognitive Theory." *American Psychologist,* 44, 1175-1184.

Bandura, A. (2001). "Social Cognitive Theory: An Agentic Perspective." *Annual Review of Psychology,* 52, 1-16.

Bandura, A. (2008). "An Agentic Perspective on Positive Psychology." In S.J. Lopez (ed.), *Positive Psychology: Exploring the Best in People* (pp. 167-196). Westport, CT: Praeger.

Bandura, A., C. Barbaranelli, G.V. Caprara & C. Pastorelli (1996). "Mechanisms of Moral Disengagement in the Exercise of Moral Agency." *Journal of Personality and Social Psychology,* 71, 364-374.

Bandura, A. & R.H. Walters (1959). *Adolescent Aggression.* New York: Ronald.

Bank, L., J.H. Marlowe, J.B., Reid, G.R. Patterson & M.R. Weinrott (1991). "A Comparative Evaluation of Parenttraining Interventions for Families of Chronic Delinquents." *Journal of Abnormal Child Psychology,* 19, 15-33.

Barbaree, H.E. & W.L. Marshall (1998). "Treatment of the Sexual Offender." In R.M. Wettstein (ed.), *Treatment of Offenders with Mental Disorders.* New York: Guilford.

Barker, E.D., J.R. Séguin, H.R. White, M.E. Bates, E. LaCourse, R. Carbonneau & R.E. Tremblay (2007). "Developmental Trajectories of Male Physical Violence and Theft." *Archives of General Psychiatry,* 64, 592-599.

Barnoski, R. (2004). *Outcome Evaluation of Washington State's Research-Based Programs for Juvenile Offenders.* Olympia, WA: Washington State Institute for Public Policy.

Barnow, S., M. Lucht & H.-J. Freyberger (2005). "Correlates of Aggressive and Delinquent Conduct Problems in Adolescence." *Aggressive Behavior,* 31, 24-39.

Barton, C. & J.F. Alexander (1980). "Functional Family Therapy." In A.S. Gurnam & D.P. Kniskern (eds.), *Handbook of Family Therapy* (pp. 403-443). New York: Brunner/Mazel.

Barton, C., J.F. Alexander, H. Waldron, C.W. Turner & J. Warburton (1985). "Generalizing Treatment Effects of Functional Family Therapy: Three Replications." *American Journal of Family Therapy,* 13, 16-26.

Barton, W.H. & J.A. Butts (1990). "Viable Options: Intensive Supervision Programs for Juvenile Delinquents." *Crime & Delinquency,* 36, 238-256.

Bartosh, D.L., T. Garby, D. Lewis & S. Gray (2003). "Differences in the Predictive Validity of Actuarial Risk Assessments in Relation to Sex Offender Type." *International Journal of Offender Therapy and Comparative Criminology,* 47, 422-438.

Battin, S.R., K.G. Hill, R.D. Abbott, R.F. Catalano & J.D. Hawkins (1998). "The Contribution of Gang Membership to Delinquency beyond Delinquent Friends." *Criminology,* 36, 93-115.

Baumer, E.P. (2007). "Untangling Research Puzzles in Merton's Multilevel Anomie Theory." *Theoretical Criminology,* 11, 63-93.

Baumeister, H. & M. Hörter (2007). "Prevalence of Mental Disorder Based on General Population Surveys?" *Social Psychiatry & Psychiatric Epidemiology,* 42, 537-546.

Baumeister, R.F., B.J. Bushman & W.K. Campbell (2000). "Self-Esteem, Narcissism, and Aggression:

Does Violence Result from Low Self-Esteem or From Threatened Egotism?" *Current Directions in Psychological Science*, 9, 26-29.

Baumeister, R.F., J.D. Campbell, J.I. Krueger & K.D. Vohs (2003). "Does High Self-Esteem Cause Better Performance, Interpersonal Success, Happiness, or Healthier Lifestyles?" *Psychological Science in the Public Interest*, 4, 1-44.

Baumeister, R.F., T.F. Heatherton & D.M. Tice (1994). *Losing Control: How and Why People Fail at Self-Regulation*. San Diego, CA: Academic Press.

Baumeister, R.F. & K.D. Vohs (eds.) (2004). *Handbook of Self-regulation: Theory, Research, and Applications*. New York: Guilford.

Baumeister, R.F., K.D. Vohs & D.M. Tice (2007). "The Strength Model of Self-Control." *Current Directions in Psychological Science*, 16, 351-355.

Bazemore, G. (1996). "Three Paradigms for Juvenile Justice." In B. Galaway & J. Hudson (eds.), *Restorative Justice: International Perspectives* (pp. 37-67). Monsey, NY: Criminal Justice Press.

Bazemore, G., L.B. Nissen & M. Dooley (2000). "Mobilizing Social Support and Building Relationships: Broadening Correctional and Rehabilitative Agendas." *Corrections Management Quarterly*, 4, 10-21.

Beaver, K.M., J.E. Shutt, B.B. Boutwell, M. Ratchford, K. Roberts & J.C. Barnes (2009). "Genetic and Environmental Influences on Levels of Self-Control and Delinquent Peer Affiliation." *Criminal Justice and Behavior*, 36, 41-60.

Bechtel, K., C.T. Lowenkamp & E. Latessa (2007). "Assessing the Risk of Re-Offending for Juvenile Offenders Using the Youth Level of Service/Case Management Inventory." *Journal of Offender Rehabilitation*, 45, 85-108.

Becker, H.S. (1963). *Outsiders: Studies in the Sociology of Deviance*. New York: Free Press.

Becker, J.V. & J.A. Hunter Jr. (1992). "Evaluation of Treatment Outcome for Adult Perpetrators of Child Sexual Abuse." *Criminal Justice and Behavior*, 19, 74-92.

Beckman, M. (2004). "Crime, Culpability, and the Adolescent Brain." *Science*, 305, 596-599.

Bedau, H.A. (2004). *Killing as Punishment: Reflections on the Death Penalty in America*. Boston: Northeastern University Press.

Belenko, S. (2001). *Research on Drugh Courts: A Critical Review 2001 Update*. See http://www.DrugPolicy.org/docUploads/2001DrugCourts.pdf.

Belmore, M.F. & V.L. Quinsey (1994). "Correlates of Psychopathy in a Noninstitutional Sample." *Journal of Interpersonal Violence*, 9, 339-349.

Bem, D.J. (1967). "Self-Perception: An Alternative Interpretation of Cognitive Dissonance Phenomena." *Psychological Review*, 74, 183-200.

Bench, L.L., S.P. Kramer & S. Erickson (1997). "A Discriminant Analysis of Predictive Factors in Sex Offender Recidivism." In B.K. Schwartz & H.R. Cellini (eds.), *The Sex Offender: New Insights, Treatment Innovations and Legal Developments* (pp. 15.1-15.15). Kingston, NJ: Civic Research Institute.

Bennett, T., K. Holloway & D. Farrington (2008). "The Statistical Association Between Drug Misuse and Crime: A MetaAnalysis." *Aggression and Violent Behavior*, 13, 107-118.

Berglund, M. (2005). "A Better Widget? Three Lessons for Improving Addiction Treatment from a Meta-Analytic Study." *Addiction*, 100, 742-750.

Bergseth, K.J. & J.A. Bouffard (2007). "The Long-Term Impact of Restorative Justice Programming for Juvenile Offenders." *Journal of Criminal Justice*, 35, 433-451.

Berkowitz, L. (1962). *Aggression: A Social Psychological Analysis*. New York: McGrawHill.

Berkowitz, L. (2008). "On the Consideration of Automatic as Well as Controlled Psychological Process in Aggression." *Aggressive Behavior*, 34, 117-129.

Bernard, T.J. & R.R. Ritti (1991). "The Philadelphia Birth Cohort and Selective Incapacitation." *Journal of Research in Crime and Delinquency*, 28, 33-54.

Bernfeld, G.A., D.P. Farrington & A.W. Leschied (eds.) (2001). *Offender Rehabilitation in Practice: Implementing and Evaluating Effective Programs.* Chichester, UK: Wiley.

Bilby, C., B. Brooks-Gordon & H. Wells (2006). "A Systematic Review of Psychological Interventions for Sexual Offenders II: QuasiExperimental and Qualitative Data." *Journal of Forensic Psychiatry & Psychology*, 17, 467-484.

Bilefsky, D. (2009). "Europeans Debate Castration of Sex Offenders." *The New York Times*, March 11.

Birgden, A. (2004). "Therapeutic Jurisprudence and Responsivity: Finding the Will and the Way in Offender Rehabilitation." *Psychology, Crime and Law*, 10, 283-295.

Birgden, A. (2009). "Crime Prevention Jurisprudence? A Response to Andrews and Dowden." *Canadian Journal of Criminology and Criminal Justice*, 51, 93-117.

Blackburn, R. (1975). "An Empirical Classification of Psychopathic Personality." *British Journal of Psychiatry*, 127, 456-460.

Blackburn, R. (1993). "Clinical Programs with Psychopaths." In K. Howells & C.R. Hollin (eds.), *Clinical Approaches to the Mentally Disordered Offender* (pp. 179-208). West Sussex, UK: John Wiley and Sons.

Blackburn, R. (2004). "'What Works'with Mentally Disordered Offenders." *Psychology, Crime and Law*, 10, 297-308.

Blackburn, R. (2006). "Other Theoretical Models of Psychopathy." In C.J. Patrick (ed.), *Handbook of Psychopathy* (pp. 35-57). New York: Guilford.

Blanchette, K., & S.L. Brown. (2006). *The Assessment and Treatment of Women Offenders.* Chichester, UK: John Wiley & Sons.

Blokland, A.A.J. & P. Nieuwbeerta (2007). "Selectively Incapacitating Frequent Offenders: Costs and Benefits of Various Penal Scenarios." *Journal of Quantitative Criminology*, 23, 327-353.

Bloom, B. (1999). "Gender-Responsive Programming for Women Offenders: Guiding Principles and Practices." *Forum on Corrections Research*, 11, 22-27.

Bloom, B. & S. Covington (1998). "Gender Specific Programming for Female Offenders: What is Important and Why it is Important." Paper presented at the Annual Meeting of the American Society of Criminology, Washington, DC, November.

Bloom, B.E. & S.S. Covington (2001). "Effective Gender-responsive Interventions in Juvenile Justice: Addressing the Lives of Delinquent Girls." Paper presented at the Annual Meeting of the American Criminology Association, Atlanta, Georgia, November.

Bloom, B., B. Owen & S. Covington (2003). *Gender Responsive Strategies: Research, Practice and Guiding Principles for Women Offenders.* Washington, DC: National Institute of Corrections.

Bloom, J.D. & W.H. Williams (1994). *Management and Treatment of Insanity Acquittees: A Model for the 1990s.* Washington, DC: American Psychiatric Press.

Blumstein, A., J. Cohen & D. Nagin (1978). *Deterrence and Incapacitation: Estimating the Effects of Criminal Sanctions on Crime Rates.* Washington, DC: National Research Council.

Blumstein, A., J. Cohen, J.A. Roth & C.A. Visher (1986). *Criminal Careers and "Career Criminals."* Washington, DC: National Academy of Sciences.

Boerner, D. & R. Lieb (2001). "Sentencing Reform in the Other Washington." In M. Tonry (ed.), *Crime and Justice: A Review of Research*, Vol. 28. Chicago: University of Chicago Press.

Bogan, K. & D. Factor (1995). "Oregon Guidelines 1989-1994." *Overcrowded Times*, 6, 1, 13-15.

Bogue, B.M., A. Nandi & A.E. Jongsma Jr. (eds.) (2003). *The Probation and Parole Treatment Planner*. Hoboken, NJ: John Wiley & Sons.

Boisjoli, R., F. Vitaro, E. Lacourse, E.D. Barker & R.E. Tremblay (2007). "Impact and Clinical Significance of a Preventative Intervention for Disruptive Boys." *British Journal of Psychiatry*, 191, 415-419.

Bonta, J. (1989). "Native Inmates: Institutional Response, Risk and Needs." *Canadian Journal of Criminology*, 31, 49-62.

Bonta, J. (1995). "The Responsivity Principle and Offender Rehabilitation." *Forum on Corrections Research*, 7, 34-37.

Bonta, J. (1996). "RiskNeeds Assessment and Treatment." In A.T. Harland (ed.), *Choosing Correctional Options that Work: Defining the Demand and Evaluating the Supply* (pp. 18-32). Thousand Oaks, CA: Sage.

Bonta, J. (2002). "Offender Risk Assessment: Guidelines for Selection and Use." *Criminal Justice and Behavior*, 29, 355-379.

Bonta, J. & D.A. Andrews (2007). *RiskNeedResponsivity Model for Offender Assessment and Treatment* (User Report 2007-06). Ottawa: Public Safety Canada.

Bonta, J., B. Bogue, M. Crowley & L. Motiuk (2001). "Implementing Offender Classification Systems: Lessons Learned." In G.A. Bernfeld, D.P. Farrington & A.W. Leschied (eds.), *Offender Rehabilitation in Practice: Implementing and Evaluating Effective Programs* (pp. 227-245). Chichester, UK: Wiley.

Bonta, J., G. Bourgon, T. Rugge, T. Scott & A. Yessine (2009). *Strategic Training Initiative in Community Supervision (STICS Project) 3-Day Training*. Ottawa: Public Safety Canada.

Bonta, J. & P. Gendreau (1990). "Reexamining the Cruel and Unusual Punishment of Prison Life." *Law and Human Behavior*, 14, 347-372.

Bonta, J. & P. Gendreau (1992). "Coping with Prison." In P. Suedfeld & P.E. Tetlock (eds.), *Psychology and Social Policy* (pp. 343-354). New York: Hemisphere.

Bonta, J., A. Harris, I. Zinger & D. Carriere (1996). *The Crown Files Research Project: A Study of Dangerous Offenders*. Ottawa: Solicitor General Canada.

Bonta, J., R. Jesseman, T. Rugge & R. Cormier (2006). "Restorative Justice and Recidivism: Promises Made, Promises Kept?" In D. Sullivan & L. Tifft (eds.), *Handbook of Restorative Justice* (pp. 151-160). New York: Routledge.

Bonta, J., M. Law & R.K. Hanson (1998). "The Prediction of Criminal and Violent Recidivism among Mentally Disordered Offenders: A Meta-analysis." *Psychological Bulletin*, 123, 123-142.

Bonta, J. & L.L. Motiuk (1985). "Utilization of an Interviewbased Classification Instrument: A Study of Correctional Halfway Houses." *Criminal Justice and Behavior*, 12, 333-352.

Bonta, J., R. Parkinson & L. Barkwell (1994). "Revising the Wisconsin Classification System." Paper presented at the Annual Meeting of the American Society of Criminology, Miami, Florida, November.

Bonta, J., R. Parkinson, B. Pang, L. Barkwell & S. Wallace-Capretta (1994). *The Revised Manitoba Classification System for Probationers*. Ottawa: Public Safety Canada.

Bonta, J., T. Rugge, T-L. Scott, G. Bourgon & A. Yessine (2008). "Exploring the Black Box of Community Supervision." *Journal of Offender Rehabilitation*, 47, 248-270.

Bonta, J., S. Wallace-Capretta & J. Rooney (2000a). "A Quasi-experimental Evaluation of an Intensive Rehabilitation Supervision Program." *Criminal Justice and Behavior*, 27, 312-329.

Bonta, J., S. Wallace-Capretta & J. Rooney (2000b). "Can Electronic Monitoring make a Difference? An Evaluation of Three Canadian Programs." *Crime &*

Delinquency, 46, 61-75.

Bonta, J., S. Wallace-Capretta, J. Rooney & K. McAnoy (2002). "An Outcome Evaluation of a Restorative Justice Alternative to Incarceration." *Contemporary Justice Review*, 5, 319-338.

Bonta, J. & S.J. Wormith (2007). "Risk and Need Assessment." In G. Mclvor & P. Raynor, *Developments in Social Work with Offenders*. Philadelphia: Jessica Kingsley.

Boothby, J.L. & C.B. Clements (2000). "A National Survey of Correctional Psychologists." *Criminal Justice and Behavior*, 27, 716-732.

Bordnick, P.S., R.L. Elkins, T.E. Orr, P. Walters & B.A. Thyer (2004). "Evaluating the Relative Effectiveness of Three Aversion Therapies Designed to Reduce Craving Among Cocaine Abusers." *Behavioral Interventions*, 19, 1-24.

Borduin, C.M., S.W. Henggeler, D.M. Blaske & R. Stein (1990). "Multisystemic Treatment of Adolescent Sex Offenders." *International Journal of Offender Therapy and Comparative Criminology*, 34, 105-113.

Borduin, C.M., B.J. Mann, L.T. Cone, S.W. Henggeler, B.R. Fucci, D.M. Blaske & R.A. Williams (1995). "Multisystemic Treatment of Serious Juvenile Offenders: Long-term Prevention of Criminality and Violence." *Journal of Consulting and Clinical Psychology*, 63, 569-578.

Borduin, C.M., C.M. Schaeffer & N. Heiblum (2009). "A Randomized Clinical Trial of Multisystemic Therapy with Juvenile Sexual Offenders: Effects on Youth Social Ecology and Criminal Activity." *Journal of Consulting and Clinical Psychology*, 77, 26-37.

Born, M., V. Chevalier & I. Humblet (1997). "Resilience, Desistance and Delinquent Career of Adolescent Offenders." *Journal of Adolescence*, 20, 679-694.

Botkins, J.R., W.M. McMahon & L.P. Francis (1999). *Genetics and Criminality: The Potential Misuse of Scientific Information in Court*. Washington, DC: American Psychological Association.

Bottcher, J. & M.E. Ezell (2005). "Examining the Effectiveness of Boot Camps: A Randomized Experiment with a Longterm Followup." *Journal of Research in Crime and Delinquency*, 42, 309-332.

Bourgon, G. & B. Armstrong (2005). "Transferring the Principles of Effective Treatment into a "Real World" Prison Setting." *Criminal Justice and Behavior*, 32, 3-25.

Bourgon, G. & J. Bonta (2004). *Risk Assessment for General Assault and Partner Abusers* (User Report 2004-04). Ottawa: Public Safety and Emergency Preparedness Canada.

Bowen, E., E. Gilchrist & A.R. Beech (2008). "Change in Treatment Has No Relationship With Subsequent ReOffending in U.K. Domestic Violence Sample: A Preliminary Study." *International Journal of Offender Therapy and Comparative Criminology*, 52, 598-614.

Bowlby, J. (1971). *Attachment and Loss, Vol. 1: Attachment*. Harmondsworth, UK: Penguin Books.

Bowlby, J. (1973). *Attachment and Loss, Vol. 2. Separation: Anxiety and Anger*. Harmondsworth, UK: Penguin.

Bowlby, J. (1988). *A Secure Base: Clinical Implications of Attachment Theory*. London: Routledge & Kegan Paul.

Bradford, J.M.W. (1997). "Medical Interventions in Sexual Deviance." In D.R. Laws & W. O'Donohue (eds.), *Sexual Deviance: Theory, Assessment, and Treatment* (pp. 449-464). New York: Guilford Press.

Bradshaw, W. & D. Roseborough (2005). "Restorative Justice Dialogue: The Impact of Mediation and Conferencing on Juvenile Recidivism." *Federal Probation*, 69, 15-21.

Braithwaite, J. (1981). "The Myth of Social Class and Criminality Reconsidered." *American Sociological*

Review, 46, 36-47.

Braithwaite, J. (1989). *Crime, Shame and Reintegration*. Cambridge, UK: Cambridge University Press.

Braithwaite, J. (1999). "Restorative Justice: Assessing Optimistic and Pessimistic Accounts." In M. Tonry (ed.), *Crime and Justice: A Review of Research*, Vol. 25 (pp. 1-127). Chicago: University of Chicago Press.

Brennan, P.A. & S.A. Mednick (1993). "Genetic Perspectives on Crime." *Acta Psychiatrica Scandinavica*, 87 (Suppl. 370), 19-26.

Brennan, P.A., S.A. Mednick & S. Hodgins (2000). "Major Mental Disorders and Criminal Violence in a Danish Birth Cohort." *Archives of General Psychiatry*, 56, 215-219.

Bressan, A. (2008). *Family Violence in Canada: A Statistical Profile 2008*. Ottawa: Canadian Centre for Justice Statistics.

Brews, A., J.S. Wormith & L. Guzzo (2009). "An Examination of the LSI-OR and Its Supplementary Scales with Female Offenders." Paper presented at the Annual Meeting of the Canadian Psychological Association, Montreal, Quebec.

Brink, J.H., D. Doherty & A. Boer (2001). "Mental Disorder in Federal Offenders: A Canadian Prevalence Study." *International Journal of Law and Psychiatry*, 24, 339-356.

Brody, G.H., X. Ge, S.Y. Kim, V.M. Murry, R.L. Simons, F.X. Gibbons, M. Gerrard & R.D. Conger (2003). "Neighborhood Disadvantage Moderates Associations of Parenting and Older Sibling Problem Attitudes and Behavior with Conduct Disorders in African American Children." *Journal of Consulting and Clinical Psychology*, 71, 211-222.

Broidy, L.M. (2001). "A Test of General Strain Theory." *Criminology*, 39, 9-33.

Brown, R.S. & R.W. Courtis (1977). "The Castration Alternative." *Canadian Journal of Criminology and Corrections*, 19, 196-205.

Brown, S.L., M.D. St. Amand & E. Zamble (2009). "The Dynamic Prediction of Criminal Recidivism: A Three-Wave Prospective Study." *Law and Human Behavior*, 33, 25-45.

Buehler, R.E., G.R. Patterson & J.M. Furniss (1966). "The Reinforcement of Behavior in Institutional Settings." *Behavioral Research and Therapy*, 4, 157-167.

Buffkin, J.L. & V.R. Luttrell (2005). "Neuroimaging Studies of Aggressive and Violent Behavior: Current Findings and Implications for Criminology and Criminal Justice." *Trauma, Violence, and Abuse*, 6, 176-191.

Buonopane, A. & I.L. Petrakis (2005). "Pharmacotherapy of Alcohol Use Disorders." *Substance Use & Misuse*, 40, 2001-2020.

Burdon, W.M., N.P. Messina & M.L. Prendergast (2004). "The California Experiment Expansion Initiative: Aftercare Participation, Recidivism, and Predictors of Outcomes." *The Prison Journal*, 84, 61-80.

Burgess, E.W. (1928). "Factors Determining Success or Failure on Parole." In A.A. Bruce, A.J. Harno, E.W. Burgess & J. Landesco (eds.), *The Workings of the Indeterminatesentence Law and the Parole System in Illinois* (pp. 221-234). Springfield, IL: State Board of Parole.

Burgess, R.L. & R.L. Akers (1966). "A Differential Association-Reinforcement Theory of Criminal Behavior." *Social Problems*, 14, 128-147.

Burke, B.L., H. Arkowitz & M. Menchola (2003). "The Efficacy of Motivational Interviewing: A Meta-analysis of Controlled Clinical Trials." *Journal of Consulting and Clinical Psychology*, 71, 843-861.

Burlingame, G.M., A. Fuhriman & J. Mosier (2003). "The Differential Effectiveness of Group Psychotherapy: A Metaanalytic Perspective." *Group Dynamics: Theory, Research, and Practice*, 7, 3-12.

Burt, S.A., A.R. Barnes, M. McGue & W.G. Iacono (2008). "Parental Divorce and Adolescent

Delinquency: Ruling Out the Impact of Common Genes." *Developmental Psychology,* 44, 1668-1677.

Burton, J.M. & L.A. Marshall (2005). "Protective Factors for Youth Considered at Risk of Criminal Behaviour: Does Participation in Extracurricular Activities Help?" *Criminal Behaviour and Mental Health,* 15, 46-64.

Burton, V.S., Jr., F.T. Cullen, T.D. Evans, L.F. Alarid & R.G. Dunaway (1998). "Gender, Self-Control, and Crime." *Journal of Research in Personality and Crime,* 35, 123-147.

Bush, J. (1995). "Teaching Self-Risk Management to Violent Offenders." In J. McGuire (ed.), *What Works: Effective Methods to Reduce Reoffending* (pp. 139-154). Sussex, UK: Wiley.

Bush, J. & B. Bilodeau (1993). *Options: A Cognitive Change Program.* Longmont, CO: National Institute of Corrections.

Bush, J., B. Bilodeau & Kornick (1995). *Options: A Cognitive Change Program.* Longmont, CO: National Institute of Corrections.

Bushway, S. & J. Smith (2007). "Sentencing Using Statistical Treatment Rules: What We Don't Know Can Hurt Us." *Journal of Quantitative Criminology,* 23, 377-387.

Buss, A.H. (1966). *Psychopathology.* New York: Wiley.

Button, T.M.M., J. Scourfield, N. Martin, S. Purcell & P. McGuffin (2005). "Family Dysfunction Interacts with Genes in the Causation of Antisocial Symptoms." *Behavior Genetics,* 35, 115-120.

Byrne, J.M. & F.S. Taxman (1994). "Crime Control Policy and Community Corrections Practice: Assessing the Impact of Gender, Race, and Class." *Evaluation and Program Planning,* 17, 227-233.

Caldwell, M.F., M. Vitacco & G.J. Van Rybroek (2006). "Are Violent Delinquents Worth Treating? A Cost-Benefit Analysis." *Journal of Research in Crime and Delinquency,* 43, 148-168.

Cale, E.M. (2006). "A Quantitative Review of the Relations Between the 'Big 3' Higher Order Personality Dimensions and Antisocial Behavior." *Journal of Research in Personality,* 40, 250-284.

California Office of the Governor (2009). Governor's Budget Summary 2009-10. Downloaded February 15, 2009, from http://www.ebudget.ca.gov/pdf/BudgetSummary.

Campbell, D.T. & J.C. Stanley (1963). *Experimental and Quasi-experimental Designs for Research.* Chicago: Rand McNally.

Campbell, F.A., C.T. Ramey, E. Pungello, J. Sparling & S. MillerJohnson (2002). "Early Childhood Education: Young Adult Outcomes From the Abecedarian Project." *Applied Developmental Science,* 6, 42-57.

Campbell, J.C. (2005). "Assessing Dangerousness in Domestic Violence Cases: History, Challenges, and Opportunities." *Criminology and Public Policy,* 4, 653-671.

Campbell, M.A., S. French & P. Gendreau (2009). "The Prediction of Violence in Adult Offenders: A Meta-Analytic Comparison of Instruments and Methods of Assessment." *Criminal Justice and Behavior,* 36, 567-590.

Campbell, M.A., S. Porter & D. Santor (2004). "Psychopathic Traits in Adolescent Offenders. A Evaluation of Criminal History, Clinical, and Psychosocial Correlates." *Behavioral Sciences and the Law,* 22, 23-47.

Canadian Sentencing Commission (1987). "Community Punishments as Sanctions in Their Own Right." In *Canadian Sentencing Commission, Sentencing Reform: A Canadian Approach* (pp. 338-343). Ottawa: Canadian Government Publishing Centre.

Canter, D.V. & N. Wentink (2004). "An Empirical Test of Holmes and Holmes's Serial Murder Typology." *Criminal Justice and Behavior,* 31, 489-515.

Carey, G. (1992). "Twin Imitation for Antisocial Behavior: Implications for Genetic and Family Environment Research." *Journal of Abnormal*

Psychology, 101, 18-25.

Carey, G. & D. Goldman (1997). "The Genetics of Antisocial Behavior." In D.M. Stuff, J. Breiling & J.D. Maser (eds.), *Handbook of Antisocial Behavior* (pp. 243-254). New York: Wiley.

Carlson, B.E. & N. Cervera (1991). "Inmates and Their Families: Conjugal Visits, Family Contact, and Family Functioning." *Criminal Justice and Behavior*, 18, 318-331.

Carroll, K.M. (1998). *A Cognitive-Behavioral Approach: Treating Cocaine Addiction*. Rockville, MD: National Institute on Drug Abuse.

Cartier, J., D. Farabee & M.L. Prendergast (2006). "Methamphetamine Use, Self-reported Violent Crime, and Recidivism among Offenders in California who Abuse Substances." *Journal of Interpersonal Violence*, 21, 435-445.

Caspi, A., H. Harrington, B. Milne, J.W. Amell, R.F. Theodore & T.E. Moffitt (2003). "Children's Behavioral Styles at Age 3 Are Linked to Their Adult Personality Traits at Age 26." *Journal of Personality*, 71, 495-513.

Caspi, A., J. McClay, T.E. Moffitt, J. Mill, J. Martin, I.W. Craig, A. Taylor & R. Poulton (2002). "Role of Genotype in the Cycle of Violence in Maltreated Children." *Science*, 297, 851-854.

Caspi, A., T.E. Moffitt, P.A. Silva, M. Stouthamer-Loeber, R.F. Krueger & P.S. Schmutte (1994). "Are Some People Crimeprone? Replications of the Personality-Crime Relationship across Countries, Genders, Races, and Methods." *Criminology*, 32, 163-195.

Catalano, R.F., M.W. Arthur, J.D. Hawkins, L. Bergland & J.J. Olson (1998). In R. Loeber & D.P. Farrington (eds.). *Serious and Violent Juvenile Offenders: Risk Factors and Successful Interventions* (pp. 248-283). Thousand Oaks, CA: Sage.

Cattaneo, L.B. & L.A. Goodman (2005). "Risk Factors for Reabuse in Intimate Partner Violence: A Cross-disciplinary Critical Review." *Trauma, Violence, and Abuse*, 6, 141-175.

Cattell, R.B. (1957). *Personality and Motivation, Structure and Measurement*. Yonkers-onHudson, NY: World Book.

Cauffman, E., L. Steinberg & A. Piquero (2005). "Psychological, Neuropsychological and Physiological Correlates of Serious Antisocial Behavior in Adolescence: The Role of Self Control." *Criminology*, 43-175.

Cautela, J.R. (1970). "The Treatment of Alcoholism by Covert Sensitization." *Psychotherapy: Theory, Research and Practice*, 7, 83-90.

Center on Juvenile and Criminal Justice (2008). *Research Update: Does More Imprisonment Lead to Less Crime?* See http://www.cjcj.org.

Cernovsky, Z.Z. & L.C. Litman (1993). "Reanalysis of J.P. Rushton's Crime Data." *Canadian Journal of Criminology*, 35, 31-36.

Chaiken, J.M. & M.R. Chaiken (1982). *Varieties of Criminal Behavior: Summary and Policy Implications*. Santa Monica, CA: RAND.

Chaiken, M.R. (1989). *Prison Programs for Drug-involved Offenders*. Washington, DC: National Institute of Justice.

Chamberlain, P. (2003). *Treating Chronic Juvenile Offenders: Advances Made through the Oregon Multidimensional Treatment Foster Care Model*. Washington, DC: American Psychological Association.

Chamberlain, P., L.D. Leve & D.S. DeGarmo (2007). "Multidimensional Treatment Foster Care for Girls in the Juvenile Justice System: 2-Year Follow-Up of a Randomized Clinical Trial." *Journal of Consulting and Clinical Psychology*, 75, 187-193.

Chamberlain, P. & J.B. Reid (1998). "Comparison of Two Community Alternatives to Incarceration for Chronic Juvenile Offenders." *Journal of Consulting and Clinical Psychology*, 66, 624-633.

Chamlin, M.B., A.J. Myer, B.A. Sanders & J.K. Cochran

(2008). "Abortion as Crime Control: A Cautionary Tale." *Criminal Justice Policy Review,* 19, 135-152.

Chan, W. Y. & O.M. Rennert (2002). "Molecular Aspects of Sex Differentiation." *Current Molecular Medicine,* 2, 25-37.

Chandler, M. (1973). "Egocentrism and Antisocial Behavior: The Assessment and Training of Social Perspective-taking Skills." *Developmental Psychology,* 44, 326-333.

Chang, H. L., H.T. Woo & C. H. Tseng (2006). "Is Rigorous Punishment Effective? A Case Study of Lifetime License Revocation in Taiwan." *Accident Analysis and Prevention,* 38, 269-276.

Chaplin, T.C., M.E. Rice & G.T. Harris (1995). "Salient Victim Suffering and the Sexual Responses of Child Molesters." *Journal of Consulting and Clinical Psychology,* 63, 249-255.

Chen, E.Y. (2008). "Impacts of 'Three Strikes and You're Out'on Crime Trends in California and Throughout the United States." *Journal of Contemporary Criminal Justice,* 24, 345-370.

ChesneyLind, M. (1989). "Girl's Crime and Women's Place: Toward a Feminist Model of Female Delinquency." *Crime & Delinquency,* 35, 5-29.

Chess, S. & A. Thomas (1984). *Origins and Evolution of Behavior Disorders: From Infancy to Early Adult Life.* New York: Brunner/Mazel.

Chess, S. & A. Thomas (1990). "The New York Longitudinal Study (NYLS): The Young Adult Periods." *Canadian Journal of Psychiatry,* 35, 557-561.

Christiansen, K.O. (1977). "A Preliminary Study of Criminality among Twins." In S.A. Mednick & K.O. Christiansen (eds.), *Biosocial Basis of Criminal Behavior* (pp. 89-108). New York: Gardner Press.

Chung, I.-J., K.G. Hill, J.D. Hawkins, L.D. Gilchrist & D.S. Nagin (2002). "Childhood Predictors of Offense Trajectories." *Journal of Research in Crime and Delinquency,* 39, 60-90.

Church, R.M. (1963). "The Varied Effects of Punishment on Behavior." *Psychological Review,* 70, 369-402.

Clear, T. (1994). *Harm in American Penology: Offenders, Victims and Their Communities.* Albany, NY: SUNY Press.

Clear, T. (2008). "The Effects of High Imprisonment Rates on Communities." In M. Tonry (ed.), *Crime and Justice: A Review of Research,* Vol. 37 (pp. 97-132). Chicago: Chicago University Press.

Clear, T.R., D.R. Rose, E. Waring & K. Scully (2003). "Coercive Mobility and Crime: A Preliminary Examination of Concentrated Incarceration and Social Disorganization." *Justice Quarterly,* 20, 33-64.

Cleckley, H. (1941). *The Mask of Sanity: An Attempt to Reinterpret the So-Called Psychopathic Personality.* St. Louis: Mosby.

Cleckley, H. (1982). *The Mask of Sanity,* 4th ed. St. Louis: Mosby.

Clements, C.B. (1996). "Offender Classification: Two Decades of Progress." *Criminal Justice and Behavior,* 23, 121-143.

Cloninger, C.R., D.M. Svrakic & T.R. Prsybeck (1993). "A Psychobiological Model of Temperament and Character." *Archives of General Psychiatry,* 50, 975-990.

Cloward, R.A. & L.E. Ohlin (1960). *Delinquency and Opportunity: A Theory of Delinquent Gangs.* New York: Free Press.

Coates, R.B. & J. Gehm (1988). "An Empirical Assessment." In M. Wrigh & B. Galaway (eds.), *Mediation and Criminal Justice: Victims, Offenders and Community* (pp. 251-263). Newbury Park, CA: Sage.

Cochran, J.K. & M.B. Chamlin (2000). "Deterrence and Brutalization: The Dual Effects of Executions." *Justice Quarterly,* 17, 685-706.

Cochran, J.K., M.B. Chamlin & M. Seth (1994). "Deterrence or Brutalization? An Impact Assessment of Oklahoma's Return to Capital

Punishment." *Criminology*, 32, 107-134.

Cohen, A.K. (1955). *Delinquent Boys: The Culture of the Gang*. Glencoe, IL: Free Press.

Cohen, M. (2001). "To Treat or Not to Treat? A Financial Perspective." In C.R. Hollin (ed.), *Handbook of Offender Assessment and Treatment* (pp. 35-49). Chichester, UK: John Wiley & Sons.

Cohen, M.A. & A.R. Piquero (2009). "New Evidence on the Monetary Value of Saving a High Risk Youth." *Journal of Quantitative Criminology*, 25, 25-49.

Coid, J., M. Yang, S. Ullrich, A. Roberts & R.D. Hare (2009). "Prevalence and Correlates of Psychopathic Traits in the Household Population of Great Britain." *International Journal of Law and Psychiatry*, 32, 65-73.

Cole, D.P. (2007). "The Umpires Strike Back: Canadian Judicial Experience with Risk Assessment Instruments." *Canadian Journal of Criminology and Criminal Justice*, 49, 493-517.

Cole, D.P. & G. Angus (2003). "Using Pre-sentence Reports to Evaluate and Respond to Risk." *Criminal Law Quarterly*, 47, 302-364.

Coleman, F.L. (1997). "Stalking Behavior and the Cycle of Domestic Violence." *Journal of Interpersonal Violence*, 12, 420-432.

Conway, P. (2003). "Survey of Agencies Using Electronic Monitoring Reveals a Promising Future." *The Journal of Offender Monitoring*, 16, 5, 18-23.

Cookson, H.M. (1992). "Alcohol Use and Offence Type in Young Offenders." *British Journal of Criminology*, 32, 352-360.

Cookston, J.T. (1999). "Parental Supervision and Family Structure: Effects on Adolescent Problem Behaviors." *Journal of Divorce and Remarriage*, 32, 107-122.

Copas, J. & P. Marshall (1998). "The Offender Reconviction Scale: A Statistical Reconviction Score for Use by Probation Officers." *Journal of the Royal Statistical Society*, 47, 159-171.

Cordess, C. (2001). "Forensic Psychotherapy." In C.R. Hollin (ed.), *Handbook of Offender Assessment and Treatment* (pp. 309-329). Chichester, UK: John Wiley & Sons.

Corrado, R.R., G.M. Vincent, S.D. Hart & I.M. Cohen (2004). "Predictive Validity of the Psychopathy Checklist: Youth Version for General and Violent Recidivism." *Behavioral Sciences and the Law*, 22, 5-22.

Costa, P.T., Jr. & R.R. McCrae (1992). *Revised NEO Personality Inventory (NEO-PI-R) and NEO Five-Factor Inventory (NEOFFI) Professional Manual*. Odessa, FL: Psychological Assessment Resources.

Cotter, R. (2005). "Implementing GPS Electronic Monitoring: A Survey of GPS Offender Tracking Programs in the U.S." *The Journal of Offender Monitoring*, 18, 12-13.

Cottle, C., R.J. Lee & K. Heilbrun (2001). "The Prediction of Criminal Recidivism in Juveniles: A MetaAnalysis." *Criminal Justice and Behavior*, 28, 367-394.

Covington, S.S. (2000). "Helping women Recover: Creating Genderspecific Treatment for Substance-abusing Women and Girls in Community Corrections." In M. McMahon (ed.), *Assessment to Assistance: Programs for Women in Community Corrections* (pp. 171-233). Latham, MD: American Correctional Association.

Covington, S.S. & B. Bloom (1999). "Genderresponsive Programming and Evaluation for Women in the Criminal Justice System: A Shift from 'What Works?' to 'What is the Work?'" Paper presented at the 51st Annual Meeting of the American Society of Criminology, Toronto, Canada, November.

Cox, M. (1998). "A Groupanalytic Approach to Psychopaths: 'The Ring of Truth'" In T. Millon, E. Simonsen, M. BirketSmith & R.D. Davis (eds.), *Psychotherapy: Antisocial, Criminal, and Violent Behavior* (pp. 393-406). New York: Guilford.

Craft, M., G. Stephenson & C. Granger (1966). "A

Controlled Trial of Authoritarian and Selfgoverning Regimes with Adolescent Psychopaths." *American Journal of Orthopsychiatry,* 34, 543-554.

Craig, L.A., K.D. Browne, I. Stringer & A. Beech (2005). "Sexual Recidivism: A Review of Static, Dynamic and Actuarial Predictors." *Journal of Sexual Aggression,* 11, 65-84.

Craig, R.D. & K. Truitt (1996). "Moral Problem Solving among Inmates in a MaximumSecurity Correctional Institution." *International Journal of Offender Therapy and Comparative Criminology,* 40, 243-252.

Cressey, D.R. (1955). "Changing Criminals: The Application of the Theory of Differential Association." *American Journal of Sociology,* 61, 116-120.

Cressey, D.R. & D.A. Ward (1969). *Delinquency, Crime, and Social Control.* New York: Harper and Row.

Cretacci, M.A. (2008). "A General Test of Selfcontrol Theory." *International Journal of Offender Therapy and Comparative Criminology,* 52, 538-533.

Crime and Justice Research Centre (2005). *Evaluation of the Court-Referred Restorative Justice Pilot: Technical Report.* Wellington, NZ: Ministry of Justice.

Crews, F. (1986). "In the Big House of Theory." *The New York Review of Books,* 29 (May), 36, 41.

Crocker, A.G., K.T. Mueser, R.E. Drake, R.E. Clark, G.J. Mchugo, T.H. Ackerson & A.I. Alterman (2005). "Antisocial Personality, Psychopathy, and Violence in Persons with Dual Disorders: A Longitudinal Analysis." *Criminal Justice and Behavior,* 32, 452-476.

Cullen, F.T. (1995). "Assessing the Penal Harm Movement." *Journal of Research in Crime and Delinquency,* 32, 338-358.

Cullen, F.T., K.R. Blevins, J.S. Trager & P. Gendreau (2005). "The Rise and Fall of Boot Camps: A Case Study in Commonsense Corrections." *Journal of Offender Rehabilitation,* 40, 53-70.

Cullen, F.T., B.S. Fisher & B.K. Applegate (2000). "Public Opinion about Punishment and Corrections." In M. Tonry (ed.), *Crime and Justice: A Review of Research,* Vol. 27 (pp. 1-79). Chicago: University of Chicago Press.

Cullen, F.T. & P. Gendreau (1989). "The Effectiveness of Correctional Rehabilitation." In L. Goodstein & D.L. MacKenzie (eds.), *The American Prison: Issues in Research Policy* (pp. 23-24). New York: Plenum.

Cullen, F.T. & P. Gendreau (2001). "From Nothing Works to What Works: Changing Professional Ideology in the 21st Century." *The Prison Journal,* 81, 313-338.

Cullen, F.T., P. Gendreau, G.R. Jarjoura & J.P. Wright (1997). "Crime and the Bell Curve: Lessons from Intelligence Criminology." *Crime & Delinquency,* 43, 387-411.

Cullen, F.T. & K.E. Gilbert (1982). *Reaffirming Rehabilitation.* Cincinnati: Anderson.

Cullen, F.T., M.T. Larson & R.A. Mathers (1985). "Having Money and Delinquent Involvement: The Neglect of Power in Delinquency Theory." *Criminal Justice and Behavior,* 12, 171-192.

Cullen, F.T., J.P. Wright & B.K. Applegate (1996). "Control in the Community: The Limits of Reform?" In A.T. Harland (ed.), *Choosing Correctional Options That Work: Defining the Demand and Evaluating the Supply* (pp. 69-116). Thousand Oaks, CA: Sage.

Dulpit, C., S.W. Henggeler, I.S. Taylor & O.W. Addison (2005). *Multisystemic Therapy and Neighborhood Partnerships: Reducing Adolescent Violence and Substance Use.* New York: Guilford.

Cumberland, A.K. & G.J. Boyle (1997). "Psychometric Prediction of Recidivism: Utility of the Risk Needs Inventory." *Australian and New Zealand Journal of Criminology,* 30, 72-86.

Currie, E. (1993). *Reckoning: Drugs, the Cities, and the American Future*. New York: Hill and Wang.

Curry, G.D. (2000). Selfreported Gang Involvement and Officially Recorded Delinquency. *Criminology*, 38, 1253-1274.

Curtis, N.M., K.R. Ronan & C.M. Borduin (2004). "Multisystemic Treatment: A Meta-analysis of Outcome Studies." *Journal of Family Psychology*, 18, 411-419.

Dadds, M.R., J. Fraser, A. Frost & D.J. Hawes (2005). "Disentangling the Underlying Dimensions of Psychopathy and Conduct Problems in Childhood: A Community Study." *Journal of Consulting and Clinical Psychology*, 73, 400-410.

Dadds, M.R., S. Schwartz & M. Sanders (1987). "Marital Discord and Treatment Outcome in Behavioral Treatment of Child Conduct Disorders." *Journal of Consulting and Clinical Psychology*, 55, 396-403.

Daffern, M. (2007). "The Predictive Validity and Practical Utility of Structured Schemes Used to Assess Risk for Aggression in Psychiatric Inpatient Settings." *Aggression and Violent Behavior*, 12, 116-130.

Dagg, A.I. (2005). *"Love of Shopping" is Not a Gene: Problems with Darwinian Psychology*. Tonawanda, NY: Black Rose Books.

Dahle, K-P. (2006). "Strengths and Limitations of Actuarial Prediction of Criminal Reoffence in a German Prison Sample: A Comparative Study of LSI-R, HCR-20 and PCL-R." *International Journal of Law and Psychiatry*, 29, 431-442.

Dalgaard, O.S. & E. Kringlen (1976). "A Norwegian Twin Study of Criminality." *British Journal of Criminology*, 16, 213-233.

Daly, J.E. & S. Pelowski (2000). "Predictors of Dropout among Men Who Batter: A Review of Studies with Implications for Research and Practice." *Violence and Victims*, 15, 137-160.

Daly, K. (2006a). "The Limits of Restorative Justice." In D. Sullivan & L. Tifft (eds.), *Handbook of Restorative Justice* (pp. 134-145). New York: Routledge.

Daly, K. (2000b). "Restorative Justice and Sexual Assault." *British Journal of Criminology*, 46, 334-356.

Daly, K. & R.L. Bordt (1995). "Sex Effects and Sentencing: An Analysis of the Statistical Literature." *Justice Quarterly*, 12, 141-175.

Daly, K. & M. Tonry (1997). "Gender, Race, and Sentencing." In M. Tonry (ed.), *Crime and Justice: A Review of Research* (pp. 201-252). Chicago: University of Chicago Press.

Daly, M. (1996). "Evolutionary Adaptationism: Another Biological Approach to Criminal and Antisocial Behaviour." *Genetics of Criminal and Antisocial Behavior* (pp. 183-195). Wiley, Chichester (Ciba Foundation Symposium 194).

Daly, M. & M. Wilson (1988). *Homicide*. New York: Aldine de Gruyter.

Daly, M. & M. Wilson (1994). "Some Differential Attributes of Lethal Assaults on Small Children by Stepfathers versus Genetic Fathers." *Ethology and Sociobiology*, 15, 207-217.

Daniel, A.E., A.J. Robins, J.C. Reid & D.E. Wifley (1988). "Lifetime and Six Month Prevalence of Psychiatric Disorders among Sentenced Female Offenders." *Bulletin of the American Academy of Psychiatry and the Law*, 16, 333-342.

Darwin, C.R. (1859). *On the Origin of Species*. London: John Murray.

Dauvergne, M. (2008). *Crime Statistics in Canada, 2007*. Ottawa: Canadian Centre for Justice Statistics.

Davidson, W.S., S.D. Jefferson, A. Legaspi, J. Lujan & A.M. Wolf (2001). "Alternative Interventions for Juvenile Offenders: History of the Adolescent Diversion Project." In C.R. Hollin (ed.), *Handbook of Offender Assessment* (pp. 221-236). Chichester, UK: John Wiley & Sons.

Davis, R.C., B.E. Smith & L.B. Nickles (1998). "The Deterrent Effect of Prosecuting Domestic Violence

Misdemeanors." *Crime & Delinquency,* 44, 434-444.

Davis, R.C. & B.G. Taylor (1997). "A Proactive Response to Family Violence: The Results of a Randomized Experiment." *Criminology,* 35, 307-333.

Dawkins, R. (1989). *The Selfish Gene.* New York: Oxford University Press.

Day, A., A. Gerace, C. Wilson & K. Howells (2008). "Promoting Forgiveness in Violent Offenders: A More Positive Approach to Offender Rehabilitation?" *Aggression and Violent Behavior,* 13, 195-200.

DeaterDeckard & K.A. Dodge (1997). "Spare the Rod, Spoil the Authors: Emerging Themes in Research on Parenting and Child Development." *Psychological Inquiry,* 8, 230-235.

DeaterDeckard, K., J.E. Lansford, K.A. Dodge, G.S. Pettit & J.E. Bates (2003). "The Development of Attitudes about Physical Punishment: An 8-year Longitudinal Study." *Journal of Family Psychology,* 17, 351-360.

de Beus, K. & N. Rodriquez (2007). "Restorative Justice Practice: An Examination of Program Completion and Recidivism." *Journal of Criminal Justice,* 35, 337-347.

Decker, S.H. (2007). "Youth Gangs and Violent Behavior." In D. J. Flannery, A.T. Vazsonyi & I.D. Waldman (eds.), *The Cambridge Handbook of Violent Behavior and Aggression* (pp. 388-402). Cambridge, UK: Cambridge University Press.

Decker, S.H. & C.W. Kohfeld (1984). "A Deterrence Study of the Death Penalty in Illinois, 1933-1980." *Journal of Criminal Justice,* 12, 367-377.

Decker, S.H. & C.W. Kohfeld (1987). "An Empirical Analysis of the Effect of the Death Penalty in Missouri." *Journal of Crime and Justice,* 10, 23-46.

DeGarmo, D.S. & M.S. Forgatch (2005). "Early Development of Delinquency Within Divorced Families: Evaluating a Randomized Preventive Intervention Trial." *Developmental Science,* 8, 229-239.

DeKeseredy, W.S. & M.D. Schwartz (1996). *Contemporary Criminology.* Belmont, CA: Wadsworth.

Deluty, M.Z. (1978). "SelfControl and Impulsiveness Involving Aversive Events." *Journal of Experimental Psychology: Animal Processes,* 4, 250-266.

DeMatteo, D., K. Heilbrun & G. Marczyk (2005). "Psychopathy, Risk of Violence, and Protective Factors in a Noninstitutionalized and Noncriminal Sample." *International Journal of Forensic Mental Health,* 4, 147-157.

DeMatteo, D., K. Heilbrun & G. Marczyk (2006). "An Empirical Investigation of Psychopathy in a Noninstitutionalized and Noncriminal Sample." *Behavioral Sciences and the Law,* 24, 133-146.

Dembo, R., J. Schmeidler, B. NiniGough, C.C. Sue, P. Borden & D. Manning (1998). "Predictors of Recidivism to a Juvenile Assessment Center: A Three-year Study." *Journal of Child and Adolescent Substance Abuse,* 7, 57-77.

Demuth, S. & S.L. Brown (2004). "Family Structure, Family Processes, and Adolescent Delinquency: The Significance of Parental Absence versus Parental Gender." *Journal of Research in Crime and Delinquency,* 41, 58-81.

Dennison, S.M. & D.M. Thomson (2005). "Criticisms or Plaudits for Stalking Laws? What Psycholegal Research Tells Us about Proscribing Stalking." *Psychology, Public Policy, and Law,* 11, 384-406.

Denno, D.W. (1990). *Biology and Violence: From Birth to Adulthood.* Cambridge, UK: Cambridge University Press.

DeWall, C.N., J.M. Twenge, S.A. Gitter & R.F. Baumeister (2009). "It's the Thought That Counts: The Role of Hostile Cognition in Shaping Aggressive Responses to Social Exclusion." *Journal Personality and Social Psychology,* 95, 45-59.

DeYoung, C.G., J.B. Peterson, J.R. Séguin, J.M. Mejia, R.O. Pihl, J.H. Beitchman, U. Jain, R.E. Tremblay, J.L. Kennedy & R.M. Palmour (2006). "The Dopamine D4 Receptor Gene and Moderation of the Association Between Externalizing Behavior and IQ." *Archives of General Psychiatry,* 63, 1410-1416.

DiClemente, C.C. & M.M. Velasquez (2002). "Motivational Interviewing and the Stages of Change." In W.R. Miller & S. Rollnick, *Motivational Interviewing: Preparing People for Change,* 2nd ed. (pp. 201-216). New York: Guilford.

Diefenbach, D.L. (1997). "The Portrayal of Mental Illness on Prime-time Television." *Journal of Community Psychology,* 25, 289-302.

Dietz, P.E., R.R. Hazelwood & J. Warren (1990). "The Sexually Sadistic Criminal and His Offenses." *Bulletin of the American Academy of Psychiatry and the Law,* 18, 163-178.

Dietz, P.E., D.B. Matthews, D. Martell, T. Stewart, D. Hrouda & J. Warren (1991). "Threatening and Otherwise Inappropriate Letters to Members of the United States Congress." *Journal of Forensic Sciences,* 36, 1445-1468.

Dietz, P.E., D.B. Matthews, C. Van Duyne, D.A. Martell, C.D.H. Parry, T. Stewart, J. Warren & J.D. Crowder (1991). "Threatening and Otherwise Inappropriate Letters to Hollywood Celebrities." *Journal of Forensic Sciences,* 36, 185-209.

Digman, J.M. (1990). "Personality Structure: Emergence of the Five Factor Model." *Annual Review of Psychology,* 41, 417-440.

Dinsmoor, J.A. (1955). "Punishment: II. An Interpretation of Empirical Findings." *Psychological Review,* 62, 96-105.

Dinsmoor, J.A. (1998). "Punishment." In W. O'Donohue (ed.), *Learning and Behavior Therapy* (pp. 188-204). New York: Allyn & Bacon.

Di Placido, C., T.L. Simon, T.D. Witte, D. Gu & S.C.P. Wong (2006). "Treatment of Gang Members Can Reduce Recidivism and Institutional Misconduct." *Law and Human Behavior,* 30, 93-114.

Dishion, T.J. & G.R. Patterson (1997). "The Timing and Severity of Antisocial Behavior: Three Hypotheses within an Ecological Framework." In D.M. Stoff, J. Breiling & J.D. Maser (eds.), *Handbook of Antisocial Behavior* (pp. 205-217). New York: Wiley.

Dishion, T.J., K.M. Spracklen & D.W. Andrews (1996). "Deviancy Training in Male Adolescent Friendships." *Behavior Therapy,* 27, 373-390.

Dobash, R.E., R.P. Dobash, K. Cavanagh & R. Lewis (2000). *Changing Violent Men.* Thousand Oaks, CA: Sage.

Dodge, K.A. & G.S. Petit (2003). "A Biopsy-chosocial Model of the Development of Chronic Conduct Problems in Adolescence." *Developmental Psychology,* 39, 349-371.

Dolan, M. & R. Fullam (2007). "The Validity of the Violence Risk Scale Second Edition (VRS-2) in a British Forensic Inpatient Sample." *The Journal of Forensic Psychiatry & Psychology,* 18, 381-393.

Dollard, J., L. Doob, N. Miller, O. Mowrer & R. Sears (1939). *Frustration and Aggression.* New Haven, CT: Yale University Press.

Donahue, J.J. & S.D. Levitt (2001). "The Impact of Legalized Abortion on Crime." *Quarterly Review of Economics,* 116, 379-420.

Donato, R. & M. Shanahan (1999). "The Economics of Implementing Intensive In-prison Sex Offender Treatment Programs." In *Trends and Issues in Crime and Criminal Justice,* No. 134. Canberra: Australian Institute of Criminology.

Donnellan, M.B., K.H. Trzesniewski, R.W. Robins, T.E. Moffitt & A. Caspi (2005). "Low SelfEsteem Is Related to Aggression, Antisocial Behavior, and Delinquency." *Psychological Science,* 16, 328-335.

Doob, A.N. & C.M. Webster (2003). "Sentence Severity and Crime: Accepting the Null Hypothesis." In

M. Tonry (ed.), *Crime and Justice: A Review of Research,* Vol. 30 (pp. 143-195). Chicago: University of Chicago Press.

Douglas, K.S. & D.G. Dutton (2001). "Assessing the Link between Stalking and Domestic Violence." *Aggression and Violent Behavior,* 6, 519-546.

Douglas, K.S., M.E. Epstein & N.G. Poythress (2008). "Criminal Recidivism Among Juvenile Offenders: Testing the Incremental and Predictive Validity of Three Measures of Psychopathic Features." *Law and Behavior,* 32, 423-438.

Douglas, K.S. & J.L. Skeem (2005). "Violence Risk Assessment: Getting Specific about Being Dynamic." *Psychology, Public Policy, and Law,* 11, 347-383.

Douglas, K.S., G.M. Vincent & J.F. Edens (2006). "Risk for Criminal Recidivism: The Role of Psychopathy." In C.J. Patrick (ed.), *Handbook of Psychopathy* (pp. 533-554). New York: Guilford.

Dowden, C. (1998). "A Meta-analytic Examination of the Risk, Need and Responsivity Principles and their Importance within the Rehabilitation Debate." Unpublished master's thesis, Psychology Department, Carleton University, Ottawa.

Dowden, C. & D.A. Andrews (1999a). "What Works for Female Offenders: A Metaanalytic Review." *Crime & Delinquency,* 45, 438-452.

Dowden, C. & D.A. Andrews (1999b). "What Works in Young Offender Treatment: A Metaanalysis." *Forum on Corrections Research,* 11, 21-24.

Dowden, C. & D.A. Andrews (2000). "Effective Correctional Treatment and Violent Reoffending." *Canadian Journal of Criminology,* 42, 449-467.

Dowden, C. & D.A. Andrews (2003). "Does Family Intervention Work for Delinquents? Results of a Meta-analysis." *Canadian Journal of Criminology and Criminal Justice,* 45, 327-342.

Dowden, C., D. Antonowicz & D.A. Andrews (2003). "The Effectiveness of Relapse Prevention with Offenders: A Meta-analysis." *International Journal of Offender Therapy and Comparative Criminology,* 47, 516-528.

Dowden, C.D. & S.L. Brown (2002). "The Role of Substance Abuse Factors in Predicting Recidivism: A Meta-analysis." *Psychology, Crime and Law,* 8, 243-264.

Drake, E.K., S. Aos & M.G. Miller (2009). "Evidence-Based Public Policy Options to Reduce Crime and Criminal Justice Costs: Implications in Washington State." *Victims & Offenders,* 4, 170-196.

D'Silva, K., C. Duggan & L. McCarthy (2004). "Does Treatment Really Make Psychopaths Worse? A Review of the Evidence." *Journal of Personality Disorders,* 18, 163-177.

Dugdale, R.L. (1877/1970). *The Jukes: A Study of Crime, Pauperism, Disease, and Heredity.* New York: Arno Press (originally published by G.P. Putnam).

Dunaway, R.G., F.T. Cullen, V.S. Burton, Jr. & T.D. Evans (2000). "The Myth of Social Class and Crime Revisited: An Examination of Class and Adult Criminality." *Criminology,* 38, 589-632.

Durrett, C. & T.J. Trull (2005). "An Evaluation of Evaluative Personality Terms: A Comparison of the Big Seven and FiveFactor Model in Predicting Psychopathology." *Psychological Assessment,* 17, 359-368.

Dutra, L., G. Stathopoulou, S.L. Basden, T.M. Leyro, M.B. Powers & M.W. Otto (2008). "A Meta-Analytic Review of Psychosocial Interventions for Substance Use Disorders." *American Journal of Psychiatry,* 165, 179-187.

Dutton, D.G. (1986). "The Outcome of Courtmandated Treatment for Wife-Assault: A Quasi-experimental Evaluation." *Violence and Victims,* 1, 163-175.

Dutton, D.G. (1995). *The Domestic Assault of Women: Psychological and Criminal Justice Perspectives,* 2nd ed. Boston: Allyn & Bacon.

Dutton, D.G. (2008). "My Back Pages: Reflections on Thirty Years of Domestic Violence Research."

Trauma, Violence, & Abuse, 9, 131-143.

Dutton, D.G. & S.D. Hart (1992). "Risk Markers for Family Violence in a Federally Incarcerated Population." *International Journal of Law and Psychiatry,* 15, 101-112.

Dutton, D.G. & P.R. Kropp (2000). "A Review of Domestic Violence Risk Instruments." *Trauma, Violence, and Abuse,* 1, 171-181.

Dutton, D.G., T.L. Nicholls & A. Spidel (2005). "Female Perpetrators of Intimate Abuse." *Journal of Offender Rehabilitation,* 41, 1-31.

Eamon, M.K. & C. Mulder (2005). "Predicting Antisocial Behavior among Latino Young Adolescents: An Ecological Systems Analysis." *American Journal of Orthopsychiatry,* 75, 117-127.

Eddy, M.J., R.B. Whaley & P. Chamberlain (2004). "The Prevention of Violent Behavior by Chronic and Serious Male Juvenile Offenders: A 2-year Follow-up of a Randomized Clinical Trial." *Journal of Emotional and Behavioral Disorders,* 12, 2-8.

Edens, J.F. & M.A. Cahill (2007). "Psychopathy in Adolescence and Criminal Recidivism in Young Adulthood: Longitudinal Results From a Multiethnic Sample of Youthful Offenders." *Assessment,* 14, 57-64.

Edens, J.F. & J.S. Campbell (2007). "Identifying Youth at Risk for Institutional Misconduct: A Meta-analytic Investigation of the Psychopathy Checklist Measures." *Psychological Services,* 4, 13-27.

Edens, J.F., J.S. Campbell & J.M. Weir (2007). "Youth Psychopathy and Criminal Recidivism: A Meta-Analysis of the Psychopathy Checklist Measures." *Law and Human Behavior,* 31, 53-75.

Edens, J.F., D.K. Marcus, S.O. Lilienfeld & N.G. Poythress Jr. (2006). "Psychopathic, Not Psychopath: Taxometric Evidence for the Dimensional Structure of Psychopathy." *Journal of Abnormal Psychology,* 115, 131-144.

Edens, J.F. & J. Petrila (2006). "Legal and Ethical Issues in the Assessment and Treatment of Psychopathy." In C.J. Patrick (ed.), *Handbook of Psychopathy* (pp. 573-588). New York: Guilford.

Edens, J.F., J.L. Skeem, K.R. Cruise & E. Cauffman (2001). "Assessment of 'Juvenile Psychopathy'and its Association with Violence: A Critical Review." *Behavioral Sciences and the Law,* 19, 53-80.

Edens, J.F. & G.M. Vincent (2008). "Juvenile Psychopathy: A Clinical Construct in Need of Restraint?" *Journal of Forensic Psychology Practice,* 8, 186-197.

Edwards, D.L., S.K. Schoenwald, S.W. Henggeler & K.B. Strother (2001). "A Multilevel Perspective on the Implementation of Multisystemic Therapy (MST): Attempting Dissemination with Fidelity." In G.A. Bernfeld, D.P. Farrington & A.W. Leschied (eds.), *Offender Rehabilitation in Practice* (pp. 97-120). Chichester, UK: Wiley.

Egan, V., B. Kavanagh & M. Blair (2005). "Sexual Offenders against Children: The Influence of Personality and Obsessionality on Cognitive Distortions." *Sexual Abuse: A Journal of Research and Treatment,* 17, 223-240.

Egley, A., Jr. & C.E. O'Donnell (2008). *Highlights of the 2006 National Youth Gang Survey.* Washington, DC: Office of Juvenile Justice and Delinquency Prevention.

Ehrensaft, M.K., P. Cohen, J. Brown, E. Smailes, H. Chen & J.G. Johnson (2003). "Intergenerational Transmission of Partner Violence: A 20-year Prospective Study." *Journal of Consulting and Clinical Psychology,* 71, 741-753.

Eitle, D. (2005). "The Influence of Mandatory Arrest Policies, Police Organizational Characteristics, and Situational Variables on the Probability of Arrest in Domestic Violence Cases." *Crime & Delinquency,* 51, 573-597.

Elbogen, E.B. & S.C. Johnson (2009). "The Intricate Link Between Violence and Mental Disorder: Results From the National Epidemiologic Survey on Alcohol and Related Conditions." *Archives of*

General Psychiatry, 66, 152-161.

Elliott, D.S., D. Huizinga & S.S. Ageton (1985). *Explaining Delinquency and Drug Use*. Beverly Hills, CA: Sage.

Ellis, L. (2000). *Criminology: A Global Perspective: Supplemental Tables, and References*. Minot, ND: Pyramid Press. See http://www.abacon.com/ellis/.

Ellis, L. (2005). "A Theory Explaining Biological Correlates of Criminality." *European Journal of Criminology*, 2, 287-315.

Ellis, L. & H. Hoffman (1990). "Views of Contemporary Criminologists on Causes and Theories of Crime." In L. Ellis & H. Hoffman (eds.), *Crime in Biological, Social, and Moral Contexts* (pp. 50-58). New York: Praeger.

Ellis, L. & A. Walsh (1997). "Genebased Evolutionary Theories in Criminology." *Criminology*, 35, 229-276.

ElseQuest, N.M., J. Shibley Hyde, H. Hill Goldsmith & C.A. Van Hulle (2006). "Gender Differences in Temperament: A Metaanalysis." *Psychological Bulletin*, 132, 33-72.

Empey, L.T. & M.L. Erickson (1972). *The Provo Experiment: Evaluating Community Control of Delinquency*. Lexington, MA: D.C. Heath.

Empey, L.T. & J. Rabow (1961). "The Provo Experiment in Delinquency Rehabilitation." *American Sociological Review*, 26, 679-695.

Engel, R.S. & E. Silver (2001). "Policing Mentally Disordered Suspects: A Reexamination of the Criminalization Hypothesis." *Criminology*, 39, 225-252.

Erwin, B.S. (1986). "Turning Up the Heat on Probationers in Georgia." *Federal Probation*, 50, 17-24.

Esbensen, F.-A. (2004). *Evaluating G.R.E.A.T.: A School-Based Gang Prevention Program*. Washington, DC: National Institute of Justice.

Esbensen, F. A. & D.W. Osgood (1999). "Gang Resistance Education and Training (GREAT): Results from a National Evaluation." *Journal of Research in Crime and Delinquency*, 36, 194-225.

Esbensen, F. A., L.T. Winfree, N. He & T.J. Taylor (2001). "Youth Gangs and Definitional Issues: When is a Gang a Gang, and Why Does it Matter?" *Crime & Delinquency*, 47, 105-130.

Evans, S.E., C. Davies & D. DiLillo (2008). "Exposure to Domestic Violence: A MetaAnalysis of Child and Adolescent Outcomes." *Aggression and Violent Behavior*, 13, 131-140.

Eysenck, H.J. (1964). *Crime and Personality*. London: Routledge and Kegan Paul.

Eysenck, H.J. (1977). *Crime and Personality*, 2nd ed. London: Routledge and Kegan Paul.

Eysenck, H.J. (1998). "Personality and Crime." In T. Millon, E. Simonsen, M. BirketSmith & R.D. Davis (eds.), *Psychopathy: Antisocial, Criminal, and Violent Behavior* (pp. 40-49). New York: Guilford.

Eysenck, H.J. & G.H. Gudjonsson (1989). *Causes and Cures of Criminality*. New York: Plenum.

Fagan, J.A. (1994). "Do Criminal Sanctions Deter Drug Crimes?" In D.L. Mackenzie & C.D. Uchida (eds.), *Drugs and Crime: Evaluating Public Policy Initiatives* (pp. 188-214). Thousand Oaks, CA: Sage.

Fals-Stewart, W. (2003). "The Occurrence of Partner Physical Aggression on Days of Alcohol Consumption: A Longitudinal Diary Study." *Journal of Consulting and Clinical Psychology*, 71, 41-52.

Fals-Stewart, W., K.E. Leonard & G.R. Birchler (2005). "The Occurrence of Male-to-Female Intimate Partner Violence on Days of Men's Drinking: The Moderating Effects of Antisocial Personality Disorder." *Journal of Consulting and Clinical Psychology*, 73, 239-248.

Farabee, D., Y.-I. Hser, M.D. Anglin & D. Huang (2004). "Recidivism Among an Early Cohort of California's Proposition 36 Offenders." *Criminology & Public Policy,* 3, 563-584.

Farbring, C.A. & W.R. Johnson (2008). "Motivational Interviewing in the Correctional System." In H. Arkowitz, H.A. Westra, W.R. Miller & S. Roonick (eds.), *Motivational Interviewing in the Treatment of Psychological Problems* (pp. 304-323). New York: Guilford.

Farrington, D.P. (1997). "Early Prediction of Violent and Non-violent Youthful Offending." *European Journal on Criminal Policy and Research,* 5, 51-66.

Farrington, D.P. (2005). "The Integrated Cognitive Antisocial Potential (ICAP) Theory." In D.P. Farrington (ed.), *Integrated Developmental and Life-course Theories of Offending* (pp. 73-92). New Brunswick, NJ: Transaction.

Farrington, D.P., G.C. Barnes & S. Lambert (1996). "The Concentration of Offending in Families." *Legal and Criminological Psychology,* 1, 47-63.

Farrington, D.P., J.W. Coid, L. Harnett, D. Jollife, N. Soteriou, R. Turner & D.J. West (2006). *Criminal Careers up to Age 50 and Life Success up to Age 48: New Findings from the Cambridge Study in Delinquent Development.* Home Office Research Study 299. London, England.

Farrington, D.P., J.W. Coid & J. Murray (2009). "Family Factors in the Intergenerational Transmission of Offending." *Criminal Behavior and Mental Health,* 19, 109-124.

Farrington, D.P., G. Hancock, M. Linvingston, K.A. Painter & G.J. Towl (2000). *Evaluation of Intensive Regimes for Young Offenders.* Research Findings No. 121. London: Home Office Research, Development and Statistics Directorate.

Farrington, D.P., A. Petrosino & C.C. Welsh (2001). "Systematic Reviews and Costbenefit Analyses of Correctional Interventions." *The Prison Journal,* 81, 339-359.

Farrington, D.P., M.M. Ttofi & J.W. Coid (1999). "Development of Adolescence-Limited, and Persistent Offenders from Age 8 to Age 48." *Aggressive Behavior,* 35, 150-163.

Farrington, D.P. & D.J. West (1995). "Effects of Marriage, Separation, and Children on Offending by Adult Males." In J. Hagan (ed.), *Current Perspectives on Aging and the Life Cycle, Vol. 4: Delinquency and Disrepute in the Life Course* (pp. 249-281). Greenwich, CT: JAI Press.

Farver, J.A.M., Y. Xu, S. Eppe, A. Fernandez & D. Schwartz (2005). "Community Violence, Family Conflict, and Preschoolers'Socioemotional Functioning." *Developmental Psychology,* 41, 160-170.

Fass, S.M. & C. R. Pi (2002). "Getting Tough on Juvenile Crime: An Analysis of Costs and Benefits." *Journal of Research in Crime & Delinquency,* 39, 363-399.

Fass, T.L., K. Heilbrun, D. Dematteo & R. Fretz (2008). "The LSI-R and the COMPAS: Validation Data on Two RiskNeeds Tools." *Criminal Justice and Behavior,* 35, 1095-1108.

Fazel, S., P. Bains & H. Doll (2006). "Substance Abuse and Dependence in Prisoners: A Systematic Review." *Addiction,* 101, 181-191.

Fazel, S. & J. Danesh (2002). "Serious Mental Disorder in 23,000 Prisoners: A Systematic Review of 62 Surveys." *Lancet,* 359, 545-550.

Federal Bureau of Investigation (2007). *Crime in the United States 2007. Uniform Crime Reports.* Washington, DC: U.S. Government Printing Office.

Fein, R.A. & B. Vossekuil (1999). "Assassination in the United States: An Operational Study of Recent Assassins, Attackers, and Nearlethal Approachers." *Journal of Forensic Sciences,* 36, 185-209.

Ferguson, A.M., J.R.P. Ogloff & L. Thomson (2009). "Predicting Recidivism by Mentally disordered Offenders Using the LSIR:SV." *Criminal Justice and Behavior,* 36, 5-20.

Ferguson, C.J. (2008). "An Evolutionary Approach to Understanding Violent Antisocial Behavior:

Diagnostic Implications for a DualProcess Etiology." *Journal of Forensic Psychology Practice,* 8, 321-343.

Field, C.A. & R. Caetano (2005). "Intimate Partner Violence in the U.S. General Population: Progress and Future Directions." *Journal of Interpersonal Violence,* 20, 463-469.

Fields, R.D. (2005). "Myelination: An Overlooked Mechanism of Synaptic Plasticity?" *The Neuroscientist,* 11, 528-531.

Finckenauer, J.O. (1979). *Juvenile Awareness Project: Evaluation Report No. 2.* School of Criminal Justice, Rutgers University, Newark, NJ.

Finckenauer, J.O., P.W. Gavin, A. Hovland & E. Storvoll (1999). *Scared Straight: The Panacea Phenomenon Revisited.* Prospect Heights, IL: Waveland.

Finkelhor, D., R. Ormrod, H. Turner & S. Hamby (2005). "The Victimization of Children and Youth: A Comprehensive, National Survey." *Child Maltreatment,* 10, 5-25.

Finkelhor, D., L.M. Williams & N. Burns (1988). *Nursery Crimes: Sexual Abuse in Day Care.* Newbury Park, CA: Sage.

Finney, A. (2004). *Alcohol and Intimate Partner Violence: Key Findings from the Research.* London: Home Office, Communications Development Unit.

Fishbein, M. (1997). "Predicting, Understanding, and Changing Socially Relevant Behaviors: Lessons Learned." In C. McGarty & S.A. Haslam (eds.), *The Message of Social Psychology: Perspectives on Mind in Society* (pp. 77-91). Oxford, UK: Blackwell.

Fishbein, M. & I. Azjen (1975). *Belief, Attitude, Intention, and Behavior: An Introduction to Theory and Research.* Reading: MA: Addison-Wesley.

Fleeson, W. (2001). "Toward a Structure-and Process-integrated View of Personality: Traits as Density Distributions of States." *Journal of Personality and Social Psychology,* 80, 1011-1027.

Fletcher, B.W., W.E.K. Lehman, H.K. Wexler & G. Melnick (2007). "Who Participates in the Criminal Justice Drug Abuse Treatment Studies (CJ-DATS)?" *The Prison Journal,* 87, 25-57.

Flores, A.W., C.T. Lowenkamp, A.M. Holsinger & E.J. Latessa (2006). "Predicting Outcome with the Level of Service Inventory-Revised: The Importance of Implementation Integrity." *Journal of Criminal Justice,* 34, 523-529.

Flores, A.W., C.T. Lowenkamp, P. Smith & E.J. Latessa (undated). "Validating the Level of Service Inventory-Revised on a Sample of Federal Probationers." Unpublished manuscript. California State University at Bakersfield, California.

Flores, A.W., A.L. Russell, E.J. Latessa & L.F. Travis (2005). "Evidence of Professionalism or Quackery: Measuring Practitioner Awareness of Risk/Need Factors and Effective Treatment Strategies." *Federal Probation,* 69, 9-14.

Foley, D.L., L.J. Eaves, B. Wormley, J.L. Silberg, H.H. Maes, J. Kuhn & B. Riley (2004). "Childhood Adversity, Monoamine Oxidase a Genotype, and Risk for Conduct Disorder." *Archives of General Psychiatry,* 61, 1-7.

Folsom, J. & J.L. Atkinson (2007). "The Generalizability of the LSI-R and the CAT to the Prediction of Recidivism in female Offenders." *Criminal Justice and Behavior,* 34, 1044-1056.

Fonagy, P., M. Target, M. Steele, H. Steele, T. Leigh, A. Levinson & R. Kennedy (1997). "Morality, Disruptive Behavior, Borderline Personality Disorder, Crime, and Their Relationships to Security Attachment." In L. Atkinson & K.J. Zucker (eds.), *Attachment and Psychopathology* (pp. 223-274). New York: Guilford.

Fontaine, N., R. Carbonneau, E.D. Barker, F. Vitaro, M. Hébert, S.M. Côté, D.S. Nagin, M. Zoccolillo & R.E. Tremblay (2008). "Girls'Hyperactivity and Physical Aggression During childhood and Adjustment Problems in Early Adulthood." *Archives of General Psychiatry,* 65, 320-328.

Forth, A.E., S.D. Hart & R.D. Hare (1990). "Assessment of Psychopathy in Male Young Offenders." *Psychological Assessment: A Journal of Consulting and Clinical Psychology,* 2, 342-344.

Forth, A.E., D.S. Kosson & R.D. Hare (2003). *Hare Psychopathy Checklist: Youth Version (PCL:YV).* Toronto: Mutli-Health Systems.

Fox, A.F. & M.W. Zawitz (2004). *Homicide Trends in the United States.* Washington, DC: Bureau of Justice Statistics.

Fox, J.A. & J. Levin (1998). "Multiple Homicide: Patterns of Serial and Mass Murder." In M. Tonry (ed.), *Crime and Justice: A Review of Research,* Vol. 23 (pp. 407-455). Chicago: University of Chicago Press.

Fox, J.A. & J. Levin (1999). "Serial Murder: Myths and Realities." In M.D. Smith & M.A. Zahn (eds.), *Studying and Preventing Homicide: Issues and Challenges.* Thousand Oaks, CA: Sage.

Frase, R.S. (2005). "Sentencing Guidelines in Minnesota, 1978-2003." In M. Tonry (ed.), *Crime and Justice: A Review of Research,* Vol. 32 (pp. 131-219). Chicago: University of Chicago Press.

Freud, S. (1953). *A General Introduction to Psychoanalysis.* New York: Permabooks.

Frick, P.J., C.T. Barry & D.S. Bodin (2000). "Applying the Concept of psychopathy to Children: Implications for the Assessment of Antisocial Youth." In C.B Gacono (ed.), *The Clinical and Forensic Assessment of Psychopathy: A Practitioner's Guide* (pp. 3-24). Mahwah, NJ: Lawrence Erlbaum Associates.

Frick, P.J. & R.D. Hare (2001). *Antisocial Process Screening Device.* Toronton: Multi-Health Systems.

Frick, P.J., B.S. O'Brien, J.M. Wootton & K. McBurnett (1994). "Psychopathy and Conduct Problems in Children." *Journal of Abnormal Psychology,* 103, 700-707.

Frick, P.J. & S.F. White (2008). "Research Review: The Importance of CallousUnemotional Traits for Developmental Models of Aggressive and Antisocial Behavior." *Journal of Child Psychology and Psychiatry,* 49, 359-375.

Friendship, C., L. Blud, M. Erikson, R. Travers & D. Thornton (2003). "CognitiveBehavioural Treatment for Imprisoned Offenders: An Evaluation of HM Prison Service's Cognitive Skills Program." *Legal and Criminological Psychology,* 8, 103-114.

Fuller, R.K. & E. Gordis (2004). "Does Disulfiram Have a Role in Alcoholism Treatment Today?" *Addiction,* 99, 21-24.

Funahashi, S. (2001). "Neuronal Mechanisms of Executive Control by the Prefrontal Cortex." *Neuroscience Research,* 39, 147-165.

Furby, L., M. Weinrott & L. Blackshaw (1989). "Sex Offender Recidivism: A Review." *Psychological Bulletin,* 105, 3-30.

Gable, R.K. & R.S. Gable (2005). "Electronic Monitoring: Positive Intervention Strategies." *Federal Probation,* 69, 21-25.

Gaes, G. (1998). "Correctional Treatment." In M. Tonry (ed.), *The Handbook of Crime and Punishment* (pp. 712-738). New York: Oxford University Press.

Gaes, G., T.J. Flanagan, L.L. Motiuk & L. Stewart (1999). "Adult Correctional Treatment." In M. Tonry & J. Petersilia (eds.), *Prisons. Crime and Justice: A Review,* Vol. 26 (pp. 361-426). Chicago: University of Chicago Press.

Gallagher, R.W., D.P. Somwaru & Y.S. BenPorath (1999). "Current Usage of Psychological Tests in State Correctional Settings." *Corrections Compendium,* 24, 1-3, 20.

Ganem, N.M. & R. Agnew (2007). "Parenthood and Adult Criminal Offending: The Importance of

Relationship Quality." *Corrections Management Quarterly*, 3, 19-29.

Garbutt, J.C. (2009). "The state of Pharmacotherapy for the Treatment of Alcohol Dependence." *Journal of Substance Abuse Treatment*, 36, S15-S23.

Gardner, D. (2000). "Managing Crime and Punishment." *The Ottawa Citizen*, November 17.

Garret, C.J. (1985). "Effects of Residential Treatment of Adjudicated Delinquents: A Metaanalysis." *Journal of Research in Crime and Delinquency*, 22, 287-308.

Gavrielides, T. (2008). "Restorative Justice—The Perplexing Concept: Fault Lines and Power Battles with the Restorative Justice Movement." *Criminology & Criminal Justice*, 8, 165-183.

Geerts, M., J. Steyaert & J.P. Fryns (2003). "The XYY Syndrome: A Followup Study on 38 Boys." *Genetic Counseling*, 14, 267-279.

Gehm, J. (1990). "Mediated Victim-Offender Agreements: An Exploratory Analysis of Factors Related to Victim Participation." In B. Galaway & J. Hudson (eds.), *Criminal Justice, Restitution, and Reconciliation* (pp. 177-182). Monsey, NY: Criminal Justice Press.

Gendreau, P. & D.A. Andrws (2001). *The Correctional Program Assessment Inventory— 2000 (CPAI 2000)*. Saint John: University of New Brunswick.

Gendreau, P., D.A. Andrews, C. Goggin & F. Chanteloupe (1992). "The Development of Clinical and Policy Guidelines for the Prediction of Criminal Behavior in Criminal Justice Settings." Unpublished manuscript available from the Department of Psychology, University of New Brunswick, St. John, New Brunswick.

Gendreau, P., F.T. Cullun & J. Bonta (1994). "Intensive Rehabilitation Supervision: The Next Generation in Community Corrections?" *Federal Probation*, 58, 72-78.

Gendreau, P., C. Goggin & F.T. Cullen (1999). *The Effects of Prison Sentences on Recidivism*. Ottawa: Solicitor General Canada. See http://www.sgc.gc.ca.

Gendreau, P., C. Goggin, S. French & & P. Smith (2006). "Practicing Psychology in Correctional Settings." In I.B. Weiner & A.K. Hess (eds.), *The Handbook of Forensic Psychology*, 3rd ed. (pp. 722-750). Hoboken, NJ: Wiley.

Gendreau, P., C. Goggin & P. Smith (1999). "The Forgotten Issue in Effective Correctional Treatment: Program Implementation." *International Journal of Offender Therapy and Comparative Criminology*, 43, 180-187.

Gendreau, P., C. Goggin & P. Smith (2001). "Implementation Guidelines for Correctional Programs in the 'Real World.'" In G.A. Bernfeld, D.P. Farrington & A.W. Leschied (eds.), *Offender Rehabilitation in Practice* (pp. 247-268). Chichester, UK: John Wiley & Sons.

Gendreau, P., C. Goggin & P. Smith (2002). "Is the PCL-R Really the 'Unparalleled' Measure of Offender Risk? A Lesson in Knowledge Cumulation." *Criminal Justice and Behavior*, 29, 397-426.

Gendreau, P., T. Little & C. Goggin (1996). "A Meta-analysis of the Predictors of Adult Offender Recidivism: What Works!" *Criminology*, 34, 575-607.

Gendreau, P. & R.R. Ross (1979). "Effective Correctional Treatment: Bibliotherapy for Cynics." *Crime & Delinquency*, 25, 463-489.

Gendreau, P. & R.R. Ross (1981). "Correctional Potency: Treatment and Deterrence on Trial." In R. Roesch & R.R. Corrado (eds.), *Evaluation and Criminal Justice Policy* (pp. 29-57). Beverly Hills, CA: Sage.

Gendreau, P. & R.R. Ross (1987). "Revivication of Rehabilitation: Evidence from the 1980s." *Justice Quarterly*, 4, 349-408.

Gendreau, P., P. Smith & C. Goggin (2001). "Treatment Programs in Corrections." In J.A. Winterdyk (ed.), *Corrections in Canada: Social Reactions to Crime* (pp. 238-263). Toronto: Prentice Hall.

Gensheimer, L.K., J.P. Mayer, R. Gottschalk & W.S. Davidson (1986). "Diverting Youth from the Juvenile Justice System: A Metaanalysis of Intervention Efficacy." In S.J. Apter & A. Goldstein (eds.), *Youth Violence: Programs and Prospects* (pp. 39-57). Elmsford, NY: Pergamon.

Gershoff, E.T. (2002). "Corporal Punishment by Parents and Associated Child Behaviors and Experiences: A MetaAnalytic and Theoretical Review." *Psychological Bulletin,* 128, 539-579.

Gibbs, J.C., K.D. Arnold, H.H. Ahlborn & F.L. Cheesman (1984). "Facilitation of Sociomoral Reasoning in Delinquents." *Journal of Consulting and Clinical Psychology,* 52, 37-45.

Gilchrest, E., R. Johnson, R. Takriti, S. Weston, A. Beech & M. Kebbell (2003). *Domestic Violence Offenders: Characteristics and Offending Related Needs.* London: Home Office.

Ginsburg, J.I.D., R.E. Mann, F. Rotgers & J.R. Weekes (2002). "Using Motivational Interviewing with Criminal Justice Populations." In W.R. Miller & S. Rollnick (eds.), *Motivational Interviewing: Preparing People for Change* (pp. 333-346). New York: Guilford.

Girard, L. & S.J. Wormith (2004). "The Predictive Validity of the Level of Service Inventory–Ontario Revision on General and Violent Recidivism among Various Offender Groups." *Criminal Justice and Behavior,* 31, 150-181.

Gjone, H. & J. Stevenson (1997). "A Longitudinal Twin Study of Temperament and Behavior Problems: Common Genetic or Environmental Influences?" *Journal of the American Academy of Adolescent Psychiatry,* 36, 1148-1456.

Glaser, D. (1974). "Remedies for the Key Deficiency in Criminal Justice Evaluation Research." *Journal of Research in Crime and Delinquency,* 10, 144-154.

Glasman, L.R. & D. Albarracín (2006). "Forming Attitudes That Predict Future Behavior: A Meta-Analysis of the Attitude-Behavior Relation." *Psychological Bulletin,* 132, 778-822.

Glass, G.V., B. McGraw & L. Smith (1981). *Metaanalysis in Social Research.* Beverly Hills, CA: Sage.

Glaze, L.E. & T.P. Bonczar (2007). "Probation and Parole in the United States, 2006." *Bureau of Justice Statistics Bulletin,* December. Washington, DC: U.S. Department of Justice.

Glaze, L.E. & S. Palla (2005). "Probation and Parole in the United States, 2004." *Bureau of Justice Statistics Bulletin,* November. Washington, DC: U.S. Department of Justice.

Glenn, A.L., A. Raine, P.H. Venables & S.A. Mednick (2007). "Early Temperamental and Psychophysiological Precursors of Adult Psychopathic Personality." *Journal of Abnormal Psychology,* 116, 508-518.

Glueck, S. & E.T. Glueck (1950). *Unraveling Juvenile Delinquency.* Cambridge, MA: Harvard University Press.

Goggin, C. & P. Gendreau (in press). "The Implementation and Maintenance of Quality Services in Offender Rehabilitation Programs." In C.R. Hollin & F.J. Palmer (eds.), *Offending Behaviour Programs: Development, Application, and Controversies.* Chichester, UK: Wiley.

Golden, C.J., M.L. Jackson, A. PetersonRohne & S.T. Gontkovsky (1996). "Neuro-psychological Correlates of Violence and Aggression: A Review of the Clinical Literature." *Aggression and Violent Behavior,* 1, 3-25.

Goldstein, A.P. (1986). "Psychological Skill Training and the Aggressive Adolescent." In S. Apter & A. Goldstein (eds.), *Youth Violence: Program and Prospects* (pp. 89-119). New York: Pergamon Press.

Goldstein, A.P. & B. Glick (1987). *Aggression Replacement Training: A Comprehensive Intervention for Aggressive Youth.* Champaign, IL: Research Press.

Goldstein, A.P. & B. Glick (1994). *The Prosocial Gang: Implementing Aggression Replacement Training.* Thousand Oaks, CA: Sage.

Goldstein, A.P. & B.G. Glick (2001). "Aggression Replacement Training: Application and Evaluation Management." In G.A. Bernfeld, D.P. Farrington & A.W. Leschied (eds.), *Offender Rehabilitation in Practice: Implementing and Evaluating Effective Programs* (pp. 121-148). New York: Wiley.

Goleman, D.(1995). *Emotional Intelligence.* New York: Bantam Books.

Gondolf, E.W. (2002). *Batterer Intervention Systems: Issues, Outcomes, Recommendations.* Thousand Oaks, CA: Sage.

Goodman, G. (1972). *Companionship Therapy.* San Francisco: Jossey-Bass.

Goodman, LA., M.A. Dutton & L. Bennett (2000). "Predicting Repeat Abuse among Arrested Batterers: Use of the Danger Assessment Scale in the Criminal Justice System." *Journal of Interpersonal Violence,* 15, 63-74.

Gonnerman, J. (2004). "Milliondollar Blocks." *The Village Voice.* See http://www.villagevoice.com/issues/0446/gonnerman.php.

Gontkovsky, S.T. (2005). "Neurobiological Bases and Neuropsychological Correlates of Aggression and Violence." In J.P. Morgan (ed.), *Psychology of Aggression* (pp. 101-116). Hauppauge, NY: Nova Science.

Gordon, D.A. (1995). "Functional Family Therapy for Delinquents." In R.R. Ross, D.H. Antonowicz & G.K. Dhaliwal (eds.), *Going Straight: Effective Delinquency Prevention and Offender Rehabilitation* (pp. 163-178). Ottawa: Air Training and Publications.

Gordon, D.A., D.A. Andrews, J. Hill & J. Kurkowsky (1992). "Therapeutic Integrity and the Effectiveness of Family Therapy: A Metaanalysis." Unpublished manuscript available from D.A. Andrews, Carleton University, Ottawa, Ontario.

Gordon, D.A., K. Graves & J. Arbuthnot (1995). "The Effect of Functional Family Therapy for Delinquents on Adult Criminal Behavior." *Criminal Justice and Behavior,* 22, 60-73.

Gordon, D.A., G. Jurkovic & J. Arbuthnot (1998). "Treatment of the Juvenile Offender." In R.M. Wettstein (ed.), *Treatment of Offenders with Mental Disorders* (pp. 365-428). New York: Guilford.

Gordon, D.A., G. Jurkovic & J. Arbuthnot (1998). "Treatment of the Juvenile Offender." In R.M. Wettstein (ed.), *Treatment of Offenders with Mental Disorders* (pp. 365-428). New York: Guilford.

Gordon, R.A., B.B. Lahey, E. Kawai, R. Loeber, M. Stouthamer-Loeber & D.P. Farrington (2004). "Antisocial Behavior and Youth Gang Membership: Selection and Socialization." *Criminology,* 42, 55-87.

Goring, C. (1913). *The English Convict.* London: His Majesty's Stationery Office.

Gossner, D. & J.S. Wormith (2007). "The Prediction of Recidivism Among Young Offenders in Saskatchewan." *The Canadian Journal of Police & Security Services,* 5, 1-13.

Gossop, M., D. Stewart & J. Marsden (2007). "Attendance at Narcotics Anonymous and Alcoholics Anonymous Meetings, Frequency of Attendance and Substance Use Outcomes After Residential Treatment for Drug Dependence: A 5-Year Follow-Up Study." *Addiction,* 103, 119-125.

Gottfredson, D.C. & M.L. Exum (2002). "The Baltimore City Drug Treatment Court: Oneyear Results from a Randomized Study." *Journal of Research in Crime and Delinquency,* 39, 337-356.

Gottfredson, D.M. & H.N. Snyder (2005). *The Mathematics of Risk Classification: Changing Data into Valid Instruments for Juvenile Courts.* Washington, DC: National Center for Juvenile

Justice (July).

Gottfredson, M.R. (1979). "Treatment Destruction Techniques." *Journal of Research in Crime & Delinquency,* 16, 39-54.

Gottfredson, M.R. & T. Hirschi (1990). *A General Theory of Crime.* Stanford, CA: Stanford University Press.

Götz, M.J., E.C. Johnstone & S.G. Ratcliffe (1999). "Criminality and Antisocial Behaviour in Unselected Men with Sex Chromosome Abnormalities." *Psychological Medicine,* 29, 953-962.

Gough, H.G. (1965). "Cross-cultural Validation of a Measure of Asocial Behavior." *Psychological Reports,* 17, 379-387.

Graham, I. J. & M.V. Van Dieten (1999). *CounterPoint: A Program for Attitude and Behavior Change.* Ottawa: John Howard Society of Ottawa and Correctional Service of Canada.

Granic, I. & G.R. Patterson (2006). "Toward a Comprehensive Model of Antisocial Development: A Dynamic Systems Approach." *Psychological Review,* 113, 101-131.

Grant, B.F., D.A. Dawson, F.S. Stinson, S.P. Chou, M.C. Dufour & R.P. Pickering (2006). "The 12-Month Prevalence and Trends in DSM-IV Alcohol Abuse and Dependence." *Alcohol Research & Health,* 29, 79-91.

Grant, B.F., D.S. Hasin, F.S. Stinson, D.A. Dawson, S.P. Chou, W.J. Ruan & R.P. Pickering (2004). "Prevalence, Correlates, and Disability of Personality Disorders in the U.S.: Results for the National Epidemiologic Survey on Alcohol and Related Conditions." *Journal of Clinical Psychiatry,* 65, 948-958.

Grant, J.D. (1965). "Delinquency Treatment in an Institutional Setting." In H.C. Quay (ed.), *Juvenile Delinquency: Research and Theory.* Princeton, NJ: Van Nostrand.

Grant, J.D. & M.Q. Grant (1959). "A Group Dynamics Approach to the Treatment of Nonconformists in the Navy." *Annals of the American Academy of Political and Social Science,* 322, 126-135.

Grasmick, H.G., C.R. Tittle, R.J. Bursik Jr. & B.J. Arneklev (1993). "Testing the Core Empirical Implications of Gottfredson and Hirschi's General Theory of Crime." *Journal of Research in Crime and Delinquency,* 30, 5-29.

Graves, E.T. & L.D. Vellani (2000). *Sentencing Information and Judicial Decision Making.* Raleigh, NC: North Carolina Administrative Office of the Courts.

Gray, N.S., R.J. Snowden, S. MacCulloch, H. Phillips, J. Taylor & M.J. MacCulloch (2004). "Relative Efficacy of Criminological, Clinical, and Personality Measures of Future Risk of Offending in Mentally Disordered Offenders: A Comparative Study of HCR-20, PCL: SV, and OGRS." *Journal of Consulting and Clinical Psychology,* 72, 523-530.

Gray, N.S., A. Watt, S. Hassan & M.J. MacCulloch (2003). "Behavioral Indicators of Sadistic Sexual Murder Predict the Presence of Sadistic Sexual Fantasy in a Normative Sample." *Journal of Interpersonal Violence,* 18, 1018-1034.

Green, L. & M.A. Campbell (2006). "Gender Influences and Methodological Considerations in Adolescent RiskNeed Assessment: A MetaAnalysis." A PowerPoint file from the Centre for Criminal Justice, University of New Brunswick, Saint John, New Brunswick.

Greenfeld, L.A. & M.A. Henneberg (2001). "Victim and Offender Self-Reports of Alcohol Involvement in Crime." *Alcohol Research & Health,* 25, 20-31.

Greenwood, P.W. (1982). *Selective Incapacitation.* Santa Monica, CA: RAND.

Greenwood, P.W., S.S. Everingham, E. Chen, A.F. Abrahamse, N. Merritt & J. Chiesa (1998). *Three Strikes Revisited: An Early Assessment of Implementation and Effects.* Santa Monica, CA: RAND.

Greenwood, P.W. & S. Turner (1987). *Selective Incapacitation Revisited: Why the High-Rate Offenders are Hard to Predict.* Santa Monica, CA: RAND.

Greeven, P.G.J. & C. De Ruiter (2004). "Personality Disorders in a Dutch Forensic Psychiatric Sample: Changes with Treatment." *Criminal Behaviour and Mental Health,* 14, 280-290.

Gresswell, D.M. & C.R. Hollin (1994). "Multiple Murder: A Review." *British Journal of Criminology,* 34, 1-14.

Gretton, H., R.D. Hare & R.E.H. Catchpole (2004). "Psychopathy and Offending from Adolescence to Adulthood: A Ten-year Followup." *Journal of Consulting and Clinical Psychology,* 72, 636-645.

Gretton, H., M. McBride, R.D. Hare, R. O'Shaughnessy & G. Kumka (2001). "Psychopathy and Recidivism in Adolescent Sex Offenders." *Criminal Justice and Behavior,* 28, 427-449.

Griffin, K.W., G.J. Botvin, J., L.M. Scheier, T. Diaz & N. Miller (2000). "Parenting Practices as Predictors of Substance Abuse, Delinquency, and Aggression among Urban Minority Youth: Moderating Effects of Family Structure and Gender." *Psychology of Addictive Behaviors,* 14, 174-184.

Groh, D.R., L.A. Jason & C.B. Keys (2008). "Social Network Variables in Alcoholics Anonymous: A Literature Review." *Clinical Psychology Review,* 28, 430-450.

Gross, A.L. & M. Sroga (2008). "Establishing the Needs of aboriginal Offenders Using the Level of Service Inventory-Ontario Revision." Paper presented at the Annual Meeting of the Canadian Psychological Association, Halifax, Nova Scotia.

Grove, W.M., E.D. Eckert, L. Heston, T.J. Bouchard, Jr., N. Segal & D.T. Lykken (1990). "Heritability of Substance Abuse and Antisocial Behavior: A Study of Monozygotic Twins Reared Apart." *Biological Psychiatry,* 27. 1293-1304.

Grove, W.M. & P.E. Meehl (1996). "Comparative Efficiency of Informal (Subjective, Impressionistic) and Formal (Mechanical, Algorithmic) Prediction Procedures: The Clinicalstatistical Controversy." *Psychology, Public Policy, and Law,* 2, 293-323.

Grove, W.M., D.H. Zald, B.S. Lebow, B.E. Snitz & C. Nelson (2000). "Clinical versus Mechanical Prediction: A Metaanalysis." *Psychological Assessment,* 12, 19-30.

Guay, J. P., J. Ruscio & R.A. Knight (2006). "Is More Simply More? A Taxometric Investigation of Psychopathy in Women." Paper presented at the Annual Meeting of the American Society of Criminology, Los Angeles, California, November.

Guay, J. P., J. Ruscio & R.A. Knight (2007). "A Taxometric Analysis of the Latent Structure of Psychopathy: Evidence for Dimensionality." *Journal of Abnormal Psychology,* 116, 701-716.

Guo, G., M.E. Roettger & T. Cai (2008). "The Integration of Genetic Propensities into Social-control Models of Delinquency and Violence Among Male Youths." *American Sociological Review,* 73, 543-598.

Guo, G., M.E. Roettger & J.C. Shih (2007). "Contributions of the DAT1 and DRD2 Genes to Serious and Violent Delinquency Among Adolescents and Young Adults." *Human Genetics,* 121, 125-136.

Gurling, H.M.D., B.E. Oppenheim & R.M. Murray (1984). "Depression, Criminality and psychopathology Associated with Alcoholism: Evidence from a Twin Study." *Acta Geneticae Medicae Gemellologiae: Twin Research,* 33, 333-339.

Gutierrez, L. (2008). "A Metaanalysis of the Drug Treatment Court Literature: Assessing Study and Treatment Quality." Unpublished Honours Thesis, Psychology Department, Carleton University, Ottawa, Ontario.

Gutierrez, L. & G. Bourgon (2009). "Study Quality in Drug Treatment Court Evaluations: Clouding the

Water." Paper presented at the Annual Meeting of the Canadian Psychological Association, Montreal, Quebec.

Guttridge, P., W.F. Gabrielli Jr., S.A. Mednick & K.T. Van Dusen (1983). "Criminal Violence in a Birth Cohort." In K.T. Van Dusen & S.A. Mednick (eds.), *Prospective Studies of Crime and Delinquency* (pp. 211-224). Hingham, MA: Kluwer Nijhoff.

Haapasalo, J. & E. Pokela (1999). "Child-rearing and Child Abuse Antecedents of Criminality." *Aggression and Violent Behavior,* 4, 107-127.

Haas, H., D.P. Farrington, M. Killias & G. Sattar (2004). "The Impact of Different Family Configurations on Delinquency." *British Journal of Criminology,* 44, 520-532.

Haas, S.M. & K.A. DeTardoBora (2009). "Inmate Reentry and the Utility of the LSIR in Case Planning." *Corrections Compendium,* Spring, 11-16, 49-54.

Haberstick, B., J. Lessem, C. Hopfer, A. Smolen, M.A. Ehringer, D. Timberlake & J.K. Hewitt (2005). "Monoamine Oxidase A (MAOA) and Antisocial Behavior in the Presence of Childhood and Adolescent Maltreatment." *American Journal of Medical Genetics: Neuropsychiatric Genetics,* 135, 59-64.

Hackler, J.C. (1966). "Boys, Blisters, and Behavior: The Impact of a Work Program in an Urban Central Area." *Journal of Research in Crime and Delinquency,* 4, 155-164.

Hackler, J.C. (1978). *The Prevention of Delinquency: The Great Stumble Forward.* Toronto: Methuen.

Hagan, J. (1989). *Structural Criminology.* New Brunswick, NJ: Rutgers University Press.

Hagan, J., A.R. Gillis & J. Simpson (1985). "The Class Structure of Gender and Delinquency: Toward a Power-Control Theory of Common Delinquent Behavior." *American Journal of Sociology,* 90, 1151-1171.

Hall, C. (1954). *A Primer of Freudian Psychology.* Cleveland, OH: World.

Hall, J.R. & S.D. Benning (2006). "The 'Successful' Psychopath: Adaptive and Subclinical Manifestations of Psychopathy in the General Population." In C.J. Patrick (ed.), *Handbook of Psychopathy* (pp. 459-478). New York: Guilford.

Hamm, M.S. & J.C. Kite (1991). "The Role of Offender Rehabilitation in Family Violence Policy: The Batterers Anonymous Experiment." *Criminal Justice Review,* 16, 227-248.

Haney, C. (2006). *Reforming Punishment: Psychological Limits to the Pains of Imprisonment, the Law and Public Policy.* Washington, DC: American Psychological Association.

Hannah-Moffat, K. (2009). "Gridlock or Mutability: Reconsidering 'Gender'and Risk Assessment." *Criminology & Public Policy,* 8, 209-219.

Hannah-Moffat, K. & M. Shaw (2001). *Taking Risks: Incorporating Gender and Culture into the Classification and Assessment of Federally Sentenced Women in Canada.* Policy Research Report. Ottawa: Status of Women Canada.

Hanson, R.K. (1996). "Evaluating the Contribution of Relapse Prevention Theory to the Treatment of Sex Offenders." *Sexual Abuse: A Journal of Research and Treatment,* 8, 201-208.

Hanson, R.K. (1997a). *The Development of a Brief Actuarial Risk Scale for Sexual Offense Recidivism.* Ottawa: Solicitor General Canada. See http://www.sgc.gc.ca.

Hanson, R.K. (1997b). "Invoking Sympathy–Assessment and Treatment of Empathy Deficits among Sexual Offenders." In B.K. Schwartz & H.R. Cellini (eds.), *The Sex Offender: New Insights, Treatment Innovations and Legal Developments* (pp. 1.1.-1.12). Kingston, NJ: Civic Research Institute.

Hanson, R.K. (2006). "Stability and Change: Dynamic Risk Factors for Sexual Offenders." In W.L.

Marshall, Y.M. Fernandez, L.E. Marshall & G.A. Sarran (eds.), *Sexual Offender Treatment: Controversial Issues* (pp. 17-31). New York: Wiley.

Hanson, R.K. (in press). "The Psychological Assessment of Risk for Crime and Violence." *Canadian Psychology.*

Hanson, R.K., G. Bourgon, L. Helmus & S. Hodgson (in press). "The Principles of Effective Correctional Treatment Also Apply to Sexual Offenders: A Meta-Analysis." *Criminal Justice and Behavior.*

Hanson, R.K., I. Broom & M. Stephenson (2004). "Evaluating Community Sex Offender Treatment Programs: A 12-year Followup of 724 Offenders." *Canadian Journal of Behavioural Science,* 36, 87-96.

Hanson, R.K. & M.T. Bussière (1998). "Predicting Relapse: A Metaanalysis of Sexual Offender Recidivism Studies." *Journal of Consulting and Clinical Psychology,* 66, 348-362.

Hanson, R.K., O. Cadsky, A. Harris & C. Lalonde (1997). "Correlates of Battering among 997 Men: Family History, Adjustment, and Attitudinal Differences." *Violence and Victims,* 12, 191-208.

Hanson, R.K., A. Gordon, A.J.R. Harris, J.K. Marques, W. Murphy, V.L. Quinsey & M.C. Seto (2002). "First Report of the Collaborative Outcome Data Project on the Effectiveness of Psychological Treatment for Sex Offenders." *Sexual Abuse: A Journal of Research and Treatment,* 14, 167-192.

Hanson, R.K. & A.J.R. Harris (2002). "Where Should We Intervene? Dynamic Predictors of Sexual Offense Recidivism." *Criminal Justice and Behavior,* 27, 6-35.

Hanson, R.K., A.J.R. Harris, T. L. Scott & L. Helmus (2007). *Assessing the Risk of Sexual Offenders on Community Supervision: The Dynamic Supervision Project* (User Report 2007-05). Ottawa: Public Safety Canada.

Hanson, R.K., L. Helmus & D. Thornton (2009). "Predicting Recidivism among Sexual Offenders: A Multisite Study of Static-2002." *Law and Human Behavior.*

Hanson, R.K., L. Helmus & G. Bourgon (2007). *The Validity of Risk Assessments for Intimate Partner Violence: A Metaanalysis* (User Report 2007-07). Ottawa: Public Safety Canada.

Hanson, R.K., K.E. Morton & A.J.R. Harris (2003). "Sexual Offender Recidivism Risk: What We Know and What We Need to Know." *Annals of the New York Academy of Sciences,* 989, 154-166.

Hanson, R.K. & K. MortonBourgon (2004). *Predictors of Sexual Recidivism: An Updated Meta-analysis* (User Report 2004-02). Ottawa: Public Safety and Emergency Preparedness Canada.

Hanson, R.K. & K. Morton-Bourgon (2005). "The Characteristics of Persistent Sexual Offenders: A Meta-analysis of Recidivism Studies." *Journal of Consulting and Clinical Psychology,* 73, 1154-1163.

Hanson, R.K. & K. MortonBourgon (2009). "The Accuracy of Recidivism Risk for Sexual Offenders: A Metaanalysis of 118 Prediction Studies." *Psychological Assessment,* 21, 1-21.

Hanson, R.K. & H. Scott (1996). "Social Networks of Sexual Offenders." *Psychological, Crime and Law,* 2, 249-258.

Hanson, R.K., H. Scott & R.A. Steffy (1995). "Comparison of Child Molesters and Nonsexual Criminals: Risk Predictors and Longterm Recidivism." *Journal of Research in Crime and Delinquency,* 32, 325-337.

Hanson, R.K. & D. Thornton (2000). "Improving Risk Assessments for Sex Offenders: A Comparison of Three Actuarial Scales." *Law and Human Behavior,* 24, 119-136.

Hanson, R.K. & D. Thorton (2003). *Notes on the Development of Static-2002* (User Report 2003-01). Ottawa: Public Safety Canada.

Hanson, R.K. & S. Wallace-Capretta (2000). *Predicting*

Recidivism among Male Batterers (User Report 2000-06). Ottawa: Solicitor General Canada.

Hare, R.D. (1980). "A Research Scale for the Assessment of Psychopathy in Criminal Populations." *Personality and Individual Differences,* 1, 111-119.

Hare, R.D. (1990). *The Hare Psychopathy Checklist-Revised.* Toronto: Multi-Health Systems.

Hare, R.D. (1993). *Without Conscience: The Disturbing World of the Psychopaths Among Us.* New York: Pocket Books.

Hare, R.D. (1996). "Psychopathy: A Clinical Construct Whose Times Has Come." *Criminal Justice and Behavior,* 23, 25-54.

Hare, R.D. (1998). "Psychopaths and Their Nature: Implications for the Mental Health and Criminal Justice Systems." In T. Millon, E. Simonsen, M. BirketSmith & R.D. Davis (eds.), *Psychopathy: Antisocial, Criminal, and Violent Behavior* (pp. 188-212). New York: Guilford.

Hare, R.D. (2003). *The Hare Psychopathy Checklist-Revised,* 2nd. ed. Toronto: MultiHealth Systems.

Hare, R.D., D. Clark, M. Grann & D. Thornton (2000). "Psychopathy and the Predictive Validity of the PCL-R: An International Perspective." *Behavioral Sciences and the Law,* 18, 623-645.

Hare, R.D., T.J. Harpur, A.R. Hakstian, A.E. Forth, S.D. Hart & J.P. Newman (1990). "The Revised Psychopathy Checklist: Reliability and Factor Structure." *Psychological Assessment: A Journal of Consulting and Clinical Psychology,* 2, 338-341.

Hare, R.D. & C.S. Neumann (2005). "Structural Models of Psychopathy." *Current Psychiatric Reports,* 7, 57-64.

Hare, R.D. & C.S. Neumann (2006). "The PCL-R Assessment of Psychopathy: Development, Structural Properties, and New Directions." In C.J. Patrick (ed.), *Handbook of Psychopathy* (pp. 58-88). New York: Guilford.

Hare, R.D. & C.S. Neumann (2008). "Psychopathy as a Clinical and Empirical Construct." *Annual Review of Clinical Psychology,* 4, 217-246.

Harford, T.C., B.F. Grant, H. Yi & C.M. Chen (2005). "Patterns of DSM-IV Alcohol Abuse and Dependence Criteria Among Adolescents and Adults: Results from the 2001 National Household Survey on Drug Abuse." *Alcoholism: Clinical and Experimental Research,* 29, 810-828.

Harper, R. & S. Hardy (2000). "An Evaluation of Motivational Interviewing as a Method of Intervention with Clients in a Probation Setting." *British Journal of Social Work,* 30, 393-400.

Harpur, T.J., A.R. Hakstian & R.D. Hare (1988). "Factor Structure of the Psychopathy Checklist." *Journal of Consulting and Clinical Psychology,* 62, 387-397.

Harris, A., & A.J. Lurigio (2007). "Mental Illness and Violence: A Brief Review of Research and Assessment Strategies." *Aggression and Violent Behavior,* 12, 542-551.

Harris, G.T., Z.N. Hilton, M.E. Rice & A.W. Eke (2007). "Children Killed by Genetic Parents versus Step-parents." *Evolution and Human Behavior,* 28, 85-95.

Harris, G.T. & M.E. Rice (1997). "Mentally Disordered Offenders: What Research Says about Effective Service." In C.D. Webster & M.A. Jackson (eds.), *Impulsivity Theory: Assessment and Treatment* (pp. 361-393). New York: Guilford.

Harris, G.T. & M.E. Rice (2006). "Treatment of Psychopathy: A Review of Empirical Findings." In C.J. Patrick (ed.), *Handbook of Psychopathy* (pp. 555-572). New York: Guilford.

Harris, G.T., M.R. Rice & C.A. Cormier (1989). "Violent Recidivism among Psychopaths and Nonpsychopaths Treated in a Therapeutic Community." Research report from the Penetanguishene Mental Health Centre VI(1), April, Penetanguishene, Ontario.

Harris, G.T., M.R. Rice & C.A. Cormier (1994). "Psychopaths: Is a Therapeutic Community Therapeutic?" *Therapeutic Communities,* 15, 283-

299.

Harris, G.T., M.R. Rice & V.L. Quinsey (1993). "Violent Recidivism of Mentally Disordered Offenders: The Development of a Statistical Prediction Instrument." *Criminal Justice and Behavior,* 20, 315-335.

Harris, G.T., M.R. Rice & V.L. Quinsey (1994). "Psychopathy as a Taxon: Evidence that Psychopaths are a Discrete Class." *Journal of Consulting and Clinical Psychology,* 62, 387-397.

Harrison, P.M. & A.J. Beck (2005). "Prisoners in 2004." *Bureau of Justice Statistics Bulletin,* October. Washington, DC: U.S. Department of Justice.

Hartung, F.E. (1965). "A Vocabulary of Motives for Law Violations." In F.E. Hartung (ed.), *Crime, Law and Society* (pp. 62-83). Detroit: Wayne State University Press.

Hasin, D. (2003). "Classification of Alcohol Use Disorders." *Alcohol Research & Health,* 27, 5-17.

Hatcher, R.M., E.J. Palmer, J. McGuire, J.C. Hounsome, C.A.L. Bilby & C.R. Hollin (2008). "Aggression Replacement Training with Adult Male Offenders Within Community Settings: A Reconviction Analysis." *The Journal of Forensic Psychiatry & Psychology,* 19, 517-532.

Hawes, D.J. & M.R. Dadds (2005). "The Treatment of Conduct Problems in Children with Callous-Unemotional Traits." *Journal of Consulting and Clinical Psychology,* 73, 737-741.

Hay, C. & M.M. Evans (2006). "Has *Roe v. Wade* Reduced U.S. Crime Rates? Examining the Link between Mothers'Pregnancy Intentions and Children's Later Involvement in Lawviolating Behavior." *Journal of Research in Crime and Delinquency,* 43, 36-66.

Haynie, D.L., P.C. Giordano, W.D. Manning & M.A. Longmore (2005). "Adolescent Romantic Relationships and Delinquency Involvement." *Criminology,* 43, 177-210.

Heaven, P. (1996). "Personality and Selfreported Delinquency: Analysis of the 'Big Five'Personality Dimensions." *Personality and Individual Differences,* 20, 47-54.

Hemphill, J.F., R.D. Hare & S. Wong (1998). "Psychopathy and Recidivism: A Review." *Legal and Criminological Psychology,* 3, 139-170.

Hendricks, B., T. Werner, L. Shipway & G.J. Turinetti (2006). "Recidivism among Spousal Abusers: Predictions and Program Evaluation." *Journal of Interpersonal Violence,* 21, 703-716.

Henggeler, S.W., W.G. Clingempeel, M.J. Brondino & S.G. Pickrel (2002). "Fouryear Follow-up of Multisystemic Therapy with Substance Abusing and Dependent Juvenile Offenders." *Journal of the American Academy of Child and Adolescent Psychiatry,* 41, 695-711.

Henggeler, S.W., C.A. Halliday-Boykins, P.B. Cunningham, J. Randall, S.B. Shapiro & J.E. Chapman (2006). "Juvenile Drug Court: Enhancing Outcomes by Integrating Evidence-Based Treatments." *Journal of Consulting and Clinical Psychology,* 74, 42-54.

Henggeler, S.W., G.B. Melton & L.A. Smith (1992). "Family Preservation Using Multisystemic Therapy: An Effective Alternative to Incarcerating Serious Juvenile Offenders." *Journal of Consulting and Clinical Psychology,* 60, 953-961.

Henggeler, S.W., G.B. Melton, L.A. Smith, S.K. Schoenwald & J.H. Hanley (1993). "Family Preservation Using Multisystemic Therapy: Long-term Follow-up to a Clinical Trial with Serious Juvenile Offenders." *Journal of Child and Family Studies,* 2, 283-293.

Henggeler, S.W., S.K. Schoenwald, C.M. Borduin, M.D. Rowland & P.B. Cunningham (2009). *Multisystemic Treatment of Antisocial Behavior in Children and Adolescents,* 2nd ed. New York: Guilford.

Henning, K.R. & B.C. Frueh (1996). "Cognitive-Behavioral Treatment of Incarcerated Offenders."

Criminal Justice and Behavior, 23, 523-541.

Henning, K., & R. Holdford (2006). "Minimization, Denial, and Victim Blaming by Batterers: How Much Does the Truth Matter?" *Criminal Justice and Behavior,* 33, 110-130.

Hepburn, J.R. (2005). "Recidivism among Drug Offenders Following Exposure to Treatment." *Criminal Justice Policy Review,* 16, 237-259.

Herrnstein, R.J. & C. Murray (1994). *The Bell Curve: Intelligence and Class Structure in American Life.* New York: Free Press.

Hersen, M. & D.H. Barlow (1976). *Single Case Experimental Designs: Strategies for Studying Behavioral Change.* New York: Pergamon Press.

Hettema, J., J. Steele & W.R. Miller (2005). "Motivational Interviewing." *Annual Review of Clinical Psychology,* 1, 91-111.

Hiatt, K.D. & J.P. Newman (2006). "Understanding Psychopathy: The Cognitive Side." In C.J. Patrick (ed.), *Handbook of Psychopathy* (pp. 334-352). New York: Guilford.

Hickey, E.W. (2006). *Serial Murderers and their Victims,* 4th ed. Toronto: Thomson Wadsworth.

Hicks, B.M., K.E. Markon, C.J. Patrick, R.F. Krueger & J.P. Newman (2004). "Identifying Psychopathy Subtypes on the Basic of Personality Structure." *Psychological Assessment,* 16, 276-288.

Hill, J., D.A. Andrews & R.D. Hoge (1991). "Meta-analysis of Treatment Programs for Young Offenders: The Effect of Clinically Relevant Treatment on Recidivism with Controls for Various Methodological Variables." *Canadian Journal of Program Evaluation,* 6, 97-109.

Hill, K., J.C. Howell, D.J. Hawkins, D.J. & S.R. Battin-Pearson (1999). "Childhood Risk Factors for Adolescent Gang Membership: Results from the Seattle Social Development Project." *Journal of Research in Crime and Delinquency,* 36, 300-322.

Hilton, Z.N. & G.T. Harris (2005). "Predicting Wife Assault: A Critical Review and Implications for Policy and Practice." *Trauma, Violence, and Abuse,* 6, 3-23.

Hilton, Z.N., G.T. Harris, & M.E. Rice (2006). "Sixty-Six Years of Research on the Clinical Versus Actuarial Prediction of Violence." *The Counseling Psychologist,* 34, 400-409.

Hilton, Z.N., G.T. Harris, & M.E. Rice (2007). "The Effect of Arrest on Wife Assault Recidivism: Controlling for Pre-Arrest Risk." *Criminal Justice and Behavior,* 34, 1334-1344.

Hilton, Z.N., G.T. Harris, M.E. Rice, R.E. Houghton & A.W. Eke (2008). "An Indepth Assessment for Wife Assault Recidivism: The Ontario Domestic Violence Risk Appraisal Guide." *Law and Human Behavior,* 32, 150-163.

Hilton, Z.N., G.T. Harris, M.E. Rice, C. Lang, C.A. Cormier & K.J. Lines (2004). "A Brief Actuarial Assessment for the Prediction of Wife Assault Recidivism: The Ontario Domestic Assault Risk Assessment." *Psychological Assessment,* 16, 267-275.

Hindelang, M.J. (1981). "Variations in Sex-RaceAge-Specific Incidence Rates of Offending." *American Sociological Review,* 46, 461-474.

Hipwell, A.E., D.A. Pardini, R. Loeber, M., Sembower, K. Keenan & M. StouthamerLoeber (2007). "Callous-Unemotional Behaviors in Young Girls: Shared and Unique Effects Relative to Conduct Problems." *Journal of Clinical Child and Adolescent Psychiatry,* 36, 293-304.

Hirschfield, P.J. (2008). "The Declining Significance of Delinquent Labels in Disadvantaged Urban Communities." *Sociological Forum,* 23, 575-601.

Hirschi, T. (1969). *Causes of Delinquency.* Berkeley, CA: University of California Press.

Hirschi, T. (2004). "Self-Control and Crime." In R.F. Baumeister & K.D. Vohs (eds.), *Handbook of Selfregulation: Research, Theory and Applications* (pp. 537-552). New York: Guilford.

Hirschi, T. & M.R. Gottfredson (2000). "In Defense of

Self-control." *Theoretical Criminology,* 4, 55-69.

Hirschi, T. & M.J. Hindelang (1977). "Intelligence and Delinquency: A Revisionist Review." *American Sociological Review,* 42, 571-587.

HM Prison Service and National Probation Directorate (2002). *The Offender Assessment System: User Manual.* London: Home Office.

Hobson, J., J. Shine & R. Roberts (2000). "How Do Psychopaths Behave in a Prison Therapeutic Community?" *Psychiatry, Crime and Law,* 6, 139-154.

Hodgins, S. & G. Cote (1990). "Prevalence of Mental Disorders among Penitentiary Inmates in Quebec." *Canada's Mental Health,* 38, 1-4.

Hodgins, S., U.L. Hiscoke & R. Freese (2003). "The Antecedents of Aggressive Behavior among Men with Schizophrenia: A Prospective Investigation of Patients in Community Treatment." *Behavioral Sciences and the Law,* 21, 523-546.

Hoffman, P.B. (1994). "Twenty Years of Operational Use of a Risk Prediction Instrument: The United States Parole Commission's Salient Factor Score." *Journal of Criminal Justice,* 22, 477-494.

Hoffman, P.B. & J.L. Beck (1984). "Burnout–Age at Release from Prison and Recidivism." *Journal of Criminal Justice,* 12, 617-623.

Hoge, R.D. (2009). "Youth Level of Service/Case Management Inventory." In R.K. Otto and K. Douglas (eds.), *Handbook of Violence Risk Assessment Tools.* New York: Routledge.

Hoge, R.D. & D.A. Andrews (2002). *Youth Level of Service/Case Management Inventory: User's Manual.* Toronto: MultiHealth Systems.

Hollin, C.R. & E.J. Palmer (2001). "Skills Training." In C.R. Hollin (ed.), *Handbook of Offender Assessment and Treatment* (pp. 269-280). Chichester, UK: John Wiley & Sons.

Hollin, C.R. & E.J. Palmer (2006). "The Level of Service Inventory–Revised Profile of English Prisoners: Risk and Reconviction Analysis." *Criminal Justice and Behavior,* 33, 347-280.

Hollin, C.R., E.J. Palmer & D. Clark (2003). "The Level of Service Inventory–Revised Profile of English Prisoners: A Needs Analysis." *Criminal Justice and Behavior,* 3, 422-440.

Holloway, K., T.H. Bennett & D.P. Farrington (2008). *Effectiveness of Treatment in Reducing Drug-Related Crime.* Stockholm: National Council on Crime Prevention.

Holmes, R.M. (1989). *Profiling Violent Crimes: An Investigative Tool.* Newbury Park, CA: Sage.

Holmes, R.M. & S.T. Holmes (1998). *Serial Murder,* 2nd ed. Thousand Oaks, CA: Sage.

Holmes, S.T., E. Hickey & R.M. Holmes (1998). "Female Serial Murderesses: The Unnoticed Terror." In R.M. Holmes & S.T. Holmes (eds.), *Contemporary Perspectives on Serial Murder* (pp. 59-70). Thousand Oaks, CA: Sage.

Holsigner, A.M., C.T. Lowenkamp & E.J. Latessa (2006). "Exploring the Validity of the Level of Service InventoryRevised with native American Offenders." *Journal of Criminal Justice,* 34, 331-337.

Holtfreter, K. & R. Cupp (2007). "Gender and Risk Assessment: The Empirical Status of the LSIR for Women." *Journal of Contemporary Criminology,* 23, 363-382.

Holtfreter, K., M.D. Reisig & M. Morash (2004). "Poverty, State Capital, and Recidivism among Women Offenders." *Criminology and Public Policy,* 3, 185-208.

Holtzworth-Munroe, A. & J.C. Meehan (2004). "Typologies of Men who are Maritally Violent: Scientific and Clinical Implications." *Journal of Interpersonal Violence,* 19, 1369-1389.

Honig, W.K. (1966). *Operant Behavior: Areas of Research and Application.* East Norwalk, CT: Appleton-Century-Crofts.

Hooten, E.A. (1939). *Crime and the Man.* Cambridge, MA: Harvard University Press.

Howell, J.C. (1998). "Recent Gang Research: Program & Policy Implications." *Crime & Delinquency*, 40, 495-515.

Howitt, D. (2004). "What is the Role of Fantasy in Sex Offending?" *Criminal Behaviour and Mental Health*, 14, 182-188.

Hubbard, D.J. & J. Pealer (2009). "The Importance of Responsivity Factors in Predicting Reductions in Antisocial Attitudes and Cognitive Distortions Among Adult Male Offenders." *The Prison Journal*, 89, 79-98.

Hubbard, D.J. & T.C. Pratt (2002). "A MetaAnalysis of the Prediction of Delinquency Among Girls." *Journal of Offender Rehabilitation*, 34, 1-13.

Hucker, S.J. (1997). "Sexual Sadism: Psychopathology and Theory." In D.R. Laws & W. O'Donohue (eds.), *Sexual Deviance: Theory, Assessment, and Treatment* (pp. 194-224). New York: Guilford.

Hucker, S.J. & J. Bain (1990). "Androgenic Hormones and Sexual Assault." In W.L. Marshall, D.R. Laws & H.E. Barbaree (eds.), *Handbook of Sexual Assault: Issues, Theories, and Treatment of the Offender* (pp. 93-102). New York: Plenum.

Huey, S.J., Jr., S.W. Henggeler, M.J. Brondino & S.G. Pickrel (2000). "Mechanisms of Change in Multisystemic Therapy: Reducing Delinquent Behavior through Therapist Adherence and Improved Family and Peer Functioning." *Journal of Consulting and Clinical Psychology*, 68, 451-467.

Huessman, R.L. & C.-L. Podolski (2003). "Punishment: A Psychological Perspective." In S. McConville (ed.), *The Use of Punishment* (pp. 55-88). Devon, UK: Willan.

Huff, R.C. (1998). *Comparing the Criminal Behavior of Youth Gangs and AtRisk Youths*. Research in Brief. Washington, DC: National Institute of Justice.

Hunt, D.E. & R.H. Hardt (1965). "Developmental Stage, Delinquency, and Differential Treatment." *Journal of Research in Crime and Delinquency*, 2, 20-31.

Hunt, G.M. & N.H. Azrin (1973). "A Community-Reinforcement Approach to Alcoholism." *Behavior Research and Therapy*, 11, 91-104.

Huss, M.T. & . LanghinrichsenRohling (2000). "Identification of the Psychopathic Batterer: The Clinical, Legal, and Policy Implications." *Aggression and Violent Behavior*, 5, 403-422.

Ike, N. (2000). "Current Thinking on XYY Syndrome." *Psychiatric Annals*, 30, 91-95.

Inada, T., F. Minagawa, S. Iwashita & T. Tokui (1995). "Mentally Disordered Criminal Offenders: Five Years' Data from the Tokyo District Public Prosecutor's Office." *International Journal of Law and Psychiatry*, 18, 221-230.

Indian and Northern Affairs Canada (2008). *Resolution Sector*. Retrieved February 20, 2009, from http://www.aincinac.gc.ca/ai/rqpi/indexeng.asp.

Interstate Commission for Adult Offender Supervision. (2007). *SO Assessment Information Survey 4-2007*. See http://www.interstatecompact.org/resources/surveys/survey_results/SexOffender_Assessment_042007.pdf.

Irvin, J.E., C.A. Bower, M.E. Dunn & M.C. Wang (1999). "Efficacy of Relapse Prevention: A Meta-analytic Review." *Journal of Consulting and Clinical Psychology*, 67, 563-570.

Ito, T.A., N. Miller & V.E. Pollock (1996). "Alcohol and Aggression: A MetaAnalysis on the Moderating Effects of Inhibitory Cues, Triggering Events, and Self-Focused Attention." *Psychological Bulletin*, 120, 60-82.

Jackson, A. (2009). "The Impact of Restorative Justice on the Development of Guilt, Shame, and Empthy Among Participants in a Victim Impact Training Program." *Victims and Offenders*, 4, 1-24.

Jackson, A., S.L. Lucas & A.G. Blackburn (2009). "Externalization and Victim-Blaming Among a Sample of Incarcerated Females." *Journal of Offender Rehabilitation*, 48, 1-22.

Jacobs, P.A., M. Brunton, H.M. Melville, R.P. Brittain & W.F. McClemont (1965). "Aggressive Behavior, Mental Subnormality and the XYY Male." *Nature*, 208, 1351-1352.

Jacobson, N.S., J.M. Gottman, E. Gortner, S. Berns & J.W. Shortt (1996). "Psychological Factors in the Longitudinal Course of Battering: When Do Couples Split Up? When Does the Abuse Decrease?" *Violence and Victims*, 11, 371-392.

Jaffe, S.R., J. Belsky, H. Harrington, A. Caspi & T.E. Moffitt (2006). "When Parents Have a History of Conduct Disorder: How is the Caregiving Environment Affected?" *Journal of Abnormal Psychology*, 115, 309-319.

Jaffe, S.R., T.E. Moffitt, A. Caspi & A. Taylor (2003). "Life With (or Without) Father: The Benefits of Living with Two Biological Parents Depend on the Father's Antisocial Behavior." *Child Development*, 74, 109-126.

James, D.V., P.E. Mullen, J.R. Meloy, M.T. Pathé, F.R. Farnham, L. Preston & B. Darnley (2007). "The Role of Mental Disorder in Attacks on European Politicians 1990-2004." *Acta Psychiatrica Scandinavia*, 116, 334-344.

James, D.V., P.E. Mullen, J.R. Meloy, M.T. Pathé, F.R. Farnham, L. Preston & B. Darnley (2008). "Attacks on the British Royan Family: The Role of Psychotic Illness." *Journal of the American academy of Psychiatry*, 36, 59-67.

Jang, K.L., R.R. McCrae, A. Angleitner, R. Riemann & W.J. Livesley (1998). "Heritability of Facetlevel Traits in a Crosscultural Twin Sample: Support for a Hierarchical Model of Personality." *Journal of Personality and Social Psychology*, 74, 1556-1565.

Jarvik, L.F., V. Klodin & S.S. Matsuyama (1973). "Human Aggression and the Extra Y Chromosome." *American Psychologist*, 28, 674-682.

Jarvis, B. (2007). "Monsters Inc.: Serial Killers and Consumer Culture." *Crime, Media, Culture*, 3, 326-344.

Jeffery, C.R. (1979). *Biology and Crime*. Beverly Hills, CA: Sage.

Jenkins, P. (1998). "AfricanAmericans and Serial Homicide." In R.M. Holmes & S.T. Holmes (eds.), *Contemporary Perspectives on Serial Murder* (pp. 17-32). Thousand Oaks, CA: Sage.

Jensen, E.L., J. Gerber & C. Mosher (2004). "Social Consequences of the War on Drugs: The Legacy of Failed Policy." *Criminal Justice Policy Review*, 15, 100-121.

Jenson, G.F. (1972). "Parents, Peers and Delinquent Action: A Test of the Differential Association Perspective." *American Journal of Sociology*, 78, 562-575.

Jesness, C.F. (1971). "The Preston Typology Study: An Experiment with Differential Treatment in an Institution." *Journal of Research in Crime and Delinquency*, 8, 38-52.

Jessor, R. & S.L. Jessor (1977). *Problem Behavior and Psychosocial Development: A Longitudinal Study of Youth*. New York: Academic Press.

Jessor, R., S.L. Jessor & J. Finney (1973). "A Social Psychology of Marijuana Use: Longitudinal Studies of High School and College Youth." *Journal of Personality and Social Psychology*, 26, 1-15.

Johnson, J.G., E. Smailes, P. Cohen, S. Kasen & J.S. Brook (2004). "Anti-social Parental Behaviour, Problematic Parenting and Aggressive Offspring Behaviour During Adulthood: A 25-year Investigation." *British Journal of Criminology*, 44, 915-930.

Johnson, R.E. (1979). *Juvenile Delinquency and its Origins: An Integrative Theoretical Approach*. Cambridge, UK: Cambridge University Press.

Johnston, J.M. (1972). "Punishment of Human Behavior." *American Psychologist*, 27, 1033-1054.

Joiner, T.E. & K.D. Wagner (1995). "Attribution Style and Depression in Children and Adolescents: A Meta-analytic Review." *Clinical Psychology*

Review, 15, 777-798.

Jones, M.B. & D.R. Offord (1989). "Reduction of Antisocial Behavior in Poor Children by Nonschool Skill Development." *Journal of Child Psychology and Psychiatry and Allied Disciplines*, 30, 737-750.

Jones, P.R. (1996). "Risk Prediction in Criminal Justice." In A.T. Harland (ed.), *Choosing Correctional Options that Work: Defining the Demand and Evaluating the Supply* (pp. 33-68). Thousand Oaks, CA: Sage.

Juby, H. & D.P. Farrington (2001). "Disentangling the Link between Disrupted Families and Delinquency." *British Journal of Criminology*, 41, 22-40.

Kanin, E.J. (1967). "Reference Groups and Sex Conduct Norm Violations." *The Sociological Quarterly*, 8, 495-504.

Karberg, J.C. & D.J. James (2005). *Substance Dependence, Abuse, and Treatment of Jail Inmates, 2000.* Washington, DC: Bureau of Justice Statistics.

Kassebaum, G., D. Ward & D. Wilner (1971). *Prison Treatment and Parole Survival: An Empirical Assessment.* New York: Wiley and Sons.

Kassin, S.M., A.V. Tubb, H.H. Hosch & A. Memon (2001). "On the 'General Acceptance' of Eyewitness Testimony Research." *American Psychologist*, 56, 405-416.

Katz, J. & W.J. Chambliss (1996). "Biology and Crime." In J.F. Sheley (ed.), *Criminology: A Contemporary Handbook* (pp. 275-303). Belmont, CA: Wadsworth.

Kaufman, A.S. & J.C. Kaufman (2001). "Emotional Intelligence as an Aspect of General Intelligence: What Would David Wechsler Say?" *Emotion*, 1, 258-264.

Kazemian, L. & M. Le Blanc (2004). "Exploring Patterns of Perpetration of Crime Across the Life Course: Offense and OffenderBased Viewpoints." *Journal of Contemporary Criminal Justice*, 9, 383-398.

Keeney, B.T. & K.M. Heide (1994). "Gender Differences in Serial Murders: A Preliminary Analysis." *Journal of Interpersonal Violence*, 9, 383-398.

Keller, J. & K. WagnerSteh (2005). "A Guttman Scale for Empirical Prediction of Level of Domestic Violence." *Journal of Forensic Psychology Practice*, 5, 37-48.

Kelly, C.E. & W.N. Welsh (2008). "The Predictive Validity of the Level of Service InventoryRevised for Drug-Involved Offenders." *Criminal Justice and Behavior*, 35, 819-831.

Kelly, W.R., T.S. Macy & D.P. Mears (2005). "Juvenile Referrals in Texas: An Assessment of Criminogenic Needs and the Gap between Needs and Services." *The Prison Journal*, 85, 467-489.

Kempinen, C.A. & M.C. Kurlychek (2003). "An Outcome Evaluation of Pennsylvania's Boot Camp: Does Rehabilitative Programming within a Disciplinary Setting Reduce Recidivism?" *Crime & Delinquency*, 49, 581-602.

Kennedy, S. & R. Serin (1999). "Examining Offender Readiness to Change and the Impact on Treatment Outcome." In P.M. Harris (ed.), *Research to Results: Effective Community Corrections* (pp. 215-230). Lanham, MD: American Correctional Association.

Kernberg, O.F. (1998). "The Psychotherapeutic Management of Psychopathic, Narcissistic, and Paranoid Transferences." In T. Millon, E. Simonsen, M. BirketSmith & R.D. Davis (eds.), *Psychopathy: Violence, Criminal, and Violent Behavior.* New York: Guilford.

Kessler, R.C., B.E. Molnar, I.D. Feurer & M. Applebaum (2001). "Patterns and Mental Health Predictors of Domestic Violence in the United States: Results from the National Comorbidity Survey." *International Journal of Law and Psychiatry*, 24, 4-5.

Keyes, K.M. & D.S. Hasin (2008). "Socio-economic

Status and Problem Alcohol Use: The Positive Relationship Between Income and the DSMIV Alcohol Abuse Diagnosis." *Addiction,* 103, 1120-1130.

Kienlen, K.K. (1995). "An Obsessive and Potentially Dangerous Pursuit: A Case Study Approach to the Phenomenon of Stalking." Unpublished doctoral dissertation, Minnesota School of Professional Psychology, Minneapolis, MN.

Kiger, K. (1990). "The Darker Figure of Crime: The Serial Murder Enigma." In S. Egger (ed.), *Serial Murder: An Elusive Phenomenon* (pp. 35-52). New York: Praeger.

Kiloh, L.G. (1978). "The Neural Basis of Aggression and its Treatment by Psychosurgery." *Australian and New Zealand Journal of Psychiatry,* 12, 21-28.

Kimonis, E.R., P.J. Frick & C.T. Barry (2004). "Callous-Unemotional Traits and Delinquent Peer Affiliation." *Journal of Consulting and Clinical Psychology,* 72, 956-966.

Kimonis, E.R., P.J. Frick, N.W. Boris, A.T. Smyke, A.H. Cornell, J.m. Farrell & C.H. Zeanah (2006). "Callous-Unemotional Features, Behavioral Inhibition, and Parenting: Independent Predictors of Aggression in a High-Risk Preschool Sample." *Journal of Child and Family Studies,* 15, 745-756.

King, R.S., M. Mauer & M.C. Young (2005). *Incarceration and Crime: A Complex Relationship.* Washington, DC: The Sentencing Project.

Kirby, B.C. (1954). "Measuring Effects of Treatment of Criminals and Delinquents." *Sociology and Social Research,* 38, 368-374.

Kitzman, K.M., N.K. Gaylord, A.R. Holt & E.D. Kenny (2003). "Child Witnesses to Domestic Violence: A Metaanalytic Review." *Journal of Consulting and Clinical Psychology,* 71, 339-352.

Kivetz, R. & Y. Zheng (2006). "Determinants of Justification and SelfControl." *Journal of Experimental Psychology: General,* 135, 752-587.

Klag, S., F. O'Callaghan & P. Creed (2005). "The Use of Legal Coercion in the Treatment of Substance Abusers: An Overview and Critical Analysis of Thirty Years of Research." *Substance Use & Misuse,* 40, 1777-1795.

Klein, A.R. (1996). "ReAbuse in a Population of Court-restrained Male Batterers: Why Restraining Orders Don't Work." In E.S. Buzawa & C.G. Buzawa (eds.), *Do Arrests and Restraining Orders Work?* (pp. 192-213). Thousand Oaks, CA: Sage.

Klein, A.R. & A. Crowe (2008). "Findings From an Outcome Examination of Rhode Island's Specialized Domestic Violence Probation Supervision Program: Do Specialized Supervision Programs of Batterers Reduce Reabuse?" *Violence Against Women,* 14, 226-246.

Klein, A.R. & T. Tobin (2008). "A Longitudinal Study of Arrested Batterers, 1995-2005: Career Criminals." *Violence Against Women,* 14, 136-157.

Klein, M.W. (1971). *Street Gangs and Street Workers.* Englewood Cliffs, NJ: Prentice Hall.

Klein, N.C., J.F. Alexander & B.V. Parsons (1977). "Impact of Family Systems Intervention on Recidivism and Sibling Delinquency: A Model of Primary Prevention and Program Evaluation." *Journal of Consulting and Clinical Psychology,* 3, 469-474.

Knack, W.A. (2009). "Psychotherapy and Alcoholics Anonymous: An Integrated Approach." *Journal of Psychotherapy Integration,* 19, 86-109.

Kohlberg, L. (1958). "The Development of Modes of Moral Thinking and Choice in the Years Ten to Sixteen." Unpublished doctoral dissertation, University of Chicago, IL.

Kohlberg, L. & D. Candee (1984). "The Relationship of Moral Judgment to Moral Action." In L. Kohlberg (ed.), *Essays in Moral Development, Vol. 2: The Psychology of Moral Development* (pp. 498-581). New York: Harper & Row.

Konty, M. (2005). "Microanomie: The Cognitive Foundations of the Relationship between Anomie and Deviance." *Criminology,* 43, 107-132.

Kraus, R.T. (1995). "An Enigmatic Personality: Case Report of a Serial Killer." *Journal of Orthomolecular Medicine,* 10, 11-24.

Kraus, S.J. (1995). "Attitudes and the Prediction of Behavior: A Metaanalysis of the Empirical Literature." *Personality and Social Psychology Bulletin,* 21, 58-75.

Krebs, D.L. & K. Denton (2005). "Toward a More Pragmatic Approach to Morality: A Critical Evaluation of Kohlberg's Model." *Psychological Review,* 112, 629-649.

Krentzman, A.R. (2007). "The Evidence Base of the Effectiveness of Alcoholics Anonymous: Implications for Social Work Practice." *Journal of Social Work Practice in Addictions,* 7, 27-48.

Kristofferson, K. (1977). "Me and Bobby McGee."

Kroner, D.G. & J.F. Mills (2001). "The Accuracy of Five Risk Appraisal Instruments in Predicting Institutional Misconduct and New Convictions." *Criminal Justice and Behavior,* 28, 471-489.

Kropp, P.R. (2004). "Some Questions Regarding Spousal Assault Risk Assessment." *Violence Against Women,* 10, 676-697.

Kropp, P.R. & S.D. Hart (2000). "The Spousal Assault Risk Assessment (SARA) Guide: Reliability and Validity in Adult Male Offenders." *Law and Human Behavior,* 24, 101-118.

Kropp, P.R., S.D. Hart, C.D. Webster & D. Eaves (1995). *Manual for the Spousal Assault Risk Assessment Guide,* 2nd ed. Vancouver: British Columbia Institute of Family Violence.

Krueger, R.F., T.E. Moffitt, A. Caspi, A. Bleske & P.A. Silva (1998). "Assortative Mating for Antisocial Behavior: Developmental and Methodological Implications." *Behavior Genetics,* 28, 173-186.

Kruttschnitt, C. & M. Dornefeld (1993). "Exposure to Family Violence: A Partial Explanation for Initial and Subsequent Levels of Delinquency?" *Criminal Behaviour and Mental Health,* 3, 61-75.

Kurki, L. (2000). "Restorative and Community Justice in the United States." In M. Tonry (ed.), *Crime and Justice: A Review of Research,* Vol. 27 (pp. 235-303). Chicago: University of Chicago Press.

Kuther, T.L. & S.A. Wallace (2003). "Community Violence and Sociomoral Development: An African American Cultural Perspective." *American Journal of Orthopsychiatry,* 73, 177-189.

Lab, S.P. & J.T. Whitehead (1990). "From 'Nothing Works' to 'The Appropriate Works': The Latest Stop on the Search for the Secular Grail." *Criminology,* 28, 405-417.

Labriola, M., M. Rempel & R.C. Davis (2008). "Do Batterer Programs Reduce Recidivism? Results from a Randomized Trial in the Bronx." *Justice Quarterly,* 25, 252-1282.

Lacourse, E., D.S. Nagin, F. Vitaro, S. Coté, L. Aresenault & R.E. Tremblay (2006). "Prediction of Early-Onset Deviant Peer Group Affiliation: A 12-Year Longitudinal Study." *Archives of General Psychiatry,* 63, 562-568.

Lahey, B.B., R.R. Gordon, R. Loeber, M. Stouthamer-Loeber & D.P. Farrington (1999). "Boys Who Join Gangs: A Prospective Study of Predictors of First Gang Entry." *Journal of Abnormal Child Psychology,* 27, 261-276.

Lahey, B.B., R. Loeber, J.D. Burke & B. Applegate (2005). "Predicting Future Antisocial Personality Disorder in Males from a Clinical Assessment in Childhood." *Journal of Consulting and Clinical Psychology,* 73, 389-399.

Lalumière, M.L. & V.L. Quinsey (1996). "Sexual Deviance, Antisociality, Mating Effort, and the Use of Sexually Coercive Behaviors." *Personality and Individual Differences,* 21, 33-38.

Landenberger, N.A. & M.W. Lipsey (2005). "The Positive Effects of Cognitive-Behavioral Programs for Offenders: A Meta-Analysis of Factors Associated with Effective Treatment." *Journal of Experimental Criminology,* 1, 451-476.

Lane, J., S. Turner, T. Fain & A. Sehgal (2005). "Evaluating an Experimental Intensive Juvenile Probation Program: Supervision and Official Outcomes." *Crime & Delinquency*, 51, 26-52.

Lange, J. (1929). *Crime as Destiny* (translated 1931). London: Unwin.

Langevin, R. (2003). "A Study of Psychosexual Characteristics of Sex Killers: Can We Identify Them Before It Is Too Late?" *International Journal of Offender Therapy and Comparative Criminology*, 47, 366-382.

Langevin, R. & S. Curnoe (2004). "The Use of Pornography During the Commission of Sexual Offenses." *International Journal of Offender Therapy and Comparative Criminology*, 48, 572-586.

Langevin, R., R.A. Lang & S. Curnoe (1998). "The Prevalence of Sex Offenders with Deviant Fantasies." *Journal of Interpersonal Violence*, 13, 315-327.

LanghinrichsenRohling, J. (2005). "Top 10 Greatest 'Hits': Importance Findings and Future Directions for Intimate Partner Violence Research." *Journal of Interpersonal Violence*, 20, 108-118.

Lanier, C.S. & J.R. Acker (2004). "Capital Punishment, the Moratorium Movement, and Empirical Questions." *Psychology, Public Policy, and Law*, 10, 577-617.

Larsen, R.J. & Z. Prizmic (2004). "Affect Regulation." In R. Baumeister and K. Vohs (eds.), *Handbook of Selfregulation Research* (pp. 40-60). New York: Guilford.

Larsson, H., E. Viding & R. Plomin (2008). "Callous-Unemotional Traits and Antisocial Behavior: Genetic, Environmental and Early Parenting Characteristics." *Criminal Justice and Behavior*, 35, 197-211.

Latessa, E.J., F.T. Cullen & P. Gendreau (2002). "Beyond Correctional Quackery−Professionalism and the Possibility of Effective Treatment." *Federal Probation*, 66, 43-49.

Latimer, J. (2001). "A Meta-analytic Examination of Youth Delinquency, Family Treatment, and Recidivism." *Canadian Journal of Criminology*, 43, 237-253.

Latimer, J., C. Dowden & D. Muise (2005). "The Effectiveness of Restorative Justice Practices: A Metaanalysis." *The Prison Journal*, 85, 127-144.

Latimer, J., K. MortonBourgon & J. Chrétien (2006). *A Meta-Analytic Examination of Drug Treatment Courts: Do They Reduce Recidivism?* Ottawa: Department of Justice Canada.

Laub, J.H. & R.J. Sampson (1988). "Unraveling Families and Delinquency: A Reanalysis of the Glueck's Data." *Criminology*, 26, 355-380.

Laub, J.H. & G.E. Vaillant (2000). "Delinquency and Mortality: A 50-Year Follow-Up Study of 1,000 Delinquent and Nondelinquent Boys." *American Journal of Psychiatry*, 157, 96-102.

LaViolette, A.D. & O.W. Barnett (2000). *It Could Happen to Anyone: Why Battered Women Stay*, 2nd ed. Thousand Oaks, CA: Sage.

Leary, M.R., E.S. Tambor, S.K. Terdal & D.L. Downs (1995). "Self-Esteem as an Interpersonal Monitor: The Sociometer Hypothesis." *Journal of Personality and Social Psychology, 68*, 518-530.

Le Blanc, M. & N. Lanctột (1998). "Social and Psychological Characteristics of Gang Members According to the Gang Structure and It's Subcultural and Ethnic Make-up." *Journal of Gang Research*, 5, 15-28.

Le Blanc, M. & R. Loeber (1998). "Developmental Criminology Updated." In M. Tonry (ed.), *Crime and Justice: A Review of Research*, Vol. 23 (pp. 115-198). Chicago: University of Chicago Press.

Le Blanc, M., M. Ouimet & R.E. Tremblay (1988). "An Integrative Control Theory of Delinquent Behavior: A Validation 1976-1985." *Psychitary*, 51, 164-176.

Lee, M. & N.M. Prentice (1988). "Interrelations of

Empathy, Cognition, and Moral Reasoning with Dimensions of Juvenile Delinquency." *Journal of Abnormal Child Psychology,* 16, 127-139.

Leiber, M.J. & K.C. Fox (2005). "Race and the Impact of Detention on Juvenile Decision Making." *Crime & Delinquency,* 51, 470-497.

Leistico, A. M., R.T. Salekin, J. DeCoster & R. Rogers (2008). "A Large-Scale Meta-Analysis Relating the Hare Measures of Psychopathy to Antisocial Conduct." *Law and Human Behavior,* 32, 28-45.

Leitenberg, H. (1976). *Handbook of Behavior Modification and Behavior Therapy.* New York: Prentice Hall.

LeMarquand, D. & R.E. Tremblay (2001). "Delinquency Prevention in Schools." In C.R. Hollin (ed.), *Handbook of Offender Assessment and Treatment* (pp. 237-258). Chichester, UK: John Wiley & Sons.

Lenton, R.L. (1995). "Power versus Feminist Theories of Wife Abuse." *Canadian Journal of Criminology,* 37, 305-330.

Leschied, A.W., D. Chiodo, E. Nowicki & S. Rodger (2008). "Childhood Predictors of Adult Criminality: A Meta-Analysis Drawn from the Prospective Longitudinal Literature." *Canadian Journal of Criminology and Criminal Justice,* 50, 435-467.

Leschied, A.W. & A. Cunningham (2002). *Seeking Effective Interventions for Serious Young Offenders: Interim Results of a Four-year Randomized Study of Multisystemic Therapy in Ontario, Canada.* London, Ontario: Cnetre for Children and Families in the Justice System.

Leve, L.D. & P. Chamberlain (2005). "Association with Delinquent Peers: Intervention Effects for Youth in the Juvenile Justice System." *Journal of Abnormal Child Psychology,* 33, 339-347.

Leve, L.D., P. Chamberlain & J.B. Reid (2005). "Intervention Outcomes for Girls Referred from Juvenile Justice: Effects on Delinquency." *Journal of Consulting and Clinical Psychology,* 73, 1181-1185.

Leventhal, T. & J. BrooksGunn (2000). "The Neighborhoods They Live In: The Effects of Neighborhood Residence on Child and Adolescent Outcomes." *Psychological Bulletin,* 126, 309-337.

Leyton, E. (1986). *Hunting Humans.* Toronto: McClelland and Stewart.

Leyton, E. (2005). *Hunting Humans: The Rise of the Modern Multiple Murderer.* Toronto: McClelland and Stewart.

Lickliter, R. & H. Honeycutt (2003). "Developmental Dynamics: Toward a Biologically Plausible Evolutionary Psychology." *Psychological Bulletin,* 129, 819-835.

Lightfoot, E. & M. Umbreit (2004). "An Analysis of State Statutory Provisions for Victim-Offender Mediation." *Criminal Justice Policy Review,* 15, 418-436.

Linden, R. & K. Fillmore (1981). "A Comparative Study of Delinquency Involvement." *Canadian Review of Sociology and Anthropology,* 18, 343-361.

Lindesmith, A.R. (1947). *Opiate Addiction.* Bloomington, IN: Principles Press.

Link, B.G., H. Andrews & F.T. Cullen (1992). "The Violent and Illegal Behavior of Mental Patients Reconsidered." *American Sociological Review,* 57, 275-292.

Link, B. & C. Steuve (1994). "Psychotic Symptoms and the Violent/illegal Behavior of Mental Patients Compared to Community Controls." In J. Monahan & H. Steadman (eds.), *Violence and Mental Disorder* (pp. 137-159). Chicago: University of Chicago Press.

Link, B.G., A. Steuve & J. Phelan (1998). "Psychotic Symptoms and Violent Behaviors: Probing the Components of 'Threat/ControlOverride' Symptoms." *Social Psychiatry and Psychiatric Epidemiology,* 33, S55-S60.

Lipsey, M.W. (1989, November). "The Efficacy of Intervention for Juvenile Delinquency: Results from 400 Studies." Paper presented at the 41st annual meeting of the American Society of Criminology, Reno, Nevada.

Lipsey, M.W. (1995). "What Do We Learn from 400 Research Studies on the Effectiveness of Treatment with Juvenile Delinquency?" In J. McGuire (ed.), *What Works: Reducing Reoffending, Guidelines from Research to Practice* (pp. 63-78). West Sussex, UK: John Wiley & Sons.

Lipsey, M.W. (1999). "Can Rehabilitative Programs Reduce the Recidivism of Juvenile Offenders? An Inquiry into the Effectiveness of Practical Programs." *Virginia Journal of Social Policy and the Law,* 6, 611-641.

Lipsey, M.W. (2009). "The Primary Factors that Characterize Effective Interventions with Juvenile Offenders: A Meta-Analytic Overview." *Victims & Offenders, 4*, 124-147.

Lipsey, M.W. & J.H. Derzon (1998). "Predictors of Violent or Serious Delinquency in Adolescence and Early Adulthood: A Synthesis of Longitudinal Research." In R. Loeber & D.P. Farrington (eds.), *Serious and Violent Juvenile Offenders: Risk Factors and Successful Interventions* (pp. 86-105). Thousand Oaks, CA: Sage.

Lipsey, M.W. & D.B. Wilson (1998). "Effective Intervention for Serious Juvenile Offenders: A Synthesis of Research." In R. Loeber & D.P. Farrington (eds.), *Serious and Violent Juvenile Offenders: Risk Factors and Successful Interventions* (pp. 313-345). Thousand Oaks, CA: Sage.

Lipsey, M.W., D.B. Wilson, M.A. Cohen & J.H. Derzon (1997). "Is There a Causal Relationship Between Alcohol Use and Violence? A Synthesis of Evidence." In M. Galanter (ed.), *Recent Developments in Alcoholism, Vol. 13: Alcoholism and Violence.* New York: Plenum Press.

Lipton, D., R. Martinson & J. Wilks (1975). *The Effectiveness of Correctional Treatment: A Survey of Treatment Evaluation Studies.* New York: Praeger.

Listwan, S.J. (2009). "Reentry for Serious and Violent Offenders: An Analysis of Program Attrition." *Criminal Justice Policy Review,* 20, 154-169.

Listwan, S.J., J.L. Sundt, A.M. Holsinger & E.J. Latessa (2003). "The Effect of Drug Court Programming on Recidivism: The Cincinnati Experience." *Crime & Delinquency,* 49, 389-411.

Litt, M.D., R.M. Kadden, E. KabelaCormier & N.M. Petry (2009). "Changing Network Support for Drinking: Network Support Project 2-Year Follow-Up." *Journal of Consulting and Clinical Psychology,* 77, 229-242.

Llewellyn, J.J. & R. Howse (1999). *Restorative Justice: A Conceptual Framework.* Ottawa: Law Commission of Canada.

Loeber, R., D.L. Homish, E.H. Wei, D. Pardini, A.M. Crawford, D.P. Farrington, M. Stouthamer-Loeber, J. Creemers, S.A. Koehler & R. Rosenfeld (2005). "The Prediction of Violence and Homicide in Young Men." *Journal of Consulting and Clinical Psychology,* 73, 1074-1088.

Loeber, R. & M. Stouthamer-Loeber (1987). "Prediction." In H.C. Quay (ed.), *Handbook of juvenile Delinquency* (pp. 325-382). New York: Wiley.

Loeber, R. & M. Stouthamer-Loeber (1996). "The Development of Offending." *Criminal Justice and Behavior,* 23, 12-24.

Logan, C.H. (1972). "Evaluation Research in Crime and Delinquency: A Reappraisal." *Journal of Criminal Law, Criminology and Policy Science,* 63, 378-387.

Logan, C.H. & G.G. Gaes (1993). "Metaanalysis and the Rehabilitation of Punishment." *Justice Quarterly,* 10, 245-263.

Logan, C.H., G.G. Gaes, M. Harer, C.A. Innes, L. Karacki & W.G. Saylor (1991). *Can Metaanalysis Save Correctional Rehabilitation?* Washington, DC: Federal Bureau of Prisons.

Lombroso, C. (1895/2004). "Criminal Anthropology: Its Origin and Application." In D.M. Horton & K.E. Rich (eds.), *The Criminal Anthropological Writings of Cesare Lombroso Published in the English Language Periodical Literature During the Late 19th and Early 20th Centuries* (pp. 63-82). Lewiston, NY: Edwin Mellen Press.

Lombroso, C. & W. Ferrero (1895/1980). *The Female Offender.* Littleton, CO: Fred B. Rothman & Co.

Longshore, D., A. Hawken, D. Urada & M.D. Anglin (2006). *SACPA Cost Analysis Report (First and Second Years).* Sacramento: California Department of Alcohol and Drug Programs.

Longshore, D., S. Turner & J.A. Stein (1996). "Self-Control in a Criminal Sample: An Examination of Construct Validity." *Criminology,* 43, 209-228.

Looman, J., J. Abracen & T.P. Nicholaichuk (2000). "Recidivism among Treated Sexual Offenders and Matched Controls: Data from the Regional Treatment Centre (Ontario)." *Journal of Interpersonal Violence,* 15, 279-290.

Looman, J., I. Dickie & J. Abracen (2005). "Responsivity Issues in the Treatment of Sexual Offenders." *Trauma, Violence, and Abuse,* 6, 330-353.

Lorber, M.F. (2004). "Psychophysiology of Aggression, Psychopathy, and Conduct Problems: A Meta-analysis." *Psychological Bulletin,* 130, 531-552.

Lösel, F. (1995). "The Efficacy of Correctional Treatment: A Review and Synthesis of Meta-evaluations." In J. McGuire (ed.), *What Works: Reducing Reoffending* (pp. 79-111). Chichester, UK: John Wiley & Sons.

Lösel, F. & M. Schumucker (2005). "The Effectiveness of Treatment for Sexual Offenders: A Comprehensive Meta-analysis." *Journal of Experimental Criminology,* 1, 117-146.

Lovell, D., G.J. Gagliardi & P. Phipps (2005). *Washington's Dangerous Metnally Ill Offender Law: Was Community Safety Increase?* Olympia: Washington State Institute for Public Policy.

Lovins, B., C.T. Lowenkamp & E.J. Latessa (2009). "Applying the Risk Principle to Sex Offenders: Can Treatment Make Some Offenders Worse?" *The Prison Journal,* 89, 344-357.

Lowenkamp, C.T. (2004). "Correctional Program Integrity and Treatment Effectiveness: A Multi-site, Program-level Analysis." Unpublished doctoral dissertation, University of Cincinnati, Cincinnati, Ohio.

Lowenkamp, C.T. & K. Bechtel (2007). "The Predictive Validity of the LSI-R on a Sample of Offenders Drawn from the Records of the Iowa Department of Corrections Data Management System." *Federal Probation,* 71, 25-29.

Lowenkamp, C.T., A.M. Holsinger, L. BrusmanLovins & E.J. Latessa (2004). "Assessing the Interrater Agreement of the Level of Service Inventory-Revised." *Federal Probation,* 68, 34-38.

Lowenkamp, C.T., A.M. Holsinger & E.J. Latessa. (2005). "Are Drug Courts Effective: A Metaanalytic Review." *Journal of Community Corrections,* Fall, 5-10, 28.

Lowenkamp, C.T., D. Hubbar, M.D. Makarios & E.J. Latessa (2009). "A Quasi-Experimental Evaluation of Thinking for a Change: A 'Real World' Application." *Criminal Justice and Behavior,* 36, 137-146.

Lowenkamp, C.T., E.J. Latessa & A.M. Holsinger (2004). "Empirical Evidence on the Importance of Training and Experience in Using the Level of Service Inventory-Revised." *Topics in Community Corrections-2004.* Washington, DC: National Institute of Corrections.

Lowenkamp, C.T., E.J. Latessa & A.M. Holsinger (2006). "The Risk Principle in Action: What Have We Learned from 13,676 Offenders and 97 Correctional Programs?" *Crime & Delinquency,* 52, 77-93.

Lowenkamp, C.T., E.J. Latessa & P. Smith (2006). "Does Correctional Program Quality Really Matter? The

Impact of Adhering to the Principles of Effective Interventions?" *Criminology & Public Policy*, 5, 575-594.

Loza, W. & A. Loza-Fanous (2001). "The Effectiveness of the Selfappraisal Questionnaire in Predicting Offenders' Postrelease Outcome: A Comparison Study." *Criminal Justice and Behavior*, 28, 105-121.

Loza, W., A. MacTavish & A. LozaFanous (2007). "A NineYear Follow-Up Study on the Predictive Validity of the Self-appraisal Questionnaire for Predicting Violent and Nonviolent Recidivism." *Journal of Interpersonal Violence*, 22, 1144-1155.

Luo, S. & E.C. Klohnen (2005). "Assortative Mating and Marital Quality in Newlyweds: A Couplecentered Approach." *Journal of Personality and Social Psychology*, 88, 304-326.

Luong, D. (2007). "Risk Assessment and Community Management: The Relationship Between Implementation Quality and Recidivism." Master's Dissertation, Department of Psychology, University of Saskatchewan, Saskatoon, Saskatchewan.

Lurigio, A.J., Y.I. Cho, J.A. Swartz, T.P. Johnson, I. Graf & L. Pickup (2003). "Standardized Assessment of Substance-related, Other Psychiatric, and Comorbid Disorders among Probationers." *International Journal of Offender Therapy and Comparative Criminology*, 47, 630-652.

Lussier, P., J. Proulx & M. Le Blanc (2005). "Criminal Propensity, Deviant Sexual Interests and Criminal Activity of Sexual Aggressors against Women: A Comparison of Explanatory Models." *Criminology*, 43, 249-281.

Lykken, D.T. (1995). *The Antisocial Personalities*. Hillsdale, NJ: Lawrence Erlbaum.

Lynam, D.R. (1997). "Pursuing the Psychopath: Capturing the Fledgling Psychopath in the Nomological Net." *Journal of Abnormal Psychology*, 106, 425-438.

Lynam, D.R., A. Caspi, T.E. Moffitt, P.-O.H. Wikström, R. Loeber & S. Novak (2000). "The Interaction between Impulsivity and Neighborhood Context on Offending: The Effects of Impulsivity in Poorer Neighborhoods." *Journal of Abnormal Psychology*, 109, 563-574.

Lynam, D.R. & K.J. Derefinko (2006). "Psychopathy and Personality." In C.J. Patrick (ed.), *Handbook of Psychopathy* (pp. 133-155). New York: Guilford.

Lynam, D.R., R. Loeber & M. Stouthamer-Loeber (2008). "The Stability of Psychopathy from Adolescence into Adulthood." *Criminal Justice and Behavior*, 35, 228-243.

MacKenzie, D.L. & G.S. Armstrong (eds.) (2004). *Correctional Boot Camps: Military Basic Training or a Model for Corrections?* Thousand Oaks, CA: Sage.

MacKenzie, D.L., R. Brame, D. McDowall & C. Souryal (1995). "Boot Camp Prisons and Recidivism in Eight States." *Criminology*, 33, 327-357.

MacLean, B.D. (1986). "Critical Criminology and Some Limitations of Traditional Inquiry." In B.D. MacLean (ed.), *The Political Economy of Crime* (pp. 1-20). Scarborough, Ontario: Prentice Hall.

Maes, H.H., J.L. Silberg, M.C., Neale & L.J. Eaves (2007). "Genetic and Cultural Transmission of Antisocial Behavior: An Extended Twin Parent Model." *Twin Research and Human Genetics*, 10, 136-150.

Magdol, L., T.E. Moffitt, A. Caspi, D.L. Newman, J. Fagan & P.A. Silva (1997). "Gender Differences in Partner Violence in a Birth Cohort of 21-year-olds: Bridging the Gap between Clinical and Epidemiological Approaches." *Journal of Consulting and Clinical Psychology*, 65, 68-78.

Mair, G. (2005). "Electronic Monitoring in England and Wales: Evidencebased or Not?" *Criminal Justice*, 5, 257-277.

Mair, G., L. Burke & S. Taylor (2006). "'The Worst Tax Form You've Ever Seen?' Probation Officers' Views about OASys." *Probation Journal,* 53, 7-23.

Mak, A.S. (1990). "Testing a Psychological Control Theory of Delinquency." *Criminal Justice and Behavior,* 17, 215-230.

Makkai, T. & J. Payne (2005). "Illicit Drug Use and Offending Histories: A Study of Male Incarcerated Offenders in Australia." *Probation Journal,* 52, 153-168.

Maletzky, B.W. (1991). *Treating the Sexual Offender.* Newbury Park, CA: Sage.

Maletzky, B.M., A. Tolan & B. McFarland (2006). "The Oregon DepoProvera Program: A Five Year Follow-Up." *Sexual Abuse,* 18, 303-316.

Malouff, J.M., S.E. Rooke & N.S. Schutte (2008). "The Heritability of Human Behavior: Results of Aggregating Meta-analyses." *Current Psychology,* 27, 153-161.

Manchak, S.M., J.L. Skeem, & K.S. Douglas (2008). "Utility of the Revised Level of Service Inventory (LSI-R) in Predicting Recidivism After Long-Term Incarceration." *Law and Human Behavior,* 32, 477-488.

Manchak, S.M., J.L. Skeem, K.S. Douglas & M. Siranosian (2008). "Does Gender Moderate the Predictive Utility of the Revised Level of Service Inventory (LSI-R) for Serious Violent Offenders?" *Criminal Justice and Behavior,* 36, 425-442.

Mann, K. (2004). "Pharmacotherapy of Alcohol Dependence: A Review of the Clinical Data." *CNS Drugs,* 18, 485-504.

Mannheim, H. (1965). *Comparative Criminology.* Boston: Houghton Mifflin.

Marcus, D.K., S.L. John & J.F. Edens (2004). "A Taxometric Analysis of Psychopathic Personality." *Journal of Abnormal Psychology,* 113, 626-635.

Mark, V.H. & F.R. Ervin (1970). *Violence and the Brain.* Hagerstown, MD: Harper & Row.

Marlatt, A. & J. Gordon (1980). "Determinants of Relapse: Implications for the Maintenance of Behavior Change." In P.O. Davidson & S.M. Davidson (eds.), *Behavioral Medicine: Changing Health Lifestyles* (pp. 410-452). New York: BrunnerMazel.

Marlowe, D.B., D.S. Festinger, P.A. Lee, K.L. Dugosh & K.M. Benasutti (2006). "Matching Judicial Supervision in Clients'Risk Status in Drug Court." *Crime & Delinquency,* 52, 52-76.

Marques, J.K., M. Wiederanders, D.M. DAy, C. Nelson & A. van Ommeren (2005). "Effects of a Relapse Prevention Program on Sexual Recidivism: Final Results from California's Sex Offender Treatment and Evaluation Project (SOTEP)." *Sexual Abuse: A Journal of Research and Treatment,* 17, 79-107.

Marshall, T.F. & S. Merry (1990). *Crime and Victim Accountability: Victim/Offender Mediation in Practice.* London: Home Office.

Marshall, W.L. (1996). "Assessment, Treatment, and Theorizing about Sex Offenders: Developments During the Past Twenty Years and Future Directions." *Criminal Justice and Behavior,* 23, 162-199.

Marshall, W.L. & H. Barbaree (1990). "Outcome of Comprehensive Cognitive-Behavioral Treatment Programs." In W.L. Marshall, D.R. Laws & H.E. Barbaree (eds.), *Handbook of Sexual Assault: Issues, Theories, and Treatment of the Offender* (pp. 363-385). New York: Plenum.

Marshall, W.L., R. Jones, T. Ward, P. Johnston & H.E. Barbaree (1991). "Treatment Outcome with Sex Offenders." *Clinical Psychology Review,* 11, 465-485.

Martens, W.H. & G.B. Palermo (2005). "Loneliness and Associated Violent Antisocial Behavior: Analysis of the Case Reports of Jeffrey Dahmer and Dennis Nilsen." *International Journal of Offender Therapy and Comparative Criminology,* 49, 298-307.

Martin, C., E. Player & S. Liriano (2003). "Results of Evaluations of RAPt Drug Treatment Programme." In M. Ramsay (ed.), *Prisoner Drug Use and Treatment: Seven Research Studies, Home Office*

Research Study 267 (pp. 97-112). London: Home Office.

Martin, S.E., K. Bryant & N. Fitzgerald (2001). "Self-Reported Alcohol Use and Abuse by Arrestees in the 1998 Arrestee Drug Abuse Monitoring Program." *Alcohol Research & Health,* 25, 72-79.

Martinson, R. (1974). "What Works?–Questions and Answers about Prison Reform." *The Public Interest,* 35, 22-54.

Martinson, R. (1976). "California Research at the Crossroads." *Crime & Delinquency,* 22, 178-191.

Martinson, R. (1979). "New Findings, New Views: A Note of Caution Regarding Prison Reform." *Hofstra Law Review,* 7, 243-258.

Maruna, S. (2001). *Making Good: How Ex-convicts Reform and Rebuild Their Lives.* Washington, DC: American Psychological Association.

Maruna, S. & H. Copes (2005). "What Have We Learned from Five Decades of Neutralization Research?" In M. Tonry (ed.), *Crime and Justice: A Review of Research,* Vol. 32 (pp. 221-320). Chicago: University of Chicago Press.

Mason, D.A. & P.J. Frick (1994). "The Heritability of Antisocial Behavior: A Meta-analysis of Twin and Adoption Studies." *Journal of Psychopathology and Behavioral Assessment,* 16, 301-323.

Mathiesen, T. (1998). "Selective Incapacitation Revisited." *Law and Human Behavior,* 22, 455-469.

Matseuda, R.L. (1982). "Testing Control Theory and Differential Association: A Causal Modeling Approach." *American Sociological Review,* 47, 489-504.

Matseuda, R.L. & K. Anderson (1998). "The Dynamics of Delinquent Peers and Delinquent Behavior." *Criminology,* 36, 269-308.

Matson, J.L. & A.E. Kazdin (1981). "Punishment in Behavior Modification: Pragmatic, Ethical, and Legal Issues." *Clinical Psychology Review,* 1, 197-210.

Matthews, S.K. & R. Agnew (2008). "Extending Deterrence Theory: Do Delinquent Peers Condition the Relationship between Perceptions of Getting Caught and Offending?" *Journal of Research in Crime and Delinquency,* 45, 91-118.

Matza, D. (1964). *Delinquency and Drift,* 2nd ed. New York: Wiley.

Maung, N.A. & N. Hammond (2000). *Risk of Re-offending and Needs Assessment: The User's Perspective.* Home Office Research Study 216. London: Home Office.

Maxwell, C., J.H. Garner & J.A. Fagan (2001). *The Effects of Arrest on Intimate Partner Violence: New Evidence for the Spouse Assault Replication Program.* Washington, DC: U.S. National Institute of Justice.

Maxwell, G.M. & A. Morris (1994). "The New Zealand Model of Family Group Conferences." In C. Adler & J. Wundersitz (eds.), *Family Conferencing and Juvenile Justice: The Way Forward or Misplaced Optimism?* (pp. 15-43). Canberra: Australian Institute of Criminology.

Maxwell, G., A. Morris & H. Hayes (2006). "Conferencing and Restorative Justice." In D. Sullivan & L. Tifft (eds.), *Handbook of Restorative Justice* (pp. 151-160). New York: Routledge.

Mayer, J.D. (2005). "A Tale of Two Visions: Can a New View of Personality Help Integrate Psychology?" *American Psychologist,* 60, 294-307.

Mayer, R.R. (1972). *Social Planning and Social Change.* Englewood Cliffs, NJ: Prentice Hall.

Mazerolle, P., R. Brame, R. Paternoster, A. Piquero & C. Dean (2000). "Onset Age, Persistence, and Offending Versatility: Comparisons across Gender." *Criminology,* 38, 1143-1172.

McClennen, J.C. (2005). "Domestic Violence between Samegender Partners: Recent Findings and Future Research." *Journal of Interpersonal Violence,* 20, 149-154.

McCloskey, L.A., A.J. Figueredo & M.P. Koss (1995).

"The Effects of Systemic Family Violence on Children's Mental Health." *Child Development,* 66, 1239-1261.

McCold, P. (2000). "Toward a Holistic Vision of Restorative Juvenile Justice: A Reply to the Maximalist Model." *Contemporary Justice Review,* 3, 357-414.

McCold, P. (2006). "The Recent History of Restorative Justice: Mediations, Circles, and Conferencing." In D. Sullivan & L. Tifft (eds.), *Handbook of Restorative Justice* (pp. 23-51). New York: Routledge.

McCold, P. & B. Wachtel (1998). *Restorative Policing Experiment: The Bethlehem Pennsylvania Police Family Group Conferencing Project.* Pipersville, PA: Community Service Foundation.

McCord, J. (1997). "Discipline and the Use of Sanctions." *Aggression and Violent Behavior,* 2, 313-319.

McCord, J. (1999). "Interventions: Punishment, Diversion, and Alternative Routes to Crime Prevention." In A.K. Hess & I.B. Weiner (eds.), *The Handbook of Forensic Psychology,* 2nd ed. (pp. 559-579). New York: Wiley.

McCrady, B.S., E.E. Epstein & C.W. Kahler (2004). "Alcoholics Anonymous and Relapse Prevention as Maintenance Strategies after Conjoint Behavioral Alcohol Treatment for Men: 19month Outcomes." *Journal of Consulting and Clinical Psychology,* 72, 870-878.

McCrae, R.R. & P.T. Costa Jr. (1999). "A Fivefactor Theory of Personality." In L. Pervin & O.P. John (eds.), *Handbook of Personality,* 2nd ed. (pp. 139-153). New York: Guilford.

McCrae, R.R., P.T. Costa Jr., F. Ostendorf, A., M. Hrebickova, M.D. Avia, J. Sanz, M.L. Sanchez-Bernardos, M.E. Kusdil, R. Woodfield, P.R. Saunders & P.B. Smith (2000). "Nature over Nurture: Temperament, Personality, and Life Span Development." *Journal of Personality and Social Psychology,* 78, 173-176.

McEwan, T., P.E. Mullen & R. Purcell (2007). "Identifying Risk Factors in Stalking: A Review of Current Research." *International Journal of Law and Psychiatry,* 30, 1-9.

McEwan, T., P.E. Mullen & R. MacKenzie (2007). "Anti-Stalking Legislation in Practice: Are We Meeting Community Needs?" *Psychiatry, Psychology and Law,* 14, 207-217.

McEwan, T., P.E. Mullen & R. MacKenzie (2009). "A Study of the Predictors of Persistence in Stalking Situations." *Law and Human Behavior,* 33, 149-158.

McGloin, J.M. & L. O'Neill Shermer (2009). "SelfControl and Deviant Peer Network Structure." *Journal of Research in Crime and Delinquency,* 46, 35-72.

McGuire, J. (2001). "Methods to Reduce the Risk of Reoffending: International Perspectives." Invited Address to the "What Works" Seminar, Helsinki, Finland, October.

McGuire, J. (2002). "Integrating Findings from Research Reviews." In J. McGuire (ed.), *Offender Rehabilitation and Treatment: Effective Programmes and Policies to Reduce Reoffending* (pp. 3-38). West Sussex, UK: John Wiley & Sons.

McGuire, J. (2004). *Understanding Psychology and Crime: Perspectives on Theory and Action.* Berkshire, UK: Open University Press.

McGuire, J., C.A.L. Bilby, R.M. Hatcher, C.R. Hollin, J. Hounsome & E.J. Palmer (2008). "Evaluation of Structured CognitiveBehavioural Treatment Programmes in Reducing Criminal Recidivism." *Journal of Experimental Criminology,* 4, 21-40.

McMurran, M. (2009). "Motivational Interviewing with Offenders: A Systematic Review." *Legal and Criminological Psychology,* 14, 83-100.

Mears, D.P. (2003). "Research and Interventions to Reduce Domestic Violence Revictimization." *Trauma, Violence, and Abuse,* 4, 127-147.

Mednick, S.A. (1977). "A Bio-social Theory of the

Learning of Law-abiding Behavior." In S.A. Mednick & K.O. Christiansen (eds.), *Biosocial Basis of Criminal Behavior* (pp. 1-8). New York: Gardner.

Mednick, S.A., W.F. Gabrielli & B. Hutchings (1983). "Genetic Influences in Criminal Convictions: Evidence from an Adoption Cohort." In K.T. Van Dusen & S.A. Mednick (eds.), *Prospective Studies of Crime and Delinquency* (pp. 39-56). Hingham, MA: Kluwer Nijhoff.

Mednick, S.A., W.F. Gabrielli & B. Hutchings (1984). "Genetic Influences in Criminal Convictions: Evidence from an Adoption Cohort." *Science,* 234, 891-894.

Mednick, S.A., W.F. Gabrielli & B. Hutchings (1987). "Genetic Factors in the Etiology of Criminal Behavior." In S.A. Mednick, T.E. Moffitt & S.A. Stack (eds.), *The Causes of Crime: New Biological Approaches* (pp. 74-91). Cambridge, UK: Cambridge University Press.

Meehan, K.E. (2000). "California's Threestrikes Law: The First Six Years." *Corrections Management Quarterly,* 4, 22-33.

Megargee, E.I. (1982). "Psychological Determinants and Correlates of Criminal Violence." In M.E. Wolfgang & N.A. Weinder (eds.), *Criminal Violence* (pp. 81-170). Beverly Hills, CA: Sage.

Meichenbaum, D.A. (1977). *CognitiveBehavior Modification: An Integrative Approach.* New York: Plenum.

Meier, M.H., W.S. Slutske, S. Arndt & R.J. Cadoret (2008). "Impulsive and Callous Traits Are More Strongly Associated With Delinquent Behavior in Higher Risk Neighborhoods Among Boys and Girls." *Journal of Abnormal Psychology,* 117, 377-385.

Meloy, J.R. (1992). "Discussion of 'On the Predictability of Violent Behavior: Considerations and Guildelines.'" *Journal of Forensic Sciences,* 37, 949-950.

Meloy, J.R. (1996). "Stalking (Obsessional Following): A Review of Some Preliminary Studies." *Aggression and Violent Behavior,* 1, 147-162.

Meloy, J.R. (ed.) (1998). *The Psychology of Stalking: Clinical and Forensic Perspectives.* New York: Academic Press.

Merritt, N., T. Fain & S. Turner (2006). "Oregon's Get Tough Sentencing Reform: A Lesson in Justice System Adaptation." *Criminology & Public Policy,* 5, 5-36.

Merton, R.K. (1938). "Social Structure and Anomie." *American Sociological Review,* 3, 672-682.

Merton, R.K. (1957). *Social Theory and Social Structure.* New York: Free Press.

Messina, N., D. Farabee & R. Rawson (2003). "Treatment Responsivity of CocaineDependent Patients with Antisocial Personality Disorder to Cognitive-Behavioral and Contingency Management Interventions." *Journal of Consulting and Clinical Psychology,* 71, 320-329.

Meyers, R.J. & J.E. Smith (1995). *Clinical Guide to Alcohol Treatment: The Community Reinforcement Approach.* New York: Guilford.

Mikulincer, M. (1994). *Human Learned Helplessness: A coping Perspective.* New York: Plenum.

Miller, J.D. & D.R. Lynam (2001). "Structural Models of Personality and their Relation to Antisocial Behavior: A Metaanalytic Review." *Criminology,* 39, 765-792.

Miller, J.D., D.R. Lynam & C. Leukefeld (2003). "Examining Antisocial Behavior Through the Lens of the Five Factor Model of Personality." *Aggressive Behavior,* 29, 497-514.

Miller, W.B. (1958). "Lower Class Culture as a Generating Milieu of Gang Delinquency." *Journal of Social Issues,* 14, 5-19.

Miller, W.R. & K.M. Carroll (2006). *Rethinking Substance Abuse: What the Science Shows, and What We Should Do about It.* New York: Guilford.

Miller, W.R., R.J. Meyers & J.S. Tonigan (1999). "Engaging the Unmotivated in Treatment for Alcohol Problems: A Comparison of Three Strategies for Intervention Through Family Members." *Journal of Consulting and Clinical Psychology,* 67, 688-697.

Mills, J.F., D. Anderson & D.G. Kroner (2004). "The Antisocial Attitudes and Associates of Sex Offenders." *Criminal Behaviour and Mental Health,* 14, 134-145.

Mills, J.F. & D.G. Kroner (2006). "Impression Management and SelfReport among Violent Offenders." *Journal of Interpersonal Violence,* 21, 178-192.

Mills, J.F. D.G. Kroner & T. Hemmati (2005). "The Measures of Criminal Attitudes and Associates (MCAA): The Prediction of General and Violent Recidivism." *Criminal Justice and Behavior,* 32, 656-585.

Minor, W.W. (1981). "Techniques of Neutralization: A Reconceptualization and Empirical Examination." *Research in Crime and Delinquency,* 18, 295-318.

Mischel, W. (1968). *Personality and Assessment.* New York: Wiley.

Mischel, W. (2004). "Toward an Integrative Science of the Person." *Annual Review of Psychology,* 55, 1-22.

Mischel, W. & O. Ayduk (2002). "Self-regulation in a Cognitive-Affective Personality System: Attentional Control in the Service of the Self." *Self and Identity,* 1, 113-120.

Mischel, W. & Y. Shoda (1998). "Reconciling Processing Dynamics and Personality Dispositions." *Annual Review of Psychology,* 49, 229-258.

Mischel, W. & Y. Shoda (2006). "Applying Meta-Theory to Achieve Generalisability and Precision in Personality Science." *Applied Psychology: An International Review,* 55, 439-452.

Mischel, W., Y. Shoda & R. Mendoza-Denton (2002). "Situation-Behavior Profiles as a Locus of Consistency in Personality." *Current Directions in Psychological Science,* 11, 50-54.

Mitchell, O. (2005). "A Meta-analysis of Race and Sentencing Research: Explaining the Inconsistencies." *Journal of Quantitative Criminology,* 21, 439-466.

Mobley, M.J. (1999). "Psychotherapy with Criminal Offenders." In A.K. Hess & I.B. Weiner (eds.), *The Handbook of Forensic Psychology,* 2nd ed. (pp. 603-639). New York: Wiley.

Moffitt, T.E. (1983). "The Learning Theory Model of Punishment: Implications for Delinquency Deterrence." *Criminal Justice and Behavior,* 10, 131-158.

Moffitt, T.E. (1987). "Parental Mental Disorder and Offspring Criminal Behavior: An Adoption Study." *Psychiatry,* 50, 346-360.

Moffitt, T.E. (1990). "The Neuropsychology of Juvenile Delinquency." In M. Tonry & N. Morris (eds.), *Crime and Justice: A Review of Research,* Vol. 8 (pp. 99-169). Chicago: University of Chicago Press.

Moffitt, T.E. (1993). "'Life-Course-Persistent' and 'Adolescent-Limited' Antisocial Behavior: A Developmental Taxonomy." *Psychological Review,* 100, 674-701.

Moffitt, T.E. (1997). "Adolescence-Limited and Life-Course-Persistent Offending: A Complementary Pair of Developmental Theories." In T.P. Thornberry (ed.), *Developmental Theories of Criminal Behavior* (pp. 11-54). New Brunswick, NJ: Transaction.

Moffitt, T.E. (2003). "Life-Course-Persistent and Adolescence-Limited Antisocial Behavior: A 10-year Research Review and a Research Agenda." In B.A. Lahey, T.E. Moffitt & A. Caspi (eds.), *Causes of Conduct Disorder and Juvenile Delinquency.* New York: Guilford.

Moffitt, T.E., A. Caspi, N. Dickson, P. Silva & W. Stanton (1996). "Childhood-Onset versus Adolescent-Onset

Antisocial Conduct Problems in Males: Natural History from Ages 3 to 18 Years." *Development and Psychopathology*, 8, 399-424.

Moffitt, T.E., A. Caspi, H. Harrington & B.J. Milne (2002). "Males on the Life-Course-Persistent and Adolescent-Limited Antisocial Pathways: Follow-up at Age 26 years." *Development and Psychopathology*, 14, 179-207.

Moffitt, T.E., D.R. Lynam & P.A. Silva (1994). "Neuropsychological Tests Predicting Persistent Male Delinquency." *Criminology*, 32, 277-300.

Moffitt, T.E. & P.A. Silva (1988). "IQ and Delinquency: A Direct Test of the Differential Detection Hypothesis." *Journal of Abnormal Psychology*, 97, 330-333.

Monahan, J. (ed.). (1980). *Who is the Client?: The Ethics of Psychological Intervention in the Criminal Justice System*. Washington, DC: American Psychological Association.

Montmarquette, C. & M. Nerlove (1985). "Deterrence and Delinquency: An Analysis of Individual Data." *Journal of Quantitative Criminology*, 1, 37-58.

Moody, C.E. & T.B. Marvell (1996). "The Uncertain Timing of Innovations in Time Series: Minnesota Sentencing Guidelines and Jail Sentences—A Comment." *Criminology*, 34, 257-267.

Moos, R.H. (2008). "Active Ingredients of Substance Use-Focused Self-Help Groups." *Addiction*, 103, 387-396.

Morash, M. (2009). "A Great Debate Over Using the Level of Service Inventory-Revised (LSIR) with Women Offenders." *Criminology & Public Policy*, 8, 173-181.

Morgan, R., D. Flora, D. Kroner, J. Mills, F. Varghese & J. Stefan (2007). "Treatment of Mentally Disordered Offenders: A Research Synthesis." Paper presented at the North American Conference of Correctional and Criminal Justice Psychology, Ottawa, Ontario, June.

Morris, A. & G. Maxwell (1998). "Restorative Justice in New Zealand: Family Group Conferences as a Case Study." *Western Criminology Review*, 1. See http://wcr.sonoma.edu/v1n1/morris.html.

Morris, N. & M. Tonry (1990). *Between Prison and Probation: Intermediate Punishment in a Rational Sentencing System*. New York: Oxford University Press.

Moskowitz, A. (2004). "Dissociation and Violence: A Review of the Literature." *Trauma, Violence, and Abuse*, 5, 21-46.

Mossman, D. (1994). "Assessing Predictions of Violence: Being Accurate about Accuracy." *Journal of Consulting and Clinical Psychology*, 62, 783-792.

Motiuk, L.L., J. Bonta & D.A. Andrews (1986). "Classification in Correctional Halfway Houses: The Relative and Incremental Predictive Criterion Validities of the Megargee-MMPI and LSI Systems." *Criminal Justice and Behavior*, 13, 33-46.

Motiuk, L.L., J. Bonta & D.A. Andrews (1990). "Dynamic Predictive Criterion Validity in Offender Assessment." Paper presented at the Canadian Psychological Association Annual Convention, Ottawa, Ontario, June.

Mullen, P.E. (2006). "Schizophrenia and Violence: From Correlations to Preventive Strategies." *Advances in Psychiatric Treatment*, 12, 239-248.

Mullen, P.E. (2009). "Stalking." In M. Gelder, J. Lopez-Ibor, N. Andreasen & J. Geddes (eds.), *New Oxford Textbook of Psychiatry*, 2nd ed. (Part II, Section 5.3, pp. 22-28). New York: Oxford University Press.

Mullen, P.E., D.V. James, J.R. Meloy, M.T. Pathé, F.R. Farnham, L. Preston & B. Darnley (2008). "The Role of Psychotic Illnesses in Attacks on Public Figures." In J.R. Meloy, L. Sheridan & J. Hoffman (eds.), *Stalking, Threatening, and Attacking Public Figures* (pp. 55-82). New York: Oxford University Press.

Mullen, P.E., R. MacKenzie, J.R.P. Ogloff, M. Pathé, T. McEwan & R. Purcell (2006). "Assessing and

Managing the Risks in the Stalking Situation." *Journal of the American Academy of Psychiatry and the Law*, 34, 439-450.

Mullen, P.E. & M. Pathé(2002). "Stalking." In M. Tonry (ed.), *Crime and Justice: A Review of Research*, Vol. 29 (pp. 273-318). Chicago: University of Chicago Press.

Müller-Isberner, R. & S. Hodgins (2000). "Evidencebased Treatment for Mentally Disordered Offenders." In S. Hodgins & R. MüllerIsberner (eds.), *Violence, Crime and Mentally Disordered Offenders* (pp. 7-38). New York: Wiley.

Murphy, B.C. (1972). *A Quantitative Test of the Effectiveness of an Experimental Treatment Program for Delinquent Opiate Addicts.* Ottawa: Information Canada.

Murphy, W.D & J.M. Peters (1992). "Profiling Child Sexual Abusers: Psychological Considerations." *Criminal Justice and Behavior*, 19, 24-37.

Mustard, S., D.C. May & D.W. Phillips (2006). "Prevalence and Predictors of Cheating on Antabuse: Is Antabuse a Cure or Merely an Obstacle?" *American Journal of Criminal Justice*, 31, 51-63.

Nagin, D.S. & G. Pogarsky (2004). "Time and Punishment: Delayed Consequences and Criminal Behavior." *Journal of Quantitative Criminology*, 20, 295-317.

Nelson, R.J. & B.C. Trainor (2007). "Neural Mechanisms of Aggression." *Nature Reviews/Neuroscience*, 8, 536-546.

Neo, L.H., C. Misir & P. Lee (eds., 2006). *Correctional Research Compendium, 2006.* Singapore: Singapore Prison Service.

Nesovic, A. (2003). "Psychometric Evaluation of the Correctional Program Assessment Inventory (CPAI)." Unpublished doctoral dissertation, Carleton University, Ottawa, Ontario.

Newman, G. (1976). *Comparative Deviance: Perception and Law in Six Cultures.* New York: Elsevier.

Neves, A.C. & R.A. Gonçalves (2008). "Criminal Recidivism and Violation of Conditional Release: A Comparative Study of the LSI-R and the HCR-20 in Portuguese Probationers/Parolees." Paper presented at the IAFMHS Eighth Annual Conference, Vienna, Austria.

Newcomb, M.D. & T.B. Loeb (1999). "Poor Parenting as an Adult Problem Behavior: General Deviance, Deviant Attitudes, Inadequate Family Support and Bonding, or Just Bad Parents?" *Journal of Family Psychology*, 13, 175-193.

Newman, G. (1995). *Just and Painful: A Case for the Corporal Punishment of Criminals*, 2nd ed. New York: Harrow and Heston.

Newsom, C., J.E. Flavell & A. Rincover (1983). "The Side Effects of Punishment." In S. Axelrod & J. Apsche (eds.), *The Effects of Punishment on Human Behavior* (pp. 285-316). New York: Academic.

Newton, M. (2000). *The Encyclopedia of Serial Killers.* New York: Checkmark.

NicholsonCrotty, S. (2004). "The Impact of Sentencing Guidelines on Statelevel Sanctions: An Analysis Over Time." *Crime & Delinquency*, 50, 395-411.

Nieuwbeerta, P. & A.R. Piquero (2008). "Mortality Rates and Causes of Death of Convicted Dutch Criminals 25 Years Later." *Journal of Research in Crime and Delinquency*, 45, 256-286.

Novaco, R. (1975). *Anger Control: The Development and Evaluation of an Experimental Treatment.* Lexington, MA: Lexington Books.

Novaco, R.W. (2000). "Anger." In A.E. Kazdin (ed.), *Encyclopedia of Psychology*, Vol. 1 (pp. 170-174). New York: American Psychological Association.

Nuffield, J. (1982). *Parole Decision-making in Canada.* Ottawa: Solicitor General of Canada.

Nuffield, J. (1997). *Evaluation of the Adult Victim-Offender Mediation Program Saskatoon Community Mediation Services.* Regina: Saskatchewan Justice.

Nugent, W.R. & J.B. Paddock (1995). "The Effect of Victim-Offender Mediation on Severity of Reoffense." *Mediation Quarterly,* 12, 353-367.

Odgers, C.L., B.J. Milne, A. Caspi, R. Crump, R. Poulton, R. & T.E. Moffitt (2007). "Predicting Prognosis for Conduct-problem Boy: Can Family History Help?" *Journal of the American Academy of Child & Adolescent Psychiatry,* 46, 1240-1249.

Odgers, C.L., T.E. Moffitt, J.M. Broadbent, N. Dickson, R.J. Hancox, H. Harrington, R. Poulton, M.R. Sears, W.M. Thomson & A. Caspi (2008). "Female and Male Antisocial Trajectories: From Childhood Origins to Adult Outcomes." *Developmental Psychopathology,* 20, 673-716.

Office of National Drug Control Policy (2000). *Drug-related Crime.* Washington, DC: Drug Policy Information Clearinghouse.

Ogloff, J.R.P. (2006). "Psychopathy/Antisocial Personality Disorder Conundrum." *Australian and New Zealand Journal of Psychiatry,* 40, 519-528.

Ogloff, J.R.P. & M.R. Davis (2004). "Advances in Offender Assessment and Rehabilitation: Contributions of the RiskNeedResponsivity Approach." *Psychology: Crime and Law,* 10, 229-242.

Ogloff, J.R.P., S. Wong & A. Greenwood (1990). "Treating Criminal Psychopaths in a Therapeutic Community Program." *Behavioral Sciences and the Law,* 8, 181-190.

O'Leary, K.D., J. Malone & A. Tyree (1994). "Physical Aggression in Early Marriage: Prerelationship and Relationship Effects." *Journal of Consulting and Clinical Psychology,* 62, 594-602.

Olver, M.E., K.C. Stockdale & J.S. Wormith (2009). "Risk Assessment with Young Offenders: A Meta-Analysis of Three Assessment Measures." *Criminal Justice and Behavior,* 36, 329-353.

Olver, M.E. & S.C.P. Wong (2009). "Therapeutic Responses of Psychopathic Sexual Offenders: Treatment Attrition, Therapeutic Change, and Long-Term Recidivism." *Journal of Consulting and Clinical Psychology,* 77. 328-336.

Olver, M.E., S.C.P. Wong & T.P. Nicholaichuk (2009). "Outcome Evaluation of a HighIntensity Inpatient Sex Offender Treatment Program." *Journal of Interpersonal Violence,* 24, 522-536.

Onifade, E., W. Davidson, C. Campbell, G. Turke, J. Malinowski & K. Turner (2008). "Predicting Recidivism in Probationers with the Youth Level of Service Case Management Inventory (YLS/CMI)." *Criminal Justice and Behavior,* 35, 474-483.

Osgood, D.W. & A.L. Anderson (2004). "Unstructured Socializing and Rates of Delinquency." *Criminology,* 42, 519-549.

Osofsky, J. (2003). "Prevalence of Children's Exposure to Domestic Violence and Child Maltreatment: Implications for Prevention and Intervention." *Clinical Child and Family Psychology Review,* 6, 161-170.

Padgett, K.G., W.D. Bales & T.G. Blomberg (2006). "Under Surveillance: An Empirical Test of the Effectiveness and Consequences of Electronic Monitoring." *Criminology & Public Policy,* 5, 61-92.

Palarea, R.E., M.A. Zona, J.C. Lane & J. Langhinrichsen-Rohling (1999). "The Dangerous Nature of Intimate Relationship Stalking: Threats, Violence, and Assocatied Risk Factors." *Behavioral Sciences and the Law,* 17, 269-283.

PalkerCorell, A. & D.K. Marcus (2004). "Partner Abuse, Learned Helplessness, and Trauma Symptoms." *Journal of Social and Clinical Psychology,* 23, 445-462.

Palmer, E.J. (2003). *Offending Behaviour: Moral Reasoning, Criminal Conduct and the Rehabilitation of Offenders.* Cullompton, UK: Willan.

Palmer, T. (1974). "The Youth Authority's Community Treatment Project." *Federal Probation,* (March): 3-14.

Palmer, T. (1975). "Martinson Revisited." *Journal of Research in Crime and Delinquency,* 12, 133-152.

Palmer, T. (1983). "The Effectiveness Issue Today: An Overview." *Federal Probation,* 46, 3-10.

Palmer, T. (1992). *The Reemergence of Correctional Intervention.* Newbury Park, CA: Sage.

Pan, H.S., P.H. Neidig & K.D. O'Leary (1994). "Predicting Mild and Severe Husband-to-Wife Physical Aggression." *Journal of Consulting and Clinical Psychology,* 62, 975-981.

Paparozzi, M.A. & P. Gendreau (2005). "An Intensive Supervision Program That Worked: Service Delivery, Professional Orientation, and Organizational Supportiveness." *The Prison Journal,* 85, 445-466.

Parent, D.G., M. Chaiken & W. Logan (1989). *Shock Incarceration: An Overview of Existing Programs.* Washington, DC: Office of Justice Programs, U.S. Department of Justice.

Parhar, K.K., J.S. Wormith, D.M. Derkzen & A.M. Beauregard (2008). "Offender Coercion in Treatment: A Meta-analysis of Effectiveness." *Criminal Justice and Behavior,* 35, 1109-1135.

Parker, K.F. & S.R. Maggard (2005). "Structural Theories and Race-specific Drug Arrests: What Structural Factors Account for the Rise in Race-specific Drug Arrests Over Time?" *Crime & Delinquency,* 51, 521-547.

Patrick, C.J. (ed.). (2006). *Handbook of Psychopathy.* New York: Guilford.

Patrick, C.J., J.J. Curtin & A. Tellegen (2002). "Development and Validation of a Brief Form of the Multidimensional Personality Questionnaire." *Psychological Assessment,* 14, 150-163.

Patterson, G.R. (1982). *Coercive Family Process.* Eugene, OR: Castalia.

Patterson, G.R. (1997). "Performance Models for Parenting: A Social Interactional Perspective." In J.E. Grusec & L. Kuczynski (eds.), *Parenting and Children's Internalization of Values: A Handbook of Contemporary Theory* (pp. 193-226). New York: Wiley.

Patterson, G.R., D.S. DeGarmo & N. Knutson (2000). "Hyperactivity and Antisocial Behaviors: Comorbid or Two Points in the Same Process?" *Development and Psychopathology,* 12, 91-106.

Patterson, G.R. & K. Yoerger (1999). "Intraindividual Growth in Covert Antisocial Behaviour: A Necessary Precursor to Chronic Juvenile and Adult Arrests?" *Criminal Behaviour and Mental Health,* 9, 24-38.

Payne, D.C. & Cornwell, B. (2007). "Reconsidering Peer Influences on Delinquency: Do Less Proximate Contacts Matter?" *Journal of Quantitative Criminology,* 23, 127-149.

Peachy, D.E. (1989). "The Kitchener Experiment." In M. Wright & B. Galaway (eds.), *Mediation and Criminal Justice: Victims, Offenders and Community* (pp. 14-26). Newbury Park, CA: Sage.

Pearson, F.S. & D.S. Lipton (1999). "A Meta-analytic Review of the Effectiveness of Correctionsbased Treatments for Drug Abuse." *The Prison Journal,* 79, 384-410.

Pearson, F.S., D.S. Lipton & C.M. Cleland (1996). "Some Preliminary Findings from the CDATE Project." Paper presented at the Annual Meeting of the American Society of Criminology, Chicago, Illinois, November.

Pendergast, M.L., D. Podus & E. Chang (2000). "Program Factors and Treatment Outcomes in Drug Dependence Treatment: An Examination Using Meta-Analysis." *Substance Use & Misuse,* 35, 1931-1965.

Perez, C. (1993). "Stalking: When Does Obsession Become a Crime?" *American Journal of Criminal Law,* 20, 263-280.

Perkins, D. (1991). "Clinical Work with Sex Offenders in Secure Settings." In C.R. Hollins & K. Howells (eds.), *Clinical Approaches to Sex Offenders and Their Victims* (pp. 151-177). Chichester, UK:

Wiley.

Perkins, D. (1993). "Psychological Perspectives on Working with Sex Offenders." In J.M. Ussher & C.D. Baker (eds.), *Psychological Perspectives on Sexual Problems: New Directions in Theory and Practice* (pp. 168-205). London: Routledge.

Pernanen, K., M. M. Cousineau, S. Brochu & F. Sun (2002). *Proportions of Crimes Associated with Alcohol and Other Drugs in Canada*. Ottawa: Canadian Centre on Substance Abuse.

Perry, D. (2001). "What Works in England and Wales." Invited address to the International Congress on the Effectiveness of Criminal Justice Sanctions, Amsterdam, The Netherlands, October.

Perry, L., T. Lajeuness & A. Woods (1987). *Mediation Services: An Evaluation*. Winnipeg: Manitoba Attorney General.

Petersilia, J. & S. Turner (1993). *Evaluating Intensive Supervision Probation/Parole: Results of a Nationwide Experiment*. Research in Brief. Washington, DC: National Institute of Justice.

Petrides, K.V. (2006). "Trait Emotional Intelligence and Children's Peer Relations at School." *Social Development*, 15, 537-547.

Petrosino, A. & H. Soydan (2005). "The Impact of Program Developers as Evaluators on Criminal Recidivism: Results from MetaAnalyses of Experimental and QuasiExperimental Research." *Journal of Experimental Criminology*, 1, 435-450.

Petrosino, A., C. TurpinPetrosino & J.O. Finckenauer (2000). "Well-meaning Programs Have Harmful Effects! Lessons from Experiments of Programs Such as Scared Straight." *Crime & Delinquency*, 46, 354-379.

Pettit, B. & B. Western (2004). "Mass Imprisonment and the Life Course: Race and Class Inequality in U.S. Incarceration." *American Sociological Review*, 69, 151-169.

Pew Charitable Trusts (2008). *One in 100: Behind Bars in America*. Retrieved May 8, 2008, from http://www.pewcenteronthestates.org.

Pew Charitable Trusts (2009). *One in 31: The Long Reach of American Corrections*. Washington, DC: The Pew Charitable Trusts.

Phillips, H.K., N.S. Gray, S.I. MacCulloch, J. Taylor, S.C. Moore; P. Huckle & M. MacCulloch (2005). "Risk Assessment in Offenders with Mental Disorders: Relative Efficacy of Personal Demographic, Criminal History, and Clinical Variables." *Journal of Interpersonal Violence*, 20, 833-847.

Phillips, K.A. & J.G. Gunderson (1999). "Personality Disorders." In R.E. Hales, S.C. Yudofsky & J.A. Talbot (eds.), *Textbook of Psychiatry*, 3rd ed. (pp. 795-805). Washington, DC: American Psychiatric Press.

Phillips, S., J. Matusko & E. Tomasovic (2007). "Reconsidering the Relationship Between Alcohol and Lethal violence." *Journal of Interpersonal Violence*, 22, 66-84.

Pichot, P. (1978). "Psychopathic Behavior: A Historical Overview." In R.D. Hare & D. Schalling (eds.), *Psychopathic Behavior* (pp. 55-70). New York: Wiley.

Pilliavin, I., C. Thornton, R. Gartner & R.L. Matsueda (1986). "Crime, Deterrence, and Rational Choice." *American Sociological Review*, 51, 101-119.

Piquero, A. (2001). "Testing Moffitt's Neuropsychological Variation Hypothesis for the Prediction of Life-Course-Persistent Offending." *Psychology, Crime and Law*, 7, 193-215.

Piquero, A.R. (2008). "Taking Stock of Developmental Trajectories of Criminal Activity Over the Life Course." In A.M. Liberman (ed.), *The Long View of Crime* (pp. 23-78). New York: Springer.

Piquero, A.R. & A. Blumstein (2007). "Does Incapacitation Reduce Crime?" *Journal of Quantitative Criminology*, 23, 267-285.

Piquero, A.R., T. Brezina & M. Turner (2005). "Testing Moffitt's Account of Delinquency Abstention." *Journal of Research in Crime and Delinquency*,

42, 27-54.

Piquero, A.R., L.E. Daigle, C. Gibson, N.L. Piquero & S.G. Tibbetts (2007). "Are Life-CoursePersistent Offenders at Risk for Adverse Health Outcomes?" *Journal of Research in Crime and Delinquency*, 44, 185-207.

Piquero, A.R., D.P. Farrington, B. Welsh, R. Tremblay & W. Jennings (2009). "Effects of Early Family/Parent Training Programs on Antisocial Behavior and Delinquency." *Journal of Experimental Criminology*, 5, 83-120.

Piquero, A.R. & G. Pogarsky (2002). "Beyond Stafford and Warr's Reconceptualization of Deterrence: Personal and Vicarious Experiences, Impulsivity, and Offending." *Journal of Research in Crime and Delinquency*, 39, 153-186.

Platt, J.J. & M.E. Prout (1987). "CognitiveBehavioral Theory and Interventions for Crime and Delinquency." In E.K. Morris & C.J. Braukmann (eds.), *Behavioral Approaches to Crime and Delinquency: A Handbook of Applications, Research, and Concepts* (pp. 477-497). New York: Plenum.

Plomin, R. (1989). "Environment and Genes: Determinants of Behavior." *American Psychologist*, 44, 105-111.

Pogarsky, G. (2007). "Deterrence and Individual Differences Among Convicted Offenders." *Journal of Quantitative Criminology*, 25, 59-74.

Pogarsky, G., A.J. Lizotte & T.P. Thornberry (2003). "The Delinquency of Children Born to Young Mothers: Results from the Rochester Youth Development Study." *Criminology*, 41, 1249-1286.

Pogarsky, G. & A. Piquero (2003). "Can Punishment Encourage Offending? Investigating the 'Resetting' Effect." *Journal of Research in Crime and Delinquency*, 40, 95-120.

Polaschek, D.L.L., N.J. Wilson, M.R. Townsend & L.R. Daly (2005). "CognitiveBehavioral Rehabilitation for Highrisk Violent Offenders: An Outcome Evaluation of the Violence Prevention Unit." *Journal of Interpersonal Violence*, 20, 1611-1627.

Porter, S. (1996). "Without Conscience or Without Active Conscience? The Etiology of Psychopathy Revisited." *Aggression and Violent Behavior*, 1, 179-189.

Pratt, T.C. (1998). "Race and Sentencing: A Metaanalysis of Conflicting Empirical Research Results." *Journal of Criminal Justice*, 26, 513-523.

Pratt, T.C. & F.T. Cullen (2000). "The Empirical Status of Gottfredson and Hirschi's General Theory of Crime: A Meta-analysis." *Criminology*, 38, 931-964.

Pratt, T.C. & F.T. Cullen (2005). "Assessing Macrolevel Predictors and Theories of Crime: A Metaanalysis." In M. Tonry (ed.), *Crime and Justice: A Review of Research*, Vol. 32 (pp. 373-450). Chicago: University of Chicago Press.

Prendergast, M.L., D. Farabee, J. Cartier & S. Henkin (2006). "Involuntary Treatment within a Prison Setting: Impact on Psychosocial Change during Treatment." In C.R. Bartol & A.M. Bartol (eds.), *Current Perspectives in Forensic Psychology and Criminal Justice* (pp. 231-238). Thousand Oaks, CA: Sage.

Prendergast, M.L., E.A. Hall, H.K. Wexler, G. Melnick & Y. Cao (2004). "Amity Prison-based Therapeutic Community: 5-year-Outcomes." *The Prison Journal*, 84, 36-60.

Prentky, R.A., A.W. Burgess, F. Rokous, A. Lee, C. Hartman, R. Ressler & J. Douglas (1989). "The Presumptive Role of Fantasy in Serial Sexual Homicide." *American Journal of Psychiatry*, 146, 887-891.

Prochaska, J.O., C.C. DiClemente & J.C. Norcross (1992). "In Search of How People Change: Applications to Addictive Behaviors." *American Psychologist*, 47, 1102-1114.

Provost, M.P., C. Kormos, G. Kosakoski & V.L. Quinsey (2006). "Sociosexuality in Women and Preference for Facial Masculinization and

Somatotype in Men." *Archives of Sexual Behavior,* 35, 305-312.

Purcell, R., M Pathé & P.E. Mullen (2004). "Stalking: Defining and Prosecuting a New Category of Offending." *International Journal of Law and Psychiatry,* 27, 157-169.

Quay, H.C. (1965). "Psychopathic Personality as Pathological Stimulusseeking." *American Journal of Psychiatry,* 122, 180-183.

Quay, H.C. (1977). "The Three Faces of Evaluation: What Can Be Expected to Work." *Criminal Justice and Behavior,* 4, 341-354.

Quigely, B.M. & K.E. Leonard (1996). "Desistance of Husband Aggression in the Early Years of Marriage." *Violence and Victims,* 11, 355-370.

Quinet, K. (2007). "The Missing Missing: Toward a Quantification of Serial Murder Victimization in the United States." *Homicide Studies,* 11, 319-339.

Quinsey, V.L. (2002). "Evolutionary Theory and Criminal Behavior." *Legal and Criminological Psychology,* 7, 1-13.

Quinsey, V.L., A. Book & T.A. Skilling (2004). "A Follow-up of Deinstitutionalized Men with Intellectual Disabilities and Histories of Antisocial Behaviour." *Journal of Applied Research in Intellectual Disabilities,* 17, 243-253.

Quinsey, V.L., G. Coleman, B. Jones & I.F. Altrows (1997). "Proximal Antecedents of Eloping and Reoffending among Mentally Disordered Offenders." *Journal of Interpersonal Violence,* 12, 794-813.

Quinsey, V.L., G.T. Harris, M.E. Rice & C.A. Cormier (1998). *Violent Offenders: Appraising and Managing Risk.* Washington, DC: American Psychological Association.

Quinsey, V.L., G.T. Harris, M.E. Rice & C.A. Cormier (2006). *Violent Offenders: Appraising and Managing Risk,* 2nd ed. Washington, DC: American Psychological Association.

Quinsey, V.L., T.A. Skilling, M.L. Lalumière & W.M. Craig (2004). *Juvenile Delinquency: Understanding the Origins of Individual Differences.* Washington, DC: American Psychological Association.

Rafter, N. (2004). "Earnest A. Hooten the Biological Tradition in American Criminology." *Criminology,* 42, 735-771.

Rafter, N. (2008). "Criminology's Darkest Hour: Biocriminology in Nazi Germany." *Australian and New Zealand Journal of Criminology,* 41, 287-306.

Raine, A. (1997). "Antisocial Behavior and Psychophysiology: A Biosocial Perspective and a Prefrontal Dysfunction Hypothesis." In D.M. Stoff, J. Breiling & J.D. Maser (eds.), *Handbook of Antisocial Behavior* (pp. 289-304). New York: Wiley.

Raine, A., T. Lencz, S. Bihrle, L. LaCasse & P. Colletti (2000). "Reduced Prefrontal Gray Matter Volume and Reduced Autonomic Activity in Antisocial Personality Disorder." *Archives of General Psychiatry,* 57, 119-129.

Raine, A., T.E. Moffitt, A. Caspi, R. Loeber, M. Stouthamer-Loeber & D. Lynam (2005). "Neurocognitive Impairments in Boys on the Life-Course-Persistent Antisocial Path." *Journal of Abnormal Psychology,* 114, 38-49.

Raine, A., C. Reynolds, P.H. Venables & S.A. Mednick (2002). "Stimulation Seeking and Intelligence: A Prospective Longitudinal Study." *Journal of Personality and Social Psychology,* 82, 663-674.

Raine, A., P.H. Venables & M. Williams (1996). "Better Autonomic Conditioning and Faster Electrodermal Half-recovery Time at Age 15 Years as Possible Protective Factors against Crime at Age 29 Years." *Developmental Psychology,* 32, 624-630.

Rajkumar, A.S. & M.T. French (1997). "Drug Abuse, Crime Costs, and the Economic Benefits of Treatment." *Journal of Quantitative Criminology,* 13, 291-323.

Ramirez, I.L. (2005). "Criminal History and Assaults

on Intimate Partners by Mexican American and Non-Mexican White College Students." *Journal of Interpersonal Violence*, 20, 1628-1647.

Rand, M.R. (2008). *Criminal Victimization, 2007*. Washington, DC: Bureau of Justice Statistics.

Rankin, J.H. & R. Kern (1994). "Parental Attachments and Delinquency." *Criminology*, 32, 495-515.

Ratchford, M. & K.M. Beaver (2009). "Neuropsychological Deficits, Low SelfControl, and Delinquent Involvement." *Criminal Justice and Behavior*, 36, 147-162.

Raynor, P. (2007). "Risk and Need Assessment in British Probation: The Contribution of the LSI-R." *Psychology, Crime, and Law*, 13, 125-138.

Raynor, P. (2008). "Community Penalties and Home Office Research: On the Way Back to "Nothing Works" ?" *Criminology & Criminal Justice*, 8, 73-87.

Raynor, P., J. Kynch, C. Roberts & S. Merrington (2000). *Risk and Need Assessment in Probation Services: An Evaluation*. Home Office Research Study No. 211. London: Home Office.

Raynor, P. & G. Robinson (2005). *Rehabilitation, Crime and Justice*. Swansea, Wales: Palgrave Macmillan.

Rebellon, C.J. (2002). "Reconsidering the Broken Homes/Delinquency Relationship and Exploring Its Mediating Mechanism(s)." *Criminology*, 40, 103-135.

Rebellon, C.J., M.A. Strauss & R. Medeiros (2008). "SelfControl in Global Perspective: An Empirical Assessment of Gottfredson and Hirschi's General Theory Within and Across 32 National Settings." *European Journal of Criminology*, 5, 331-362.

Reckless, W.C. (1967). *The Crime Problem*. New York: Appleton-Century-Crofts.

Reckless, W.C. & S. Dinitz (1972). *The Prevention of Delinquency*. Columbus: Ohio State University Press.

Redondo, S., V. Garrido & J. Sanchez-Meca (1999). "The Influence of Treatment Programs on the Recidivism of Juvenile and Adult Offenders: A European Metaanalytic Review." *Psychology, Crime, and Law*, 5, 251-278.

Rehm, L.P., A.L. Wagner & C. IvensTyndal (2001). "Mood Disorders: Unipolar and Bipolar." In P.B. Sutker & H.E. Adams (eds.), *Comprehensive Handbook of Psychopathology*, 3rd ed. (pp. 277-308). New York: Kluwer Academic.

Reid, W.H. & C. Gacono (2000). "Treatment of Antisocial Personality, Psychopathy, and Other Characterologic Antisocial Syndromes." *Behavioral Sciences and the Law*, 18, 647-662.

Reisig, M.D., K. Holtfreter & M. Morash (2006). "Assessing Recidivism Risk Across Female Pathways to Crime." *Justice Quarterly*, 23, 384-405.

ReitsmaStreet, M. "Differential Treatment of Young Offenders: A Review of the Conceptual Level Matching Model." *Canadian Journal of Criminology*, 26, 2, 199-215.

ReitzelJaffe, D. & D. Wolfe (2001). "Predictors of Relationship Abuse among Young Men." *Journal of Interpersonal Violence*, 16, 99-115.

Rempel, M., M. Labriola & R.C. Davis (2008). "Does Judicial Monitoring Deter Domestic Violence Recidivism? Results from a QuasiExperimental Comparison in the Bronx." *Violence Against Women*, 14, 185-207.

Renzema, M. & E. Mayo-Wilson (2005). "Can Electronic Monitoring Reduce Crime for Moderate to High-risk Offenders?" *Journal of Experimental Criminology*, 1, 215-237.

Rettinger, L.J. (1998). "A Recidivism Follow-up Study Investigating Risk and Need Within a Sample of Provincially Sentenced Women." Unpublished doctoral dissertation, Carleton University, Ottawa, Ontario.

Rhee, S.H. & I.D. Waldman (2002). "Genetic and Environmental Influences on Antisocial Behavior: A Meta-analysis of Twin and Adoption Studies."

Psychological Bulletin, 128, 490-529.

Rhoner, R.P. (2004). "The Parental 'AcceptanceRejection Syndrome': Universal Correlates of Perceived Rejection." *American Psychologist*, 59, 830-840.

Rhule-Louie, D.M. & R.J. McMahon (2007). "Problem Behavior and Romantic Relationships: Assortative Mating, Behavior Contagion, and Desistance." *Clinical Child and Family Psychology Review*, 10, 53-100.

Rice, M.E., T.C. Chaplin, G.T. Harris & J. Coutts (1994). "Empathy for the Victim and Sexual Arousal among Rapists and Nonrapists." *Journal of Interpersonal Violence*, 9, 435-449.

Rice, M.E. & G.T. Harris (1997). "Cross Validation and Extension of the Violence Risk Appraisal Guide with Child Molesters and Rapists." *Law and Human Behavior*, 21, 231-241.

Rice, M.E. & G.T. Harris (2005). "Comparing Effect Sizes in Followup Studies: ROC Area, Cohen's d, and r." *Law and Human Behavior*, 29, 615-620.

Rigakos, G.S. (1999). "Risk Society and Actuarial Criminology: Prospects for Critical Discourse." *Canadian Journal of Criminology*, 41, 137-151.

Rimmele, C.T., M.O. Howard & M.L. Hilfrink (1995). "Aversion Therapies." In R.K. Hester & W.R. Miller (eds.), *Handbook of Alcoholism Treatment Approaches: Effective Alternatives*, 2nd ed. (pp. 134-147). Boston: Allyn & Bacon.

Ring, J. & R. Svensson (2007). "Social Class and Criminality among Young People: A Study Considering the Effects of School Achievement as a Mediating Factor on the Basis of Swedish Register and SelfReport Data." *Journal of Scandinavian Studies in Criminology and Crime Prevention*, 8, 210-233.

Roberts, D.W. (2009). "Intimate Partner Homicide: Relationships to Alcohol and Firearms." *Journal of Contemporary Criminal Justice*, 25, 67-68.

Roberts, J.V. (2003). "Public Opinion and Mandatory Sentencing: A Review of International Findings." *Criminal Justice and Behavior*, 30, 483-508.

Roberts, K.A. (2005). "Women's Experience of Violence During Stalking by Former Romantic Partners." *Violence Against Women*, 11, 89-114.

Robinson, D. & F.J. Porporino (2001). "Programming in Cognitive Skills: The Reasoning and Rehabilitation Programme." In C.R. Hollin (ed.), *Handbook of Offender Assessment and Treatment* (pp. 179-193). Chichester, UK: John Wiley & Sons.

Robinson, G. & J. Shapland (2008). "Reducing Recidivism: A Task for Restorative Justice?" *British Journal of Criminology*, 48, 337-358.

Rogers, C. (1961). *On Becoming a Person*. Boston: Houghton Mifflin.

Rogers, S. (1981). *Factors Related to Recidivism Among Adult Probationers in Ontario*. Toronto: Ontario Ministry of Correctional Services.

Rosenfeld, B. (2004). "Violence Risk Factors in Stalking and Obsessional Harassment: A Review and Preliminary Metaanalysis." *Criminal Justice and Behavior*, 31, 9-36.

Rooke, S.E., D.W. Hine & E.G. Thorsteinsson (2008). "Implicit Cognition and Substance Use: A Meta-Analysis." *Addictive Behaviors*, 33, 1314-1328.

Rooney, J. & R.K. Hanson (2001). "Predicting Attrition from Treatment Programs for Abusive Men." *Journal of Family Violence*, 16, 131-149.

Roozen, H.G., J.J. Boulogne, M.W. van Tulder, W. van den Brink, C.A. De Jong & A. Kerkhof (2004). "A Systematic Review of the Effectiveness of the Community Reinforcement Approach in Alcohol, Cocaine and Opioid Addiction." *Drug and Alcohol Dependence*, 74, 1-13.

Roper v. Simmons (2005, March). Supreme Court of the United States. See http://www.supremecourtus.gov/opinions/04pdf/03-633.pdf

Rosenthal, R. (1984). *Metaanalytic Procedures for Social Research*. Beverly Hills, CA: Sage.

Ross, R.R. (1995). "The Reasoning and Rehabilitation Program for High-risk Probationers and Prisoners."

In R.R. Ross, D.H. Antonowicz & G.K. Dhaliwal (eds.), *Going Straight: Effective Delinquency Prevention and Offender Rehabilitation* (pp. 195-222). Ottawa: Air Training and Publications.

Ross, R.R. & E.A. Fabiano (1985). *Time to Think: A Cognitive Model of Delinquency Prevention and Offender Rehabilitation.* Johnson City, TN: Institute of Social Science and Arts.

Ross, R.R. & P. Gendreau (eds.) (1980). *Effective Correctional Treatment.* Toronto: Butterworth.

Ross, S.M. (1996). "Risk of Physical Abuse to Children of Spouse Abusing Parents." *Child Abuse and Neglect,* 20, 589-598.

Rowe, D.C. (1983). "Biometrical Models of SelfReported Criminal Behavior: A Twin Study." *Behavior Genetics,* 13, 473-489.

Rowe, D.C. & D.P. Farrington (1997). "The Familial Transmissoin of Criminal Convictions." *Criminology,* 35, 177-201.

Rowe, D.C. & D.W. Osgood (1984). "Heredity and Sociological Theories of Delinquency: A Reconsideration." *American Sociological Review,* 49, 526-540.

Rowe, R.C. (2008). "Promimal Antecedents to Criminal Offending in a Young Offender Sample." Paper presented at the annual Meeting of the Canadian Psychological Association, Halifax, Nova Scotia.

Rubak, S., A. Sandbaek, T. Lauritzen & B. Christensen (2005). "Motivational Interviewing: A Systematic Review and MetaAnalysis." *British Journal of General Practice,* 55, 305-312.

Rubington, E. & M.S. Weinberg (1973). *Deviance: The Interactional Perspective.* New York: Macmillan.

Rushton, J.P. (1988). "Race Differences in Behaviour: A Review and Evolutionary Analysis." *Personality and Individual Differences,* 9, 1009-1024.

Rushton, J.P. & C.D. Ankney (1996). "Brain Size and Cognitive Ability: Correlations with Age, Sex, Social Class, and Race." *Psychonomic Bulletin and Review,* 3, 21-36.

Rushton, J.P. & A.R. Jensen (2005). "Thirty Years of Research on Race Differences in Cognitive Ability." *Psychology, Public Policy, and Law,* 11, 235-294.

Rushton, J.P. & A.R. Jensen (2006). "The Totality of Evidence Shows the Race IQ Gap Still Remains." *Psychological Science,* 17, 921-922.

Rushton, J.P. & A.R. Jensen (2008). "James Watson's Most Inconvenient Truth: Race, Realism and Moralistic Fallacy." *Medical Hypotheses,* 71, 629-640.

Rutter, M., T.E. Moffitt & A. Caspi (2006). "Gene-Environment Interplay and Psychopathology: Multiple Varieties but Real Effects." *Journal of Child Psychology and Psychiatry,* 47, 226-261.

Ryan, J.P. & M.F. Testa (2005). "Child Maltreatment and Juvenile Delinquency: Investigating the Role of Placement and Placement Instability." *Children and Youth Service Review,* 227-249.

Salekin, R.T. (2006). "Psychopathy in Children and Adolescents: Key Issues in Conceptualization and Assessment." In C.J. Patrick (ed.), *Handbook of Psychopathy* (pp. 389-414). New York: Guilford.

Salekin, R.T., D.A. Brannen, A.A. Zalot, A. Leistico & C.S. Neumann (2006). "Factor Structure of Psychopathy in Youth: Testing the Applicability of the New FourFactor Model." *Criminal Justice and Behavior,* 33, 135-157.

Salekin, R.T., R. Roger & K.W. Sewell (1996). "A Review and Metaanalysis of the Psychopathy Checklist and Psychopathy Checklist-Revised: Predictive Validity of Dangerousness." *Clinical Psychology: Science and Practice,* 3, 203-215.

Sampson, R.J. & J.H. Laub (1990). "Crime and Development over the Life Course: The Salience of Adult Social Bonds." *American Sociological Review,* 55, 609-627.

Sampson, R.J. & J.H. Laub (1993). *Crime in the Making: Pathways and Turning Points through Life.* Cambridge, MA: Harvard University Press.

Sampson, R.J. & J.H. Laub (2003). "Life-course Desisters? Trajectories of Crime among Delinquent Boys Followed to Age 70." *Criminology,* 41, 555-592.

Sampson, R.J., J.H. Laub & C. Wimer (2006). "Does Marriage Reduce Crime? A Counter-factual Approach to Within-Individual Causal Effects." *Criminology,* 44, 465-504.

Sampson, R.J. & S.W. Raudenbush (2001). *Disorder in Urban Neighborhoods—Does it Lead to Crime?* Research in Brief. Washington, DC: National Institute of Justice.

Samuels, J., O.J. Bienvenu, B. Cullen, P.T. Costa Jr., W.W. Eaton & G. Nestadt (2004). "Personality Dimensions and Criminal Arrest." *Comprehensive psychiatry,* 45, 275-280.

Sandberg, A.A., G.F. Koepf, T. Ishihara & T.S. Hauschka (1961). "An XYY Human Male." *Lancet,* 278, 488-489.

Saudino, K.J. (2005). "Behavioral Genetics and Child Temperament." *Journal of Developmental and Behavioral,* 26, 214-223.

Saudino, K.J., S. McGuire, D. Reiss, M.E. Hetherington & R. Plomin (1995). "Parent Ratings of EAS Temperaments in Twins, Full Siblings, and Step Siblings." *Journal of Personality and Social Psychology,* 68, 723-733.

Saunders, D.G. (1995). "Prediction of Wife Assault." In J.C. Campbell (ed.), *Assessing Dangerousness: Violence by Sexual Offenders, Batterers, and Child Abusers* (pp. 68-95). Thousand Oaks, CA: Sage.

Saunders, D.G. (1996). "Feminist-CognitiveBehavioral and Process-Psychodynamic Treatment for Men Who Batter: Interaction of Abuser Traits and Treatment Models." *Violence and Victims,* 11, 393-414.

Saunders, D.G. & S.T. Azar (1989). "Treatment Programs for Family Violence." In L. Ohlin & M. Tonry (eds.), *Family Violence* (pp. 481-546). Chicago: University of Chicago Press.

Scalora, M.J., J.V. Baugmartner, W. Zimmerman, D. Callaway, M.A. Hatch Maillette, C.N. Covell, R.E. Palarea, J.A. Crebs & D.O. Washington (2002). "Risk Factors for Approach Behavior toward the U.S. Congress." *Journal of Threat Assessment,* 2, 35-55.

Scarpa, A. & A. Raine (2007). "Biosocial Basis of Violence." In D.J. Flannery, A.T. Vazsonyi & I.D. Waldman (eds.), *The Cambridge Handbook of Violent Behavior and Aggression* (pp. 151-169). Cambridge, UK: Cambridge University Press.

Schaeffer, C.M. & C.M. Borduin (2005). "Longterm Followup to a Randomized Clinical Trial of Multisystemic Therapy with Serious and Violent Juvenile Offenders." *Journal of Consulting and Clinical Psychology,* 73, 445-453.

Schachter, S. & B. Latane (1964). "Crime, Cognition and the Autonomic Nervous System." In D. Levine (ed.), *Nebraska Symposium on Motivation* (pp. 221-273). Lincoln, NE: University of Nebraska Press.

Schirmer, S., A. Nellis & M. Mauer (2009). *Incarcerated Parents and Their Children: Trends 1991-2007.* Washington, DC: The Sentencing Project.

Schlager, M.D. & D.J. Simourd (2007). "Validity of the Level of Service Inventory-Revised (LSIR) Among African American and Hispanic Male Offenders." *Criminal Justice and Behavior,* 34, 545-554.

Schmidt, J.D. & L.W. Sherman (1996). "Does Arrest Deter Domestic Violence?" In E.S. Buzawa & C.G. Buzawa (eds.), *Do Arrests and Restraining Orders Work?* (pp. 43-53). Thousand Oaks, CA: Sage.

Schmitt, D.P., A. Realo, M. Voracek & J. Allik (2008). "Why Can't Man Be More Like a Woman? Sex Differences in Big Five Personality Traits Across 55 Cultures." *Journal of Personality and Social Psychology,* 94, 168-182.

Schneider, A.L., L. Ervin & Z. SnyderJoy (1996). "Further Exploration of the Flight from Discretion: The Role of Risk/Need Instruments in Probation

Supervision Decisions." *Journal of Criminal Justice*, 24, 109-121.

Schneider, B.H., L. Atkinson & C. Tardiff (2001). "Childparent Attachment and Children's Peer Relations: A Quantitative Review." *Developmental Psychology*, 37, 86-100.

Schuessler, K.F. & D.R. Cressy (1950). "Personality Characteristics of Criminals." *American Journal of Sociology*, 55, 476-484.

Schur, E.M. (1973). *Radical Nonintervention: Rethinking the Delinquency Problem*. Englewood Cliffs, NJ: Prentice Hall.

Schwalbe, C.S. (2008). "A Meta-Analysis of Juvenile Risk Assessment Instruments: Predictive Validity by Gender." *Criminal Justice and Behavior*, 35, 1367-1381.

Schwartz, C.E., N. Snidman & J. Kagan (1996). "Early Childhood Temperament as a Determinant of Externalizing Behavior in Adolescence." *Development and Psychopathology*, 8, 527-537.

Schweinhart, L.J. & D.P. Weikart (1995). "The High/Scope Perry Preschool Study through Age 27." In R.R. Ross, D.H. Antonowicz & G.K. Dhaliwal (eds.), *Going Straight: Effective Delinquency Prevention and Offender Rehabilitation* (pp. 57-75). Ottawa: Air Training Publications.

Séguin, J.R., B. Boulerice, P.H. Harden, R.E. Tremblay & R.O. Pihl (1999). "Executive Functions and Physical Aggression after Controlling for Attention Deficit Hyperactivity Disorder, General Memory, and IQ." *Journal of Child Psychology and Psychiatry*, 8, 1197-1208.

Seligman, M.E.P. (1975). *Helplessness: On Depression, Development, and Death*. San Francisco: Freeman.

Sellin, J.T. (1980). *The Penalty of Death, 1980*. Beverly Hills: Sage.

Serin, R.C. (1996). "Violent Recidivism in Criminal Psychopaths." *Law and Human Behavior*, 20, 207-217.

Serin, R.C., R. Gobeil & D.L. Preston (2009). "Evaluation of the Persistently Violent Offender Treatment Program." *International Journal of Offender Therapy and Comparative Criminology*, 53, 57-73.

Serin, R.C., R.D. Peters & H.E. Barbaree (1990). "Predictors of Psychopathy and Release Outcome in a Criminal Population." *Psychological Assessment: A Journal of Consulting and Clinical Psychology*, 2, 419-422.

Seto, M.C., A. Maric & H.E. Barbaree (2001). "The Role of Pornography in the Etiology of Sexual Aggression." *Aggression and Violent Behavior*, 6, 35-53.

Shaw, D.S. & J.I. Vondra (1995). "Infant Attachment Security and Maternal Predictors of Early Behavior Problems: A Longitudinal Study of Lowincome Families." *Journal of Abnormal Child Psychology*, 23, 335-357.

Shearer, R.A. (2003). "Court-ordered Counseling: An Ethical Mindfield for Psychotherapists." *Annals of the American Psychotherapy Association*, 6, 8-11.

Sheeran, P., C. Abraham & S. Orbell (1999). "Psychosocial Correlates of Heterosexual Condom Use: A Metaanalysis." *Psychological Bulletin*, 125, 90-132.

Sheldon, W.H. (1942). *The Varieties of Temperament: A Psychology of Constitutional Differences*. New York: Harper.

Sherman, L.W. & R.A. Berk (1984). "The Specific Deterrent Effect of Arrest for Domestic Assault." *American Sociological Review*, 49, 261-272.

Sherman, L.W. & H. Strang (2007). *Restorative Justice: The Evidence*. London: The Smith Institute.

Shields, I.W. & M. Ball (1990). "Neutralization in a Population of Incarcerated Young Offenders." Paper presented at the Annual Meeting of the Canadian Psychological Association, Ottawa, Ontario.

Shields, I.W. & D.J. Simourd (1991). "Predicting Predatory Behavior in a Population of Incarcerated

Young Offenders." *Criminal Justice and Behavior,* 18, 180-194.

Shields, I.W. & G.C. Whitehall (1994). "Neutralizations and Delinquency among Teenagers." *Criminal Justice and Behavior,* 21, 223-235.

Shoda, Y. & W. Mischel (2006). "Applying Meta-Theory to Achieve Generalisability and Precision in Personality Science." *Applied Psychology: An International Review,* 55, 439-452.

Short, J.F., Jr. (1957a). "Differential Association and Delinquency." *Social Problems,* 4, 233-239.

Short, J.F., Jr. (1991). "Poverty, Ethnicity, and Crime: Change and Continuity in U.S. Cities." *Journal of Research in Crime and Delinquency,* 28, 501-518.

Shortt, J.W., D.M. Capaldi, T.J. Dishion, L. Bank & L.D. Owen (2003). "The Role of Adolescent Friends, Romantic Partners, and Siblings in the Emergence of the Adult Antisocial Lifestyle." *Journal of Family Psychology,* 17, 521-533.

Silver, E. & L.L. Miller (2005). "Sources of Informal Social Control in Chicago Neighborhoods." *Criminology,* 551-583.

Silver, E., W.R. Smith & S. Banks (2000). "Constructing Actuarial Devices for Predicting Recidivism: A Comparison of Methods." *Criminal Justice and Behavior,* 27, 733-764.

Simonoff, E., J. Elander, J. Holmshaw, A. Pickles, R. Murray & M. Rutter (2004). "Predictors of Antisocial Personality: Continuities from Childhood to Adult Life." *British Journal of Psychiatry,* 184, 118-127.

Simons, R.L., C. Johnson, R.D. Conger & G. Elder (1998). "A Test of Latent Trait versus Life Course Perspectives on the Stability of Adolescent Antisocial Behavior." *Criminology,* 36, 217-244.

Simons, R.L., L.G. Simons, Y. Chen, G.H. Brody, and K. Lin (2007). "Identifying the Psychological Factors that Mediate the Association between Parenting Practices and Delinquency." *Criminology,* 45, 451-518.

Simourd, D.J. (1997). "The Criminal Sentiments Scale -Modified and Pride in Delinquency Scale: Psychometric Properties and Construct Validity of Tow Measures of Criminal Attitudes." *Criminal Justice and Behavior,* 24, 52-70.

Simourd, D.J. & R.D. Hoge (2000). "Criminal Psychopathy: A Risk-and-Need Perspective." *Criminal Justice and Behavior,* 27, 256-272.

Simourd, D.J. & J.M. Mamuza (2002). "The Hostile Interpretations Questionnaire: Psychometric Properties and Construct Validity." *Criminal Justice and Behavior,* 27, 645-663.

Simourd, D.J. & M. Olver (2002). "The Future of Criminal Attitude Research and Practice." *Criminal Justice and Behavior,* 29, 427-446.

Simourd, D.J. & J. Van De Ben (1999). "C7 Assessment of Criminal Attitudes: Criterionrelated Validity of the Criminal Sentiments Scale-Modified and Pride in Delinquency Scale." *Criminal Justice and Behavior,* 26, 90-106.

Simourd, L. & D.A. Andrews (1994). "Correlates of Delinquency: A Look at Gender Differences." *Forum on Corrections Research,* 6, 26-31.

Sims, B. (ed.) (2005). *Substance Abuse Treatment with Correctional Clients: Practical Implications for Institutional and Correctional Settings.* New York: Haworth.

Sirdifield, C., D. Gojkovic, C. Brooker & M. Ferriter (2009). "A Systematic Review of Research on the Epidemiology of Mental Health Disorders in Prison Populations: A Summary of Findings." *The Journal of Forensic Psychiatry & Psychology,* 20, S78-S101.

Sisson, R.W. & N.H. Azrin (1989). "The Community Reinforcement Approach." In R.K. Hester & W.R. Miller (eds.), *Handbook of Alcoholism Treatment Approaches: Effective Alternatives* (pp. 242-258). Elmsford, NY: Pergamon Press.

Sjöstedt, G. & N. Långström (2000). "Actuarial Assessment of Risk for Criminal Recidivism among

Sex Offenders Released from Swedish Prison 1993-1997." Paper presented at the 19th Annual ATSA Research and Treatment Conference, San Diego, California, November.

Skeem, J.L. (2008). "Probationers and Parolees with Mental Illness: What Works!" Presentation available from skeem@uci.edu.

Skeem, J.L. & D.J. Cooke (in press). "Is Criminal Behavior a Central Component of Psychopathy? Conceptual Directions for Resolving the Debate." *Psychological Assessment.*

Skeem, J.L., J.E. Louden, D. Polaschek & J. Camp (2007). "Assessing Relationship Quality in Mandated Community Treatment: Blending Care with Control." *Psychological Assessment,* 19, 397-410.

Skeem, J.L., S. Manchak & J.K. Peterson (in press). "Smart Sentencing for Offenders with Mental Illness: Moving Beyond the OneDimensional Focus to Reduce Recidivism." *Law and Human Behavior.*

Skilling, T.A., G.T. Harris, M. Rice & V.L. Quinsey (2002). "Identifying Persistently Antisocial Offenders Using the Hare Psychopathy Checklist and DSM Antisocial Personality Disorder Criteria." *Psychological Assessment,* 14, 27-38.

Skilling, T.A., V.L. Quinsey & W.M. Craig (2001). "Evidence of a Taxon Underlying Serious Antisocial Behavior in Boys." *Criminal Justice and Behavior,* 28, 450-470.

Skinner, B.F. (1953). *Science and Human Behavior.* New York: Macmillan.

Skinner, W.F. & A.M. Fream (1997). "A Social Learning Theory Analysis of Computer Crime among College Students." *Journal of Research in Crime and Delinquency,* 34, 495-518.

Smith, C. & T.P. Thornberry (1995). "The Relationship between Childhood Maltreatment and Adolescent Involvement in Delinquency." *Criminology,* 33, 451-481.

Smith, C.A. & D.P. Farrington (2004). "Continuities in Antisocial Behavior and Parenting across Three Generations." *Journal of Child Psychology and Psychiatry,* 45, 230-247.

Smith, P., F.T. Cullen & E.J. Latessa (2009). "Can 14,373 Women be Wrong? A MetaAnalysis of the LSIR and Recidivism for Female Offenders." *Criminology & Public Policy,* 8, 183-208.

Smith, P., P. Gendreau & K. Swartz (2009). "Validating the Principles of Effective Intervention: A Systematic Review of the Contributions of Meta-Analysis in the Field of Corrections." *Victims & Offenders,* 4, 148-169.

Smith, P., C. Goggin & P. Gendreau (2002). *The Effects of Prison Sentences and Intermediate Sanctions on Recidivism: General Effects and Individual Difference* (User Report 2002-01). Ottawa: Public Safety and Emergency Preparedness Canada.

Smith, P.H., G.E. Thornton, R. DeVellis, J. Earp & A.L. Coker (2002). "A Populationbased Study of the Prevalence and Distinctiveness of Battering, Physical Assault, and Sexual Assault in Intimate Relationships." *Violence Against Women,* 8, 1208-1232.

Smith Stover, C. (2005). "Domestic Violence Research: What Have We Learned and Where Do We Go from Here?" *Journal of Interpersonal Violence,* 20, 448-454.

Snell, T.L. (2008). *Capital Punishment, 2007–Statistical Tables.* Retrieved February 15, 2009, from http://www.ojp.usdoj.gov/bjs/pub/html/cp/2007/cp07st.pdf.

Snyder, H.N. (1998). "Serious, Violent, and Chronic Juvenile Offenders–An Assessment of the Extent of the Trends in Officially Recognized Serious Criminal Behavior in a Delinquent Population." In R. Loeber & D.P. Farrington (eds.), *Serious & Violent Juvenile Offenders: Risk Factors and Successful Interventions* (428-444). Thousand Oaks, CA: Sage.

Sobell, L.C. & M.B. Sobell (1972). "Effects of Alcohol on the Speech of Alcoholics." *Journal of Speech and Hearing Research,* 15, 861-868.

Solomon, R.L. (1964). "Punishment." *American Psychologist,* 19, 239-253.

Somers, J.M., E.M. Goldner, P. Waraich & L. Hsu (2004). "Prevalence Studies of SubstanceRelated Disorders: A Systematic Review of the Literature." *Canadian Journal of Psychiatry,* 49, 373-383.

Soothill, K., B. Francis, B. Sanderson & E. Ackerley (2000). "Sex Offenders: Specialists, Generalists–Or Both?" *British Journal of Criminology,* 40, 56-67.

Sorensen, J. & D. Stemen (2002). "The Effect of State Sentencing Policies on Incarceration Rates." *Crime & Delinquency,* 48, 456-474.

Spelman, W. (2000). "What Recent Studies Do (and Don't) Tell Us About Imprisonment and Crime." In M. Tonry (ed.), *Crime and Justice: A Review of Research,* Vol. 27 (pp. 419-494). Chicago: University of Chicago Press.

Sprott, J.B. & A.N. Doob (2000). "Bad, Sad, and Rejected: The Lives of Aggressive Children." *Canadian Journal of Criminology,* 42, 123-133.

Stadtland, C., M. Hollweg, N. Kleindienst, J. Dietl, U. Reich & N. Nedopil (2005). "Risk Assessment and Prediction of Violent and Sexual Recidivism in Sex Offenders: Long-term Predictive Validity of Four Risk Assessment Instruments." *The Journal of Forensic Psychiatry and Psychology,* 16, 92-108.

Stauffer, A.R., M.D. Smith, J.K. Cochran, S.J. Fogel & B. Bjerregaard (2006). "The Interaction Between Victim Race and Gender on Sentencing Outcomes in Capital Murder Trials: A Further Exploration." *Homicide Studies,* 10, 98-117.

Steadman, H.J. & J.J. Cocozza (1974). *Careers of the Criminally Insane: Excessive Social Control of Deviance.* Lexington, MA: Lexington Books.

Steinberg, L. & E.S. Scott (2003). "Less Guilty by Reason of Adolescence: Developmental Immaturity, Diminished Responsibility, and the Juvenile Death Penalty." *American Psychologist,* 58, 1009-1018.

Stemen, D. (2007). *Reconsidering Incarceration: New Directions for Reducing Crime.* New York: Vera Institute of Justice. See http://www.vera.org/publications.

Stephenson, R.M. & F.R. Scarpitti (1974). *Group Interaction as Therapy: The Use of the Small Group in Corrections.* Westport, CT: Greenwood.

Sternberg, R.J. (2005). "There Are No PublicPolicy Implications: A Reply to Rushton and Jensen (2005)." *Psychology, Public Policy, and Law,* 11, 295-301.

Stevens, A., D. Berto, W. Heckman, V. Kerschl, K. Oeuvray, M. van Ooyen, E. Steffan & A. Uchtenhagen (2005). "Quasicompulsory Treatment of Drug Dependent Offenders: An International Literature Review." *Substance Use and Misuse,* 40, 269-283.

Stevenson, H.E. & S.J. Wormith (1987). *Psychopathy and the Level of Supervision Inventory* (User Report #1987-25). Ottawa: Solicitor General Canada.

Stewart, E.A., C.J. Schreck & R.L. Simons (2006). "'I Ain't Gonnal Let No One Disrespect Me': Does the Code of the Street Reduce or Increase Violent Victimization among African American Adolescents?" *Journal of Research in Crime and Delinquency,* 43, 427-458.

Stith, S.M., N.M. Green, D.B. Smith & D.B. Ward (2008). "Marital Satisfaction and Marital Discord as Risk Markers for Intimate Partner Violence: A Meta-Analytic Review." *Journal of Family violence,* 23, 149-160.

Stolzenberg, L. & S.J. D'Alessio (1997). "'Three Strikes and You're Out': The Impact of California's New Mandatory Sentencing Law on Serious Crime Rates." *Crime & Delinquency,* 43, 457-469.

Stomp, T. & G. OrtweinSwoboda (2004). "Schizophrenia, Delusional Symptoms, and

Violence: The Threat/Control-Override Concept Reexamined." *Schizophrenia Bulletin,* 30, 31-44.

Stouthamer-Loeber, M., R. Loeber, E. Wei, D.P. Farrington & P.H. Wikstrom (2002). "Risk and Promotive Effects in the Explanation of Persistent Serious Delinquency in Boys." *Journal of Consulting and Clinical Psychology,* 70, 111-123.

Stover, S. (2005). "Domestic Violence Research: What Have We Learned and Where Do We Go from Here?" *Journal of Interpersonal Violence,* 20, 448-454.

Strang, H., L. Sherman, C.M. Angel, D.J. Woods, S. Bennett, D. Newbury-Birch & N. Inkpen (2006). "Victim Evaluations of FacetoFace Restorative Justice Conferences: A QuasiExperimental Analysis." *Journal of Social Issues,* 62, 281-306.

Straus, M.A. (1996). "Identifying Offenders in Criminal Justice Research on Domestic Assault." In E.S. Buzawa & C.G. Buzawa (eds.), *Do Arrests and Restraining Orders Work?* (pp. 14-29). Thousand Oaks, CA: Sage.

Straus, M.A. & G.K. Kantor (1994). "Corporal Punishment of Adolescents by Parents: A Risk Factor in the Epidemiology of Depression, Suicide, Alcohol Abuse, Child Abuse, and Wife Beating." *Adolescence,* 29, 543-561.

Stuart, B. (1996). "Circle Sentencing: Turning Swords into Ploughshares." In B. Galaway & J. Hudson (eds.), *Restorative Justice: International Perspectives* (pp. 193-206). Monsey, NY: Criminal Justice Press.

Stuart, B. & K. Pranis (2006). "Peacemaking Circles: Reflections on Principle Features and Primary Outcomes." In D. Sullivan & L. Tifft (eds.), *Handbook of Restorative Justice* (pp. 121-133). New York: Routledge.

Studer, L.H., A.S. Aylwin & J.R. Reddon (2005). "Testosterone, Sexual Offense Recidivism, and Treatment Effect among Adult Male Sex Offenders." *Sexual Abuse: A Journal of Research and Treatment,* 17, 171-181.

Substance Abuse and Mental Health Service Administration (2005). *Overview of Findings from the 2004 National Survey on Drug Use and Health.* Washington, DC: Department of Health and Human Services.

Sullivan, D. & L. Tifft (2005). *Restorative Justice: Healing the Foundations of Our Everyday Lives,* 2nd ed. Monsey, NY: Willow Tree.

Sullivan, D. & L. Tifft (2006). *Handbook of Restorative Justice.* New York: Routledge.

Sundell, K., K. Hansson, C.A. Löfholm, T. Olsson, L.-H. Gustle & C. Kadesjö (2008). "The Transportability of Multisystemic Therapy to Sweden: Short-Term Results From a Randomized Trial of Conduct-Disordered Youths." *Journal of Family Psychology,* 22, 550-560.

Sutherland, E.H. (1939). *Principles of Criminology,* 3rd ed. Philadelphia: Lippincott.

Sutherland, E.H. (1947). *Principles of Criminology,* 4th ed. Philadelphia: Lippincott.

Sutherland, E.H. & D.R. Cressey (1970). *Principles of Criminology,* 6th ed. New York: Lippincott.

Svrakic, N.M., D.M. Svrakic & C.R. Cloninger (1996). "A General Quantitative Theory of Personality Development: Fundamentals of a Self-organizing Psychobiological Complex." *Development and Psychopathology,* 8, 247-272.

Swanson, J.W., R. Borum, M.S. Swartz, V.A. Hiday, H.R. Wagner & B.J. Burns (2001). "Can Involuntary Outpatient Commitment Reduce Arrests among Persons with Severe Mental Illness?" *Criminal Justice and Behavior,* 28, 156-189.

Swanson, J.W., R. Borum, M.S. Swartz & J. Monahan (1996). "Psychotic Symptoms and the Risk of Violent Behaviour in the Community." *Criminal Behaviour and Mental Health,* 6, 309-329.

Swartz, J.A., A.J. Lurigio & S.A. Slomka (1996). "The Impact of IMPACT: An Assessment of the

Effectiveness of a Jailbased Treatment Program." *Crime & Delinquency,* 42, 553-573.

Sweeten, G., S.D. Bushway & R. Paternoster (2009). "Does Dropping Out of School Mean Dropping into Delinquency?" *Criminology,* 47, 47-91.

Swenson, C.C., S.W. Henggeler & S.K. Schoenwald (2001). "Family-based Treatments." In C.R. Hollin (ed.), *Handbook of Offender Assessment and Treatment* (pp. 205-221). New York: Wiley.

Swogger, M.T., Z. Walsh & D.S. Kosson (2007). "Domestic Violence and Psychopathic Traits: Distinguishing the Antisocial Batterer from Other Antisocial Offenders." *Aggressive Behaviour,* 33, 253-260.

Sykes, G.M. & D. Matza (1957). "Techniques of Neutralization: A Theory of Delinquency." *American Sociological Review,* 22, 664-670.

Tanasichuk, C. & S.J. Wormith (2009). "The Predictive Validity of the Level of Service Inventory-Ontario Revision (LSIOR) with Aboriginal Offenders." Paper presented at the Annual Meeting of the Canadian Psychological Association, Montreal, Quebec.

Taylor, I., P. Walton & J. Young (1973). *The New Criminology: For a Social Theory of Deviance.* London: Routledge and Kegan Paul.

Taylor, K.N. & K. Blanchette (2009). "The Women Are Not Wrong: It Is the Approach that Is Debatable." *Criminology & Public Policy,* 8, 221-229.

Tehrani, J.A., P.A. Brennan, S. Hodgins & S.A. Mednick (1998). "Mental Illness and Criminal Violence." *Social Psychiatry and Psychiatric Epidemiology,* 33, 81-85.

Tehrani, J.A. & S.A. Mednick (2000). "Genetic Factors and Criminal Behavior." *Federal Probation,* 64, 24-27.

Temcheff, C., L. Serbin, A. MartinStorey, D. Stack, S. Hodgins, J. Ledingham & A. Shwartzman (2008). "Continuity and Pathways from Aggression in Childhood to Family Violence in Adulthood: A 30Year Longitudinal Study." *Journal of Family Violence,* 23, 231-242.

Tennenbaum, D.J. (1977). "Personality and Criminality: A Summary and Implications of the Literature." *Journal of Criminal Justice,* 5, 225-235.

Teplin, L.A. (1984). "Criminalizing Mental Disorder: The Comparative Arrest Rate of the Mentally Ill." *American Psychologist,* 39, 794-803.

Teplin, L.A. & J. Swartz (1989). "Screening for Severe Mental Disorder in Jails." *Law and Human Behavior,* 13, 1-18.

Thistlethwaite, A., J. Wooldredge & D. Gibbs (1998). "Severity of Dispositions and Domestic Violence Recidivism." *Crime & Delinquency,* 1998, 44, 388-398.

Thomas, A. & S. Chess (1977). *Temperament and Development.* New York: Brunner/Mazel.

Thomas, A., S. Chess, H.G. Birch, M.E. Hertzig & S. Korn (1963). *Behavioral Individuality in Early Childhood.* New York: New York University Press.

Thomas, S.D.M., M. Daffem, T. Martin, J.R.P. Ogloff, L.D.G. Thomson, & M. Ferguson (2009). "Harm Associated with Stalking Victimization." *Australian and New Zealand Journal of Psychiatry,* 42, 800-806.

Thomas, S.D.M., R. Purcell, M. Pathé & P.E. Mullen (2008). "Factors Associated with Seclusion in a Statewide Forensic Psychiatric Service in Australia Over a 2-Year Period." *International Journal of Mental Health Nursing,* 18, 2-9.

Thompson, M.P., L.E. Saltzman & H. Johnson (2001). "Risk Factors for Physical Injury among Women Assaulted by Current or Former Spouses." *Violence Against Women,* 7, 886-899.

Thornberry, T.P., D. Huizinga & R. Loeber (2004). "The Causes and Correlates Studies: Findings and Policy Implications." *Juvenile Justice,* 9, 3-19.

Thornberry, T.P. & J.E. Jacoby (1979). *The Criminally Insane: A Community Followup of Mentally Ill*

Offenders. Chicago: University of Chicago Press.

Thornberry, T.P., M.D. Krohn, A.J. Lizotte, C.A. Smith & K. Tobin (2003). *Gangs and Delinquency in Developmental Perspective*. Cambridge, UK: Cambridge University Press.

Thornberry, T.P., C.A. Smith, C. Rivera, D. Huizinga & M. Stouthamer-Loeber (1999). "Family Disruption and Delinquency." *Juvenile Justice Bulletin*. Washington, DC: Office of Juvenile Justice and Delinquency Prevention, U.S. Department of Justice.

Thornton, D. & C. Blud (2007). "The Influence of Psychopathic Traits on Response to Treatment." In H. Huges & J.C. Yuille (eds.), *The Psychopath: Theory, Research and Practice* (pp. 505-539). Mahwah, NJ: Lawrence Erlbaum.

Thorstad, D. (1991). "Man/Boy Love and the American Gay Movement." *Journal of Homosexuality*, 20, 251-274.

Tierney, D.W. & M.P. McCabe (2001). "The Assessment of Denial, Cognitive Distortions, and Victim Empathy among Pedophilic Sex Offenders: An Evaluation of the Utility of Selfreport Measures." *Trauma, Violence, and Abuse*, 2, 259-270.

TimmonsMitchell, J., M.B. Bender, M.A. Kishna & C.C. Mitchell (2006). "An Independent Effectiveness Trial of Multisystemic Therapy with Juvenile Justice Youth." *Journal of Clinical Child and Adolescent Psychology*, 35, 227-236.

Tittle, C.R. & R.F. Meier (1990). "Specifying the SES/Delinquency Relationship." *Criminology*, 28, 271-299.

Tittle, C.R. & R.F. Meier (1991). "Sepcifying the SES/Delinquency Relationship by Social Characteristics of Contexts." *Journal of Research in Crime and Delinquency*, 28, 430-455.

Tittle, C.R., W.J. Villimez & D.A. Smith (1978). "The Myth of Social Class and Criminality: An Empirical Assessment of the Empirical Evidence." *American Sociological Review*, 43, 643-656.

Tjaden, P. & N. Thoennes (2006). *Extent, Nature, and Consequences of Rape Victimization: Findings from the National Violence Against Women Survey*. Washington, DC: U.S. Department of Justice, Office of Justice Programs.

Tolan, P.H., D. GormanSmith & D.B. Henry (2003). "The Developmental Ecology of Urban Males' Youth Violence." *Developmental Psychology*, 39, 274-291.

Tomada, G. & B.H. Schneider (1997). "Relational Aggression, Gender, and Peer Acceptance: Invariance across Culture, Stability over Time, and Concordance among Informants." *Developmental Psychology*, 33, 601-609.

Tong, J.L.S. & D. Farrington (2006). "How Effective is the 'Reasoning and Rehabilitation'Programme in Reducing Reoffending? A Metaanalysis of Evaluations in Four Countries." *Psychology, Crime and Law*, 12, 3-24.

Tonigan, J.S., G.J. Connors & W.R. Miller (1996). "Special Populations in Alcoholics Anonymous" *Alcohol Health & Research World*, 22, 281-285.

Tonigan, J.S., R. Toscova & W.R. Miller (1996). "Metaanalysis of the Literature on Alcoholics Anonymous: Sample and Study Characteristics, Moderate Findings." *Journal of Studies on Alcohol*, 57, 65-72.

Tonry, M. (2004). *Thinking about Crime: Sense and Sensibility in American Penal Culture*. New York: Oxford University Press.

Tonry, M. (2008). "Learning from the Limitations of Deterrence Research." In M. Tonry (ed.), *Crime and Justice: A Review of Research*, Vol. 37 (pp. 279-311). Chicago: Chicago University Press.

Tonry, M. (2009). "Explanations of American Punishment Policies: A National History." *Punishment & Society*, 11, 377-394.

Tonry, M. & M. Lynch (1996). "Intermediate Sanctions." In M. Tonry (ed.), *Crime and Justice: A Review of Research*, Vol. 20 (pp. 99-144). Chicago:

University of Chicago Press.

Toon, J. (2005). "Fourth European conference: Analysis of EM Programs." *The Journal of Offender Monitoring*, 18, 16-18.

Travis, L.F., III & F.T. Cullen (1984). "Radical Nonintervention: The Myth of Doing No Harm." *Federal Probation*, 48, 28-32.

Tremblay, R.E. (2000). "The Origins of Youth Violence." *ISUMA*, 1, 19-24.

Tremblay, P. (2002). "Social Interactions among Paedophiles." Unpublished paper available from the School of Criminology, University of Montreal, Quebec, Montreal.

Tremblay, P. (2006). "Convergence Settings for Non-predatory "Boy Lovers." *Crime Prevention Studies*, 19, 145-168.

Tremblay, R.E. (2008). "Understanding Development and Prevention of Chronic Physical Aggression: Towards Experimental Epigenetic Studies." *Philosophical Transactions of the Royal Society*, 363, 2613-2622.

Tremblay, P. & P.-P. Paré (2003). "Crime and Destiny: Patterns in Serious Offenders'Mortality Rates." *Canadian Journal of Criminology and Criminal Justice*, 45, 299-326.

Trotter, C. (1999). *Working with Involuntary Clients: A Guide to Practice*. Thousand Oaks, CA: Sage.

Trotter, C. (2006). *Working with Involuntary Clients: A Guide to Practice*, 2nd ed. Crows Nest, Australia: Allen & Unwin.

Trzesniewski, K.E., M.B. Donnellan, T.E. Moffitt, R.W. Robins, R. Poutlon & A. Caspi (2006). "Low Self-Esteem During Adolescence Predicts Poor Health, Criminal Behavior, and Limited Economic Prospects During Adulthood." *Developmental Psychology*, 42, 381-390.

Truax, C.B., D.G. Wargo & N.R. Volksdorf (1970). "Antecedents to Outcome in Group Counseling with Institutionalized Juvenile Delinquents." *Journal of Abnormal Psychology*, 76, 235-242.

Turner, S., P.W. Greenwood, E. Chen & T. Fain (1999). "The Impact of Truth-in-sentencing and Three-strikes Legislation: Prison Populations, State Budgets, and Crime Rates." *Stanford Law and Policy Review*, 11, 75-91.

Tuvblad, C., M. Grann & P. Lichtenstein (2006). "Heritability for Adolescent Antisocial Behavior Differs with Socioeconomic Status: Gene-Environment Interaction." *Journal of Child Psychology and Psychiatric*, 47, 734-743.

Twenge, J.M., R.F. Baumeister, C.N. DeWall, N.J. Ciarocco & J.M. Bartels (2007). "Social Exclusion Decreases Prosocial Behavior." *Journal of Personality and Social Psychology*, 92, 56-66.

Twenge, J.M., R.F. Baumeister, D.M. Tice & T.S. Stucke (2001). "If You Can't Join Them, Beat Them: Effects of Social Exclusion on Aggressive Behavior." *Journal of Personality and Social Psychology*, 81, 1058-1069.

Ullmann, L. & L. Krasner (1976). *A Psychological Approach to Abnormal Behavior*, 2nd ed. Englewood Cliffs, NJ: Prentice Hall.

Ullrich, S., D.P. Farrington & J.W. Coid (2008). "Psychopathic Personality Traits and LifeSuccess." *Personality and Individual Differences*, 44, 1162-1171.

Umbreit, M.S. (1988). "Mediation of VictimOffender Conflict." *Journal of Dispute Resolutions*, 85-105.

Umbreit, M.S. (1995). *Mediation of Criminal Conflict: An Assessment of Programs in Four Canadian Provinces*. St. Paul, MN: Center for Restorative Justice and Mediation.

Umbreit, M.S. & R.B. Coates (1992). *Victim Offender Mediation: An Analysis of Programs in Four States of the U.S.* Minneapolis: Citizens Council Mediation Services.

Umbreit, M.S. & A.W. Roberts (1996). *Mediation of Criminal Conflict in England: An Assessment of Services in Coventry and Leeds*. St. Paul, MN: Center for Restorative Justice and Mediation.

Umbreit, M.S. & B. Vos. (2000). "Momicide Survivors Meet the Offender Prior to Execution." *Homicide Studies,* 4, 63-87.

Underwood, R.C., P.C. Patch, G.G. Cappelletty & R.W. Wolfe (1999). "Do Sexual Offenders Molest When Other Persons are Present? A Preliminary Investigation." *Sexual Abuse: Journal of Research and Treatment,* 11, 243-247.

United States General Accounting Office (1997). *Drug Courts: An Overview of Growth, Characteristics, and Results.* Washington, DC: U.S. Government Printing Office.

Vaillant, G.E. & T.J. Davis (2000). "Social/emotional Intelligence and Midlife Resilience in Schoolboys with Low Tested Intelligence." *American Journal of Orthopsychiatry,* 70, 215-222.

Valdez, A., C.D. Kaplan & E. Codina (2000). "Psychopathy among Mexican American Gang Members: A Comparative Study." *International Journal of Offender Therapy and Comparative Criminology,* 44, 46-58.

van Dam, C., J.M.A.M. Janssens & E.E.J. De Bruyn (2005). "PEN, Big Five, Juvenile Delinquency and Criminal Recidivism." *Personality and Individual Differences,* 39, 7-19.

Van De Rakt, M., P. Nieuwbeerta & N.D. De Graf (2008). "The Relationships between Conviction Trajectories of Fathers and Their Sons and Daughters." *British Journal of Criminology,* 48, 538-556.

Van Dieten, M. (1991). *Individual, Family, and Community Correlates of Child Problematic Behavior in Disadvantaged Families.* Unpublished doctoral dissertation, University of Ottawa, Ottawa, Ontario.

Van Dusen, K.T. & S.A. Mednick (eds.) (1983). *Prospective Studies of Crime and Delinquency.* Hingham, MA: Kluwer Nijhoff.

Van Houten, R. (1983). "Punishment: From the Animal Laboratory to the Applied Setting." In S. Axelrod & J. Apsche (eds.), *The Effects of Punishment on Human Behavior* (pp. 13-44). New York: Academic Press.

van IJzendoorn, M.H. (1997). "Attachment, Emergent Morality, and Aggression: Toward a Developmental Socioemotional Model of Antisocial Behaviour." *International Journal of Behavioral Development,* 21, 703-727.

Van Ness, D.W. & K.H. Strong (2010). *Restoring Justice: An Introduction to Restorative Justice,* 4th ed. New Providence, NJ: LexisNexis Matthew Bender.

Van Voorhis, P. (1994). *Psychological Classification of the Adult Male Prison Inmate.* Albany: State University of New York Press.

Van Voorhis, P. (2009). "An Overview of Offender Classification Systems." In P. Van Voorhis, M. Braswell & D. Lester (eds.), *Correctional Counseling and Rehabilitation,* 7th ed. (pp. 133-161). New Providence, NJ: LexisNexis Matthew Bender.

Van Voorhis, P., E. Salisbury, E. Wright & A. Bauman (2008). *Achieving Accurate Pictures of Risk and Identifying Gender Responsive Needs: Two New Assessments for Women Offenders.* Retrieved April 30, 2009, from http://www.uc.edu/womenoffenders/NIC%20Summary%20Report.pdf.

Vasilaki, E., S.G. Hosier & W.M. Cox (2006). "The Efficacy of Motivational Interviewing as a Brief Intervention for Excessive Drinking: A Meta-Analytic Review." *Alcohol & Alcoholism,* 41, 328-335.

Vazsonyi, A.T., H.H. Cleveland & R.P. Wiebe (2006). "Does the Effect of Impulsivity on Delinquency Vary by Level of Neighborhood Disadvantage?" *Criminal Justice and Behavior,* 33, 511-541.

Ventura, L.A. & G. Davis (2005). "Domestic Violence: Court Case Conviction and Recidivism." *Violence Against Women,* 11, 255-277.

Viding, E., A.P. Jones, P.J. Frick, T.E. Moffitt & R. Plomin (2008). "Heritability of Antisocial Behavior at 9: Do CallousUnemotional Traits Matter?" *Developmental Science,* 11, 17-22.

Vieraitis, L.M., T.V. Kovandzic & T.B. Marvell (2007). "The Criminogenic Effects of Imprisonment: Evidence from State Panel Data, 1974-2002." *Criminology and Public Policy,* 6, 589-622.

VillaVicencio, C. (1999). "A Different Kind of Justice: The South African Truth and Reconciliation Commission." *Contemporary Justice Review,* 1, 407-428.

Vincent, G.M., M.J. Vitacco, T. Grisso & R.R. Corrado (2003). "Subtypes of Adolescent Offenders: Affective Traits and Antisocial Behavior Patterns." *Behavioral Sciences and the Law,* 21, 695-712.

Visher, C.A. (1986). "The Rand Inmate Survey: A Reanalysis." In A. Blumstein, J. Cohen, J.A. Roth & C.A. Christy (eds.), *Criminal Careers and Career Offenders.* Washington, DC: National Academy Press.

Visher, C.A., A. Harrell, L. Newmark & J. Yahner (2008). "Reducing Intimate Partner Violence: An Evaluation of a Comprehensive Justice System-Community Collaboration." *Criminology & Public Policy,* 7, 495-523.

Vohs, K.D., R.F. Baumeister, B.J. Schmeichel, J.M. Twenge, N.M. Nelson & D.M. Tice (2008). "Making Choices Impairs Subsequent Selfcontrol: A Limited-Resource Account of Decision Making, Self-Regulation, and Active Initiative." *Personality Processes and Individual Differences,* 94, 883-898.

Vold, G.B. & T.J. Bernard (1986). *Theoretical Criminology,* 3rd ed. New York: Oxford University Press.

Volavka, J. (2002). *Neurobiology of Violence,* 2nd ed. Washington, DC: American Psychiatric Association.

von Hirsch, A. (1976). *Doing Justice: The Choice of Punishment.* New York: Hill and Wang.

von Hirsch, A. (1987). *Past or Future Crimes: Deservedness and Dangerousness in the Sentencing of Criminals.* New Brunswick, NJ: Rutgers University Press.

von Hirsch, A., A.E. Bottoms, E. Burney & P.-O. Wikström. (1999). *Criminal Deterrence and Sentence Severity: An Analysis of Recent Research.* Oxford, UK: Hart.

Vose, B., F.T. Cullen & P. Smith (2008). "The Empirical Status of the Level of Service Inventory." *Federal Probation,* 72, 22-29.

Vrana, G.C. & M. Sroga (2008). "Predictive Validity of the LSI-OR Among a Sample of Adult Male Sexual Assaulters." Paper presented at the Annual Meeting of the Canadian Psychological Association, Halifax, Nova Scotia.

Waldo, G.P. & S. Dinitz (1967). "Personality Attributes of the Criminal: An Analysis of Research Studies, 1950-1965." *Journal of Research in Crime and Delinquency,* 4, 185-202.

Waldron, H.B. & C.W. Turner (2008). "EvidenceBased Psychosocial Treatments for Adolescent Substance Abuse." *Journal of Clinical Child & Adolescent Psychology,* 37, 238-261.

Walker, P.A., W.J. Meyer, L.E. Emory & A.L. Ruben (1984). "Antiandrogen Treatment of the Paraphilias." In H.C. Stancer, P.E. Garfinkel & V.M. Rakoff (eds.), *Guidelines for the Use of Psychotropic Drugs: A Clinical Handbook* (pp. 427-444). New York: SP Medical & Scientific Books.

Wallace, D.S., R.M. Paulson, C.G. Lord & C.F. Bond Jr. (2005). "Which Behaviors Do Attitudes Predict? Meta-Analyzing the Effects of Social Pressure and perceived Difficulty." *Review of General Psychology,* 9, 214-227.

Walmsely, R. (2008). *World Prison Population List,* 8th ed. London: International Centre for Prison Studies.

Walsh, A. (2000). "Behavior Genetics and Anomie/

Strain Theory." *Criminology,* 38, 1075-1108.

Walsh, A. (2005). "African Americans and Serial Killing in the Media." *Homicide Studies,* 9, 271-291.

Walters, G.D. (1992). "A Metaanalysis of the GeneCrime Relationship." *Criminology,* 30, 595-613.

Walters, G.D. (1996). "The Psychological Inventory of Criminal Thinking Styles: Part III. Predictive Validity." *International Journal of Offender Therapy and Comparative Criminology,* 40, 105-112.

Walters, G.D. (2003). "Predicting Criminal Justice Outcomes with the Psychopathy Checklist and Lifestyle Criminality Screening Form: A Meta-analytic Comparison." *Behavioral Sciences and the Law,* 21, 89-102.

Walters, G.D. (2006a). *Lifestyle Theory: Past, Present, and Future.* Hauppauge, NY: Nova.

Walters, G.D. (2006b). "Risk-Appraisal Versus Self-Report in the Prediction of Criminal Justice Outcomes: A Meta-Analysis." *Criminal Justice and Behavior,* 33, 279-304.

Walters, S.T., M.D. Clark, R. Gingerich & M.L. Meltzer (2007). *A Guide for Probation and Parole: Motivating Offenders to Change.* Washington, DC: National Institute of Corrections.

Wampold, B.E. (2007). "Psychotherapy: The Humanistic (and Effective) Treatment." *American Psychologist,* 62, 857-873.

Wanberg, K.W. & H.B. Milkman (1995). *Strategies for Self-improvement and Change: A Cognitive Behavioral Approach for Treatment of the Substance Abusing Offender.* Denver: Center for Interdisciplinary Studies.

Ward, A. & J. Dockerill (1999). "The Predictive Accuracy of the Violent Offender Treatment Program Risk Assessment Scale." *Criminal Justice and Behavior,* 26, 125-140.

Ward, T.A. (2000). "Sexual Offenders' Cognitive Distortions as Implicit Theories." *Aggression and Violent Behavior,* 5, 491-507.

Ward, T. & A. Beech (2006). "An Integrated Theory of Sexual Offending." *Aggression and Violent Behavior,* 11, 44-63.

Ward, T. & L. Eccleston (2004). "Risk, Responsivity, and the Treatment of Offenders: Introduction to the Special Issue." *Psychology, Crime, and Law,* 10, 223-227.

Ward, T., J. Melzer & P. Yates (2007). "Reconstructing the Risk Need Responsivity Model: A Theoretical Elaboration and Evaluation." *Aggression and Violent Behavior,* 12, 208-228.

Ward, T., D.L.L. Polaschek & A.R. Beech (2006). *Theories of Sexual Offending.* New York: Wiley.

Ward, T. & C. Stewart (2003). "Criminogenic Needs and Human Needs: A Theoretical Model." *Psychology, Crime, and Law,* 9, 125-143.

Warr, M. (1998). "Lifecourse Transitions and Desistance from Crime." *Criminology,* 36, 183-216.

Warren, L.J., P.E. Mullen, S.D.M. Thomas, J.R.P. Ogloff & P.M. Burgess (2008). "Threats to Kill: A Follow-up Study." *Psychological Medicine,* 38, 599-605.

Washington State Institute for Public Policy (2003). *Washington Offender Accountability Act: Update and Progress Report on the Act's Evaluation.* Olympia: Washington State Institute for Public Policy.

Washington State Institute for Public Policy (2004). *Outcome Evaluation of Washington State's Researchbased Programs for Juvenile Offenders.* Olympia: Washington State Institute for Public Policy.

Washington State Institute for Public Policy (2006). *Sex Offender Sentencing in Washington State: Predicting Recidivism Based on the LSIR.* Olympia: Washington State Institute for Public Policy.

Wasserman, D. & R. Wachbroit (eds.) (2001). *Genetics and Criminal Behavior.* New York: Cambridge University Press.

Weatherburn, D., J. Hua & S. Moffatt (2006). "How Much Crime Does Prison Stop? The Incapacitation Effect of Prison on Burglary." *Crime and Justice*

Bulletin, Number 93, New South Wales Bureau of Crime, Australia.

Webster, C.D., K.S. Douglas, D. Eaves & S.D. Hart (1997). *The HCR-20: Assessing Risk for Violence (Version 2)*. Burnaby, BC: Simon Fraser University.

Webster, C.D. & M.A. Jackson (eds.) (1997). *Impulsivity: Theory, Assessment, and Treatment*. New York: Guilford.

Webster, C.D., R.J. Menzies, M.D. Butler & R.E. Turner (1982). "Forensic Psychiatric Assessment in Selected Canadian Cities." *Canadian Journal of Psychiatry*, 27, 455-462.

Weekes, J., R. Mugford, G. Bourgon & S. Price. (2007). *Drug Treatment Courts FAQs*. Retrieved April 13, 2008, from http://www.ccsc.ca/NR/rdonlyres/FFBA90ED-2E2F-408DA6C9-4F9E9F9B9155/0/ccsa00113482007.pdf.

Weis, R.D., S.S. O'Malley, J.D. Hosking, J.S. LoCastro & R. Swift (2008). "Do Patients with Alcohol Dependence Respond to Placebo? Results From the COMBINE Study." *Journal of Studies on Alcohol and Drugs*, 69, 878-884.

Weis, R., S.M. Whitemarsh & N.L. Wilson (2005). "Militarystyle Residential Treatment for Disruptive Adolescents: Effective for Some Girls, All Girls, When, and Why?" *Psychological Services*, 2, 105-122.

Wellford, C. (1975). "Labeling Theory and Criminology: An Assessment." *Social Problems*, 22, 332-345.

Wells, L.E. & J.H. Rankin (1991). "Families and Delinquency: A Meta-analysis of the Impact of Broken Homes." *Social Problems*, 38, 71-93.

Welsh, B.C. & D.P. Farrington (2000a). "Monetary Costs and Benefits of Crime Prevention Programs." In M. Tonry (ed.), *Crime and Justice: A Review of Research*, Vol. 27 (pp. 305-361). Chicago: University of Chicago Press.

Welsh, B.C. & D.P. Farrington (2000b). "Correctional Intervention Programs and Costbenefit Analysis." *Criminal Justice and Behavior*, 27, 115-133.

Welsh, W.N. & G. Zajac (2004). "A Census of Prison-based Drug Treatment Programs: Implications for Programming, Policy, and Evaluation." *Crime & Delinquency*, 50, 108-133.

Werner, E.E. (1987). "Vulnerability and Resiliency in Children at Risk for Delinquency: A Longitudinal Study from Birth to Adulthood." In J.D. Burchard and S.N. Burchard (eds.), *Prevention of Delinquent Behavior* (pp. 16-43). Beverly Hills, CA: Sage.

West, D.J. & D.P. Farrington (1977). *Who Becomes Delinquent?* London: Heinemann Educational Books.

Whitaker, D.J., B. Le, R.K. Hanson, C. Baker, G. Ryan, P. McMahon, A. Klein & D.D. Rice (2008). "Risk Factors for the Perpetration of Child Sexual Abuse: A Review and MetaAnalysis." *Child Abuse & Neglect*, 32, 529-548.

White, J., R.M. Kowalski, A. Lyndon & S. Valentine (2000). "An Integrative Contextual Developmental Model of Male Stalking." *Violence and Victims*, 15, 373-388.

Whiteacre, K. (2004). "Case Manager Experiences with the LSI-R at a Federal Community Corrections Center." *Corrections Compendium*, 29, 1-5, 32-35.

Whiteacre, K. (2006). "Testing the Level of Service Inventory-Revised (LSI-R) for Racial/Ethnic Bias." *Criminal Justice Policy Review*, 17, 330-342.

Whitefield, D. (1999). "Electronic Monitoring in Europe: A Conference Report." *The Journal of Offender Monitoring*, 12, 15, 18-19.

Whitehead, J.T. & S.P. Lab (1989). "A Metaanalysis of Juvenile Correctional Treatment." *Journal of Research in Crime and Delinquency*, 26, 276-295.

Whiteside, M.F. & B.J. Becker (2000). "Parental Factors and the Young Child's Postdivorce Adjustment: A Metaanalysis with Implications for Parenting Arrangements." *Journal of Family Psychology*, 14, 5-26.

Widiger, T.A. (2006). "Psychopathy and DSM-IV Psychopathology." In C.J. Patrick (ed.), *Handbook of Psychopathy* (pp. 156-171). New York: Guilford.

Widiger, T.A., R. Cadoret, R.D. Hare, L. Robons, M. Rutherford, M. Zanarini, A. Alterman, M. Apple, E. Corbitt, A.E. Forth, S.D. Hart, J. Kultermann, G. Woody & A. Frances (1996). "DSMIV Antisocial Personality Disorder Field Trial." *Journal of Abnormal Psychology,* 105, 3-16.

Widiger, T.A. & D.B. Samuel (2005). "Evidence-based Assessment of Personality Disorders." *Psychological Assessment,* 17, 278-287.

Widiger, T.A. & T.J. Trull (2007). "Plate Teutonics in the Classification of Personality Disorder: Shifting to a Dimensional Model." *American Psychologist,* 62, 71-83.

Widom, C.S. (1977). "A Methodology for Studying Non-Institutional Psychopaths." *Journal of Consulting and Clinical Psychology,* 45, 674-683.

Widom, C.S. & M.G. Maxfield (2001). *An Update on the "Cycle of Violence."* Research in Brief. Washington, DC: National Institute of Justice.

Widom, C.S. & J.P. Newman (1985). "Characteristics of Noninstitutional Psychopaths." In D.P. Farrington & J. Gunn (eds.), *Aggression and Dangerousness* (pp. 57-80). New York: Wiley.

Wiebe, R.P. (2004). "Delinquent Behavior and the Five-Factor Model: Hiding in the Adaptive Landscape?" *Individual Differences Research,* 2, 38-62.

Wiederanders, M.R., D.L. Bromley & P.A. Choate (1997). "Forensic Conditional Release Programs and Outcomes in Three States." *International Journal of Law and Psychiatry,* 20, 249-257.

Wikström, P.-O.H. & R. Loeber (2000). "Do Disadvantaged Neighborhoods Cause Well-adjusted Children to Become Adolescent Delinquents? A Study of Male Juvenile Serious Offending, Individual Risk and Protective Factors, and Neighborhood Context." *Criminology,* 38, 1109-1142.

Wilcox, A., R. Young & C. Hoyle (2004). *An Evaluation of the Impact of Restorative Cautioning: Findings from a Reconviction Study.* London: Home Office Online Report 57/04.

Wilson, D.B., L.A. Bouffard & D.L. MacKenzie (2005). "A Quantitative Review of Structured, Group-oriented, Cognitive-Behavioral Programs for Offenders." *Criminal Justice and Behavior,* 32, 172-204.

Wilson, D.B., C.A. Gallagher, M.B. Coggeshall & D.L. MacKenzie (1999). "A Quantitative Review and Description of Correctionsbased Education, Vocation, and Work Programs." *Corrections Management Quarterly,* 3, 8-18.

Wilson, D.B., O. Mitchell & D.L. MacKenzie (2006). "A Systemic Review of Drug Court Effects on Recidivism." *Journal of Experimental Criminology,* 4, 459-487.

Wilson, J.A. & R.C. Davis (2006). "Good Intentions Meet Hard Realities: An Evaluation of the Project Greenlight Reentry Program." *Criminology & Public Policy,* 5, 303-338.

Wilson, J.Q. & A. Abrahamse (1992). "Does Crime Pay?" *Justice Quarterly,* 9, 359-377.

Wilson, M. & M. Daly (1992). "Who Kills Whom in Spouse Killings? On the Exceptional Sex Ratio of Spousal Homicides in the United States." *Criminology,* 30, 189-215.

Wilson, P.W.F., R.B. D'Agostino, D. Levy, A.M. Belanger, H. Silbershatz & W.B. Kannel (1998). "Prediction of Coronary Heart Disease Using Risk Factor Categories." *Circulation,* 97, 1837-1847.

Wilson, R.J. & M. Barrett (1999). "Responsivity and Motivation to Change in Sexual Offenders." Paper presented at the annual conference of the American Society of Criminology, Toronto, Ontario, November.

Wilson, R.J. & J.E. Picheca (2005). "Circles of Support and Accountability–Engaging the Community in

Sexual Offender Management." In B. Schwartz (ed.), *The Sex Offender,* Vol. 5. New York: Civic Research Institute.

Wilson, S.J. & M.W. Lipsey (2007). "School-Based Interventions for Aggressive and Disruptive Behavior." *American Journal of Preventative Medicine,* 33, S130-S143.

Wilson, S.J., M.W. Lipsey & J.H. Derzon (2003). "The Effects of School-based Intervention Programs on Aggressive Behavior: A Metaanalysis." *Journal of Consulting and Clinical Psychology,* 71, 136-149.

Wilson, T., D. Goldiner & P. Mickle (1993). "Prisoner Finds Rehab a Drag." *The Trentonian,* April 13.

Wintour, P. (2008). "Labour Plans to Toughen Up on Offenders." *The Guardian,* June 16.

Witbrodt, J., J. Bond, L.A. Kaskutas & C. Weisner (2007). "Day Hospital and Residential Addiction Treatment: Randomized and Nonrandomized Managed Care Clients." *Journal of Consulting and Clinical Psychology,* 75, 947-959.

Witkin, H.A., S.A. Mednick, F. Schulsinger, E. Bakkestrom, K.O. Christiansen, D.R. Goodenough, K. Hirschhorn, D. Lundsteen, D.R. Owen, J. Philip, D.B. Rubin & M. Stocking (1976). "XYY and XXY Men: Criminality and Aggression." *Science,* 193, 547-555.

Witte, T.D., C. Di Placido, D. Gu & S.C.P. Wong (2006). "An Inveatigation of the Validity and Reliability of the Criminal Sentiments Scale in a Sample of Treated Sex Offenders." *Sexual Abuse,* 18, 249-258.

Wolfe, D.A., C.V. Crooks, V. Lee, A. McIntyreSmith, P.G. Jaffe (2003). "The Effects of Children's Exposure to Domestic Violence: A Meta-analysis and Critique." *Clinical Child and Family Psychology Review,* 6, 171-187.

Wolfgang, M. (1983). "Delinquency in Two Birth Cohorts." In K.T. Van Dusen & S.A. Mednick (eds.), *Prospective Studies in Crime and Delinquency* (pp. 7-16). Hingham, MA: Kluwer Nijhoff.

Wolfgang, M., R.M. Figlio & T. Sellin (1972). *Delinquency in a Birth Cohort.* Chicago: University of Chicago Press.

Wong, S. (2000). "Psychopathic Offenders." In S. Hodgins & R. M9Fller-Isberner (eds.), *Violence, Crime and Mentally Disordered Offenders* (pp. 87-112). Chichester, UK: John Wiley & Sons.

Wong, S. & A. Gordon (2006). "The Validity and Reliability of the Violence Risk Scale: A Treatment-Friendly Violence Risk Assessment Tool." *Psychology, Public Policy, and Law,* 12, 279-309.

Wong, S. & R.D. Hare (2005). *Guidelines fr a Psychopathy Treatment Programs.* Toronto: Multi-Health Systems.

Wood, P.B. & G. Dunaway (2003). "Consequences of TruthinSentencing: The Mississippi Case." *Punishment and Society,* 5, 139-154.

Wood, P.R., W.R. Gove, J.A. Wilson & J.K. Cochran (1997). "Nonsocial Reinforcement and Habitual Criminal Conduct: An Extension of Learning Theory." *Criminology,* 35, 335-366.

Woodward, L.J., D.M. Fergusson & L.J. Horwood (2002). *Journal of Child Psychology and Psychiatry,* 43, 177-190.

Wooldredge, J. & A. Thistlethwaite (2005). "Court Disposition and Rearrest for Intimate Assault." *Crime & Delinquency,* 51, 75-102.

Worden, R.E., T.S. Bynum & J. Frank (1994). "Police Crackdowns on Drug Abuse and Trafficking." In D.L. Mackenzie & C.D. Uchida (eds.), *Drugs and Crime: Evaluating Public Policy Initiatives* (pp. 95-113). Thousand Oaks, CA: Sage.

Worling, J.R. & T. Curwen (2000). "Adolescent Sexual Offender Recidivism: Success of Specialized Treatment and Implications for Risk Prediction." *Child Abuse and Neglect,* 24, 965-982.

Wormith, J.S. (1984). "Attitude and Behavior Change of Correctional Clientele: A Three Year Followup." *Criminology,* 22, 595-618.

Wormith, J.S. & M. Olver (2002). "Offender Treatment Attrition and its Relationship with Risk, Responsivity and Recidivism." *Criminal Justice and Behavior,* 29, 447-471.

Wright, B.R.E., A. Caspi, T.E. Moffitt & R. Paternoster (2004). "Does the Perceived Risk of Punishment Deter Criminally Prone Individuals? Rational Choice, Selfcontrol, and Crime." *Journal of Research in Crime and Delinquency,* 41, 180-213.

Wright, B.R.E., A. Caspi, T.E. Moffitt & P.A. Silva (2001). "The Effects of Social Ties on Crime Vary by Criminal Propensity: A Lifecourse Model of Interdependence." *Criminology,* 39, 321-352.

Wright, J.A., A.G. Burgess, A.W. Burgess, A.T. Laszlo, G.O. McCrary & J.E. Douglas (1996). "A Typology of Interpersonal Stalking." *Journal of Interpersonal Violence,* 11, 487-502.

Wright, J.P. & F.T. Cullen (2004). "Employment, Peers, and Life-course Transitions." *Justice Quarterly,* 21, 183-205.

Wright, J.P., F.T. Cullen & N. Williams (1997). "Working While in School and Delinquent Involvement: Implications for Social Policy." *Crime & Delinquency,* 43, 203-221.

Wright, K.A., T.C. Pratt & M. DeLisi (2008). "Examining Offending Specialization in a Sample of Male Multiple Homicide Offenders." *Homicide Studies,* 12, 381-398.

Wyrick, P.A. & J.C. Howell (2004). "Strategic Riskbased Response to Youth Gangs." *Juvenile Justice,* 9, 20-29.

Yang, B. & D. Lester (2008). "The Deterrent Effect of Executions: A Meta-Analysis Thirty Years After Ehrlich." *Journal of Criminal Justice,* 36, 453-460.

Yates, P.M. & T. Ward (2007). "Treatment of Sexual Offenders: Relapse Prevention and Beyond." In K. Witkiewitz & G.A. Marlatt (eds.), *Therapist's Guide to EvidenceBased Relapse Prevention* (pp. 218-234). Burlington, MA: Elsevier.

Yessine, A.K. & J. Bonta (2009). "The Offending Trajectories of Youthful Aboriginal Offenders." *Canadian Journal of Criminology and Criminal Justice,* 51, 435-472.

Yessine, A.K. & D.G. Kroner (2004). *Altering Antisocial Attitudes Among Federal Male Offenders on Release: A Preliminary Analysis of the Counter-Point Community Program (R-152).* Ottawa: Correctional Service of Canada.

Yochelson, S. & S.E. Samenow (1976). *The Criminal Personality, Vol. 1: A Profile for Change.* New York: Jason Aronson.

Zamble, E. & V.L. Quinsey (1997). *The Criminal Recidivism Process.* New York: Cambridge University Press.

Zedlewski, E.W. (1987). *Making Confinement Decisions.* Research in Brief. Washington, DC: National Institute of Justice.

Zehr, H. & H. Mika (1998). "Fundamental Concepts of Restorative Justice." *Contemporary Justice Review,* 1, 47-57.

Zhang, Z. (2003). *Drug and Alcohol Use and Related Matters Among Arrestees 2003.* Retrieved March 27, 2009, from http://www.ojp.usdoj.gov/nij/topics/drugs/adam.htm.

Zimring, F.E. & G. Hawkins (1988). "The New Mathematics of Imprisonment." *Crime & Delinquency,* 34, 425-436.

Zinger, I. (2004). "Actuarial Risk Assessment and Human Rights: A Commentary." *Canadian Journal of Criminology and Criminal Justice,* 46, 607-620.

Zinger, I. & A.E. Forth (1998). "Psychopathy and Canadian Criminal Proceedings: The Potential for Human Rights Abuse." *Canadian Journal of Criminology,* 40, 237-277.

Zion, J.W. & R. Yazzie (2006). "Navajo Peacemaking: Original Dispute Resolution and a Life Way." In D. Sullivan & L. Tifft (eds.), *Handbook of Restorative Justice* (pp. 91-107). New York: Routledge.

Zlotnick, C., D.M. Johnson & R. Kohn (2006). "Intimate Partner violence and Long-term Psychosocial

Functioning in a National Sample of American Women." *Journal of Interpersonal Violence*, 21, 262-275.

Zona, M.A., K.K. Sharma & J. Lane (1993). "A Comparative Study of Erotomanic and Obsessional Subjects in a Forensic Sample." *Journal of Forensic Sciences*, 38, 894-903.

Zuckermna, M. (1984). "Sensation Seeking: A Comparative Approach to a Human Trait." *Behavioral and Brain Sciences*, 7, 413-471.

Zuckermna, M. (1993). "Pimpulsive Sensation Seeking and its Behavioral, Psychophysiological and Biochemical Correlates." *Neuropsychobiology*, 28, 30-36.

약어 정리

APD Antisocial Personality Disorder
APSD Antisocial Process Screening Device
AUC Area Under the Curve
BESD Binomial Effect Size Display
CAPS CognitiveAffective Personality System
CATS Child and Adolescent Taxon Scale
CaVIC Canadian Volunteers in Corrections Study
CBT CognitiveBehavioral Therapy
CCP Core Correctional Practice
CDATE Correctional Drug Abuse Treatment Effectiveness
CI Confidence Interval
CL Common Language
CPA Cyproterone Acetate
CPAI Correctional Program Assessment Inventory
CPI California Personality Inventory
CSC Correctional Service Canada
DA Differential Association
DARE Drug Abuse Resistance Education
DAS Danger Assessment Scale
DI Differential Intervention
DSMIII *Diagnostic and Statistical Manual of Mental Disorders*, 3rd ed.
DSMIV *Diagnostic and Statistical Manual of Mental Disorders*, 4th ed.
DZ Dizygotic
ECA Epidemiological Catchment Area
EM Electronic Monitoring
FFT Functional Family Therapy
FGC Family Group Conference
FIQ Fullscale IQ
GPCSL General Personality and Cognitive Social Learning
GPS Global Positioning Satellite
GREAT Gang Resistance Education and Training
GST General Strain Theory
ICCA International Community Corrections Association
ICPS Interpersonal Cognitive Problem Solving
IDS Inventory of Drinking Situations
IPAT Interpersonal Anxiety Test
ISP Intensive Supervision Programs
LCSF Lifestyle Criminality Screening Forum
LS/CMI Level of Service/Case Management Inventory
LSIR Level of Service InventoryRevised
MDO Mentally Disordered Offender
MI Motivational Interviewing
MMPI Minnesota Multiphasic Personality Inventory
MPA Medroxyprogesterone
MRT Moral Reconation Therapy
MST Multisystemic Therapy
MTFC Multidimensional Treatment Foster Care
MZ Monozygotic
NGRI Not Guilty by Reason of Insanity
NIC National Institute of Corrections
NYS National Youth Survey
OCLC Oregon Social Learning Center
ODARA Ontario Domestic Assault Risk Assess-ment
OGRS Offender Group Reconviction Scale
PAS Propensity for Abusiveness Scale
PCB Psychology of Criminal Behavior
PCC Psychology of Criminal Conduct
PCLR Psychopathy ChecklistRevised
PCL:YV Psychopathy Checklist: Youth Version
PICO Pilot Intensive Counseling Organization
PICR Personal, Interpersonal, and Community-Reinforcement
PIQ Performance IQ
ROC Receiver Operating Characteristic
R&R Reasoning and Rehabilitation
RNR Risk, Need, Responsivity
RRASOR Rapid Risk Assessment for Sexual Offence Recidivism
SAI Special Alternative Incarceration
SARA Spousal Assault Risk Assessment
SCJ Structured Clinical Judgment
SES Socioeconomic Status

SFS Salient Factor Score
SIR Statistical Information on Recidivism
STICSStrategic Training Initiative in Commu-nity Supervision
TCO Threat/ControlOverride
VIQ Verbal IQ
VORP Victim Offender Reconciliation Program
VRAG Violence Risk Appraisal Guide

찾아보기

인명

내용

저자 소개

D. A. Andrews / Carleton University

James Bonta / Public Safety Canada

역자 소개

김시업(Kim Si-Up)
前 한국 사회 및 성격심리학회 회장
한국수사심리학회 회장
現 경기대학교 대학원 범죄심리학과 교수

강선(Kang Sun)
경기대학교 대학원 범죄심리학과 박사
前 경찰대학교 교수

김경하(Kim Kyung-Ha)
영국 리버풀 대학교 대학원 박사과정(수사심리학) 수료
現 BARO 진술분석 · 면담교육센터 대표

김미영(Kim Mi-Young)
경기대학교 대학원 범죄심리학과 수료
現 BARO 진술분석 · 면담교육센터 대표

전우병(Jhon Woo-Byoung)
경기대학교 대학원 범죄심리학과 박사
現 강원대학교 심리학과 강사

최승혁(Choi Seung-Hyuk)
고려대학교 대학원 심리학과 박사
現 고려대학교 심리학과 강사

홍유진(Hong Eu-Jin)
경기대학교 대학원 범죄심리학과 박사과정

범죄심리학

The Psychology of Criminal Conduct (Fifth Edition)

2017년 8월 16일 1판 1쇄 인쇄
2017년 8월 25일 1판 1쇄 발행

지은이 • D. A. Andrews · James Bonta
옮긴이 • 김시엽 · 강선 · 김경하 · 김미영 · 전우병 · 최승혁 · 홍유진
펴낸이 • 김진환
펴낸곳 • (주)학지사
04031 서울특별시 마포구 양화로 15길 20 마인드월드빌딩
대표전화 • 02-330-5114 팩스 • 02-324-2345
등록번호 • 제313-2006-000265호

홈페이지 • http://www.hakjisa.co.kr
페이스북 • https://www.facebook.com/hakjisabook

ISBN 978-89-997-1240-1 93180

정가 28,000원

이 도서의 국립중앙도서관 출판시도서목록(CIP)은 서지정보유통지원시스템 홈페이지(http://seoji.nl.go.kr)와 국가자료공동목록시스템(http://www.nl.go.kr/kolisnet)에서 이용하실 수 있습니다.
(CIP 제어번호: CIP2017020214)